本报告出版得到

国家重点文物保护专项补助经费

资助

襄阳古邓城考古发掘成果之五

襄阳沈岗东周墓
（西区）
上册

襄阳市文物考古研究所　编著

王　伟　主编

科学出版社
北京

内 容 简 介

沈岗墓地位于湖北省襄阳市高新技术产业开发区团山镇余岗村六组沈岗自然村，西距古邓城遗址直线距离约2千米，总面积约15万平方米。2004~2010年，襄阳市文物考古研究所对沈岗墓地进行了10次发掘，共清理两周至明清时期墓葬1129座，其中以东周墓葬为主，出土陶器、铜器、漆木器、玉器等各类随葬器物3000余件。发掘表明，沈岗墓地是古邓城遗址外围的一处重要墓地，为两周时期邓、楚两国低级贵族及平民墓地。

本报告仅限于沈岗墓地西区的615座两周时期墓葬，西区范围内发掘的东周以后的墓葬和东区发掘的墓葬暂不在本报告之列。

本书可供考古学、历史学研究者，以及高等院校相关专业师生和广大文物考古爱好者阅读、参考。

图书在版编目（CIP）数据

襄阳沈岗东周墓：西区：全二册 / 襄阳市文物考古研究所编著；王伟主编. —北京：科学出版社，2020.11

襄阳古邓城考古发掘成果之五

ISBN 978-7-03-066367-2

Ⅰ.①襄… Ⅱ.①襄… ②王… Ⅲ.①周墓–发掘报告–襄阳–东周时代 Ⅳ.①K878.85

中国版本图书馆CIP数据核字（2020）第198221号

责任编辑：王光明 / 责任校对：王晓茜
责任印制：肖 兴 / 封面设计：张 放

科学出版社 出版
北京东黄城根北街16号
邮政编码：100717
http://www.sciencep.com

北京汇瑞嘉合文化发展有限公司 印刷
科学出版社发行 各地新华书店经销

*

2020年11月第 一 版 开本：889×1194 1/16
2020年11月第一次印刷 印张：36 3/4 插页：116
字数：1 476 000

定价：628.00元（全二册）
（如有印装质量问题，我社负责调换）

目　录

第一章　绪言 ……………………………………………………………………（1）

第一节　地理位置与地理环境 …………………………………………………（1）
一、地理位置 ………………………………………………………………………（1）
二、地理环境 ………………………………………………………………………（1）

第二节　历史沿革与考古学文化背景 …………………………………………（5）
一、历史沿革 ………………………………………………………………………（5）
二、两周时期考古学文化背景 ……………………………………………………（6）

第三节　墓地发现与发掘经过 …………………………………………………（9）

第四节　资料整理与报告编写 …………………………………………………（10）
一、资料整理 ………………………………………………………………………（10）
二、报告编写 ………………………………………………………………………（11）

第二章　邓墓 ……………………………………………………………………（15）

第一节　墓葬概述 ………………………………………………………………（15）
一、墓葬形制 ………………………………………………………………………（15）
二、随葬器物 ………………………………………………………………………（17）

第二节　墓葬举例 ………………………………………………………………（18）

第三节　小结 ……………………………………………………………………（42）
一、邓墓主要特征 …………………………………………………………………（42）
二、墓葬年代 ………………………………………………………………………（42）
三、墓地族属 ………………………………………………………………………（43）

第三章 楚墓

第一节 墓葬概述
一、墓葬形制 ………………………………………………………………………………（45）
二、随葬器物 ………………………………………………………………………………（46）

第二节 墓葬举例 …………………………………………………………………………（46）
一、A型墓 …………………………………………………………………………………（47）
二、B型墓 …………………………………………………………………………………（50）
三、C型墓 …………………………………………………………………………………（161）
四、D型墓 …………………………………………………………………………………（335）

第三节 随葬器物 …………………………………………………………………………（350）
一、陶器 ……………………………………………………………………………………（350）
二、铜器 ……………………………………………………………………………………（416）
三、漆木器 …………………………………………………………………………………（435）
四、玉、石、料器 …………………………………………………………………………（445）

第四节 分类、分期与年代 ………………………………………………………………（448）
一、分类分期 ………………………………………………………………………………（448）
二、相对年代 ………………………………………………………………………………（453）

第五节 小结 ………………………………………………………………………………（456）
一、国别与族属 ……………………………………………………………………………（456）
二、各时期墓葬特征 ………………………………………………………………………（457）

第四章 结语 …………………………………………………………………………………（460）

第一节 墓葬反映的社会等级差异 ………………………………………………………（460）
一、春秋早期以前（邓墓）………………………………………………………………（460）
二、春秋中期及以后（楚墓）……………………………………………………………（461）

第二节 文化因素分析 ……………………………………………………………………（462）
一、春秋早期以前（邓墓）………………………………………………………………（462）
二、春秋中期及以后（楚墓）……………………………………………………………（464）
三、墓葬与本区域内其他遗存的关系 ……………………………………………………（466）

第三节　发掘收获 …………………………………………………………………（466）

附表 …………………………………………………………………………………（468）

附表一　邓墓统计表 ……………………………………………………………（468）
附表二　Aa型楚墓统计表 ………………………………………………………（470）
附表三　Ab型楚墓统计表 ………………………………………………………（470）
附表四　Ba型楚墓统计表 ………………………………………………………（470）
附表五　Bb型楚墓统计表 ………………………………………………………（475）
附表六　Bc型楚墓统计表 ………………………………………………………（481）
附表七　Ca型楚墓统计表 ………………………………………………………（488）
附表八　Cb型楚墓统计表 ………………………………………………………（489）
附表九　Cc型楚墓统计表 ………………………………………………………（496）
附表一〇　Cd型楚墓统计表 ……………………………………………………（496）
附表一一　Ce型楚墓统计表 ……………………………………………………（501）
附表一二　D型楚墓统计表 ……………………………………………………（512）
附表一三　墓葬打破关系及陶器型式统计表 …………………………………（513）
附表一四　仅随葬日用陶器的楚墓分期表 ……………………………………（515）
附表一五　仅随葬仿铜陶礼器的楚墓分期表 …………………………………（519）
附表一六　仿铜陶礼器与日用陶器共存的楚墓分期表 ………………………（524）
附表一七　沈岗墓地（西区）墓葬分期总表 …………………………………（531）

附录 …………………………………………………………………………………（537）

附录一　襄阳沈岗墓地送检玉、料器无损分析检测报告 ……………………（537）
附录二　襄阳沈岗墓地出土青铜器科技分析 …………………………………（552）

后记 …………………………………………………………………………………（563）

插图目录

图一　　沈岗墓地位置示意图 …………………………………………………………（2）
图二　　沈岗墓地墓葬分布图 …………………………………………………………（插页）
图三　　沈岗墓地邓墓分布图 …………………………………………………………（16）
图四　　M9平、剖面图 …………………………………………………………………（19）
图五　　M9随葬玉器 ……………………………………………………………………（19）
图六　　M22平、剖面图 …………………………………………………………………（20）
图七　　M22随葬玉玦 ……………………………………………………………………（20）
图八　　M39平、剖面图 …………………………………………………………………（21）
图九　　M39随葬玉器 ……………………………………………………………………（21）
图一〇　M420平、剖面图 ………………………………………………………………（23）
图一一　M420随葬器物 …………………………………………………………………（24）
图一二　M455平、剖面图 ………………………………………………………………（25）
图一三　M455随葬玉器 …………………………………………………………………（26）
图一四　M519平、剖面图 ………………………………………………………………（27）
图一五　M519随葬玉玦 …………………………………………………………………（27）
图一六　M565平、剖面图 ………………………………………………………………（28）
图一七　M565随葬玉器 …………………………………………………………………（28）
图一八　M566平、剖面图 ………………………………………………………………（29）
图一九　M566随葬玉器 …………………………………………………………………（30）
图二〇　M577平、剖面图 ………………………………………………………………（31）
图二一　M577随葬器物 …………………………………………………………………（32）
图二二　M594平、剖面图 ………………………………………………………………（32）
图二三　M594随葬玉器 …………………………………………………………………（33）
图二四　M677平、剖面图 ………………………………………………………………（34）
图二五　M677随葬玉器 …………………………………………………………………（34）
图二六　M694平、剖面图 ………………………………………………………………（35）
图二七　M694随葬器物 …………………………………………………………………（36）
图二八　M712平、剖面图 ………………………………………………………………（37）

图二九	M712随葬陶器	（38）
图三〇	M748平、剖面图	（38）
图三一	M748随葬玉器	（39）
图三二	M828平、剖面图	（40）
图三三	M828随葬玉玦（M828：1）	（40）
图三四	M843平、剖面图	（41）
图三五	M843随葬玉器	（41）
图三六	M796平、剖面图	（48）
图三七	M796随葬陶器	（48）
图三八	M811平、剖面图	（49）
图三九	M811随葬陶器	（49）
图四〇	M24平、剖面图	（52）
图四一	M24随葬陶器	（53）
图四二	M49平、剖面图	（54）
图四三	M49随葬陶器	（55）
图四四	M81平、剖面图	（56）
图四五	M81随葬陶器	（56）
图四六	M83平、剖面图	（57）
图四七	M83随葬陶器	（57）
图四八	M103平、剖面图	（58）
图四九	M103随葬陶器	（59）
图五〇	M109平、剖面图	（60）
图五一	M109随葬陶器	（60）
图五二	M111平、剖面图	（61）
图五三	M111随葬陶器	（61）
图五四	M119平、剖面图	（62）
图五五	M119随葬器物	（62）
图五六	M126平、剖面图	（63）
图五七	M126随葬陶器	（64）
图五八	M146平、剖面图	（65）
图五九	M146随葬陶器	（65）
图六〇	M299平、剖面图	（66）
图六一	M299随葬陶器	（66）
图六二	M314平、剖面图	（67）
图六三	M314随葬陶器	（67）
图六四	M466平、剖面图	（68）

图六五	M466随葬陶器	（69）
图六六	M474平、剖面图	（69）
图六七	M474随葬陶器	（70）
图六八	M481平、剖面图	（71）
图六九	M481随葬陶器	（71）
图七〇	M484平、剖面图	（72）
图七一	M484随葬陶器	（72）
图七二	M491平、剖面图	（73）
图七三	M491随葬陶器	（74）
图七四	M492平、剖面图	（75）
图七五	M492随葬陶器	（75）
图七六	M503平、剖面图	（76）
图七七	M503随葬陶器	（76）
图七八	M508平、剖面图	（77）
图七九	M508随葬陶器	（77）
图八〇	M509平、剖面图	（78）
图八一	M509随葬陶器	（78）
图八二	M518平、剖面图	（79）
图八三	M518随葬陶器	（80）
图八四	M543平、剖面图	（80）
图八五	M543随葬陶器	（81）
图八六	M558平、剖面图	（82）
图八七	M558随葬陶器	（82）
图八八	M560平、剖面图	（83）
图八九	M560随葬陶器	（83）
图九〇	M563平、剖面图	（84）
图九一	M563随葬陶器	（84）
图九二	M623平、剖面图	（85）
图九三	M623随葬陶器	（86）
图九四	M714平、剖面图	（87）
图九五	M714随葬陶器	（87）
图九六	M715平、剖面图	（88）
图九七	M715随葬陶器	（88）
图九八	M717平、剖面图	（89）
图九九	M717随葬陶器	（90）
图一〇〇	M794平、剖面图	（91）

图一〇一	M794随葬陶器	（91）
图一〇二	M804平、剖面图	（92）
图一〇三	M804随葬陶器	（93）
图一〇四	M806平、剖面图	（94）
图一〇五	M806随葬陶器	（94）
图一〇六	M816平、剖面图	（95）
图一〇七	M816随葬陶器	（95）
图一〇八	M818平、剖面图	（96）
图一〇九	M818随葬陶器	（96）
图一一〇	M823平、剖面图	（97）
图一一一	M823随葬陶器	（97）
图一一二	M824平、剖面图	（98）
图一一三	M824随葬陶器	（99）
图一一四	M832平、剖面图	（99）
图一一五	M832随葬陶器	（100）
图一一六	M852平、剖面图	（101）
图一一七	M852随葬陶器	（101）
图一一八	M4平、剖面图	（103）
图一一九	M4随葬器物	（104）
图一二〇	M6平、剖面图	（105）
图一二一	M6随葬陶器	（105）
图一二二	M10平、剖面图	（106）
图一二三	M10随葬陶器	（106）
图一二四	M37平、剖面图	（107）
图一二五	M37随葬陶器	（107）
图一二六	M56平、剖面图	（108）
图一二七	M56随葬陶器	（109）
图一二八	M92平、剖面图	（110）
图一二九	M92随葬陶器	（110）
图一三〇	M97平、剖面图	（111）
图一三一	M97随葬陶器	（111）
图一三二	M102平、剖面图	（112）
图一三三	M102随葬陶器	（113）
图一三四	M112平、剖面图	（113）
图一三五	M112随葬陶器	（114）
图一三六	M120平、剖面图	（115）

图一三七	M120随葬陶器	（115）
图一三八	M125平、剖面图	（116）
图一三九	M125随葬陶器	（117）
图一四〇	M129平、剖面图	（117）
图一四一	M129随葬陶器	（118）
图一四二	M132平、剖面图	（119）
图一四三	M132随葬陶器	（119）
图一四四	M363平、剖面图	（120）
图一四五	M363随葬陶器	（121）
图一四六	M366平、剖面图	（122）
图一四七	M366随葬陶器	（122）
图一四八	M367平、剖面图	（123）
图一四九	M367随葬陶器	（123）
图一五〇	M389平、剖面图	（124）
图一五一	M389随葬陶器	（124）
图一五二	M390平、剖面图	（125）
图一五三	M390随葬陶器	（126）
图一五四	M391平、剖面图	（127）
图一五五	M391随葬陶器	（127）
图一五六	M394平、剖面图	（128）
图一五七	M394随葬陶器	（128）
图一五八	M409平、剖面图	（129）
图一五九	M409随葬陶器	（129）
图一六〇	M410平、剖面图	（130）
图一六一	M410随葬陶器	（131）
图一六二	M413平、剖面图	（132）
图一六三	M413随葬陶器	（132）
图一六四	M447平、剖面图	（133）
图一六五	M447随葬陶器	（133）
图一六六	M498平、剖面图	（134）
图一六七	M498随葬陶器	（135）
图一六八	M529平、剖面图	（136）
图一六九	M529随葬陶器	（136）
图一七〇	M536平、剖面图	（137）
图一七一	M536随葬陶器	（137）
图一七二	M548平、剖面图	（138）

图一七三	M548随葬陶器	（138）
图一七四	M555平、剖面图	（139）
图一七五	M555随葬陶器	（140）
图一七六	M616平、剖面图	（141）
图一七七	M616随葬陶器	（141）
图一七八	M621平、剖面图	（142）
图一七九	M621随葬陶器	（143）
图一八〇	M633平、剖面图	（144）
图一八一	M633随葬陶器	（144）
图一八二	M669平、剖面图	（145）
图一八三	M669随葬陶器	（145）
图一八四	M682平、剖面图	（146）
图一八五	M682随葬器物	（147）
图一八六	M695平、剖面图	（148）
图一八七	M695随葬陶器	（148）
图一八八	M699平、剖面图	（149）
图一八九	M699随葬陶器	（149）
图一九〇	M728平、剖面图	（150）
图一九一	M728随葬陶鬲（M728：1）	（150）
图一九二	M741平、剖面图	（151）
图一九三	M741随葬陶器	（151）
图一九四	M742平、剖面图	（152）
图一九五	M742随葬陶器	（153）
图一九六	M786平、剖面图	（154）
图一九七	M786随葬陶罐	（154）
图一九八	M789平、剖面图	（155）
图一九九	M789随葬陶器	（155）
图二〇〇	M793平、剖面图	（156）
图二〇一	M793随葬陶器	（156）
图二〇二	M798平、剖面图	（157）
图二〇三	M798随葬陶器	（158）
图二〇四	M831平、剖面图	（158）
图二〇五	M831随葬陶器	（159）
图二〇六	M848平、剖面图	（160）
图二〇七	M848随葬陶器	（160）
图二〇八	M23平、剖面图	（162）

图二〇九	M23随葬器物	（163）
图二一〇	M121平、剖面图	（164）
图二一一	M121随葬陶器	（164）
图二一二	M124平、剖面图	（165）
图二一三	M124随葬陶器	（166）
图二一四	M304平、剖面图	（167）
图二一五	M304随葬陶器	（167）
图二一六	M371平、剖面图	（168）
图二一七	M371随葬陶器	（168）
图二一八	M415平、剖面图	（169）
图二一九	M415随葬陶器	（170）
图二二〇	M467平、剖面图	（171）
图二二一	M467随葬陶器	（172）
图二二二	M842平、剖面图	（173）
图二二三	M842随葬陶器	（174）
图二二四	M18平、剖面图	（175）
图二二五	M18随葬陶器	（176）
图二二六	M53平、剖面图	（177）
图二二七	M53随葬陶器	（178）
图二二八	M57平、剖面图	（179）
图二二九	M57随葬陶器	（180）
图二三〇	M73平、剖面图	（182）
图二三一	M73随葬陶器	（183）
图二三二	M77平、剖面图	（184）
图二三三	M77随葬器物	（184）
图二三四	M78平、剖面图	（186）
图二三五	M78随葬器物	（186）
图二三六	M115平、剖面图	（187）
图二三七	M115椁室结构、出土竹器编织法	（188）
图二三八	M115棺椁结构及随葬器物	（插页）
图二三九	M115边箱二—四层随葬器物及棺内裹尸情况	（插页）
图二四〇	M115随葬陶器	（189）
图二四一	M115随葬陶器	（190）
图二四二	M115随葬器物	（191）
图二四三	M115随葬器物	（191）
图二四四	M115随葬漆木器	（192）

图二四五	M115随葬漆木器	（193）
图二四六	M115随葬器物	（194）
图二四七	M115随葬漆木伞（M115：30）	（195）
图二四八	M141平面图	（196）
图二四九	M141随葬陶器	（196）
图二五〇	M141随葬陶壶	（197）
图二五一	M142棺椁结构及随葬器物	（插页）
图二五二	M142随葬器物	（199）
图二五三	M142随葬漆木器	（200）
图二五四	M143平面图	（201）
图二五五	M143随葬器物	（201）
图二五六	M322平、剖面图	（202）
图二五七	M322随葬器物及木棺结构	（203）
图二五八	M322随葬陶器	（204）
图二五九	M322随葬漆木器	（205）
图二六〇	M380平、剖面图	（207）
图二六一	M380随葬器物	（208）
图二六二	M383平、剖面图	（209）
图二六三	M383随葬陶器	（210）
图二六四	M388平、剖面图	（211）
图二六五	M388随葬陶器	（212）
图二六六	M396平、剖面图	（213）
图二六七	M396随葬器物	（214）
图二六八	M401平、剖面图	（215）
图二六九	M401随葬器物	（216）
图二七〇	M402平、剖面图	（217）
图二七一	M402随葬陶器	（218）
图二七二	M402随葬铜器	（219）
图二七三	M408平、剖面图	（220）
图二七四	M408随葬器物	（220）
图二七五	M538平、剖面图	（221）
图二七六	M538随葬器物	（222）
图二七七	M624平、剖面图	（224）
图二七八	M624随葬陶器	（225）
图二七九	M625平、剖面图	（226）
图二八〇	M625随葬陶器	（227）

图二八一	M626平、剖面图	（228）
图二八二	M626随葬陶器	（229）
图二八三	M655平、剖面图	（230）
图二八四	M655随葬陶器	（230）
图二八五	M82平、剖面图	（231）
图二八六	M82随葬器物	（232）
图二八七	M60平、剖面图	（234）
图二八八	M60随葬陶器	（235）
图二八九	M99平、剖面图	（236）
图二九〇	M99随葬器物	（236）
图二九一	M315平、剖面图	（237）
图二九二	M315随葬陶壶	（238）
图二九三	M315随葬器物	（239）
图二九四	M316平、剖面图	（240）
图二九五	M316随葬陶器	（240）
图二九六	M378平、剖面图	（241）
图二九七	M378随葬陶器	（242）
图二九八	M425平、剖面图	（243）
图二九九	M425随葬陶器	（243）
图三〇〇	M477平、剖面图	（244）
图三〇一	M477随葬陶器	（245）
图三〇二	M493平、剖面图	（246）
图三〇三	M493随葬陶器	（247）
图三〇四	M534平、剖面图	（248）
图三〇五	M534随葬陶器	（249）
图三〇六	M660平、剖面图	（250）
图三〇七	M660随葬陶器	（250）
图三〇八	M666平、剖面图	（251）
图三〇九	M666随葬陶器	（251）
图三一〇	M686平、剖面图	（252）
图三一一	M686随葬陶器	（253）
图三一二	M703平、剖面图	（254）
图三一三	M703随葬陶器	（254）
图三一四	M739平、剖面图	（255）
图三一五	M739随葬陶器	（255）
图三一六	M744平、剖面图	（256）

图三一七	M744随葬陶器	（257）
图三一八	M1平、剖面图	（259）
图三一九	M1随葬陶器	（259）
图三二〇	M5平、剖面图	（260）
图三二一	M5随葬陶器	（260）
图三二二	M41平、剖面图	（261）
图三二三	M41随葬陶器	（262）
图三二四	M46平、剖面图	（263）
图三二五	M46随葬陶器	（264）
图三二六	M54平、剖面图	（265）
图三二七	M54随葬陶器	（266）
图三二八	M55平、剖面图	（267）
图三二九	M55随葬陶器	（267）
图三三〇	M58平、剖面图	（268）
图三三一	M58随葬陶鬲（M58∶1）	（268）
图三三二	M59平、剖面图	（269）
图三三三	M59随葬陶器	（270）
图三三四	M65平、剖面图	（271）
图三三五	M65随葬铜鼎（M65∶5）	（272）
图三三六	M65随葬铜盆（M65∶4）	（273）
图三三七	M65随葬器物	（274）
图三三八	M65随葬陶器	（275）
图三三九	M70平、剖面图	（276）
图三四〇	M70随葬铜鼎（M70∶1）	（277）
图三四一	M70随葬铜浴缶（M70∶2）	（278）
图三四二	M70随葬铜簠（M70∶3）	（279）
图三四三	M70随葬铜斗（M70∶4）	（280）
图三四四	M85平、剖面图	（280）
图三四五	M85随葬器物	（281）
图三四六	M88平、剖面图	（282）
图三四七	M88随葬器物	（283）
图三四八	M90平、剖面图	（284）
图三四九	M90随葬陶器	（285）
图三五〇	M95平、剖面图	（286）
图三五一	M95随葬陶器	（286）
图三五二	M106平、剖面图	（287）

图三五三	M106随葬陶器	（287）
图三五四	M108平、剖面图	（288）
图三五五	M108随葬陶器	（288）
图三五六	M122平、剖面图	（289）
图三五七	M122随葬陶器	（289）
图三五八	M130平、剖面图	（290）
图三五九	M130随葬陶器	（290）
图三六〇	M137平、剖面图	（291）
图三六一	M137随葬器物	（292）
图三六二	M309平、剖面图	（293）
图三六三	M309随葬陶器	（293）
图三六四	M379平、剖面图	（294）
图三六五	M379随葬陶器	（295）
图三六六	M407平、剖面图	（296）
图三六七	M407随葬陶器	（296）
图三六八	M412平、剖面图	（297）
图三六九	M412随葬陶器	（297）
图三七〇	M419平、剖面图	（298）
图三七一	M419随葬陶器	（298）
图三七二	M427平、剖面图	（300）
图三七三	M427随葬陶鼎（M427∶2）	（300）
图三七四	M450平、剖面图	（301）
图三七五	M450随葬陶器	（301）
图三七六	M451平、剖面图	（302）
图三七七	M451随葬陶器	（303）
图三七八	M457平、剖面图	（304）
图三七九	M457随葬陶器	（304）
图三八〇	M471平、剖面图	（305）
图三八一	M471随葬陶器	（305）
图三八二	M480平、剖面图	（307）
图三八三	M480随葬陶器	（308）
图三八四	M506平、剖面图	（309）
图三八五	M506随葬陶器	（309）
图三八六	M515平、剖面图	（310）
图三八七	M515随葬陶器	（310）
图三八八	M535平、剖面图	（311）

图三八九	M535随葬陶器	（312）
图三九〇	M535随葬器物	（313）
图三九一	M546平、剖面图	（314）
图三九二	M546随葬陶器	（315）
图三九三	M550平、剖面图	（316）
图三九四	M550随葬陶器	（316）
图三九五	M662平、剖面图	（317）
图三九六	M662随葬陶器	（317）
图三九七	M663平、剖面图	（318）
图三九八	M663随葬陶器	（319）
图三九九	M668平、剖面图	（320）
图四〇〇	M668随葬陶器	（320）
图四〇一	M688平、剖面图	（321）
图四〇二	M688随葬陶器	（321）
图四〇三	M745平、剖面图	（322）
图四〇四	M745随葬陶器	（323）
图四〇五	M784平、剖面图	（324）
图四〇六	M784随葬陶器	（325）
图四〇七	M791平、剖面图	（326）
图四〇八	M791随葬陶器	（326）
图四〇九	M803平、剖面图	（327）
图四一〇	M803随葬陶器	（328）
图四一一	M821平、剖面图	（328）
图四一二	M821随葬陶器	（329）
图四一三	M827平、剖面图	（330）
图四一四	M827随葬陶器	（330）
图四一五	M834平、剖面图	（331）
图四一六	M834随葬陶器	（332）
图四一七	M846平、剖面图	（333）
图四一八	M846随葬陶器	（333）
图四一九	M849平、剖面图	（334）
图四二〇	M849随葬陶器	（334）
图四二一	M308平、剖面图	（335）
图四二二	M308棺椁结构及随葬器物	（336）
图四二三	M308随葬铜器	（337）
图四二四	M308随葬铜器	（338）

图四二五	M308随葬漆木耳杯（M308∶4）	（339）
图四二六	M308随葬漆木剑椟（M308∶5-1）	（339）
图四二七	M308随葬漆木壶（M308∶6）	（340）
图四二八	M308随葬漆木盒	（340）
图四二九	M308随葬漆木几（M308∶11）	（341）
图四三〇	M308随葬漆木豆（M308∶12）	（341）
图四三一	M308随葬漆木器	（342）
图四三二	M308随葬漆木器	（343）
图四三三	M368平、剖面图	（344）
图四三四	M368随葬器物	（345）
图四三五	M418平、剖面图	（346）
图四三六	M418随葬器物	（347）
图四三七	M698平、剖面图	（348）
图四三八	M698随葬陶器	（349）
图四三九	M698随葬器物	（349）
图四四〇	A型陶鼎	（351）
图四四一	A型陶鼎	（352）
图四四二	B型陶鼎	（354）
图四四三	B、C、D型陶鼎	（355）
图四四四	E型陶鼎	（356）
图四四五	陶小口鼎	（357）
图四四六	A型陶敦	（358）
图四四七	B型陶敦	（360）
图四四八	B、C型陶敦	（361）
图四四九	C型陶敦	（363）
图四五〇	陶缶	（364）
图四五一	陶浴缶（M65∶8）	（365）
图四五二	Aa、Ab型陶壶	（366）
图四五三	Ab、Ac型陶壶	（367）
图四五四	Ac型陶壶	（369）
图四五五	Ac、B型陶壶	（370）
图四五六	B型陶壶	（372）
图四五七	B、Ca型陶壶	（373）
图四五八	Ca型陶壶	（374）
图四五九	Ca、Cb型陶壶	（376）
图四六〇	Cb型陶壶	（378）

图四六一	Cb型陶壶	（379）
图四六二	D、E型陶壶、钫	（380）
图四六三	陶盉	（381）
图四六四	陶盘	（382）
图四六五	陶匜	（384）
图四六六	Aa型陶鬲	（385）
图四六七	Aa、Ab型陶鬲	（386）
图四六八	Ab、Ba型陶鬲	（388）
图四六九	Ba型陶鬲	（389）
图四七〇	Ba、Bb型陶鬲	（390）
图四七一	Bb型陶鬲	（392）
图四七二	B、C、D型陶鬲	（393）
图四七三	Aa、Ab型陶盂	（395）
图四七四	Ab型陶盂	（396）
图四七五	A、B型陶盂	（397）
图四七六	Bc型陶盂	（399）
图四七七	Bc型陶盂	（400）
图四七八	Aa型陶豆	（402）
图四七九	Ab型陶豆	（403）
图四八〇	Ac、Ba、Bb型陶豆	（405）
图四八一	Bb型陶豆	（407）
图四八二	Aa型陶罐	（408）
图四八三	Aa、Ab、Ba型陶罐	（410）
图四八四	Ba、Bb型陶罐	（411）
图四八五	Ca、Cb型陶罐	（413）
图四八六	D、E型陶罐	（414）
图四八七	陶盆	（415）
图四八八	A型铜鼎（M65：5）	（417）
图四八九	Ba型铜鼎（M4：4）	（418）
图四九〇	Bb型铜鼎（M70：1）	（419）
图四九一	Bc型铜鼎	（420）
图四九二	铜簠（M70：3）	（421）
图四九三	铜盏（M4：5）	（422）
图四九四	铜盆（M65：4）	（423）
图四九五	铜浴缶（M70：2）	（424）
图四九六	铜斗、勺	（424）

图四九七	A型铜剑	（426）
图四九八	A、B、C型铜剑、匕首	（427）
图四九九	铜戈	（428）
图五〇〇	铜戈镦、戟、矛	（429）
图五〇一	铜箭镞	（431）
图五〇二	铜车马器、服饰器、工具	（432）
图五〇三	铜杂器	（434）
图五〇四	漆木乐器、生活用器	（436）
图五〇五	漆木豆、耳杯	（438）
图五〇六	漆木生活用器	（439）
图五〇七	漆木鹿	（441）
图五〇八	漆木兵器	（442）
图五〇九	漆木兵器、车马器、杂器	（443）
图五一〇	漆木盾（M583∶7-4）	（444）
图五一一	漆木伞（M115∶30）	（445）
图五一二	玉器	（446）
图五一三	玉龙形佩	（447）
图五一四	料器	（448）
图五一五	日用陶器分期演变图	（插页）
图五一六	仿铜陶礼器分期演变图	（插页）

第一章 绪 言

第一节 地理位置与地理环境

一、地理位置

　　襄阳市，原襄樊市，襄城、樊城两城之合称。2010年12月，经国务院批复同意，湖北省襄樊市更名为襄阳市。襄阳地理坐标为北纬31°14′~32°37′，东经110°45′~113°43′。其地处中华腹地、南襄盆地南部、湖北省西北部，扼据汉水中游，位于秦岭大巴山余脉。东与湖北省随州市相邻，南接湖北省荆门、宜昌两市，西与湖北省神农架林区、十堰市相连，北为河南省南阳。襄阳具有贯通南北、承启东西的地理位置，自古即为交通要辖，素有"七省通衢"的美誉。襄阳区域总面积1.97万平方千米，其中市区面积3563平方千米，襄阳古城面积2.4平方千米，是湖北省仅次于武汉的第二大城市和鄂、豫、渝、陕毗邻地区30万平方千米范围内唯一的大城市。

　　沈岗墓地位于襄阳市高新技术产业开发区团山镇余岗村六组沈岗自然村西南的一个东西走向的近长方形自然岗地上，墓地中心地理坐标为北纬32°04′58″，东经112°07′16″。东西长约500米，南北宽约300米，总面积约15万平方米。其西北邻余岗自然村，西南与黄家村唐楼自然村相望，西距古邓城遗址直线距离约2千米，东距长虹北路约300米，北距邓城大道约500米（图一）。

二、地理环境

（一）自然地理环境

1. 气候

　　襄阳地处南北自然气候区分界位置，属北亚热带季风型大陆气候过渡区。这里既有汉水流经，又有干冷、暖湿空气交会，冬干夏雨，雨热同期，四季分明，为农业生产提供优越的气候条件。年平均无霜期为241天，年均降水量878.3毫米。境内日照充足，年均日照1987小时，年

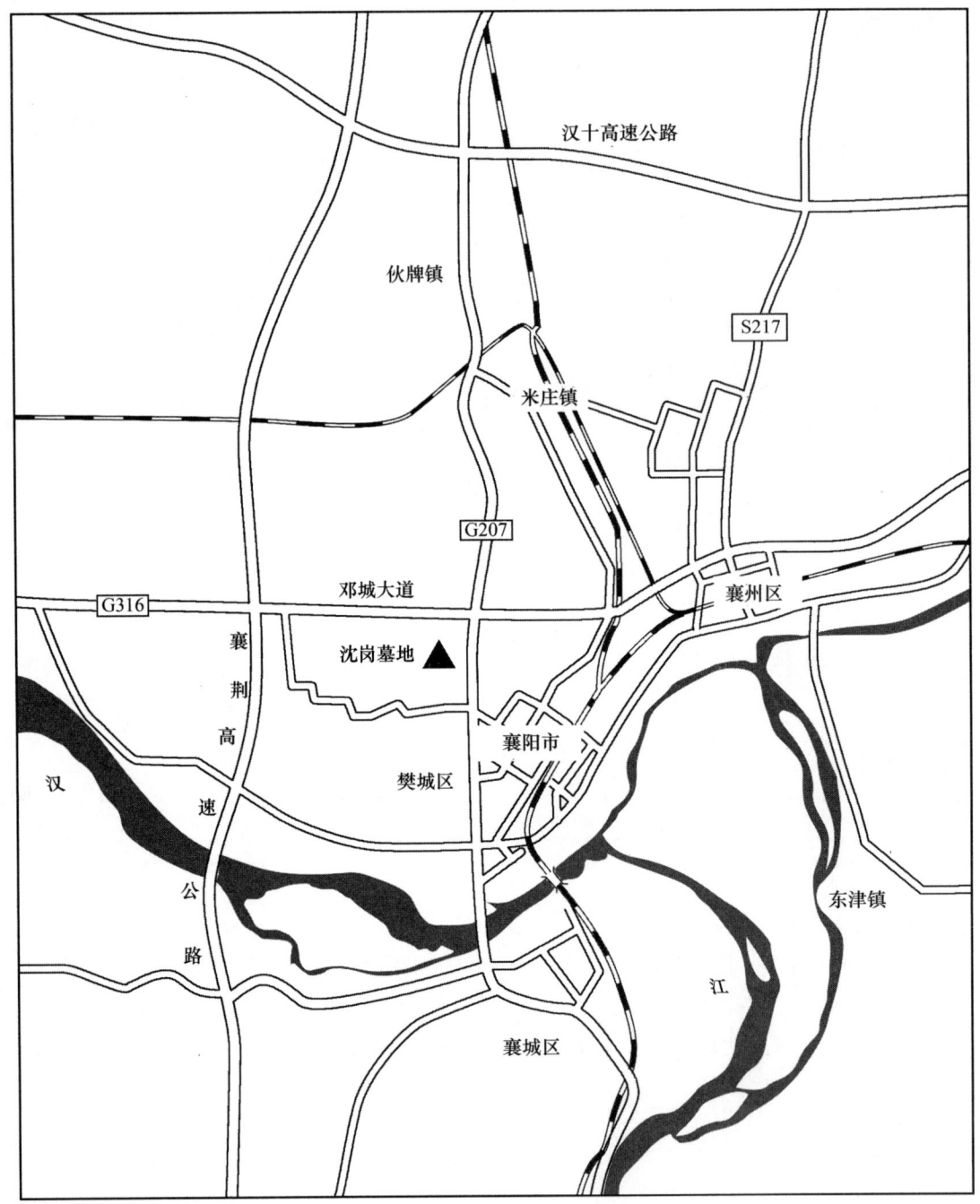

图一　沈岗墓地位置示意图

均气温15.1～16.9℃。

2. 地形与土壤

襄阳市位于我国地势第二阶梯向第三阶梯过渡地带。根据其地势自西北向东南倾斜的特点，襄阳市全境分为三大地形区，西部为山区，中部多为岗地平原，东部为低山丘陵。

襄阳市地形复杂，成土母质和植被类型多样，受气候及人类长期生产活动的影响，形成了多种类型的土壤。土类分布有明显的区域差异。西部武当低山区（保康、谷城县境）土类有灰紫色土、红砂岩黄棕壤、碳酸盐岩类黄棕壤、泥质岩黄棕壤、山地泥质岩黄棕壤等。荆山东麓（南漳县境）主要有棕色石灰土、中性紫色土、灰紫色土、061220泥质岩山地黄棕壤、粗骨性黄棕壤等。东部桐柏山低山丘陵（随州北部和枣阳北部）土壤组合为酸性结晶岩黄棕壤，剥蚀严重，有较大面积的裸岩分布。低丘缓坡及沟谷地带有水稻土的枝型分布，有一定数量的山泉冷浸田。大洪山丘陵地带（随州、枣阳南部和襄州、宜城东部）土壤组合多为泥质岩黄棕壤、紫色土、石灰土及冲沟部位的水稻土，常呈复区分布。岗地土壤（老河口、枣阳、襄州北部）基本为黄褐土的各土种和红砂岩的各土种。汉水及其支流两岸的冲积平原和河谷小平原土壤组合为潮土各土属，耕地土壤尤其是水稻土所占比重较大。山区具有明显的土壤垂直分布现象，土壤垂直带谱相应由基带土壤黄棕壤依次向山地黄棕壤、山地棕壤分布。黄棕壤分布上限约为海拔800米，800~1500米为山地黄棕壤，1500米以上出现山地棕壤。一般阴坡冷湿，风化弱，生物积累多，土壤颜色较深，土层深厚；阳坡受热量多，植被覆盖差，土层薄，有机质积累少，多粗骨型土壤。

3. 水文

襄阳市地理位置的优越，表现在既有充沛的降水，又有较多的自然河流和人工堰塘。境内有大小河流600多条，分属长江、淮河两大水系，其中属长江水系的汉江、沮漳河两大河流流域面积占了全市河流流域总面积的绝大部分。

（1）汉江。发源地在陕西省宁强县，自丹江口水库坝下陈家港流入襄阳境内，经老河口、谷城和襄阳市区，南出宜城市岛口村进入钟祥市域，域内汉江全长216千米，有30条支流直接汇入汉江。在汉阳汇入长江，全长1542千米，流域面积15900平方千米，其中河道占地面积1116.25平方千米。

（2）清河。发源地在河南省淅川县，在张湾镇李家店汇入汉江，全长91.4千米，流域面积1978平方千米，河道占地面积2.7平方千米。

（3）唐河。发源地在河南伏牛山，在双沟镇入唐白河，全长279千米，流域面积12270平方千米，河道占地面积11.09平方千米。

（4）白河。发源于河南省嵩县攻离山。河流全长320余千米，流域面积12224平方千米。

（5）唐白河。白河与唐河在湖北省襄阳龚家咀汇合后，始称唐白河。在张湾镇入汉江，全长531.6千米，流域面积24001平方千米，河道占地面积11.52平方千米。

（6）滚河。发源地在枣阳市，在王河乡唐店村入唐白河，全长157千米，流域面积2948平方千米，河道占地面积3.8平方千米。

全市有大中小型水库845座、堰塘88461口。另外，水质好是这里水资源的又一显著特点：地表水矿化度低，总硬度适中，多属软水，可广泛用于灌溉和饮用；地下水的矿化度一般也较低，多属中性及弱碱性水，均可作为生产和生活用水。

4. 植被与生物

襄阳市类型多样的地质地貌和生态环境，使其生物资源绚丽多姿，并呈现出南北兼备的鲜明特色。就植物资源而言，境内植物区系成分多属亚热带区系的科属。其中，木本植物多属北亚热带落叶阔叶、常绿阔叶混交林地带。全市森林总面积约1300万亩，其中用材林约900万亩。常见的树种约64科236种。有各类林特产品500种，常见的有300种以上，如山葡萄、猕猴桃、黑白木耳、香菌等，以及稀有名贵中药天麻、黄连、当归、灵芝、党参、猴头等。境内动物也具有种类繁多、南北过渡性明显的特征，但更富于南方色彩。据调查统计，全市常见兽类40多种、鸟类30多种，以及昆虫500多种，属于国家保护的兽类8种、鸟类5种。

5. 矿产资源

襄阳市矿产资源较为丰富，种类多样，属湖北省主要矿产区之一。现已查明有37个矿种，200多个矿点。其中，金属矿藏主要有铁、铜、铝、钒、铅、锌、金、银、钛、锰、钴、镓等，非金属矿藏主要有磷、金红石、耐火黏土、重晶石、石灰石、白云石、膨润土、萤石、石棉、煤等。磷矿总储量5亿吨以上，稀有矿种金红石总储量560万吨，居世界第三位。

6. 能源资源

襄阳市能源资源的优势在于水能，而其能源环境受惠于其所处的优越地理位置。从水能资源上看，境内大小河流广泛分布于所辖县（市）山乡田野，水能潜力巨大，适宜发展各类中小型水电站。

沈岗墓地位于襄阳市西北约8千米处、高新技术产业开发区团山镇余岗村六组沈岗自然村西南的一东西走向的自然岗地上。该岗地属鄂北岗地地貌，东北略高，西南略低，海拔65~69米，较周边地势略高。周边地势总体较为平坦，略有起伏。沿岗地的自然低洼地势，一条人工开挖修建的水渠黄龙沟流经岗地西南边缘。现地表为农业用地，主要种植小麦、大豆等农作物或作为菜地使用。

（二）人文地理环境

自古以来襄阳就是南北经济文化的交会之地。春秋战国时期，襄阳是楚国和中原周天子交往的必经通道。两汉至隋唐时期，从京城西安、洛阳经襄州到江陵的驿道是沟通南北政治、经济的大动脉。另外，长江最大的支流汉江在此与唐白河交汇，襄州就成了"南船""北马"的汇集地。盛唐诗人张九龄写道："江汉间，州以十数，而襄州为大，旧多三辅之家，今则一都之会。"杜甫的诗句"即从巴峡穿巫峡，便下襄阳向洛阳"，白居易的诗句"下马襄州郡，移舟汉阳驿"，是对襄阳南船北马、交通便利的直观写照。

在文化上，襄阳南北文化交汇的特点更为显著。先秦时期，北方中原文化和南方楚文化在这里汇合交流，正是"经市闹兼秦楚俗，画疆雄踞汉襄流"。这里既受到中原文化的熏染，亦受到南方文化风俗的深刻影响；这里既浸淫着备受孔子推崇的仲山甫的风范之光，又是广为传习的楚风楚俗传播之地。

东汉末年，文化重心南移，北方士人集团大量流寓襄阳，与本地的知识集团相结合，形成了一次以政治为中心的思想学术与文化高潮，出现了一大批以诸葛亮、庞德公为代表的政治、军事、文化人才。唐以后，襄阳"往来行舟，夹岸停泊，千帆所聚，万商云集"，以至骚人墨客纷至沓来，流连忘返。著名诗人李白、杜甫、王维、欧阳修、苏轼等，都曾游历襄阳，写下了脍炙人口的不朽诗章。

在艺术上，襄阳也是南北戏曲交流的通道。西北的秦腔和武汉、黄陂一带的二黄在这里交会，而襄州花鼓则是南北戏曲与本地民间曲调融合而成的具有独特风格的地方剧种。

农业生产中水旱作物兼有，生活习惯南北咸宜，是古代襄阳的又一特点。20世纪八九十年代，中国社会科学院考古研究所在枣阳发掘的雕龙碑原始氏族部落遗址中，稻谷和粟谷的皮壳同时出土，说明远在5000多年前襄阳地区已是水旱作物兼种。襄阳南邻号称鱼米之乡的江汉平原，北接盛产小麦、玉米的南阳盆地，生活习惯南北兼有，南方人和北方人都乐于聚集在这里从业定居。

第二节　历史沿革与考古学文化背景

一、历史沿革

襄阳历史悠久，文化源远流长。据考古发现，远在60万年前的旧石器时代，古老的汉水及其区域内的其他较大水系就已有人类栖息繁衍的踪迹，后历经漫长的历史演变，逐渐发展成我国南北文化交流与融合的中心地区。据历史文献及相关地方志记载，早在春秋以前，襄阳境内就分布有邓、卢、鄀、罗、鄢、谷、厉、随、唐等诸侯国。春秋以降，襄阳大部分陆续收归楚境，秦汉以后逐渐成为三国文化的中心区域和历朝历代的军事重镇。

襄阳，始建于西汉初年，以治所位于襄水（现南渠）之北而得名，辖汉水以南、中庐县以东、治所以北的广大地区。在西汉武帝时期为荆州刺史部南郡治所。在新莽时一度改称为"相阳"。在东汉光武帝时又恢复原名，仍属荆州南郡。在东汉献帝初平年间，荆州刺史刘表移治所于现襄阳城内。

东汉建安十三年（208年），曹操控制了南郡北部，析南郡北部置襄阳郡，郡治位于现襄阳城内东北部。曹魏、西晋时期，襄阳仍属荆州襄阳郡。东晋时期，因雍州（今陕西一带）人避难向南流入襄阳等地，为安置流民，孝武帝于太元十四年（389年）以襄阳为中心侨置雍州。南北朝时期，刘宋元嘉二十六年（449年），划出荆州的襄阳、南阳、顺阳、新野、随这五郡为侨置雍州的实土，州治仍在襄阳城内。梁朝时，萧詧以襄阳降西魏，西魏改雍州为襄州，置总管府。唐贞观初年属山南东道，北宋神宗熙宁五年（1072年）在襄阳设立京西南路。元至元二十九年（1292年），改为江北河南行中书省襄阳路。明起复为襄阳府，属湖广行中书省。明崇祯十六年（1643年），李自成曾一度改称襄阳为襄京。清康熙三年（1664年），改为湖北布政使司襄阳府。

1951年析襄阳县城区与樊城合并设置省辖市襄樊市。1958年属襄阳专区。1979年复为省辖市。1983年国务院批准（国函〔1983〕164号）：撤销襄阳地区，将襄阳、枣阳、宜城、南漳、保康、谷城6县划归襄樊市管辖；撤销随县，将随县的行政区域并入随州市（县级）；撤销光化县，将光化县的行政区域并入老河口市（县级）。

1994年，湖北省政府将随州市由襄樊市代管改为省直辖（2000年设立地级随州市）。据第五次全国人口普查数据，襄樊市2000年总人口5658723人。

2005年底，襄樊市辖3个市辖区、3个县，代管3个县级市：襄城、樊城、襄阳3区，南漳、谷城、保康3县，代管老河口、枣阳、宜城3市（县级）。2008年，全市总人口2009065户，5843807人。

2010年，国务院批准襄樊市更名为襄阳市。

二、两周时期考古学文化背景

襄阳，物华天宝，人杰地灵，有着有史以来历朝历代丰富的地下遗存，这些遗存无可争议地见证着襄阳在历史进程中的显著地位。襄阳位于湖北省西北部、汉水流域中游，因地处襄水之北而得名。汉水南岸群山环抱，植被丰富。汉水中游水系发达，水资源丰富。襄阳有着依山傍水的独特地理优势和优良的气候条件，故从旧石器时代开始就有人类在此繁衍生息。

襄阳的旧石器时代遗存发现有4处，主要集中于汉水北岸牛首镇金鸡嘴[1]、太平店镇军营坡[2]、龚家洲及团山镇山湾[3]等地。这批遗存的时代约当旧石器时代中晚期。

新石器时代地下遗存达180余处，主要分布于区域内各大水系附近，且以汉水两岸分布的居多，文化类型主要属大溪文化、屈家岭文化、石家河文化，同时也在中原仰韶文化、龙山文化不同程度的影响作用下自成一体。经调查发掘，该时期遗存以雕龙碑遗址[4]最具特色。雕龙碑遗址位于枣阳市鹿头镇的武庄村，是一处新石器时代中晚期氏族公社聚落遗址，年代为距今6000年左右。

雕龙碑遗址发现于1957年，由于遗址内涵丰富，保存面积较大，1990～1992年，考古工作者对其进行了发掘。遗址中发现房址、窖穴、墓葬等遗迹，并出土各种生产工具、生活用具及动物骨骼数千件。其中不少器形不见于同时代其他遗存，尤其是配有推拉门的房屋基址在中国尚属首次发现，在世界古遗址中也属罕有。自1990年始，中国社会科学院考古研究所先后对此遗址进行了五次发掘，出土了大量的斧、锛、凿、铲、耜、犁、镰和镢等石质劳动工具，同时

---

[1] 襄阳县文物管理处：《襄阳县三处旧石器时代遗址调查》，《江汉考古》1999年第4期。
[2] 襄阳县文物管理处：《襄阳县三处旧石器时代遗址调查》，《江汉考古》1999年第4期。
[3] 襄阳县文物管理处：《襄阳县三处旧石器时代遗址调查》，《江汉考古》1999年第4期。
[4] 中国社会科学院考古研究所：《枣阳雕龙碑》，科学出版社，2006年。

也出土了诸如碗、钵、盘、壶、瓶、缸、罐、瓮和鼎等几十种黑、红、灰三种颜色的陶质生活用具及装饰品。发掘还发现,房屋基址中已经开始使用石灰及类似水泥的建筑材料,将房屋建成单元式结构,并使用推拉式结构的房门。这是史前考古学中极为震撼的重大发现。雕龙碑遗址地处中国古代南北文化的接壤地带,是长江流域发现的一处重要彩陶遗址,是南北文化交融的产物,并自成一体。

夏商时期的文化遗存发现较少,仅有襄城区欧庙镇王树岗遗址[①]、枣阳市鹿头镇墓子岗遗址[②]、枣阳市城区顺城湾遗址[③]三处遗址。受考古调查工作的局限,以上这几处遗址的文化面貌还不是很清晰。

两周时期文化遗存分布情况,主要可以分南阳盆地以南的邓城周边区域、随枣走廊区域和汉水以南的襄宜平原区域三个部分。

(一)南阳盆地以南的邓城周边区域

近年,为了配合邓城外围东部及北部的基本建设,我们做了大量的考古勘探与发掘工作。发掘表明,邓城北部主要分布有小马家遗址[④]、山湾墓地[⑤]、王坡墓地[⑥]、蔡坡墓地[⑦]、鏖战岗遗址、墓地[⑧],东南部分布有周家岗遗址[⑨]、王巷遗址[⑩]、黄家村遗址、墓地[⑪]、彭岗墓地[⑫]、余岗墓地[⑬]、沈岗墓地[⑭]。以上这些遗存,考古发掘出土了大量的包含铜、陶、漆木、玉石、金银

---

① A. 襄石复线襄樊考古队:《湖北襄阳法龙王树岗遗址二里头文化灰坑清理简报》,《江汉考古》2002年第4期。
   B. 襄阳市文物考古研究所2008年发掘资料。
② 枣阳市文物考古队调查资料。
③ 枣阳市文物考古队调查资料。
④ 襄樊市文物考古研究所、襄阳区文物管理处:《襄阳黄集小马家遗址发掘简报》,《襄樊考古文集》(第一辑),科学出版社,2007年。
⑤ 湖北省博物馆:《襄阳山湾东周墓葬发掘报告》,《江汉考古》1983年第2期。
⑥ 湖北省文物考古研究所、襄樊市考古队、襄阳区文物管理处:《襄阳王坡东周秦汉墓》,科学出版社,2005年。
⑦ A. 湖北省博物馆:《襄阳蔡坡战国墓发掘报告》,《江汉考古》1985年第1期。
   B. 襄樊市考古队:《湖北襄樊市蔡坡战国墓第二次发掘》,《考古》2005年第11期。
⑧ 襄阳市文物考古研究所2010年发掘资料。
⑨ 襄阳市文物考古研究所2008年发掘资料。
⑩ 襄阳市文物考古研究所2008年发掘资料。
⑪ 襄阳市文物考古研究所:《襄阳黄家村》,科学出版社,2013年。
⑫ 襄樊市考古队:《襄樊市彭岗东周遗址发掘简报》,《江汉考古》2000年第2期。
⑬ A. 襄樊市博物馆:《湖北襄阳余岗战国墓发掘简报》,《考古》1992年第9期。
   B. 襄樊市博物馆:《襄樊余岗战国秦汉墓第二次发掘简报》,《江汉考古》2003年第2期。
   C. 襄阳市文物考古研究所:《余岗楚墓》,科学出版社,2011年。
⑭ 襄阳市文物考古研究所2004~2010年发掘资料。

等多种器类在内的精美文物。另外，2006年湖北省文物考古研究所于汉水东岸的襄州区（原襄阳县）东津镇发现的陈坡遗址，其中包含西周晚期遗存及东周时期楚国的高级贵族墓地，该遗存应与古邓城遗址有着密切的关系。古邓城遗址西南部地势较低，近来大量的考古资料显示，未见两周时期遗存。

（二）随枣走廊区域

随枣走廊西端分布有襄州区（原襄阳县）黄龙镇楚王城西周中晚期城址[①]、下柏两周时期遗址[②]，中部分布有枣阳周台遗址[③]、郭家庙墓地[④]等两周时期遗存。这批遗存应与古唐国及曾国各时期的发展与变迁有着相对应的关系。这批遗存的发现为我们考证古唐国及曾国的历史变迁有着重要的意义。

（三）汉水以南的襄宜平原区域

襄阳城周边主要有襄阳城内新城湾五监狱住房改建时发掘的新街东周遗址[⑤]、真武山西周遗址[⑥]、襄城欧庙付岗东周墓地[⑦]三处。其中，真武山遗址发掘了多个重要的遗迹单位，并出土了与中原周文化系统同属的大量典型陶器。尤其是刻有"弓矢"字样的卜骨的发现显得尤为珍贵，有字卜骨的发现在汉水乃至整个长江流域尚属少见，具有重要的意义。种种迹象表明该遗址是汉水流域的一处重要的西周时期遗址，遗址的具体国属性质有待于该地区的进一步考古调查及发现。

汉水以西的宜城平原分布有楚皇城[⑧]、郭家岗[⑨]、小胡岗[⑩]等大型周代遗址，宜城西部与南

---

① 襄阳市博物馆：《湖北襄阳楚王城西周城址调查简报》，《江汉考古》2012年第1期。
② 襄阳市文物考古研究所2007年发掘资料。
③ 襄樊市文物考古研究所、枣阳市文物考古队：《枣阳周台遗址发掘报告》，《襄樊考古文集》（第一辑），科学出版社，2007年。
④ 襄樊市考古队、湖北省文物考古研究所、湖北孝襄高速公路考古队：《枣阳郭家庙曾国墓地》，科学出版社，2005年。
⑤ 襄阳市文物考古研究所2007年发掘资料。
⑥ 湖北省文物考古研究所、襄樊市博物馆：《湖北襄樊真武山周代遗址》，《考古学集刊》（第9集），科学出版社，1995年。
⑦ A. 襄石复线襄樊考古队：《湖北襄阳法龙付岗墓地发掘简报》，《江汉考古》2002年第4期。
　B. 襄樊市文物考古研究所：《襄樊付岗墓地第二次发掘报告》，《襄樊考古文集》（第一辑），科学出版社，2007年。
⑧ 楚皇城考古发掘队：《湖北宜城楚皇城战国秦汉墓》，《考古》1980年第2期。
⑨ 王先福：《楚文化在宜城平原发展的考古学观察》，《襄樊考古文集》（第一辑），科学出版社，2007年。
⑩ 王先福：《楚文化在宜城平原发展的考古学观察》，《襄樊考古文集》（第一辑），科学出版社，2007年。

漳交界地区分布有以朱市凤凰山墓地[①]、安乐堰遗址、墓地[②]为代表的共计80余处楚文化遗存。另外，2007年，武汉大学徐少华先生带队调查的肖家岭[③]、娃子坟[④]、古楼岗[⑤]、周家岗[⑥]、王旗营[⑦]、曾家洲[⑧]、丁家冲[⑨]、朱家湾[⑩]等一批规模可观、内涵丰富的周代遗址群，为以后我们在该区域的考古调查工作指明了方向。

公元前278年，秦将白起拔郢，本区域沦为秦境，同时或稍后即加强推进了秦文化在本地的植入。或是因为秦的统治时间相对较短，抑或是因为本地域作为较为边远的地区楚民较为顽固，除以两城址为代表的中心聚落发现有一定数量的秦文化因素的墓葬外，其余地域的战国晚期墓葬似乎仍延续着早期楚文化的形态，其中所包含的秦文化因素似乎并不明显。故此，今邓城、楚皇城城址的秦文化遗存也与前期楚文化遗存有着根本的不同，在以上两个城址附近发现了一定数量的秦文化因素占主导的战国晚期秦文化墓葬，另外，还有一个值得注意的现象是，中原地区多见的典型的秦文化洞室墓在本地少见。本时期亦出土了一定数量的带有秦文化因素的包括陶器、铜器、铁器等在内的典型文物。

第三节　墓地发现与发掘经过

沈岗墓地位于古邓城遗址正东约2千米处，是其外围的一处重要墓地。截至目前，通过对邓城外围两周遗址的调查，发现有周家岗、黄家村两处两周时期居住遗址分布。目前除沈岗自然村地段未发掘外，基本完成沈岗墓地的发掘。墓葬基本保存完好，除农业耕作外，未发现盗扰现象。

---

① 王先福：《楚文化在宜城平原发展的考古学观察》，《襄樊考古文集》（第一辑），科学出版社，2007年。
② 王先福：《楚文化在宜城平原发展的考古学观察》，《襄樊考古文集》（第一辑），科学出版社，2007年。
③ 武汉大学历史地理研究所、宜城市博物馆：《湖北宜城市周代文化遗址调查简报》（之二），《江汉考古》2008年第2期。
④ 武汉大学历史地理研究所、宜城市博物馆：《湖北宜城市周代文化遗址调查简报》（之二），《江汉考古》2008年第2期。
⑤ 武汉大学历史地理研究所、宜城市博物馆：《湖北宜城市周代文化遗址调查简报》（之二），《江汉考古》2008年第2期。
⑥ 武汉大学历史地理研究所、宜城市博物馆：《湖北宜城市周代文化遗址调查简报》（之二），《江汉考古》2008年第2期。
⑦ 武汉大学历史地理研究所、宜城市博物馆：《湖北宜城市周代文化遗址调查简报》（之二），《江汉考古》2008年第2期。
⑧ 武汉大学历史地理研究所、宜城市博物馆：《湖北宜城市周代文化遗址调查简报》（之二），《江汉考古》2008年第2期。
⑨ 武汉大学历史地理研究所、宜城市博物馆：《湖北宜城市周代文化遗址调查简报》（之三），《江汉考古》2008年第3期。
⑩ 武汉大学历史地理研究所、宜城市博物馆：《湖北宜城市周代文化遗址调查简报》（之三），《江汉考古》2008年第3期。

2004年4月，为配合襄樊市（今襄阳市）高新技术产业开发区园区修建航宇路（原金岗北路）勘探发现该墓地。2004年4~7月，在报请湖北省文物局及有关上级部门批准后对勘探发现的136座东周至明清时期墓葬进行了科学发掘。其后，在2004~2010年的7年间，为配合基建工程，于该墓地进行大小10次发掘，相继发掘两周至明清时期墓葬1129座（彩版一），按时间早晚依次有2004年4~7月金岗北路修建（M1~M136）、2004年10月华光南侧路修建（M137~M151）、2005年3~6月江山一期住宅楼建设（M152~M275）、2005年9~11月追日电气厂区扩建（M276~M295）、2005年12月余岗实业公司建设（M296~M302）、2006年3~7月天济大药房厂区建设（M303~M367）、2006年7月~2007年1月大力公司厂区（彩版二）建设（M368~M853）、2006年11月~2007年1月迈格公司厂区建设（M854~M916）、2008年8~11月澳航玻璃公司建设（M917~M963）、2009年7月~2010年1月江山二期住宅区建设（M964~M1129）。

沈岗墓地的发掘领队由襄阳市文物考古研究所王先福研究馆员担任，襄阳市文物考古研究所王伟为工地项目负责人。自始至终参与勘探、发掘工作的有襄阳市文物考古研究所王伟，老河口市博物馆徐昌寅；部分参与田野发掘工作的有襄阳市文物考古研究所陈千万、王先福、杨力、释贵星、曾宪敏、王志刚、刘江生、杨一、梁超、周婷，以及老河口市博物馆符德明，襄州区文物处邵平、付强，南漳县博物馆孙义宏，宜城市博物馆杨明宝等。2005年、2006年夏，湖北省内高校历史、考古等相关专业导师及博士、硕士研究生分两批次指导并实际参加了沈岗墓地的田野发掘，有武汉大学尹弘兵、郑威、田成方、靳进，华中师范大学黄尚明、王准、胡立华、黄超芬、郑丹等。所有参与发掘的工作人员和大学师生们均付出了艰辛的劳动。特别是2004~2010年的7年间，几易寒暑，参与整个工地发掘的工作人员为这项事业倾注了大量的热情与心血。

整个田野考古发掘工作得到了湖北省文物考古研究所和襄阳市文物局的大力支持。在发掘过程中，湖北省文物考古研究所专家和襄阳市文物专家多次到工地现场检查指导工地发掘工作。

第四节　资料整理与报告编写

一、资料整理

沈岗墓地的勘探发掘工作始于2004年4月，其后经数次发掘，于2010年1月基本完成整个墓地的田野考古发掘工作。由于沈岗墓地的发掘是配合基建进行的，通常是上一个发掘单元刚结束不久即进行下一个单元的发掘，存在两个发掘单元同时或交替进行的情况，因此，在少有的发掘间隙，我们对发掘出土的部分陶器进行了修复，对田野发掘资料进行录入登记等，做了些零散的基础性工作。在对沈岗墓地的田野发掘工作全部完成后，沈岗墓地考古报告资料的整理正式提上日程，室内资料整理工作的安排正式启动。

沈岗墓地发掘出土的器类主要有陶器、漆木器、铜器、玉器、铁器五个器类。整理之初，我们对各个器类进行了有序的修复、检测和绘图等工作。

陶器的全面修复工作在襄阳市文物考古研究所修复基地进行，主要由襄阳市文物考古研究所龚金英和湖北省文物考古研究所纪南城工作站黄文娟承担。另外，襄阳市文物考古研究所技工祁恩成、黄宏涛、张贵跃、赵静等也分别在不同时段部分地参与了此项工作。

铜器的修复工作主要由襄阳市博物馆铜器修复中心易泽林、陈小飞承担并完成。

另外，我们对发掘出土的保存较好的部分漆木器进行了脱水保护工作，此项工作由湖北省博物馆文物保护中心陈中行等承担并完成。

陶器、铜器、玉器的绘描工作、漆木器的描图及墓葬平、剖面图主要由老河口市博物馆符德明完成。墓葬坑位关系图由老河口市博物馆徐昌寅完成，宜城市博物馆詹世清参与了部分漆木器的绘图工作。

室内器物灯光照相由襄阳市文物考古研究所杨力按漆木器、陶器、铜器、玉器依次分批完成。

铜器纹饰的拓片制作由襄阳市文物考古研究所曾宪敏完成。

器物制卡由襄阳市文物考古研究所王伟完成，老河口市博物馆徐昌寅参与了部分陶器的制卡工作。

在资料的室内整理过程中，华中师范大学硕士研究生韩静，武汉大学硕士研究生王琢玺、周青分别参与了部分基础资料的整理工作，谷城县文化馆李富平参与了器物分期排版制图工作。整个报告文字的编写、表格的制定与录入、线图及图版编排及室内整理的统筹安排协调等各项相关工作，由襄阳市文物考古研究所王伟负责完成。

二、报告编写

（一）报告体例的确定

沈岗墓地的考古发掘延续时间长，配合基本建设历大小10次发掘，共清理发掘两周至明清时期墓葬1129座，其中东周时期墓葬占大宗，两汉及明清时期墓葬也有一定数量。该墓地有发掘周期长、墓葬延续时代久、墓葬数量庞大等特点，考虑到发掘报告的体量及整理进程，为了能更及时、全面地公布发掘资料，襄阳市文物考古研究所组织相关业务人员进行了多次充分论证，最终从备选方案中确定了本报告的编写方案：按发掘及资料整理顺序分东西两区对整个沈岗墓地分别进行报告。

本次报告仅限于沈岗墓地西区的两周时期墓葬，即本次襄阳沈岗周代墓的整理对象包括2004～2007年沈岗墓地西区的编号沈岗M1～沈岗M853中的615座两周时期墓葬。沈岗墓地西区范围内发掘的东周以后的墓葬暂不在此报告之列，另文报告。

由于沈岗墓地被分割成多个单元且跨年度经多次发掘，为了使公布的资料遵循完整性、一体化原则，我们采用了田野发掘时的原始编号不变。由于该墓地的发掘分多项目多次进行，为行文方便且又不产生混淆和歧义，报告中的墓葬编号均省去年份、项目名称等前缀，原始墓号不变，比如2004沈岗（金岗北路）M8直接省略为M8（彩版三，1）。

（二）本次报告所涉及的墓葬编号

沈岗墓地经多次发掘，其中，西区发掘较早，东区发掘较迟，西区墓葬编号范围大致为M1~M853，其中汉代以后的墓葬82座。由于东西区发掘交叉进行的原因，另外有156个墓葬编号编入沈岗墓地东区。本次报告所涉及的沈岗墓地的两周墓葬共计615座，编号详情如下（图二；彩版三，2）。

M1、M4、M5、M6、M7、M9、M10、M11、M12、M13、M14、M15、M16、M17、M18、M19、M20、M21、M22、M23、M24、M25、M26、M27、M28、M29、M35、M36、M37、M39、M40、M41、M42、M43、M44、M46、M47、M48、M49、M51、M52、M53、M54、M55、M56、M57、M58、M59、M60、M61、M62、M64、M65、M66、M67、M68、M69、M70、M71、M72、M73、M74、M75、M76、M77、M78、M80、M81、M82、M83、M84、M85、M88、M90、M91、M92、M95、M96、M97、M98、M99、M100、M101、M102、M103、M104、M105、M106、M107、M108、M109、M111、M112、M113、M115、M117、M118、M119、M120、M121、M122、M123、M124、M125、M126、M127、M128、M129、M130、M131、M132、M134、M135、M136、M137、M138、M139、M140、M141、M142、M143、M144、M145、M146、M147、M148、M149、M151、M296、M297、M298、M299、M300、M301、M302、M303、M304、M305、M306、M307、M308、M309、M310、M311、M312、M313、M314、M315、M316、M317、M318、M319、M320、M321、M322、M323、M324、M325、M326、M327、M328、M329、M330、M331、M332、M333、M334、M335、M336、M337、M338、M339、M340、M341、M342、M343、M344、M345、M346、M347、M348、M349、M351、M352、M353、M354、M355、M356、M357、M358、M359、M360、M361、M362、M363、M364、M365、M366、M367、M368、M369、M370、M371、M372、M373、M374、M375、M376、M377、M378、M379、M380、M381、M382、M383、M384、M385、M386、M387、M388、M389、M390、M391、M392、M394、M395、M396、M397、M398、M399、M400、M401、M402、M403、M404、M405、M406、M407、M408、M409、M410、M411、M412、M413、M414、M415、M416、M418、M419、M420、M421、M422、M423、M424、M425、M426、M427、M429、M430、M431、M432、M433、M434、M435、M436、M437、M438、M440、M441、M443、M445、M446、M447、M448、M449、M450、M451、M452、M453、M454、M455、M456、M457、M458、M460、M461、M463、M464、M466、M467、M468、M469、M470、M471、M472、M473、M474、M476、M477、M478、M480、M481、M482、M483、M484、M485、M486、M488、M489、M490、M491、

M492、M493、M494、M495、M497、M498、M499、M500、M501、M502、M503、M504、M506、M507、M508、M509、M510、M511、M512、M513、M514、M515、M516、M517、M518、M519、M520、M521、M522、M524、M526、M527、M529、M531、M532、M533、M534、M535、M536、M537、M538、M539、M540、M541、M542、M543、M544、M545、M546、M547、M548、M550、M551、M552、M554、M555、M556、M557、M558、M559、M560、M561、M562、M563、M564、M565、M566、M568、M569、M570、M571、M572、M574、M575、M576、M577、M578、M579、M580、M581、M582、M583、M584、M586、M587、M588、M589、M590、M591、M592、M593、M594、M595、M596、M598、M599、M600、M601、M602、M603、M604、M605、M606、M607、M608、M609、M610、M611、M612、M613、M614、M615、M616、M617、M618、M619、M620、M621、M623、M624、M625、M626、M627、M628、M629、M630、M631、M632、M633、M634、M635、M637、M638、M641、M642、M644、M648、M650、M651、M652、M654、M655、M656、M657、M658、M659、M660、M661、M662、M663、M664、M665、M666、M667、M668、M669、M670、M671、M673、M674、M675、M676、M677、M678、M679、M680、M681、M682、M683、M684、M685、M686、M687、M688、M689、M690、M691、M692、M693、M694、M695、M696、M698、M699、M700、M701、M702、M703、M704、M705、M706、M707、M708、M709、M710、M711、M712、M713、M714、M715、M717、M718、M720、M721、M723、M728、M729、M731、M732、M733、M734、M735、M736、M738、M739、M740、M741、M742、M743、M744、M745、M746、M747、M748、M749、M750、M751、M752、M753、M754、M755、M756、M757、M758、M759、M760、M761、M762、M763、M764、M765、M766、M767、M768、M769、M770、M771、M772、M773、M774、M775、M776、M777、M779、M782、M784、M786、M787、M789、M790、M791、M793、M794、M796、M797、M798、M800、M801、M803、M804、M806、M807、M808、M811、M813、M814、M816、M817、M818、M821、M822、M823、M824、M825、M827、M828、M831、M832、M834、M835、M836、M837、M839、M841、M842、M843、M844、M845、M846、M847、M848、M849、M852、M853。

（三）报告编写说明

在随葬器物编号方面，除同一墓葬中少量同一类器物用亚号表示外，其余器物均一器一号。依田野考古操作规程，填土中的器物一律在器号前加"0"字以示区别。

整本报告力求在体例上保持一致，为全面反映发掘的客观情况，分清主次，对不同的具体情况做到详略得当，行文中尽量客观地公布发掘的第一手资料，尽量避免后期人为加工。

在随葬器物介绍方面，则按一般考古报告的通行体例，对不同时期的器物首先区分质地，其中有少量的器物附件仍归入该主体器物大类叙述。对不同质地的器物，又细按其功用和特点分别叙述。

（四）相关整理成果

整理者在对沈岗墓地后续发掘和对先期发掘资料进行整理的同时，对较为重要的墓葬先期进行了整理发表。其中，《襄樊沈岗西周墓发掘简报》载于2007年科学出版社出版的《襄樊考古文集》（第一辑），《湖北襄阳沈岗墓地M1022发掘简报》发表于《文物》2013年第7期，《湖北襄阳市沈岗春秋时期墓葬》发表于《考古》2017年第5期，《襄阳沈岗墓地（西区）邓国墓葬发掘简报》发表于《江汉考古》2020年第4期。

以上简报如与本报告有出入，以本报告为准。

第二章 邓 墓

第一节 墓葬概述

邓墓在整个沈岗墓地中占有比较小的比例，仅25座。这批墓葬零散分布于整个墓地，略靠墓地的中部、西南部分布（图三）。墓向多南偏西，200°左右，个别墓葬东北向。墓葬编号为：M9、M22、M26、M39、M329、M385、M420、M455、M519、M522、M565、M566、M577、M584、M594、M598、M601、M631、M632、M677、M694、M712、M748、M828、M843。可以明显看出相互关系、两座并列为一组、有埋葬规律的墓葬计有三组，分别是M519与M522、M565与M566、M631与M632。

一、墓葬形制

（一）方向

一般以遗存的牙齿及随葬器物判断方向。除2座东北向外，M694方向30°、M712方向25°，其余墓葬方向多在200°左右，即南偏西向。

（二）填土

墓坑填土多为黄褐色花土，土色较楚墓单一，个别墓葬填土中夹有少量灰白土，呈灰褐色，质地密实。

（三）墓圹结构

墓圹结构较为简单，均为长方形土坑竖穴墓，个别墓葬设生土台或壁龛。开口长2.22~3.9、宽1.1~2.2、深1.5~4.04米。口底基本同大，少量墓葬有口小底大的现象。较大的墓葬墓壁经过修整，较为规整，较小的墓葬坑壁不甚规整。

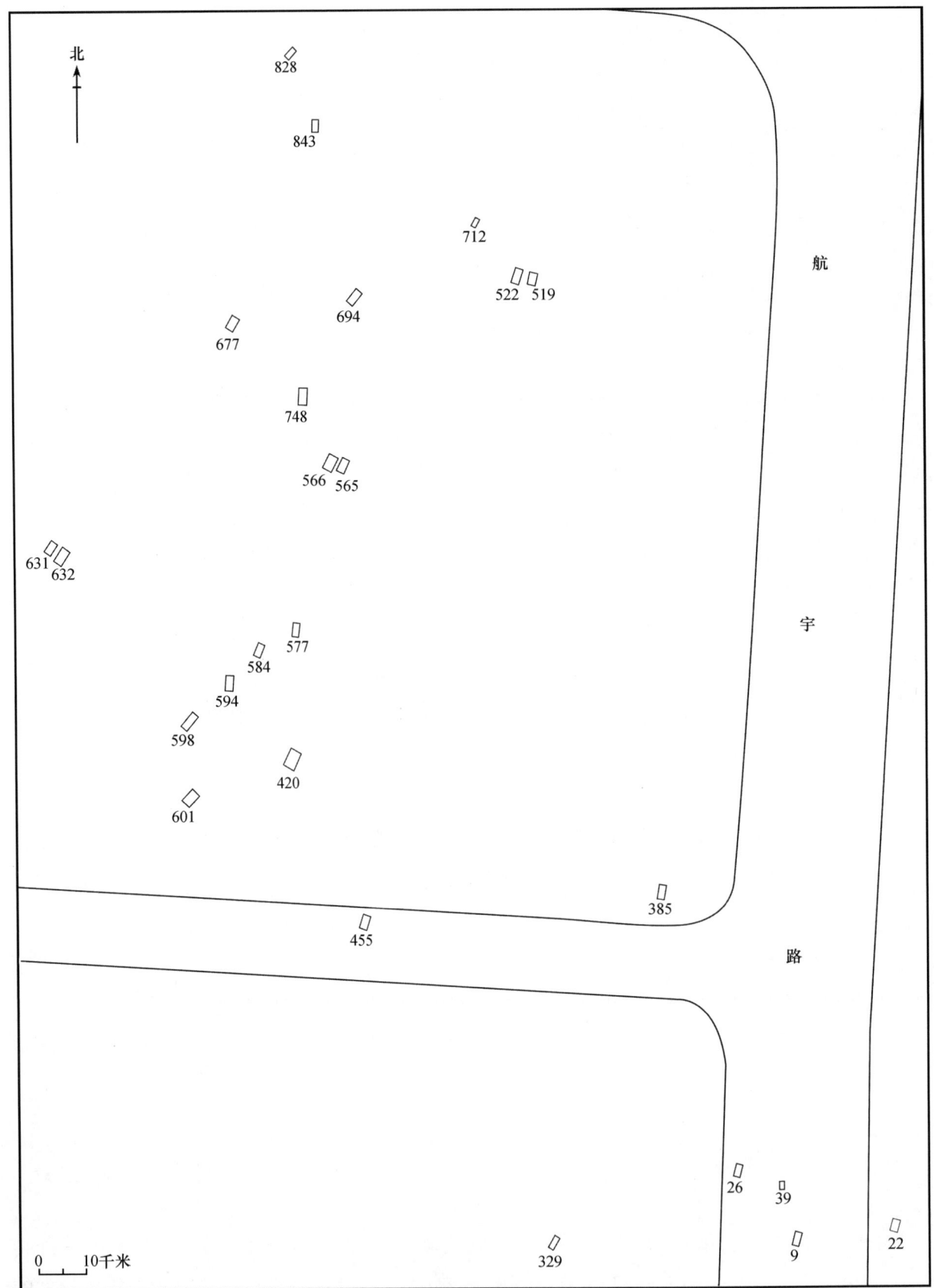

图三　沈岗墓地邓墓分布图

（四）葬具及葬式

葬具均已腐朽，仅存灰痕。从残存的灰痕可知，除M577、M694为一棺一椁外，其余均为单棺，M385、M420、M455、M601、M748这5座墓棺底均铺有朱砂。

25座墓葬人骨架已朽无存，仅10座墓葬发现有少量牙齿，葬式不明（附表一）。

二、随葬器物

随葬器物主要有玉器、陶器、铜器三种器类。玉器最多，陶器次之，铜器最少。随葬玉器主要放置于棺内的头端，以各种佩饰为主。仅M694、M712两座墓葬随葬有陶器，M694随葬陶器主要有簋、豆、罐，M712随葬陶器主要有鬲、盂、罐。其余墓葬随葬器物以玉器为主，或仅随葬玉器。

随葬玉器主要分12种器形，各种器形的出土情况如下。

（1）玉玲

共36件。出自M9等7座墓葬中。有玲的墓葬中，单个墓葬最少的有2件玲，最多的12件玲，随葬4件玲的墓葬最多，有2座，其他的分别为3件、5件、6件。

（2）玉玦

共26件。出自M22等14座墓葬中。有玦的墓葬分为两类，一类墓葬有玦2件，共12座；另一类墓葬有玉玦1件，共2座。

（3）玉璜

共9件。出自M26等6座墓葬中。有璜的墓葬分为两类，一类墓葬有璜2件，共3座；另一类墓葬有璜1件，共3座。

（4）玉饰件

共21件。出自M9等8座墓葬中。其中，M455、M566两座墓葬分别随葬4件和3件。

（5）玉冲牙

共38件。出自M455、M565两座墓中。M455随葬36件，M565随葬2件。

（6）玉管

共1件。出自M9。

（7）玉璧

共1件。出自M748。

（8）玉蛙

共1件。出自M420。

（9）玉人

共1件。出自M566。

（10）玉串珠

共8件。分别出自M329和M455。

（11）玉贝

共2件。出自M694。

（12）玉凿

共2件。出自M748。

第二节　墓葬举例

墓例：M9、M22、M39、M420、M455、M519、M565、M566、M577、M594、M677、M694、M712、M748、M828、M843。

1. M9

墓葬形制　方向195°。开口于现地表以下0.5米。墓葬平面呈长方形，口大底小。墓口长2.94、南宽1.52、北宽1.42米，墓底长2.66、南宽1.23、北宽1.2米，墓底距墓口深1.5米。坑口不规整。南壁设龛。坑内填黄褐色夹灰白色五花土，质密。

葬具及葬式　单棺，已腐，存灰色棺痕。棺痕长1.9、宽0.5、高0.4米。人骨架已朽，葬式不明。

随葬器物　玉器8件：佩饰、管各1件，琀6件。置于棺内南端（图四）。

玉佩饰（M9:1），长2、宽1.1~1.3、厚0.7、孔径0.4厘米（图五,1）。

玉管（M9:2），长3.9、外径1.1、内径0.6厘米（图五,2；彩版八,1）。

玉琀（M9:3），碎玉。大小在0.7~2.1厘米（图五,3）。

2. M22

墓葬形制　方向200°。墓圹西北角被M23打破。开口于现地表以下0.4米。长方形土坑竖穴墓。墓口长3.5、南宽1.52、北宽1.8米，墓底长3.1、南宽1.44、北宽1.4米，墓底距墓口深2.3米。坑壁未经修整，底平。坑内填黄褐色夹灰白色五花土，质密。

葬具及葬式　单棺，已朽，仅存灰色腐痕。棺痕长2、宽0.56、高0.4米。未见人骨架，葬式不明。

随葬器物　2件玉玦。置于棺内南端（图六）。

玉玦（M22:1、M22:2），大小、形制相同。较厚。素面。外径1.9、好径0.8、厚0.8厘米（图七；彩版八,2）。

3. M39

墓葬形制　方向205°。北端被M37打破。开口于现地表以下0.4米。长方形土坑竖穴墓，

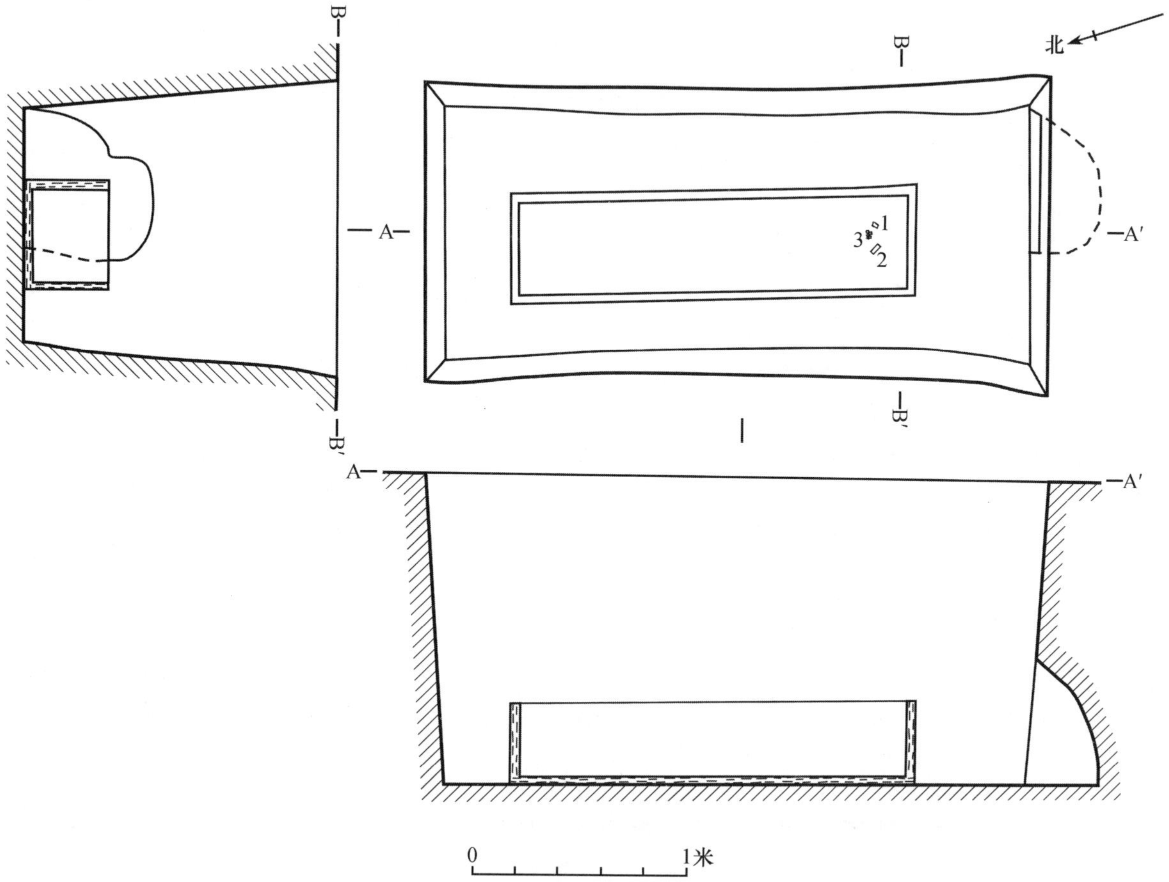

图四 M9平、剖面图
1. 玉佩饰 2. 玉管 3. 玉琀

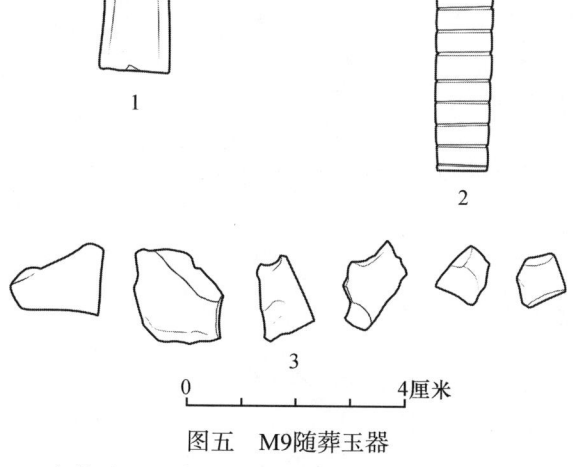

图五 M9随葬玉器
1. 佩饰（M9∶1） 2. 管（M9∶2） 3. 琀（M9∶3）

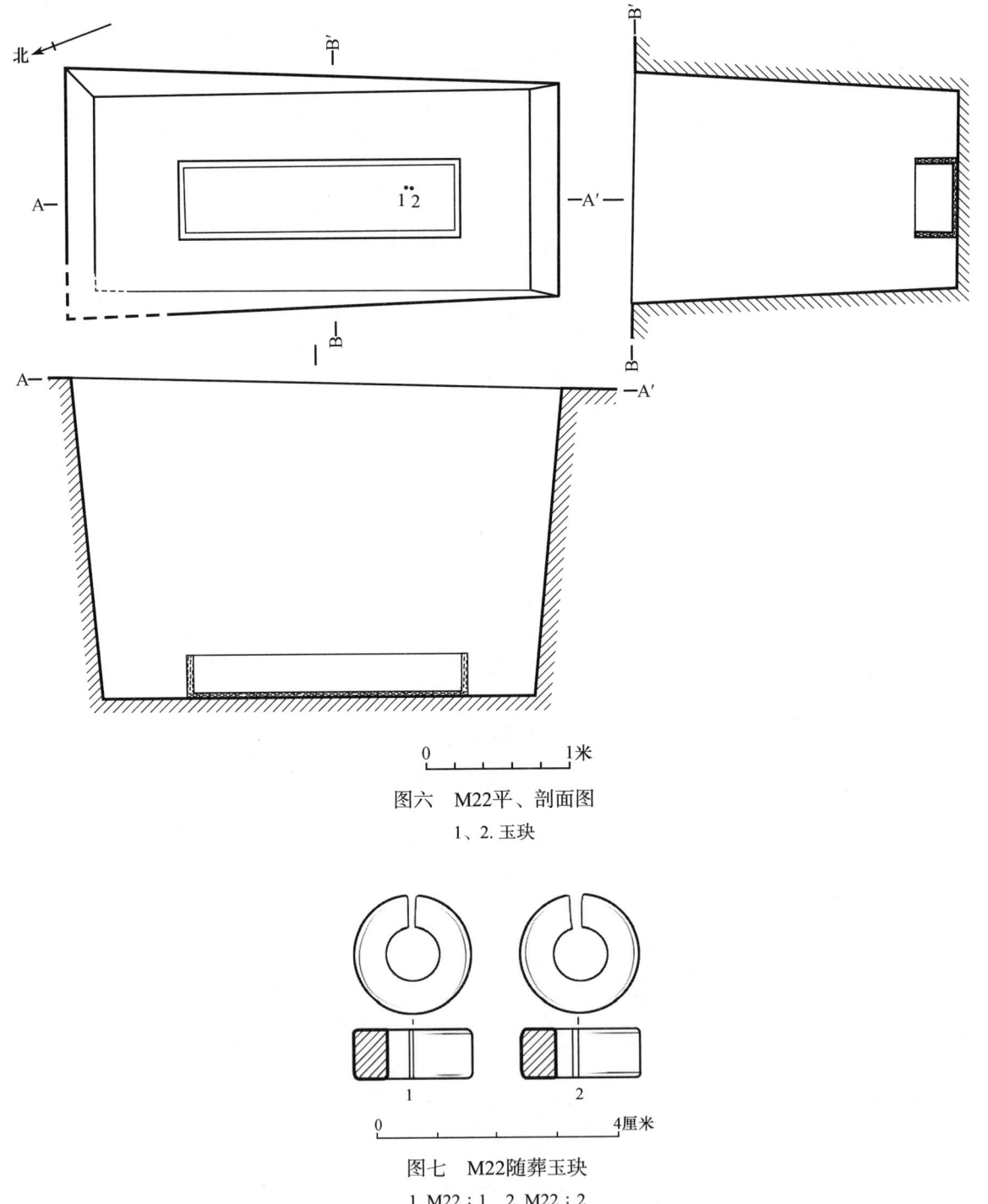

图六　M22平、剖面图
1、2. 玉玦

图七　M22随葬玉玦
1. M22∶1　2. M22∶2

口底同大。墓口长2.74、南宽1.21、北宽1.36米，墓底距墓口深1.7米。墓壁较光滑，直壁，平底。坑内填黄褐色夹灰白色五花土，质密。

葬具及葬式　单棺，已朽，仅存灰色腐痕。棺痕长1.9、宽0.5、高0.4米。未见人骨架，葬式不明。

随葬器物　玉器3件：玦2件、璜1件。置于棺内南端（图八）。

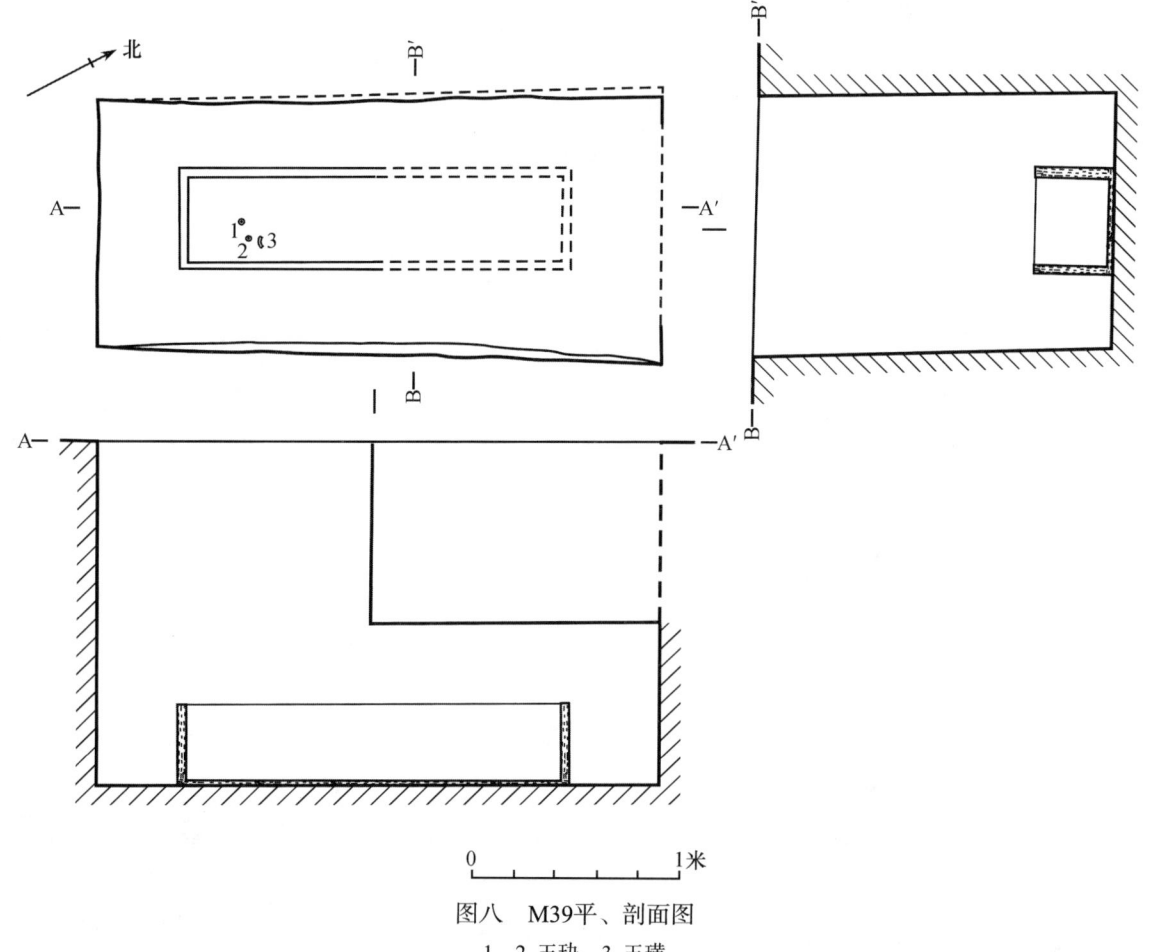

图八 M39平、剖面图
1、2. 玉玦 3. 玉璜

玉玦（M39∶1、M39∶2），大小、形制相同。较薄。单面饰卷云纹。外径3.3、好径0.8、厚0.2厘米（图九，1、2）。

玉璜（M39∶3），两端各置一圆形小穿。长5、宽1.2、厚0.2厘米（图九，3；彩版九，1）。

4. M420

墓葬形制　方向204°。被M418打破。开口于现地表以下0.2米。长方形土坑竖穴墓。墓口东长3.9、西长3.8、南宽2.1、北宽1.9米，墓底东长3.42、西长3.44、南宽1.64、北宽1.48米，墓底距墓口深3.3米。坑壁经修整，不甚光滑，底平。

葬具及葬式　单棺，已朽。残存棺痕长2.16、北宽0.72、南宽0.74、高0.54米。棺内底部有一层朱砂。人骨架已朽，仅于棺内南部存牙齿数枚。

随葬器物　铜器和玉器共计6件。其中，铜戈、铜棺饰、铜剑各1件，玉玦2件，玉蛙1件。

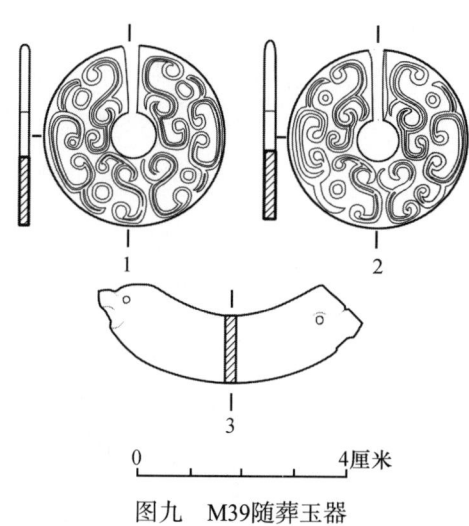

图九 M39随葬玉器
1、2. 玦（M39∶1、M39∶2） 3. 璜（M39∶3）

铜戈、铜棺饰置于棺上，余置于棺内中、南部（图一〇；彩版四，1、2）。

铜器

戈（M420：1），残。残长12.4、援残长5.4、胡长9.6厘米（图一一，4）。

棺饰（M420：2），残。形状不规则。残长8~10、宽1~2、厚0.2厘米。

剑

玉器（M420：5），通长26、身宽3.2厘米（图一一，3）。

玦（M420：3），2件同。外径5.05、好径1.3、厚0.3厘米（图一一，1；彩版九，2）。

蛙（M420：4），长1.8、宽1.3、厚0.55厘米（图一一，2；彩版一〇，1）。

5. M455

墓葬形制　方向202°。开口于现地表以下0.58米。长方形土坑竖穴墓，口大底小。墓口长3.38、宽1.8米，墓底长3.2、宽1.76米，墓坑深2.24米。坑壁较规整，底平。坑内填黄褐色夹灰白色土，土质较硬。

葬具及葬式　单棺，仅见腐痕。棺底铺有一层朱砂。棺痕长2.04、宽0.64、高0.44米。棺底南端仅见人牙1颗，葬式不明。

随葬器物　玉器45件：玦2件、冲牙36件、佩饰4件、串珠3件。置于棺内南部（图一二；彩版五，1、2）。

玉玦（M455：1-1、M455：1-2），2件尺寸相同，纹饰略异，单面饰云纹。外径4.4、好径1.1、厚0.2厘米（图一三，1、2；彩版一二）。

玉佩饰（M455：2-1），平面为近长方形。素面。长2.7、宽2、厚0.2厘米（图一三，3）。

玉佩饰（M455：2-2、M455：2-3、M455：2-4），3件同。平面为长方形，单面饰云纹。长2.3、宽1.7、厚0.2厘米（图一三，4~6；彩版一七，1）。

玉冲牙，36件。龙形，一端有穿。形状相近，大小相次。素面。长2.2~4.8、厚0.2厘米（彩版一一）。标本M455：3-1，长3.3厘米（图一三，7）。标本M455：3-2，长1.7厘米（图一三，8）。标本M455：3-3，长3.5厘米（图一三，9）。标本M455：3-4，长2.7厘米（图一三，10）。标本M455：3-5，长2厘米（图一三，11）。标本M455：3-6，长2.9厘米（图一三，12）。标本M455：3-7，长2.1厘米（图一三，13）。

6. M519

墓葬形制　方向194°。被M520打破。开口于现地表以下0.5米。长方形土坑竖穴墓，口大底小。墓口长3.14、宽1.86米，墓底长2.94、宽1.5米，墓坑深2.05米。坑壁粗糙，斜壁，平底。坑内填黄褐色五花土，质密。

葬具及葬式　单棺，已朽，腐痕清晰。棺痕长1.92、宽0.55、厚0.06、高0.3米。人骨架已朽，葬式不明。

随葬器物　玉玦2件。置于棺内南端（图一四；图版一，1、2）。

玉玦（M519：1-1、M519：1-2），2件大小、形制相同。外径1.8、好径0.75、高2.1厘米（图一五）。

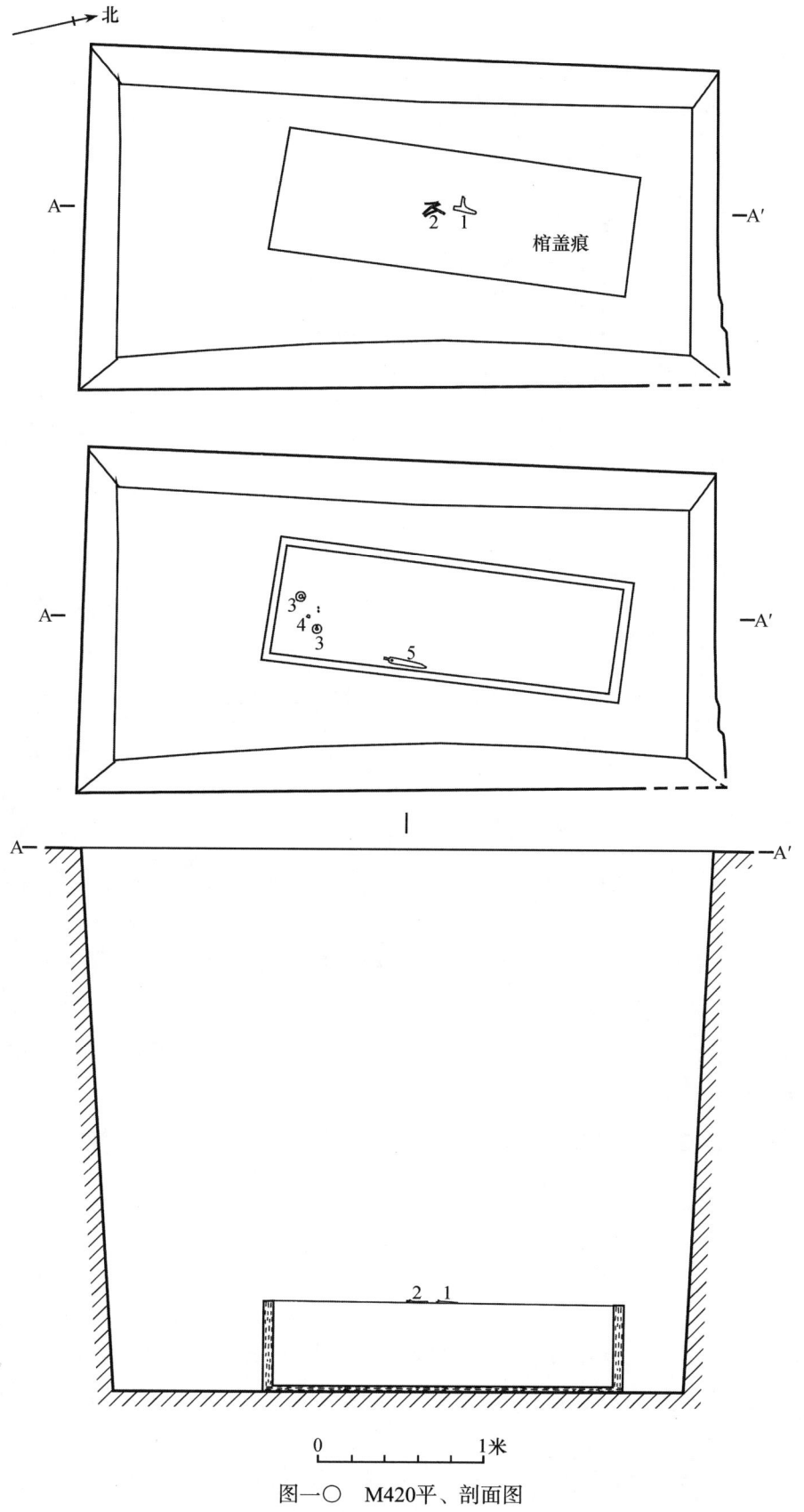

图一〇　M420平、剖面图
1. 铜戈　2. 铜棺饰　3. 玉玦　4. 玉蛙　5. 铜剑

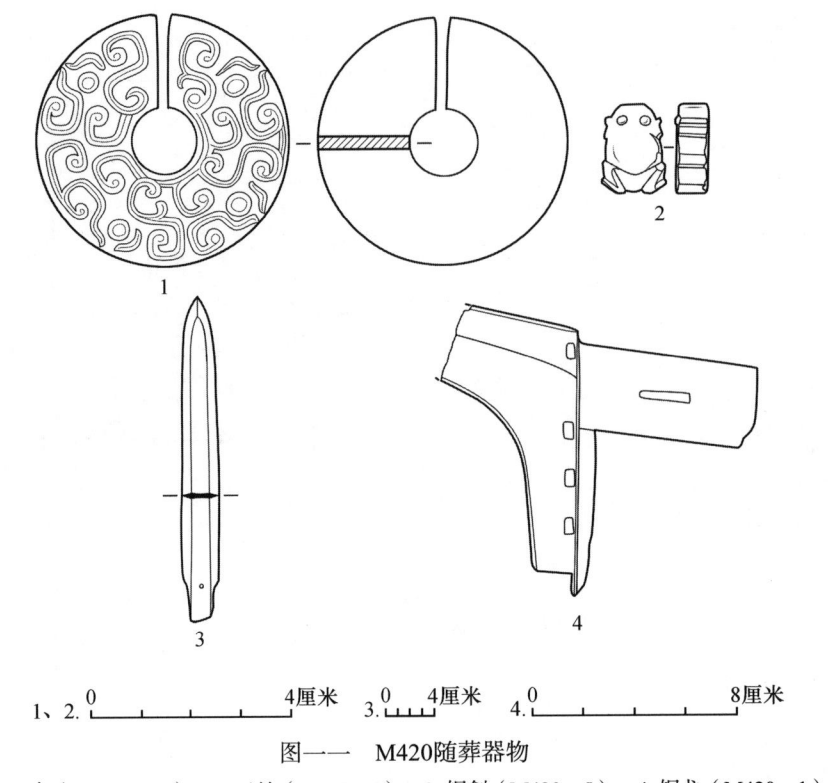

图一一 M420随葬器物
1. 玉玦（M420：3-1） 2. 玉蛙（M420：4） 3. 铜剑（M420：5） 4. 铜戈（M420：1）

7. M565

墓葬形制 方向203°。开口于现地表以下0.7~1米。长方形土坑竖穴墓，口略大于底。墓口长3.06、宽1.78米，墓底长3、宽1.64米，墓坑深4.04米。墓壁平整光滑，底平。坑内填黄褐色花土。

葬具及葬式 单棺，已腐，棺内铺有朱砂。棺痕长1.96、宽0.7、高0.08米。人骨架已朽，仅于棺内南部尚存人牙数枚，葬式不明。

随葬器物 玉器15件：玦1件、冲牙2件、琀12件。置于棺内南部（图一六；图版二）。

玉玦（M565：1），外径4.9、好径1、厚0.2厘米（图一七，1）。

玉冲牙（M565：2-1、M565：2-2），2件同。长3.6、宽1、厚0.2厘米（图一七，2、3；彩版一〇，2）。

玉琀（M565：3），碎玉。

8. M566

墓葬形制 方向204°。开口于现地表以下0.4米。长方形土坑竖穴墓，口大底小。墓口长3.36、宽2.2米，墓底长2.88、宽1.64米，墓坑深2.94米。墓壁较平整，底平。坑内填灰褐色花土。

葬具及葬式 单棺，已朽。棺痕长2.23、宽0.64、高0.48米。人骨架朽尽，葬式不明。

随葬器物 玉器6件：玦2件、人1件、佩饰3件。置于棺内南部（图一八；图版一，

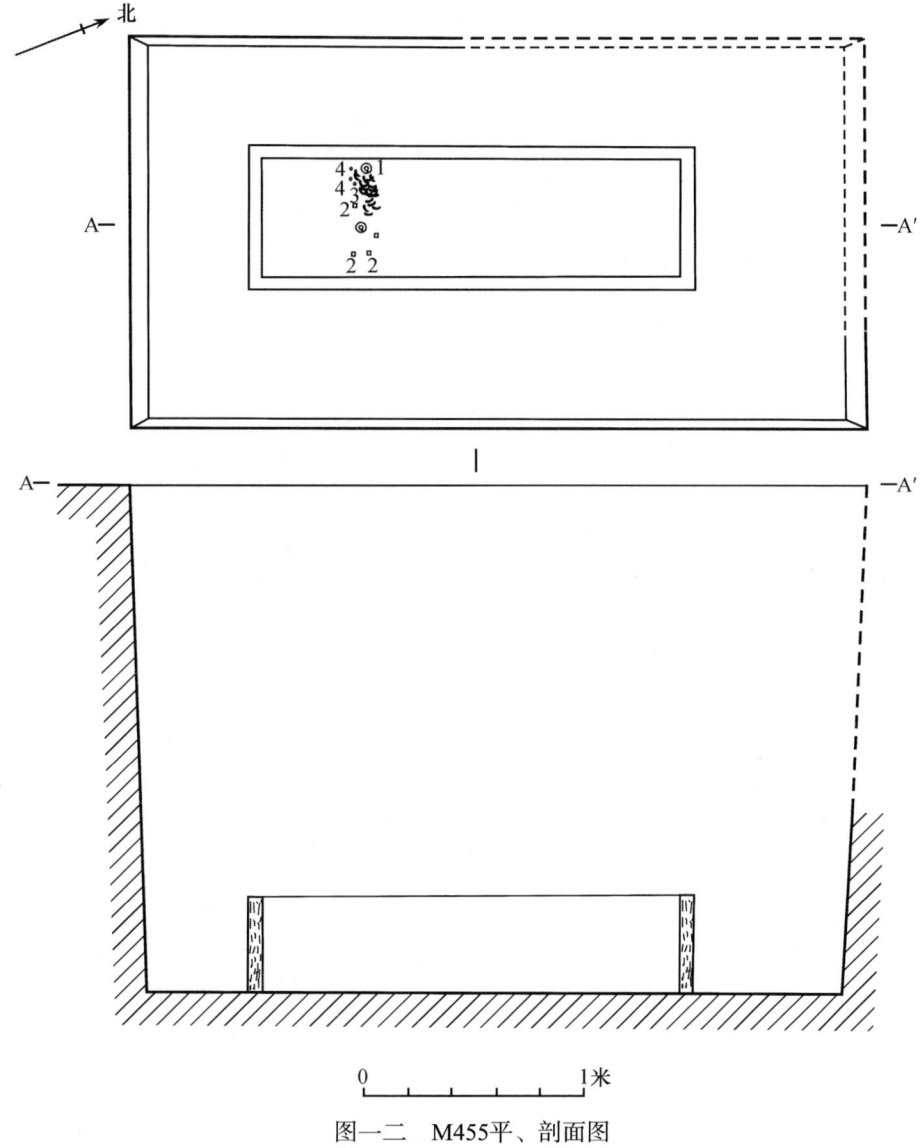

图一二　M455平、剖面图
1. 玉玦（2件）　2. 玉佩饰（4件）　3. 玉冲牙（36件）　4. 玉串珠（3件）

3、4）。

玉玦（M566：1-1、M566：1-2），2件大小、形制相同。圆柱状。器身外壁饰卷云纹。外径1.8、好径1、长2.4厘米（图一九，1、2）。

玉人（M566：2），青玉。浮雕成人形，高3.4、肩宽1.5厘米，立姿，身材粗壮。头部所占比例偏大，头发整齐中分，面容、手指、脚趾刻划清晰，五官肥大粗犷，双手抱于胸前，略鼓腹；头顶至双足间自上而下有一圆柱状穿孔，孔径0.3厘米；上身赤裸，下身着有简单服饰；手背及脚踝两侧各饰有一圆形突起（图一九，3；彩版一三）。

玉佩饰（M566：3），青玉。单面饰兽面纹、卷云纹。长4.8、宽1.6~2.2、厚0.3~0.4厘米（图一九，4；彩版一四）。

玉佩饰（M566：4），青玉。单面饰兽面纹、勾连云纹。器身置纵向穿孔，孔径0.3厘米。

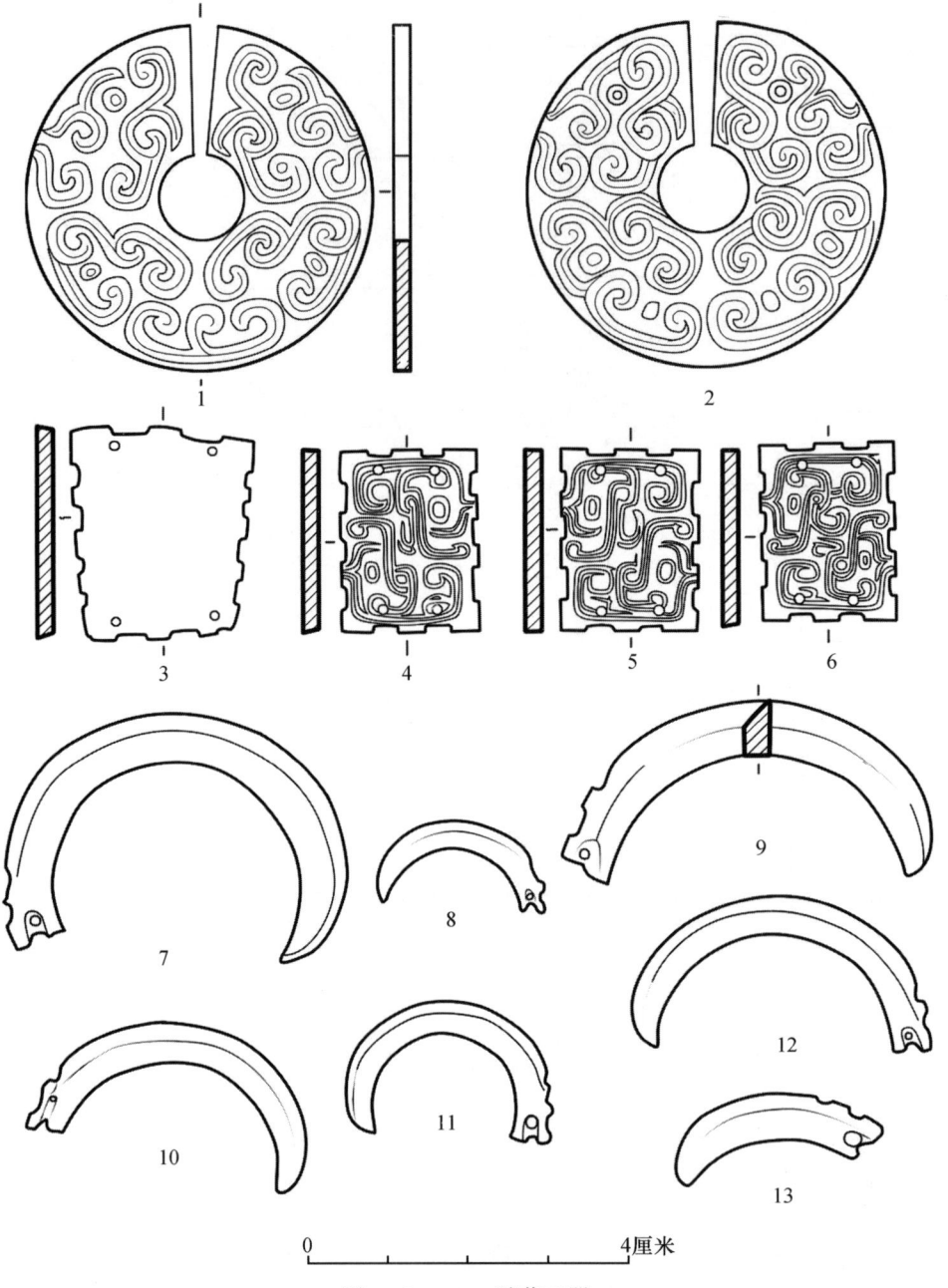

图一三 M455随葬玉器

1、2. 玦（M455:1-1、M455:1-2）　3~6. 佩饰（M455:2-1、M455:2-2、M455:2-3、M455:2-4）
7~13. 冲牙（M455:3-1、M455:3-2、M455:3-3、M455:3-4、M455:3-5、M455:3-6、M455:3-7）

长3.8、宽2.1~2.2、厚0.4~0.7厘米（图一九，5；彩版一六，1）。

玉佩饰（M566:5），青玉。单面饰兽面纹、勾连云纹。器身置纵向穿孔，孔径0.3厘米。长4.4、宽1.6~2.2、厚0.4~0.7厘米（图一九，6；彩版一五）。

9. M577

墓葬形制　方向190°。被M578打破。开口于现地表以下0.7米。长方形土坑竖穴墓，口大

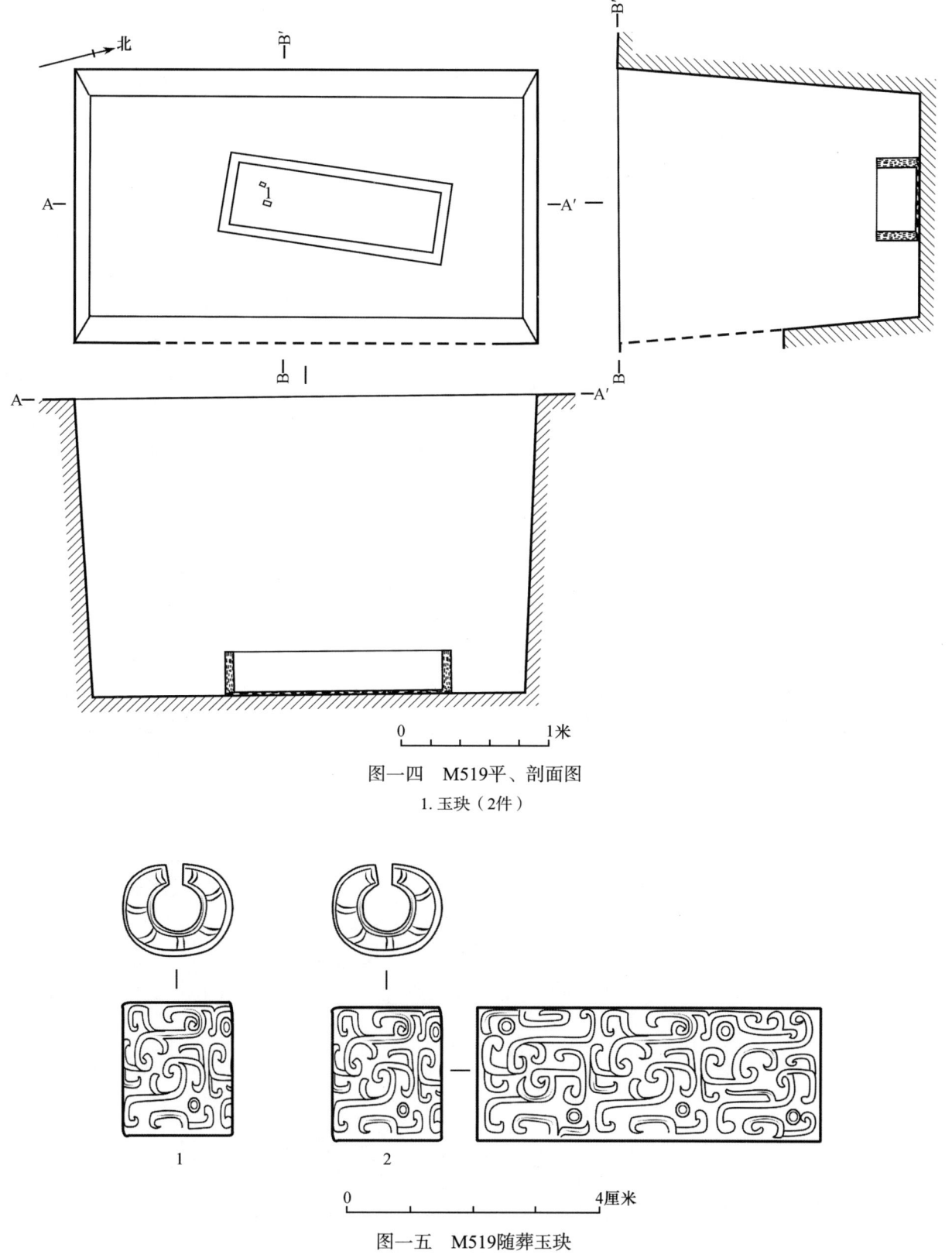

图一四　M519平、剖面图
1. 玉玦（2件）

图一五　M519随葬玉玦
1. M519：1-1　2. M519：1-2

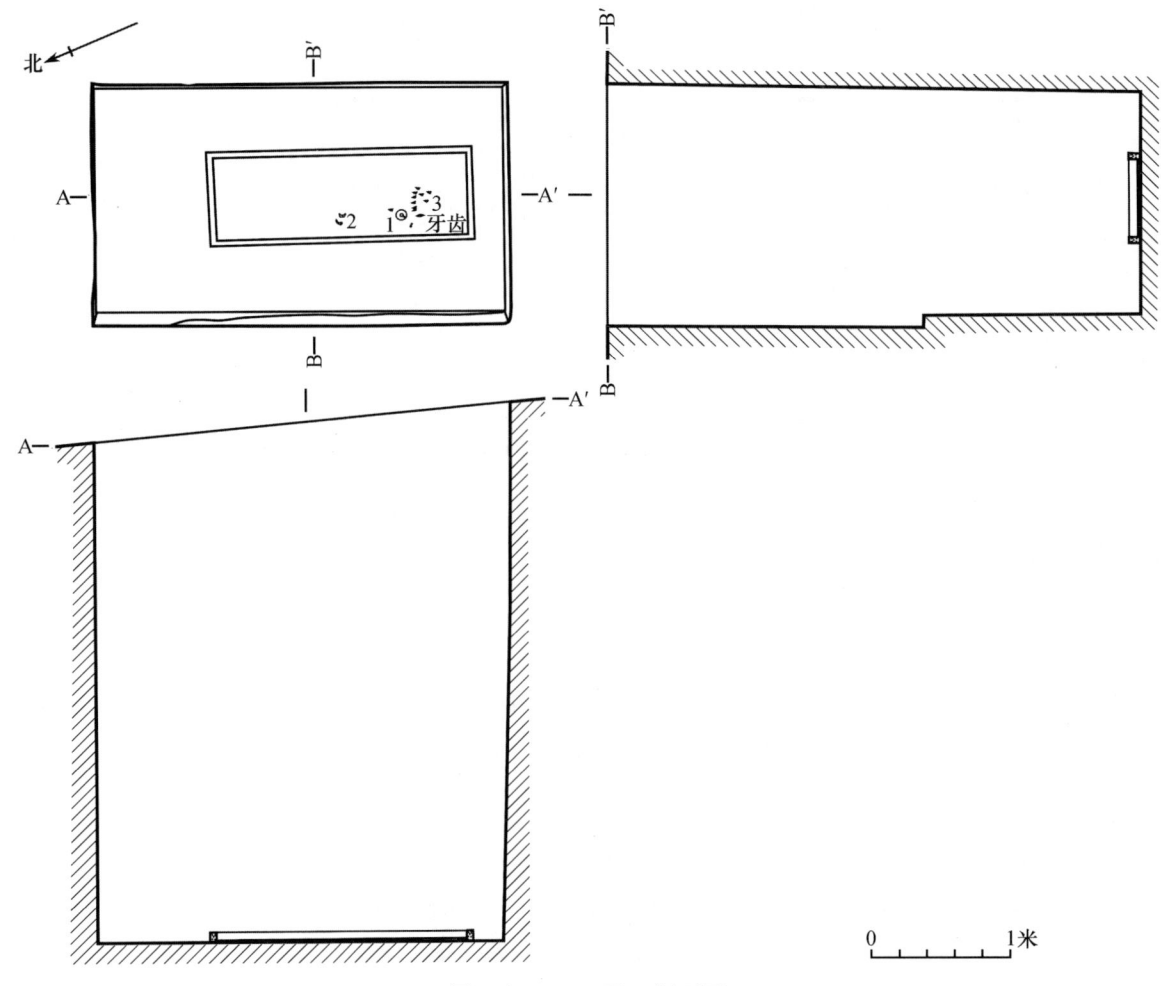

图一六　M565平、剖面图
1. 玉玦　2. 玉冲牙（2件）　3. 玉琀（12件）

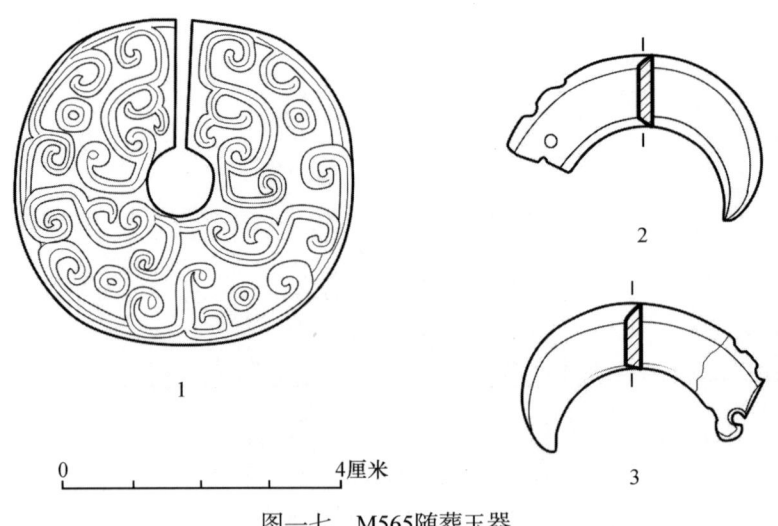

图一七　M565随葬玉器
1. 玦（M565∶1）　2、3. 冲牙（M565∶2-1、M565∶2-2）

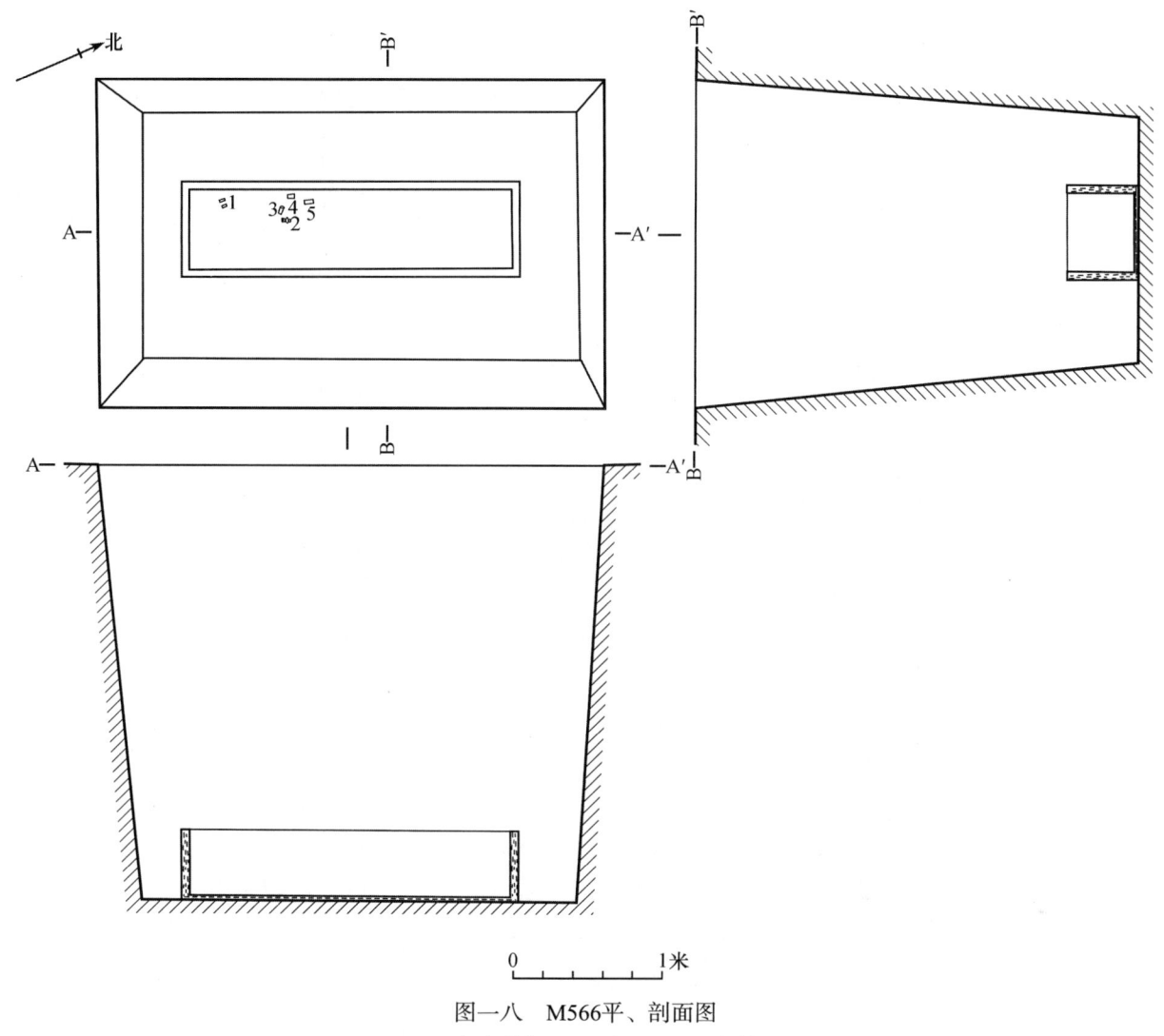

图一八 M566平、剖面图
1. 玉玦（2件） 2. 玉人 3~5. 玉佩饰

底小。墓口东边长2.8、西边长2.9、北边宽1.54、南边宽1.5米，墓底东边长2.44、西边长2.58、宽1.12米，墓坑深1.96米。墓壁不规整，底平。坑内填黄褐色夹灰白色土，土质较硬。

葬具及葬式 单椁单棺，仅见腐痕。椁痕长2.26、宽0.69、高0.26、厚0.06米，棺痕长1.96、宽0.46、高0.14、厚0.04米。棺底铺有红色朱砂一层。人骨架已朽，仅于棺内南端存有牙齿，葬式不明。

随葬器物 3件：水晶环2件、玉佩饰1件。置于棺内南端（图二〇；图版三，1、2）。

水晶环（M577：1、M577：2），2件大小、形制相同，均残。断面呈六边形。外径3.4、好径1.5、厚0.6厘米（图二一，1、2）。

玉佩饰（M577：3），近长方形。单面饰兽面纹、云纹。长3.6、宽1.6、厚0.3厘米（图二一，3；彩版一六，2）。

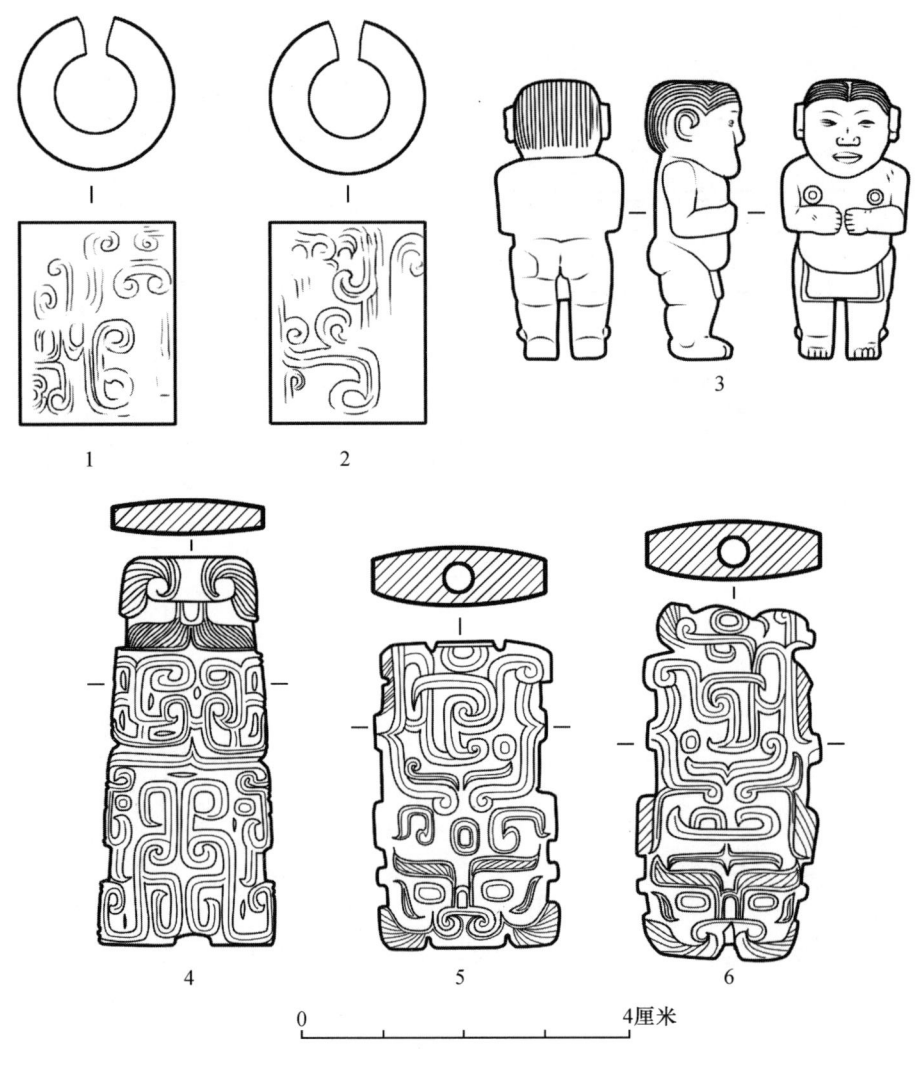

图一九　M566随葬玉器

1、2. 玦（M566：1-1、M566：1-2）　3. 人（M566：2）　4~6. 佩饰（M566：3、M566：4、M566：5）

10. M594

墓葬形制　方向186°。被M595打破，开口于现地表以下0.3米。长方形土坑竖穴墓，口大底小。墓口长3.5、南宽2、北宽1.86米，墓底长2.82、南宽1.34、北宽1.18米，墓坑深3米。墓壁较规整，斜直壁，平底。坑内填黄褐色夹灰白色花土，质密。

葬具及葬式　单棺，已朽无存，尚见青灰色棺痕。棺痕长1.98、宽0.58、高0.4米。人骨架已朽，葬式不明。

随葬器物　5件：水晶饰2件，玉佩饰3件。置于棺内南端（图二二）。

水晶饰（M594：1-1），残。环形饰，断面呈梯形。外径3.3、好径1.8、厚0.3厘米（图二三，1）。

水晶饰（M594：1-2），残。牛角状，断面呈棱形。残长3.2、端口径0.6厘米（图二三，2）。

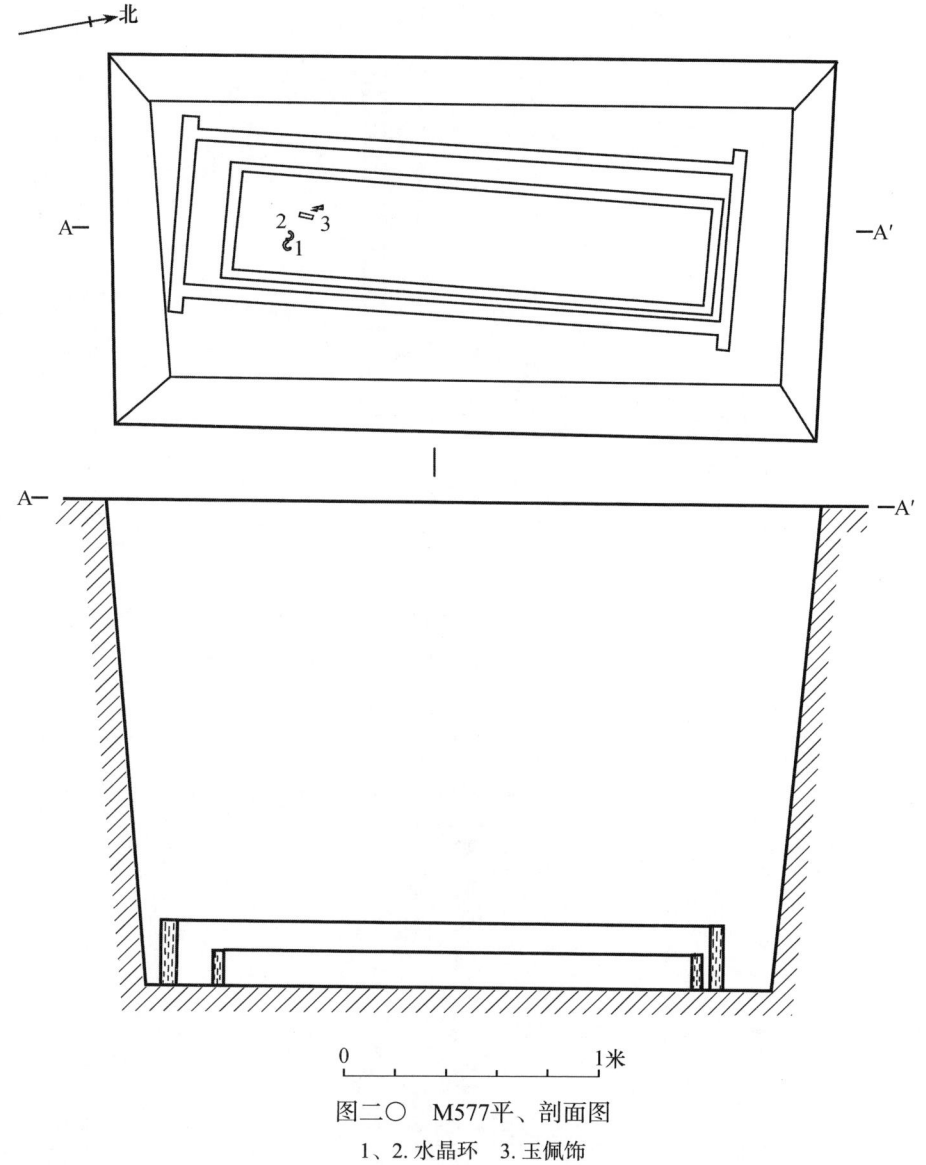

图二〇　M577平、剖面图
1、2. 水晶环　3. 玉佩饰

玉佩饰（M594：2-1），青灰玉。两端对称各饰两穿。长1.6、宽1.1～1.7、厚0.2厘米（图二三，3）。

玉佩饰（M594：2-2），青灰玉。两端对称各饰两穿。长1.7、宽1.5、厚0.2厘米（图二三，4）。

玉佩饰（M594：2-3），青灰玉。两端对称各饰两穿，一端加饰一较大穿孔。长1.9、宽1.3～1.4、厚0.2厘米（图二三，5）。

11. M677

墓葬形制　方向207°。被M678打破。开口于现地表以下0.3米。长方形土坑竖穴墓，口小底大。墓口长3.16、宽1.7米，墓底长3.2、宽1.76米，墓坑深2.02米。墓壁规整，底平。墓内填黄褐色花土，夹杂较多灰白色土点，土质松。

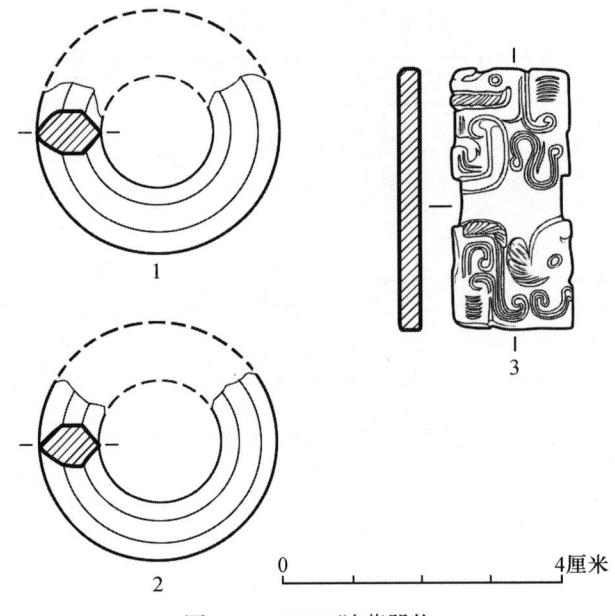

图二一　M577随葬器物

1、2.水晶环（M577：1、M577：2）　3.玉佩饰（M577：3）

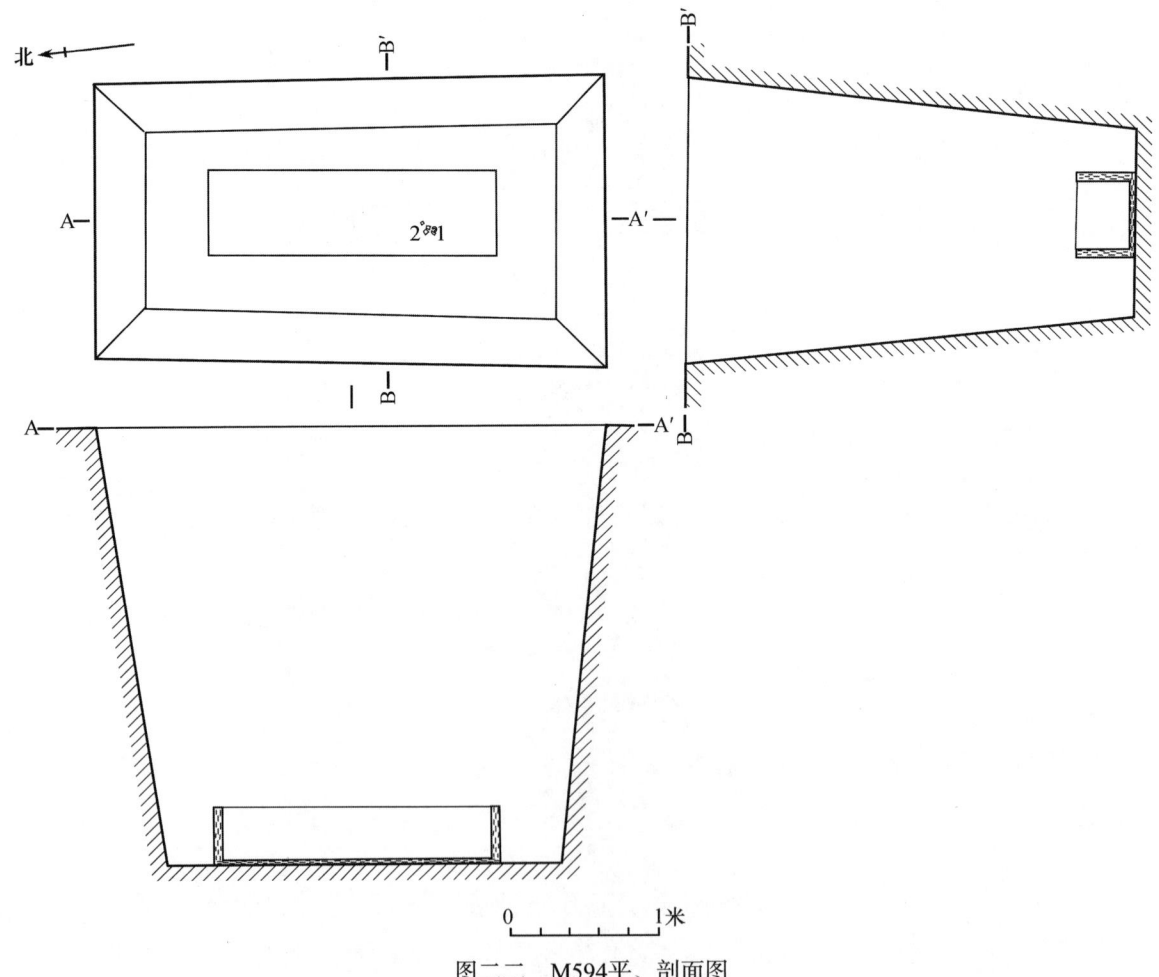

图二二　M594平、剖面图

1.水晶饰（2件）　2.玉佩饰（3件）

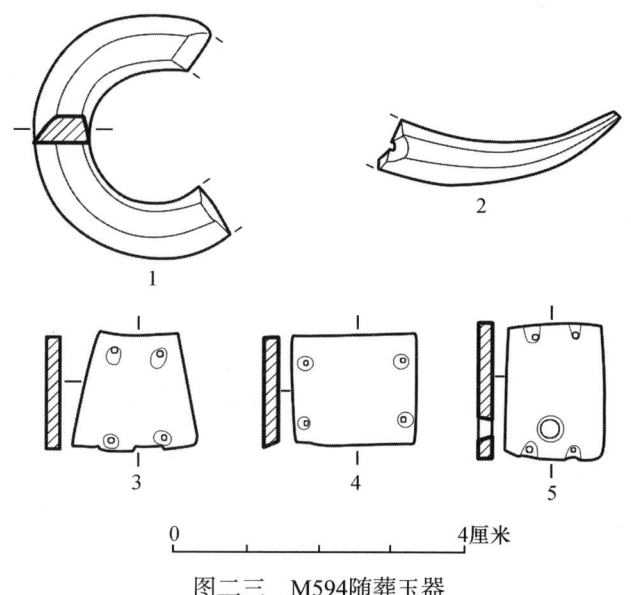

图二三　M594随葬玉器
1、2. 水晶饰（M594：1-1、M594：1-2）　3~5. 玉佩饰（M594：2-1、M594：2-2、M594：2-3）

葬具及葬式　单棺，已朽，只发现青灰泥棺痕。棺痕长1.9、宽0.58、高0.22米。人骨架保存情况差，仅于棺内南端发现人牙。

随葬器物　玉器6件：玦2件，玲4件。置于棺内南端（图二四；图版三，3、4）。

玉玦（M677：1、M677：2），2件大小、形制相同。不规则，扁圆形。外径2.5、好径0.6、长0.2厘米（图二五，1、2）。

玉玲（M677：3），4件。碎玉（图二五，3）。

12. M694

墓葬形制　方向30°。开口于现地表以下0.4米。长方形土坑竖穴墓，口略大于底。墓口长3.2、南宽1.66、北宽1.7米，墓底长3.1、南宽1.56、北宽1.6米，墓口距墓底深1.96米。墓壁较规整，底平。墓底中部设一椭圆形腰坑，南北长径0.91、东西短径0.72、深0.1米；南距椁南（内）壁0.67米，东距椁东（内）壁0.15米，西距椁西（内）壁0.12米。腰坑内未见动物骨架，或许完全腐烂。墓内填土为黄褐色五花土，质密，较硬。

葬具及葬式　单椁单棺，已朽，仅存灰色腐痕。椁痕长2.64、宽1.1、高0.14米，棺痕长1.92、宽0.5、高0.06米。未见人骨架，葬式不明。

随葬器物　陶器和玉器共12件（图二六；彩版六，1、2）。

陶器　8件。置于椁内棺外北端。均为泥质红陶，火候不高，易碎。除2件陶豆外，其余器表均饰竖直或斜直细密绳纹。器形有簋、罐、豆。

簋　4件。形制、大小基本相同。簋身碗状，敞口，翻沿，尖圆唇，弧腹内收，圜底，喇叭状高圈足。M694：6，外壁口至下腹及圈足外壁下部饰竖绳纹。口径17.2、底径10.6、高12.8厘米（图二七，4）。M694：7，簋身外壁饰斜绳纹。口径17.6、底径10.4、高13.2厘米（图二七，3）。M694：8，外壁口至下腹及圈足外壁中部饰竖绳纹。口径18.2、底径11.2、高13.2

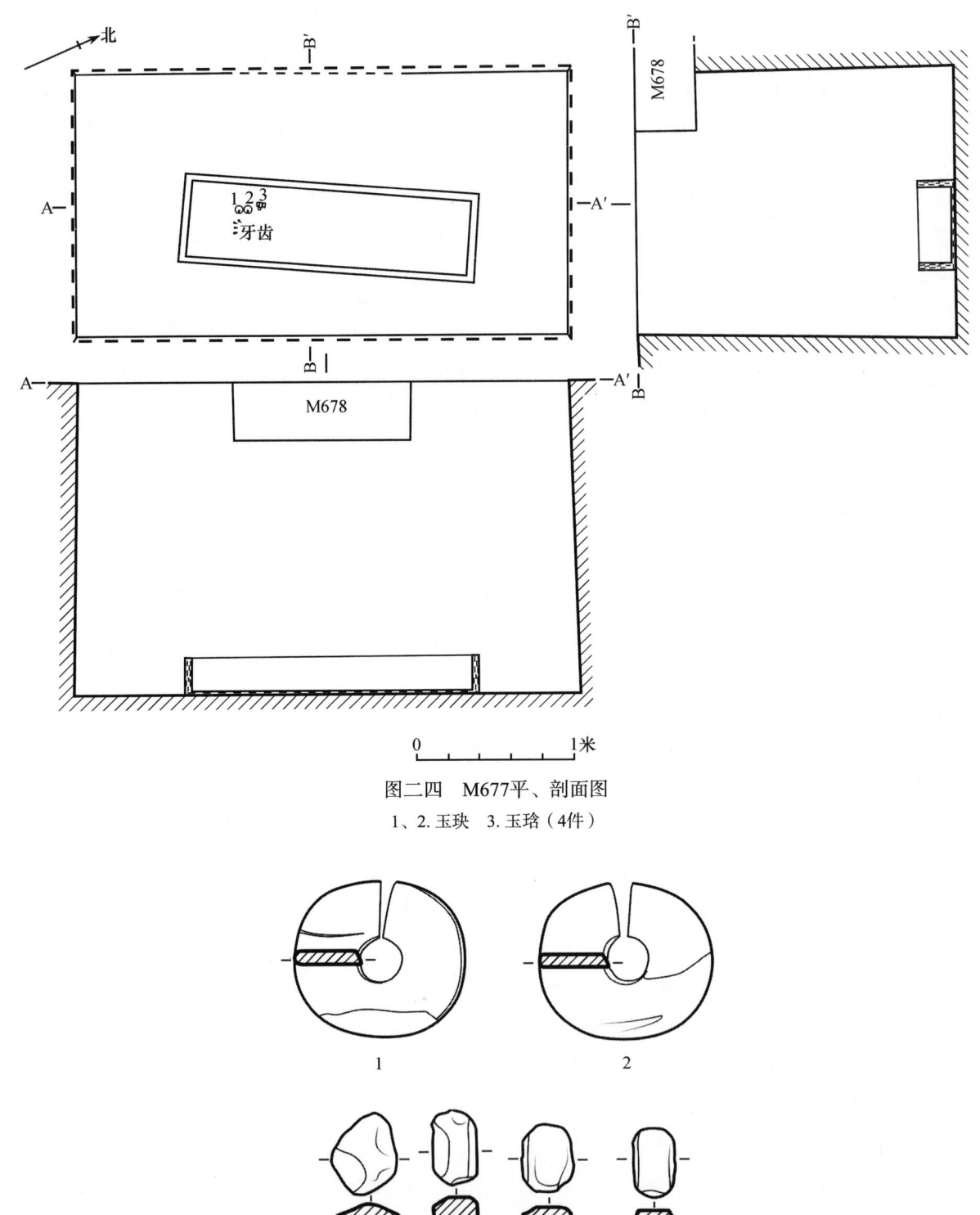

图二四　M677平、剖面图
1、2. 玉玦　3. 玉琀（4件）

图二五　M677随葬玉器
1、2. 玦（M677：1、M677：2）　3. 琀（M677：3）

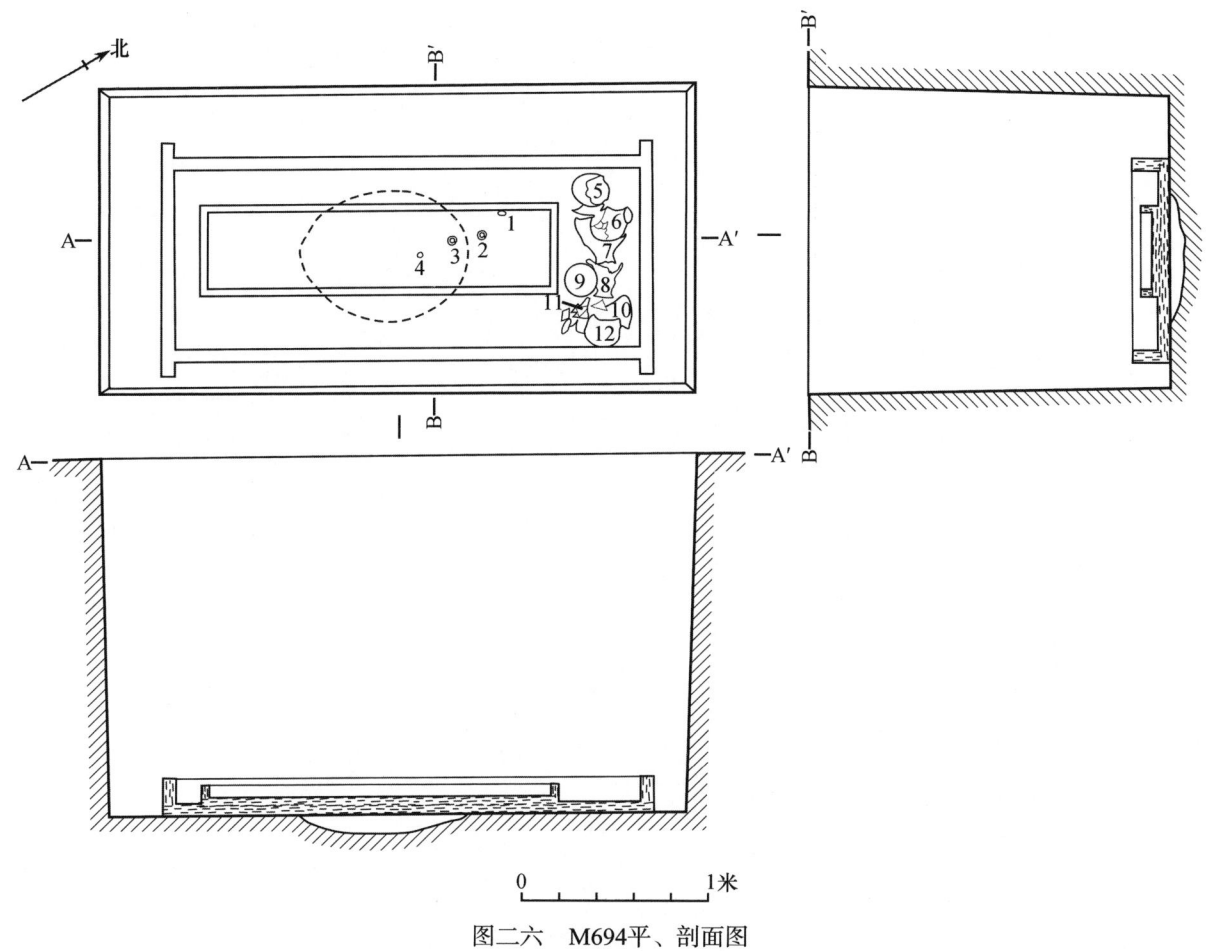

图二六　M694平、剖面图
1、4.玉贝　2、3.玉玦　5、9.陶罐　6~8、10.陶簋　11、12.陶豆

厘米（图二七，6）。M694：10，外壁口部至圈足下端满饰竖绳纹。口径17.2、底径10.4、高12.5厘米（图二七，5；彩版一九，2）。

豆　2件。盘口直而微外撇，圆唇，浅折盘；短柄较粗，上部有一周凸箍，中空；喇叭状圈座。M694：11，口径19.4、柄径4.8、圈座径10.7、高12厘米（图二七，7；彩版二〇，1）。M694：12，口径19.6、柄径4.8、圈座径12、高12厘米。

罐　2件。小侈口，翻沿，束颈，溜肩微折。器表满饰竖绳纹。M694：5，圆唇，折肩较广，腹较浅，最大径在上腹，凹圜底较深。口径10.8、腹径20.5、底径9.4、高15.4厘米。M694：9，尖圆唇，肩较窄，垂鼓腹，最大径在中腹，底略内凹。口径11.2、腹径17.6、底径9.2、高17.6厘米（图二七，8；彩版二〇，2）。

玉器　4件。贝2件、玦2件，置于棺内北部。均为青玉，质硬。素面。

贝　2件。其中，1件完整，1件残。M694：1，平面为长椭圆形，不甚规整，一端稍尖。一面平，一面隆起，隆起面中部纵向开一条形浅槽。长2、最宽1.3、厚0.58厘米（彩版一八，1）。M694：4，残（图二七，2）。

玦（M694：2），有沁斑，透明度差。平面为圆环状，横断面为长方形，肉上开一缺口，缺口外宽内窄。外径2.4、好径0.7、厚0.48厘米。

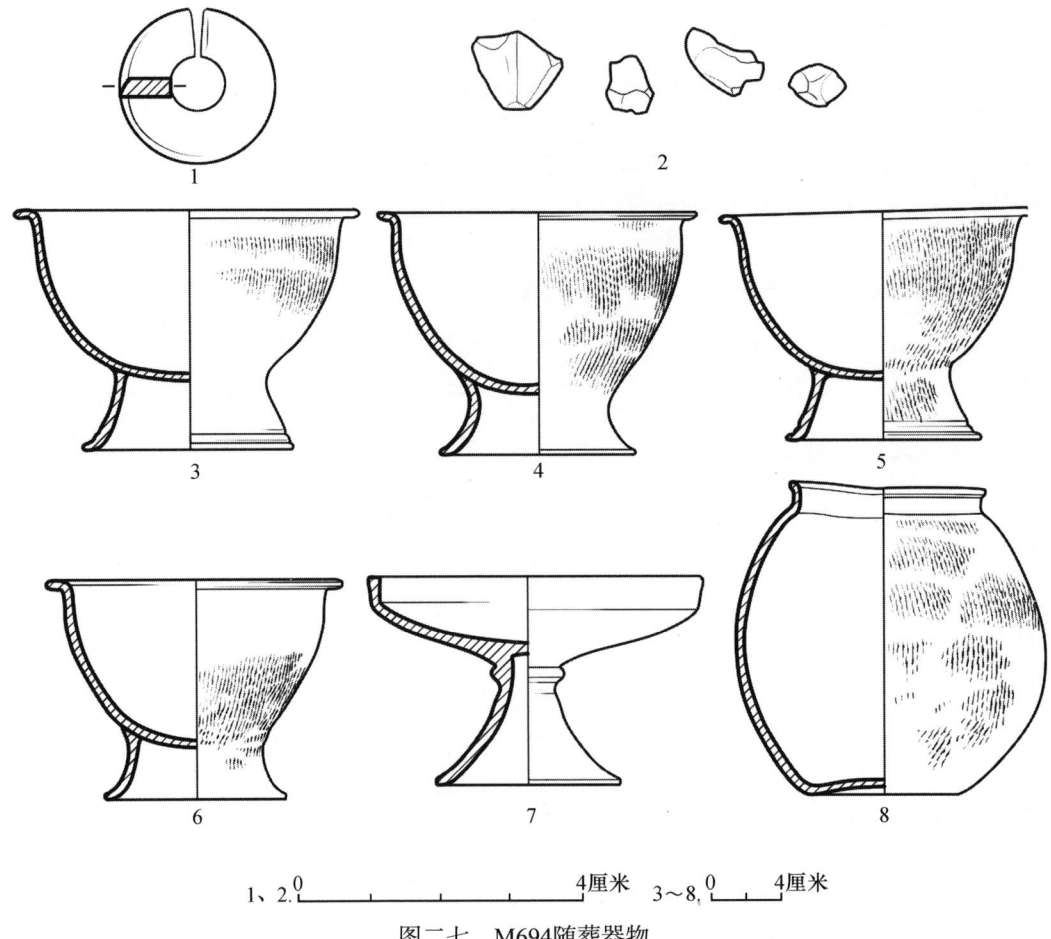

图二七 M694随葬器物

1. 玉玦（M694：3） 2. 玉贝（M694：4） 3~6. 陶簋（M694：7、M694：6、M694：10、M694：8）
7. 陶豆（M694：11） 8. 陶罐（M694：9）

玦（M694：3），平面为圆环状，横断面为长方形，肉上开一缺口，缺口内外基本相同。外径2.3、好径0.8、厚0.38厘米（图二七，1）。

13. M712

墓葬形制　方向25°。开口于现地表以下0.3米。长方形土坑竖穴墓，口大底小。墓口长2.22、宽1.05米，墓底长2.12、宽0.84米，墓坑深0.9米。墓壁比较粗糙，底平。墓内填黄褐色夹灰白色土，质密。

葬具及葬式　单棺，已腐朽，但棺痕清晰。棺痕长1.5、宽0.47、厚0.06、高0.26米。人骨架已朽，于棺内北部西侧发现牙齿11枚，葬式不明。

随葬器物　陶器和铜器共4件：陶鬲1件、陶罐1件、陶盂1件、铜簪1件。置于棺内北端及棺外北部（图二八；图版四，1、2）。

陶鬲（M712：1），泥质褐陶。口径13.6、腹径14.1、高14.4厘米（图二九，1；彩版一九，1）。

陶罐（M712：2），泥质褐陶。口径13.6、腹径17.2、底径7.6、残高16.1厘米（图

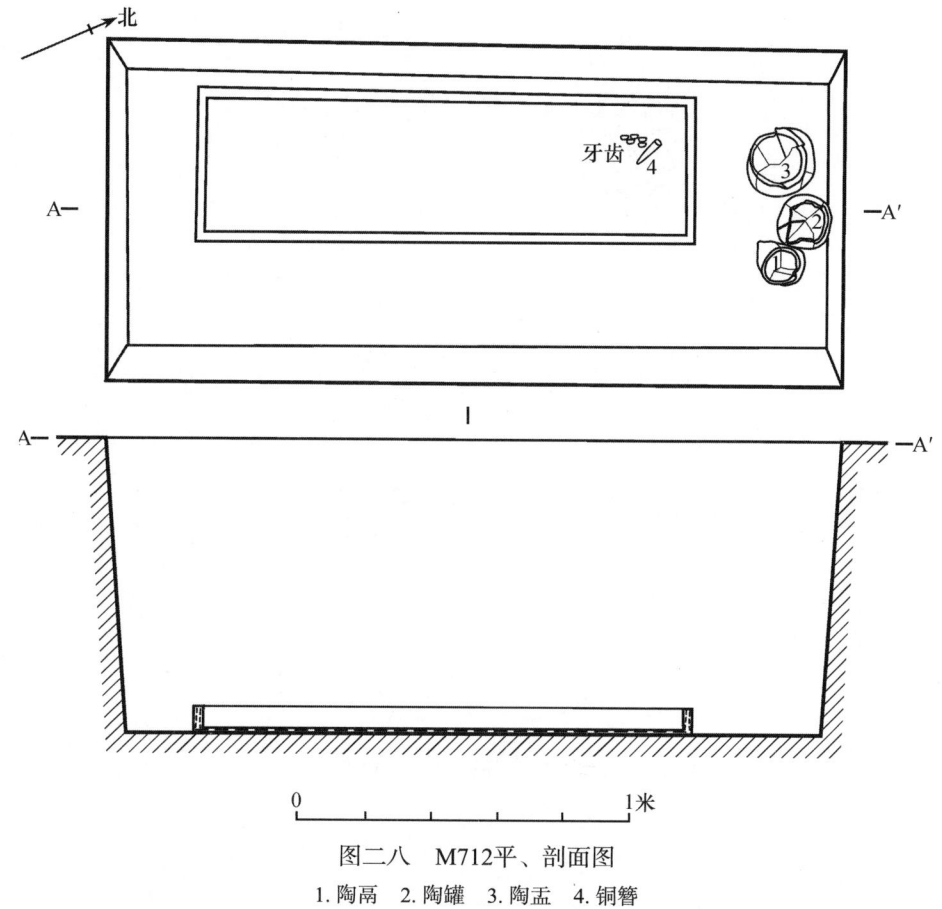

图二八　M712平、剖面图
1. 陶鬲　2. 陶罐　3. 陶盂　4. 铜簪

二九，2）。

14. M748

墓葬形制　方向192°。被M747打破。开口于现地表以下0.4米。长方形土坑竖穴墓，口略大于底。墓口东长3、西长3.2、南宽1.9、北宽2米，墓底东长2.9、西长2.86、南宽1.68、北宽1.6米，墓坑深2.46米。墓壁略为规整，平底。墓内填黄褐色夹灰白色土，土质上部较硬，下部较松软。

葬具及葬式　单棺，仅见腐痕。棺底铺有一层朱砂。棺痕长1.9、宽0.56、厚0.04、高0.22米。人骨架朽烂，仅于棺底南端发现牙齿，葬式不明。

随葬器物　玉器6件：凿、玦各2件，璧、璜各1件。置于棺内南端（图三〇；彩版七，1~4）。

玉玦（M748：1-1、M748：1-2），2件大小、形制相同。圆柱状，器身外壁饰勾连云纹。外径1.9、好径1.1、长2.1厘米（图三一，1、2；彩版一八，2）。

玉璧（M748：2），1件。近圆形。直径2.7~3、厚0.5~0.8厘米（图三一，3）。

玉凿（M748：3-1、M748：3-2），2件均残。有刃，不规则形（图三一，4、5）。

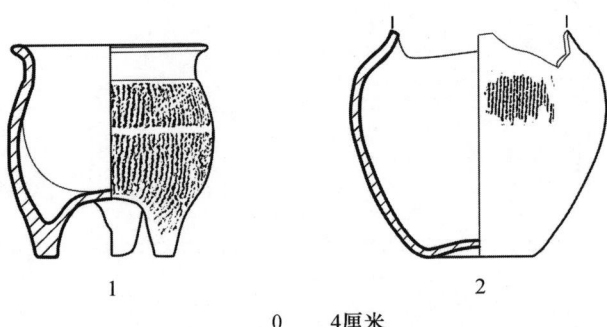

图二九　M712随葬陶器
1. 鬲（M712:1）　2. 罐（M712:2）

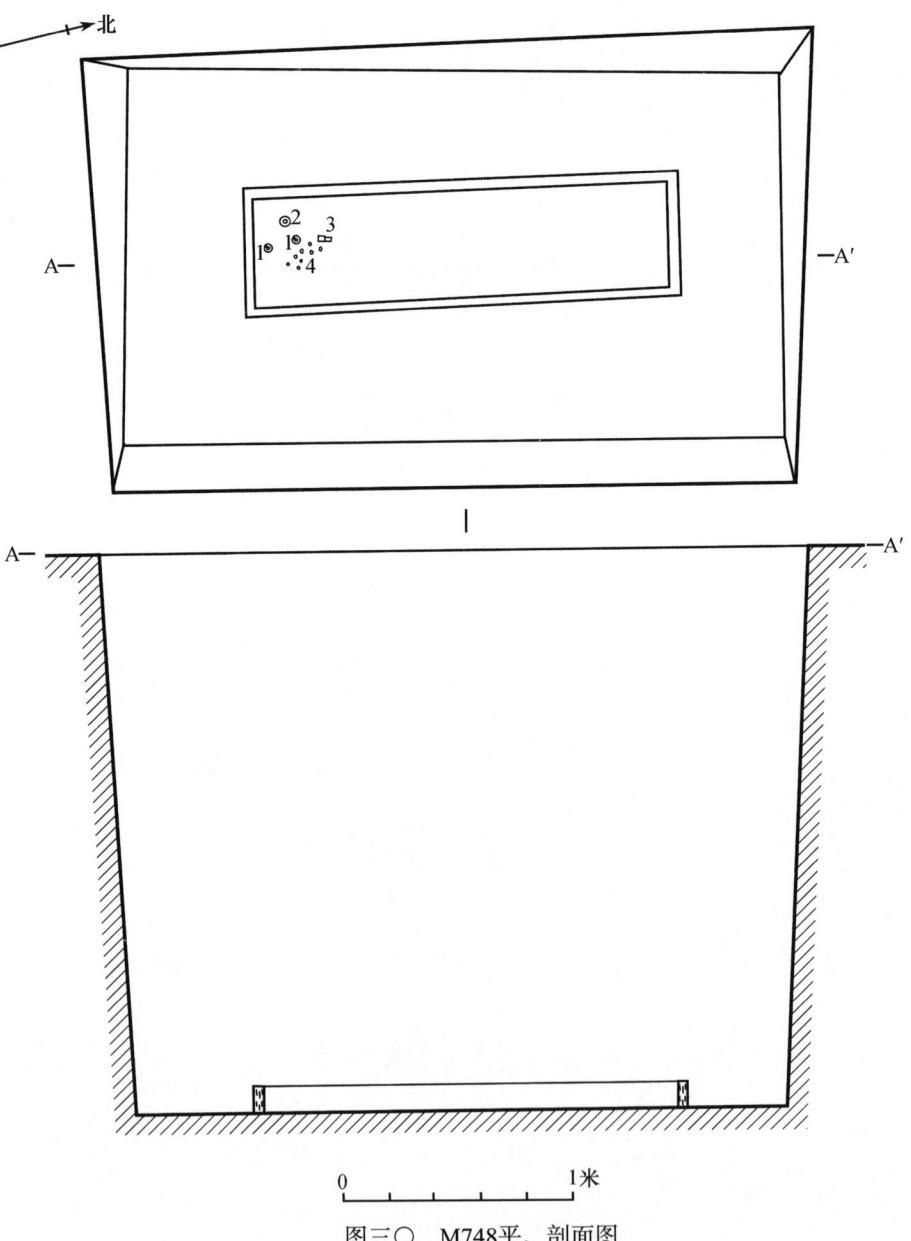

图三〇　M748平、剖面图
1. 玉玦（2件）　2. 玉璧　3. 玉凿（2件）　4. 玉璜

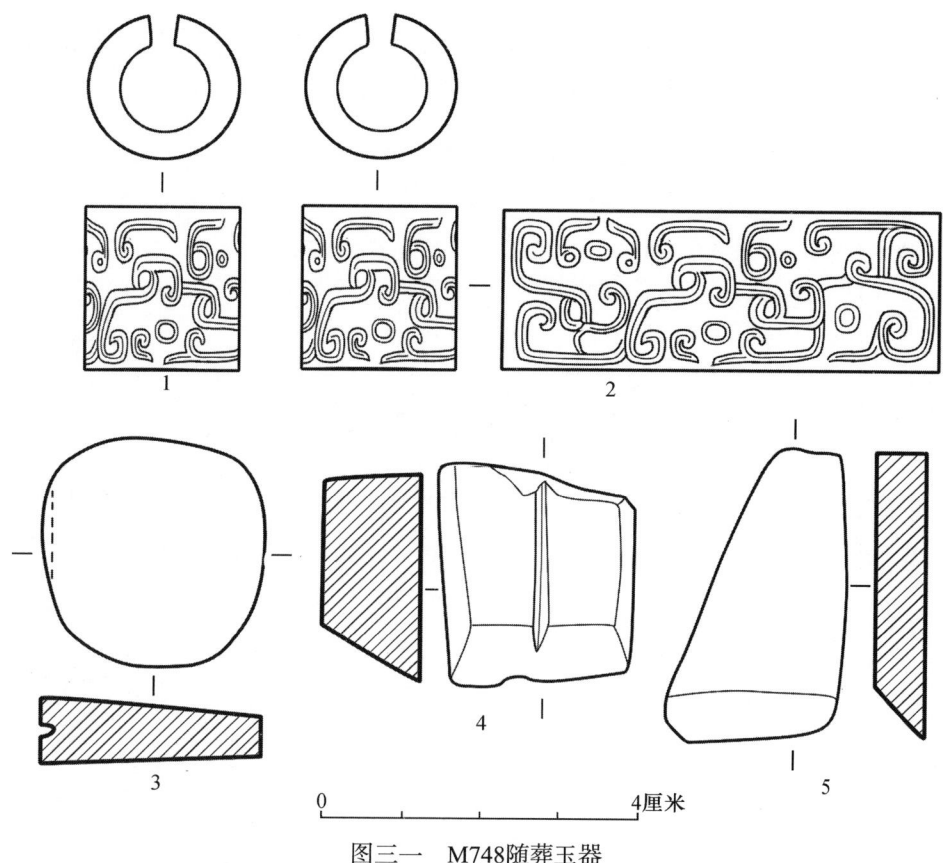

图三一　M748随葬玉器

1、2. 玦（M748：1-1、M748：1-2）　3. 璧（M748：2）　4、5. 凿（M748：3-1、M748：3-2）

15. M828

墓葬形制　方向220°。开口于现地表以下0.3米。长方形土坑竖穴墓，口大底小。墓口长2.7、南宽1.4、北宽1.58米，墓底长2.42、南宽1.04、北宽1.1米，墓坑深1.6米。墓壁略为规整，底平。墓内填黄褐色夹灰白色土，土质上硬下软。

葬具及葬式　单棺，仅见腐痕。棺痕长1.92、宽0.4、厚0.04、高0.14米。人骨架朽烂，仅于棺底南端发现牙齿，葬式不明。

随葬器物　玉器5件：玦1件、琀4件。置于棺内南端（图三二）。

玉玦（M828：1），青玉。直径2、厚0.8厘米（图三三）。

玉琀（M828：2），不规则碎玉。

16. M843

墓葬形制　方向200°。被M813打破。开口于现地表以下0.4米。长方形土坑竖穴墓，口大底小。墓口残长2.54、宽1.1米，墓底长2.22、南宽0.7、北宽0.9米，墓坑深1.64米。坑壁略为规整，底平。坑内填黄褐色夹灰白色土，土质较硬。

葬具及葬式　单棺，仅见腐痕。棺痕长1.86、宽0.4、高0.04、厚0.04米。人骨架已朽，葬式不明。

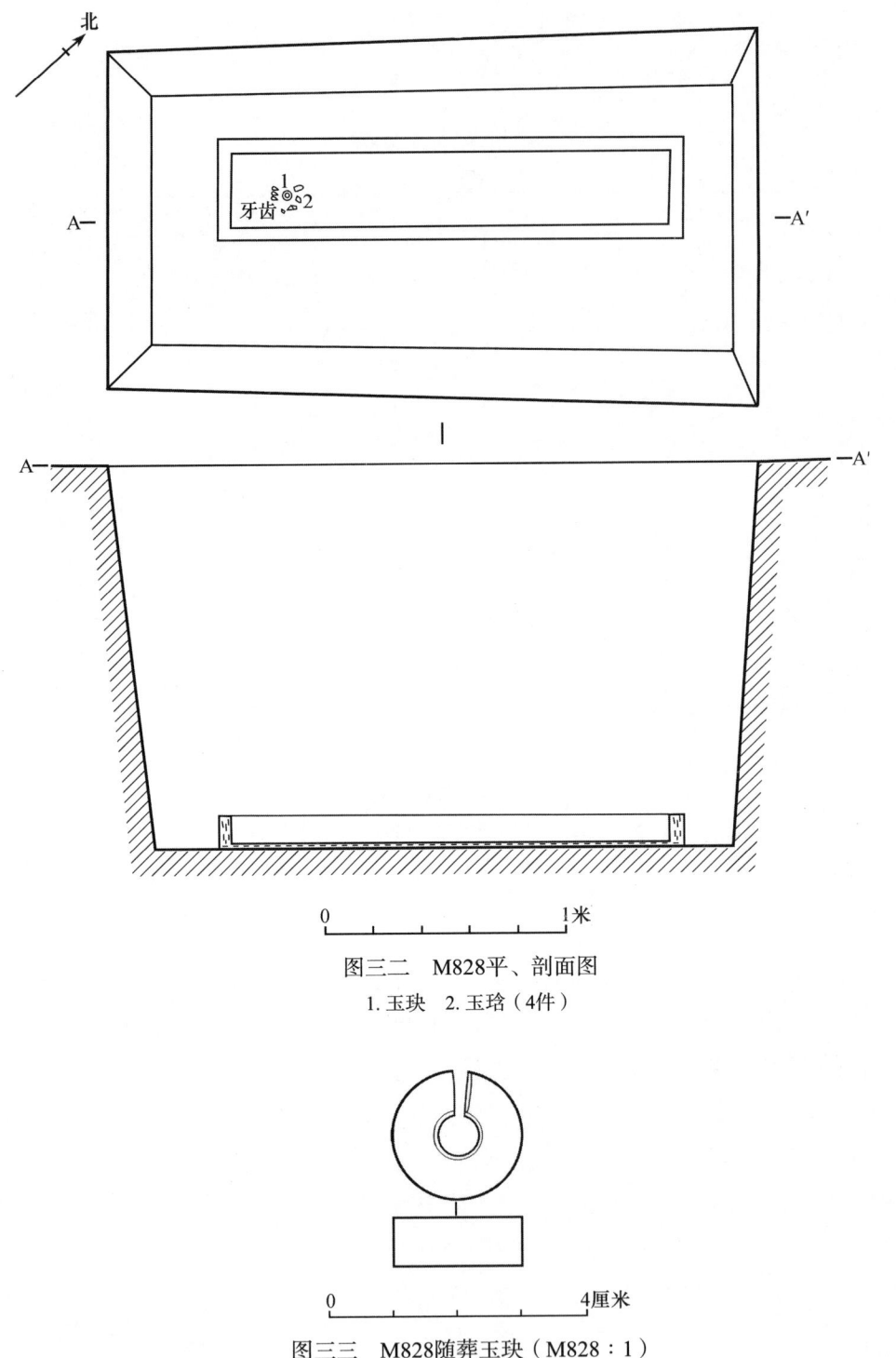

图三二　M828平、剖面图
1. 玉玦　2. 玉琀（4件）

图三三　M828随葬玉玦（M828∶1）

随葬器物　玉器4件：玦2件、璜2件。置于棺内南端（图三四；图版四，3、4）。

玉玦（M843∶1-1、M843∶1-2），2件大小、形制相同。外径2.8、好径0.7、厚0.25厘米（图三五，1、2）。

玉璜（M843∶2-1），长5.3、宽1.5、厚0.15厘米（图三五，3；彩版一七，2左）。

玉璜（M843∶2-2），残长4.8、宽1.3、厚0.2厘米（图三五，4；彩版一七，2右）。

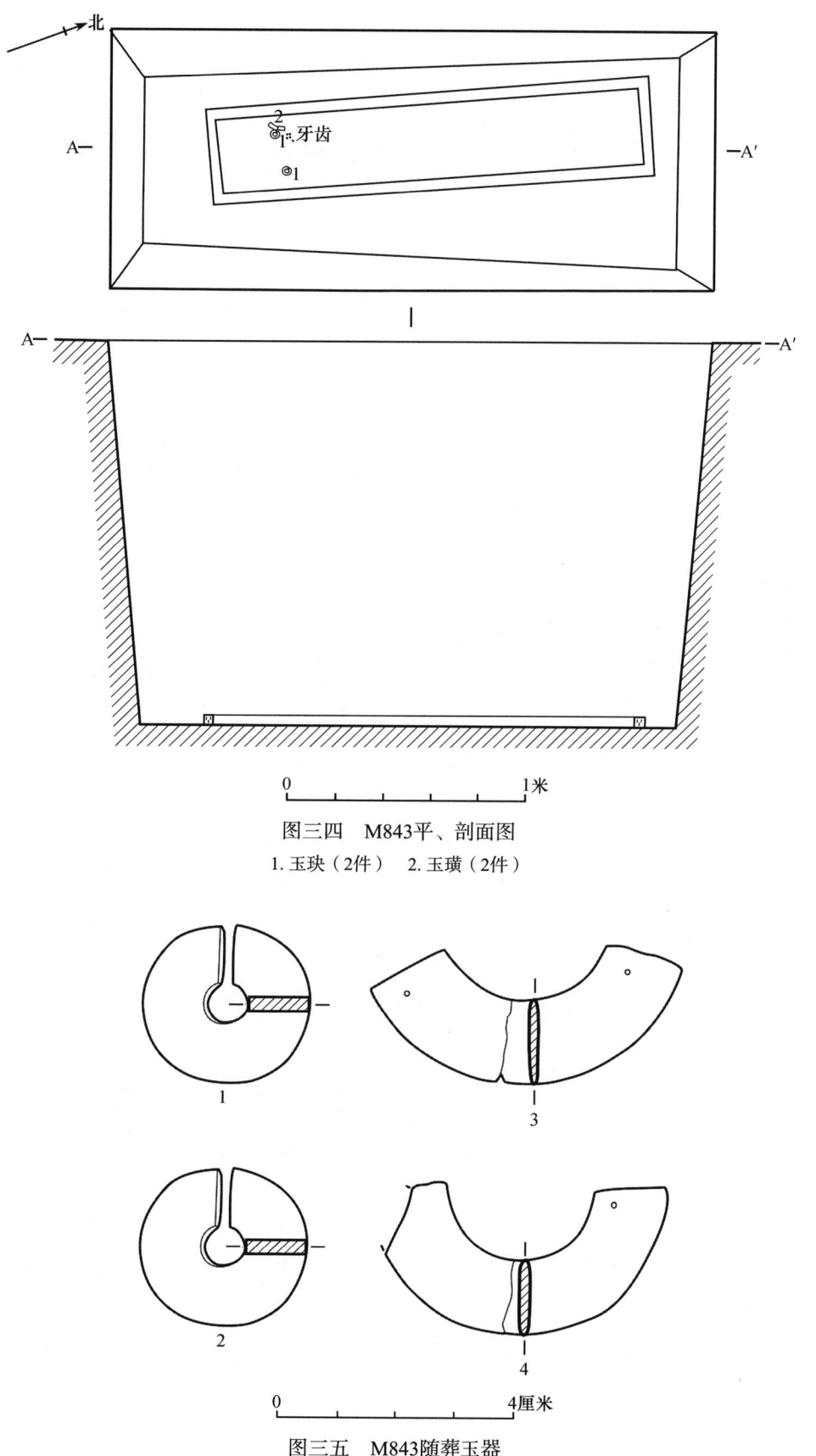

图三四　M843平、剖面图
1. 玉玦（2件）　2. 玉璜（2件）

图三五　M843随葬玉器
1、2. 玦（M843：1-1、M843：1-2）　3、4. 璜（M843：2-1、M843：2-2）

第三节 小 结

一、邓墓主要特征

1. 墓向

少量墓葬东北向，如M694、M712，余多为西南向。而同一个墓地的楚墓，墓向则以东向、东南向或南向居多。

2. 墓坑形制

口底同大或口小底大的现象较为多见，该墓地楚墓则普遍为口大底小。另外，墓壁相对于相同规模的楚墓修整得较为粗糙，坑形也不比楚墓规整。

3. 葬具

一般为单棺，棺的尺寸与较大的墓底不相协调，与之相反，楚墓的单棺与墓底相对大小相差较小。另外，邓墓棺底多铺有朱砂，楚墓除个别较早的墓葬棺底铺有朱砂外，余均无铺朱砂这一葬俗。

4. 随葬器物

除M420、M694、M712这3座墓外，其余墓葬均只随葬玉器。玉器的刀刻工艺为双线阴刻刀法，属典型的西周风格。玉器的纹饰方面，以云纹、龙纹为主，亦为西周至春秋早期玉器的流行纹饰。

二、墓葬年代

沈岗墓地中1座保存较好的编号为M694的陶器墓葬的发掘，为我们断定该墓葬的下葬年代及整个墓地的启用年代提供了可靠的实物依据。该墓所出陶器的组合形式为簋、豆、罐，应为鬲、簋、豆、罐的略省。其出土器物具体组合簋4、罐2、豆2，与北京琉璃河M13、M17的器物组合鬲2、簋4、罐2、豆2相类[1]。同时，M13有腰坑，M17无腰坑，M13、M17伴出有蚌片和贝。M694出土玉玦、玉贝及带腰坑的现象也与上述墓葬葬俗相近。从所对比的2座墓葬的陶器组合流行于西周晚期看，沈岗M694的时代应与这2座墓相当。

除组合形式外，从M694随葬陶器的形制特征方面考察，出土的陶簋在形制方面与西周中

---

① 北京市文物研究所：《琉璃河西周燕国墓地1973—1977》，文物出版社，1995年。

期前段的洛阳北窑村H1∶1陶簋类似①，不同的是，洛阳北窑H1∶1陶簋圈足较粗矮，厚三角唇，M694所出陶簋腹壁较斜直，通体饰绳纹，领部抹去，整体器体较为高瘦，内壁一般无凹纹。相比之下，M694出土之陶簋应较其为晚。

另外，沈岗M694∶11陶豆的形制与张家坡M358∶01陶豆颇为相似②。《张家坡西周墓地》将发掘的西周墓分为五期：第一期相当于武成康时期，第二期相当于昭穆时期，第三期相当于共懿孝时期，第四期相当于夷厉共和时期，第五期相当于宣幽时期。张家坡西周墓所出陶簋仅见于第一、二期墓葬中，第三期以后的墓葬未见陶簋。其中，M358被定为属第四期。综上，在可对比资料相对匮乏的情况下，将沈岗M694定为西周晚期，约当夷厉共和时期。M694应为沈岗墓地启用之初最早下葬的墓葬。

25座墓中，被楚墓打破的现象较多，计7处：M420被M418打破、M519被M520打破、M522被M521打破、M632被M633打破、M677被M678打破、M748被M747打破、M843被M813打破。

除M420、M694、M712这3座墓外，其余墓葬均为只随葬玉器的墓葬，其随葬玉器的器形主要有玦、冲牙、佩饰等，这批玉器的形制、纹饰与中原地区西周晚期至春秋早期墓葬出土玉器相类。

这批墓葬在墓葬形制诸如墓向、葬俗、随葬器物等方面与楚系墓葬显有不同，由此推定这批墓葬的下葬年代约当西周晚期至春秋早中期这一时段。沈岗这批邓墓的年代最早可确定为西周晚期，M694的年代定为西周晚期，约当夷厉共和时期。史载，公元前678年楚灭邓。据此，邓墓的年代下限为公元前678年以前。

三、墓地族属

由于沈岗墓地的墓葬埋葬较为密集，沿用年代亦较长，导致了一些墓葬打破现象的存在，有些墓葬被打破甚至完全破坏，原本随葬的器物也毁坏殆尽，导致墓葬的年代判定上存在不可避免的遗憾。邓墓以玉器墓葬为主，少量墓葬随葬陶器（M694、M712），大部分墓葬棺内随葬有朱砂是这批墓葬的典型特征。

古邓城位于今湖北省襄阳市高新区团山镇邓城村，是西周至春秋早期古邓国都城，楚、秦、汉邓县治所，三国至南北朝时期邓城县县城③。文献和考古资料证实，古邓城距今有近3000年的建城历史，是襄阳城市的源头。该城址基本保存完好，平面略呈长方形，南北长800~825米，东西宽600~675米，城墙残高3~6米，东南角最高。四面城墙中部开门，今可见四个缺口。城外护城河宽20~40米，深1~4米，现淤积较为严重，部分河段已被回填。城垣内及城内外地表暴露遗物十分丰富，从其特征分析，这座城的最晚维修时间在南北朝时期，之后

---

① 洛阳市文物工作队：《洛阳北窑西周墓》，文物出版社，1999年。
② 中国社会科学院考古研究所：《张家坡西周墓地》，中国大百科全书出版社，1999年。
③ 石泉：《古邓国、邓县考》，《古代荆楚地理新探》，武汉大学出版社，1988年。

不久很可能就废弃了。

　　从沈岗墓地的宏观地理位置上看，其位于汉水以北、南阳盆地南端，西距古邓城遗址直线距离约2千米，加上其与西北10千米处的小马家遗址①、东北2千米处的团山墓地②、西北5千米处的王坡墓地③、东南500米处的彭岗墓地④、西北500米处的余岗墓地⑤、西北3千米处的麞战岗墓地⑥、西南500米处的黄家村遗址、墓地⑦、西南约1千米处的周家岗遗址、墓地⑧、西南约2千米处的王家巷遗址⑨的相邻关系，沈岗墓地与这些两周时期主要是东周时期遗址、墓地有着紧密的联系。

　　纵观邓城周边地域历年考古发现，考察这些同时期的遗址、墓葬与沈岗墓地相对位置关系，不难发现，黄家村遗址与沈岗墓地的位置关系最为邻近，出土器物相类，文化面貌一致，时代最为接近，由此，可以确定，黄家村遗址与沈岗墓地邓墓有着密切的关系。

　　西周晚期至春秋早期这一时段，围绕古邓城遗址这一中心，周边分布着大大小小的遗址和墓葬。考量这批墓葬与邓城及城外黄家村的地理位置关系，我们将这一时期的墓葬定为邓墓。

　　此次发掘的西周墓位于西周时期邓国都城——邓城东侧，其出土器物具有比较典型的中原周文化风格，根据墓圹规格并结合随葬器物的情况看，可以确定墓主应是邓国低级贵族。

　　早年在邓城以北多次发现西周晚期邓国铭文青铜器，沈岗墓地发现于邓城外围东侧不远处，对比之下，似乎表明了邓国墓地墓主因生前身份、等级的不同而有墓地区划范围的区别。同时，沈岗墓地的考古发掘不仅在区域上填补了邓城外围西周墓葬科学考古发掘的空白，而且因其是襄阳区域目前所知时代最早的周代墓葬，故其对邓城时代和性质的判定也具有十分重要的参考意义。

---

① 襄樊市文物考古研究所、襄阳区文物管理处：《襄阳黄集小马家遗址发掘简报》，《襄樊考古文集》（第一辑），科学出版社，2007年。
② 襄阳市文物考古研究所2005~2007年发掘资料。
③ 湖北省文物考古研究所、襄樊市考古队、襄阳区文物管理处：《襄阳王坡东周秦汉墓》，科学出版社，2005年。
④ 襄樊市考古队：《襄樊市彭岗东周遗址发掘简报》，《江汉考古》2000年第2期。
⑤ A. 襄樊市博物馆：《湖北襄阳余岗战国墓发掘简报》，《考古》1992年第9期。
　 B. 襄樊市博物馆：《襄樊余岗战国秦汉墓第二次发掘简报》，《江汉考古》2003年第2期。
　 C. 襄阳市文物考古研究所：《余岗楚墓》，科学出版社，2011年。
⑥ 襄阳市文物考古研究所2010年发掘资料。
⑦ 襄阳市文物考古研究所：《襄阳黄家村》，科学出版社，2013年。
⑧ 襄阳市文物考古研究所2008年发掘资料。
⑨ 襄阳市文物考古研究所2008年发掘资料。

第三章 楚 墓

第一节 墓葬概述

发掘情况表明，就墓葬规格而言，沈岗墓地中的楚墓属于中小型墓葬，是由少量下大夫及士一级的低级贵族墓葬和大量平民墓葬构成的邦墓地，应为当时楚地众多的邦墓地之一。

鉴于该墓地的墓葬数量较多，类别庞杂，根据葬具的区别将墓葬分为无葬具、单棺、单椁单棺和一椁重棺四大类，又在各大类下依据墓葬形制诸如有无墓道、台阶、壁龛、随葬器物等情况细分为若干小类。分类情况如下。

A型墓为无葬具墓，共计16座。分为无随葬器物的墓Aa型，计14座；有随葬器物的墓Ab型，计2座。

B型墓为单棺墓，共计343座。据有无随葬器物可分为Ba型，无随葬器物的单棺墓，计130座；Bb型，有随葬器物的单棺墓，计106座；Bc型，带壁龛、有随葬器物的单棺墓，计107座。

C型墓为单椁单棺墓，共计227座。分为Ca、Cb、Cc、Cd、Ce五亚型。Ca型为无墓道、带壁龛的单椁单棺墓，共计13座。Cb型为有墓道、有台阶的单椁单棺墓，计48座。Cc型为有墓道、无台阶的单椁单棺墓，计5座。Cd型为有台阶、无墓道的单椁单棺墓，计44座。Ce型为无墓道、无台阶、无壁龛的单椁单棺墓，计117座。

D型墓为有墓道、有台阶的一椁重棺墓，共计4座，或因保存情况而归入C型的一椁重棺墓亦存在。就发掘情况看，能辨明为一椁重棺的墓葬编号为M308、M368、M418、M698。

一、墓葬形制

（一）方向

在沈岗墓地的发掘过程中，由于人骨架均已腐朽无存，部分墓葬残存有牙齿，所以，墓葬的方向一般依据墓葬残存的牙齿方位判定，若无牙齿则依据墓葬的随葬器物放置方向或者墓道的方位判定。多为南向，其次为东向，也有少量北向、西向的墓葬。

（二）填土

沈岗墓地早年经土地平整，原坑口上部的墓葬封土多不存。坑内多填黄褐色五花土，较多墓葬含灰白土。一般时代较早的墓葬不含灰白土，这类墓葬的数量较少。

（三）墓坑形制

墓坑均为土坑竖穴，依墓道、台阶、壁龛等的不同又分多种形制。

（四）葬具及葬式

大多数葬具严重腐朽，少量有台阶、有墓道的墓葬因坑内青膏泥的密闭保护而得以较好保存。

或因土壤酸碱度的原因，人骨架均未得以保存，部分墓葬棺内残存牙齿若干，葬式不明。

二、随葬器物

（一）随葬器物类别

随葬器物主要有陶器、铜器、铁器、漆木器、玉石器五大类，其中陶器居多，铜器、漆木器次之，铁器和玉石器的出土数量较少。

（二）随葬器物出土位置

随葬器物主要放置在龛内、椁内头端或一侧、棺内。

第二节　墓葬举例

发掘情况表明，沈岗墓地除晚期墓葬打破早期墓葬外，除M88发现有明显盗扰痕迹外，其余墓葬未发现人为有意盗扰情况，仅为晚期人类耕作等客观因素造成原坑口的损毁破坏。沈岗墓地虽未遭受有意的盗扰，但早年的土地平整和农田耕作，以及被晚期墓葬打破等因素，导致墓坑上部或多或少遭受到一定的破坏，故大多墓葬开口不是原坑口，墓坑下部得到了不同程度的保存。已发掘的590座楚墓均为长方形土坑竖穴墓，现按葬具、随葬器物的有无多寡将其分型，再据墓葬结构分亚型对墓葬进行描述。

一、A 型 墓

A型墓为无葬具墓，共计16座。根据随葬器物的有无，分二亚型。

（一）Aa型墓

Aa型墓为无葬具、无随葬器物的墓葬，计14座：M13、M19、M25、M27、M51、M335、M358、M377、M483、M609、M680、M720、M771、M790（附表二）。

墓例：M19、M609。

1. M19

墓葬形制　方向190°。开口于现地表以下0.24米。现存墓口长2.2、宽0.8米，墓底长1.88、宽0.66米，墓坑深1.4米。坑壁较光滑、陡直，底平。坑内填黄褐色夹灰白色五花土，质密。

葬具及葬式　未见葬具。未见人骨架，葬式不明（图版五，1）。

无随葬器物。

2. M609

墓葬形制　方向250°。开口于现地表以下0.4米。墓口长2~2.06、宽0.7~0.74米。墓坑深1米，墓底基本与墓口同大。坑壁不规整，底平。坑内填黄褐色夹灰白色土，土质较硬。

葬具及葬式　未见葬具。未见人骨架，葬式不明（图版五，2）。

无随葬器物。

（二）Ab型墓

Ab型墓为无葬具、有随葬器物的墓葬，计2座：M796、M811（附表三）。

1. M796

墓葬形制　方向130°。开口于现地表以下0.3米。现存墓口长2.2、宽0.79~0.9米，墓底长2、宽0.66~0.74米，墓坑深1.1米。坑壁较光滑、陡直，底平。坑内填黄褐色夹灰白色五花土，质密。

葬具及葬式 未见葬具。未见人骨架，葬式不明。

随葬器物 陶器3件：鬲、壶、盂各1件。置于墓底东端（图三六；彩版二一，1、2）。

陶鬲（M796：1），泥质灰陶。口径18.8、腹径19.7、高21.2厘米（图三七，1）。

陶壶（M796：2），泥质褐陶。口径10.4、腹径12.8、底径8.4、高20厘米（图三七，2）。

陶盂（M796：3），泥质褐陶。口径20.5、腹径21.2、底径6.6、高13.2厘米（图三七，3）。

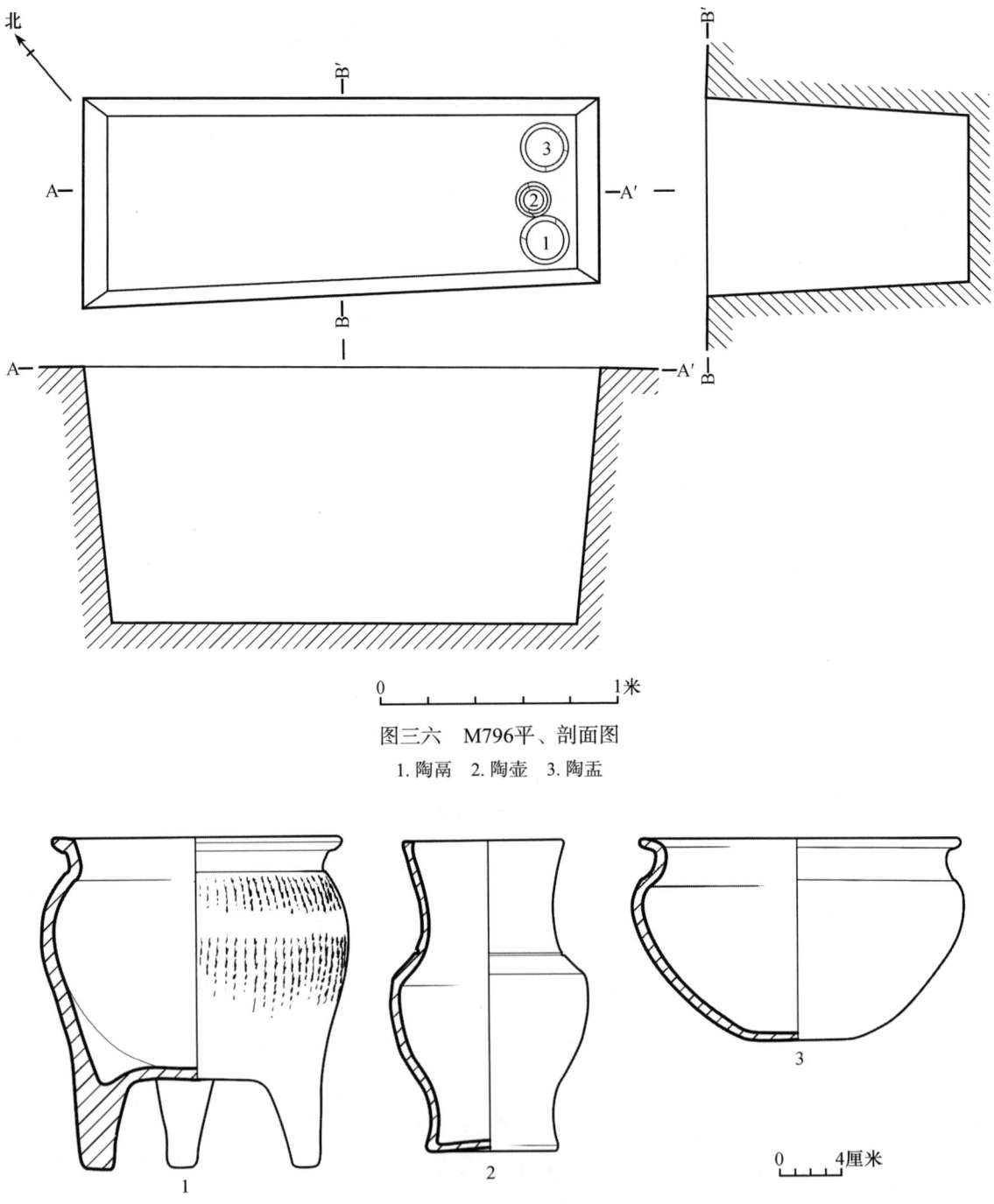

图三六 M796平、剖面图
1.陶鬲 2.陶壶 3.陶盂

图三七 M796随葬陶器
1.鬲（M796：1） 2.壶（M796：2） 3.盂（M796：3）

2. M811

墓葬形制 方向207°。开口于现地表以下0.5米。现存墓口长2.32、宽0.92米，墓底长2.1、宽0.82米，墓坑深0.56米。墓南壁设壁龛，龛上部残。残高0.06、宽0.64、进深0.24米，龛底距墓底0.54米，东边距东壁0.14米。坑壁较光滑、陡直，底平。坑内填黄褐色夹灰白色五花土，质密。

葬具及葬式 未见葬具。未见人骨架，葬式不明。

随葬器物 陶器3件：罐1件，盂2件。置于南壁龛内（图三八；图版五，3、4）。

陶罐（M811：1），泥质灰陶。口径13.2、腹径17.3、底径6.9、高20.8厘米（图三九，1）。

陶盂（M811：2），泥质褐陶。口径20.1、腹径19.8、底径8.2、高10.8厘米（图三九，2）。

陶盂（M811：3），泥质褐陶。口径16.2、腹径16.2、底径5.6、高9.2厘米（图三九，3）。

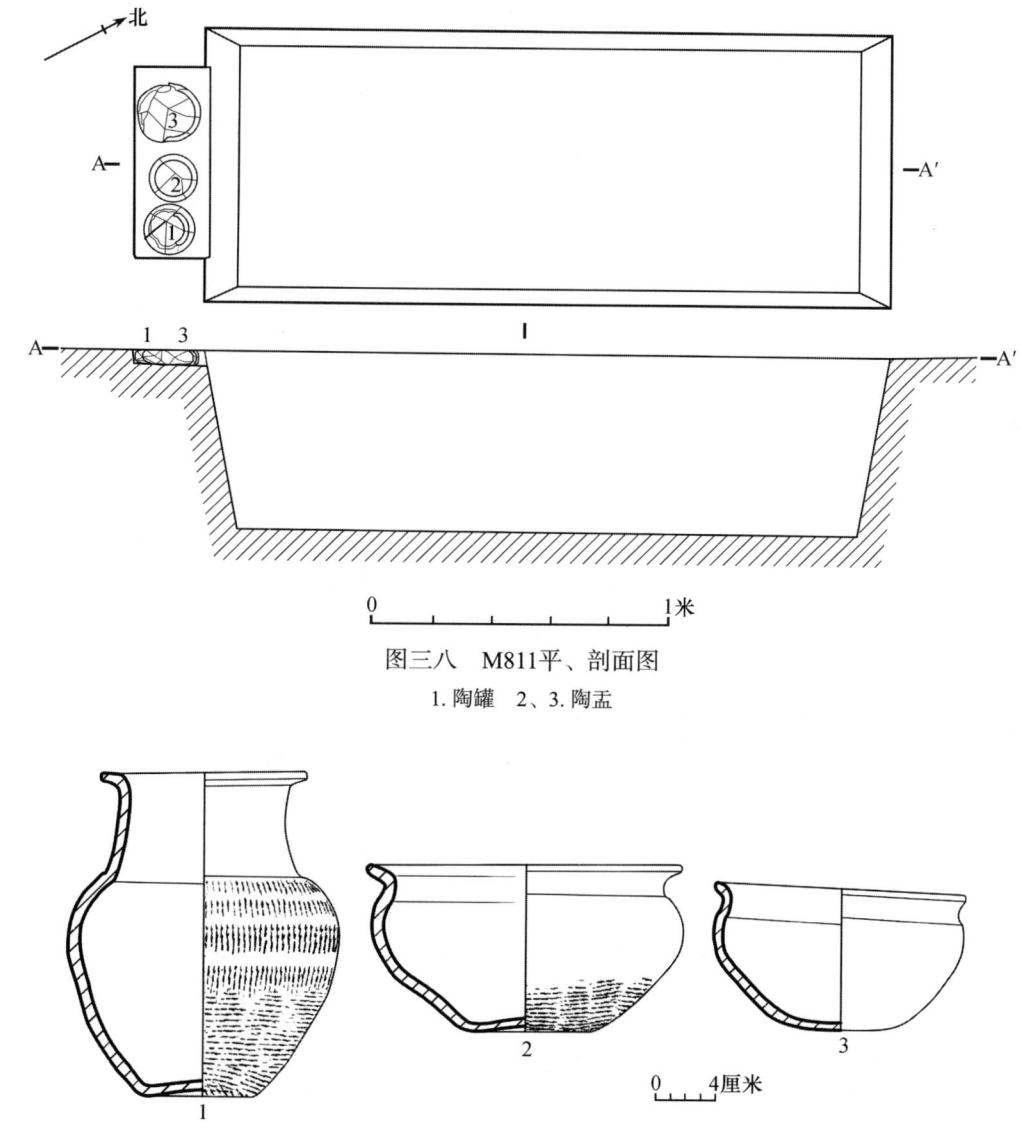

图三八 M811平、剖面图
1.陶罐 2、3.陶盂

图三九 M811随葬陶器
1.罐（M811：1） 2、3.盂（M811：2、M811：3）

二、B 型 墓

B型墓为单棺墓，共计343座。据有无随葬器物，可分三亚型。

（一）Ba型墓

Ba型墓为无随葬器物的单棺墓，计130座：M21、M29、M35、M36、M42、M44、M47、M61、M71、M80、M91、M96、M145、M147、M148、M151、M301、M311、M312、M318、M323、M326、M327、M328、M331、M334、M336、M337、M338、M339、M340、M341、M342、M344、M345、M346、M349、M351、M352、M354、M356、M359、M360、M370、M372、M374、M375、M376、M381、M384、M392、M395、M400、M404、M421、M423、M426、M432、M433、M437、M438、M440、M441、M445、M448、M458、M461、M468、M470、M482、M497、M502、M507、M510、M516、M517、M524、M533、M571、M572、M576、M581、M586、M589、M591、M599、M612、M614、M617、M618、M619、M638、M641、M642、M652、M657、M664、M674、M675、M684、M685、M687、M693、M700、M701、M707、M709、M711、M723、M732、M734、M740、M743、M746、M749、M750、M751、M752、M757、M758、M759、M775、M800、M807、M814、M822、M825、M835、M839、M844（附表四）。

墓例：M29、M35、M42、M47。

1. M29

墓葬形制　方向20°。开口于现地表以下0.4米。墓口长2.5、南宽0.8、北宽0.86米，墓底长1.9、南宽0.64、北宽0.6米，墓坑深2.5米。坑壁较光滑、陡直，底平。坑内填黄褐色夹灰白色五花土，质密。

葬具及葬式　单棺，已朽，仅存灰色腐痕。棺痕长1.9、宽0.45、高0.2米。未见人骨架，葬式不明。

无随葬器物（图版六，1）。

2. M35

墓葬形制　方向5°。开口于现地表以下0.5米。口底同大。墓口长2.6、宽1.3米，墓坑深2.3米。坑壁较光滑、陡直，底平。坑内填黄褐色夹灰白色五花土，质密。

葬具及葬式　单棺，已朽，仅存灰色腐痕。棺痕长2.18、宽0.5、高0.4米。未见人骨架，葬式不明。

无随葬器物（图版六，2）。

3. M42

墓葬形制 方向195°。开口于现地表以下0.3米。墓口长2.56、南宽1.26、北宽1.3米,墓底长2.42、南宽1.26、北宽1.4米,墓坑深2.5米。坑口不规整,坑壁陡直,底平。坑内填黄褐色夹灰白色五花土,质密。

葬具及葬式 单棺,已朽,仅存灰色腐痕。棺痕长2.14、宽0.62、高0.4米。未见人骨架,葬式不明。

无随葬器物(图版六,3)。

4. M47

墓葬形制 方向155°。开口于现地表以下0.3米。墓口长2.26、宽1米,墓底长2.14、宽0.96米,墓坑深1米。坑口较规整,坑壁陡直,底平。坑内填黄褐色夹灰白色五花土,质密。

葬具及葬式 单棺,已朽,仅存灰色腐痕。棺痕长1.84、宽0.5、高0.1米。未见人骨架,葬式不明。

无随葬器物(图版六,4)。

(二)Bb型墓

Bb型墓为有随葬器物的单棺墓,计106座:M15、M16、M20、M24、M40、M49、M75、M81、M83、M84、M98、M103、M109、M111、M119、M123、M126、M127、M131、M138、M146、M149、M299、M300、M302、M314、M317、M362、M387、M398、M411、M463、M466、M474、M481、M484、M485、M486、M490、M491、M492、M499、M500、M501、M503、M508、M509、M511、M514、M518、M520、M527、M531、M532、M543、M544、M547、M554、M556、M558、M560、M563、M564、M574、M575、M587、M588、M611、M620、M623、M627、M637、M650、M667、M678、M683、M692、M696、M702、M705、M708、M714、M715、M717、M736、M753、M755、M756、M761、M769、M773、M776、M794、M804、M806、M816、M817、M818、M823、M824、M832、M836、M837、M841、M847、M852(附表五)。

墓例:M24、M49、M81、M83、M103、M109、M111、M119、M126、M146、M299、M314、M466、M474、M481、M484、M491、M492、M503、M508、M509、M518、M543、M558、M560、M563、M623、M714、M715、M717、M794、M804、M806、M816、M818、M823、M824、M832、M852。

1. M24

墓葬形制 方向185°。开口于现地表以下0.44米。墓口长2.94、南宽1.56、北宽1.5米,墓底长2.85、宽1.38米，墓坑深2.08米。墓壁较光滑、陡直，底平。墓内填土为黄褐色夹灰白色五花土，质密。

葬具及葬式　单棺，已朽，仅存灰色腐痕。棺痕长2.04、宽0.66、高0.3米。未见人骨架，葬式不明。

随葬器物　陶器4件：罐、盂、壶、鼎各1件。置于坑底棺外东部（图四〇；图版七，1、2）。

陶罐（M24：1），泥质灰陶。口径14.8、腹径18.6、底径8、复原高20.4厘米（图四一，1）。

陶盂（M24：2），泥质灰陶。口径19.2、腹径18.6、底径7.3、高11.9厘米（图四一，2）。

陶壶（M24：3），泥质灰陶。口径12.4、腹径17.8、底径10.1、高26.4厘米（图四一，3）。

陶鼎（M24：4），泥质灰陶。口径19.5、腹径21.6、残高23.5厘米（图四一，4）。

2. M49

墓葬形制　方向155°。开口于现地表以下0.6米。墓口长2.3、宽0.8米，墓底长2、北宽0.66、南宽0.7米，墓坑深1.36米。墓壁较光滑、陡直，底平。墓内填黄褐色夹灰白色五花土，质密。

葬具及葬式　单棺，已朽，仅存灰色腐痕。棺痕长1.72、宽0.48米。未见人骨架，葬式不明。

随葬器物　陶器5件：鬲、盂、壶各1件，豆2件。1件豆出土于棺内中部西侧，其余出土于

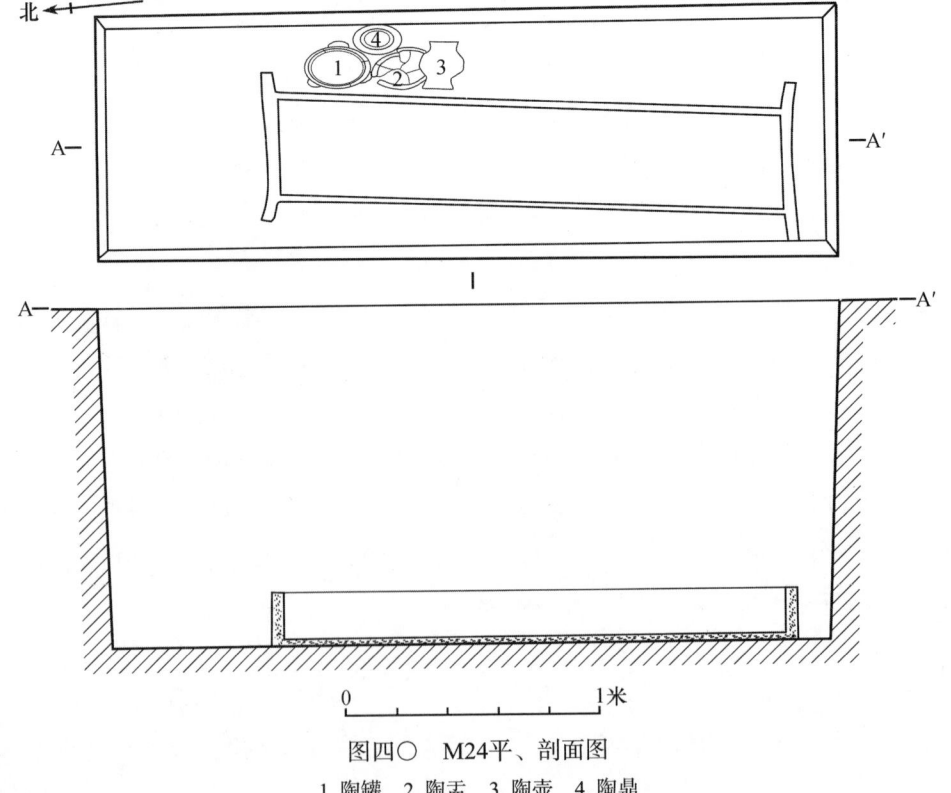

图四〇　M24平、剖面图
1. 陶罐　2. 陶盂　3. 陶壶　4. 陶鼎

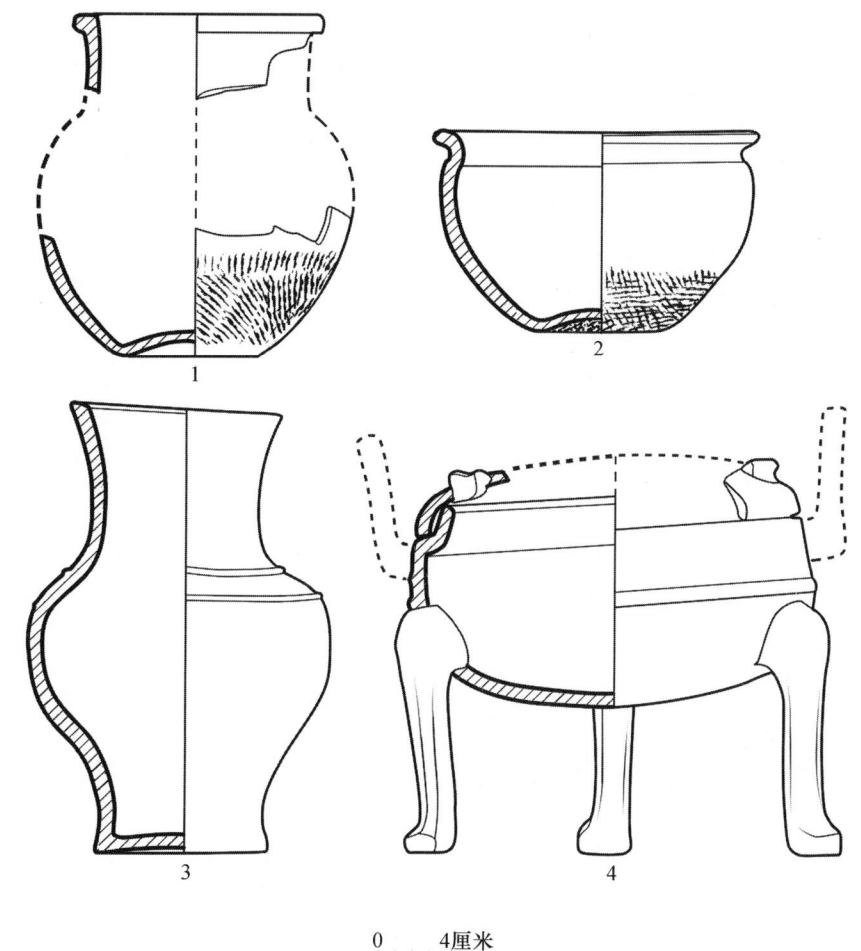

图四一　M24随葬陶器
1.罐（M24：1）　2.盂（M24：2）　3.壶（M24：3）　4.鼎（M24：4）

棺外南侧（图四二）。

陶豆（M49：1），泥质灰陶。口径12.8、盘深2、残高6厘米（图四三，1）。

陶豆（M49：5），泥质灰陶。口径12.3、盘深2.5、高13.1厘米（图四三，5）。

陶盂（M49：2），泥质灰陶。口径14、腹径15.6、底径6.9、高11.8厘米（图四三，2）。

陶鬲（M49：3），泥质灰陶。口径13.5、腹径18.8、高18.3厘米（图四三，3）。

陶壶（M49：4），泥质灰陶。口径15.2、腹径16、底径8、高24.4厘米（图四三，4）。

3. M81

墓葬形制　方向210°。开口于现地表以下1.2米。墓口长1.9、北宽0.82、南宽0.74米，墓底长1.8、北宽0.64、南宽0.62米，墓坑深0.6米。坑壁较光滑、陡直，底平。墓内填黄褐色夹灰白色五花土，质密。

葬具及葬式　单棺，已朽，仅存灰色腐痕。棺痕长1.76、宽0.46米。未见人骨架，葬式不明。

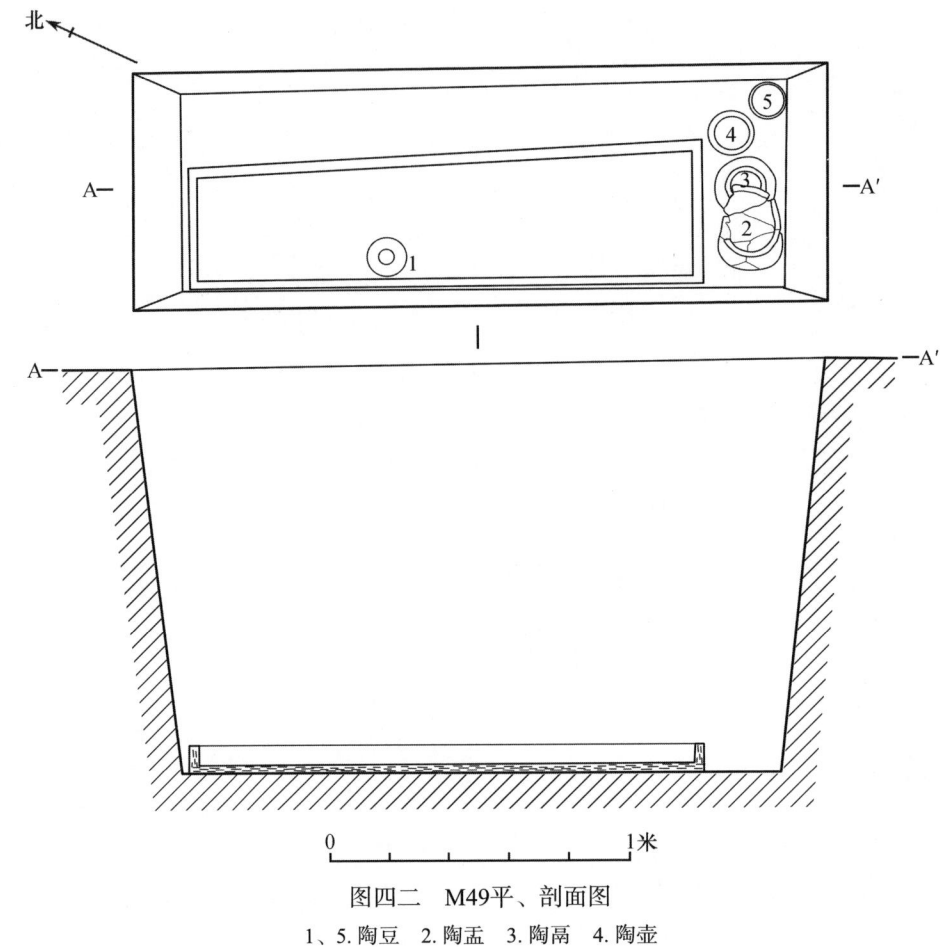

图四二　M49平、剖面图
1、5.陶豆　2.陶盂　3.陶鬲　4.陶壶

随葬器物　陶器3件：鬲、壶、盂各1件。置于棺外东南角（图四四；图版七，3、4）。

陶鬲（M81:1），泥质灰陶。口径14、腹径15.9、高16.8厘米（图四五，1）。

陶壶（M81:2），泥质灰陶。口径11.5、腹径16.1、底径10.3、高26.8厘米（图四五，2）。

陶盂（M81:3），泥质灰陶。口径12.3、腹径13.2、底径5.6、高8.7厘米（图四五，3）。

4. M83

墓葬形制　方向125°。开口于现地表以下0.86米。墓口长2.19、宽0.8米，墓底长2.1、宽0.6~0.64米，墓坑深1.1米。墓壁较光滑、陡直，底平。墓内填黄褐色夹灰白色五花土，质密。

葬具及葬式　单棺，已朽，仅存灰色腐痕。棺痕长1.71、宽0.44米。未见人骨架，葬式不明。

随葬器物　陶器4件：罐、盂、鬲、豆各1件。置于墓底棺外东部（图四六；图版八，1、2）。

陶罐（M83:1），泥质灰陶。口径14.5、腹径20.2、底径7.5、高22.9厘米（图四七，1）。

陶盂（M83:2），泥质灰陶。口径21.6、腹径21.6、底径5.6、高14.6厘米（图四七，2）。

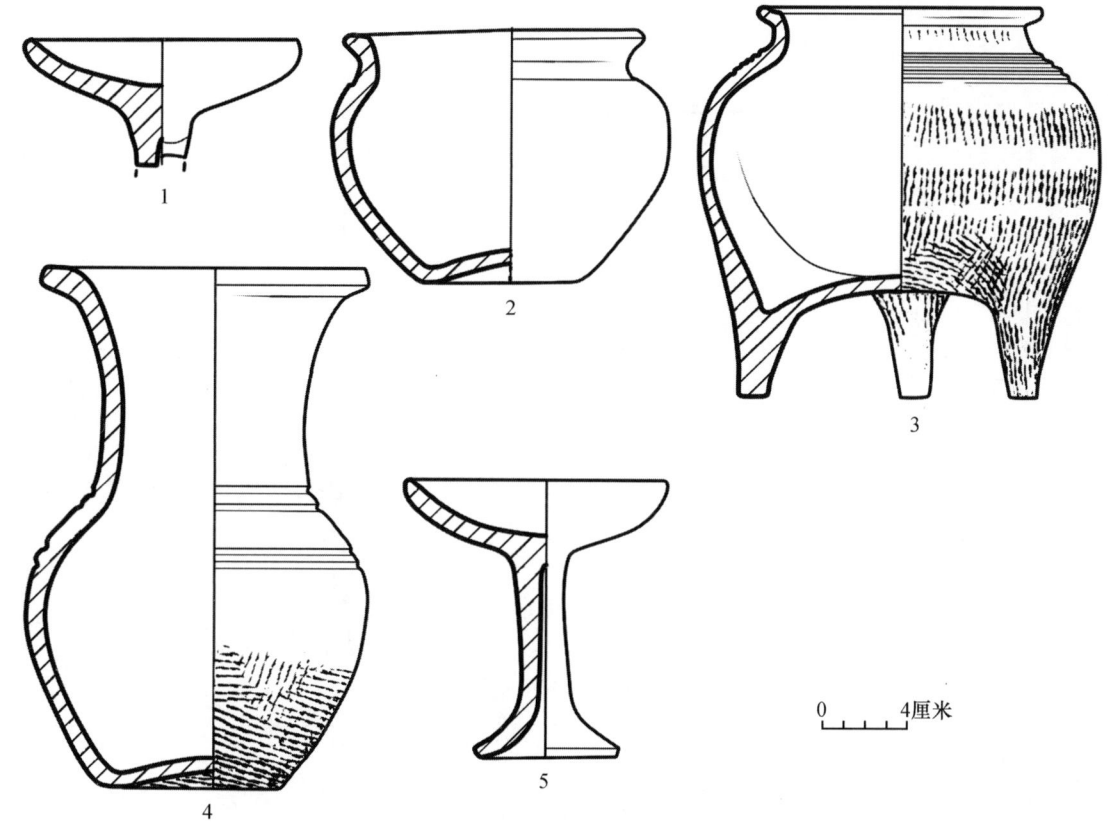

图四三 M49随葬陶器
1、5.豆（M49：1、M49：5） 2.盂（M49：2） 3.鬲（M49：3） 4.壶（M49：4）

陶鬲（M83：3），泥质灰陶。口径13.2、腹径20.1、高16厘米（图四七，3）。

陶豆（M83：4），泥质灰陶。口径12、盘深2.4、高11.2厘米（图四七，4）。

5. M103

墓葬形制 方向208°。开口于现地表以下0.3米。墓口长2.1、宽0.96米，墓底长2、宽0.72～0.77米，墓坑深1.4米。墓壁较光滑、陡直，平底。坑内填黄褐色夹灰白色五花土，质密。

葬具及葬式 单棺，已朽，仅存灰色腐痕。棺痕长1.77、宽0.49米。未见人骨架，葬式不明。

随葬器物 陶器5件：盂、鬲、壶各1件，豆2件。置于墓底棺外南端（图四八；图版八，3、4）。

陶盂（M103：1），泥质灰陶。口径19.2、腹径18.4、底径10.4、高9.2厘米（图四九，1）。

陶鬲（M103：2），夹砂褐陶。口径13.1、腹径18.3、高18.8厘米（图四九，2）。

陶豆（M103：3），泥质灰陶。口径13.6、盘深2.4、高16.8厘米（图四九，3）。

陶豆（M103：4），泥质灰陶。口径14.3、盘深2、高15厘米（图四九，4）。

陶壶（M103：5），泥质灰陶。口径10、腹径12.1、底径6.9、高21厘米（图四九，5）。

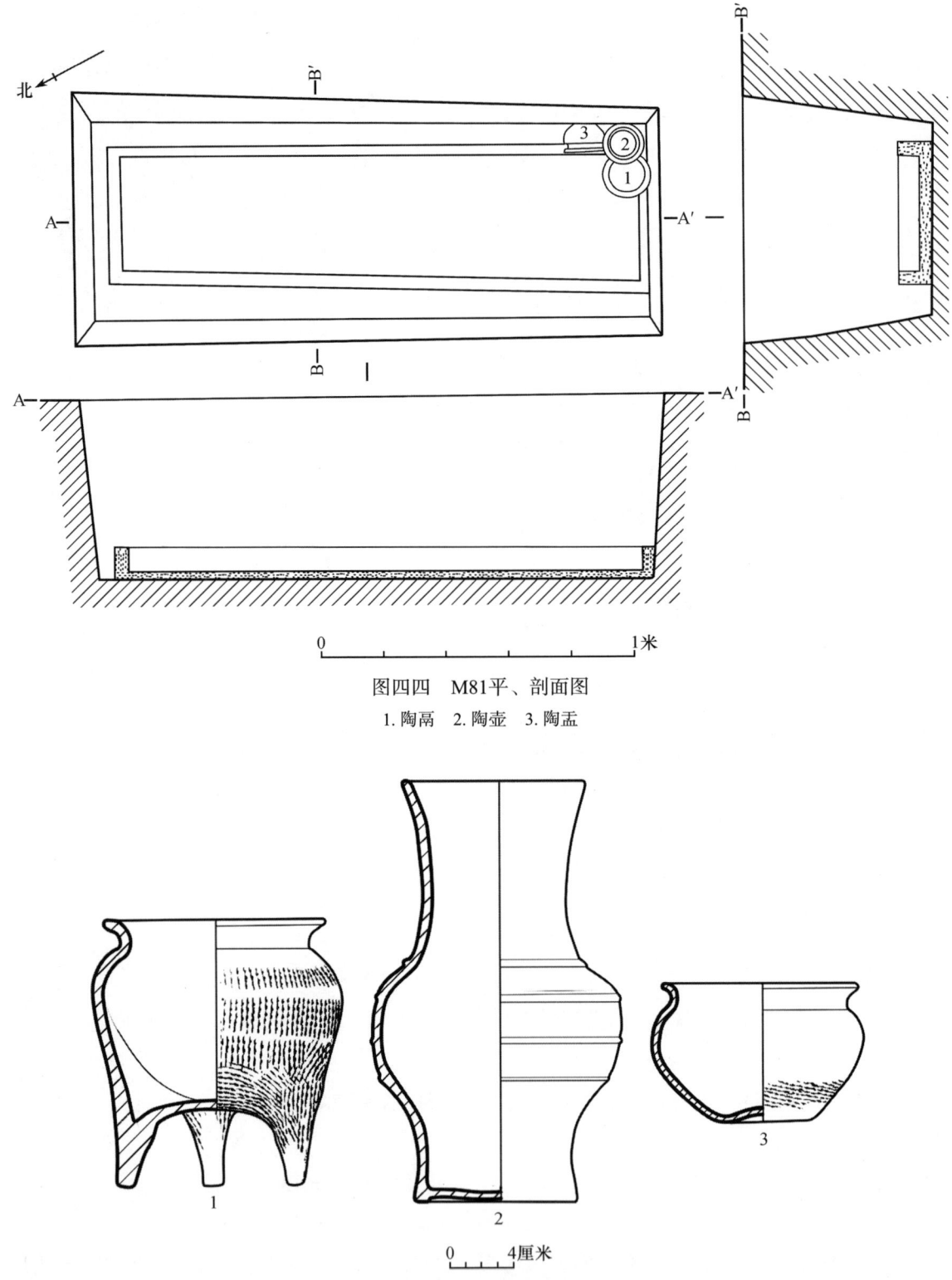

图四四　M81平、剖面图
1. 陶鬲　2. 陶壶　3. 陶盂

图四五　M81随葬陶器
1. 鬲（M81：1）　2. 壶（M81：2）　3. 盂（M81：3）

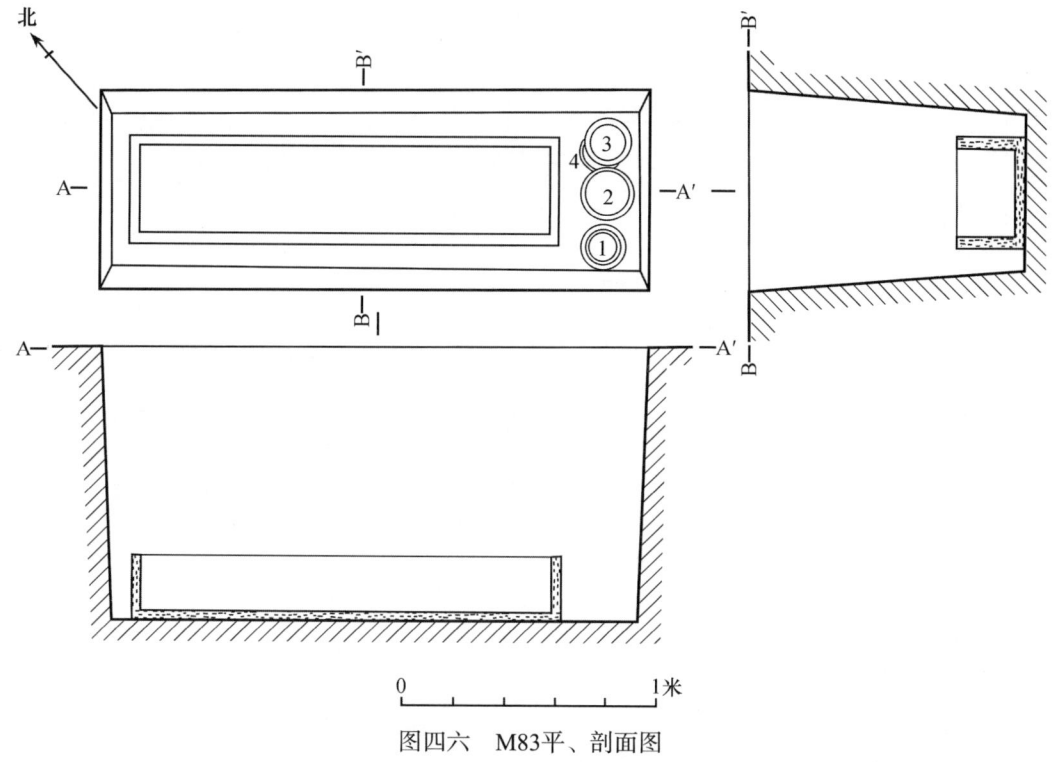

图四六　M83平、剖面图
1.陶罐　2.陶盂　3.陶鬲　4.陶豆

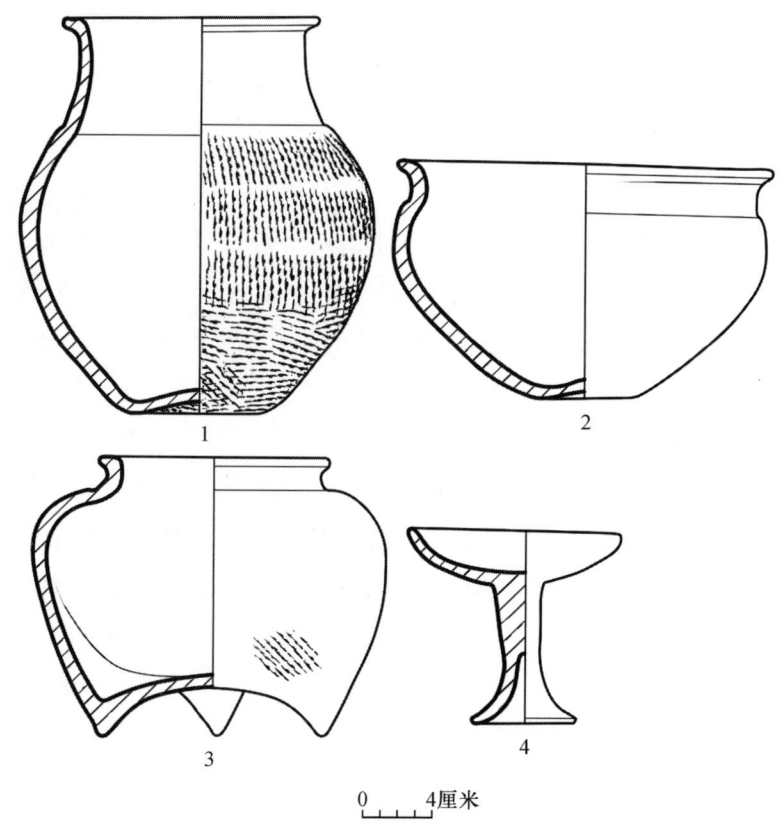

图四七　M83随葬陶器
1.罐（M83：1）　2.盂（M83：2）　3.鬲（M83：3）　4.豆（M83：4）

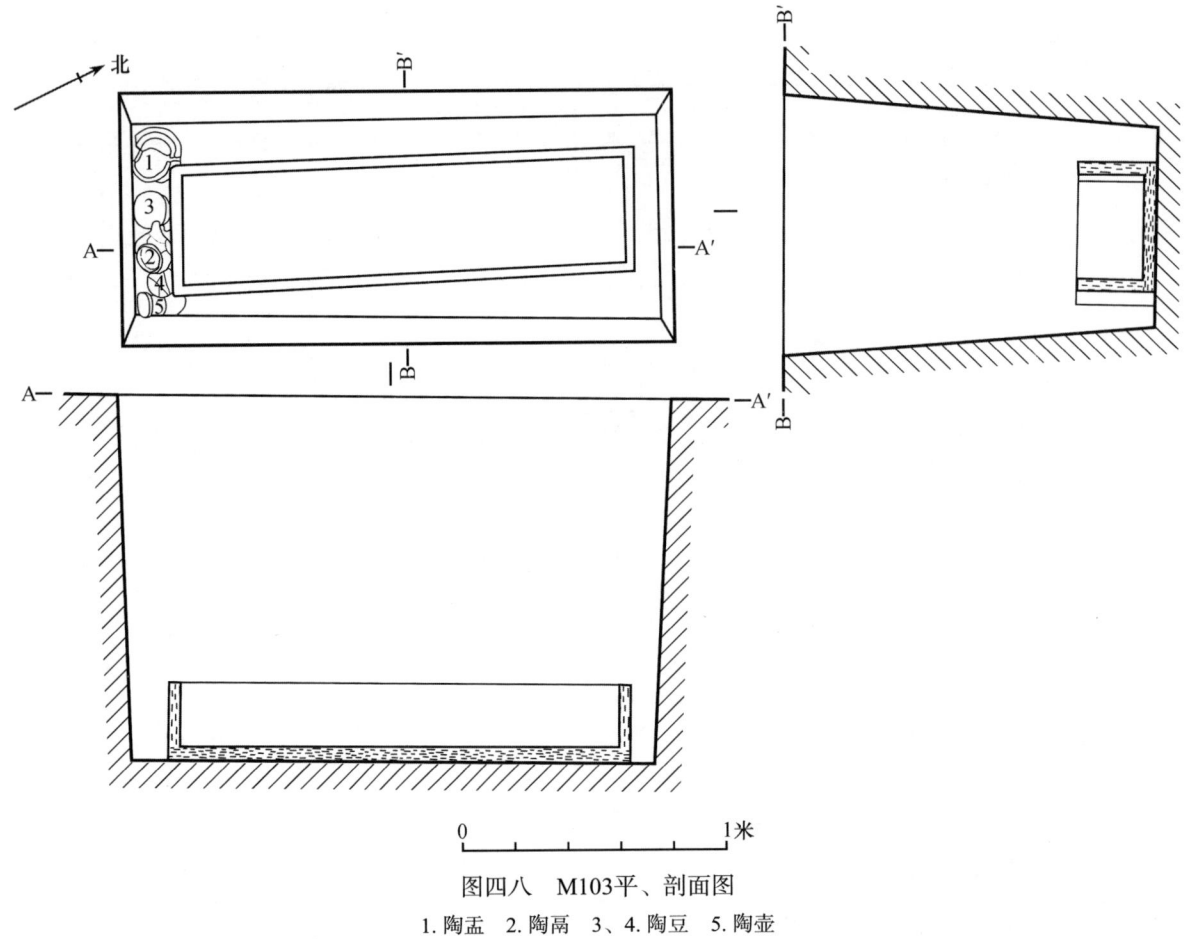

图四八　M103平、剖面图
1. 陶盂　2. 陶鬲　3、4. 陶豆　5. 陶壶

6. M109

墓葬形制　方向220°。开口于现地表以下0.44米。墓口长2.6、宽1.08米，墓底长2.2、宽0.72米，墓坑深2.43米。墓壁较光滑、陡直，平底。坑内填黄褐色夹灰白色五花土，质密。

葬具及葬式　单棺，已朽，仅存灰色腐痕。棺痕长1.88、宽0.46、高0.3米。未见人骨架，葬式不明。

随葬器物　陶器3件：盂、鬲、罐各1件。置于墓底棺外南端（图五〇；图版九，1、2）。

陶盂（M109：1），泥质灰陶。口径21.6、腹径21.2、底径7.2、高13.7厘米（图五一，1）。

陶鬲（M109：2），夹砂灰陶。口径15.6、腹径21.6、高20.4厘米（图五一，2）。

陶罐（M109：3），泥质灰陶。口径14、腹径16.8、底径6.1、高24.1厘米（图五一，3）。

7. M111

墓葬形制　方向130°。开口于现地表以下0.3米。墓口长2.22、南宽0.92、北宽0.8米，墓底长2.14、宽0.84米，墓坑深1.3米。墓壁较光滑、陡直，底平。墓内填黄褐色夹灰白色五花土，质密。

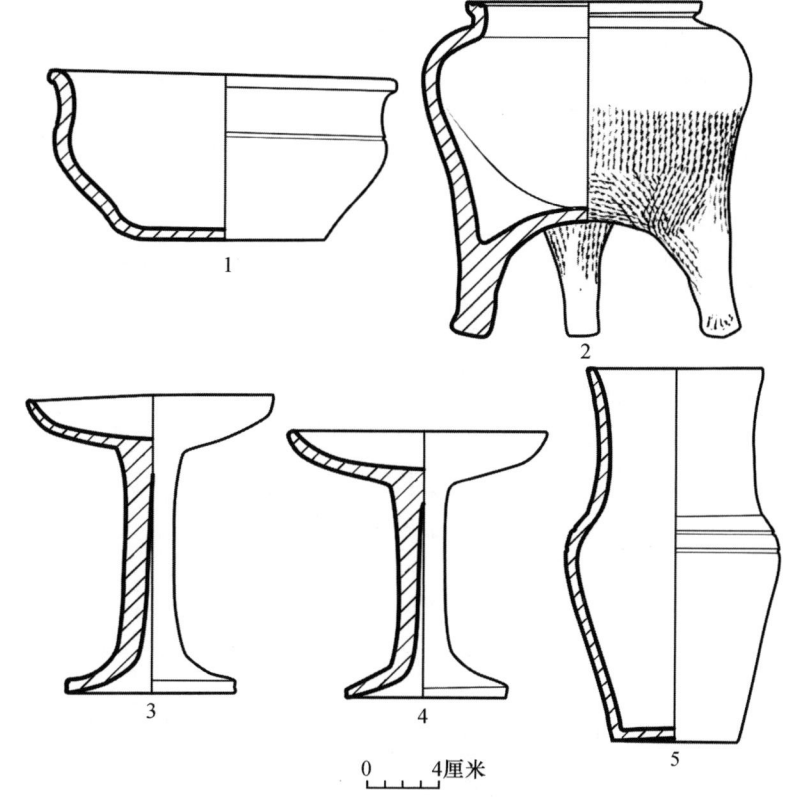

图四九 M103随葬陶器
1. 盂（M103∶1） 2. 鬲（M103∶2） 3、4. 豆（M103∶3、M103∶4） 5. 壶（M103∶5）

葬具及葬式 单棺，已朽，仅存灰色腐痕。棺痕长1.8、宽0.44、高0.2米。未见人骨架，葬式不明。

随葬器物 陶器2件：鬲、盂各1件。置于墓底棺外东部（图五二；图版九，3、4）。

陶鬲（M111∶1），泥质褐陶。口径13.6、腹径15.6、高16厘米（图五三，1）。

陶盂（M111∶2），泥质褐陶。口径15.9、腹径15.5、底径7.2、高10.2厘米（图五三，2）。

8. M119

墓葬形制 方向120°。开口于现地表以下1米。墓口长2.52、南宽1.06、北宽1米，墓底长2.44、宽0.8～0.84米，墓坑深1.58米。坑壁较光滑、陡直，底平。坑内填黄褐色夹灰白色五花土，质密。

葬具及葬式 单棺，已朽，仅存灰色腐痕。棺痕长1.96、宽0.62、高0.26米。未见人骨架，葬式不明。

随葬器物 除1件铜剑置于棺内北侧外，其他3件为陶器，置于坑底棺外东北角，包括盂、鬲、壶各1件（图五四；图版一〇）。

铜器

剑（M119∶1），通长69、身长57.8、身宽4.9、首径4.5厘米（图五五，1）。

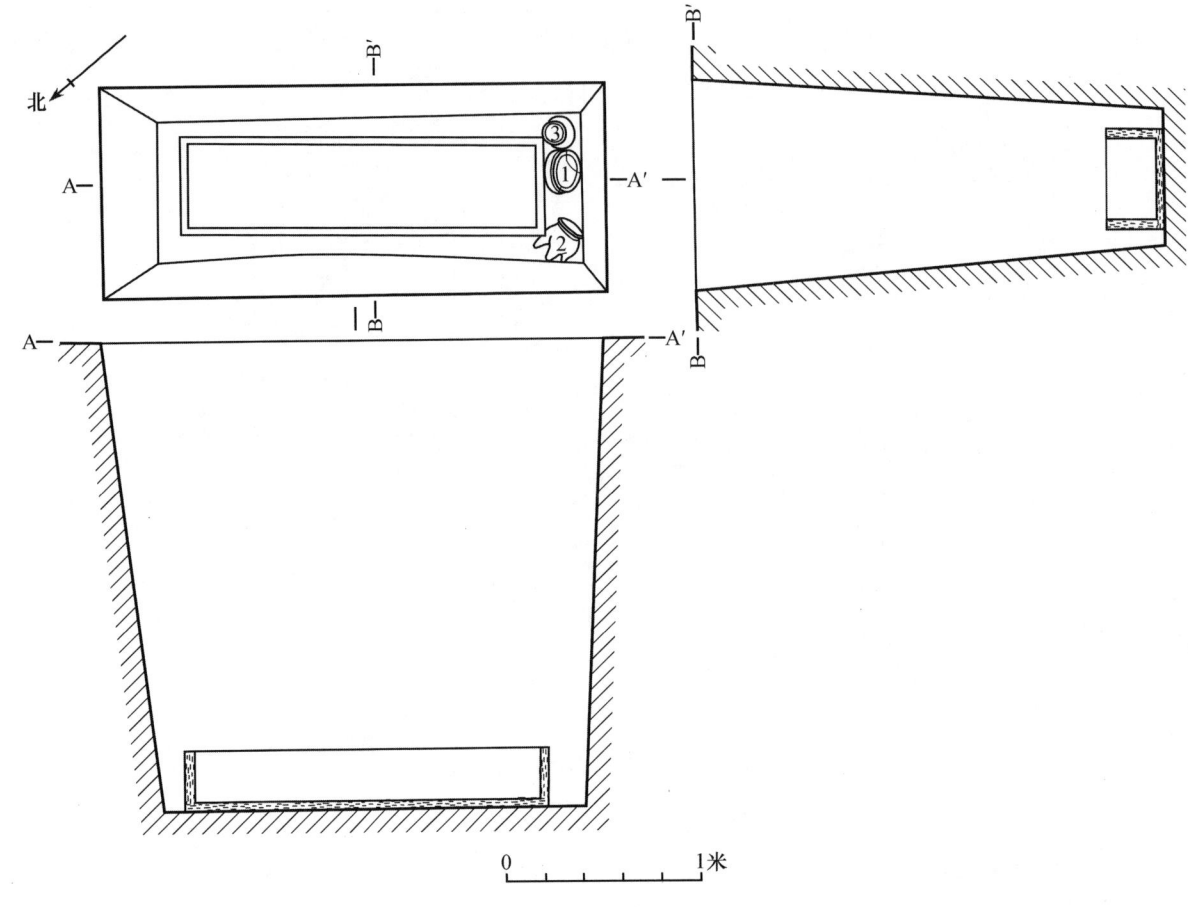

图五〇　M109平、剖面图
1.陶盂　2.陶鬲　3.陶罐

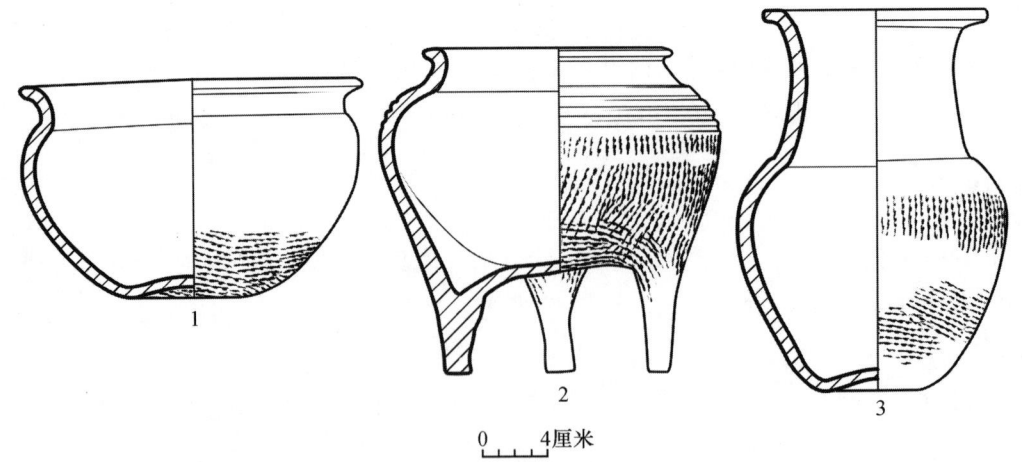

图五一　M109随葬陶器
1.盂（M109∶1）　2.鬲（M109∶2）　3.罐（M109∶3）

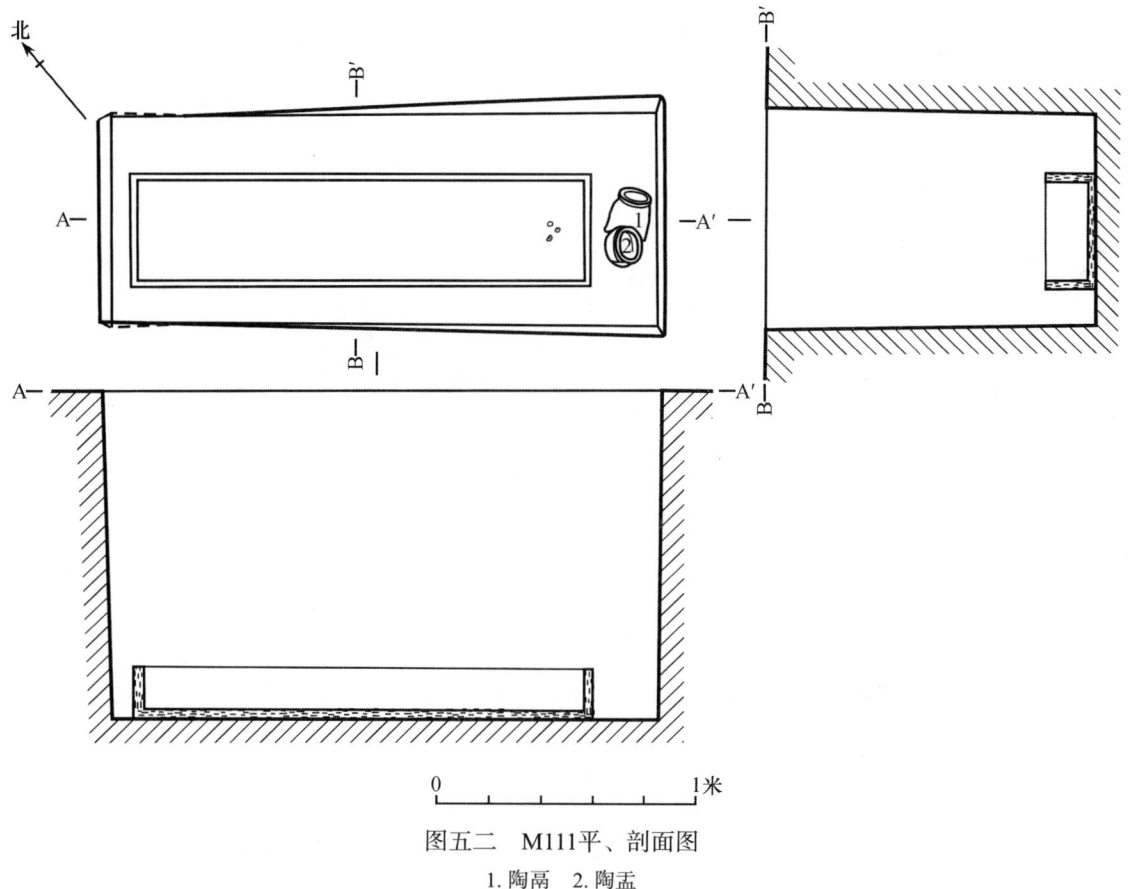

图五二 M111平、剖面图
1. 陶鬲 2. 陶盂

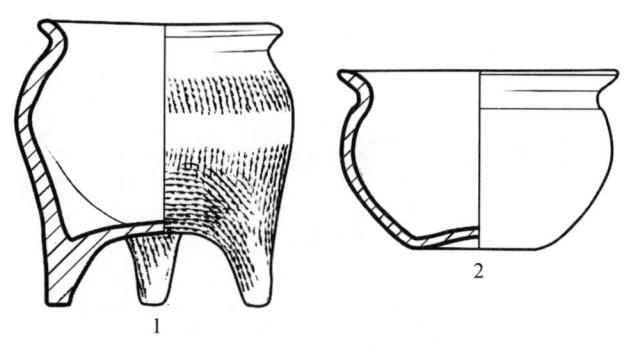

图五三 M111随葬陶器
1. 鬲（M111:1） 2. 盂（M111:2）

陶器

盂（M119:2），泥质灰陶。口径23.2、腹径22.6、底径9.7、高13.2厘米（图五五，2）。

鬲（M119:3），泥质灰陶。口径14.2、腹径18.7、高20.2厘米（图五五，3）。

壶（M119:4），泥质褐陶。口径10.8、腹径12.6、底径8.5、高18.4厘米（图五五，4）。

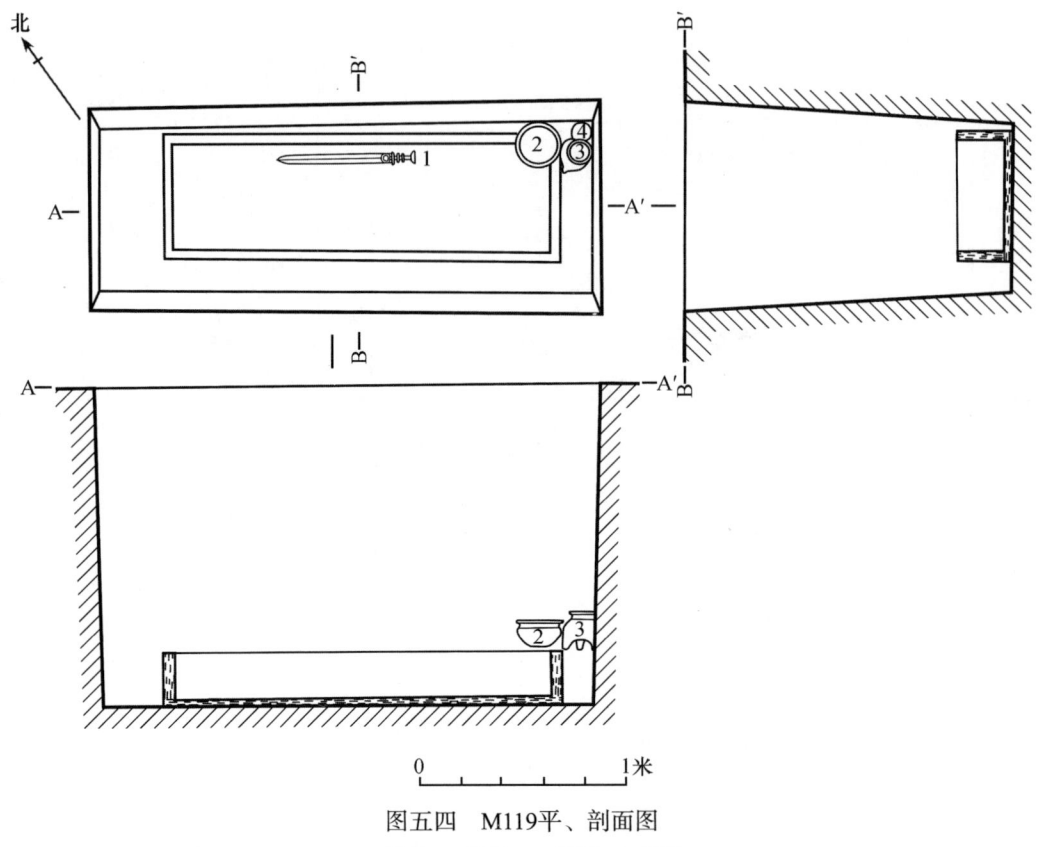

图五四　M119平、剖面图
1. 铜剑　2. 陶盂　3. 陶鬲　4. 陶壶

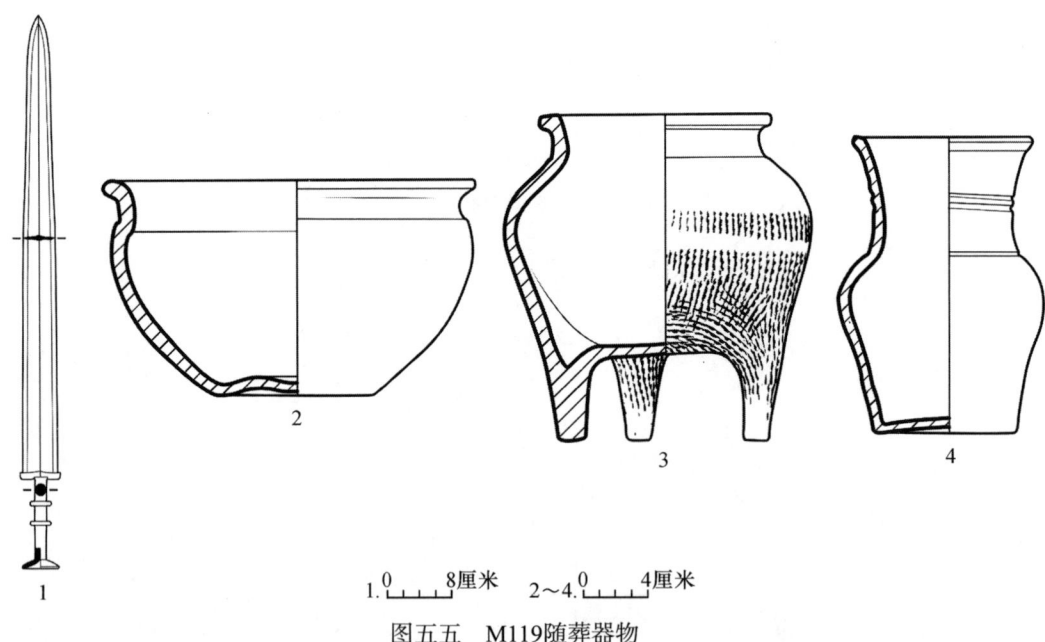

图五五　M119随葬器物
1. 铜剑（M119:1）　2. 陶盂（M119:2）　3. 陶鬲（M119:3）　4. 陶壶（M119:4）

9. M126

墓葬形制 方向158°。开口于现地表以下0.4米。墓口长2.4、南宽1.18、北宽1.12米,墓底长2.1、宽0.72米,墓坑深2.12米。坑壁较光滑、陡直,底平。坑内填黄褐色夹灰白色五花土,质密。

葬具及葬式 单棺,已朽,仅存灰色腐痕。棺痕长1.74、宽0.46米。未见人骨架,葬式不明。

随葬器物 陶器3件:鬲、罐、盂各1件。置于坑底棺外南部(图五六;图版一一,1、2)。

陶鬲(M126:1),泥质褐陶。口径13.7、腹径18.6、高17.6厘米(图五七,1)。

陶罐(M126:2),泥质灰陶。口径14、腹径19.8、底径6.4、高23.8厘米(图五七,2)。

陶盂(M126:3),泥质灰陶。口径20.6、腹径20.8、底径8.8、高12.3厘米(图五七,3)。

10. M146

墓葬形制 方向285°。开口于现地表以下0.4米。墓口长2.15、宽1米,墓底长2.1、宽0.77

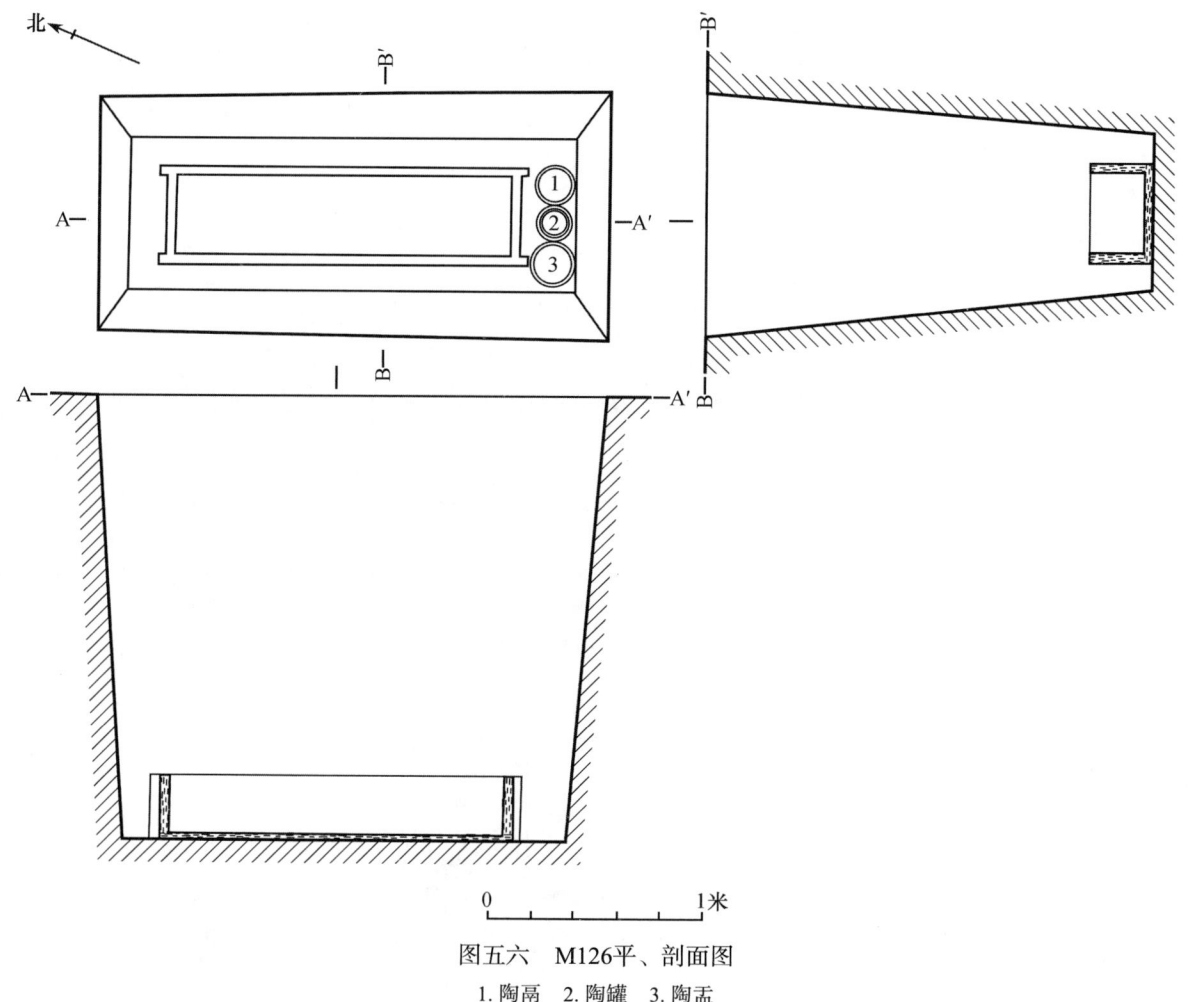

图五六 M126平、剖面图
1.陶鬲 2.陶罐 3.陶盂

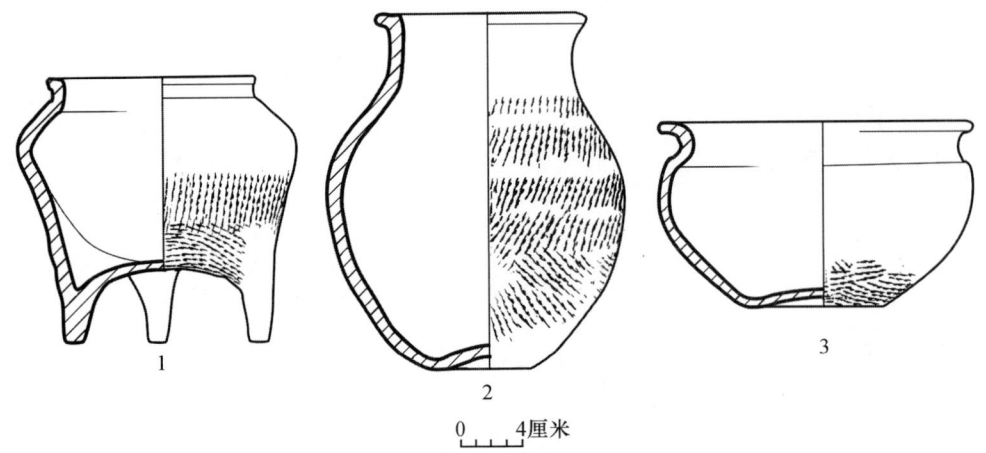

图五七 M126随葬陶器
1.鬲（M126∶1） 2.罐（M126∶2） 3.盂（M126∶3）

米，墓坑深1.5米。坑壁较光滑、陡直，底平。坑内填黄褐色夹灰白色五花土，质密。

葬具及葬式　单棺，已朽，仅存灰色腐痕。棺痕长1.76、宽0.57米。未见人骨架，葬式不明。

随葬器物　陶器3件：盂、壶、鬲各1件。置于坑底棺外西北角（图五八）。

陶盂（M146∶1），泥质褐陶。口径22.4、腹径21.2、底径7.5、高13.5厘米（图五九，1）。

陶壶（M146∶2），泥质灰陶。口径11.9、腹径16.4、底径10、高29.6厘米（图五九，2）。

陶鬲（M146∶3），泥质褐陶。口径20.8、腹径22.6、高20.4厘米（图五九，3）。

11. M299

墓葬形制　方向240°。开口于现地表以下0.7米。墓口长2.24、宽0.76米，墓底长2.1、宽0.58米，墓坑深1.3米。坑壁为直壁，底平。坑内填灰白色五花土。

葬具及葬式　单棺，已腐，仅存灰色腐痕。棺痕长1.82、宽0.46、高0.2米。人骨架已腐，葬式不明。

随葬器物　陶器4件：鬲、盂、壶、豆各1件，其中修复3件。置于墓底棺外西端（图六〇；图版一一，3、4）。

陶鬲（M299∶1），泥质灰陶。口径16.7、腹径20.4、高20.4厘米（图六一，1）。

陶盂（M299∶2），泥质灰陶。口径21.6、腹径21.3、底径10、高11.5厘米（图六一，2）。

陶豆（M299∶4），泥质灰陶。口径14.1、盘深2.8、高16.6厘米（图六一，3）。

12. M314

墓葬形制　方向187°。开口于现地表以下0.55米。墓口长2.3、宽0.95米，墓底长2.15、宽0.78米，墓坑深1.45米。坑壁略斜，底平。坑内填土为红褐色土，含灰白色五花土。

葬具及葬式　单棺，已腐，仅存灰色腐痕。棺痕长1.9、宽0.58、高0.15米。人骨架已腐，葬式不明。

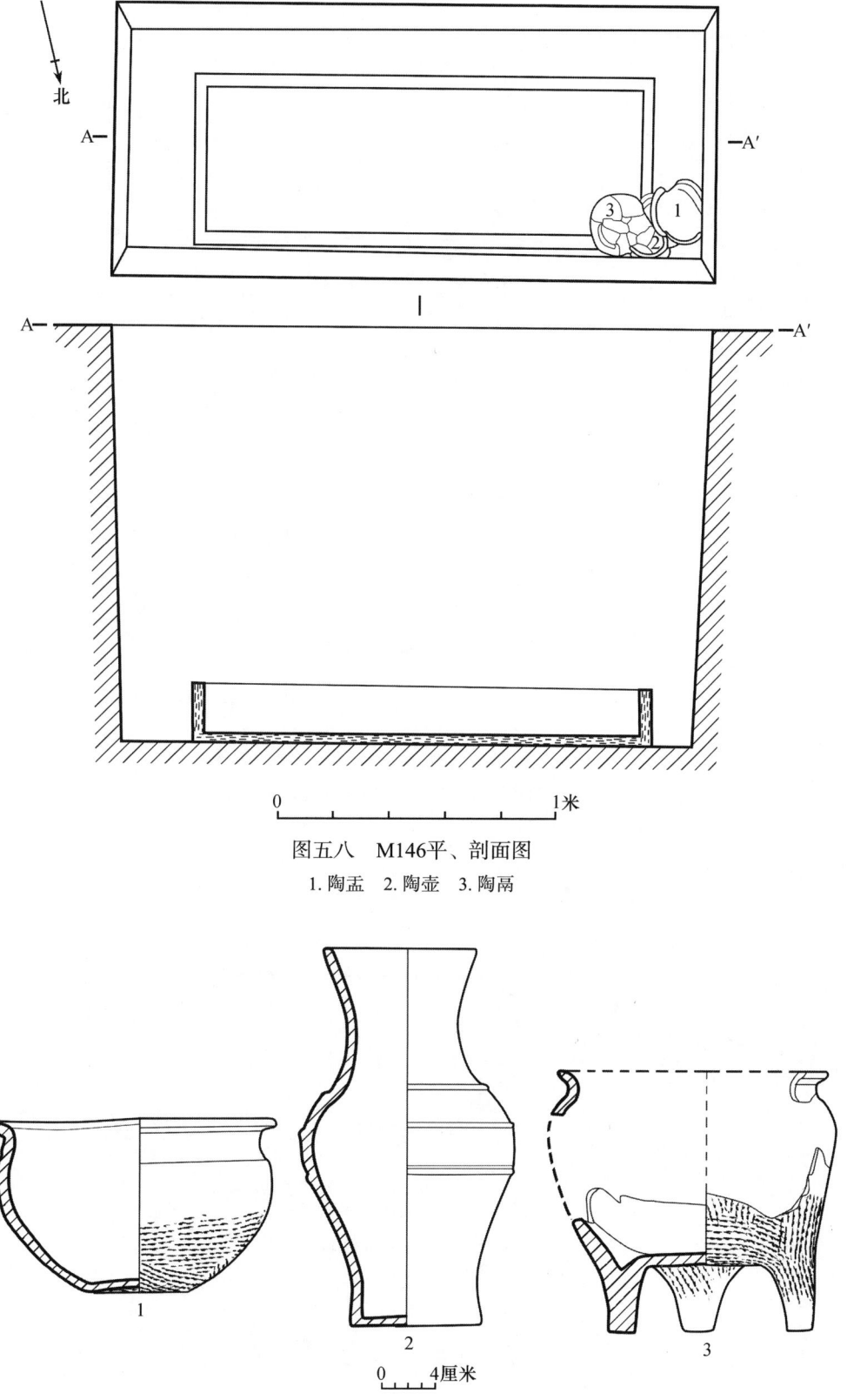

图五八　M146平、剖面图
1. 陶盂　2. 陶壶　3. 陶鬲

图五九　M146随葬陶器
1. 盂（M146∶1）　2. 壶（M146∶2）　3. 鬲（M146∶3）

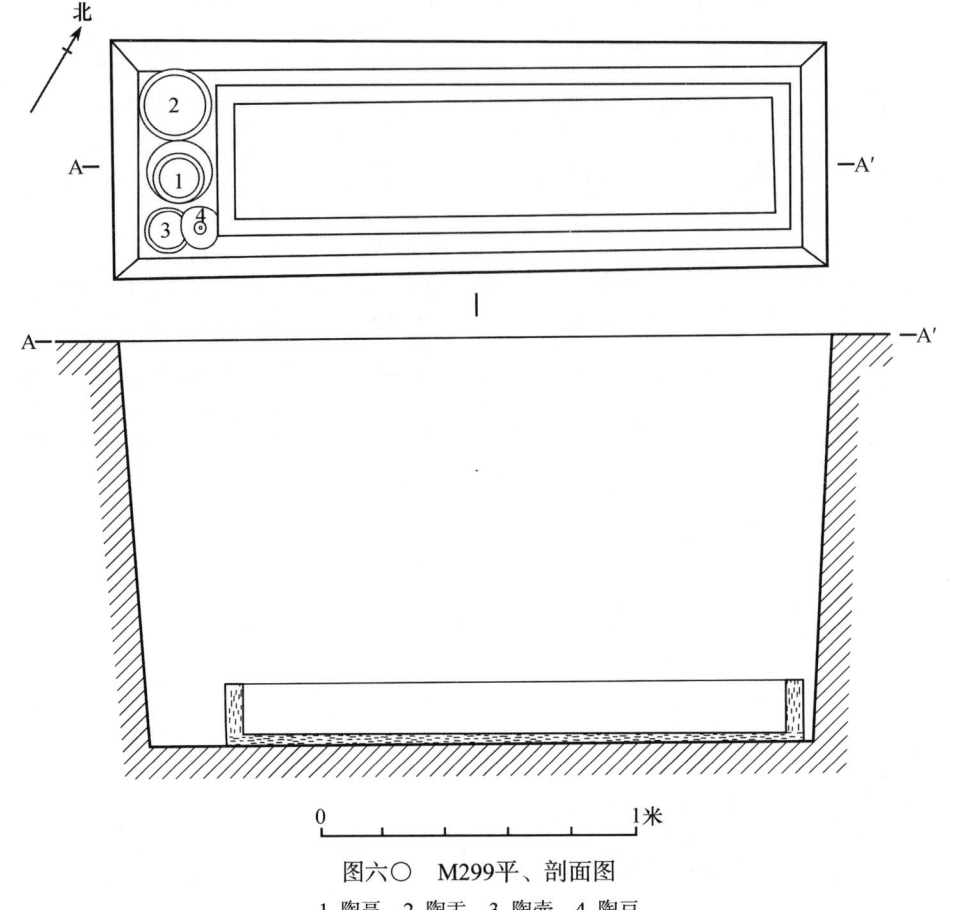

图六〇　M299平、剖面图
1. 陶鬲　2. 陶盂　3. 陶壶　4. 陶豆

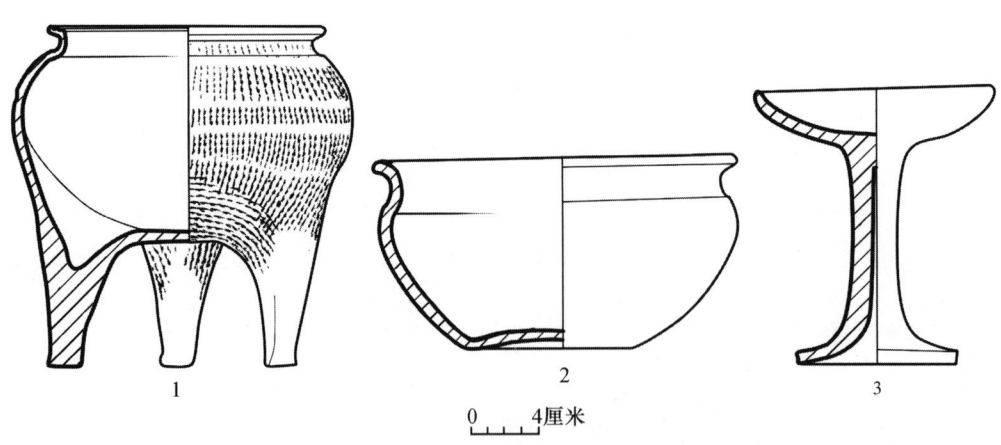

图六一　M299随葬陶器
1. 鬲（M299∶1）　2. 盂（M299∶2）　3. 豆（M299∶4）

随葬器物　陶器4件：鬲、盂、豆、壶各1件。置于墓底棺外南端（图六二；图版一二，1、2）。

陶鬲（M314∶1），夹砂灰陶。口径15.3、腹径18.1、高19.2厘米（图六三，1）。

陶盂（M314∶2），泥质灰陶。口径20.1、腹径20.8、底径9、高13.8厘米（图六三，2）。

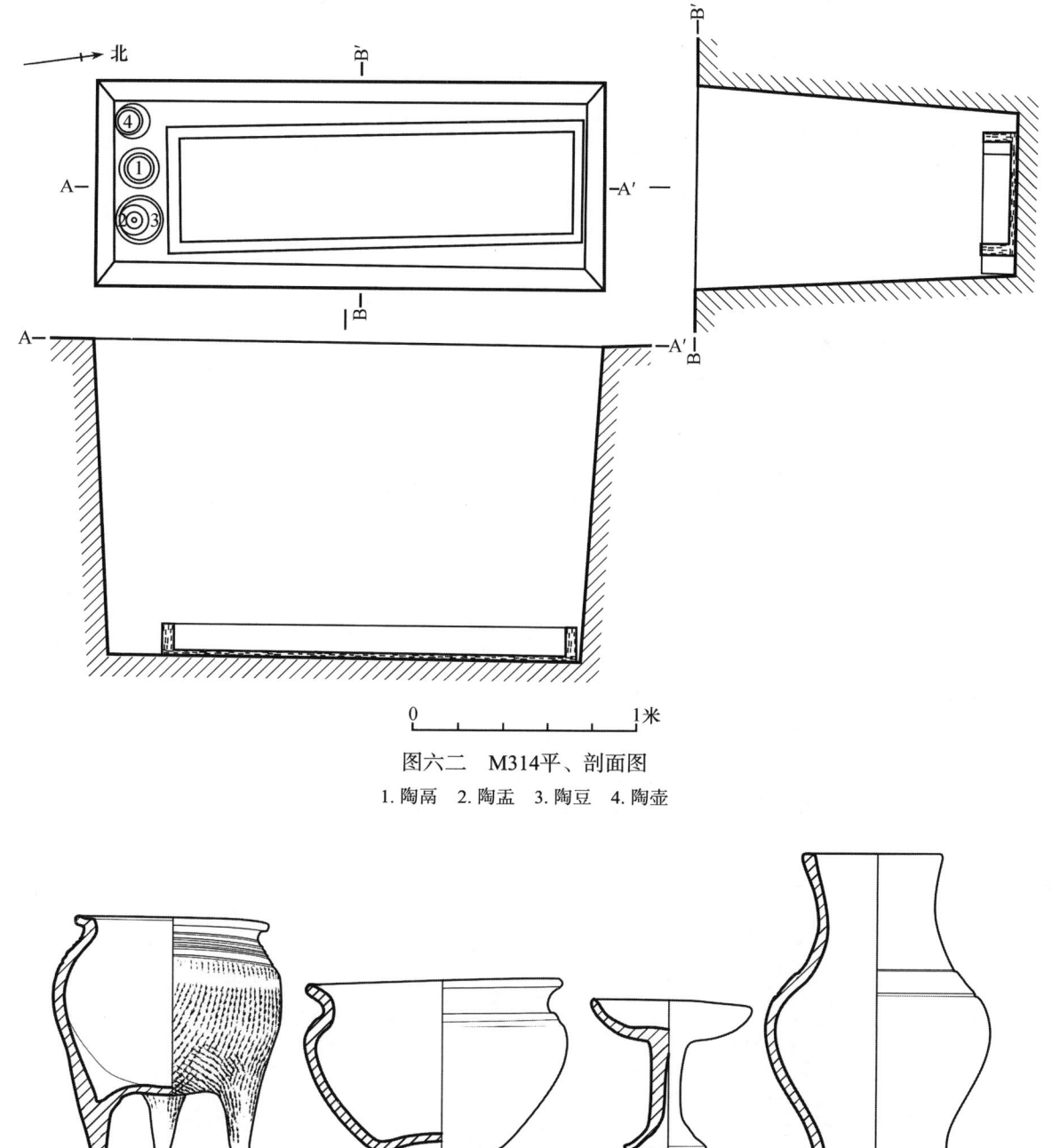

图六二 M314平、剖面图
1.陶鬲 2.陶盂 3.陶豆 4.陶壶

图六三 M314随葬陶器
1.鬲（M314：1） 2.盂（M314：2） 3.豆（M314：3） 4.壶（M314：4）

陶豆（M314：3），泥质黑衣灰陶。口径8.8、盘深2.3、高12厘米（图六三，3）。

陶壶（M314：4），泥质灰陶。口径11.2、腹径18、底径10.4、高26.2厘米（图六三，4）。

13. M466

墓葬形制　方向127°。打破M433。开口于现地表以下0.7米。墓口北长2.18、南长2.28、东宽0.7、西宽0.82米，墓底北长2.04、南长2.08、宽0.54米，墓坑深1.1米。坑壁不规整，底平。坑内填黄褐色夹灰白色土，土质较硬。

葬具及葬式　单棺，已腐，痕迹不明显。

随葬器物　陶器4件：盂2件，罐、豆各1件。置于墓底东部（图六四）。

陶盂（M466：1），泥质灰陶。口径21.2、腹径20.4、底径8.4、高12厘米（图六五，1）。

陶盂（M466：3），泥质灰陶。口径16、腹径16、底径6.4、高9.4厘米（图六五，3）。

陶罐（M466：2），泥质灰陶。口径13.8、腹径19.6、底径7、高22厘米（图六五，2）。

陶豆（M466：4），泥质灰陶。口径12、盘深4.2、高11.6厘米（图六五，4）。

14. M474

墓葬形制　方向189°。开口于现地表以下0.5米，墓口长2.2、宽0.98米，墓底长2.08、宽0.84米，墓坑深0.9米。坑壁基本规整、斜直，底平。坑内填黄褐色夹灰白色花土，质密。

葬具及葬式　单棺，已腐朽无存，可见青灰色朽痕。棺痕长1.82、宽0.5、高0.2米。人骨架已腐朽无存，葬式不明。

随葬器物　陶器4件：鬲、盂、罐、豆各1件。置于墓底棺外南端（图六六；图版一二，3、4）。

陶鬲（M474：1），泥质灰陶。口径14、腹径18、高18.4厘米（图六七，1）。

陶盂（M474：2），泥质灰陶。口径20.2、腹径19.2、底径6.6、高16.8厘米（图六七，2）。

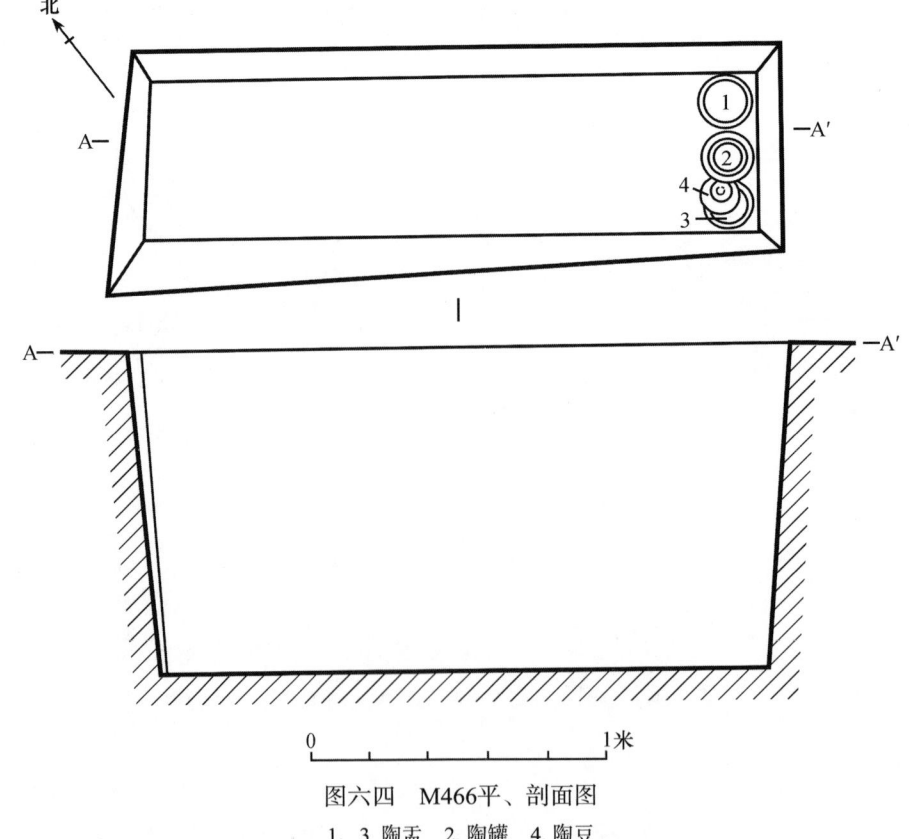

图六四　M466平、剖面图
1、3. 陶盂　2. 陶罐　4. 陶豆

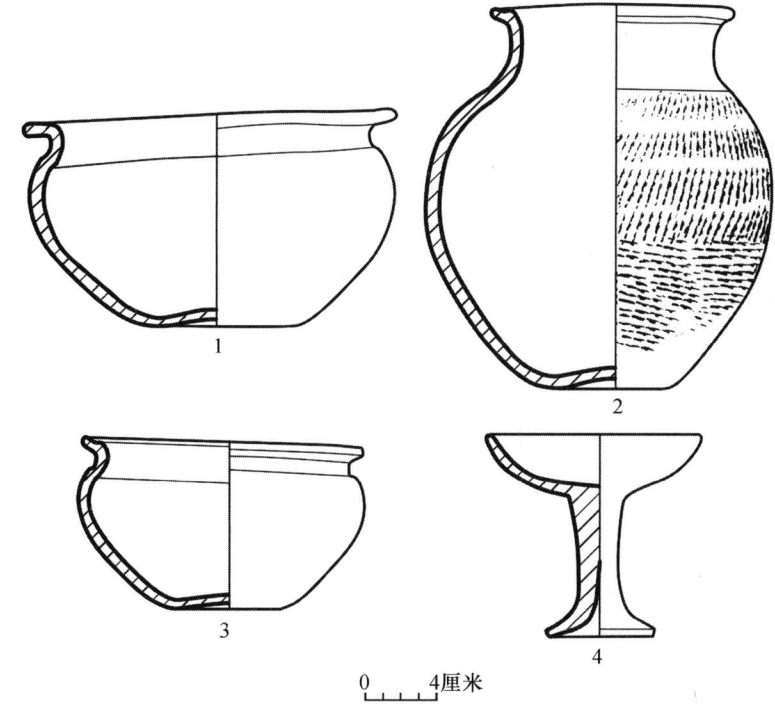

图六五　M466随葬陶器
1、3.盂（M466∶1、M466∶3）　2.罐（M466∶2）　4.豆（M466∶4）

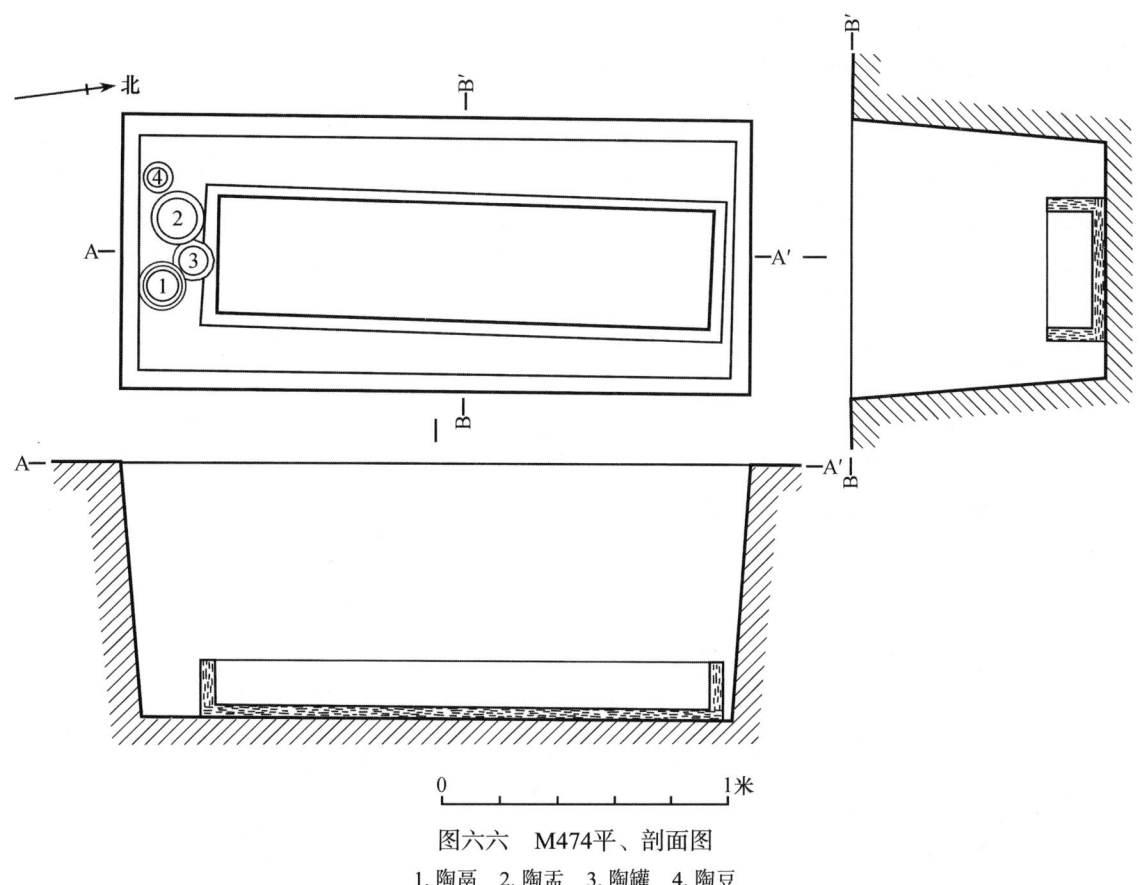

图六六　M474平、剖面图
1.陶鬲　2.陶盂　3.陶罐　4.陶豆

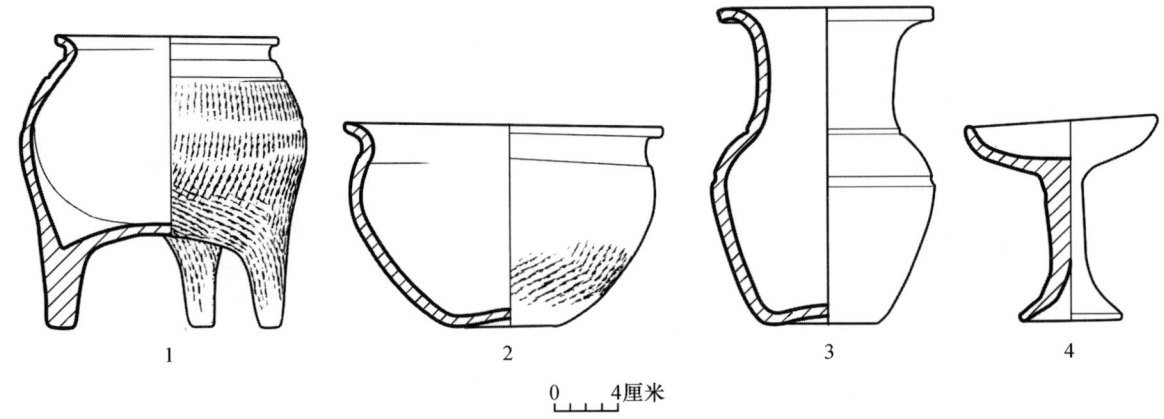

图六七　M474随葬陶器
1. 鬲（M474：1）　2. 盂（M474：2）　3. 罐（M474：3）　4. 豆（M474：4）

陶罐（M474：3），泥质灰陶。口径13.6、腹径14、底径7.2、高20厘米（图六七，3）。

陶豆（M474：4），泥质灰陶。口径12、盘深2.4、高13.6厘米（图六七，4）。

15. M481

墓葬形制　方向201°。开口于现地表以下0.4米。墓口长2.04、宽0.84米，墓底长1.98、宽0.72米，墓坑深1.06米。坑内填黄褐色花土，夹杂少量灰白色土点，质松。

葬具及葬式　单棺，只发现单棺腐朽后的青灰泥痕迹。棺痕长1.8、宽0.44、高0.14米。人骨架无存，仅在棺内南端发现人牙，葬式不明。

随葬器物　陶器3件：鬲、盂、壶各1件。置于墓底棺外南端两侧（图六八；图版一三，1、2）。

陶鬲（M481：1），泥质灰陶。口径21.6、腹径21.2、高17.2厘米（图六九，1）。

陶盂（M481：2），泥质灰陶。口径20、腹径9.2、底径9、高13.6厘米（图六九，2）。

陶壶（M481：3），泥质灰陶。口径13.2、腹径13.6、底径7.4、高24厘米（图六九，3）。

16. M484

墓葬形制　方向300°。被M483、M485打破。开口于现地表以下0.6米。墓口长2.04、东宽0.84、西宽0.8米，墓底长2、东宽0.7、西宽0.58米，墓坑深1.35米。坑壁斜直，底平。坑内填黄褐色夹灰白色花土，质密。

葬具及葬式　单棺，已腐朽，可见青灰色朽痕。棺痕长1.7、宽0.46、高0.2米。人骨架已腐朽无存，仅在棺室西端北侧发现腐朽牙痕，葬式不明。

随葬器物　陶器5件：盂2件、豆2件、鬲1件。置于墓底棺外东端（图七〇）。

陶盂（M484：1），泥质灰陶。口径24.8、腹径25.2、底径9.2、高10.8厘米（图七一，1）。

陶盂（M484：5），泥质灰陶。口径12.8、腹径13.2、底径5、高10.4厘米（图七一，5）。

陶豆（M484：2），泥质灰陶。口径14、盘深3.6、高12厘米（图七一，2）。

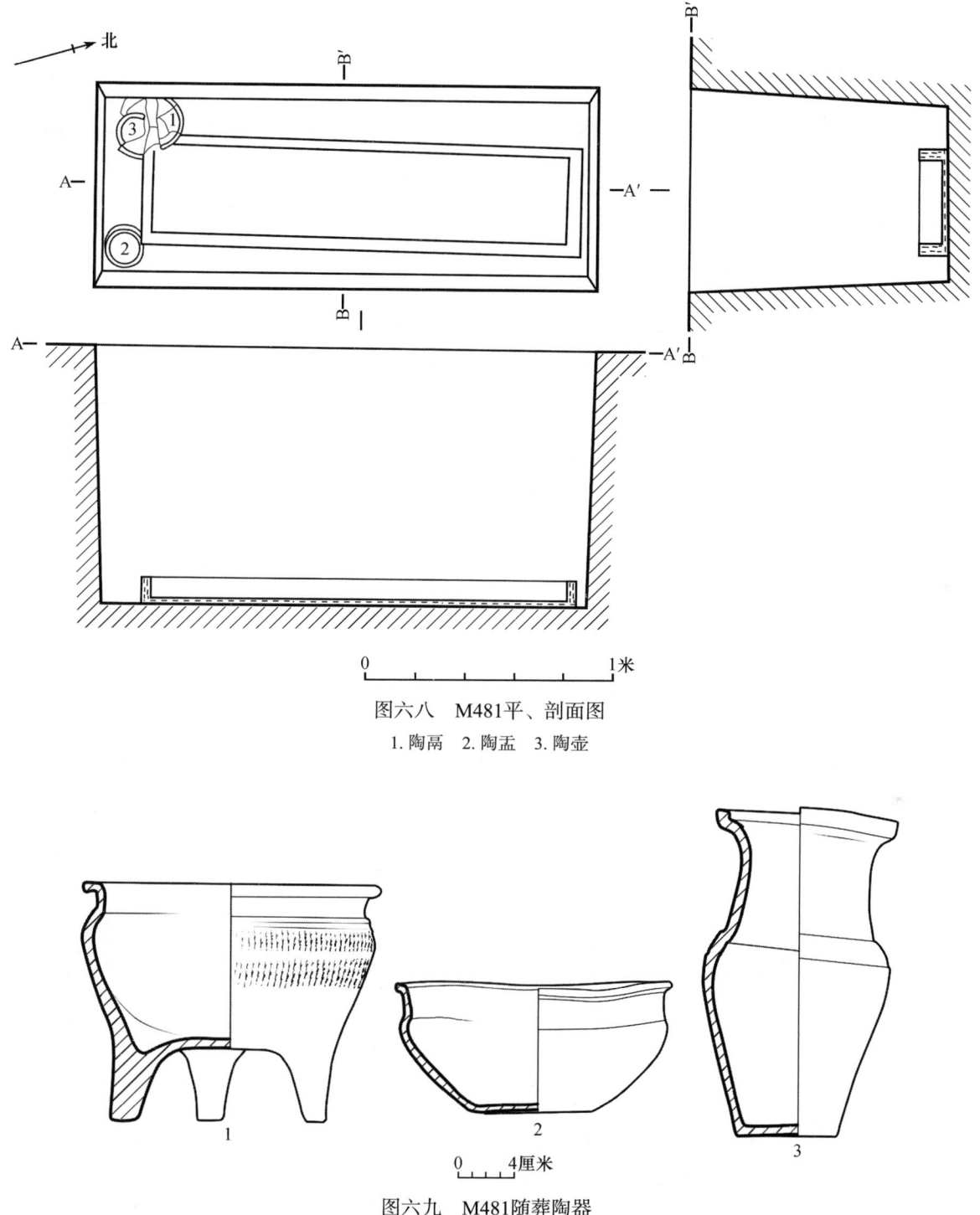

图六八 M481平、剖面图
1.陶鬲 2.陶盂 3.陶壶

图六九 M481随葬陶器
1.鬲（M481∶1） 2.盂（M481∶2） 3.壶（M481∶3）

陶豆（M484∶3），泥质灰陶。口径13.6、盘深2.6、高10.4厘米（图七一，3）。

陶鬲（M484∶4），泥质灰陶。口径13、腹径13.4、高14厘米（图七一，4）。

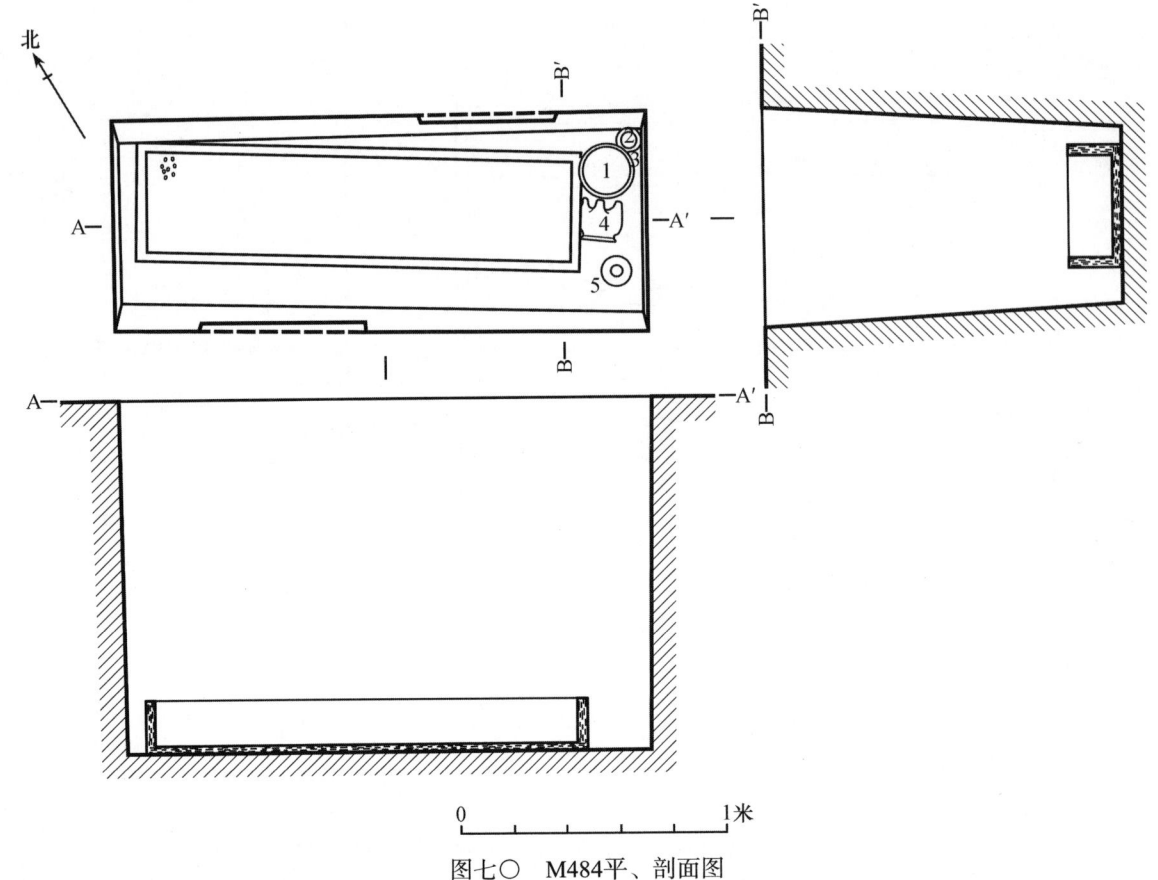

图七〇　M484平、剖面图
1、5.陶盂　2、3.陶豆　4.陶鬲

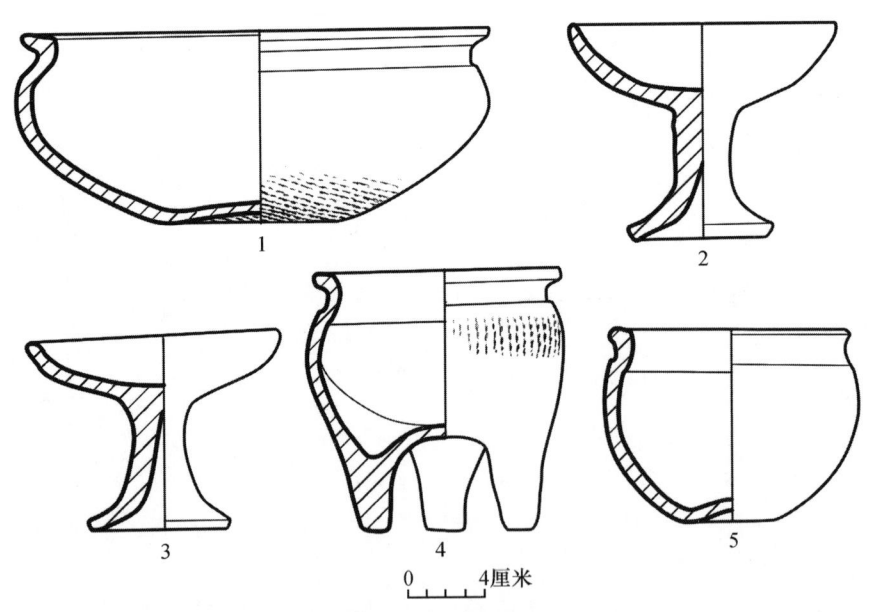

图七一　M484随葬陶器
1、5.盂（M484：1、M484：5）　2、3.豆（M484：2、M484：3）　4.鬲（M484：4）

17. M491

墓葬形制　方向210°。开口于现地表以下0.48米。墓口长2、宽0.84米，墓底长1.79、宽0.65米，墓坑深1.2米。坑壁不规整，底平。坑内填黄褐色夹灰白色土，质较硬。

葬具及葬式　单棺，仅见腐痕。棺痕长1.59、宽0.37、高0.25、厚0.04米。人骨架无存，棺南端仅见牙齿，葬式不明。

随葬器物　陶器4件：鬲、盂、壶、豆各1件。置于棺外南端西部（图七二；图版一三，3、4）。

陶鬲（M491：1），泥质灰陶。腹径15.4、残高14.4厘米（图七三，1）。

陶盂（M491：2），泥质灰陶。口径13.6、腹径15、底径7.6、高10.6厘米（图七三，2）。

陶壶（M491：3），泥质灰陶。口径10.2、腹径10.6、底径7.8、高15.2厘米（图七三，3）。

陶豆（M491：4），泥质灰陶。口径14.2、盘深3.2、高12厘米（图七三，4）。

18. M492

墓葬形制　方向210°。开口于现地表以下0.22米。墓口长2.1、北宽0.9、南宽0.86米，墓底长1.9、北宽0.7、南宽0.64米，墓坑深1.06米。坑壁粗糙，底平。坑内填黄褐色五花土，质密。

葬具及葬式　单棺，已朽，腐痕清晰。棺痕长1.4、宽0.46、高0.3、厚0.04米。人骨架已

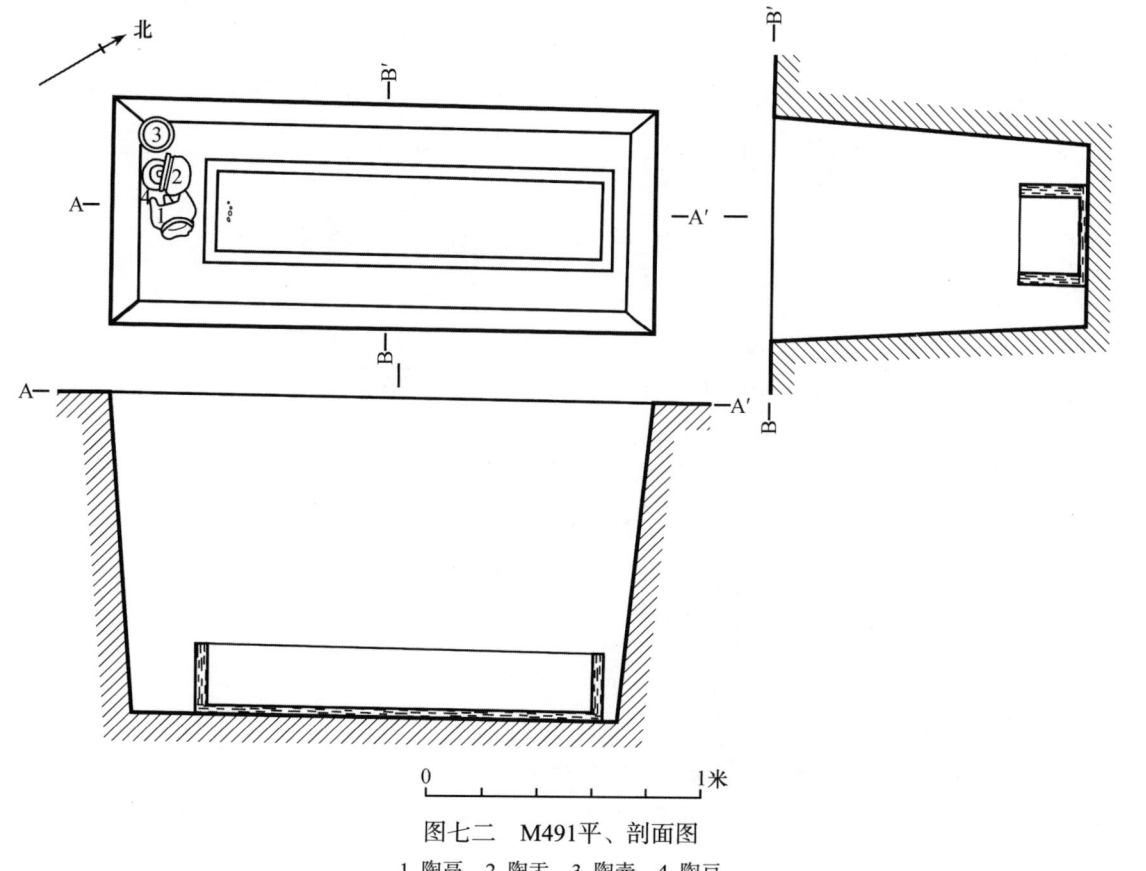

图七二　M491平、剖面图
1. 陶鬲　2. 陶盂　3. 陶壶　4. 陶豆

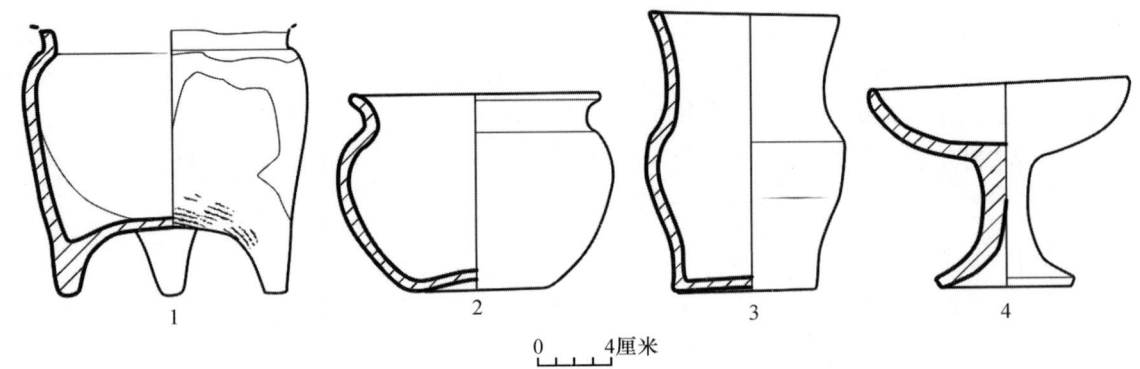

图七三 M491随葬陶器
1. 鬲（M491：1） 2. 盂（M491：2） 3. 壶（M491：3） 4. 豆（M491：4）

朽，葬式不明。

随葬器物 陶器5件：鬲、罐、盂各1件，豆2件，其中修复3件。置于棺外南端（图七四；图版一四，1、2）。

陶罐（M492：1），泥质灰陶。口径14.8、腹径14.8、底径7、高24.8厘米（图七五，1）。

陶盂（M492：3），泥质灰陶。口径21.6、腹径21.2、底径7.6、高12厘米（图七五，2）。

陶豆（M492：5），泥质灰陶。口径12.8、盘深2.2、高10.6厘米（图七五，3）。

19. M503

墓葬形制 方向124°。开口于现地表以下0.57米。墓口长2.14、宽0.64米，墓底长2.05、东宽0.57、西宽0.48米，墓坑深0.64米。坑壁光滑，底平。坑内填黄褐色花土，质密。

葬具及葬式 单棺，已朽，仅见腐痕。棺痕长2、宽0.47、高0.08米。人骨架已朽，葬式不明。

随葬器物 陶器3件：鬲、盂、罐各1件，其中修复2件。置于墓底棺外东南角（图七六；彩版二二，1、2）。

陶鬲（M503：1），泥质灰陶。口径13.8、腹径13.8、高14.2厘米（图七七，1）。

陶盂（M503：3），泥质灰陶。口径13.6、腹径14.8、底径6.4、高10.4厘米（图七七，2）。

20. M508

墓葬形制 方向201°。开口于现地表以下0.4米。墓口东长1.8、西长1.9、宽0.8米，墓底东长1.75、西长1.85、宽0.68米，墓坑深1.5米。坑壁不规整、略内收，底平。坑内填黄褐色花土，质较硬。

葬具及葬式 单棺，仅见腐痕。棺痕东长1.67、西长1.57、宽0.45、高0.3米。在棺内南端仅见牙齿，葬式不明。

随葬器物 陶器3件：盂、鼎、壶各1件。置于墓底棺外南端（图七八）。

陶盂（M508：1），泥质灰陶。口径21.6、腹径21.2、底径5.6、高12.4厘米（图七九，1）。

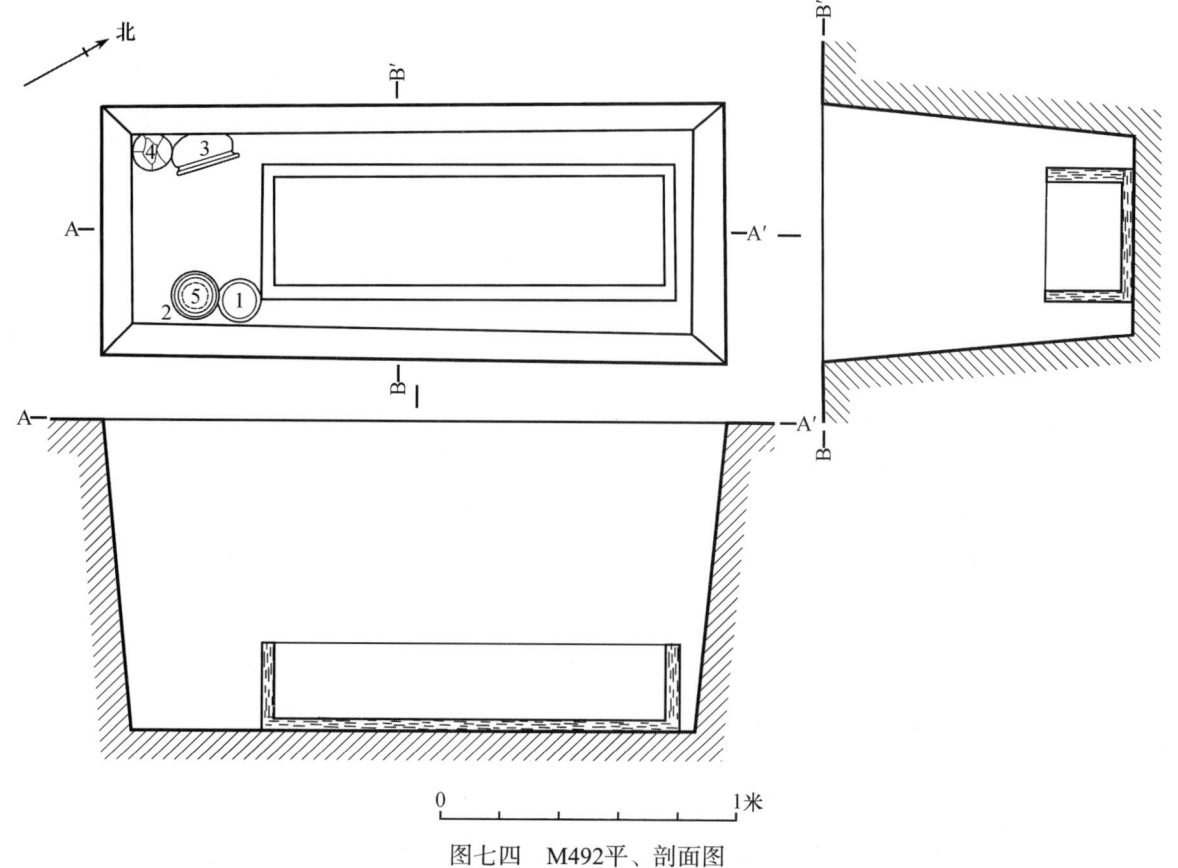

图七四　M492平、剖面图
1.陶罐　2.陶鬲　3.陶盂　4、5.陶豆

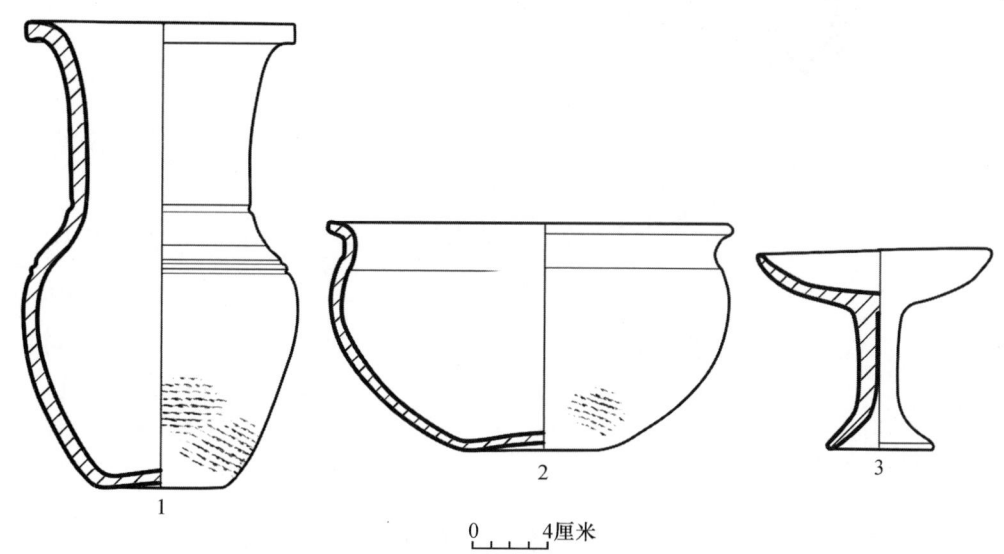

图七五　M492随葬陶器
1.罐（M492∶1）　2.盂（M492∶3）　3.豆（M492∶5）

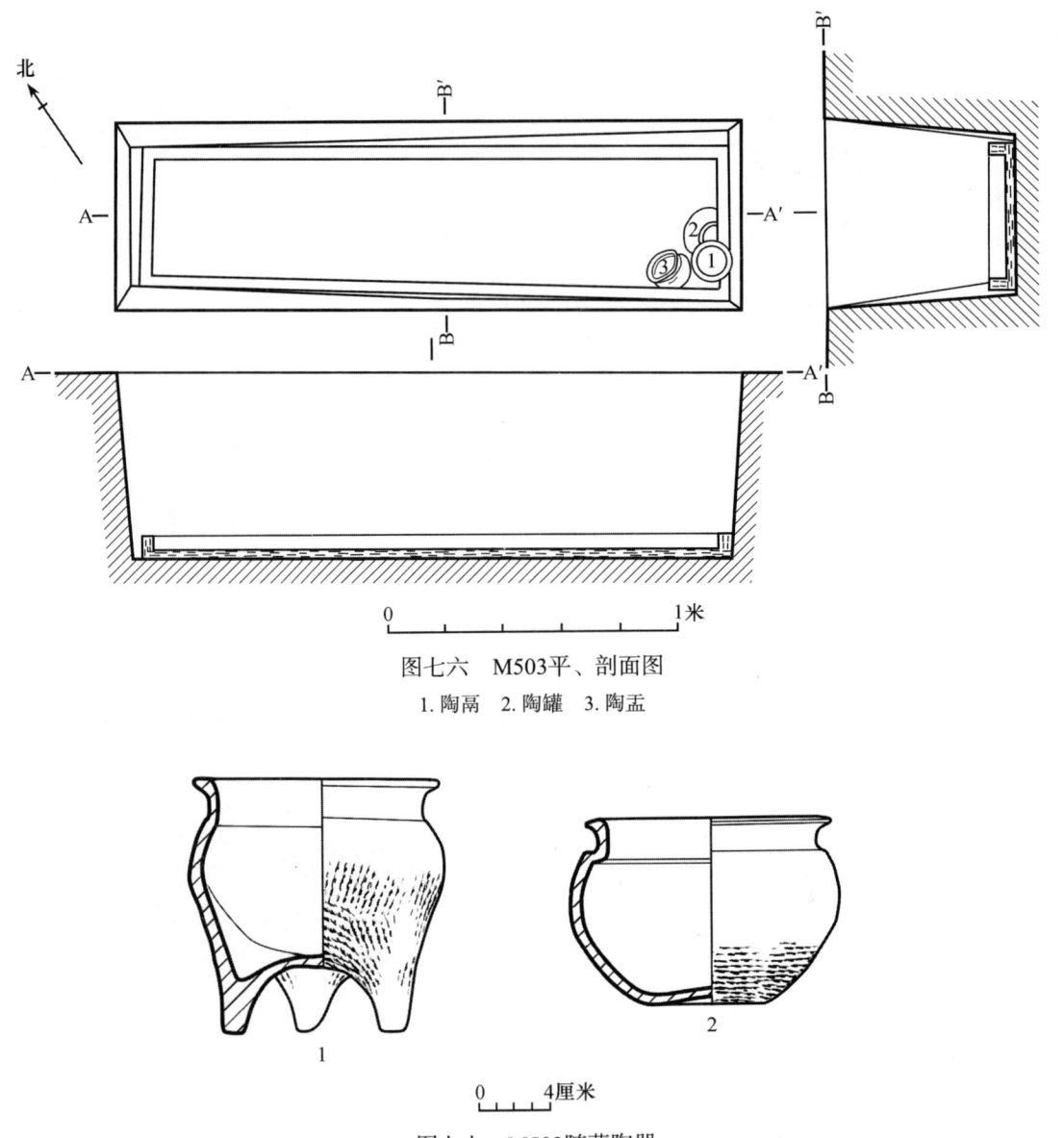

图七六 M503平、剖面图
1. 陶鬲 2. 陶罐 3. 陶盂

图七七 M503随葬陶器
1. 鬲（M503：1） 2. 盂（M503：3）

陶鼎（M508：2），夹砂灰陶。口径19.6、腹径19.2、高16.3厘米（图七九，2）。

陶壶（M508：3），泥质灰陶。口径9.2、腹径13、底径8.4、高16.8厘米（图七九，3）。

21. M509

墓葬形制 方向137°。开口于现地表以下0.6米。墓口长2、北宽0.58、南宽0.6米，墓底长1.9、北宽0.49、南宽0.56米，墓坑深0.46米。坑壁未修整，底平。坑内填黄褐夹灰白色土，质密。

葬具及葬式 单棺，已腐朽，但棺痕清晰。棺痕长1.54、宽0.38、高0.1、厚0.04米。人骨架已朽，棺内南部残存有牙齿，葬式不明。

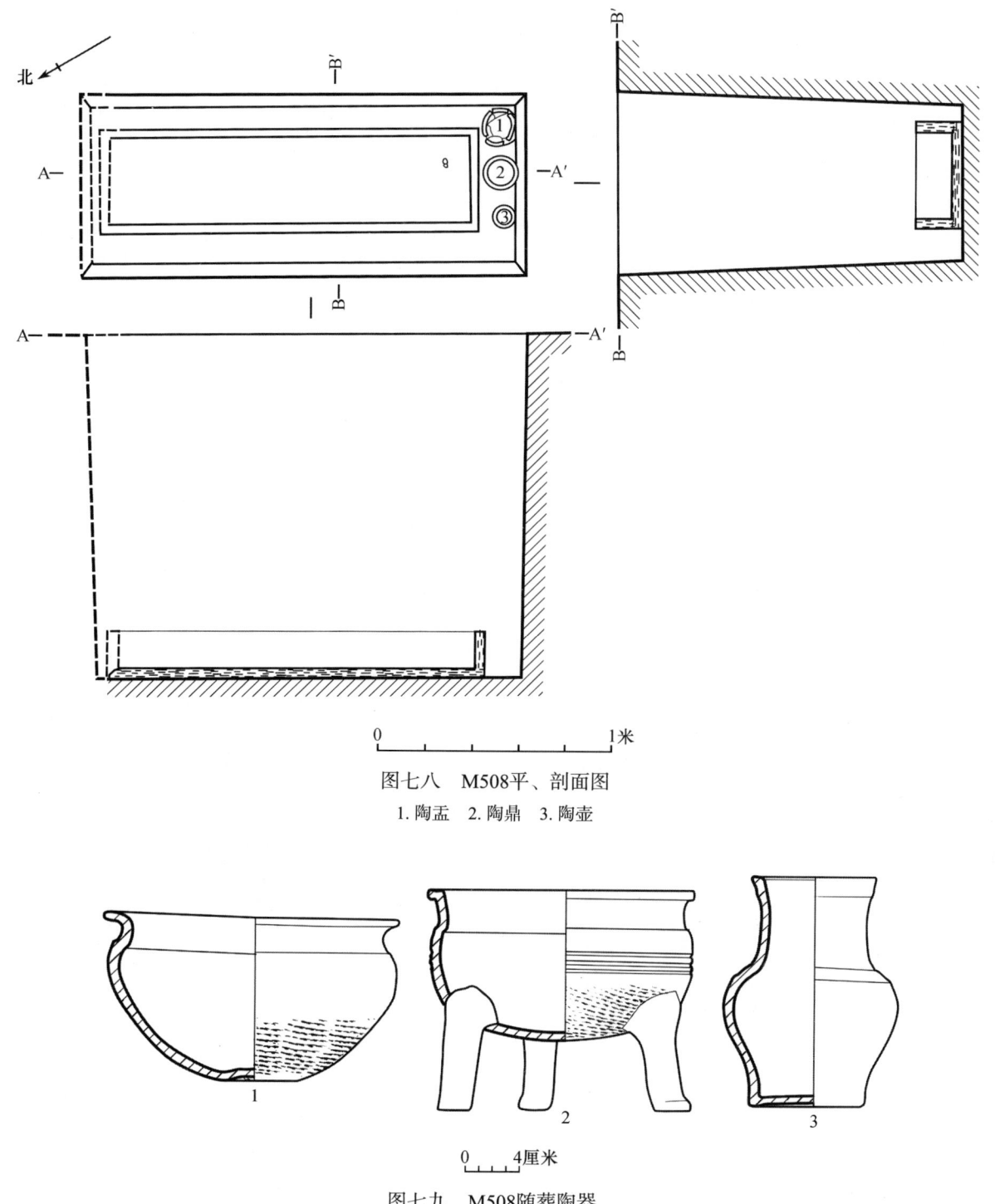

图七八　M508平、剖面图
1. 陶盂　2. 陶鼎　3. 陶壶

图七九　M508随葬陶器
1. 盂（M508∶1）　2. 鼎（M508∶2）　3. 壶（M508∶3）

随葬器物　陶器4件：盂、鬲、壶、豆各1件，其中修复3件。置于棺外南端（图八○；彩版二三，1、2）。

陶盂（M509∶1），泥质褐陶。口径15.4、腹径16.4、底径6.8、高10.4厘米（图八一，1）。

陶鬲（M509∶2），夹砂褐陶。口径13.6、腹径17.6、高18厘米（图八一，2）。

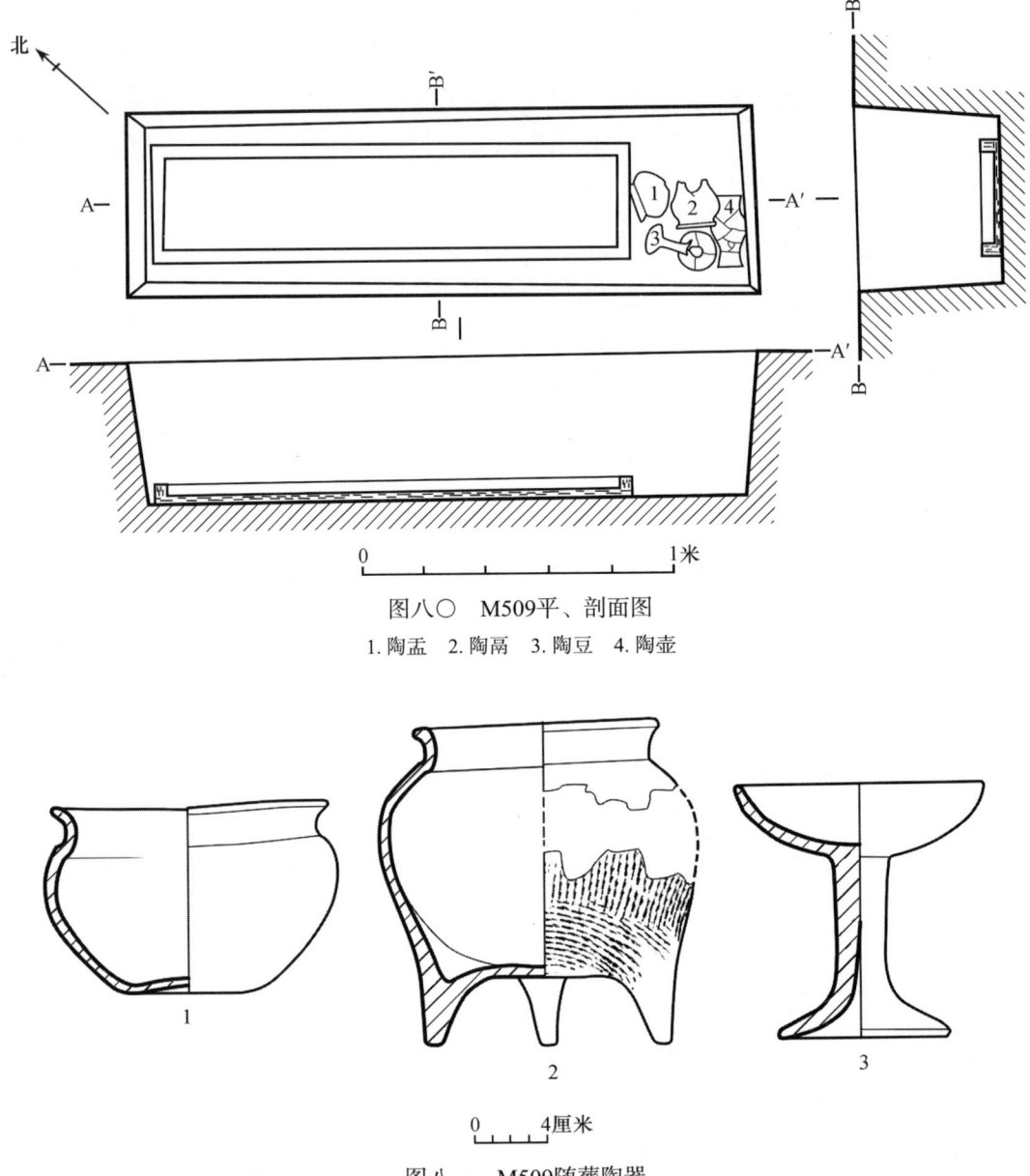

图八〇　M509平、剖面图
1. 陶盂　2. 陶鬲　3. 陶豆　4. 陶壶

图八一　M509随葬陶器
1. 盂（M509：1）　2. 鬲（M509：2）　3. 豆（M509：3）

陶豆（M509：3），泥质灰陶。口径13.8、盘深3.2、高14厘米（图八一，3）。

22. M518

墓葬形制　方向197°。开口于现地表以下0.45米。墓口长2.1、宽1.14米，墓底长2.06、宽1米，墓坑深1.86米。坑壁不规整，略内收，底平。坑内填黄褐色花土，质略硬。

葬具及葬式　仅见单棺腐痕。棺痕长1.73、宽0.54、高0.12、厚0.04米。棺内南端仅见牙齿，葬式不明。

随葬器物　陶器3件：盂、鬲、罐各1件。置于棺外南端（图八二）。

陶盂（M518:1），泥质褐陶。口径20.2、腹径19.6、底径8.4、高12.8厘米（图八三，1）。

陶鬲（M518:2），泥质褐陶。口径14.8、腹径16.4、高16厘米（图八三，2）。

陶罐（M518:3），泥质褐陶。口径11.7、腹径18.2、底径8.8、高10.8厘米（图八三，3）。

23. M543

墓葬形制　方向145°。开口于现地表以下0.3米，墓口长2.16、宽0.82米，墓底长2、宽0.78米，墓坑深0.72米。坑壁粗糙，底平。坑内填黄褐色花土夹杂灰白土，土质较硬。

葬具及葬式　单棺，只发现单棺朽腐的青灰泥痕迹。棺痕长1.66、宽0.42、高0.1米。未发现人骨架，葬式不明。

随葬器物　陶器5件：鬲、盂、壶各1件，豆2件，其中修复3件。置于墓底棺外南端（图八四；彩版二四，1、2）。

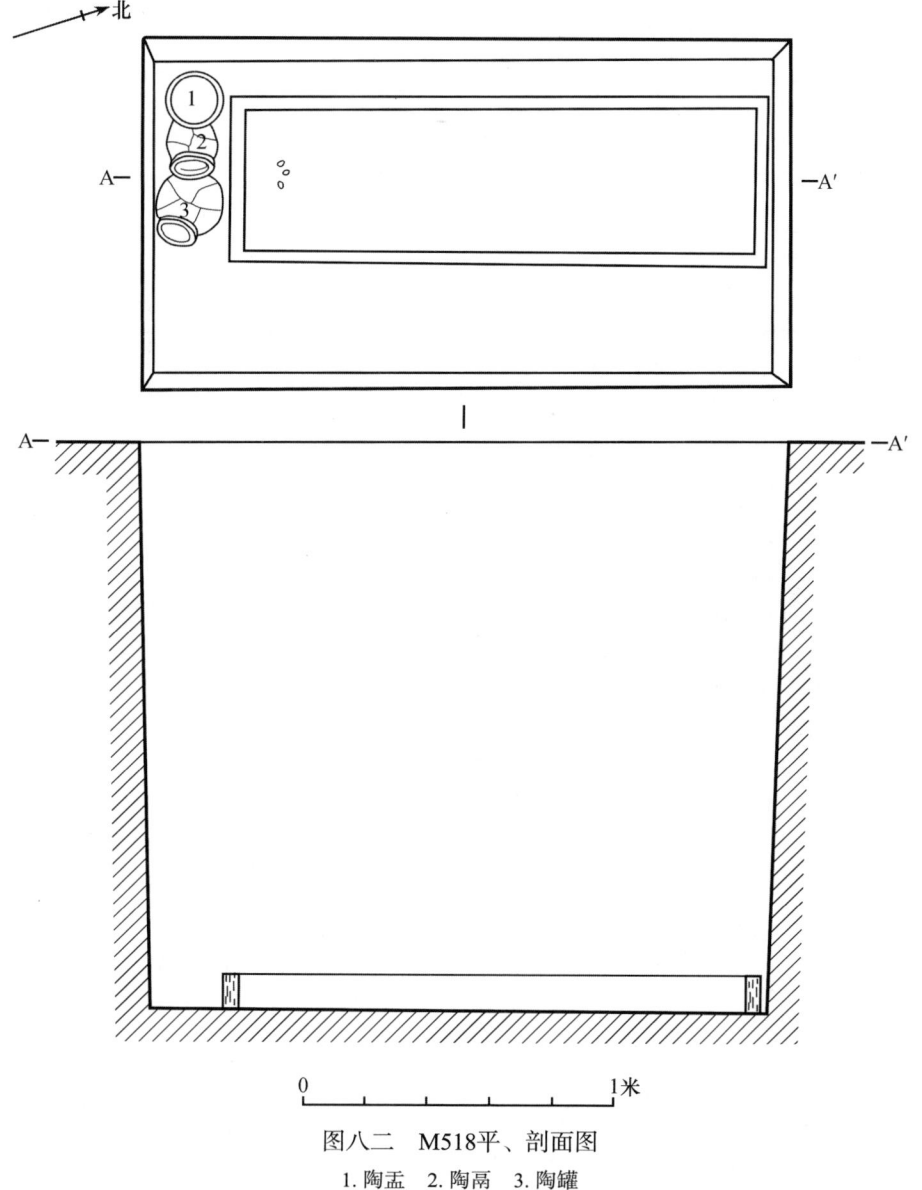

图八二　M518平、剖面图
1. 陶盂　2. 陶鬲　3. 陶罐

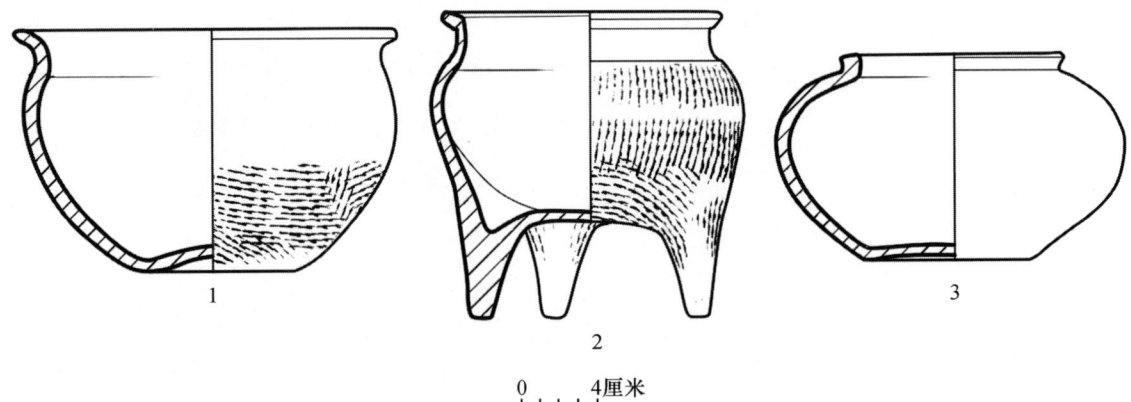

图八三　M518随葬陶器
1.盂（M518：1）　2.鬲（M518：2）　3.罐（M518：3）

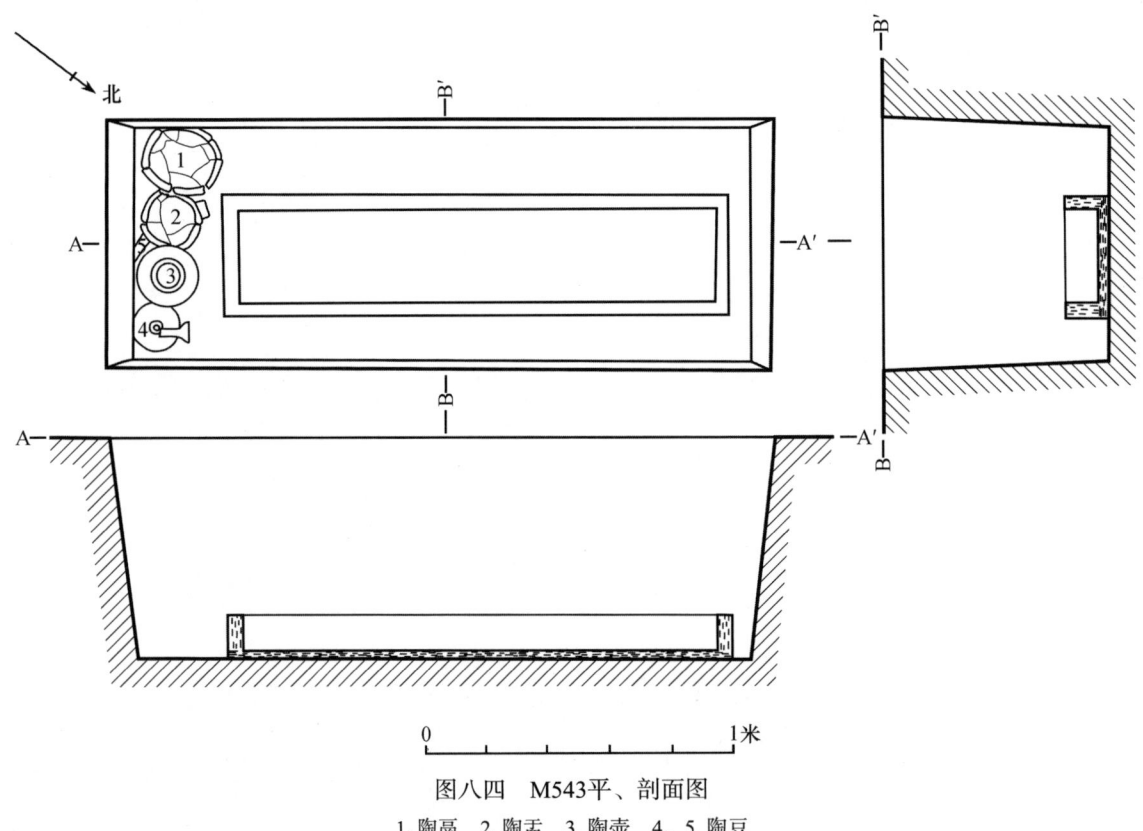

图八四　M543平、剖面图
1.陶鬲　2.陶盂　3.陶壶　4、5.陶豆

陶鬲（M543：1），泥质褐陶。口径22.3、腹径22.1、高20厘米（图八五，1）。

陶盂（M543：2），泥质褐陶。口径20.7、腹径20.8、底径8.4、高13.6厘米（图八五，2）。

陶豆（M543：4），夹砂褐陶。口径14.2、盘深3.6、高14厘米（图八五，3）。

24. M558

墓葬形制　方向203°。开口于现地表以下0.5米。墓口长2.24、北宽0.74、南宽0.64米，墓底长2.22、北宽0.56、南宽0.64米，墓坑深1.12米。坑壁不规整，底平。坑内填黄褐色夹灰白色

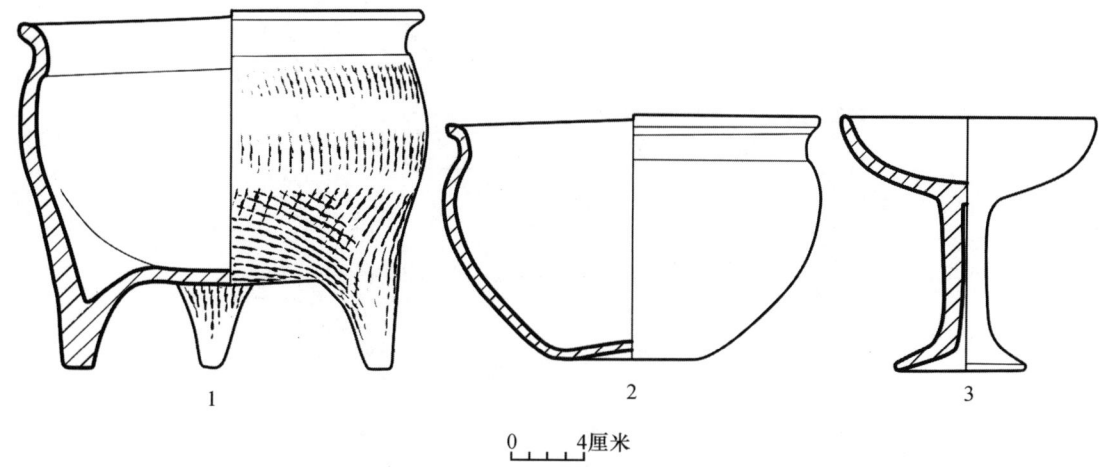

图八五　M543随葬陶器
1.鬲（M543∶1）　2.盂（M543∶2）　3.豆（M543∶4）

土，土质较硬。

葬具及葬式　单棺，仅见腐痕。棺痕长1.58、宽0.42、高0.16、厚0.04米。人骨架无存，葬式不明。

随葬器物　陶器3件：鬲、盂、壶各1件。置于棺外南端（图八六；彩版二五，1、2）。

陶鬲（M558∶1），夹砂褐陶。口径15、腹径16.8、高17.6厘米（图八七，1）。

陶盂（M558∶2），泥质褐陶。口径19.8、腹径19.6、底径7.8、高11厘米（图八七，2）。

陶壶（M558∶3），夹砂褐陶。口径10.9、腹径13.6、底径8.6、高23.5厘米（图八七，3）。

25. M560

墓葬形制　方向208°。开口于现地表以下0.4米。墓口东长2.26、西长2.36、宽1.02米，墓底长2.06、宽0.82米，墓坑深1.34米。坑壁不规整，底平。坑内填黄褐色夹灰白色土，土质较硬。

葬具及葬式　单棺，仅见腐痕。棺痕长1.72、宽0.42、高0.08、厚0.04米。棺底南端仅见牙齿，葬式不明。

随葬器物　共计5件。陶器3件：鬲、罐、盂各1件，置于墓底棺外南端；料珠2件，置于棺内中部（图八八）。

陶鬲（M560∶1），泥质灰陶。口径11.6、腹径15.5、高11.7厘米（图八九，1）。

陶罐（M560∶2），泥质褐陶。口径13.9、腹径19.2、底径6.4、高19.8厘米（图八九，2）。

陶盂（M560∶3），泥质褐陶。口径16、腹径16.6、底径8.4、高10.2厘米（图八九，3）。

26. M563

墓葬形制　方向217°。开口于现地表以下0.35米。墓口长2.06、宽0.86米，墓底长1.9、南宽0.76、北宽0.7米，墓坑深1.45米。坑壁基本规整，底平。坑内填黄褐色夹灰白色花土，质密

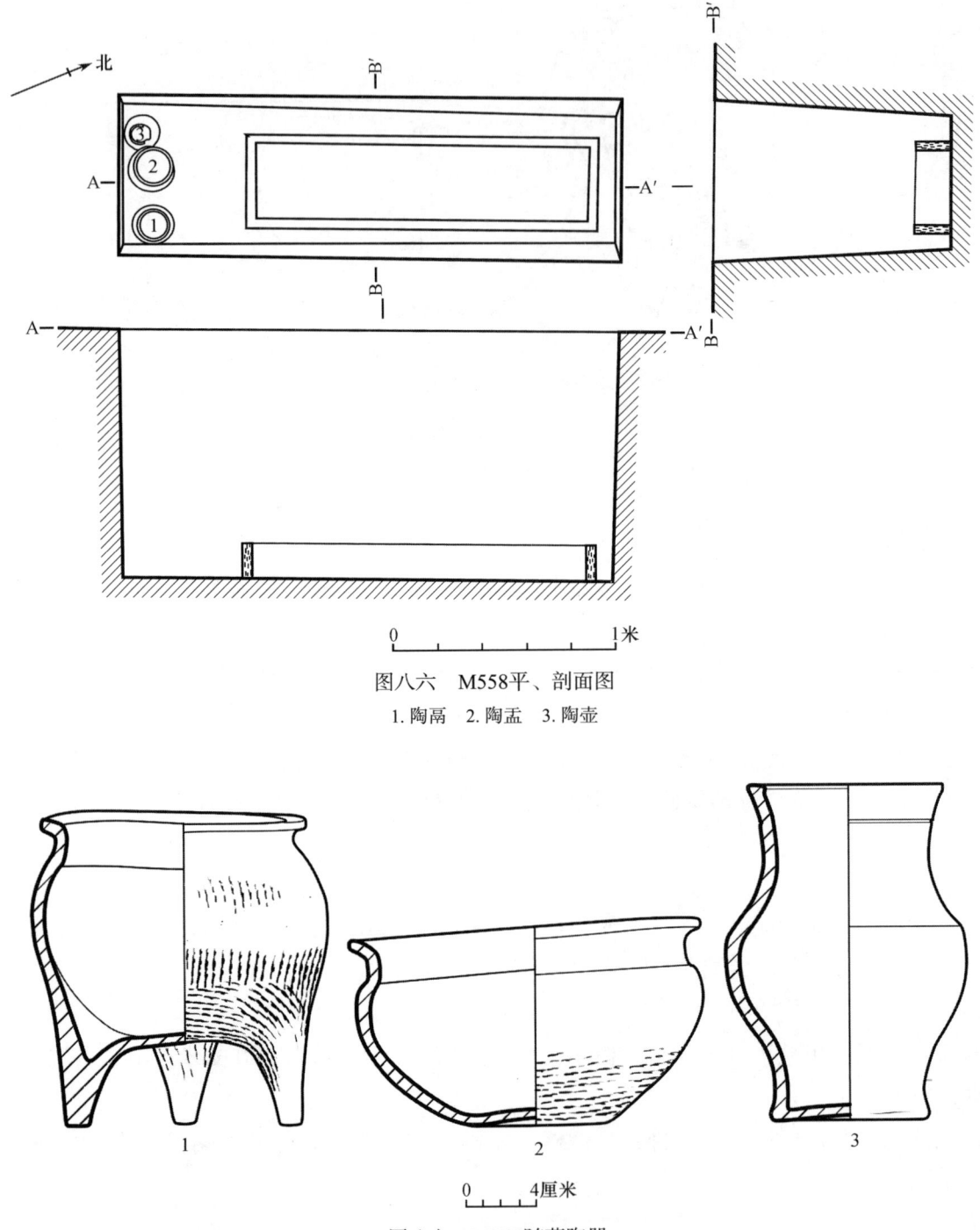

图八六　M558平、剖面图
1. 陶鬲　2. 陶盂　3. 陶壶

图八七　M558随葬陶器
1. 鬲（M558：1）　2. 盂（M558：2）　3. 壶（M558：3）

略硬。

葬具及葬式　单棺，已朽，可见青灰色朽痕。棺痕长1.87、宽0.43、高0.2米。人骨架已朽无存，在棺内南端发现有已朽牙痕，葬式不明。

随葬器物　共计4件。其中，陶器3件：鬲、罐、盂各1件，置于棺外东侧南部；铁器1件，置于棺内东侧南部（图九〇；彩版二六，1、2）。

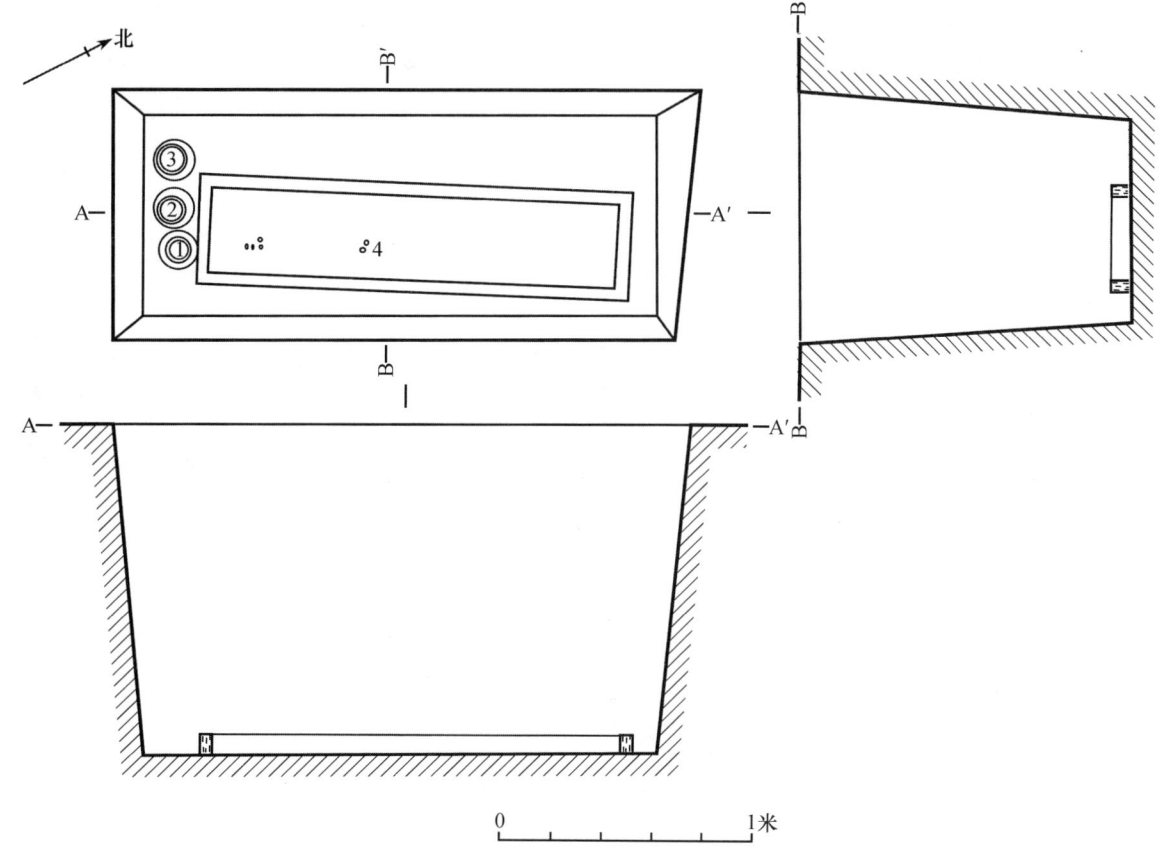

图八八　M560平、剖面图
1.陶鬲　2.陶罐　3.陶盂　4.料珠（2件）

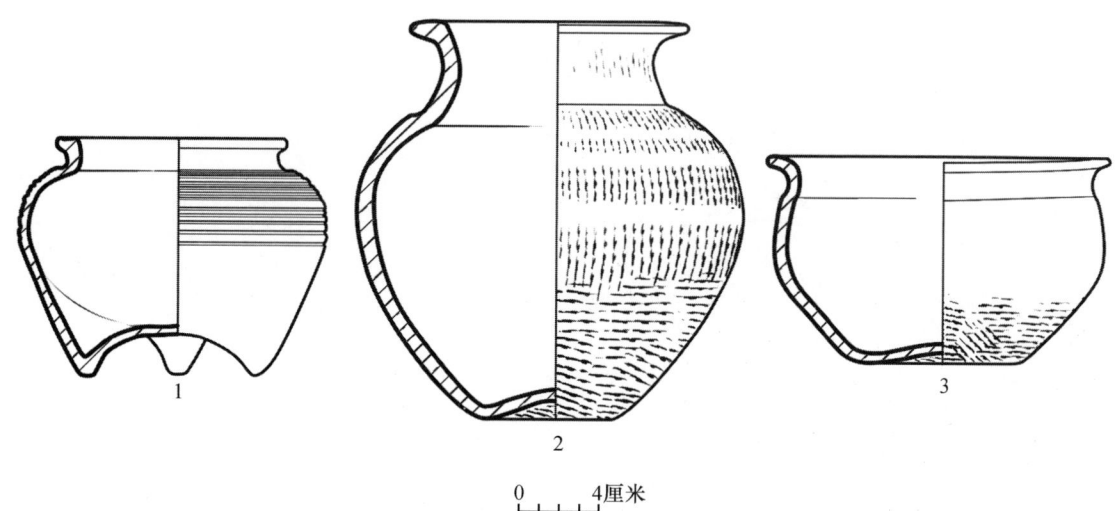

图八九　M560随葬陶器
1.鬲（M560∶1）　2.罐（M560∶2）　3.盂（M560∶3）

陶鬲（M563∶1），泥质褐陶。口径23.7、腹径24.4、高20.8厘米（图九一，1）。

陶罐（M563∶2），泥质灰陶。口径14.4、腹径20.4、底径8.8、高21.6厘米（图九一，2）。

陶盂（M563∶3），泥质褐陶。口径22、腹径21.5、底径9、高14.4厘米（图九一，3）。

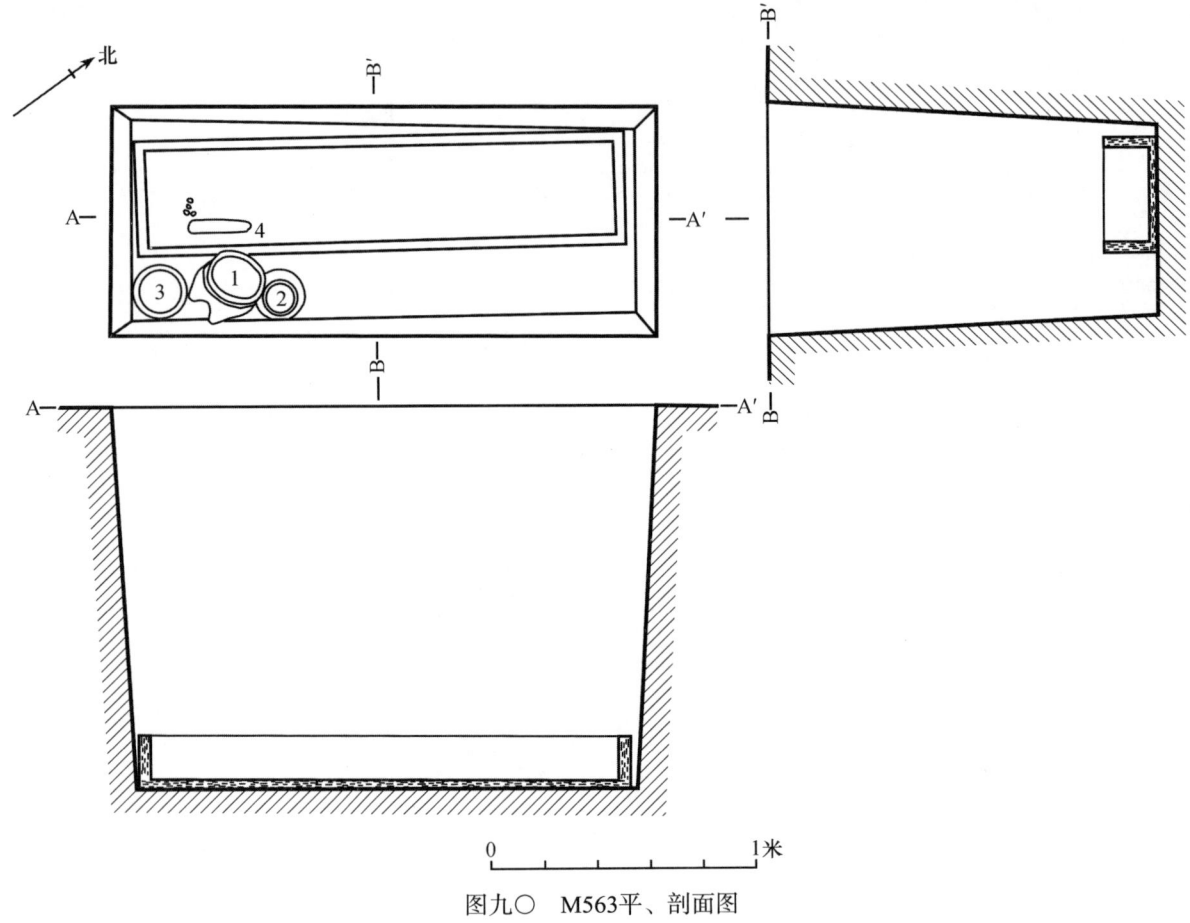

图九〇　M563平、剖面图
1. 陶鬲　2. 陶罐　3. 陶盂　4. 铁器

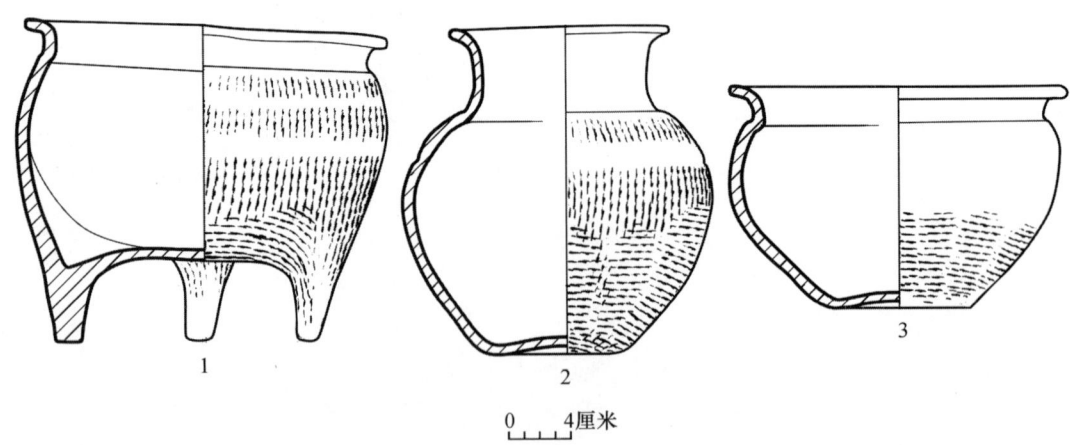

图九一　M563随葬陶器
1. 鬲（M563∶1）　2. 罐（M563∶2）　3. 盂（M563∶3）

27. M623

墓葬形制　方向200°。开口于现地表以下0.4米。墓口东长2.14、西长2、宽0.9米,墓底长1.94、南宽0.66、北宽0.78米,墓坑深0.8米。坑壁较为规整,底平。坑内填黄褐色夹灰白色土,质较硬。

葬具及葬式　单棺,仅见腐痕。棺痕长1.74、南宽0.43、北宽0.48、高0.04米。人骨架无存,葬式不明。

随葬器物　陶器4件:壶、盂、豆、鬲各1件。置于棺外南端(图九二;图版一四,3、4)。

陶壶(M623:1),泥质灰陶。口径18、腹径17、底径7.6、高30.4厘米(图九三,1)。

陶盂(M623:2),泥质褐陶。口径22.5、腹径22.5、底径9.6、高12.8厘米(图九三,2)。

陶豆(M623:3),泥质褐陶。口径12.8、盘深2.3、高12.9厘米(图九三,3)。

陶鬲(M623:4),泥质褐陶。口径25.1、腹径24.7、高23.2厘米(图九三,4)。

28. M714

墓葬形制　方向210°。开口于现地表以下0.32米。墓口长2、北宽0.58、南宽0.68米,墓底长1.9、北宽0.46、南宽0.53米,墓坑深0.66米。坑壁粗糙,底平。坑内填黄褐色夹灰白色土,质密。

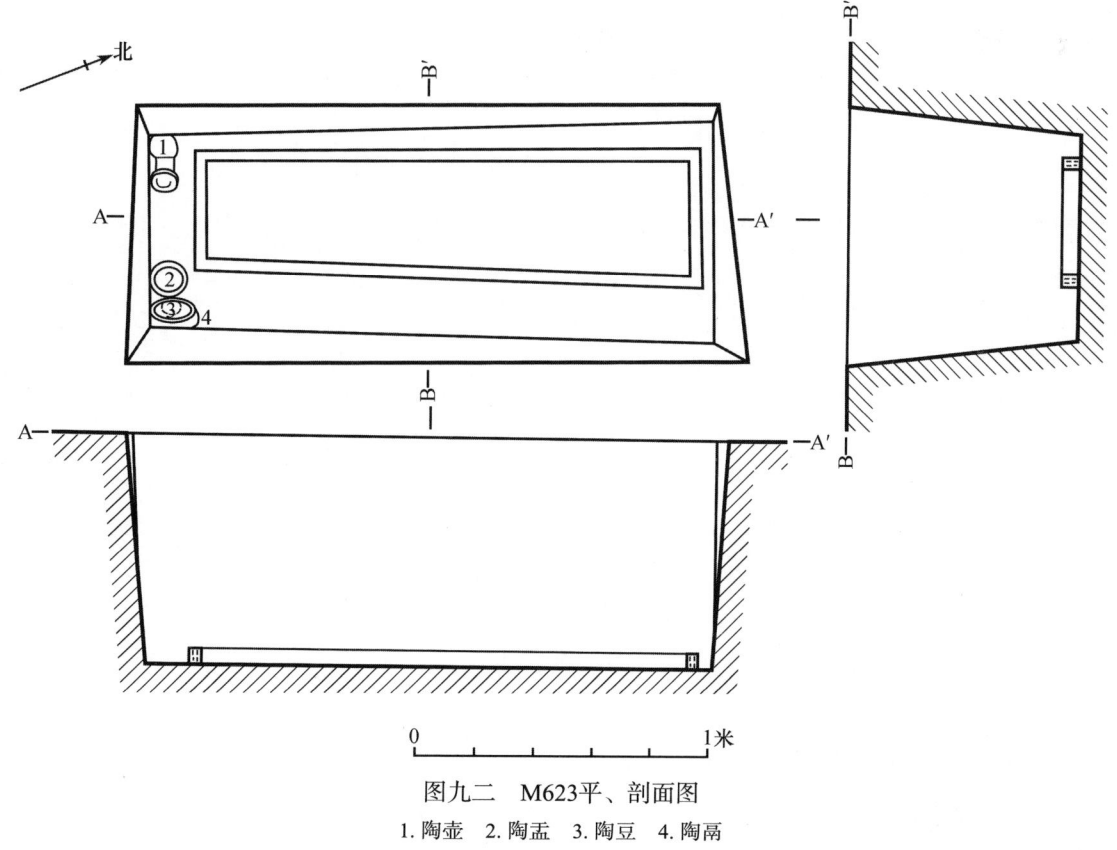

图九二　M623平、剖面图
1.陶壶　2.陶盂　3.陶豆　4.陶鬲

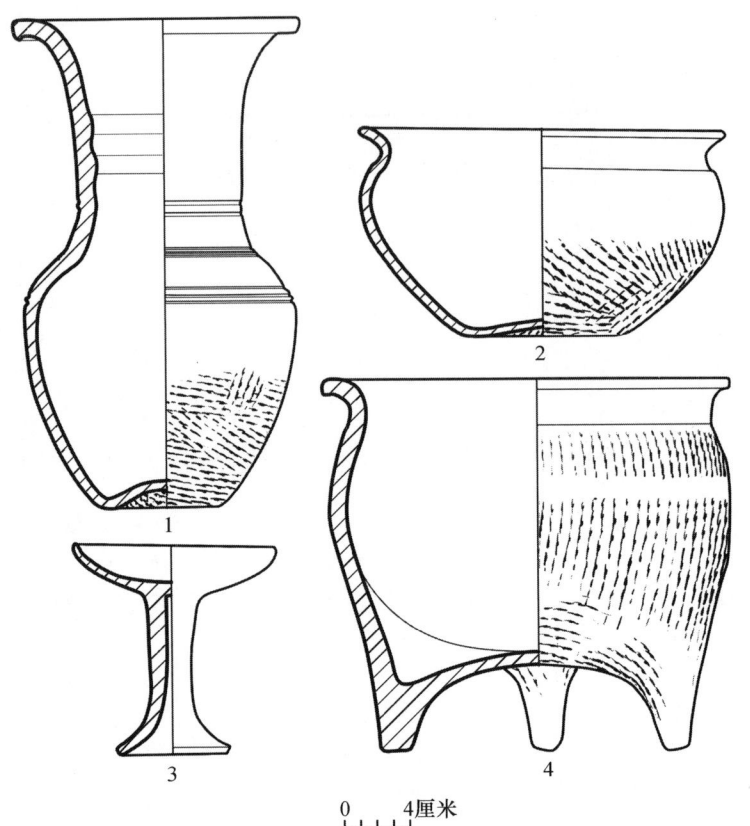

图九三　M623随葬陶器
1.壶（M623∶1）　2.盂（M623∶2）　3.豆（M623∶3）　4.鬲（M623∶4）

葬具及葬式　单棺，已朽，灰痕清晰。棺痕长1.46、宽0.28米、高0.2、厚0.03米。人骨架已朽，葬式不明。

随葬器物　陶器3件：鬲、罐、盂各1件。置于棺外南部（图九四；图版一五，1、2）。

陶鬲（M714∶1），泥质褐陶。口径12.9、腹径16、高14.7厘米（图九五，1）。

陶罐（M714∶2），泥质褐陶。口径13.6、腹径14.8、底径7、高24.2厘米（图九五，2）。

陶盂（M714∶3），泥质褐陶。口径16、腹径15.6、底径7.6、高8.4厘米（图九五，3）。

29. M715

墓葬形制　方向180°。开口于现地表以下0.5米。墓口长2.26、宽0.8米，墓底长2.14、宽0.7米，墓坑深0.63米。坑壁不规整，底平。坑内填黄褐色夹斑点花土。

葬具及葬式　单棺，仅见腐痕。棺痕长1.7、宽0.36、高0.06、厚0.02米。人骨架无存，葬式不明。

随葬器物　陶器4件：鬲、盂、罐、豆各1件。置于棺外南端（图九六；图版一五，3、4）。

陶鬲（M715∶1），泥质褐陶。口径14.8、腹径21.4、高22.4厘米（图九七，1）。

陶盂（M715∶2），泥质褐陶。口径20.9、腹径20.8、底径7.9、高12.8厘米（图九七，2）。

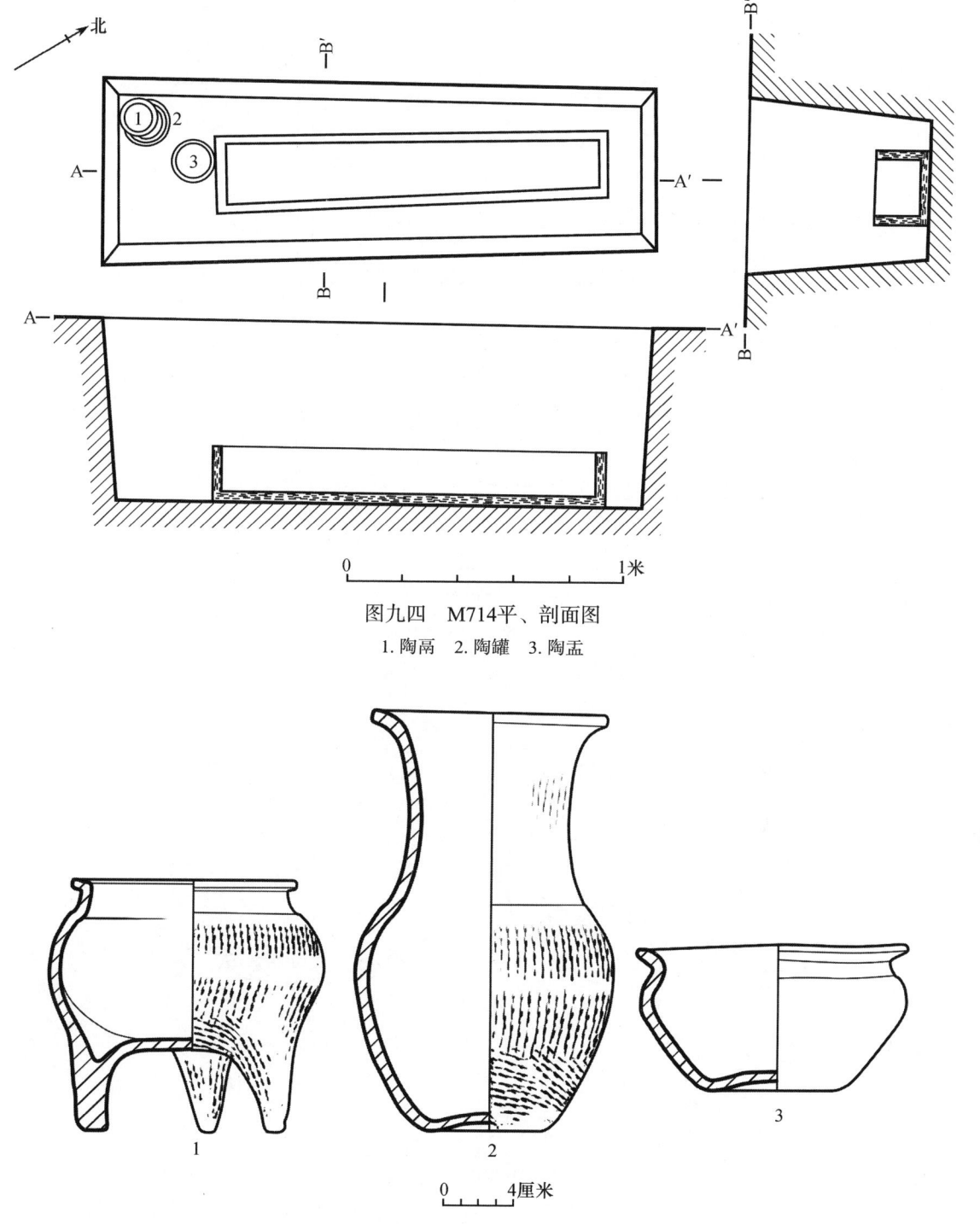

图九四 M714平、剖面图
1.陶鬲 2.陶罐 3.陶盂

图九五 M714随葬陶器
1.鬲（M714∶1） 2.罐（M714∶2） 3.盂（M714∶3）

陶罐（M715∶3），泥质褐陶。口径15.2、腹径19.6、底径6.8、高22厘米（图九七，3）。
陶豆（M715∶4），泥质褐陶。口径14、盘深3.6、残高10.4厘米（图九七，4）。

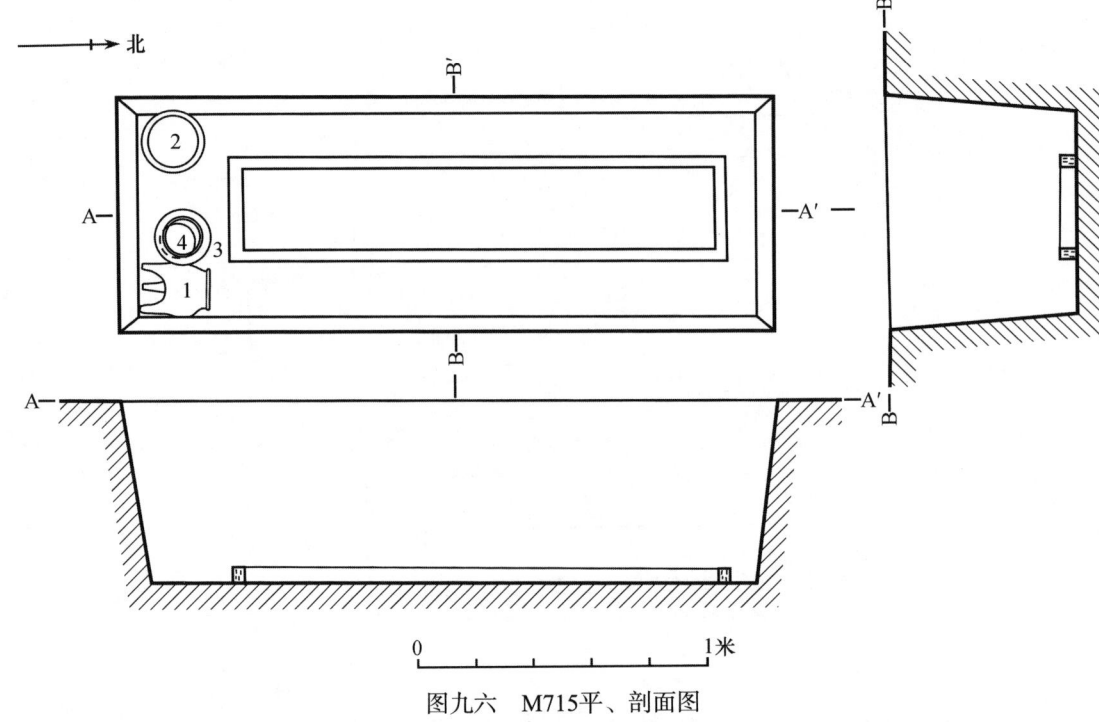

图九六　M715平、剖面图
1. 陶鬲　2. 陶盂　3. 陶罐　4. 陶豆

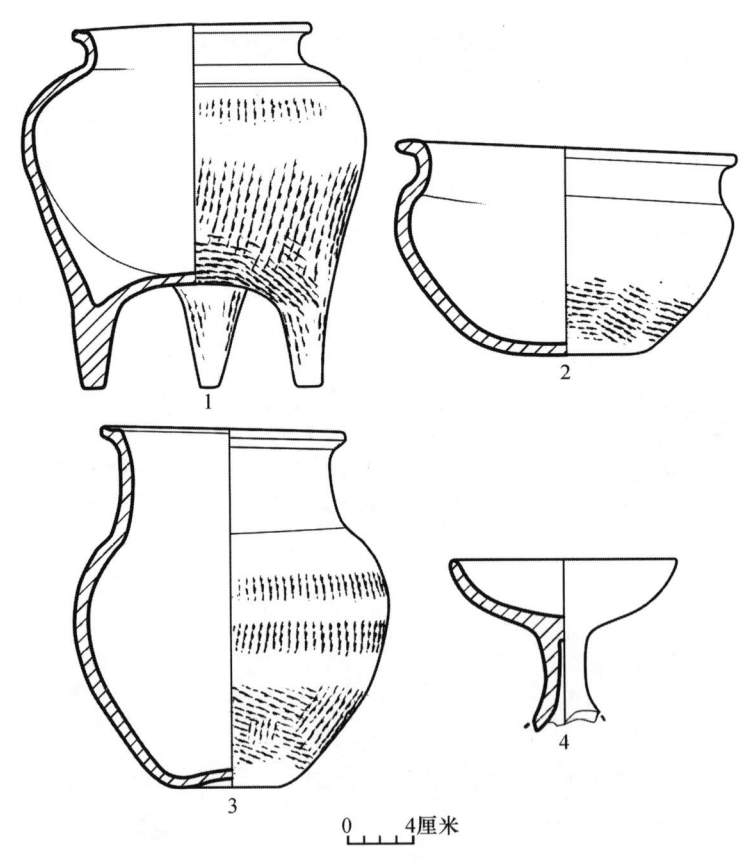

图九七　M715随葬陶器
1. 鬲（M715∶1）　2. 盂（M715∶2）　3. 罐（M715∶3）　4. 豆（M715∶4）

30. M717

墓葬形制　方向215°。开口于现地表以下0.32米。墓口长2.1、宽0.9米，墓底长2、宽0.75米，墓坑深0.66米。坑壁粗糙，底平。坑内填黄褐色五花土，质较密。

葬具及葬式　单棺，已朽，可见青灰色残痕。棺痕长1.65、宽0.44、高0.06米。人骨架无存，葬式不明。

随葬器物　陶器5件：壶、盂、鼎各1件，豆2件。置于墓底棺外南端（图九八；图版一六，1、2）。

陶豆（M717：1），泥质褐陶。口径14、盘深4、高12厘米（图九九，1）。

陶豆（M717：2），泥质褐陶。口径14.4、盘深3.9、高11.6厘米（图九九，2）。

陶壶（M717：3），泥质灰陶。口径9.2、腹径12.5、底径8、高17.2厘米（图九九，3）。

陶盂（M717：4），泥质褐陶。口径16.4、腹径16.2、底径7.7、高9.5厘米（图九九，4）。

陶鼎（M717：5），泥质褐陶。口径24.2、腹径24.8、残高16厘米（图九九，5）。

31. M794

墓葬形制　方向135°。开口于现地表以下0.5米。墓口长2.12、宽0.76~0.82米，墓底长2.02、宽0.72米，墓坑深0.26米。坑壁粗糙，底平。坑内填黄褐色五花土，质较密。

葬具及葬式　单棺，已朽，可见青灰色残痕。棺痕长1.6、宽0.4、高0.06米。人骨架无存，葬式不明。

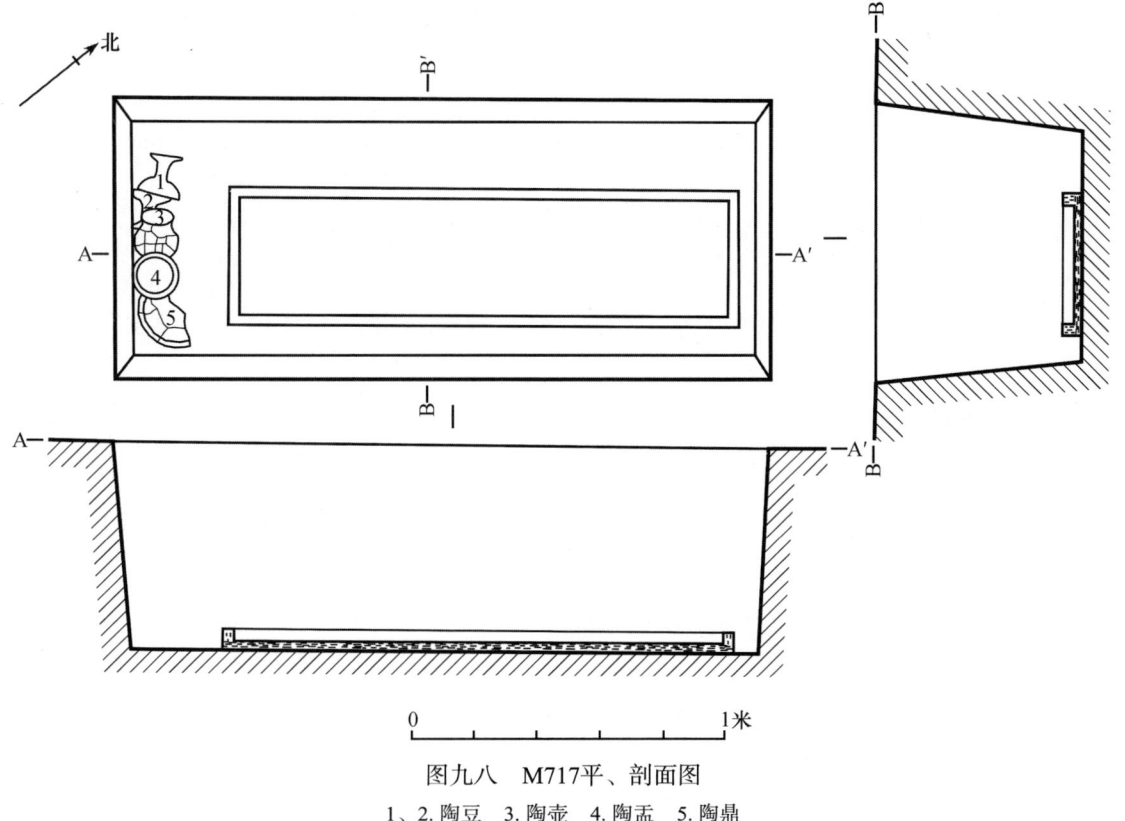

图九八　M717平、剖面图
1、2. 陶豆　3. 陶壶　4. 陶盂　5. 陶鼎

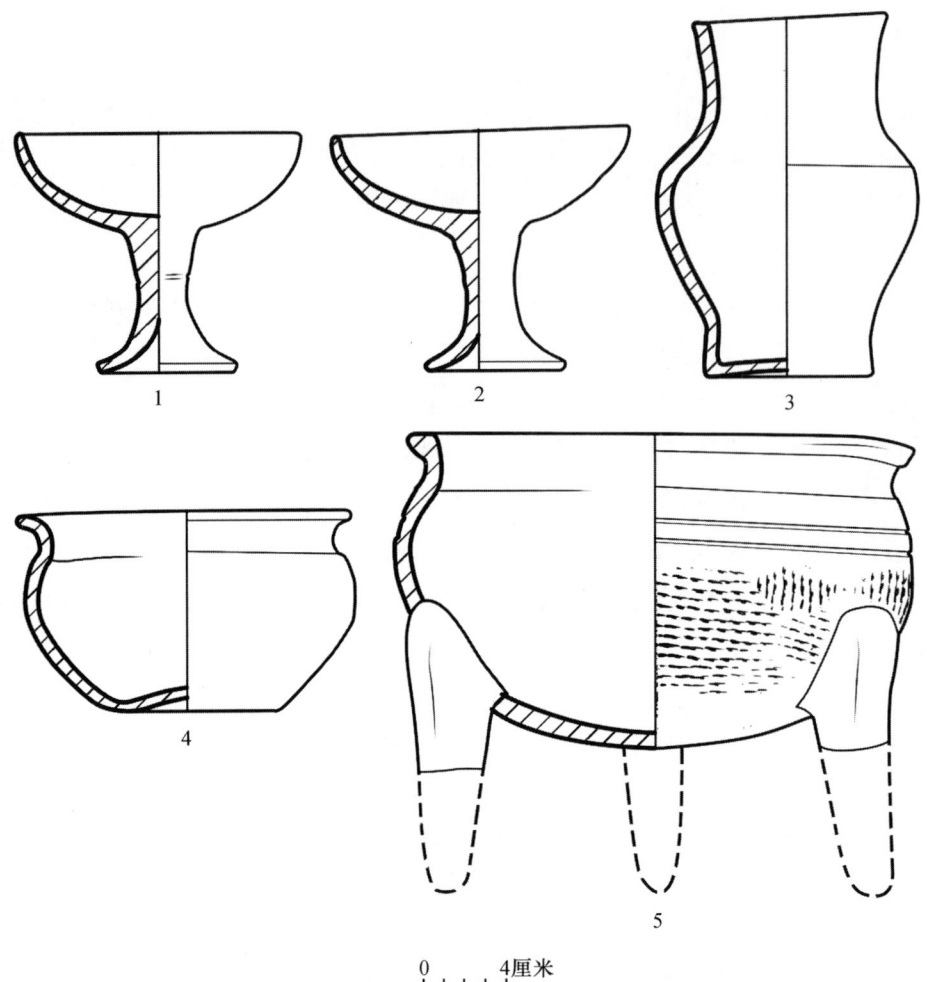

图九九　M717随葬陶器
1、2.豆（M717：1、M717：2）　3.壶（M717：3）　4.盂（M717：4）　5.鼎（M717：5）

随葬器物　陶器7件：罐、盂各2件，豆3件。置于墓底棺外南端（图一〇〇；图版一六，3、4）。

陶罐（M794：1），泥质灰陶。口径11、腹径16.8、底径7.2、高11.2厘米（图一〇一，1）。

陶罐（M794：4），泥质褐陶。口径16.2、腹径19.8、底径7.6、高21.3厘米（图一〇一，4）。

陶豆（M794：2），泥质褐陶。口径12.1、盘深2.4、高12厘米（图一〇一，2）。

陶豆（M794：6），泥质褐陶。口径12.4、盘深2.2、高11.3厘米（图一〇一，6）。

陶豆（M794：7），泥质褐陶。口径12.5、盘深2.1、高11.2厘米（图一〇一，7）。

陶盂（M794：3），泥质褐陶。口径18.4、底径8.2、高12.2厘米（图一〇一，3）。

陶盂（M794：5），泥质褐陶。口径15.4、腹径16、底径7.8、高9.2厘米（图一〇一，5）。

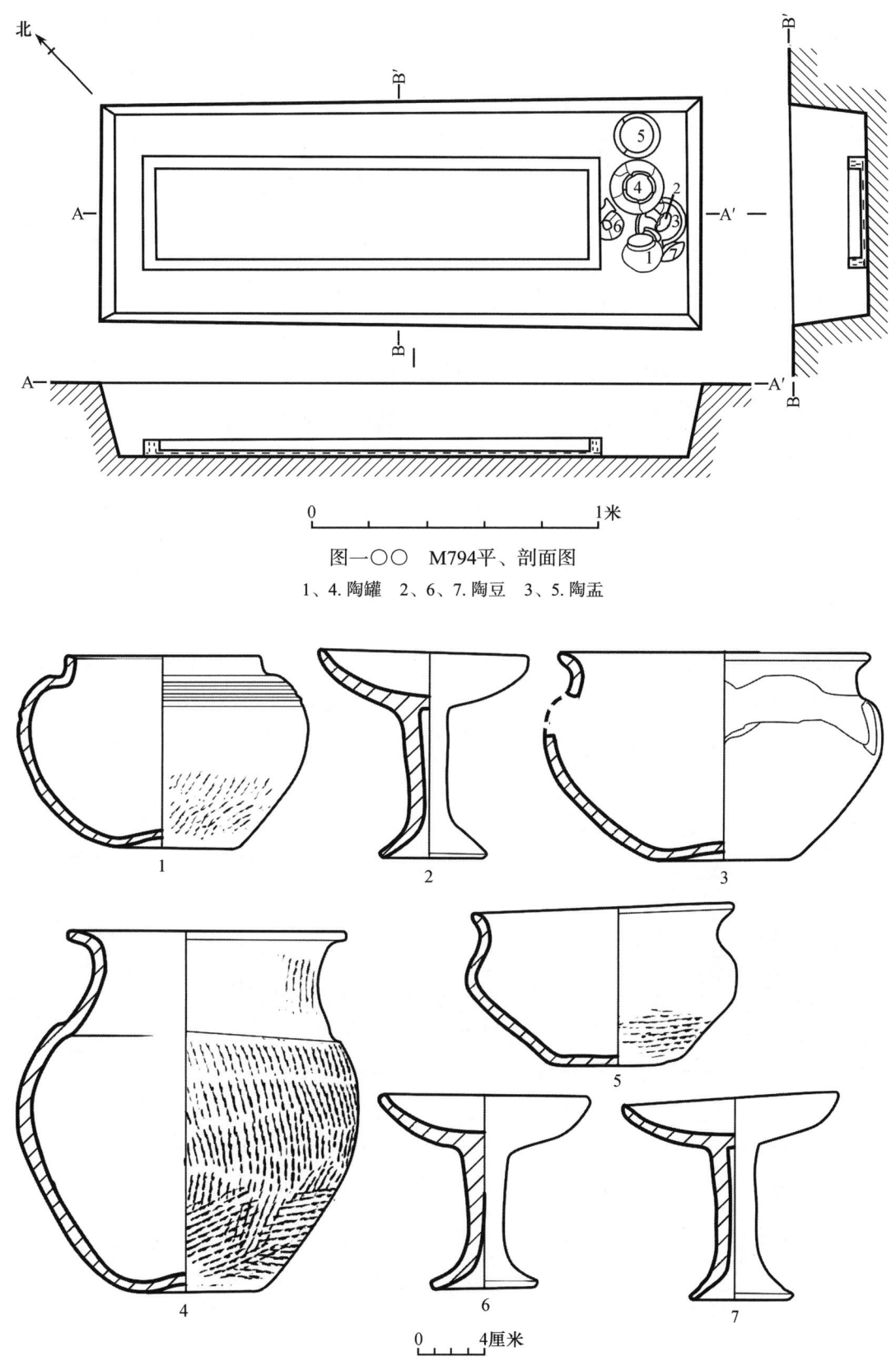

图一〇〇 M794平、剖面图
1、4.陶罐 2、6、7.陶豆 3、5.陶盂

图一〇一 M794随葬陶器
1、4.罐（M794∶1、M794∶4） 2、6、7.豆（M794∶2、M794∶6、M794∶7） 3、5.盂（M794∶3、M794∶5）

32. M804

墓葬形制 方向214°。开口于现地表以下0.38米。墓口长2.14、宽0.88米，墓底长1.65、宽0.58米，墓坑深0.52米。墓底南端设生土二层台，用于放置随葬器物，台面长0.6、宽0.3米，下距墓底0.15米。坑壁粗糙，底平。坑内填黄褐色五花土，质较密。

葬具及葬式 单棺，已朽，可见青灰色残痕。棺痕长1.62、宽0.4、高0.08米。人骨架无存，葬式不明。

随葬器物 陶器5件：盂、罐、鬲各1件，豆2件，其中修复4件。置于棺外南端生土二层台之上（图一〇二）。

陶鬲（M804：2），泥质褐陶。口径13.3、腹径16.2、高15.6厘米（图一〇三，2）。

陶豆（M804：3），泥质褐陶。口径12.2、盘深2、高11厘米（图一〇三，3）。

陶盂（M804：4），泥质灰陶。口径20.5、腹径19.7、底径7.6、高11.6厘米（图一〇三，4）。

陶罐（M804：5），泥质灰陶。口径12.1、腹径13.6、底径6、高12.2厘米（图一〇三，1）。

33. M806

墓葬形制 方向302°。开口于现地表以下0.4米。墓口长2.02、宽0.64米，墓底长1.9、宽0.58米，墓坑深0.26米。坑壁粗糙，底平。坑内填黄褐色五花土，质较密。

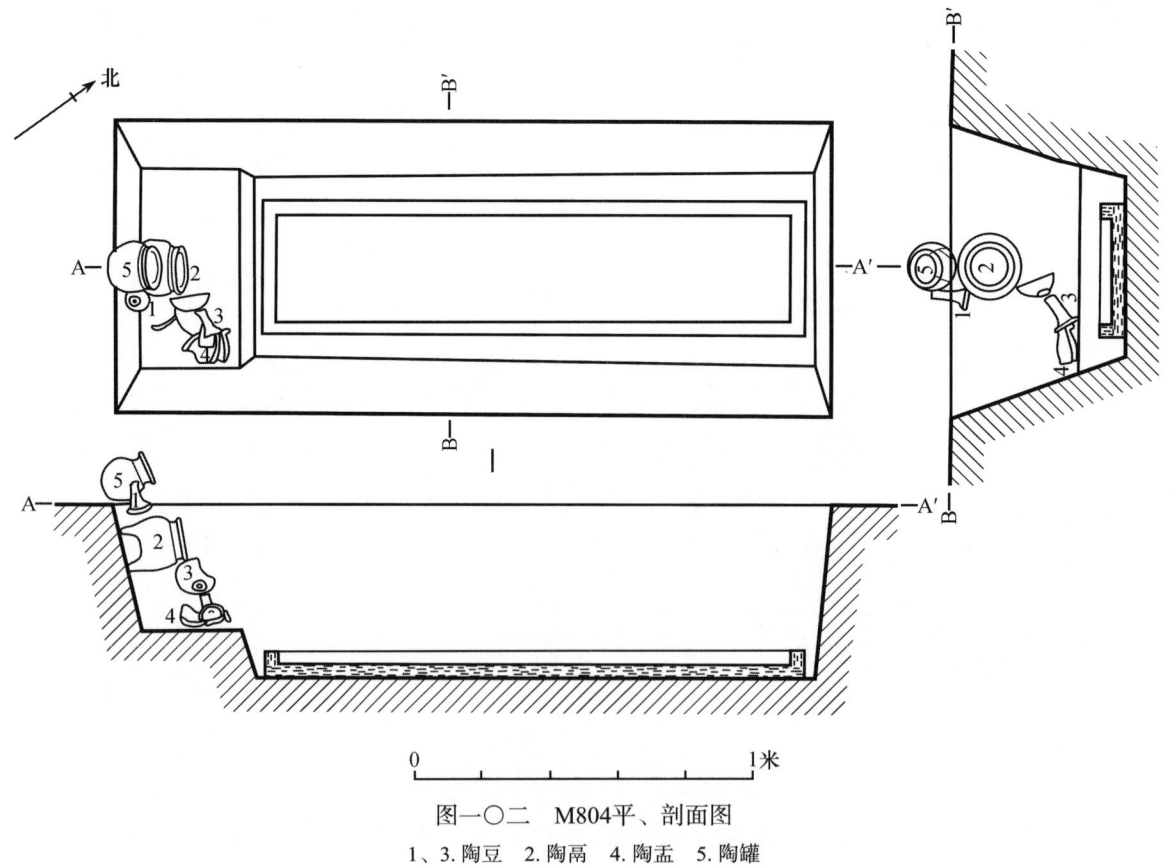

图一〇二 M804平、剖面图
1、3.陶豆 2.陶鬲 4.陶盂 5.陶罐

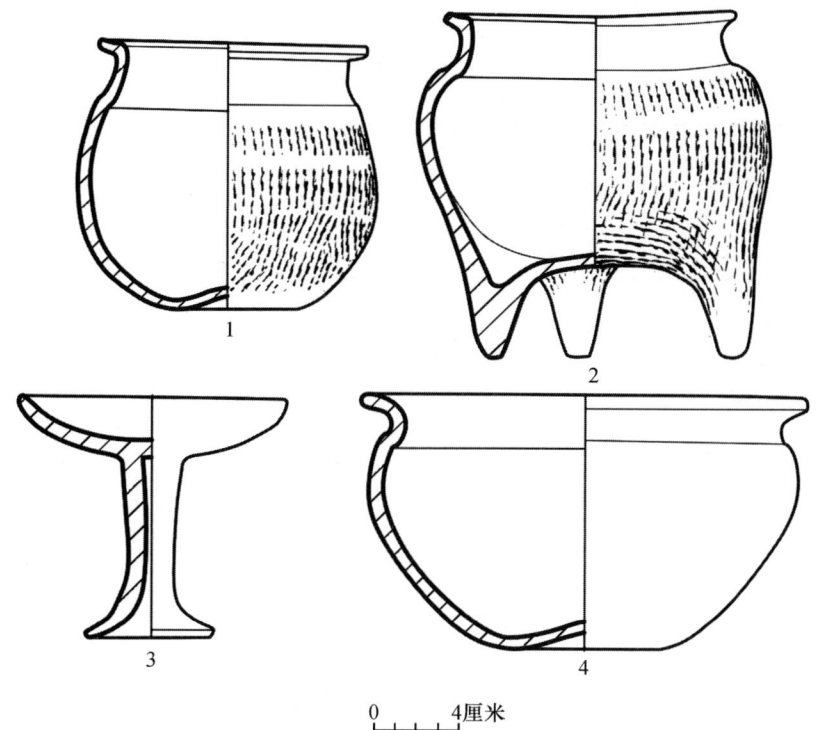

图一〇三　M804随葬陶器

1. 罐（M804：5）　2. 鬲（M804：2）　3. 豆（M804：3）　4. 盂（M804：4）

葬具及葬式　单棺，已朽，可见青灰色残痕。棺痕长1.7、宽0.38、高0.04米。人骨架无存，葬式不明。

随葬器物　陶器2件：豆、盂各1件。置于墓底棺外东北端（图一〇四）。

陶豆（M806：1），泥质红陶。口径12、盘深2.4、高9.4厘米（图一〇五，1）。

陶盂（M806：2），泥质褐陶。口径21.2、腹径21.2、底径8.4、高14厘米（图一〇五，2）。

34. M816

墓葬形制　方向53°。开口于现地表以下0.5米。墓口长1.76、宽0.64米，墓底长1.74、宽0.64米，墓坑深0.72米。坑壁粗糙，底平。坑内填黄褐色五花土，质较密。

葬具及葬式　单棺，已朽，可见青灰色残痕。棺痕长1.48、宽0.46、高0.03米。人骨架无存，葬式不明。

随葬器物　陶器2件：鬲、豆各1件。置于墓底棺外东北角（图一〇六）。

陶鬲（M816：1），泥质灰陶。口径12、腹径15.3、高14.6厘米（图一〇七，1）。

陶豆（M816：2），泥质褐陶。口径12.8、盘深2.4、高12.8厘米（图一〇七，2）。

35. M818

墓葬形制　方向210°。开口于现地表以下0.24米。墓口长2.06、宽0.8米，墓底长1.92、宽0.64米，墓坑深0.93米。坑壁粗糙，底平。坑内填黄褐色五花土，质较密。

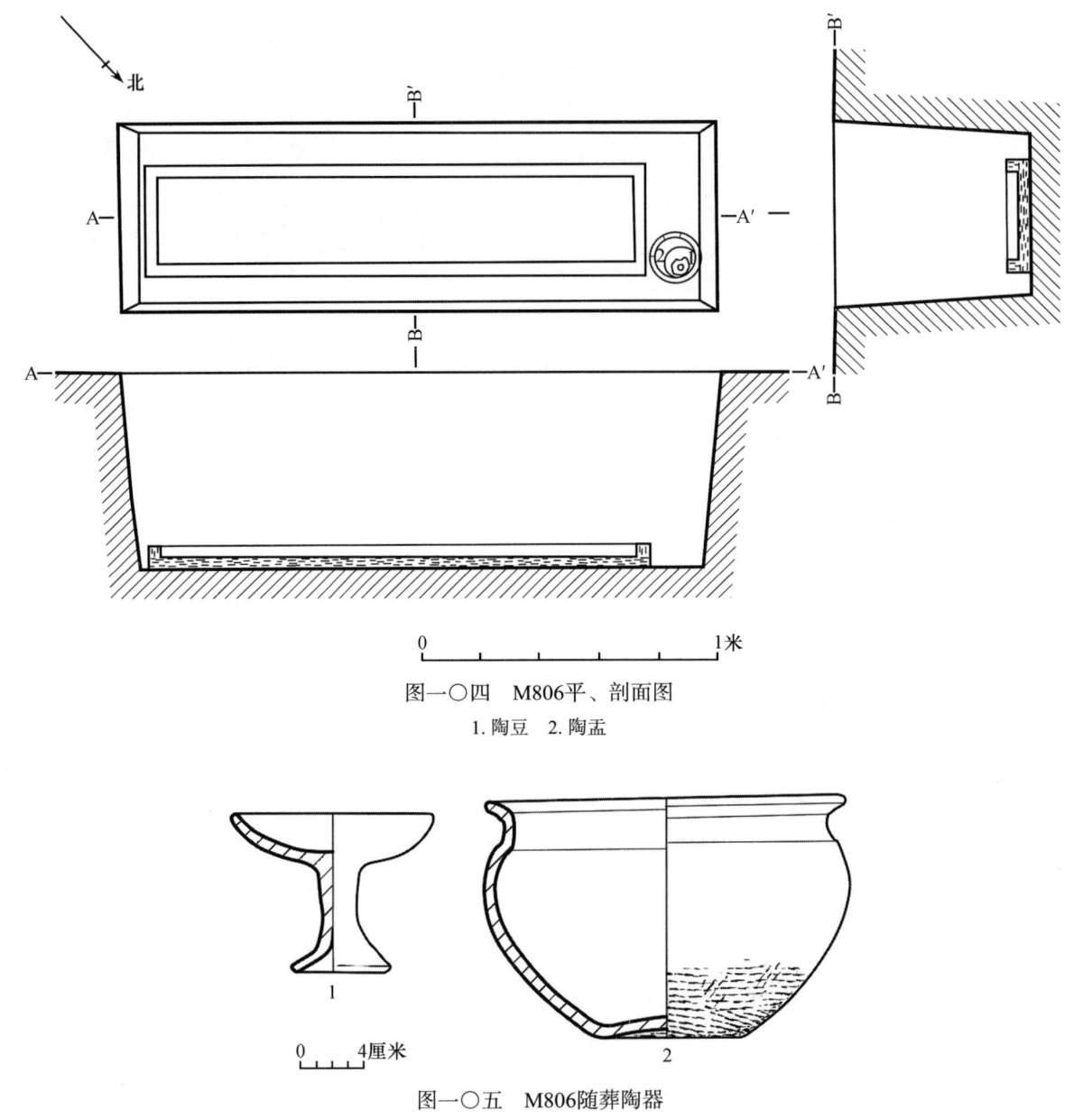

图一〇四 M806平、剖面图
1. 陶豆 2. 陶盂

图一〇五 M806随葬陶器
1. 豆（M806：1） 2. 盂（M806：2）

葬具及葬式　单棺，已朽，可见青灰色残痕。棺痕长1.7、宽0.38、高0.06米。人骨架无存，葬式不明。

随葬器物　陶器3件：罐、豆、盂各1件。置于墓底棺外南端（图一〇八；图版一七，1、2）。

陶罐（M818：1），泥质灰陶。口径14、腹径18.8、底径6.7、高21.3厘米（图一〇九，1）。

陶豆（M818：2），泥质红陶。口径13.4、盘深3.4、高10.4厘米（图一〇九，2）。

陶盂（M818：3），泥质褐陶。口径20.4、腹径21.2、底径7.8、高13.2厘米（图一〇九，3）。

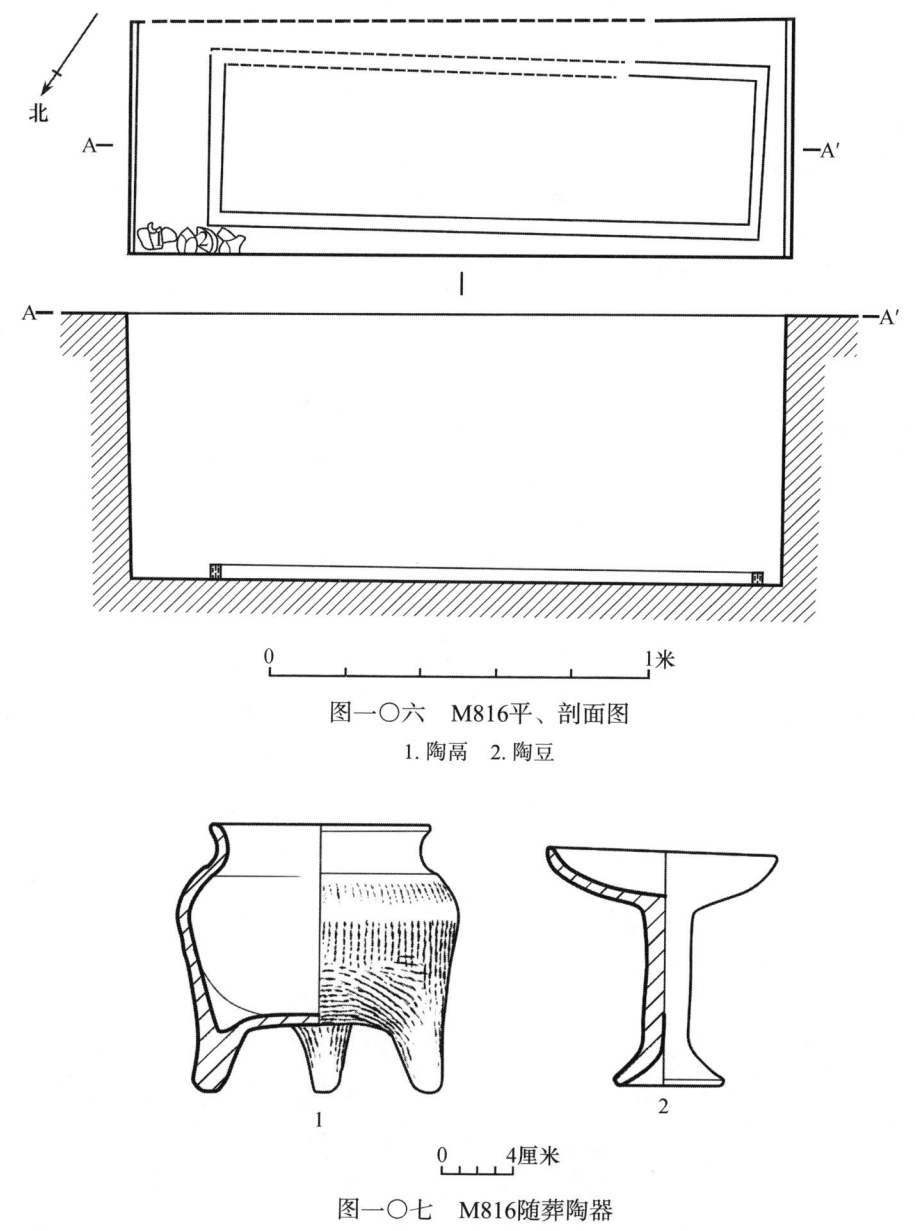

图一〇六 M816平、剖面图
1. 陶鬲 2. 陶豆

图一〇七 M816随葬陶器
1. 鬲（M816：1） 2. 豆（M816：2）

36. M823

墓葬形制 方向200°。开口于现地表以下0.32米。墓口长2、宽0.8米，墓底长1.92、宽0.74米，墓坑深0.7米。坑壁粗糙，底平。坑内填黄褐色五花土，质较密。

葬具及葬式 单棺，已朽，可见青灰色残痕。棺痕长1.46、宽0.36、高0.1米。人骨架无存，葬式不明。

随葬器物 陶器3件：壶、豆、盂各1件。置于墓底棺外南端（图一一〇；图版一七，3、4）。

陶壶（M823：1），泥质灰陶。口径10.5、腹径12.5、底径7.6、高17.2厘米（图

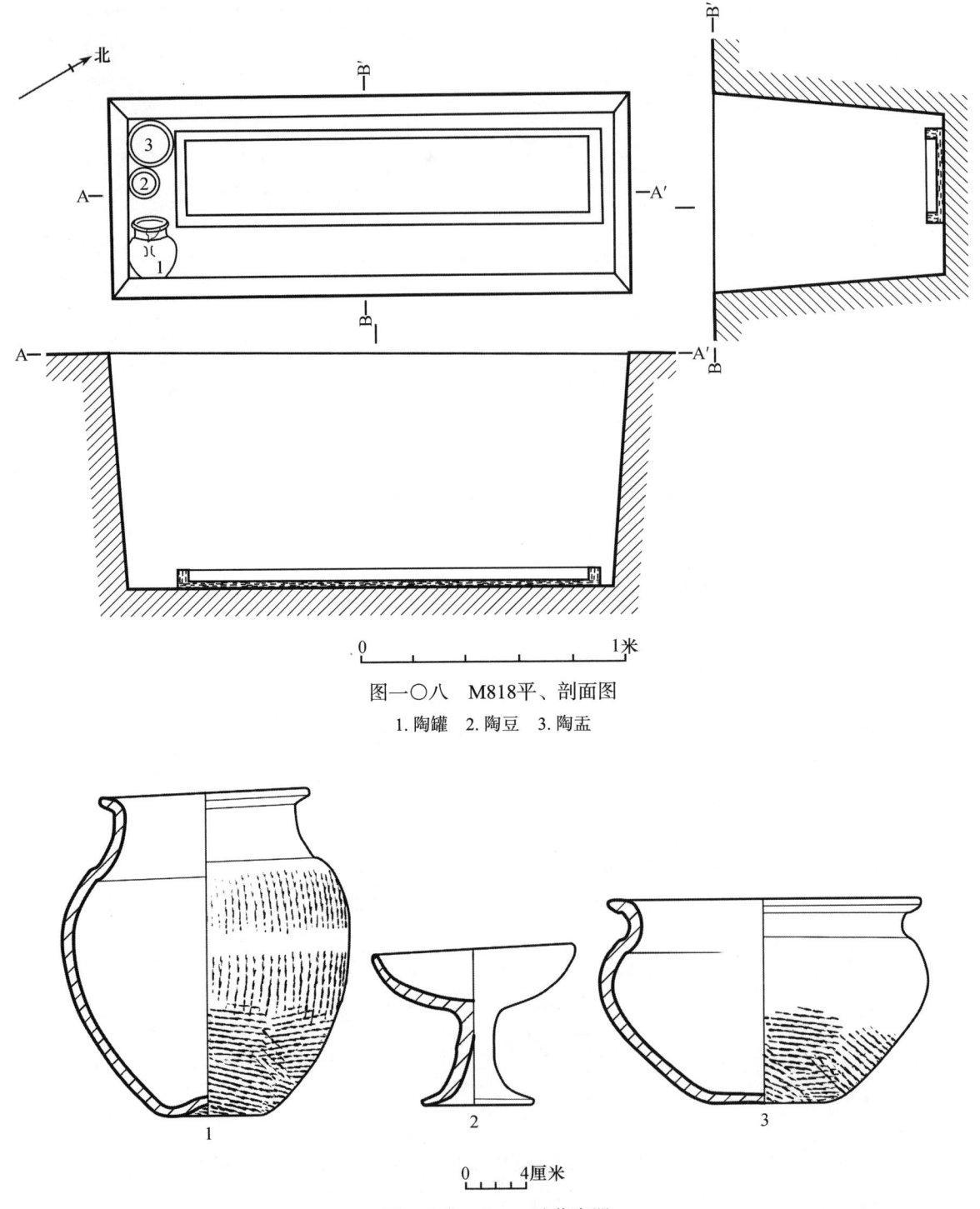

图一〇八 M818平、剖面图
1.陶罐 2.陶豆 3.陶盂

图一〇九 M818随葬陶器
1.罐（M818∶1） 2.豆（M818∶2） 3.盂（M818∶3）

一一一，1）。

陶豆（M823∶2），泥质灰陶。口径14.3、盘深3.8、高11.6厘米（图一一一，2）。

陶盂（M823∶3），泥质灰陶。口径22、腹径20.8、底径8、高10.2厘米（图一一一，3）。

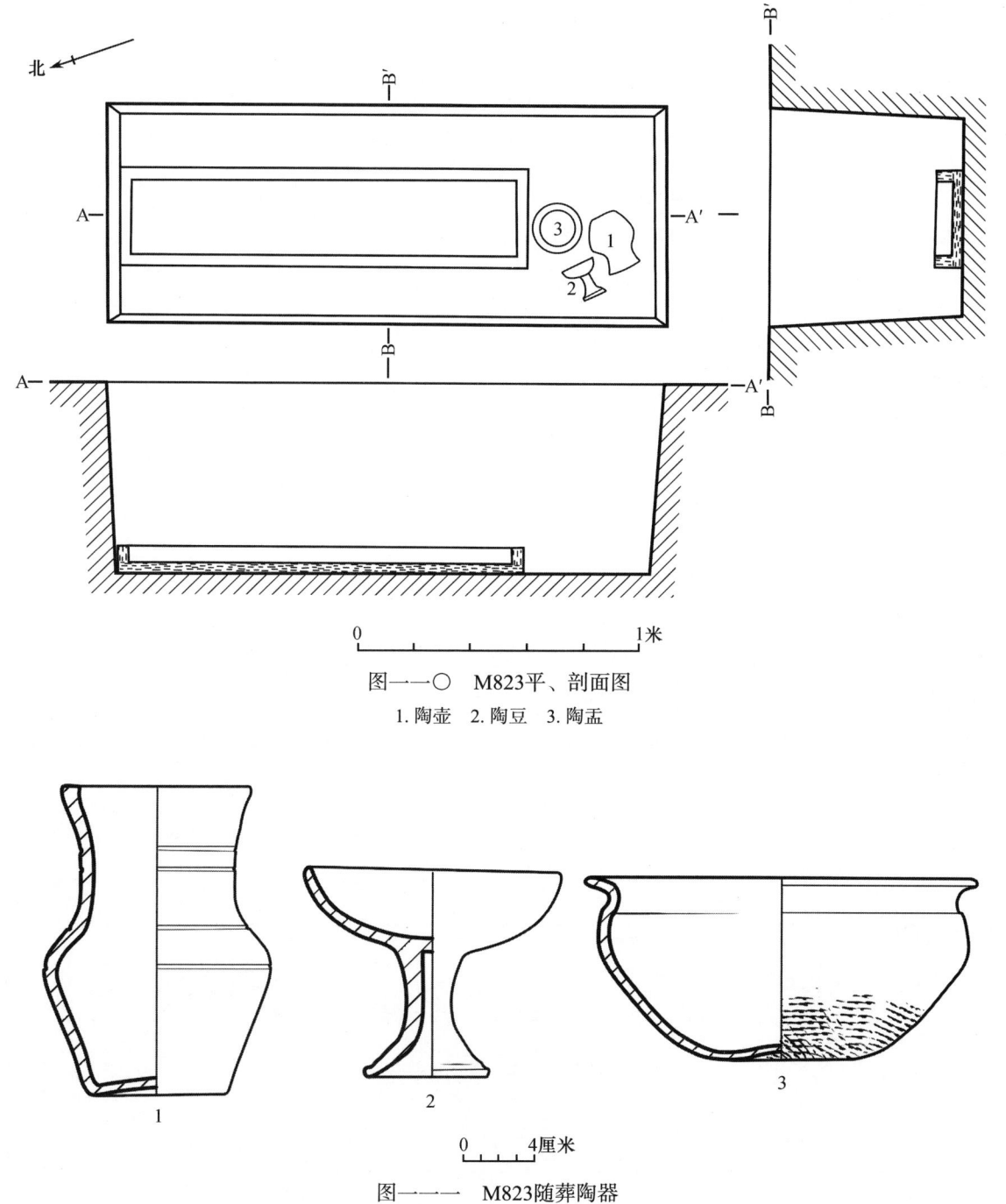

图一一〇 M823平、剖面图
1. 陶壶 2. 陶豆 3. 陶盂

图一一一 M823随葬陶器
1. 壶（M823:1） 2. 豆（M823:2） 3. 盂（M823:3）

37. M824

墓葬形制　方向210°。开口于现地表以下0.18米。墓口长2.57、宽0.88米，墓底长2.27、宽0.8米，墓坑深0.29米。坑壁粗糙，底平。坑内填黄褐色五花土，质较密。

葬具及葬式　单棺，已朽，可见青灰色残痕。棺痕长1.74、宽0.45、高0.06米。人骨架无存，葬式不明。

随葬器物 陶器4件：盂、鬲、豆、壶各1件。置于墓底棺外南端（图一一二；图版一八，1、2）。

陶盂（M824：1），泥质灰陶。口径18.9、腹径19.6、底径7.8、高12.8厘米（图一一三，1）。

陶鬲（M824：2），泥质褐陶。口径14.2、腹径16.2、高15.6厘米（图一一三，2）。

陶豆（M824：3），泥质褐陶。口径12.5、盘深2.3、残高10.3厘米（图一一三，3）。

陶壶（M824：4），泥质灰陶。口径9.8、腹径13.4、底径9.6、高19.4厘米（图一一三，4）。

38. M832

墓葬形制 方向201°。墓口东北部被M750打破至墓底。开口于现地表以下0.35米。墓口残长1.9、宽0.64米，墓底残长1.84、宽0.6米，墓坑深0.67米。坑壁粗糙，底平。坑内填黄褐色五花土，质较密。

葬具及葬式 单棺，已朽，可见青灰色残痕。棺痕长1.7、宽0.48、高0.11米。人骨架无存，葬式不明。

随葬器物 陶器2件：鬲、盂各1件。置于墓底棺外南端（图一一四）。

陶鬲（M832：1），夹砂褐陶。口径21.2、腹径23、高26.8厘米（图一一五，1）。

陶盂（M832：2），泥质褐陶。口径19.7、腹径19.2、底径10.4、高9.6厘米（图一一五，2）。

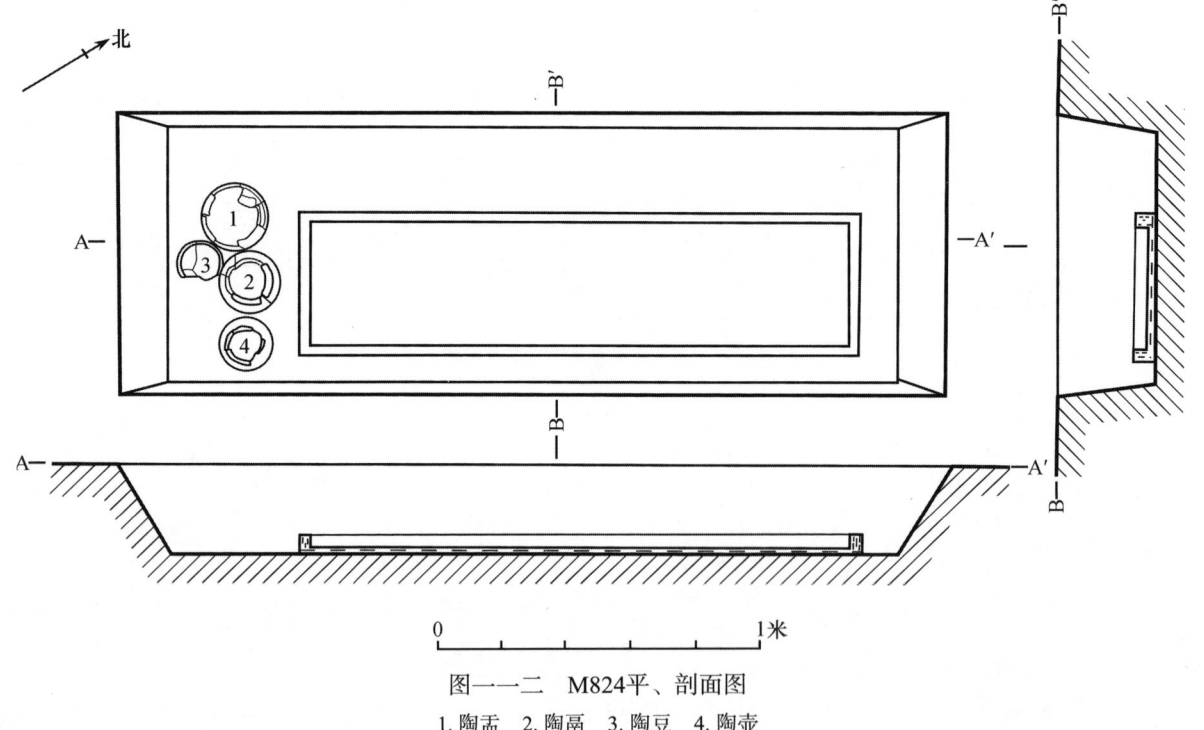

图一一二 M824平、剖面图
1.陶盂 2.陶鬲 3.陶豆 4.陶壶

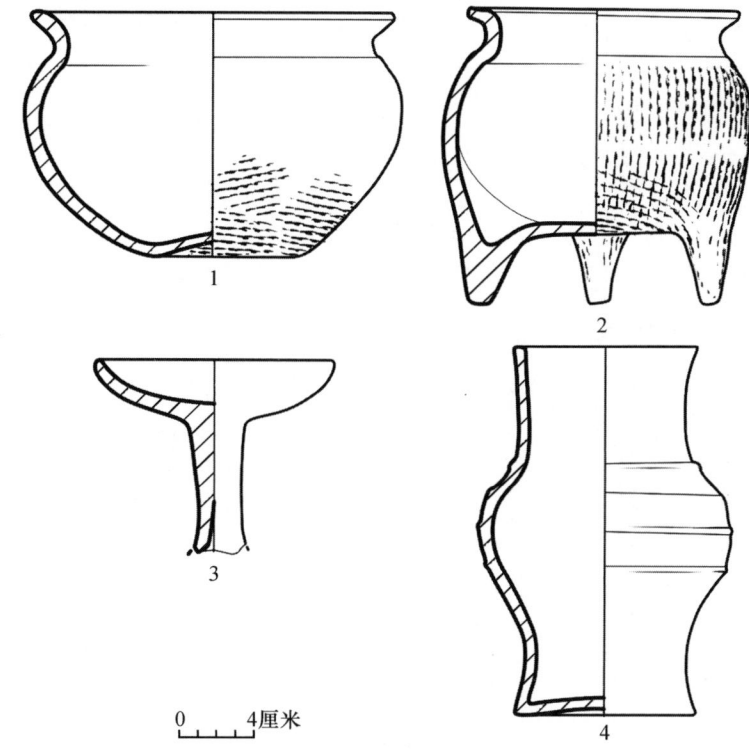

图一一三 M824随葬陶器
1.盂（M824∶1） 2.鬲（M824∶2） 3.豆（M824∶3） 4.壶（M824∶4）

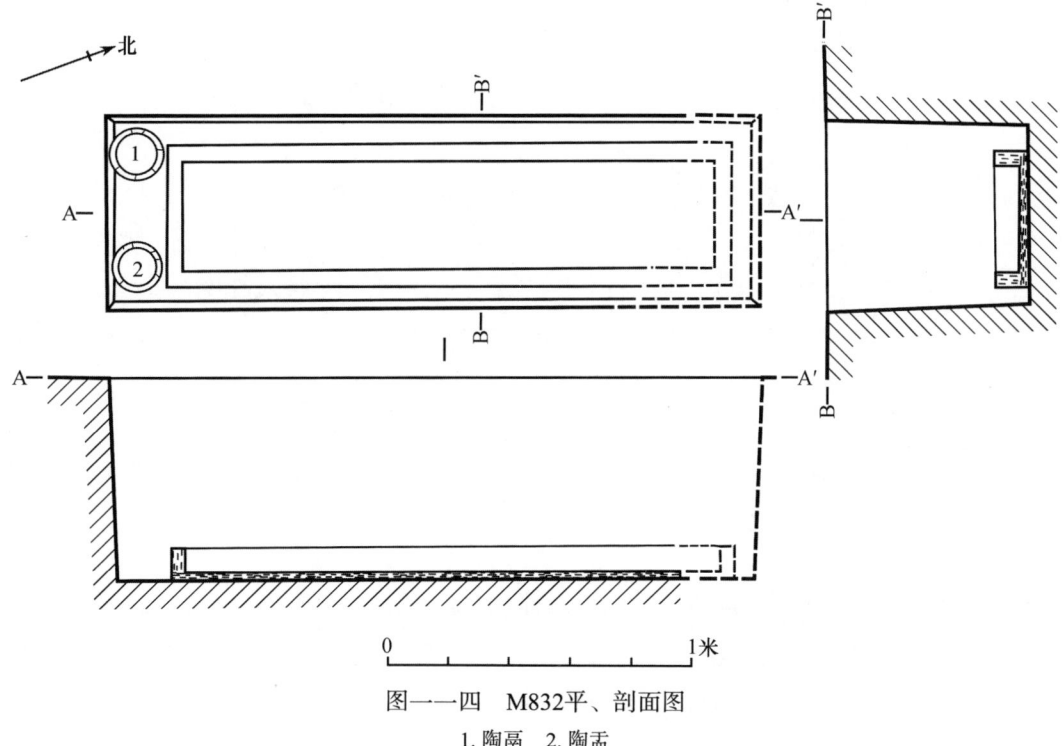

图一一四 M832平、剖面图
1.陶鬲 2.陶盂

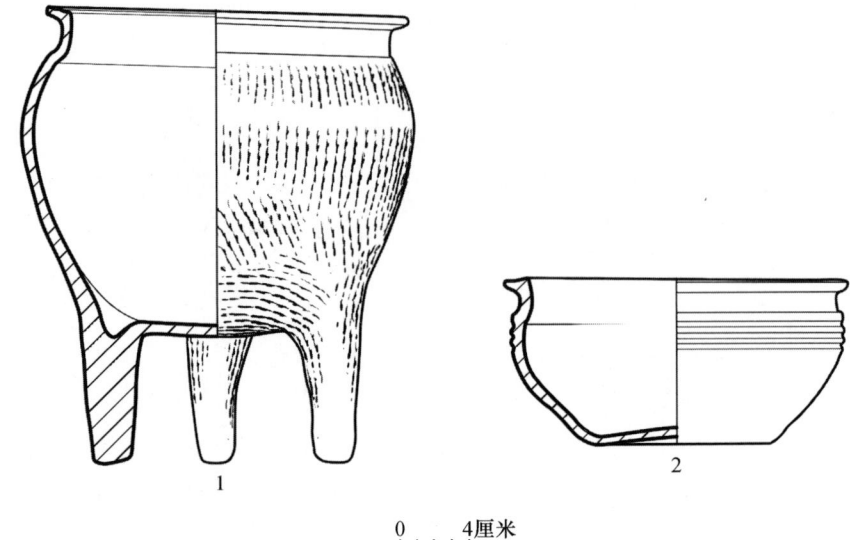

图一一五 M832随葬陶器
1. 鬲（M832:1） 2. 盂（M832:2）

39. M852

墓葬形制 方向192°。开口于地表以下0.36米。墓口长2、宽0.75米，墓底长1.86、宽0.65米，墓坑深1.7米。坑壁较规整，底平。坑内填黄褐色夹灰白色土，土质较硬。

葬具及葬式 单棺，已朽，仅见腐痕。棺痕长1.65、宽0.42、高0.12、厚0.04米。人骨架无存，葬式不明。

随葬器物 陶器3件：盂、鬲、壶各1件。置于墓底棺外南端（图一一六；图版一八，3、4）。

陶盂（M852:1），泥质褐陶。口径18.8、腹径18.4、底径8.8、高10.8厘米（图一一七，1）。

陶鬲（M852:2），泥质褐陶。口径13.4、腹径16.4、高14.4厘米（图一一七，2）。

陶壶（M852:3），泥质褐陶。口径9.6、腹径11.6、底径7.7、高15.6厘米（图一一七，3）。

（三）Bc型墓

Bc型墓为带壁龛、有随葬器物的单棺墓，计107座：M4、M6、M10、M11、M28、M37、M56、M92、M97、M101、M102、M104、M112、M113、M120、M125、M128、M129、M132、M135、M136、M139、M140、M297、M298、M307、M310、M319、M320、M324、M332、M363、M364、M366、M367、M389、M390、M391、M394、M397、M409、M410、M413、M422、M434、M435、M436、M447、M464、M469、M498、M529、M536、M539、

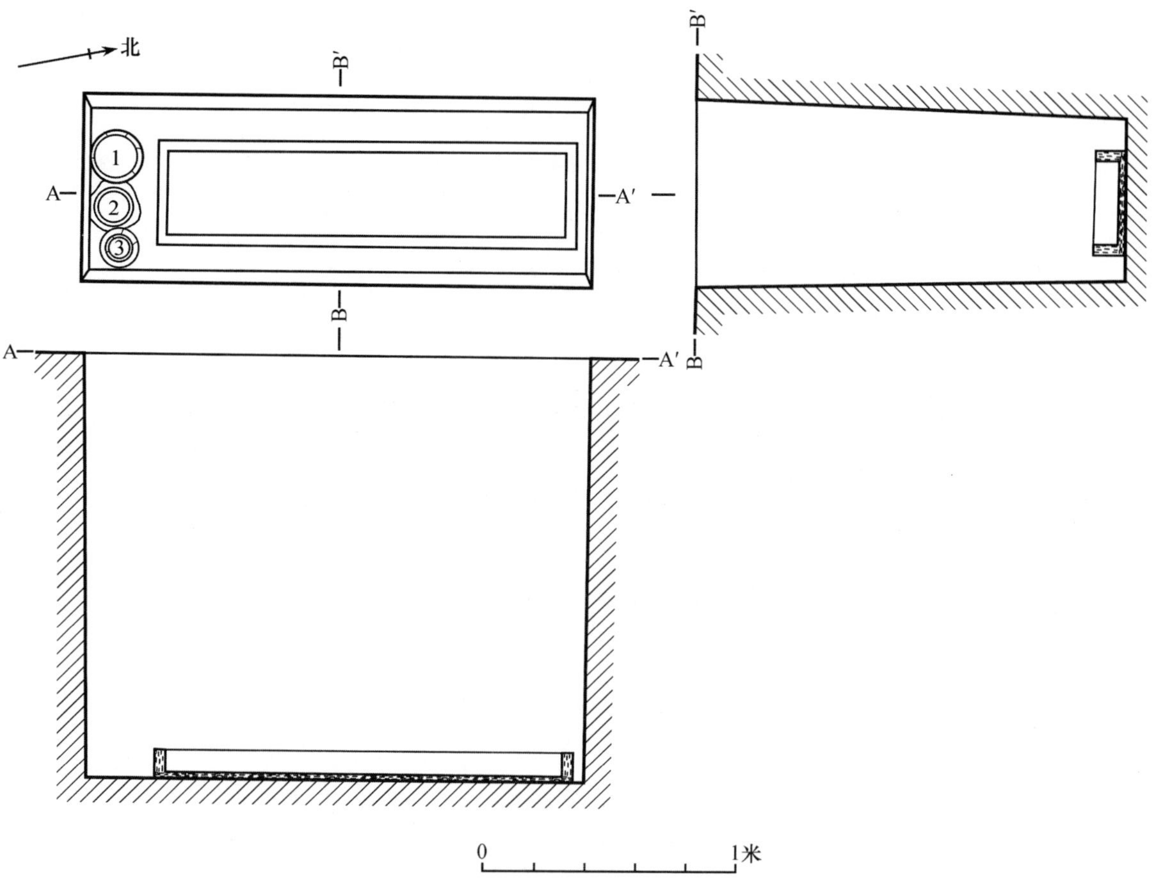

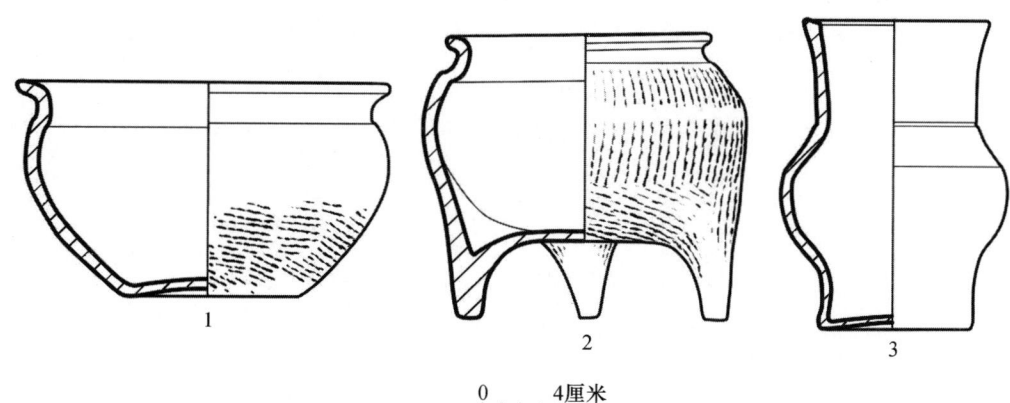

图一一六　M852平、剖面图
1. 陶盂　2. 陶鬲　3. 陶壶

图一一七　M852随葬陶器
1. 盂（M852：1）　2. 鬲（M852：2）　3. 壶（M852：3）

M540、M541、M542、M545、M548、M552、M555、M557、M559、M570、M580、M582、M595、M613、M616、M621、M628、M629、M633、M654、M659、M665、M669、M670、M673、M681、M682、M689、M690、M695、M699、M706、M718、M721、M728、M729、

M731、M733、M741、M742、M747、M762、M763、M770、M774、M786、M789、M793、M797、M798、M831、M848、M853（附表六）。

墓例：M4、M6、M10、M37、M56、M92、M97、M102、M112、M120、M125、M129、M132、M363、M366、M367、M389、M390、M391、M394、M409、M410、M413、M447、M498、M529、M536、M548、M555、M616、M621、M633、M669、M682、M695、M699、M728、M741、M742、M786、M789、M793、M798、M831、M848。

1. M4

墓葬形制　方向195°。开口于现地表以下0.4米。墓口南北长3、东西宽1.8米，墓底南北长2.84（东）、3（西）、东西宽1.84米，墓坑深2.84米。南壁设壁龛，位置偏东。壁龛下距墓底0.7、高0.4、宽1.06、进深0.4米。坑形方正，坑壁较光滑、陡直，底平。坑内填黄褐色夹灰白色五花土，质密。

葬具及葬式　单棺，已朽，墓底仅剩灰痕。棺痕长2、宽0.6、高0.45米。人骨架无存，葬式不明。

随葬器物　共5件，铜鼎1件、铜盏1件、陶豆2件、玉琀1件。其中，陶豆修复1件。置于南壁龛内及棺内（图一一八）。

铜器

鼎（M4∶4），敞口，附耳，深圆腹斜收，平底，下承三兽面蹄形足。覆碗形盖，上置三环耳，顶部有喇叭形捉手。近口沿处饰一周三角形蝉纹，盖及器身分别饰三周、一周绹索纹，两组蟠虺纹。口径25、腹径28.1、腹深17.1、通高30.3厘米（图一一九，1）。

盏（M4∶5），带盖，盖面隆起，对称分布三个环耳，顶部有喇叭形捉手，盖沿置三个卡扣。直口，折肩，弧腹斜收，平底，下承三兽面足。肩部置两个兽首耳，腹部置两个环耳。盖及器身均饰弦纹、蟠虺纹。盖面饰纹饰三圈，三周绹索纹，间蟠虺纹，第二周至第三周绹索纹之间饰四个两两对应的环状耳。口径21、腹径21.7、腹深10.4、通高18.6厘米（图一一九，2）。

陶器

豆（M4∶2），泥质灰陶。口径17.2、盘深3.2、高15.2厘米（图一一九，3）。

2. M6

墓葬形制　方向205°。开口于地表以下0.2厘米。墓口长2、南宽0.92、北宽1.04米，墓底长2、宽0.8米，坑深1.1米。墓南壁设一长方形壁龛。龛底距墓底0.54、宽0.36、高0.24、进深0.2米。坑壁较规整、陡直。坑内填黄褐色夹灰白色五花土，质密。

葬具及葬式　单棺，已腐，存灰色腐痕。棺痕长1.66、宽0.42、高0.2厘米。人骨架已朽，葬式不明。

随葬器物　陶器2件：豆、盂各1件。置于南壁龛内（图一二〇）。

陶豆（M6∶1），泥质灰陶。口径14、盘深2.4、高13.6厘米（图一二一，1）。

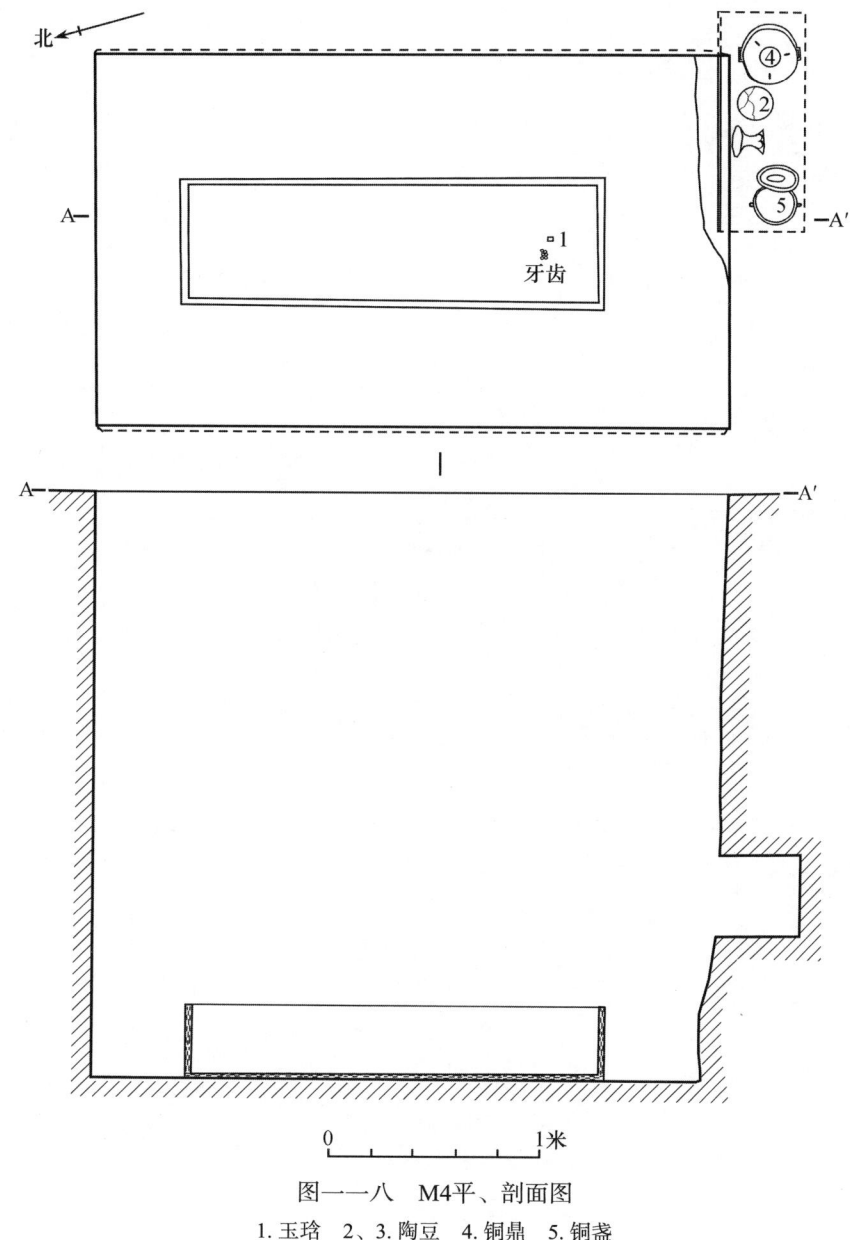

图一一八 M4平、剖面图
1. 玉玲 2、3. 陶豆 4. 铜鼎 5. 铜盏

陶盂（M6：2），泥质灰陶。口径15.2、腹径16.4、底径6、高12厘米（图一二一，2）。

3. M10

墓葬形制　方向170°。开口于现地表以下0.4米。墓口长2.84、南宽1.04、北宽0.96米，墓底长2.72、南宽0.96、北宽0.84米，坑深0.64米。墓南壁设长方形壁龛，宽0.4、高0.26、进深0.2米。龛底与墓底平，西边距墓西壁0.22米。坑口不甚规整。坑内填黄褐色夹灰白色五花土，质密。

葬具及葬式　单棺，已完全腐烂。人骨架已朽，葬式不明。

随葬器物　陶器6件：鬲、盂各1件，豆、罐各2件，其中修复3件。置于南壁龛内和墓底南

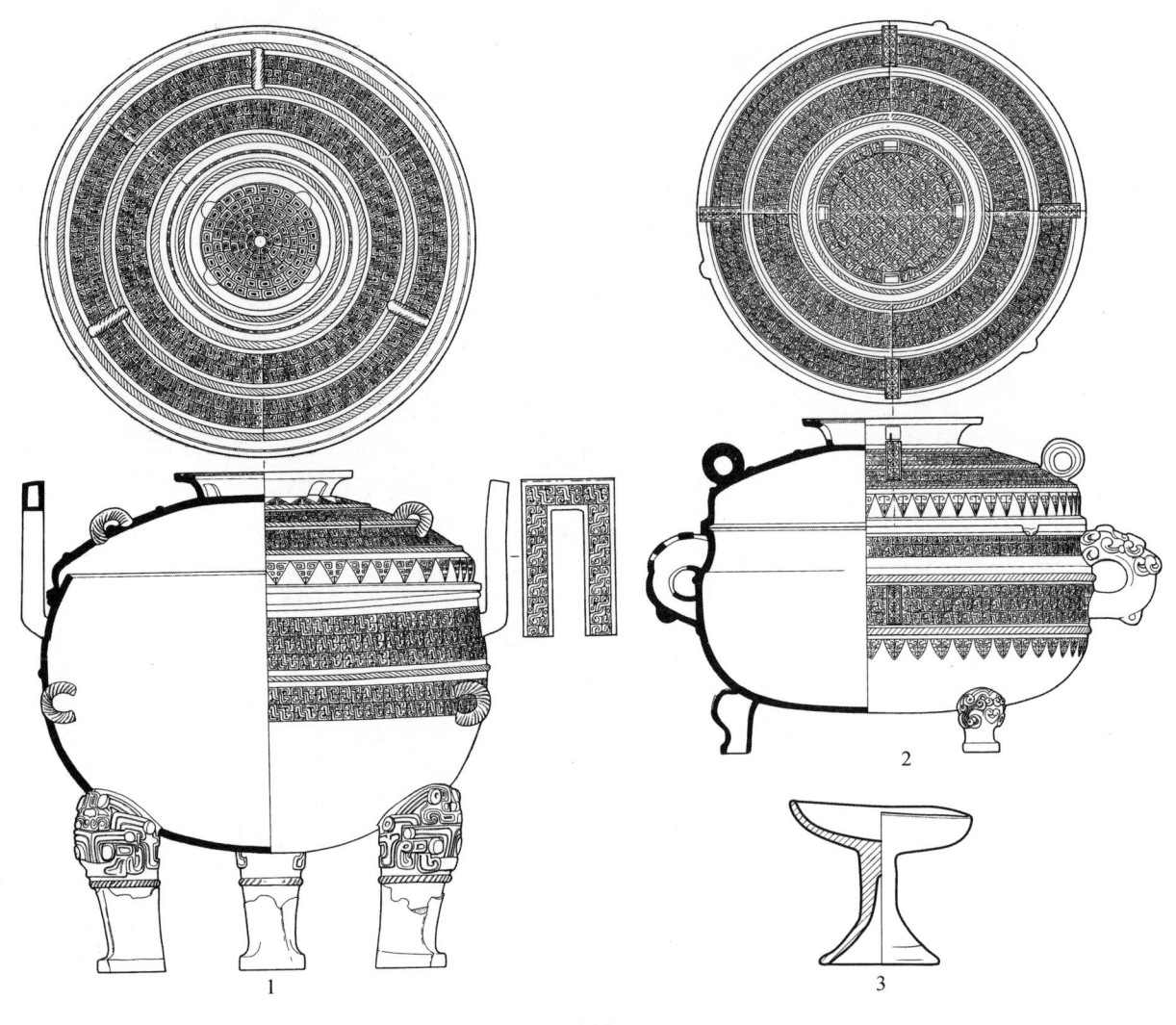

图一一九 M4随葬器物
1. 铜鼎（M4：4） 2. 铜盏（M4：5） 3. 陶豆（M4：2）

端（图一二二）。

陶豆（M10：2），泥质灰陶。口径12.5、盘深2、高10厘米（图一二三，1）。

陶鬲（M10：3），夹砂灰陶。口径14.4、腹径18.6、高18.9厘米（图一二三，2）。

陶盂（M10：5），泥质灰陶。口径17.5、腹径18.7、底径7.2、高11厘米（图一二三，3）。

4. M37

墓葬形制 方向195°。打破M39。开口于现地表以下0.4米。墓口长2.2、宽1.04米，墓底长2、宽0.92米，墓坑深1.42米。坑壁较光滑、陡直，底平。墓南壁设壁龛，高0.3、宽0.44、进深0.34米，龛底距墓底0.42米，东边距东壁0.32米。坑内填黄褐色夹灰白色五花土，质密。

葬具及葬式 单棺，已朽，仅存灰色腐痕。棺痕长1.8、宽0.6、高0.2米。未见人骨架，葬式不明。

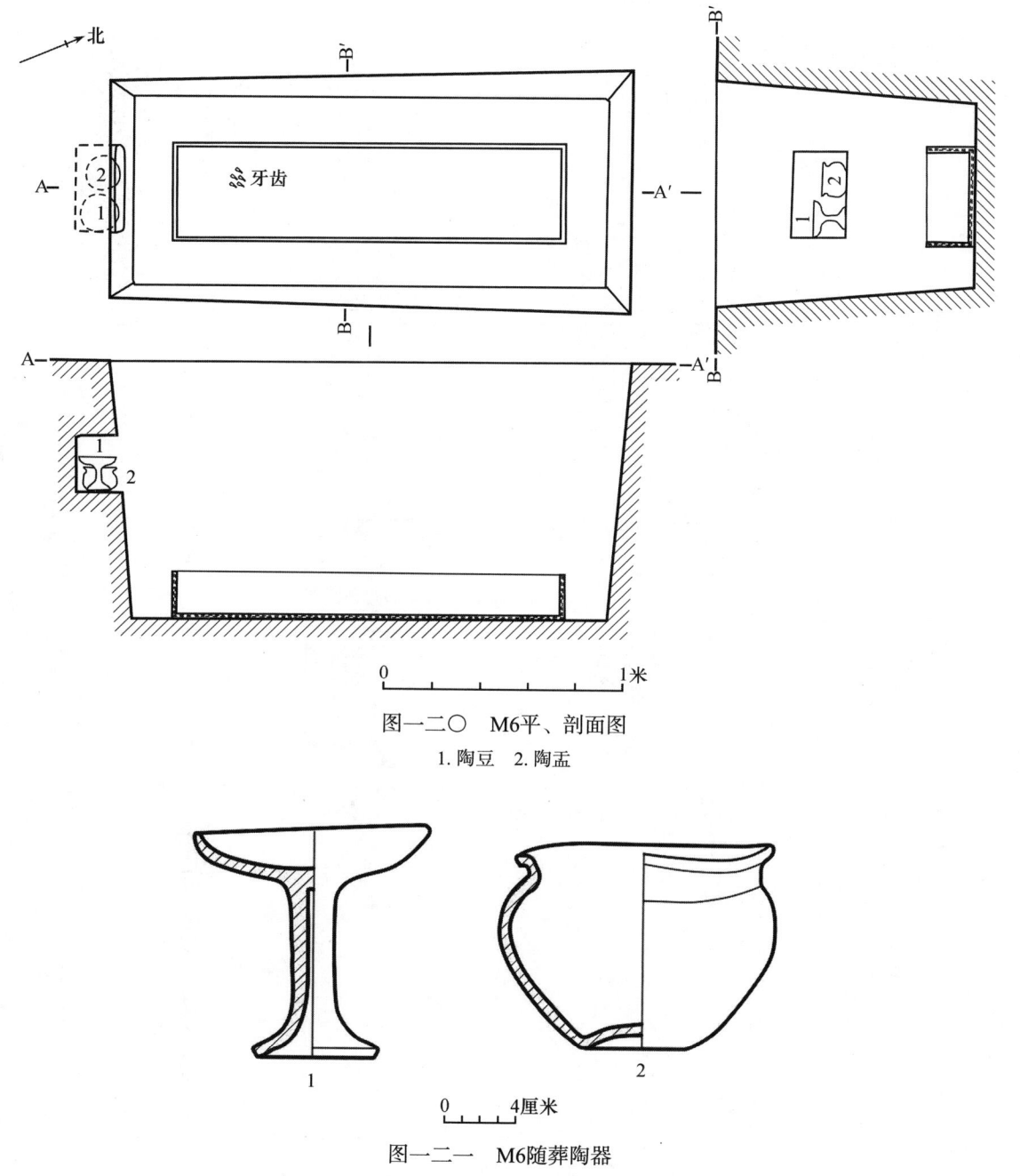

图一二〇　M6平、剖面图
1. 陶豆　2. 陶盂

图一二一　M6随葬陶器
1. 豆（M6∶1）　2. 盂（M6∶2）

随葬器物　陶器3件：鬲、盂、豆各1件。置于南壁龛内（图一二四）。

陶鬲（M37∶1），泥质灰陶。口径20.3、腹径24.2、高22.7厘米（图一二五，1）。

陶盂（M37∶2），泥质灰陶。口径23.2、腹径23.7、底径8.4、高13.6厘米（图一二五，2）。

陶豆（M37∶3），泥质灰陶。口径11.8、盘深2.9、高12.4厘米（图一二五，3）。

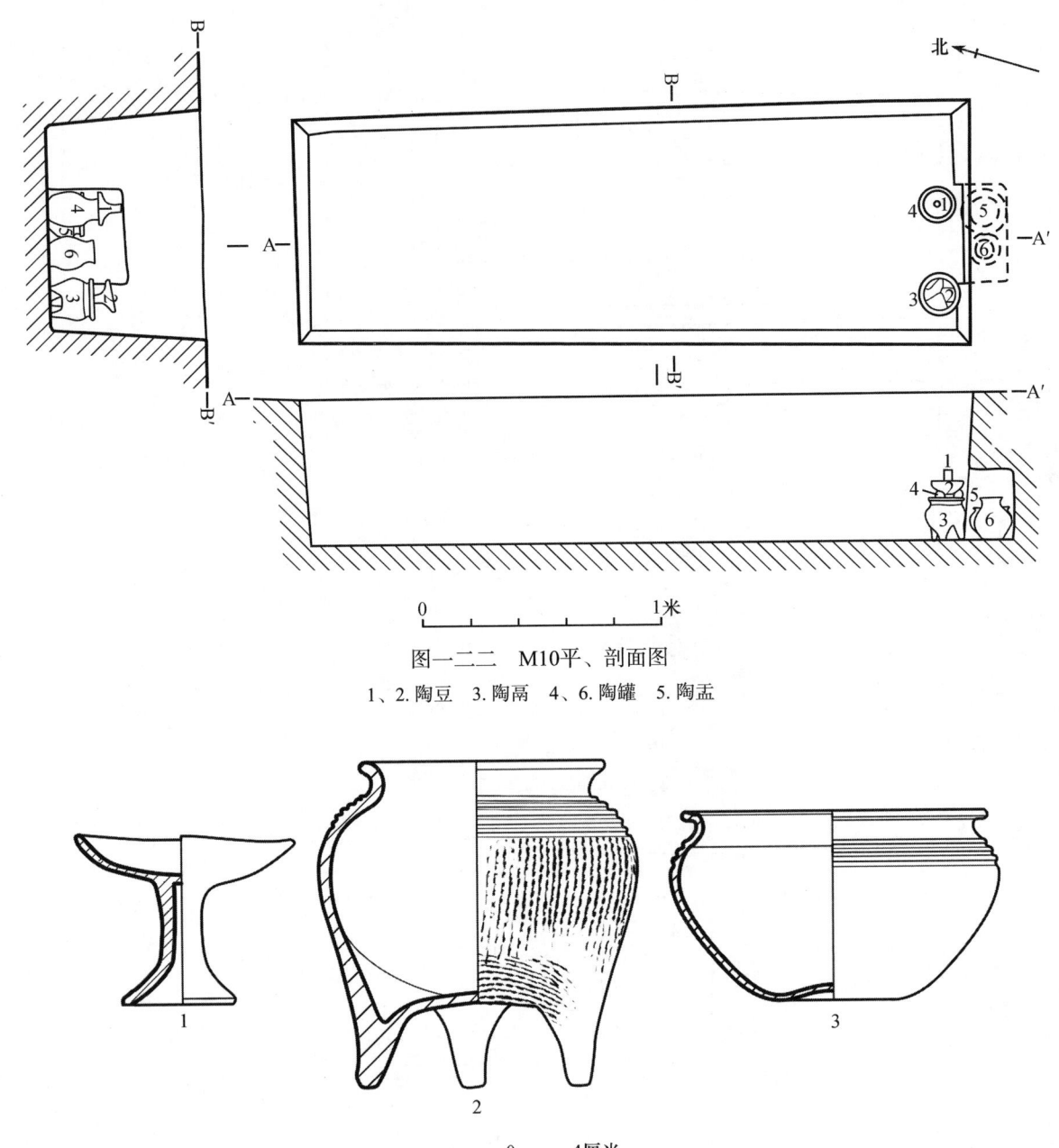

图一二二 M10平、剖面图
1、2.陶豆 3.陶鬲 4、6.陶罐 5.陶盂

图一二三 M10随葬陶器
1.豆（M10∶2） 2.鬲（M10∶3） 3.盂（M10∶5）

5. M56

墓葬形制 方向165°。开口于现地表以下0.45米。墓口长2.3~2.5、宽1.16~1.2米，墓底长1.96、宽0.6米，墓坑深1.24米。墓底西、北、东三面设生土二层台，高0.2、宽0.14~0.2米，墓南壁设壁龛，高0.28、宽0.3、进深0.2米，龛底距墓底0.52米，东边距东壁0.38米。坑壁较光滑、陡直，底平。坑内填黄褐色夹灰白色五花土，质密。

葬具及葬式 单棺，已朽，仅存灰色腐痕。棺痕长1.72、宽0.5、高0.2米。未见人骨架，

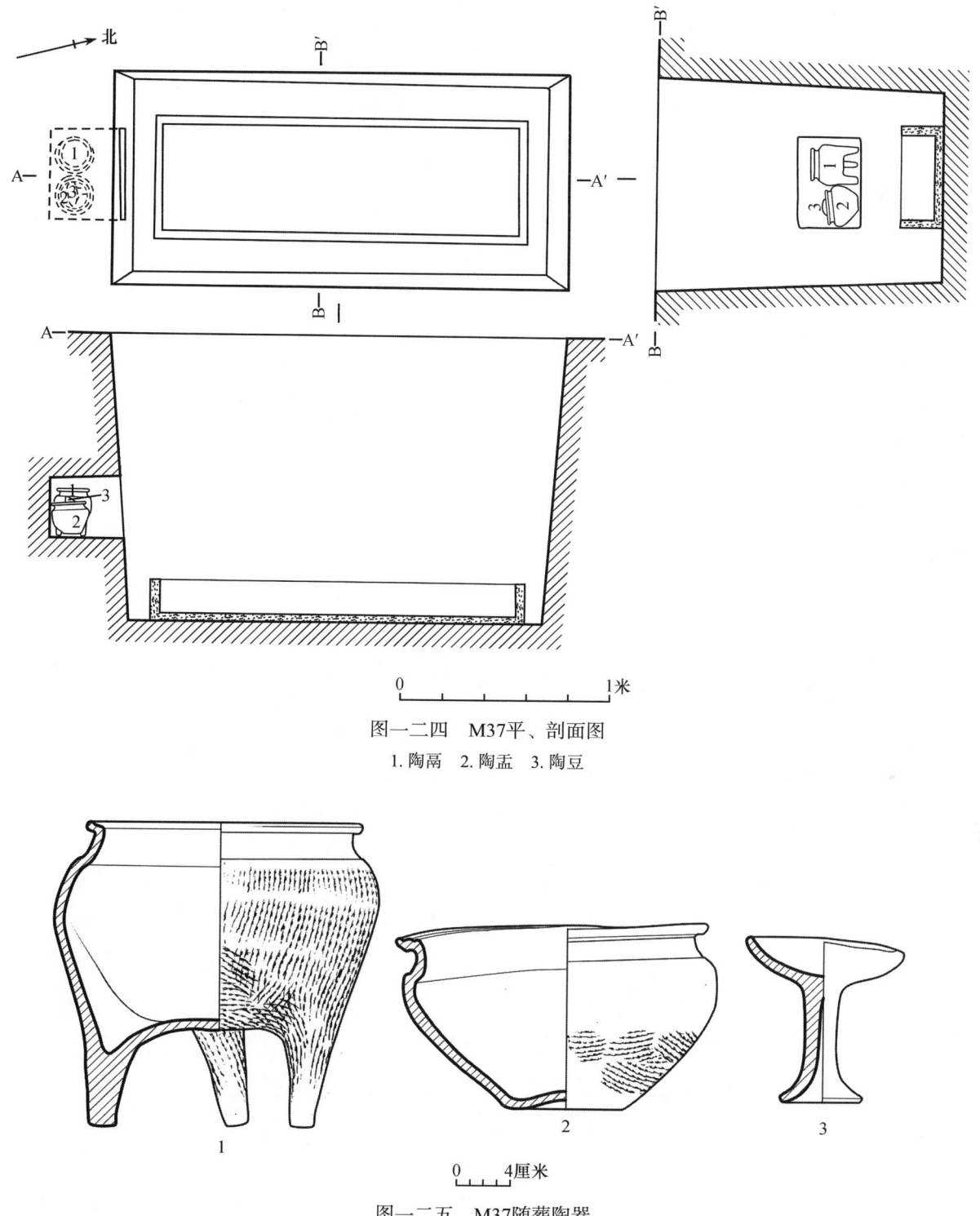

图一二四　M37平、剖面图
1. 陶鬲　2. 陶盂　3. 陶豆

图一二五　M37随葬陶器
1. 鬲（M37∶1）　2. 盂（M37∶2）　3. 豆（M37∶3）

葬式不明。

随葬器物　陶器4件：壶、盂、豆、鬲各1件。置于南壁龛内和墓底棺外南端（图一二六）。

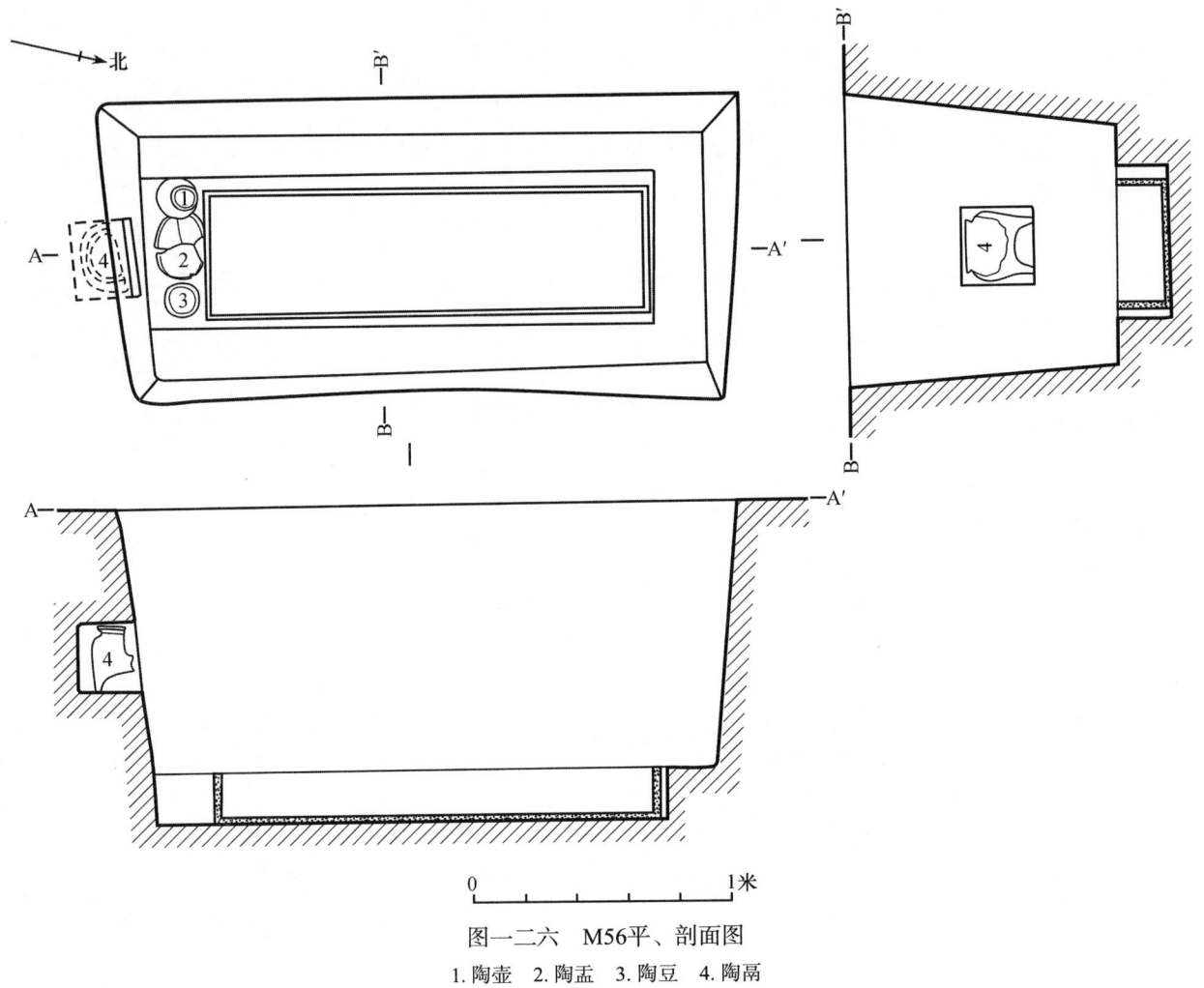

图一二六　M56平、剖面图
1.陶壶　2.陶盂　3.陶豆　4.陶鬲

陶壶（M56：1），泥质灰陶。口径10.1、腹径13.2、底径9.7、高18厘米（图一二七，1）。

陶盂（M56：2），泥质灰陶。口径20.3、腹径20.4、底径8.8、高12.4厘米（图一二七，2）。

陶豆（M56：3），泥质灰陶。口径14.6、盘深3.6、高10.4厘米（图一二七，3）。

陶鬲（M56：4），泥质灰陶。口径21.9、腹径23.6、高24.5厘米（图一二七，4）。

6. M92

墓葬形制　方向315°。开口于现地表以下0.8米。墓口长2.14、宽0.92~0.98米，墓底长2、宽0.52~0.64米，墓坑深1.5米。墓西壁设壁龛，高0.24、宽0.36、进深0.22米，龛底距墓底0.7米，东边距东壁0.2米。坑壁较光滑、陡直，底平。坑内填黄褐色夹灰白色五花土，质密。

葬具及葬式　单棺，已朽，仅存灰色腐痕。棺痕长1.7、宽0.34~0.4、高0.2米。未见人骨架，葬式不明。

随葬器物　陶器5件：鼎、壶、盂各1件，豆2件，其中修复4件。陶壶、陶豆置于墓底棺外

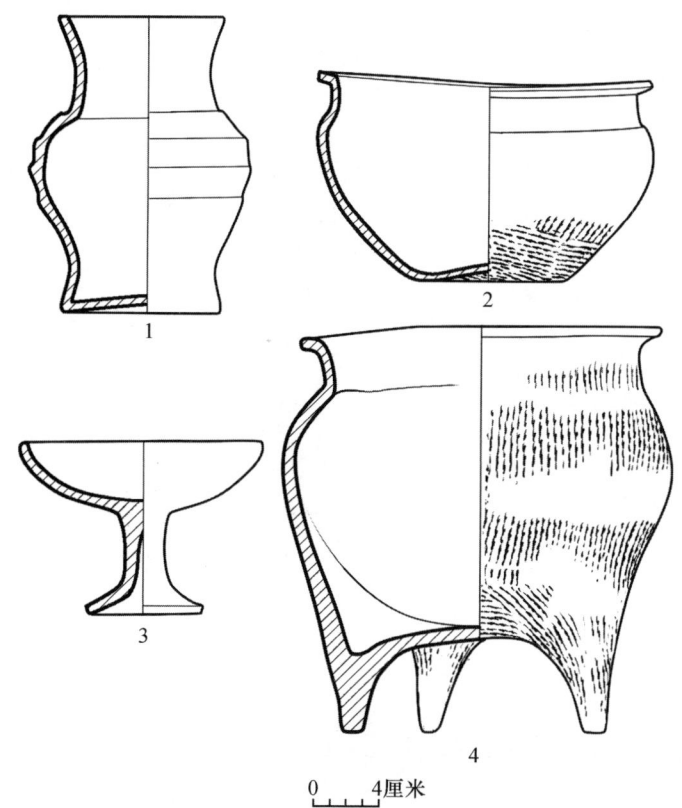

图一二七　M56随葬陶器
1.壶（M56:1）　2.盂（M56:2）　3.豆（M56:3）　4.鬲（M56:4）

西端，陶鼎、陶盂置于西壁龛内（图一二八；图版一九，1、2）。

陶壶（M92:1），泥质灰陶。口径12.7、腹径18.3、底径12.4、高29.9厘米（图一二九，1）。

陶豆（M92:5），泥质灰陶。口径14、盘深2.8、高18.2厘米（图一二九，4）。

陶豆（M92:2），泥质灰陶。口径13.2、盘深2、高17.6厘米（图一二九，2）。

陶盂（M92:4），泥质灰陶。口径21.2、腹径20.7、底径8.7、高11.6厘米（图一二九，3）。

7. M97

墓葬形制　方向150°。开口于现地表以下0.2米。墓口长2.1、宽0.8米，墓底长2、宽0.6米，墓坑深1.44米。墓南壁设壁龛，高0.28、宽0.4、进深0.18米，龛底距墓底0.5米，东边距东壁0.14米。坑壁较光滑、陡直，底平。坑内填黄褐色夹灰白色五花土，质密。

葬具及葬式　单棺，已朽，仅存灰色腐痕。棺痕长1.8、宽0.4、高0.14米。未见人骨架，葬式不明。

随葬器物　陶器2件：盂、壶各1件。置于南壁龛内（图一三〇；彩版二七，1）。

陶盂（M97:1），泥质灰陶。口径20.5、腹径21.7、底径10、高12.9厘米（图一三一，1）。

陶壶（M97:2），泥质灰陶。口径9.9、腹径13.2、底径8.8、高19.1厘米（图一三一，2）。

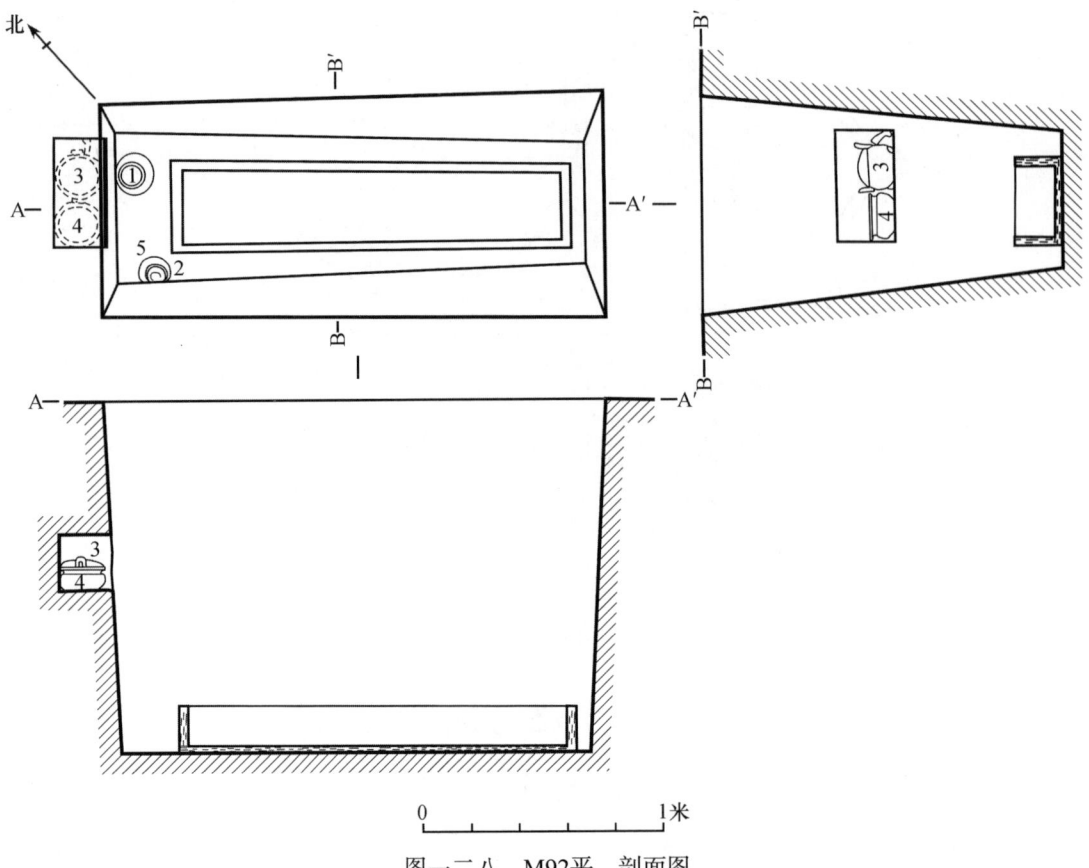

图一二八　M92平、剖面图
1.陶壶　2、5.陶豆　3.陶鼎　4.陶盂

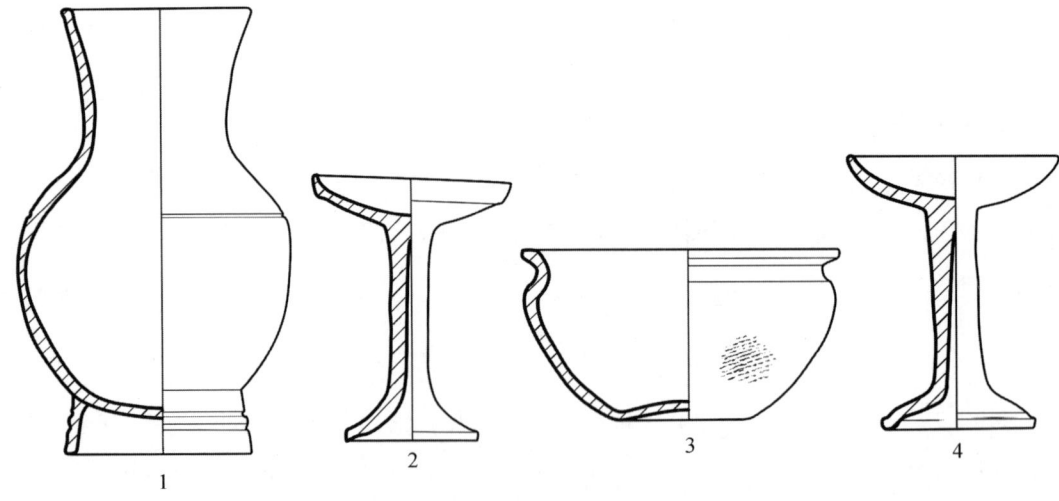

图一二九　M92随葬陶器
1.壶（M92∶1）　2、4.豆（M92∶2、M92∶5）　3.盂（M92∶4）

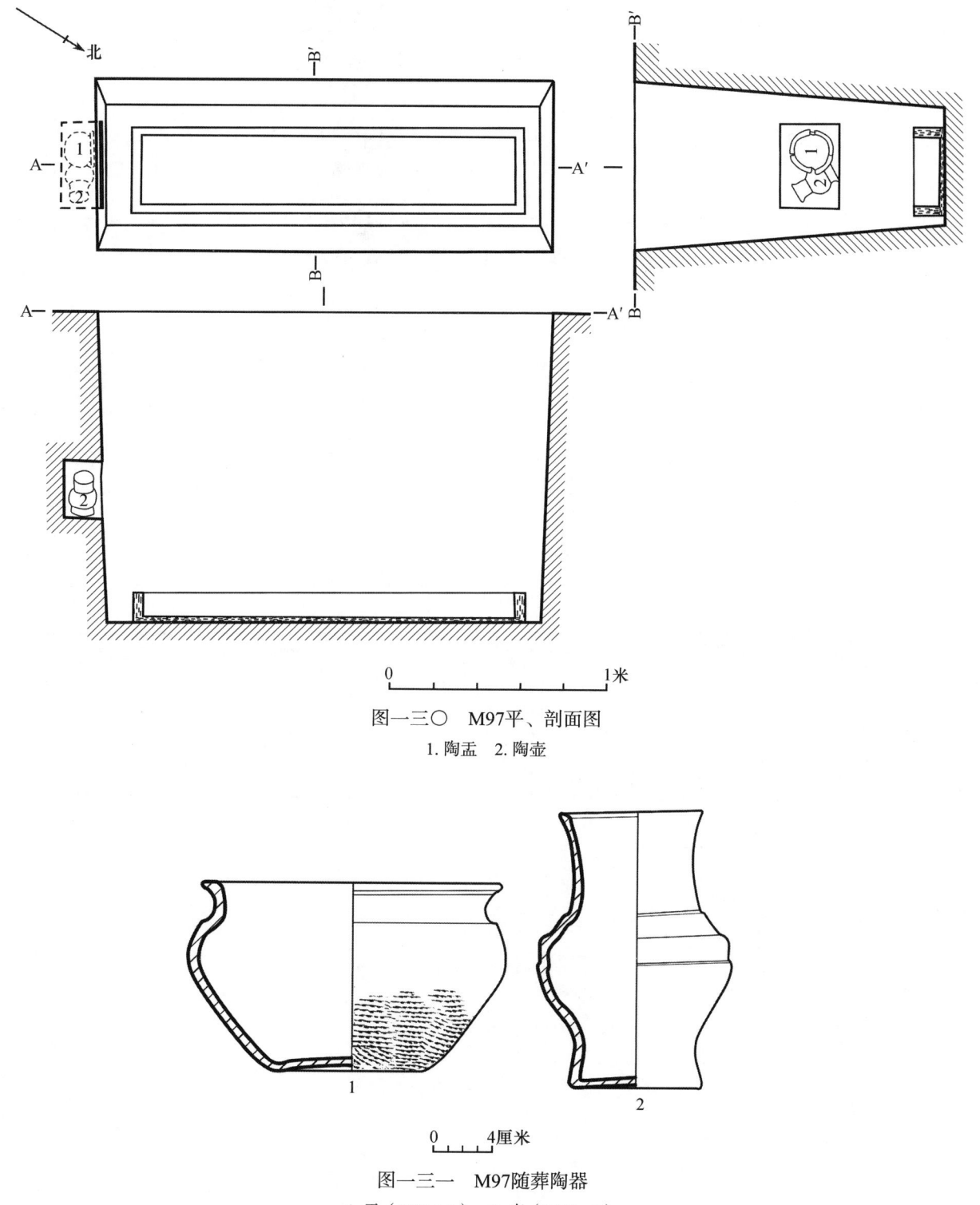

图一三〇 M97平、剖面图
1. 陶盂 2. 陶壶

图一三一 M97随葬陶器
1. 盂（M97∶1） 2. 壶（M97∶2）

8. M102

墓葬形制 方向205°。开口于现地表以下0.5米。墓口长2.2、宽1.04米，墓底长2.1、宽1米，墓坑深2.54米。墓南壁设壁龛，高0.44、宽0.74、进深0.2米，龛底距墓底0.48米，东边距东壁0.18米。坑壁较光滑、陡直，底平。坑内填黄褐色夹灰白色五花土，质密。

葬具及葬式　单棺，已朽，仅存灰色腐痕。棺痕长2、宽0.9、高0.5米。未见人骨架，葬式不明。

随葬器物　陶器3件：罐、鬲、盂各1件。置于南壁龛内（图一三二；图版一九，3、4）。

陶罐（M102∶1），泥质灰陶。口径15.6、腹径19.6、底径8.4、高21厘米（图一三三，1）。

陶鬲（M102∶2），泥质灰陶。口径16、腹径20、高21.6厘米（图一三三，2）。

陶盂（M102∶3），泥质灰陶。口径23.1、腹径23、底径10、高10.7厘米（图一三三，3）。

9. M112

墓葬形制　方向110°。开口于现地表以下0.5米。墓口长2.16、宽1～1.1米，墓底长2、宽0.75～0.79米，墓坑深1.6米。墓东壁设壁龛，高0.38、宽0.78、进深0.3米，龛底距墓底0.34米，北边距北壁0.05米。坑壁较光滑、陡直，底平。坑内填黄褐色夹灰白色五花土，质密。

葬具及葬式　单棺，已朽，仅存灰色腐痕。棺痕长1.81、宽0.55、高0.18米。未见人骨架，葬式不明。

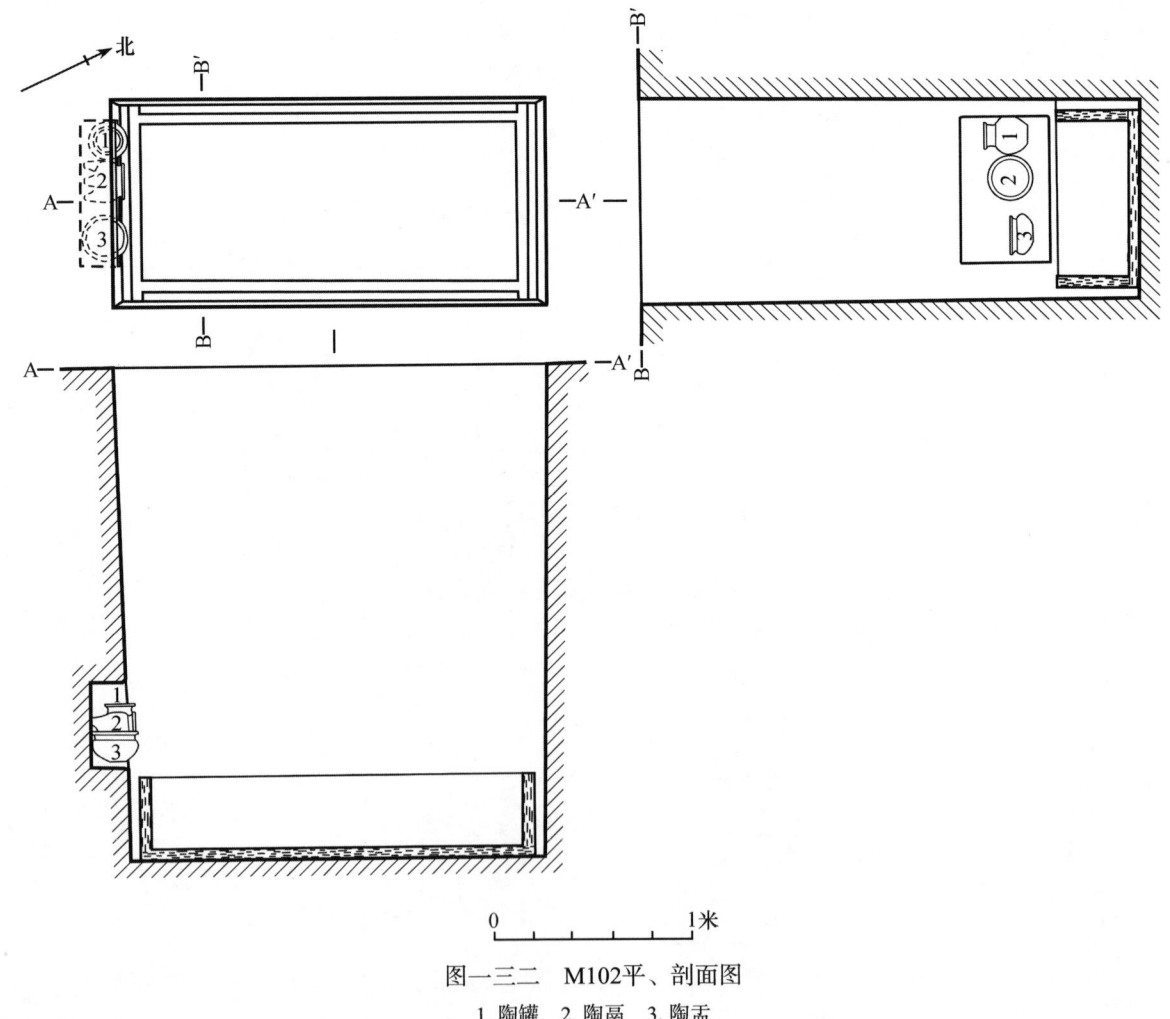

图一三二　M102平、剖面图

1. 陶罐　2. 陶鬲　3. 陶盂

随葬器物 陶器6件：鬲、盂、壶各1件，豆3件，其中修复5件。置于东壁龛内（图一三四；彩版二七，2）。

陶盂（M112∶2），泥质褐陶。口径21.2、腹径21.5、底径8.4、高14.8厘米（图一三五，1）。

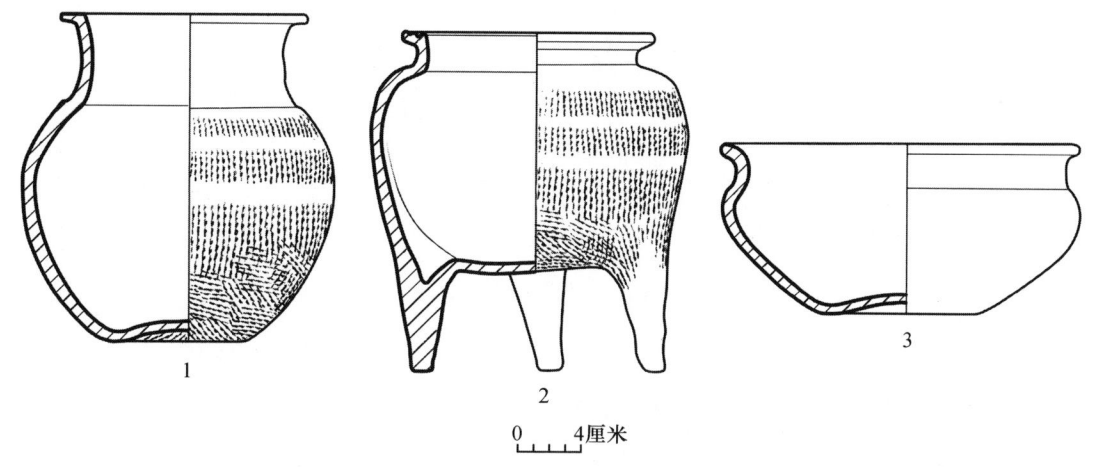

图一三三　M102随葬陶器
1. 罐（M102∶1）　2. 鬲（M102∶2）　3. 盂（M102∶3）

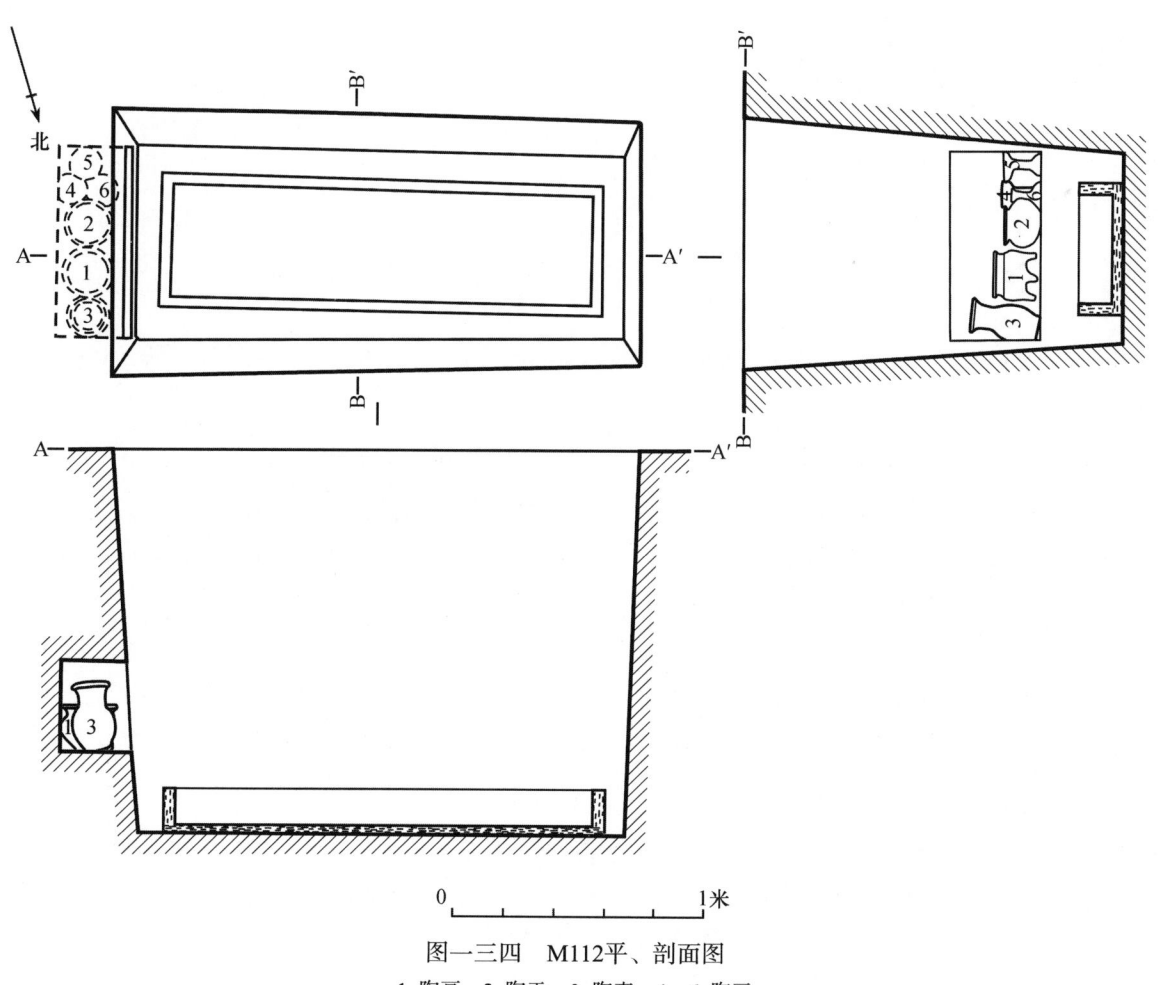

图一三四　M112平、剖面图
1. 陶鬲　2. 陶盂　3. 陶壶　4~6. 陶豆

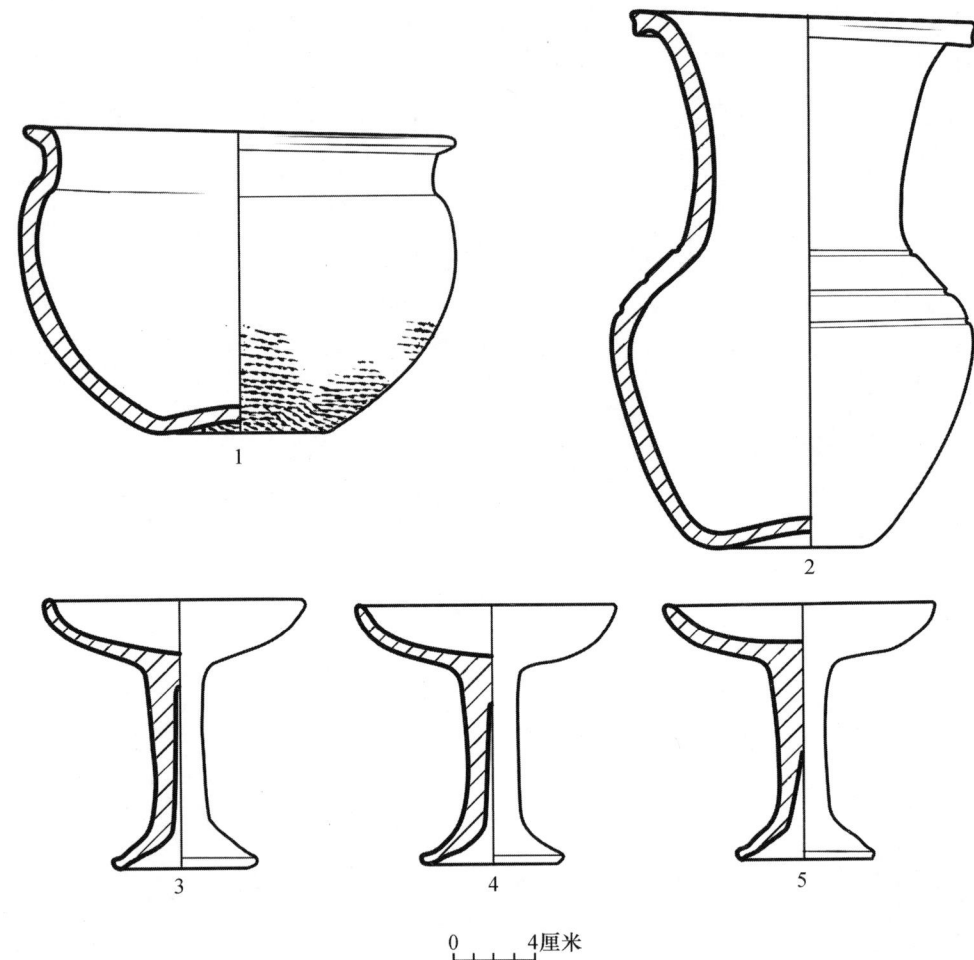

图一三五 M112随葬陶器
1.盂（M112：2） 2.壶（M112：3） 3~5.豆（M112：4、M112：5、M112：6）

陶壶（M112：3），泥质灰陶。口径16.5、腹径17.6、底径7.2、高26厘米（图一三五，2）。

陶豆（M112：4），泥质灰陶。口径12.8、盘深2.6、高13.2厘米（图一三五，3）。

陶豆（M112：5），泥质灰陶。口径12.7、盘深2.5、高12.8厘米（图一三五，4）。

陶豆（M112：6），泥质灰陶。口径13.2、盘深1.8、高12.5厘米（图一三五，5）。

10. M120

墓葬形制　方向120°。开口于现地表以下0.6米。墓口长2.6、宽1.2米，墓底长2.6、宽1.2米，墓坑深2.38米。墓东壁设壁龛，高0.26、宽0.64、进深0.2米，龛底距墓底0.76米，龛口南边距墓南壁0.3米。坑壁较光滑、陡直，底平。坑内填黄褐色夹灰白色五花土，质密。

葬具及葬式　单棺，已朽，仅存灰色腐痕。棺痕长2、宽0.6、高0.28米。棺底两端横置垫木，西端垫木距西壁0.5米，长0.98、宽0.06、厚0.04米，横断面呈长方形；东端垫木距东壁0.64米，形制、尺寸同西端垫木。未见人骨架，葬式不明。

随葬器物 2件木器置于棺外南北两侧；2件陶器置于东壁龛内：鬲、罐各1件（图一三六）。

陶鬲（M120∶3），泥质褐陶。口径16、腹径19.5、高18厘米（图一三七，1）。

陶罐（M120∶4），泥质灰陶。口径16、腹径18.4、底径6.8、高21厘米（图一三七，2）。

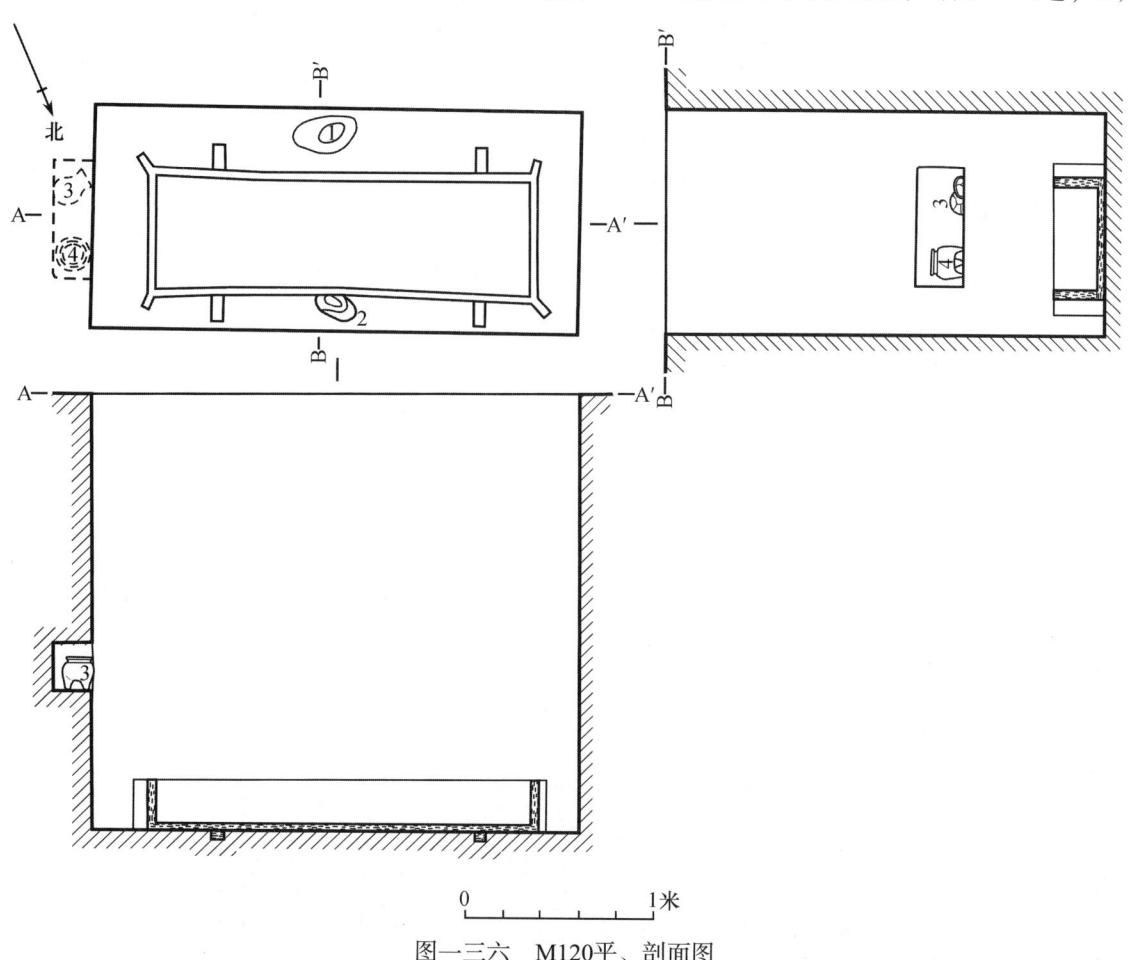

图一三六　M120平、剖面图
1、2. 木器　3. 陶鬲　4. 陶罐

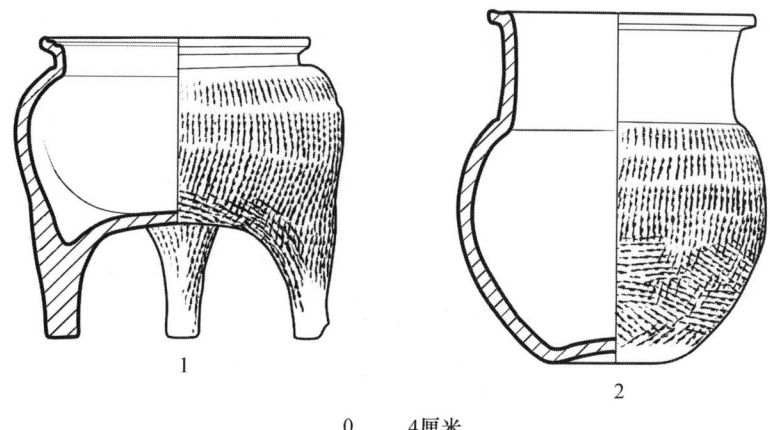

图一三七　M120随葬陶器
1. 鬲（M120∶3）　2. 罐（M120∶4）

11. M125

墓葬形制 方向207°。开口于现地表以下0.5米。墓口长2、宽0.8米,墓底长1.9、宽0.6~0.64米,墓坑深1.86米。墓南壁设壁龛,高0.3、宽0.5、进深0.34米,龛底距墓底0.32米,东边距东壁0.1米。坑壁较光滑、陡直,底平。坑内填黄褐色夹灰白色五花土,质密。

葬具及葬式 单棺,已朽,仅存灰色腐痕。棺痕长1.72、宽0.4、高0.28米。未见人骨架,葬式不明。

随葬器物 陶器3件:罐、盆、盂各1件。其中,罐置于墓底棺外东南角,盆、盂置于南壁龛内(图一三八;图版二〇,1、2)。

陶罐(M125:1),泥质灰陶。口径12.7、腹径18.7、底径6、高21.8厘米(图一三九,1)。

陶盆(M125:2),夹砂灰陶。口径33.6、腹径24.4、高19.2厘米(图一三九,2)。

陶盂(M125:3),泥质灰陶。口径18.5、腹径19.2、底径6.8、高12厘米(图一三九,3)。

12. M129

墓葬形制 方向120°。开口于现地表以下0.3米。墓口长2.14、宽0.8米,墓底长2.06、宽0.66米,墓坑深1.28米。墓东壁设壁龛,高0.26、宽0.5、进深0.22米,龛底距墓底0.51米,北边

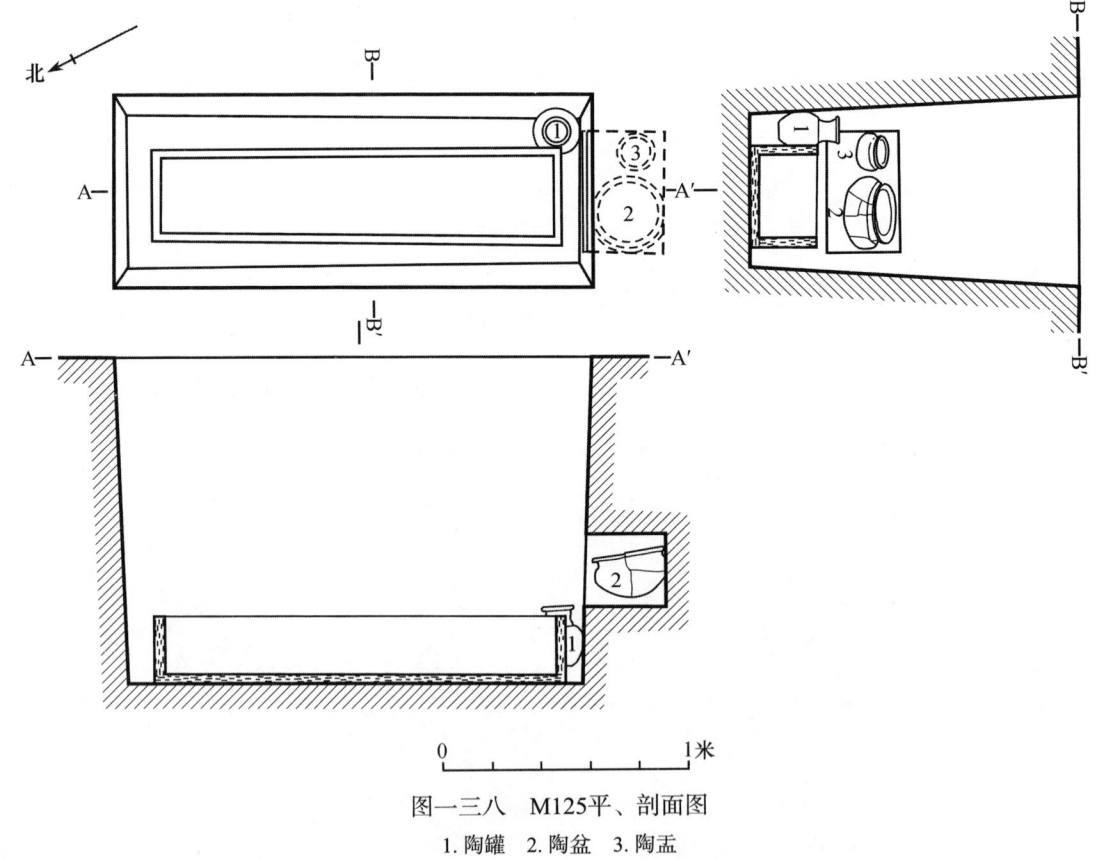

图一三八 M125平、剖面图
1.陶罐 2.陶盆 3.陶盂

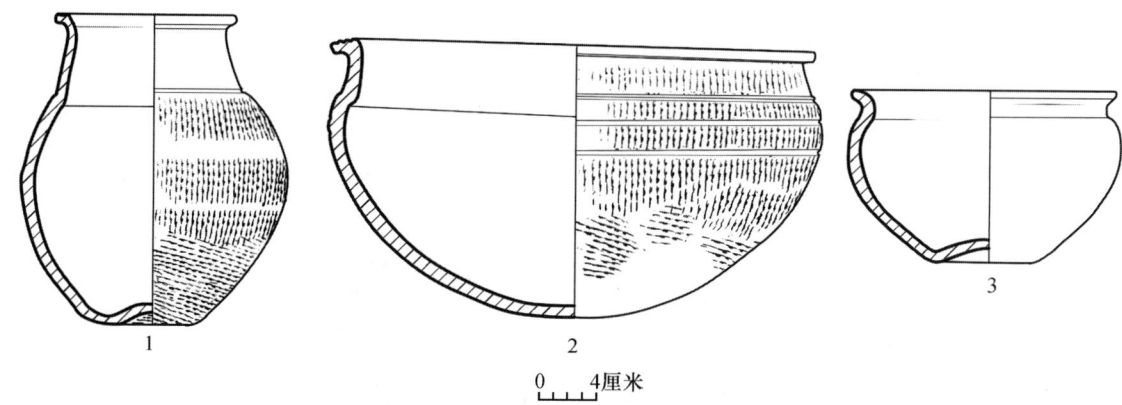

图一三九　M125随葬陶器
1.罐（M125∶1）　2.盆（M125∶2）　3.盂（M125∶3）

距北壁0.18米。坑壁较光滑、陡直，底平。坑内填黄褐色夹灰白色五花土，质密。

葬具及葬式　单棺，已朽，仅存灰色腐痕。棺痕长1.98、宽0.4米。未见人骨架，葬式不明。

随葬器物　陶器3件：盂、鬲、罐各1件。置于东壁龛内（图一四〇；彩版二八，1）。

陶盂（M129∶1），泥质灰陶。口径15.2、腹径15.6、底径6.8、高8.8厘米（图一四一，1）。

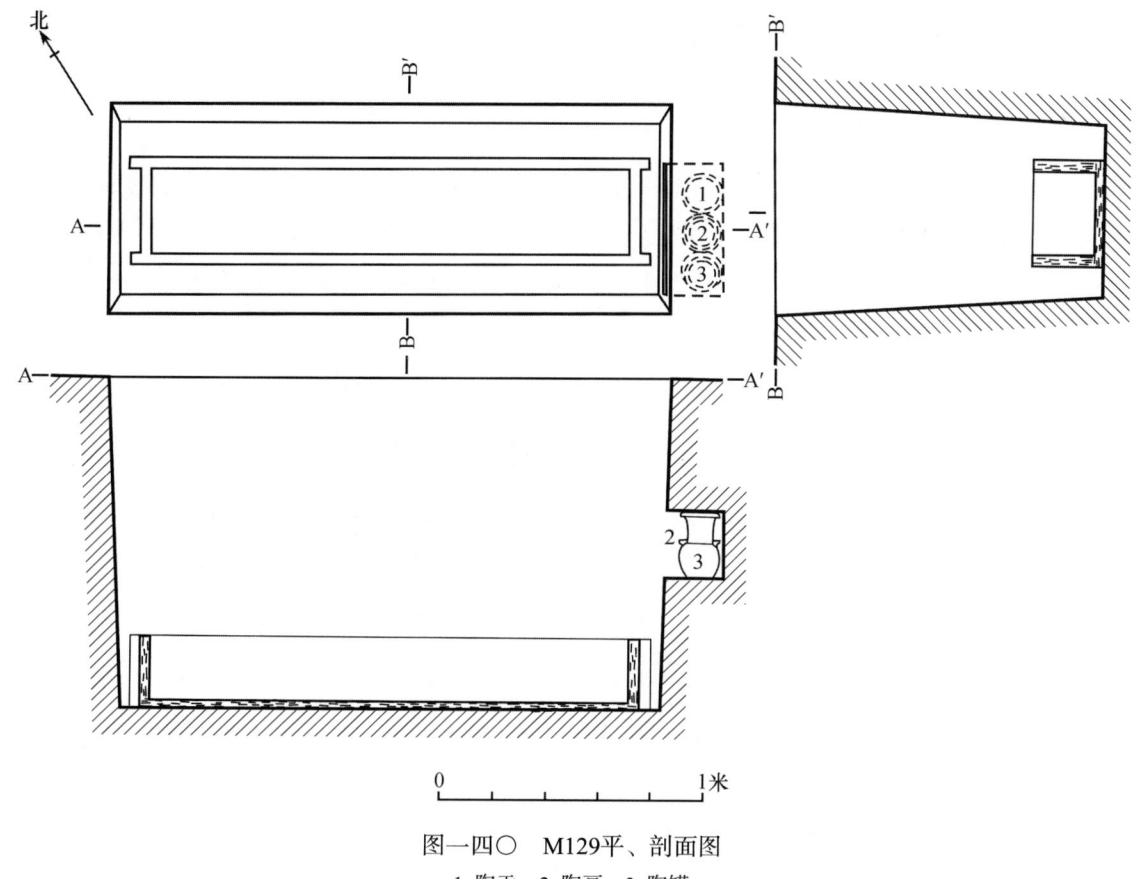

图一四〇　M129平、剖面图
1.陶盂　2.陶鬲　3.陶罐

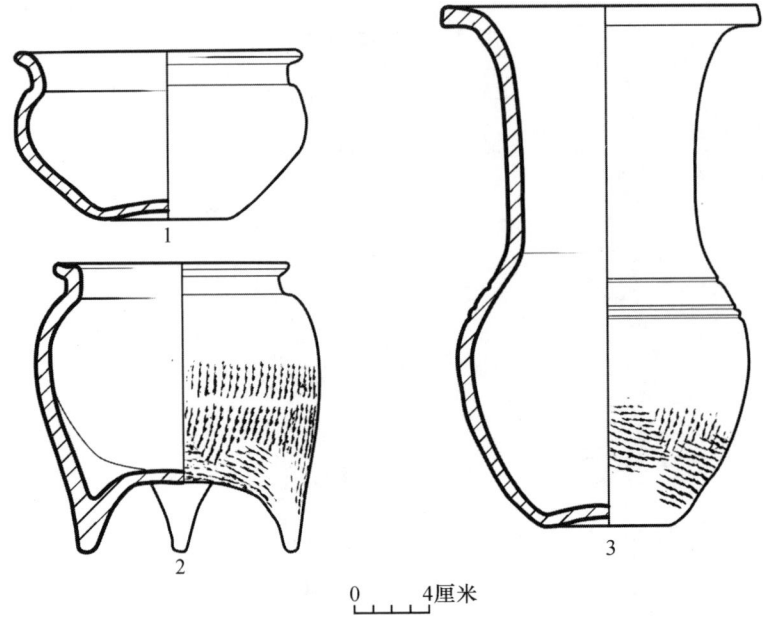

图一四一　M129随葬陶器
1. 盂（M129：1）　2. 鬲（M129：2）　3. 罐（M129：3）

陶鬲（M129：2），夹砂灰陶。口径12.4、腹径15.2、高15.3厘米（图一四一，2）。

陶罐（M129：3），泥质褐陶。口径16.8、腹径15.4、底径6.8、高27.8厘米（图一四一，3）。

13. M132

墓葬形制　方向43°。开口于现地表以下0.3米。墓口长2、宽0.7米，墓底长1.78、宽0.4~0.44米，墓坑深1.4米。墓北壁设壁龛，高0.3、宽0.44、进深0.22米，龛底距墓底0.56米，东边距东壁0.08米。坑壁较光滑、陡直，底平。坑内填黄褐色夹灰白色五花土，质密。

葬具及葬式　单棺，已朽，仅存灰色腐痕。棺痕长1.4、宽0.3、高0.02米。未见人骨架，葬式不明。

随葬器物　陶器6件：鬲、盂各1件，豆、罐各2件，其中修复5件。1件盂和1件豆置于墓底棺外北侧，余置于北壁龛内（图一四二；图版二〇，3、4）。

陶盂（M132：1），泥质黑衣红陶。口径21.6、腹径21.2、底径10.4、高8.8厘米（图一四三，1）。

陶豆（M132：2），泥质灰陶。口径12.4、盘深1.9、座径6、高10.9厘米（图一四三，2）。

陶豆（M132：3），泥质灰陶。口径12.4、盘深2.8、高15.4厘米（图一四三，3）。

陶鬲（M132：4），夹砂灰陶。口径16.1、腹径21、高20.6厘米（图一四三，4）。

陶罐（M132：5），夹砂灰陶。口径15.1、腹径18、底径7.2、高21.9厘米（图一四三，5）。

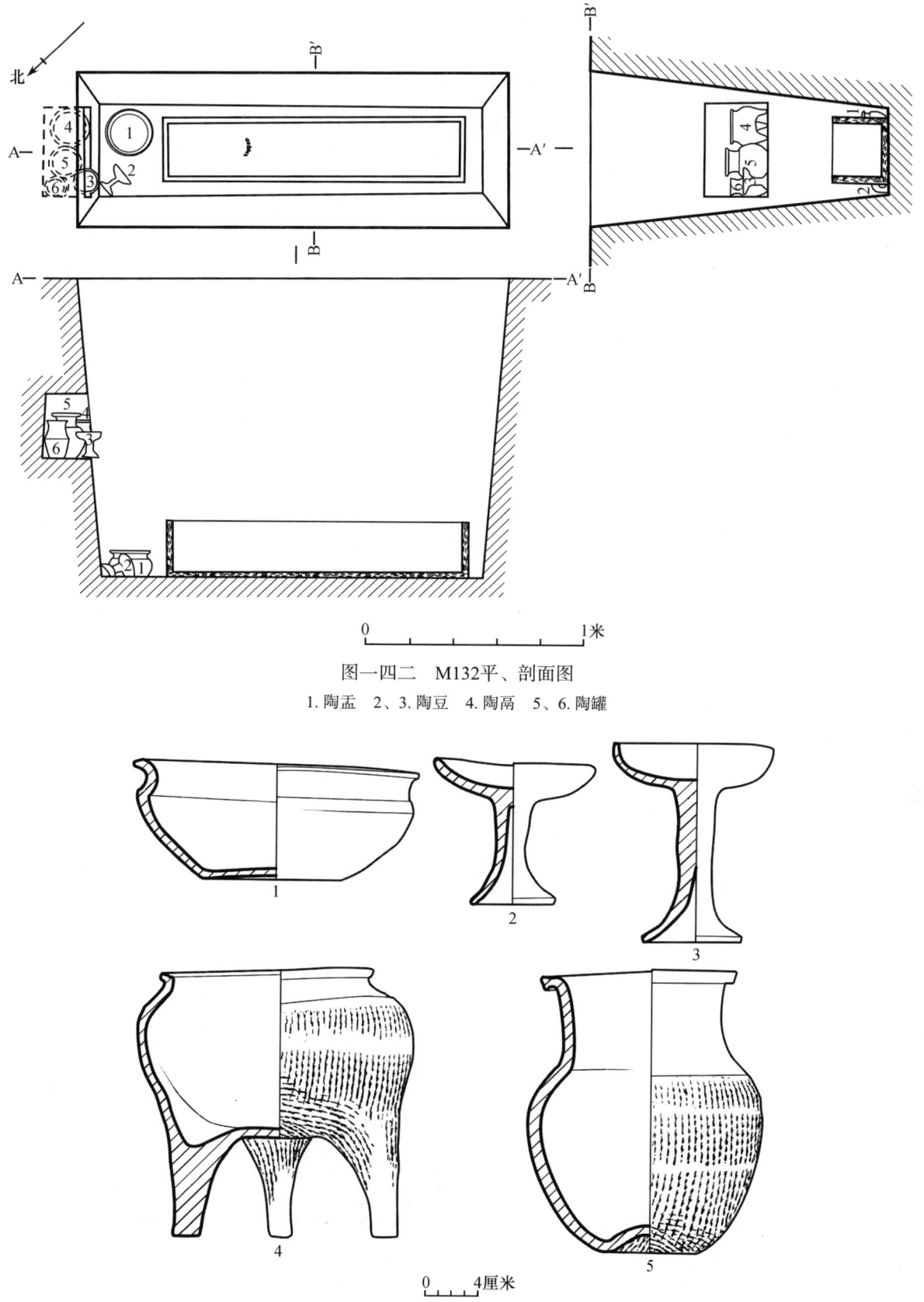

图一四二　M132平、剖面图
1.陶盂　2、3.陶豆　4.陶鬲　5、6.陶罐

图一四三　M132随葬陶器
1.盂（M132∶1）　2、3.豆（M132∶2、M132∶3）　4.鬲（M132∶4）　5.罐（M132∶5）

14. M363

墓葬形制 方向191°。开口于现地表以下0.6米。墓口长2.2、宽0.8米,墓底长2.1、南宽0.62、北宽0.7米,墓坑深2.2米。坑壁中部向墓室鼓弧,底平。墓南壁设壁龛,高0.34、宽0.56、进深0.3米,龛底距墓底0.7米,西边距西壁0.14米。坑内填黄褐色花土。

葬具及葬式 单棺,已腐。棺长1.64、宽0.42、高0.1米。未见人骨架,葬式不明。

随葬器物 陶器3件:壶、鼎、盂各1件。置于南壁龛内(图一四四;图版二一,1、2)。

陶壶(M363∶1),泥质灰陶。口径10.8、腹径12.8、底径9.8、高21.4厘米(图一四五,1)。

陶鼎(M363∶2),夹砂灰陶。口径23、腹径22.3、高19.2厘米(图一四五,2)。

陶盂(M363∶3),泥质灰陶。口径20.9、腹径20.2、底径12.8、高9.5厘米(图一四五,3)。

15. M366

墓葬形制 方向96°。开口于现地表以下0.2米。墓口长2.04、宽0.76米,墓底长1.86、宽0.5米,墓坑深1.73米。坑壁不规整,底平。墓东壁设壁龛,高0.24、宽0.5、进深0.26米,龛底

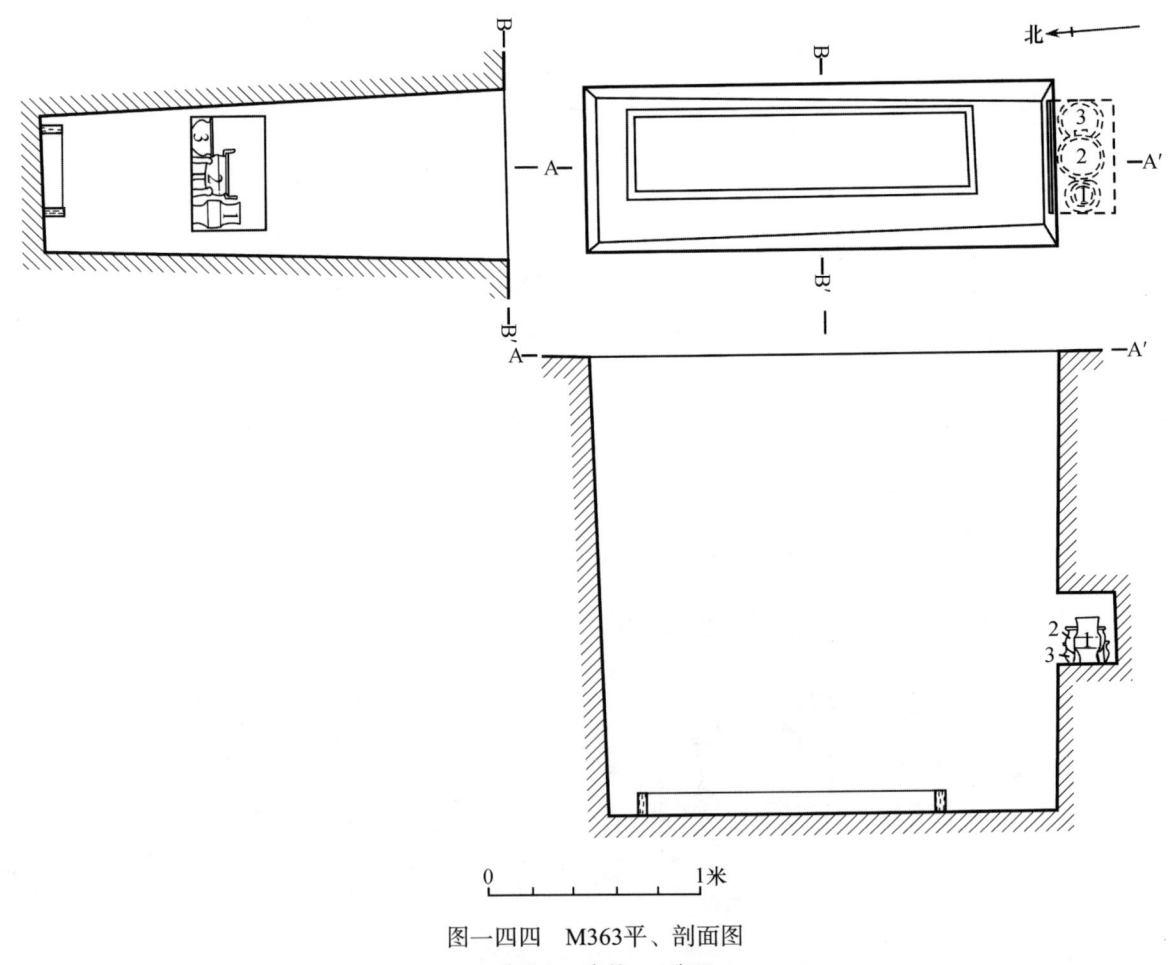

图一四四 M363平、剖面图
1.陶壶 2.陶鼎 3.陶盂

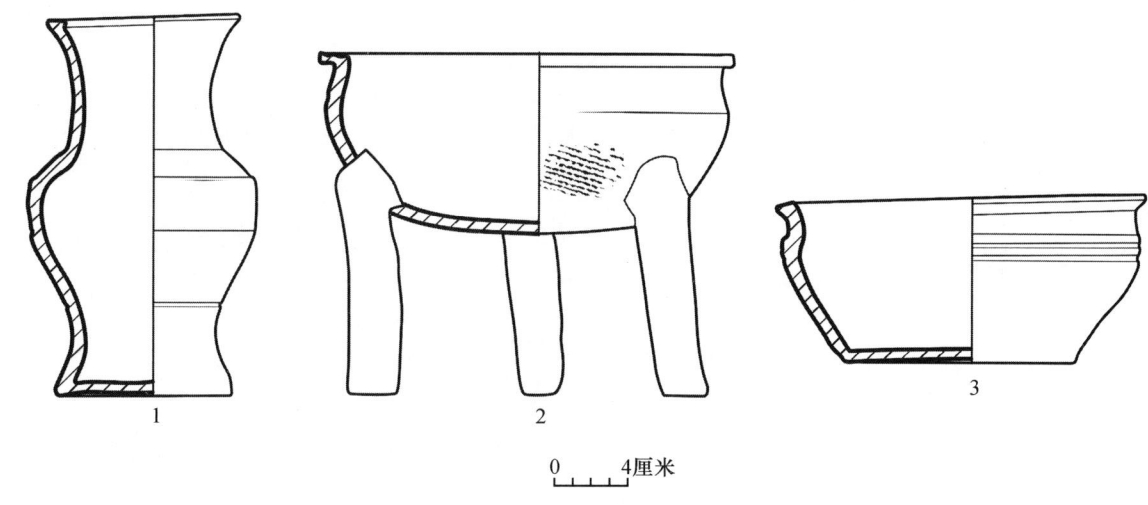

图一四五 M363随葬陶器
1. 壶（M363：1） 2. 鼎（M363：2） 3. 盂（M363：3）

距墓底0.56米，南边距南壁0.06米。坑内填黄褐色花土。

葬具及葬式　单棺，已腐。棺痕长1.7、宽0.4、高0.06米。未见人骨架，葬式不明。

随葬器物　陶器3件：壶、鬲、盂各1件。置于东壁龛内（图一四六）。

陶壶（M366：1），泥质黑衣灰陶。口径10.2、腹径13.2、底径8、高22.1厘米（图一四七，1）。

陶鬲（M366：2），夹砂褐陶。口径17.2、腹径18.7、高16.8厘米（图一四七，2）。

陶盂（M366：3），泥质灰陶。口径21.3、腹径20.4、底径9.6、高11.4厘米（图一四七，3）。

16. M367

墓葬形制　方向115°。开口于现地表以下0.6米。墓口长2.26、宽0.9米，墓底长2.14、西宽0.65、东宽0.7米，墓坑深1.18米。墓东壁设壁龛，高0.38、宽0.54、进深0.2，龛底距墓底0.8米，龛口北边距墓北壁0.16米。坑壁未经修整，斜直，底平。坑内填黄褐色花土。

葬具及葬式　单棺，已腐。棺痕长1.8、宽0.48、高0.14米。未见人骨架，葬式不明。

随葬器物　陶器4件：盂、鬲、壶、豆各1件，其中修复3件。豆置于墓底棺外东端，余置于东壁龛内（图一四八；图版二一，3、4）。

陶盂（M367：1），泥质灰陶。口径22.2、腹径21.2、底径8.7、高10.8厘米（图一四九，1）。

陶鬲（M367：2），泥质褐陶。口径19.6、腹径24.8、高23.9厘米（图一四九，2）。

陶豆（M367：4），泥质灰陶。口径14、盘深3、残高6厘米（图一四九，3）。

17. M389

墓葬形制　方向200°。被M390打破。开口于现地表以下0.5米。墓口长2.5、宽0.9米，墓

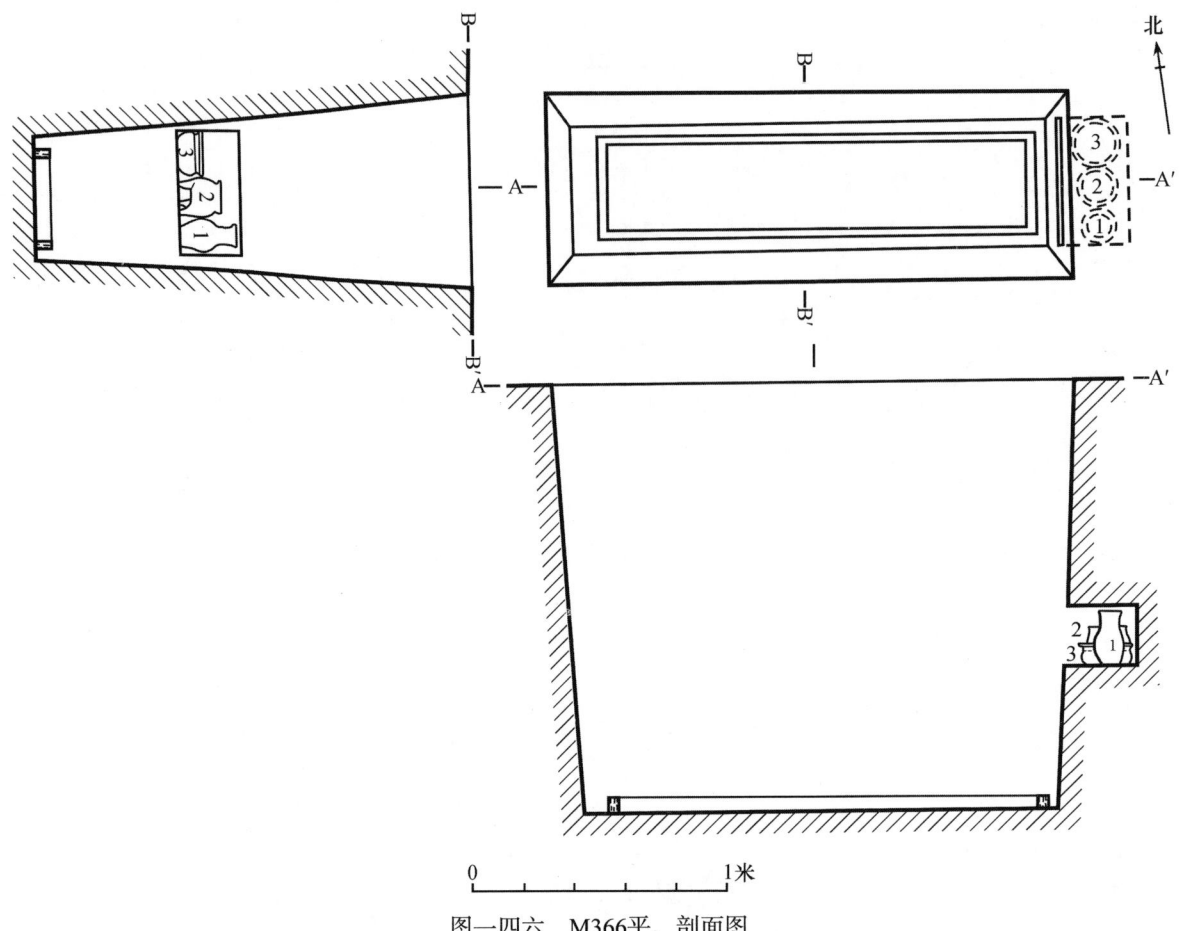

图一四六　M366平、剖面图
1. 陶壶　2. 陶鬲　3. 陶盂

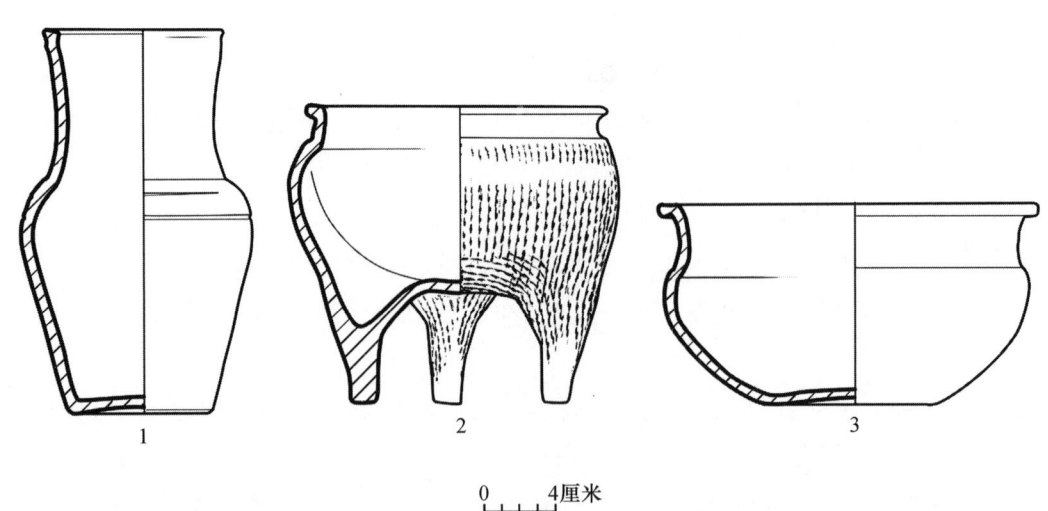

图一四七　M366随葬陶器
1. 壶（M366∶1）　2. 鬲（M366∶2）　3. 盂（M366∶3）

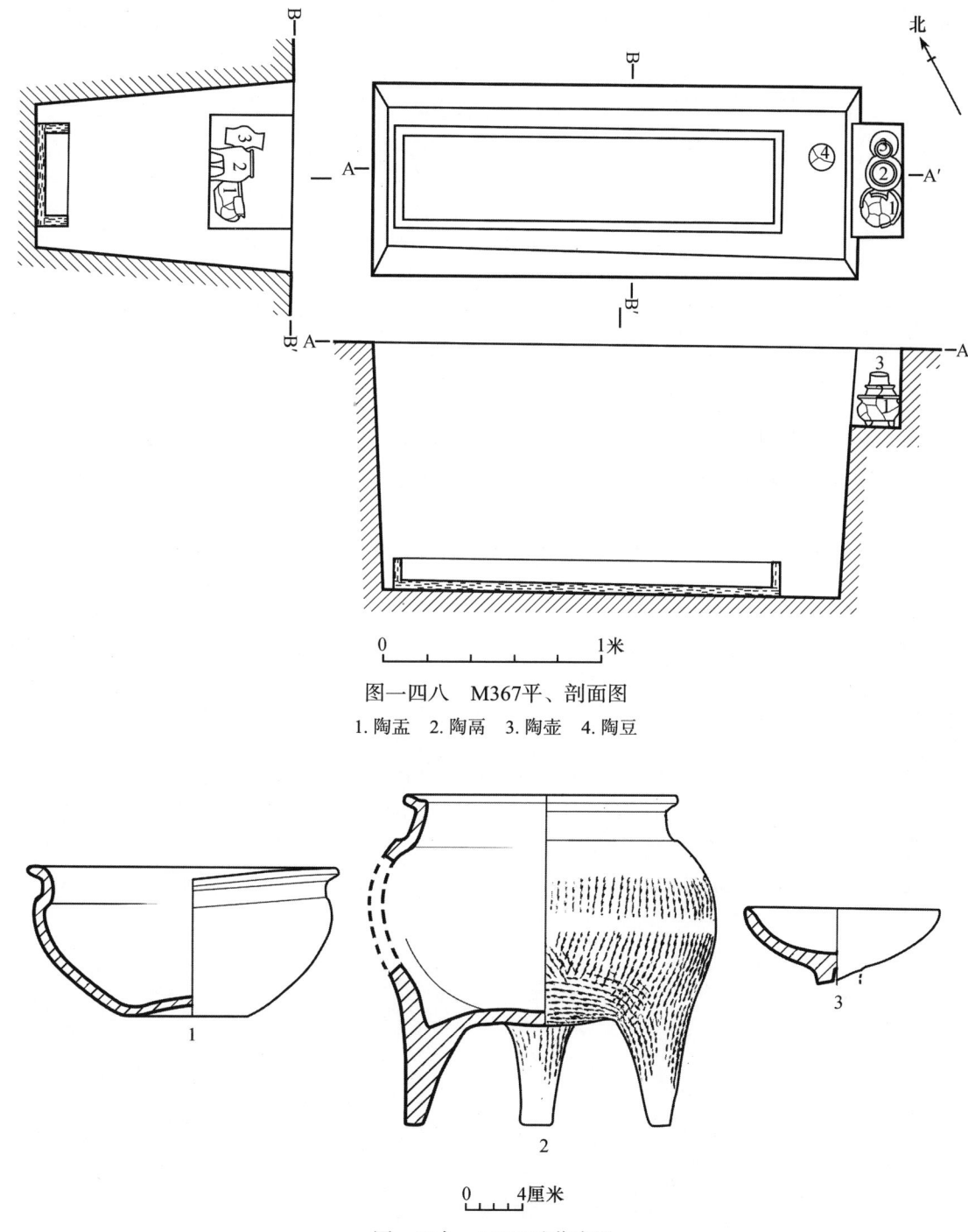

图一四八 M367平、剖面图
1.陶盂 2.陶鬲 3.陶壶 4.陶豆

图一四九 M367随葬陶器
1.盂（M367∶1） 2.鬲（M367∶2） 3.豆（M367∶4）

底长2.44、宽0.85米，墓坑深1.66米。墓南壁设壁龛，高0.44、宽0.8、进深0.4米，龛底距墓底0.68米，西边距西壁0.16米。坑壁粗糙，底平。坑内填黄褐色五花土。

葬具及葬式　单棺，仅存灰迹。棺痕长1.64、宽0.4、高0.3米。人骨架无存，仅余牙齿数枚，葬式不明。

随葬器物　陶器4件：鬲、盂、豆、罐各1件，其中修复2件。置于南壁龛内（图一五〇；彩版二八，2）。

陶盂（M389：2），泥质灰陶。口径17.7、腹径19.5、底径8、高13.1厘米（图一五一，1）。

陶罐（M389：4），泥质灰陶。口径11.2、腹径17.6、底径9.4、高16.3厘米（图一五一，2）。

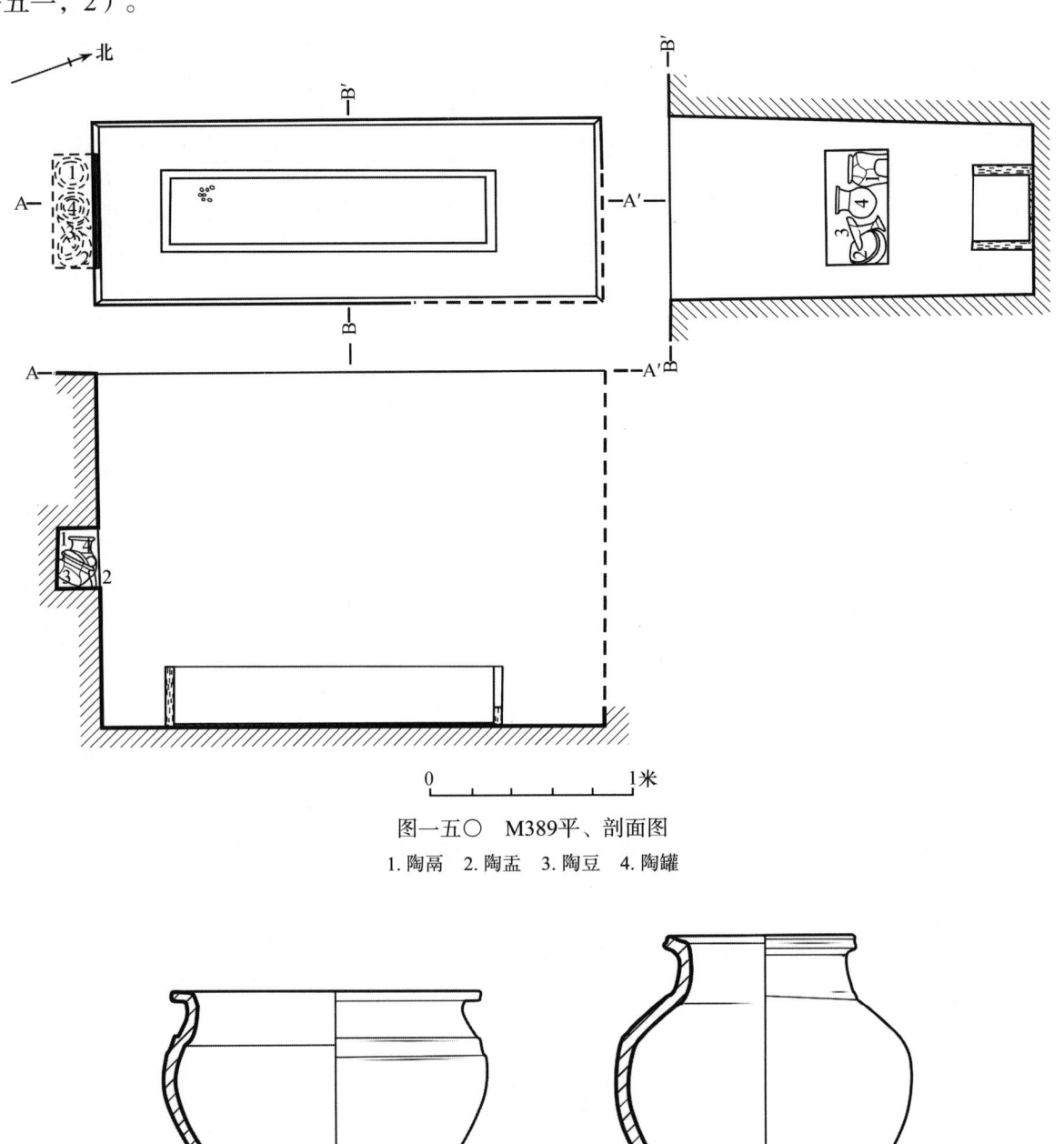

图一五〇　M389平、剖面图
1.陶鬲　2.陶盂　3.陶豆　4.陶罐

图一五一　M389随葬陶器
1.盂（M389：2）　2.罐（M389：4）

18. M390

墓葬形制 方向190°。打破M389。开口于现地表以下0.4米。墓口长2.18、宽0.78米,墓底长1.94、宽0.57米,墓坑深1.62米。墓南壁设壁龛,高0.3、宽0.45、进深0.2米,龛底距墓底0.44米,东边距东壁0.12米。坑壁粗糙、斜直,底平。坑内填黄褐色夹灰白色花土,质密。

葬具及葬式 单棺,已腐朽,可见青灰色朽痕。棺长1.76、宽0.45、高0.22米。人骨架已腐朽无存,葬式不明。

随葬器物 陶器3件:鬲、壶、盂各1件。置于南壁龛内(图一五二;图版二二,1、2)。

陶鬲(M390:1),泥质灰陶。口径16.7、腹径19.4、高21.6厘米(图一五三,1)。

陶壶(M390:2),泥质灰陶。口径9.2、腹径12.8、底径8.4、复原高20厘米(图一五三,2)。

陶盂(M390:3),泥质灰陶。口径19.3、腹径18、底径10、高8.6厘米(图一五三,3)。

19. M391

墓葬形制 方向215°。开口于现地表以下0.36米。墓口长2.68、宽1.26米,墓底长2.8、宽1.36米,墓坑深2.69米。墓南壁设壁龛,高0.3、宽0.56、进深0.36米,龛底距墓底0.7米,东边距东壁0.32米。坑壁不规整,底平。坑内填黄褐色夹灰白色土,土质较硬。

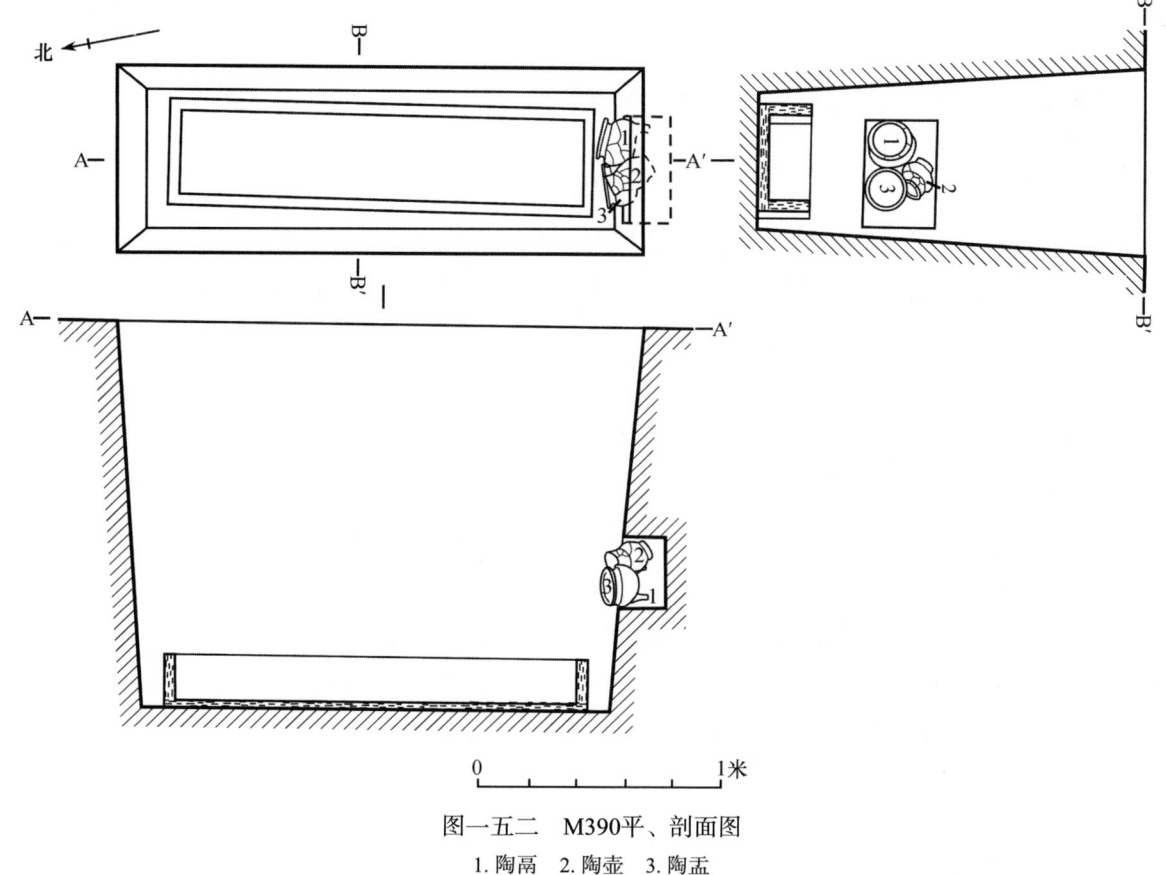

图一五二 M390平、剖面图
1. 陶鬲 2. 陶壶 3. 陶盂

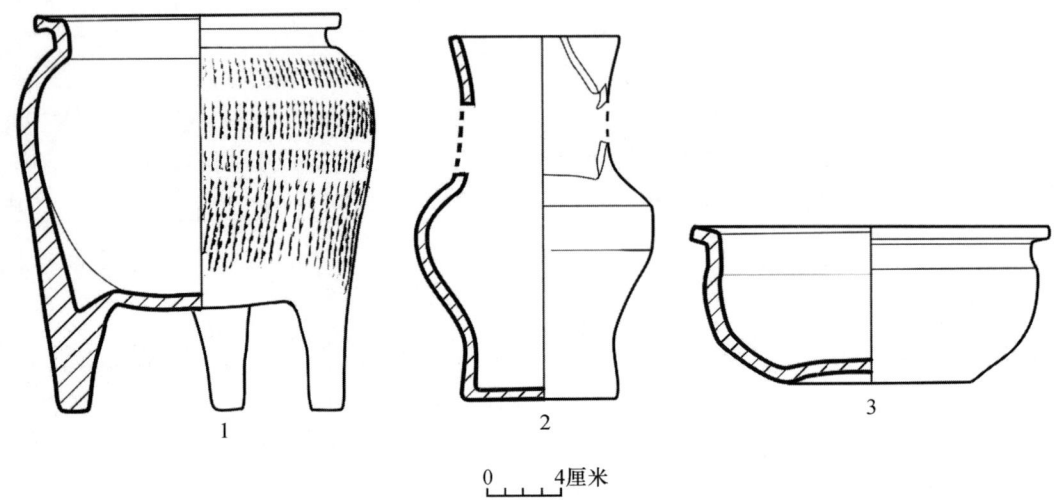

图一五三 M390随葬陶器
1.鬲（M390：1） 2.壶（M390：2） 3.盂（M390：3）

葬具及葬式　单棺，仅见腐痕。棺痕长2.02、宽0.54、高0.04、厚0.04米。人骨架无存，葬式不明。

随葬器物　陶器3件：罐、盂、鼎各1件。置于南壁龛内（图一五四）。

陶罐（M391：1），泥质灰陶。腹径19、底径13.2、残高14厘米（图一五五，1）。

陶盂（M391：2），泥质灰陶。口径18.4、腹径19.1、底径8、通高18厘米（图一五五，2）。

陶鼎（M391：3），泥质灰陶。口径19.2、腹径18.2、通高19厘米（图一五五，3）。

20. M394

墓葬形制　方向203°。开口于现地表以下0.5米。墓口东长2.6、西长2.7、宽0.94米，墓底东长2.3、西长2.4、宽0.94米，墓坑深1.56米。墓南壁设壁龛，高0.24、宽0.58、进深0.2米，龛底距墓底0.9米，东边距东壁0.16米。坑壁东西垂直，南壁微斜，北壁斜度较大，底平。坑内填褐灰色花土，质密。

葬具及葬式　单棺，已腐，可见青灰色朽痕。棺痕长1.85、宽0.58、高0.16米。人骨架无存，仅在棺南端发现牙齿腐痕，葬式不明。

随葬器物　陶器3件：鬲、盂、豆各1件，其中修复2件。置于南壁龛内（图一五六；图版二二，3、4）。

陶盂（M394：2），泥质灰陶。口径26、腹径26、底径8.3、通高24.1厘米（图一五七，1）。

陶豆（M394：3），泥质灰陶。口径16、盘深4、座径10.5、高15.1厘米（图一五七，2）。

21. M409

墓葬形制　方向195°。开口于现地表以下0.4米。墓口长2.3、宽0.9米，墓底长2.1、宽

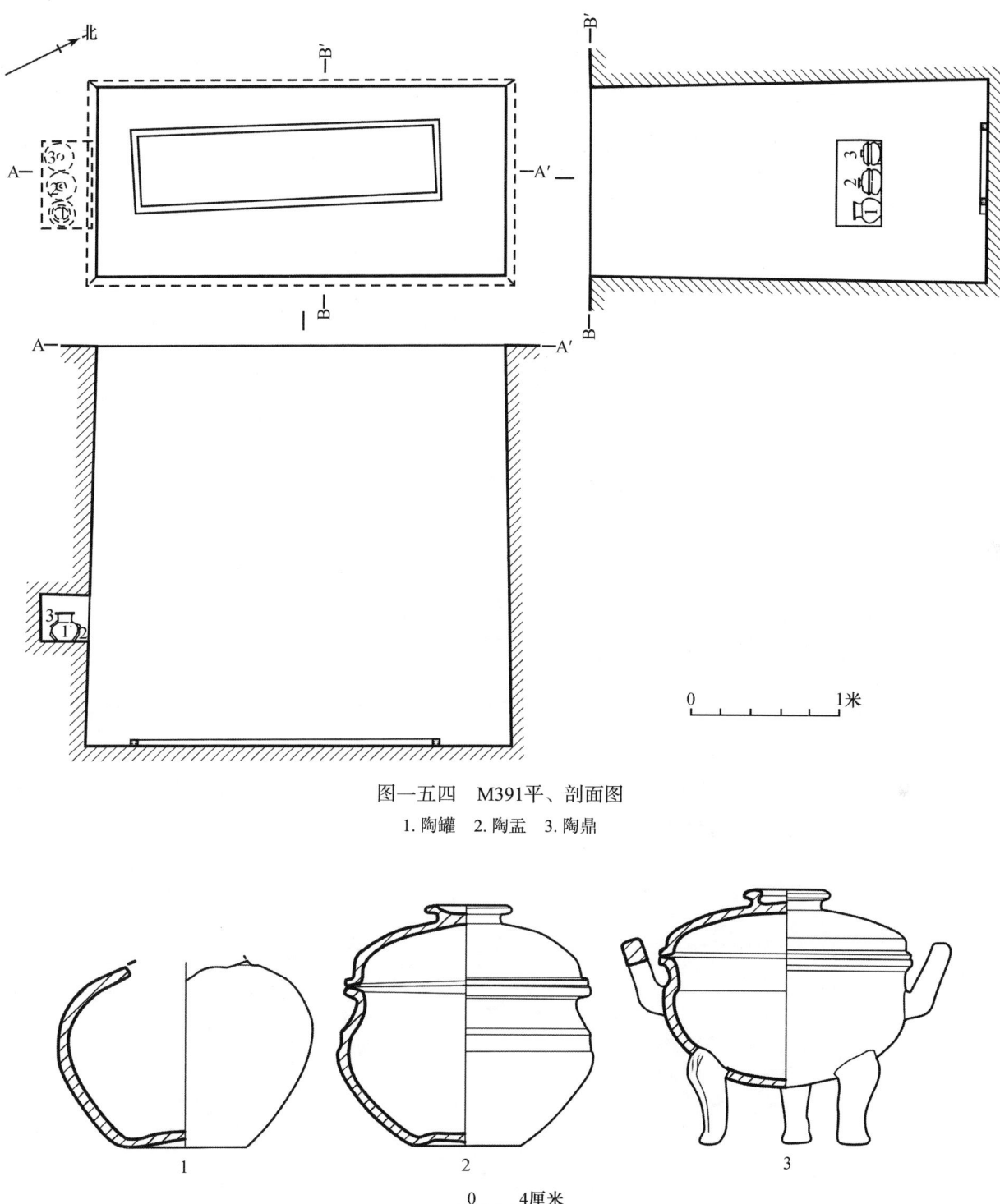

图一五四 M391平、剖面图
1. 陶罐　2. 陶盂　3. 陶鼎

图一五五 M391随葬陶器
1. 罐（M391：1）　2. 盂（M391：2）　3. 鼎（M391：3）

0.58米，墓坑深2米。墓南壁设壁龛，高0.22、宽0.6、进深0.22米，龛底距墓底0.58米。坑壁较光滑，底平。坑内填灰褐色花土。

葬具及葬式　单棺，仅存腐痕。棺痕长1.78、宽0.44、高0.1米。人骨架朽尽，棺内南部发

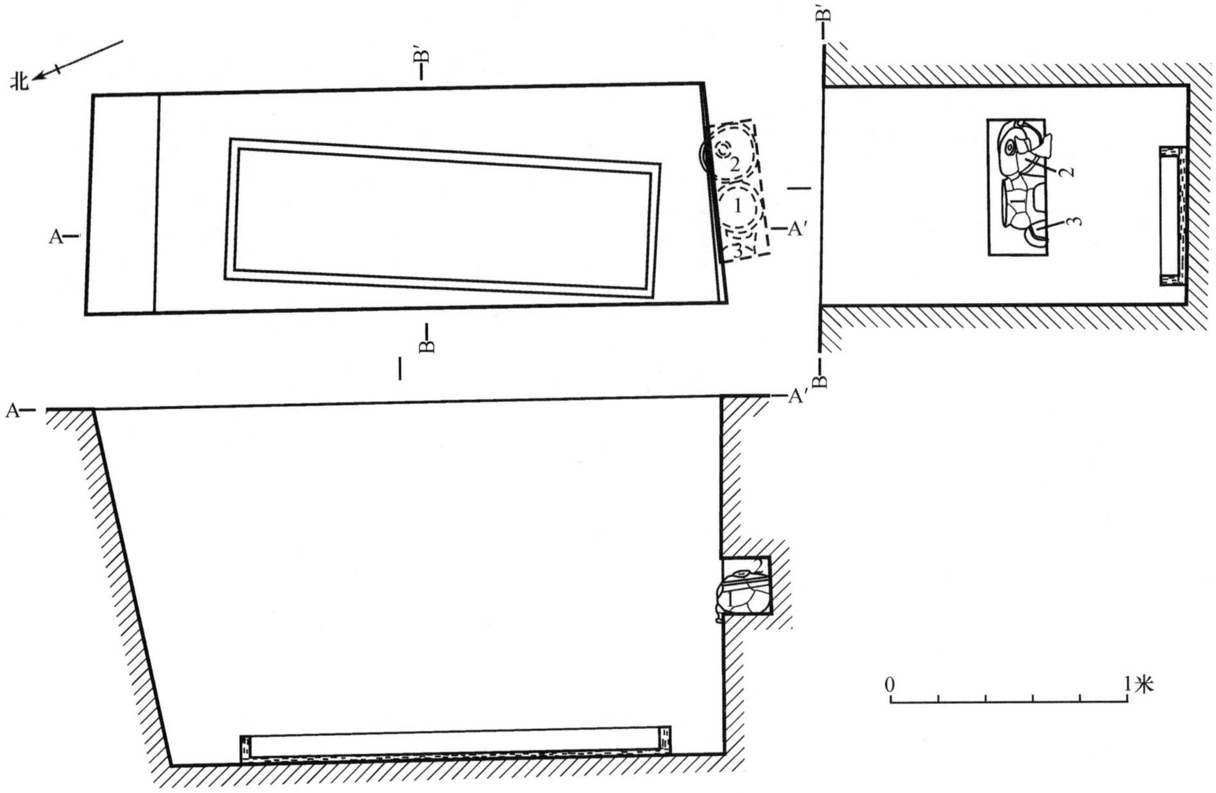

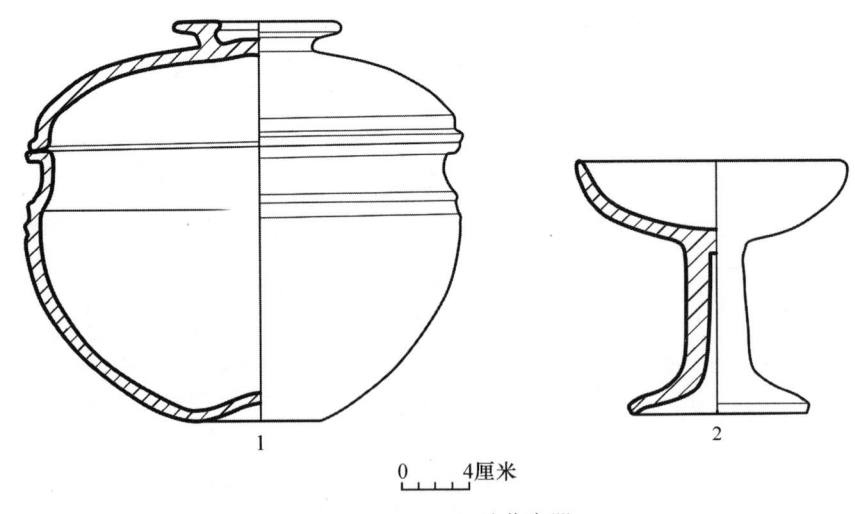

图一五六　M394平、剖面图
1. 陶鬲　2. 陶盂　3. 陶豆

图一五七　M394随葬陶器
1. 盂（M394∶2）　2. 豆（M394∶3）

现数枚牙齿，葬式不明。

随葬器物　陶器4件：盂2、壶1、豆1件，其中修复3件。壶、豆置于墓底棺外南端，盂置于南壁龛内（图一五八；图版二三，1、2）。

陶盂（M409∶1），泥质灰陶。口径22.4、腹径21.6、底径8、高15厘米（图一五九，1）。

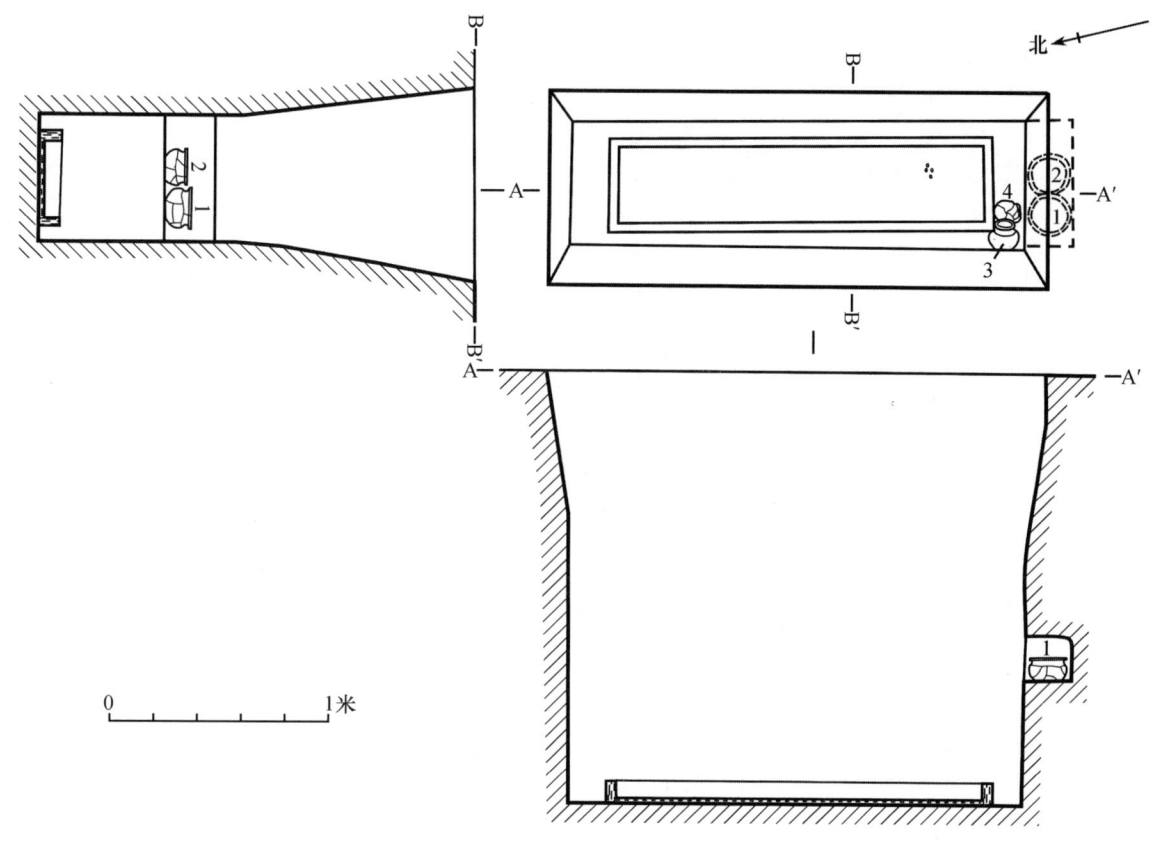

图一五八　M409平、剖面图
1、2.陶盂　3.陶壶　4.陶豆

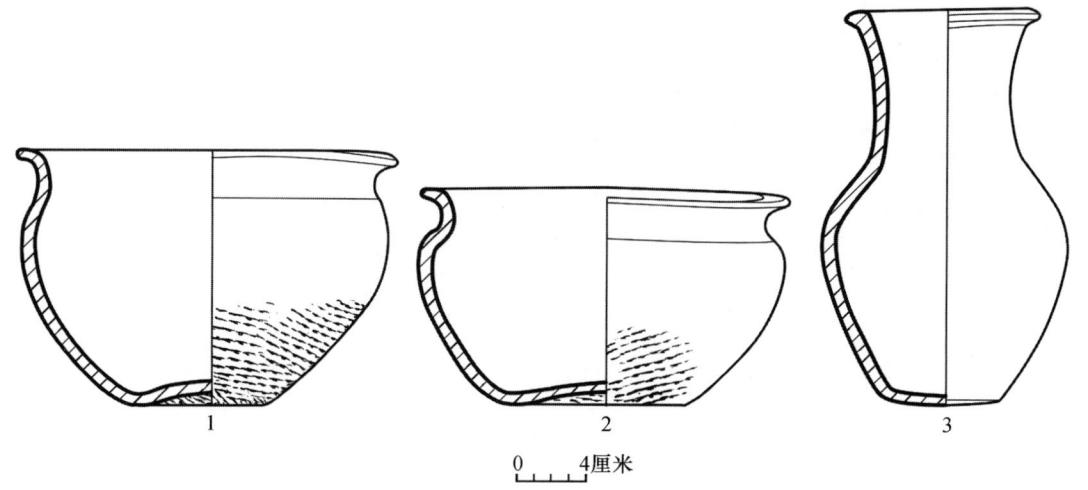

图一五九　M409随葬陶器
1、2.盂（M409：1、M409：2）　3.壶（M409：3）

陶盂（M409：2），泥质灰陶。口径21.6、腹径21.6、底径10.8、高12.8厘米（图一五九，2）。

陶壶（M409：3），泥质灰陶。口径11.6、腹径14.5、底径6.8、高23.5厘米（图一五九，3）。

22. M410

墓葬形制　方向117°。开口于现地表以下0.35米。墓口长2.44、宽0.9米，墓底长1.92、宽0.6米，墓坑深2米。墓东壁设壁龛，高0.46、宽0.55、进深0.18米，龛底距墓底0.54米，南边距南壁0.18米。坑壁基本规整、斜直，底平。坑内填黄褐色夹灰白色花土，质密。

葬具及葬式　单棺，已朽无存，可见青灰色朽痕。棺痕长1.8、宽0.48、高0.3米。人骨架已朽无存，葬式不明。

随葬器物　陶器4件：盂、鼎、罐、豆各1件。置于东壁龛内及棺外北侧（图一六〇；图版二三，3、4）。

陶盂（M410：1），泥质灰陶。口径22.4、腹径22、底径7.8、高13.6厘米（图一六一，1）。

陶鼎（M410：2），夹砂褐陶。口径24、腹径23.2、高19.6厘米（图一六一，2）。

陶罐（M410：3），泥质灰陶。腹径16.2、底径7.4、残高24.4厘米（图一六一，3）。

陶豆（M410：4），泥质灰陶。口径12.6、盘深2.4、高10.8厘米（图一六一，4）。

23. M413

墓葬形制　方向122°。开口于现地表以下0.5米。墓口长2.16、东宽1.02、西宽0.96米，墓底长1.94、东宽0.82、西宽0.76米，墓坑深1.2米。墓东壁设壁龛，高0.33、宽0.7、进深0.26

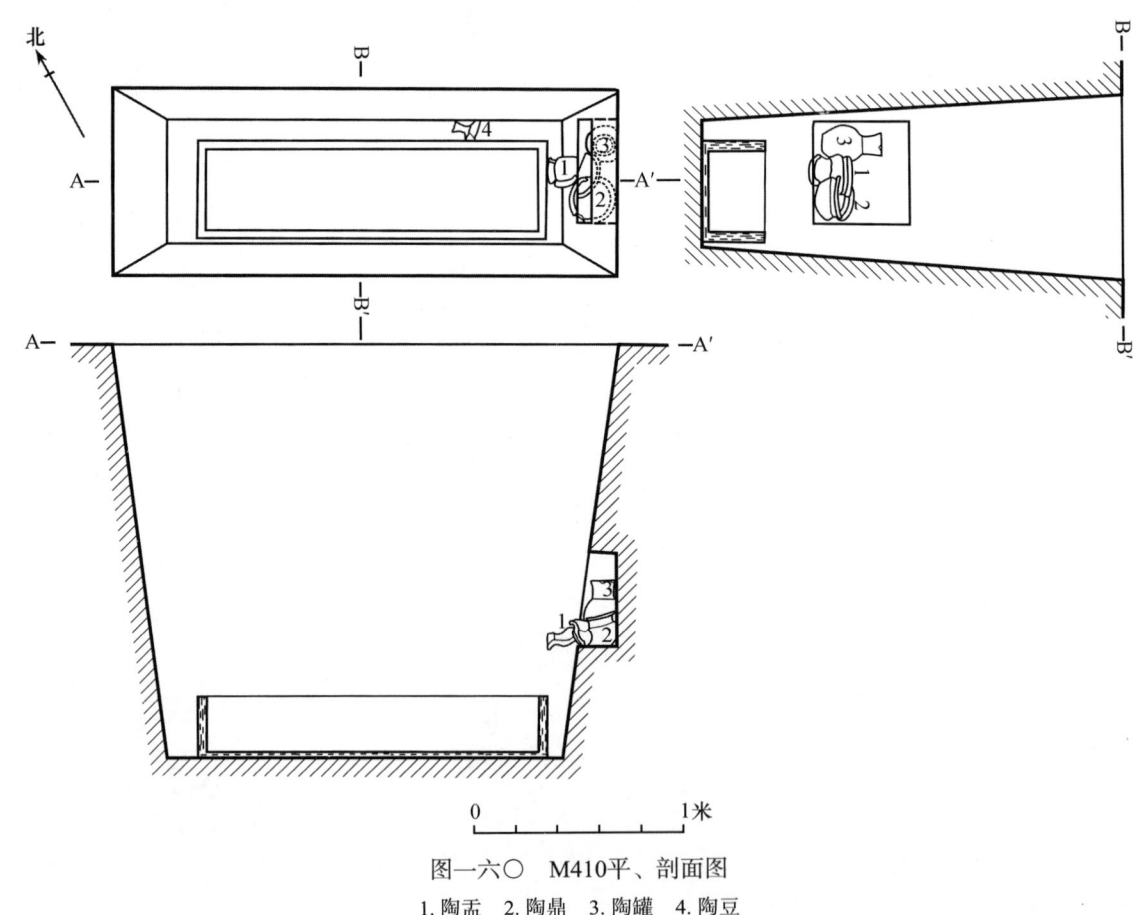

图一六〇　M410平、剖面图
1. 陶盂　2. 陶鼎　3. 陶罐　4. 陶豆

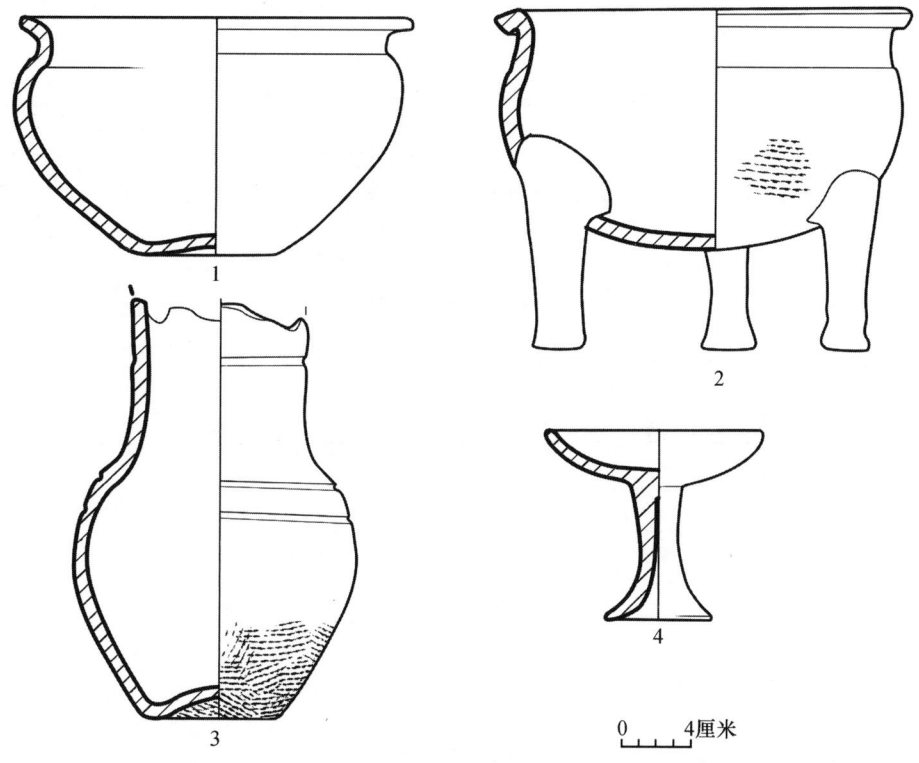

图一六一　M410随葬陶器
1. 盂（M410:1）　2. 鼎（M410:2）　3. 罐（M410:3）　4. 豆（M410:4）

米，龛底距墓底0.52米，北边距北壁0.14米。坑壁基本规整，壁面粗糙、斜直，底平。坑内填黄褐色夹灰白色花土，质密。

葬具及葬式　单棺，已朽无存，可见青灰色朽痕。棺痕长1.86、宽0.46、高0.3米。人骨架已朽无存，葬式不明。

随葬器物　陶器5件：鼎、壶、盂各1件，豆2件，其中修复3件。置于东壁龛内（图一六二；图版二四，1、2）。

陶豆（M413:1），泥质灰陶。口径12.7、盘深2.8、高11.6厘米（图一六三，1）。

陶豆（M413:2），泥质灰陶。口径13.6、盘深4、高11.1厘米（图一六三，2）。

陶盂（M413:3），泥质灰陶。口径20、腹径19.9、底径8、高12.8厘米（图一六三，3）。

24. M447

墓葬形制　方向195°。开口于现地表以下0.32米。墓口长2.26、宽0.8米，墓底长1.9、宽0.54米，墓坑深1.96米。坑壁不规整，底平。墓南壁设壁龛，龛高0.3、宽0.22、进深0.09米，龛底距墓底0.32米。坑内填黄褐色夹灰白色土，土质较硬。

葬具及葬式　单棺，仅见腐痕。棺痕长1.75、宽0.34、高0.08、厚0.04米。人骨架已朽，棺底南端有牙齿，葬式不明。

随葬器物　陶器3件：盂、鬲、罐各1件。置于南壁龛内（图一六四）。

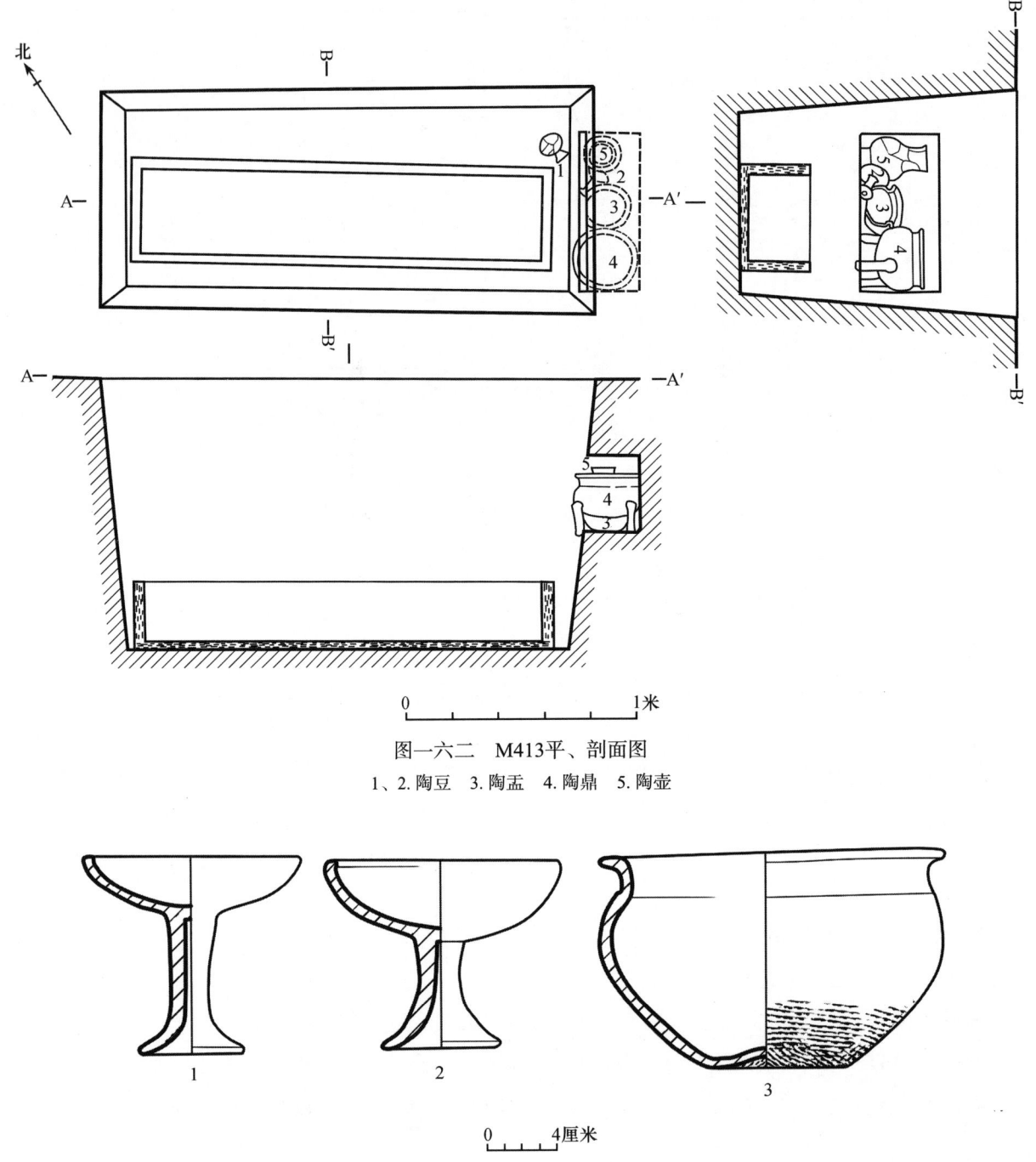

图一六二　M413平、剖面图
1、2.陶豆　3.陶盂　4.陶鼎　5.陶壶

图一六三　M413随葬陶器
1、2.豆（M413：1、M413：2）　3.盂（M413：3）

陶盂（M447：1），泥质灰陶。口径21.6、腹径21.6、底径10、高12.4厘米（图一六五，1）。

陶鬲（M447：2），夹砂褐陶。口径14.4、腹径19.2、高20.6厘米（图一六五，2）。

陶罐（M447：3），泥质灰陶。口径14.4、腹径18.9、底径7.2、高20厘米（图一六五，3）。

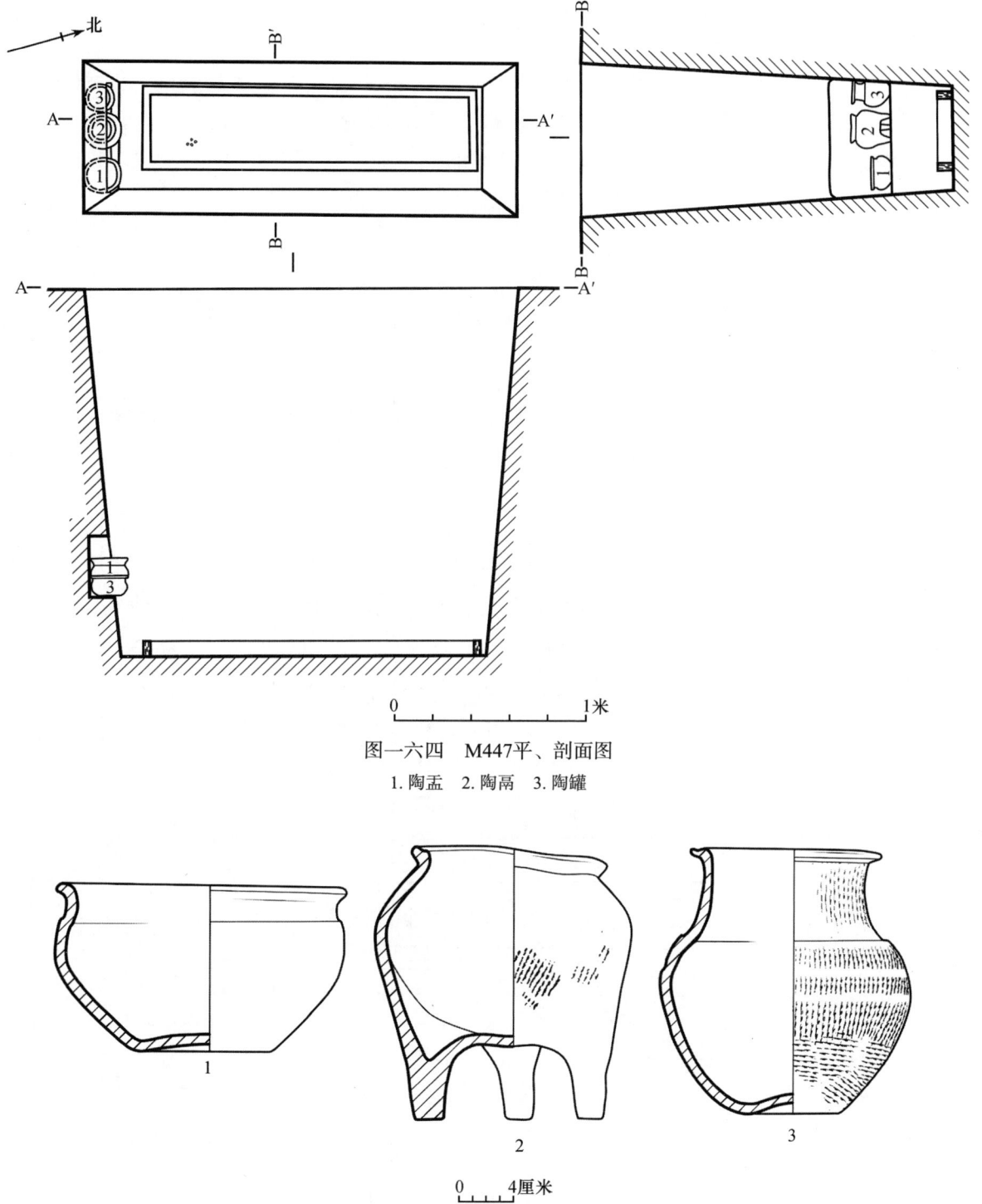

图一六四　M447平、剖面图
1. 陶盂　2. 陶鬲　3. 陶罐

图一六五　M447随葬陶器
1. 盂（M447∶1）　2. 鬲（M447∶2）　3. 罐（M447∶3）

25. M498

墓葬形制 方向212°。开口于现地表以下0.23米。墓口长2.1、南宽0.7、北宽0.64米，墓底长1.96、南宽0.56、北宽0.45米，墓坑深1米。墓南壁设壁龛，龛高0.45、宽0.34、进深0.2米，龛底距墓底0.4米，西边距西壁0.2米。坑壁粗糙，底平。墓内填黄褐色五花土。

葬具及葬式 单棺，已腐，朽痕清晰。棺痕长1.82、宽0.35、高0.2、厚0.05米。人骨架已朽，葬式不明。

随葬器物 陶器2件：盂、罐各1件。置于南壁龛内（图一六六；图版二四，3、4）。

陶盂（M498∶1），泥质灰陶。口径16.4、腹径16.4、底径8、高10.2厘米（图一六七，1）。

陶罐（M498∶2），泥质灰陶。口径14.8、腹径14、底径6.4、高21.6厘米（图一六七，2）。

26. M529

墓葬形制 方向20°。开口于现地表以下0.4米。墓口长2.22、宽0.86米，墓底长2.04、宽0.7米，墓坑深0.54米。坑壁已破坏，底平。墓北壁设壁龛，龛高0.2、宽0.66、进深0.16米，开口扰乱后直接见龛口。坑内填黄褐色夹灰白色土，质较硬。

葬具及葬式 单棺，仅见腐痕。棺痕长1.72、宽0.44、高0.04、厚0.04米。人骨架已朽，棺底北端有牙齿，葬式不明。

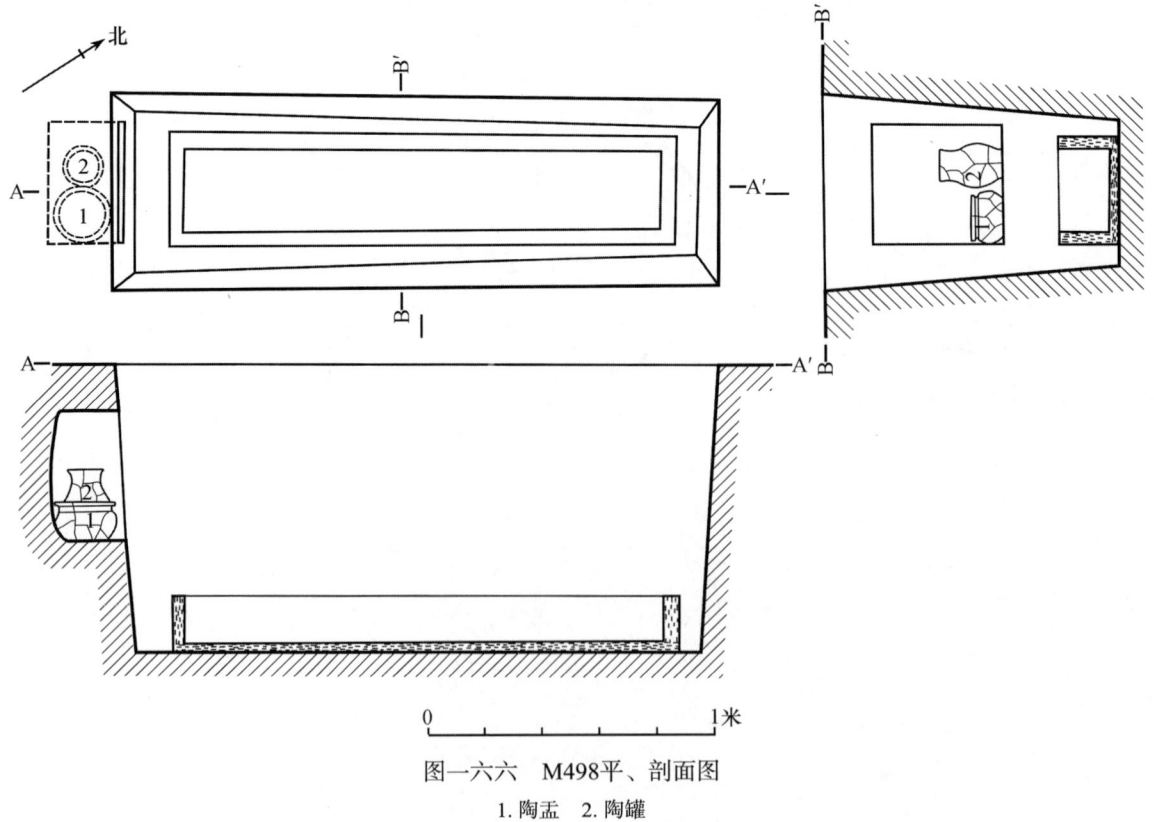

图一六六 M498平、剖面图
1. 陶盂 2. 陶罐

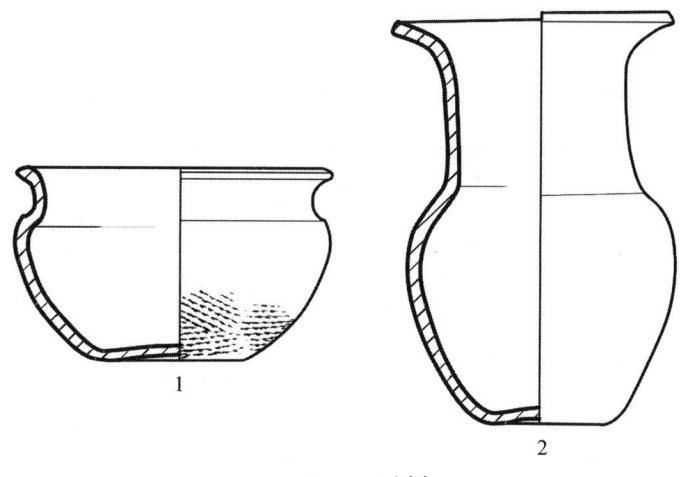

图一六七　M498随葬陶器
1.盂（M498∶1）　2.罐（M498∶2）

随葬器物　陶器4件：鬲、壶、盂、豆各1件，其中修复3件。置于北壁龛内（图一六八）。

陶壶（M529∶1），泥质灰陶。口径10.2、腹径17.6、底径8.4、高19.2厘米（图一六九，1）。

陶盂（M529∶2），泥质灰陶。口径18、腹径18.6、底径8.4、高12厘米（图一六九，2）。

陶豆（M529∶4），夹砂褐陶。口径14、盘深3.6、高10.4厘米（图一六九，3）。

27. M536

墓葬形制　方向195°。开口于现地表以下0.3米。墓口长2.36、宽1.18米，墓底长2.06、宽0.9米，墓坑深1.3米。墓南壁设壁龛，龛高0.26、宽0.3、进深0.06米，龛底距墓底0.38米，东边距东壁0.72米。坑壁粗糙，底平。

葬具及葬式　单棺，已朽，只发现单棺朽腐的青灰泥痕迹。棺痕长1.72、宽0.44、高0.05米。未发现人骨架，葬式不明。

随葬器物　陶器5件：鬲、盂、罐各1件，豆2件。置于南壁龛内及棺外西南角（图一七〇；图版二五，1、2）。

陶鬲（M536∶1），夹砂灰陶。口径21.6、腹径24.2、高22厘米（图一七一，1）。

陶盂（M536∶2），泥质褐陶。口径17、腹径16.6、底径9.3、高10.8厘米（图一七一，2）。

陶罐（M536∶3），泥质褐陶。口径14、腹径15、底径6.4、高22厘米（图一七一，3）。

陶豆（M536∶4），泥质褐陶。口径13、盘深2.7、高14厘米（图一七一，4）。

陶豆（M536∶5），泥质褐陶。口径13.2、盘深2.2、高12.4厘米（图一七一，5）。

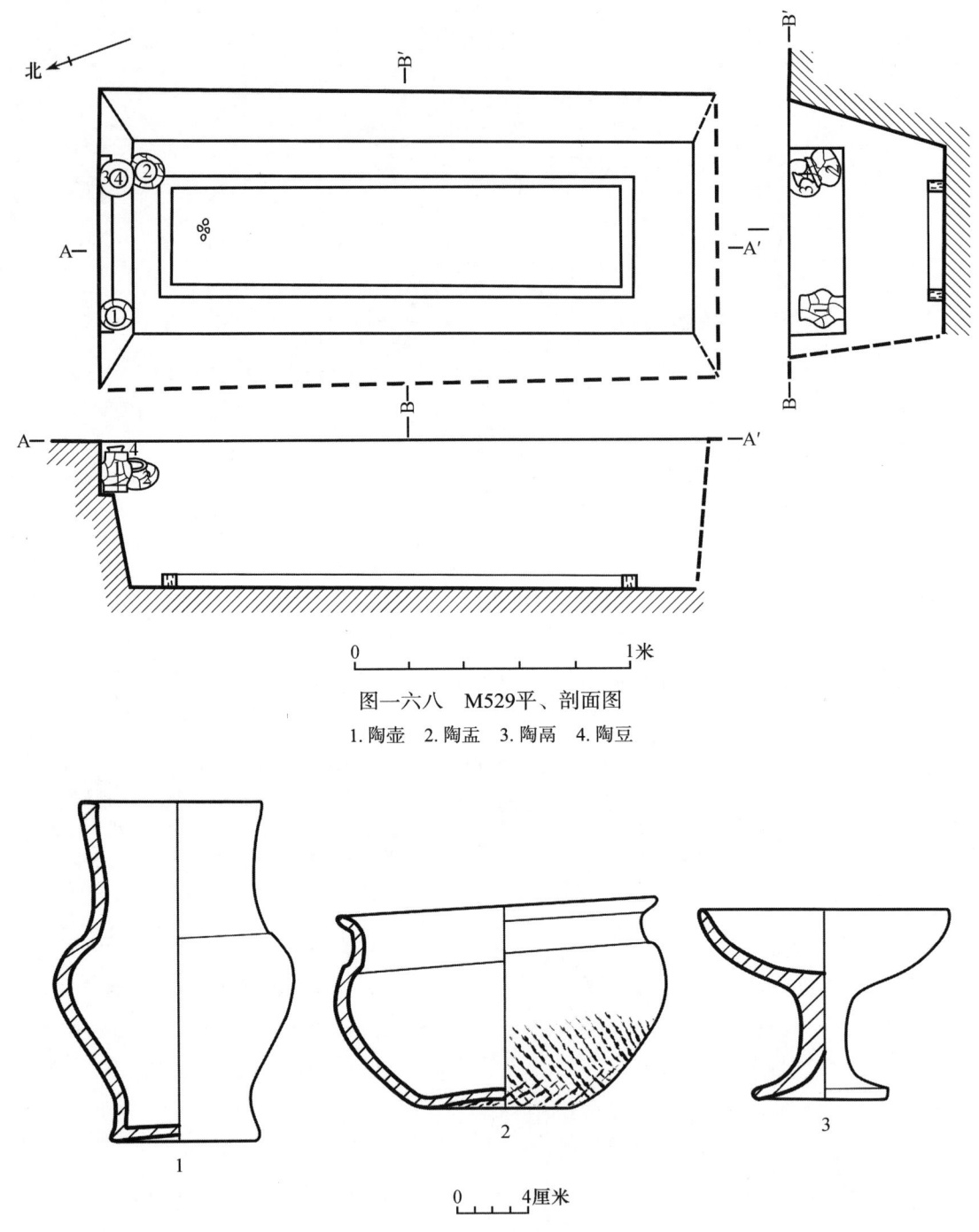

图一六八 M529平、剖面图
1.陶壶 2.陶盂 3.陶鬲 4.陶豆

图一六九 M529随葬陶器
1.壶（M529：1） 2.盂（M529：2） 3.豆（M529：4）

28. M548

墓葬形制 方向180°。开口于现地表以下0.48米。墓口长1.95、北宽0.67、南宽0.62米，墓底长1.92、北宽0.6、南宽0.52米，墓坑深1.64米。墓南壁设壁龛，龛高0.26、宽0.52、进深0.13米，龛底距墓底0.28米。坑壁不规整，底平。坑内填黄褐色夹灰白色土，土质较硬。

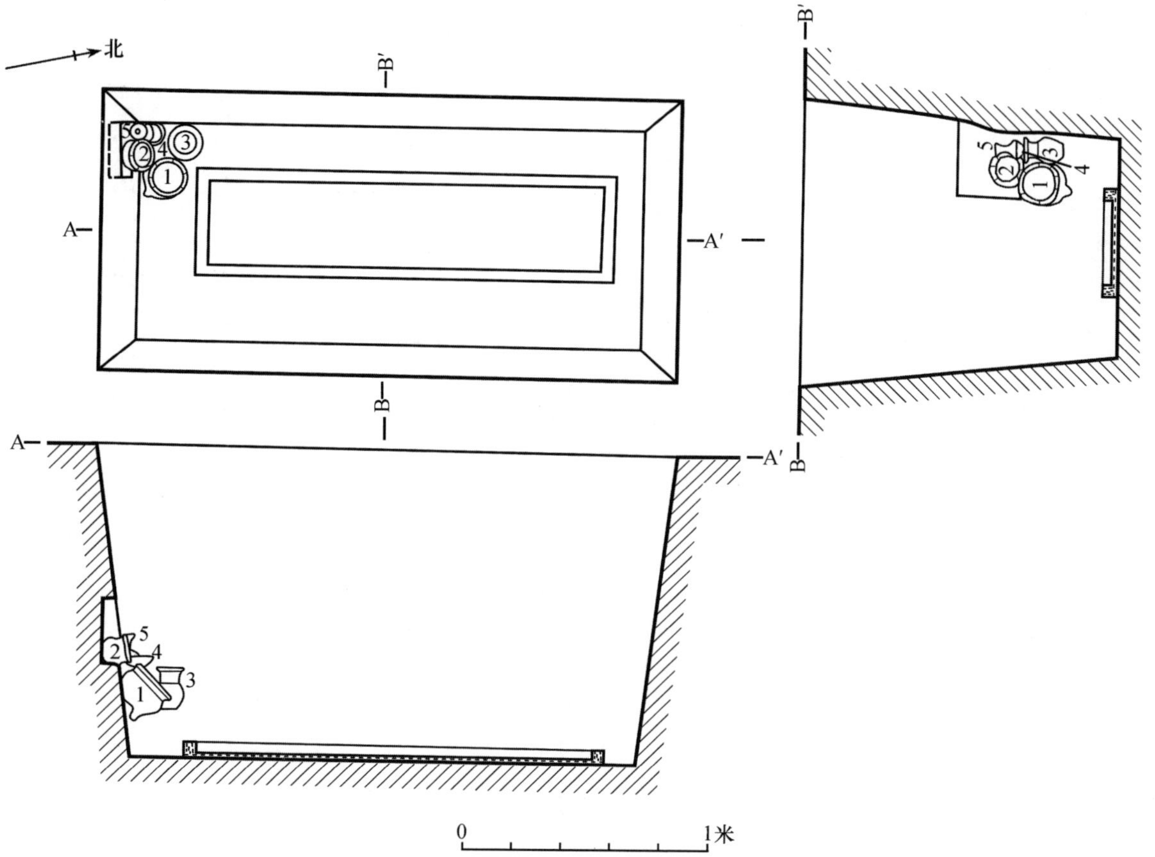

图一七〇　M536平、剖面图
1. 陶鬲　2. 陶盂　3. 陶罐　4、5. 陶豆

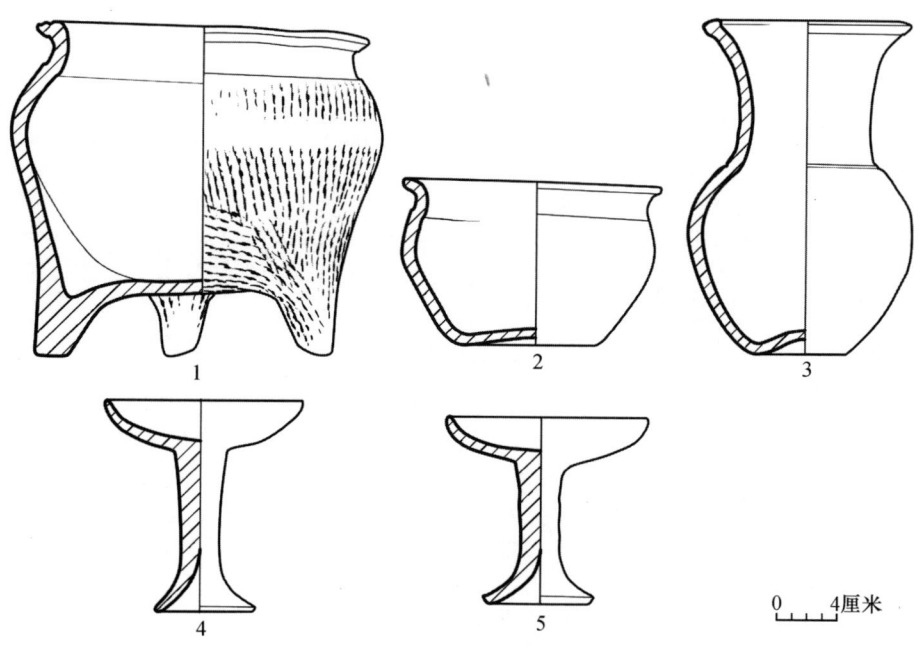

图一七一　M536随葬陶器
1. 鬲（M536∶1）　2. 盂（M536∶2）　3. 罐（M536∶3）　4、5. 豆（M536∶4、M536∶5）

葬具及葬式　单棺，仅见腐痕。棺痕长1.78、北宽0.45、南宽0.43、高0.06、厚0.04米。人骨架无存，葬式不明。

随葬器物　陶器4件：鬲、盂、壶、豆各1件，其中修复3件。置于南壁龛内及棺外南端（图一七二；图版二五，3、4）。

陶鬲（M548：1），夹砂褐陶。口径15.6、腹径19.6、高19.6厘米（图一七三，1）。

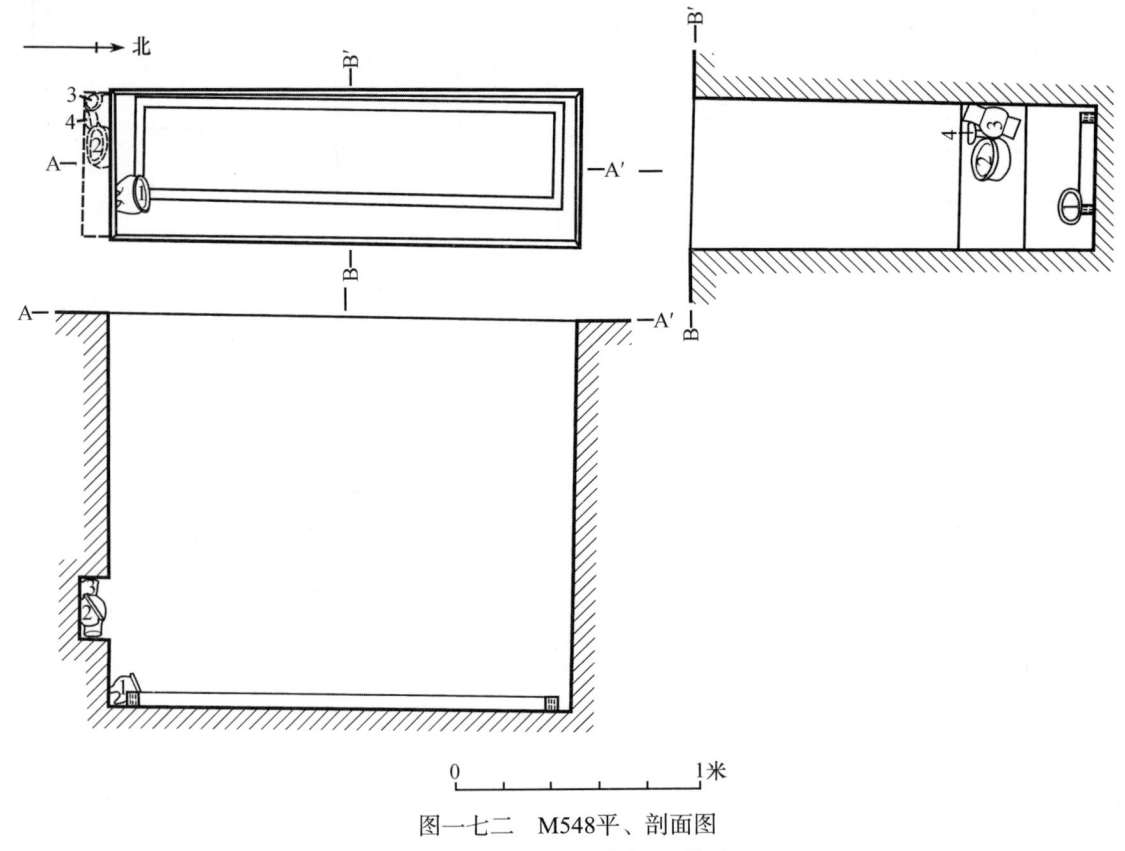

图一七二　M548平、剖面图
1.陶鬲　2.陶盂　3.陶壶　4.陶豆

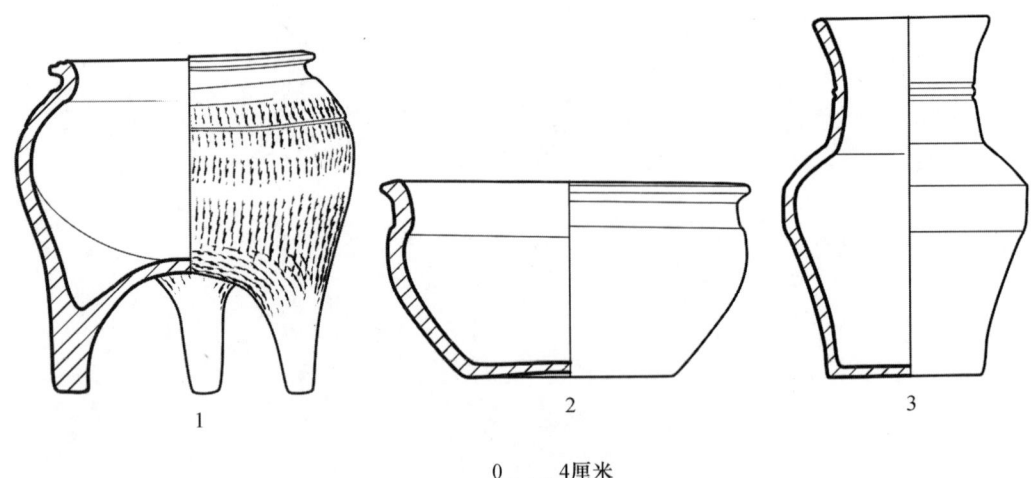

图一七三　M548随葬陶器
1.鬲（M548：1）　2.盂（M548：2）　3.壶（M548：3）

陶盂（M548：2），泥质褐陶。口径21.4、腹径20.8、底径12、高12厘米（图一七三，2）。

陶壶（M548：3），泥质灰陶。口径10.2、腹径14、底径9、高20.8厘米（图一七三，3）。

29. M555

墓葬形制　方向12°。开口于现地表以下0.4米。墓口长2.9、宽1.62米，墓底长1.92、宽0.7米，墓坑深2.4米。坑壁规整，四壁削过，底平。墓壁设一级台阶，台阶上距墓口1.5米，台面东宽0.22、西宽0.24、南宽0.24、北宽0.2米。墓北壁设壁龛，龛高0.3、宽0.68、进深0.34米，龛底距墓底1.04米，东边距东壁0.3米。坑内填黄褐色花土，夹杂少量灰白色土点，质松。

葬具及葬式　单棺，只发现单棺朽腐的青灰泥痕迹。棺痕长1.84、宽0.5、高0.22米。人骨架无存，棺内北端发现人牙，葬式不明。

随葬器物　5件：陶鬲、陶壶各1件，陶豆2件，铜盂1件。置于北壁龛内（图一七四；彩版二九，1）。

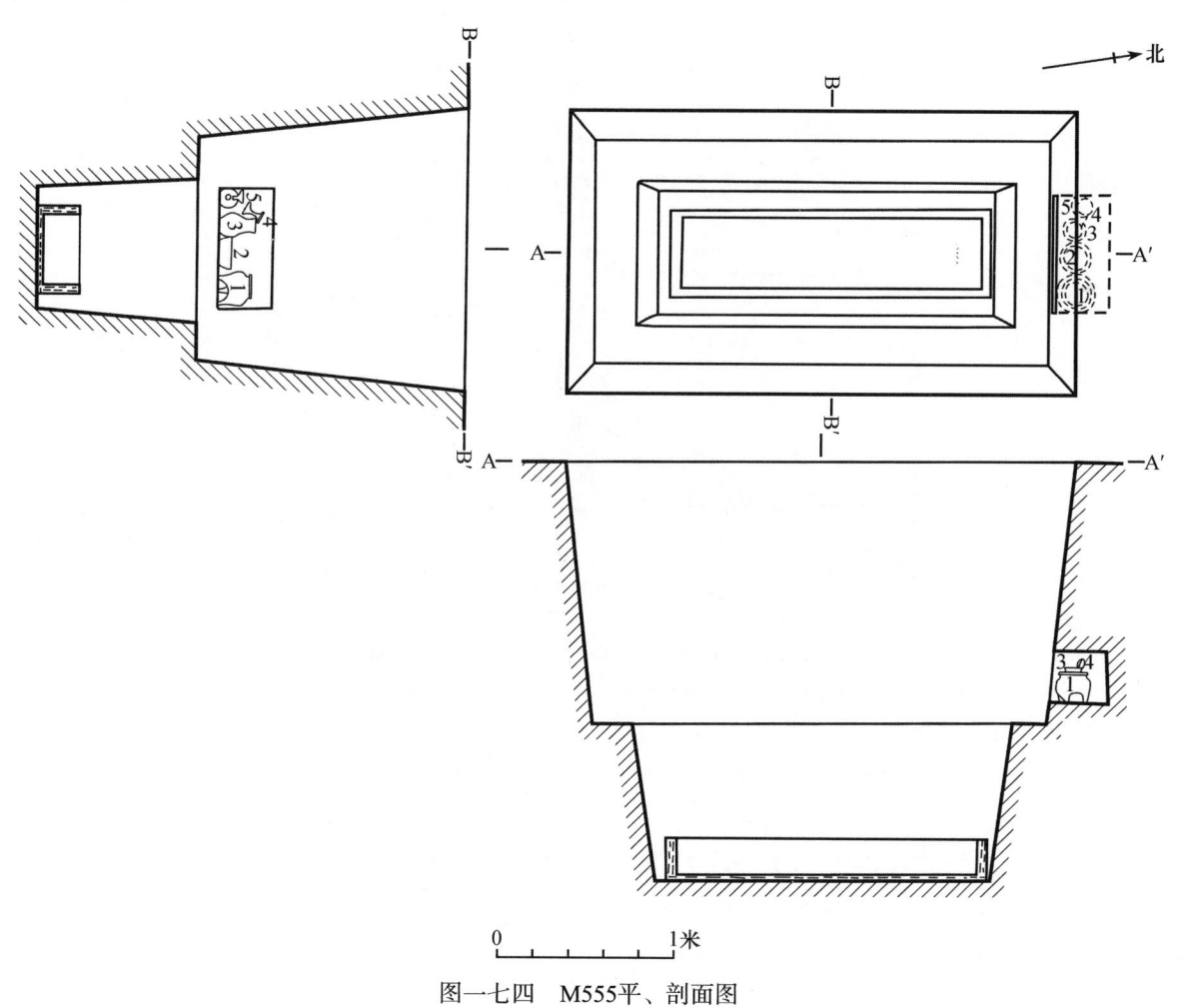

图一七四　M555平、剖面图
1. 陶鬲　2. 铜盂　3. 陶壶　4、5. 陶豆

陶鬲（M555∶1），泥质褐陶。口径17.8、腹径22.8、高20.2厘米（图一七五，1）。

陶壶（M555∶3），泥质褐陶。口径11.2、腹径12、底径8.6、高18.4厘米（图一七五，2）。

陶豆（M555∶4），泥质褐陶。口径13.2、盘深2.4、高16厘米（图一七五，3）。

陶豆（M555∶5），泥质褐陶。口径13.6、盘深2.4、高16厘米（图一七五，4）。

30. M616

墓葬形制　方向198°。打破M743。开口于现地表以下0.3米。墓口长1.92、宽0.7米，墓底长1.86、宽0.64米，墓坑深0.7米。墓南壁设壁龛，龛残高0.16、宽0.58、进深0.32米，上边被破坏，龛底距墓底0.54米，东边距东壁0.08米。坑壁粗糙，底平。坑内填黄褐色花土夹杂少量灰白土，质松。

葬具及葬式　单棺，只发现单棺朽腐的青灰泥痕迹。棺痕长1.7、宽0.48、高0.16米。未发现人骨架，葬式不明。

随葬器物　陶器4件：鬲、豆、罐、盂各1件。置于南壁龛内（图一七六；图版二六，1、2）。

陶鬲（M616∶1），泥质褐陶。口径22.4、腹径23.6、高22厘米（图一七七，1）。

陶豆（M616∶2），泥质褐陶。口径12.4、盘深2.4、高12.8厘米（图一七七，2）。

陶罐（M616∶3），泥质褐陶。口径13.6、腹径18.4、底径7.8、高22.1厘米（图一七七，3）。

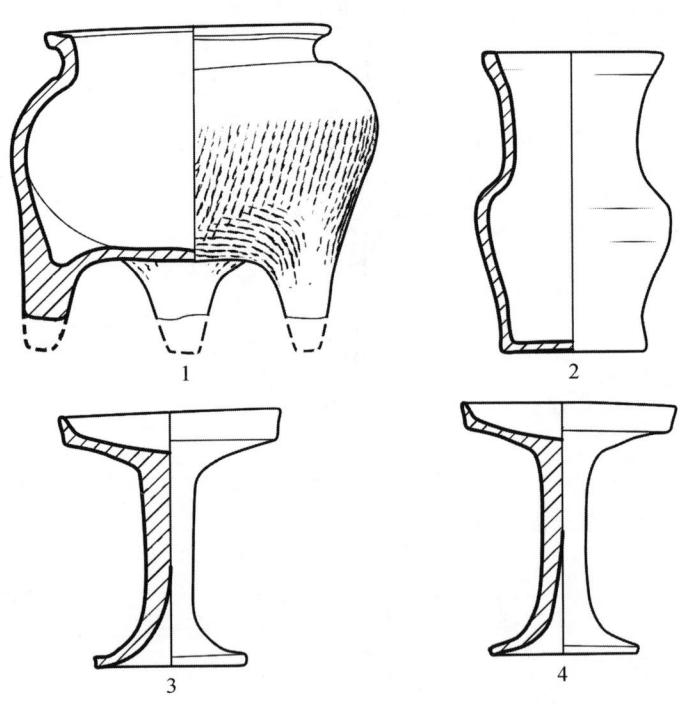

图一七五　M555随葬陶器
1.鬲（M555∶1）　2.壶（M555∶3）　3、4.豆（M555∶4、M555∶5）

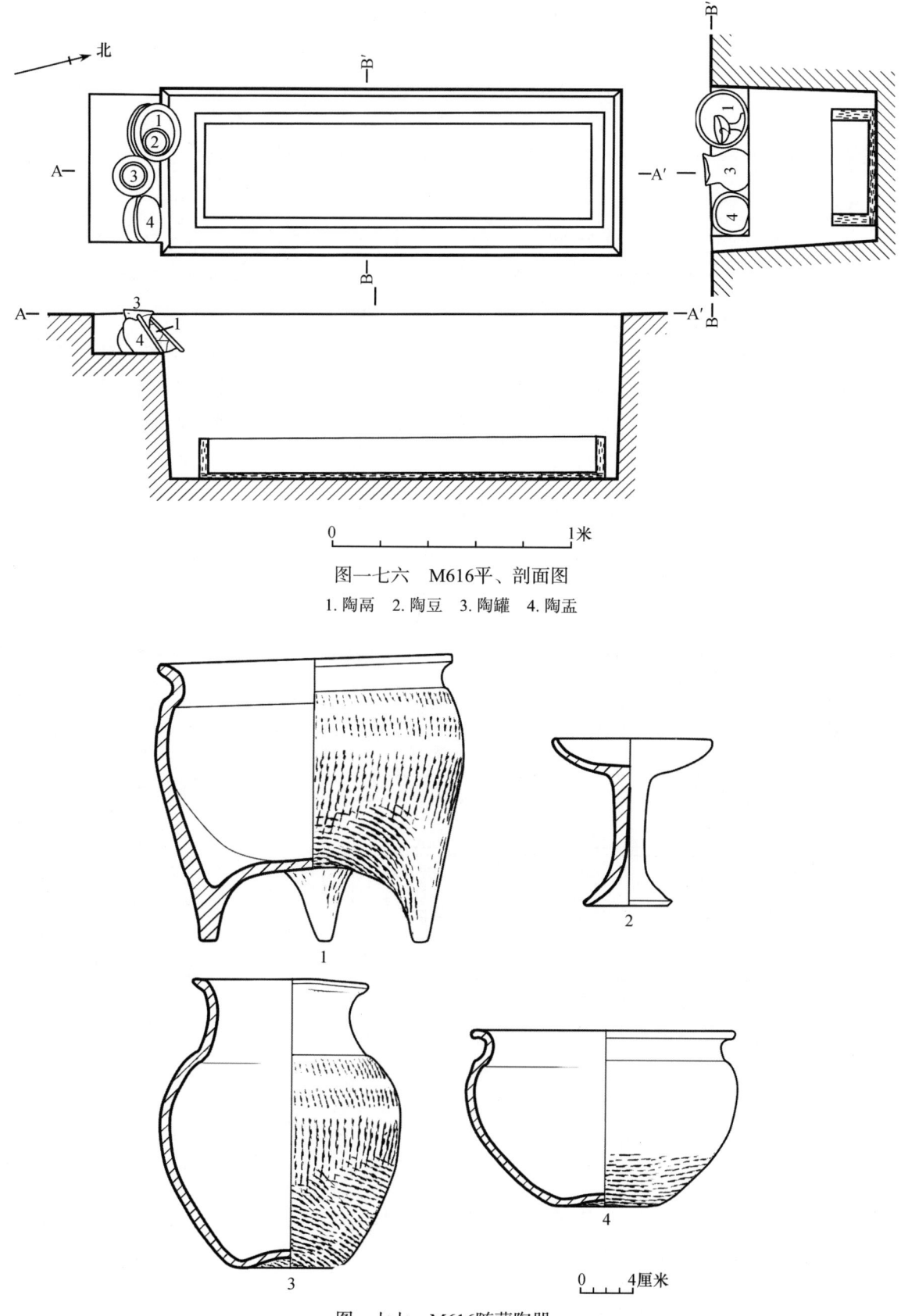

图一七六 M616平、剖面图
1. 陶鬲 2. 陶豆 3. 陶罐 4. 陶盂

图一七七 M616随葬陶器
1. 鬲（M616∶1） 2. 豆（M616∶2） 3. 罐（M616∶3） 4. 盂（M616∶4）

陶盂（M616∶4），泥质褐陶。口径20.4、腹径20.9、底径7.8、高13.5厘米（图一七七，4）。

31. M621

墓葬形制　方向194°。开口于现地表以下0.6～0.7米。墓口长2.5、宽1.1米，墓底长2.18、宽0.84米，墓坑深0.94～1.04米。墓南壁设壁龛，龛高0.4、宽0.74、进深0.19米，龛底与墓底平，东边距东壁0.1米。坑壁不规整，底平。坑内填黄褐色夹灰白色土，质较硬。

葬具及葬式　单棺，仅见腐痕。棺痕长1.62、宽0.38、高0.04、厚0.04米。人骨架无存，葬式不明。

随葬器物　陶器3件：鬲、壶、盂各1件。置于南壁龛内（图一七八；彩版二九，2）。

陶鬲（M621∶1），泥质褐陶。口径15、腹径17.6、高17.2厘米（图一七九，1）。

陶壶（M621∶2），泥质灰陶。口径16.8、腹径24、底径9、高23.5厘米（图一七九，2）。

陶盂（M621∶3），泥质褐陶。口径21.4、腹径21、底径9、高14.8厘米（图一七九，3）。

32. M633

墓葬形制　方向108°。打破M632。开口于现地表以下0.2米。墓口长2.18、宽0.84米，墓

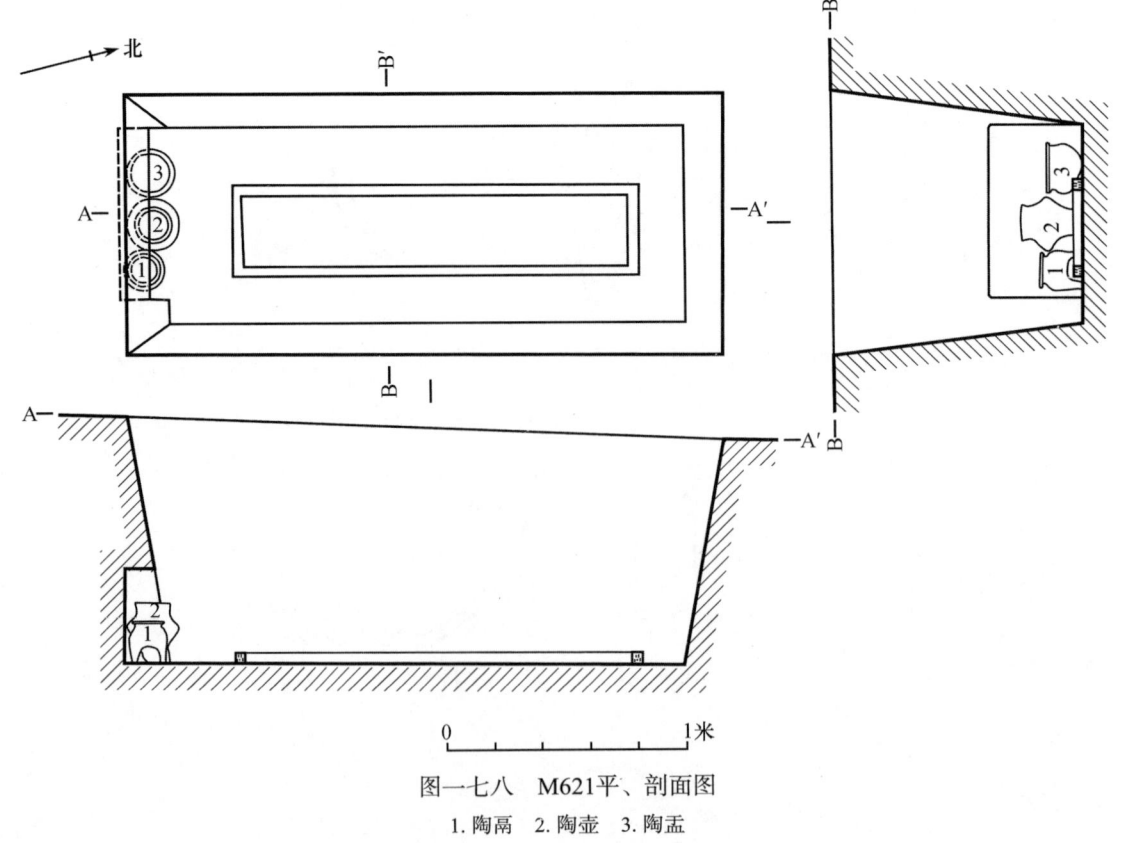

图一七八　M621平、剖面图
1. 陶鬲　2. 陶壶　3. 陶盂

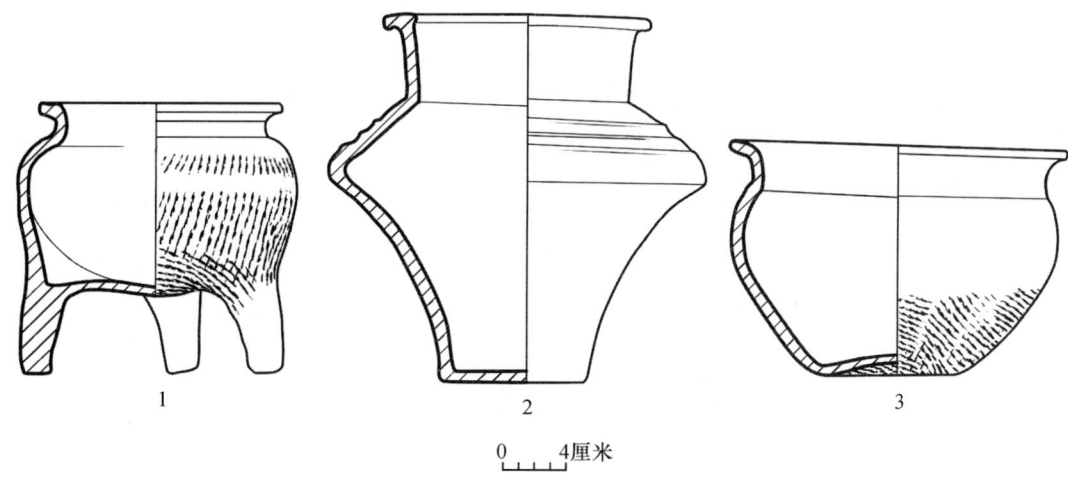

图一七九　M621随葬陶器
1.鬲（M621：1）　2.壶（M621：2）　3.盂（M621：3）

底长1.82、宽0.66米，墓坑深1.88米。墓东壁设壁龛，龛高0.66、宽0.78、进深0.3米，龛底距墓底0.64米。坑壁不规整，底平。坑内填黄褐色夹灰白色土，土质较硬。

葬具及葬式　单棺，仅见腐痕。棺痕长1.6、宽0.48、高0.16、厚0.04米。人骨架无存，葬式不明。

随葬器物　陶器3件：鬲、盂、罐各1件。置于东壁龛内（图一八〇）。

陶鬲（M633：1），泥质褐陶。口径12.8、腹径18.4、高18.9厘米（图一八一，1）。

陶盂（M633：2），泥质褐陶。口径19.4、腹径19.4、底径7.8、高13.6厘米（图一八一，2）。

陶罐（M633：3），泥质褐陶。口径12.3、腹径18.8、底径6.8、高20厘米（图一八一，3）。

33. M669

墓葬形制　方向109°。开口于现地表以下0.34米。墓口长1.94、东宽0.74、西宽0.62米，墓底长1.9、东宽0.58、西宽0.48米，墓坑深0.84米。墓东壁设壁龛，龛高0.44、宽0.38、进深0.05米，龛底与墓底平，北边距北壁0.12米。坑壁粗糙，底平。坑内填黄褐色花土，质密。

葬具及葬式　单棺，已朽，可见残痕。棺痕长1.66、宽0.44、高0.1米。人骨架无存，葬式不明。

随葬器物　陶器4件：壶、鬲、盂、豆各1件，其中修复3件。置于东壁龛内（图一八二；图版二六，3、4）。

陶壶（M669：1），泥质灰陶。口径9.1、腹径12.5、底径8.2、高19.4厘米（图一八三，1）。

陶鬲（M669：2），泥质灰陶。口径12、腹径15.7、高15.6厘米（图一八三，2）。

陶豆（M669：4），泥质灰陶。口径14.2、盘深3.6、高10.4厘米（图一八三，3）。

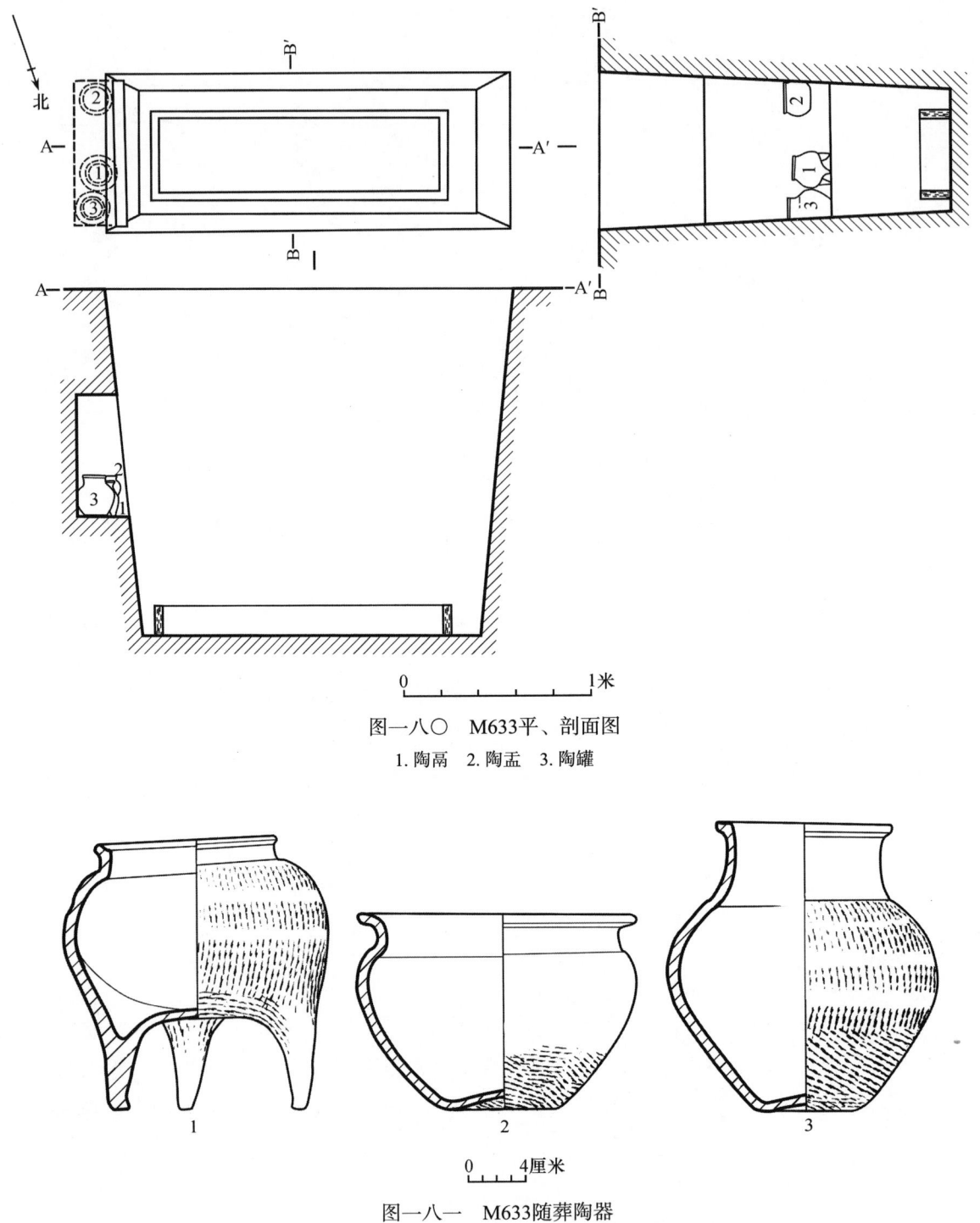

图一八〇　M633平、剖面图
1. 陶鬲　2. 陶盂　3. 陶罐

图一八一　M633随葬陶器
1. 鬲（M633：1）　2. 盂（M633：2）　3. 罐（M633：3）

34. M682

墓葬形制　方向104°。被M681打破。开口于现地表以下0.3米。墓口残长2.14、宽0.7米，墓底长2、宽0.72米，墓坑深1.4米。墓东壁设壁龛，高0.26、宽0.51、进深0.2米，龛底距墓底0.53米，北边距北壁0.1米。坑壁不规整，底平。坑内填黄褐色夹灰白色土，土质较硬。

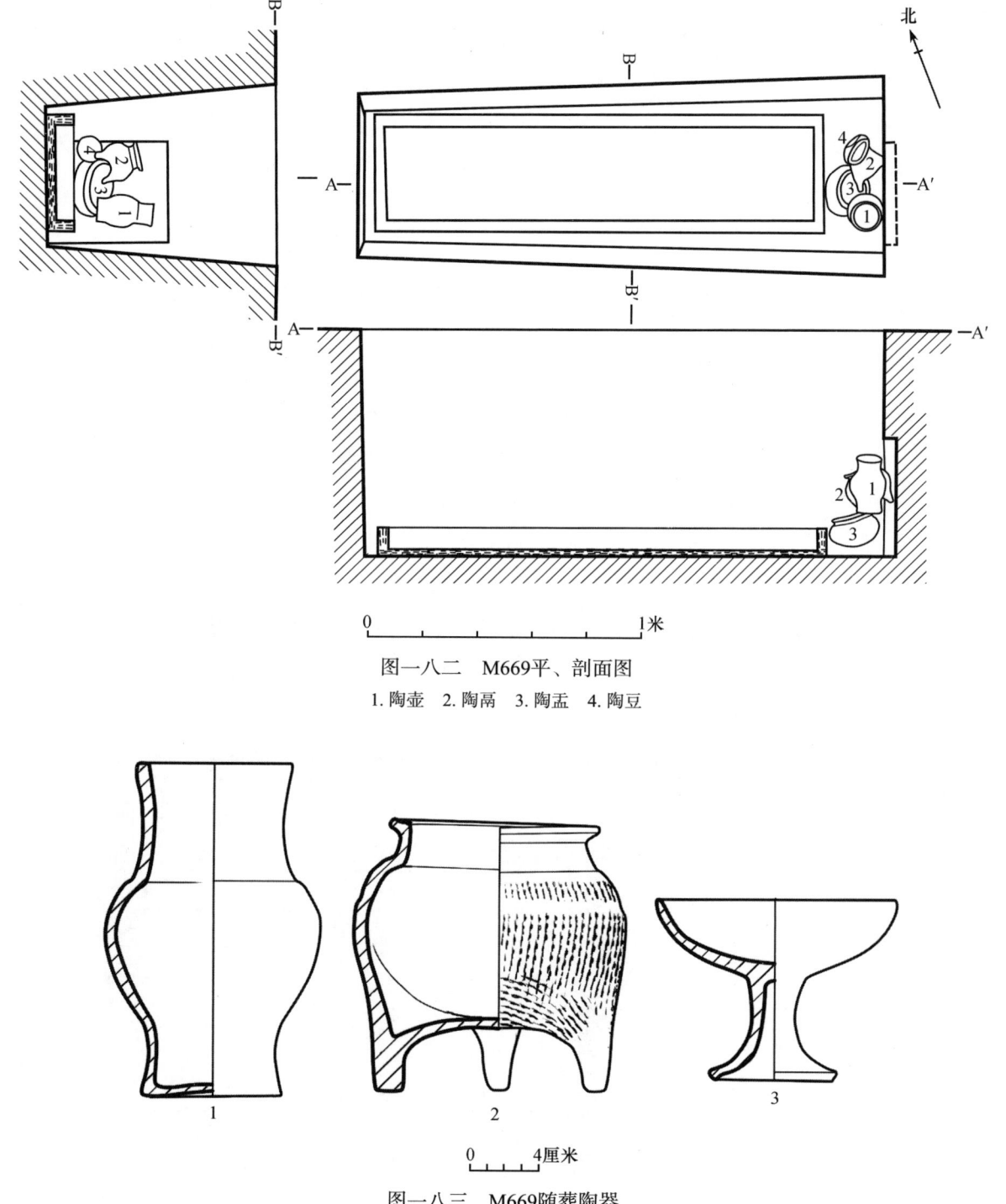

图一八二　M669平、剖面图
1.陶壶　2.陶鬲　3.陶盂　4.陶豆

图一八三　M669随葬陶器
1.壶（M669∶1）　2.鬲（M669∶2）　3.豆（M669∶4）

葬具及葬式　单棺，仅见腐痕。棺痕长1.86、宽0.46、高0.06米。人骨架无存，棺底南端有牙齿，葬式不明。

随葬器物　有陶器、铜器两类。其中，铜剑1件置于棺内中段西北侧；3件陶器置于东壁龛内：鬲、盂、壶各1件（图一八四；彩版三〇，1）。

陶器

鬲（M682：1），泥质灰陶。口径14.4、腹径20、高18.4厘米（图一八五，1）。

盂（M682：2），泥质灰陶。口径21.7、腹径19.2、底径10.8、高11.6厘米（图一八五，2）。

壶（M682：3），泥质灰陶。口径10.6、腹径12.1、底径8.8、高19.4厘米（图一八五，3）。

铜器

剑（M682：4），通长47.6、身宽4.8厘米（图一八五，4）。

35. M695

墓葬形制　方向198°。开口于现地表以下0.25米。墓口长2.24、北宽0.88、南宽0.92米，墓底长1.9、北宽0.7、南宽0.74米，墓坑深0.94米。墓东壁设壁龛，高0.2、宽0.5、进深0.2米，龛底距墓底0.46米，北边距北壁0.64米。坑壁粗糙，底平。坑内填黄褐色五花土，质密。

葬具及葬式　单棺，已朽，腐痕清晰。棺痕长1.8、宽0.5、高0.2、厚0.04米。人骨架已朽，葬式不明。

随葬器物　陶器3件：鬲、盂、罐各1件，其中修复2件。置于东壁龛内（图一八六）。

陶鬲（M695：1），泥质褐陶。口径13、腹径16、高15.7厘米（图一八七，1）。

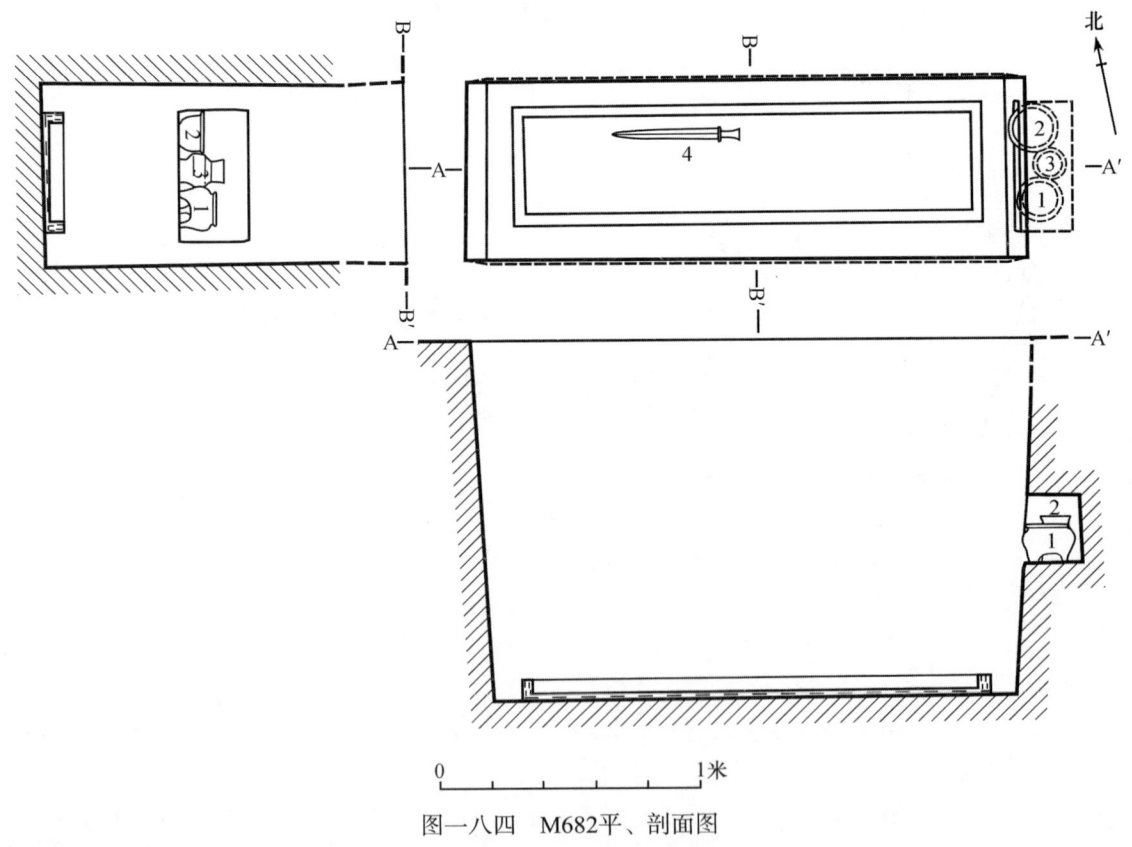

图一八四　M682平、剖面图
1.陶鬲　2.陶盂　3.陶壶　4.铜剑

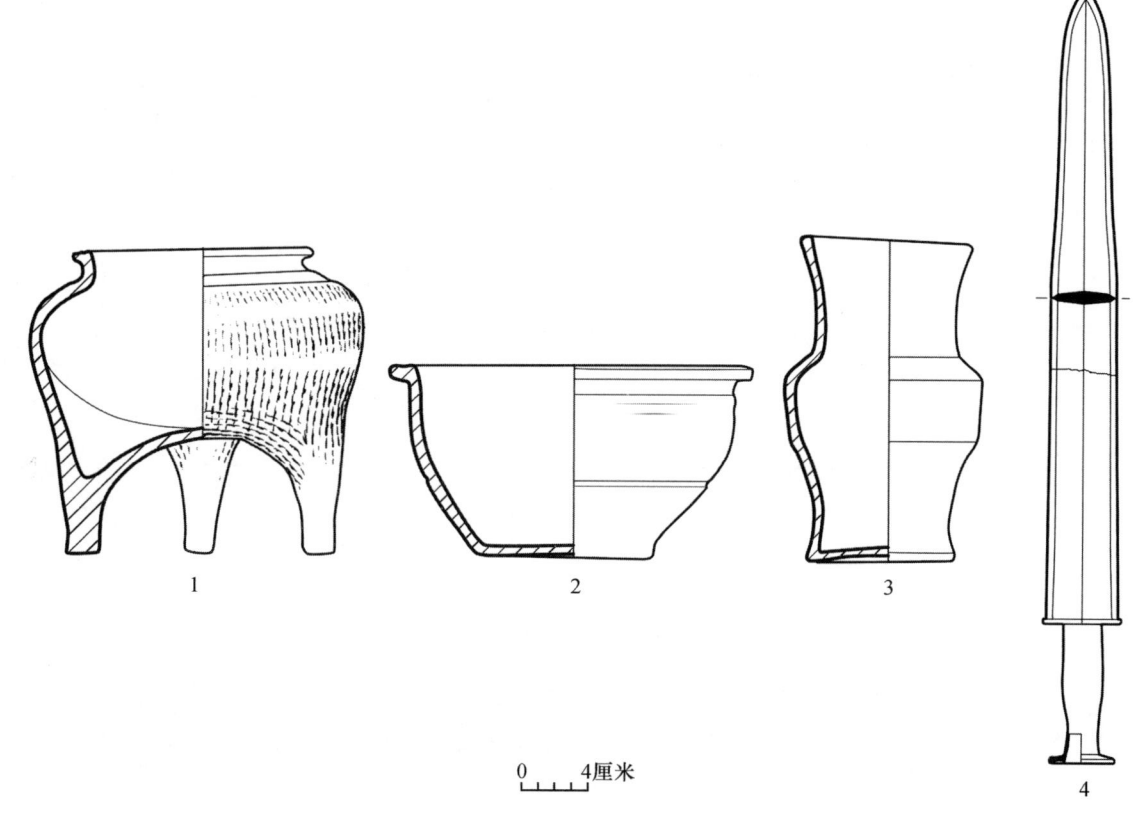

图一八五　M682随葬器物
1. 陶鬲（M682：1）　2. 陶盂（M682：2）　3. 陶壶（M682：3）　4. 铜剑（M682：4）

陶盂（M695：3），泥质褐陶。口径15.2、腹径15.3、底径6、高9.8厘米（图一八七，2）。

36. M699

墓葬形制　方向216°。开口于现地表以下0.3米。墓口长1.92、宽0.7米，墓底长1.82、宽0.5米，墓坑深0.7米。墓南壁设壁龛，高0.22、宽0.5、进深0.06米，龛底与墓底平。坑壁粗糙，底平。

葬具及葬式　单棺，已朽，可见残痕。棺痕长1.4、宽0.4、高0.13米。人骨架无存，葬式不明。

随葬器物　陶器3件：豆、盂、罐各1件。置于棺外南端（图一八八）。

陶豆（M699：1），泥质褐陶。口径13.6、盘深3.2、残高9.6厘米（图一八九，1）。

陶盂（M699：2），泥质褐陶。口径15.2、腹径16.2、底径7.6、高10.5厘米（图一八九，2）。

陶罐（M699：3），泥质褐陶。口径15.4、腹径13.6、底径7.8、高20.8厘米（图一八九，3）。

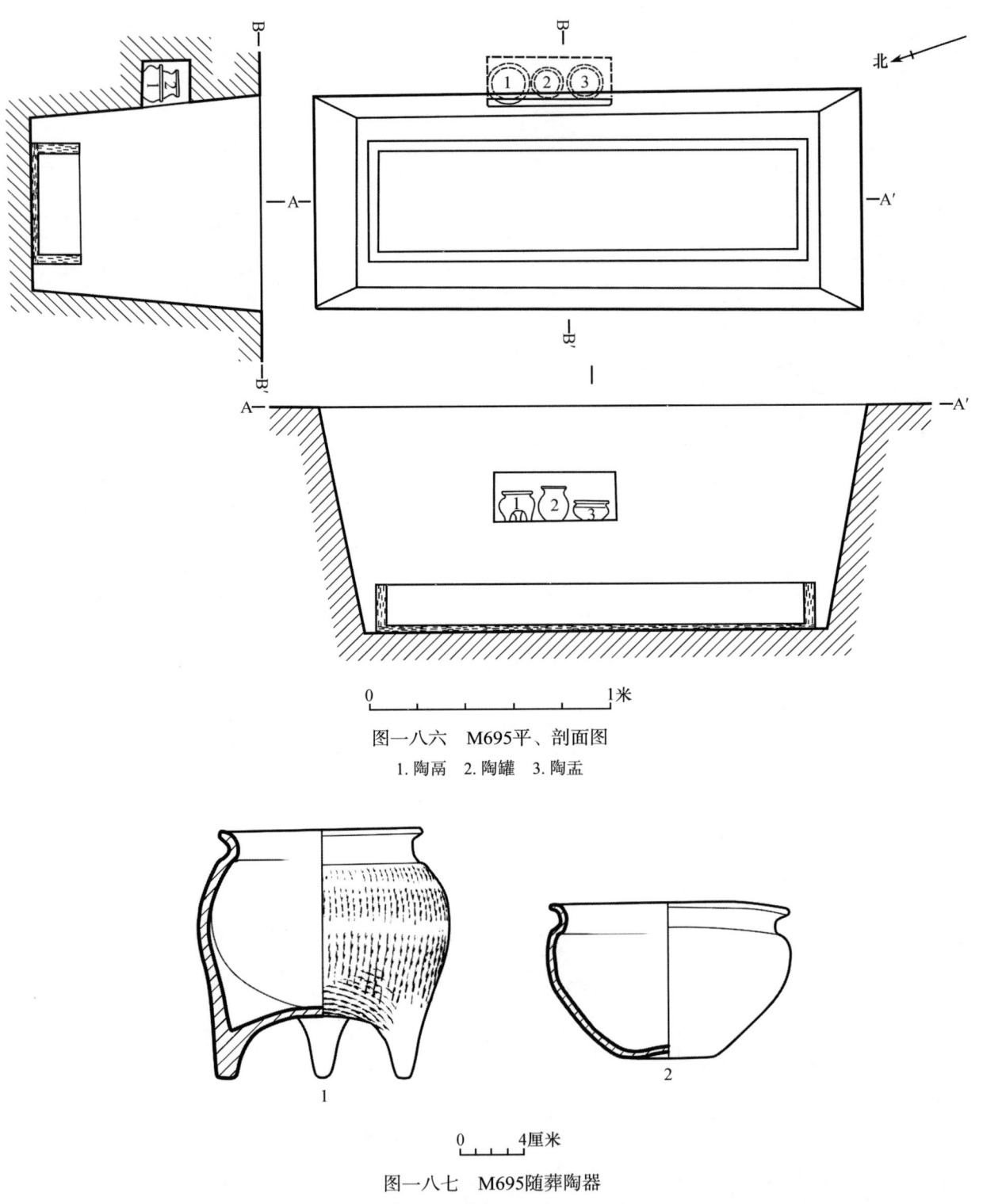

图一八六　M695平、剖面图
1. 陶鬲　2. 陶罐　3. 陶盂

图一八七　M695随葬陶器
1. 鬲（M695∶1）　2. 盂（M695∶3）

37. M728

墓葬形制　方向222°。开口于现地表以下0.46米。墓口长2.04、宽0.98米，墓底长2、宽0.9米，墓坑深0.6米。墓南壁设壁龛，龛高0.3、宽0.68、进深0.28米，龛底距墓底0.3米，东边

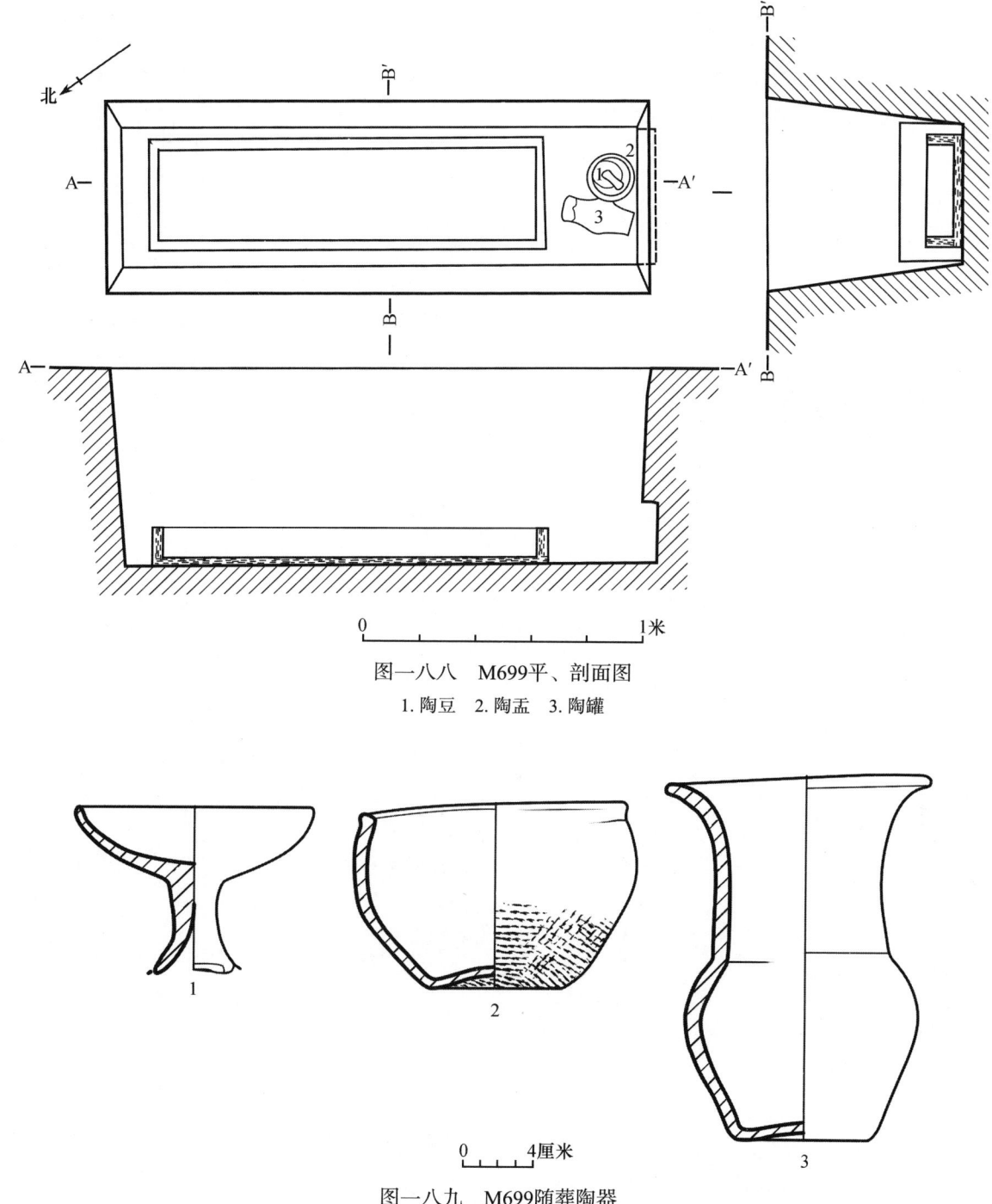

图一八八　M699平、剖面图
1. 陶豆　2. 陶盂　3. 陶罐

图一八九　M699随葬陶器
1. 豆（M699：1）　2. 盂（M699：2）　3. 罐（M699：3）

距东壁0.14米。坑壁光滑，底平。坑内填黄褐色花土，质密。

葬具及葬式　单棺，已朽，仅见棺痕。棺痕长1.73、宽0.5、高0.1米。人骨架已朽，棺底北端有牙齿，葬式不明。

随葬器物　陶器3件：鬲、盂、罐各1件，其中修复1件。置于南壁龛内（图一九〇）。

陶鬲（M728：1），泥质褐陶。口径24.4、腹径24.4、高24.4厘米（图一九一）。

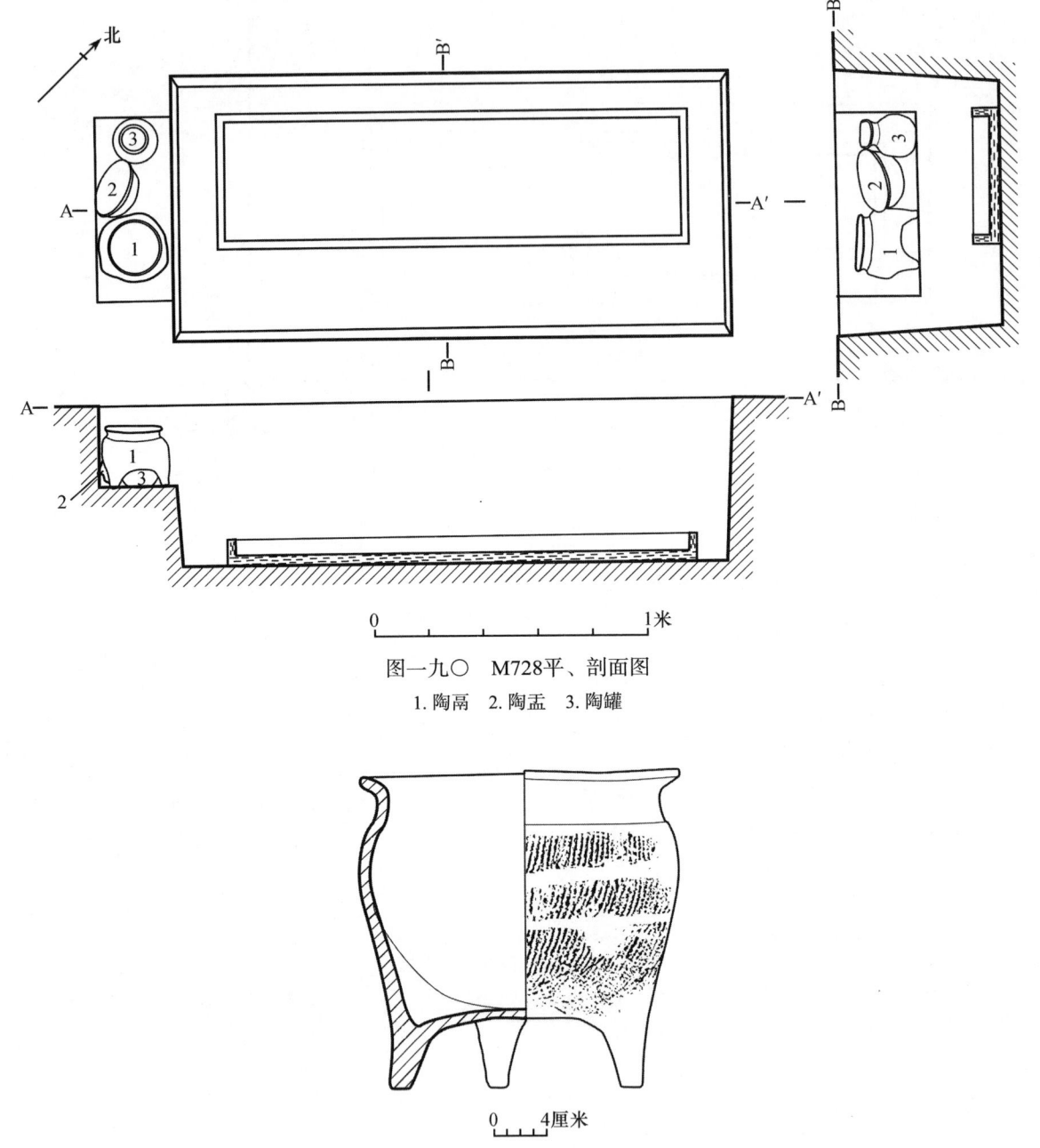

图一九〇　M728平、剖面图
1.陶鬲　2.陶盂　3.陶罐

图一九一　M728随葬陶鬲（M728∶1）

38. M741

墓葬形制　方向195°。开口于现地表以下0.3米。墓口长2.02、宽0.78米，墓底长1.86、宽0.7米，墓坑深0.52米。墓南壁设壁龛，高0.28、宽0.44、进深0.12米，龛底距墓底0.12米，西边距西壁0.32米。坑壁粗糙，底平。坑内填黄褐色花土。

葬具及葬式　单棺，只发现单棺腐朽的青灰泥痕迹。棺痕长1.56、宽0.46、高0.06米。未发现人骨架，葬式不明。

随葬器物　陶器4件：鬲、盂、壶、豆各1件，其中修复3件。置于南壁龛内及棺外南部

（图一九二；图版二七，1、2）。

陶鬲（M741：1），泥质褐陶。口径13.4、腹径17、高16.8厘米（图一九三，1）。

陶盂（M741：2），泥质褐陶。口径19.6、腹径19.7、底径8.4、高10.4厘米（图一九三，2）。

陶豆（M741：4），泥质褐陶。口径13.6、盘深2.4、高17.4厘米（图一九三，3）。

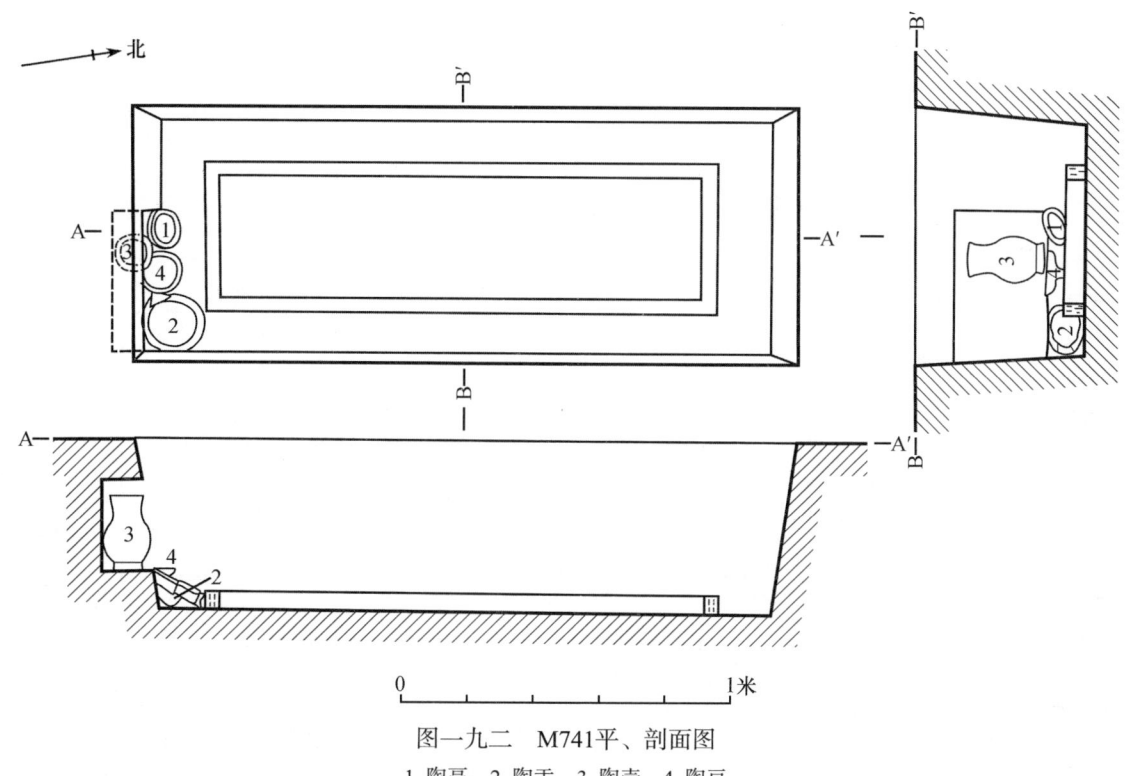

图一九二　M741平、剖面图
1.陶鬲　2.陶盂　3.陶壶　4.陶豆

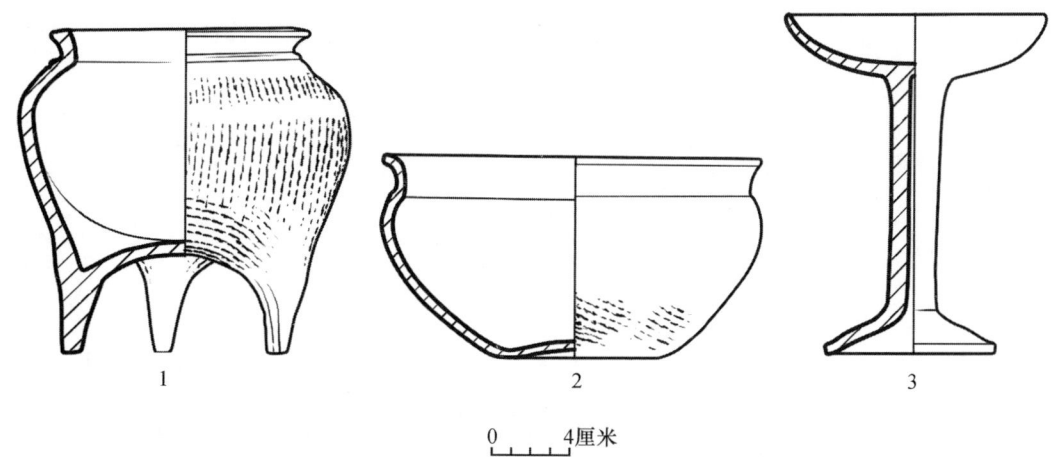

图一九三　M741随葬陶器
1.鬲（M741：1）　2.盂（M741：2）　3.豆（M741：4）

39. M742

墓葬形制 方向99°。开口于现地表以下0.4米。墓口长2.1、东宽1、西宽0.9米，墓底长1.9、宽0.8米，墓坑深1.86米。墓东壁设壁龛，龛高0.21～0.46、宽0.8、进深0.16米，龛底距墓底0.57米，北边距北壁0.08米。坑壁较规整，底平。坑内填黄褐色夹灰白色土，土质较硬。

葬具及葬式 单棺，仅见腐痕。棺痕长1.8、东宽0.5、西宽0.44、高0.14米。人骨架无存，葬式不明。

随葬器物 陶器5件：鬲、壶、盂各1件，豆2件，其中修复4件。置于东壁龛内（图一九四；彩版三〇，2）。

陶壶（M742∶2），泥质褐陶。口径12.2、腹径15.6、底径10.6、高24.1厘米（图一九五，1）。

陶盂（M742∶3），泥质褐陶。口径19.6、腹径19.3、底径10、高9.6厘米（图一九五，2）。

陶豆（M742∶4），泥质褐陶。口径13.4、盘深2.2、高16厘米（图一九五，3）。

陶豆（M742∶5），泥质褐陶。口径14.2、盘深2.6、高17.2厘米（图一九五，4）。

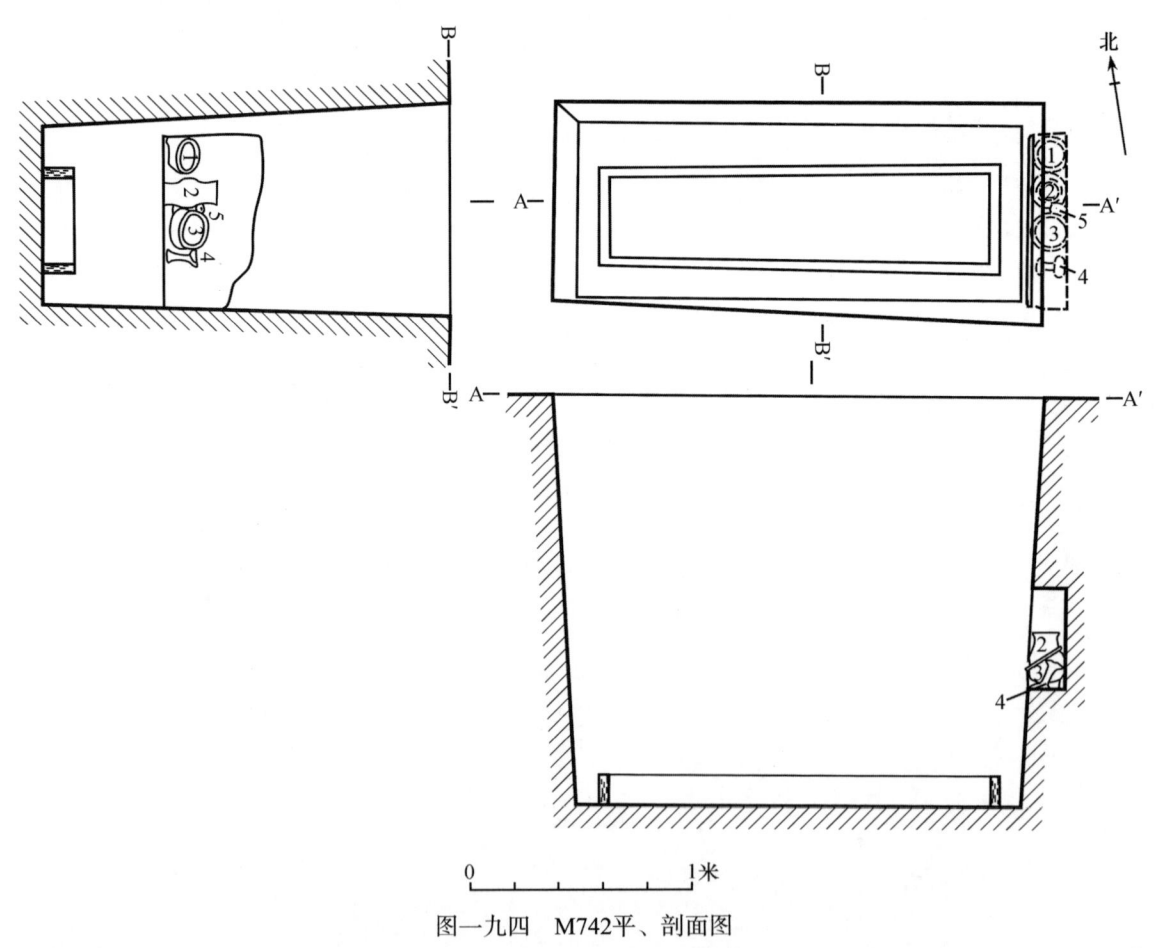

图一九四 M742平、剖面图
1.陶鬲 2.陶壶 3.陶盂 4、5.陶豆

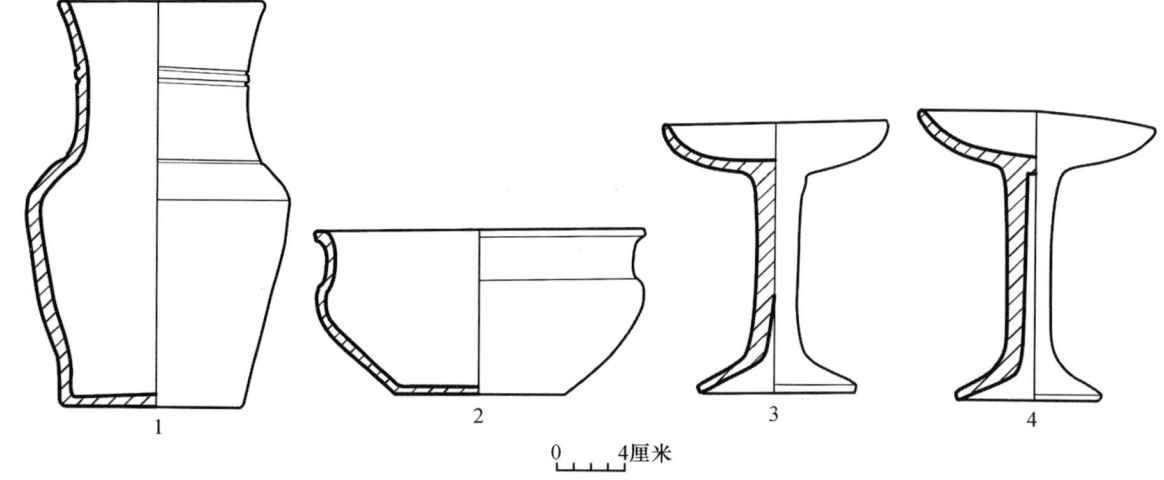

图一九五　M742随葬陶器
1.壶（M742∶2）　2.盂（M742∶3）　3、4.豆（M742∶4、M742∶5）

40. M786

墓葬形制　方向193°。开口于现地表以下0.34米。墓口长2.1、宽0.7米，墓底长2、宽0.62米，墓坑深0.66米。墓南壁设壁龛，龛高0.3、宽0.5、进深0.18米，龛底距墓底0.3米，东边距东壁0.1米。坑壁较规整，底平。坑内填黄褐色夹灰白色土，土质较硬。

葬具及葬式　单棺仅见腐痕。棺痕长1.7、宽0.48、高0.08米。人骨架已朽，棺底南端有牙齿数枚，葬式不明。

随葬器物　陶罐2件。置于南壁龛内（图一九六）。

陶罐（M786∶1），泥质褐陶。口径15.2、腹径14.5、底径7、高22厘米（图一九七，1）。

陶罐（M786∶2），泥质褐陶。口径12.8、腹径16.8、底径8.4、高10.6厘米（图一九七，2）。

41. M789

墓葬形制　方向297°。墓口上部及壁龛被扰乱破坏。开口于现地表以下0.8米。墓口长2.4、宽1.2米，墓底长2.1、宽0.88米，墓坑深0.8米。墓西壁设壁龛，龛口上部被扰乱，残高0.2、宽0.5、进深0.24米，龛底距墓底0.6米，南边距南壁0.2米。坑壁较规整，底平。坑内填黄褐色夹灰白色土，土质较硬。

葬具及葬式　单棺，仅见腐痕。棺痕长1.78、宽0.54、高0.1米。人骨架无存，葬式不明。

随葬器物　陶器5件：鼎、敦、盂、壶、豆各1件，其中修复2件。置于西壁龛内（图一九八）。

陶盂（M789∶3），泥质褐陶。口径16.9、腹径18.8、底径7.6、高13.2厘米（图一九九，1）。

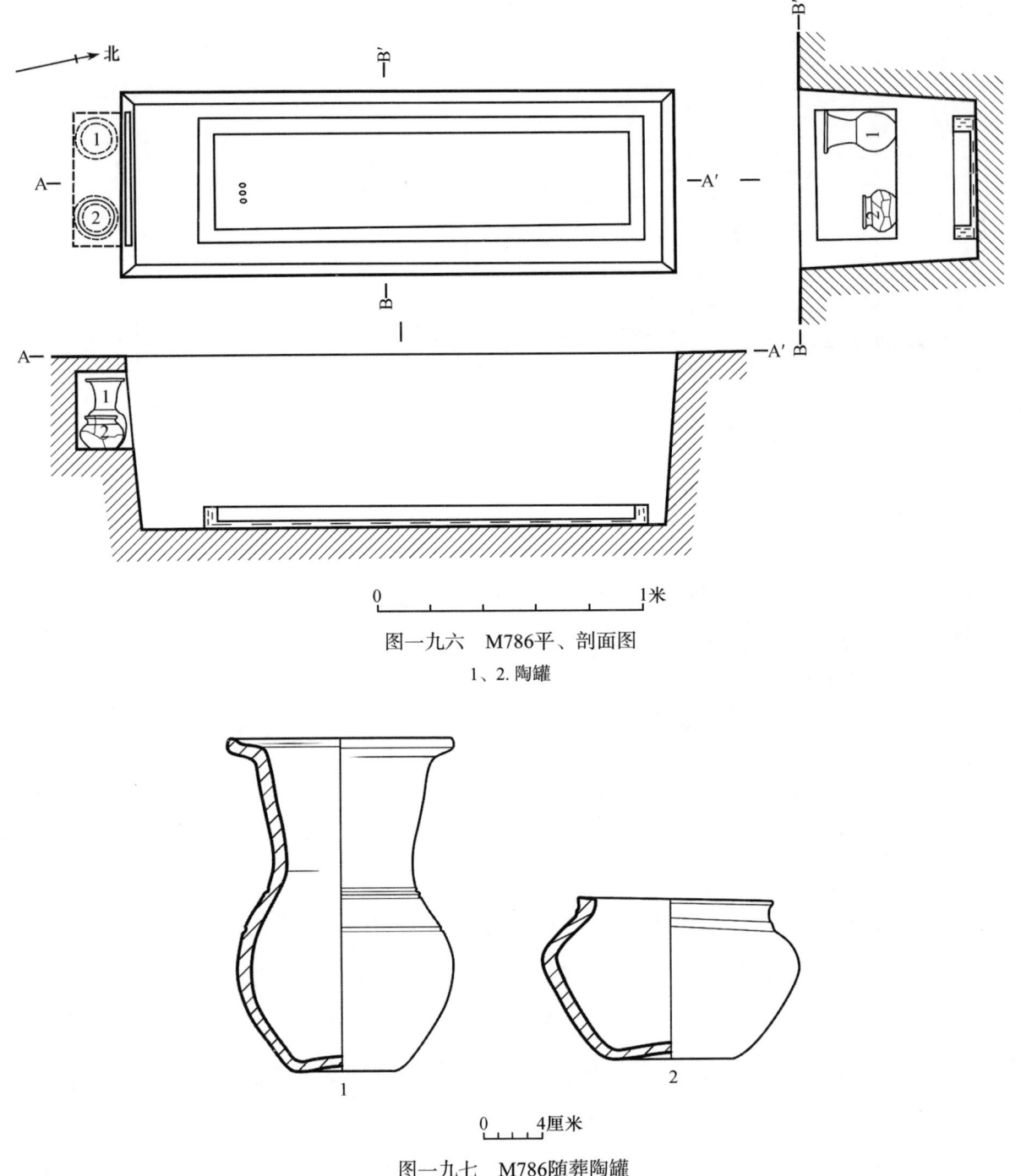

图一九六 M786平、剖面图
1、2.陶罐

图一九七 M786随葬陶罐
1. M786：1 2. M786：2

陶壶（M789：4），泥质褐陶。口径10.4、腹径19.3、圈足径15.2、高29.6厘米（图一九九，2）。

42. M793

墓葬形制 方向197°。此墓几乎被扰至墓底。开口于现地表以下0.3米。墓口长2.44、宽

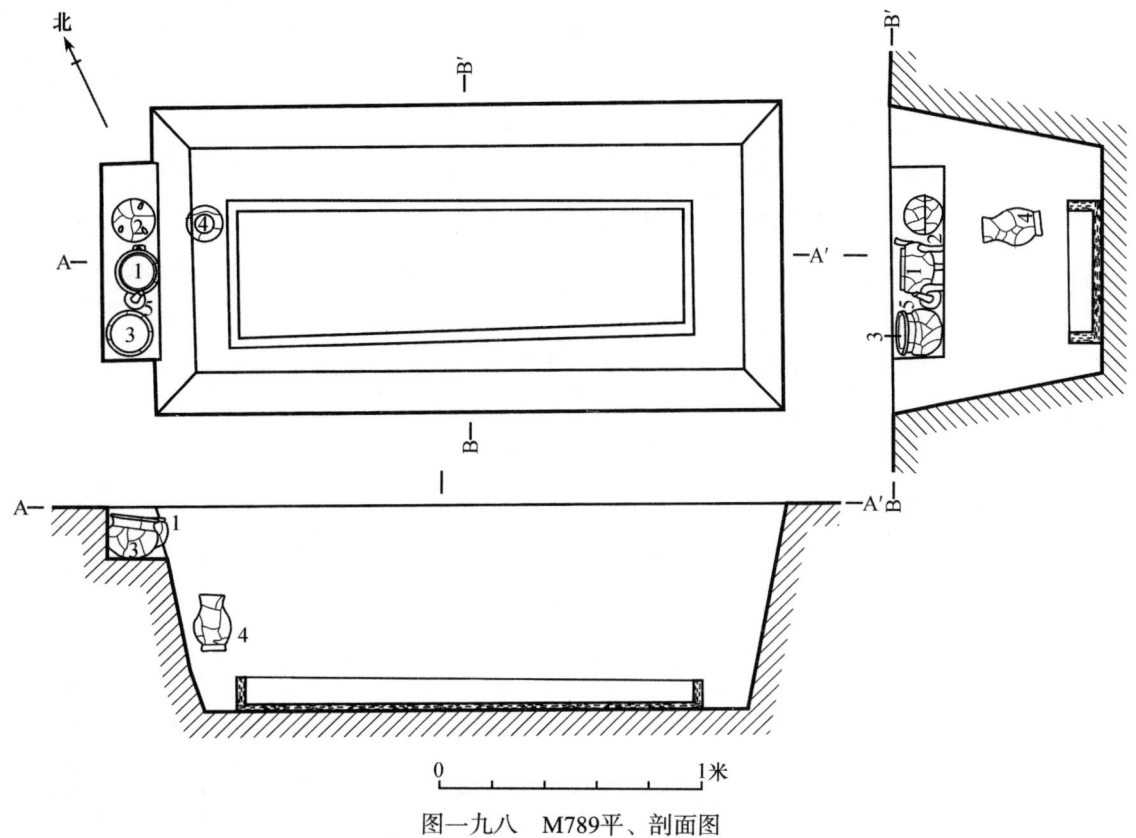

图一九八　M789平、剖面图
1.陶鼎　2.陶敦　3.陶盂　4.陶壶　5.陶豆

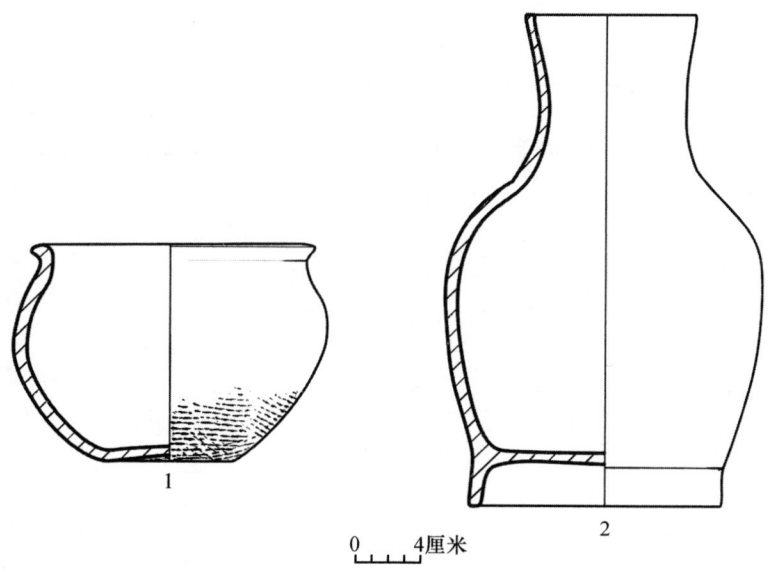

图一九九　M789随葬陶器
1.盂（M789∶3）　2.壶（M789∶4）

1.2米，墓底长2.44、宽1.2米，墓坑深0.14米。墓南壁设壁龛，龛残高0.14、宽0.6、进深0.35米，龛底距墓底0.1米，龛口东边距墓东壁0.26米。坑壁较规整，底平。坑内填黄褐色夹灰白色土，土质较硬。

葬具及葬式　单棺，仅见腐痕。棺痕长1.8、宽0.48、高0.04米。人骨架无存，葬式不明。

随葬器物　陶器3件：盂、豆、罐各1件。置于南壁龛内（图二〇〇）。

陶盂（M793：1），泥质褐陶。口径19.6、腹径19.2、底径7.2、高12.8厘米（图二〇一，1）。

陶豆（M793：2），泥质褐陶。口径12.2、盘深2.4、高11.2厘米（图二〇一，2）。

陶罐（M793：3），泥质褐陶。底径6.4、残高11.6厘米（图二〇一，3）。

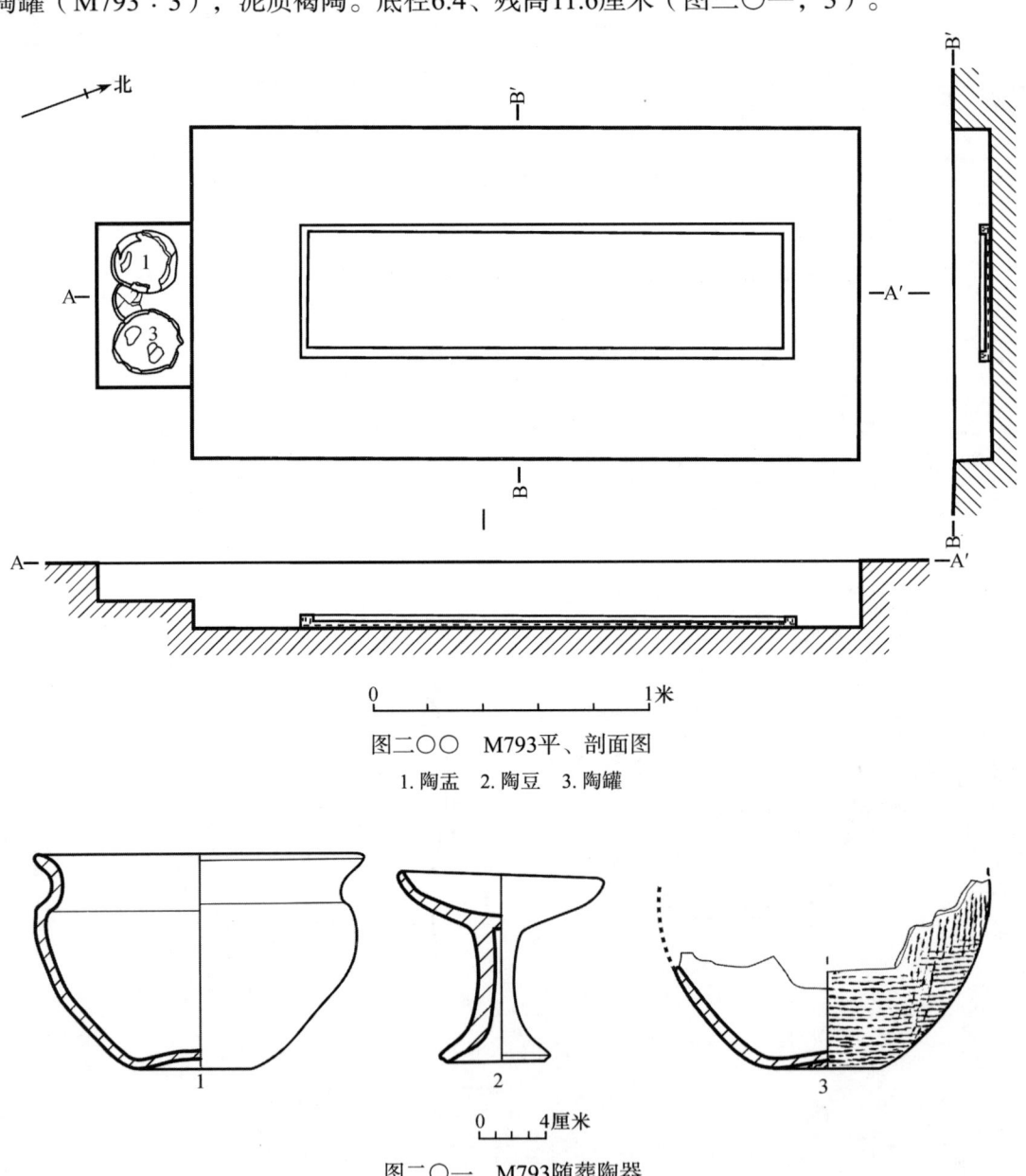

图二〇〇　M793平、剖面图
1. 陶盂　2. 陶豆　3. 陶罐

图二〇一　M793随葬陶器
1. 盂（M793：1）　2. 豆（M793：2）　3. 罐（M793：3）

43. M798

墓葬形制　方向114°。开口于现地表以下0.8米。墓口长2.2、宽0.96~1.1米，墓底长2.02、宽0.6~0.7米，墓坑深1.46米。墓东壁设壁龛，龛高0.24、宽0.52、进深0.38米，龛底距墓底0.42米，南边距南壁0.14米。坑壁较规整，底平。坑内填黄褐色夹灰白色土，土质较硬。

葬具及葬式　单棺，仅见腐痕。棺痕长1.7、宽0.38、高0.08米。人骨架无存，葬式不明。

随葬器物　陶器3件：鼎、盂、壶各1件。置于东壁龛内（图二〇二；图版二七，3、4）。

陶鼎（M798:1），泥质灰陶。口径29.3、腹径28.7、高24.2厘米（图二〇三，1）。

陶盂（M798:2），泥质红陶。口径20.9、腹径21、底径7.6、高12.2厘米（图二〇三，2）。

陶壶（M798:3），泥质灰陶。口径12.4、腹径14.6、底径9.6、高23.8厘米（图二〇三，3）。

44. M831

墓葬形制　方向130°。开口于现地表以下0.4米。墓口长2、宽0.6米，墓底长1.94、宽0.46米，墓坑深1.33米。墓东壁设壁龛，龛高0.3、宽0.6、进深0.22米，龛底距墓底0.8米。坑壁较规整，底平。坑内填黄褐色夹灰白色土，土质较硬。

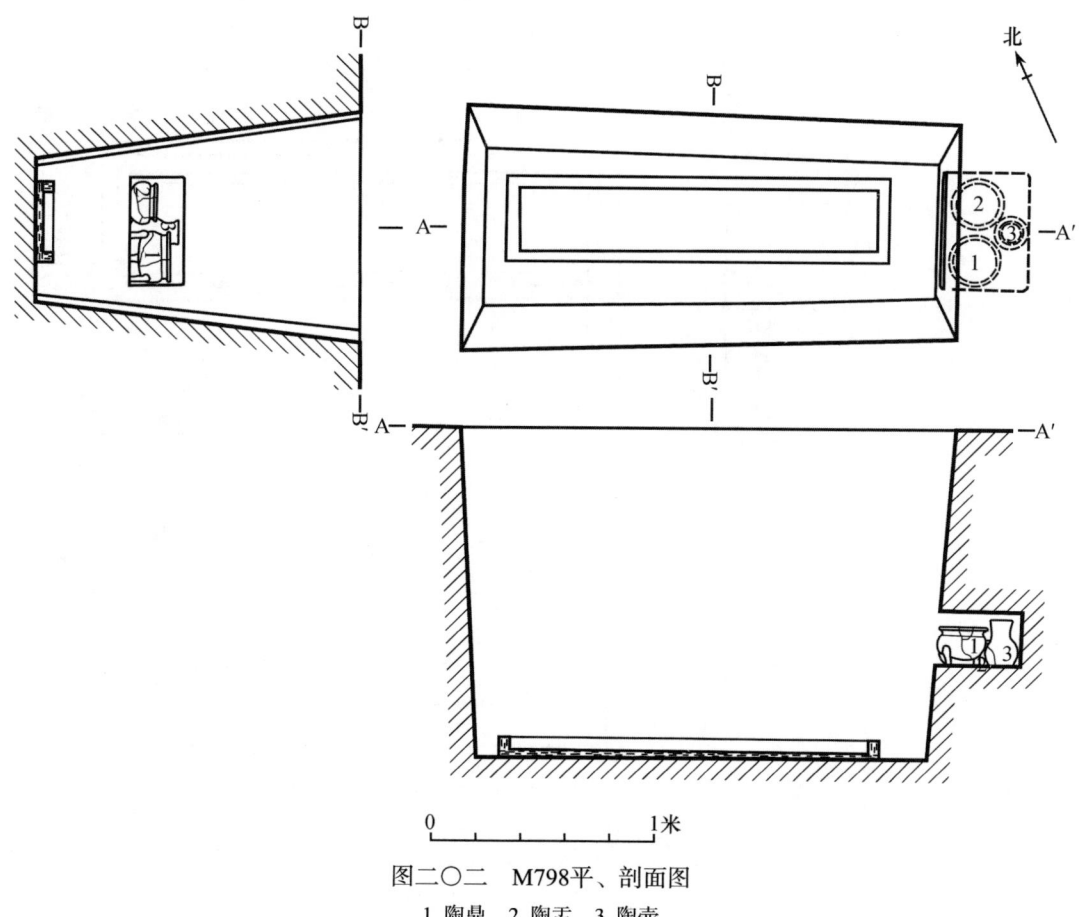

图二〇二　M798平、剖面图
1. 陶鼎　2. 陶盂　3. 陶壶

葬具及葬式　单棺，仅见腐痕。棺痕长1.8、宽0.4、高0.16米。人骨架无存，葬式不明。

随葬器物　陶器4件：鬲、壶各1件，豆2件。置于东壁龛内（图二〇四）。

陶鬲（M831:1），泥质褐陶。口径14.4、腹径17.8、高18.8厘米（图二〇五，1）。

陶豆（M831:2），泥质褐陶。口径12.6、盘深2.4、高10.9厘米（图二〇五，2）。

陶豆（M831:3），泥质褐陶。口径13.7、盘深3、高10.8厘米（图二〇五，3）。

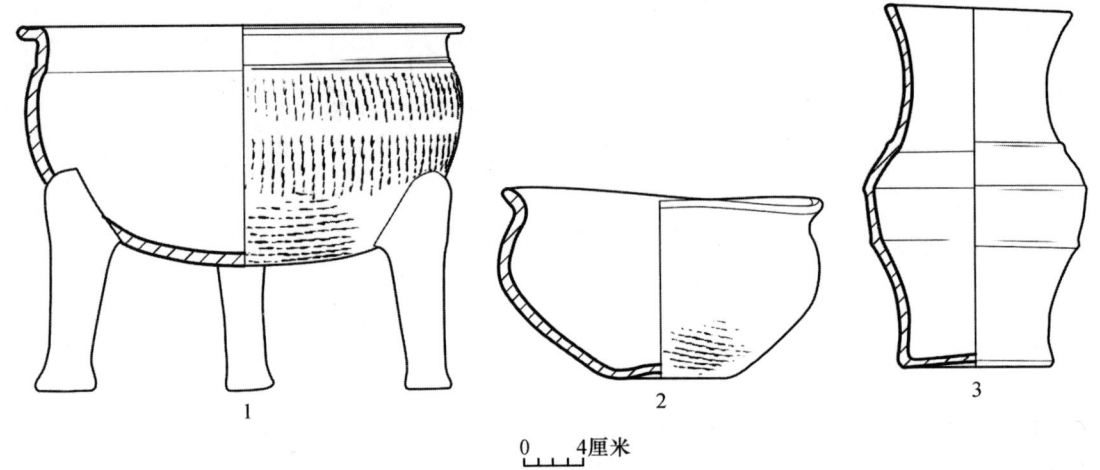

图二〇三　M798随葬陶器
1.鼎（M798:1）　2.盂（M798:2）　3.壶（M798:3）

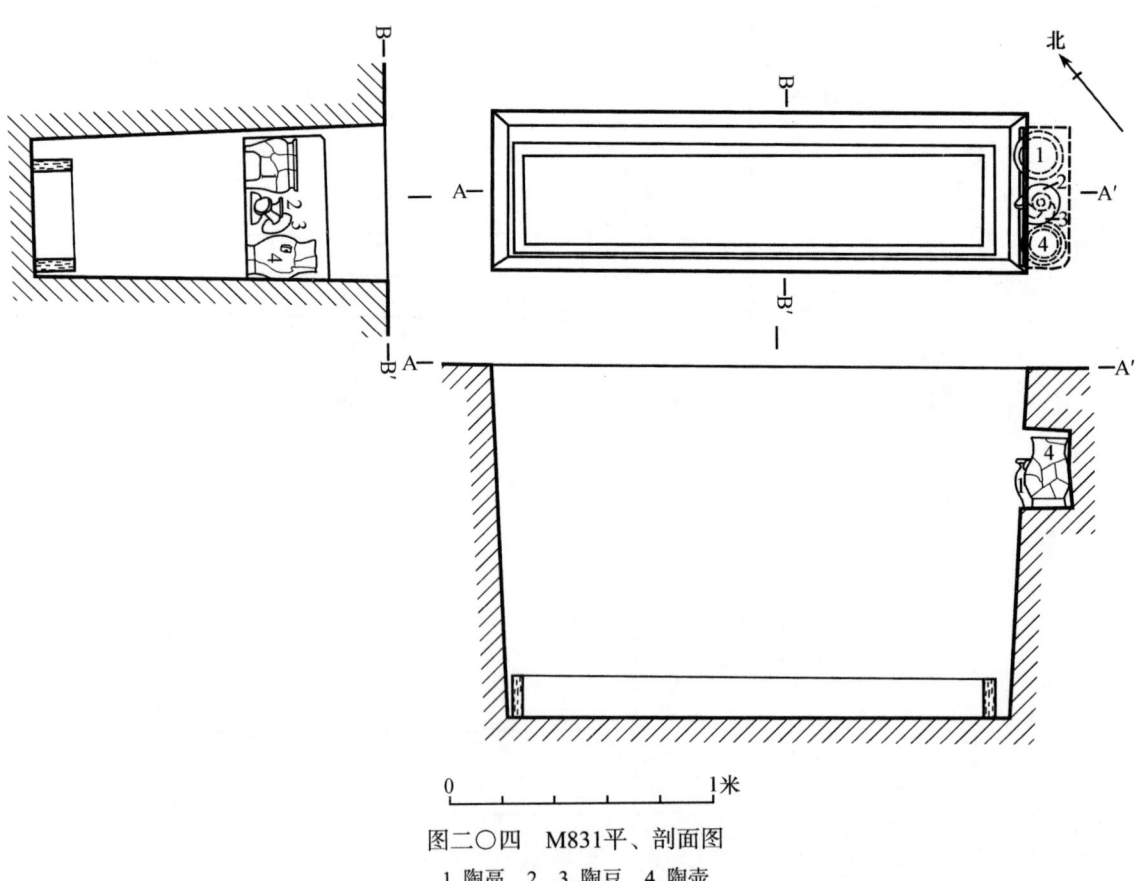

图二〇四　M831平、剖面图
1.陶鬲　2、3.陶豆　4.陶壶

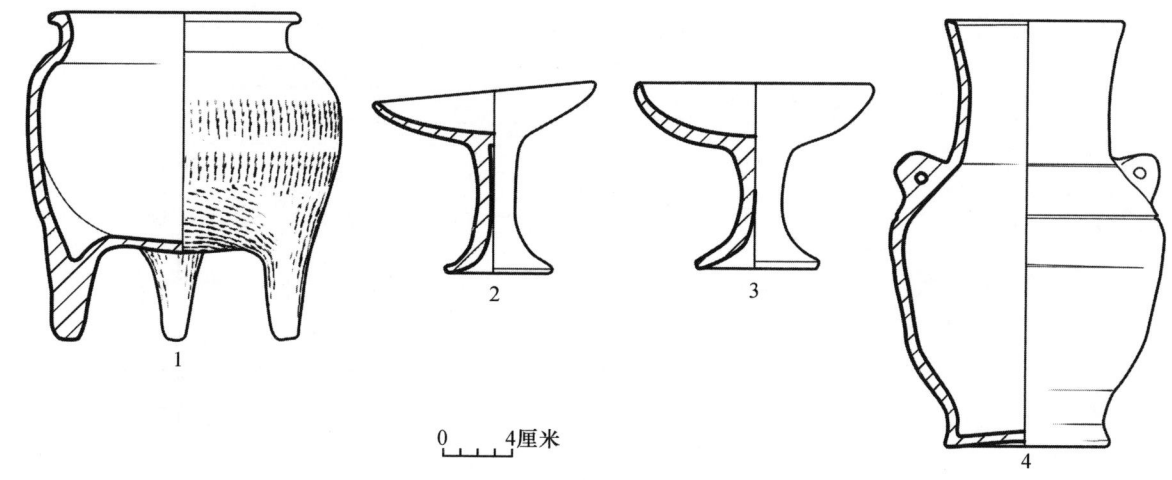

图二〇五　M831随葬陶器
1.鬲（M831∶1）　2、3.豆（M831∶2、M831∶3）　4.壶（M831∶4）

陶壶（M831∶4），泥质褐陶。口径10.4、腹径15.8、底径9.3、高24.4厘米（图二〇五，4）。

45. M848

墓葬形制　方向120°。打破M433。墓坑开口于地表以下0.46米。墓口长1.86、东宽0.88、西宽0.98米，墓底长1.84、东宽0.64、西宽0.66米，墓坑深1.9米。墓东壁设壁龛，龛高0.28、宽0.56、进深0.22米，龛底距墓底0.42米，北边距北壁0.18米。坑壁略为规整，底平。坑内填黄褐色夹灰白色土，土质较硬。

葬具及葬式　单棺，已朽，仅见腐痕。棺痕长1.82、宽0.44、高0.14、厚0.04米。人骨架无存，葬式不明。

随葬器物　陶器5件：盂、豆各2件，壶1件。置于东壁龛内（图二〇六）。

陶盂（M848∶1），泥质褐陶。口径20、腹径19.6、底径7.2、高11厘米（图二〇七，1）。

陶盂（M848∶2），泥质褐陶。口径20、腹径20、底径7.6、高12.6厘米（图二〇七，2）。

陶豆（M848∶3），泥质褐陶。口径12.6、盘深2.7、高11.8厘米（图二〇七，3）。

陶豆（M848∶4），泥质褐陶。口径12.5、盘深2.3、高10.9厘米（图二〇七，4）。

陶壶（M848∶5），泥质褐陶。口径10.8、腹径13.7、底径7.2、高20.6厘米（图二〇七，5）。

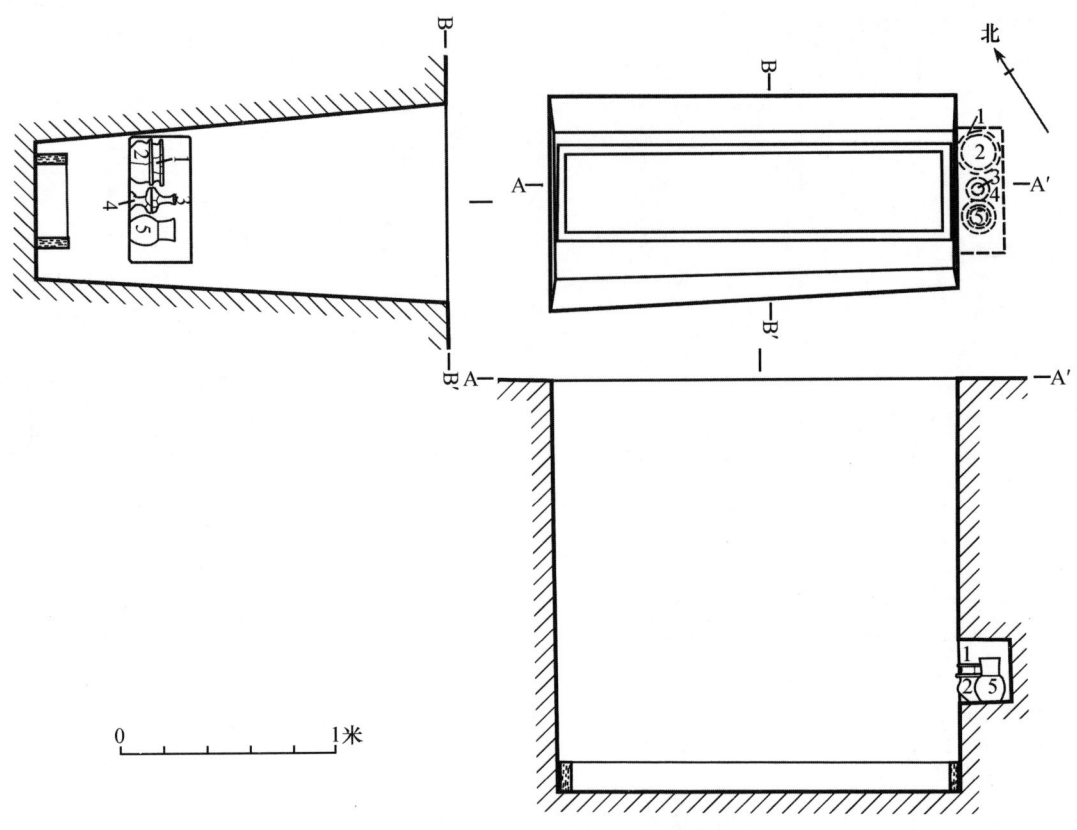

图二〇六　M848平、剖面图
1、2. 陶盂　3、4. 陶豆　5. 陶壶

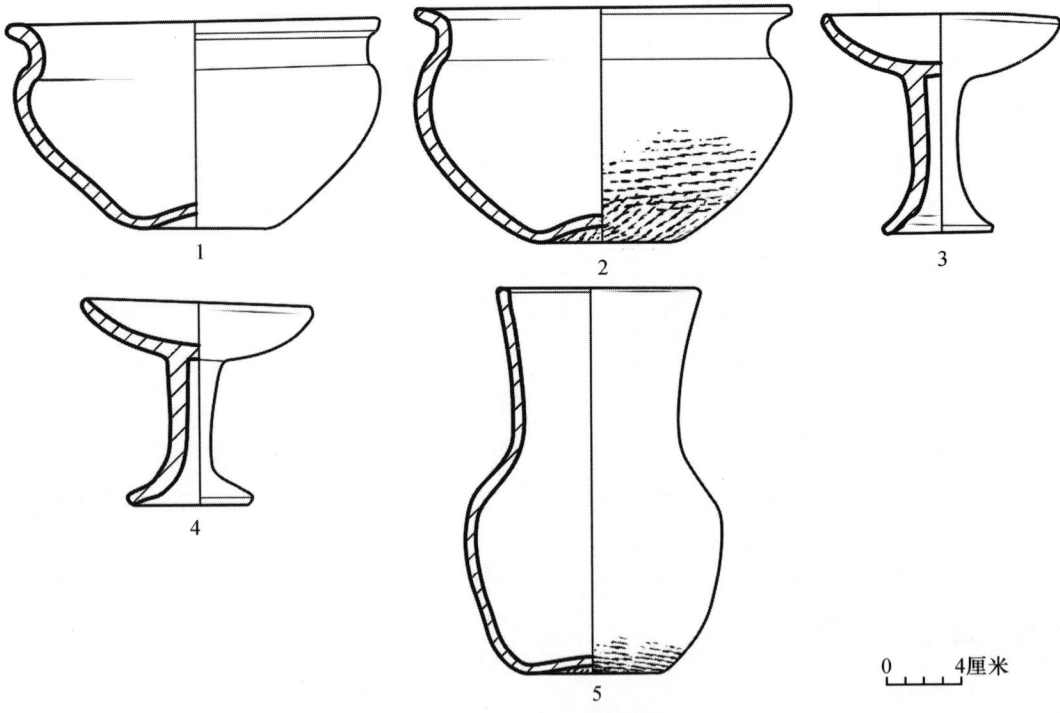

图二〇七　M848随葬陶器
1、2. 盂（M848：1、M848：2）　3、4. 豆（M848：3、M848：4）　5. 壶（M848：5）

三、C 型 墓

C型墓为单椁单棺墓，共计227座。分五亚型，Ca型为无墓道、带壁龛的单椁单棺墓，Cb型为有墓道、有台阶的单椁单棺墓，Cc型为有墓道、无台阶的单椁单棺墓，Cd为有台阶、无墓道的单椁单棺墓，Ce型为无墓道、无台阶、无壁龛的单椁单棺墓。

（一）Ca型墓

Ca型墓为无墓道、带壁龛的单椁单棺墓，计13座：M23、M107、M121、M124、M296、M304、M361、M371、M373、M415、M467、M651、M842（附表七）。

墓例：M23、M121、M124、M304、M371、M415、M467、M842。

1. M23

墓葬形制　方向175°。打破M22。开口于现地表以下0.3米。墓口长2.7、南宽1.34、北宽1.4米，墓底长2.64、南宽1.04、北宽1.14米，墓坑深2.8米。坑壁较光滑、陡直，底平。墓南壁设壁龛，龛高0.36、宽0.8、进深0.4米，上边距墓口1.72米，东边距东壁0.18米。坑内填黄褐色夹灰白色五花土，质密。

葬具及葬式　单棺单椁，已朽，仅存灰色腐痕。椁痕长2.2、宽0.84、高0.3米，棺痕长1.8、宽0.58、高0.2米。未见人骨架，葬式不明。

随葬器物　3件。置于棺内底部中段和南壁龛内。其中，南壁龛内有陶盆、壶各1件，棺内随葬铜剑1件（图二○八；图版二八，1）。

陶器

盆（M23：1），泥质灰陶。口径38.1、腹径38、底径10.7、高20.9厘米（图二○九，1）。

壶（M23：2），泥质灰陶。腹径15.6、底径11.2、高28.3厘米（图二○九，2）。

铜器

剑（M23：3），残长47.2、身宽4.5厘米（图二○九，3）。

2. M121

墓葬形制　方向205°。开口于现地表以下0.8米。墓口长2.68、宽1.5米，墓底长2.36、南宽1.2、北宽1.06米，墓坑深3.3米。坑壁较光滑、陡直，底平。墓南壁设壁龛，龛高0.36、宽0.6、进深0.3米，下边距墓底0.7米，西边距西壁0.18米。坑内填黄褐色夹灰白色五花土，质密。

葬具及葬式　单棺单椁，已朽，仅存灰色腐痕。椁痕长2.14、宽0.8、高0.4米，棺痕长1.8、宽0.5米。椁底两端横置垫木，北端垫木距北壁0.3米，长1.1、宽0.11、厚0.08米，横断面

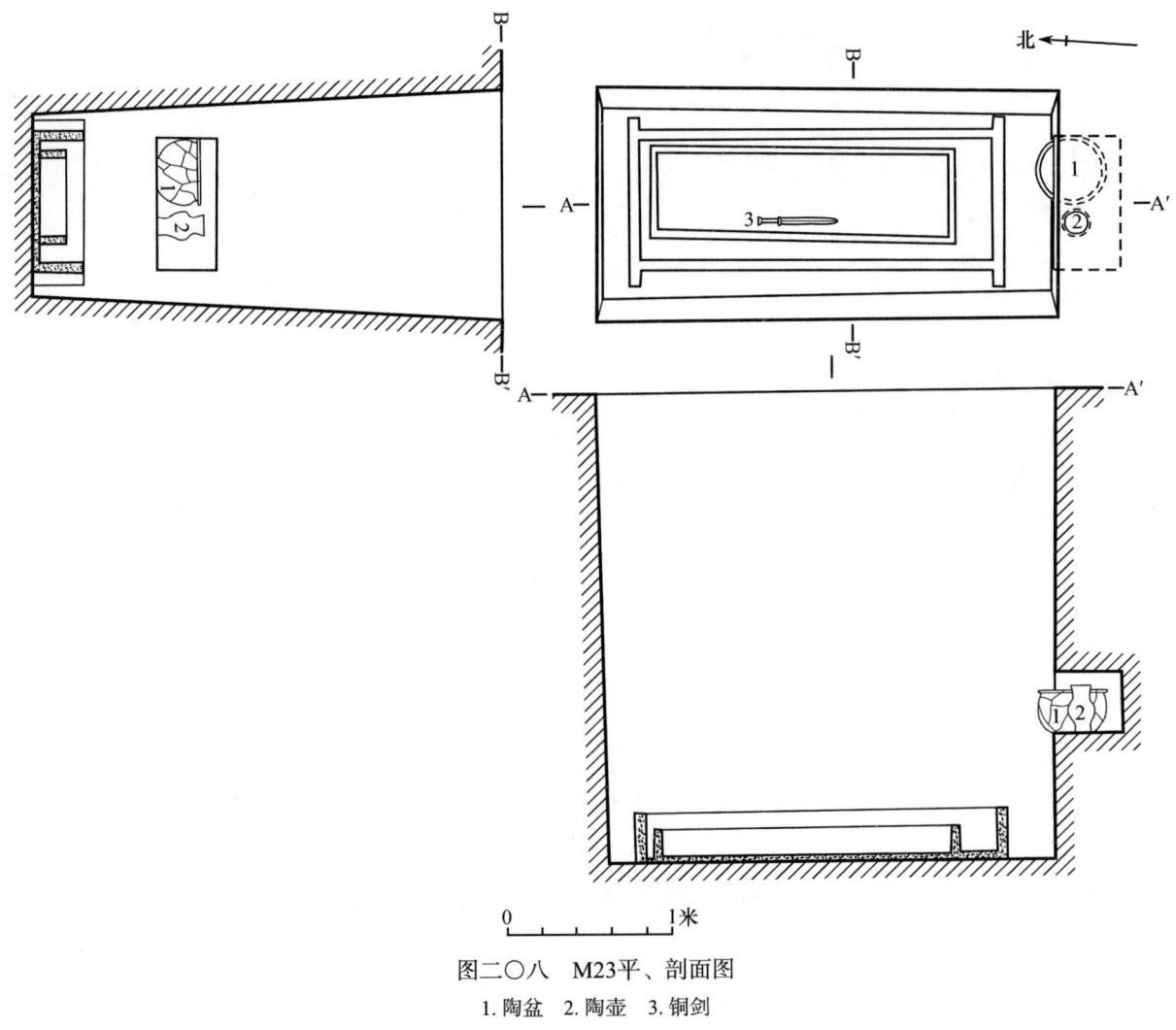

图二〇八 M23平、剖面图
1. 陶盆 2. 陶壶 3. 铜剑

呈长方形；南端垫木距南壁0.3米，形制、尺寸同北端垫木。未见人骨架，葬式不明。

随葬器物 3件。置于南壁龛内，有陶鬲、壶、盂各1件（图二一〇；图版二八，3、4）。

陶鬲（M121：1），夹砂褐红陶。口径14.6、腹径21、高19.3厘米（图二一一，1）。

陶壶（M121：2），泥质褐红陶。口径13.6、腹径14、底径8、高21.8厘米（图二一一，2）。

陶盂（M121：3），泥质灰陶。口径20.1、腹径19.4、残高12.2厘米（图二一一，3）。

3. M124

墓葬形制 方向300°。开口于现地表以下0.3米。墓口长4.4、宽3.2米，墓底长2.96、宽1.88米，墓坑深3.4米。坑壁较光滑、陡直，底平。坑口以下设一级台阶，台阶高0.76米，南北宽0.53～0.57米，东西宽0.59～0.6米。墓西壁设壁龛，龛高0.34、宽0.6、进深0.3米，下边距墓底1米。坑内填黄褐色夹灰白色五花土，质密。

葬具及葬式 单棺单椁，已朽，仅存灰色腐痕。椁痕长2.14、宽0.8、高0.4米，棺痕长

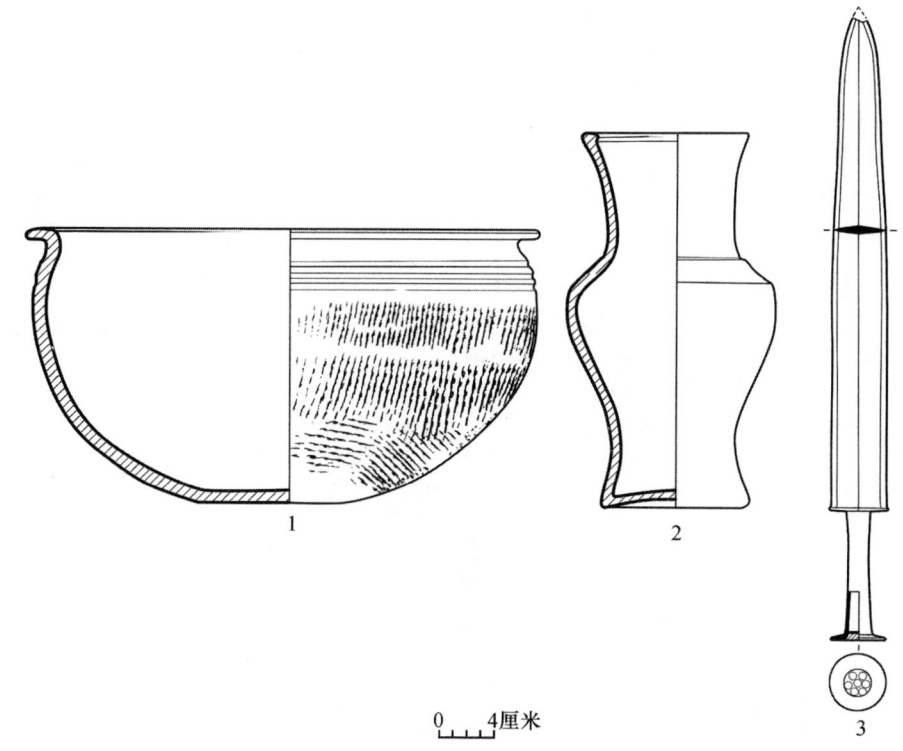

图二〇九　M23随葬器物
1. 陶盆（M23：1）　2. 陶壶（M23：2）　3. 铜剑（M23：3）

1.8、宽0.5米。椁底两端横置垫木，横断面呈半圆弧形，圆弧面向下，两根垫木形制、尺寸同，相距1.14米。垫木宽0.08、长0.9米。未见人骨架，葬式不明。

随葬器物　陶器5件：豆2件，壶、盂、鬲各1件。置于西壁龛内（图二一二；图版二九，1、2）。

陶豆（M124：1），泥质灰陶。口径13.1、盘深1.6、高17.3厘米（图二一三，1）。

陶豆（M124：4），泥质灰陶。口径12.7、盘深2、高16.8厘米（图二一三，4）。

陶壶（M124：2），泥质灰陶。口径11.6、腹径16.2、底径9.6、高27.6厘米（图二一三，2）。

陶盂（M124：3），泥质灰褐陶。口径20.7、腹径21.2、底径7.5、高13.6厘米（图二一三，3）。

陶鬲（M124：5），泥质灰陶。口径16.5、腹径20、高20厘米（图二一三，5）。

4. M304

墓葬形制　方向198°。开口于现地表以下0.5米。墓口长2.5米、宽1.46米，墓底长2.4、宽1.36米，墓坑深1.6米。坑壁直壁、略斜，底平。墓南壁设壁龛，龛高0.4、宽0.5、进深0.1米，上边距墓口0.85米，东边距东壁0.5米。坑内填红褐色夹杂少量的灰白色五花土。

葬具及葬式　单椁单棺，已朽，仅存灰色腐痕。椁痕长2.03、宽0.86、高0.2米，棺痕长1.7、宽0.5、高0.06米。人骨架已腐，葬式不明。

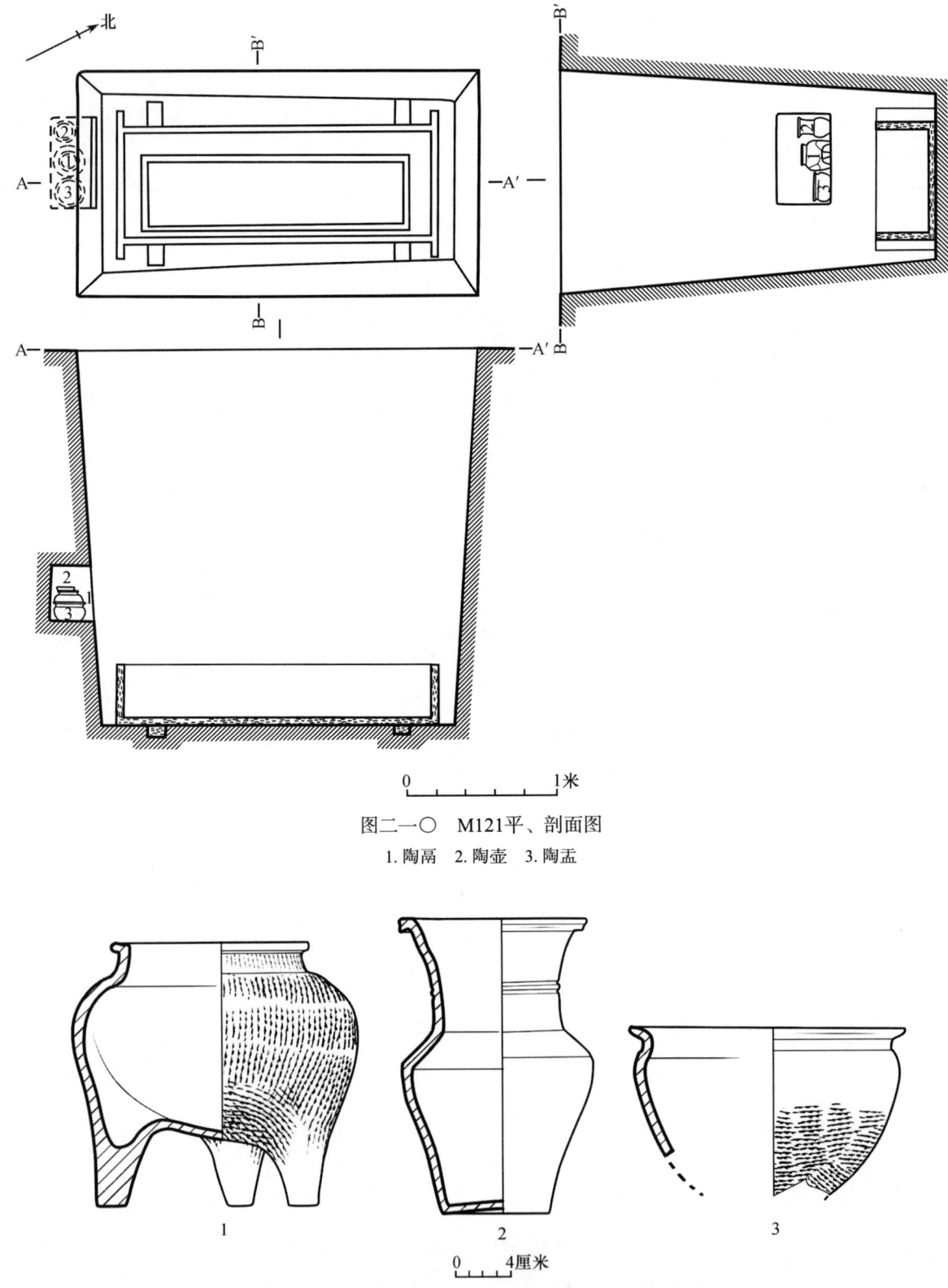

图二一〇　M121平、剖面图
1. 陶鬲　2. 陶壶　3. 陶盂

图二一一　M121随葬陶器
1. 鬲（M121∶1）　2. 壶（M121∶2）　3. 盂（M121∶3）

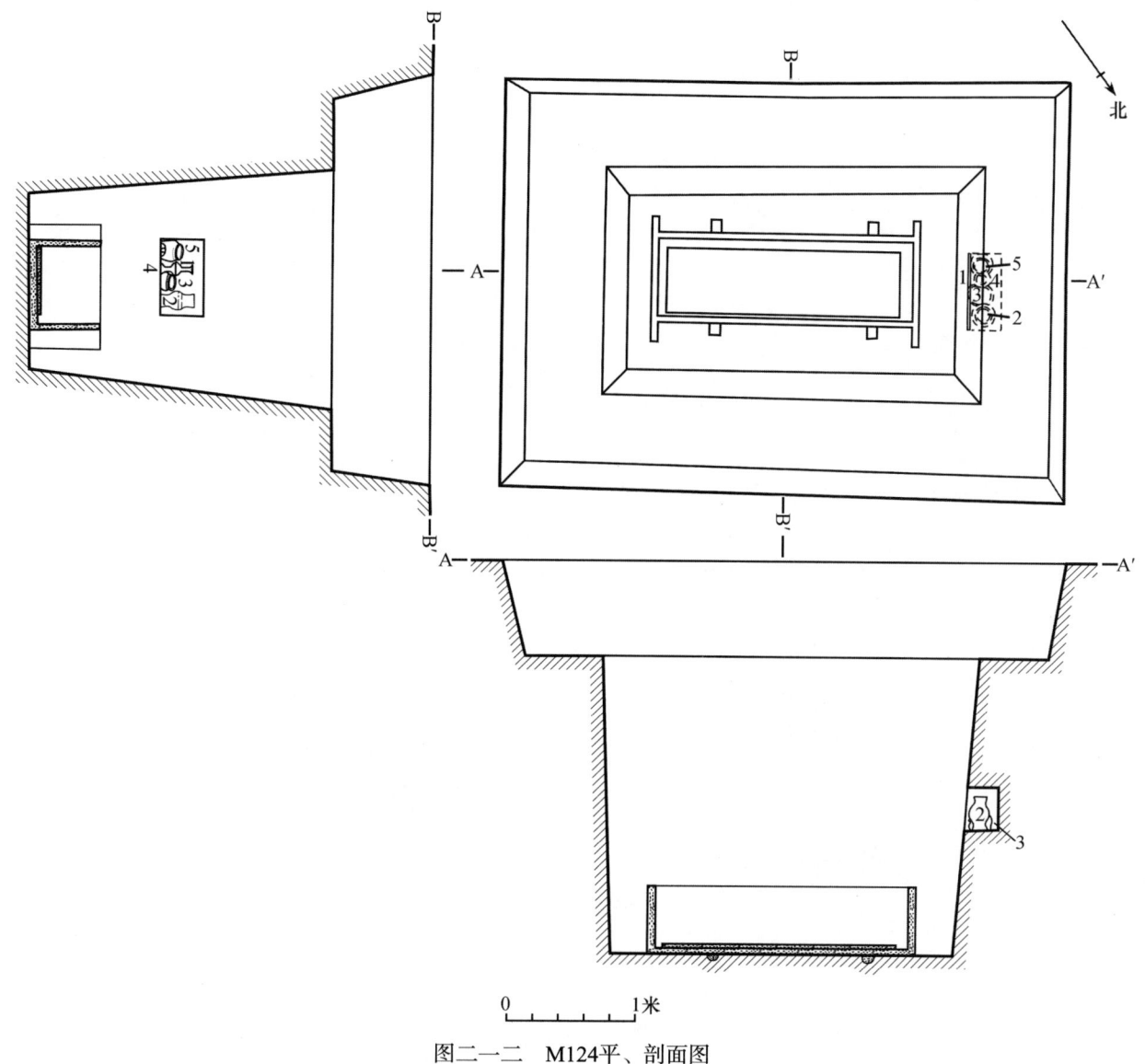

图二一二 M124平、剖面图
1、4.陶豆 2.陶壶 3.陶盂 5.陶鬲

随葬器物 陶器3件：盂、壶、盆各1件。置于椁内棺外南端及南壁龛内（图二一四；图版二八，2）。

陶盂（M304∶1），泥质褐陶。口径20.6、腹径20.8、底径8.5、高12.2厘米（图二一五，1）。

陶壶（M304∶2），泥质灰陶。口径10.8、腹径16.4、底径10.8、通高26.3厘米（图二一五，2）。

陶盆（M304∶3），夹砂灰陶。口径34、腹径32.8、高17.1厘米（图二一五，3）。

5. M371

墓葬形制 方向120°。开口于现地表以下0.6米。墓口长3.14、宽1.82米，墓底长2.72、宽

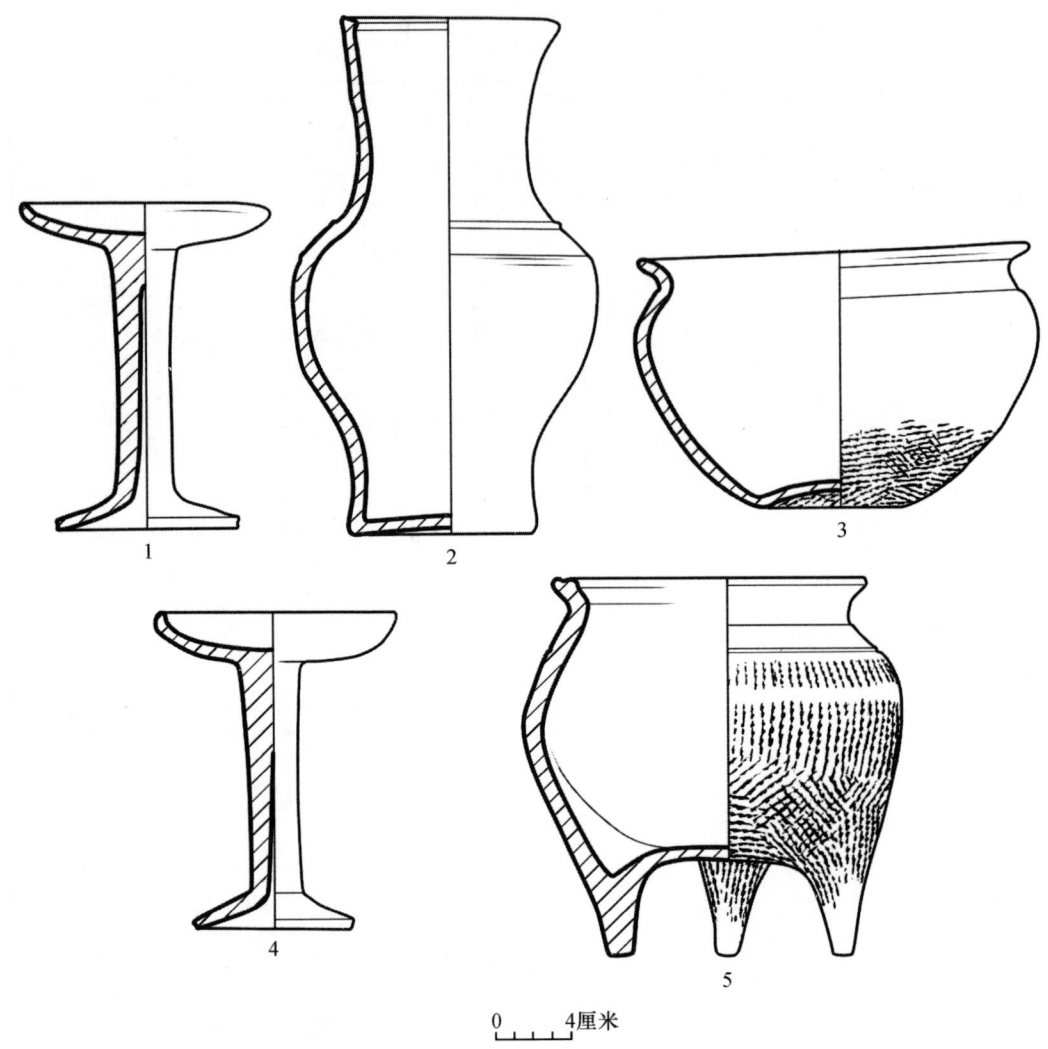

图二一三 M124随葬陶器
1、4. 豆（M124：1、M124：4） 2. 壶（M124：2） 3. 盂（M124：3） 5. 鬲（M124：5）

1.4米，墓坑深1.9米。坑壁不规整，底平。墓东壁设壁龛，高0.44、宽0.8、进深0.4米，龛口上边距墓口0.6米，南边距南壁0.4米。坑内填黄褐色夹灰白色土，土质较硬。

葬具及葬式　单椁单棺，仅见腐痕。椁痕长2.24、宽0.94、高0.56、厚0.04米，棺痕长1.78、宽0.48、高0.14、厚0.04米。仅于棺底东端见牙齿，葬式不明。

随葬器物　陶器3件：盆、盂、壶各1件。置于东壁龛内（图二一六；彩版三一，1、2）。

陶盆（M371：1），泥质褐陶。口径38、腹径38、高23厘米（图二一七，1）。

陶盂（M371：2），泥质灰陶。口径21.6、腹径20.5、底径10、高9.7厘米（图二一七，2）。

陶壶（M371：3），泥质灰陶。口径12、腹径14.8、底径9.6、高26.2厘米（图二一七，3）。

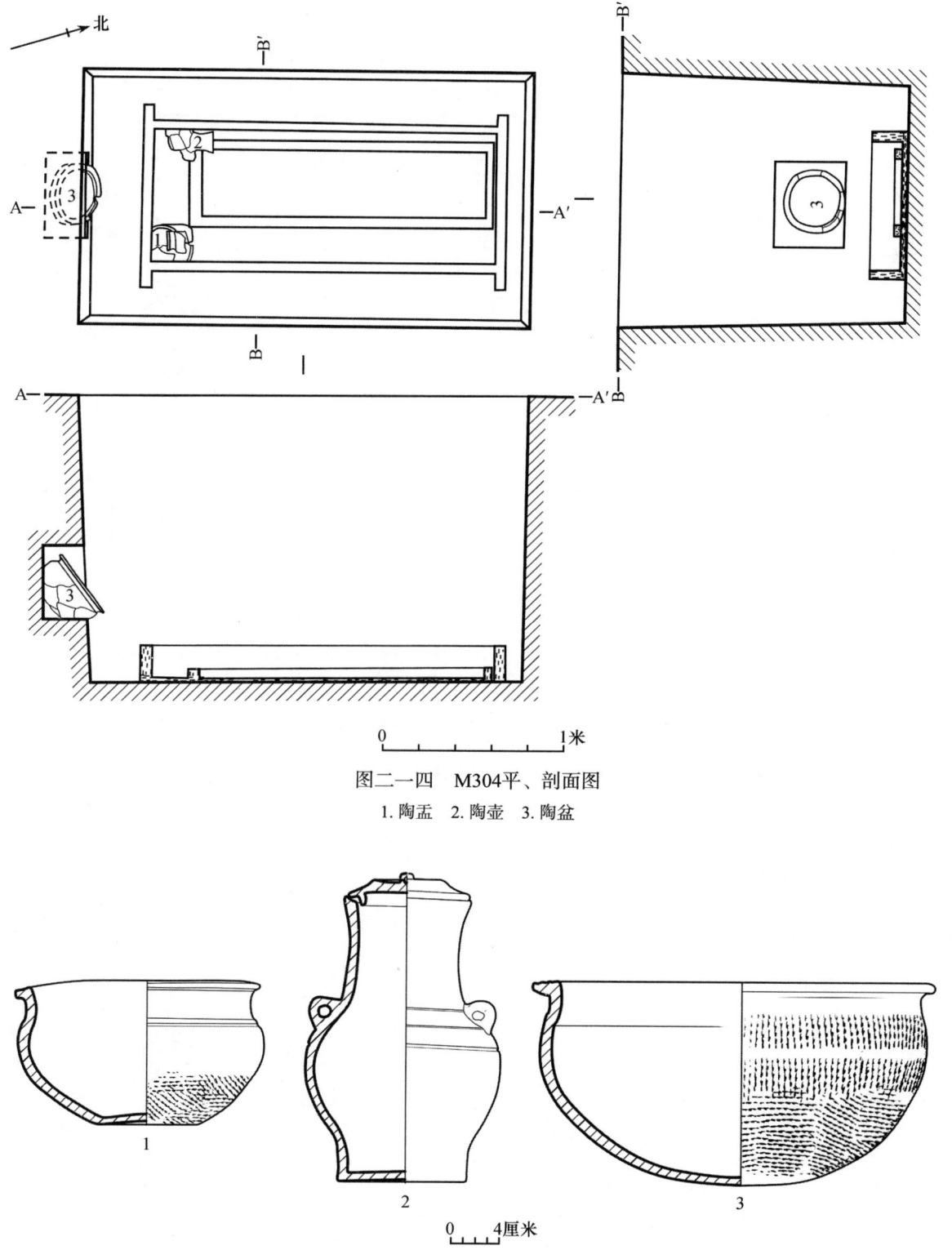

图二一四 M304平、剖面图
1. 陶盂 2. 陶壶 3. 陶盆

图二一五 M304随葬陶器
1. 盂（M304：1） 2. 壶（M304：2） 3. 盆（M304：3）

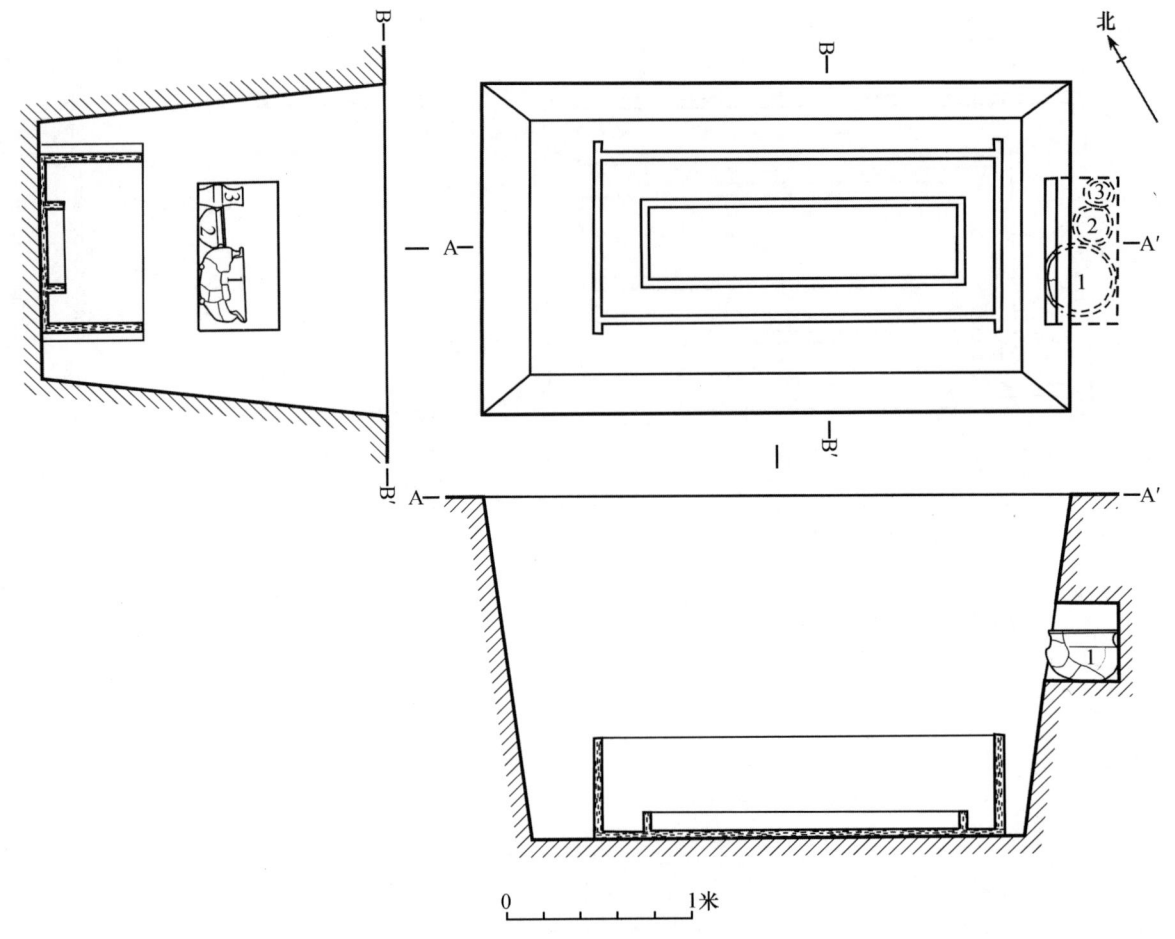

图二一六　M371平、剖面图
1.陶盆　2.陶盂　3.陶壶

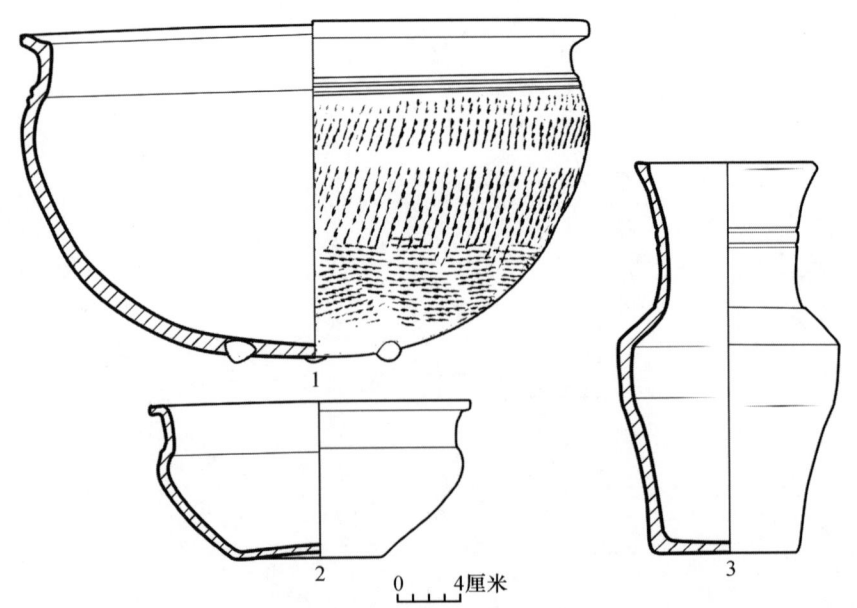

图二一七　M371随葬陶器
1.盆（M371:1）　2.盂（M371:2）　3.壶（M371:3）

6. M415

墓葬形制 方向120°。开口于现地表以下0.3米。墓口长3.68、宽2.9米,墓底长2.4、宽1.4~1.56米,墓坑深2.37米。坑壁经修整,规整、斜直;底平。墓壁设一级台阶,台阶上距墓口0.65米,台面东宽0.42、西宽0.39~0.44、南宽0.42~0.45、北宽0.44~0.48米。墓东壁设壁龛,龛高0.32、宽1.49、进深0.2米,上边距墓口1.69米。坑内填黄褐色夹灰白色花土,质密。

葬具及葬式 单椁单棺,均已朽无存,可见青灰色朽痕。椁痕长2.08、宽0.86、高0.4米,棺痕长1.94、宽0.46、高0.14米。人骨架已朽无存,葬式不明。

随葬器物 陶器11件:鼎3件,敦、壶、豆各2件,盘、匜各1件,其中修复4件。置于东壁龛内及椁内棺外两侧(图二一八;彩版三二,1、2)。

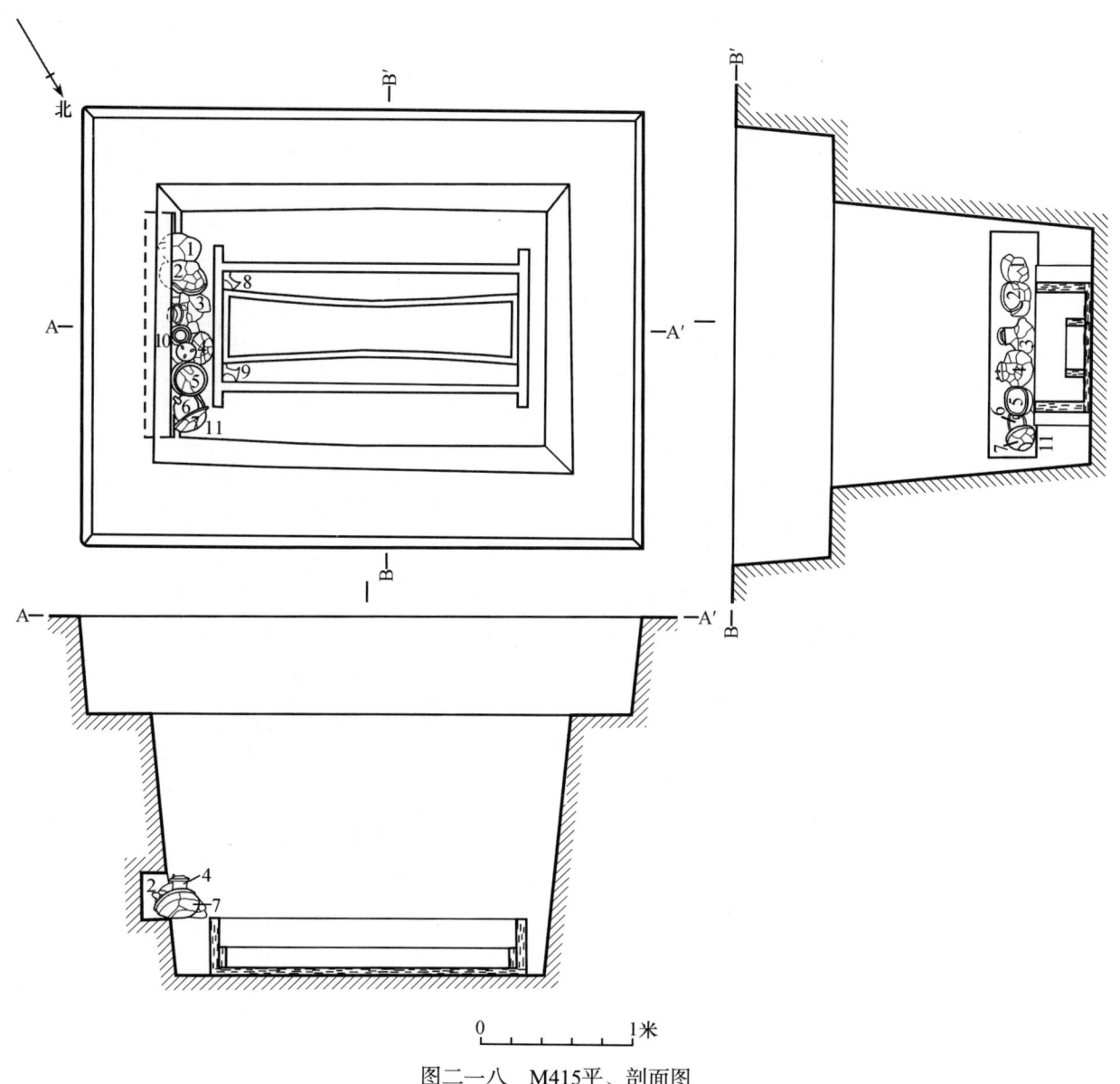

图二一八 M415平、剖面图
1、6.陶敦 2、5、10.陶鼎 3、4.陶壶 7.陶盘 8、9.陶豆 11.陶匜

陶敦（M415：1），夹砂褐陶。口径18.4、通高24.8厘米（图二一九，1）。

陶敦（M415：6），夹砂褐陶。口径18.8、通高26.8厘米（图二一九，3）。

陶鼎（M415：5），夹砂褐陶。口径20、腹径23.6、通高28.2厘米（图二一九，2）。

陶盘（M415：7），夹砂褐陶。口径23.2、底径18.8、高6.8厘米（图二一九，4）。

7. M467

墓葬形制　方向112°。开口于现地表以下0.3米。墓口长3.4、宽2.3米，墓底长2.38、宽1.28米，墓坑深3.26米。坑壁规整，底平。墓壁设一级台阶，上距墓口1.3米，台面东宽0.24、西宽0.3、南宽0.29、北宽0.27米。墓东壁设壁龛，龛高0.32、宽0.82、进深0.38米，上边距墓口2.04米，北边距北壁0.3米。坑内填黄褐色花土，土质松。

葬具及葬式　单椁单棺，只发现单椁单棺已腐的青灰泥痕迹。椁痕长2.18、宽0.82、高0.3米，棺痕长1.86、宽0.44、高0.14米。未发现人骨架，葬式不明。

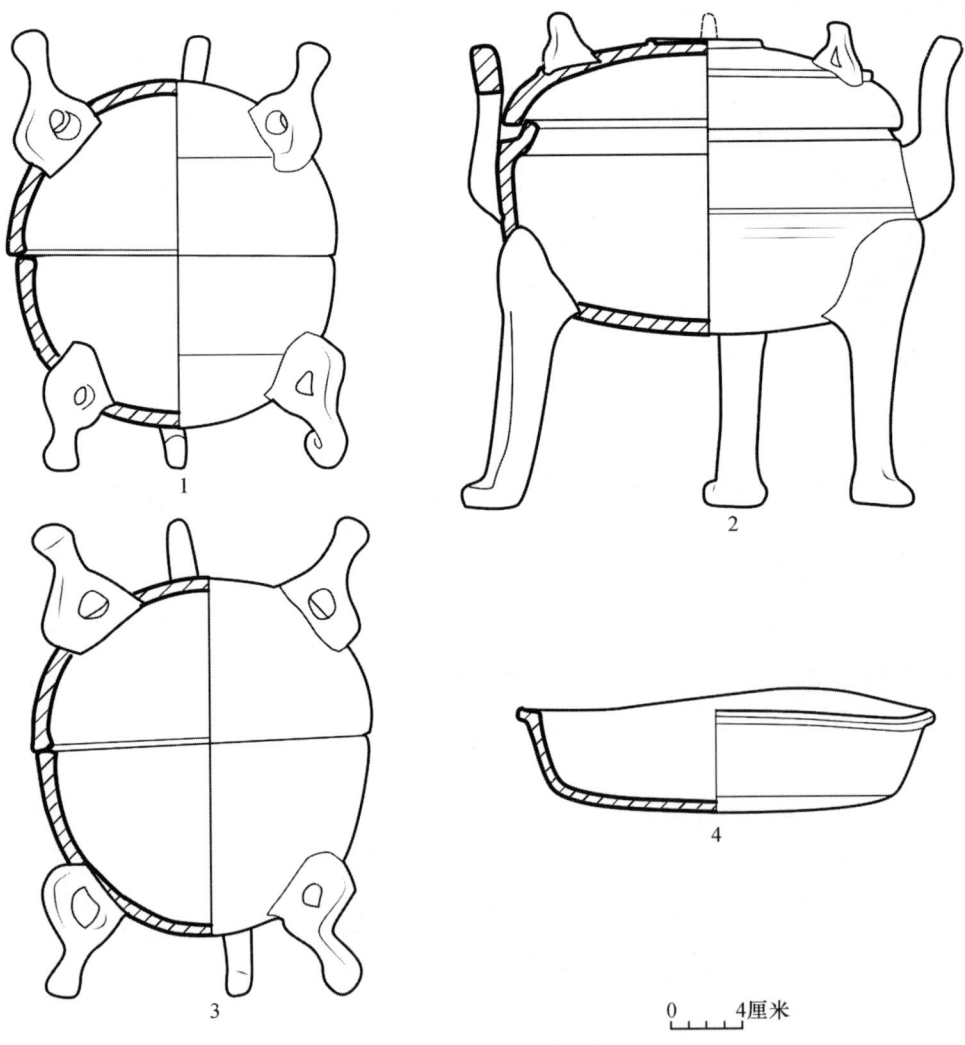

图二一九　M415随葬陶器

1、3. 敦（M415：1、M415：6）　2. 鼎（M415：5）　4. 盘（M415：7）

随葬器物　陶器4件：罐、盆、盂、壶各1件。置于东壁龛内及椁内棺外东端（图二二〇；彩版三三，1、2）。

陶罐（M467：1），泥质灰陶。口径17.2、腹径17.6、底径8、高30.8厘米（图二二一，1）。

陶盆（M467：2），泥质灰陶。口径38.4、腹径38、高23.2厘米（图二二一，2）。

陶盂（M467：3），泥质褐陶。口径21.6、腹径20、底径8.8、高12.8厘米（图二二一，3）。

陶壶（M467：4），泥质灰陶。口径12、腹径16、底径10.4、高23.8厘米（图二二一，4）。

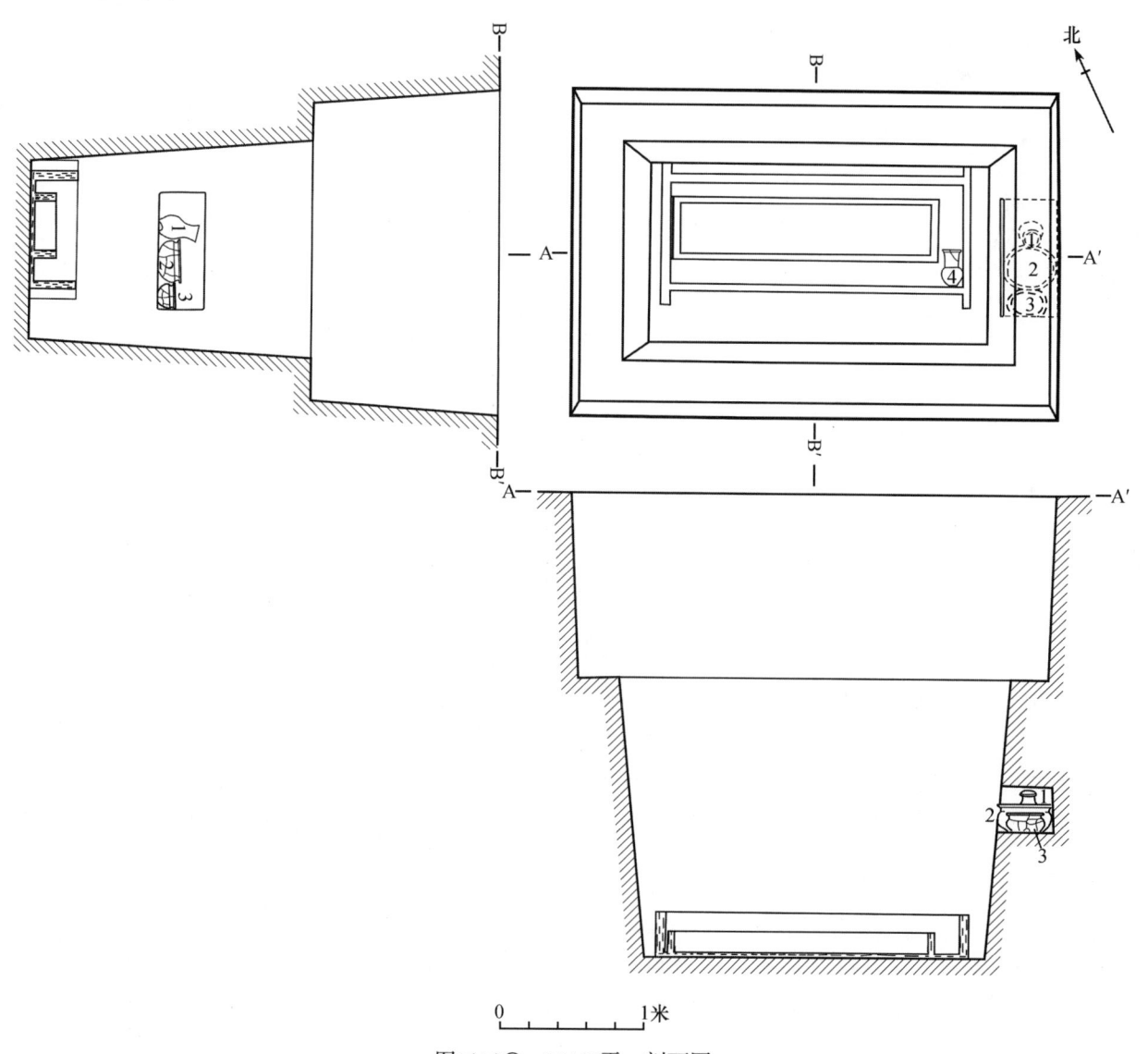

图二二〇　M467平、剖面图
1.陶罐　2.陶盆　3.陶盂　4.陶壶

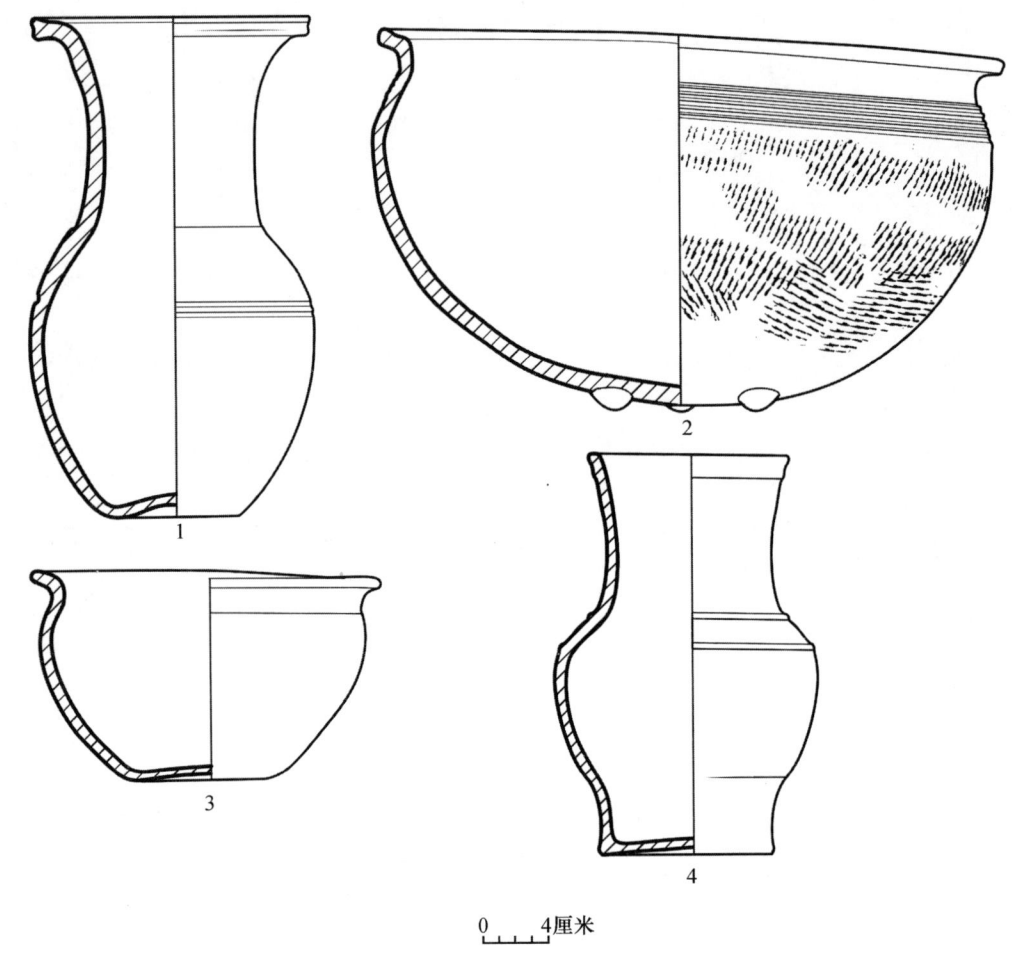

图二二一　M467随葬陶器
1. 罐（M467∶1）　2. 盆（M467∶2）　3. 盂（M467∶3）　4. 壶（M467∶4）

8. M842

墓葬形制　方向210°。墓口南半部被晚期墓葬M553打破。开口于现地表以下0.4米。墓口残长0.85～1.5、宽1.7米，墓底长2.32、宽1.08米，墓坑深3.5米。坑壁较光滑、陡直，底平。椁外南端设附葬箱用于放置随葬器物，附葬箱伸入墓室南壁形成壁龛，已腐，存灰痕，箱痕长0.8、宽0.34、高0.16米，龛高0.62、宽0.8、进深0.23米。附葬箱下边下距墓底0.16米，西边距西壁0.16米。坑内填黄褐色夹灰白色五花土，质密。

葬具及葬式　单棺单椁，已朽，仅存灰色腐痕。椁痕长2.06、宽0.72、高0.3米，棺痕长1.8、宽0.46、高0.12米。椁底两端横置垫木，垫木两端与东西墓壁相接，北端垫木距北壁0.42米，长1.08、宽0.12、厚0.06米，横断面呈半圆弧形；南端垫木距南壁0.3米，与北端垫木形制、尺寸同。未见人骨架，葬式不明。

随葬器物　陶器4件：鼎、盂各1件，壶2件，其中修复2件。置于椁外南端附葬箱和南壁龛内（图二二二；彩版三四，1、2）。

陶鼎（M842∶1），泥质灰陶。口径18、腹径20.9、通高24.8厘米（图二二三，1）。

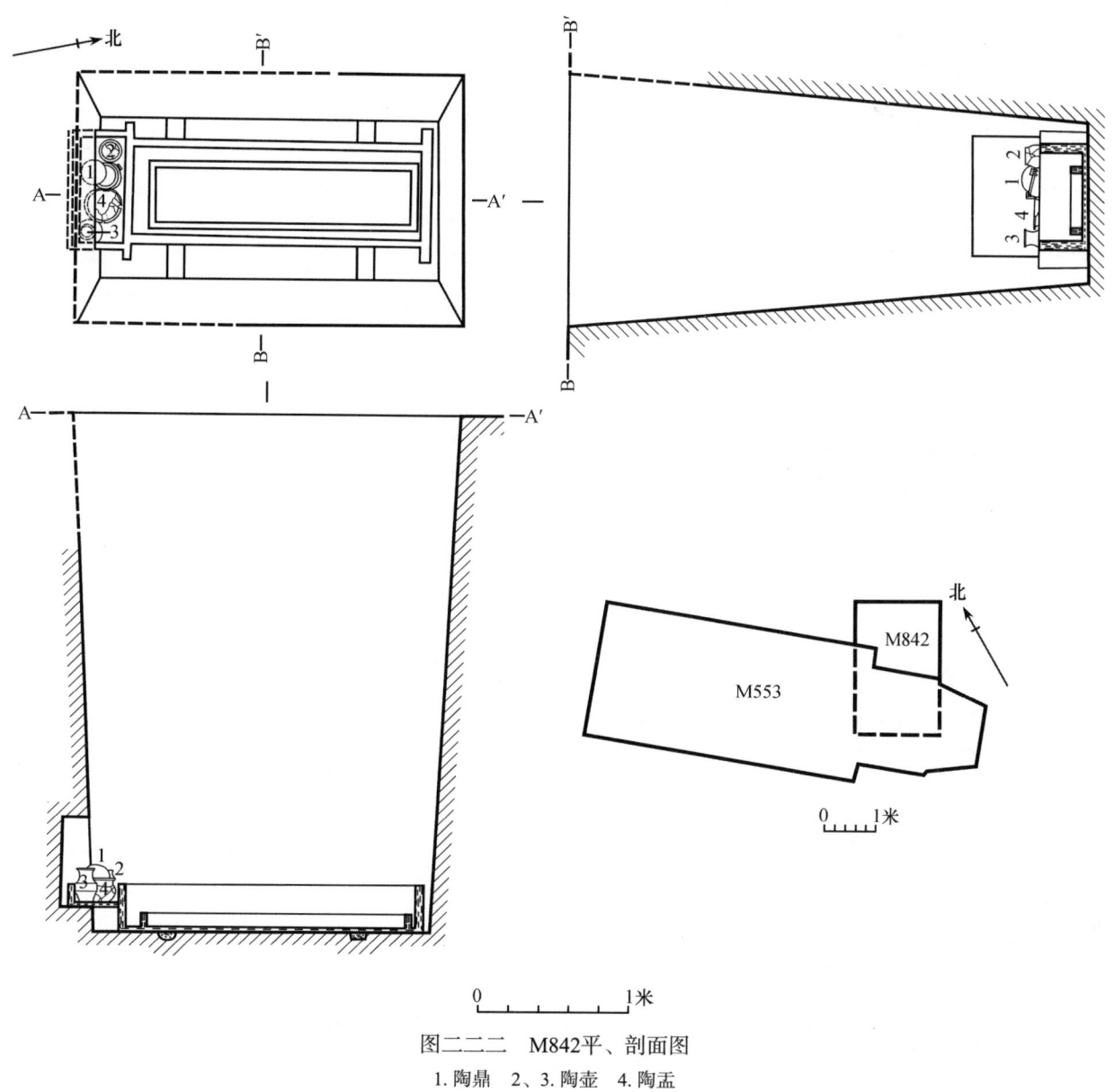

图二二二　M842平、剖面图
1.陶鼎　2、3.陶壶　4.陶盂

陶壶（M842：2），泥质灰陶。口径11.6、腹径16、底径10.4、残高20.6厘米（图二二三，2）。

（二）Cb型墓

Cb型墓为有墓道、有台阶的单椁单棺墓，计48座：M18、M53、M57、M68、M73、M74、M76、M77、M78、M115、M117、M141、M142、M143、M306、M313、M322、M365、M369、M380、M383、M388、M396、M401、M402、M405、M406、M408、M431、M446、M476、M537、M538、M561、M562、M578、M583、M604、M607、M608、M624、M625、M626、M648、M655、M735、M738、M768（附表八）。

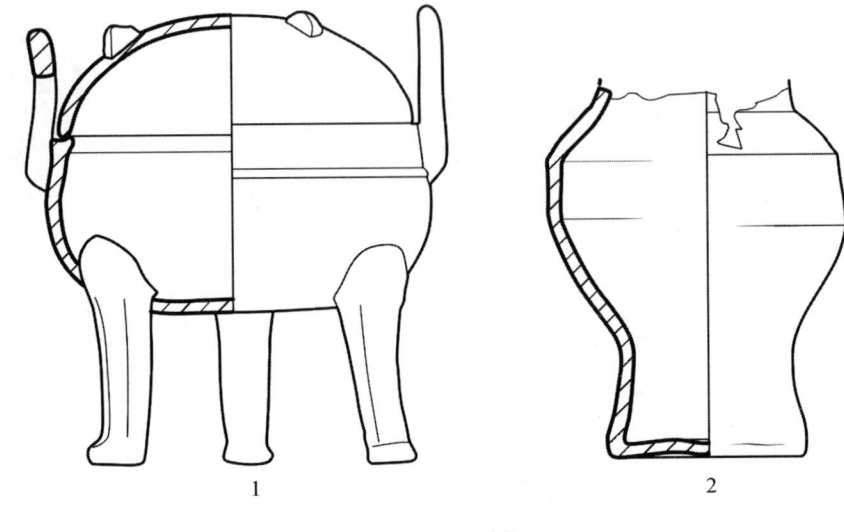

图二二三　M842随葬陶器
1.鼎（M842∶1）　2.壶（M842∶2）

墓例：M18、M53、M57、M73、M77、M78、M115、M141、M142、M143、M322、M380、M383、M388、M396、M401、M402、M408、M538、M624、M625、M626、M655。

1. M18

墓葬形制　方向185°。被M34和M35打破。墓圹东南角、东北角被扰乱。开口于现地表以下0.4米。墓口长6、宽5米，墓底长2.78、宽1.6米，墓坑深3.2米。墓葬南壁中部设斜坡墓道，长2.12、南口宽1.2、室口宽1.28米，坡底长3.56、南口宽1.2、室口宽1.15米，距墓底高1.66米处起坡，坡度25°。墓壁设二级生土台阶。第一级台阶上距墓口0.36米，台面东宽0.6、西宽0.5、南宽0.48、北宽0.56米。第二级台阶上距墓口0.98米，台面东宽0.46、西宽0.52、南宽0.46、北宽0.47米。坑形方正规整，坑壁较光滑、陡直，底平。坑内填黄褐色夹灰白色五花土，质密。

葬具及葬式　单椁单棺，已朽，仅存灰色腐痕。椁痕长2.4、宽1.18、高0.74米，棺痕长1.7、宽0.72、高0.5米。椁底南北两端各横置1根半圆弧形垫木，已朽，存灰色腐痕。长1.46、宽0.12、厚0.06米，两木相距2.02米。未见人骨架，葬式不明。

随葬器物　陶器9件：鼎、敦、壶各2件，盘、匜、豆各1件，其中修复5件。置于墓底椁内棺外南端（图二二四；图版三〇，1~3）。

陶鼎（M18∶1），泥质灰陶。口径18.4、腹径22、通高27.6厘米（图二二五，1）。

陶鼎（M18∶5），泥质灰陶。口径16.8、腹径22.3、通高26.4厘米（图二二五，3）。

陶豆（M18∶2），泥质灰陶。口径12.8、盘深2.5、高13厘米（图二二五，2）。

陶敦（M18∶7），泥质灰陶。口径18、残高22.4厘米（图二二五，4）。

陶敦（M18∶8），泥质灰陶。口径18.8、通高29.2厘米（图二二五，5）。

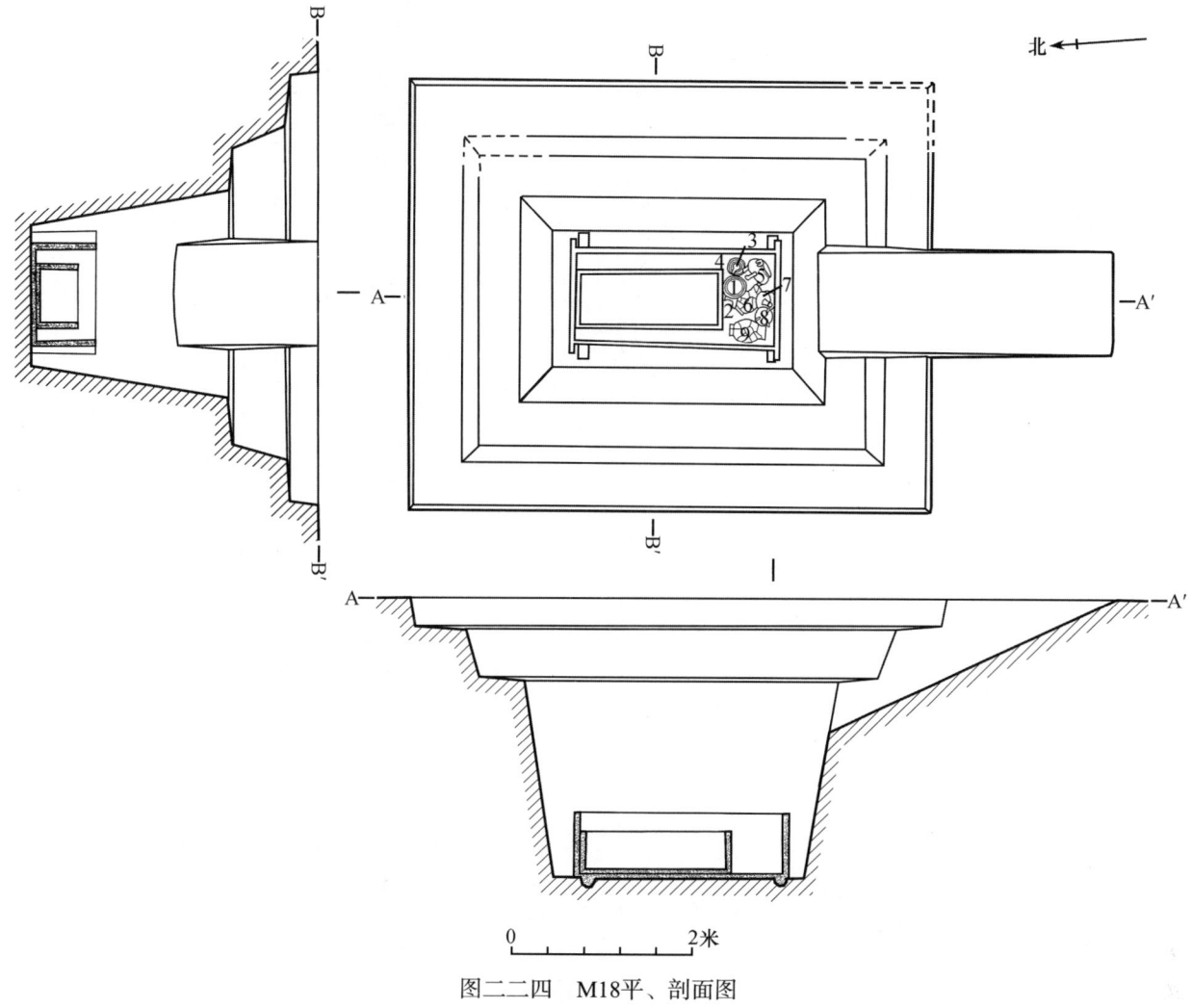

图二二四 M18平、剖面图
1、5.陶鼎 2.陶豆 3.陶匜 4.陶盘 6、9.陶壶 7、8.陶敦

2. M53

墓葬形制 方向160°。开口于现地表以下0.42米。墓口长4.5、宽3.36米，墓底长2.88、宽1.58米，墓坑深3.2米。墓南壁中部设斜坡墓道，略向西偏斜，墓道水平长3.1、开口南宽0.8、北宽1.2米，坡底长4米，底部南宽0.8、北宽0.9米，南口向下0.12米起坡，距墓底高0.84米设两级踏步，一踏宽0.26、高0.18米，一踏宽0.12、高0.14米，踏步上起坡，坡度33°。墓壁设一级生土台阶。台阶上距墓口0.8米，台面东宽0.54、西宽0.54、南宽0.51、北宽0.72米。坑形方正规整，坑壁较光滑、陡直，底平。坑内填黄褐色夹灰白色五花土，质密。

葬具及葬式 单椁单棺，椁已朽，仅存灰色腐痕，棺残存两侧壁板。椁痕长2.41、宽0.9~1.06、高0.72米，棺痕长1.8、宽0.6、高0.48米。椁底南北两端各横置1根垫木，已朽，存灰色腐痕，长1.24、宽0.1、厚0.05米，两木相距1.48米。未见人骨架，葬式不明。

随葬器物 陶器9件：鼎、豆、壶、罐各2件，敦1件，其中修复7件。置于墓底椁内棺外南端（图二二六；图版三〇，4）。

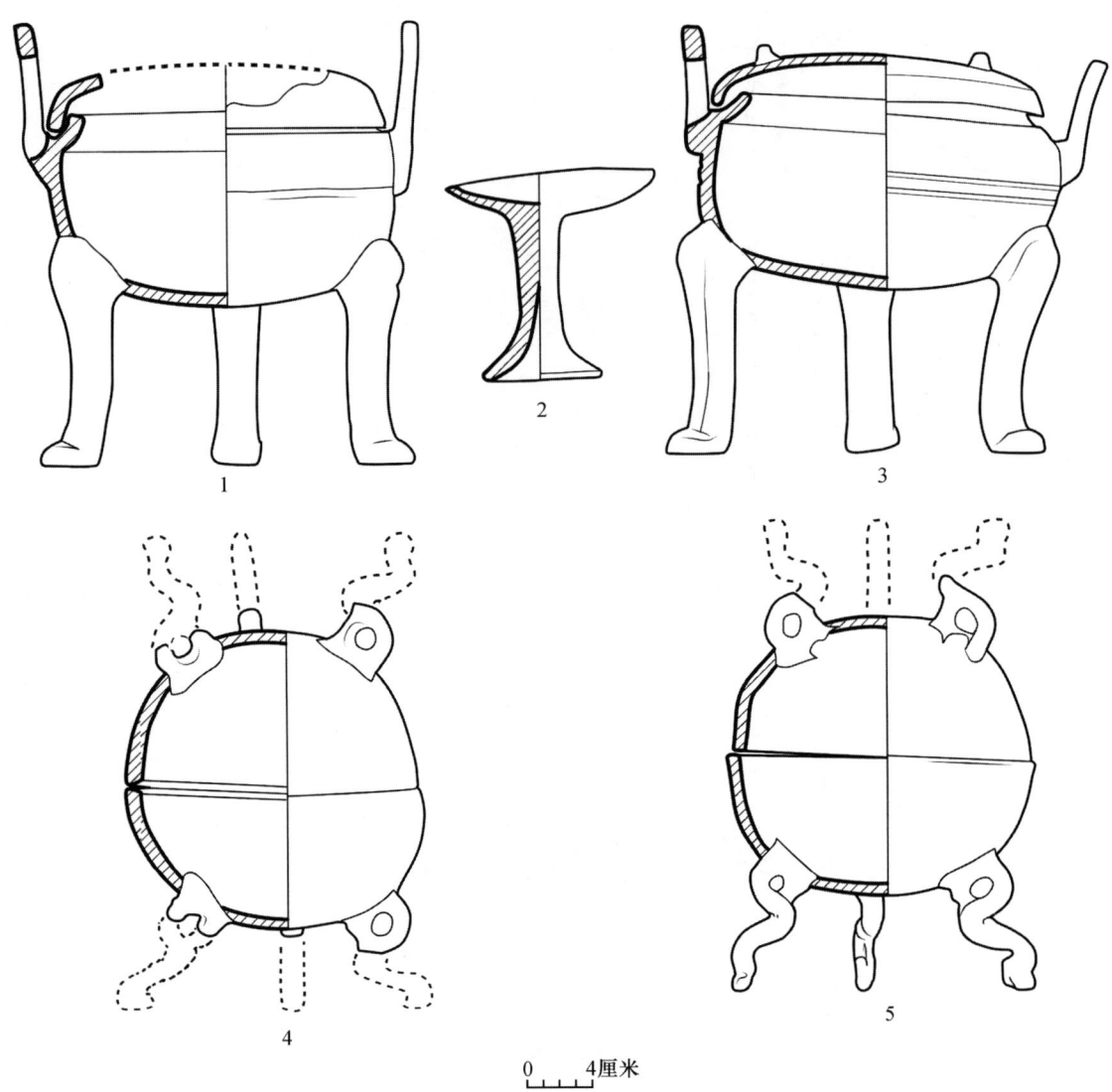

图二二五　M18随葬陶器
1、3.鼎（M18∶1、M18∶5）　2.豆（M18∶2）　4、5.敦（M18∶7、M18∶8）

陶罐（M53∶1），泥质灰陶。口径15.9、腹径19.3、底径6、高20.7厘米（图二二七，1）。

陶壶（M53∶2），泥质灰陶。口径11.2、腹径22.9、圈足径13.2、高36厘米（图二二七，2）。

陶壶（M53∶3），泥质灰陶。口径11.5、腹径21.8、圈足径11.9、高35.2厘米（图二二七，3）。

陶鼎（M53∶4），泥质灰陶。口径17.5、腹径22、残高22厘米（图二二七，4）。

陶鼎（M53∶7），泥质灰陶。口径18、腹径22.8、高22.8厘米（图二二七，7）。

陶豆（M53∶5），泥质灰陶。口径13.9、盘深2.4、高17.8厘米（图二二七，5）。

陶敦（M53∶6），泥质灰陶。口径21.4、残高25.2厘米（图二二七，6）。

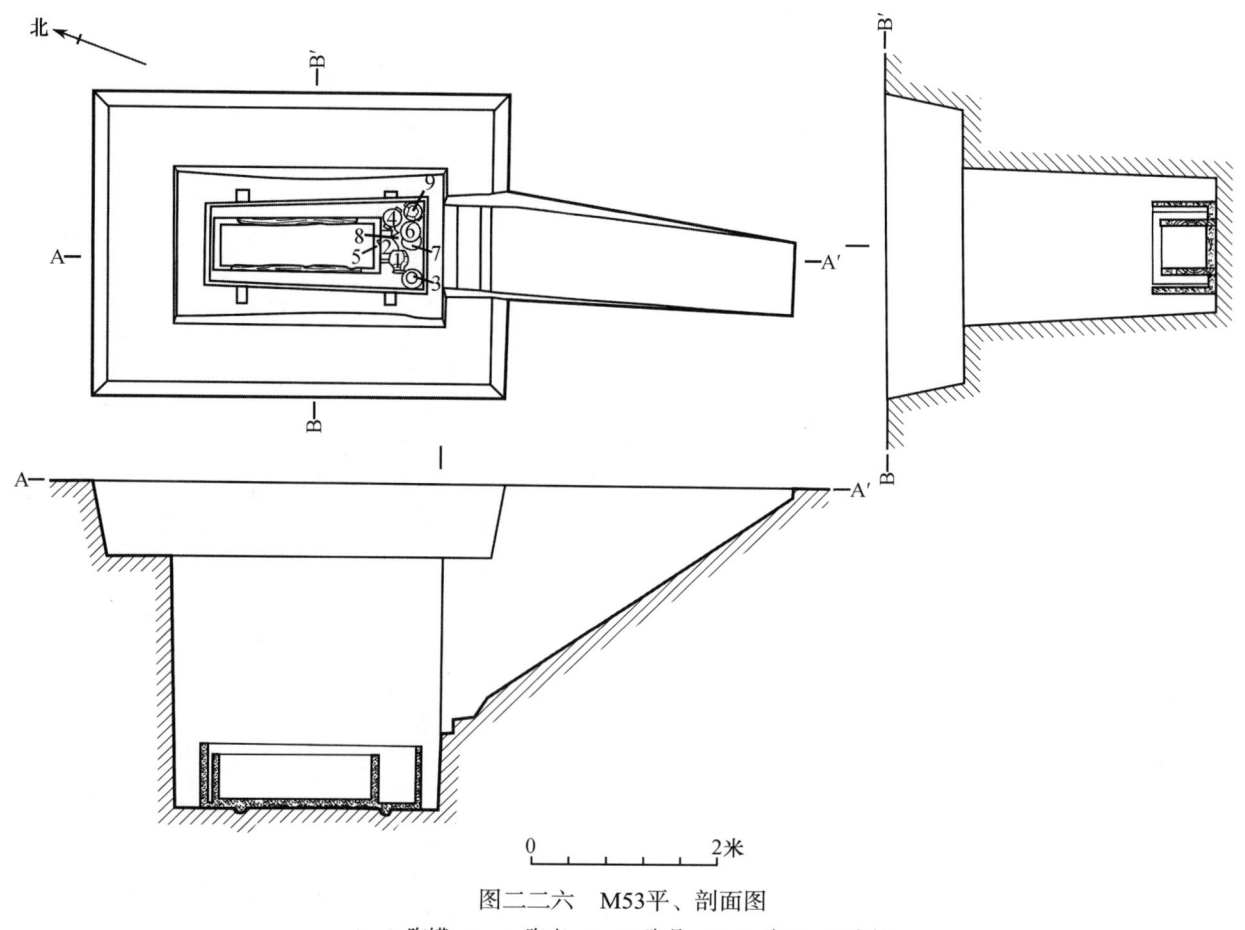

图二二六 M53平、剖面图

1、9.陶罐 2、3.陶壶 4、7.陶鼎 5、8.陶豆 6.陶敦

3. M57

墓葬形制 方向295°。开口于现地表以下0.5米。墓口南长6.54、北长6.46、宽5.14米，墓底长3.18、宽1.52米，墓坑深4.4米。墓西壁中部设斜坡墓道，墓道向南偏斜，平面长2.82、西口宽1.34、室口宽1.9米，坡底长5、西口宽1.34、室口宽1米，墓道室口端有生土台阶一级，距坑口深1.12米，台面与墓室二级台阶面平，南台面宽0～0.09、北台面宽0～0.22米，距墓底高1.2米处起坡，坡度27°。墓壁设二级生土台阶。第一级台阶上距墓口0.4米，台面东宽0.63、西宽0.62～0.74、南宽0.6～0.64、北宽0.62～0.66米；第二级台阶上距墓口1.12米，台面东宽0.49～0.51、西宽0.52、南宽0.5～0.52、北宽0.5米。坑形方正规整，坑壁较光滑、陡直，底平。坑内填黄褐色夹灰白色五花土，质密。

葬具及葬式 单椁单棺，腐烂严重，椁残存南壁板一块及底板，棺残存部分壁板。椁痕长2.68、宽1.19、高0.72米。椁底板用7块木板平列竖铺，底板长2.86米，每块木板宽度不一，自北向南分别为0.18、0.12、0.12、0.19、0.22、0.17、0.23米，厚0.09米，通宽1.4米，东西两侧、南北两端略侈出椁挡板。东西两端各有一垫木槽，均伸进墓室南北两壁内，长2.32、东宽0.16、西宽0.2、深0.08米，两垫木槽相距1.68米，槽内各有垫木痕，东端垫木痕长1.58、宽0.1、厚0.08米，西端垫木痕长1.56、宽0.14、厚0.08米，椁底板平铺其上。椁室分棺室、头

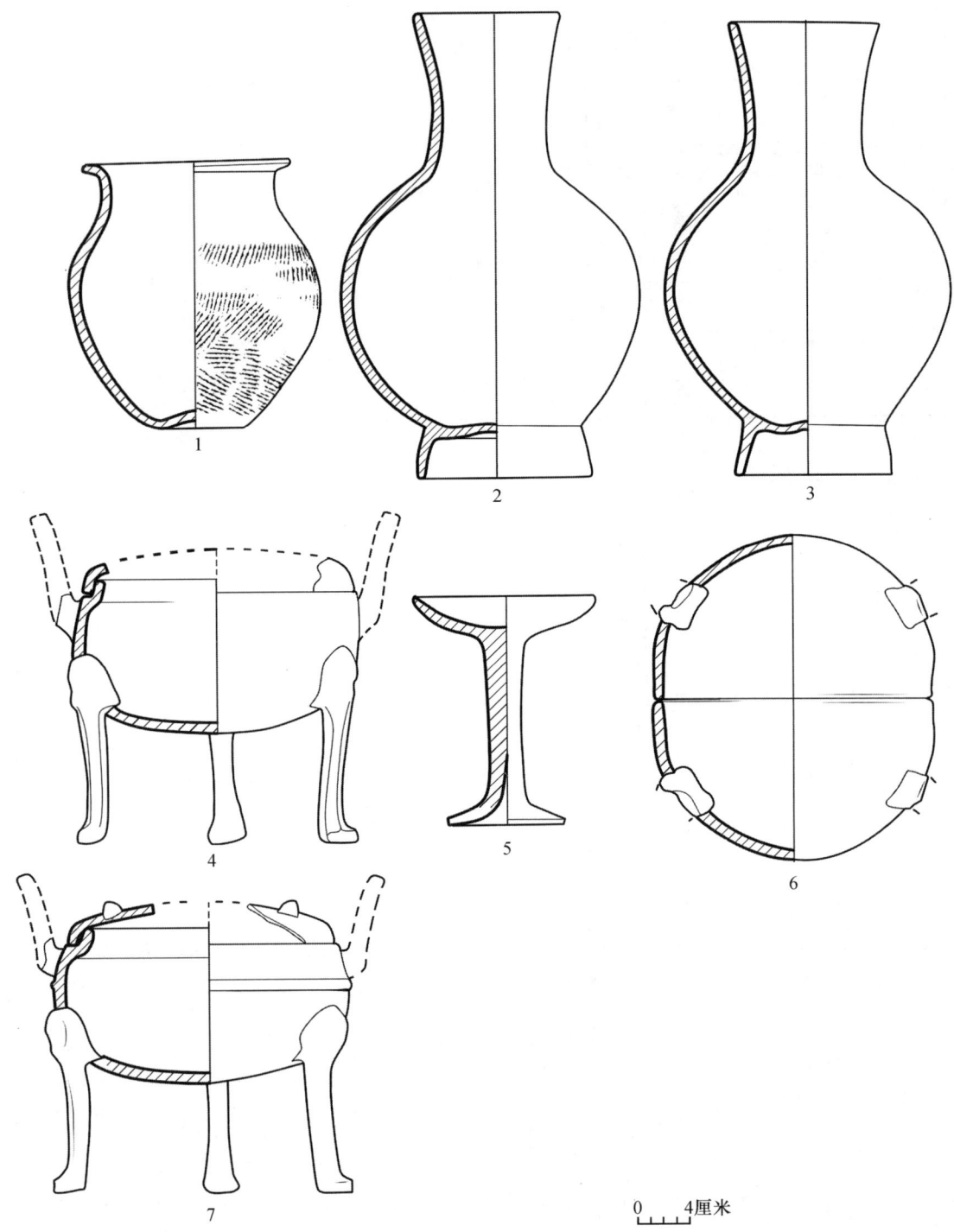

图二二七　M53随葬陶器

1. 罐（M53∶1）　2、3. 壶（M53∶2、M53∶3）　4、7. 鼎（M53∶4、M53∶7）　5. 豆（M53∶5）　6. 敦（M53∶6）

箱，有分箱隔梁痕，长1.04、厚0.04米，棺室长1.92、宽1.04米，头箱长0.6、宽1.04米。棺置于棺室中部，长1.85、宽0.53米。未见人骨架，葬式不明。

随葬器物　陶器10件：鼎3件，罐、敦、壶各2件，盉1件，其中修复7件。置于头箱内（图二二八）。

陶壶（M57：1），泥质灰陶。口径12.8、腹径22.8、圈足径12.5、高33.6厘米（图二二九，1）。

陶壶（M57：7），泥质灰陶。口径12.4、腹径23.3、圈足径12.6、高33.7厘米（图二二九，6）。

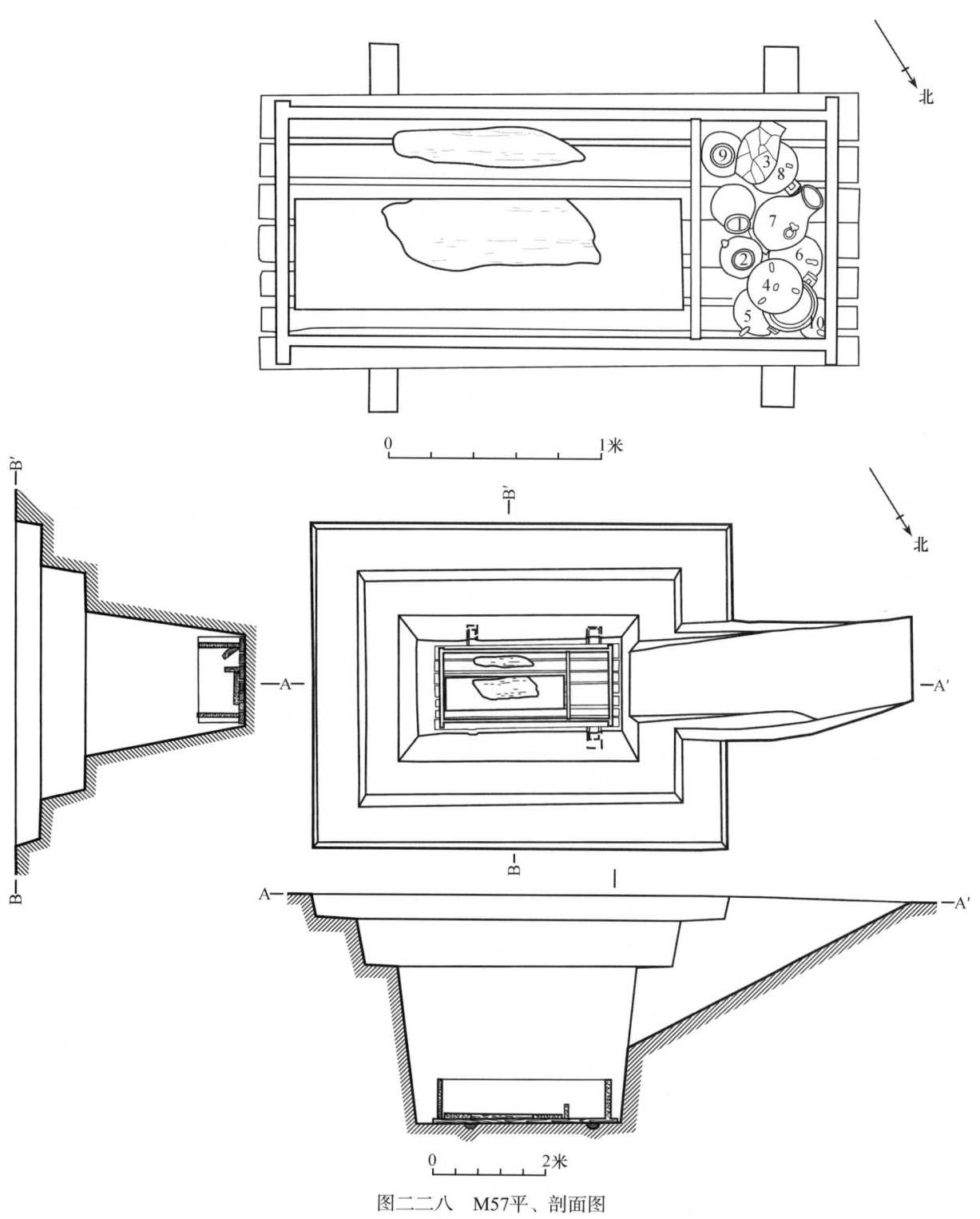

图二二八　M57平、剖面图
1、7.陶壶　2、4、8.陶鼎　3、9.陶罐　5、6.陶敦　10.陶盉

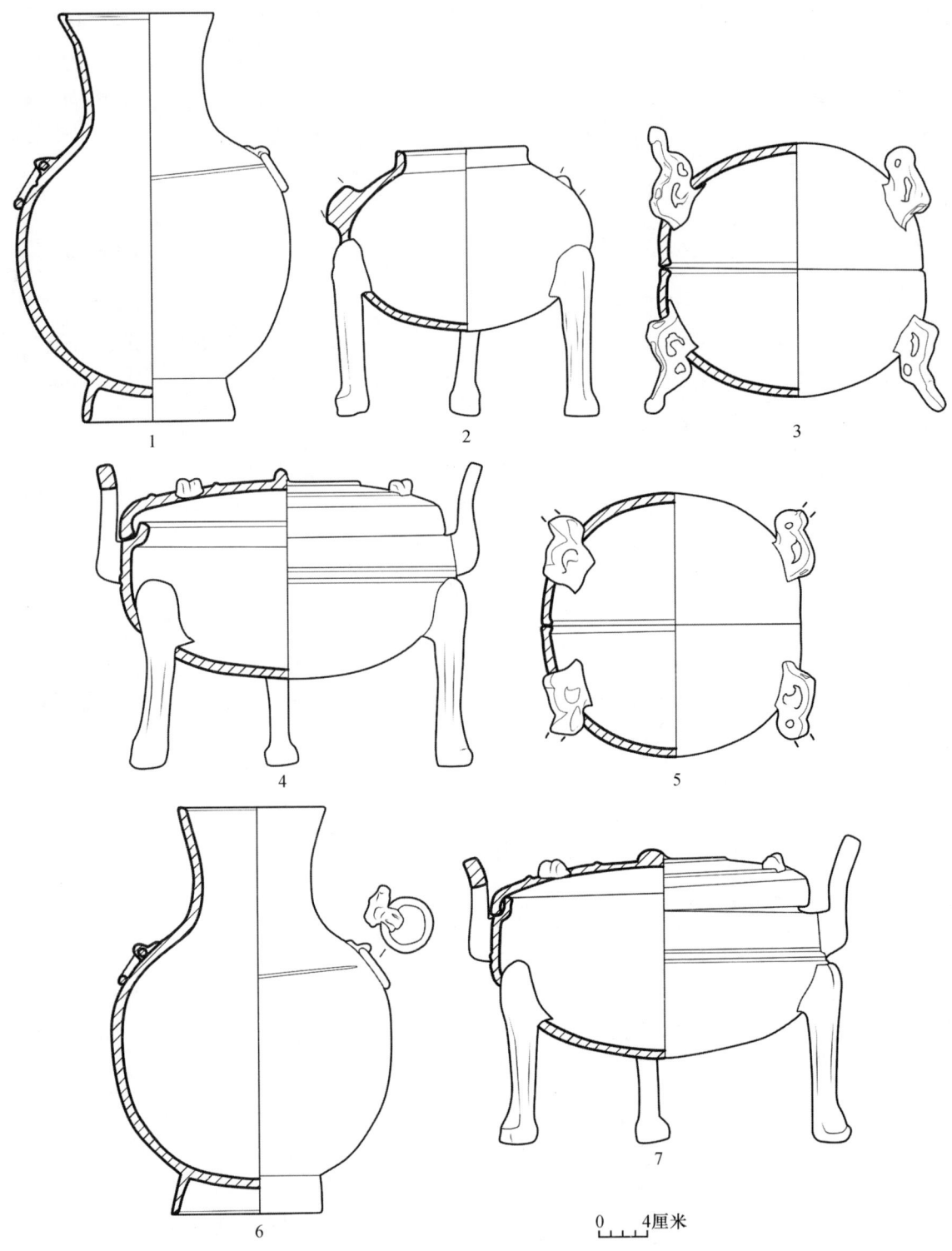

图二二九　M57随葬陶器
1、6. 壶（M57：1、M57：7）　2、4、7. 鼎（M57：2、M57：4、M57：8）　3、5. 敦（M57：5、M57：6）

陶鼎（M57：2），泥质灰陶。口径10.7、腹径20.8、高22.3厘米（图二二九，2）。

陶鼎（M57：4），泥质灰陶。口径31、腹径28、通高24.9厘米（图二二九，4）。

陶鼎（M57：8），泥质灰陶。口径23.6、腹径26.9、通高25.5厘米（图二二九，7）。

陶敦（M57:5），泥质灰陶。口径21.8、通高23.6厘米（图二二九，3）。

陶敦（M57:6），泥质灰陶。口径21.2、残高21.6厘米（图二二九，5）。

4. M73

墓葬形制　方向195°。开口于现地表以下0.7米。墓口长7.22、南宽5.98、北宽6.08米，墓底长3.04、南宽1.59、北宽1.42米，墓坑深3.82米。坑南壁中部设斜坡并台阶墓道，南口宽1.42、室口宽1.56米，南口向下0.12米处起坡，坡长3.4米，坡下设七级踏步，踏步自上而下分别为：一级宽0.3、高0.2米，二级宽0.18、高0.17米，三级宽0.22、高0.2米，四级宽0.24、高0.21米，五级宽0.25、高0.15米，六级宽0.28、高0.26米，七级宽0.2、高0.22米。墓口下现存生土台阶三级。第一级台阶上距墓口0.21米，台面东宽0.62、西宽0.5~0.66、南宽0.65、北宽0.54米。第二级台阶上距墓口0.8米，台面东宽0.52~0.56、西宽0.54、南宽0.49、北宽0.53米。第三级台阶上距墓口1.55米，台面东宽0.42~0.46、西宽0.4~0.44、南宽0.4、北宽0.34米。坑形方正规整，坑壁较光滑、陡直，底平。坑内填黄褐色夹灰白色五花土，质密。

葬具及葬式　单椁单棺，椁已朽，仅存灰色腐痕，棺残存两侧壁板。椁痕长2.66、宽1.14~1.19、高0.64米。椁底南北两端各横置1根垫木，已朽，存灰色腐痕，长1.36、宽0.14、厚0.07米，两木相距1.84米。椁内中北部东侧置木棺1具，棺痕长1.8、宽0.61、高0.44米。未见人骨架，葬式不明。

随葬器物　漆木器1件；陶器6件：鼎、敦、壶各2件，其中修复5件。置于墓底椁内棺外南端（图二三〇；图版三一，1~4）。

陶鼎（M73:1），泥质褐陶。口径21.6、腹径24.8、通高24.7厘米（图二三一，1）。

陶鼎（M73:2），泥质灰褐陶。口径21.6、腹径25.2、通高26.4厘米（图二三一，2）。

陶敦（M73:3），泥质褐陶。口径20.9、通高30厘米（图二三一，3）。

陶壶（M73:5），泥质褐陶。口径10.6、腹径22.2、圈足径12.7、通高24.5厘米（图二三一，4）。

陶壶（M73:6），泥质褐陶。口径9.2、腹径22.4、圈足径12.3、高33.9厘米（图二三一，5）。

5. M77

墓葬形制　方向200°。开口于现地表以下0.8米。墓口长7.7、南宽6.46、北宽6.4米，墓底东长4.24、西长4.2、南宽1.64、北宽1.68米，墓坑深4.44米。南壁中部有一斜坡墓道，长6、南口宽1.52、室口宽1.66米，坡底长8.08、南口宽1.52、室口宽1.66米，距墓底1.68米处起坡，坡度20°。墓口下现存生土台阶三级。第一级台阶上距墓口0.56米，台面东宽0.62~0.7、西宽0.6~0.68、南宽0.61~0.74、北宽0.68~0.76米。第二级台阶上距墓口1.4米，台面东宽0.54~0.62、西宽0.56、南宽0.39~0.62、北宽0.5~0.56米。第三级台阶上距墓口2.24米，台面东宽0.44~0.52、西宽0.44~0.55、南宽0.28~0.32、北宽0.4~0.43米。坑形方正规整，坑壁较光滑，生土台阶壁斜直下收，台阶下东西壁南部及南壁外撇，东西壁内收，底平。坑内填黄褐

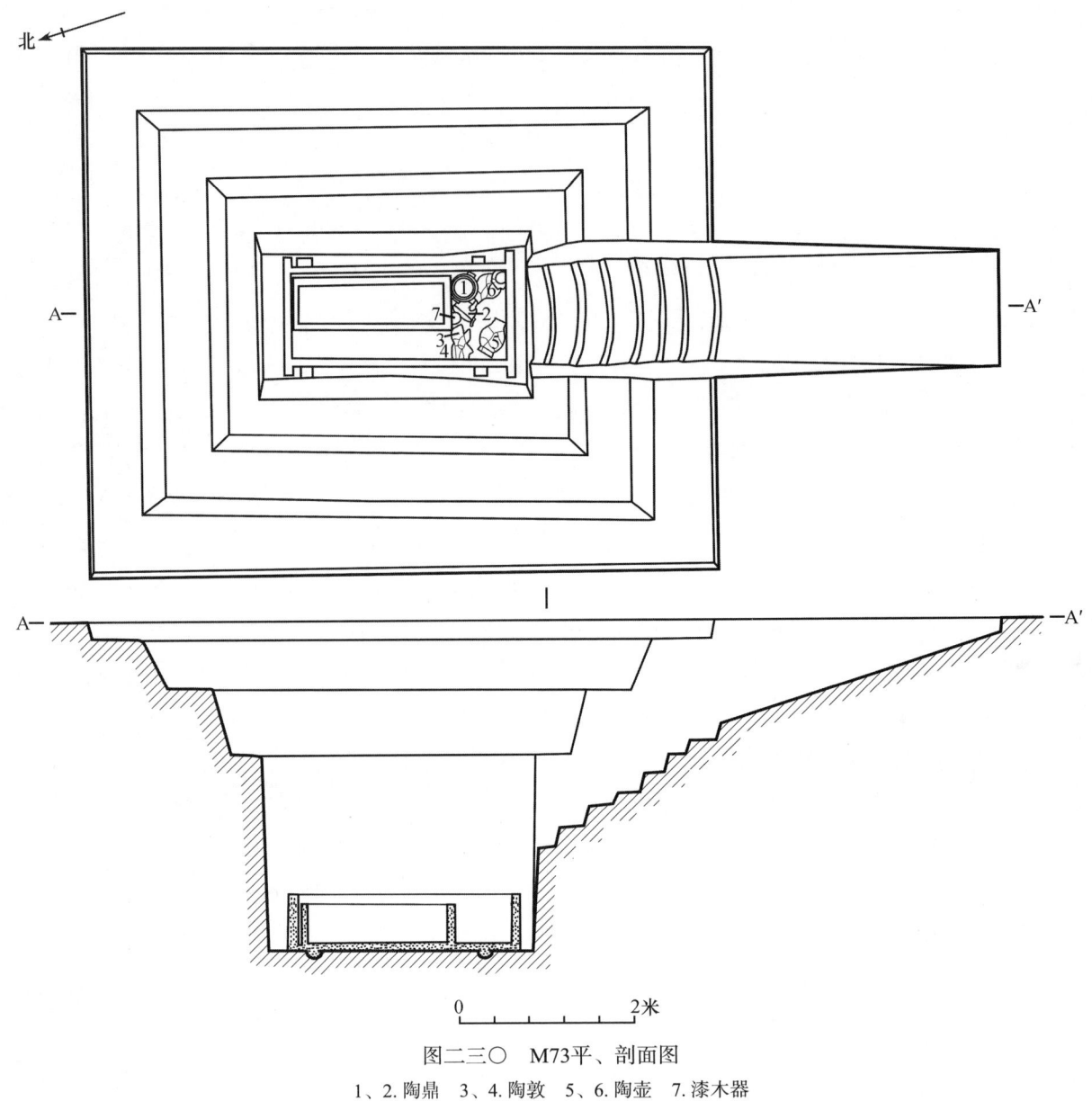

图二三〇 M73 平、剖面图
1、2. 陶鼎 3、4. 陶敦 5、6. 陶壶 7. 漆木器

色夹灰白色五花土，质密。

葬具及葬式　单椁单棺，腐烂严重，残存部分椁壁板、底板及部分棺板。椁长3.32、宽1.52、残高1.24米。椁底板用6块木板平列竖铺，各底板均长3.32、自西向东宽分别为0.31、0.14、0.18、0.19、0.228、0.18米，通宽1.32米，厚0.16米，东西两侧、南北两端与椁壁板齐。南北两端各有一根半圆形垫木，长2.14、宽0.15、厚0.08米，两垫木相距2.1米，椁底板平铺于其上。椁室分棺室、头箱，有分箱隔板，长1.2、厚0.05米，棺室长2.1、宽1.2米，头箱长0.9、宽1.2、残高1.08米。棺置于棺室中部，残存弧面盖板及壁板，棺盖板（壁板）残长1.8、宽0.36~0.42、厚1.13米。未见人骨架，葬式不明。

随葬器物　9件：陶敦、盉、罐各1件，陶壶、鼎各2件，铜戈、匕首各1件，其中陶器修复3件。置于头箱内（图二三二；图版三二，1~3）。

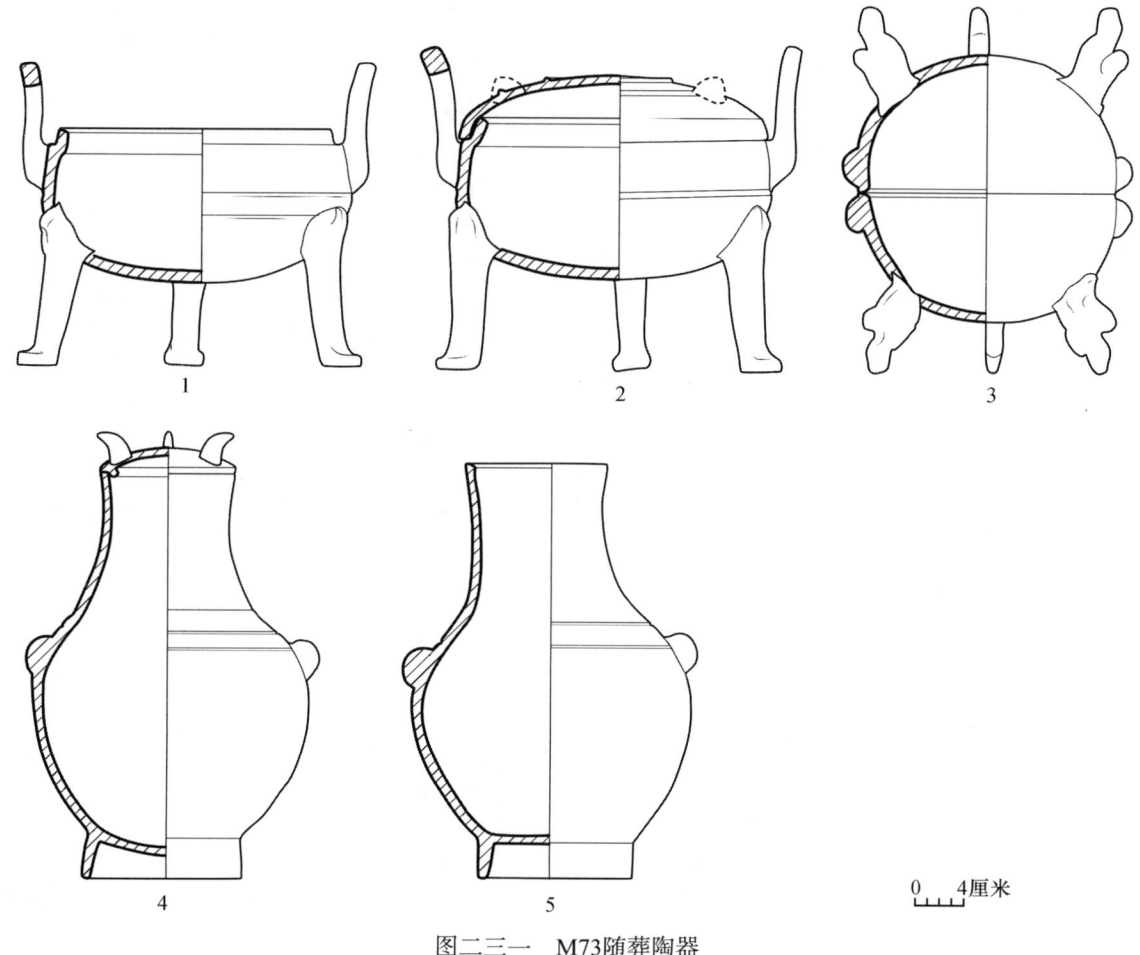

图二三一　M73随葬陶器
1、2. 鼎（M73：1、M73：2）　3. 敦（M73：3）　4、5. 壶（M73：5、M73：6）

铜器

戈（M77：1），残长6、残宽2.8厘米（图二三三，1）。

陶器

盂（M77：3），泥质褐陶。口径10、腹径17.3、高19.6厘米（图二三三，2）。

壶（M77：4），泥质灰陶。口径10.8、腹径23.6、圈足径17、高38.4厘米（图二三三，3）。

鼎（M77：8），泥质灰陶。口径19.6、腹径24.8、高26厘米（图二三三，4）。

6. M78

墓葬形制　方向202°。开口于现地表以下0.5米。墓口长6.12、南宽5.22、北宽5.3米，墓底长3.42、宽1.64米，墓坑深5.12米。南壁中部有一斜坡墓道，长5.4、南口宽1.23、室口宽1.52米，坡底长7.2、南口宽1.23、室口宽1.34米，距墓底2.24米处起坡，坡度22°。墓口下现存生土台阶二级。第一级台阶上距墓口0.6米，台面东宽0.62、西宽0.65～0.72、南宽0.61、北宽0.56～0.62米。第二级台阶上距墓口1.72米，台面东宽0.7、西宽0.66～0.71、南宽0.32、北

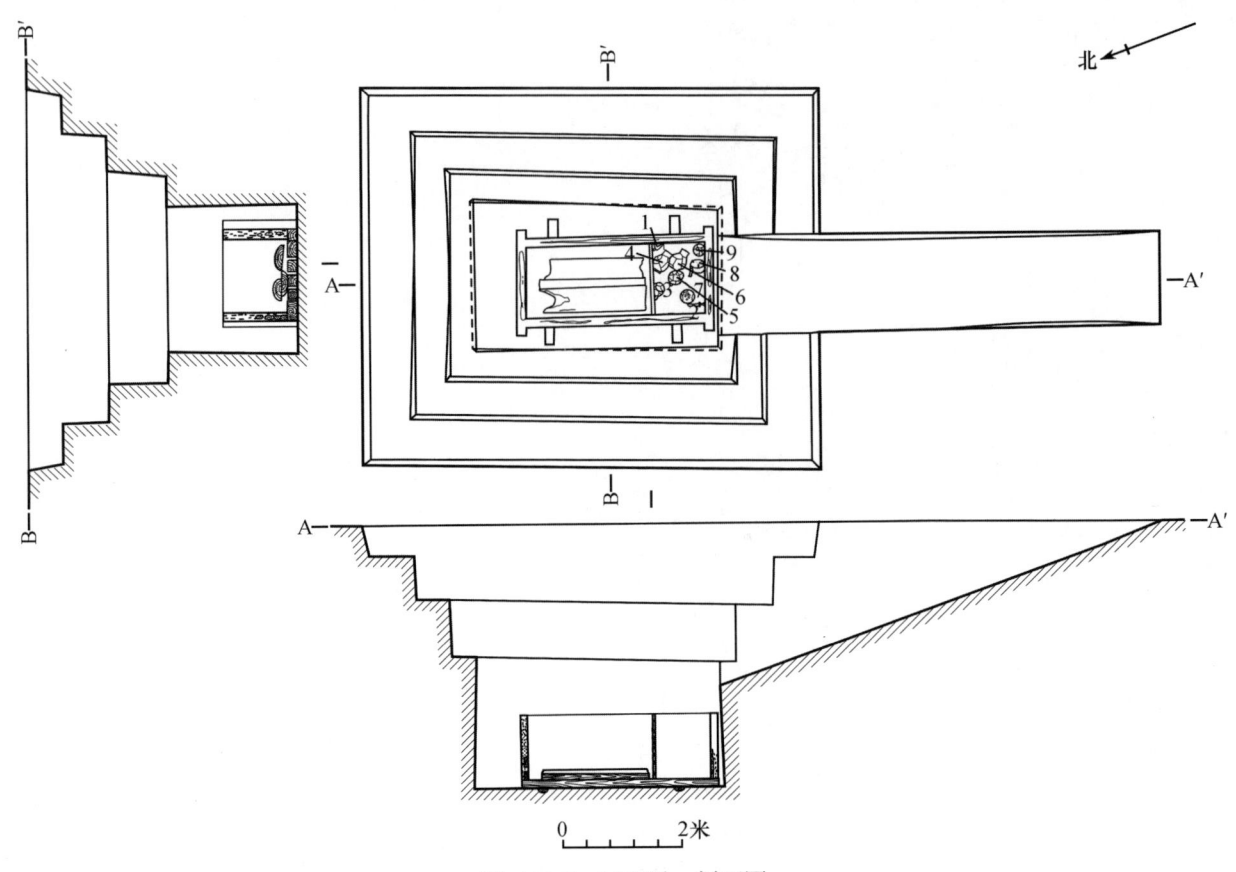

图二三二　M77平、剖面图

1. 铜戈　2. 铜匕首　3. 陶盉　4、6. 陶壶　5、8. 陶鼎　7. 陶罐　9. 陶敦

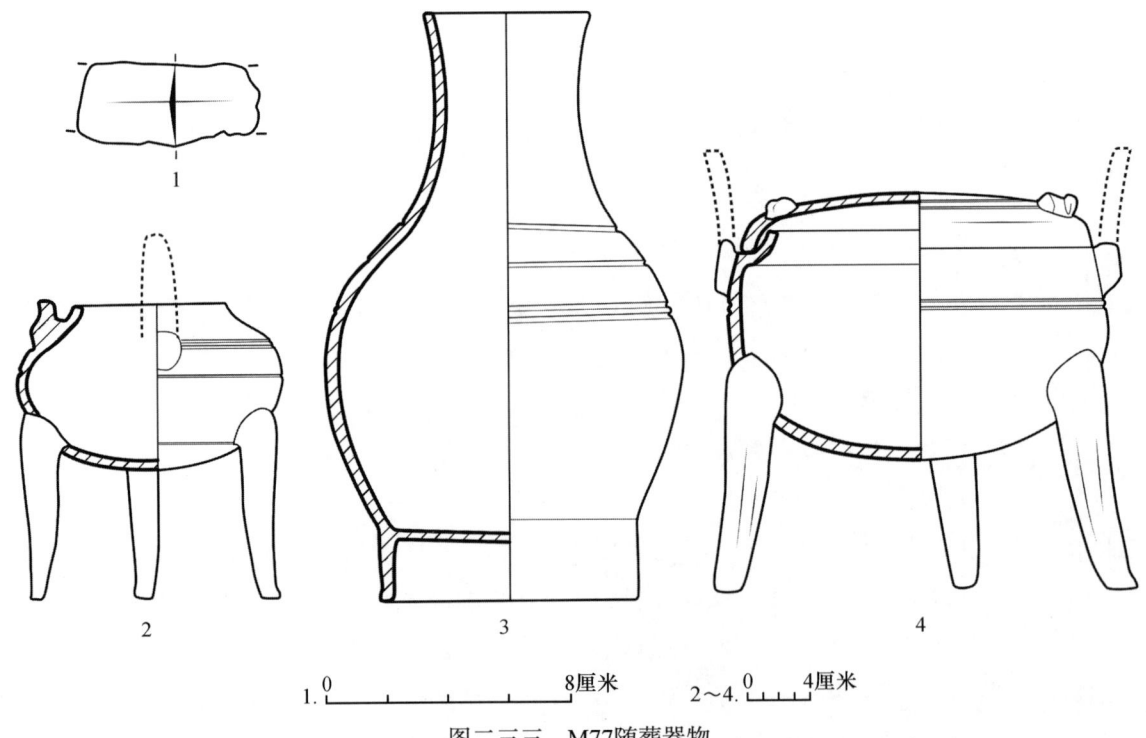

图二三三　M77随葬器物

1. 铜戈（M77:1）　2. 陶盉（M77:3）　3. 陶壶（M77:4）　4. 陶鼎（M77:8）

宽0.46~0.53米。坑形方正规整，墓壁较光滑，斜直下收，底平。坑内填黄褐色夹灰白色五花土，质密。

葬具及葬式　单椁单棺，腐烂严重，残存部分椁壁板、底板及棺板。椁长2.87、宽1.2、残高0.8米，由壁板、挡板、底板和垫木构成。椁壁板、南挡板均残存3块木板，北挡板残存2块木板，壁板每块长2.57米，东壁自上而下宽分别为0.12、0.14、0.17米，西壁自上而下宽分别为0.14、0.18、0.12米，平均厚0.18米。挡板每块长1.167米，南壁自上而下宽分别为0.13、0.22、0.14米，北壁自上而下宽分别为0.33、0.15米，厚0.18米。壁板与挡板之间用浅槽套榫结合。底板用5块木板平列竖铺，各底板均长3.24米，宽自东向西分别为0.32、0.2、0.21、0.21、0.29米，通宽1.23米，均厚0.18米，东西两侧底板与椁壁板齐，南北两端底板略侈出椁挡板。其下有方形横垫木2根，均长1.54、宽0.17、厚0.1米，两垫木相距1.56米。椁室南部有隔箱板，把椁室分为头箱和棺室，棺室长1.96、宽0.84、高0.62米，棺室与头箱之间有隔板，隔板残高0.44、宽0.22、厚0.04米，头箱长0.5、宽0.84米。棺为悬底弧棺，放置于棺室中部，残存盖板、两侧壁板及残半挡板，棺长2.05、高0.67米，宽度不详。棺盖为带木框母口棺盖，与棺口呈子母口扣合，棺盖向东侧斜，盖板残长1.88、残宽0.58、厚0.13米，棺壁板长2.05、高0.53、厚0.16米，挡板残长0.4、复原高0.54、厚0.04米，均为整木做成，壁板与挡板之间为单面槽扣接和透榫相结合（图版三二，4）。人骨无存，葬式不明。

随葬器物　10件：陶鼎3件，陶壶2件，陶敦1件，铜环2件，漆木梳2件，其中陶器修复3件。置于南端头箱内（图二三四）。

铜器

环（M78：3），2件相同。标本M78：3-1，外径2.9、内径2.4厘米（图二三五，2）。

陶器

鼎（M78：2），泥质褐陶。口径21.8、腹径26.8、通高28.8厘米（图二三五，1）。

鼎（M78：8），泥质褐陶。口径10.1、腹径18.5、高21.4厘米（图二三五，3）。

壶（M78：5），泥质褐陶。口径13.6、腹径27、圈足径15.4、通高45.7厘米（图二三五，4）。

7. M115

墓葬形制　方向115°。开口于现地表以下0.3米。墓口长7.9、西宽6.72、东宽6.8米，墓底长3.94、宽2.8米，墓坑深4.98米。东壁中部有一斜坡墓道，长6.5、东口宽1.64、室口宽2.06米，坡底长8.18、东口宽1.64、室口宽1.52米，距墓底2.26、距椁盖板0.92米处起坡，坡度17.5°。墓口下现存生土台阶三级。第一级台阶上距墓口0.5米，台面东宽0.4、西宽0.41~0.44、南宽0.41~0.45、北宽0.42~0.52米。第二级台阶上距墓口1.1米，台面东宽0.44~0.48、西宽0.5~0.52、南宽0.47~0.51、北宽0.48~0.51米。第三级台阶上距墓口1.8米，台面东宽0.38、西宽0.48~0.51、南宽0.48、北宽0.45~0.48米。坑形方正规整，坑壁较光滑，四壁斜直下收，底平。坑底中心部位有一方形腰坑，边长0.55、深0.36米，内有动物骨骼朽痕。椁盖板上填0.34米厚的青膏泥，青膏泥上填黄褐色夹灰白色五花土，质密（图二三六；彩

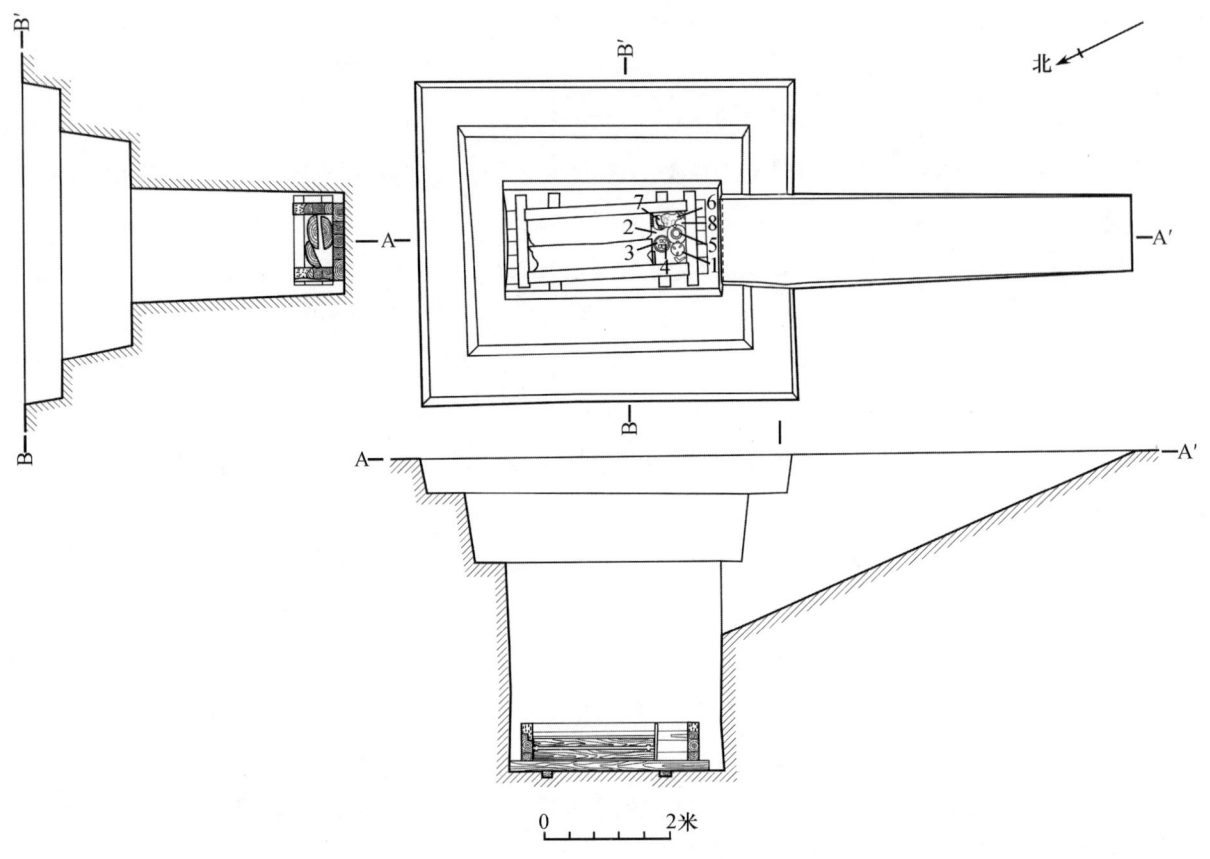

图二三四　M78平、剖面图

1.陶敦　2、7、8.陶鼎　3.铜环（2件）　4.漆木梳（2件）　5、6.陶壶

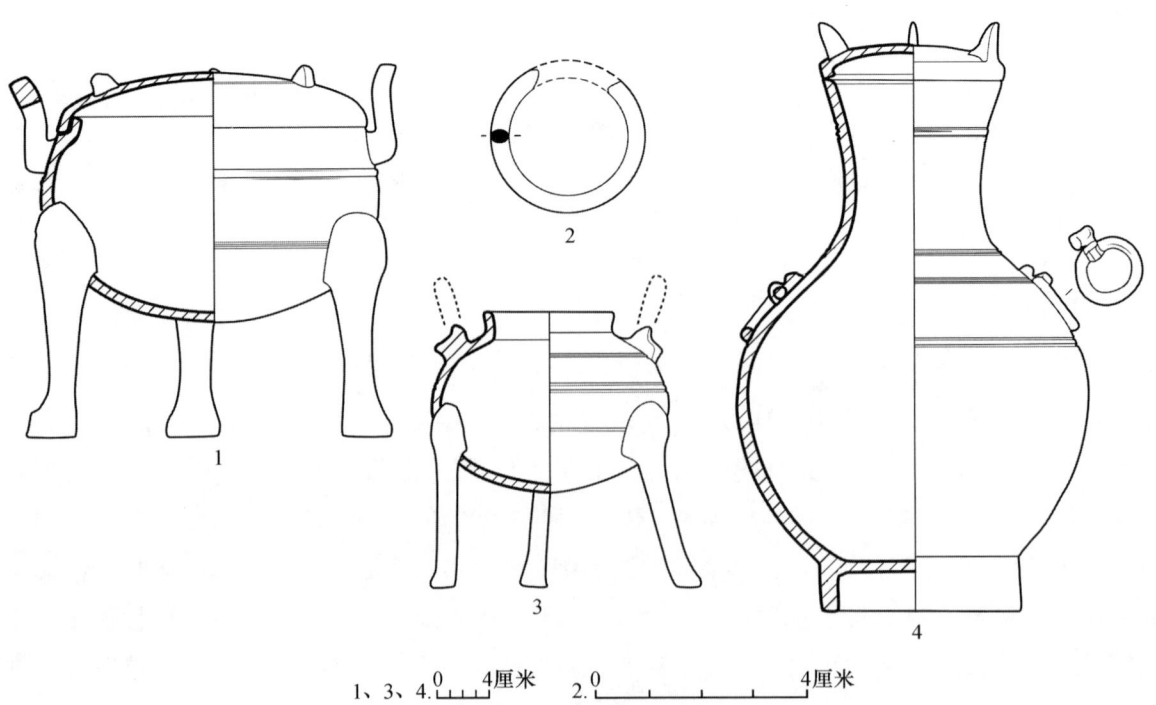

图二三五　M78随葬器物

1、3.陶鼎（M78：2、M78：8）　2.铜环（M78：3-1）　4.陶壶（M78：5）

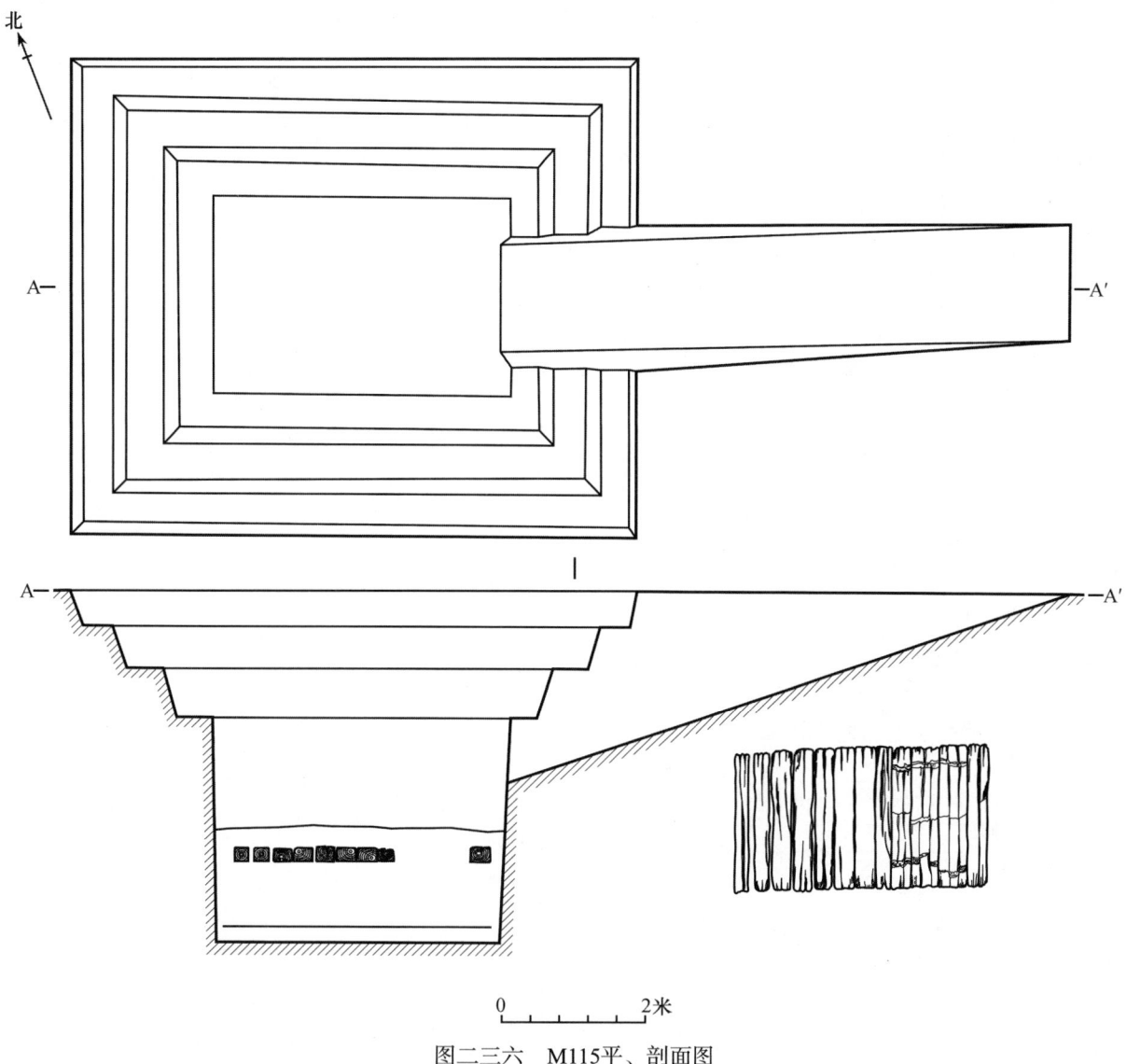

图二三六 M115平、剖面图

版三五，1）。

葬具及葬式 单椁单棺。椁长3.64、宽1.77、高1.36米，由盖板、壁板、挡板、底板和垫木构成。椁盖板用12块木板平列横铺，长2、宽0.2~0.4、厚0.14米。椁壁板、挡板每边均用4块木板拼成，壁板每块长3.3、宽0.14~0.3、厚0.22米，挡板每块长2、宽0.16~0.38、厚0.22米，通高0.92米，壁板与挡板之间用浅槽套榫结合。底板用6块木板平列竖铺，底板长3.85~3.95、宽0.26~0.3、厚0.22米，通宽1.72米。东西两端略侈出椁挡板，南北两侧略缩于两壁内。2根圆形横垫木均长2、宽0.2、厚0.12米，两垫木东西相距2.26米，椁底板平铺其上（图二三七；彩版三五，2）。

椁室分棺室、头箱和边箱，均有隔梁和隔板。棺室内空长2.12、宽0.98米，棺室有顶板3块，长2.2、宽0.24~0.37、厚0.03米，东西两端置于横梁及椁西挡板的中东部浅槽中。头箱、边箱隔梁各1根，横、纵架设于椁室口面上，头箱隔梁横置于椁两侧墙板的浅槽中，两侧有

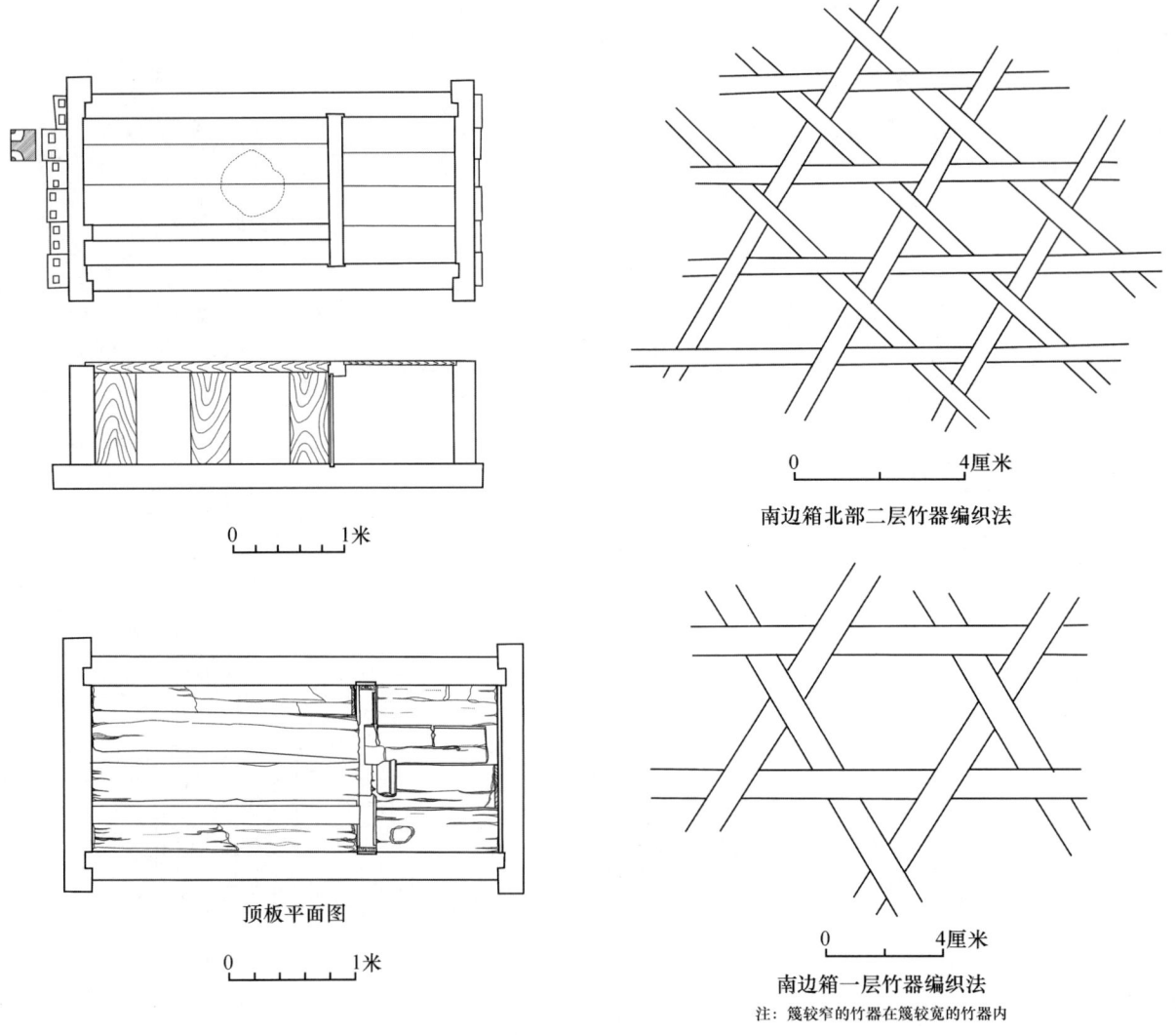

图二三七　M115椁室结构、出土竹器编织法

隔箱板，上、下有榫头，与头箱横梁及椁底板的榫眼相连接，隔板高0.84、南宽0.36、北宽0.32、厚0.02米。头箱长1.09、宽1.32米，头箱有顶板4块，长1.02米，宽自北向南分别为0.32、0.3、0.36、0.34米，厚0.03米，东西两端置于椁东挡板及横梁的浅槽中。边箱隔梁纵置于椁西挡板及头箱隔梁的浅槽中，其下有隔箱板3块，两侧及中部各1块，隔箱板上、下有榫头，与边箱梁及椁底板的榫眼相连接，隔板高0.77米，宽自西向东分别为0.37、0.36、0.34米，厚0.02米，边箱长2.12、宽0.34米。边箱有顶板1块，长2.2、宽0.22、厚0.03米，东西两端置于横梁及椁西壁的南部浅槽中（彩版三五，3）。

悬底弧棺1具，偏南置于棺室，长1.95、宽0.68、高0.74米，由盖板、侧板、挡板及底板组成。盖板长1.95、宽0.76、中间厚0.18、两侧厚0.08米，两侧各有三个捆绳凹槽，棺盖下部周边为带木框母口，与棺口呈子母口扣合。壁板长1.95、高0.58、中部厚0.15、上侧厚0.06、下侧厚0.05米，下底有与盖板相对应的捆绳穿槽。挡板宽0.42、高0.6、厚0.08米，壁板与挡板之间为单面槽扣接和透榫相结合。底板长1.72、宽0.44、厚0.07米，镶嵌在壁板及挡板中下部的浅槽

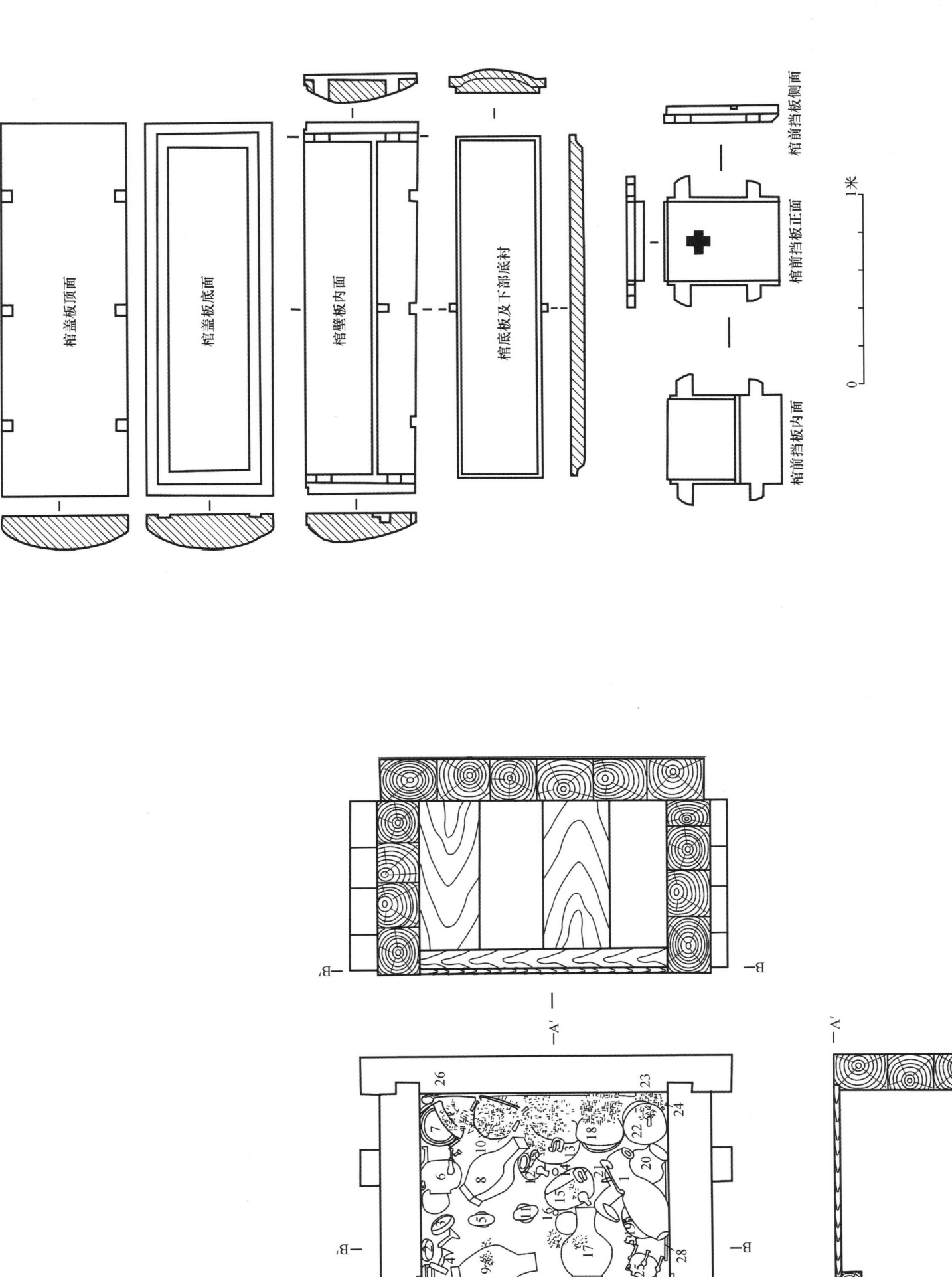

图二三八 M115棺椁结构及随葬器物

1.漆木龙 2~4.漆木豆 5、11.漆木耳杯 6、7、10、12、13、15.陶鼎 8、9.陶钫 14、16.漆木饼 17、20.陶壶 18、19、21、22.陶敦 23.漆木梳 24.竹笥 25.陶盉 26.铜勺 27、31.铜戈（27号带漆木戈柲） 28.漆木矛柲 29.铜车軎 30.漆木伞 32.铜剑

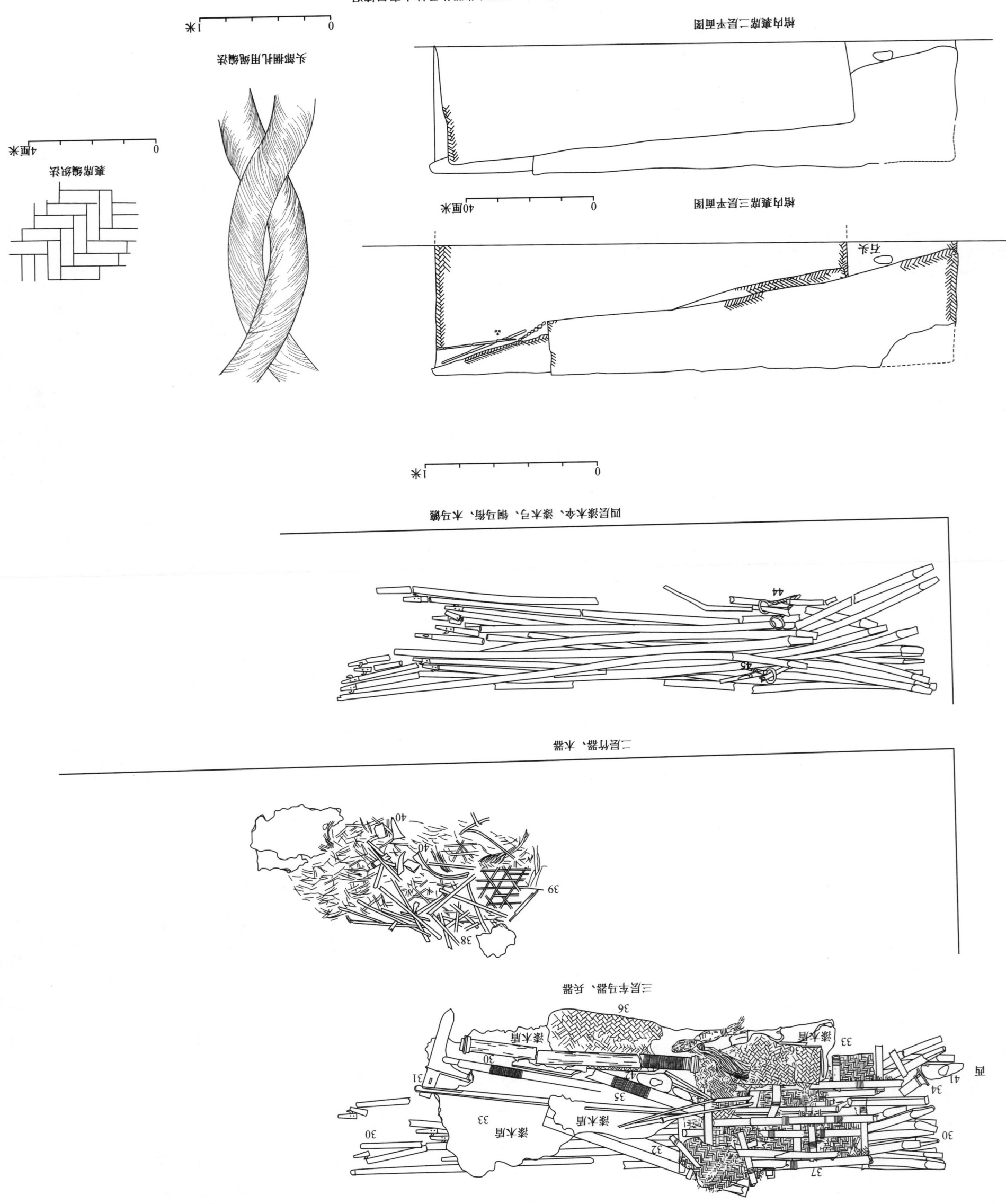

图二三九 M115 沟槽二一内层随葬器物及椁内箱内情况
33. 棕木履 34. 铜弩牙量 35. 棕木弓 36、37. 竹箭 38、39. 竹箭 40~42. 棕木弩臂 43. 棕木柲器 44、45. 铜弓帽 、木弓弭

内。棺内髹红漆，棺外一端挡板中上部有一红漆"十"字（彩版三五，4）。

棺身用麻绳横捆3道，每道4根，均卡在盖、墙板的绳槽内，其中2根在棺盖中间回扣绳头系结于两侧板上部，绳径2厘米，盖上残存紧绳木楔4个（图二三八）。

棺内铺裹尸席2张，残朽，人骨无存，仅东端有牙痕2颗，西端有河卵石1块。葬式不明（图二三九）。

随葬器物　有陶器、铜器、漆木器、竹器等，共计46件，各室均有，以头箱最多。头箱放置有陶鼎6件、陶敦4件、陶壶2件、陶钫2件、陶盉1件、铜勺1件、漆木鹿1件、漆木耳杯2件、漆木豆3件、漆木饼2件、漆木梳1件及竹笥1件。边箱放置有铜剑1件、铜戈2件、漆木弓1件、漆木柲2件、漆木伞1件、铜马衔（带木马镳）2件、漆木车軎2件、漆木盾1件、竹席2件、竹器2件、漆木器3件、漆木鱼形器1件。其中，陶器修复12件。棺内放置有木杆、石头（图二三八、图二三九）。

陶器

鼎（M115：6），泥质灰陶。口径11、腹径24、通高28厘米（图二四〇，1）。

鼎（M115：10），泥质褐陶。口径24、腹径26.4、通高29.4厘米（图二四〇，2）。

鼎（M115：12），泥质褐陶。口径22、腹径27.2、通高27.1厘米（图二四〇，3）。

鼎（M115：13），泥质褐陶。口径23.2、腹径27.2、通高27.4厘米（图二四〇，4）。

鼎（M115：15），泥质灰陶。口径22.4、腹径28、通高30厘米（图二四〇，5）。

钫（M115：8），泥质灰陶。口径11.2、腹径26.2、圈足径12.6、通高46.8厘米（图

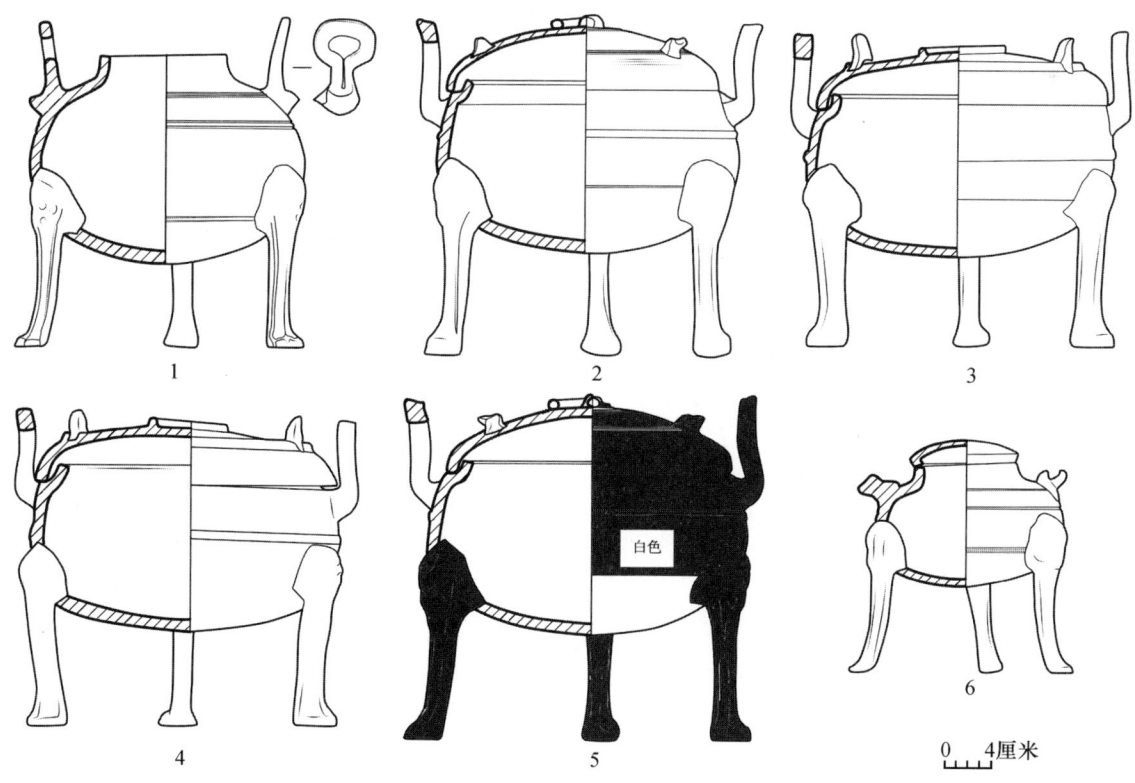

图二四〇　M115随葬陶器

1~5.鼎（M115：6、M115：10、M115：12、M115：13、M115：15）　6.盉（M115：25）

二四一，1）。

钫（M115：9），泥质灰陶。口径11.2、腹径24.9、圈足径12.8、通高48厘米（图二四一，2）。

壶（M115：17），泥质褐陶。口径13.9、腹径28.8、圈足径16.3、通高49.4厘米（图二四一，3）。

敦（M115：18），泥质褐陶。口径24.5、通高37.2厘米（图二四二，1）。

敦（M115：21），泥质灰陶。口径21.6、通高30厘米（图二四二，2）。

敦（M115：22），泥质褐陶。口径24.2、通高37.8厘米（图二四二，3）。

盂（M115：25），泥质灰陶。口径9、腹径16.4、通高20.4厘米（图二四〇，6）。

铜器

戈（M115：27，带柲），戈通长26.1、援长17.7、援宽2.5、柲径2.5、残长142.7厘米（图二四六，4）。

戈（M115：31），通长26.5、援长19.4、胡长11.8厘米（图二四三，4）。

车軎（M115：29），顶径3.1、底径6.1、高7.5厘米（图二四二，6）。

车軎（M115：34），顶径3.1、底径6.1、高7.5厘米（图二四二，7）。

马衔（M115：44-1），环长径4.6、通长21.8厘米（图二四二，4）。

马衔（M115：45-1），环长径4.6、通长22.6厘米（图二四二，5）。

漆木器

鹿（M115：1），长55.1、宽25.8、高40.9厘米（图二四四，1）。

豆（M115：2、M115：3、M115：4），3件同。标本M115：2，口径14.7、座径10.27、盘

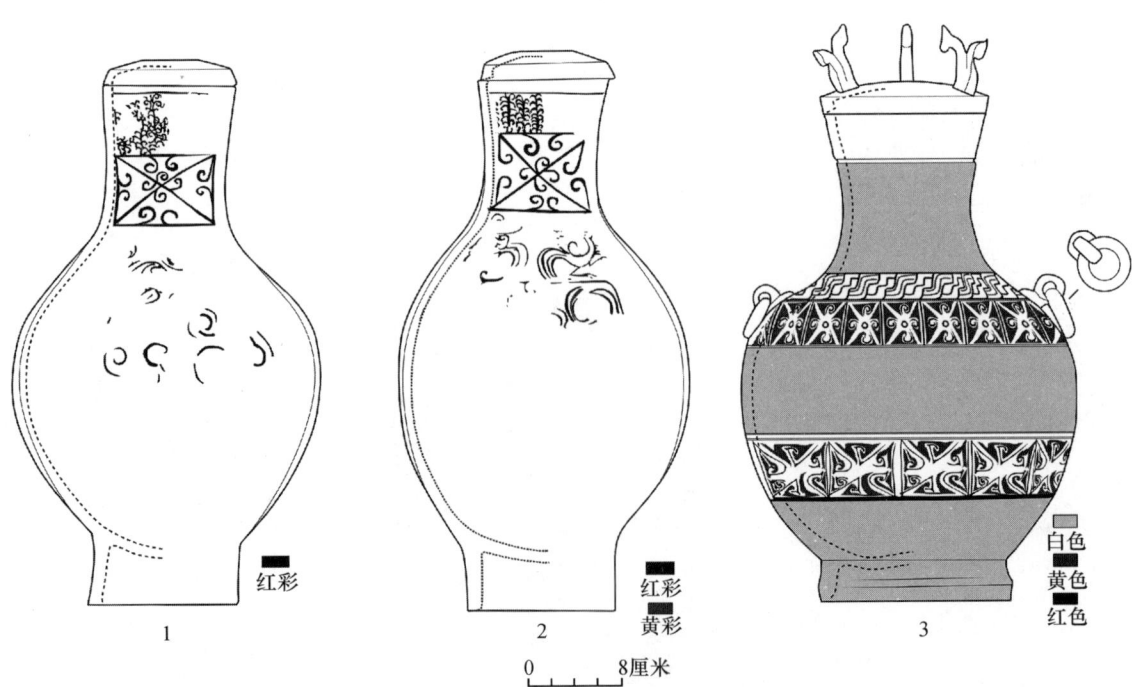

图二四一　M115随葬陶器
1、2.钫（M115：8、M115：9）　3.壶（M115：17）

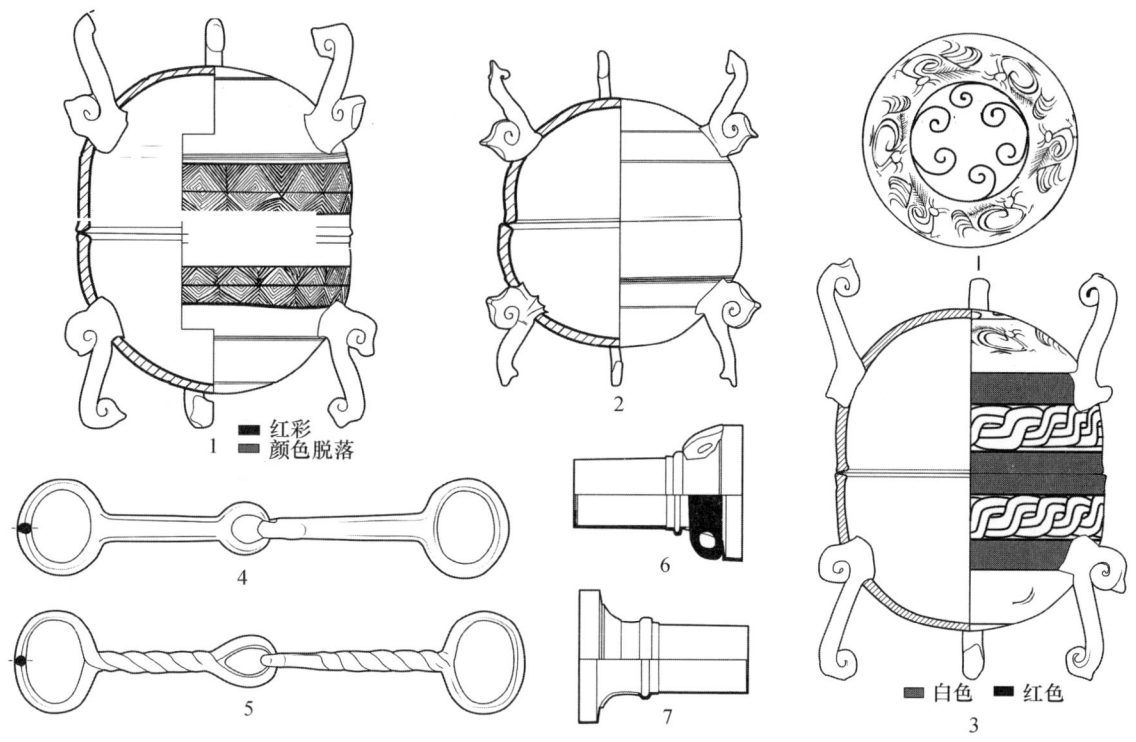

1~3. 0 ⎣⎯⎯⎯⎦ 4厘米   4~7. 0 ⎣⎯⎯⎯⎦ 8厘米

图二四二　M115随葬器物

1~3. 陶敦（M115：18、M115：21、M115：22）　4、5. 铜马衔（M115：44-1、M115：45-1）
6、7. 铜车軎（M115：29、M115：34）

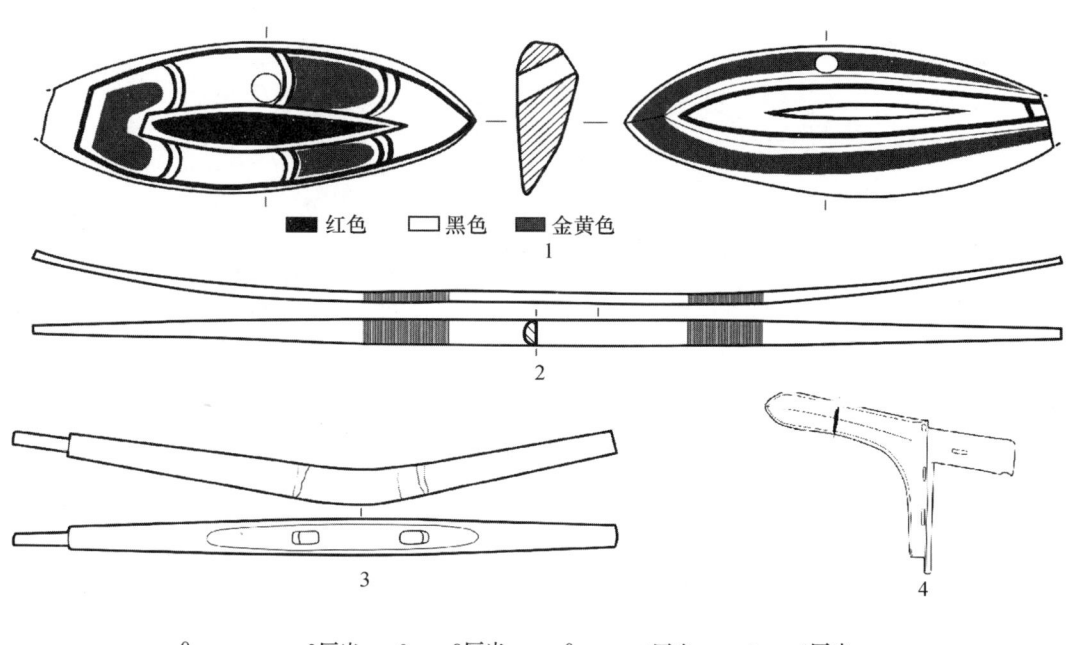

图二四三　M115随葬器物

1. 漆木鱼形器（M115：43）　2. 漆木弓（M115：35）　3. 木马镳（M115：44-2）　4. 铜戈（M115：31）

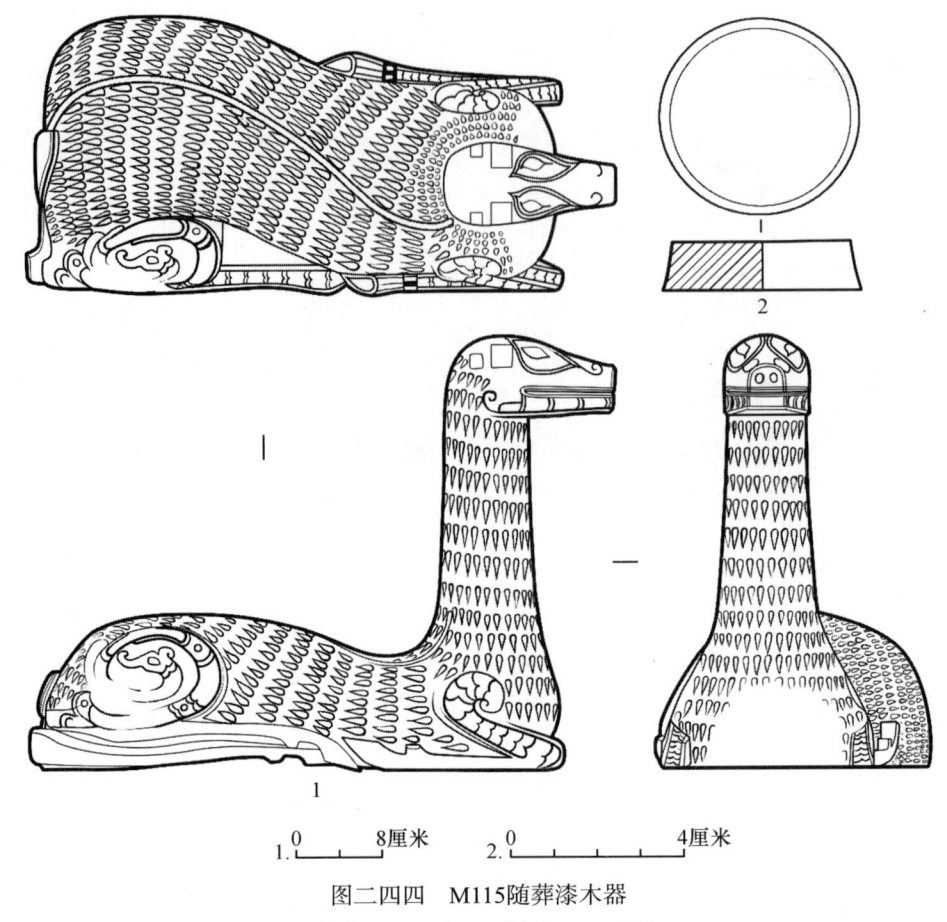

图二四四　M115随葬漆木器
1. 鹿（M115：1）　2. 饼（M115：16）

深2、高16.3厘米（图二四五，1）。

耳杯（M115：5、M115：11），2件同。标本M115：5，通高4.3、连耳宽14.1、口长16.3、腹深3.1厘米（图二四五，2）。

饼（M115：14），径3.7、厚0.7厘米（图二四五，3）。

饼（M115：16），径4.6、厚1.8厘米（图二四四，2）。

梳（M115：23），齿数18根。长9.6、宽8.5、厚0.3~1.3厘米（图二四六，1）。

矛柲（M115：28），残长72、杆径2厘米（图二四六，3）。

伞（M115：30），伞撑圆径280、柄长204.6、柄径6.15厘米（图二四七）。

弓（M115：35），长155.4、宽4.8、厚0.8厘米（图二四三，2）。

鱼形器（M115：43），残长10.2、宽3.8、厚1.5、大孔径0.7、小孔径0.5厘米（图二四三，1）。

马镳（M115：44-2），长28.4、宽1.7厘米（图二四三，3）。

马镳（M115：45-2），残长25.1、宽1.7厘米（图二四六，2）。

8. M141

墓葬形制　方向320°。开口于现地表以下0.4米。墓口长4.1、宽3.12~3.2米，墓底长

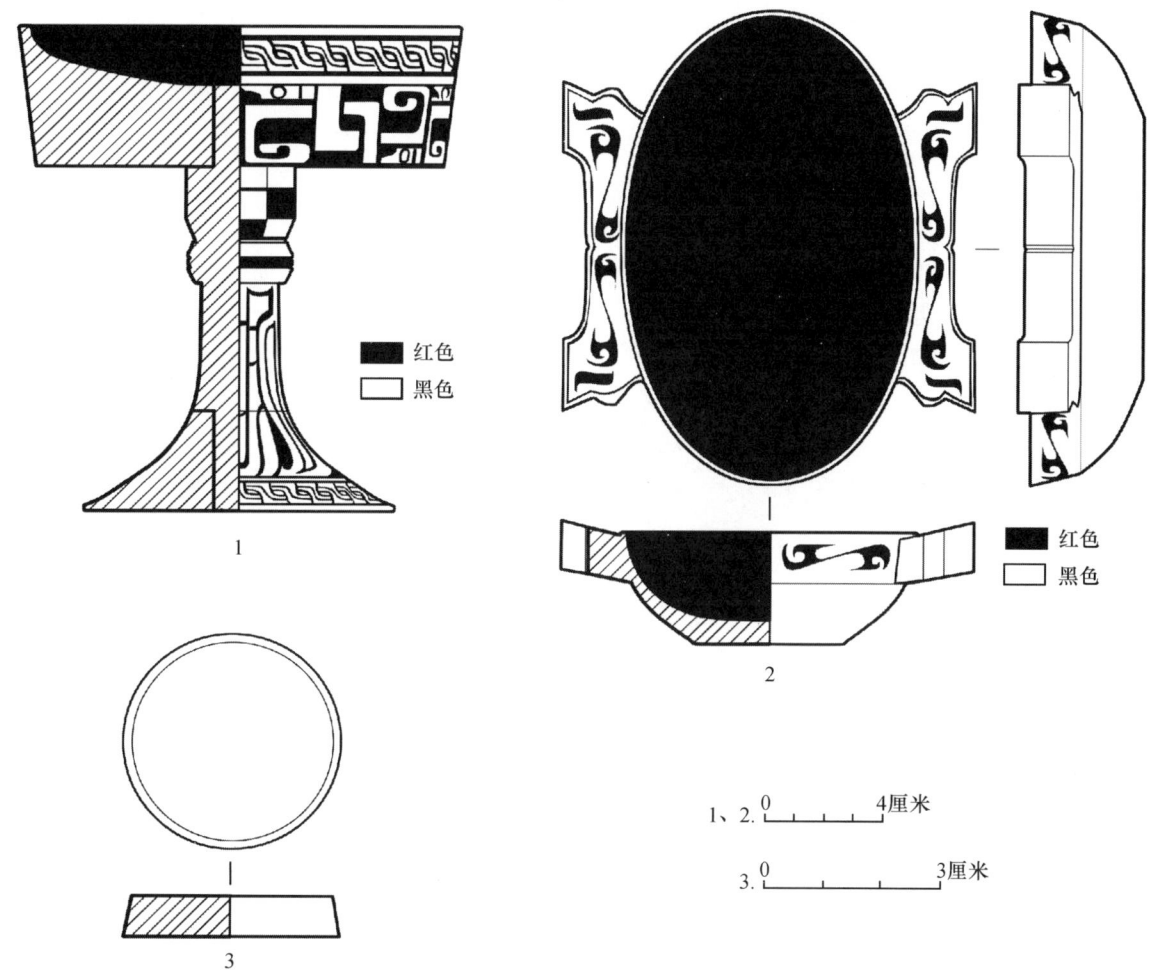

图二四五　M115随葬漆木器
1. 豆（M115：2）　2. 耳杯（M115：5）　3. 饼（M115：14）

2.96、宽1.56米，墓坑深3米。西壁中部设斜坡墓道，上口平面长3、西口宽1.2、室口宽1.35米，坡底长3.6、西口宽1.32、室口宽1.12米，墓道深1.5米，坡度17°。墓壁设一级生土台阶，台阶上距墓口0.3米，台面东宽0.5、西宽0.5、南宽0.48、北宽0.4米。坑壁较光滑、陡直，底平。坑内填褐、灰、黄三色五花土，质密。

葬具及葬式　单椁单棺，已朽，仅存灰色腐痕。椁痕残长2.23、宽0.98、高0.4米，棺痕长1.6、宽0.5、高0.29米。人骨架已朽，仅在棺室西北端发现残存牙齿，葬式不明。

随葬器物　陶器9件：鼎3件，壶、敦各2件，豆、匜各1件。置于椁内棺外西侧（图二四八）。

陶鼎（M141：1），泥质黑衣灰陶。口径22、腹径27.5、残高18厘米（图二四九，1）。

陶鼎（M141：7），泥质灰陶。口径15.2、腹径19.3、通高21.9厘米（图二四九，5）。

陶鼎（M141：8），泥质黑衣灰陶。口径14.5、腹径20、通高21厘米（图二四九，6）。

陶壶（M141：2），泥质灰陶。口径10.8、腹径18.7、底径11.9、通高33.3厘米（图二五〇，1）。

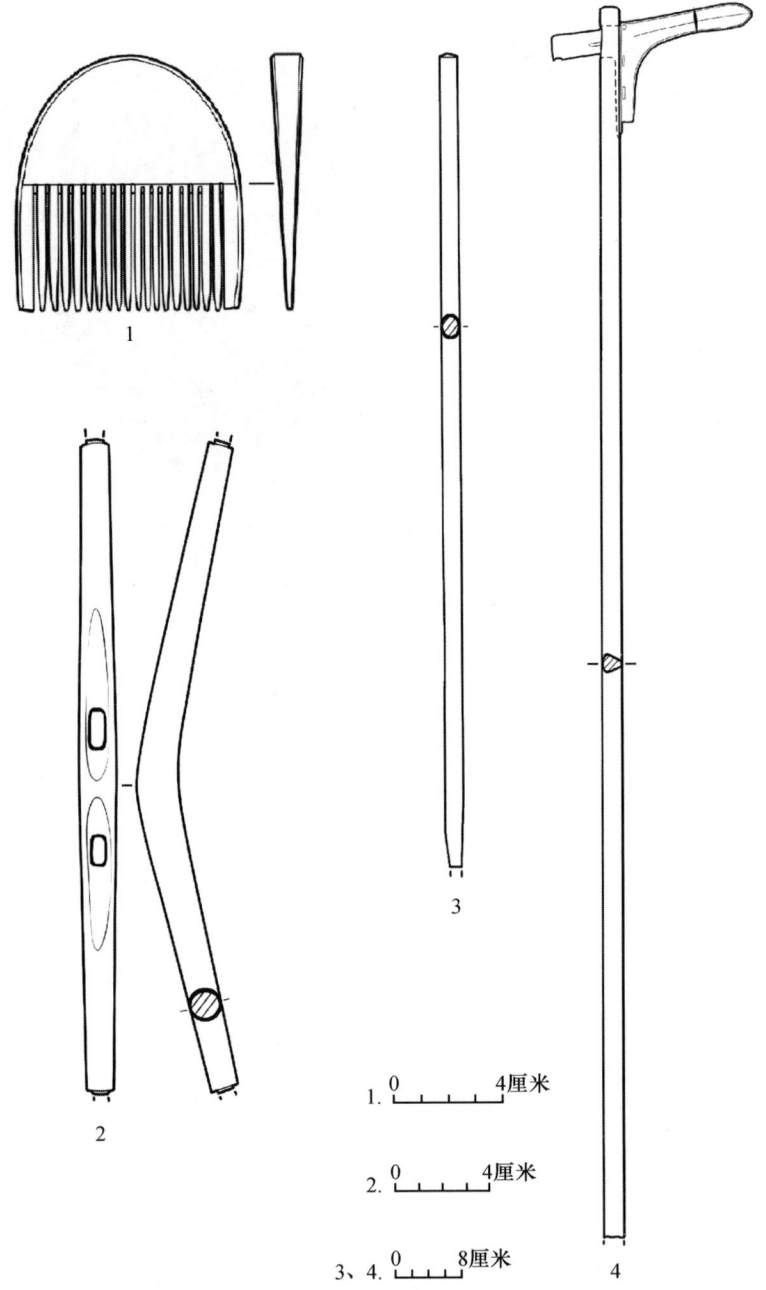

图二四六　M115随葬器物
1.漆木梳（M115：23）　2.木马镳（M115：45-2）　3.漆木矛柲（M115：28）　4.铜戈（M115：27）

陶壶（M141：3），泥质灰陶。口径11.2、腹径19.2、底径11、通高34.6厘米（图二五〇，2）。

陶豆（M141：4），泥质灰陶。口径13.6、盘深2.6、高17厘米（图二四九，2）。

陶匜（M141：5），泥质灰陶。口径12、底径8、通高3.6厘米（图二四九，3）。

陶敦（M141：6），泥质灰陶。口径18、通高25.2厘米（图二四九，4）。

陶敦（M141：9），泥质灰陶。口径18.4、通高27.2厘米（图二四九，7）。

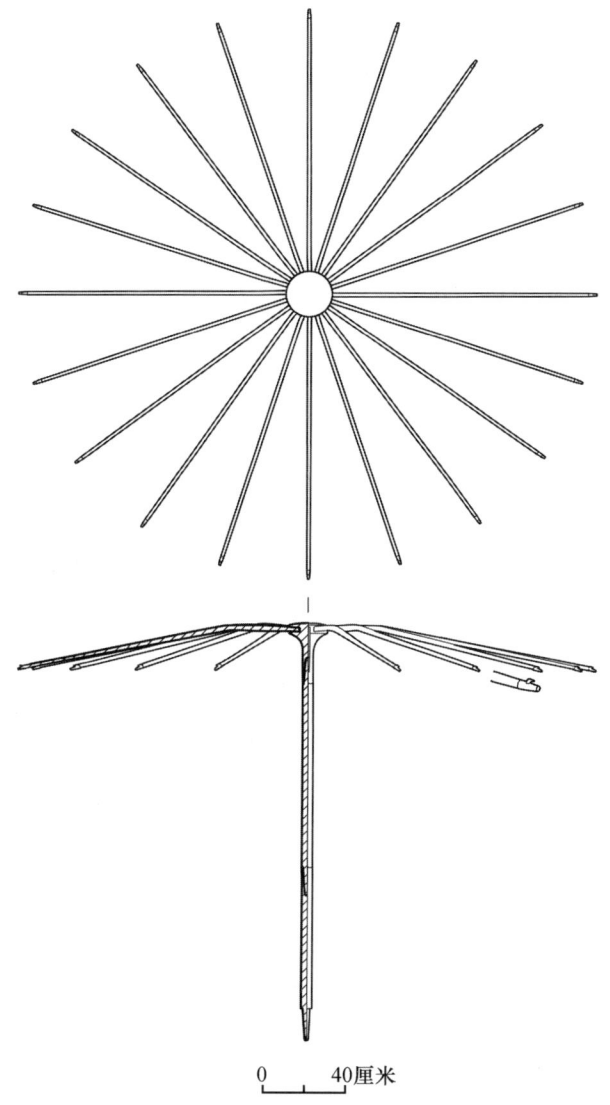

图二四七　M115随葬漆木伞（M115：30）

9. M142

墓葬形制　方向300°。开口于现地表以下0.4米。墓口长4.1、宽3.12~3.2米，墓底长2.96、宽1.56米，墓坑深3米。西壁中部设斜坡墓道，上口平面长3、西口宽1.2、室口宽1.35米，坡底长3.6米，西口宽1.32、室口宽1.12米，墓道深1.5米，坡度17°。墓壁设一级生土台阶，上距墓口0.3米，台面东宽0.5、西宽0.5、南宽0.48、北宽0.4米。坑壁较光滑、陡直，底平。坑内填褐、灰、黄三色五花土，质密。

葬具及葬式　单椁单棺，保存较好。椁长2.66、宽1.28、高1.22米，棺长1.98、宽0.78、残高0.74米。人骨架已朽，葬式不明。

随葬器物　陶器4件：壶、鼎各2件；漆木器10件：耳杯3件、豆4件、盒1件、器盖1件、构件1件；铜器：剑1件（带漆木剑鞘、漆木剑椟）。置于椁内棺外西侧（图二五一；彩版三六，

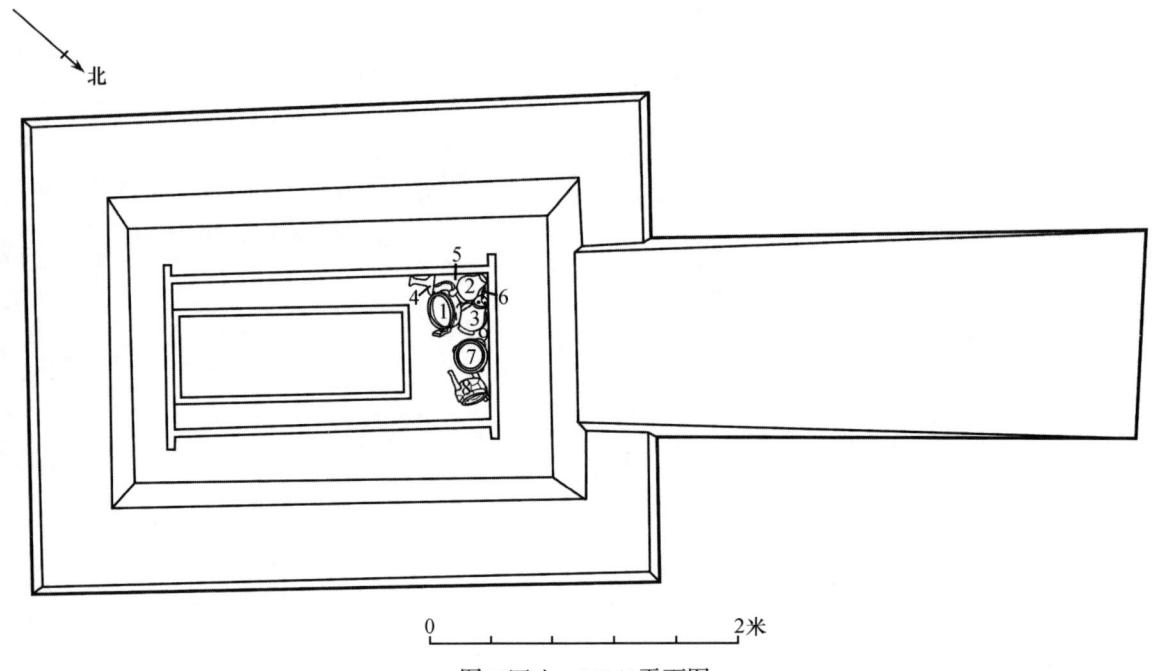

图二四八　M141平面图

1、7、8.陶鼎　2、3.陶壶　4.陶豆　5.陶匜　6、9.陶敦

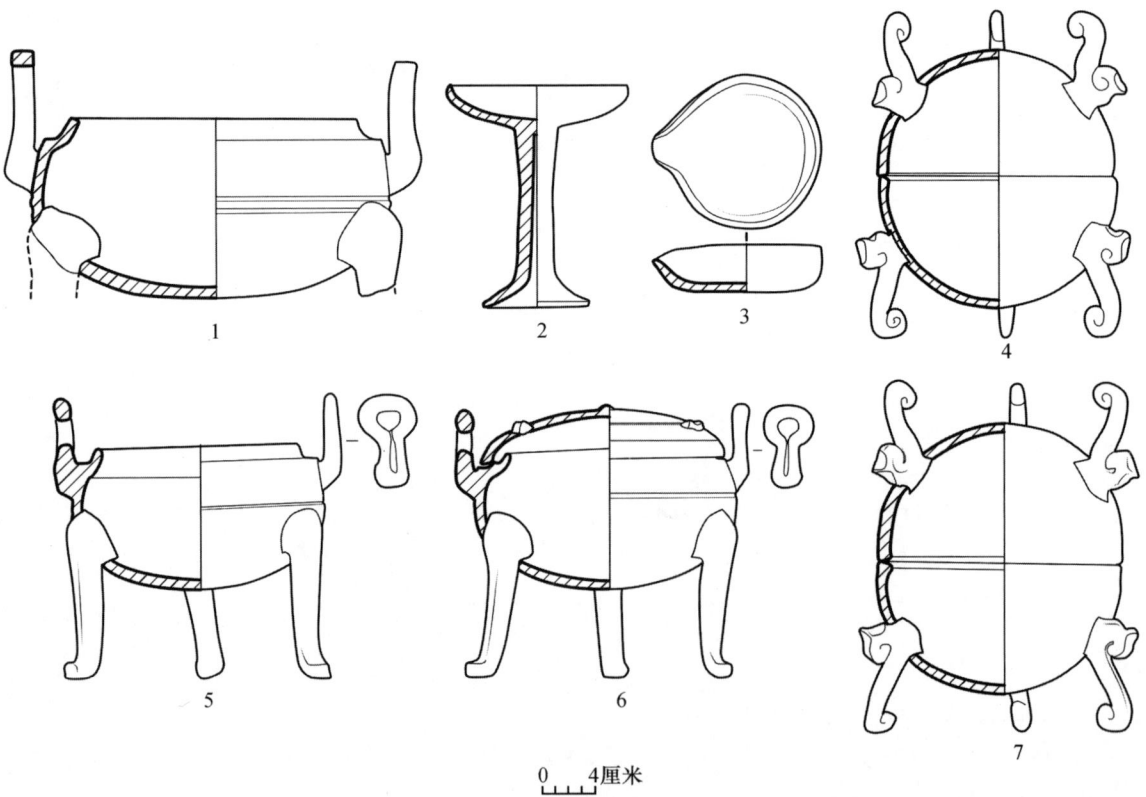

图二四九　M141随葬陶器

1、5、6.鼎（M141：1、M141：7、M141：8）　2.豆（M141：4）　3.匜（M141：5）　4、7.敦（M141：6、M141：9）

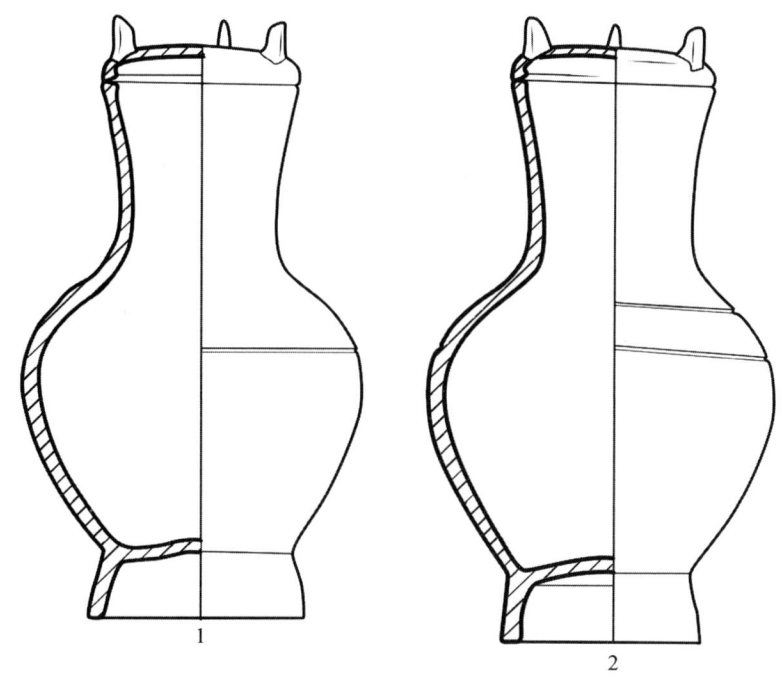

图二五〇 M141随葬陶壶
1. M141：2　2. M141：3

1~3）。

陶器

壶（M142：1），泥质黑衣灰陶。口径10.8、腹径18.8、底径11.5、通高33.6厘米（图二五二，1）。

壶（M142：3），泥质黑衣灰陶。口径11.1、腹径19.3、底径12.4、通高32厘米（图二五二，2）。

鼎（M142：5），夹砂灰陶。口径16.8、腹径19.5、通高20.8厘米（图二五二，3）。

鼎（M142：8），夹砂灰陶。口径17.2、腹径20.3、通高20.8厘米（图二五二，4）。

漆木器

耳杯（M142：4），口长15.9、宽12.8、腹深3、通高4.6厘米（图二五二，5）。

耳杯（M142：10），口长16.7、宽12.9、腹深3.6、通高4.4厘米（图二五三，1）。

豆（M142：7），口径14.8、盘深1.4、座径11.1、高15.6厘米（图二五二，6）。

豆（M142：14），口径14.5、盘深1.5、座径10.5、高16.4厘米（图二五三，2）。

盒（M142：9），口径24.8、底径17.5、通高11.5厘米（图二五二，7）。

剑椟（M142：12-1），长60.7、宽8.8、高6.2厘米（图二五三，4）。

剑鞘（M142：12-2），长40、宽2.8~4.4厘米（图二五三，3）。

构件（M142：15），底座长15.1、厚2.4、高6.2厘米（图二五三，5）。

10. M143

墓葬形制 方向310°。开口于现地表以下0.4米。墓口长4.15、宽3米，墓底长2.6、宽0.9米，墓坑深3.2米。西壁中部设斜坡墓道，上口平面长3、西口宽1.2、室口宽1.35米，坡底长3.6、西口宽1.32、室口宽1.12米。墓壁设一级生土台阶，台阶上距墓口0.4米，四面台面东宽0.6、西宽0.5、南宽0.48、北宽0.4米。坑壁较光滑、陡直，底平。坑内填褐、灰、黄三色五花土及青膏泥，质密。

葬具及葬式 单椁单棺，已朽，仅余腐痕。椁痕长2.3、宽0.9、高0.85米，棺痕长1.8、宽0.5、高0.29米。人骨架已朽，葬式不明。

随葬器物 10件：陶鼎、陶敦各1件，陶壶2件，陶豆5件，铜扳指1件。置于椁内棺外西侧（图二五四）。

陶器

鼎（M143:1），夹砂褐红陶。口径22、腹径26.8、通高28厘米（图二五五，1）。

壶（M143:2），泥质灰陶。口径10、腹径16.3、底径9.8、高28厘米（图二五五，2）。

壶（M143:5），泥质灰陶。口径10.2、腹径16.2、底径9.2、通高29.2厘米（图二五五，5）。

豆（M143:3），泥质灰陶。口径13.6、盘深2.8、高17厘米（图二五五，3）。

豆（M143:4），泥质灰陶。口径12.5、盘深2.2、高10.8厘米（图二五五，4）。

豆（M143:6），泥质灰陶。口径13.6、盘深2.7、高17厘米（图二五五，6）。

豆（M143:7），泥质灰陶。口径15.7、盘深3.6、高12厘米（图二五五，7）。

豆（M143:10），泥质灰陶。口径12.4、盘深2.4、座径6.8、高10.4厘米（图二五五，10）。

敦（M143:8），泥质黑衣灰陶。口径18.2、通高25.7厘米（图二五五，8）。

铜器

扳指（M143:9），长4.6、宽1.6、最大孔径2.1厘米（图二五五，9）。

11. M322

墓葬形制 方向216°。开口于现地表以下0.6米。墓口长6.76、宽5.5米，墓底长3.28、南宽2.08、北宽2.12米，墓坑深5.54米。南壁中部有一斜坡墓道，长5.34、南口宽1.8、室口宽1.87米，坡底长7.88、南口宽1.76、室口宽1.36米，距墓底1.8、距椁盖板0.64米处起坡，坡度27.5°。墓口下现存生土台阶二级。第一级台阶上距墓口1.06米，台面东宽0.7~0.74、西宽0.74~0.78、南宽0.72、北宽0.7~0.74米。第二级台阶上距墓口2.22米，台面东宽0.71~0.74米，西台面在下葬时垮塌，复原台面宽0.66~0.7米、南台面宽0.55~0.57、北台面宽0.68米。坑形方正规整，坑壁较光滑，两级生土台壁斜直下收，台面下东、南、西三壁陡直，北壁下壁外撇，底平。坑内上部填褐色花土，下部填青膏泥，质密（彩版三七，1）。

葬具及葬式 单椁单棺。椁长2.9、宽1.38、高1.14米，由盖板、壁板、挡板、底板和垫木构成。椁盖板用8块木板平列横铺，长1.54、宽0.21~0.38、厚0.14米。椁壁板、挡板每边均用

图二五 M142棺椁结构及随葬器物

1、3.陶壶 2、4、10.漆木耳杯 5、8.陶鼎 6、7、11、14.漆木豆 9.漆木盒 12.铜剑（带漆木剑椟、漆木剑鞘） 13.漆木器盖 15.漆木构件

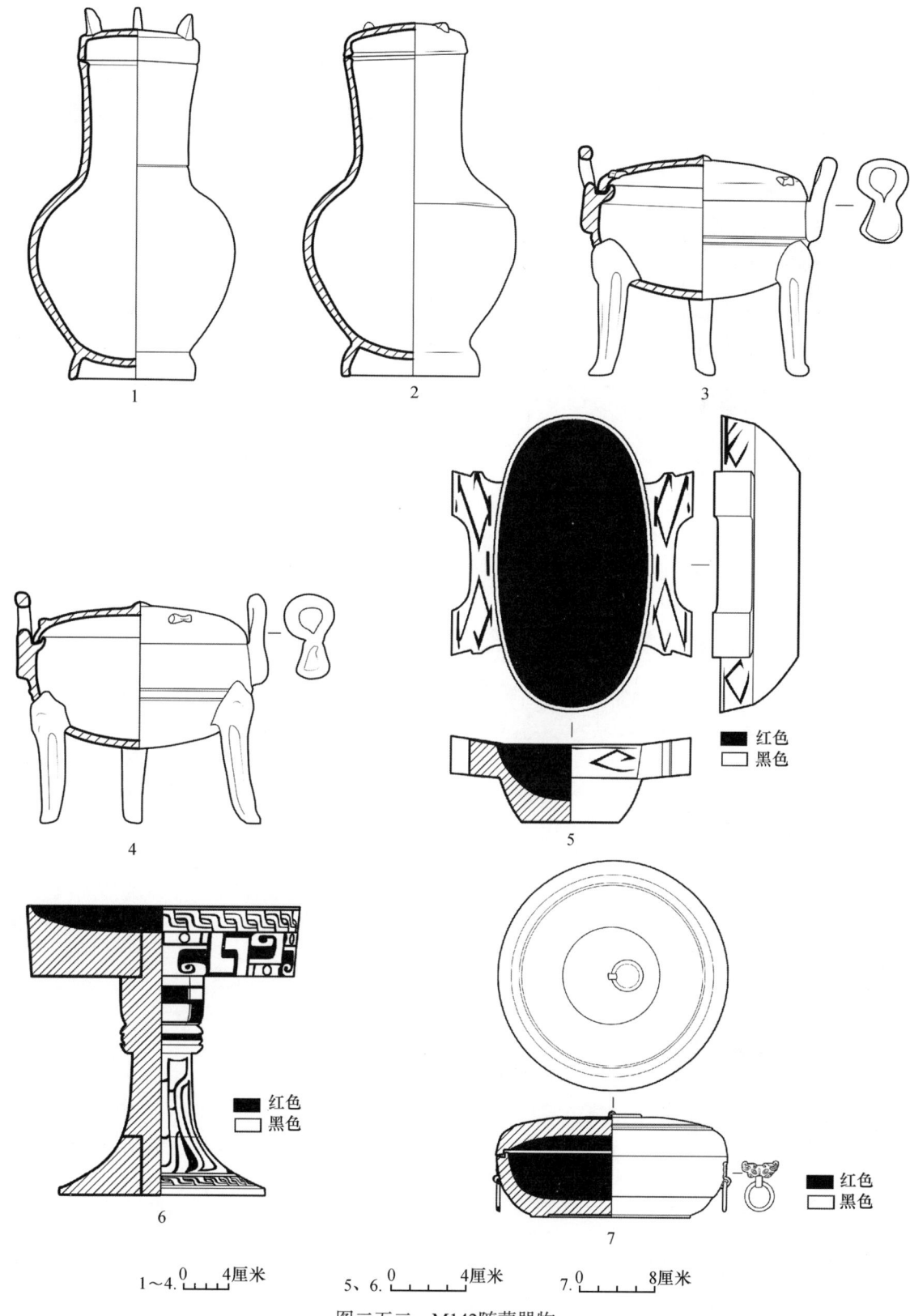

图二五二　M142随葬器物

1、2.陶壶（M142：1、M142：3）　3、4.陶鼎（M142：5、M142：8）　5.漆木耳杯（M142：4）　6.漆木豆（M142：7）
7.漆木盒（M142：9）

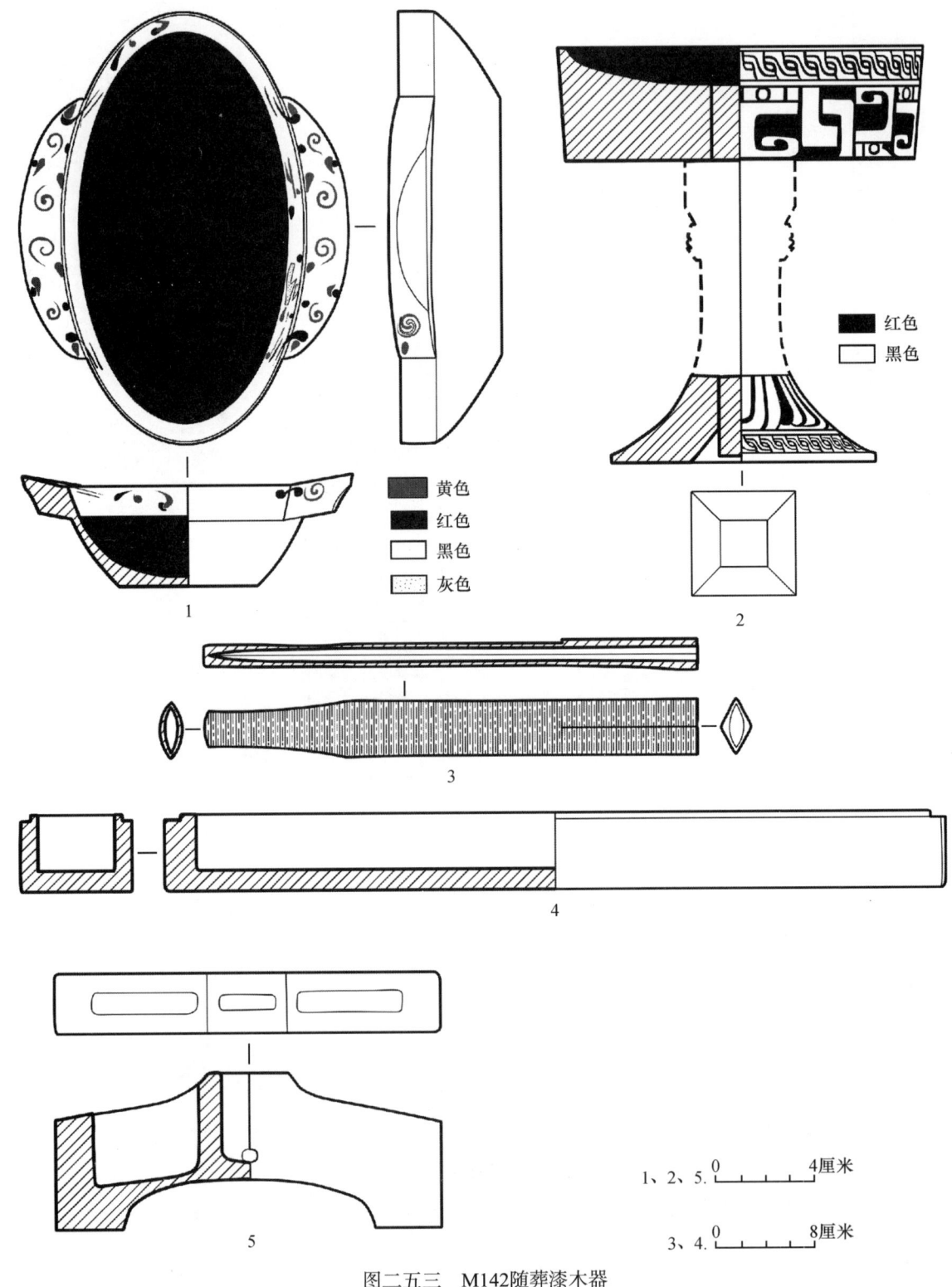

图二五三　M142随葬漆木器
1. 耳杯（M142：10）　2. 豆（M142：14）　3. 剑鞘（M142：12-2）　4. 剑椟（M142：12-1）
5. 构件（M142：15）

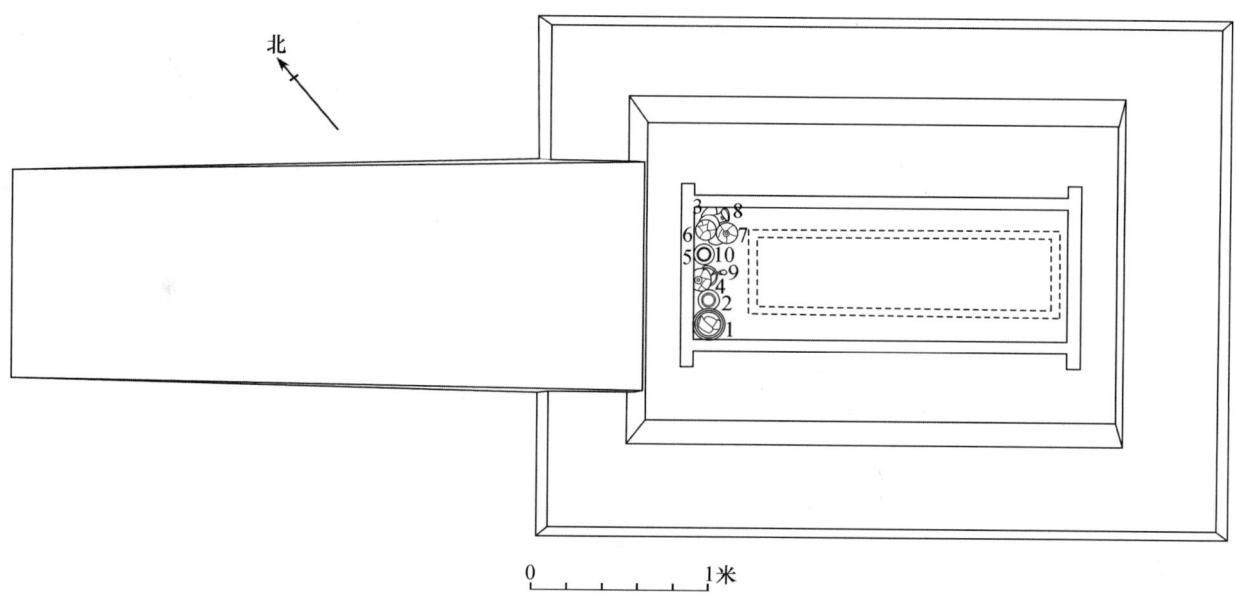

图二五四　M143平面图

1.陶鼎　2、5.陶壶　3、4、6、7、10.陶豆　8.陶敦　9.铜扳指

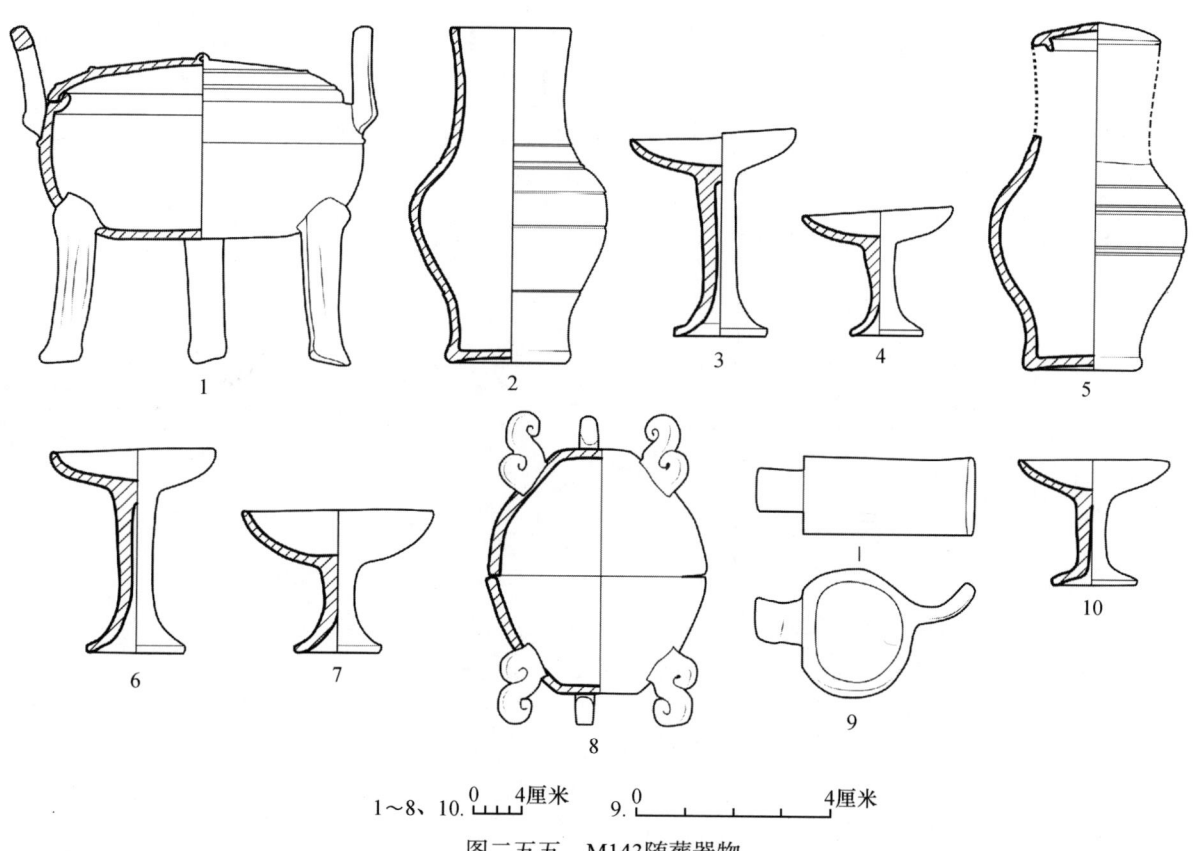

图二五五　M143随葬器物

1.陶鼎（M143：1）　2、5.陶壶（M143：2、M143：5）　3、4、6、7、10.陶豆（M143：3、M143：4、M143：6、M143：7、M143：10）　8.陶敦（M143：8）　9.铜扳指（M143：9）

3块木板拼成，壁板每块长2.55、宽0.23~0.4、厚0.2米，挡板每块长1.5、宽0.22~0.4、厚0.2米，通高0.92米，壁板与挡板之间用浅槽套榫结合。底板用4块木板平列竖铺，底板长3.06、宽0.3~0.41、厚0.12米，通宽1.46米，东西两侧、南北两端略侈出椁挡板。两根半圆形横垫木均长1.88、宽0.16、厚0.1米，两垫木相距2米，椁底板平铺其上。椁室南部有隔板，把椁室分为头箱和棺室。棺室长2.06、宽0.99、高0.92米，上部残存顶板1块，残长2.01、宽0.54、厚0.04米。头箱内空长0.43、宽0.99、高0.87米，上部有顶板1块，长1、宽0.5、厚0.03米。棺放置于棺室内西侧，为悬底弧棺，长1.93、宽0.79、高0.74米。棺盖为带木框母口棺盖，与棺口呈子母口扣合，由于地下水的浮动，棺盖向西侧侧斜，棺盖上部两长边棱各有3个方形绳槽，棺两壁板下部各有3个方形绳眼。壁板两端呈内斜面，长1.9、高0.56、厚0.2米，挡板长0.38、高0.59、厚0.1米，均用整木做成，壁板与挡板之间为单面槽扣接和透榫相结合。棺底板长1.62、宽0.42、厚0.04米，镶嵌在壁板及挡板中下部的浅槽内。人骨无存，葬式不明（图二五六；彩版三七，2~4）。

随葬器物　共15件。其中，陶器：鼎、钫、豆、杯各2件，敦1件，修复6件；漆木器：鹿1件，手杖1件，耳杯4件。置于南端头箱内（图二五七）。

陶器

钫（M322:1），泥质灰陶。口径12、腹径23.2、底径18、高56.8厘米（图二五八，1）。

豆（M322:2），泥质灰陶。口径13.2、盘深4.3、高17.7厘米（图二五八，2）。

豆（M322:13），泥质灰陶。口径14.6、盘深2.9、高18.2厘米（图二五八，4）。

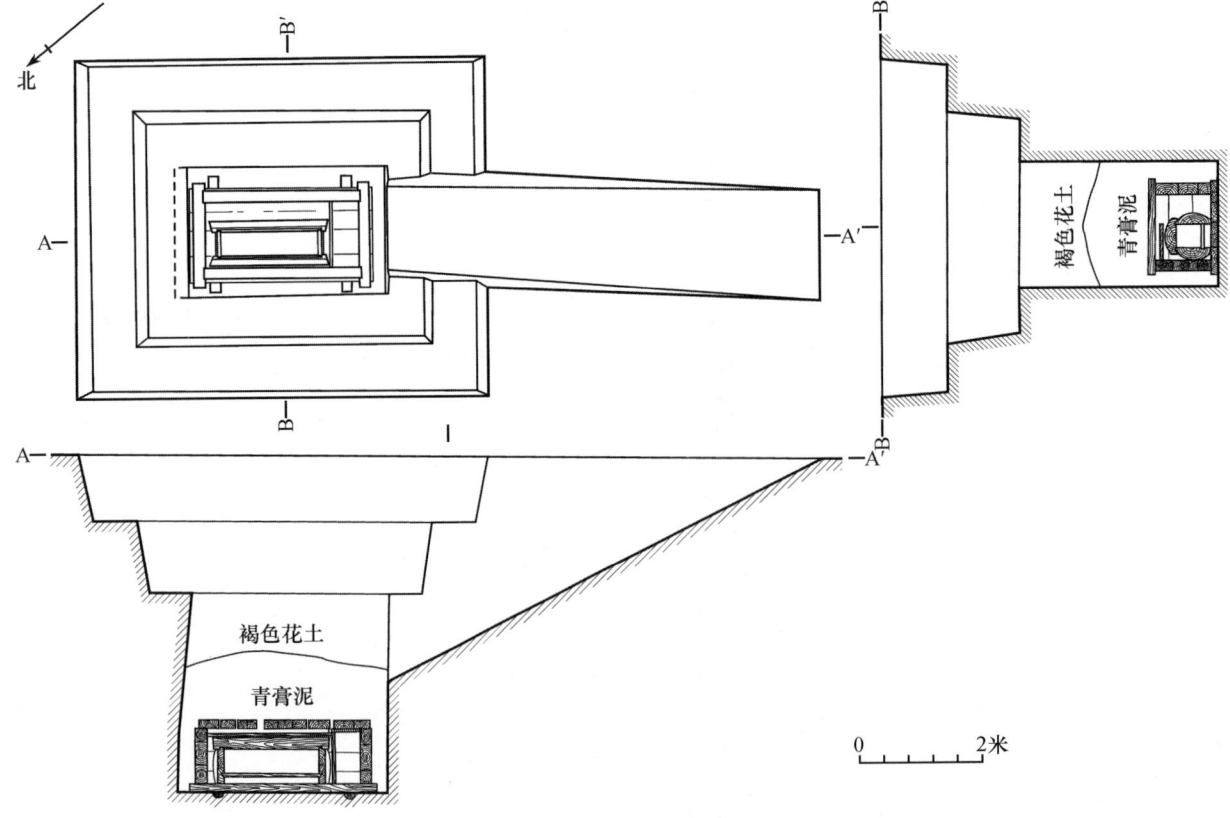

图二五六　M322平、剖面图

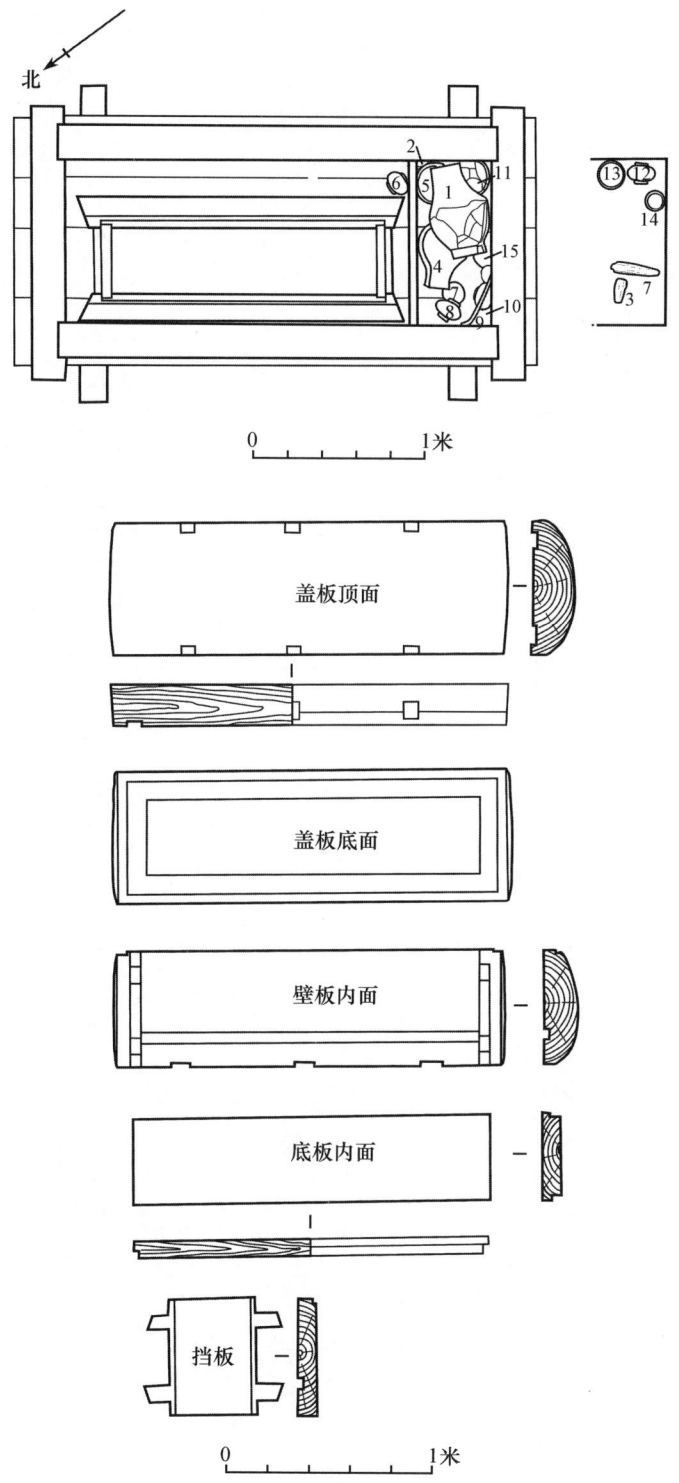

图二五七　M322随葬器物及木棺结构

1、4.陶钫　2、13.陶豆　3.漆木鹿　5、11.陶鼎　6、8、10、12.漆木耳杯　7、14.陶杯　9.漆木手杖　15.陶敦

杯（M322∶7），泥质灰陶。口径10.8、底径5.7、高14.8厘米（图二五八，6）。

杯（M322∶14），泥质灰陶。口径10.1、底径5.8、高14.5厘米（图二五八，5）。

敦（M322∶15），泥质灰陶。口径20.8、高26.8厘米（图二五八，3）。

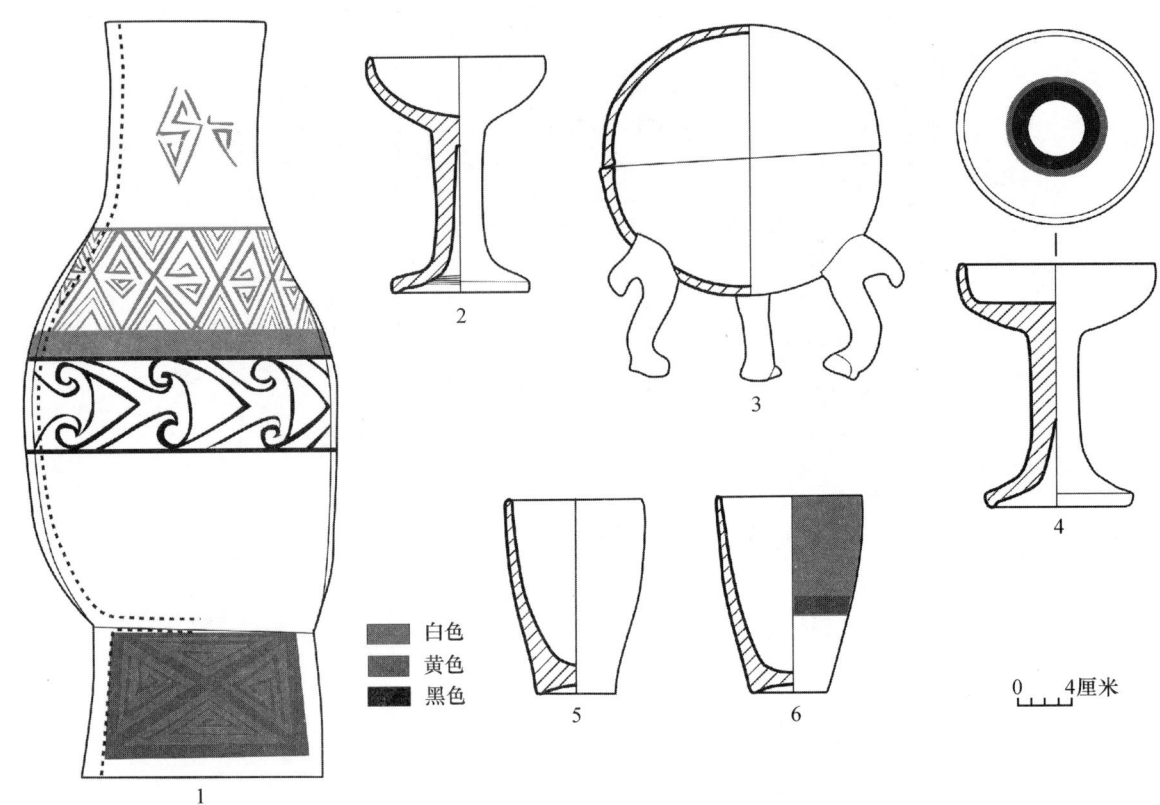

图二五八　M322随葬陶器
1. 钫（M322:1）　2、4. 豆（M322:2、M322:13）　3. 敦（M322:15）　5、6. 杯（M322:14、M322:7）

漆木器

鹿（M322:3），长49.3、宽12.5、高36厘米（图二五九，1）。

耳杯（M322:6），连耳宽13.3、口长16.6、腹深4.3、通高5.3厘米（图二五九，2）。

耳杯（M322:8），连耳宽13、口长17.6、腹深4.6、通高5.6厘米（图二五九，3）。

手杖（M322:9），残长32厘米（图二五九，4）。

12. M380

墓葬形制　方向15°。开口于现地表以下0.6米。墓口长5.9、宽4.5米，墓底长3.7、宽2.3米，墓坑深4.1米。北壁中部有一斜坡墓道，长6、北口宽1.2、室口宽1.8米，坡底长7.44、北口宽1.2、室口宽1.6米，距墓底1.6米处起坡，坡度21°。墓口下现存生土台阶一级，台阶上距墓口0.32米，东、西两侧台面宽0.8米，南、北两端台面宽0.78米。坑形方正规整，坑壁较光滑、斜直，底平。坑内填黄褐色夹灰白色五花土，质密。

葬具及葬式　单椁单棺。椁保存下半部，长2.73、宽1.4、残高0.64米，残存有壁板、挡板、底板。椁壁板、挡板每边均用2块木板，壁板每块长2.6、宽0.28~0.32、厚0.1米，挡板每块长1.62、宽0.22~0.3、厚0.1米，残高0.52~0.58米，壁板与挡板之间用浅槽套榫结合。底板用5块木板平列竖铺，底板长2.84、宽0.28~0.39、厚0.1米，通宽1.64米，东西两侧、南北两端略伸出椁挡板。棺置于椁室中南部，为悬底弧棺，长2、宽0.8、高0.68米。棺盖为带木框母口

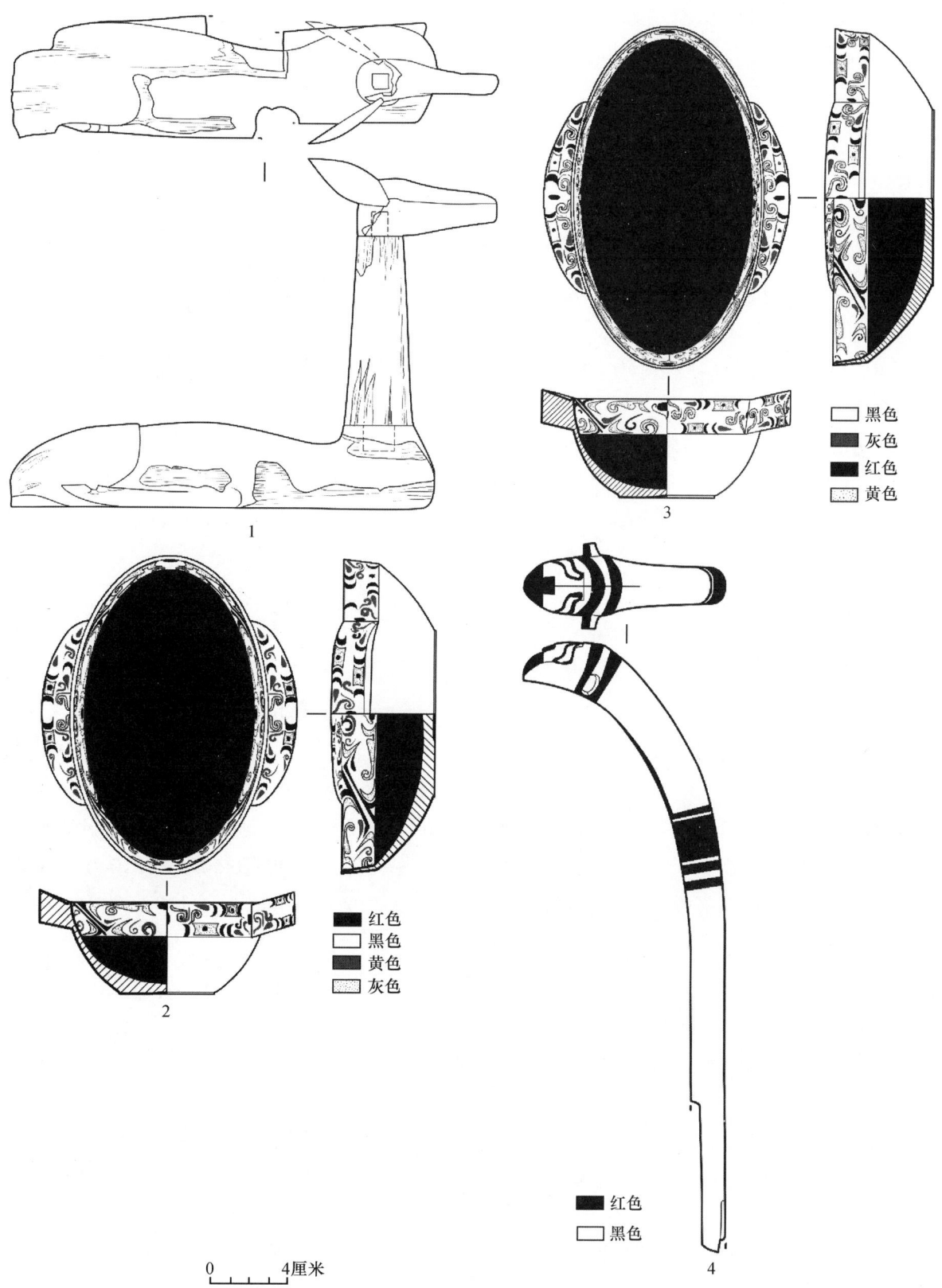

图二五九　M322随葬漆木器
1.鹿（M322∶3）　2、3.耳杯（M322∶6、M322∶8）　4.手杖（M322∶9）

棺盖，与棺口呈子母口扣合，弧壁，长2、高0.5、厚0.16米，挡板长0.5、高0.5、厚0.06米，均为整木做成，壁板与挡板之间为单面槽扣接和透榫相结合，棺底板长1.86、宽0.48、厚0.08米。人骨无存，葬式不明。

随葬器物　13件：陶鼎、敦、壶各2件，陶盘、匜各1件，铜剑（带漆木剑鞘）、戈各1件，铜环3件，其中陶器修复4件。置于椁内棺外北端及椁室东侧棺椁之间（图二六〇）。

铜器

剑（M380：1-1），通长50.2、身宽5.2厘米（图二六一，1）。

环（M380：10-1），通长5.3、铺首长2.9、宽3.7、环径3.4厘米（图二六一，7）。

漆木器

剑鞘（M380：1-2），残长36、宽4~5.2厘米（图二六一，2）。

陶器

鼎（M380：3），泥质黑衣灰陶。口径18.8、腹径22.8、通高22.8厘米（图二六一，3）。

敦（M380：7），泥质灰陶。口径20.8、通高28.8厘米（图二六一，4）。

盘（M380：9-1），泥质灰陶。口径20.1、腹径19.1、底径16.5、高3.6厘米（图二六一，5）。

匜（M380：9-2），泥质灰陶。口径10.8、底径8.5、通高3.6厘米（图二六一，6）。

13. M383

墓葬形制　方向215°。开口于现地表以下0.58~0.78米。墓口通长9.6、宽4.9米，墓底长3.44、宽1.44米，墓坑深3.5米。南壁中部有一斜坡墓道，长3.5、南口宽1.34、室口宽1.42米，坡底长5.28、南口宽1.34、室口宽1.2米，距墓底1.36米处起坡，坡度23.5°。墓口下现存生土台阶两级。第一级台阶上距墓口0.26米，台面东宽0.54、西宽0.5、南宽0.56、北宽0.52米。第二级台阶上距墓口0.86米，台面东宽0.62、西宽0.54、南宽0.62、北宽0.54米。坑形方正规整，坑壁较光滑，四壁斜直下收，底平，坑底中心部位有一长方形腰坑，腰坑长0.58、宽0.44、深0.17米。坑内填褐黄色夹灰白色五花土，质密。

葬具及葬式　单椁单棺，仅存灰迹。椁痕长2.46、宽1.1、高0.3米，棺痕长1.84、宽0.48、高0.12米。人骨架无存，葬式不明。

随葬器物　陶器8件：鼎、敦、壶、豆各2件，其中修复4件。置于椁内棺外南端（图二六二；图版三三，1~3）。

陶鼎（M383：1），泥质灰陶。口径18.2、腹径20.7、通高24.2厘米（图二六三，1）。

陶壶（M383：6），泥质灰陶。口径9.7、腹径19.2、底径11.6、高29.6厘米（图二六三，2）。

陶豆（M383：7），泥质灰陶。口径12.1、盘深2.7、座径7.2、高14.8厘米（图二六三，3）。

陶豆（M383：8），泥质灰陶。口径12.7、盘深2.7、座径6、高12.2厘米（图二六三，4）。

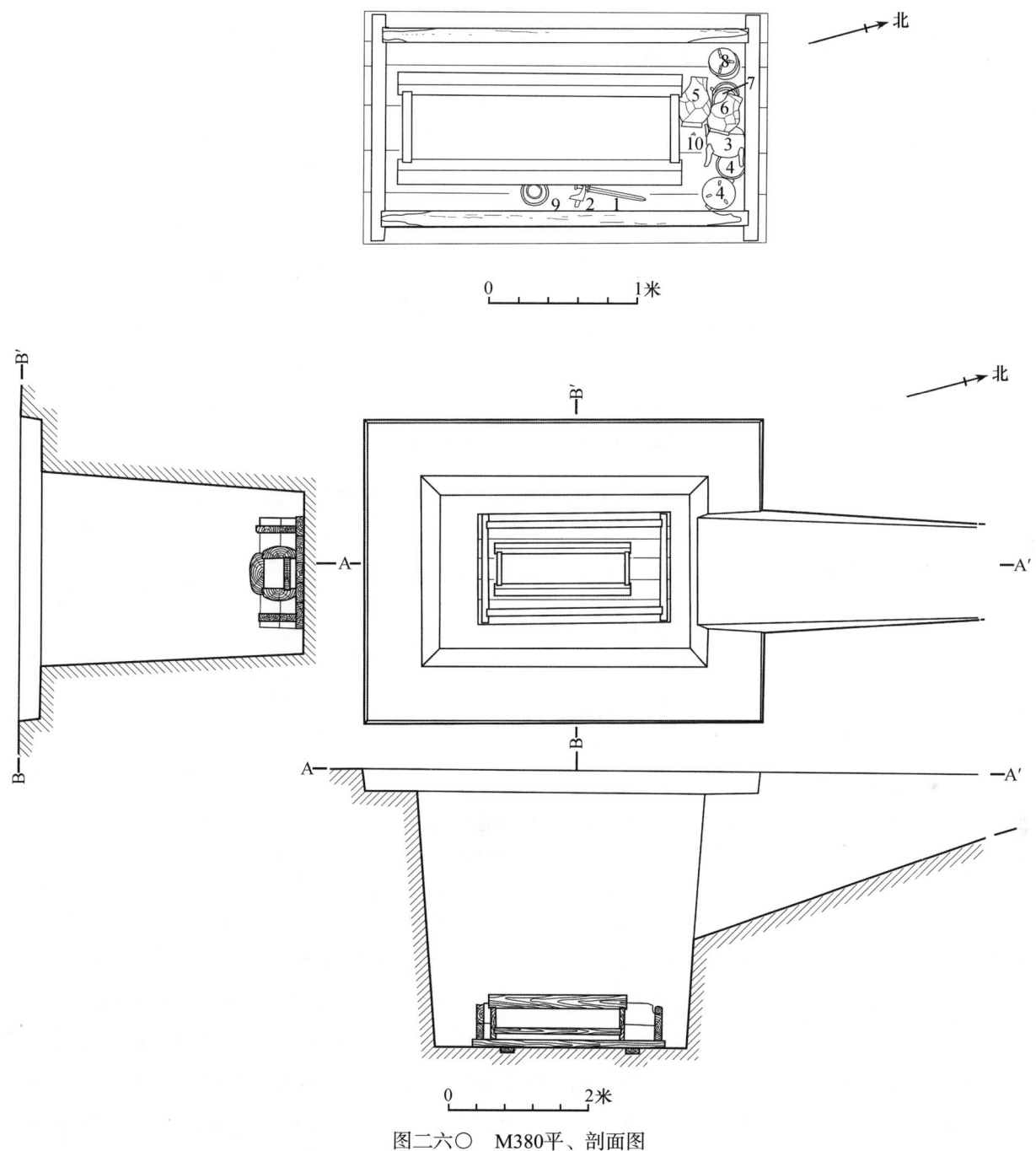

图二六〇 M380平、剖面图

1.铜剑（带漆木剑鞘） 2.铜戈 3、4.陶鼎 5、6.陶壶 7、8.陶敦 9.陶盘、匜 10.铜环（3件）

14. M388

墓葬形制 方向113°。被晚期墓M727打破。开口于现地表以下0.4米。墓口南长9.32、北长9.6、东宽8.16、西宽8.24米，墓底长4.54、东宽2.56、西宽2.6米，墓坑深4.2米。东壁中部有一斜坡墓道，长6.77、东口宽1.6、室口宽1.82米，坡底长9.86、东口宽1.6、室口宽1.52米，距墓底1.57米处起坡，坡度24.5°。墓口下现存生土台阶四级。第一级台阶上距墓口

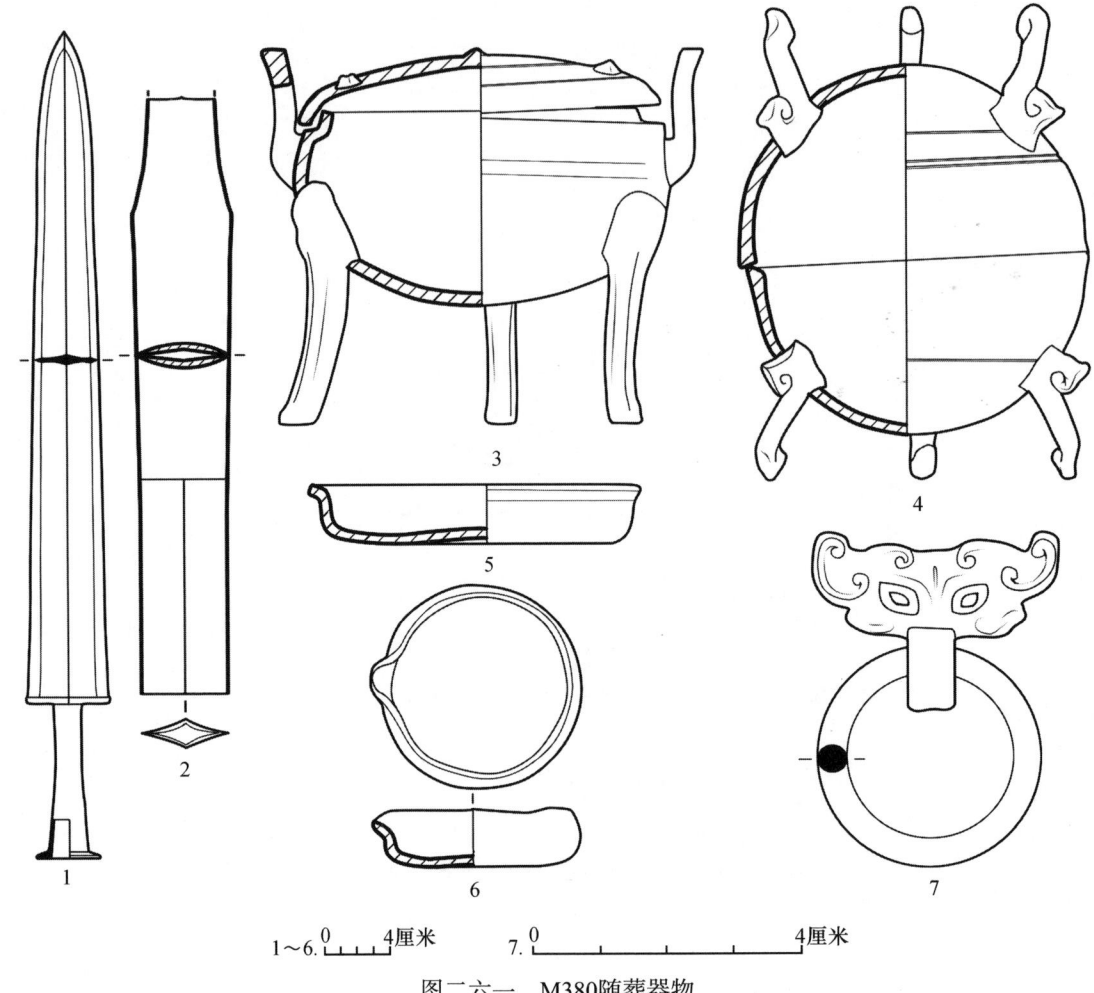

图二六一 M380随葬器物
1. 铜剑（M380∶1-1） 2. 漆木剑鞘（M380∶1-2） 3. 陶鼎（M380∶3） 4. 陶敦（M380∶7） 5. 陶盘（M380∶9-1）
6. 陶匜（M380∶9-2） 7. 铜环（M380∶10-1）

0.17~0.21米，台面东宽0.55~0.58、西宽0.4~0.52、南宽0.43~0.5、北宽0.42~0.52米。第二级台阶上距墓口0.74~0.86米，台面东宽0.5~0.62、西宽0.47~0.53、南宽0.56~0.63、北宽0.47~0.51米。第三级台阶上距墓口1.25~1.42米，台面东宽0.49~0.52、西宽0.55~0.58、南宽0.48~0.54、北宽0.53~0.59米。第四级台阶上距墓口1.88~1.96米，台面东宽0.31~0.33、西宽0.27~0.31、南宽0.48~0.49、北宽0.46~0.48米。坑形方正规整，坑壁较光滑，四壁斜直下收，底平，坑底中心部位有一横向长方形腰坑，腰坑长0.74、宽0.46、深0.2米，内有动物骨骸朽痕。椁上填青膏泥，青膏泥上填褐色花土，两种土之间有厚0.04~0.08米的铁锈黄色土，质密。

葬具及葬式 单椁单棺，腐烂严重。椁长2.99、宽1.27、残高0.32米，由壁板、挡板、底板和垫木构成。椁壁板、挡板每边均残存1块木板，壁板残长2.85、宽0.32、厚0.1米，挡板残长1.52、宽0.1、厚0.1米，壁板与挡板之间用浅槽套榫结合。底板用6块木板平列竖铺，底板长3.3米，宽自北向南分别为0.23、0.25、0.25、0.25、0.24、0.21米，通宽1.43米，厚0.2米，东西两端及南侧略侈出椁挡板，北侧与北壁齐。两根方形横垫木均长1.64、宽0.12、厚0.09米，两垫木相距1.78米，椁底板平铺其上。葬具为悬底弧棺一具，置于椁室偏北，两端已腐烂，残长1.88、复原宽0.82、复原高0.72米，由棺盖板、壁板、挡板及底板组成。棺盖板残长1.78、宽0.76、中间厚0.14、两侧厚0.06米，棺盖下部周边为带木框母口，与棺口呈子母口扣合。壁板残长1.85、高0.64、中部厚0.14、侧厚0.07米，挡板残宽0.43、残高0.46、厚0.04米，壁板与挡板之间为单面槽扣接和透榫相结合。棺底板残长1.84、宽0.6、厚0.06米，镶嵌在壁板及挡板中下部的浅槽内。人骨架无存，葬式不明。

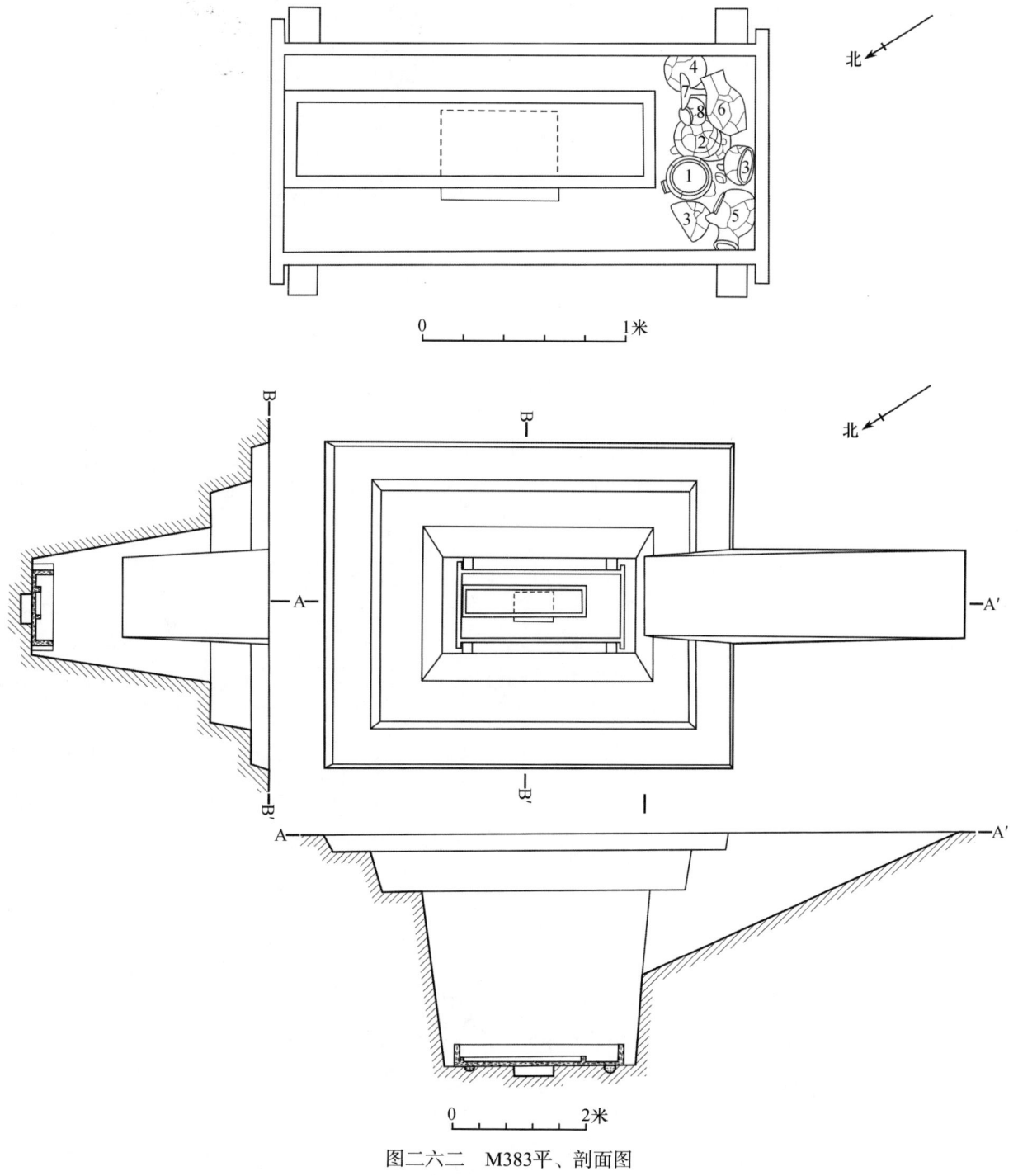

图二六二　M383平、剖面图
1、2.陶鼎　3、4.陶敦　5、6.陶壶　7、8.陶豆

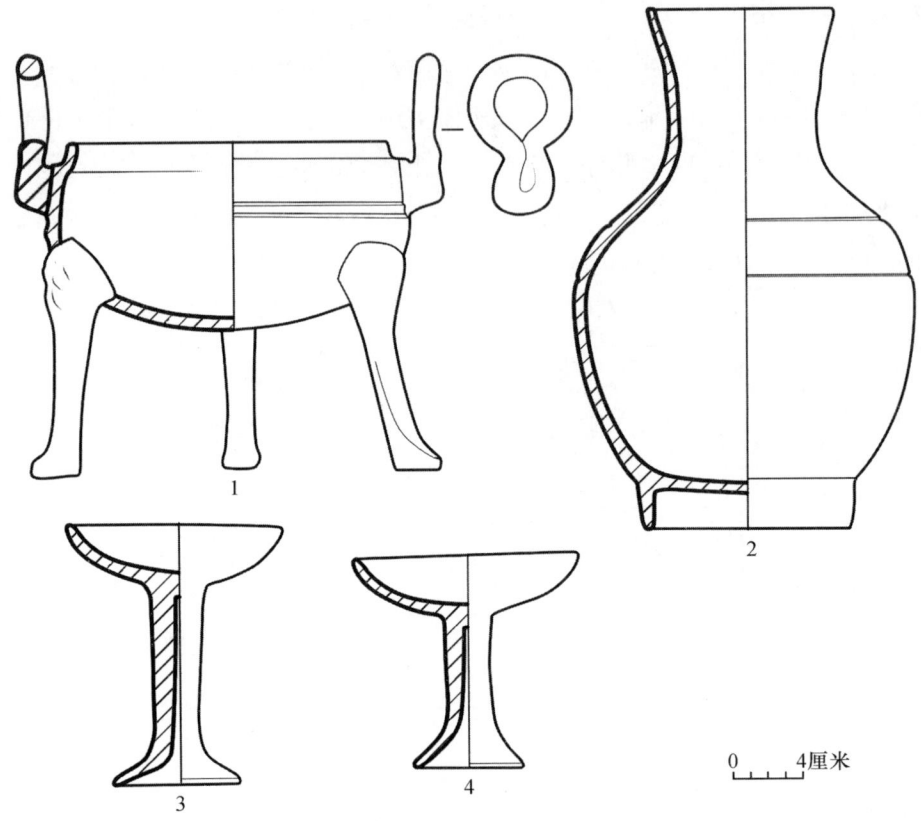

图二六三　M383随葬陶器
1. 鼎（M383：1）　2. 壶（M383：6）　3、4. 豆（M383：7、M383：8）

随葬器物　陶器8件：鼎3件、敦2件、壶2件、盘1件，其中修复5件。置于椁内棺外东端（图二六四；图版三三，4）。

陶鼎（M388：1），泥质灰陶。口径23.8、腹径26.4、通高26.5厘米（图二六五，1）。

陶鼎（M388：3），泥质灰陶。口径21、腹径26、通高26.6厘米（图二六五，2）。

陶敦（M388：4），泥质灰陶。口径20、通高28.7厘米（图二六五，3）。

陶壶（M388：7），泥质灰陶。口径12.3、腹径23.2、底径11.6、高34.3厘米（图二六五，4）。

陶盘（M388：8），泥质灰陶。口径28.4、高5.8厘米（图二六五，5）。

15. M396

墓葬形制　方向115°。开口于现地表以下0.4米。墓口南长5.1、北长5、东宽4.04、西宽3.9米，墓底长3.11、宽1.88米，墓坑深3.68米。东壁中部有一斜坡墓道，上口平面长4.26、东口宽1.56、室口宽1.46米，坡底长6、东口宽1.56、室口宽1.24米，距墓底1米处起坡，坡度22°。墓口下现存生土台阶两级。第一级台阶上距墓口0.64米，台面东宽0.32、西宽0.36、南宽0.36、北宽0.32米。第二级台阶上距墓口1.24米，台面东宽0.2、西宽0.26、南宽0.26、北宽0.26米。坑形方正规整，坑壁较光滑，四壁斜直下收，底平。椁上填0.9米厚的青膏泥，青膏泥上填褐色花土，质密。

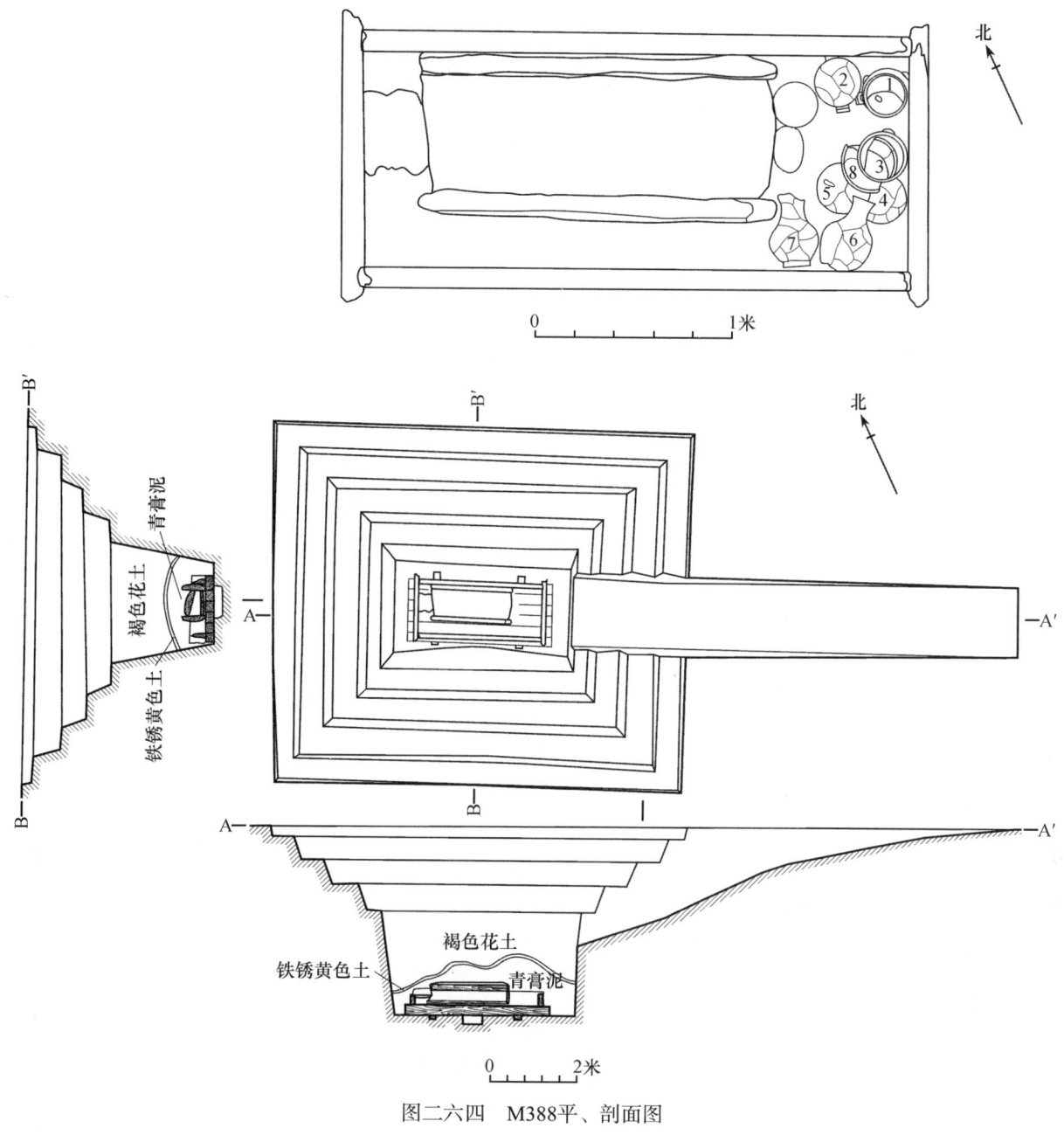

图二六四　M388平、剖面图
1~3.陶鼎　4、5.陶敦　6、7.陶壶　8.陶盘

葬具及葬式　单椁单棺，腐烂严重。椁长2.66、宽1.1、残高0.7米，由壁板、挡板、底板和垫木构成。椁壁板南壁残存3块木板，北壁板及东西两端挡板每边均残存1块木板，南壁各板长2.5米，宽自下而上分别为0.24、0.2、0.18米，厚0.14米，北壁板长2.5、宽0.16、厚0.14米，挡板长1.26、宽0.1、厚0.1米，壁板与挡板之间用浅槽套榫结合。底板用5块木板平列竖铺，底板长2.66米，宽自北向南分别为0.28、0.18、0.24、0.18、0.22米，通宽1.1米，厚0.12米，东西两端及南北两侧与椁挡板、壁板齐。椁底两根半圆弧形垫木均长1.88米，东侧垫木宽0.09、厚0.06米，西侧垫木宽0.14、厚0.1米，两垫木相距1.54米，椁底板平铺其上。葬具为弧棺1具，置于椁室偏南，腐烂严重，残长1.82、宽0.7、高0.4米，由棺盖板、壁板、挡板及底板组成。人

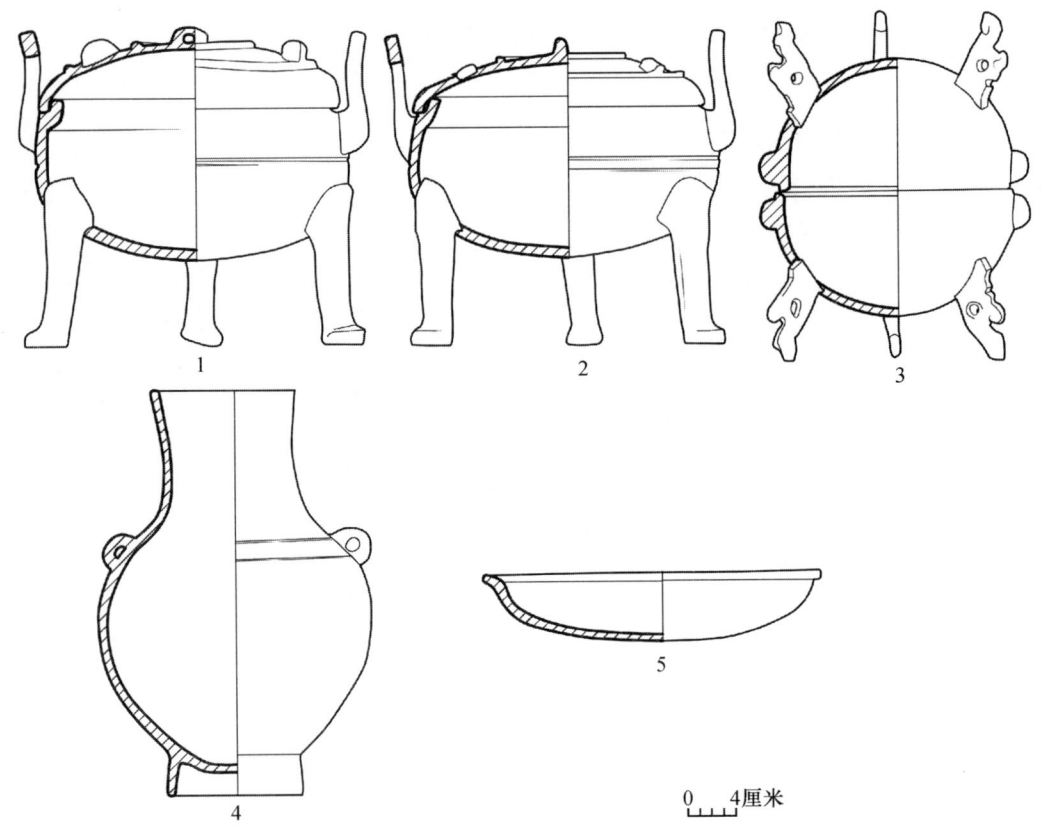

图二六五　M388随葬陶器
1、2.鼎（M388∶1、M388∶3）　3.敦（M388∶4）　4.壶（M388∶7）　5.盘（M388∶8）

骨架无存，葬式不明。

随葬器物　陶器和铜器共10件。其中，8件陶器：鼎、敦、壶各2件，盘、匜各1件，修复5件；2件铜器：剑、削刀各1件。多置于椁内棺外东端（图二六六；图版三四，1~4）。

陶器

鼎（M396∶1），泥质灰陶。口径21.8、腹径22.8、通高26.8厘米（图二六七，1）。

敦（M396∶3），泥质灰陶。口径20.6、通高24.8厘米（图二六七，2）。

壶（M396∶5），泥质灰陶。口径8.8、腹径19.6、底径11、通高30.4厘米（图二六七，3）。

壶（M396∶6），泥质灰陶。口径8.8、腹径20、底径11.2厘米（图二六七，4）。

盘（M396∶7），泥质灰陶。口径28.7、高4.4厘米（图二六七，5）。

铜器

剑（M396∶9），通长42.8、身宽4厘米（图二六七，6）。

削刀（M396∶10），通长23.6、身长13.6、身宽1.6厘米（图二六七，7）。

16. M401

墓葬形制　方向180°。开口于现地表以下0.6米。墓口东长5.78、西长5.56、南宽4.74、

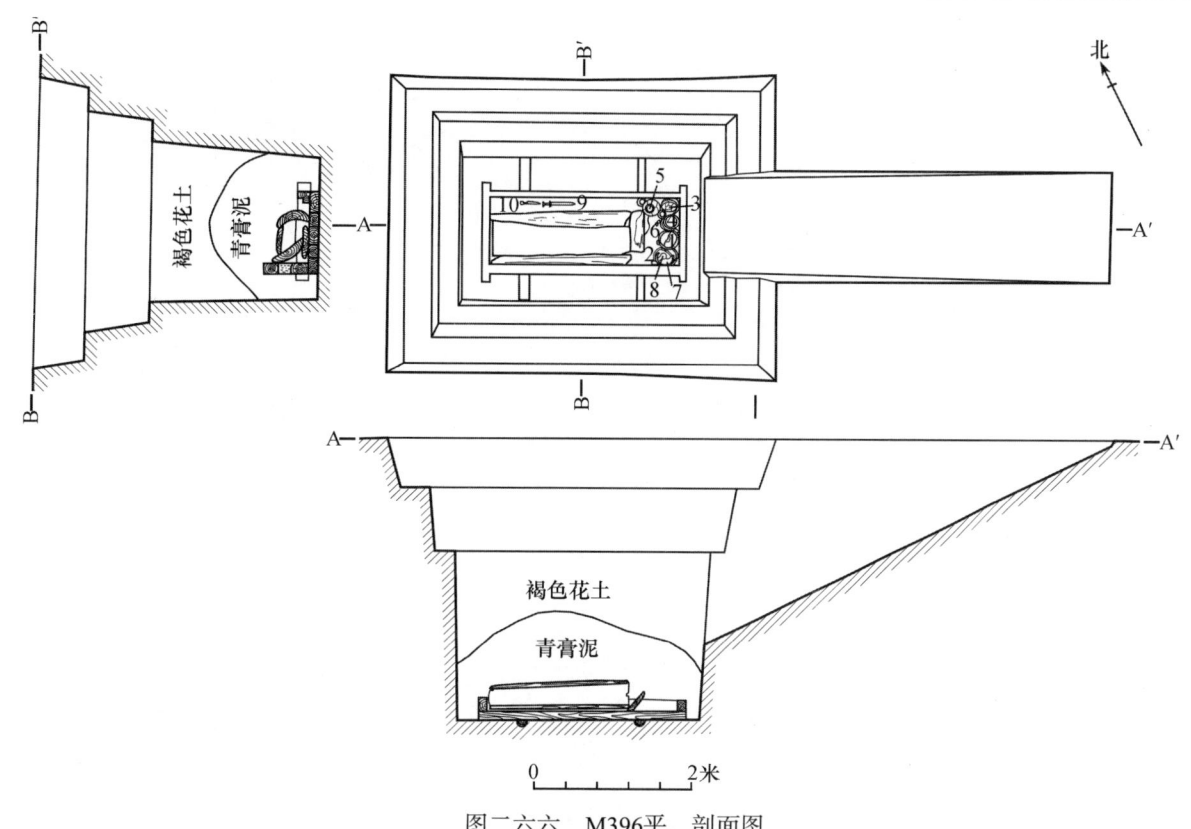

图二六六　M396平、剖面图
1、2.陶鼎　3、4.陶敦　5、6.陶壶　7.陶盘　8.陶匜　9.铜剑　10.铜削刀

北宽4.84米，墓底东长3.25、西长3.28、南宽1.48、北宽1.5米，墓坑深3.8米。南壁中部有一斜坡墓道，上口平面长3.42、南口宽1.46、室口宽1.45米，坡底长4.44、南口宽1.39、室口宽1.03米，坡底有踏步一级，长0.92~1.02、宽0.36~0.39、高0.28米，距墓底1.54米处留踏步，踏步上起坡，坡度25°。墓口下现存生土台阶两级。第一级台阶上距墓口0.48米，台面东宽0.33~0.44、西宽0.58~0.64、南宽0.4~0.45、北宽0.53~0.58米。第二级台阶上距墓口1.18米，台面东宽0.43~0.45、西宽0.44~0.47、南宽0.28~0.41、北宽0.13~0.18米。坑形方正规整，坑壁较光滑，四壁斜直下收，底平。墓内填黄褐色夹灰白色五花土，质密。

葬具及葬式　单椁单棺，腐烂严重，残存椁底板和部分棺板。椁长2.72、宽1.43、残高0.58米。底板用5块木板平列竖铺，底板长2.72米，宽自东向西分别为0.2、0.16、0.38、0.08、0.28米，通宽1.02米，厚0.1米，东西两侧及南北两端与椁壁板、挡板齐。椁底两根半圆弧形垫木均长1.48、宽0.14、厚0.1米，两垫木相距1.82米，椁底板平铺其上。葬具为悬底弧棺1具，置于椁室中北部，腐烂严重，残长1.7、宽0.75、残高0.55米，由棺盖板、壁板、挡板及底板组成。人骨架无存，葬式不明。

随葬器物　陶器和铜器共10件。其中，9件陶器：鼎、敦、壶各2件，盘、匜各1件，豆1件（填土出土）；1件铜器：戈鐏1件。主要置于椁内棺外南端（图二六八；图版二九，3、4）。

陶器

鼎（M401：1），泥质红陶。口径18.4、腹径18.8、通高22.4厘米（图二六九，1）。

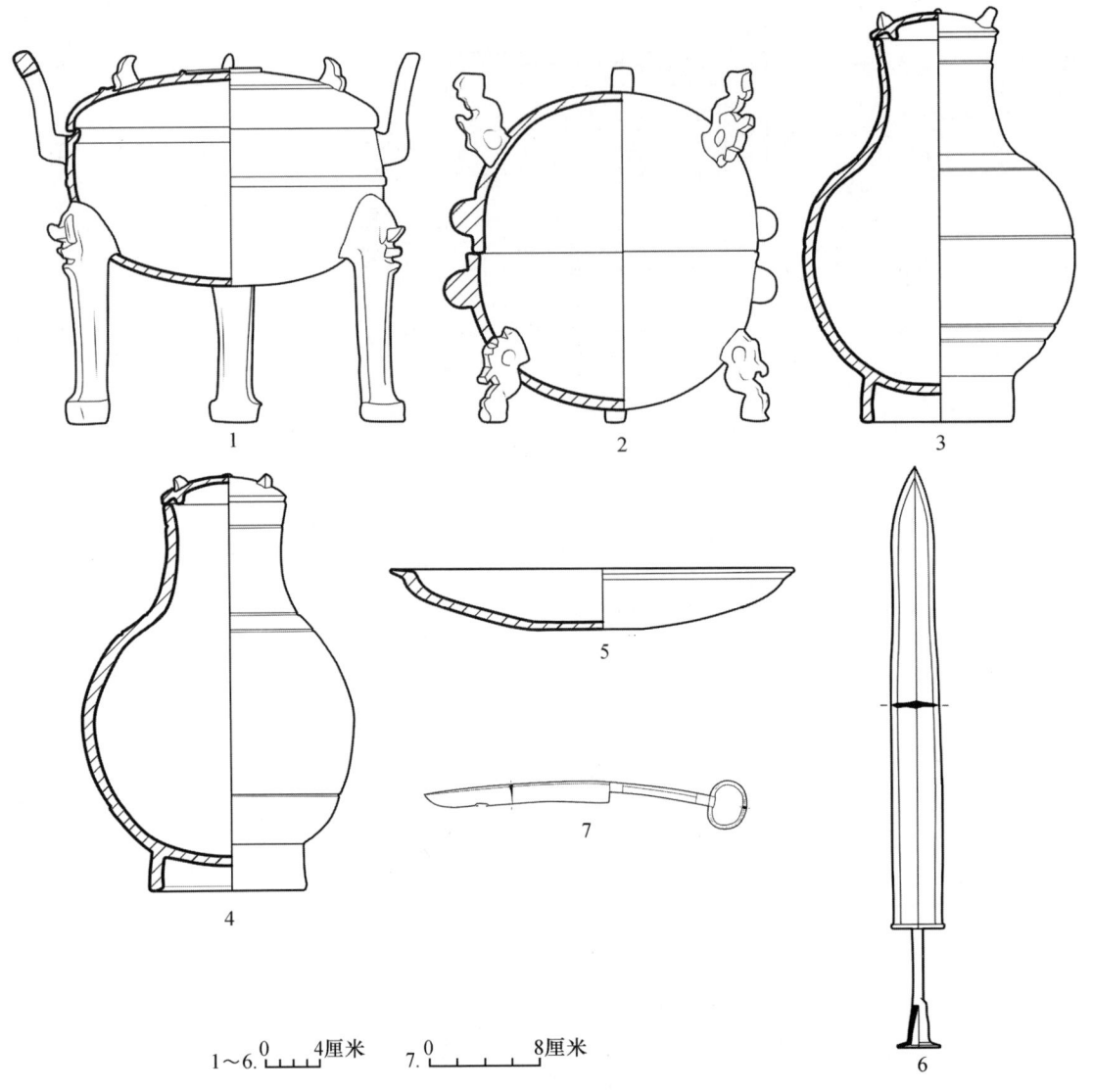

图二六七　M396随葬器物

1. 陶鼎（M396：1）　2. 陶敦（M396：3）　3、4. 陶壶（M396：5、M396：6）　5. 陶盘（M396：7）　6. 铜剑（M396：9）
7. 铜削刀（M396：10）

鼎（M401：2），泥质红陶。口径18.2、腹径18.6、通高22.6厘米（图二六九，2）。

敦（M401：3），泥质红陶。口径20、通高28.4厘米（图二六九，3）。

敦（M401：4），泥质红陶。口径19.6、通高32厘米（图二六九，4）。

壶（M401：5），泥质红陶。口径15.2、腹径20.4、底径10.8、通高44.8厘米（图二六九，5）。

壶（M401：6），泥质红陶。口径13.2、腹径20.4、底径12.8、通高48.8厘米（图二六九，6）。

盘（M401：7），泥质红陶。口径17.6、高2.8厘米（图二六九，7）。

匜（M401：8），泥质红陶。口径12.6、通高2.4厘米（图二六九，8）。

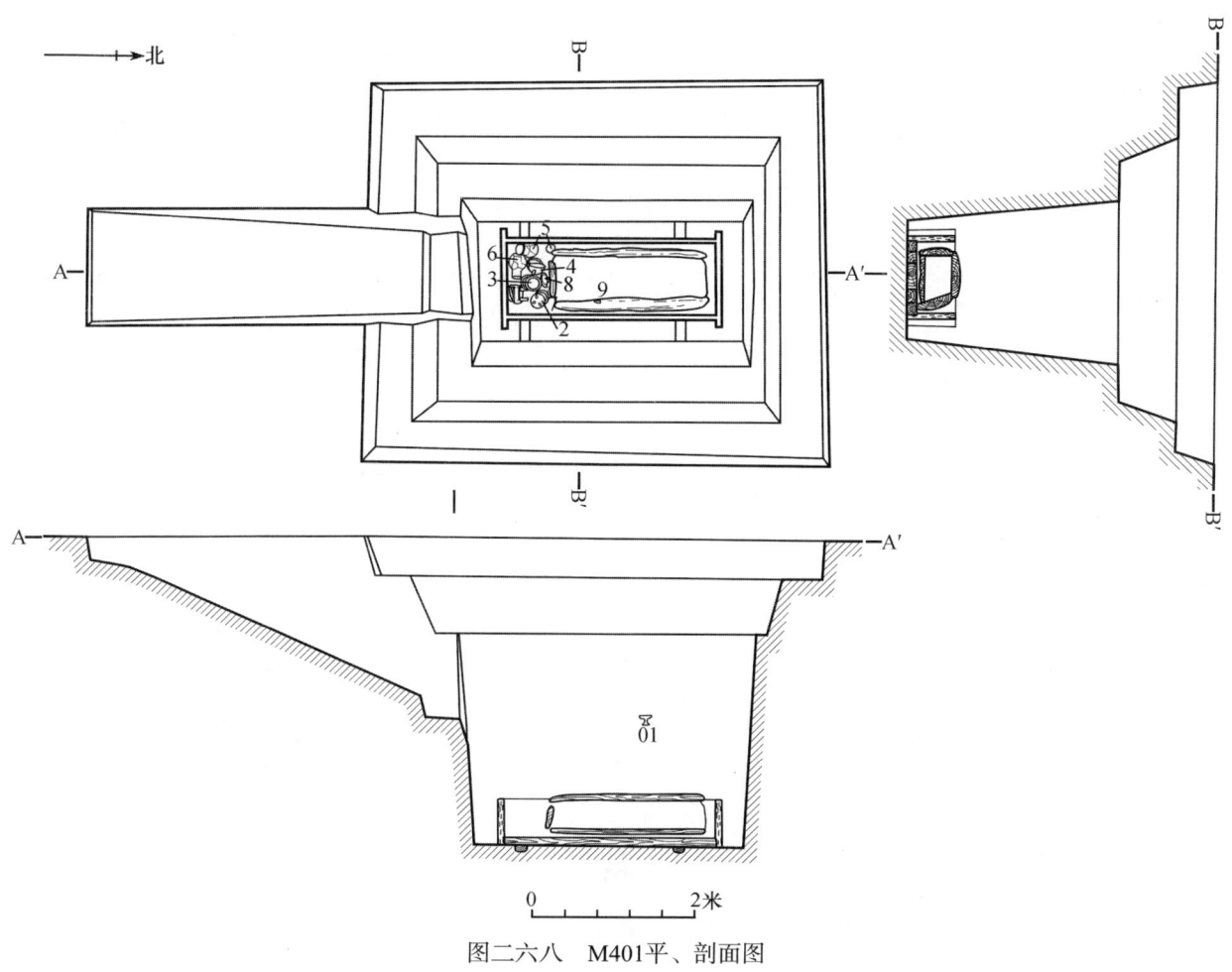

图二六八 M401平、剖面图
1、2.陶鼎 3、4.陶敦 5、6.陶壶 7.陶盘 8.陶匜 9.铜戈镈 01.陶豆

铜器

戈镈（M401∶9），长4.2、直径2厘米（图二六九，9）。

17. M402

墓葬形制 方向102°。开口于现地表以下0.46米。墓口南长5.76、北长5.68、东宽4.62、西宽4.54米，墓底长2.7、东宽1.47、西宽1.42米，墓坑深3.8米。东壁中部有一斜坡墓道，上口平面长4.13、东口宽1.32、室口宽1.4米，东口有0.1米高的坎，坡底长3.78、东口宽1.32、室口宽1.04米，距墓底1.46米处起坡，坡度25°。墓口下现存生土台阶两级。第一级台阶上距墓口0.7米，台面东宽0.5～0.6、西宽0.56、南宽0.56、北宽0.51～0.54米。第二级台阶上距墓口1.46米，台面东宽0.5～0.6、西宽0.5～0.53、南宽0.46～0.48、北宽0.44米。坑形方正规整，坑壁较光滑，四壁斜直下收，底平（图版三五，1）。椁上填青膏泥，青膏泥上填褐色花土，两种土之间有0.08～0.1米厚的相互感染的铁锈黄色土，质密（彩版三八，1）。

葬具及葬式 单椁单棺，腐烂严重。椁长2.44、宽1.1、残高0.52米，由壁板、挡板、底板和垫木构成。南北两侧壁板及东西两端挡板每边均残存1块木板，壁板长2.26、宽0.4、厚

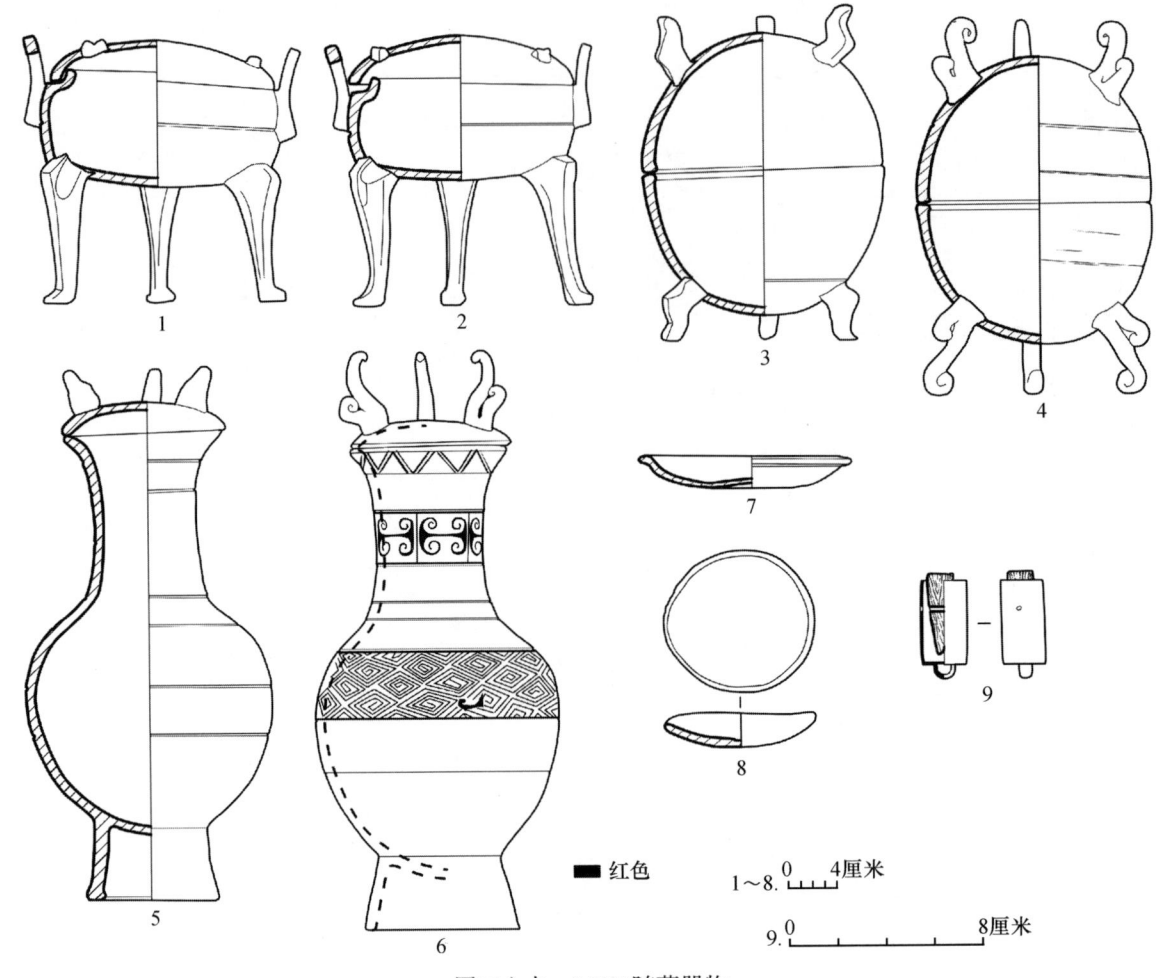

图二六九　M401随葬器物
1、2. 陶鼎（M401：1、M401：2）　3、4. 陶敦（M401：3、M401：4）　5、6. 陶壶（M401：5、M401：6）
7. 陶盘（M401：7）　8. 陶匜（M401：8）　9. 铜戈鐏（M401：9）

0.1米，挡板长1.32、东宽0.4、西宽0.38、厚0.1米，壁板与挡板之间用浅槽套榫结合。底板用4块木板平列竖铺，底板长2.32米，板与板之间有0.04~0.11米的缝隙，各板宽自南向北分别为0.28、0.24、0.22、0.23米，厚0.12米，通宽1.16米，东西两端及北侧略侈出椁挡板、壁板，南侧与椁壁板齐。椁底两根半圆弧形垫木槽，均长1.38、宽0.18、厚0.1米，两垫木相距1.46米，椁底板平铺其上。椁室分棺室、头箱，有隔板隔离，棺室长1.98、宽0.9米，头箱长0.9、宽0.34米，隔板高0.34、宽0.9、厚0.02米。棺室内置悬底弧棺1具，由于椁室内水的漂浮，盖南底北，侧翻于棺室，腐烂严重，残存盖板与壁板3块。盖板长1.82、宽0.47、中间厚0.12、两侧厚0.06米，棺盖下部周边为带木框母口，与棺口呈子母口扣合。壁板长1.82、高0.56、中部厚0.09、两侧厚0.04米，底有底板榫槽。人骨架无存，葬式不明。

随葬器物　陶器、铜器和漆木器共18件（图版三五，2）。陶器：鼎、壶、敦各2件，其中修复4件；铜器：剑、矛、戈各1件，环2件，箭镞4件；漆木器：器盖、构件、弓各1件。置于头箱及棺室内（图二七〇；彩版三八，2）。

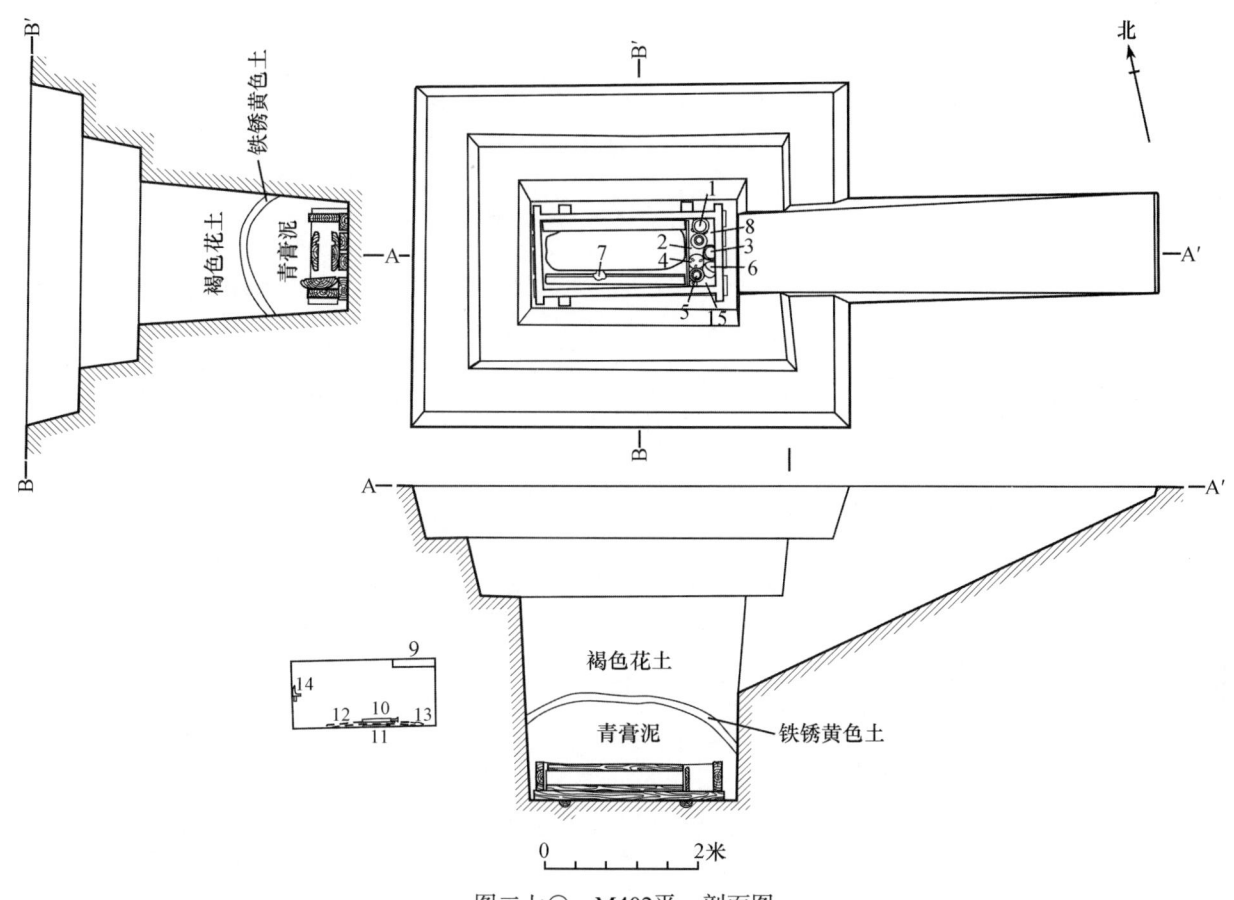

图二七〇　M402平、剖面图

1、3.陶鼎　2、5.陶壶　4、6.陶敦　7、8.铜环　9.漆木构件　10.铜剑　11.铜箭镞（4件）　12.漆木弓　13.铜矛
14.铜戈　15.漆木器盖

陶器

鼎（M402∶1），泥质灰陶。口径14.8、腹径20.4、通高23.6厘米（图二七一，1）。

鼎（M402∶3），泥质灰陶。口径16.3、腹径19.8、通高23.6厘米（图二七一，3）。

壶（M402∶2），泥质灰陶。口径11.2、腹径18.5、残高24.8厘米（图二七一，2）。

敦（M402∶4），泥质灰陶。口径17.5、残高19厘米（图二七一，4）。

铜器

环（M402∶7），漆木器饰件。环径2厘米（图二七二，1）。

环（M402∶8），环径2.5厘米（图二七二，2）。

剑（M402∶10），通长47.2、身宽4.4厘米（图二七二，5）。

箭镞（M402∶11-1），通长4.7、叶长2.8、身宽1.2、骹口径0.9厘米（图二七二，3）。

箭镞（M402∶11-2），通长22.4、叶长3.1、身宽0.8、骹口径0.6厘米（图二七二，6）。

矛（M402∶13），通长22、矛宽0.9、骹口径2.2厘米（图二七二，4；图版三五，3）。

戈（M402∶14），残长21.2、援残长12.6、胡长9.8厘米（图二七二，7；图版三五，4）。

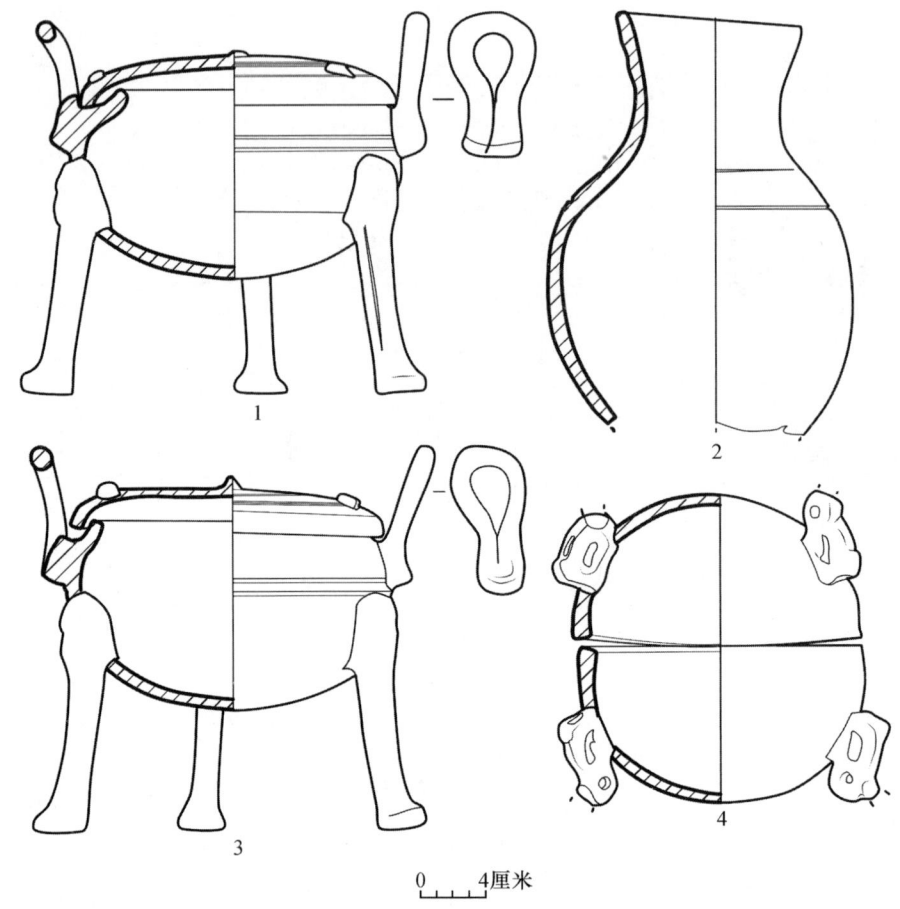

图二七一 M402随葬陶器
1、3. 鼎（M402∶1、M402∶3） 2. 壶（M402∶2） 4. 敦（M402∶4）

18. M408

墓葬形制 方向129°。开口于现地表以下0.6米。墓口长4.84、东宽3.8、西宽3.9米，墓底长3.1、东宽1.7、西宽1.6米，墓坑深3.72米。东壁中部有一斜坡形踏步墓道，上口平面长2.9、东口宽0.94、室口宽1.34米。坡底有踏步6级，自上而下分别为：一踏宽0.2、高0.2米，二踏宽0.46、高0.25～0.3米，三踏宽1.3、高0.1～0.57米，四踏宽1.16、高0.24～0.46米，五踏宽0.28、高0.23米，六踏宽0.08、高0.29米，三、四级踏步较宽，踏面下凹弧，距墓底1.63米处起踏。墓口下现存生土台阶两级。第一级台阶上距墓口0.8米，台面东宽0.28～0.34、西宽0.32～0.36、南宽0.36～0.4、北宽0.32～0.46米。第二级台阶上距墓口1.35米，台面东宽0.33～0.39、西宽0.26～0.28、南宽0.27～0.3、北宽0.27～0.3米。坑形方正规整，坑壁较光滑，四壁斜直下收，底平。墓内填黄褐色夹灰白色五花土，质密。

葬具及葬式 单椁单棺，已腐朽，可见青灰色朽痕。椁痕长2.54、宽1、高0.46米。椁底两端各有一方形垫木槽，东侧长1.23、西侧长1.26、宽0.12、厚0.06米。棺1具，置于椁室中西部，棺痕长1.86、宽0.46、高0.1米。人骨架已腐朽无存，葬式不明。

随葬器物 陶器、漆木器、铜器和玉器（珩）四类共计14件。其中，陶器：壶、鼎各2

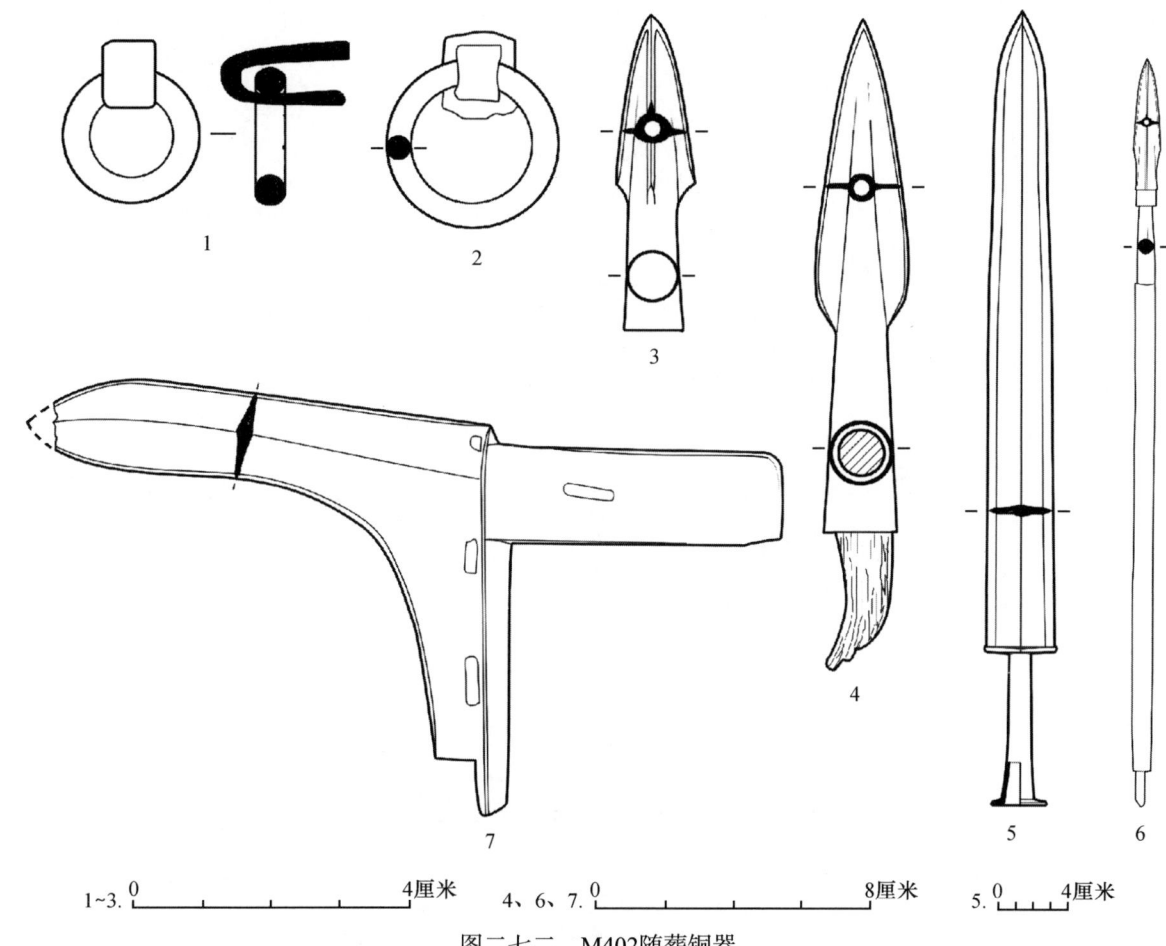

图二七二　M402随葬铜器
1、2. 环（M402：7、M402：8）　3、6. 箭镞（M402：11-1、M402：11-2）　4. 矛（M402：13）　5. 剑（M402：10）
7. 戈（M402：14）

件，修复3件；漆器：盒3件，豆、耳杯各1件；铜器：剑1件和环3件；玉器为碎玉（琀1件）。主要置于椁内棺外东端（图二七三；彩版三九，1、2）。

陶器

壶（M408：1），泥质灰陶。口径11.6、腹径18.7、底径11.2、通高33.9厘米（图二七四，1）。

壶（M408：2），泥质灰陶。口径11.2、腹径19.4、底径9.9、通高34.1厘米（图二七四，2）。

鼎（M408：9），泥质灰陶。口径17.5、腹径21.9、通高23厘米（图二七四，3）。

铜器

剑（M408：5），通长48.6、身宽4.5厘米（图二七四，4）。

19. M538

墓葬形制　方向208°。开口于现地表以下0.6米。墓口长6.6、南宽5.1、北宽5米，墓底

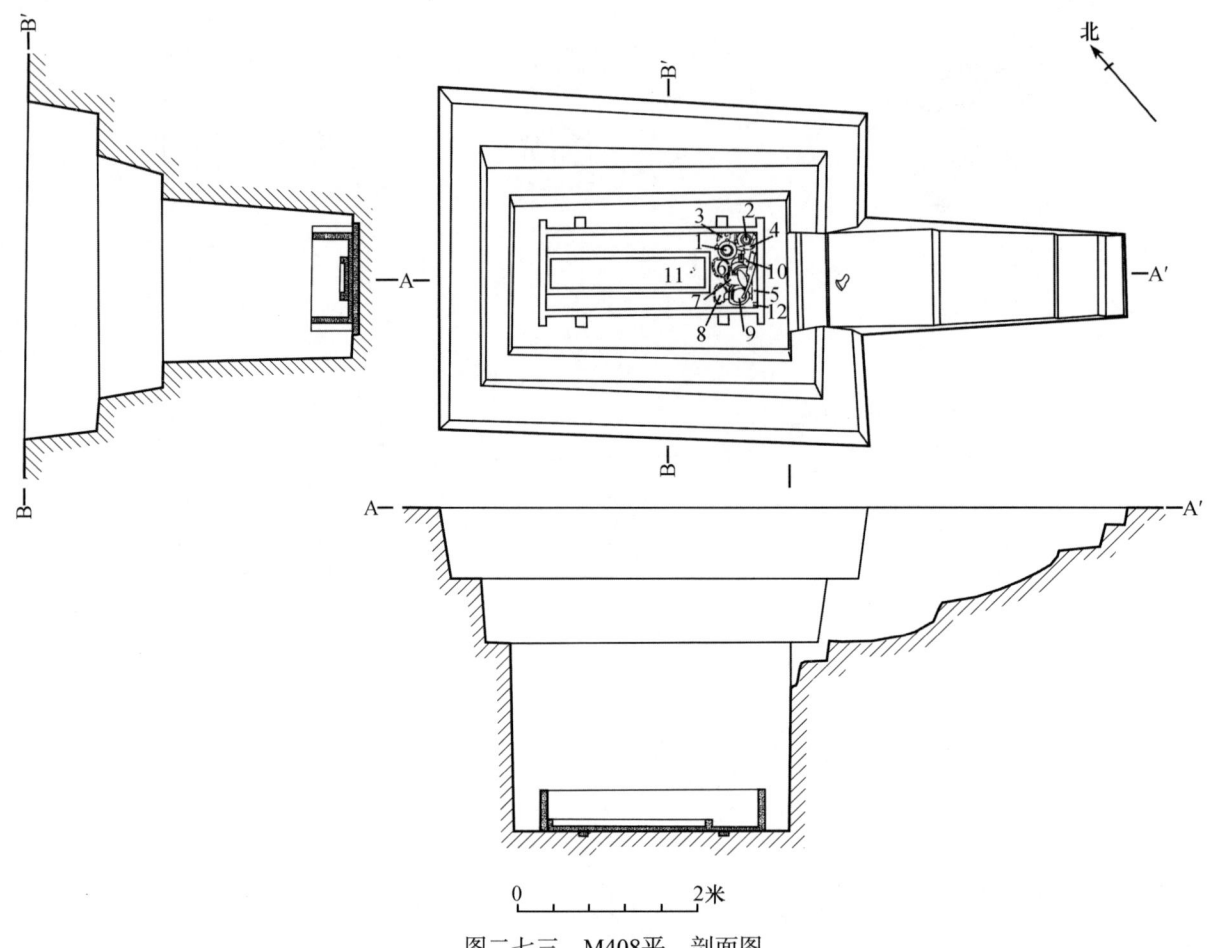

图二七三　M408平、剖面图
1、2.陶壶　3、4、6.漆木盒　5.铜剑　7.漆木豆　8.漆木耳杯　9、10.陶鼎　11.玉琀　12.铜环（3件）

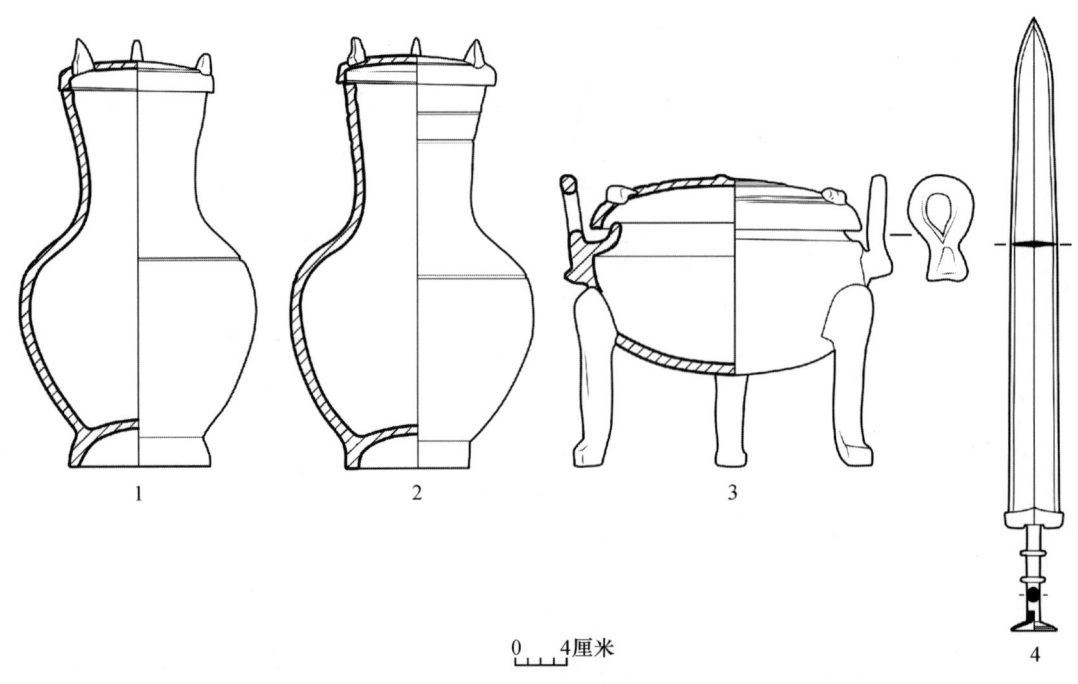

图二七四　M408随葬器物
1、2.陶壶（M408:1、M408:2）　3.陶鼎（M408:9）　4.铜剑（M408:5）

东长3.4、西长3.32、南宽1.6、北宽1.72米,墓坑深4.4米。南壁中部有一斜坡墓道,上口平面长3.4、南口宽1.61、室口宽1.59米,坡底长5.38、南口宽1.61、室口宽1.5米,距墓底2米处起坡,坡度26.5°。在墓道下口西侧深0.74米、距墓底高1.38米处有一椭圆形脚窝,长径0.15、进深0.1米。墓口下现存生土台阶两级。第一级台阶上距墓口0.6米,台面东宽0.59~0.68、西宽0.62~0.68、南宽0.56~0.6、北宽0.7~0.72米。第二级台阶上距墓口1.6米,台面东宽0.42~0.48、西宽0.42~0.48、南宽0.46~0.49、北宽0.34~0.46米。坑形方正规整,坑壁较光滑,四壁斜直下收,底平。椁上填1.4米厚的青膏泥,青膏泥上填黄褐色夹灰白色五花土,质密。

葬具及葬式　单椁单棺,已腐朽,可见青灰色朽痕。椁痕长2.82、宽1.06、高0.42米。椁底两端各有一方形垫木,长1.12、宽0.08、厚0.04米。棺1具,置于椁室中北部,棺痕长1.94、宽0.5、高0.08米。人骨架已腐朽无存,仅在棺内西南部发现牙痕,葬式不明。

随葬器物　共13件。其中,椁内棺外南端置有陶鼎、敦、壶各2件,漆木器1件,铜剑1件;棺外东侧有铜戈、戈镦各1件;墓道中部距墓道口面深0.14~0.4米的填土中出土陶鼎、盂、壶各1件。陶器修复5件(图二七五;图版三六,1~4)。

陶器

鼎(M538:1),泥质褐陶。口径16.8、腹径20.4、通高22.4厘米(图二七六,1)。

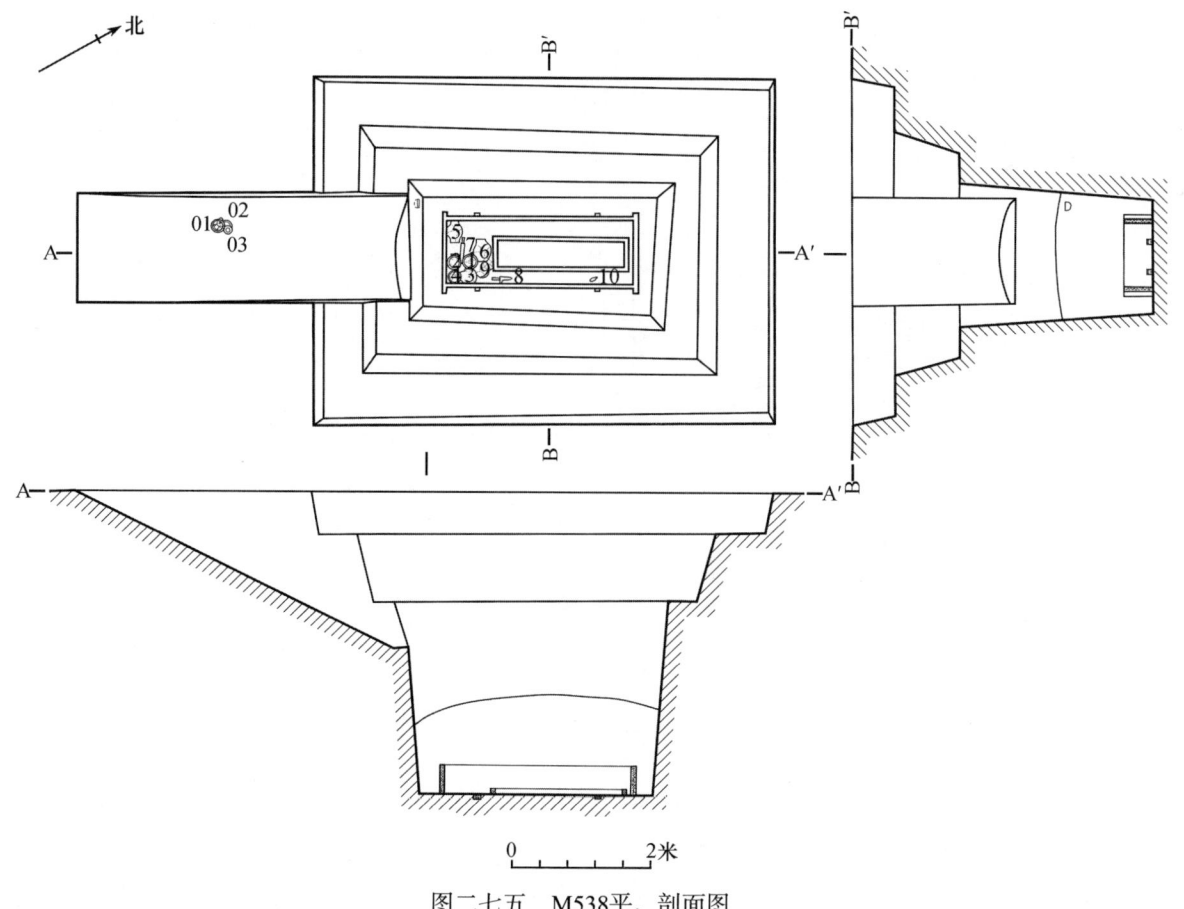

图二七五　M538平、剖面图

1、2.陶鼎　3、4.陶敦　5、6.陶壶　7.铜剑　8.铜戈　9.漆木器　10.铜戈镦　01.陶鼎　02.陶盂　03.陶壶

鼎（M538：2），泥质褐陶。口径16.8、腹径20.4、通高21.6厘米（图二七六，2）。

鼎（M538：01），泥质褐陶。口径19.6、腹径21.9、通高22.8厘米（图二七六，3）。

盂（M538：02），泥质褐陶。口径20.4、腹径19.8、底径8.4、高12厘米（图二七六，4）。

壶（M538：03），泥质褐陶。口径9.4、腹径11.8、底径8.2、高13厘米（图二七六，5）。

铜器

剑（M538：7），通长44.6、身宽4厘米（图二七六，6）。

戈（M538：8），残长23、援长13、胡长11.4厘米（图二七六，7）。

戈鐏（M538：10），长9.4、口径1.8～2.6厘米（图二七六，8）。

20. M624

墓葬形制　方向170°。开口于现地表以下0.6米。墓口长5.08、南宽3.98、北宽3.72米，

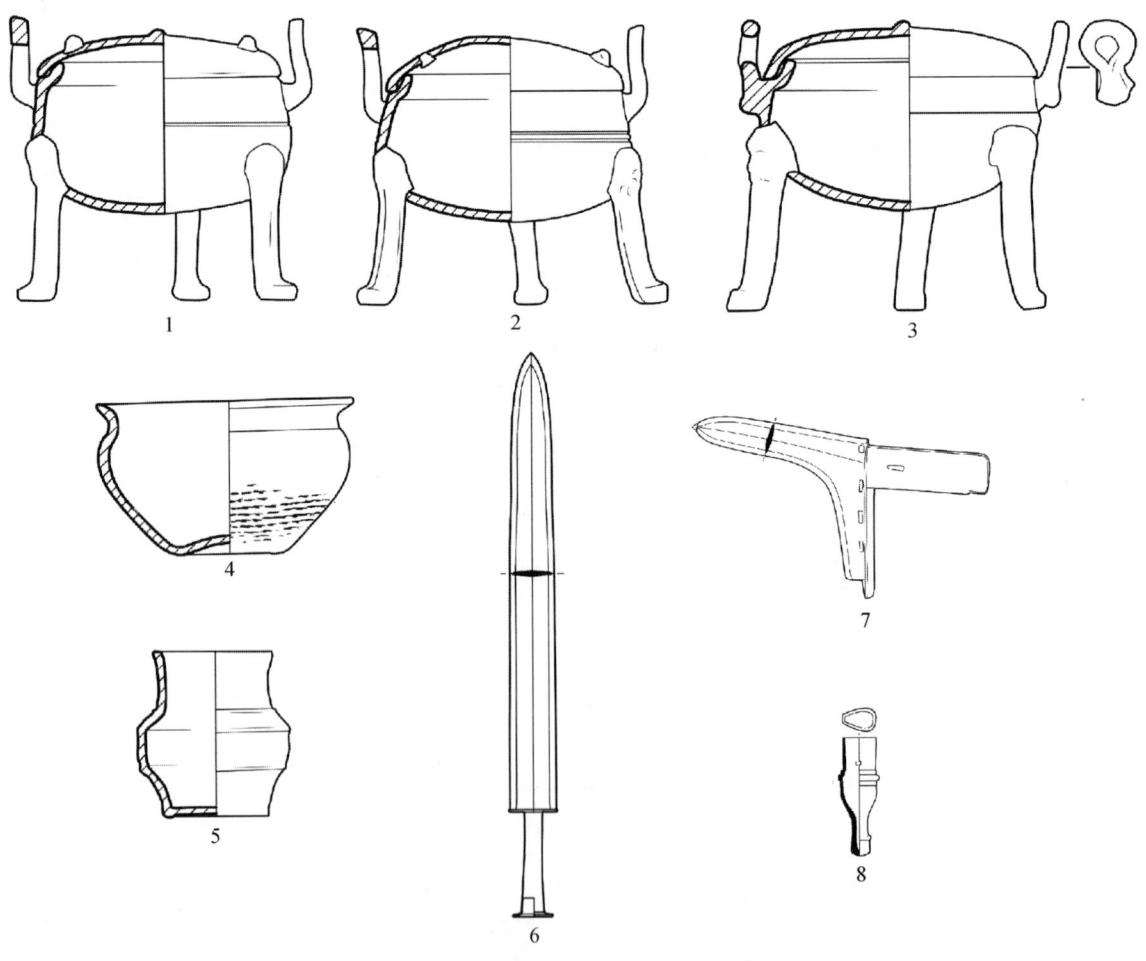

图二七六　M538随葬器物

1～3. 陶鼎（M538：1、M538：2、M538：01）　4. 陶盂（M538：02）　5. 陶壶（M538：03）　6. 铜剑（M538：7）
7. 铜戈（M538：8）　8. 铜戈鐏（M538：10）

墓底东长2.64、西长2.79、南宽1.38、北宽1.41米，墓坑深3.22米。南壁中部有一斜坡墓道，上口平面长3.28、南口宽1.29、室口宽1.53米，坡底凹弧，长4.84、南口宽1.29、室口宽1.02米，距墓底1.25米处起坡，坡度19°。墓口下现存生土台阶一级，台阶上距墓口0.53米，台面东宽0.46~0.68、西宽0.68~0.7、南宽0.4~0.51、北宽0.56~0.66米。坑形方正规整，坑壁较光滑，四壁斜直下收，底平。椁上填1.3米厚的青膏泥，青膏泥上填褐色花土，两种土之间有厚0.05~0.09米的相互感染的铁锈黄色土，质密（彩版四〇，1）。

葬具及葬式　单椁单棺，腐烂严重。椁长2.34、宽0.9、残高0.42米，由壁板、挡板、底板和垫木构成。西侧壁板及南端挡板每边均残存2块木板，东侧壁板及北端挡板每边均残存1块木板，壁板长2.22米，东宽0.24米，西侧上壁板宽0.12、下壁板宽0.22米，均厚0.08米，挡板长1.1、南端上挡板宽0.22、下挡板宽0.12、北端挡板宽0.2、厚0.08米，壁板与挡板之间用浅槽套榫结合。底板用5块木板平列竖铺，底板长2.6米，东侧两板之间有0.04米的缝隙，底板通宽1.01米，各板宽自东向西分别为0.17、0.2、0.18、0.2、0.22米，厚0.1米，四边略侈出椁壁板与椁挡板。椁底2根半圆弧形垫木，均长1.18、宽0.12、厚0.06米，2根垫木相距1.77米，椁底板平铺其上。葬具有悬底弧棺1具，置于椁室中北部偏西，长1.86、宽0.62、高0.54米，由棺盖板、壁板、挡板及底板组成。棺盖呈弧面，板长1.86、宽0.58、中间厚0.16米，棺盖下部周边为带木框母口，与棺口呈子母口扣合。壁板残长1.86、高0.4、中部厚0.14、侧厚0.05~0.06米，挡板宽0.4、高0.4、厚0.1米，壁板与挡板之间为单面槽扣接和透榫相结合。棺底板长1.68、宽0.42、厚0.05米，镶嵌在壁板及挡板中下部的浅槽内。人骨架无存，葬式不明。

随葬器物　陶器6件：壶、敦、鼎各2件，其中修复5件。置于椁内棺外南端（图二七七；彩版四〇，2、3）。

陶壶（M624∶2），泥质褐陶。口径12、腹径19.3、圈足径14、高34厘米（图二七八，1）。

陶敦（M624∶3），泥质褐陶。口径18、通高26.4厘米（图二七八，2）。

陶敦（M624∶4），泥质褐陶。口径18、通高23.2厘米（图二七八，3）。

陶鼎（M624∶5），泥质褐陶。口径16.8、腹径19.8、通高24.4厘米（图二七八，4）。

陶鼎（M624∶6），泥质褐陶。口径17.6、腹径21.2、通高25.2厘米（图二七八，5）。

21. M625

墓葬形制　方向194°。开口于现地表以下0.4米。墓口东长4.18、西长4.22、南宽2.96、北宽3.08米，墓底长2.92、宽1.56米，墓坑深3.45米。南壁中部有一斜坡墓道，上口平面长2.95、南口宽1.34、室口宽1.6米，坡底凹弧，长3.64、南口宽1.27、室口宽1.07米，距墓底1.94米处起坡，坡度19°。墓口下现存生土台阶一级，台阶上距墓口1.12米，台面东宽0.5、西宽0.4~0.44、南宽0.4~0.44、北宽0.44米。坑形方正规整，坑壁较光滑，四壁斜直下收，底平。坑底填厚约1.19米的青膏泥，青膏泥上填褐色花土，两种土之间有0.05~0.11米厚的相互感染的铁锈黄色土，质密。

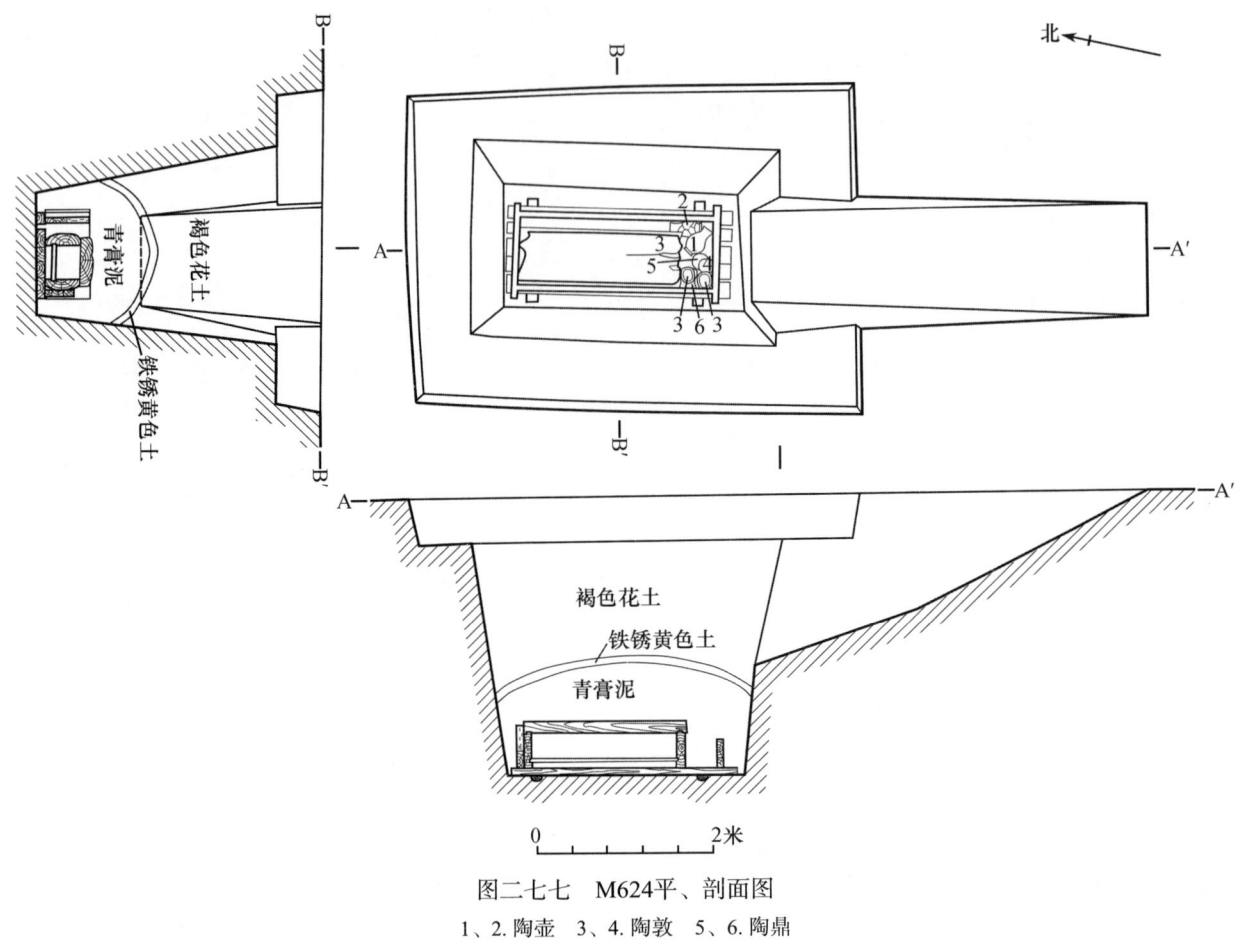

图二七七 M624平、剖面图
1、2.陶壶 3、4.陶敦 5、6.陶鼎

葬具及葬式 单椁单棺，腐烂严重。椁长2.48、宽0.96、残高0.51米，由壁板、挡板、底板和垫木构成。东西两侧壁板和南北两端挡板每边均残存3块木板，壁板长2.38米，东侧壁板宽自上而下分别为0.14、0.14、0.16米，西侧壁板自上而下宽分别为0.13、0.17、0.15米，均厚0.07米；挡板长1.12米，南端挡板自上而下宽分别为0.13、0.17、0.14米，北端挡板自上而下宽分别为0.14、0.18、0.14米，均厚0.07米，壁板与挡板之间用浅槽套榫结合。底板用7块木板平列竖铺，底板长2.75、通宽1.38米，各板宽自东向西分别为0.2、0.19、0.19、0.24、0.19、0.18、0.19米，均厚0.07米，四边略侈出椁壁板与椁挡板。椁底2根方形垫木，南侧长1.19、北侧长1.22、宽0.1、厚0.05米，2根垫木相距1.68米，椁底板平铺其上。葬具有悬底弧棺1具，置于椁室中北部偏东，长1.86、宽0.6、高0.42米，由棺盖板、壁板、挡板及底板组成。棺盖弧面，板长1.86、宽0.42、厚0.06米，棺盖下部周边为带木框母口，与棺口呈子母口扣合，由于棺木变形，盖板落于棺口面下。壁板长1.86、高0.58、中部厚0.1米，挡板宽0.42、高0.4、厚0.05米，壁板与挡板之间为单面槽扣接和透榫相结合。棺底板长1.75、宽0.42、厚0.06米，镶嵌在壁板及挡板中下部的浅槽内。人骨架无存，葬式不明。

随葬器物 陶器6件：壶、敦、鼎各2件，其中修复4件。置于椁内棺外南端（图二七九；图版三七，1~3）。

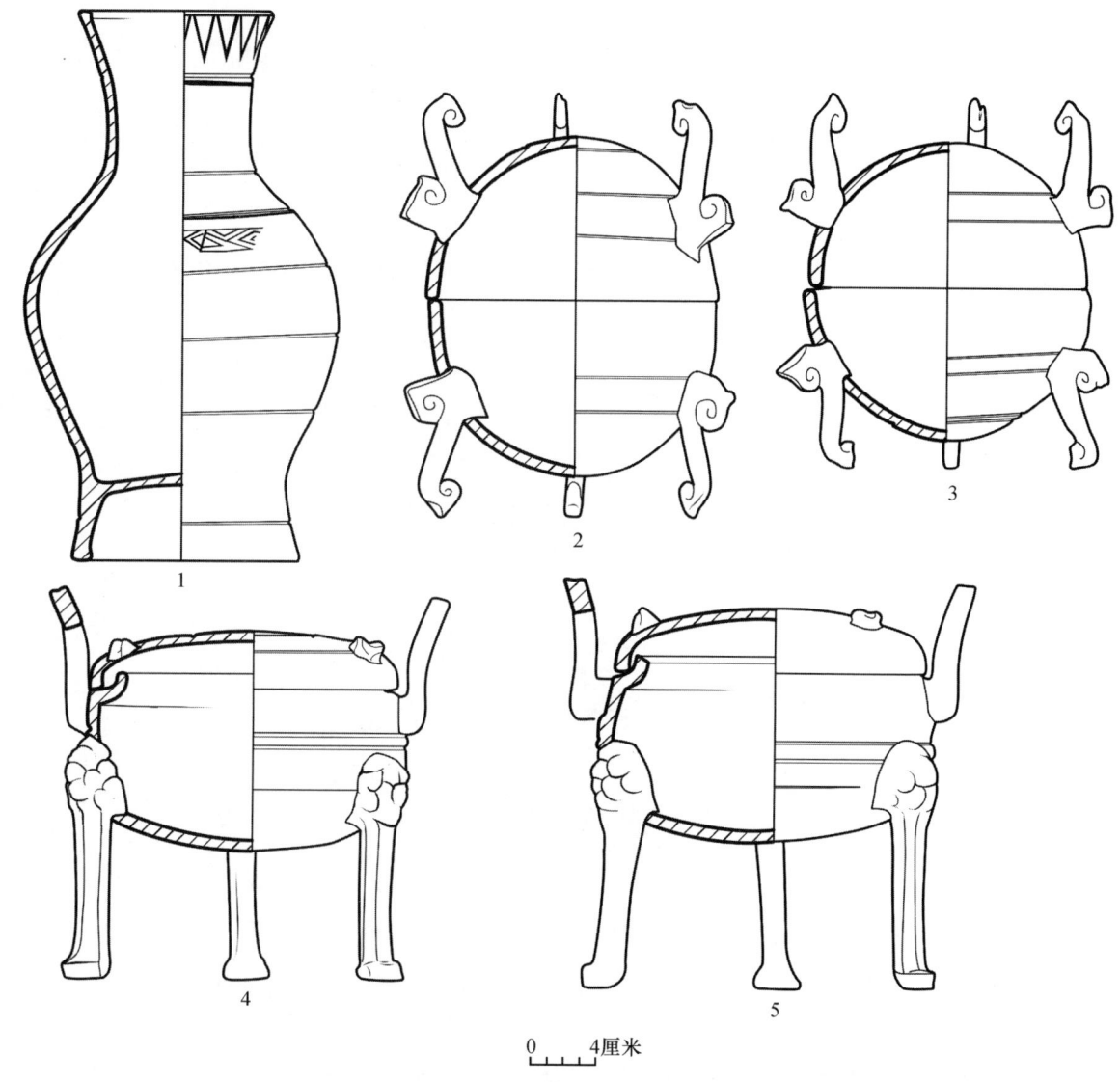

图二七八　M624随葬陶器
1.壶（M624∶2）　2、3.敦（M624∶3、M624∶4）　4、5.鼎（M624∶5、M624∶6）

陶壶（M625∶1），泥质灰陶。口径12.2、腹径19.6、底径13、高32.4厘米（图二八〇，1）。

陶壶（M625∶2），泥质灰陶。口径12、腹径20、底径12、高32.8厘米（图二八〇，2）。

陶鼎（M625∶3），泥质灰陶。口径21.6、腹径25.2、通高22.2厘米（图二八〇，3）。

陶鼎（M625∶4），泥质褐陶。口径17.6、腹径20.8、通高22.8厘米（图二八〇，4）。

22. M626

墓葬形制　方向190°。开口于现地表以下0.36米。墓口东长6.4、西长6.28、南宽5.16、北宽5.48米，墓底为弧角长方形，长3.02、宽2.04米，墓坑深3.8米。南壁中部有一斜坡墓道，上口平面长3.64、南口宽1.28、室口宽1.32米，坡底长5.72、南口宽1.28、室口宽1.16米，坡

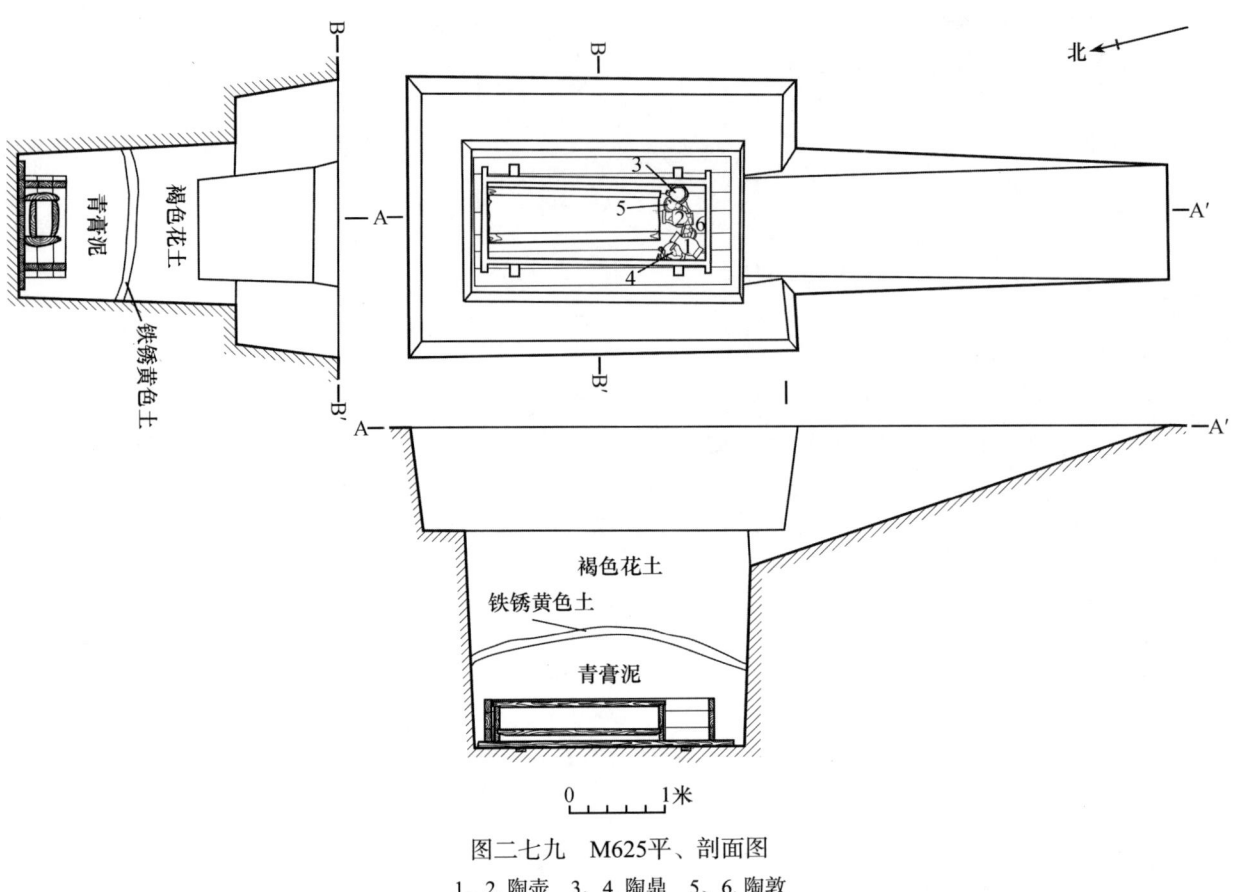

图二七九 M625平、剖面图
1、2.陶壶 3、4.陶鼎 5、6.陶敦

底室口端有踏步一级，宽1.12、高0.24～0.52米，距墓底1.4米处留踏步，踏步上起坡，坡度25°。墓口下现存生土台阶两级。第一级台阶上距墓口0.59米，台面东宽0.39～0.42、西宽0.52～0.56、南宽0.47～0.54、北宽0.47～0.57米。第二级台阶上距墓口1.65米，台面东宽0.61～0.63、西宽0.54～0.62、南宽0.64、北宽0.58米。墓底东、西、北三面设生土台，上距墓口2.96米，每面生土台中间较窄，东、西、北台面中部分别宽0.02、0.04、0.02米。坑形方正规整，坑壁经加工，较光滑，四壁斜直下收，底平。坑内填黄褐色夹灰白色五花土，质密（彩版四一，1）。

葬具及葬式　单椁单棺，腐烂严重。椁长2.56、宽1、残高0.62米，残存东侧壁板1块及底板5块。椁壁板长2.44、宽0.19、厚0.06米。底板用5块木板平列竖铺，底板长2.6、通宽1.08米，各板宽自东向西分别为0.1、0.12、0.2、0.2、0.24米，均厚0.12米，东西两端及南北两侧略侈出椁挡板、椁壁板外。椁底2根方形垫木均长1.42、宽0.13、厚0.07米，2根垫木相距1.72米，椁底板平铺其上。木棺1具，位于椁室中北部，腐烂严重，残存少量盖板、壁板及底板，长1.71米，宽、高不详。人骨架无存，葬式不明。

随葬器物　陶器7件：壶、鼎、敦各2件，罐1件。置于椁内棺外南端（图二八一；彩版四一，2、3）。

陶壶（M626：1），泥质褐陶。口径11.2、腹径18、圈足径10.4、通高32厘米（图

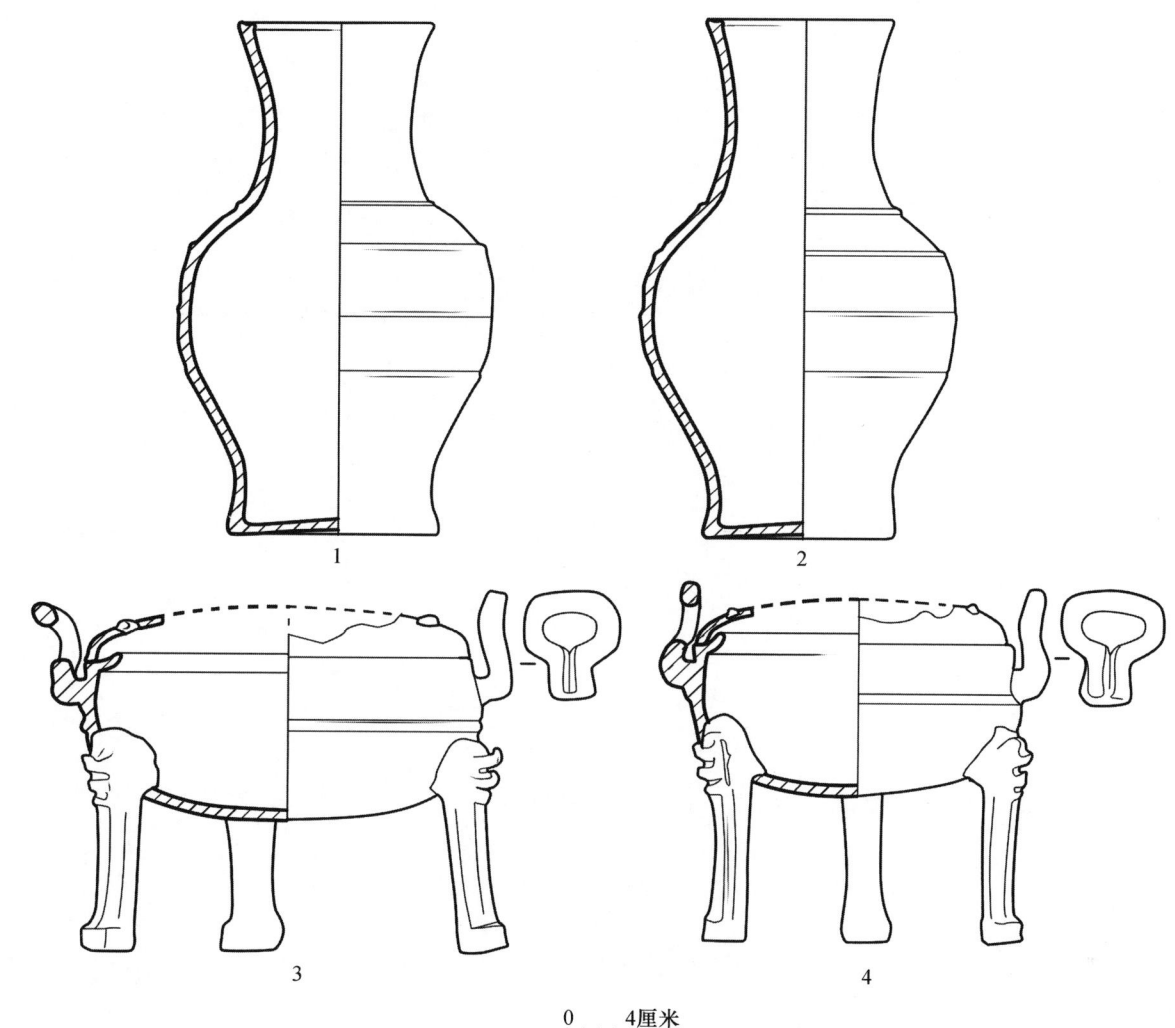

图二八〇 M625随葬陶器
1、2. 壶（M625：1、M625：2） 3、4. 鼎（M625：3、M625：4）

二八二，1）。

陶壶（M626：2），泥质褐陶。口径10.4、腹径17.7、圈足径9.7、通高31.6厘米（图二八二，2）。

陶鼎（M626：3），泥质褐陶。口径16、腹径19.2、通高22厘米（图二八二，3）。

陶鼎（M626：4），泥质褐陶。口径15.2、腹径19.2、通高21.6厘米（图二八二，4）。

陶敦（M626：5），泥质灰陶。口径17.6、通高25.2厘米（图二八二，5）。

陶敦（M626：6），泥质灰陶。口径17.6、通高24.9厘米（图二八二，6）。

陶罐（M626：7），泥质褐陶。口径10.4、腹径15.8、底径6.8、高11.4厘米（图二八二，7）。

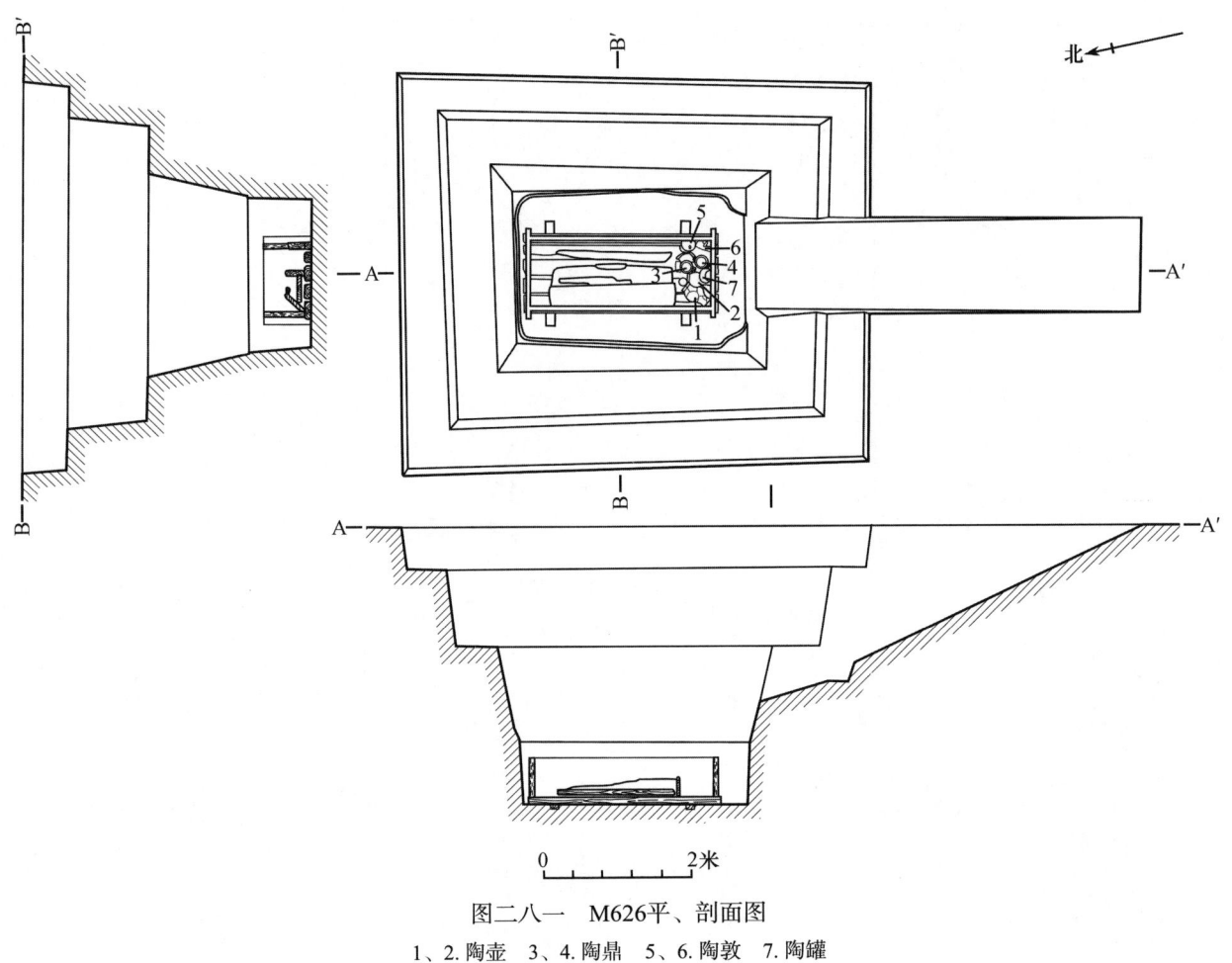

图二八一　M626平、剖面图
1、2.陶壶　3、4.陶鼎　5、6.陶敦　7.陶罐

23. M655

墓葬形制　方向194°。开口于现地表以下0.35米。墓口东长4.26、西长4.1、南宽3.1、北宽3.12米，墓底长2.78、宽1.48米，墓坑深2.85米。南壁中部有一墓道，上口平面长5.28、南口宽1.33、室口宽1.18米，坡底设一级踏步，距墓底1.25米，踏步长1.14、高0.6～0.81米。墓口下现存生土台阶两级。第一级台阶上距墓口0.23米，台面东宽0.21～0.28、西宽0.33～0.43、南宽0.37、北宽0.32～0.77米。第二级台阶上距墓口0.76米，台面东宽0.3、西宽0.27～0.31、南宽0.25～0.38、北宽0.19～0.22米。坑形方正规整，坑壁经加工，较光滑，四壁斜直下收，底平。坑内填黄褐色夹灰白色五花土，质密。

葬具及葬式　单椁单棺，已朽无存，可见青灰色朽痕。椁痕长2.4、宽1.03、高0.4米，椁底有垫木，长1.32、宽0.07、厚0.04米。木棺1具，置于椁室中北部，棺痕长1.82、宽0.5、高0.27米。人骨架已腐朽无存，葬式不明。

随葬器物　陶器6件：壶、敦、鼎各2件，其中修复4件。置于椁内棺外南端（图二八三；图版三八，1、2）。

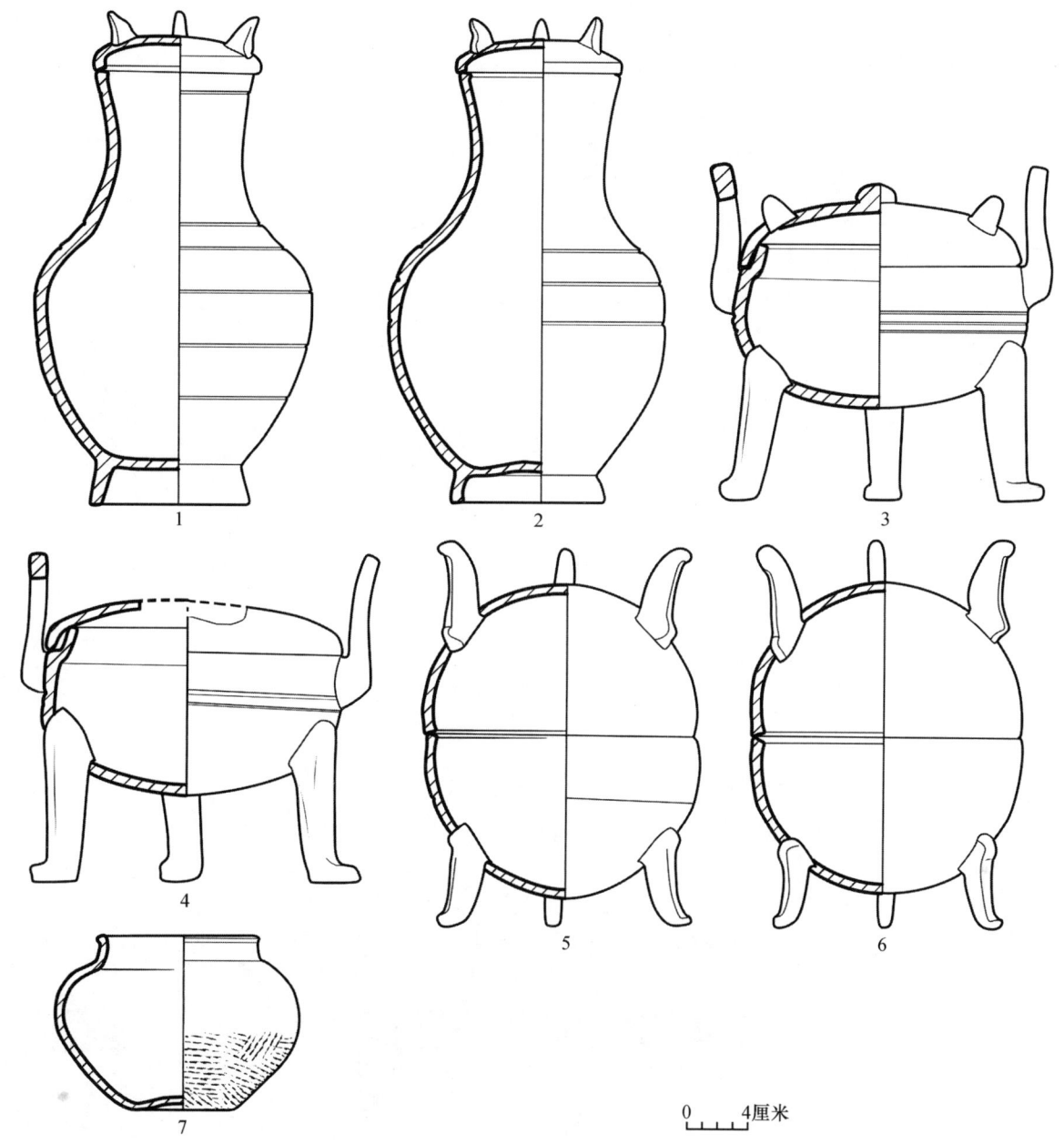

图二八二 M626随葬陶器
1、2.壶（M626：1、M626：2） 3、4.鼎（M626：3、M626：4） 5、6.敦（M626：5、M626：6） 7.罐（M626：7）

陶壶（M655：1），泥质褐陶。口径11、腹径13.2、底径7.6、高19.8厘米（图二八四，1）。

陶壶（M655：2），泥质褐陶。口径11.6、腹径21.3、圈足径13.2、高35.2厘米（图二八四，2）。

陶敦（M655：4），泥质褐陶。口径18.6、通高26.8厘米（图二八四，3）。

陶鼎（M655：5），泥质褐陶。口径18.4、腹径20、残高21.4厘米（图二八四，4）。

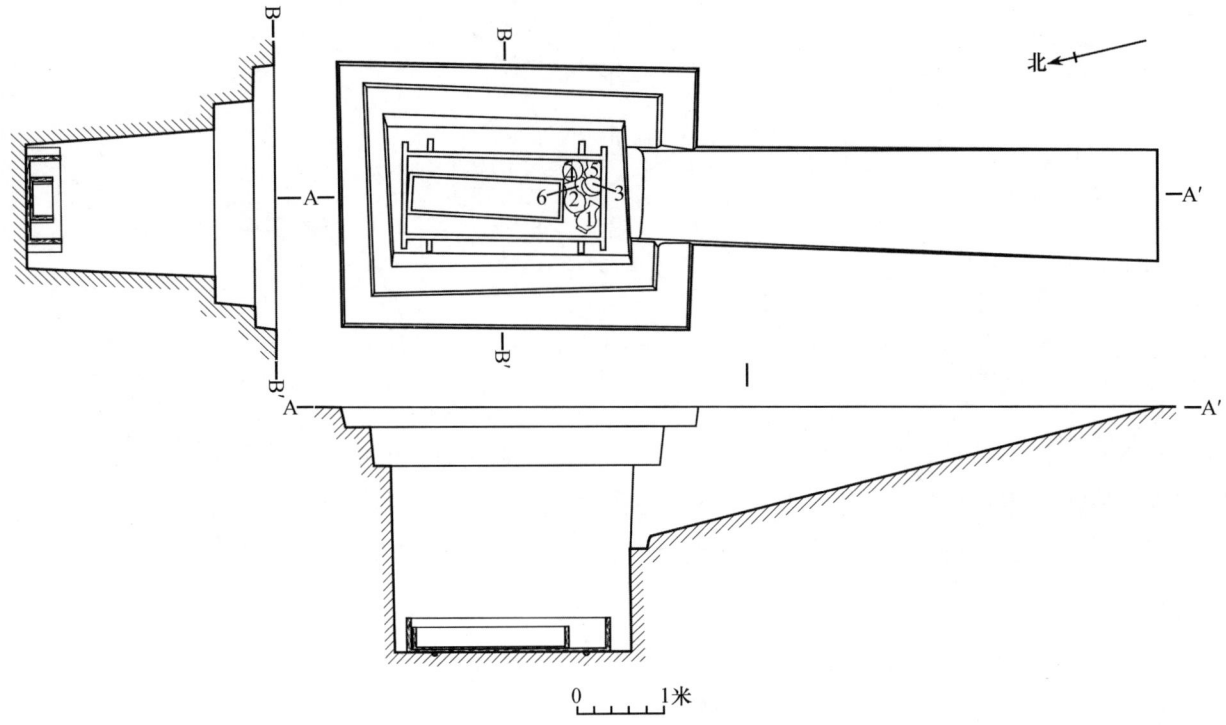

图二八三　M655平、剖面图
1、2.陶壶　3、4.陶敦　5、6.陶鼎

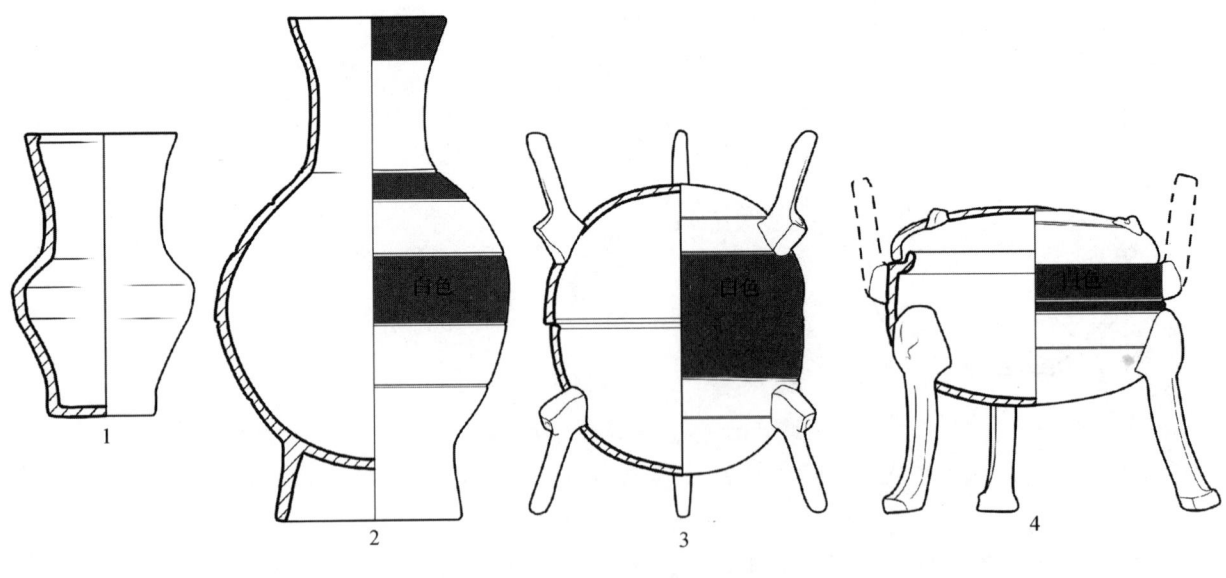

图二八四　M655随葬陶器
1、2.壶（M655∶1、M655∶2）　3.敦（M655∶4）　4.鼎（M655∶5）

（三）Cc型墓

Cc型墓为有墓道、无台阶的单椁单棺墓，计5座：M82、M118、M353、M782、M813（附表九）。

墓例：M82。

M82

墓葬形制　方向135°。开口于现地表以下0.4米。墓口长3.4米，南宽1.82、北宽1.85米，墓底长2.61、宽1.47米，墓坑深2.73米。南壁中部设斜坡墓道，上口平面长3.69、南口宽0.9、室口宽1.11米，坡底长3.5、南口宽0.9、室口宽0.95米，距墓底高1.6米处起坡，坡度19°。坑形方正规整，坑壁经加工，较光滑，四壁斜直下收，底平。坑内填黄褐色夹灰白色五花土，质密。

葬具及葬式　单椁单棺，已腐，可见腐痕。椁痕长2.29、宽0.87、高0.7米。棺置于椁内中北部，棺痕长1.71、宽0.57、高0.42米。人骨架无存，葬式不明。

随葬器物　12件：陶鼎、壶、敦各2件，其中修复4件；铜剑、削刀、戈、戈鐏、勺各1件；石条1件。置于椁内棺外南端及棺内（图二八五；图版三八，3、4）。

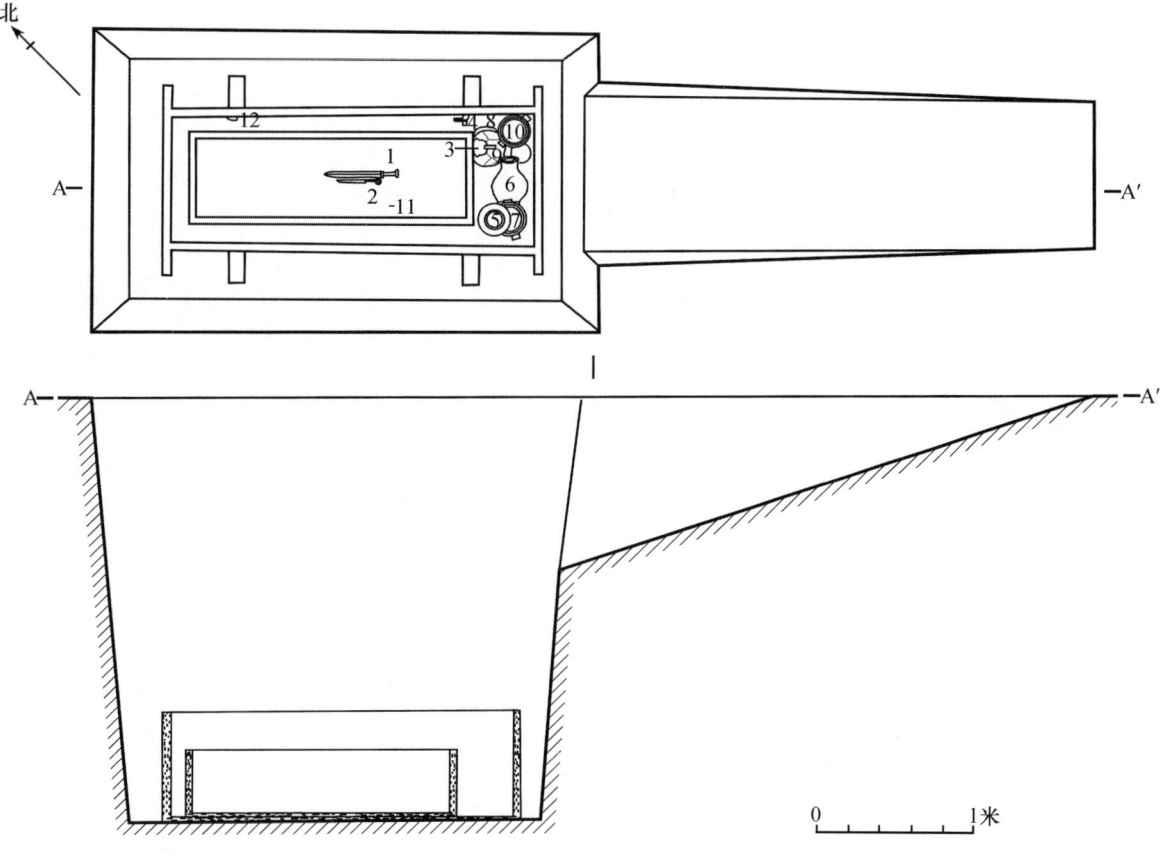

图二八五　M82平、剖面图
1. 铜剑　2. 铜削刀　3. 铜勺　4. 铜戈　5、6. 陶壶　7、10. 陶鼎　8、9. 陶敦　11. 石条　12. 铜戈鐏

陶器

壶（M82:5），泥质褐陶。口径11.6、腹径20.8、底径12.7、高33.5厘米（图二八六，5）。

壶（M82:6），泥质褐陶。口径11.3、腹径23.3、底径12、通高34.4厘米（图二八六，6）。

敦（M82:8），泥质褐陶。口径21.2、通高23厘米（图二八六，7）。

敦（M82:9），泥质灰陶。口径21.6、通高23.2厘米（图二八六，8）。

铜器

削刀（M82:2），通长27.2、身长16.8、宽1.6厘米（图二八六，1）。

戈（M82:4），通长26.5、援长17.3、胡长11.9厘米（图二八六，4）。

戈鐏（M82:12），长8.4、口径2~2.8厘米（图二八六，3）。

石器

石条（M82:11），长8.8、宽1、厚0.5厘米（图二八六，2）。

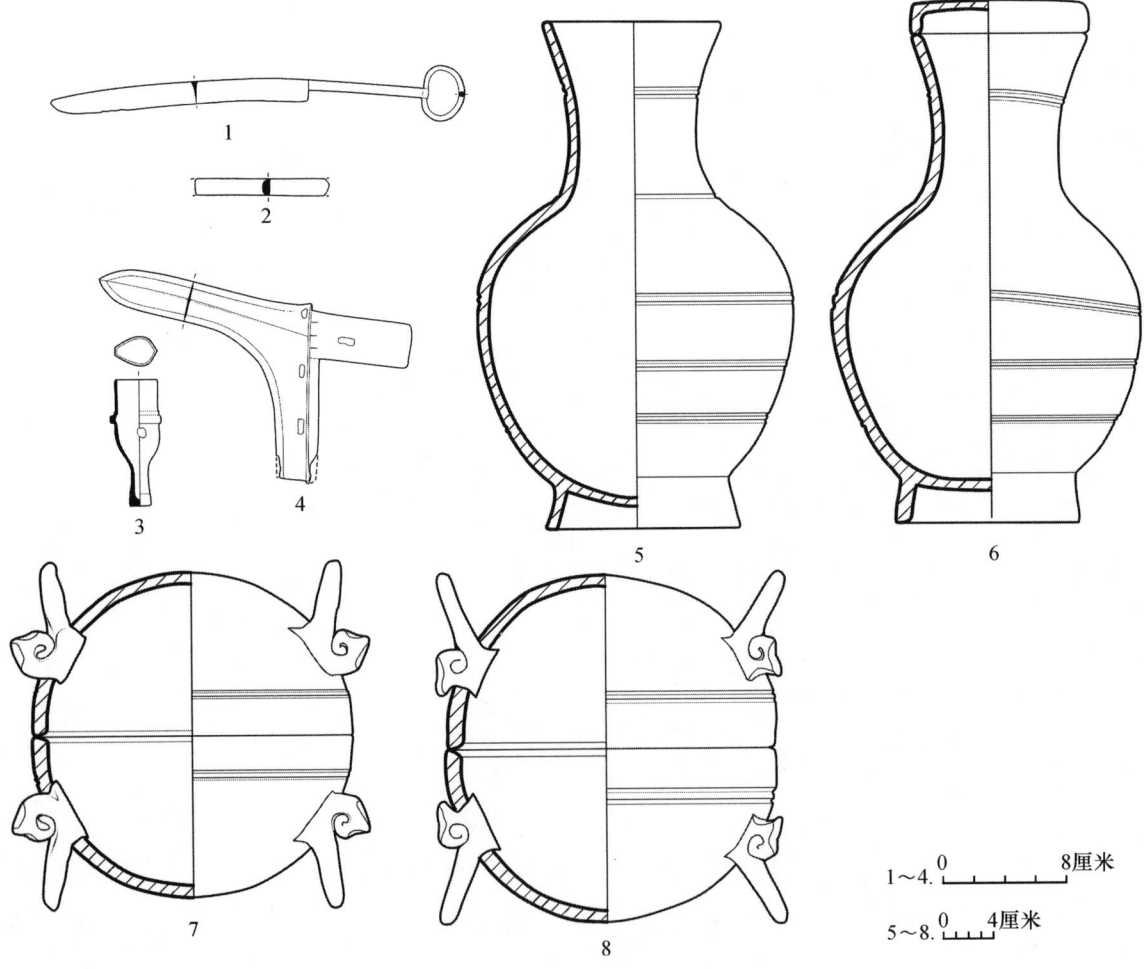

图二八六　M82随葬器物

1.铜削刀（M82:2）　2.石条（M82:11）　3.铜戈鐏（M82:12）　4.铜戈（M82:4）　5、6.陶壶（M82:5、M82:6）
7、8.陶敦（M82:8、M82:9）

（四）Cd型墓

Cd型墓为有台阶、无墓道的单椁单棺墓，计44座：M17、M52、M60、M62、M64、M66、M99、M100、M105、M315、M316、M321、M325、M378、M382、M399、M403、M416、M425、M449、M472、M477、M478、M493、M504、M512、M534、M568、M569、M590、M596、M605、M630、M634、M644、M658、M660、M666、M686、M703、M739、M744、M766、M767（附表一〇）。

墓例：M60、M99、M315、M316、M378、M425、M477、M493、M534、M660、M666、M686、M703、M739、M744。

1. M60

墓葬形制 方向110°。打破M61。开口于现地表以下0.36米。墓口南长4.35、北长4.33米，东宽3.18、西宽3.21米，墓底长2.52、东宽1.37、西宽1.26米，墓坑深3.17米。墓口下现存生土台阶两级。第一级台阶上距墓口0.24米，台面东宽0.16~0.2、西宽0.18~0.2、南宽0.19、北宽0.17~0.2米。第二级台阶上距墓口0.66米，台面东宽0.12~0.31、西宽0.32~0.4、南宽0.27~0.43、北宽0.21~0.24米。坑东壁距底0.36米处南北两侧各有一弧形壁龛（脚窝），南侧龛长0.34、高0.4、进深0.06，北侧龛长0.36、高0.34、进深0.09米。坑形方正规整，坑壁经加工，较光滑，四壁斜直下收，底平。坑内填黄褐色夹灰白色五花土，质密。

葬具及葬式 单椁单棺，已腐，可见腐痕。椁痕长2.12、东宽0.8、西宽0.72、高0.5米。棺置于椁内西北部，棺痕长1.83、东宽0.46、西宽0.4、高0.3米。人骨架无存，葬式不明。

随葬器物 陶器9件：鼎、盂、壶、豆、敦各1件，盂、罐各2件，其中修复6件。置于椁内棺外东端、南侧及北侧东部棺痕上（水浮漂动至此）（图二八七；图版三九，1、2）。

陶鼎（M60:1），夹砂灰陶。口径18、腹径23.3、通高21.8厘米（图二八八，1）。

陶盂（M60:2），泥质灰陶。口径20.7、腹径19.9、底径6、高12.8厘米（图二八八，2）。

陶盂（M60:3），泥质灰陶。口径20.8、腹径20.03、底径8、高13.2厘米（图二八八，3）。

陶壶（M60:4），泥质灰陶。口径9.8、腹径12.3、底径7.5、高19厘米（图二八八，4）。

陶罐（M60:5），泥质灰陶。口径17.2、腹径20.4、底径10、高27.9厘米（图二八八，5）。

陶罐（M60:7），泥质灰陶。口径18.1、腹径20.4、底径9.2、高28.4厘米（图二八八，6）。

2. M99

墓葬形制 方向307°。开口于现地表以下0.76米。墓口长4.67、宽3.8米，墓底长2.83、西宽1.47、东宽1.5米，墓坑深3.1米。墓口下现存生土台阶二级。第一级台阶上距墓口0.3米，台面东宽0.46、西宽0.45、南宽0.46、北宽0.46米。第二级台阶上距墓口1.3米，台面东宽0.3、西宽0.25、南宽0.2、北宽0.3米。坑形方正规整，坑壁经加工，较光滑，四壁斜直下收，底平。坑内填黄褐色夹灰白色五花土，质密。

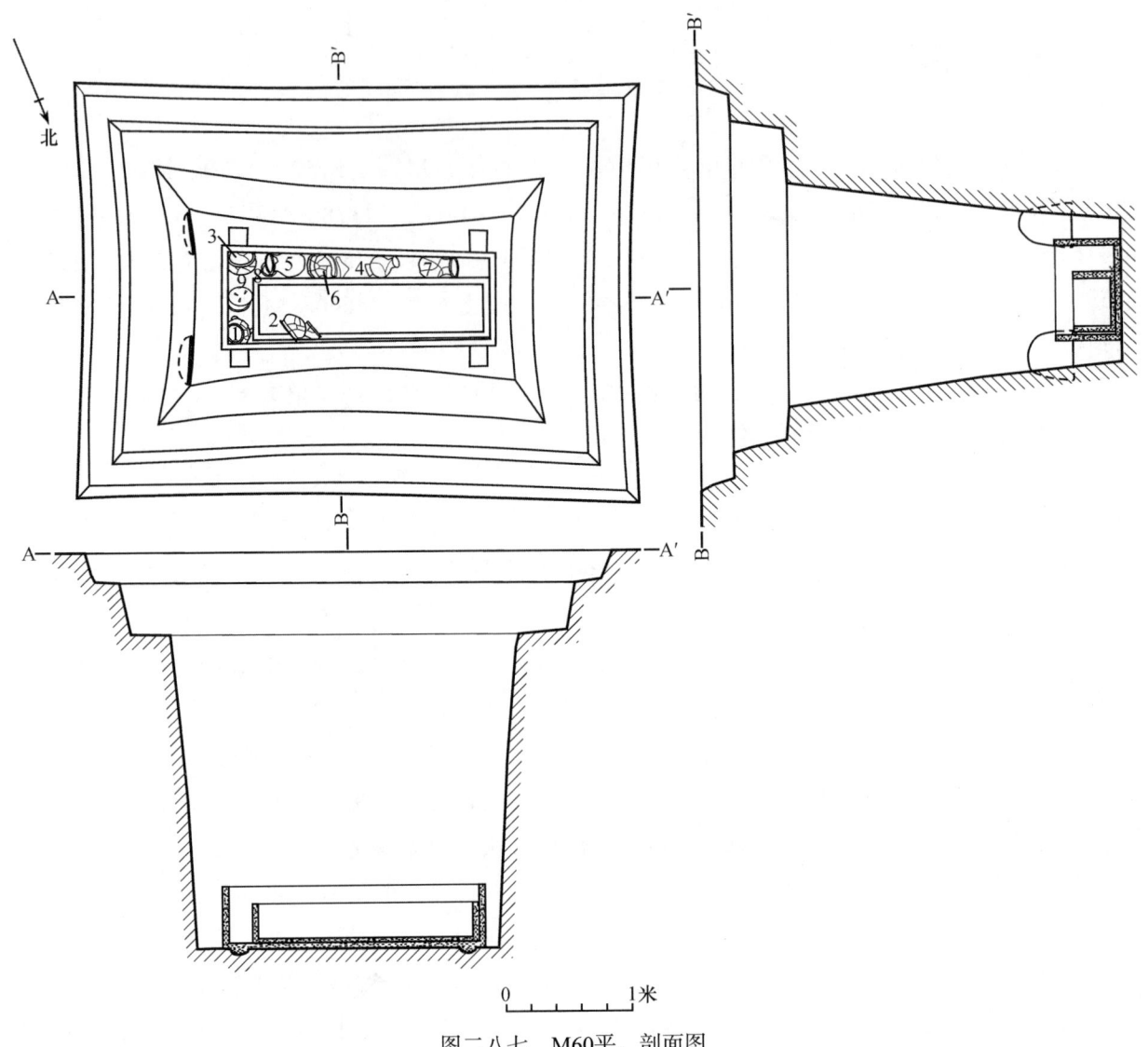

图二八七　M60平、剖面图
1.陶鼎　2、3.陶盂　4.陶壶　5、7.陶罐　6.陶鬲　8.陶豆　9.陶敦

葬具及葬式　单椁单棺，已腐，可见腐痕。椁痕长2.63、西宽0.88、东宽0.97、高0.6米。椁底2根圆弧形垫木，均长1.24、宽0.1、厚0.06米，2根垫木相距1.68米，椁底板平铺其上。棺置于椁内东南部，棺痕长1.83、宽0.54、高0.4米。人骨架无存，葬式不明。

随葬器物　5件：陶壶、鼎各2件，其中修复2件；铜剑1件。置于椁内棺外西端（图二八九；图版三九，3、4）。

陶器

壶（M99∶3），泥质褐陶。口径9.6、腹径18.3、底径9.7、高27厘米（图二九〇，2）。

鼎（M99∶5），泥质灰陶。口径16.5、腹径19.5、通高22.2厘米（图二九〇，3）。

铜器

剑（M99∶1），通长16、身长8.4、身宽4、首径3.7厘米（图二九〇，1）。

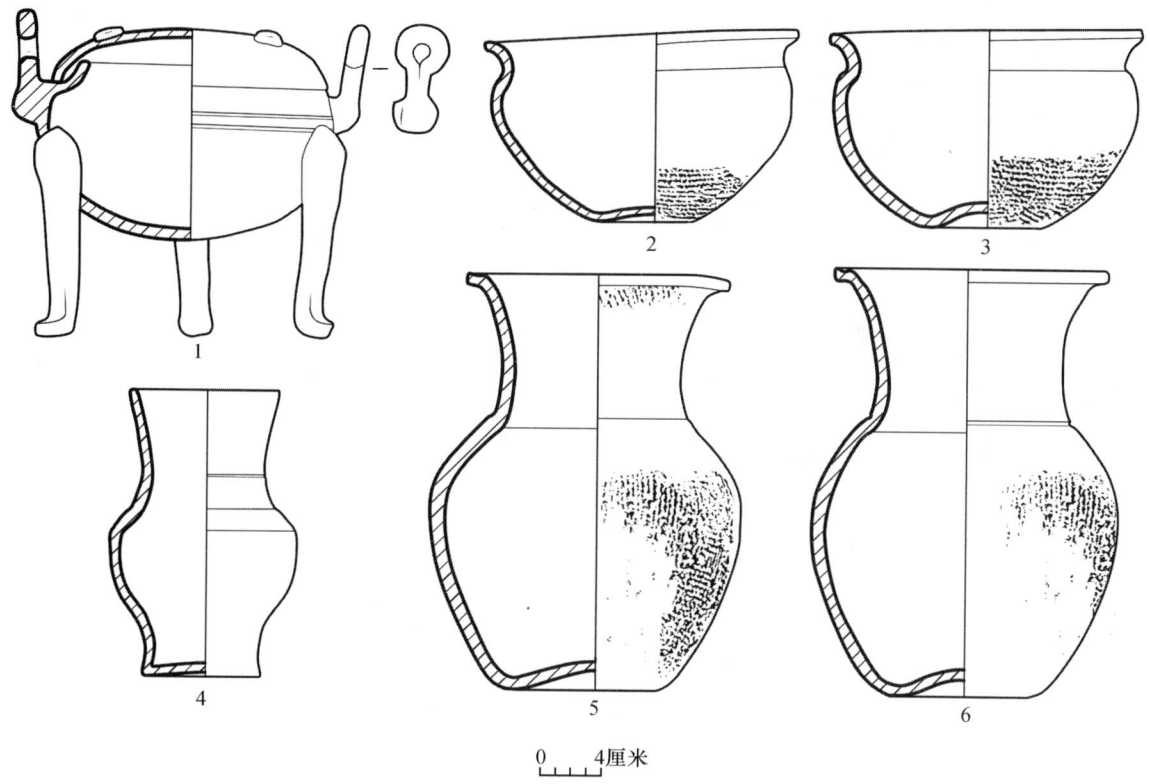

图二八八　M60随葬陶器
1. 鼎（M60∶1）　2、3. 盂（M60∶2、M60∶3）　4. 壶（M60∶4）　5、6. 罐（M60∶5、M60∶7）

3. M315

墓葬形制　方向200°。开口于现地表以下0.2～0.3米。墓口长4、宽3.1米，墓底长3.32、宽1.74米，墓坑深2.84米。坑壁呈直壁，略斜。墓壁设两级台阶。第一级台阶上距墓口0.7米，台面东宽0.45、西宽0.45米。第二级台阶上距墓口1.98米，台面东宽0.1、西宽0.1米。坑内填红褐色土，含少量的灰白色五花土。

葬具及葬式　单椁单棺，已腐，可见腐痕。椁痕长2.48、宽0.92、高0.3米，棺痕长1.86、宽0.52、高0.08米。椁底2根方形垫木，均长1.12、宽0.08、厚0.05米，2根垫木相距1.84米。人骨架已腐，葬式不明。

随葬器物　16件：陶鼎、壶、敦各2件，陶豆1件，修复2件；铜铃2件；玉珠5件；料珠2件。置于椁内棺外南端（图二九一）。

陶器

壶（M315∶6），泥质褐陶。口径14.5、腹径16、底径10、高27.6厘米（图二九二，1）。

壶（M315∶7），泥质褐陶。腹径18.8、底径10.8、残高33厘米（图二九二，2）。

铜器

铃（M315∶1-1），肩宽1.7、口宽2.4、通高5.3厘米（图二九三，8）。

铃（M315∶1-2），肩宽1.5、口宽1.9、通高4.7厘米（图二九三，9）。

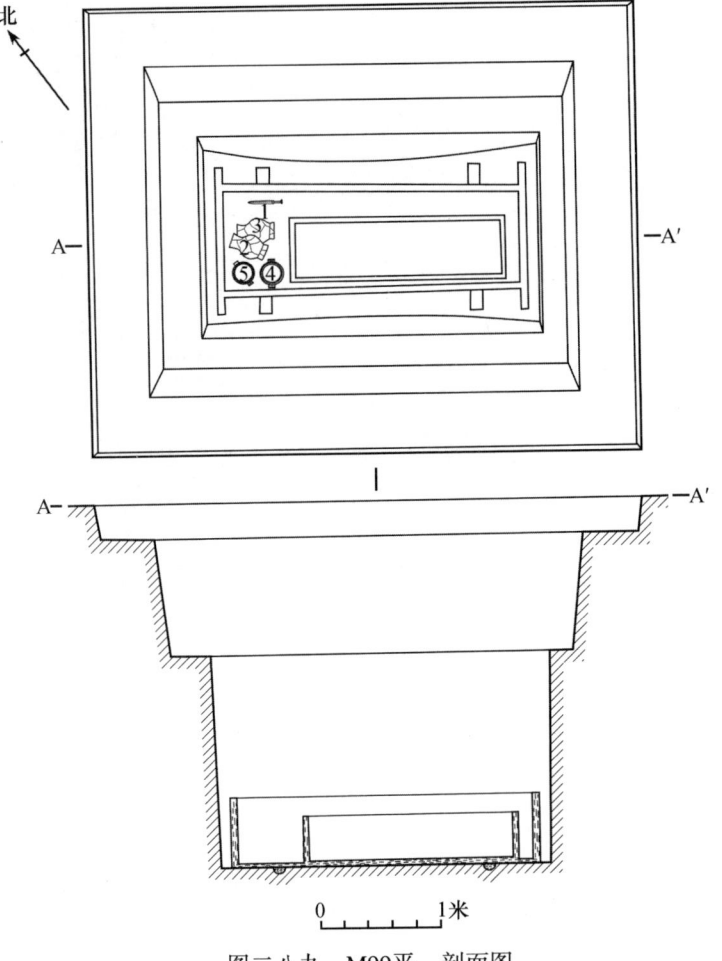

图二八九　M99平、剖面图

1. 铜剑　2、3. 陶壶　4、5. 陶鼎

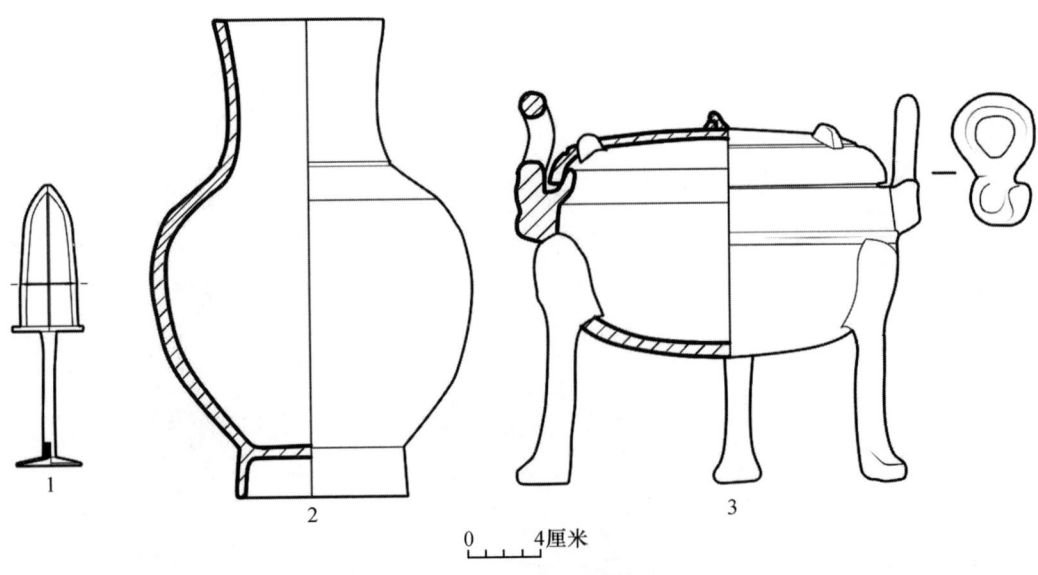

图二九〇　M99随葬器物

1. 铜剑（M99:1）　2. 陶壶（M99:3）　3. 陶鼎（M99:5）

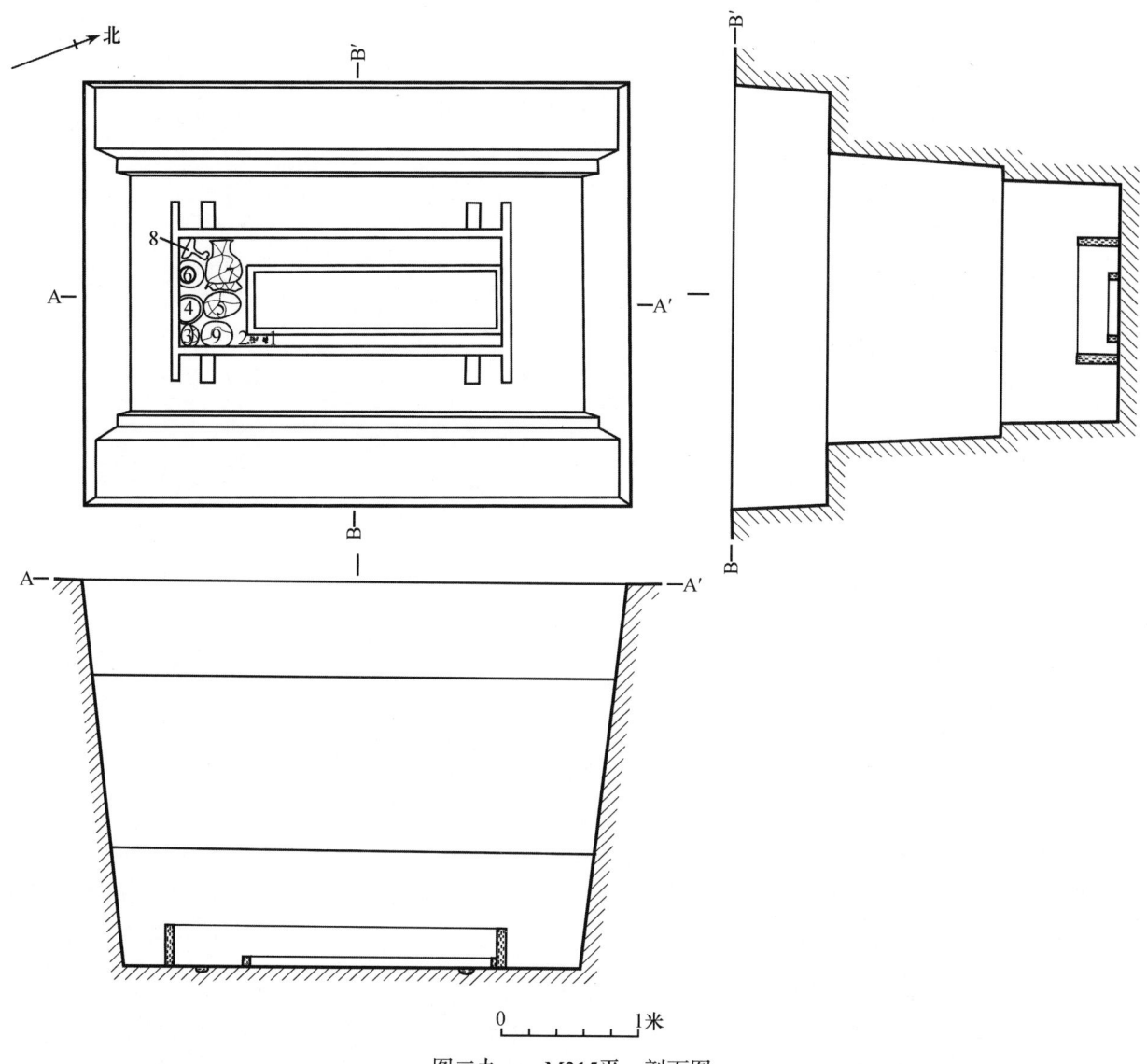

图二九一　M315平、剖面图

1.铜铃（2件）　2.玉珠（5件）和料珠（2件）　3、9.陶敦　4、5.陶鼎　6、7.陶壶　8.陶豆

玉器

珠（M315：2-1），高1.6、宽0.95厘米（图二九三，1）。

珠（M315：2-2），高1.8、宽0.8厘米（图二九三，2）。

珠（M315：2-5），高0.9、直径1.1厘米（图二九三，5）。

珠（M315：2-6），高0.6、直径1厘米（图二九三，6）。

珠（M315：2-7），高0.6、直径0.9厘米（图二九三，7）。

料器

珠（M315：2-3），高1、直径1.2厘米（图二九三，3）。

珠（M315：2-4），高0.9、直径1.1厘米（图二九三，4）。

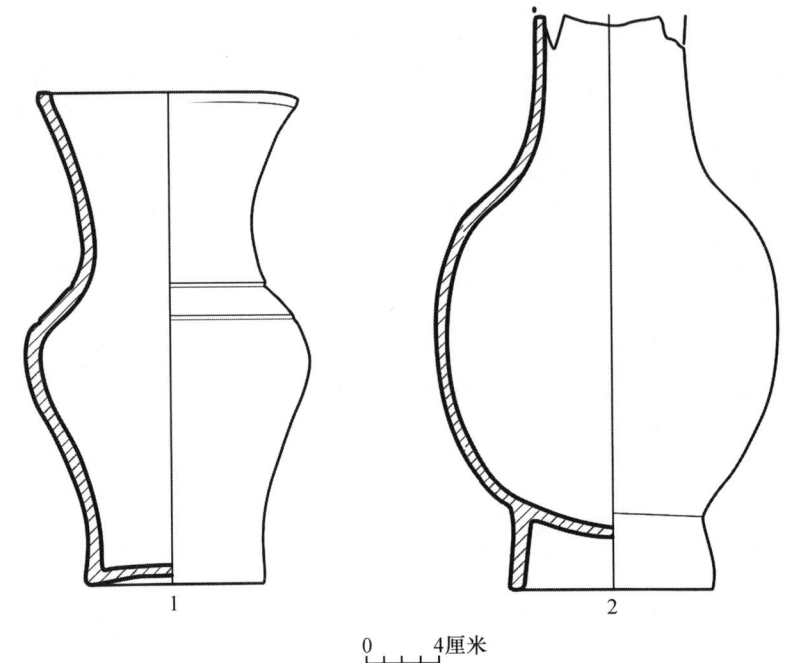

图二九二　M315随葬陶壶
1. M315：6　2. M315：7

4. M316

墓葬形制　方向3°。打破M318、M319、M320。开口于现地表以下0.4米。墓口长4.49、宽3.8米，墓底长3.42、宽1.42米，墓坑深3.3米。墓口下现存生土台阶一级，台阶上距墓口0.3米，台面东宽0.64～0.71、西宽0.66～0.71、南宽0.48、北宽0.49米。坑形方正规整，坑壁经加工，较光滑，四壁斜直下收，底平。坑内填黄褐色夹灰白色五花土，质密。

葬具及葬式　单椁单棺，已腐，可见腐痕。椁痕长2.46、南宽0.88、北宽0.96、高0.74米。椁底有2根圆弧形横垫木，均长1.31、宽0.1、厚0.05米，2根垫木相距1.68米，椁底板平铺其上。棺置于椁内西南部，棺痕长1.72、宽0.51、高0.34米。人骨架无存，葬式不明。

随葬器物　陶器6件：壶、鼎、敦各2件，其中修复2件。置于椁内棺外北端（图二九四；图版四〇，1、2）。

陶壶（M316：1），泥质灰陶。口径11.2、腹径20.4、圈足径12、高31.9厘米（图二九五，1）。

陶鼎（M316：5），泥质黑衣红陶。口径17.2、腹径22.4、通高22.8厘米（图二九五，2）。

5. M378

墓葬形制　方向192°。开口于现地表以下0.4米。墓口长3.03、宽1.8米，墓底长2.54、宽1.3米，墓坑深3.68米。坑壁经加工，斜直、规整，底平。墓南壁设一级台阶，台阶上距墓口1.66米，台面宽0.16米。坑内填土为灰褐色花土。

葬具及葬式　单椁单棺，已腐，可见青灰色腐痕。椁痕长2.36、宽0.92、高0.48米，棺痕

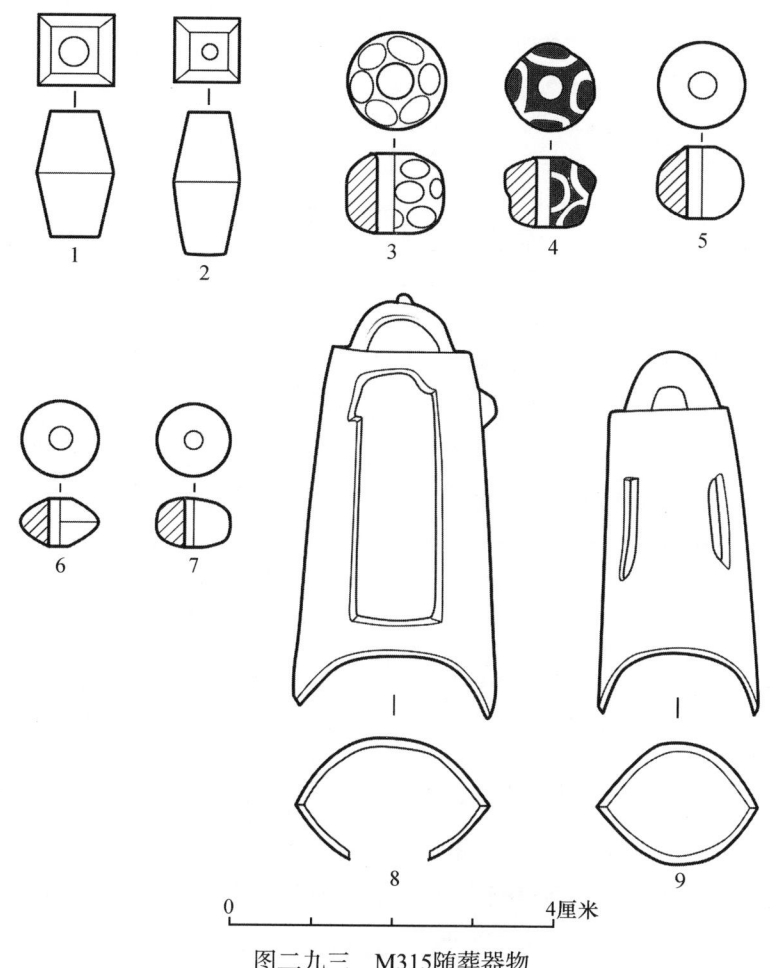

图二九三 M315随葬器物
1、2、5~7. 玉珠（M315：2-1、M315：2-2、M315：2-5、M315：2-6、M315：2-7） 3、4. 料珠（M315：2-3、M315：2-4）
8、9. 铜铃（M315：1-1、M315：1-2）

长1.81、宽0.56、高0.18米。人骨架无存，葬式不明。

随葬器物　陶器4件：鬲、盂、壶、罐各1件，其中修复2件。置于椁内棺外南端（图二九六；图版四〇，3、4）。

陶鬲（M378：1），泥质褐红陶。口径18.8、腹径20.8、高20厘米（图二九七，1）。

陶壶（M378：2），泥质灰陶。口径14.4、腹径16.8、底径10.3、高27.6厘米（图二九七，2）。

6. M425

墓葬形制　方向182°。开口于现地表以下0.3米。墓口长5.45、宽3.7米，墓底东长3.2、西长3.25、南宽1.55、北宽1.64米，墓坑深3.3米。墓口下现存生土台阶三级。第一级台阶上距墓口0.5米，台面东宽0.25~0.33、西宽0.26~0.29、南宽0.28~0.32、北宽0.31~0.4米。第二级台阶上距墓口1.25米，台面东宽0.16~0.3、西宽0.19~0.26、南宽0.28~0.33、北宽0.29米。第三级台阶上距墓口2米，台面东宽0.23~0.24、西宽0.16~0.23、南宽0.2~0.22、北宽0.18~0.21

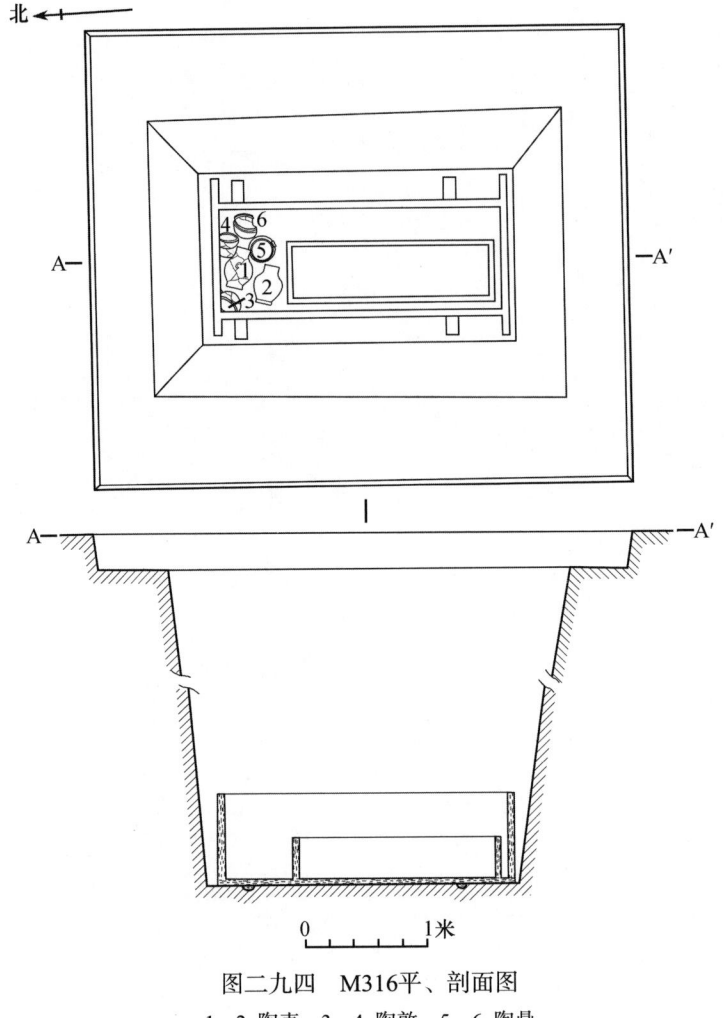

图二九四　M316平、剖面图
1、2.陶壶　3、4.陶敦　5、6.陶鼎

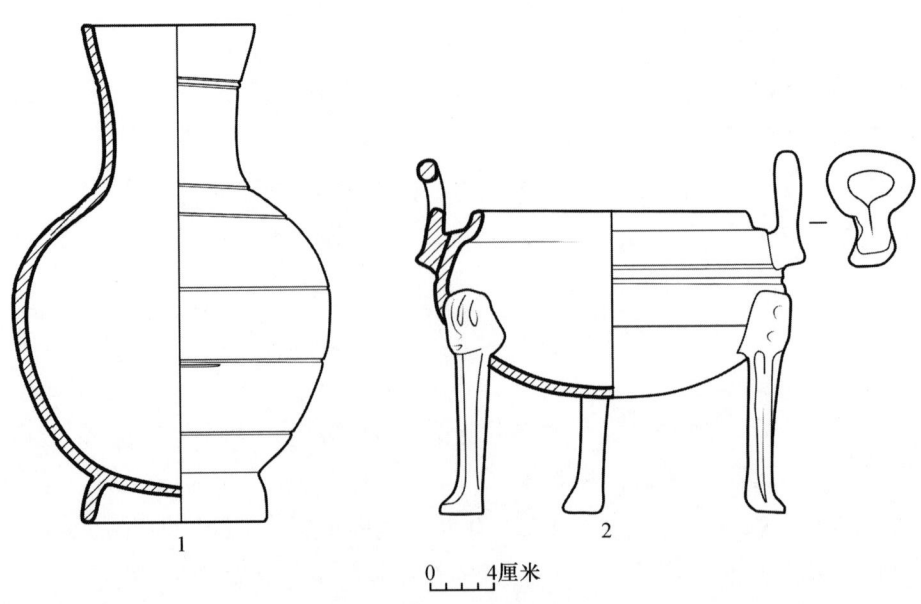

图二九五　M316随葬陶器
1.壶（M316∶1）　2.鼎（M316∶5）

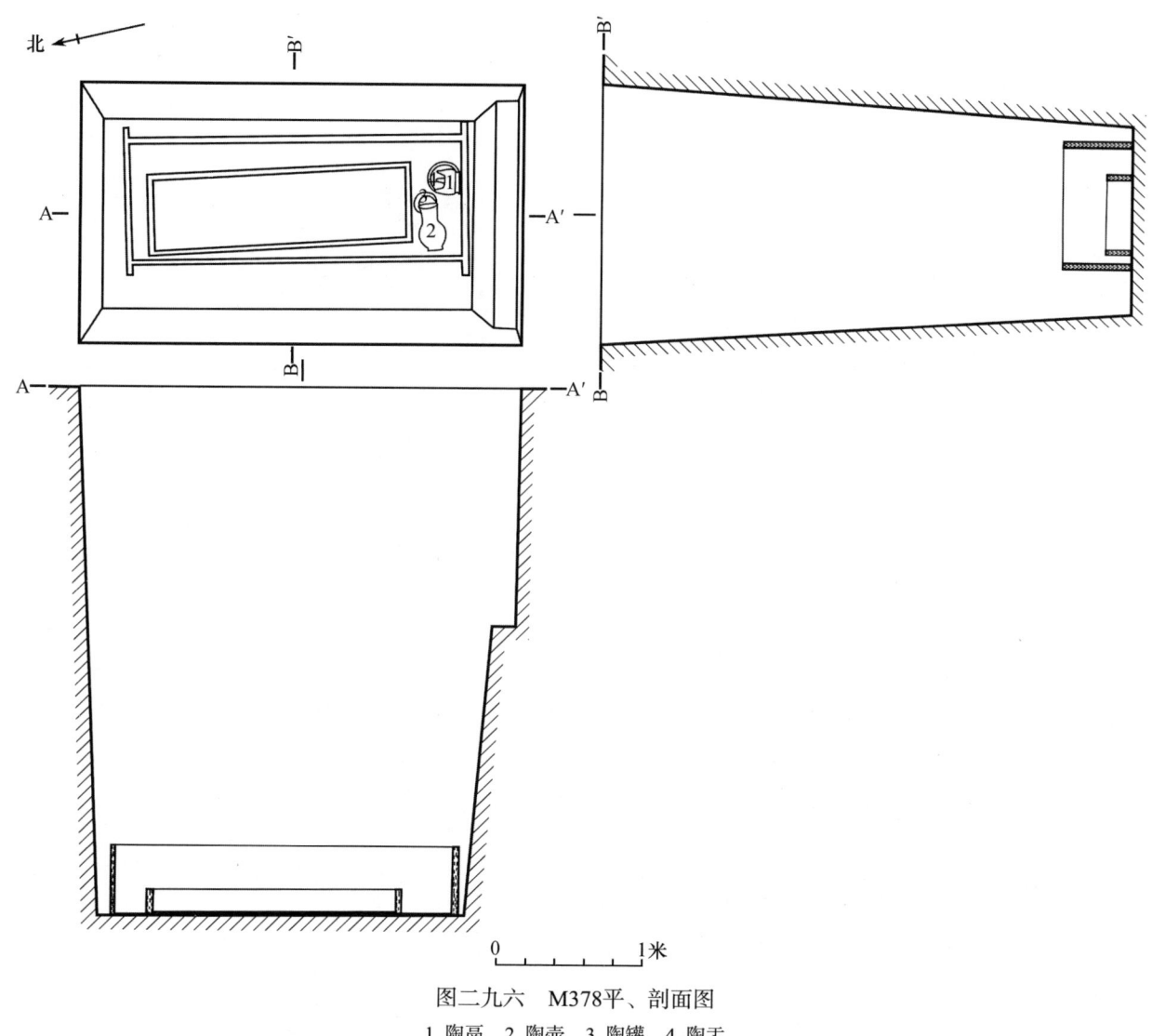

图二九六 M378平、剖面图
1. 陶鬲 2. 陶壶 3. 陶罐 4. 陶盂

米。坑壁较规整且平滑,底平。坑内填灰褐色花土。

葬具及葬式 单椁单棺,多已腐,仅存少量的椁底板腐片。椁痕长2.63、宽1.06、高0.66米。棺置于椁内东北部,棺痕长1.85、宽0.52、高0.12米。人骨架已腐,葬式不明。

随葬器物 陶器8件:鼎、壶、敦各2件,盘、匜各1件,其中修复3件。置于椁内棺外南端(图二九八;彩版四二,1、2)。

陶鼎(M425:1),泥质灰陶。口径23.2、腹径26.4、通高23厘米(图二九九,1)。

陶鼎(M425:2),泥质灰陶。口径26.5、腹径26、通高22.4厘米(图二九九,2)。

陶壶(M425:5),泥质灰陶。口径10、腹径24、底径15.2、通高36.2厘米(图二九九,3)。

7. M477

墓葬形制 方向40°。开口于现地表以下0.45米。墓口东长3.52、西长3.83、南宽2.54、北

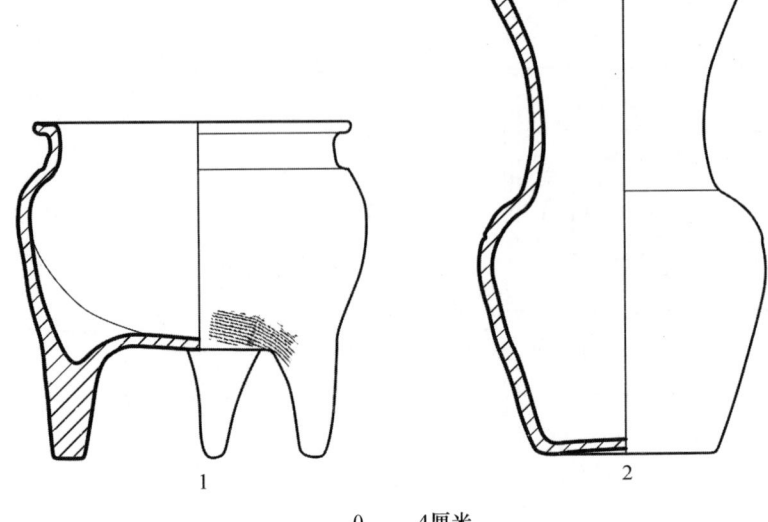

图二九七　M378随葬陶器
1.鬲（M378∶1）　2.壶（M378∶2）

宽2.57米，墓底东长2.5、西长2.45、南宽1.23、北宽1.18米，墓坑深2.8米。坑底中部有一椭圆形腰坑，径0.28～0.6、深0.04米。墓口下现存生土台阶一级，台阶上距墓口0.45米，台面东宽0.34～0.42、西宽0.43、南宽0.43～0.48、北宽0.29～0.42米。墓北壁设龛，龛高0.66、宽0.44、进深0.1米，龛底距墓底0.58米，龛西壁距墓西壁0.4米。坑壁不规整，中上部凸出，底平。坑内填黄褐色夹灰白色土，土质较硬。

葬具及葬式　单椁单棺，仅见腐痕。椁痕长2.13、宽0.95、高0.8、厚0.06米。椁底有2根方形横垫木，长1.02、宽0.08、厚0.03米。棺痕长1.6、北宽0.5、南宽0.46、高0.14米。仅于棺底北端发现牙齿数枚，葬式不明。

随葬器物　陶器5件：鼎、盂、罐各1件，豆2件。置于椁内棺外北端及北壁龛内（图三〇〇；图版四一，1、2）。

陶鼎（M477∶1），夹砂灰陶。口径26.7、腹径25.1、高19.5厘米（图三〇一，1）。

陶盂（M477∶2），泥质灰陶。口径25.2、腹径23.8、底径8.8、高13.8厘米（图三〇一，2）。

陶罐（M477∶3），泥质褐陶。口径14.5、腹径20、底径8.4、高23.2厘米（图三〇一，3）。

陶豆（M477∶4），泥质褐陶。口径15.1、盘深3.6、残高11.2厘米（图三〇一，4）。

陶豆（M477∶5），泥质黑衣褐陶。口径13.2、盘深2、底径8.6、高17.6厘米（图三〇一，5）。

8. M493

墓葬形制　方向204°。开口于现地表以下0.82米。墓口长4.04、南宽2.84、北宽2.72米，

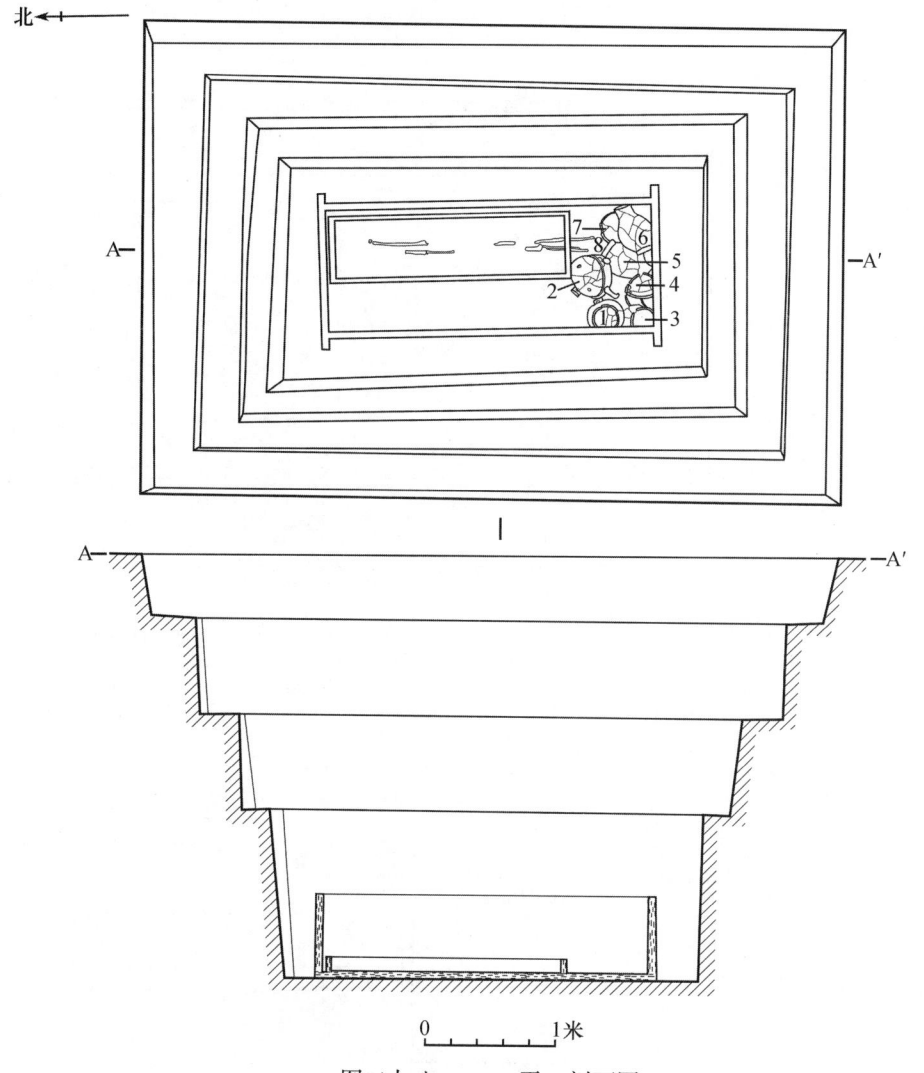

图二九八　M425平、剖面图

1、2.陶鼎　3、4.陶敦　5、6.陶壶　7.陶盘　8.陶匜

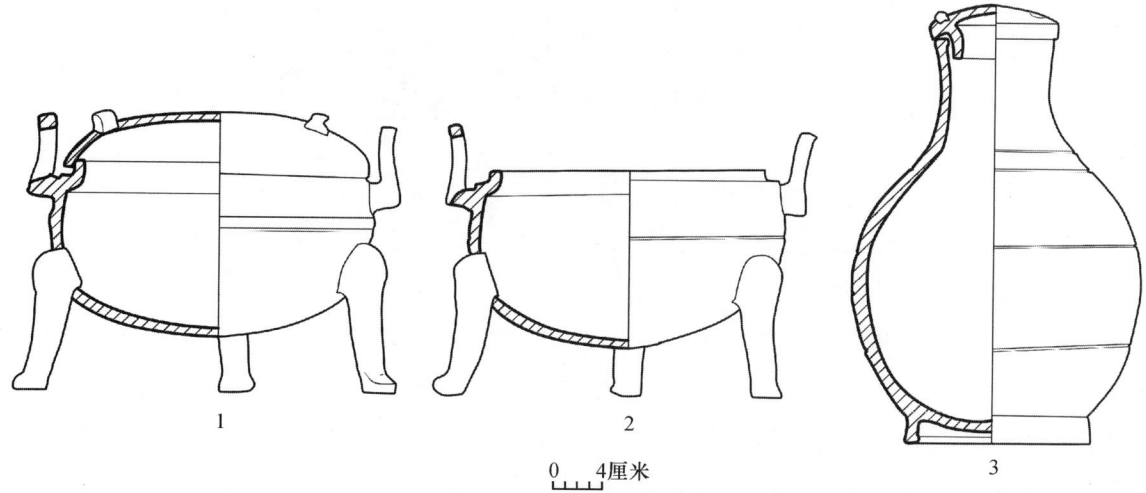

图二九九　M425随葬陶器

1、2.鼎（M425：1、M425：2）　3.壶（M425：5）

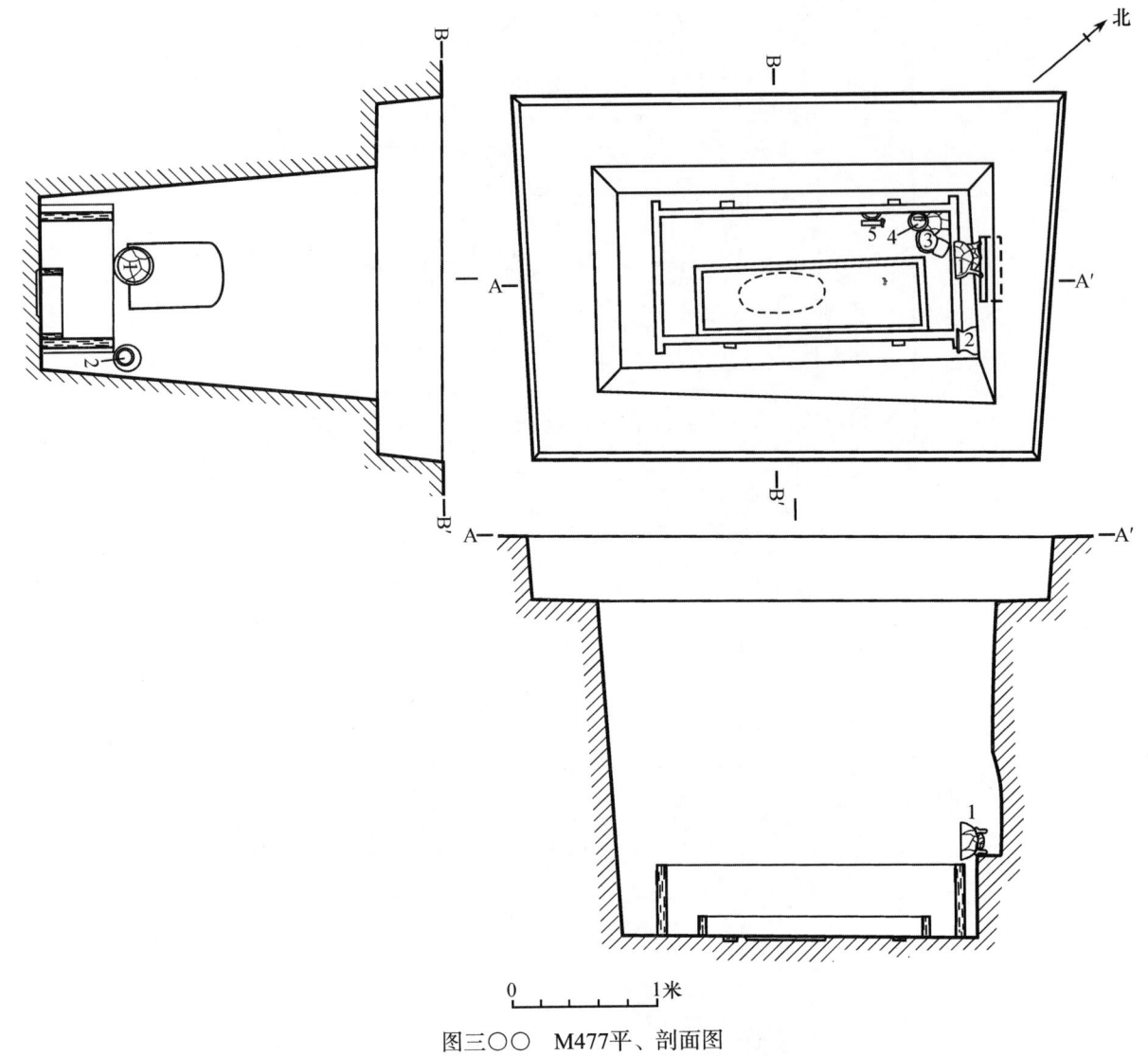

图三〇〇　M477平、剖面图
1.陶鼎　2.陶盂　3.陶罐　4、5.陶豆

墓底长2.9、宽1.57米，墓坑深3.04米。墓口下现存生土台阶一级，台阶上距墓口0.38米，台面东宽0.37~0.4、西宽0.41、南宽0.4~0.42、北宽0.34米。坑壁较规整且平滑，底平。坑内填灰褐色花土。

葬具及葬式　单椁单棺，严重腐烂，残存1块椁东壁木板及4块椁底板。椁长2.6、宽0.93、残高0.14米。椁底有2根圆弧形横垫木，长1.18、宽0.1、厚0.05米。棺痕长1.92、宽0.5、高0.06米。人骨架无存，葬式不明。

随葬器物　陶器8件：鼎、敦、壶各2件，盘、匜各1件，其中修复7件。置于椁内棺外南端（图三〇二；图版四一，3、4）。

陶鼎（M493:1），泥质灰陶。口径16.8、腹径20、通高21.6厘米（图三〇三，1）。

陶敦（M493:3），泥质灰陶。口径17.6、通高23.2厘米（图三〇三，2）。

陶敦（M493:4），泥质灰陶。口径18.4、通高25.2厘米（图三〇三，3）。

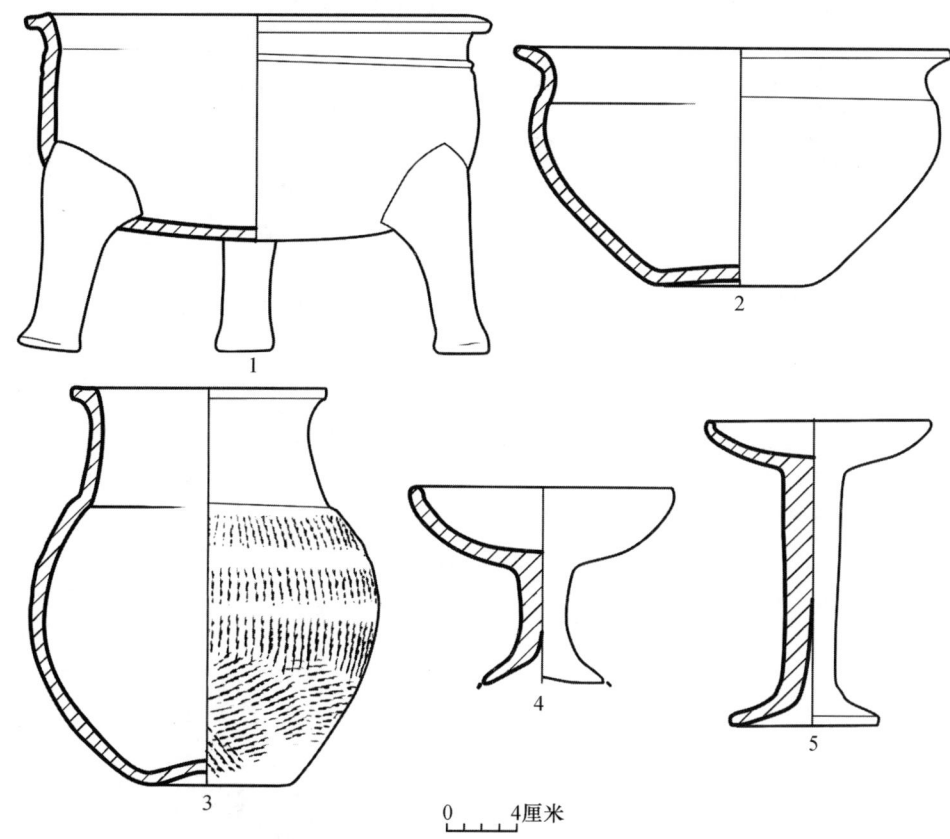

图三〇一　M477随葬陶器
1.鼎（M477∶1）　2.盂（M477∶2）　3.罐（M477∶3）　4、5.豆（M477∶4、M477∶5）

陶壶（M493∶5），泥质灰陶。口径10.6、腹径19、圈足径10.6、通高37.6厘米（图三〇三，4）。

陶壶（M493∶6），泥质灰陶。口径10.8、腹径18.4、圈足径10.4、通高36.2厘米（图三〇三，5）。

陶盘（M493∶7），泥质灰陶。口径19.6、底径15、高2.2厘米（图三〇三，6）。

陶匜（M493∶8），泥质灰陶。口径12、底径7.6、通高3.4厘米（图三〇三，7）。

9. M534

墓葬形制　方向195°。开口于现地表以下0.5米。墓口长5.05、南宽4.34、北宽4.28米，墓底长2.98、宽2.03米，墓坑深2.82米。墓口下现存生土台阶一级，台阶上距墓口0.5米，台面东宽0.67～0.71、西宽0.6～0.62、南宽0.64、北宽0.68米。坑壁较规整且平滑，台阶下东北角圆弧，其余三角较直，底平。坑内填黄褐色夹灰白色花土，土质较硬。

葬具及葬式　单椁单棺，仅见腐痕。椁痕长2.7、宽0.99、高0.56、厚0.06米。椁底有2根圆弧形横垫木，长1.97、宽0.1、厚0.08米，2根垫木相距1.95米。棺痕长1.9、宽0.58、高0.26、厚0.05米。人骨架无存，葬式不明。

随葬器物　陶器7件：豆4件，鼎、敦、壶各1件，其中修复5件。置于椁内棺外南端（图

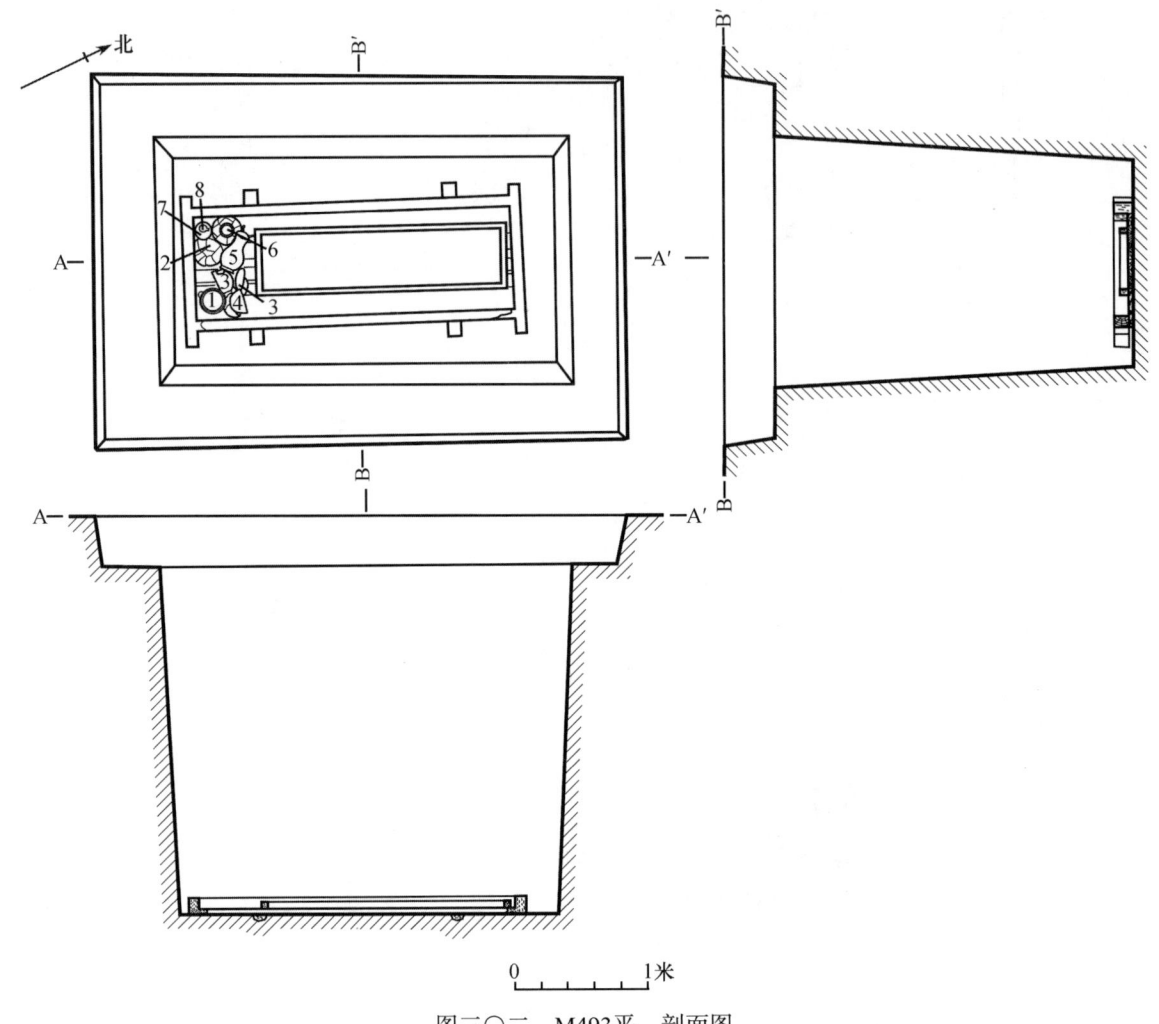

图三〇二　M493平、剖面图
1、2.陶鼎　3、4.陶敦　5、6.陶壶　7.陶盘　8.陶匜

三〇四；彩版四三，1、2）。

陶敦（M534：1），泥质褐陶。口径20、通高25.6厘米（图三〇五，1）。

陶豆（M534：2），泥质灰陶。口径12、盘深2.4、残高15.2厘米（图三〇五，2）。

陶豆（M534：4），泥质灰陶。口径12.8、盘深2.3、残高12.8厘米（图三〇五，3）。

陶豆（M534：5），泥质灰陶。口径12.4、盘深2、残高14厘米（图三〇五，4）。

陶壶（M534：6），泥质褐陶。口径10.4、腹径19.6、圈足径11.3、通高30.4厘米（图三〇五，5）。

10. M660

墓葬形制　方向190°。开口于现地表以下0.3～0.59米。墓口东长4.6、西长4.47、南宽3.84、北宽3.54米，墓底东长2.86、西长2.8、南宽1.74、北宽1.66米，墓坑深2.66～2.88米。墓口下现存生土台阶一级，台阶上距墓口0.26～0.56米，台面东宽0.57～0.6、西宽0.51～0.54、南宽0.41～0.5、北宽0.4～0.46米。坑壁基本规整、斜直，底平。坑内填黄褐色夹灰白色花土，

第三章 楚 墓

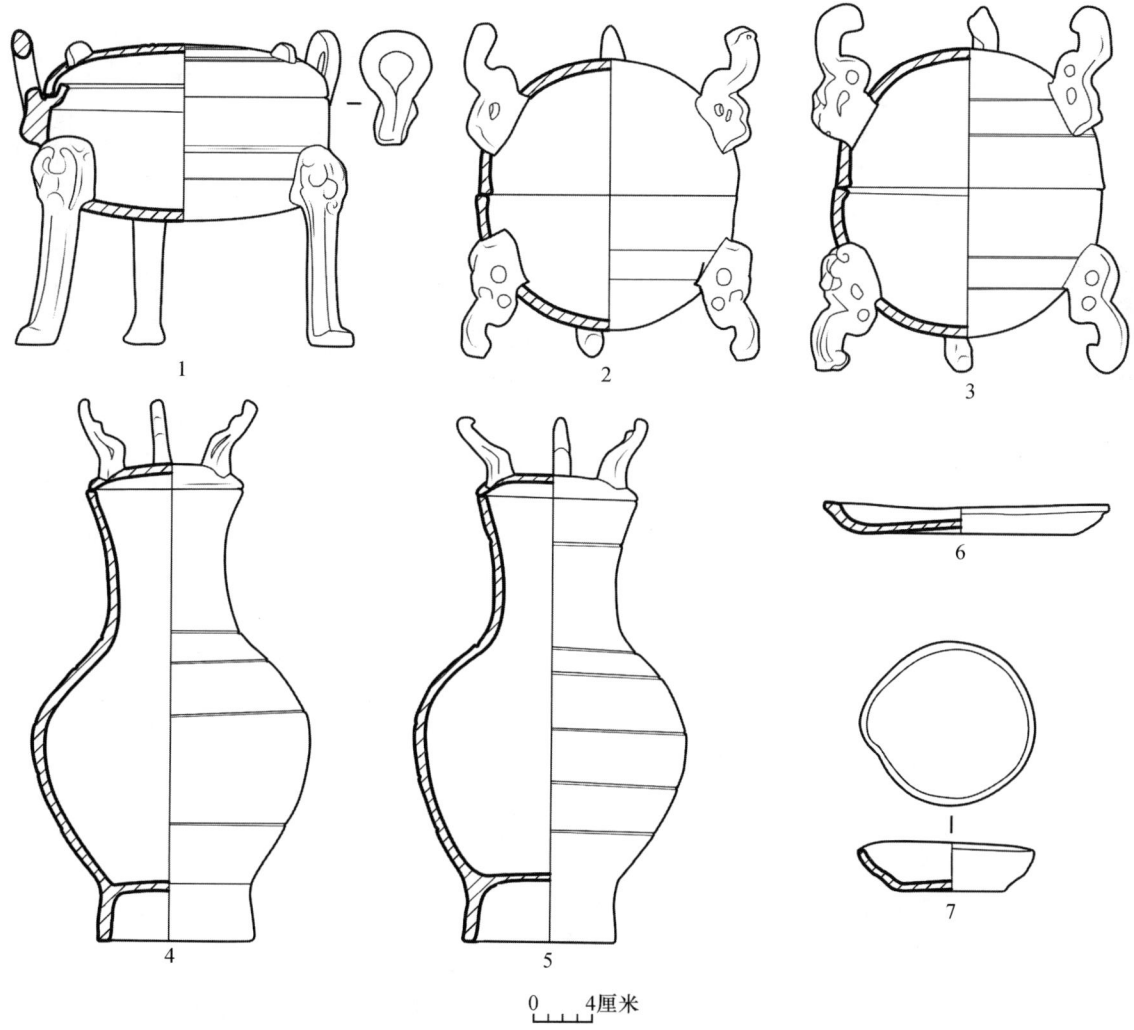

图三〇三 M493随葬陶器
1.鼎（M493：1） 2、3.敦（M493：3、M493：4） 4、5.壶（M493：5、M493：6） 6.盘（M493：7） 7.匜（M493：8）

质密。

葬具及葬式 单椁单棺，已朽，可见青灰色朽痕。椁痕长2.26、宽1、高0.5米。椁底有2根圆弧形横垫木，长1.38、宽0.08、厚0.04米，2根垫木相距1.35米。棺痕长1.9、宽0.5、高0.36米。人骨架已朽无存，葬式不明。

随葬器物 陶器3件：鬲、壶、盂各1件。置于椁内棺外南端（图三〇六；图版四二，1、2）。

陶鬲（M660：1），泥质褐陶。口径14.2、腹径13.6、高14厘米（图三〇七，1）。

陶壶（M660：2），泥质褐陶。口径12.9、腹径16.6、底径10、高26.8厘米（图三〇七，2）。

陶盂（M660：3），泥质褐陶。口径16.5、腹径16.8、底径7.6、高11.7厘米（图三〇七，3）。

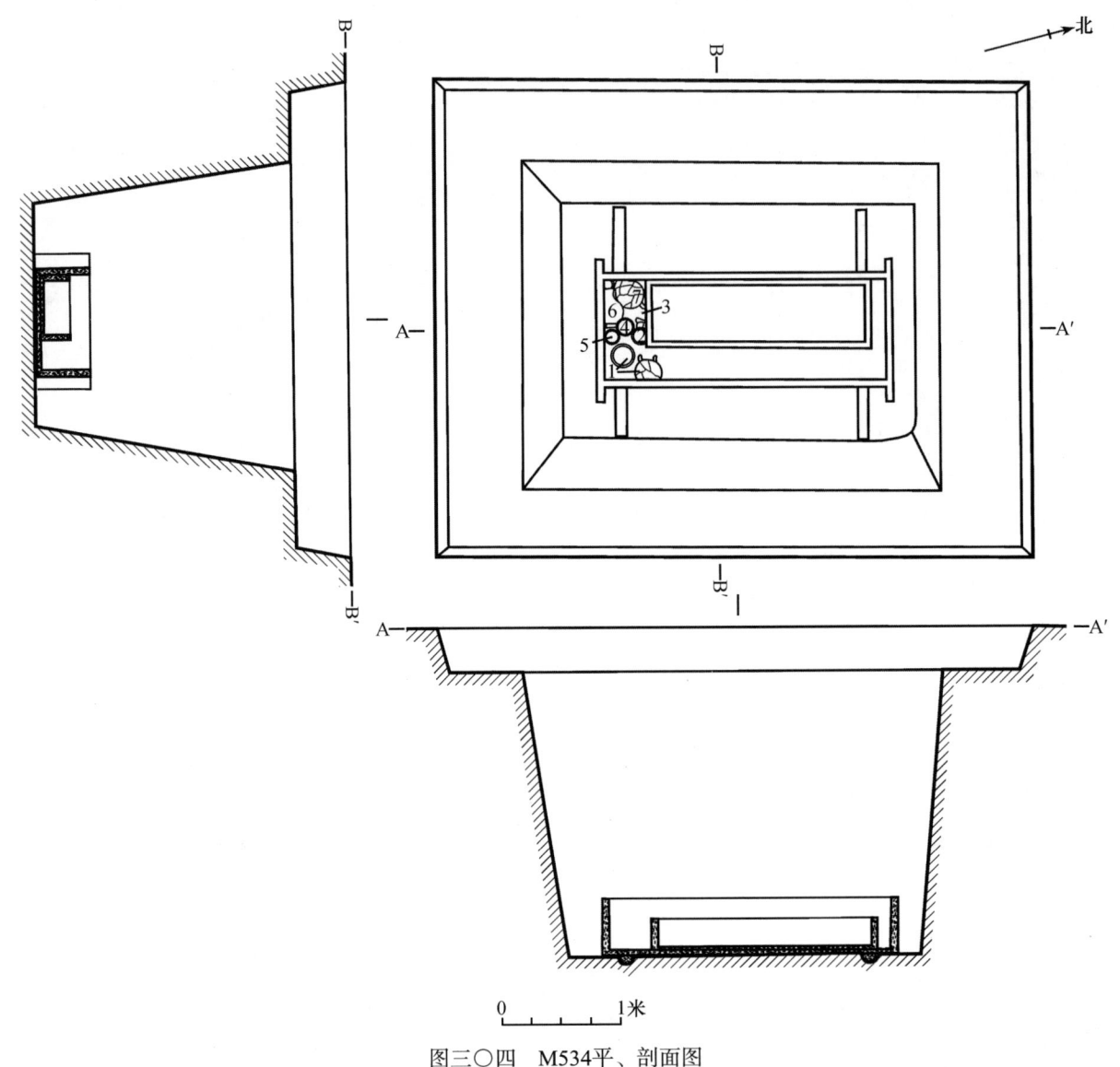

图三〇四　M534平、剖面图
1. 陶敦　2~5. 陶豆　6. 陶壶　7. 陶鼎

11. M666

墓葬形制　方向173°。开口于现地表以下0.5米。墓口东长3.19、西长3.15、南宽2.41、北宽2.38米，墓底东长2.41、西长2.37、南宽1.25、北宽1.1米，墓坑深2.51米。墓口下现存生土台阶一级，台阶上距墓口0.45米，台面东宽0.28~0.3、西宽0.27~0.36、南宽0.3~0.31、北宽0.15~0.22米。墓壁东、西两侧设生土台，上距墓口1.18米，东宽0.08~0.1、西宽0.06~0.08米。坑壁基本规整、斜直，底平。坑内填黄褐色夹灰白色花土，质密。

葬具及葬式　单椁单棺，已朽无存，可见青灰色朽痕。椁痕长2.25、宽0.8、高0.5米。椁底两端有方形垫木，长1.03、宽0.1、厚0.03米，2根垫木相距1.18米。棺置于椁内西北部，棺痕长1.72、宽0.5、高0.3米。人骨架已朽无存，葬式不明。

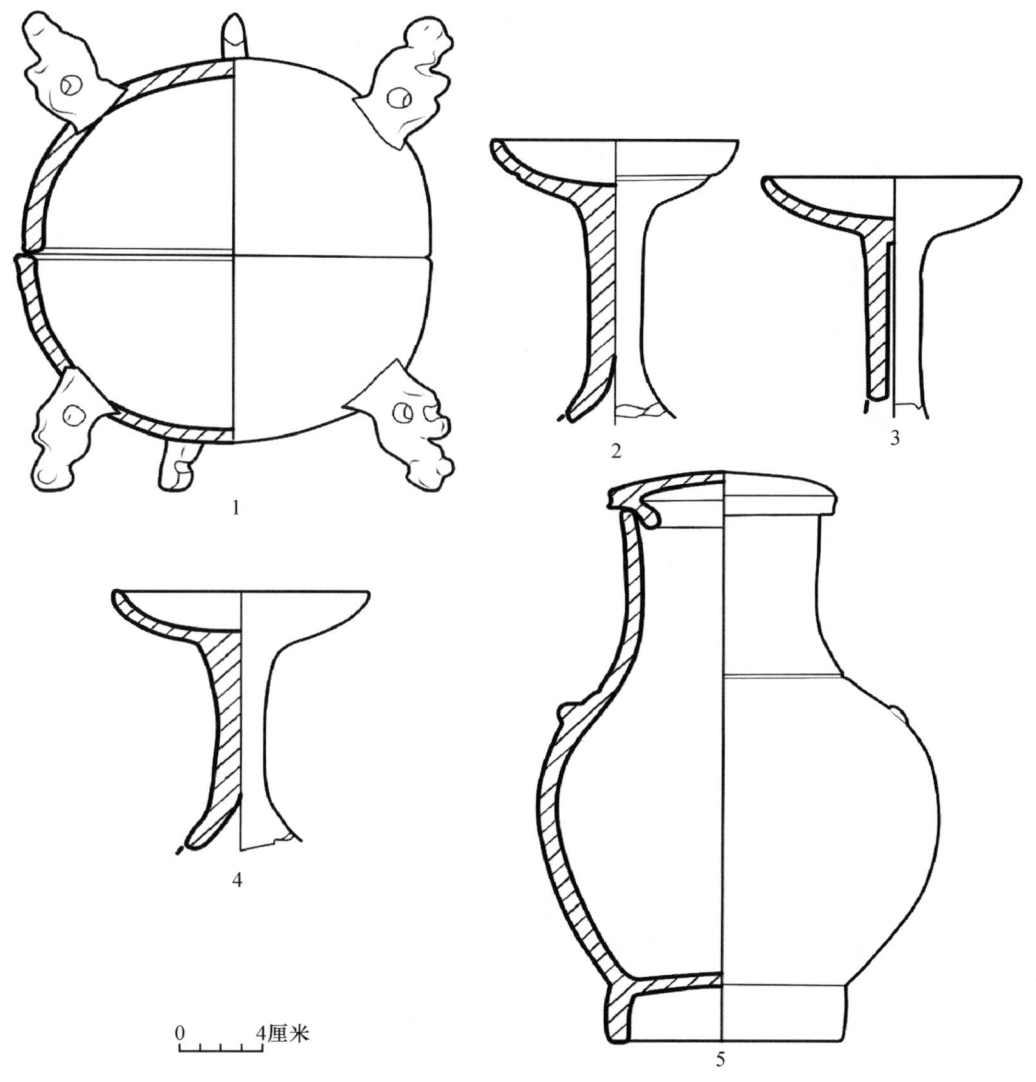

图三〇五　M534随葬陶器

1.敦（M534：1）　2~4.豆（M534：2、M534：4、M534：5）　5.壶（M534：6）

随葬器物　陶器3件：鬲、盂、罐各1件。置于椁内棺外南端（图三〇八；图版四二，3、4）。

陶鬲（M666：1），泥质褐陶。口径17.2、腹径19.6、高18厘米（图三〇九，1）。

陶盂（M666：2），泥质褐陶。口径21.6、腹径21.8、底径8、高13.2厘米（图三〇九，2）。

陶罐（M666：3），泥质褐陶。口径14.4、腹径19.6、底径7.6、高18.8厘米（图三〇九，3）。

12. M686

墓葬形制　方向111°。开口于现地表以下0.5米。墓口长2.94、东宽1.6、西宽1.54米，墓底长2.48、东宽1.3、西宽1.34米，墓坑深2.28米。坑壁光滑，底平。墓壁西壁设一级台阶，台

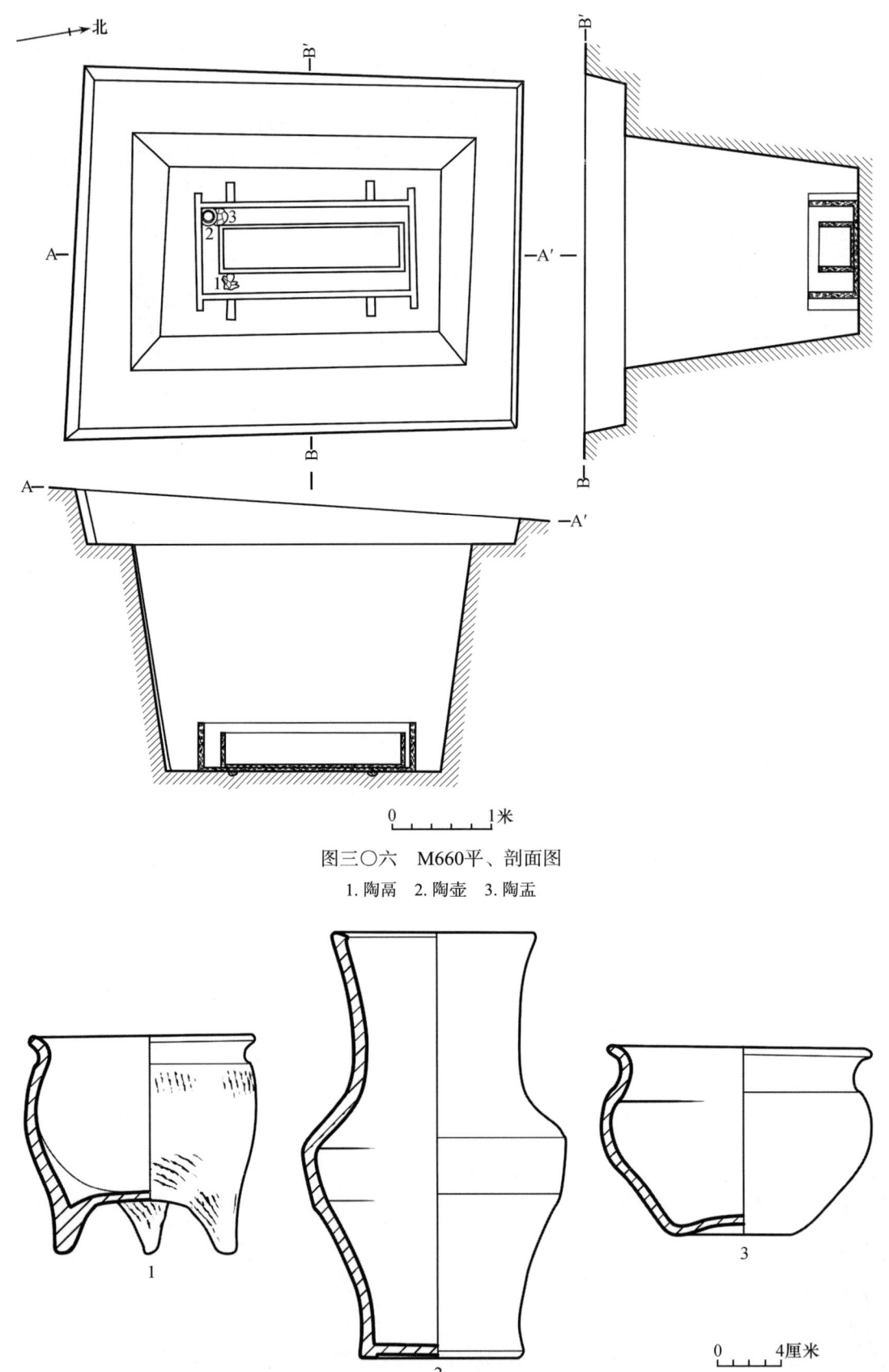

图三〇六　M660平、剖面图
1. 陶鬲　2. 陶壶　3. 陶盂

图三〇七　M660随葬陶器
1. 鬲（M660∶1）　2. 壶（M660∶2）　3. 盂（M660∶3）

第三章 楚　墓

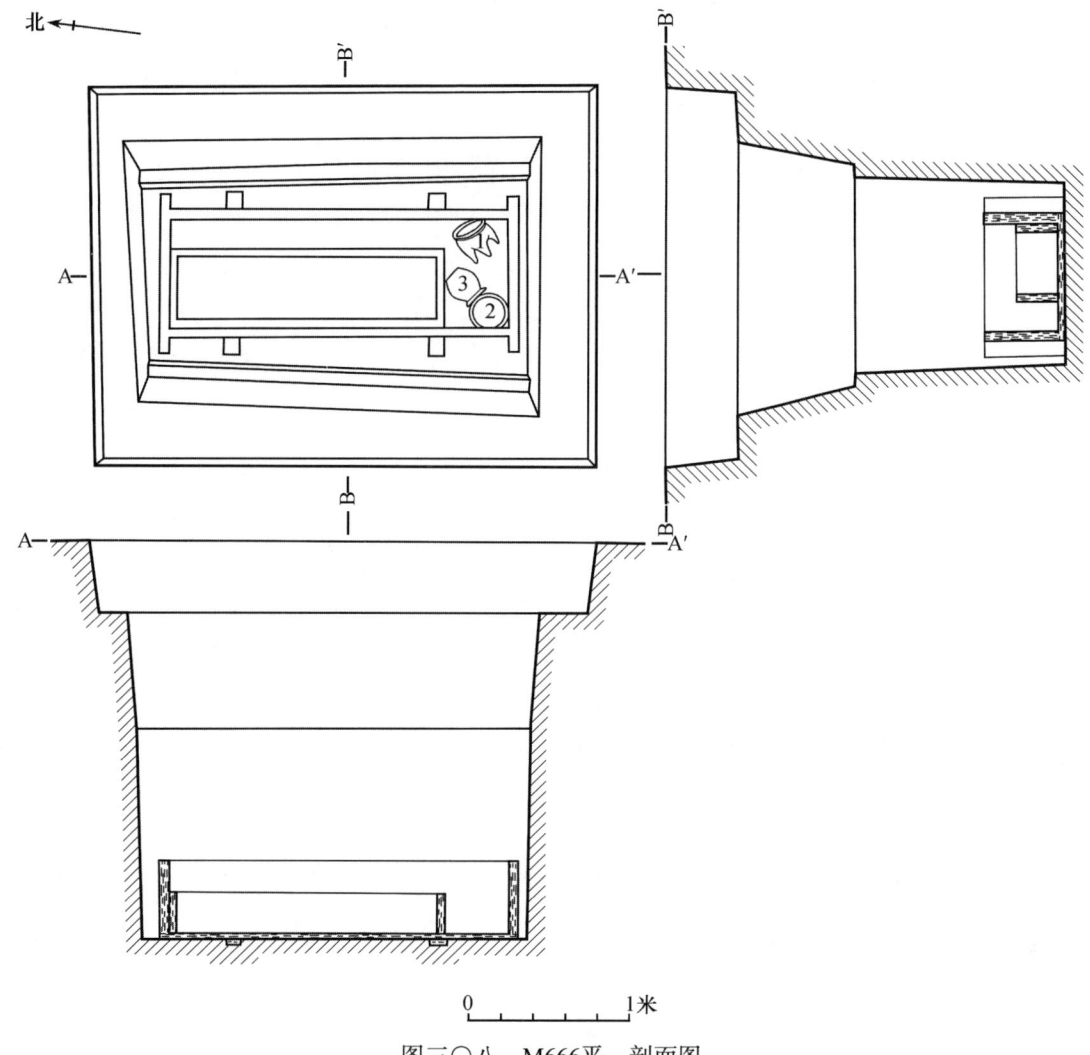

图三〇八　M666平、剖面图
1.陶鬲　2.陶盂　3.陶罐

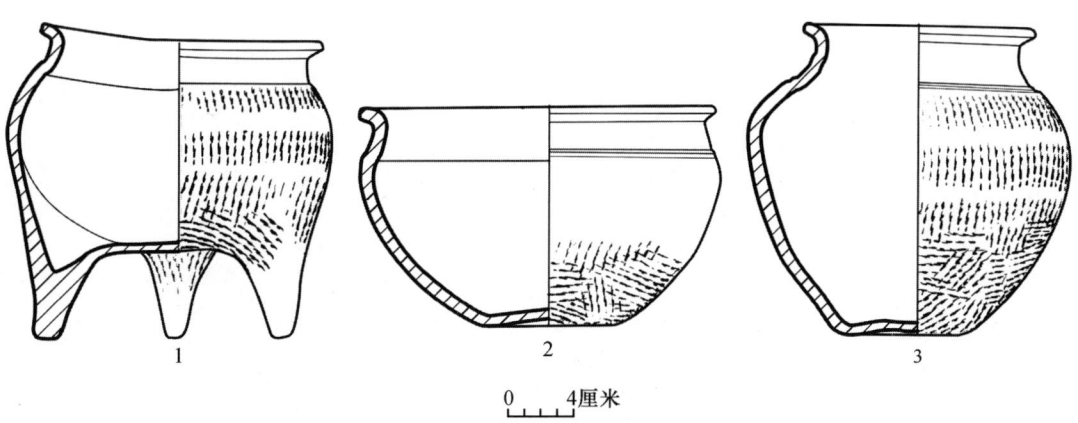

图三〇九　M666随葬陶器
1.鬲（M666:1）　2.盂（M666:2）　3.罐（M666:3）

阶上距墓口0.42米，宽0.18~0.24米。坑内填黄褐色花土，质密。

葬具及葬式　单椁单棺，已朽，仅见朽痕。椁痕长2.18、宽0.9、高0.18米，棺痕长1.8、宽0.48、高0.1米。人骨架无存，葬式不明。

随葬器物　陶器3件：壶、鬲、盂各1件。置于椁内棺外东端（图三一○）。

陶壶（M686：1），泥质灰陶。口径11.2、腹径13.2、底径7.2、高17厘米（图三一一，1）。

陶鬲（M686：2），泥质褐陶。残。口径19.5厘米（图三一一，2）。

陶盂（M686：3），泥质灰陶。口径18.9、腹径20、底径6、高13.2厘米（图三一一，3）。

13. M703

墓葬形制　方向112°。开口于现地表以下0.3米。墓口长3.93、宽2.58米，墓底长2.64、宽1.34米，墓坑深2.76米。墓口下设两级台阶。第一级台阶上距墓口0.44米，台面东宽0.5、西宽0.42、南宽0.44、北宽0.4米。第二级台阶仅设置于南北两侧，上距墓口0.93米，南宽0.07、北宽0.08米。坑壁较规整，底平。坑内填黄褐色花土，土质较松。

葬具及葬式　单椁单棺，已朽无存，可见青灰色朽痕。椁痕长2.38、宽0.86、高0.25米，

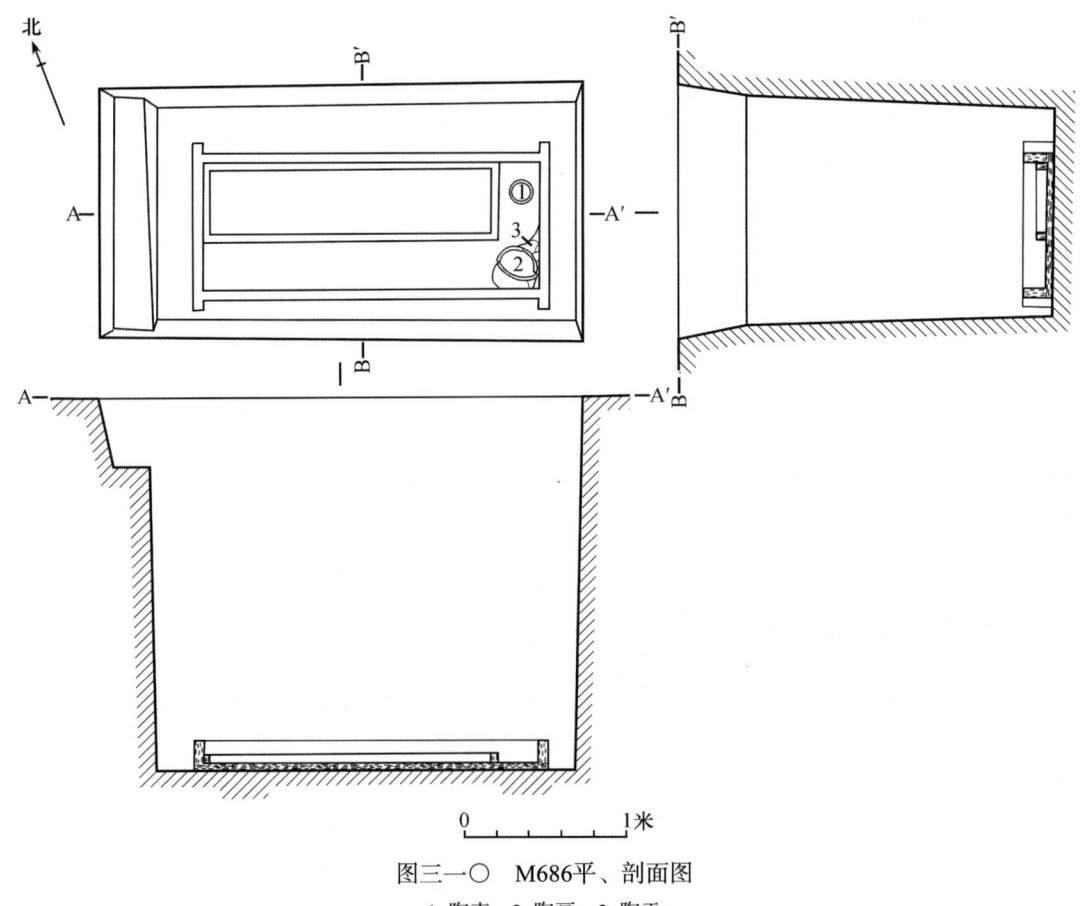

图三一○　M686平、剖面图
1. 陶壶　2. 陶鬲　3. 陶盂

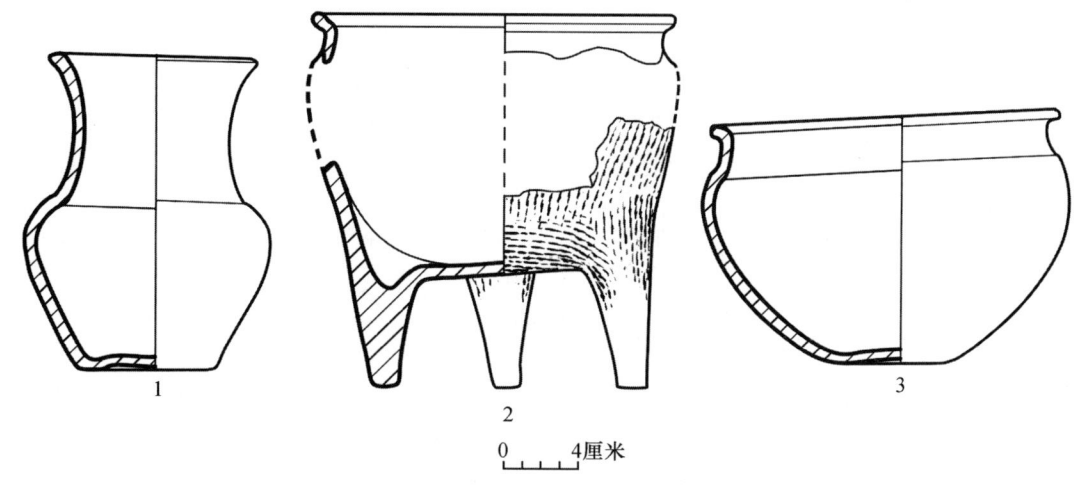

图三一一　M686随葬陶器
1. 壶（M686：1）　2. 鬲（M686：2）　3. 盂（M686：3）

棺痕长1.82、宽0.55、高0.1米。人骨架已朽无存，葬式不明。

随葬器物　陶器8件：鼎、壶、敦、豆各2件，其中修复3件。置于椁内棺外东端（图三一二；图版四三，1、2）。

陶鼎（M703：1），泥质褐陶。口径18.4、腹径20、通高19.6厘米（图三一三，1）。

陶鼎（M703：2），泥质褐陶。口径18.4、腹径20、通高19.6厘米（图三一三，2）。

陶壶（M703：4），泥质褐陶。口径9.7、腹径16.8、圈足径10.8、高27.4厘米（图三一三，3）。

14. M739

墓葬形制　方向105°。开口于现地表以下0.6米。墓口北长4.29、南长4.5、东宽3.54、西宽3.88米，墓底长2.74、宽1.59米，墓坑深3.22米。墓口下现存生土台阶两级。第一级台阶上距墓口0.62米，台面东宽0.16、西宽0.32～0.4、南宽0.38、北宽0.38～0.4米。第二级台阶仅设置于南、北、东三侧，上距墓口1.02米，南宽0.06～0.17、北宽0.32、东宽0.2米。墓东壁有一椭圆形脚窝，脚窝距底1.42米，椭圆口径0.14～0.16米，距北壁0.2米，进深0.25米。坑壁较直，底平。坑内填黄褐色五花土。

葬具及葬式　单椁单棺，已朽无存，可见青灰色朽痕。椁痕长2.51、宽1.09、高0.16、厚0.06米，棺痕长1.78、宽0.59、高0.1、厚0.04米。人骨架已朽无存，葬式不明。

随葬器物　陶器6件：鼎、壶、敦各2件，其中修复2件。置于椁内棺外东端（图三一四；图版四三，3、4）。

陶鼎（M739：1），泥质褐陶。口径15.2、腹径19、通高22厘米（图三一五，1）。

陶壶（M739：5），泥质褐陶。口径11.6、腹径20、圈足径12.9、通高33厘米（图三一五，2）。

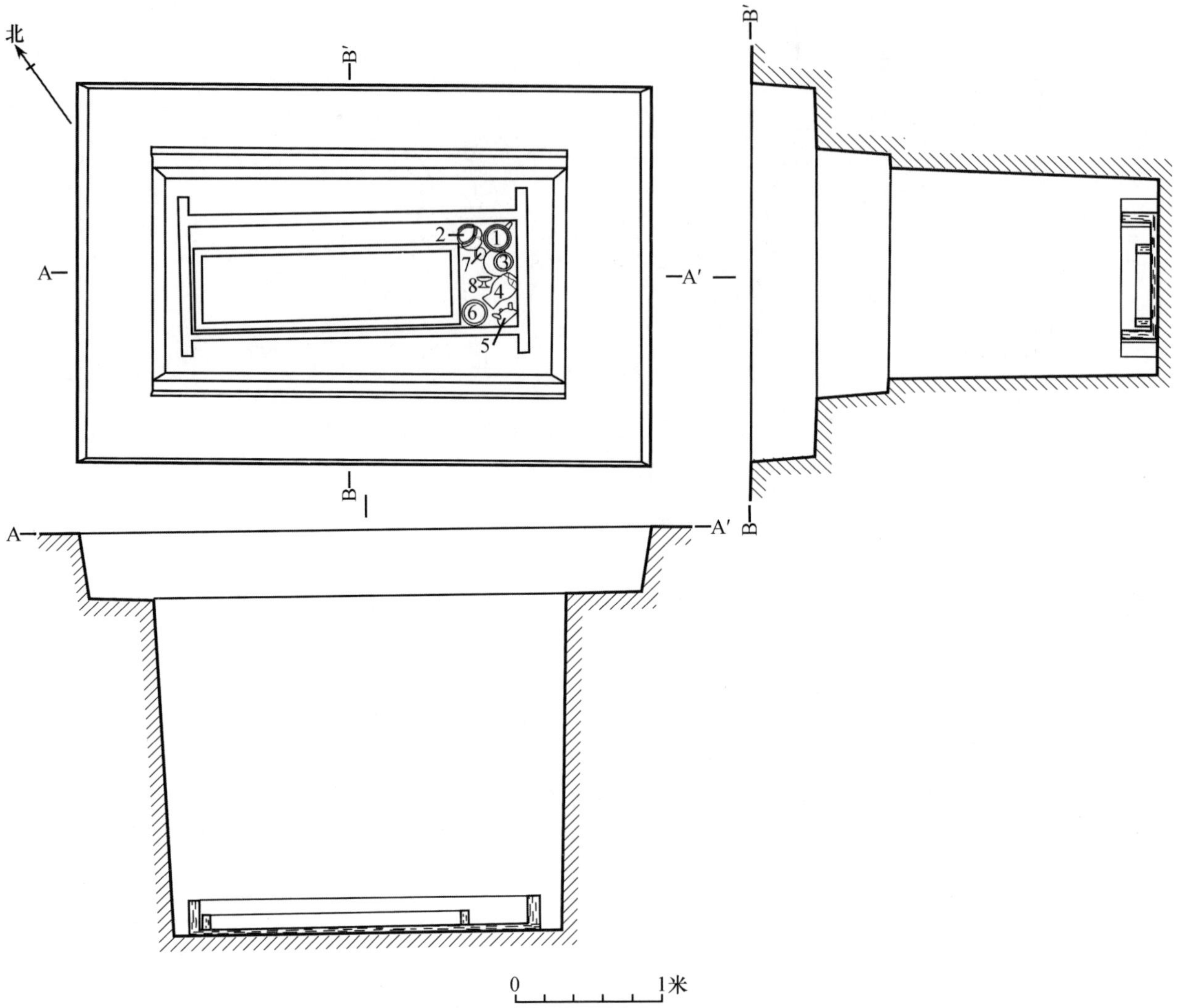

图三一二　M703 平、剖面图

1、2. 陶鼎　3、4. 陶壶　5、6. 陶敦　7、8. 陶豆

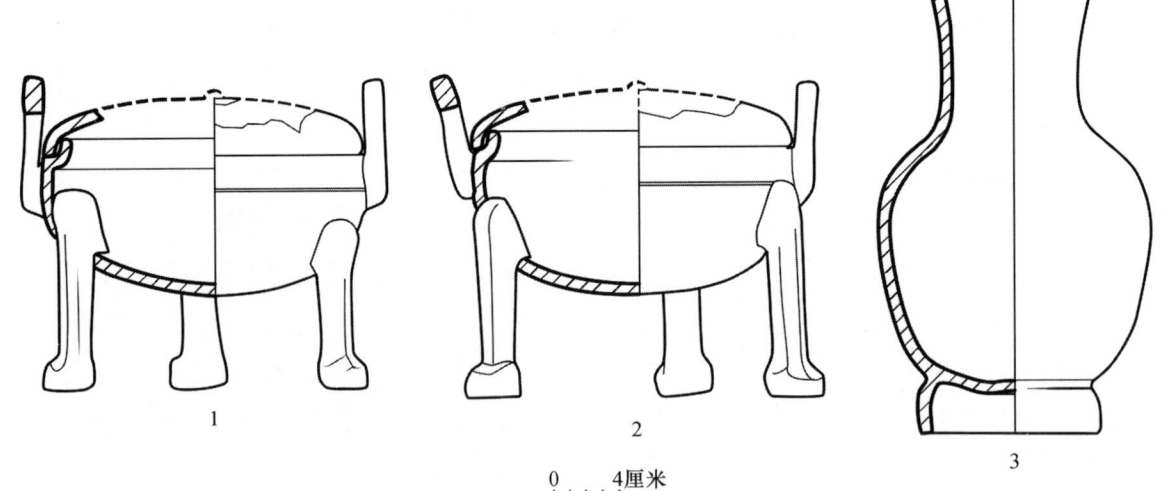

图三一三　M703 随葬陶器

1、2. 鼎（M703∶1、M703∶2）　3. 壶（M703∶4）

第三章 楚 墓

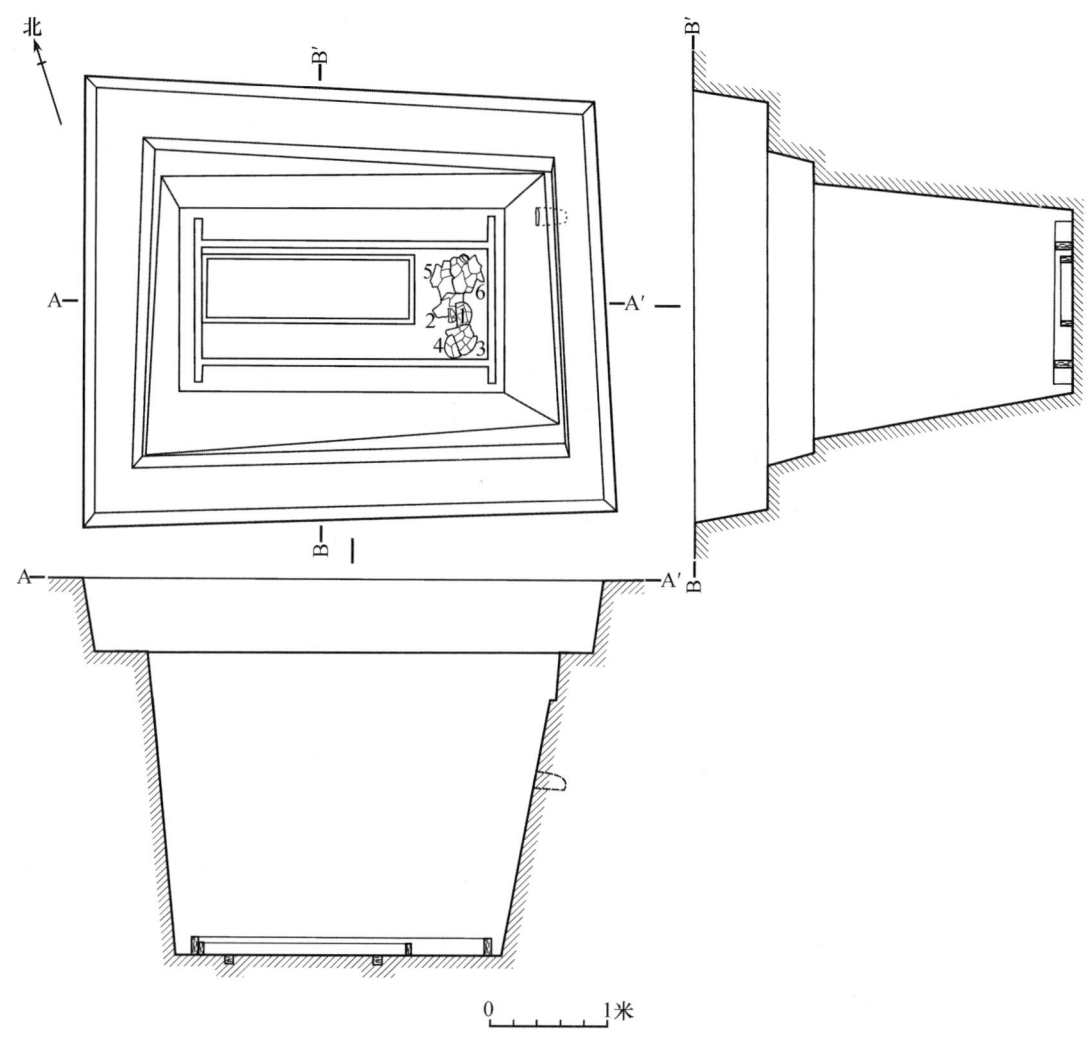

图三一四　M739平、剖面图
1、2.陶鼎　3、4.陶敦　5、6.陶壶

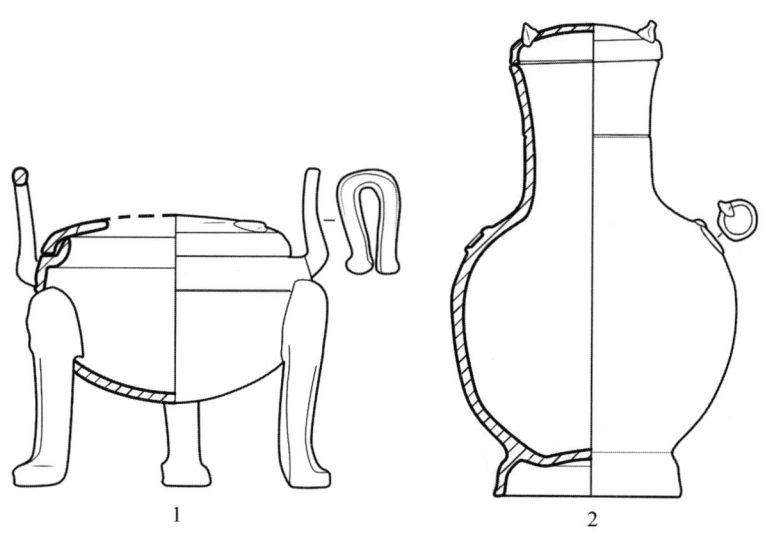

图三一五　M739随葬陶器
1.鼎（M739:1）　2.壶（M739:5）

15. M744

墓葬形制 方向125°。开口于现地表以下1.1米。墓口长3.5、东宽2.72、西宽2.82米,墓底长2.48、宽1.41米,墓坑深2米。墓口下现存生土台阶一级,台阶上距墓口0.5米,台面东宽0.22~0.28、西宽0.32~0.34、南宽0.38、北宽0.37米。坑壁规整、斜直,底平。坑内填黄褐色夹灰白色花土,质密。

葬具及葬式 单椁单棺,已朽,可见青灰色朽痕。椁痕长2.32、宽1.06、高0.5米,棺痕长1.77、宽0.5、高0.26米。人骨架已朽,仅在棺内东部北侧发现有牙齿腐痕,葬式不明。

随葬器物 陶器6件:鼎、壶、敦各2件,其中修复5件。置于椁内棺外东端(图三一六;彩版四四,1、2)。

陶鼎(M744:1),泥质褐陶。口径16.8、腹径19.7、通高19.7厘米(图三一七,1)。

陶鼎(M744:4),泥质褐陶。口径17.5、腹径19.6、通高20厘米(图三一七,3)。

陶壶(M744:2),泥质褐陶。口径10.4、腹径16.9、底径11.4、通高24.4厘米(图

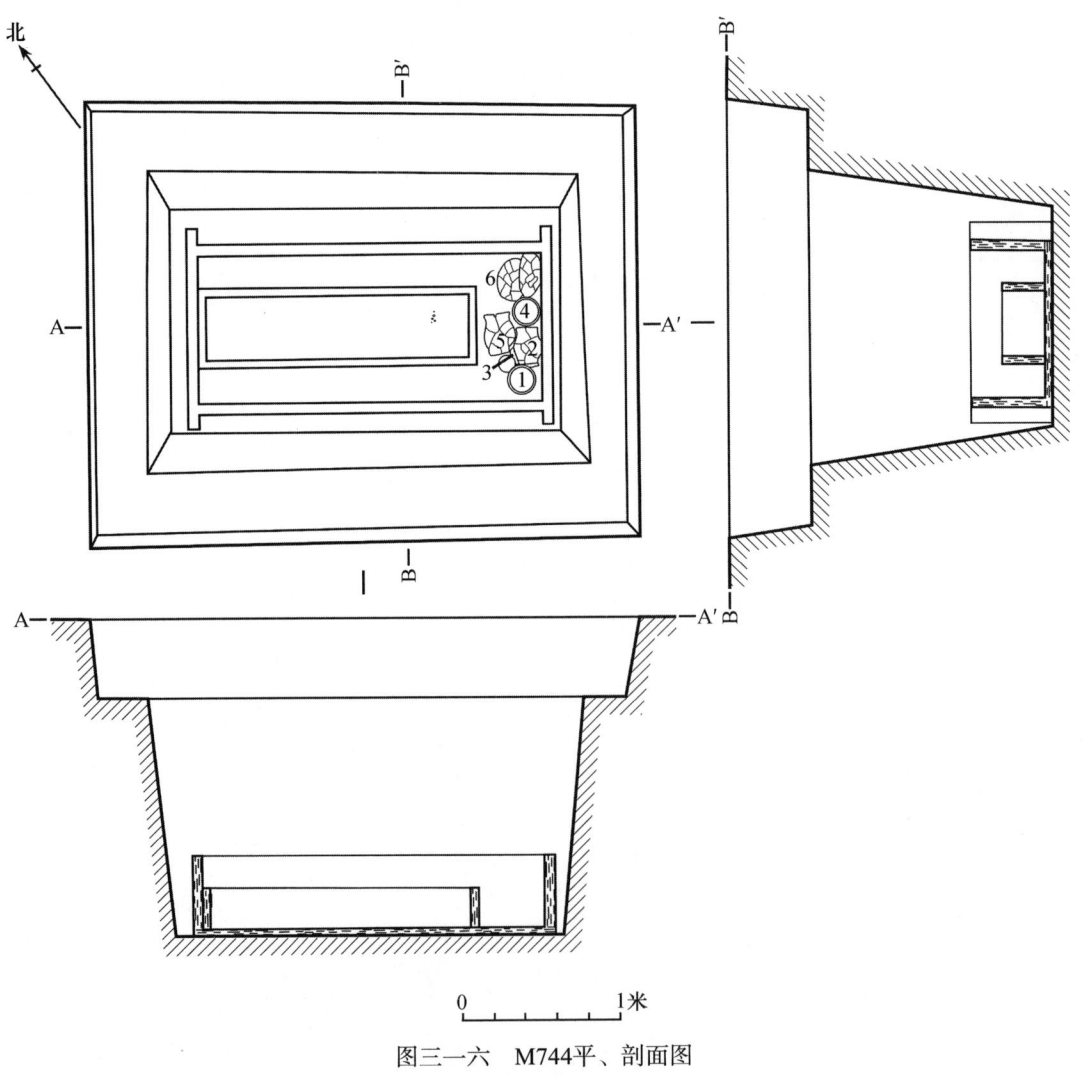

图三一六 M744平、剖面图
1、4.陶鼎 2、5.陶壶 3、6.陶敦

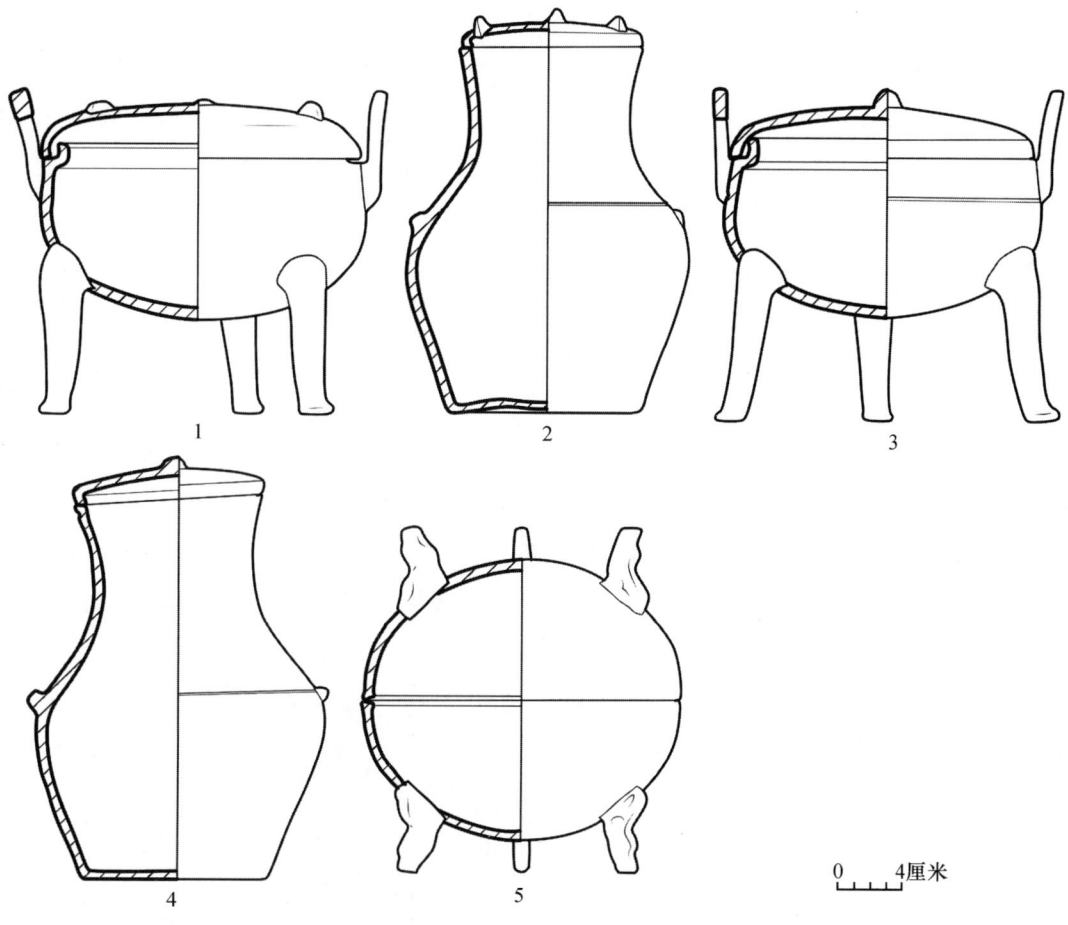

图三一七 M744随葬陶器

1、3.鼎（M744∶1、M744∶4） 2、4.壶（M744∶2、M744∶5） 5.敦（M744∶6）

三一七，2）。

陶壶（M744∶5），泥质褐陶。口径12.8、腹径17.4、底径11.2、通高25.6厘米（图三一七，4）。

陶敦（M744∶6），泥质灰陶。口径19.2、通高21.2厘米（图三一七，5）。

（五）Ce型墓

Ce型墓为无墓道、无台阶、无壁龛的单椁单棺墓，计117座：M1、M5、M7、M12、M14、M41、M43、M46、M48、M54、M55、M58、M59、M65、M67、M69、M70、M72、M85、M88、M90、M95、M106、M108、M122、M130、M134、M137、M144、M303、M305、M309、M330、M333、M343、M347、M348、M355、M357、M379、M386、M407、M412、M414、M419、M424、M427、M429、M430、M443、M450、M451、M452、M453、M454、M456、M457、M460、M471、M473、M480、M488、M489、M494、M495、M506、M513、M515、M521、M526、M535、M546、M550、M551、M579、M592、M593、M600、

M602、M603、M606、M610、M615、M635、M656、M661、M662、M663、M668、M671、M676、M679、M688、M691、M704、M710、M713、M745、M754、M760、M764、M765、M772、M777、M779、M784、M787、M791、M801、M803、M808、M821、M827、M834、M845、M846、M849（附表一一）。

墓例：M1、M5、M41、M46、M54、M55、M58、M59、M65、M70、M85、M88、M90、M95、M106、M108、M122、M130、M137、M309、M379、M407、M412、M419、M427、M450、M451、M457、M471、M480、M506、M515、M535、M546、M550、M662、M663、M668、M688、M745、M784、M791、M803、M821、M827、M834、M846、M849。

1. M1

墓葬形制　方向210°。墓口长3.1、宽1.7米，墓底长2.9、南宽1.5、北宽1.6米，墓坑深2.5米。坑壁较规整，陡直。坑内填黄褐色夹灰白色五花土，质密。

葬具及葬式　单椁单棺，已腐，存灰色腐痕。椁痕长2.3、宽0.92、高0.52厘米，棺痕长1.84、宽0.56、高0.14厘米。椁底南北两端各设1根垫木，已腐，存灰色腐痕，断面略呈方形，南端垫木长1.36米，北端垫木长1.45米，宽0.07、厚0.06米。人骨架已朽，葬式不明。

随葬器物　陶器5件：鬲、盂、罐各1件，豆2件，其中修复3件。置于椁内棺外南端（图三一八；图版四四，1、2）。

陶鬲（M1：1），泥质灰陶。口径27.7、腹径28、高25.6厘米（图三一九，1）。

陶盂（M1：2），泥质灰陶。口径20.8、腹径20.4、底径7.2、高13.6厘米（图三一九，2）。

陶罐（M1：3），泥质灰陶。口径16.8、腹径16.8、底径7.2、高28.4厘米（图三一九，3）。

2. M5

墓葬形制　方向215°。开口于现地表以下0.3米。墓口长3.32、宽2.14米，墓底长3.16、宽1.88米，墓坑深1米。坑壁较规整，陡直。坑内填黄褐色夹灰白色五花土，质密。

葬具及葬式　单椁，已腐，存灰色腐痕。椁痕长1.96、宽0.92、高0.12厘米，未见棺痕，未见垫木。人骨架已朽，葬式不明。

随葬器物　陶器3件：鬲、盂、壶各1件。置于椁外南端（图三二〇；图版四四，3、4）。

陶鬲（M5：1），夹砂灰陶。口径20、腹径21.2、高23.7厘米（图三二一，1）。

陶盂（M5：2），泥质灰陶。口径22、腹径22、底径8、高13.2厘米（图三二一，2）。

陶壶（M5：3），泥质灰陶。口径10.3、腹径13.6、底径9.8、高23.5厘米（图三二一，3）。

3. M41

墓葬形制　方向165°。开口于现地表以下0.2米。墓口长3.1、南宽1.9、北宽1.84米，墓底长2.74、宽1.6米，墓坑深2米。坑壁较光滑、陡直，底平。坑内填黄褐色夹灰白色五花土，质密。

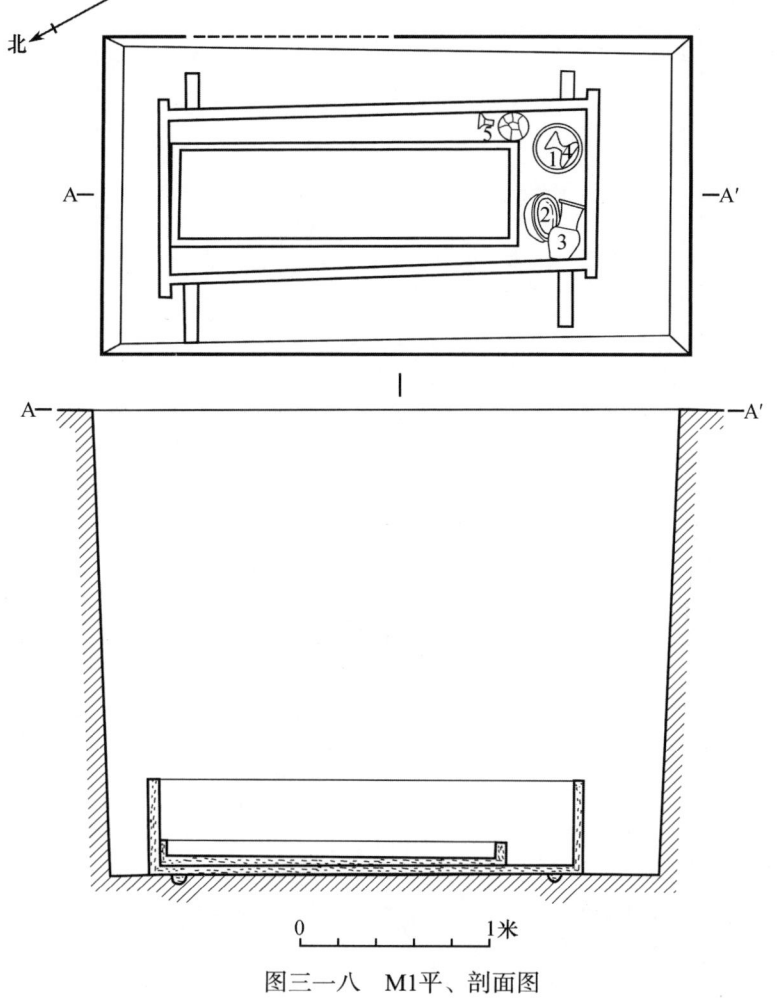

图三一八 M1平、剖面图
1. 陶鬲 2. 陶盂 3. 陶罐 4、5. 陶豆

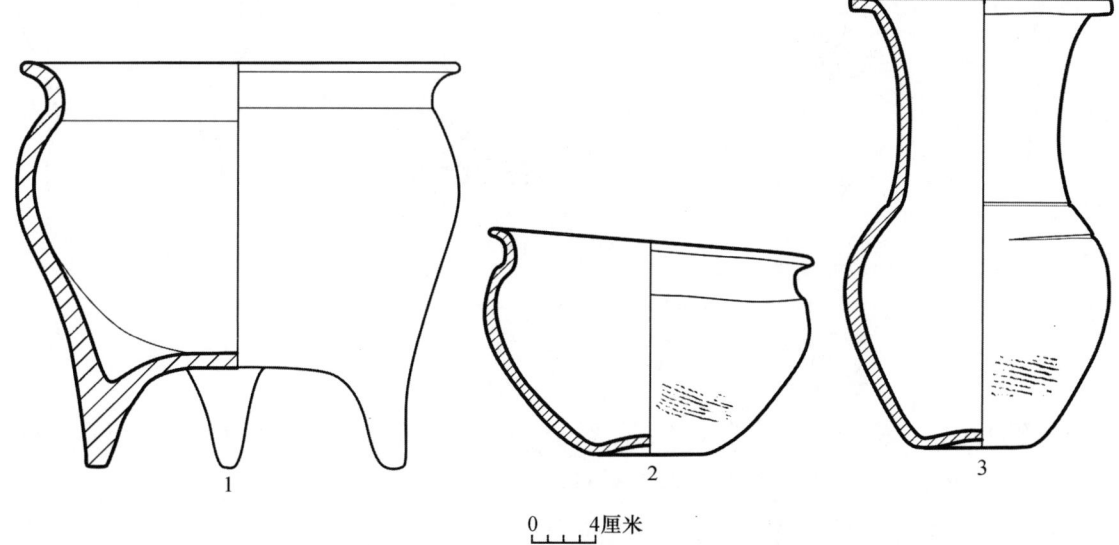

图三一九 M1随葬陶器
1. 鬲（M1：1） 2. 盂（M1：2） 3. 罐（M1：3）

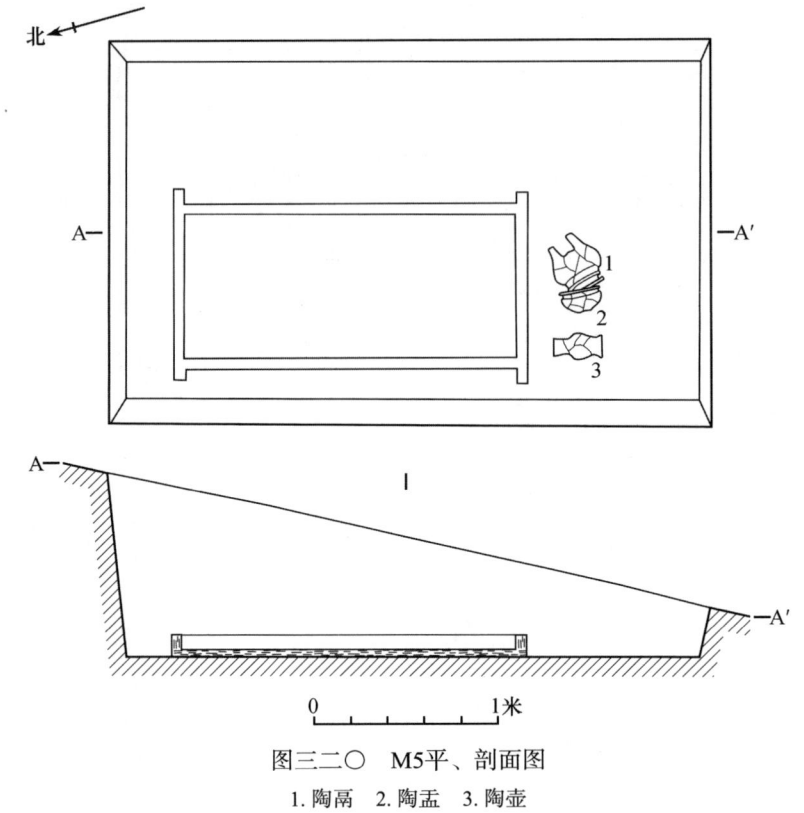

图三二〇　M5平、剖面图
1.陶鬲　2.陶盂　3.陶壶

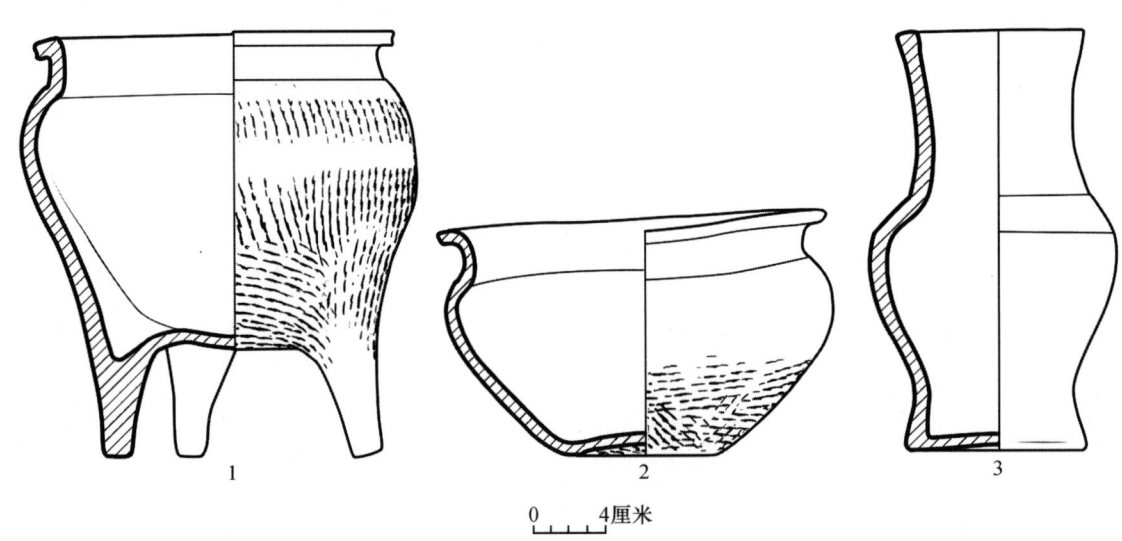

图三二一　M5随葬陶器
1.鬲（M5：1）　2.盂（M5：2）　3.壶（M5：3）

葬具及葬式　单椁单棺，已朽，仅存灰色腐痕。椁痕长2.1、宽0.94、高0.3米，棺痕长1.94、宽0.5、高0.2米。未见人骨架，葬式不明。

随葬器物　陶器6件：鼎、敦、缶各2件，其中修复5件。置于椁内棺外西侧（图三二二）。

陶鼎（M41:1），泥质灰陶。口径16.6、腹径19.2、通高22.3厘米（图三二三，1）。

陶鼎（M41:2），泥质灰陶。口径20.3、腹径18.9、通高20.8厘米（图三二三，2）。

陶敦（M41:3），泥质灰陶。口径18.1、通高23.2厘米（图三二三，3）。

陶敦（M41:4），泥质灰陶。口径18.4、通高23.6厘米（图三二三，4）。

陶缶（M41:6），泥质灰陶。口径8.2、腹径18.7、底径8.4、通高27.7厘米（图三二三，5）。

4. M46

墓葬形制　方向15°。开口于现地表以下1米。墓口长3.2、宽2.2米，墓底长2.68、宽1.56米，墓坑深2.6米。坑口较规整，坑壁陡直，底平。坑内填黄褐色夹灰白色五花土，质密。

葬具及葬式　单椁单棺，已朽，仅存灰色腐痕。椁痕长2.42、宽1.02、高0.4米，棺痕长1.72、宽0.48、高0.3米。未见人骨架，葬式不明。

随葬器物　陶器8件：鼎、敦、壶、罐各2件。置于椁内棺外北端（图三二四；图版四五，1、2）。

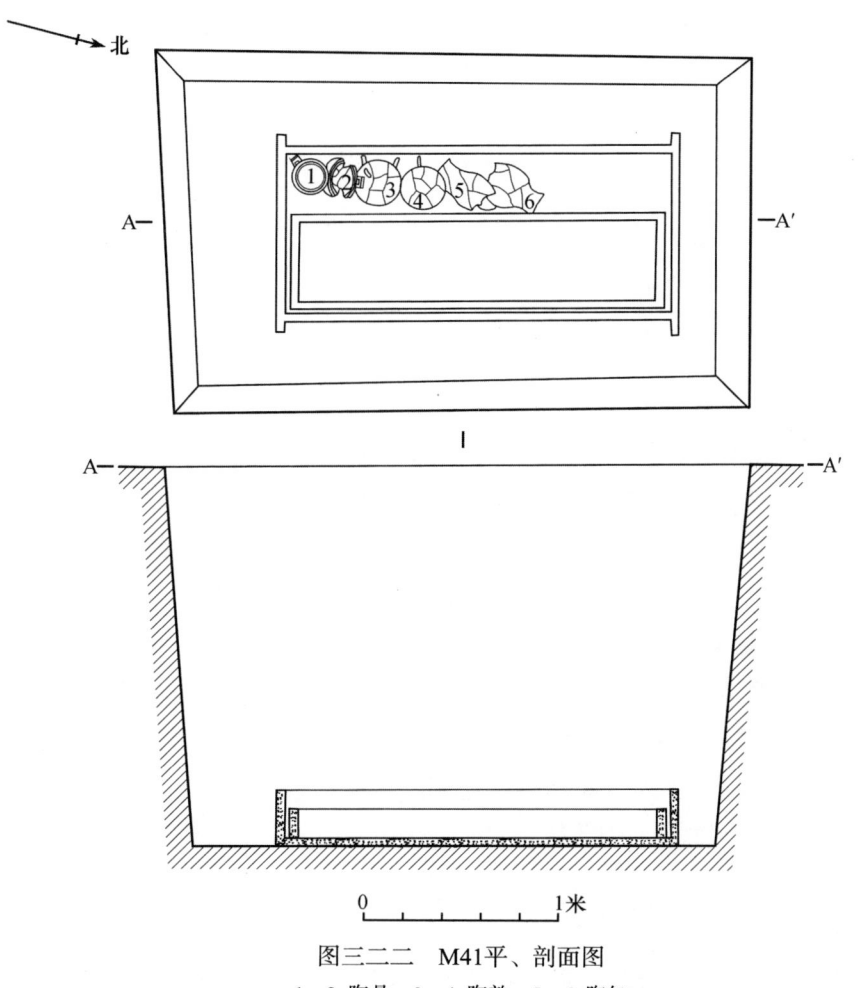

图三二二　M41平、剖面图
1、2.陶鼎　3、4.陶敦　5、6.陶缶

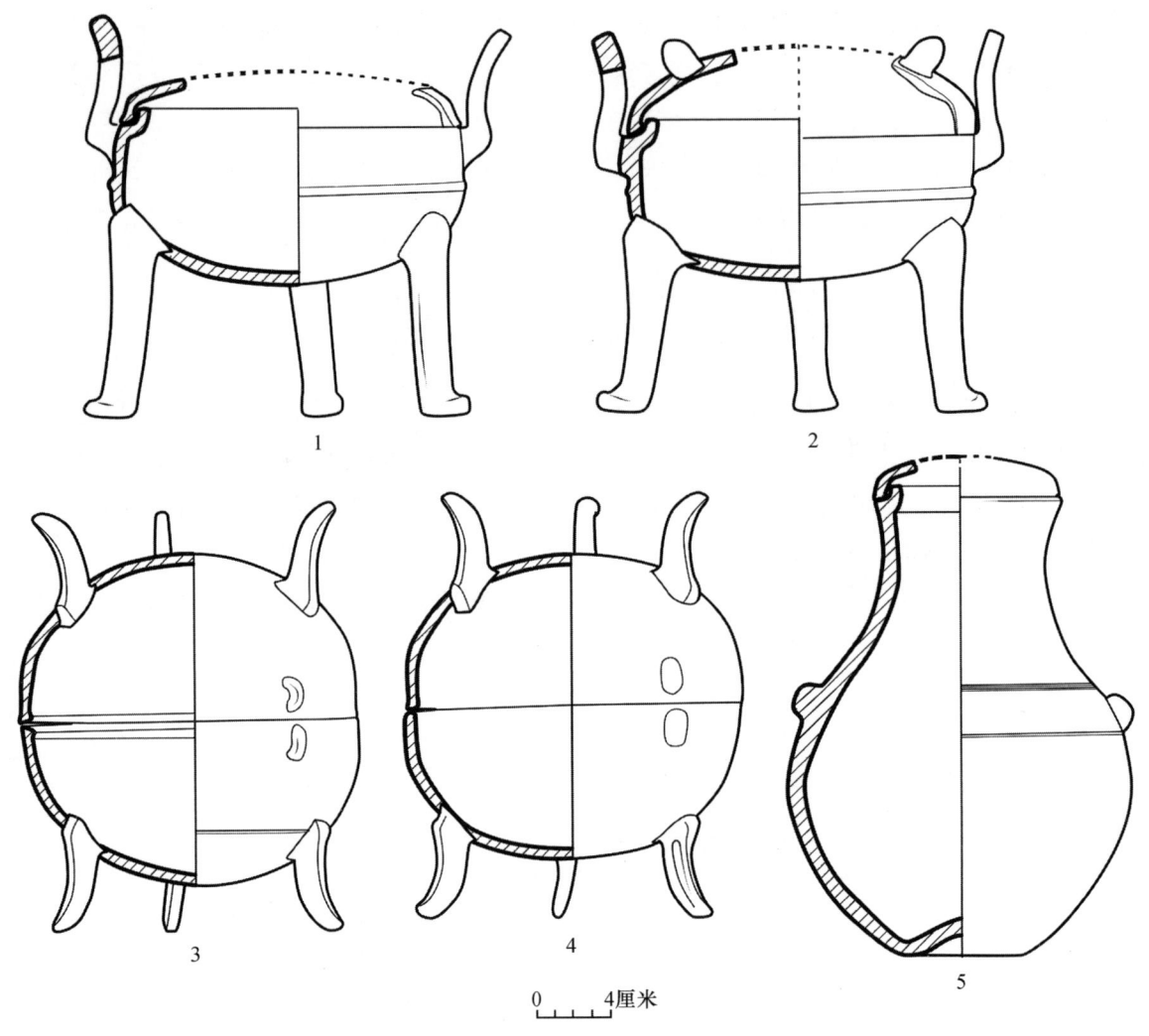

图三二三　M41随葬陶器
1、2.鼎（M41∶1、M41∶2）　3、4.敦（M41∶3、M41∶4）　5.缶（M41∶6）

陶罐（M46∶1），泥质灰陶。口径13.7、腹径18.4、高20.4厘米（图三二五，1）。

陶罐（M46∶8），泥质灰陶。口径12.8、腹径18、高20.8厘米（图三二五，8）。

陶鼎（M46∶2），泥质灰陶。口径13.6、腹径19.2、通高24.8厘米（图三二五，2）。

陶鼎（M46∶3），泥质灰陶。口径21.2、腹径20、通高22.6厘米（图三二五，3）。

陶壶（M46∶4），泥质灰陶。口径11.7、腹径23.6、通高37.4厘米（图三二五，4）。

陶壶（M46∶6），泥质灰陶。口径11.5、腹径21.6、通高30.8厘米（图三二五，6）。

陶敦（M46∶5），泥质灰陶。口径16.8、通高26.4厘米（图三二五，5）。

陶敦（M46∶7），泥质灰陶。盖口径17.2、身口径18、残高20.5厘米（图三二五，7）。

5. M54

墓葬形制　方向170°。开口于现地表以下0.8米。墓口长3.26、宽2米，墓底长3.04、宽1.64米，墓坑深1.92米。坑口较规整，坑壁陡直，底平。坑内填黄褐色夹灰白色五花土，

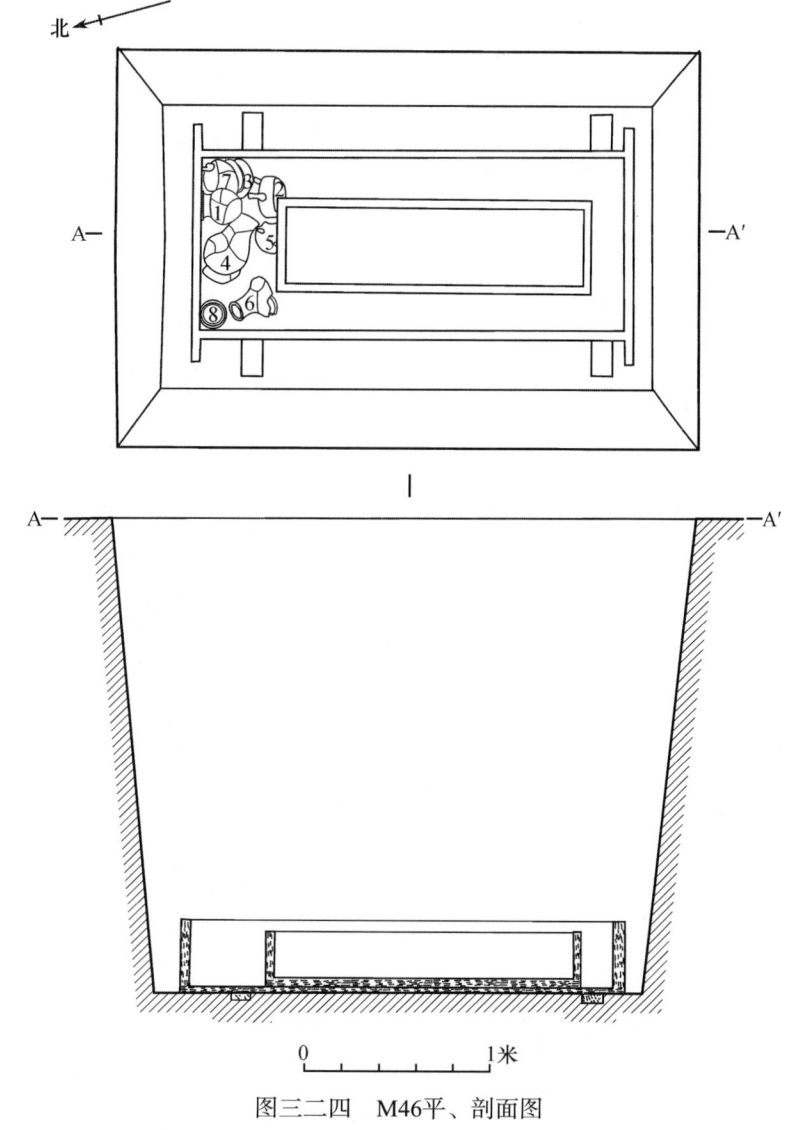

图三二四 M46平、剖面图
1、8.陶罐 2、3.陶鼎 4、6.陶壶 5、7.陶敦

质密。

葬具及葬式 单椁单棺，已朽，仅存灰色腐痕。椁痕长2.28、宽1.02、高0.64米，棺痕长2.06、宽0.53、高0.46米。未见人骨架，葬式不明。

随葬器物 19件：陶鬲、盂各2件，陶壶4件，铜铃11件。置于椁内棺外东侧（图三二六；图版四五，3、4）。

陶壶（M54∶1），泥质灰陶。口径9.8、腹径17.2、圈足径9.6、高22.2厘米（图三二七，1）。

陶壶（M54∶2），泥质灰陶。口径10.6、腹径17.3、圈足径9.6、高25.8厘米（图三二七，2）。

陶壶（M54∶8），泥质灰陶。口径8.9、腹径16.3、底径9.2、高20.8厘米（图三二七，7）。

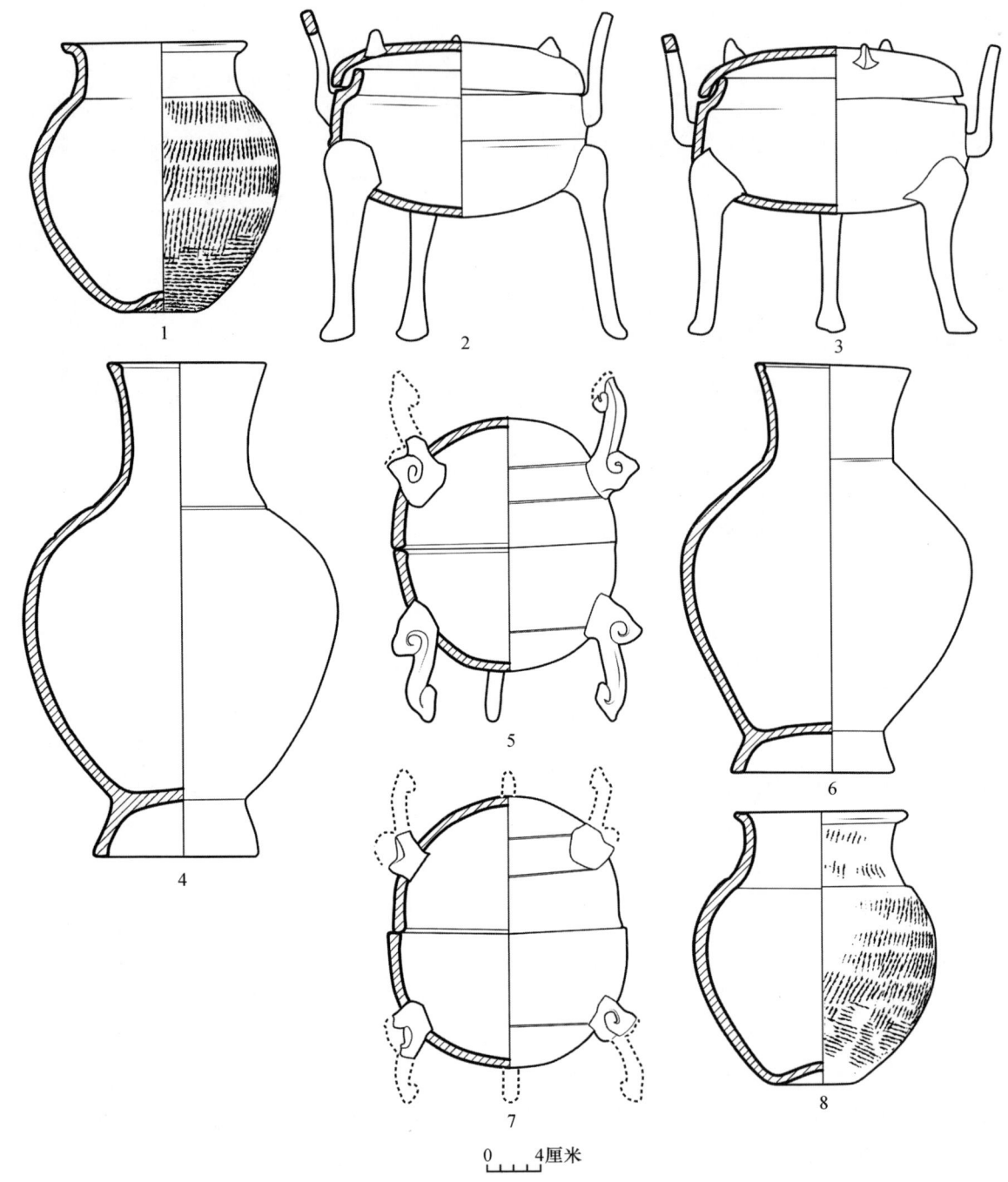

图三二五 M46随葬陶器

1、8.罐（M46∶1、M46∶8） 2、3.鼎（M46∶2、M46∶3） 4、6.壶（M46∶4、M46∶6） 5、7.敦（M46∶5、M46∶7）

陶壶（M54∶9），泥质灰陶。口径9.9、腹径16.2、底径8.9、高22.8厘米（图三二七，8）。

陶鬲（M54∶3），泥质灰陶。口径13.2、腹径15.2、高16.2厘米（图三二七，3）。

陶鬲（M54∶7），泥质灰陶。口径13.7、腹径16.6、高15.9厘米（图三二七，6）。

陶盂（M54∶4），泥质灰陶。口径15.6、腹径16.8、底径6.4、高10.5厘米（图

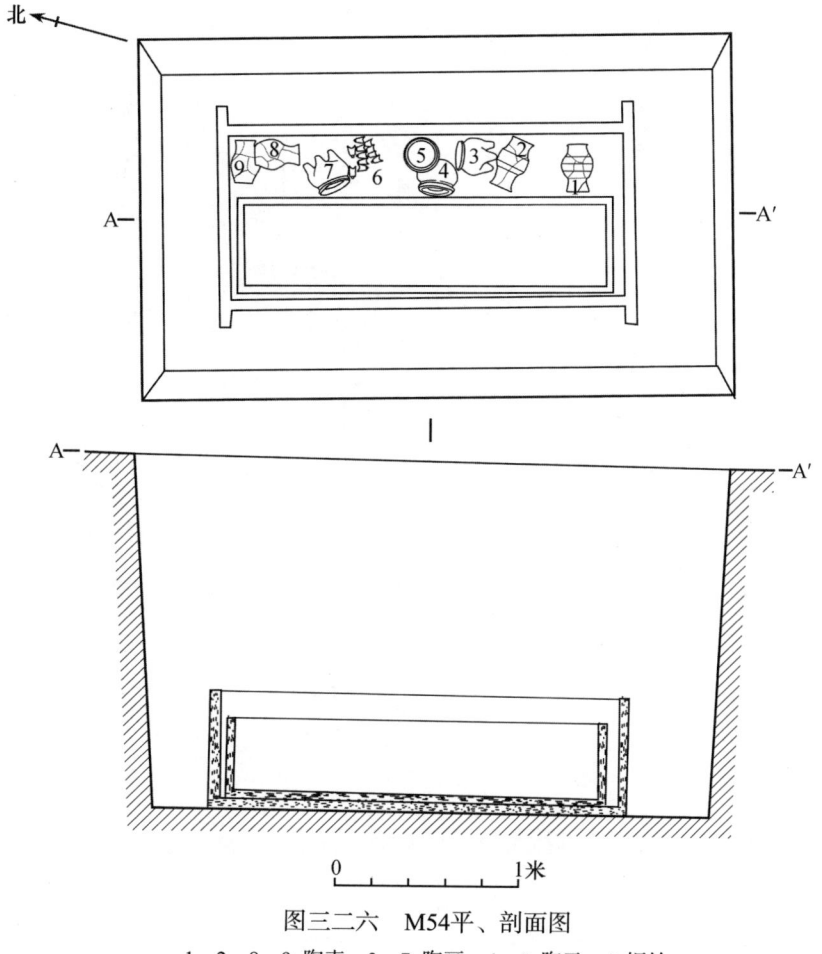

图三二六 M54平、剖面图
1、2、8、9.陶壶 3、7.陶鬲 4、5.陶盂 6.铜铃

三二七,4)。

陶盂（M54：5），泥质灰陶。口径15.6、腹径16.7、底径6、高10.5厘米（图三二七,5）。

6. M55

墓葬形制 方向185°。开口于现地表以下0.5米。墓口长3.44、宽2.1米，墓底长3.04、北宽1.8、南宽1.9米，墓坑深3.2米。坑口较规整，坑壁陡直，底平。坑内填黄褐色夹灰白色五花土，质密。

葬具及葬式 单椁单棺，已朽，仅存灰色腐痕。椁痕长2.36、宽1.08、高0.44米，棺痕长1.86、宽0.5、高0.28米。椁底南北两端各设1根垫木，已腐，存灰色腐痕，断面略呈半圆形，南北两端垫木大小、形制相同，长1.4、宽0.12、厚0.04米。未见人骨架，葬式不明。

随葬器物 陶器8件：壶、鼎、敦各2件，盘、豆各1件，其中修复4件。置于椁内棺外南端（图三二八）。

陶壶（M55：1），泥质灰陶。口径11.5、腹径20.4、圈足径12、高35.6厘米（图三二九,1）。

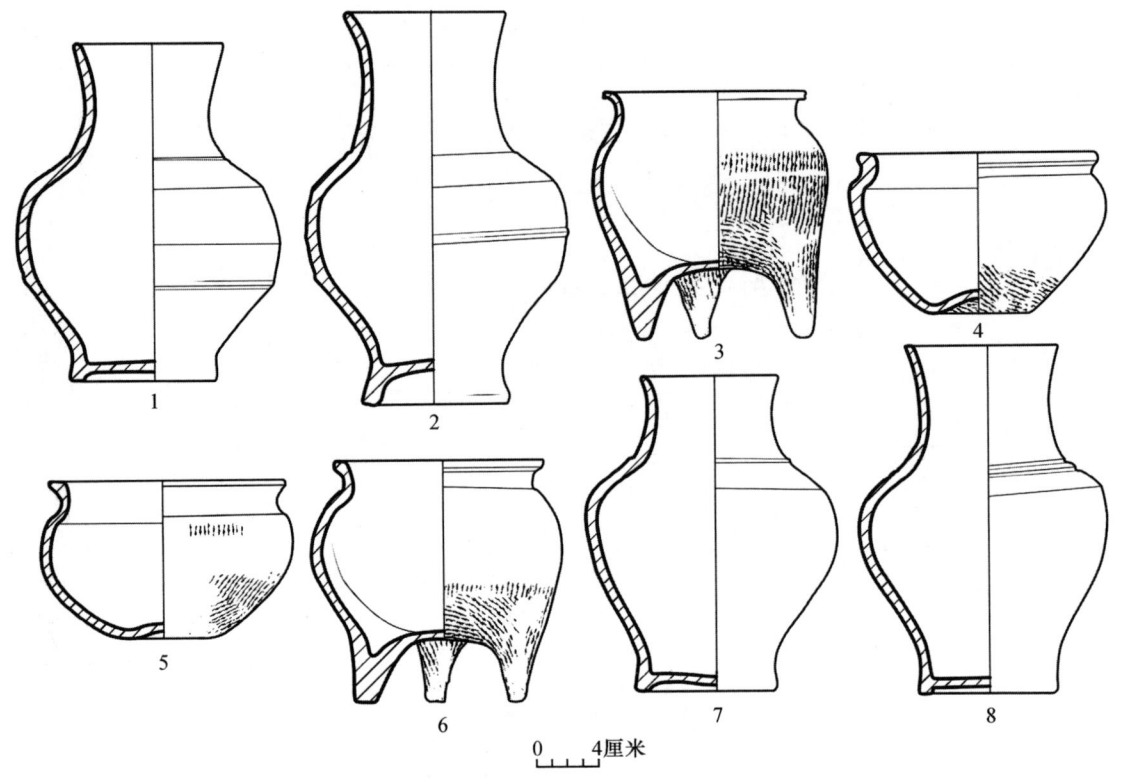

图三二七　M54随葬陶器

1、2、7、8.壶（M54：1、M54：2、M54：8、M54：9）　3、6.鬲（M54：3、M54：7）　4、5.盂（M54：4、M54：5）

陶壶（M55：2），泥质灰陶。口径11.1、腹径20.8、圈足径11.9、高35.8厘米（图三二九，2）。

陶豆（M55：5），泥质灰陶。口径13.5、盘深3、高17.5厘米（图三二九，3）。

陶鼎（M55：7），泥质灰陶。口径18.4、腹径22.4、通高28.4厘米（图三二九，4）。

7. M58

墓葬形制　方向105°。开口于现地表以下0.7米。墓口长3.1、东宽1.94、西宽1.9米，墓底长3.04、东宽1.76、西宽1.7米，墓坑深1.72米。坑口较规整，坑壁陡直，底平。坑内填黄褐色夹灰白色五花土，质密。

葬具及葬式　单棺单椁，已朽，仅存灰色腐痕。椁痕长2.02、宽0.86、高0.4米，棺痕长1.8、宽0.5米、高0.34米。椁底东西两端各设1根垫木，已腐，存灰色腐痕，断面略呈半圆形，东西2根垫木大小、形制相同，长1.2、宽0.06、厚0.04米。未见人骨架，葬式不明。

随葬器物　陶器3件：鬲、盂、壶各1件，其中修复1件。置于椁内棺外南北两侧（图三三〇；图版四六，1、2）。

陶鬲（M58：1），泥质褐陶。口径15.6、腹径16.4、高15.8厘米（图三三一）。

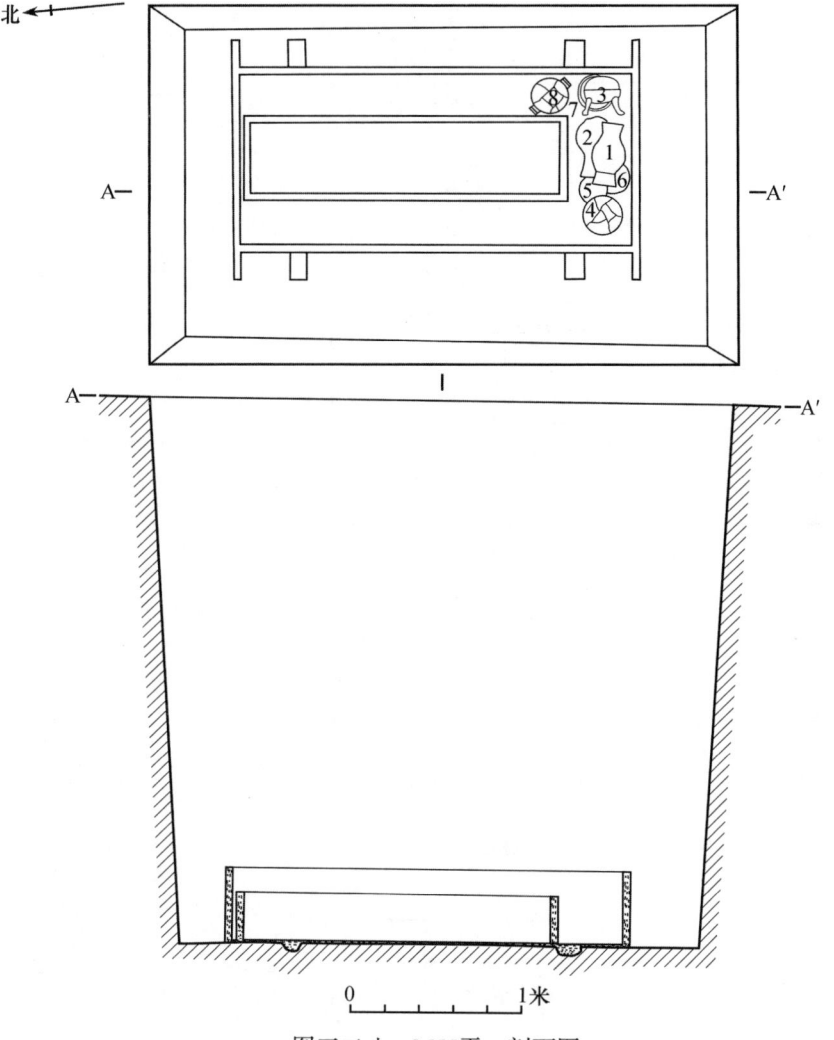

图三二八 M55平、剖面图
1、2.陶壶 3、4.陶敦 5.陶豆 6.陶盘 7、8.陶鼎

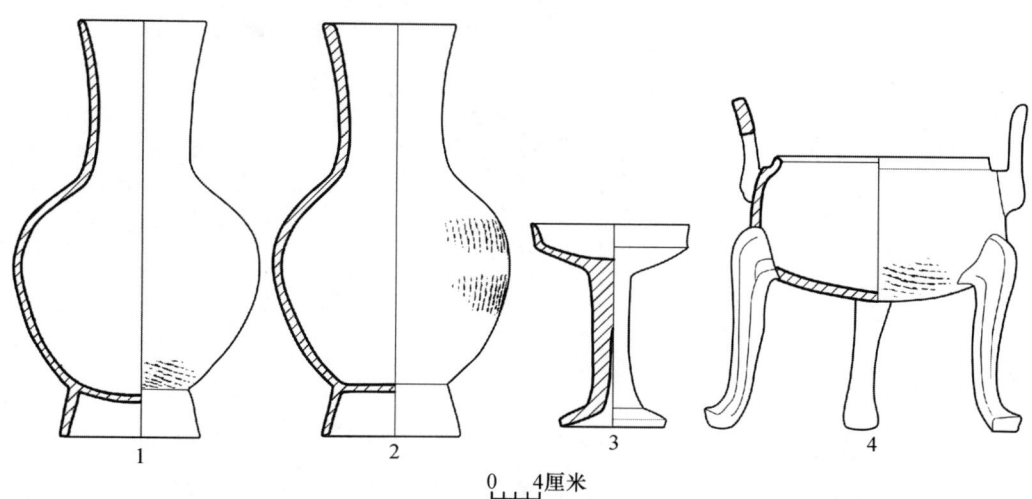

图三二九 M55随葬陶器
1、2.壶（M55：1、M55：2） 3.豆（M55：5） 4.鼎（M55：7）

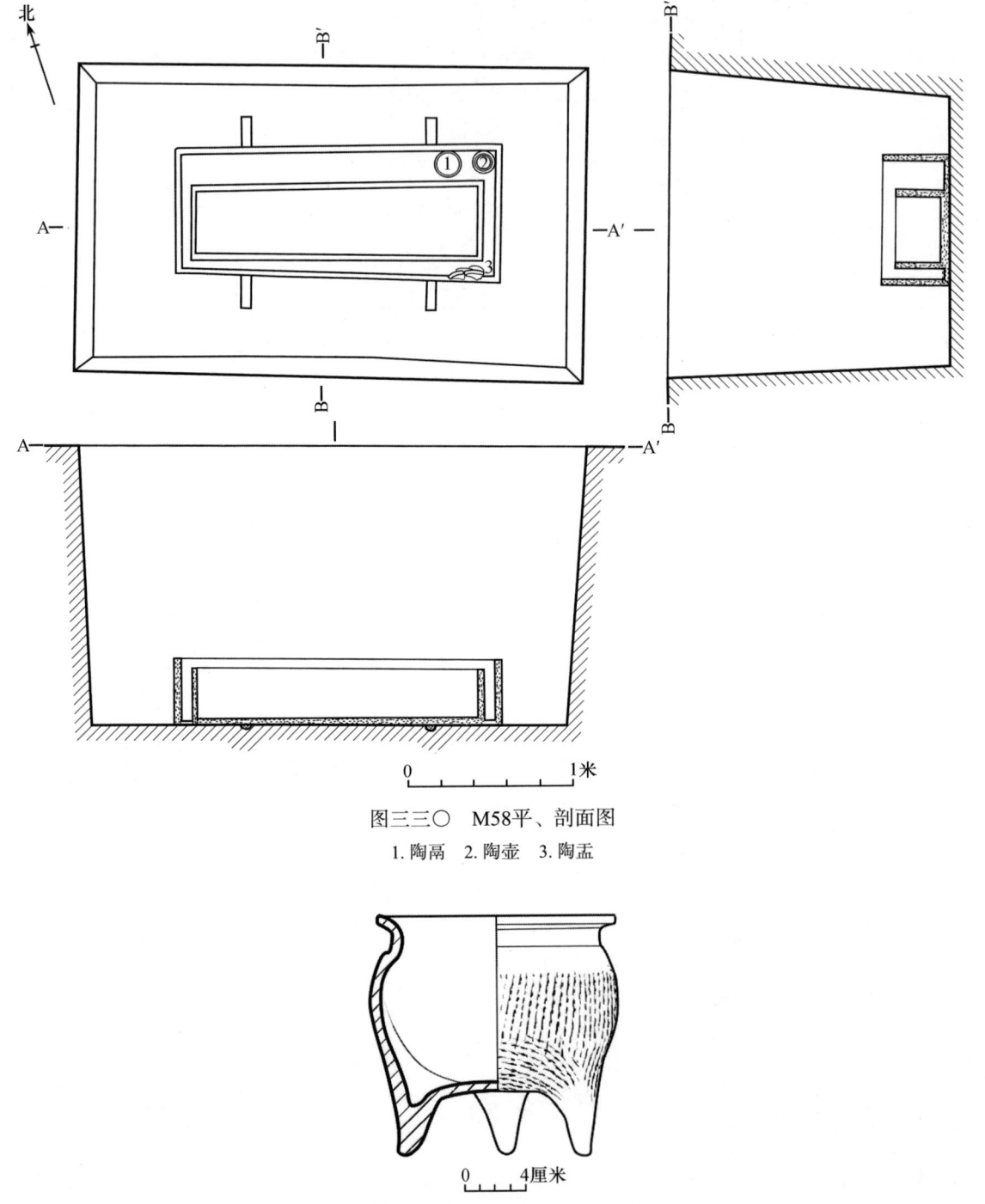

图三三〇 M58平、剖面图
1. 陶鬲 2. 陶壶 3. 陶盂

图三三一 M58随葬陶鬲（M58：1）

8. M59

墓葬形制　方向195°。开口于现地表以下0.7米。墓口长2.5、宽1.46米，墓底长2.4、宽1.26米，墓坑深2米。坑口较规整，坑壁陡直，底平。坑内填黄褐色夹灰白色五花土，质密。

葬具及葬式　单椁单棺，已朽，仅存灰色腐痕。椁痕长2.14、宽0.9、高0.4米，棺痕长1.8、宽0.5、高0.3米。未见人骨架，葬式不明。

随葬器物 陶器10件：豆3件，鼎、敦、壶各2件，匜1件，其中修复9件。置于椁内棺外西侧及南端（图三三二；图版四六，3、4）。

陶壶（M59：1），泥质红陶。口径9.9、腹径16.4、底径10.1、通高30.8厘米（图三三三，1）。

陶鼎（M59：3），泥质红陶。口径15.7、腹径18.2、通高21.6厘米（图三三三，2）。

陶鼎（M59：4），泥质褐陶。口径16、腹径19、通高22厘米（图三三三，3）。

陶敦（M59：5），泥质红陶。口径17.1、通高23.9厘米（图三三三，4）。

陶敦（M59：10），泥质红陶。口径16.5、通高23.8厘米（图三三三，9）。

陶匜（M59：6），泥质灰陶。口径11.3、底径6.1、通高3.6厘米（图三三三，5）。

陶豆（M59：7），泥质灰陶。口径12.9、盘深2、高14.4厘米（图三三三，6）。

陶豆（M59：8），泥质灰陶。口径12.7、盘深2.5、高13厘米（图三三三，7）。

陶豆（M59：9），泥质灰陶。口径13.2、盘深3.3、高14厘米（图三三三，8）。

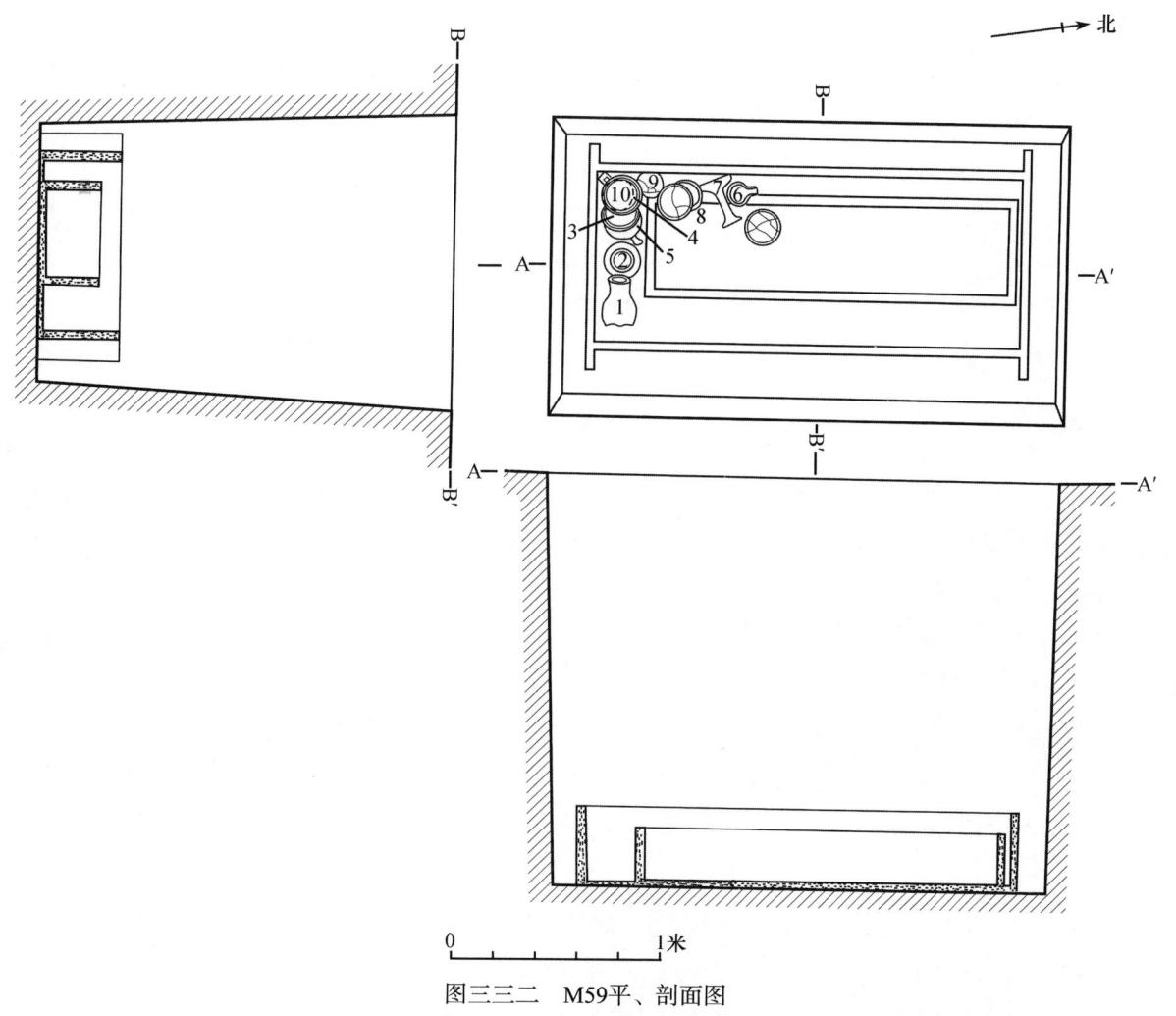

图三三二　M59平、剖面图
1、2. 陶壶　3、4. 陶鼎　5、10. 陶敦　6. 陶匜　7~9. 陶豆

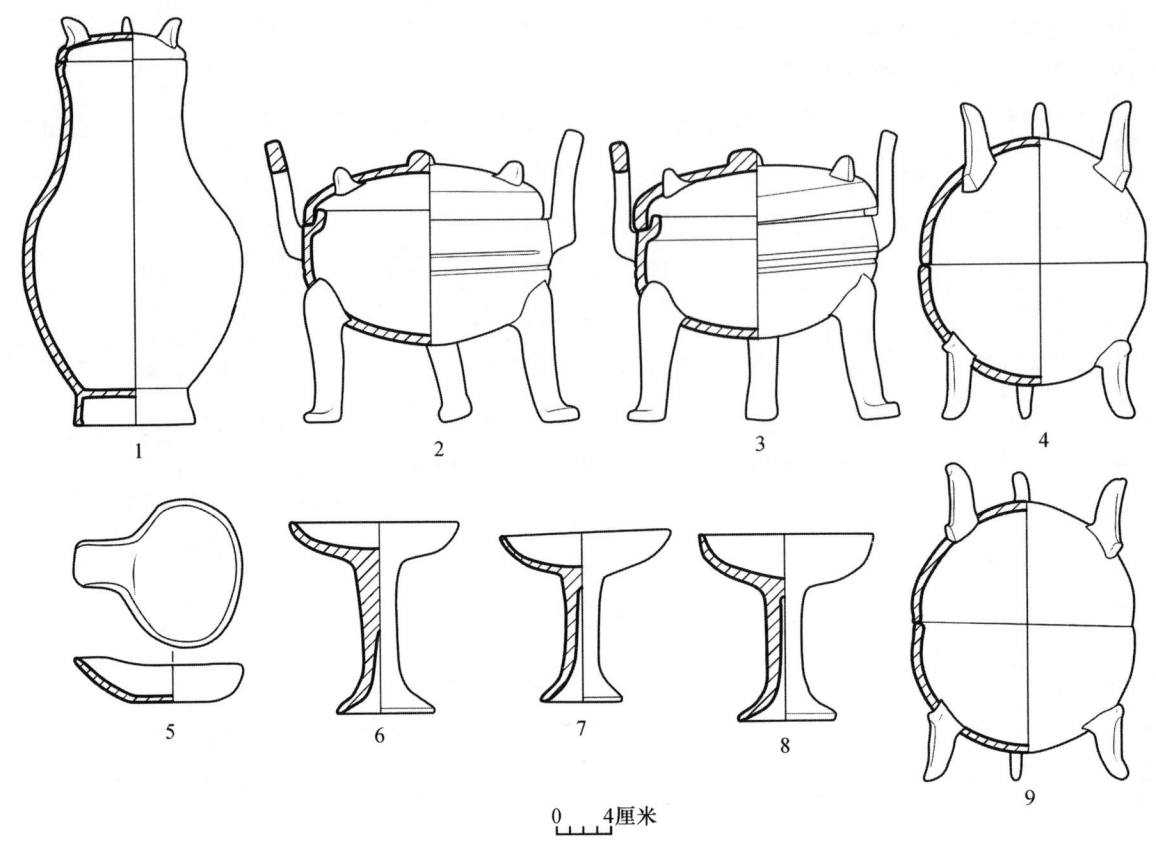

图三三三　M59随葬陶器

1. 壶（M59：1）　2、3.鼎（M59：3、M59：4）　4、9.敦（M59：5、M59：10）　5.匜（M59：6）
6~8.豆（M59：7、M59：8、M59：9）

9. M65

墓葬形制　方向195°。开口于现地表以下0.64米。墓口南北长4.62~4.76、东西宽2.84~3米，墓底南北长3.94~4.04、东西宽2.34~2.4米，墓坑深3.3米。坑形方正，坑壁光滑、斜内收，底平。坑内填黄褐色夹灰白色五花土，质密。

葬具及葬式　单椁单棺，已朽，仅存灰痕。椁痕长2.9、宽1.4、高0.5米，棺痕长2.06、宽0.5、高0.1米。未见人骨架，葬式不明。

随葬器物　铜器、陶器和玉器三类，共计17件。置于椁内棺外南端的器物有铜鼎1件、铜盆1件、陶豆3件、陶浴缶2件。椁内棺外东侧有铜斧1件、铜箭镞7件，棺内南侧有玉玦2件（图三三四；彩版四五，1、2）。

铜器

斧（M65：1），高10.4、銎口长边3.6、短边2.3、刃端宽4.3厘米（图三三七，1）。

箭镞（M65：2-1），残长6.3、铤长2.7厘米（图三三七，4）。

箭镞（M65：2-2），残长8.1、铤长3.4厘米（图三三七，5）。

箭镞（M65：2-3），通长4.8、铤长1厘米（图三三七，6）。

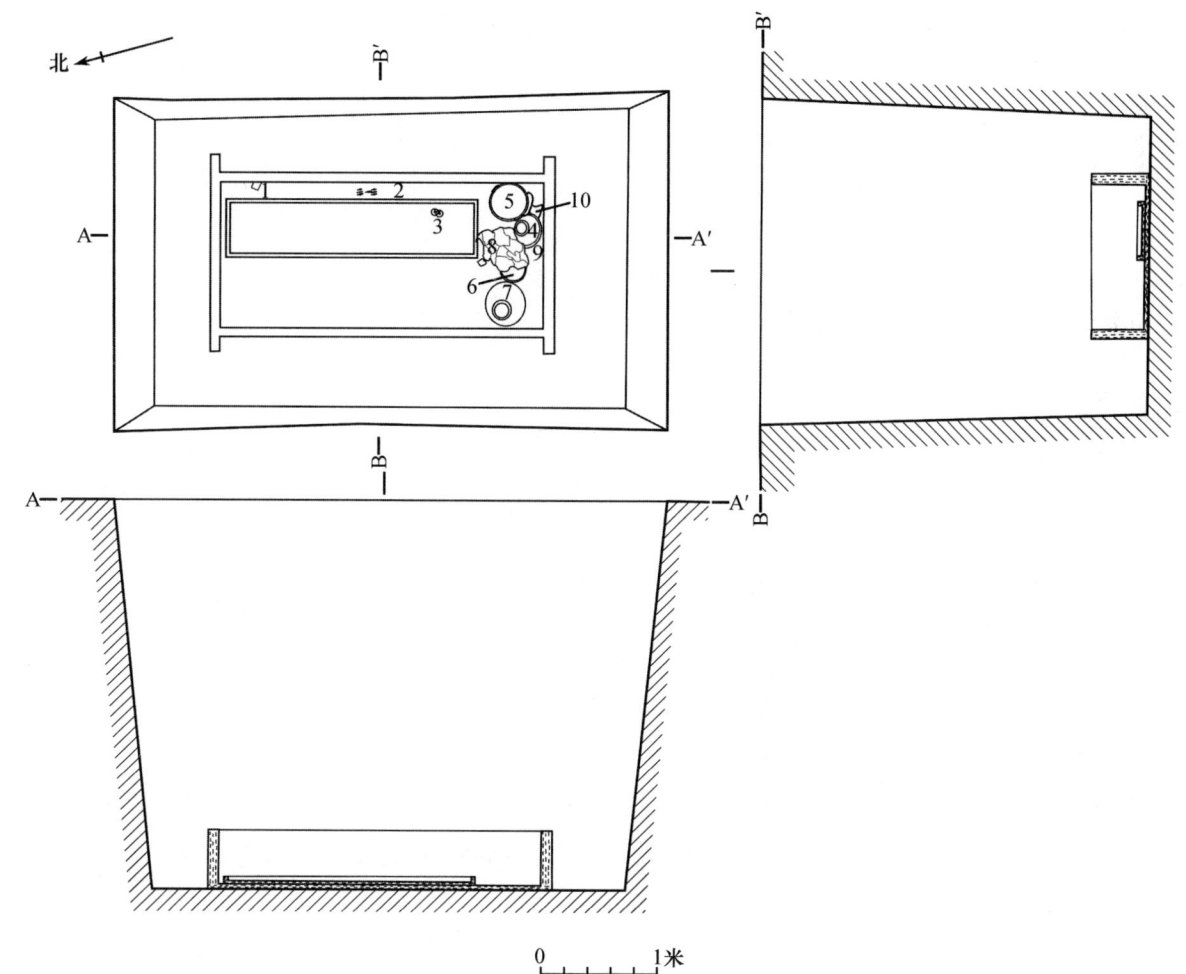

图三三四　M65平、剖面图

1. 铜斧　2. 铜箭镞（7件）　3. 玉玦（2件）　4. 铜盆　5. 铜鼎　6、9、10. 陶豆　7、8. 陶缶

箭镞（M65：2-4），通长5.5、铤长2.7厘米（图三三七，7）。

箭镞（M65：2-5），通长5.5、铤长2.2厘米（图三三七，8）。

箭镞（M65：2-6），通长4.5、铤长1.2厘米（图三三七，9）。

盆（M65：4），口径23.9、底径14.6、通高20厘米（图三三六）。

鼎（M65：5），口径25.4、腹径26.7、腹深16、通高30.6厘米（图三三五）。

陶器

豆（M65：6），泥质灰陶。口径16.3、盘深4.9、座径8.3、高10厘米（图三三八，3）。

豆（M65：9），泥质灰陶。口径13.6、盘深2.8、高16.2厘米（图三三八，4）。

豆（M65：10），泥质灰陶。带盖。口径16.4、盘深4.1、座径9.3、通高16厘米（图三三八，5）。

浴缶（M65：7），泥质灰陶。口径16、腹径28.2、残高15.6厘米（图三三八，2）。

浴缶（M65：8），泥质灰陶。口径15.2、腹径30.8、底径10.4、高28.8厘米（图三三八，1）。

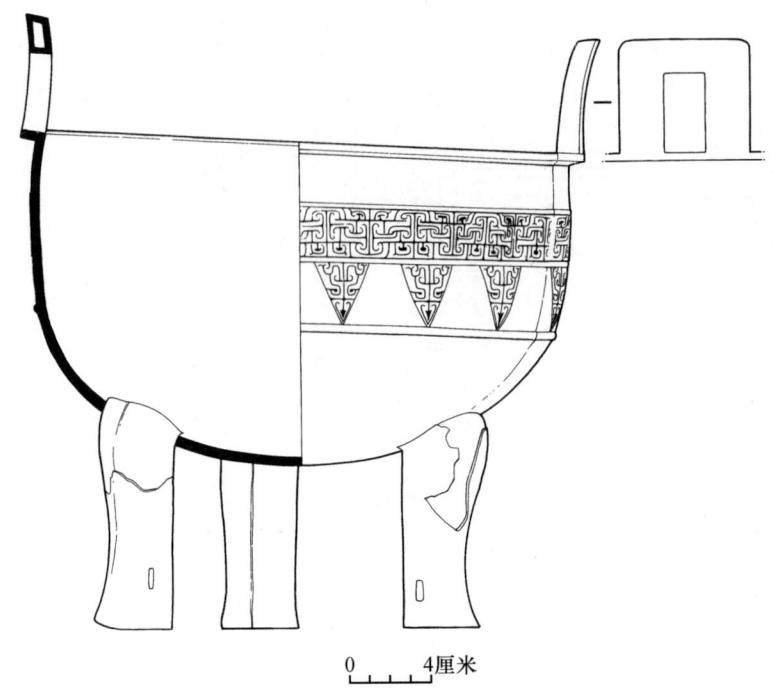

图三三五　M65随葬铜鼎（M65∶5）

玉器

玦（M65∶3-1、M65∶3-2），2件形制、纹饰相同。直径3.7、厚0.3厘米（图三三七，2、3）。

10. M70

墓葬形制　方向205°。开口于现地表以下0.7米。墓口南北长3.5、东西宽1.8米，墓底南北长3.32、东西宽1.54～1.64米，墓坑深3.4米。坑形方正，坑壁光滑、略斜内收，底平。坑内填黄褐色夹灰白色五花土，质密。

葬具及葬式　单椁单棺，已朽，仅存灰痕。椁痕长2.64、宽1.12、高0.6米，棺痕长1.84、宽0.52、高0.26米。人骨架已朽无存，葬式不明。

随葬器物　铜器4件：鼎、浴缶、簠、斗各1件。置于椁内棺外南端（图三三九）。

铜鼎（M70∶1），口径29.8、通高28.8厘米（图三四〇）。

铜浴缶（M70∶2），口径19.5、底径19.4、高26.8厘米（图三四一）。

铜簠（M70∶3），口长29.2、口宽21.7、通高18.9厘米（图三四二）。

铜斗（M70∶4），勺身高8.5、口径12.6、柄长11.3、径3厘米（图三四三）。

11. M85

墓葬形制　方向180°。开口于现地表以下0.3米。墓口西长2.86、东长2.9、南宽1.6、北宽1.8米，墓底西长2.58、东长2.66、南宽1.22、北宽1.38米，墓坑深2.4米。坑口较规整，坑壁陡直，底平。坑内填黄褐色夹灰白色五花土，质密。

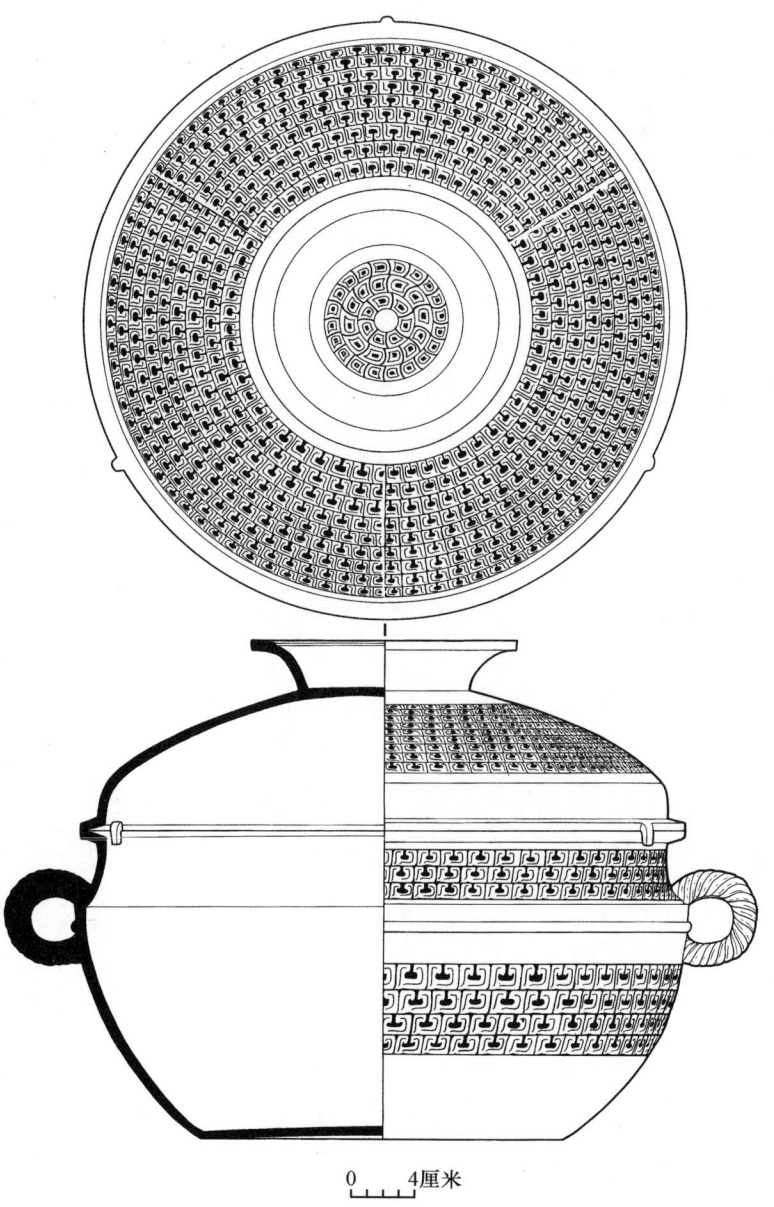

图三三六　M65随葬铜盆（M65∶4）

葬具及葬式　单椁单棺，已朽，仅存灰色腐痕。椁痕长2.14、宽0.82、高0.4米，棺痕长1.8、宽0.5、高0.04米。椁底南北两端各设1根垫木，已腐，存灰色腐痕，断面呈近长方形，南北两端垫木大小、形制相同，长1.08、宽0.08、厚0.04米。未见人骨架，葬式不明。

随葬器物　7件：陶鬲、盂、罐、壶各1件，陶豆2件，铜剑1件，其中修复5件陶器。置于椁内棺外南端及西侧（图三四四；图版四七，1、2）。

陶器

盂（M85∶1），泥质灰陶。口径21.6、腹径20.8、底径8、高13.3厘米（图三四五，1）。

豆（M85∶2），泥质灰陶。口径15.6、盘深2.5、高15.8厘米（图三四五，2）。

鬲（M85∶3），夹砂红陶。口径12.8、腹径17.2、高18.3厘米（图三四五，3）。

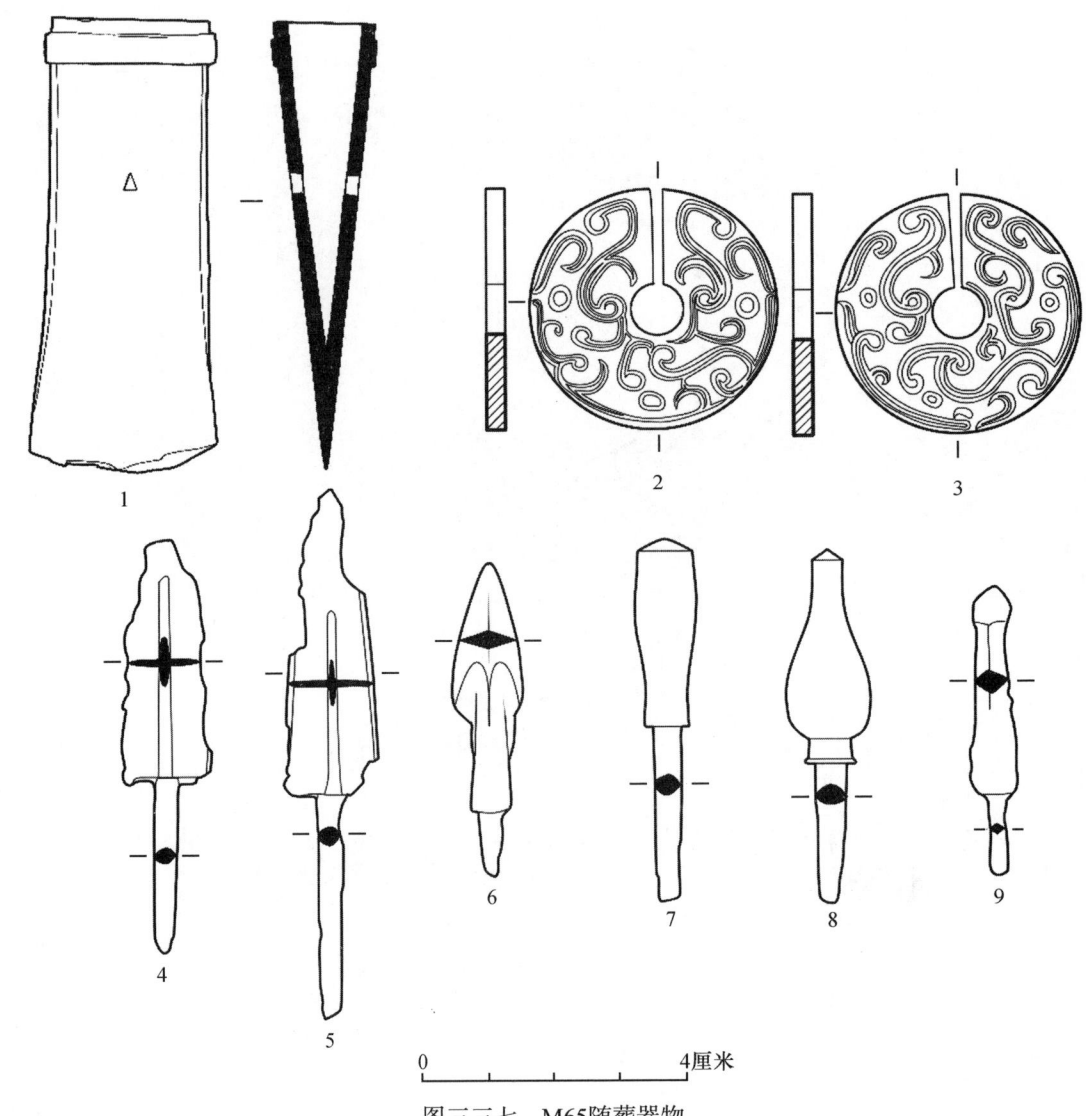

图三三七　M65随葬器物

1. 铜斧（M65∶1）　2、3. 玉玦（M65∶3-1、M65∶3-2）　4～9. 铜箭镞（M65∶2-1、M65∶2-2、M65∶2-3、M65∶2-4、M65∶2-5、M65∶2-6）

罐（M85∶4），泥质灰陶。口径12.5、腹径15、底径5.5、高19.5厘米（图三四五，4）。

壶（M85∶5），泥质灰陶。口径8.8、腹径12.5、底径8.2、高15.9厘米（图三四五，5）。

铜器

剑（M85∶7），通长20.6、身长11.6、身宽4.7、首径3.8厘米（图三四五，6）。

12. M88

墓葬形制　方向215°。墓口南部被晚期墓打破，墓坑北部有一直径约1米的近圆形盗洞。开口于现地表以下0.5米。墓口长2.86、宽1.8米，墓底长2.58、宽1.58米，墓坑深2米。坑口较规整，坑壁陡直，底平。坑内填黄褐色夹灰白色五花土，质密。

葬具及葬式　单椁单棺，已朽，仅存灰色腐痕。椁痕长2.14、宽0.8、高0.4米，棺痕长

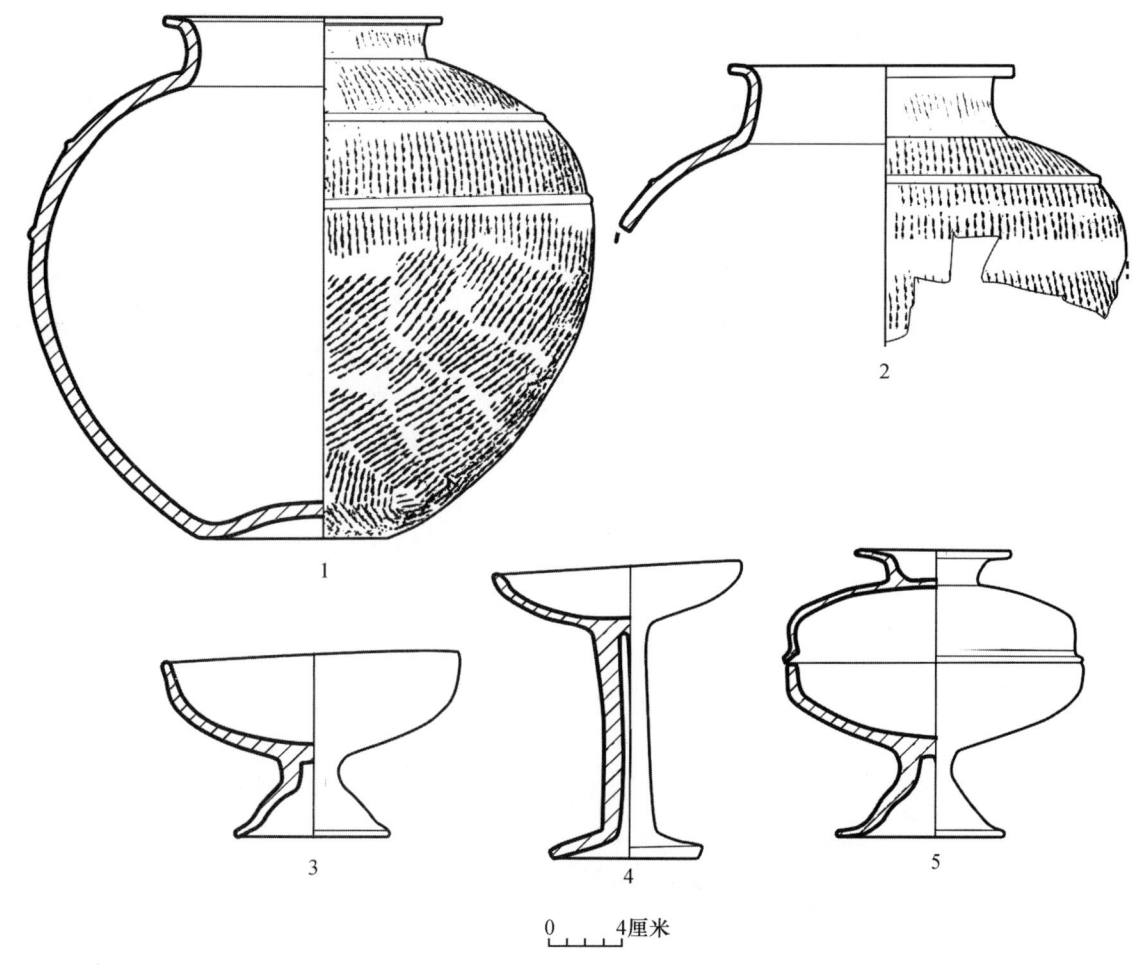

图三三八　M65随葬陶器

1、2.浴缶（M65:8、M65:7）　3~5.豆（M65:6、M65:9、M65:10）

1.72、宽0.46、高0.22米。未见人骨架，葬式不明。

随葬器物　置于椁内棺外南端，均为陶器，有罐、盂、鬲各1件。另于填土中出土陶豆1件，盗洞内出土铜剑1件。共计5件（图三四六；图版四七，3、4）。

铜器

剑（M88:01），通长43.2、身宽4.6厘米（图三四七，5）。

陶器

罐（M88:1），泥质褐陶。口径14.5、腹径19、底径5.6、高19.3厘米（图三四七，1）。

盂（M88:2），泥质灰陶。口径22.4、腹径21.6、底径8、高14厘米（图三四七，2）。

鬲（M88:3），夹砂灰陶。口径14.8、腹径16、高15.2厘米（图三四七，3）。

豆（M88:02），泥质红陶。口径12.6、盘深2.1、残高4.5厘米（图三四七，4）。

13. M90

墓葬形制　方向210°。开口于现地表下0.3米。墓口长2.98、宽1.82米，墓底长2.8、宽1.72米，墓坑深2.32米。坑口较规整，坑壁陡直，底平。坑内填黄褐色夹灰白色五花土，

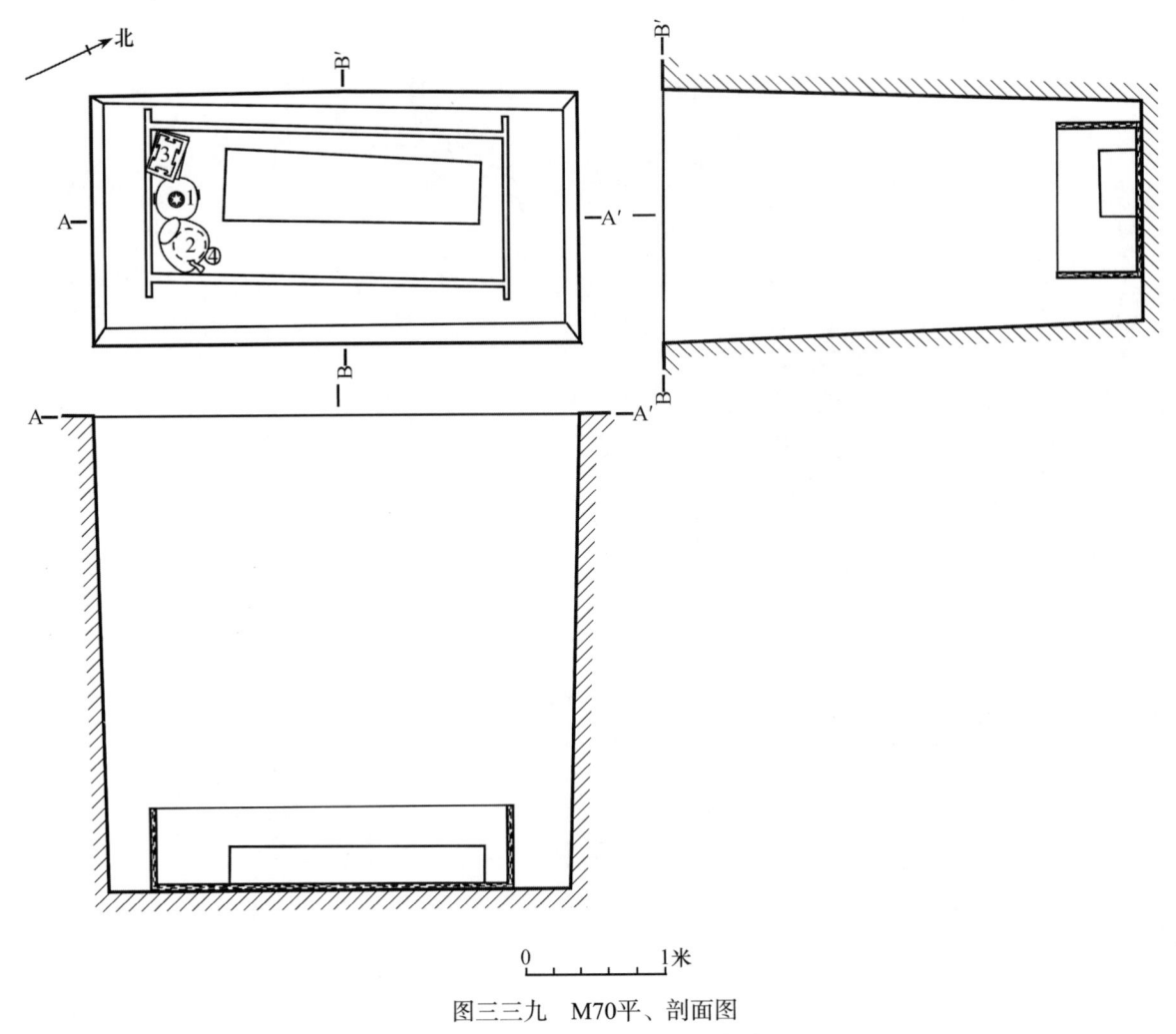

图三三九　M70平、剖面图
1. 铜鼎　2. 铜浴缶　3. 铜簠　4. 铜斗

质密。

葬具及葬式　单椁单棺，已朽，仅存灰色腐痕。椁痕长2.26、宽1.04、高0.9米，棺痕长1.88、宽0.44、高0.36米。椁底南北两端各设1根垫木，已腐，存灰色腐痕，断面呈近长方形，南北两端垫木大小、形制相同，长1.26、宽0.06、厚0.04米。未见人骨架，葬式不明。

随葬器物　陶器7件：鬲、壶、盂各1件，豆4件，其中修复6件。置于椁内棺外南端（图三四八；图版四八，1、2）。

陶豆（M90∶1），泥质灰陶。口径15.2、盘深3.2、高14.3厘米（图三四九，1）。

陶豆（M90∶4），泥质灰陶。口径15.3、盘深3、高14厘米（图三四九，4）。

陶豆（M90∶6），泥质褐陶。口径15.3、盘深3.6、高16厘米（图三四九，5）。

陶豆（M90∶7），泥质灰陶。口径16、盘深3.2、高13.6厘米（图三四九，6）。

陶壶（M90∶2），泥质灰陶。口径11.6、腹径14.6、底径8、高26厘米（图三四九，2）。

陶盂（M90∶3），泥质灰陶。口径20.8、腹径21.2、底径7.2、高13.4厘米（图三四九，3）。

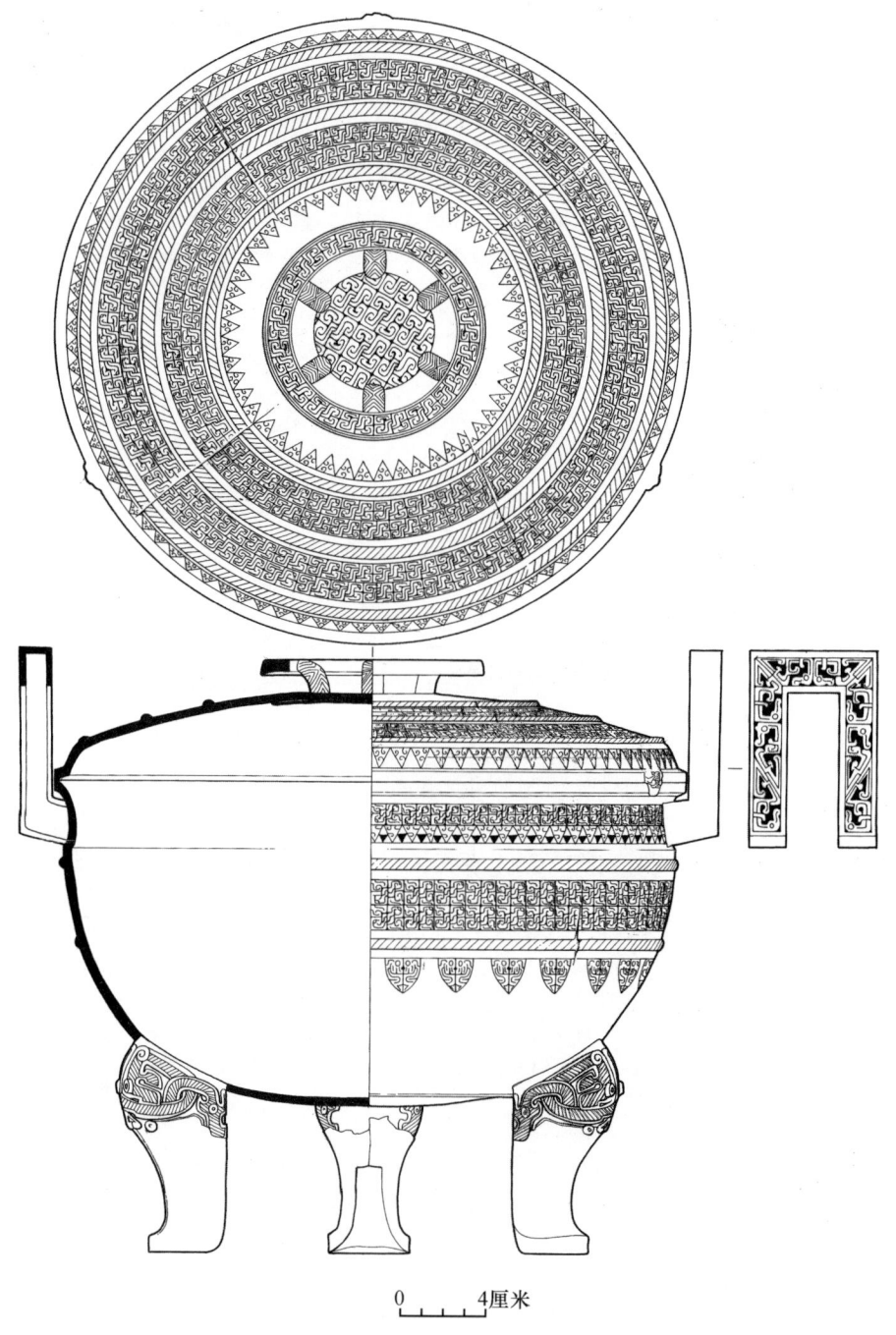

图三四〇　M70随葬铜鼎（M70∶1）

14. M95

墓葬形制　方向170°。墓口西北角被晚期墓葬打破。开口于现地表以下0.7米。墓口长2.8、宽1.95米，墓底长2.44、宽1.44米，墓坑深2.22米。坑口较规整，坑壁陡直，底平。坑内填黄褐色夹灰白色五花土，质密。

葬具及葬式　单椁单棺，已朽，仅存灰色腐痕。椁痕长2.2、宽0.79、高0.46米，棺痕长

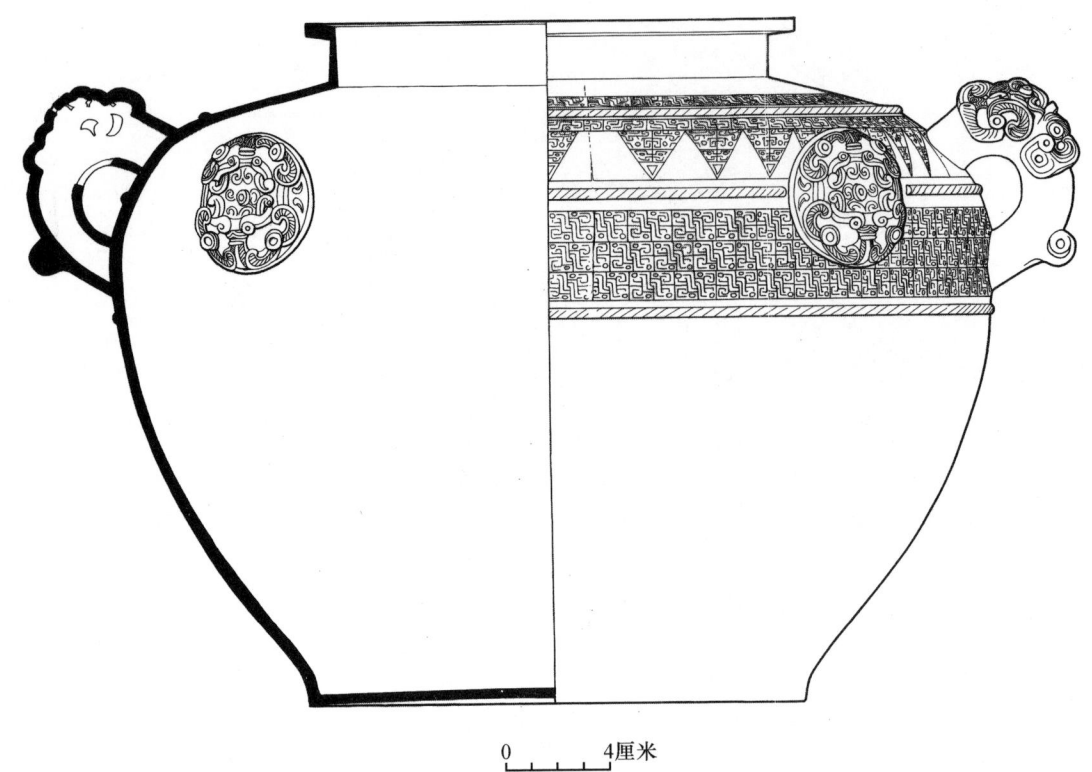

图三四一　M70随葬铜浴缶（M70∶2）

1.67、宽0.43、高0.24米。椁内发现有分板，已腐，存灰色腐痕，腐痕长0.7、高0.46、厚0.03米。未见人骨架，葬式不明。

随葬器物　陶器5件：鬲、盂、罐各1件，豆2件，其中修复3件。置于椁内南端头箱内（图三五〇；图版四八，3、4）。

陶鬲（M95∶1），夹砂褐陶。口径14、腹径17.2、高19.1厘米（图三五一，1）。

陶盂（M95∶2），泥质褐陶。口径17.2、腹径17.4、底径7.2、高11.4厘米（图三五一，2）。

陶罐（M95∶5），泥质灰陶。口径15.6、腹径14.8、底径7.2、高24.7厘米（图三五一，3）。

15. M106

墓葬形制　方向358°。开口于现地表以下0.3米。墓口长2.6、宽1.45米，墓底长2.5、宽1.3米，墓坑深1.86米。坑口较规整，坑壁陡直，底平。坑内填黄褐色夹灰白色五花土，质密。

葬具及葬式　单椁单棺，已朽，仅存灰色腐痕。椁痕长2.16、宽0.8、高0.4米，棺痕长1.7、宽0.4米、高0.24米。未见人骨架，葬式不明。

随葬器物　陶器4件：鬲、盂、壶、罐各1件。置于椁内棺外北端及西侧（图三五二；图版四九，1、2）。

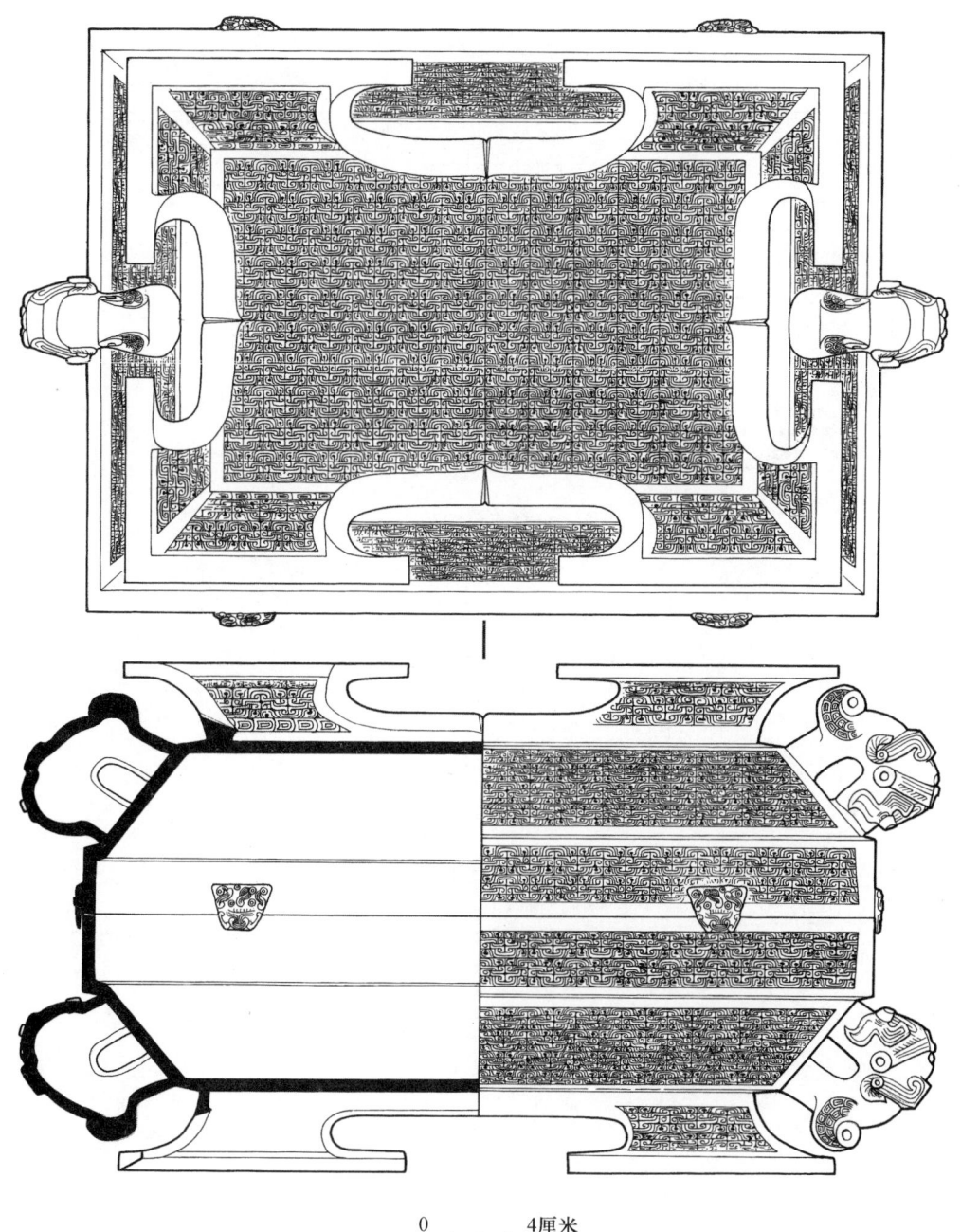

图三四二　M70随葬铜簠（M70∶3）

陶壶（M106∶1），泥质灰陶。口径13.5、腹径15.3、底径10、高29厘米（图三五三，1）。

陶盂（M106∶2），泥质灰陶。口径18.8、底径6.8、高11.2厘米（图三五三，2）。

陶鬲（M106∶3），夹砂灰陶。口径23.1、腹径22.4、高16.9厘米（图三五三，3）。

陶罐（M106∶4），泥质灰陶。口径10.4、腹径14.7、底径5.2、高10.8厘米（图三五三，4）。

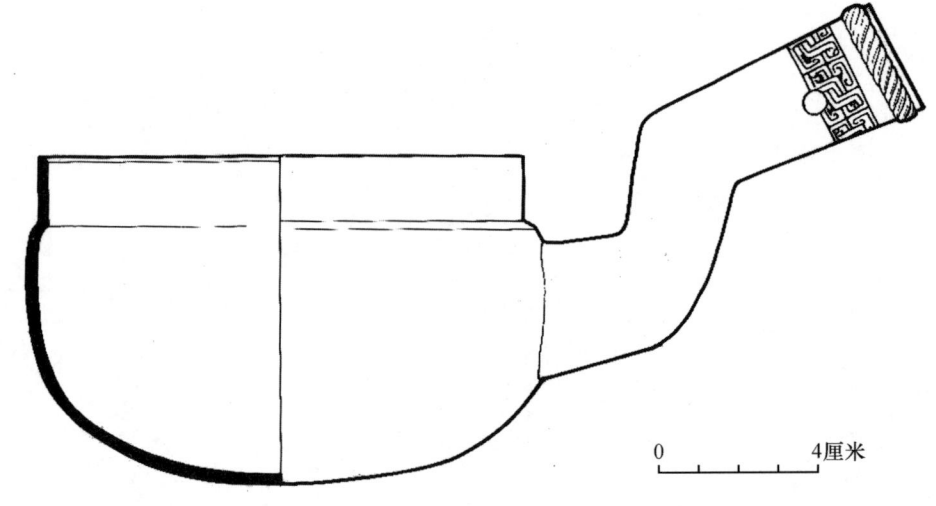

图三四三　M70随葬铜斗（M70：4）

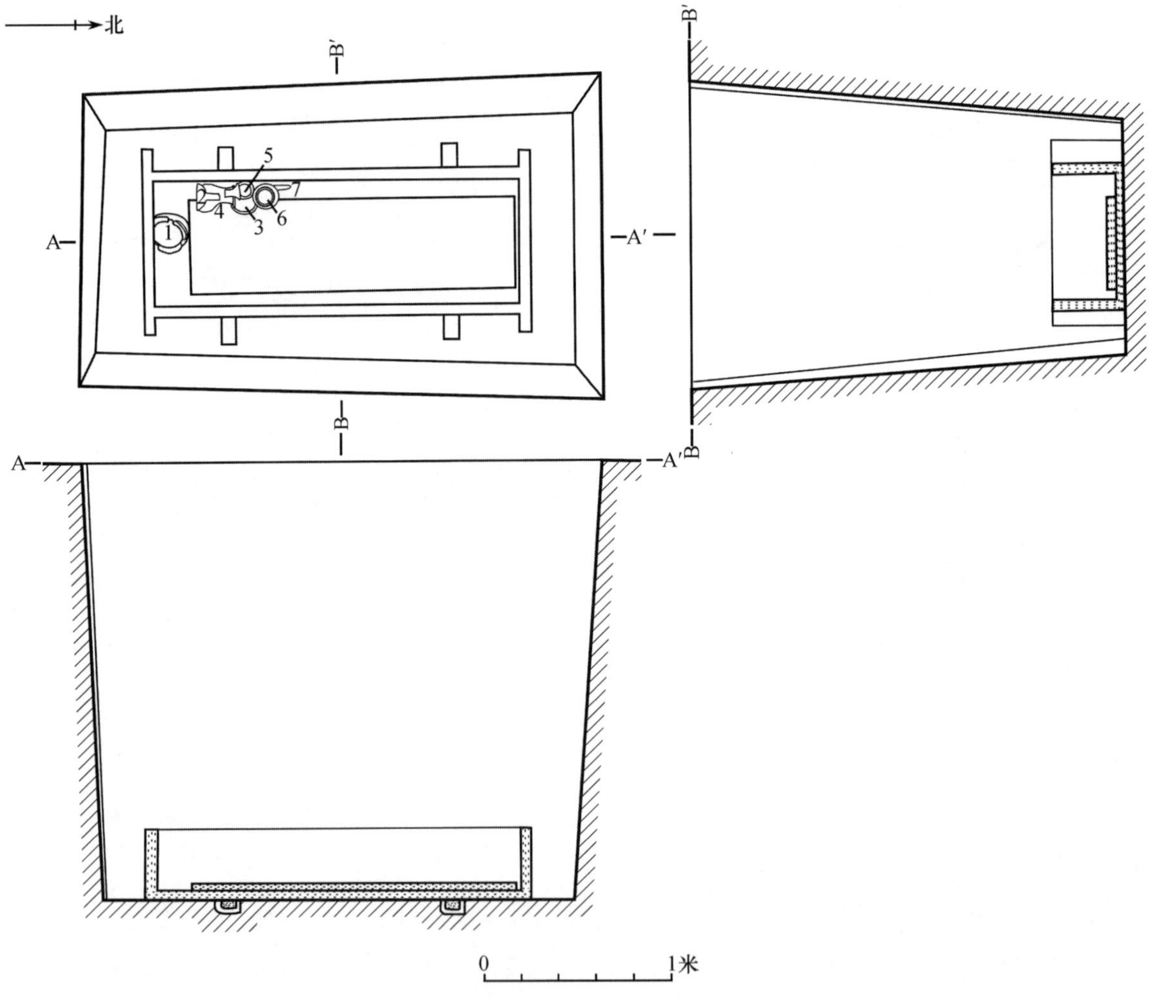

图三四四　M85平、剖面图
1.陶盂　2、6.陶豆　3.陶鬲　4.陶罐　5.陶壶　7.铜剑

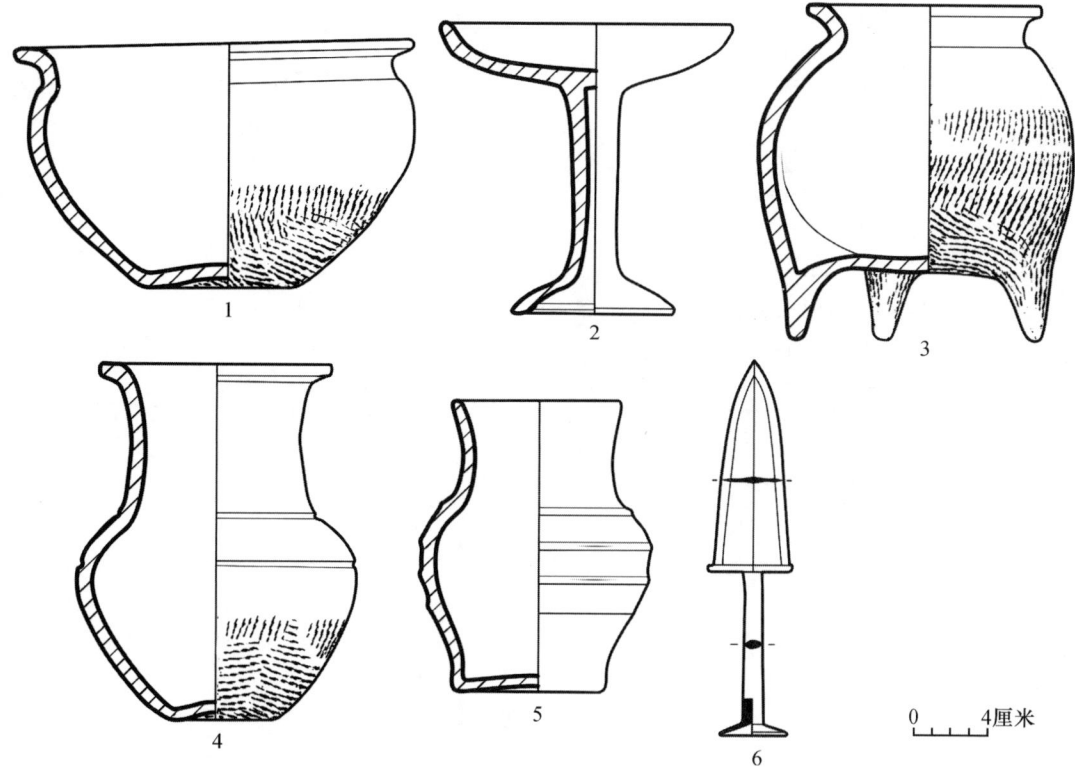

图三四五　M85随葬器物

1. 陶盂（M85∶1）　2. 陶豆（M85∶2）　3. 陶鬲（M85∶3）　4. 陶罐（M85∶4）　5. 陶壶（M85∶5）　6. 铜剑（M85∶7）

16. M108

墓葬形制　方向20°。开口于现地表以下0.44米。墓口长2.7、南宽1.54、北宽1.7米，墓底长2.58、宽1.36米，墓坑深3.14米。坑口较规整，坑壁陡直，底平。坑内填黄褐色夹灰白色五花土，质密。

葬具及葬式　单椁单棺，已朽，仅存灰色腐痕。椁痕长2.36、宽1.06、高0.8米，棺痕长1.76、宽0.52米、高0.66米。椁底南北两端各设1根垫木，已腐，存灰色腐痕，断面呈半圆形，南北两端垫木大小、形制相同，长1.26、宽0.1、厚0.06米。未见人骨架，葬式不明。

随葬器物　共计4件。棺内中部出土玉琀2件，椁内棺外北端出土陶鼎、壶各1件（图三五四；图版四九，3、4）。

陶鼎（M108∶3），泥质灰陶。口径16.4、腹径22.7、通高29.5厘米（图三五五，1）。

陶壶（M108∶4），泥质灰陶。口径10、腹径20.6、底径11.6、通高29.1厘米（图三五五，2）。

17. M122

墓葬形制　方向140°。开口于现地表以下0.4米。墓口长3.54、宽2.3米，墓底长2.86、宽1.5米，墓坑深2.1米。坑口较规整，坑壁陡直，底平。坑内填黄褐色夹灰白色五花土，质密。

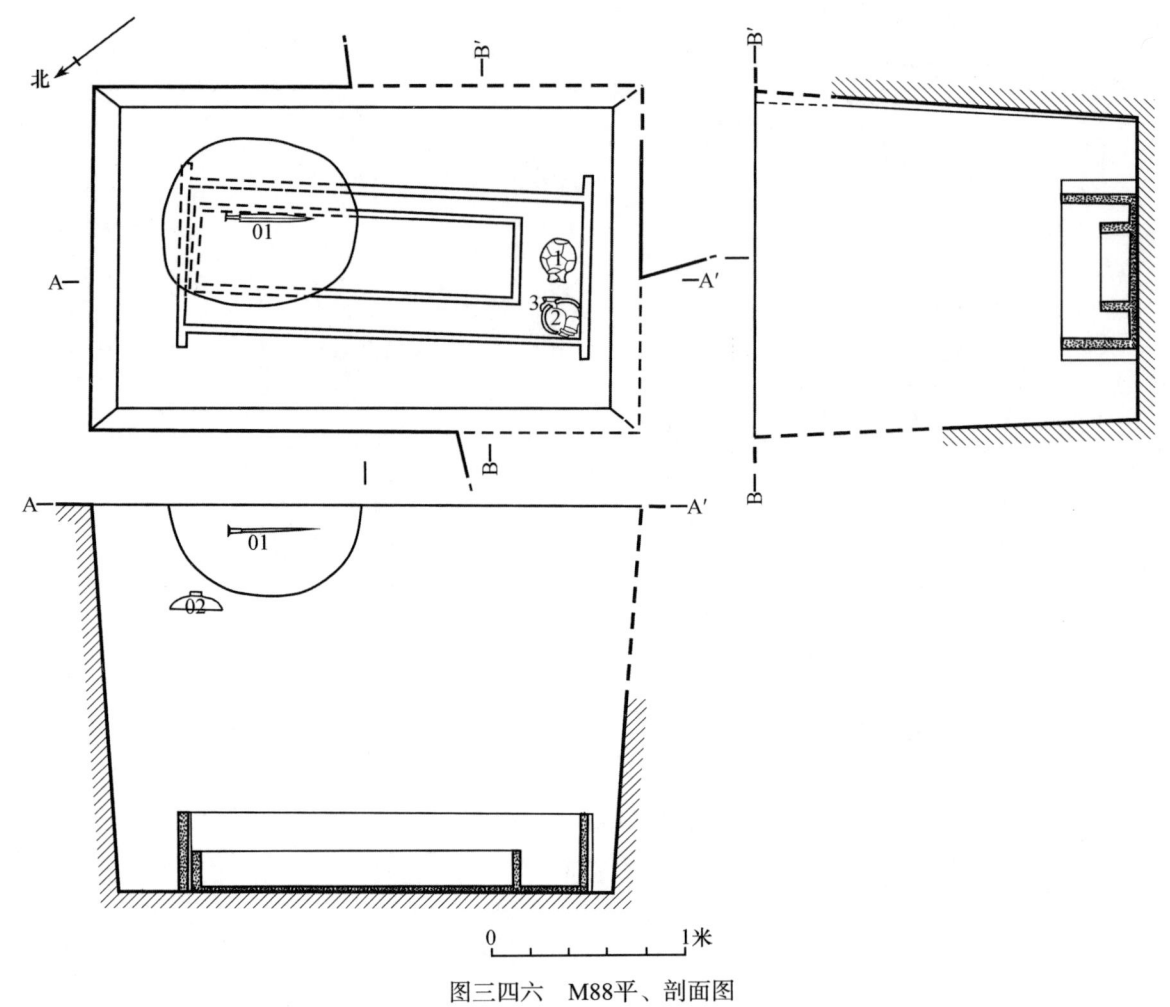

图三四六 M88平、剖面图
1.陶罐 2.陶盂 3.陶鬲 01.铜剑 02.陶豆

葬具及葬式 单椁单棺，已朽，仅存灰色腐痕。椁痕长2.32、宽0.9、高0.5米，棺痕长1.78、宽0.54、高0.28米。椁底南北两端各设1根垫木，已腐，存灰色腐痕，断面呈半圆形，南北两端垫木大小、形制相同，长1.16、宽0.06、厚0.05米。未见人骨架，葬式不明。

随葬器物 共计5件。椁内棺外东侧发现有2件漆木器腐痕，据腐痕形状推定为漆木耳杯。陶器置于椁内棺外南端，有壶、鬲、豆各1件（图三五六；图版五〇，1、2）。

陶壶（M122：1），泥质灰陶。口径14、腹径16.5、底径11.6、高25.9厘米（图三五七，1）。

陶鬲（M122：2），泥质褐陶。口径16、腹径20.9、高21.6厘米（图三五七，2）。

陶豆（M122：3），泥质灰陶。口径18.4、腹径20.9、残高15.3厘米（图三五七，3）。

18. M130

墓葬形制 方向133°。开口于现地表以下0.3米。墓口长3.02、南宽2.3、北宽2.18米，墓底长2.46、宽1.3米，墓坑深2.12米。坑口较规整，坑壁不规整，底平。坑内填黄褐色夹灰白色

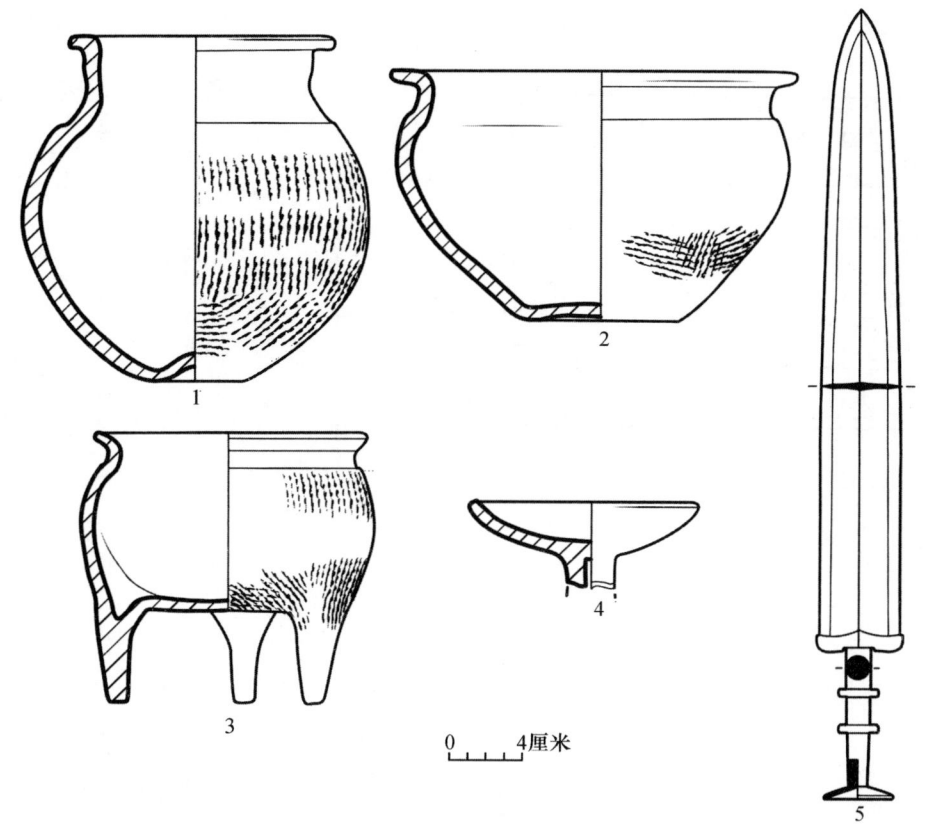

图三四七　M88随葬器物
1.陶罐（M88∶1）　2.陶盂（M88∶2）　3.陶鬲（M88∶3）　4.陶豆（M88∶02）　5.铜剑（M88∶01）

五花土，质密。

葬具及葬式　单椁单棺，已朽，仅存灰色腐痕。椁痕长2.18、宽0.94、高0.5米，棺痕长1.96、宽0.6、高0.4米。椁底南北两端各设1根垫木，已腐，存灰色腐痕，断面呈半圆形，南北两端垫木大小、形制相同，长1.16、宽0.08、厚0.06米。未见人骨架，葬式不明。

随葬器物　陶器3件：鬲、盂、罐各1件，其中修复2件。置于椁内棺外西侧（图三五八；图版五〇，3、4）。

陶鬲（M130∶2），夹砂灰陶。口径15.2、腹径19.2、高19厘米（图三五九，1）。

陶罐（M130∶3），泥质灰陶。口径14.4、腹径18.3、底径7.2、高21.4厘米（图三五九，2）。

19. M137

墓葬形制　方向133°。开口于现地表以下0.25米。墓口长2.7、宽1.6米，墓底长2.94、宽1.3米，墓坑深2.6米。东壁设生土二层台，长2.94、宽0.2、高0.2米。坑口较规整，坑壁陡直，底平。坑内填黄褐色夹灰白色五花土，质密。

葬具及葬式　单椁单棺，已朽，仅存灰色腐痕。椁痕长2.21、宽0.74、高0.2米，棺痕长1.65、宽0.52、高0.1米。椁底南北两端各设1根垫木，已腐，存灰色腐痕，断面呈近方形，南

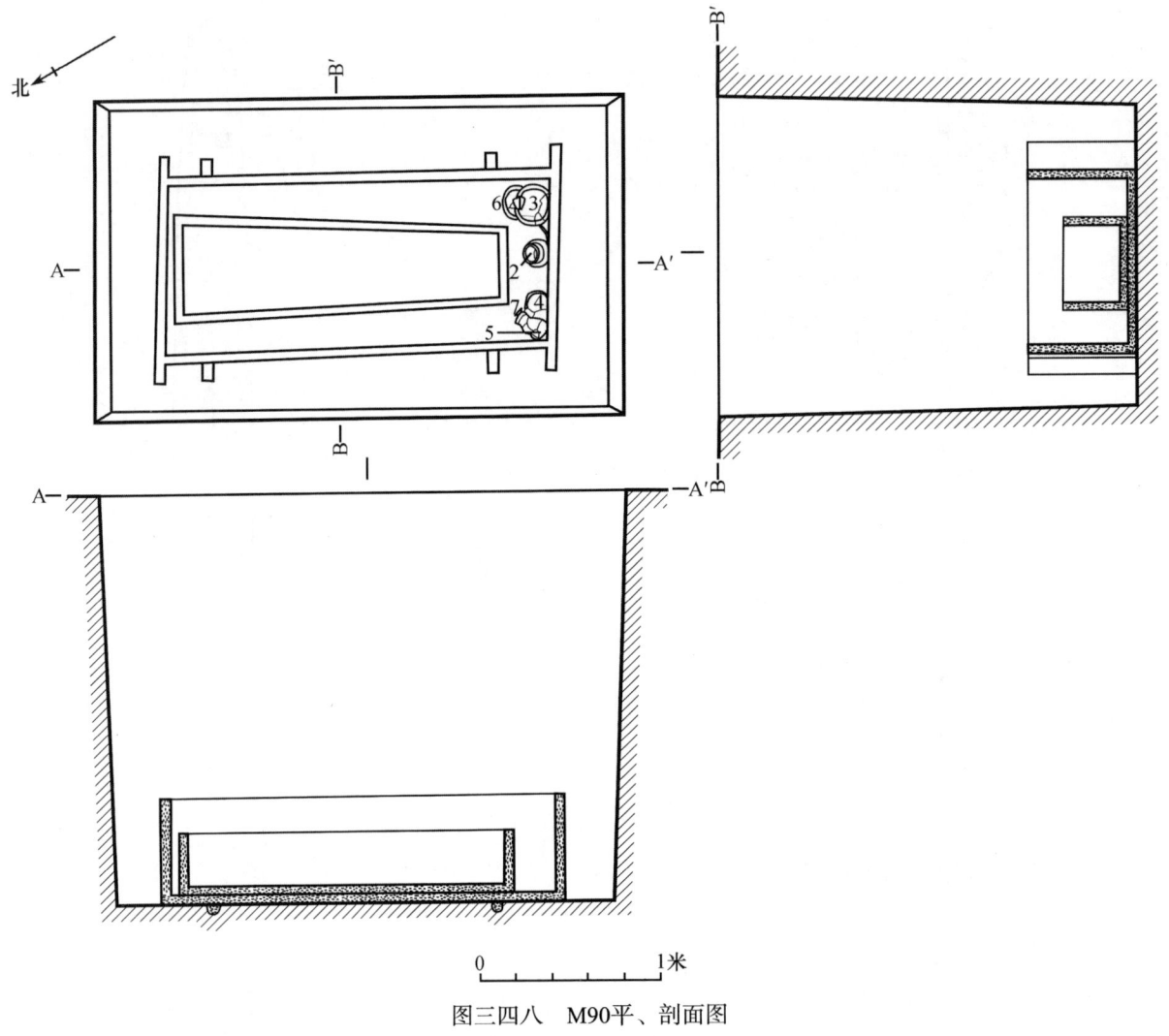

图三四八 M90平、剖面图
1、4、6、7.陶豆 2.陶壶 3.陶盂 5.陶鬲

北两端垫木大小、形制相同，长1、宽0.1、厚0.05米。未见人骨架，葬式不明。

随葬器物 共计8件。陶器置于椁内棺外南端，有鼎、敦、壶各2件，豆1件，其中修复5件；铜剑1件置于棺内东侧南部（图三六〇）。

陶器

鼎（M137：1），泥质黑衣褐陶。口径20、腹径23.7、通高24厘米（图三六一，1）。

鼎（M137：2），泥质黑衣褐陶。口径17.6、腹径23.2、通高23.6厘米（图三六一，2）。

壶（M137：5），泥质黑衣褐陶。口径11.6、腹径19、底径13.5、高30.5厘米（图三六一，3）。

壶（M137：6），泥质黑衣褐陶。口径11.4、腹径18.4、底径13.6、高31厘米（图三六一，4）。

豆（M137：8），泥质灰陶。口径13.2、盘深2.4、高14.5厘米（图三六一，5）。

图三四九　M90随葬陶器

1、4~6.豆（M90：1、M90：4、M90：6、M90：7）　2.壶（M90：2）　3.盂（M90：3）

铜器

剑（M137：7），通长36.8、身宽2.7厘米（图三六一，6）。

20. M309

墓葬形制　方向35°。开口于现地表以下0.65米。墓口长2.52、北宽1.54、南宽1.62米，墓底长2.45、北宽1.3、南宽1.38米，墓坑深2.42米。坑壁不规整，底平。坑内填黄褐色夹灰白色土，土质较硬。

葬具及葬式　单椁单棺，仅见腐痕。椁痕长2.13、宽0.85、高0.3、厚0.04米，棺痕长1.94、宽0.52、高0.16、厚0.04米。人骨架已朽，仅于棺底北端发现牙齿，葬式不明。

随葬器物　陶器3件：豆2件、罐1件。置于椁内棺外东侧（图三六二）。

陶豆（M309：1），泥质黑衣褐陶。盘径14.7、盘深4、高11.5厘米（图三六三，1）。

陶豆（M309：2），泥质灰陶。盘径14.8、盘深4、高11.7厘米（图三六三，2）。

陶罐（M309：3），泥质灰陶。口径14.8、腹径20.1、底径8、高22.1厘米（图三六三，3）。

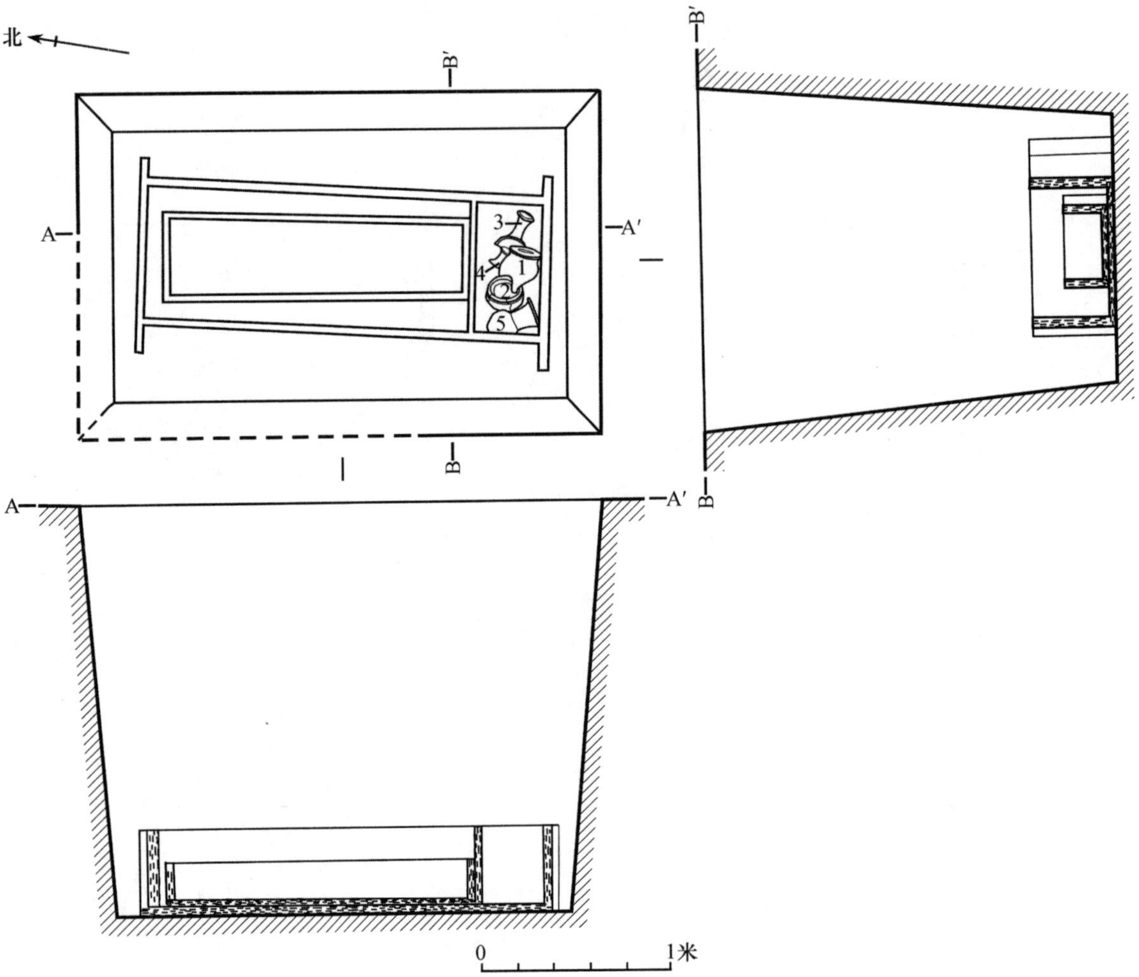

图三五〇 M95平、剖面图
1. 陶鬲 2. 陶盂 3、4. 陶豆 5. 陶罐

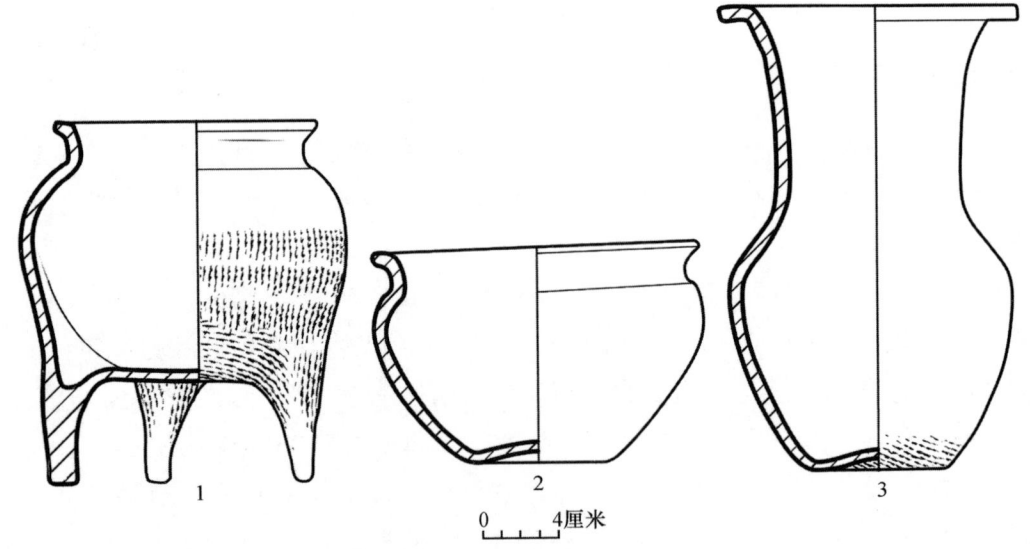

图三五一 M95随葬陶器
1. 鬲（M95∶1） 2. 盂（M95∶2） 3. 罐（M95∶5）

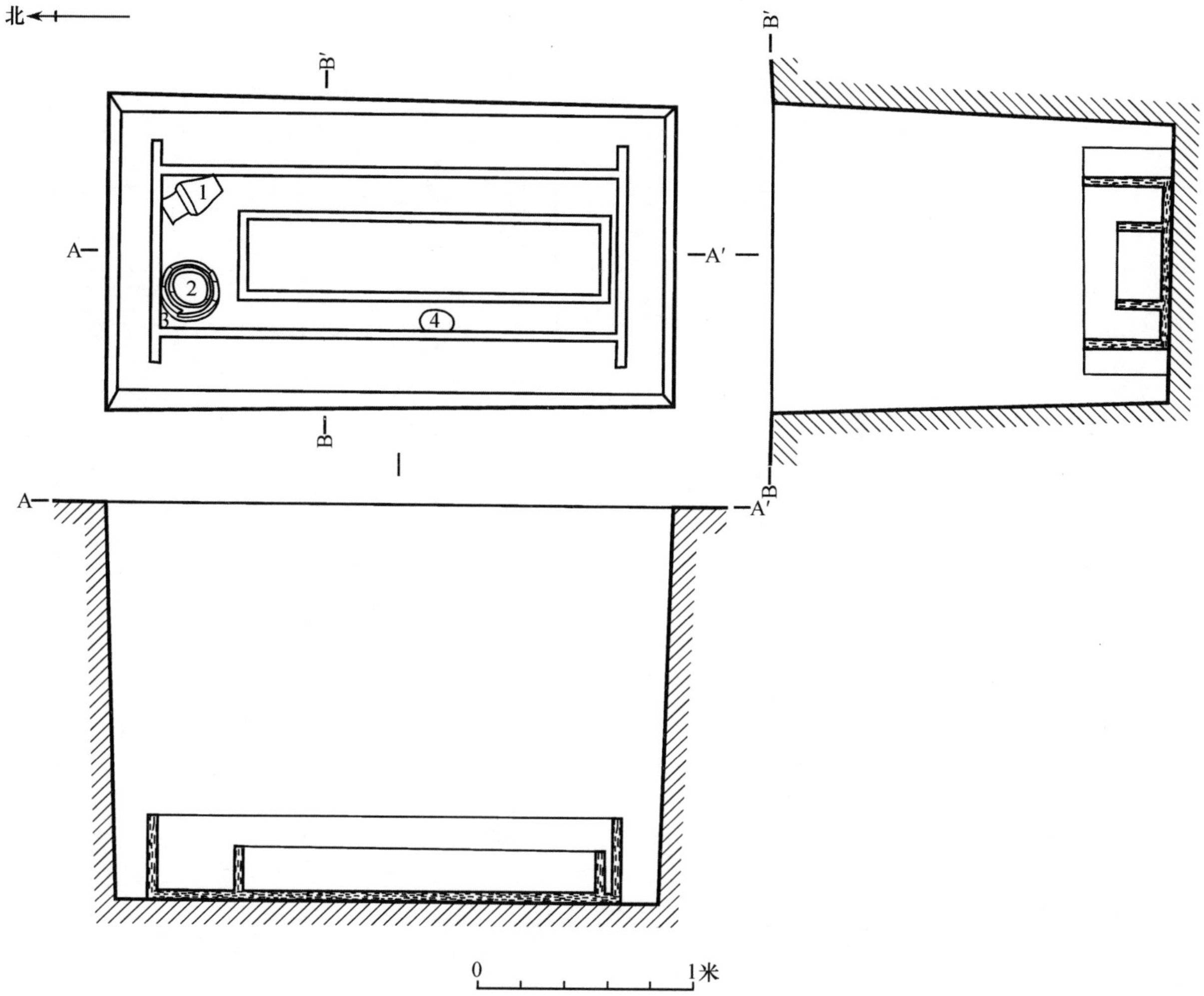

图三五二　M106平、剖面图
1.陶壶　2.陶盂　3.陶鬲　4.陶罐

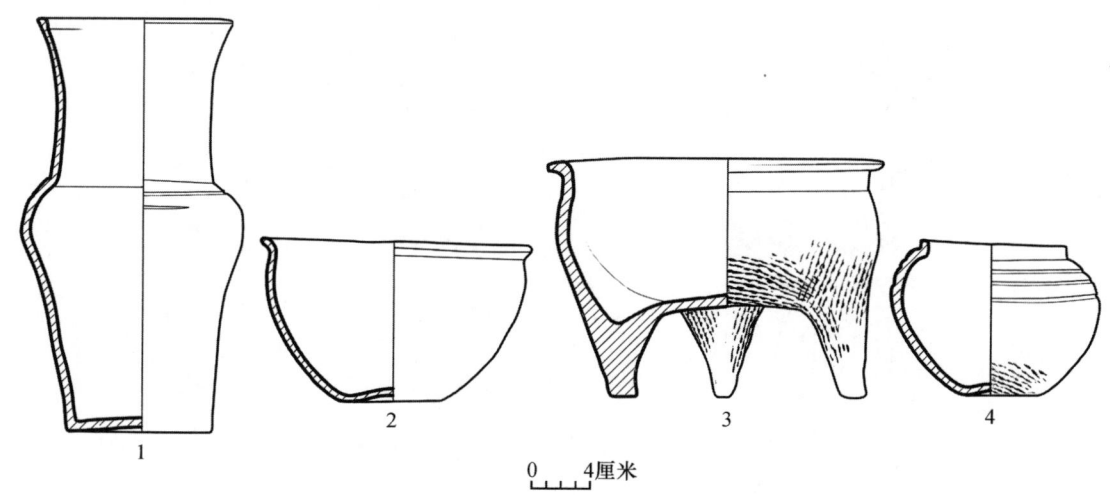

图三五三　M106随葬陶器
1.壶（M106：1）　2.盂（M106：2）　3.鬲（M106：3）　4.罐（M106：4）

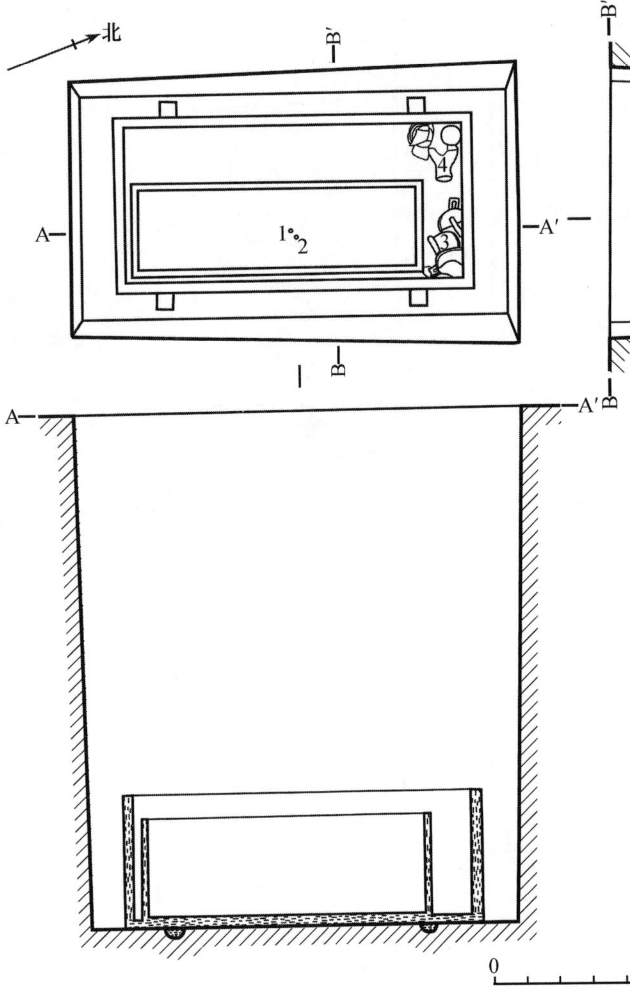

图三五四　M108平、剖面图
1、2.玉玲　3.陶鼎　4.陶壶

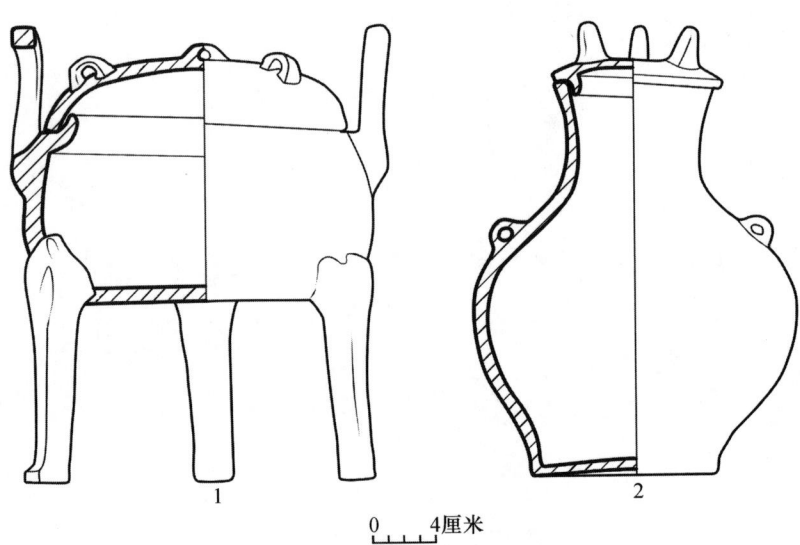

图三五五　M108随葬陶器
1.鼎（M108∶3）　2.壶（M108∶4）

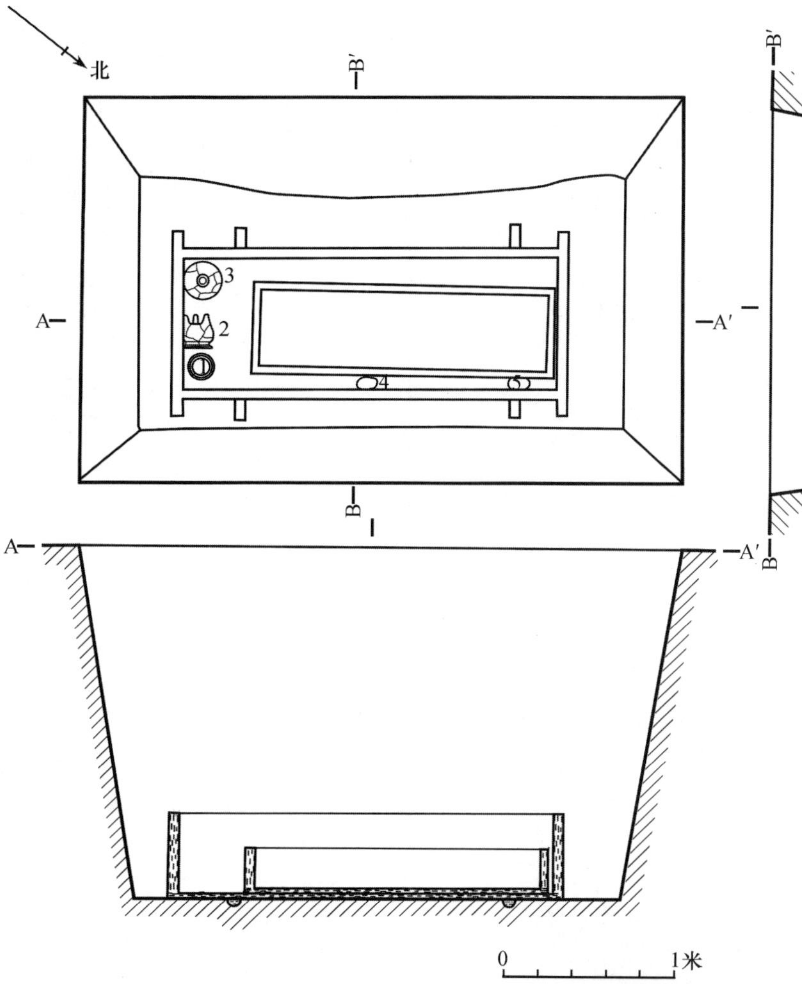

第三章 楚 墓

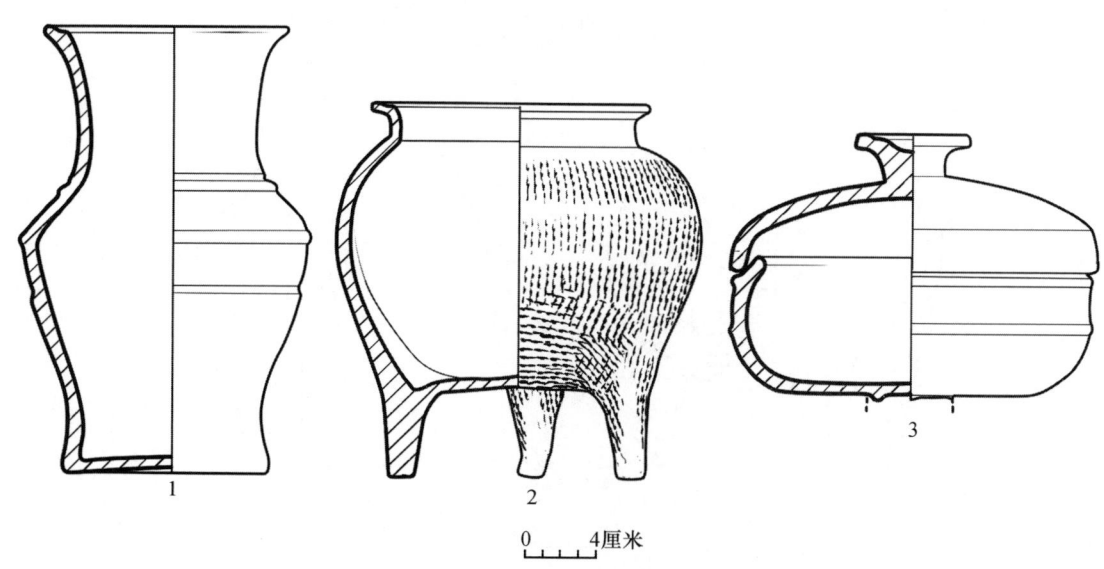

图三五六　M122平、剖面图
1.陶壶　2.陶鬲　3.陶豆　4、5.漆木耳杯

图三五七　M122随葬陶器
1.壶（M122：1）　2.鬲（M122：2）　3.豆（M122：3）

· 290 · 襄阳沈岗东周墓（西区）

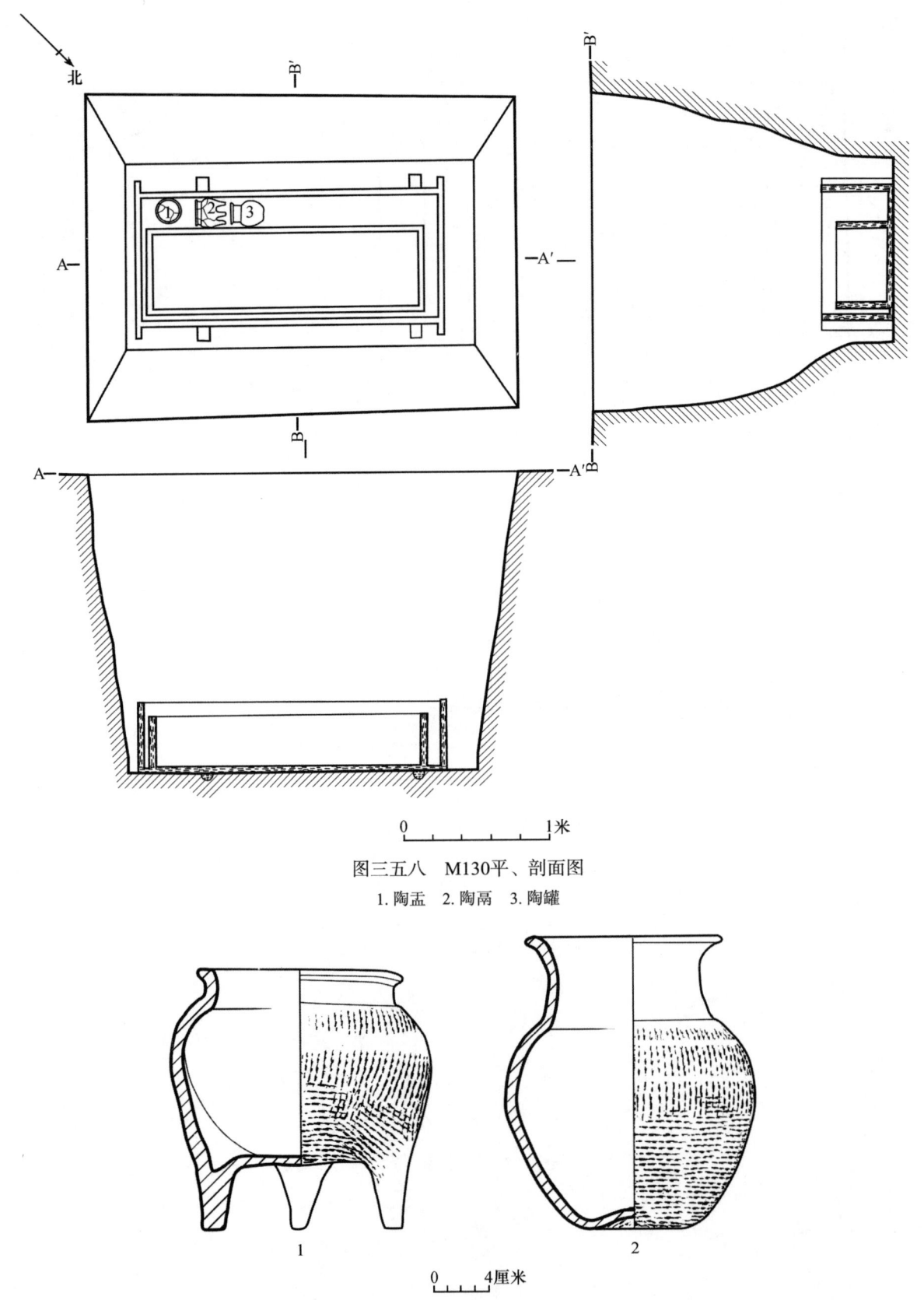

图三五八　M130平、剖面图
1. 陶盂　2. 陶鬲　3. 陶罐

图三五九　M130随葬陶器
1. 鬲（M130：2）　2. 罐（M130：3）

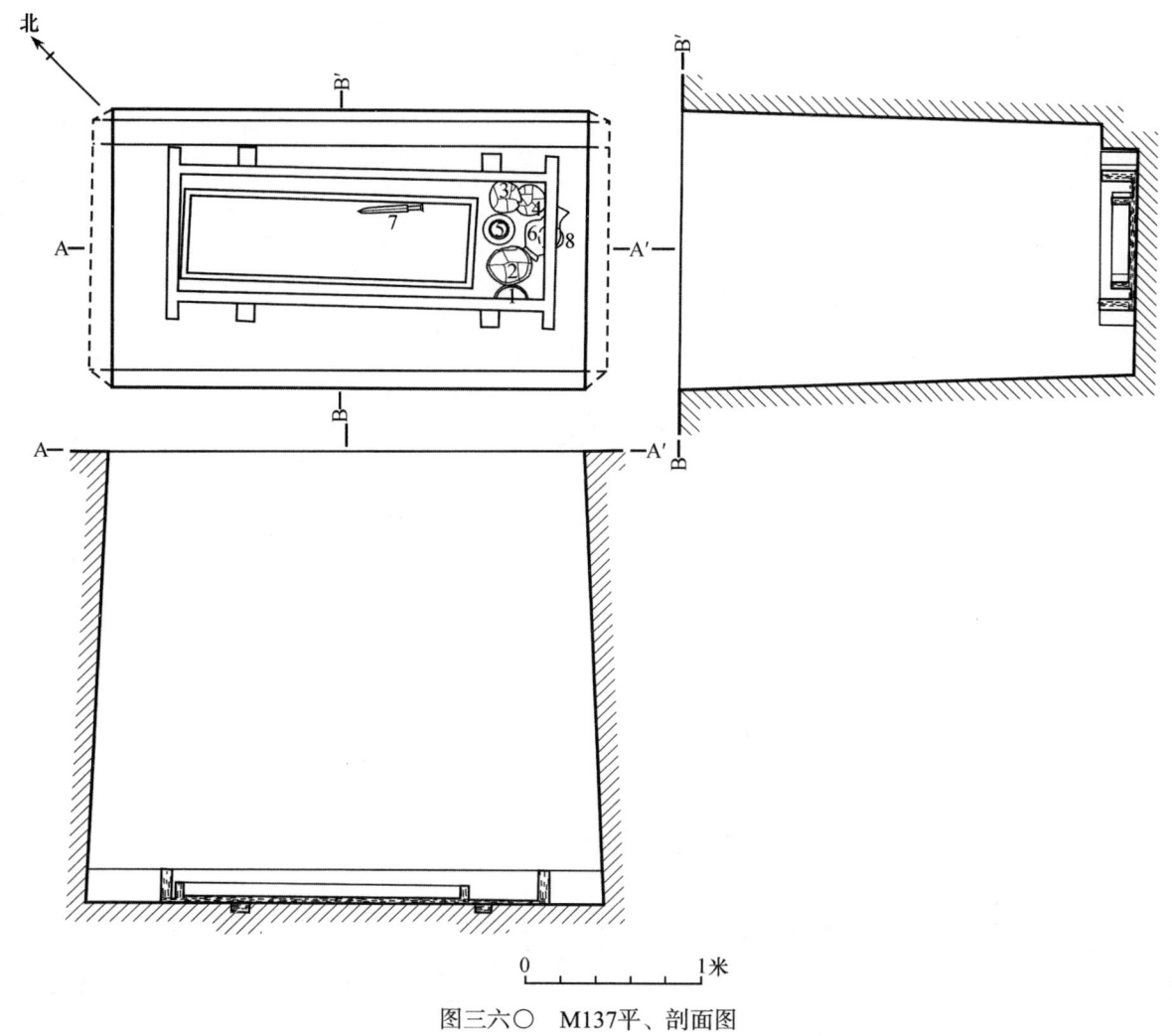

图三六〇 M137平、剖面图
1、2.陶鼎 3、4.陶敦 5、6.陶壶 7.铜剑 8.陶豆

21. M379

墓葬形制 方向165°。开口于现地表以下0.6米。墓口长2.6、宽1.6米，墓底长2.5、宽1.48米，墓坑深1.04米。坑壁规整，底平。坑内填褐灰色花土，质密。

葬具及葬式 单椁单棺，均已腐烂，仅见青灰色腐痕。椁痕长2.43、宽1.08、高0.34米，棺痕长1.8、宽0.53、高0.2米。人骨架已腐朽无存，葬式不明。

随葬器物 陶器7件：壶、敦、鼎各2件，盘1件，其中修复6件。置于椁内棺外南端（图三六四；图版五一，1、2）。

陶壶（M379:1），泥质黑衣褐陶。口径11.2、腹径20.4、底径12.5、通高36厘米（图三六五，1）。

陶壶（M379:2），泥质黑衣褐陶。口径12.9、腹径21.6、底径13.5、高32厘米（图三六五，2）。

陶敦（M379:3），泥质褐陶。口径20、通高29厘米（图三六五，3）。

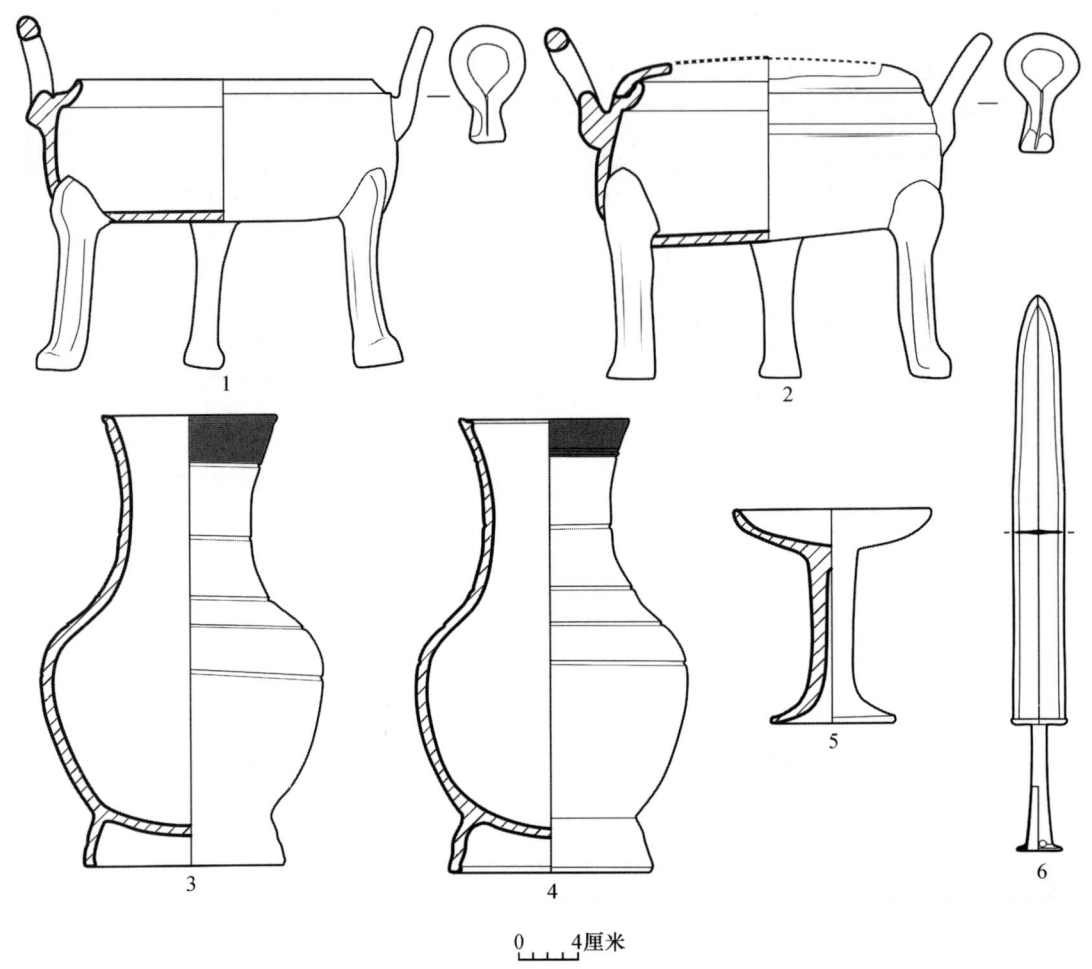

图三六一　M137随葬器物
1、2. 陶鼎（M137：1、M137：2）　3、4. 陶壶（M137：5、M137：6）　5. 陶豆（M137：8）　6. 铜剑（M137：7）

陶鼎（M379：5），泥质褐陶。口径17.6、腹径22.5、通高24.2厘米（图三六五，4）。

陶鼎（M379：6），泥质褐陶。口径18、腹径22.8、通高24.5厘米（图三六五，5）。

陶盘（M379：7），泥质灰陶。口径19.3、底径15.1、高2.7厘米（图三六五，6）。

22. M407

墓葬形制　方向110°。开口于现地表以下0.75米。墓口北长2.54、南长2.6、东宽1.35、西宽1.58米，墓底北长2.6、南长2.62、东宽1.36、西宽1.5米，墓坑深1.42米。坑壁不规整，底平。坑内填黄褐色夹灰白色土，质较硬。

葬具及葬式　单椁单棺，仅见腐痕。椁痕长2.4、宽0.84、高0.26、厚0.06米，棺痕长1.96、宽0.44、高0.1、厚0.04米。人骨架无存，葬式不明。

随葬器物　陶器2件：鬲、盂各1件。置于椁内棺外东端（图三六六；彩版四六，1、2）。

陶鬲（M407：1），泥质灰陶。口径25.6、腹径27.7、高26厘米（图三六七，1）。

陶盂（M407：2），泥质灰陶。口径20.4、腹径20.4、底径9.6、高12.2厘米（图三六七，2）。

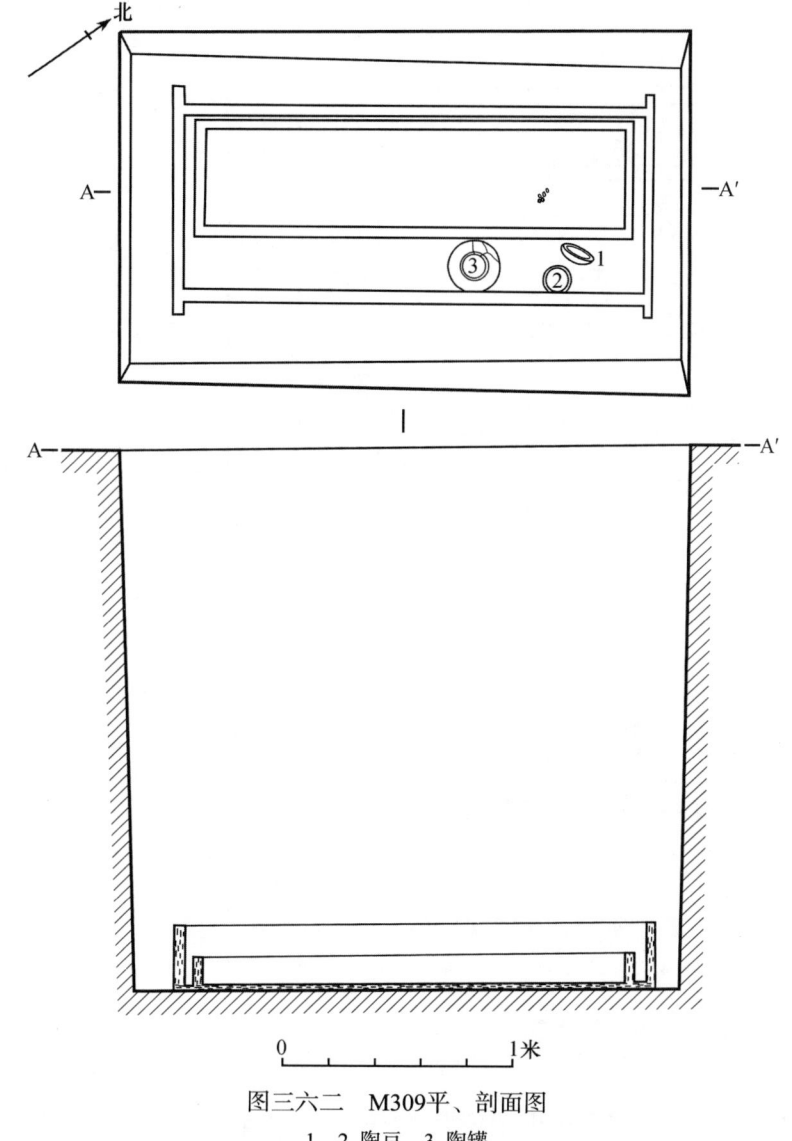

图三六二　M309平、剖面图
1、2.陶豆　3.陶罐

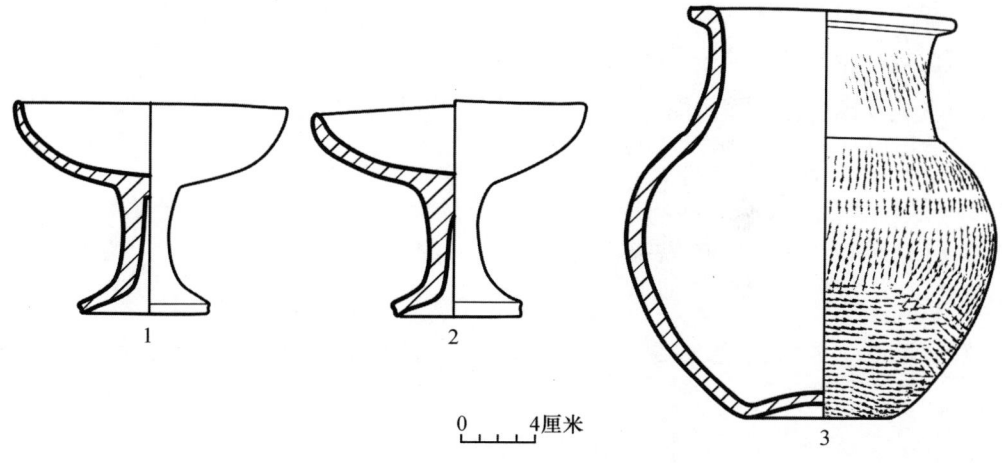

图三六三　M309随葬陶器
1、2.豆（M309：1、M309：2）　3.罐（M309：3）

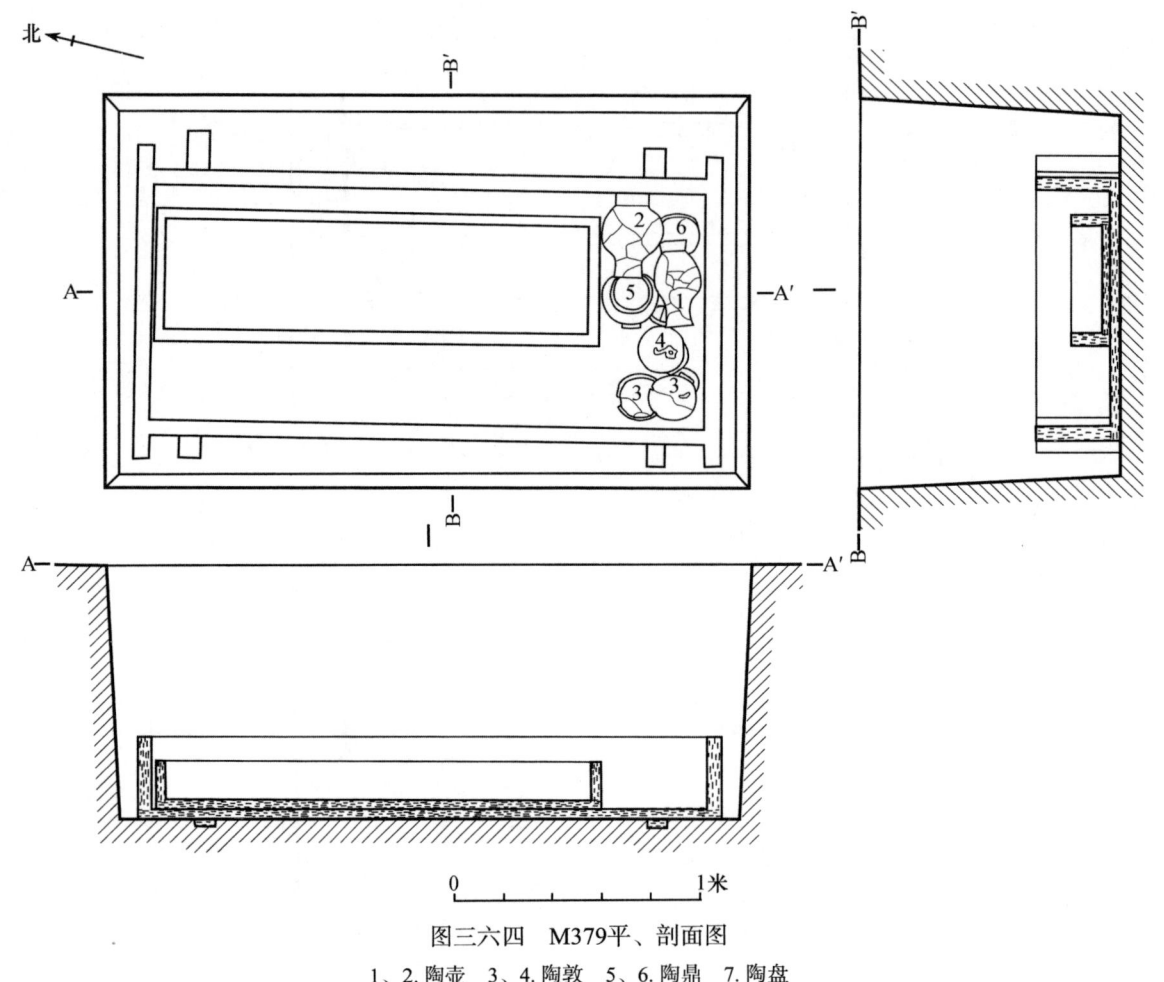

图三六四　M379平、剖面图
1、2.陶壶　3、4.陶敦　5、6.陶鼎　7.陶盘

23. M412

墓葬形制　方向199°。开口于现地表以下0.6米。墓口东长2.5、西长2.56、宽1.7米，墓底长2.44、宽1.5米，墓坑深2.4米。坑壁基本规整，底平。坑内填黄褐色夹灰白色花土，质密。

葬具及葬式　单椁单棺，已朽无存，可见青灰色朽痕。椁痕长2.2、宽0.98、高0.4米，棺痕长1.86、宽0.53、高0.16米。人骨架已朽无存，葬式不明。

随葬器物　陶器3件：鬲、盂、罐各1件。置于椁内棺外南端（图三六八；图版五一，3、4）。

陶鬲（M412：1），泥质灰陶。口径20、腹径21.8、高20厘米（图三六九，1）。

陶盂（M412：2），泥质灰陶。口径20、腹径19.8、底径7.6、高13.6厘米（图三六九，2）。

陶罐（M412：3），泥质灰陶。口径14、腹径13.8、底径5、高19.3厘米（图三六九，3）。

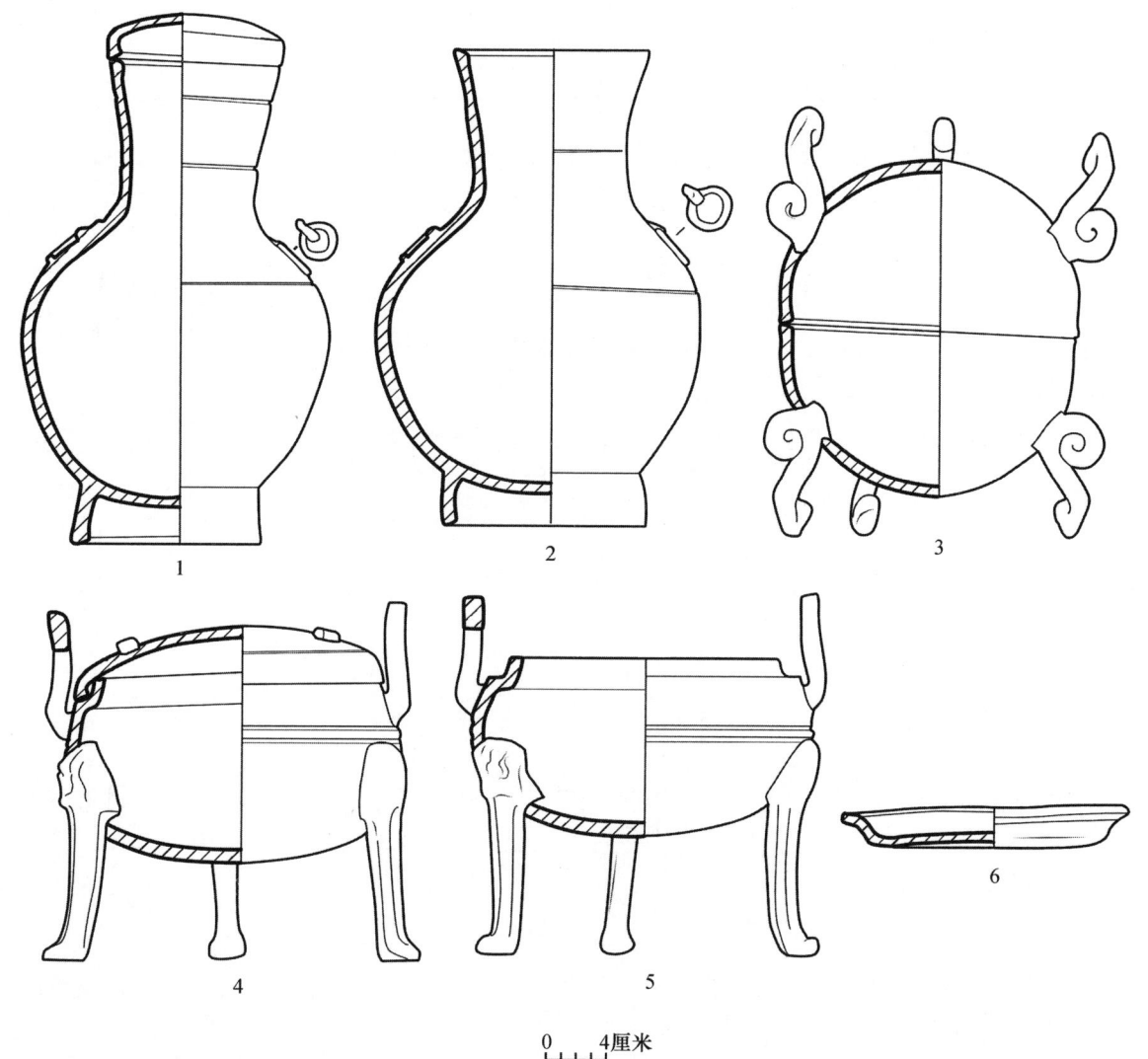

图三六五　M379随葬陶器
1、2. 壶（M379：1、M379：2）　3. 敦（M379：3）　4、5. 鼎（M379：5、M379：6）　6. 盘（M379：7）

24. M419

墓葬形制　方向175°。开口于现地表以下0.32米。墓口长2.66、宽1.46米，墓底长2.66、南宽1.4、北宽1.46米，墓坑深1.58米。坑壁规整、较直，底平。坑内填黄褐色夹灰白色花土，质密。

葬具及葬式　单椁单棺，已朽，可见青灰色朽痕。椁痕长2.12、宽0.84、高0.2米，棺痕长1.7、宽0.36、高0.1米。人骨架已朽无存，葬式不明。

随葬器物　陶器4件：鬲、罐、豆、盂各1件，其中修复3件。置于椁内棺外南端及西侧南部（图三七〇；彩版四七，1、2）。

陶罐（M419：1），泥质灰陶。口径16.4、腹径16.6、底径9.5、高26.5厘米（图三七一，1）。

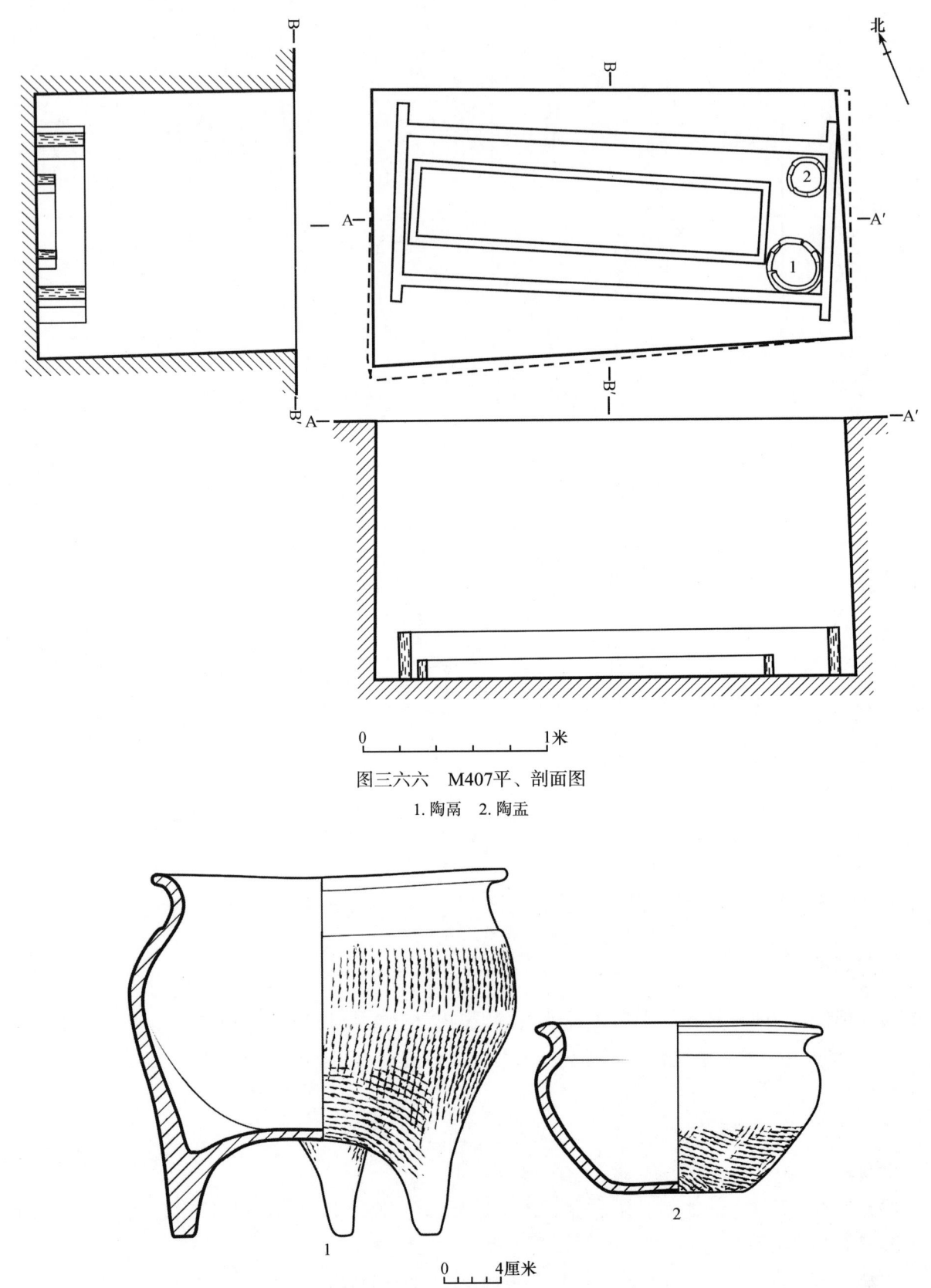

图三六六　M407平、剖面图
1. 陶鬲　2. 陶盂

图三六七　M407随葬陶器
1. 鬲（M407∶1）　2. 盂（M407∶2）

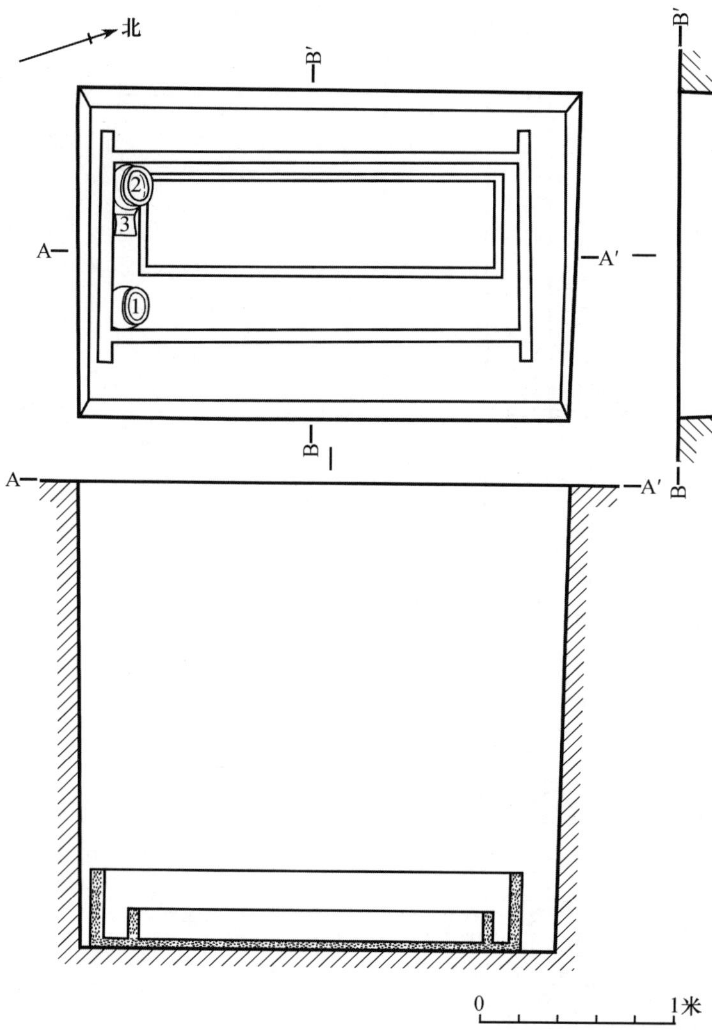

图三六八　M412平、剖面图
1. 陶鬲　2. 陶盂　3. 陶罐

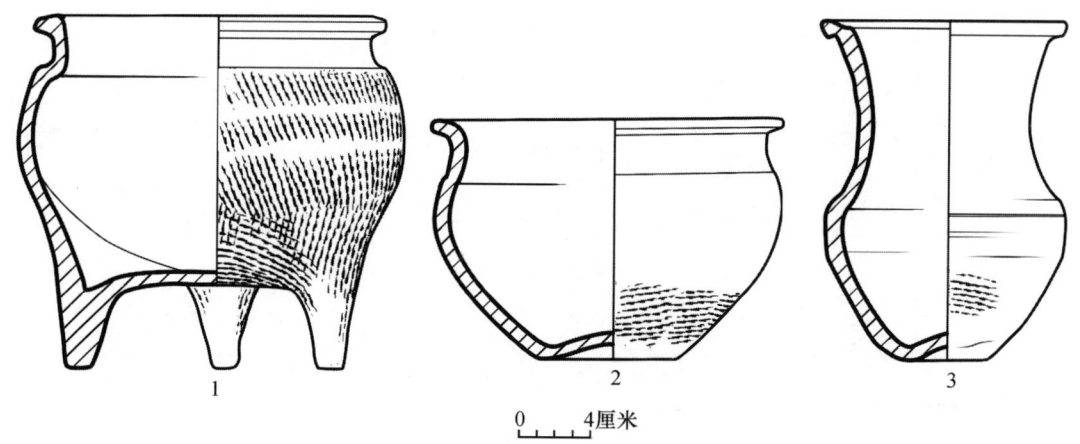

图三六九　M412随葬陶器
1. 鬲（M412∶1）　2. 盂（M412∶2）　3. 罐（M412∶3）

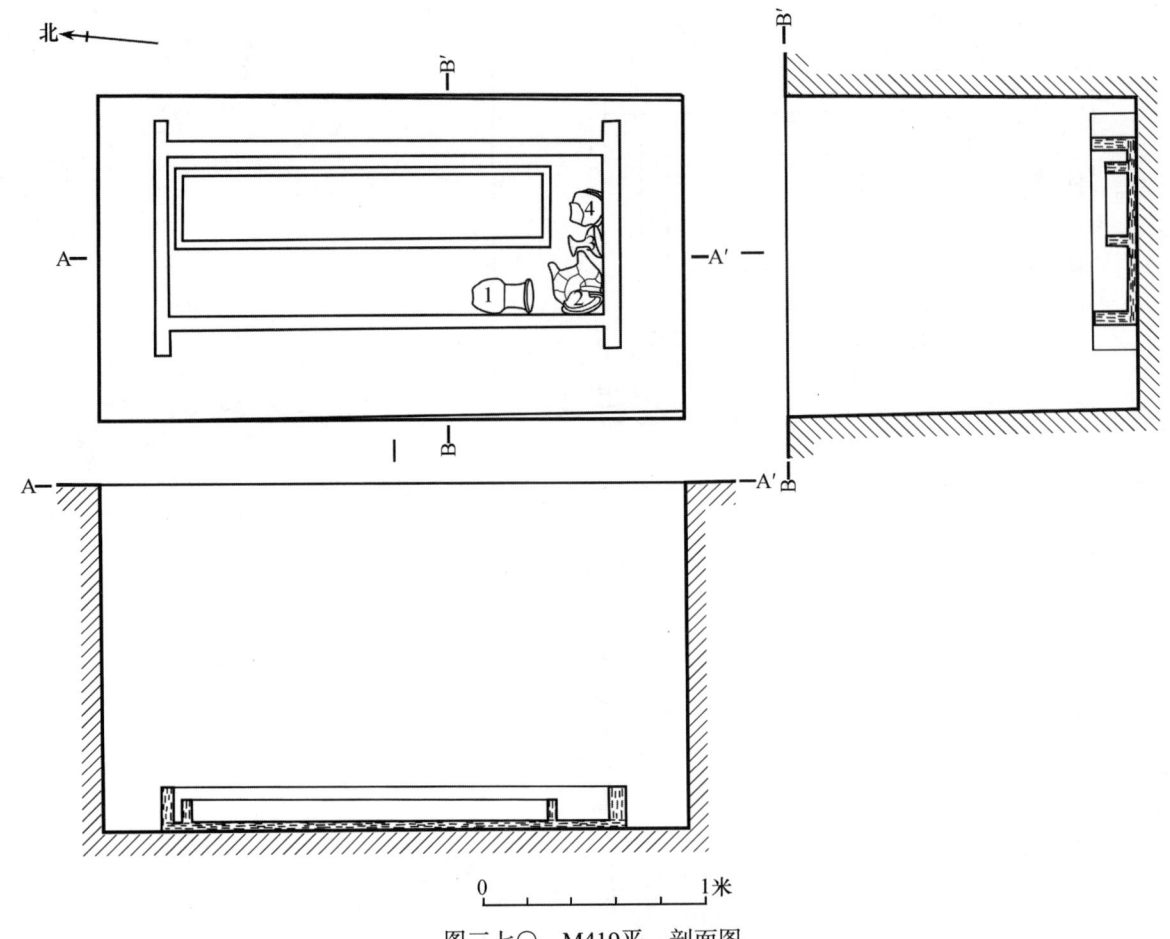

图三七〇　M419平、剖面图
1. 陶罐　2. 陶鬲　3. 陶豆　4. 陶盂

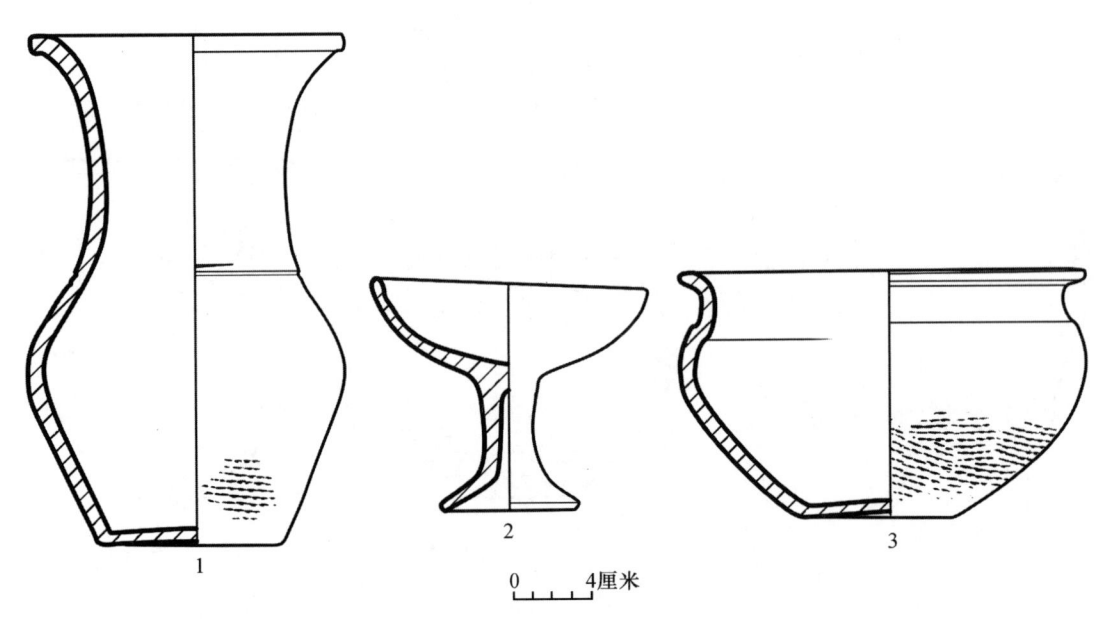

图三七一　M419随葬陶器
1. 罐（M419∶1）　2. 豆（M419∶3）　3. 盂（M419∶4）

陶豆（M419：3），泥质灰陶。盘径14.4、盘深4.2、座径7、高11.8厘米（图三七一，2）。

陶盂（M419：4），泥质灰陶。口径21、腹径21、底径7.8、高12.8厘米（图三七一，3）。

25. M427

墓葬形制　方向180°。开口于现地表以下0.3米。墓口东长3.8、西长3.6、宽2.3米，墓底东长3.25、西长3.15、宽1.85米，墓坑深3.14米。坑壁不规整，底平。坑内填黄褐色夹灰白色土，土质较硬。

葬具及葬式　单椁单棺，仅见腐痕。椁痕长2.54、宽1.16、高0.34、厚0.06米，棺痕长1.8、宽0.5、高0.08、厚0.06米。人骨架无存，葬式不明。

随葬器物　陶器6件：鼎、壶、敦各2件，其中修复1件。置于椁内棺外南端（图三七二；彩版四八，1、2）。

陶鼎（M427：2），泥质灰陶。口径21.6、腹径25.4、通高28.4厘米（图三七三）。

26. M450

墓葬形制　方向182°。开口于现地表以下0.5米。墓口长3、宽1.8米，墓底长2.78、宽1.56米，墓坑深2.36米。坑壁较直，底平。坑内填黄褐色五花土。

葬具及葬式　单椁单棺，仅见腐痕。椁痕长2.18、宽0.88、高0.3、厚0.04米，棺痕长1.8、宽0.5、高0.08、厚0.05米。人骨架无存，葬式不明。

随葬器物　陶器4件：鬲、盂各1件，罐2件，其中修复3件。置于椁内棺外南端（图三七四；图版五二，1、2）。

陶盂（M450：2），泥质灰陶。口径13.1、腹径16.4、残高8.2厘米（图三七五，1）。

陶罐（M450：3），泥质灰陶。口径13.1、腹径15.6、底径6.4、高19.5厘米（图三七五，2）。

陶罐（M450：4），泥质灰陶。口径12.5、腹径14.8、底径5.3、高18.3厘米（图三七五，3）。

27. M451

墓葬形制　方向170°。开口于现地表以下0.3米。口大底小。墓口东长3.44、西长3.5、北宽2.04、南宽2米，墓底东长3.06、西长3、宽1.7米，墓坑深3米。坑壁不规整，底平。坑内填黄褐色夹灰白色土，土质较硬。

葬具及葬式　单椁单棺，仅见腐痕。椁痕长2.44、宽0.92、高0.26、厚0.06米，棺痕长1.82、宽0.54、高0.16、厚0.04米。人骨架无存，葬式不明。

随葬器物　陶器6件：鼎、缶、敦各2件，其中修复5件。置于椁内棺外南端（图三七六；图版五二，3、4）。

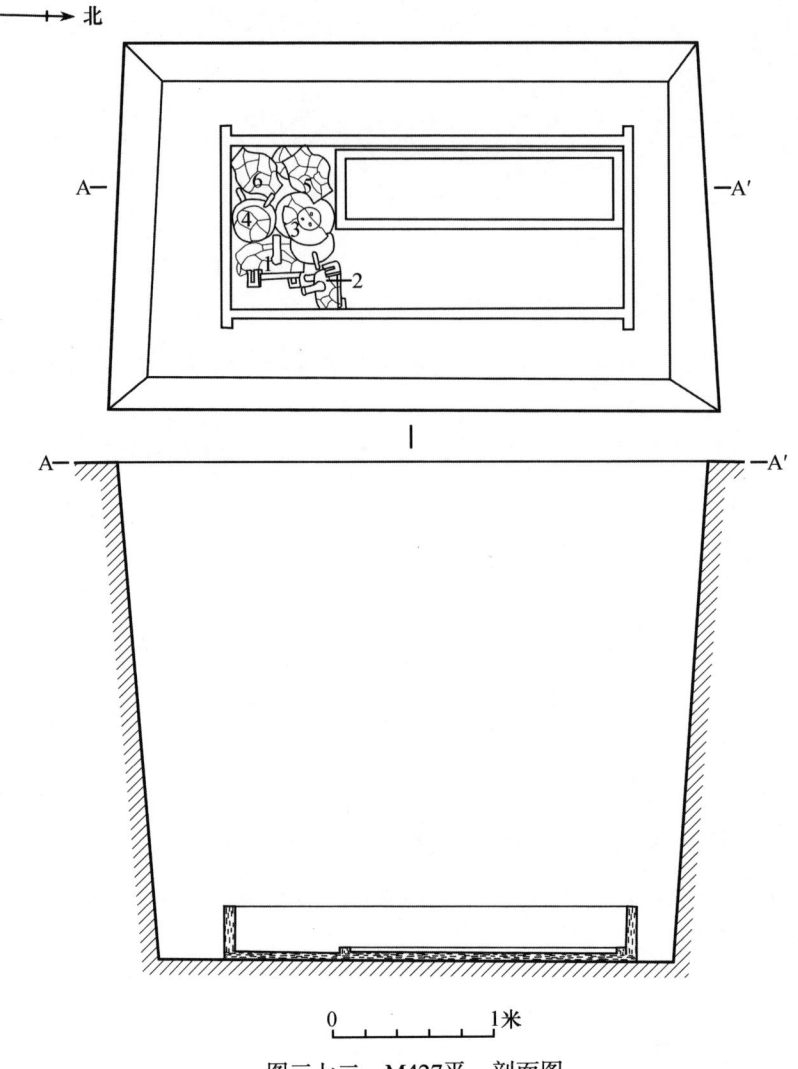

图三七二　M427平、剖面图
1、2.陶鼎　3、4.陶敦　5、6.陶壶

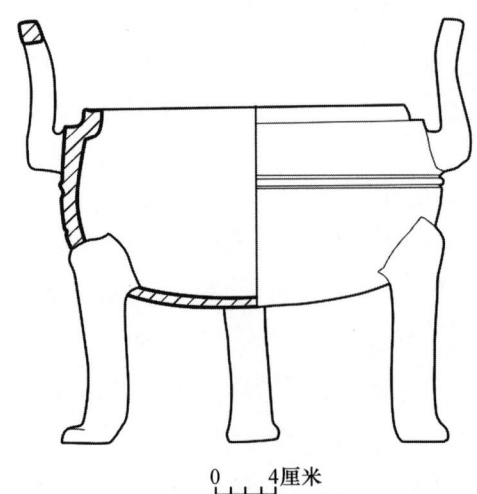

图三七三　M427随葬陶鼎（M427：2）

第三章 楚 墓

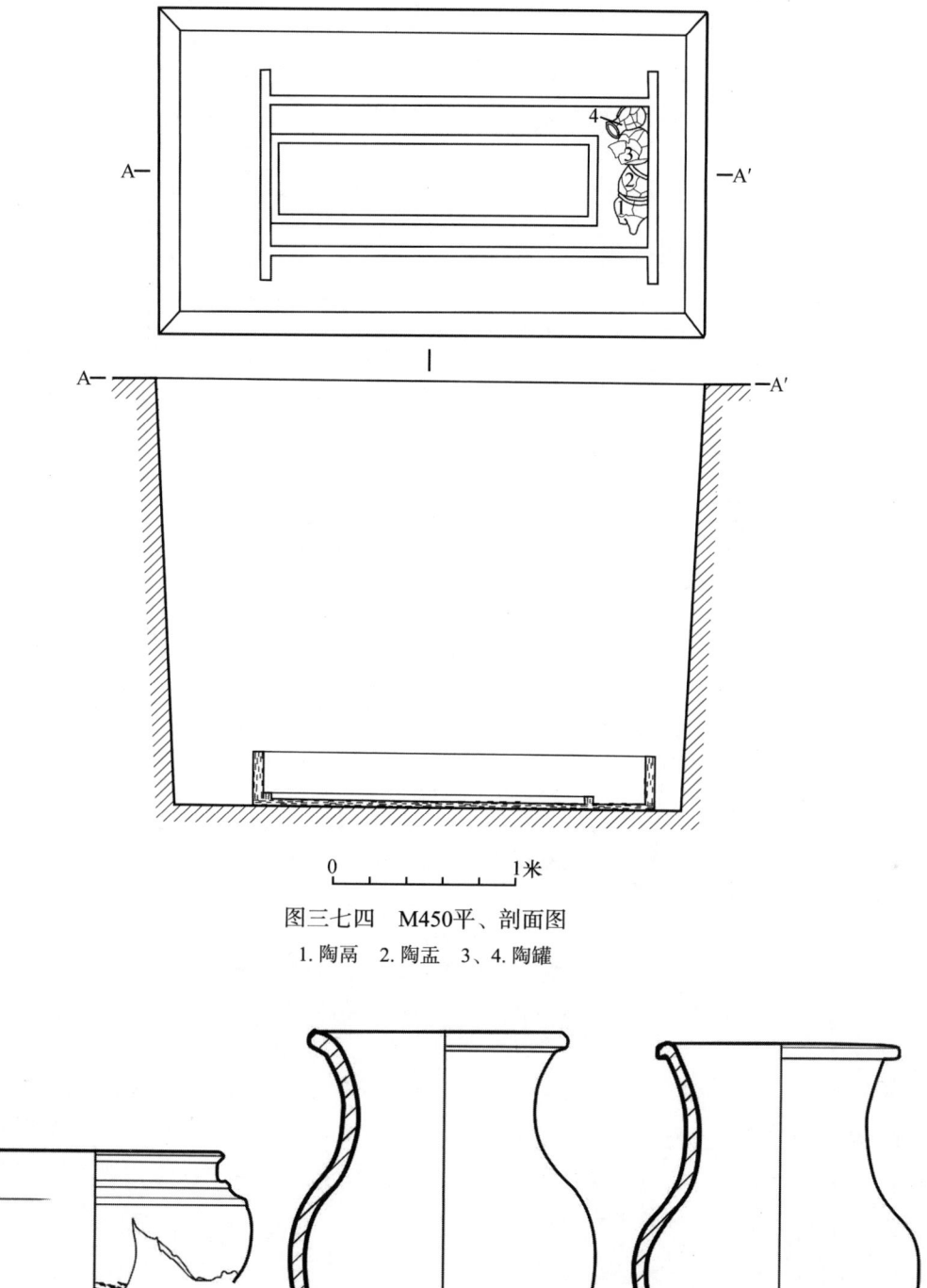

图三七四 M450平、剖面图
1.陶鬲 2.陶盂 3、4.陶罐

图三七五 M450随葬陶器
1.盂（M450:2） 2、3.罐（M450:3、M450:4）

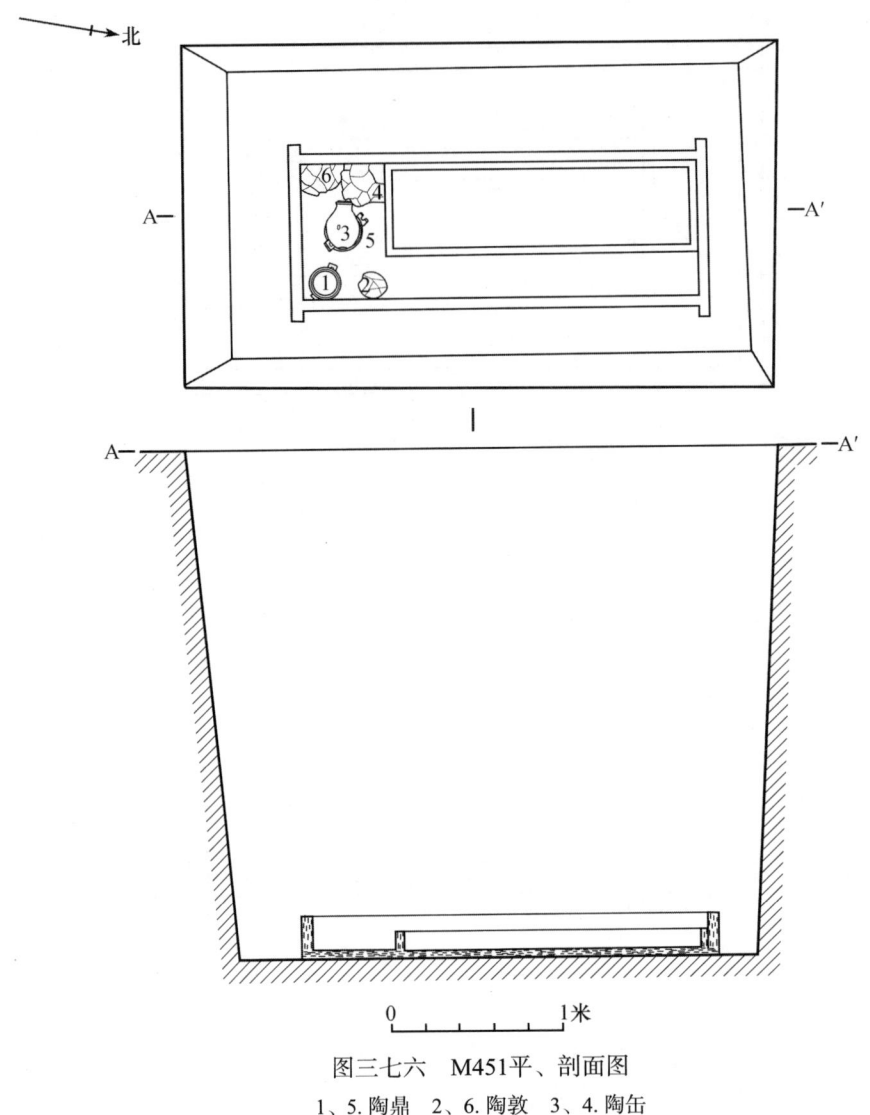

图三七六　M451平、剖面图
1、5. 陶鼎　2、6. 陶敦　3、4. 陶缶

陶鼎（M451：1），夹砂灰陶。口径16、腹径19.5、通高22.4厘米（图三七七，1）。

陶鼎（M451：5），夹砂灰陶。口径16.8、腹径20.4、通高23.2厘米（图三七七，5）。

陶敦（M451：2），泥质灰陶。口径19.6、通高24厘米（图三七七，2）。

陶缶（M451：3），泥质灰陶。口径8、腹径18.7、底径2.8、高25.5厘米（图三七七，3）。

陶缶（M451：4），泥质灰陶。口径8.3、腹径19.5、底径7.1、高27.8厘米（图三七七，4）。

28. M457

墓葬形制　方向185°。开口于现地表以下1.4米。墓口长2.34、南宽1.26、北宽1.2米，墓底长2.3、南宽1.22、北宽1.1米，墓坑深1.3米。

葬具及葬式　单椁单棺，已腐，仅存腐痕。椁痕长2.14、宽0.89、高0.38米，棺痕长1.79、宽0.52、高0.18米。人骨架无存，葬式不明。

随葬器物　陶器4件：鬲、盂、壶、豆各1件，其中修复3件。置于椁内棺外东侧及棺内西

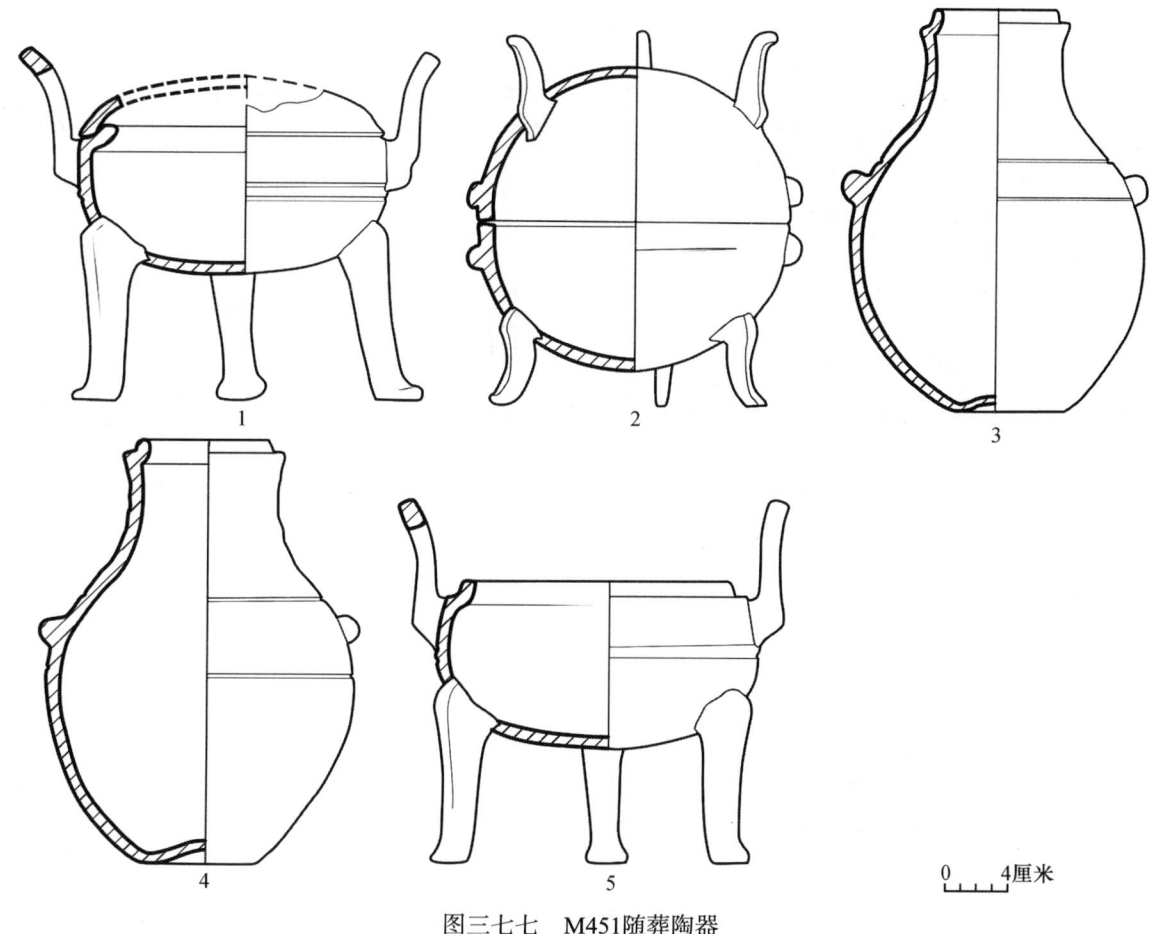

图三七七　M451随葬陶器
1、5.鼎（M451∶1、M451∶5）　2.敦（M451∶2）　3、4.缶（M451∶3、M451∶4）

侧（图三七八）。

陶鬲（M457∶1），泥质灰陶。口径16、腹径17.7、高19.6厘米（图三七九，1）。

陶壶（M457∶3），泥质灰陶。口径13.6、腹径15.2、底径9.5、高26.6厘米（图三七九，2）。

陶豆（M457∶4），泥质灰陶。口径14.9、盘深4、座径7.2、高12.3厘米（图三七九，3）。

29. M471

墓葬形制　方向190°。开口于现地表以下0.86米。口大底小。墓口东长2.96、西长3.2、宽2.1米，墓底东长2.76、西长2.8、北宽1.7、南宽1.8米，墓坑深0.9米。坑壁粗糙、斜直，底平。坑内填黄褐色夹灰白色花土，质密。

葬具及葬式　单椁单棺，已腐朽，可见青灰色朽痕。椁痕长2.32、宽0.88、高0.38米，棺痕长1.85、宽0.5、高0.3米。人骨架已腐朽无存，葬式不明。

随葬器物　5件。陶鬲、盂、壶、豆各1件，修复3件，置于椁内棺外南端；另于填土中发现陶片（图三八〇；图版五三，1、2）。

陶鬲（M471∶1），泥质灰陶。口径14.8、腹径15、高13.8厘米（图三八一，1）。

0　1米

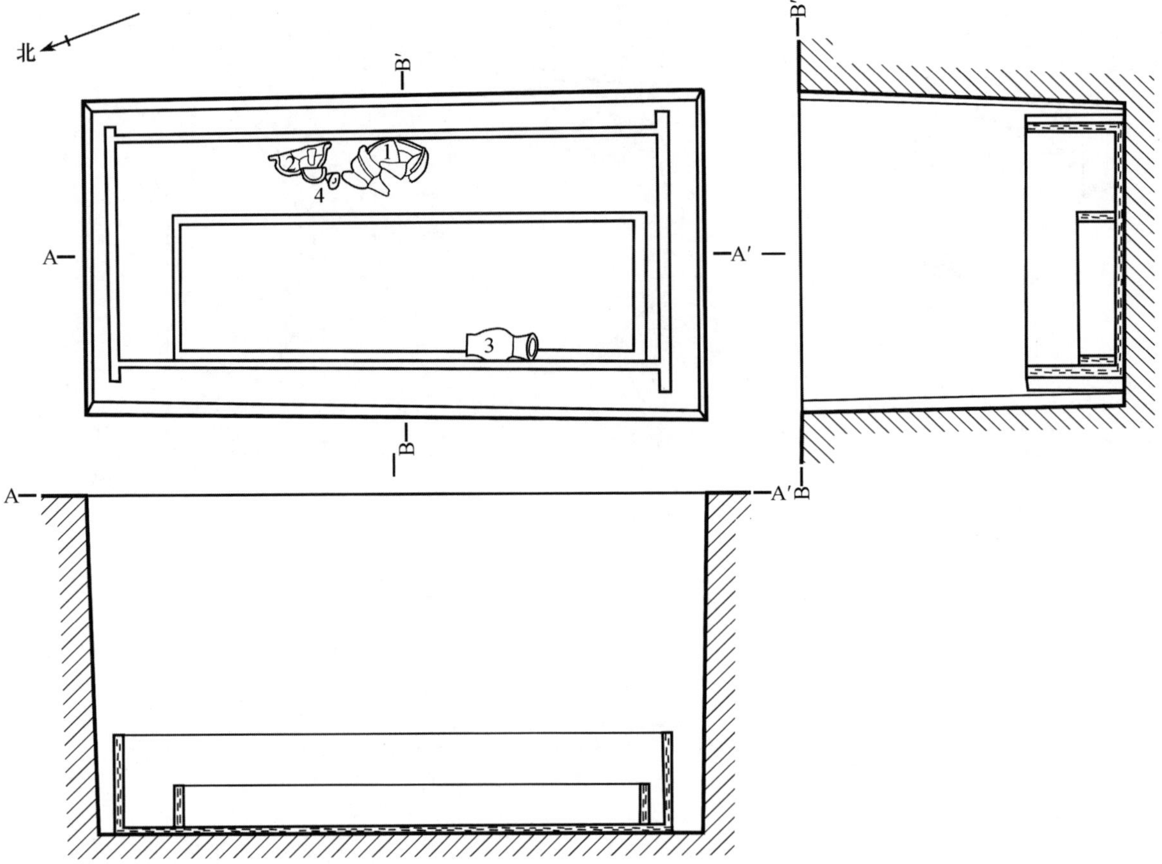

图三七八　M457平、剖面图

1. 陶鬲　2. 陶盂　3. 陶壶　4. 陶豆

0　4厘米

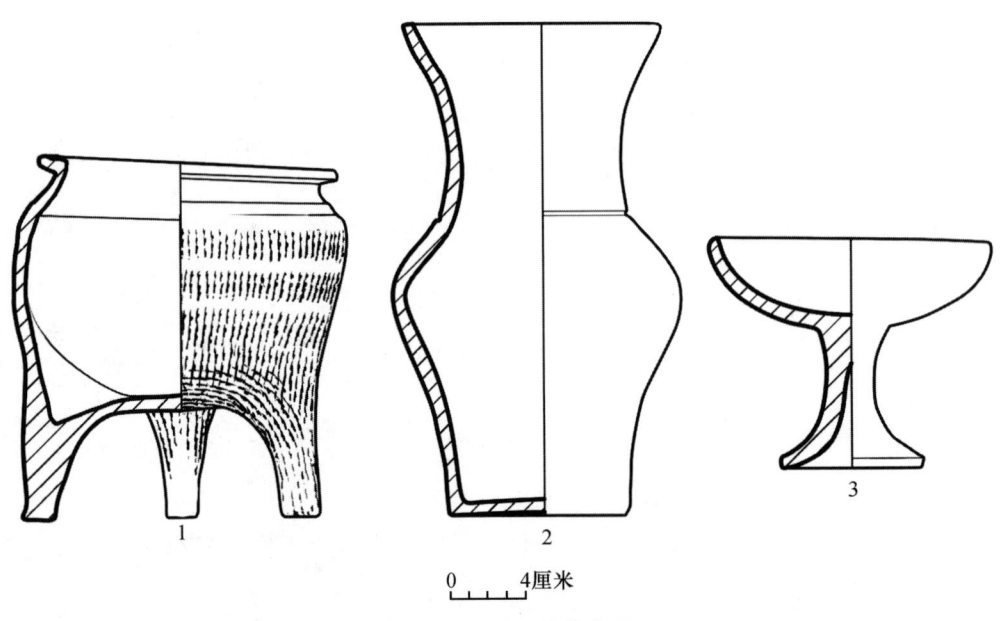

图三七九　M457随葬陶器

1. 鬲（M457：1）　2. 壶（M457：3）　3. 豆（M457：4）

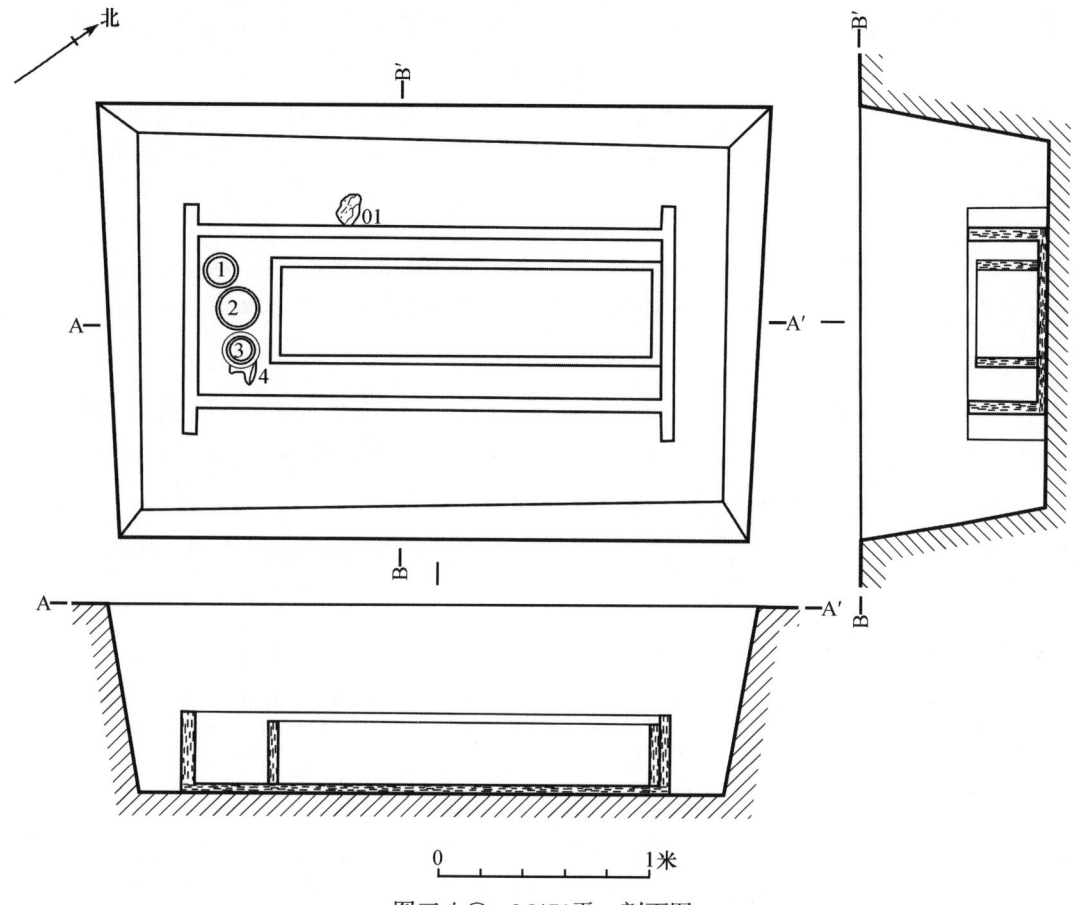

图三八〇　M471平、剖面图
1. 陶鬲　2. 陶盂　3. 陶壶　4. 陶豆　01. 陶片

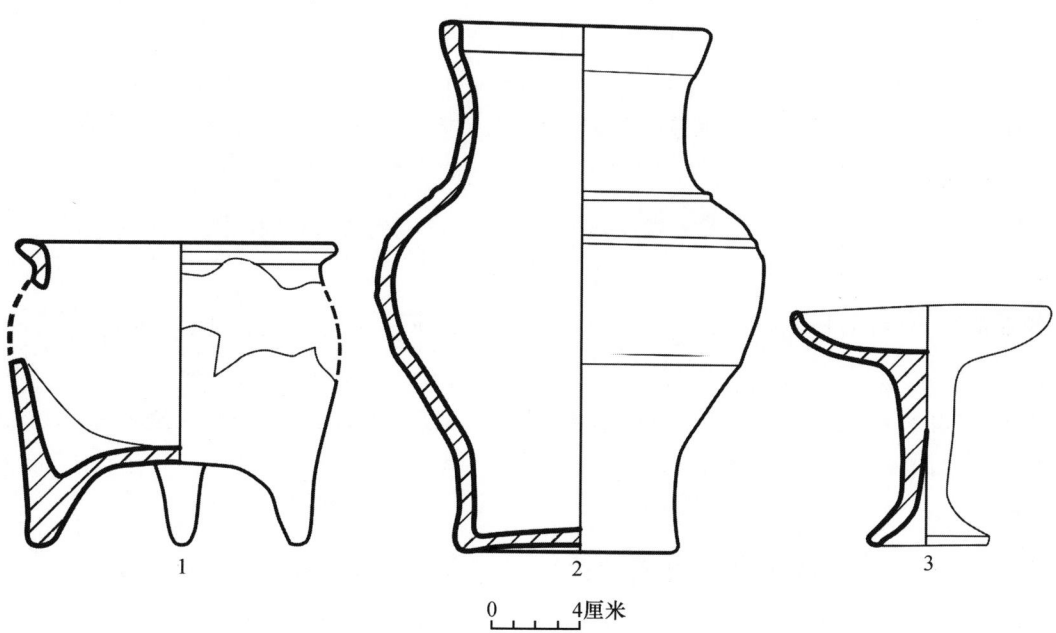

图三八一　M471随葬陶器
1. 鬲（M471：1）　2. 壶（M471：3）　3. 豆（M471：4）

陶壶（M471：3），泥质灰陶。口径12.2、腹径17.6、底径9.6、高24厘米（图三八一，2）。

陶豆（M471：4），泥质灰陶。口径12、盘深2、高11厘米（图三八一，3）。

30. M480

墓葬形制　方向204°。开口于现地表以下0.58米。墓口长3.2、宽2.24米，墓底长2.38、南宽1.18、北宽1.28米，墓坑深2.95米。坑壁经修整抹光，规整光滑，底平。坑内填黄褐色夹灰白色花土，质密。

葬具及葬式　单椁单棺，已腐朽，可见青灰色朽痕。椁痕长2.26、宽0.94、高0.43、厚0.06米，棺痕长1.66、宽0.44、高0.2、厚0.04米，垫木长1.2、宽0.14、厚0.08米。人骨架已腐朽无存，仅在棺内南端中东部发现牙齿痕，葬式不明。

随葬器物　陶器5件：鬲、盂、壶各1件，豆2件。置于椁内棺外南端（图三八二；彩版四九，1、2）。

陶鬲（M480：1），泥质灰陶。口径13.6、腹径18.4、高18.2厘米（图三八三，1）。

陶盂（M480：2），泥质灰陶。口径22、腹径20.8、底径9.6、高12厘米（图三八三，2）。

陶壶（M480：3），泥质灰陶。口径12.4、腹径16.8、底径11、高26.4厘米（图三八三，3）。

陶豆（M480：4），泥质灰陶。口径12.6、盘深2.4、高12厘米（图三八三，4）。

陶豆（M480：5），泥质灰陶。口径14.8、盘深4、高12厘米（图三八三，5）。

31. M506

墓葬形制　方向204°。墓口西北部被晚期墓葬打破。开口于现地表以下0.3米。墓口长3.1、宽1.9米，墓底长2.52、宽1.46米，墓坑深2米。坑壁经加工，四壁规整，底平。坑内填黄褐色花土，土质松。

葬具及葬式　单椁单棺，已腐，只发现青灰泥痕迹。椁痕长2.24、宽1、高0.44米，棺痕长1.78、宽0.54、高0.12米。未发现人骨架，葬式不明。

随葬器物　陶器3件：鬲、盂、壶各1件。置于椁内棺外南端（图三八四；图版五三，3、4）。

陶鬲（M506：1），泥质灰陶。口径11.6、腹径15.6、高17.2厘米（图三八五，1）。

陶盂（M506：2），泥质灰陶。口径21.6、腹径21.2、底径8.6、高12.8厘米（图三八五，2）。

陶壶（M506：3），泥质灰陶。口径13.2、腹径18.8、底径10.7、高29.2厘米（图三八五，3）。

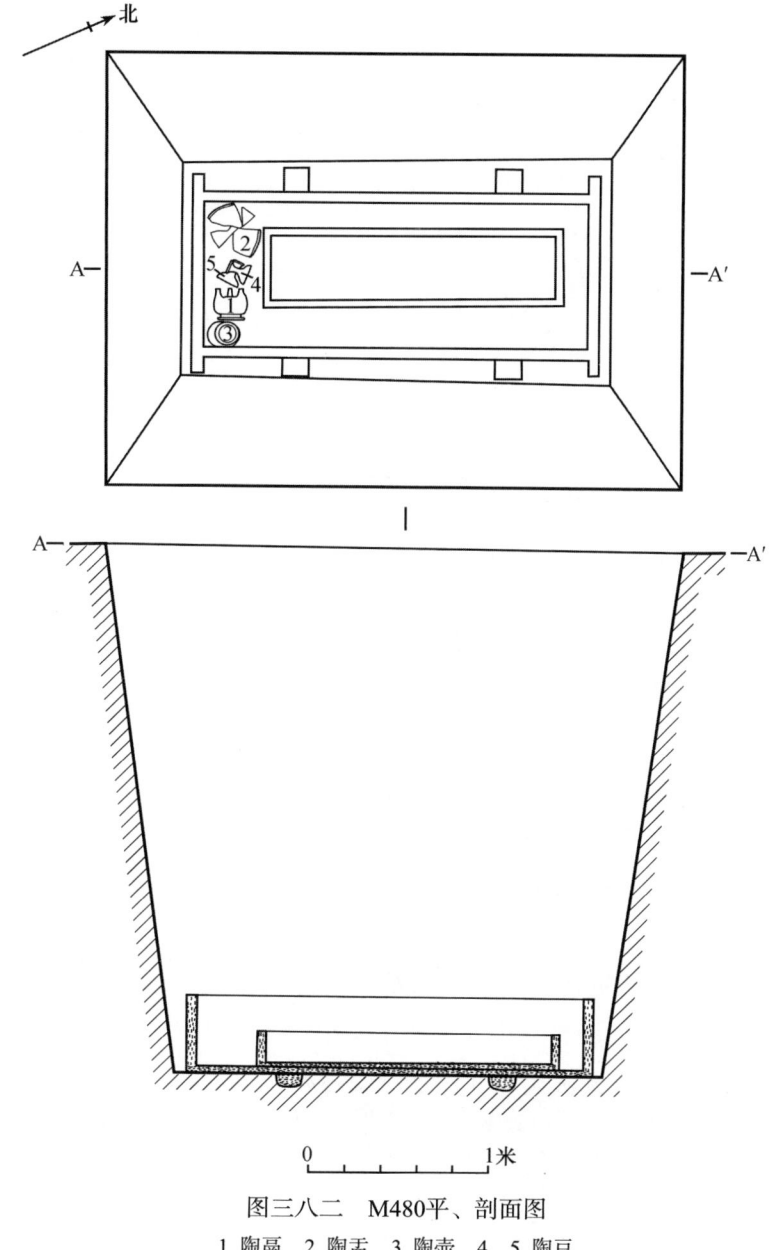

图三八二　M480平、剖面图
1. 陶鬲　2. 陶盂　3. 陶壶　4、5. 陶豆

32. M515

墓葬形制　方向223°。开口于现地表以下0.38米。墓口东长2.64、西长2.6、北宽1.6、南宽1.5米，墓底东长2.56、西长2.46、南宽1.42、北宽1.5米，墓坑深1.02米。坑壁粗糙、斜直、底平。坑内填黄褐色夹灰白色花土，质密。

葬具及葬式　单椁单棺，已朽，可见青灰色朽痕。椁痕长2.12、宽0.84、高0.42、厚0.05米，棺痕长1.82、宽0.53、高0.26、厚0.04米。人骨架无存，葬式不明。

随葬器物　陶器3件：盂2件、罐1件。置于椁内棺外南端及东侧南部（图三八六；图版五四，1、2）。

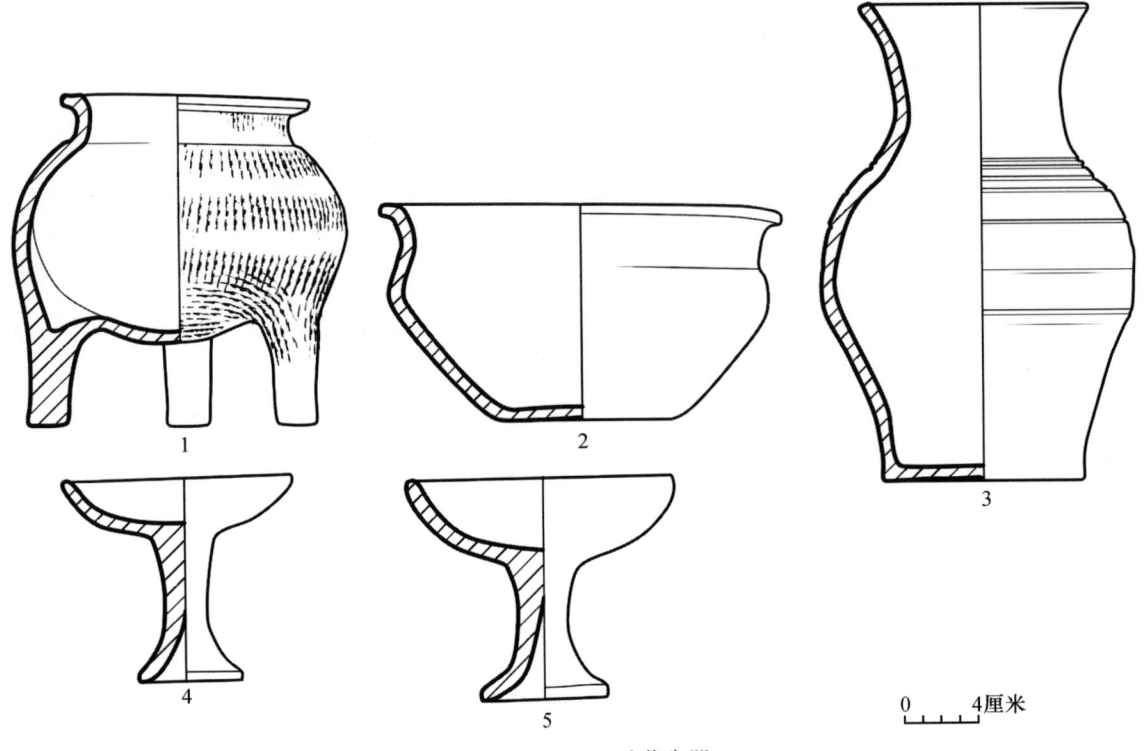

图三八三　M480随葬陶器
1.鬲（M480∶1）　2.盂（M480∶2）　3.壶（M480∶3）　4、5.豆（M480∶4、M480∶5）

陶罐（M515∶1），泥质褐陶。口径14.8、腹径15.6、底径7.2、高27.2厘米（图三八七，1）。

陶盂（M515∶2），泥质褐陶。口径16.1、腹径15.8、底径6.8、高10.8厘米（图三八七，2）。

陶盂（M515∶3），泥质灰陶。口径17.2、腹径16.4、底径7.2、高9.2厘米（图三八七，3）。

33. M535

墓葬形制　方向193°。开口于现地表以下0.4米。墓口长3.8、宽2.64米，墓底长3.06、宽1.8米，墓坑深1.64米。坑壁修过，四壁规整，底平。坑内填黄褐色花土，土质松。

葬具及葬式　单椁单棺，已朽，可见青灰泥痕迹。椁痕长2.64、宽0.94、高0.2米，棺痕长1.8、宽0.48、高0.1米。未发现人骨架，葬式不明。

随葬器物　12件：陶鼎、敦、壶各2件，陶豆3件，陶盘、陶匜、铜剑各1件，其中陶器修复10件。置于椁内棺外南端（图三八八；图版五四，3、4）。

陶器

鼎（M535∶1），泥质褐陶。口径18.4、腹径22、通高24厘米（图三八九，1）。

鼎（M535∶2），泥质褐陶。口径18.4、腹径22、通高22.8厘米（图三八九，2）。

敦（M535∶3），泥质褐陶。口径20、通高26.5厘米（图三八九，3）。

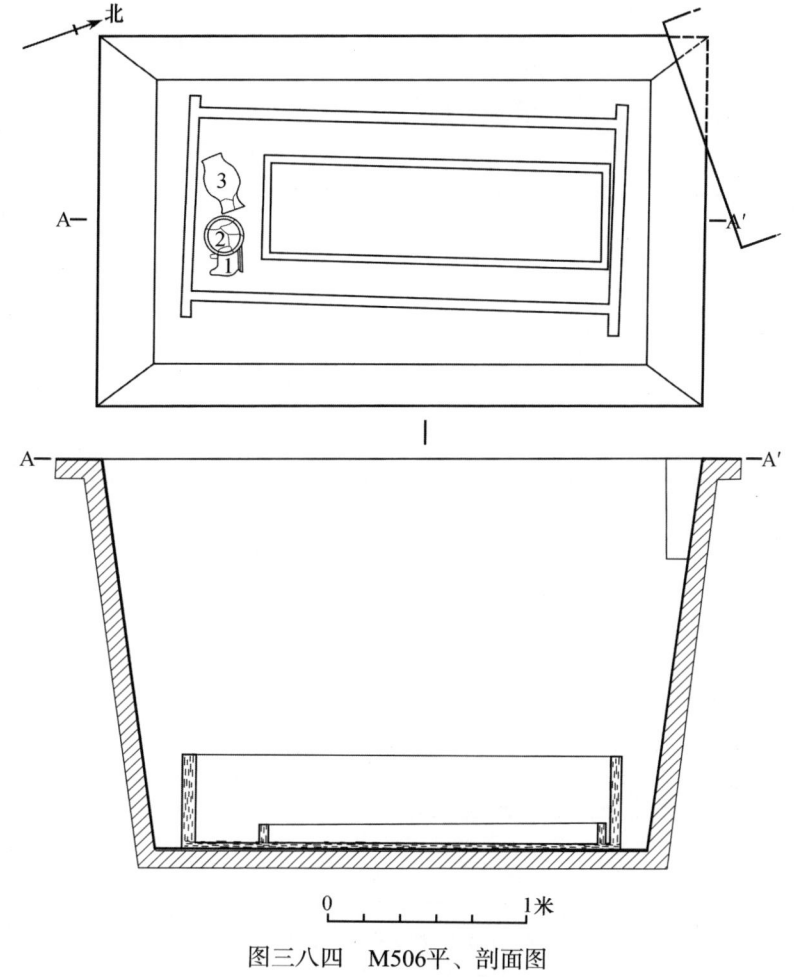

图三八四 M506平、剖面图
1. 陶鬲 2. 陶盂 3. 陶壶

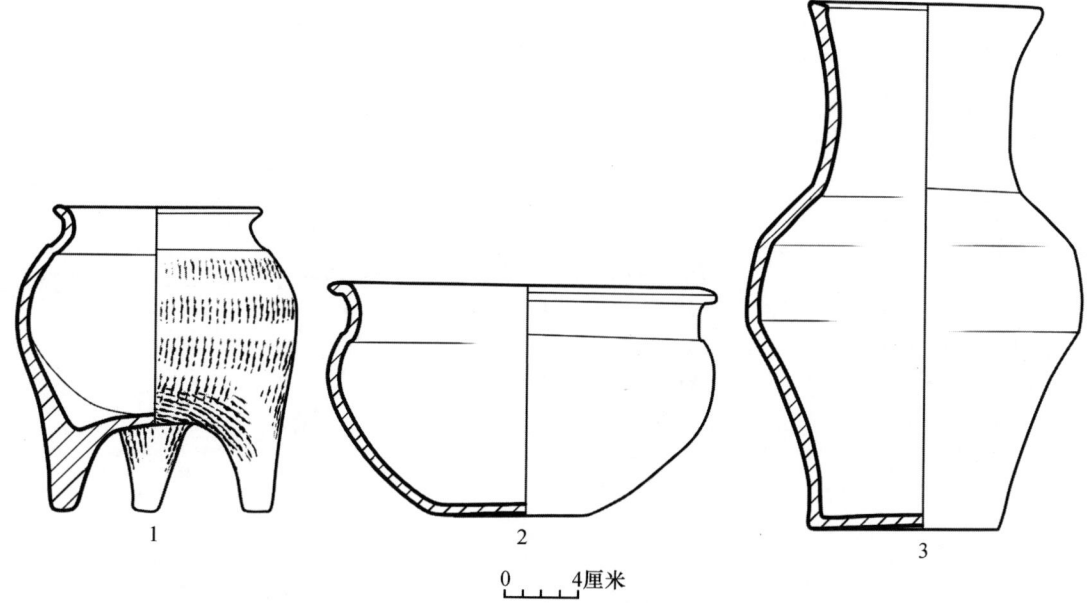

图三八五 M506随葬陶器
1. 鬲（M506∶1） 2. 盂（M506∶2） 3. 壶（M506∶3）

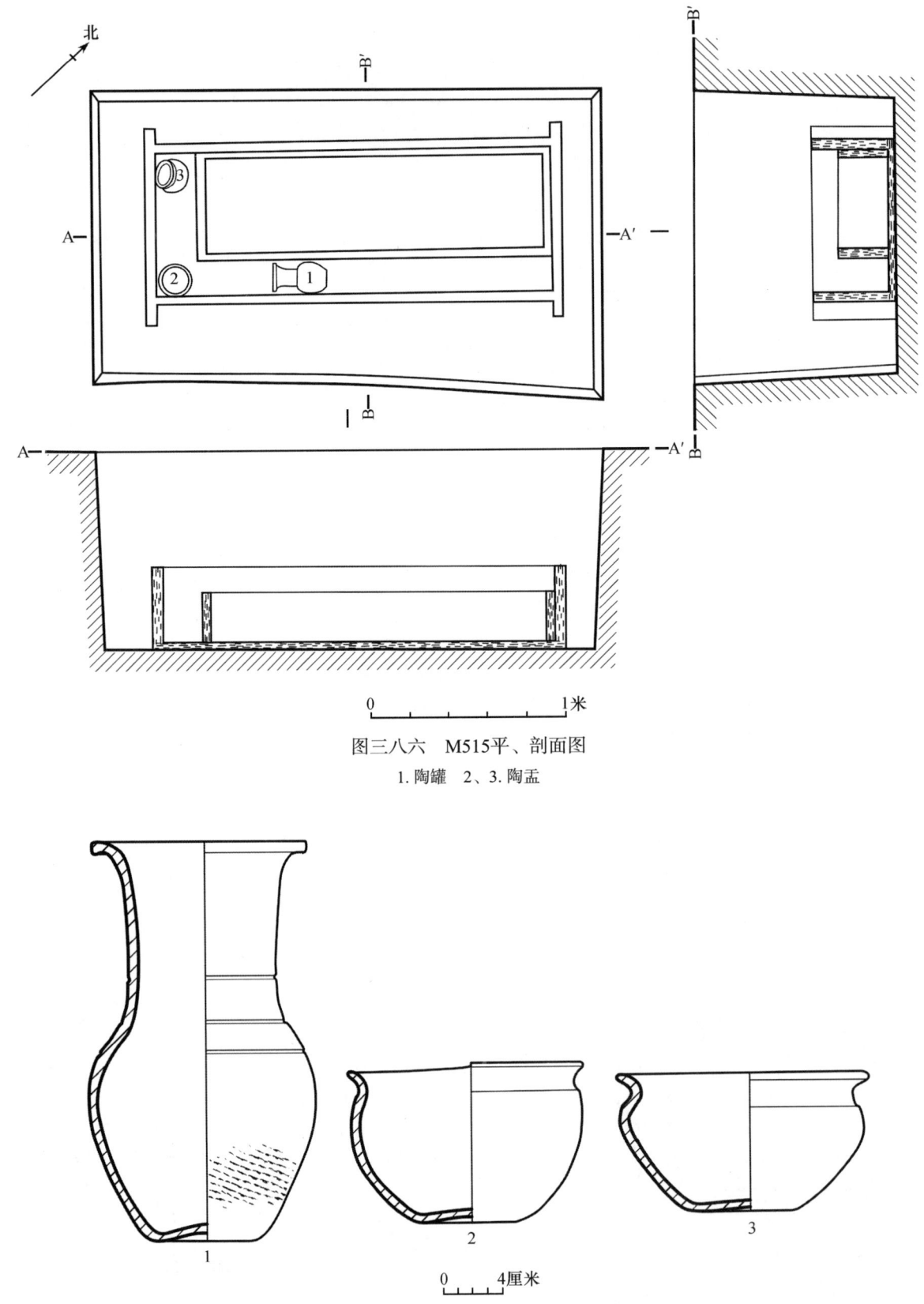

图三八六　M515平、剖面图
1. 陶罐　2、3. 陶盂

图三八七　M515随葬陶器
1. 罐（M515∶1）　2、3. 盂（M515∶2、M515∶3）

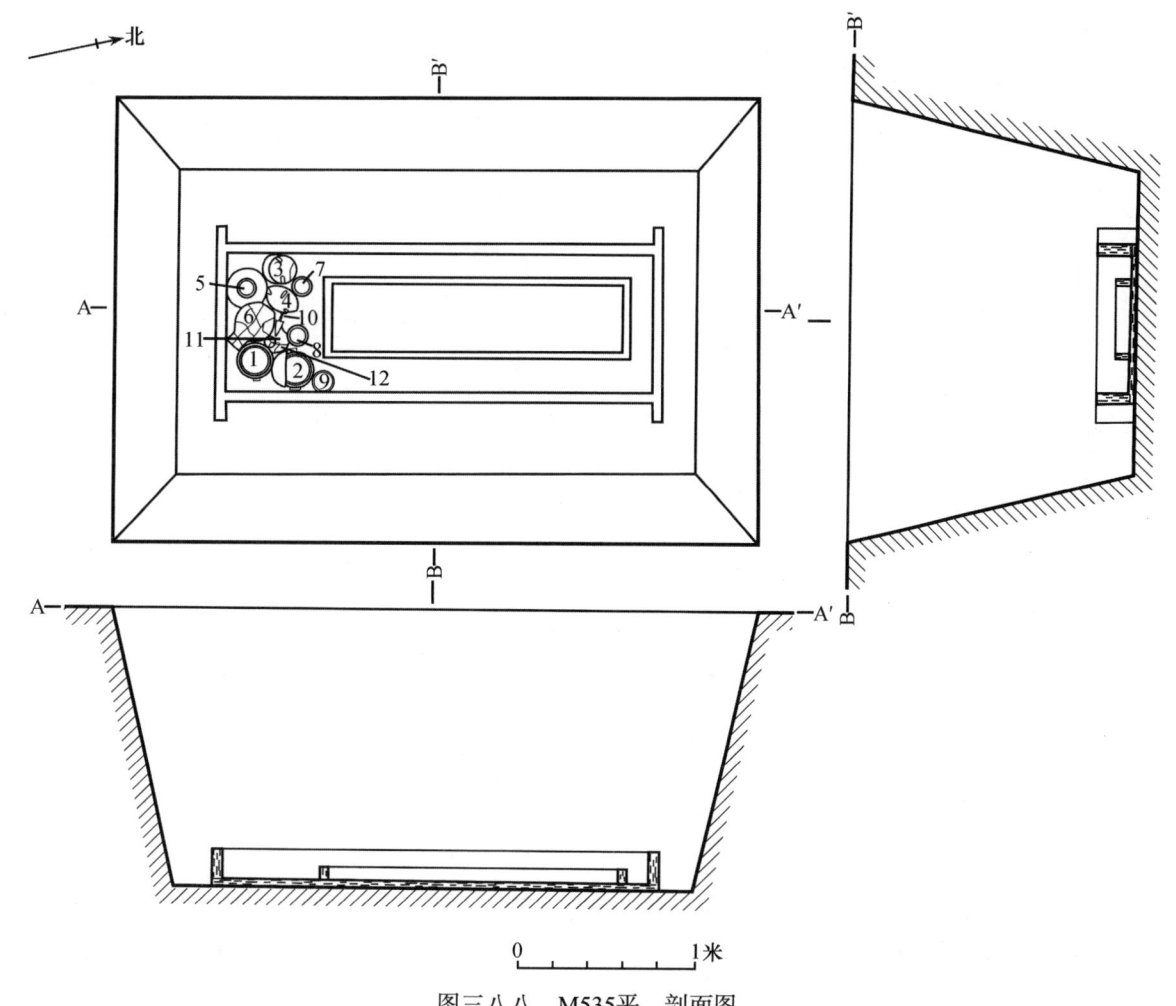

图三八八 M535平、剖面图
1、2.陶鼎 3、4.陶敦 5、6.陶壶 7~9.陶豆 10.铜剑 11.陶盘 12.陶匜

壶（M535：5），泥质褐陶。口径12、腹径21.6、圈足径12.4、高28.8厘米（图三九〇，1）。

壶（M535：6），泥质褐陶。口径10.8、腹径20.4、圈足径13.6、高30厘米（图三九〇，2）。

豆（M535：7），泥质褐陶。盘径14、盘深2.4、高14厘米（图三八九，4）。

豆（M535：8），泥质褐陶。盘径12.8、盘深2、高14厘米（图三九〇，6）。

豆（M535：9），泥质褐陶。盘径13.3、盘深3.1、残高14.8厘米（图三八九，5）。

盘（M535：11），泥质褐陶。口径23.6、残高4.2厘米（图三九〇，4）。

匜（M535：12），泥质褐陶。口径13、底径7.6、通高3.8厘米（图三九〇，5）。

铜器

剑（M535：10），残长16.2、身宽4、首径3.3厘米（图三九〇，3）。

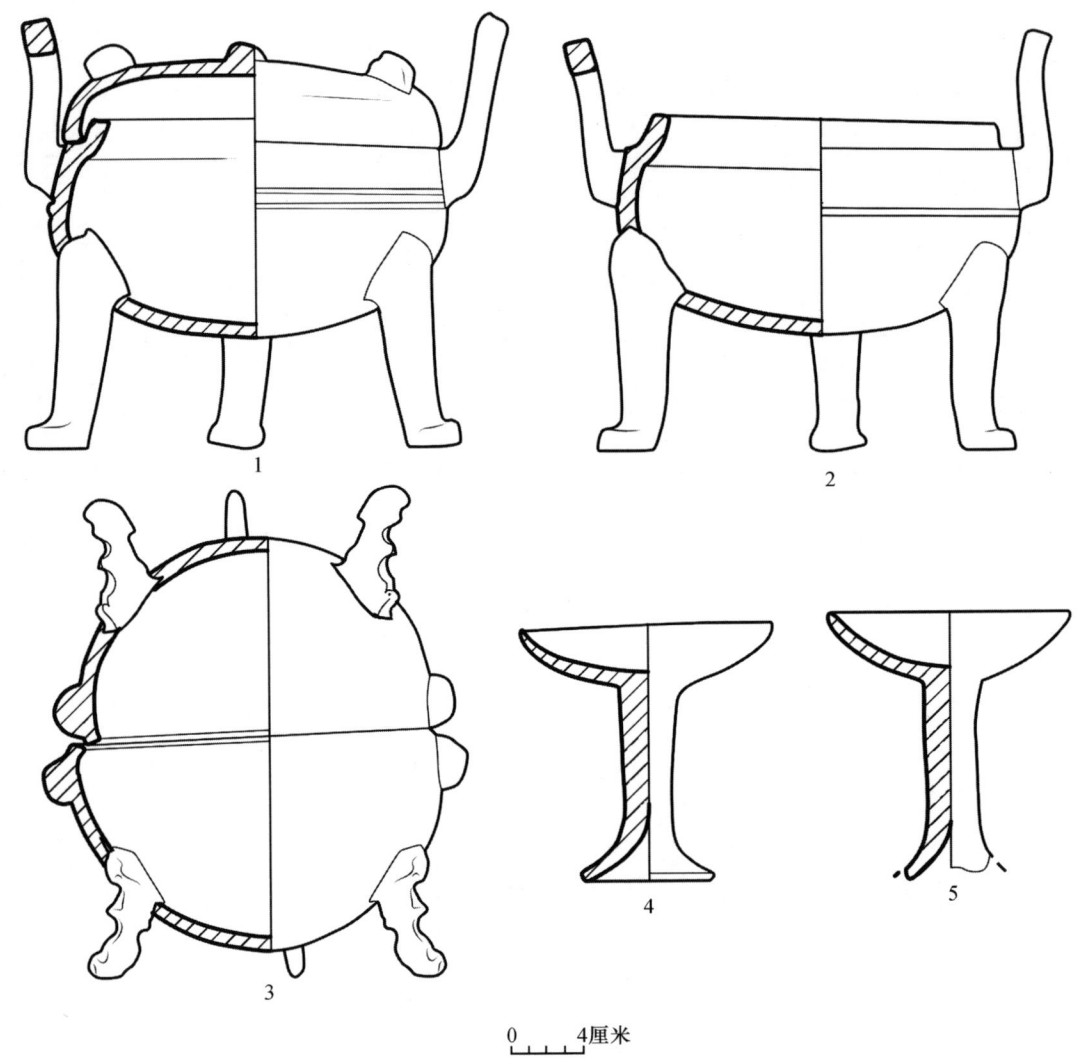

图三八九　M535随葬陶器
1、2. 鼎（M535：1、M535：2）　3. 敦（M535：3）　4、5. 豆（M535：7、M535：9）

34. M546

墓葬形制　方向118°。开口于现地表以下0.6米。墓口北长3.15、南长3.3、东宽1.95、西宽1.9米，墓底长2.8、宽1.5米，墓坑深2.28米。坑壁较直，底平。坑内填黄褐色五花土。

葬具及葬式　单椁单棺，仅见痕迹。椁痕长2.32、宽0.95、高0.33、厚0.08米，棺痕长1.74、宽0.48、高0.12、厚0.06米。未发现人骨架，葬式不明。

随葬器物　陶器6件：鼎、壶、敦各2件，其中修复4件。置于椁内棺外东端（图三九一；彩版五〇，1、2）。

陶鼎（M546：1），泥质褐陶。口径17.3、腹径20、通高21.6厘米（图三九二，1）。

陶鼎（M546：2），泥质褐陶。口径19.2、腹径21.6、通高22厘米（图三九二，2）。

陶壶（M546：5），泥质褐陶。口径12.4、腹径21.2、圈足径9.6、高31.6厘米（图三九二，3）。

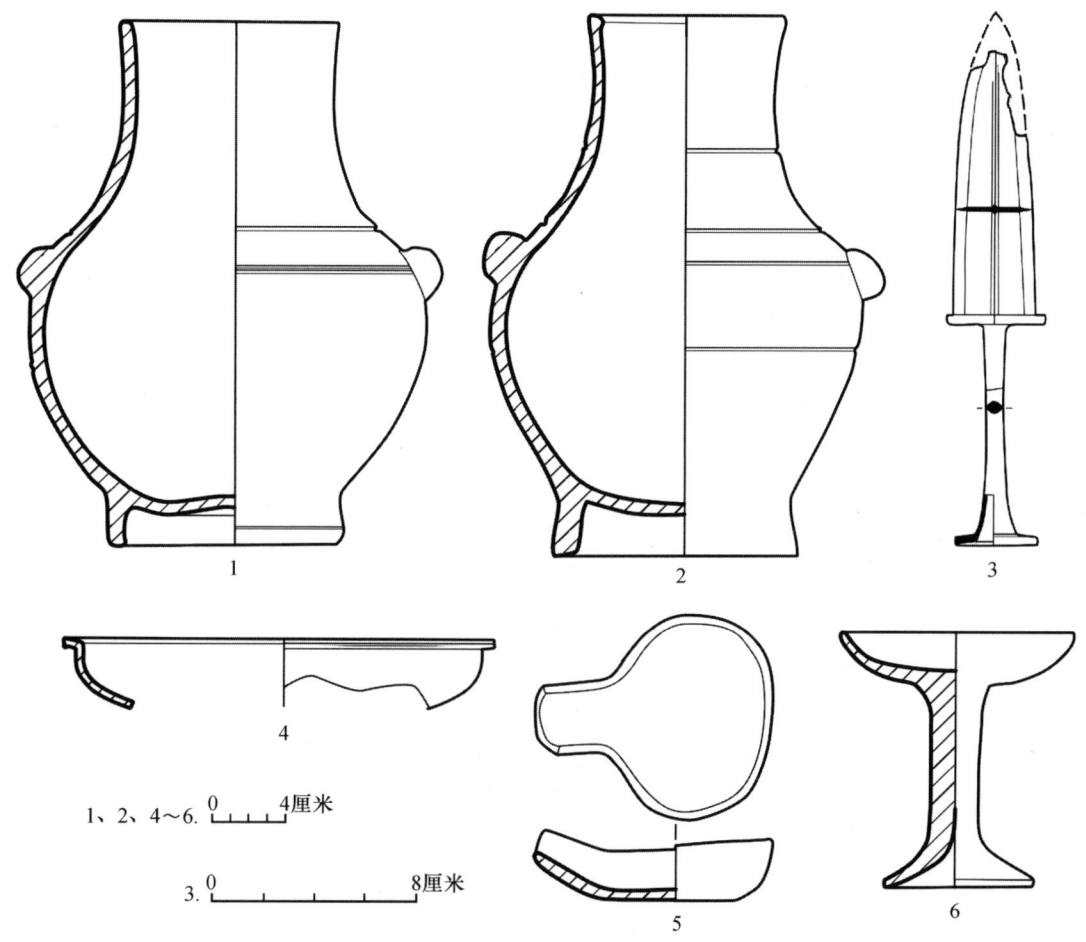

图三九〇　M535随葬器物

1、2.陶壶（M535：5、M535：6）　3.铜剑（M535：10）　4.陶盘（M535：11）　5.陶匜（M535：12）　6.陶豆（M535：8）

陶壶（M546：6），泥质褐陶。口径10.4、腹径21.2、圈足径9.5、高31.6厘米（图三九二，4）。

35. M550

墓葬形制　方向123°。墓口东南部被晚期墓葬打破。开口于现地表以下0.3米。墓口长3.06、宽1.7米，墓底长2.8、宽1.6米，墓坑深1.6米。坑壁粗糙，底平。坑内填黄褐色花土，夹杂较多灰白土，土质松。

葬具及葬式　单椁单棺，已腐，只发现青灰泥痕迹。椁痕长2.26、宽0.96、高0.38米，棺痕长1.76、宽0.42、高0.1米。未发现人骨架，葬式不明。

随葬器物　陶器3件：盂2件，罐1件。置于椁内棺外东端（图三九三；图版五五，1、2）。

陶盂（M550：1），泥质褐陶。口径18.6、腹径18.1、底径7.8、高10.8厘米（图三九四，1）。

陶盂（M550：2），泥质灰陶。口径21.4、腹径22.1、底径8.4、高14.7厘米（图

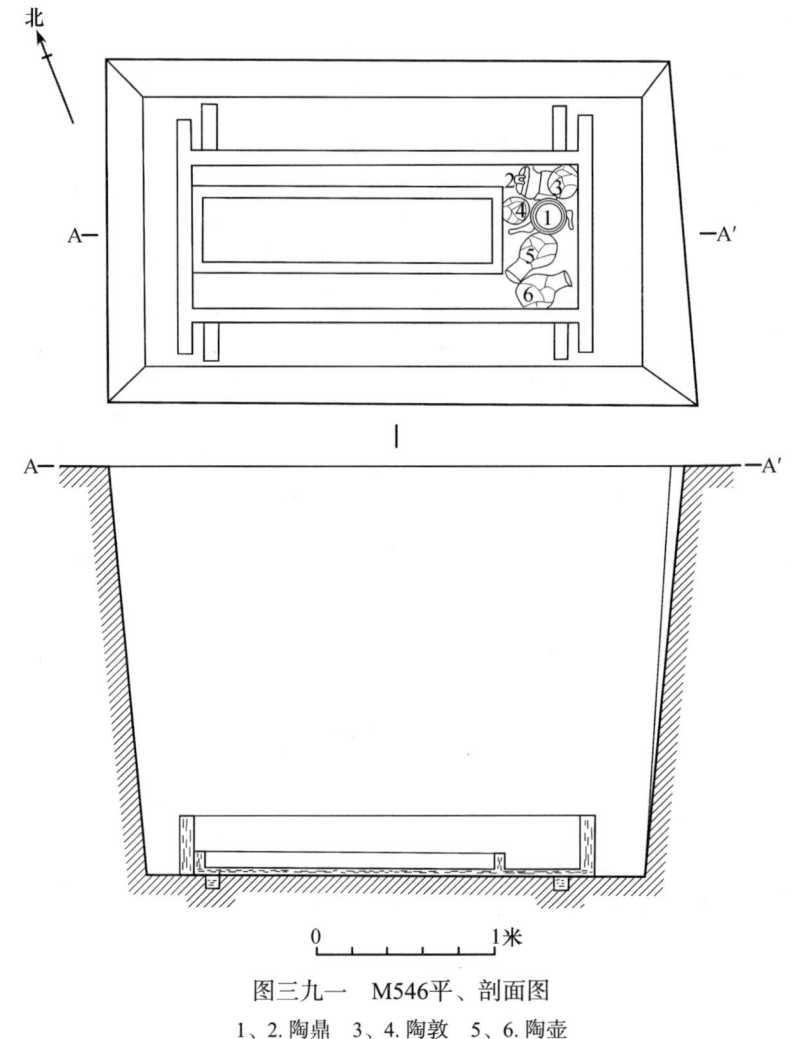

图三九一　M546平、剖面图
1、2. 陶鼎　3、4. 陶敦　5、6. 陶壶

三九四，2）。

陶罐（M550：3），泥质灰陶。口径15.4、腹径14.5、底径5.9、高25.4厘米（图三九四，3）。

36. M662

墓葬形制　方向125°。开口于现地表以下0.4米。墓口长2.74、宽1.66米，墓底长2.74、宽1.66米，墓坑深2.4~2.48米。坑壁粗糙、未加工，底平。坑内填黄褐色五花土。

葬具及葬式　单椁单棺，已朽，仅余腐痕。椁痕长2.26、宽1.04、高0.48米、厚0.05米，棺痕长1.86、宽0.48、高0.16、厚0.05米，垫木沟槽长1.82、宽0.1、深0.06米。人骨架已朽，棺内东部发现几枚牙齿，葬式不明。

随葬器物　陶器4件：壶、豆、鬲、盂各1件。置于椁内棺外东端（图三九五；图版五五，3、4）。

陶壶（M662：1），泥质灰陶。口径13.6、腹径15.2、底径11.2、高26.6厘米（图

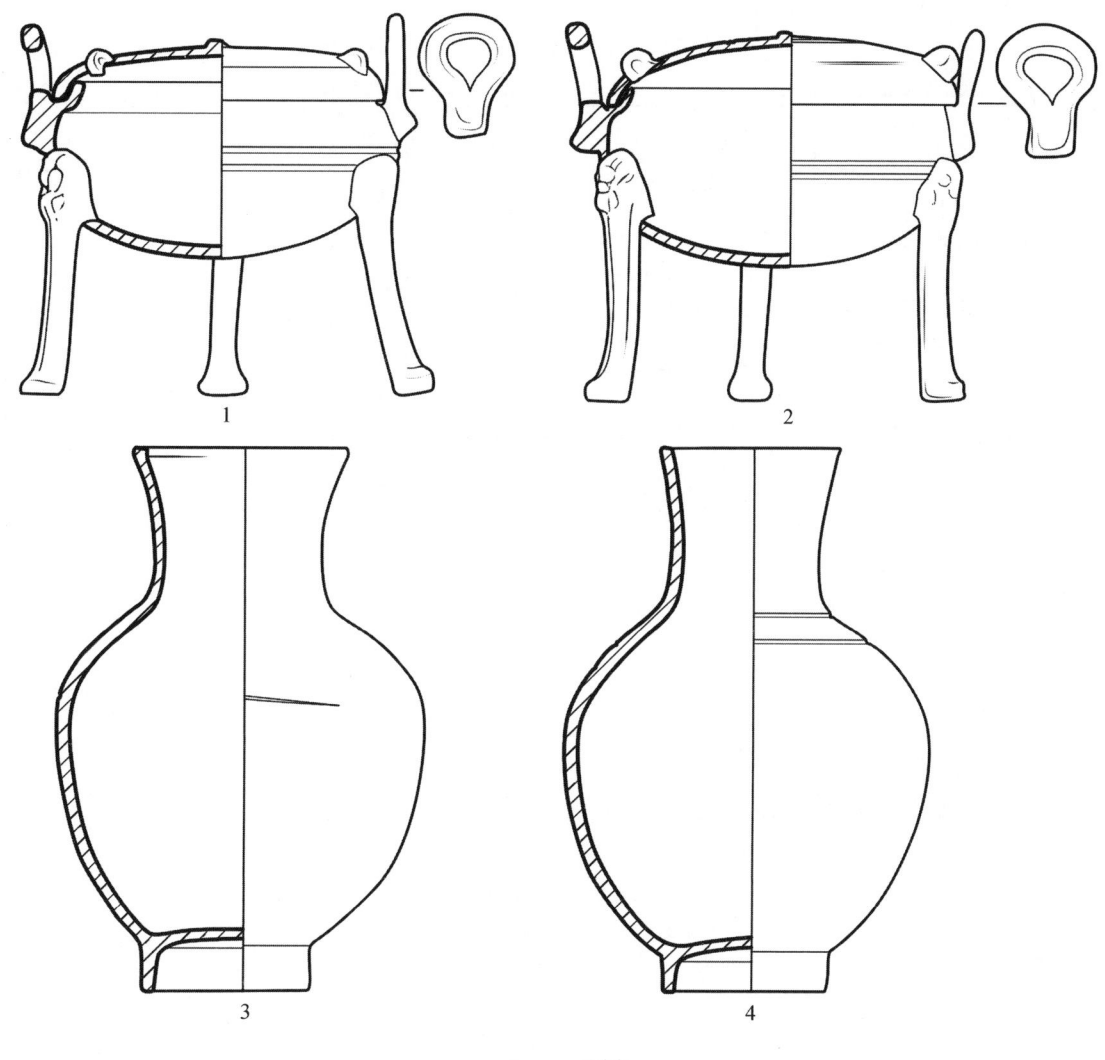

图三九二　M546随葬陶器
1、2. 鼎（M546：1、M546：2）　3、4. 壶（M546：5、M546：6）

三九六，1）。

陶豆（M662：2），泥质褐陶。盘径13.6、盘深3.2、高10.8厘米（图三九六，2）。

陶甗（M662：3），泥质褐陶。口径12.8、腹径16.8、高15.6厘米（图三九六，3）。

陶盂（M662：4），泥质灰陶。口径16.5、腹径15.8、底径6.8、高7.6厘米（图三九六，4）。

37. M663

墓葬形制　方向203°。开口于现地表以下0.4米。墓口长2.9、宽1.5米，墓底长2.8、宽1.3～1.42米，墓坑深2.35米。坑壁较平整光滑，墓下部至底的东西壁向内隆起，底平。坑内填灰褐色花土。

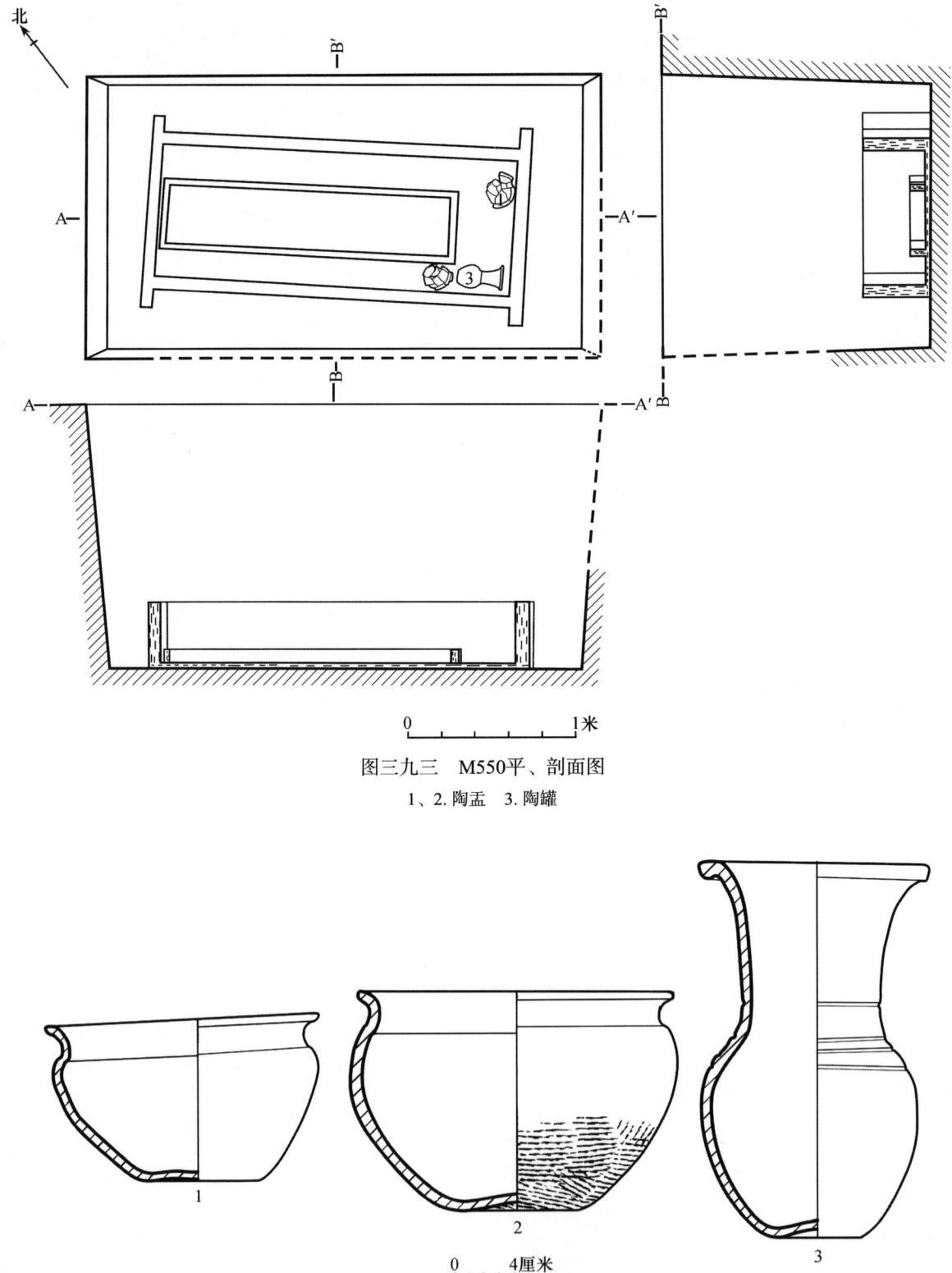

图三九三　M550平、剖面图
1、2.陶盂　3.陶罐

图三九四　M550随葬陶器
1、2.盂（M550∶1、M550∶2）　3.罐（M550∶3）

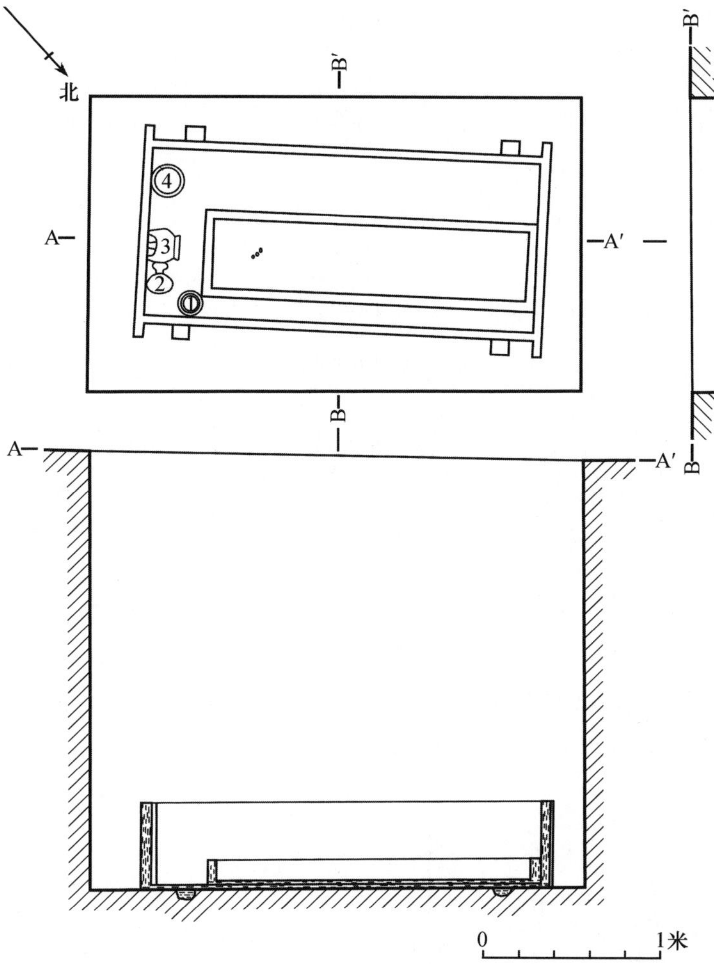

图三九五　M662平、剖面图
1.陶壶　2.陶豆　3.陶鬲　4.陶盂

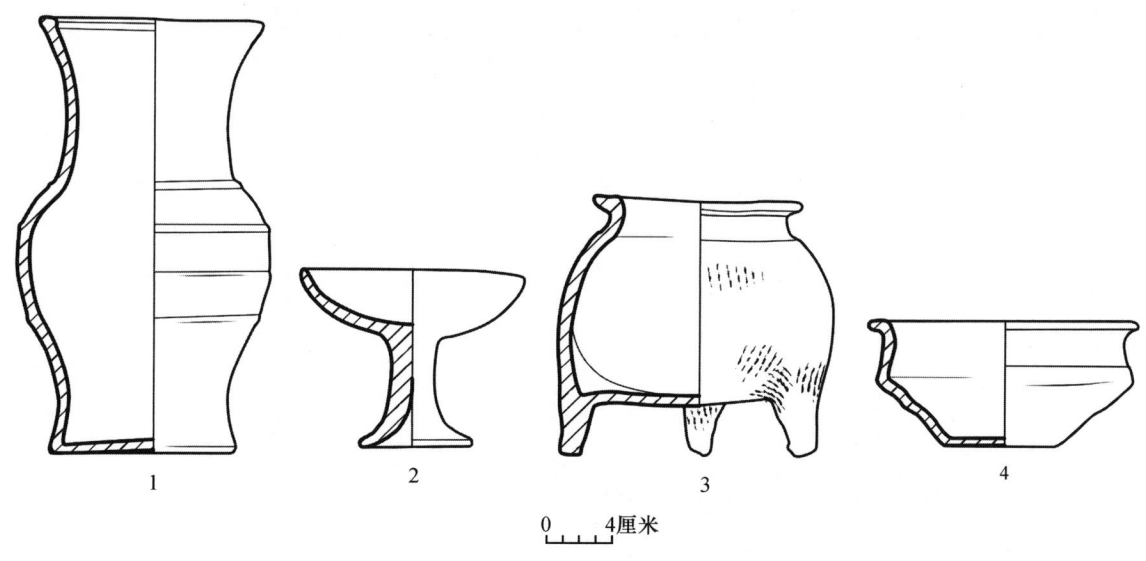

图三九六　M662随葬陶器
1.壶（M662∶1）　2.豆（M662∶2）　3.鬲（M662∶3）　4.盂（M662∶4）

葬具及葬式 单椁单棺，仅余腐痕。椁痕长2.14、宽0.94、高0.35米，棺痕长1.74、宽0.46、高0.12米。人骨架朽尽，葬式不明。

随葬器物 陶器4件：盂、鬲、罐、豆各1件。置于椁内棺外南端（图三九七；图版五六，1、2）。

陶盂（M663：1），泥质灰陶。口径21.2、腹径22.4、底径8.4、高14厘米（图三九八，1）。

陶鬲（M663：2），泥质灰陶。口径14、腹径16.8、高16厘米（图三九八，2）。

陶罐（M663：3），泥质灰陶。口径13.6、腹径18.8、底径7.6、高20厘米（图三九八，3）。

陶豆（M663：4），泥质褐陶。盘径12、盘深2.4、高12厘米（图三九六，4）。

38. M668

墓葬形制 方向123°。开口于现地表以下0.9米。墓口长2.5、东宽1.5、西宽1.6米，墓底长2.42、东宽1.38、西宽1.48米，墓坑深1米。坑壁较规整，底平。坑内填土为灰黄色花土。

葬具及葬式 单椁单棺，仅存腐痕。椁痕长2.24、宽0.86、高0.22米，棺痕长1.8、宽0.5、高0.08米。人骨架朽尽，棺内东部残存数枚牙齿，葬式不明。

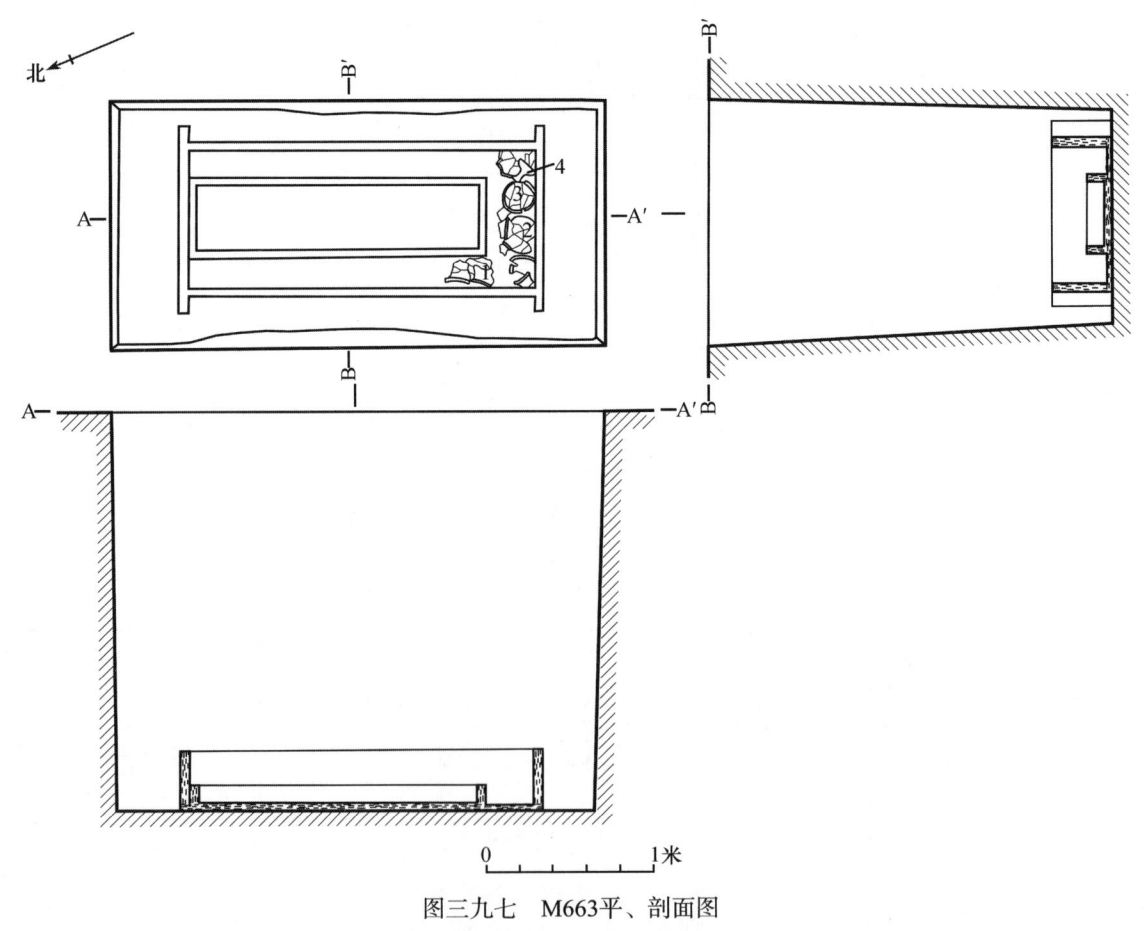

图三九七 M663平、剖面图
1.陶盂 2.陶鬲 3.陶罐 4.陶豆

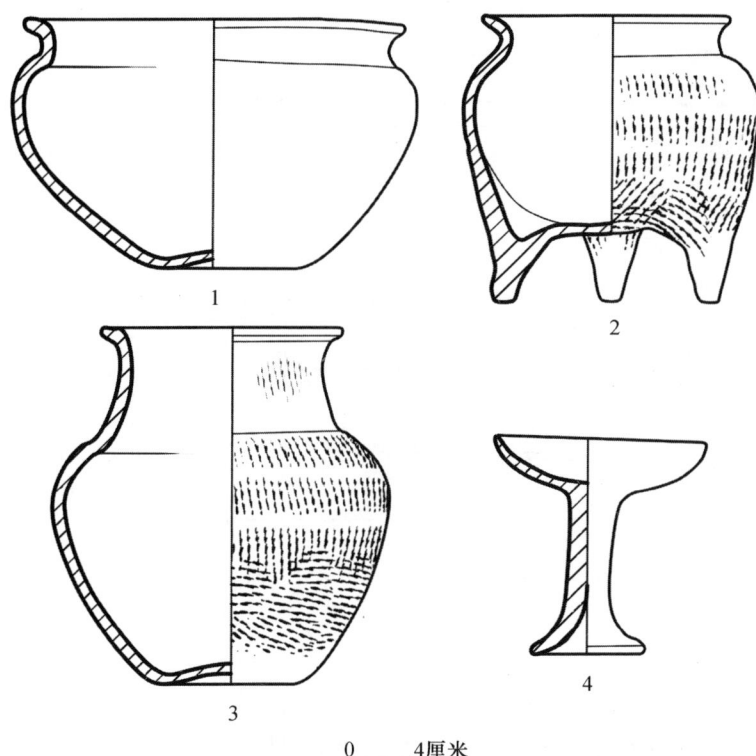

图三九八　M663随葬陶器
1.盂（M663：1）　2.鬲（M663：2）　3.罐（M663：3）　4.豆（M663：4）

随葬器物　陶器2件：鬲、盂各1件。置于椁内棺外东端北侧（图三九九；彩版五一，1、2）。

陶鬲（M668：1），泥质褐陶。口径14.5、腹径19.2、高18.9厘米（图四○○，1）。

陶盂（M668：2），泥质褐陶。口径15.6、腹径15.8、底径7、高10.3厘米（图四○○，2）。

39. M688

墓葬形制　方向174°。开口于现地表以下0.46米。墓口长2.64、北宽1.8、南宽1.84米，墓底长2.52、北宽1.6、南宽1.72米，墓坑深1.7米。坑壁光滑，底平。坑内填黄褐色花土，质密。

葬具及葬式　单椁单棺，已朽，仅见腐痕。椁痕长2.26、宽0.86、高0.16米，棺痕长1.74、宽0.4、高0.1米。人骨架已朽，棺内南端仅见牙齿，葬式不明。

随葬器物　陶器3件：鬲、盂、罐各1件，其中修复2件。置于椁内棺外南端（图四○一；图版五六，3、4）。

陶鬲（M688：2），泥质褐陶。口径13.2、腹径20、高22.8厘米（图四○二，1）。

陶罐（M688：3），泥质褐陶。口径15.4、腹径20.2、底径8.4、高21.2厘米（图四○二，2）。

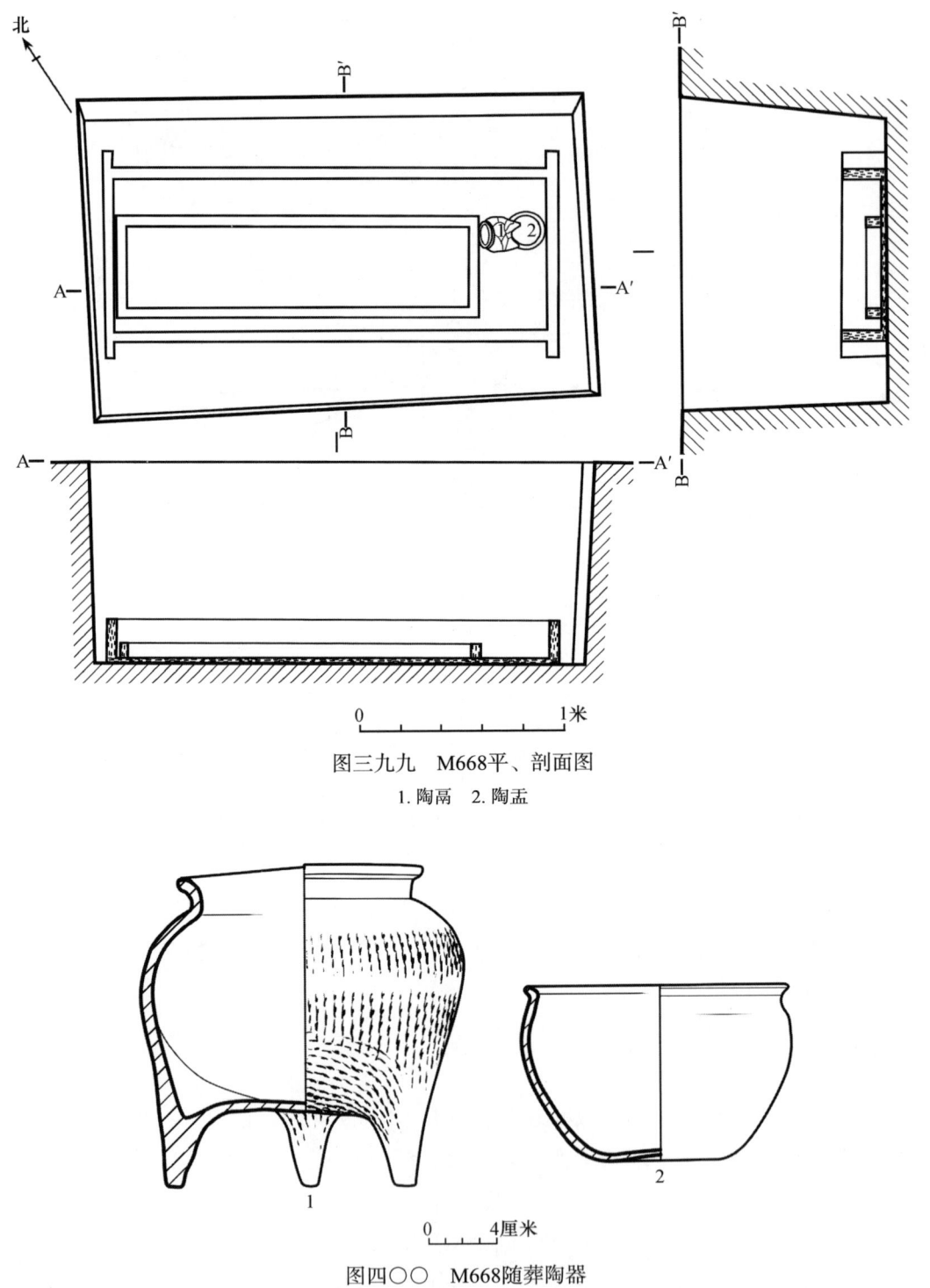

图三九九　M668平、剖面图
1. 陶鬲　2. 陶盂

图四○○　M668随葬陶器
1. 鬲（M668∶1）　2. 盂（M668∶2）

40. M745

墓葬形制　方向176°。开口于现地表以下0.3米。墓口长3.2、宽1.88～2米，墓底长2.64、宽1.4米，墓坑深3米。坑壁内斜收、较规整，底平。坑内填黄褐灰色五花土。

葬具及葬式　单椁单棺。椁长2.4、宽1.1、残高0.32米，棺长1.76、宽0.4、残高0.28米。人

第三章 楚　墓

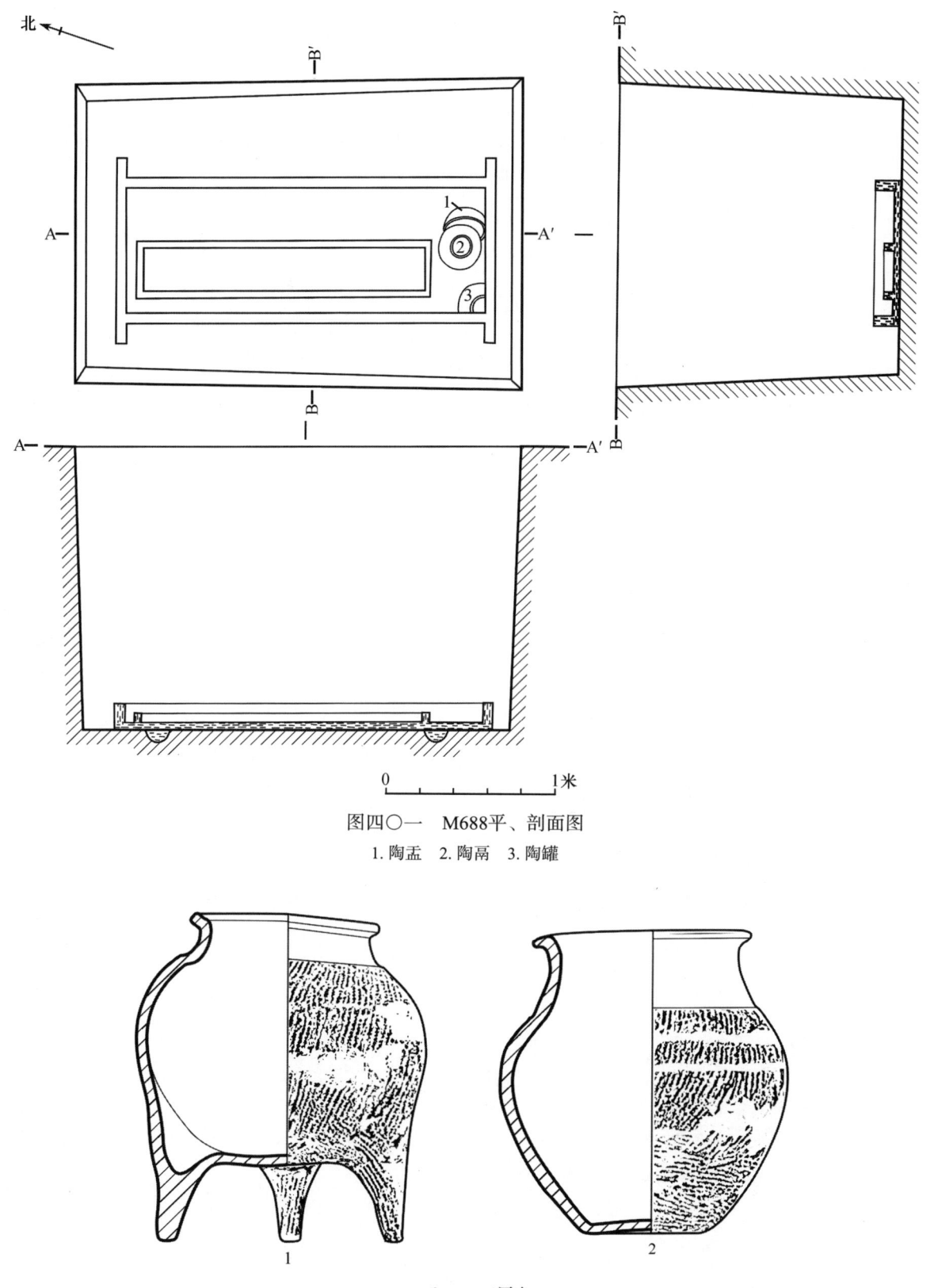

图四○一　M688平、剖面图
1. 陶盂　2. 陶鬲　3. 陶罐

图四○二　M688随葬陶器
1. 鬲（M688∶2）　2. 罐（M688∶3）

骨架已朽尽，葬式不明。

随葬器物　陶器8件：鼎、缶、敦各2件，盘、匜各1件，其中修复6件。置于椁内棺外南端（图四〇三）。

陶缶（M745：1），泥质褐陶。口径8.8、腹径14.5、底径6.8、通高28厘米（图四〇四，1）。

陶缶（M745：2），泥质褐陶。口径8.8、腹径17.4、底径6.2、通高28.4厘米（图四〇四，2）。

陶敦（M745：3），泥质褐陶。口径19.4、通高29厘米（图四〇四，3）。

陶鼎（M745：4），泥质褐陶。口径16、腹径20.5、通高22.2厘米（图四〇四，4）。

陶鼎（M745：5），泥质褐陶。口径17.6、腹径20、通高22.4厘米（图四〇四，5）。

陶盘（M745：7），泥质褐陶。口径18.4、高3.6厘米（图四〇四，6）。

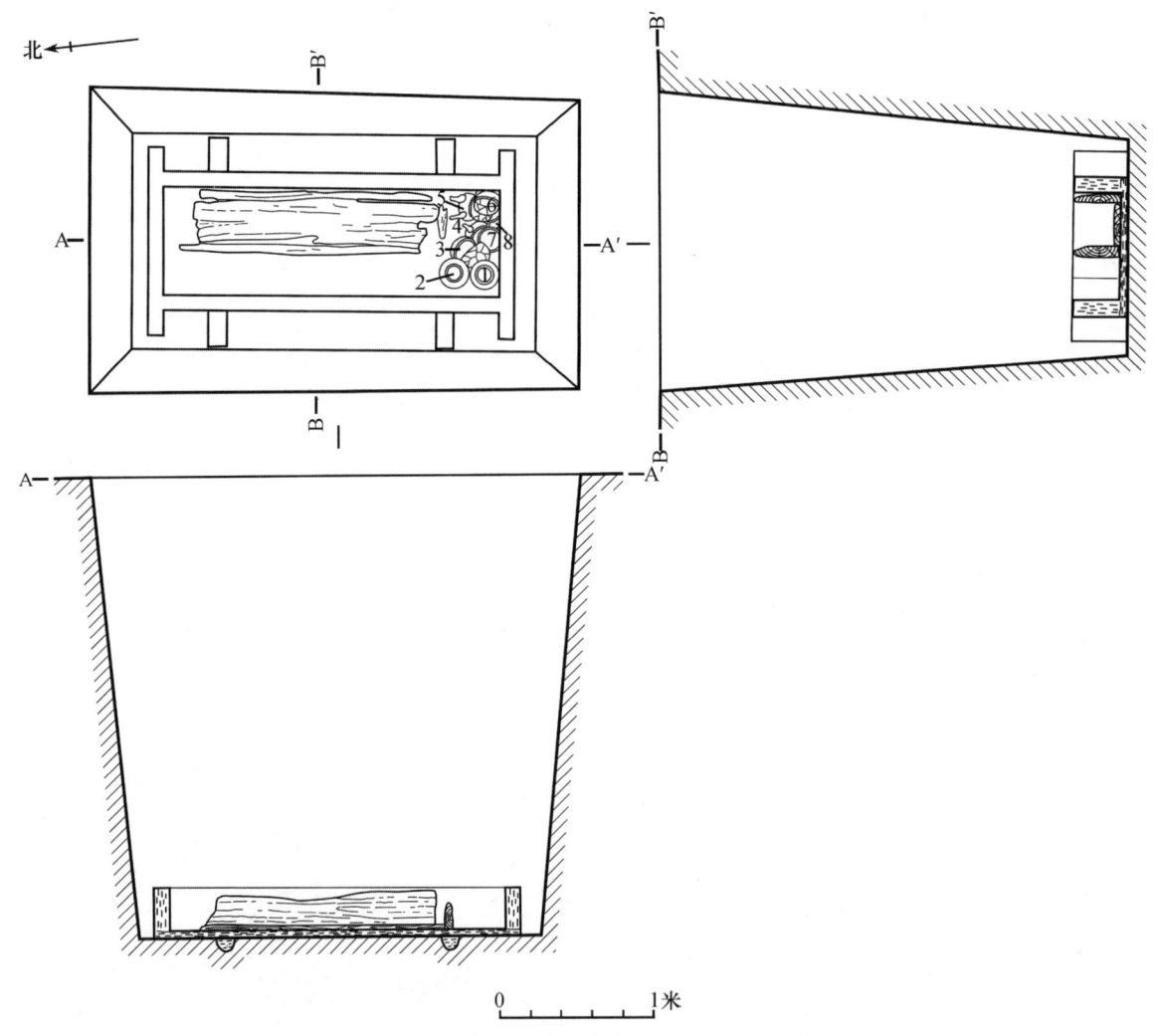

图四〇三　M745平、剖面图

1、2.陶缶　3、6.陶敦　4、5.陶鼎　7.陶盘　8.陶匜

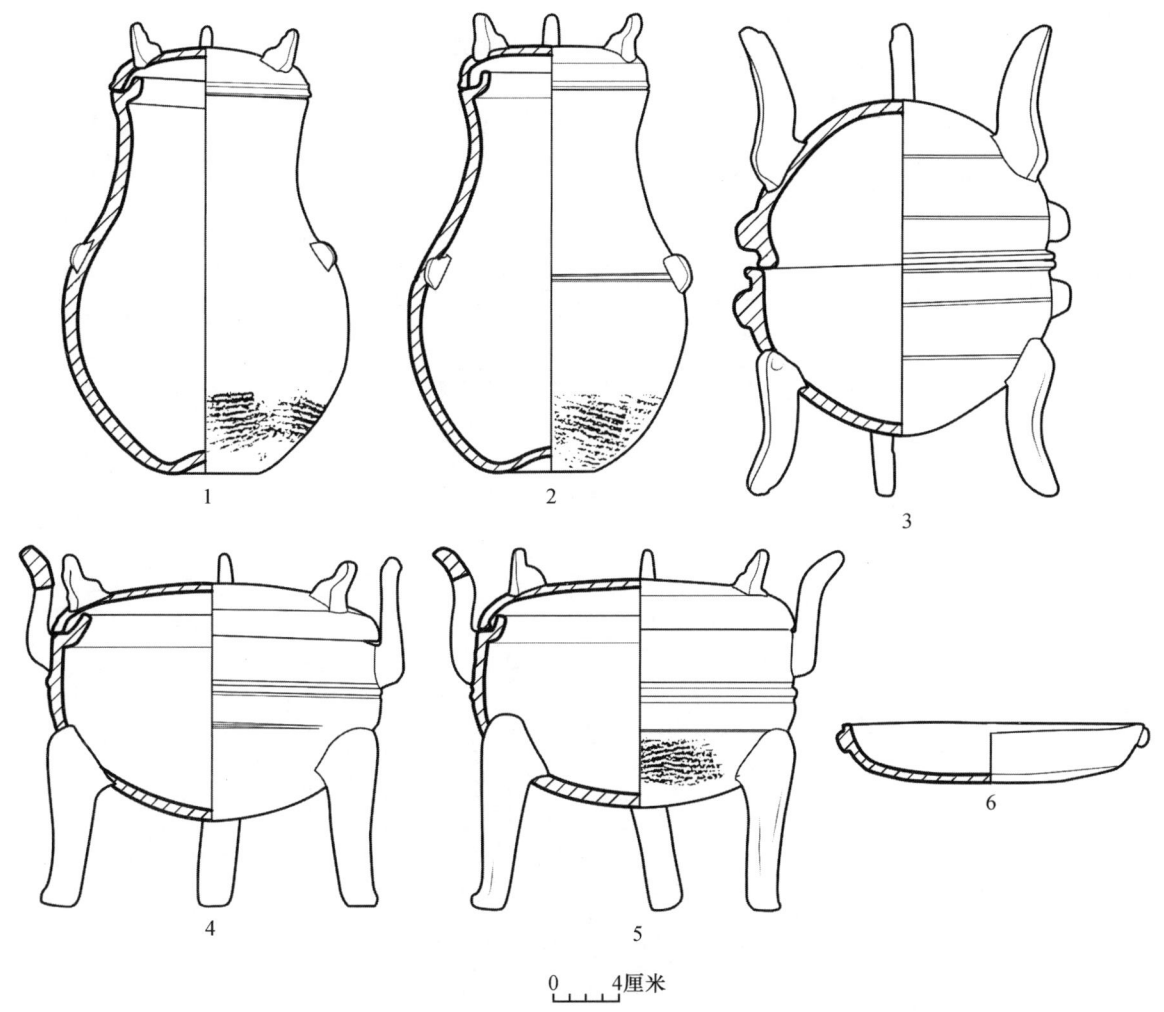

图四〇四　M745随葬陶器

1、2.缶（M745：1、M745：2）　3.敦（M745：3）　4、5.鼎（M745：4、M745：5）　6.盘（M745：7）

41. M784

墓葬形制　方向146°。开口于现地表以下0.32米。墓口长2.62～2.7、宽1.62～1.64米，墓底长2.62～2.64、宽1.46～1.52米，墓坑深1.86米。坑壁内斜收、不规整，底平。坑内填黄褐灰色五花土。

葬具及葬式　单椁单棺，已腐，仅存腐痕。椁痕长2.32、宽0.92、高0.46米，棺痕长1.86、宽0.52、高0.26米。椁底南北两端各设1根垫木，南端垫木较靠近南壁，已腐，存灰色腐痕，断面呈近方形，南北两端垫木大小、形制相同，长1.46、宽0.1、厚0.05米。人骨架已朽尽，葬式不明。

随葬器物　陶器5件：盂、鬲、罐各1件，豆2件。置于椁内棺外南端（图四〇五；图版五七，1、2）。

陶盂（M784：1），泥质褐陶。口径20.1、腹径19.8、底径9.2、高12.1厘米（图四〇六，1）。

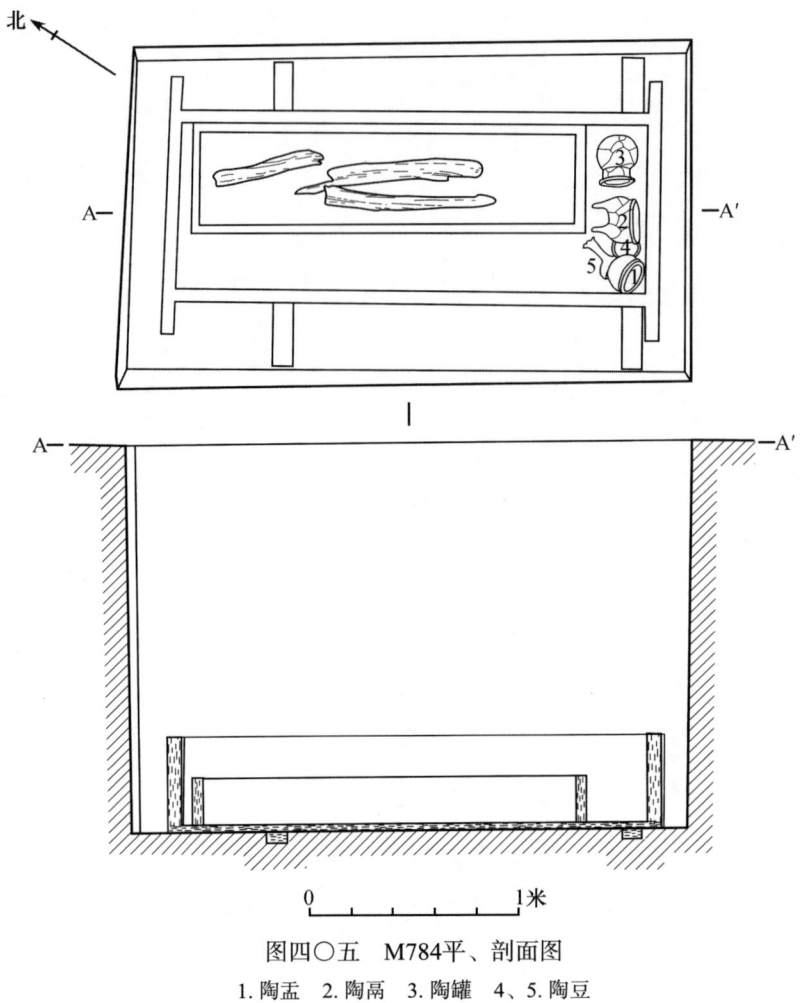

图四〇五 M784平、剖面图
1. 陶盂 2. 陶鬲 3. 陶罐 4、5. 陶豆

陶鬲（M784:2），泥质褐陶。口径18、腹径19.8、高17.4厘米（图四〇六，2）。

陶罐（M784:3），泥质褐陶。口径14.6、腹径20.5、底径6.4、高21.3厘米（图四〇六，3）。

陶豆（M784:4），泥质褐陶。盘径11.8、盘深2.2、高11.2厘米（图四〇六，4）。

陶豆（M784:5），泥质褐陶。盘径12.6、盘深2.2、高14厘米（图四〇六，5）。

42. M791

墓葬形制　方向201°。开口于现地表以下0.44米。墓口长2.68~2.8、宽1.68~1.8米，墓底长2.5~2.64、宽1.4~1.6米，墓坑深1.52米。坑壁内斜收、不规整，底平。坑内填黄褐灰色五花土。

葬具及葬式　单椁单棺，仅存腐痕。椁痕长2.22、宽0.82、高0.22米，棺痕长1.74、宽0.47、高0.04米。人骨架已朽尽，葬式不明。

随葬器物　陶器3件：壶、鼎、盂各1件。置于椁内棺外南端（图四〇七；图版五七，3、4）。

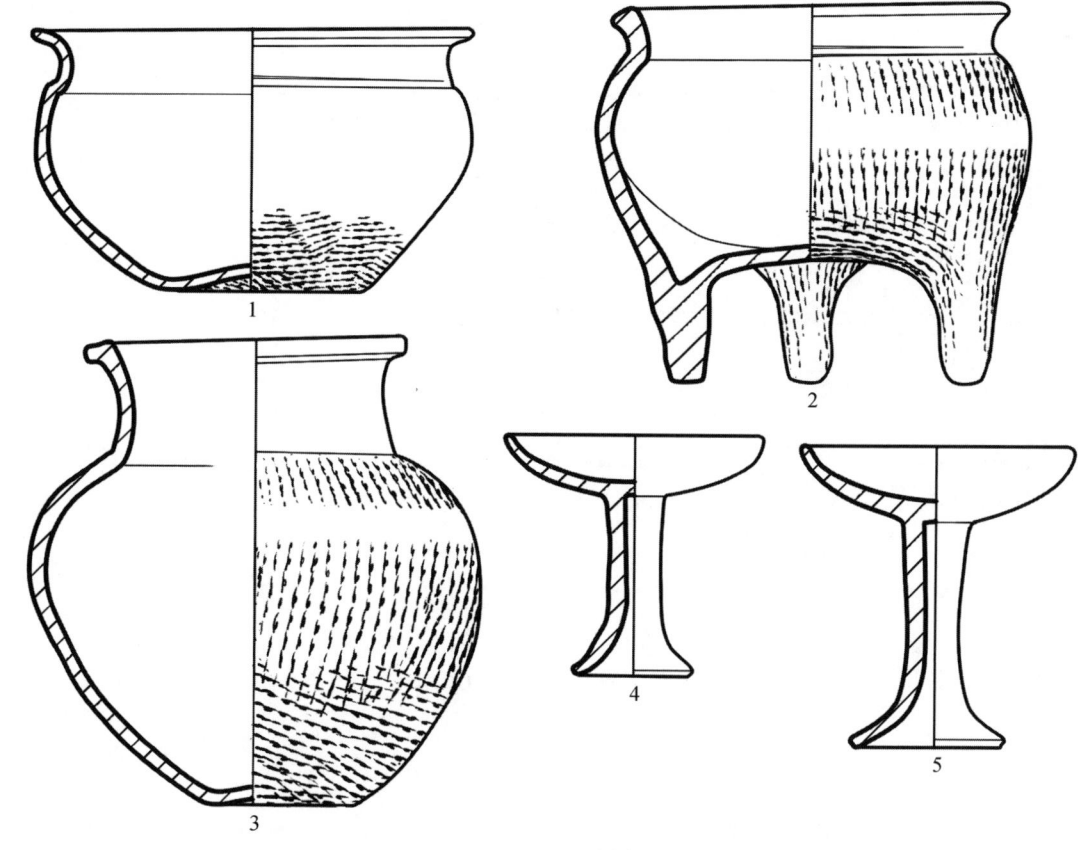

图四○六 M784随葬陶器
1. 盂（M784∶1） 2. 鬲（M784∶2） 3. 罐（M784∶3） 4、5. 豆（M784∶4、M784∶5）

陶壶（M791∶1），泥质褐陶。口径10.8、腹径20.8、圈足径11.2、高30.8厘米（图四○八，1）。

陶鼎（M791∶2），泥质褐陶。口径16、腹径20.8、通高22.5厘米（图四○八，2）。

陶盂（M791∶3），泥质褐陶。口径20.6、腹径20.1、底径8.4、高12.2厘米（图四○八，3）。

43. M803

墓葬形制 方向127°。开口于现地表以下0.3米。墓口长2.8~2.96、宽1.7~1.8米，墓底长2.46~2.54、宽1.35~1.42米，墓坑深1.25米。坑壁内斜收、不规整，底平。坑内填黄褐灰色五花土。

葬具及葬式 单椁单棺，仅存腐痕。椁痕长2.2、宽1.1、高0.18米，棺痕长2.08、宽0.58、高0.18米。人骨架已朽尽，葬式不明。

随葬器物 陶器6件：鬲、盂、壶各1件，豆3件，其中修复2件。置于椁内棺外东北角（图四○九；图版五八，1、2）。

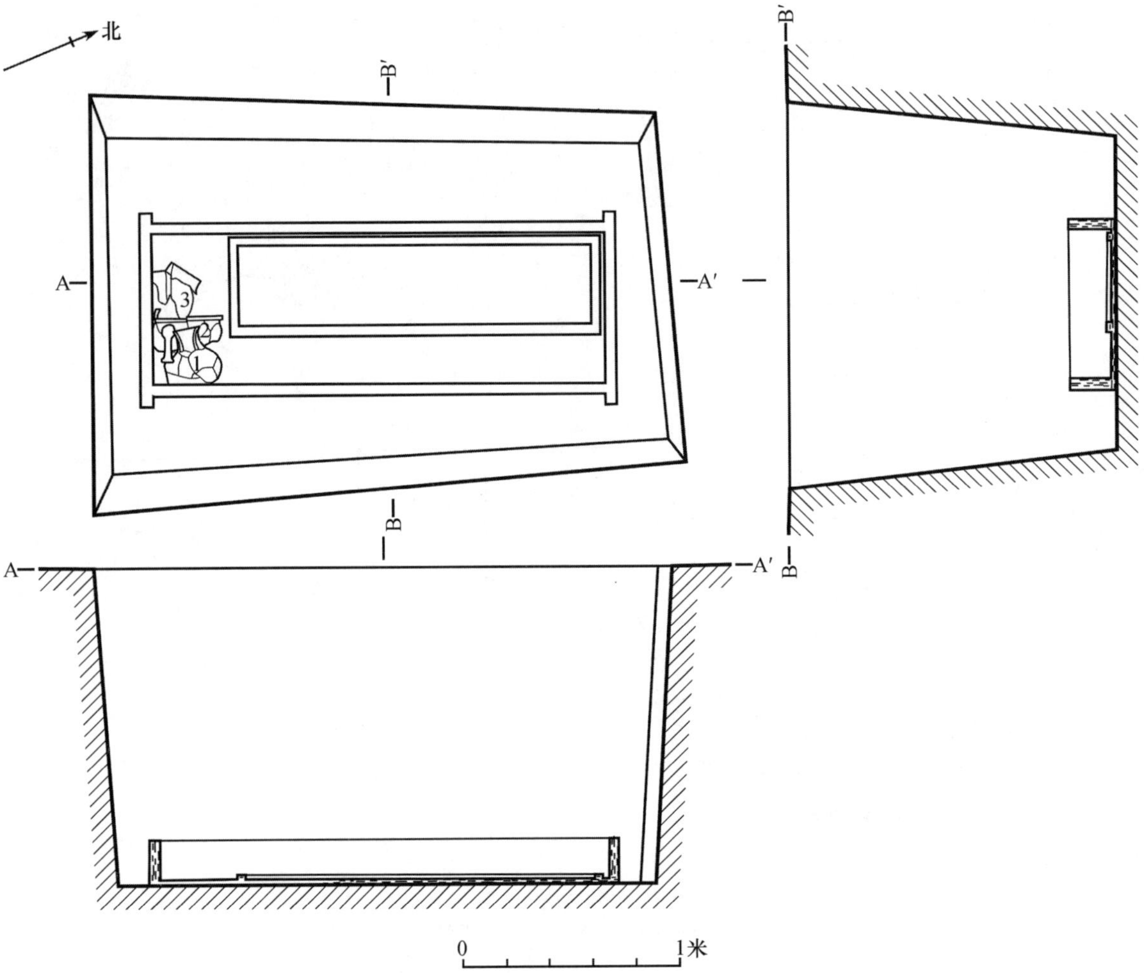

·326·　襄阳沈岗东周墓（西区）

图四〇七　M791平、剖面图
1. 陶壶　2. 陶鼎　3. 陶盂

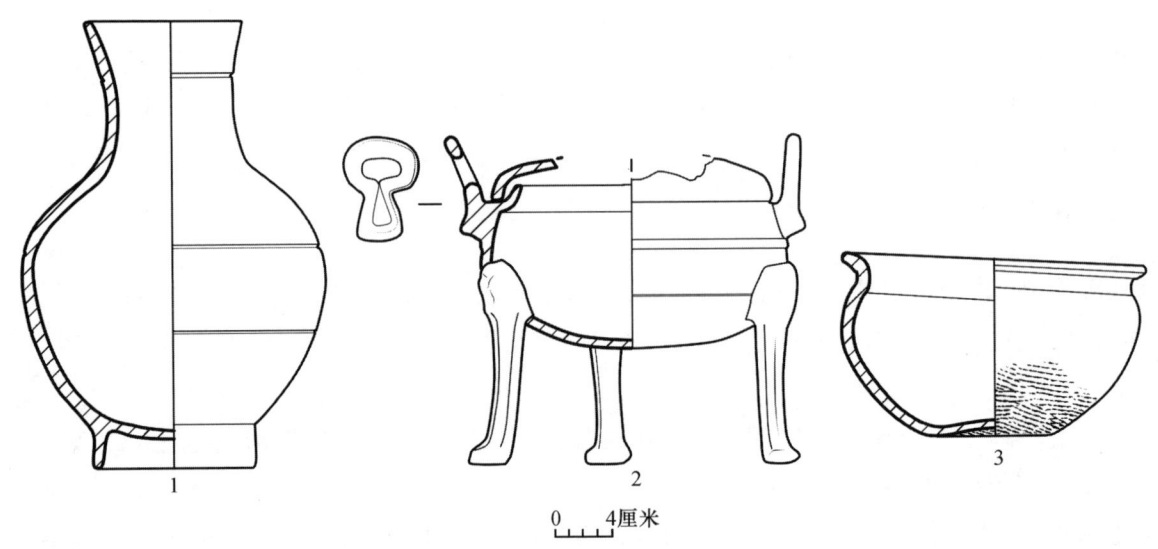

图四〇八　M791随葬陶器
1. 壶（M791:1）　2. 鼎（M791:2）　3. 盂（M791:3）

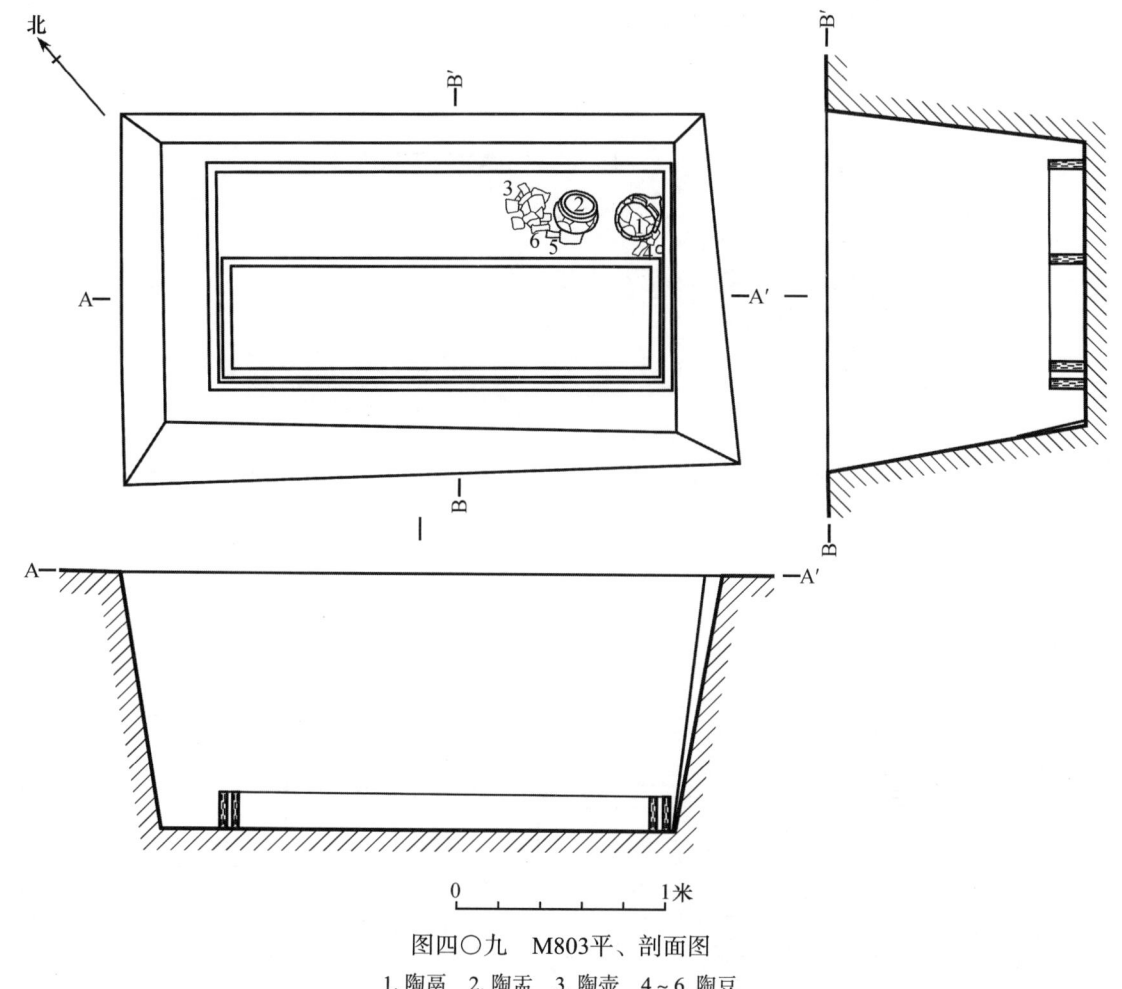

图四〇九　M803平、剖面图
1.陶鬲　2.陶盂　3.陶壶　4~6.陶豆

陶鬲（M803：1），泥质褐陶。口径14.5、腹径16、高16.4厘米（图四一〇，1）。

陶盂（M803：2），泥质灰陶。口径14.5、腹径16.4、底径7.2、高10.8厘米（图四一〇，2）。

44. M821

墓葬形制　方向200°。开口于现地表以下0.2米。墓口长2.7、宽1.46~1.56米，墓底长2.54、宽1.2~1.24米，墓坑深1.1米。坑壁内斜收、不规整，底平。坑内填黄褐灰色五花土。

葬具及葬式　单椁单棺，仅存腐痕。椁痕长2.26、宽0.76、高0.06米，棺痕长1.8、宽0.46、高0.06米。人骨架已朽尽，葬式不明。

随葬器物　陶器2件：罐、盂各1件。置于椁内棺外南端（图四一一；图版五八，3、4）。

陶罐（M821：1），泥质灰陶。口径13.6、腹径19.2、底径7.2、高20.8厘米（图四一二，1）。

陶盂（M821：2），泥质褐陶。口径15.3、腹径16、底径6.8、高11.6厘米（图四一二，2）。

· 328 ·　　襄阳沈岗东周墓（西区）

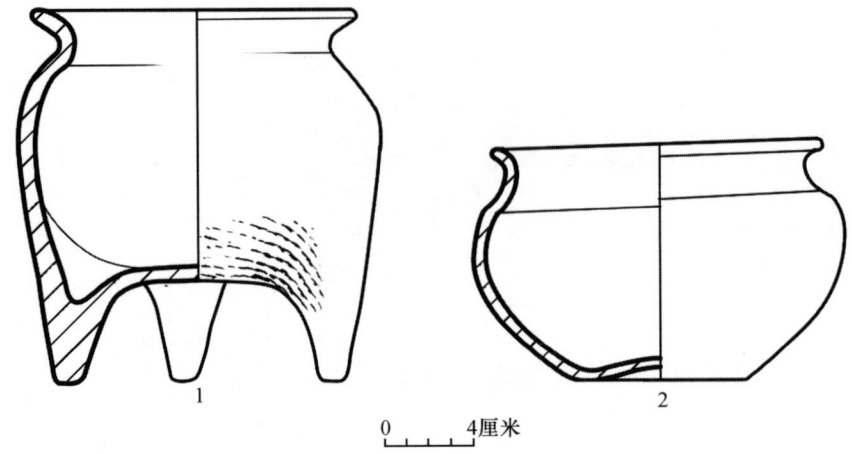

图四一〇　M803随葬陶器
1. 鬲（M803：1）　2. 盂（M803：2）

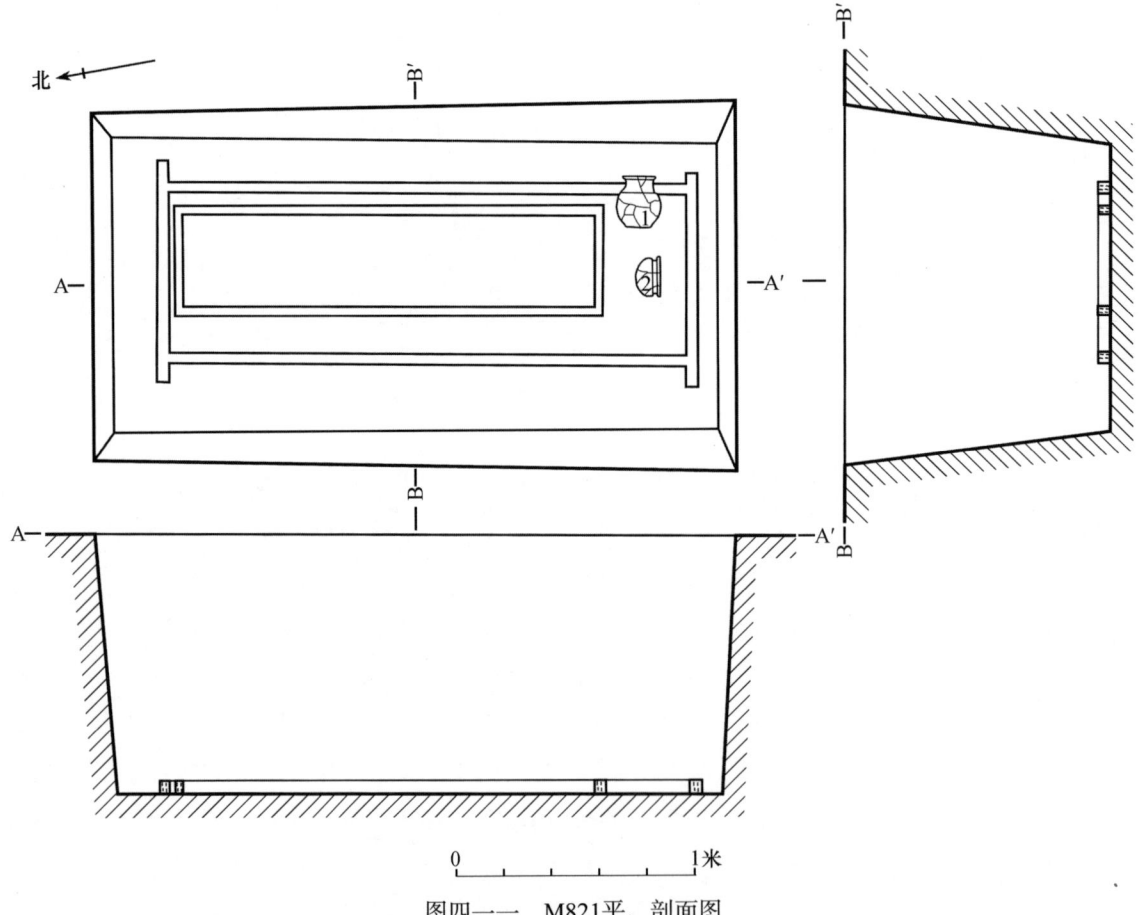

图四一一　M821平、剖面图
1. 陶罐　2. 陶盂

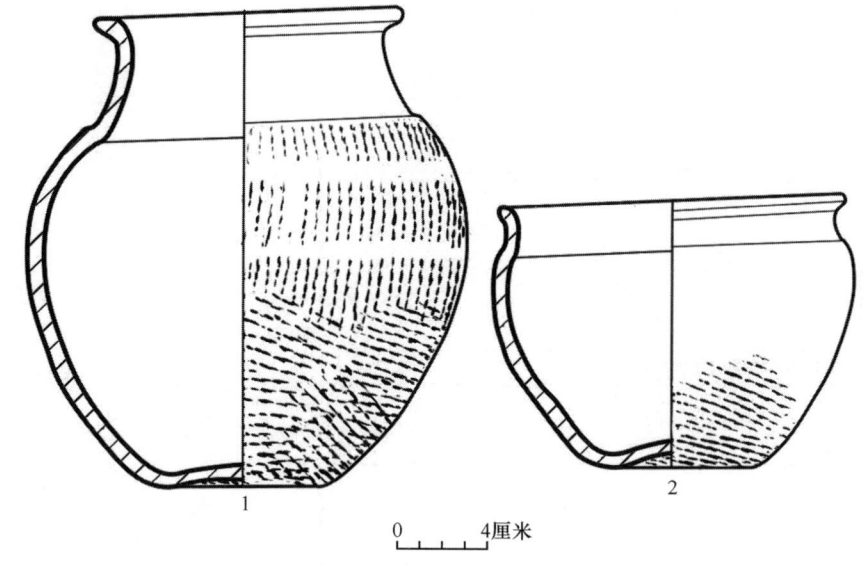

图四一二 M821随葬陶器
1. 罐（M821：1） 2. 盂（M821：2）

45. M827

墓葬形制 方向200°。开口于现地表以下0.56米。墓口长2.6、宽1.28米，墓底长2.42、宽1.16米，墓坑深1.3米。坑壁内斜收、不规整，底平。坑内填黄褐灰色五花土。

葬具及葬式 单椁单棺，仅存腐痕。椁痕长2.3、宽0.92、高0.21米，棺痕长1.82、宽0.4、高0.05米。人骨架已朽尽，葬式不明。

随葬器物 陶器5件：鬲、盂各1件，豆3件，其中修复4件。置于椁内棺外东侧中、北部（图四一三；图版五九，1、2）。

陶盂（M827：1），泥质褐陶。口径20.6、腹径20.6、底径7.6、高14.4厘米（图四一四，1）。

陶豆（M827：2），泥质灰陶。盘径12.5、盘深2.6、高12.5厘米（图四一四，2）。

陶豆（M827：3），泥质褐陶。盘径12.9、盘深2.7、高17.8厘米（图四一四，3）。

陶豆（M827：5），泥质褐陶。盘径13、盘深2.7、高18.4厘米（图四一四，4）。

46. M834

墓葬形制 方向197°。墓口东北角被晚期墓葬M833打破。开口于现地表以下0.68米。墓口长2.78、宽1.68米，墓底长2.56、宽1.56米，墓坑深1.96米。坑壁内斜收、不规整，底平。坑内填黄褐灰色五花土。

葬具及葬式 单椁单棺，仅存腐痕。椁痕长2.16、宽0.9、高0.42米，棺痕长1.72、宽0.34、高0.2米。人骨架已朽尽，葬式不明。

随葬器物 陶器3件：鬲、壶、盂各1件。置于椁内棺外南端（图四一五；图版五九，3、4）。

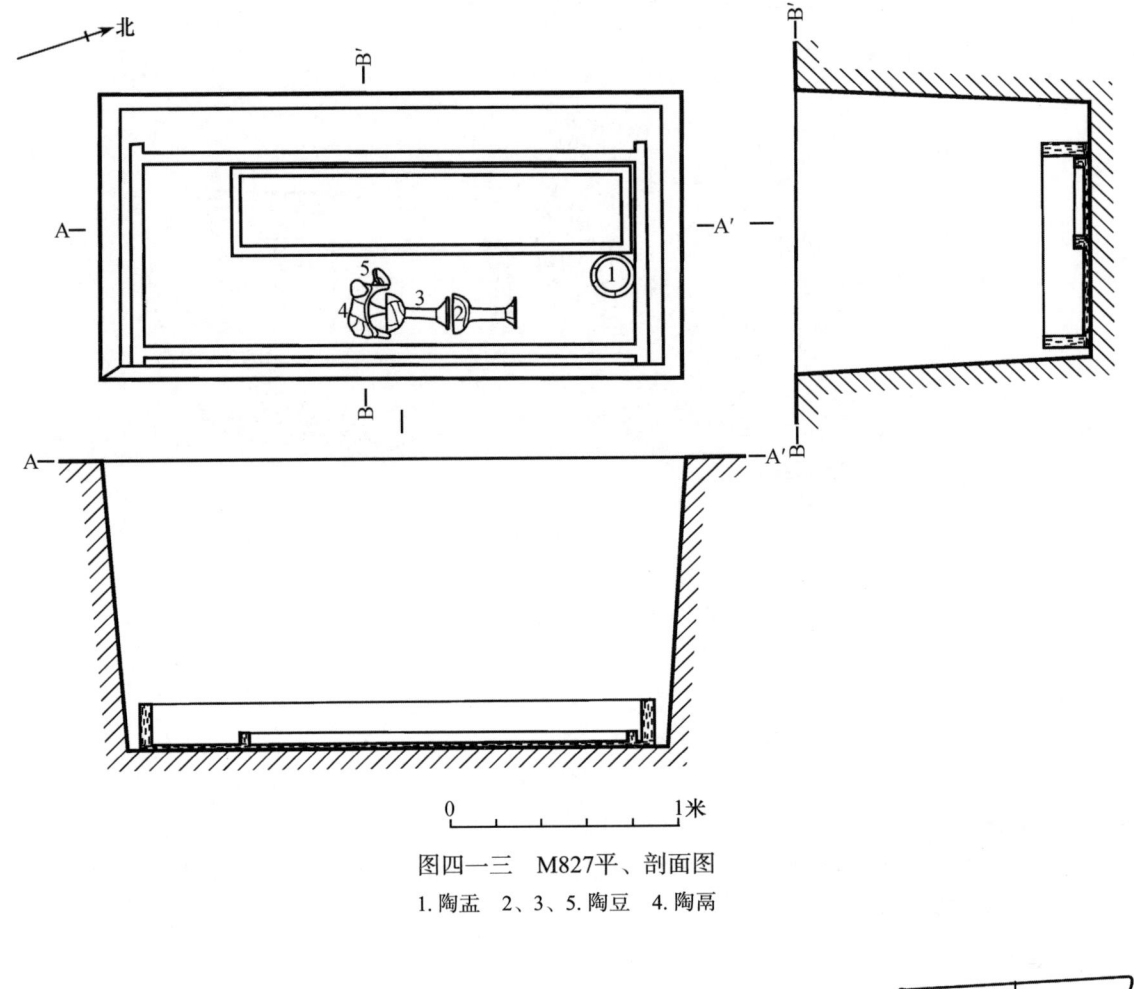

图四一三 M827平、剖面图
1.陶盂 2、3、5.陶豆 4.陶鬲

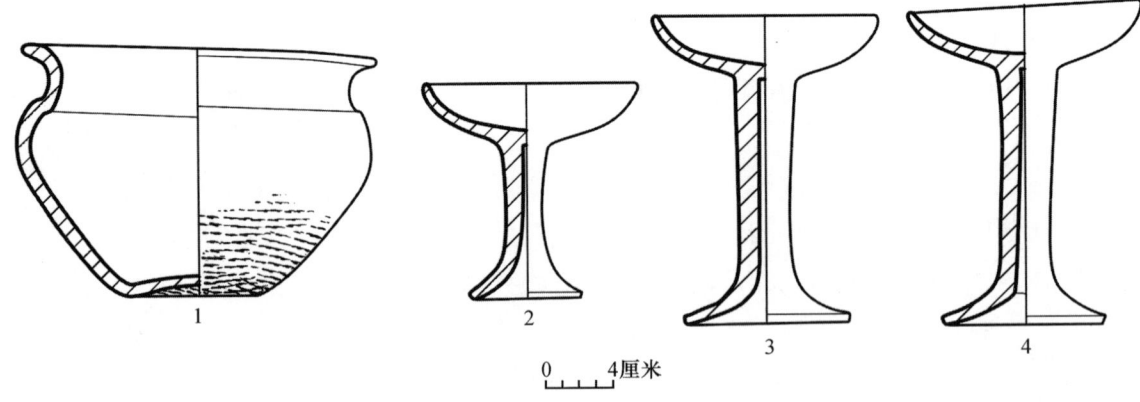

图四一四 M827随葬陶器
1.盂（M827:1） 2~4.豆（M827:2、M827:3、M827:5）

陶鬲（M834:1），泥质褐陶。口径13.6、腹径17.2、高16.8厘米（图四一六，1）。

陶壶（M834:2），泥质灰陶。口径11.7、腹径15.3、底径9.8、高26.4厘米（图四一六，2）。

陶盂（M834:3），泥质褐陶。口径19.2、腹径18.4、底径7.2、高10厘米（图四一六，3）。

第三章 楚 墓

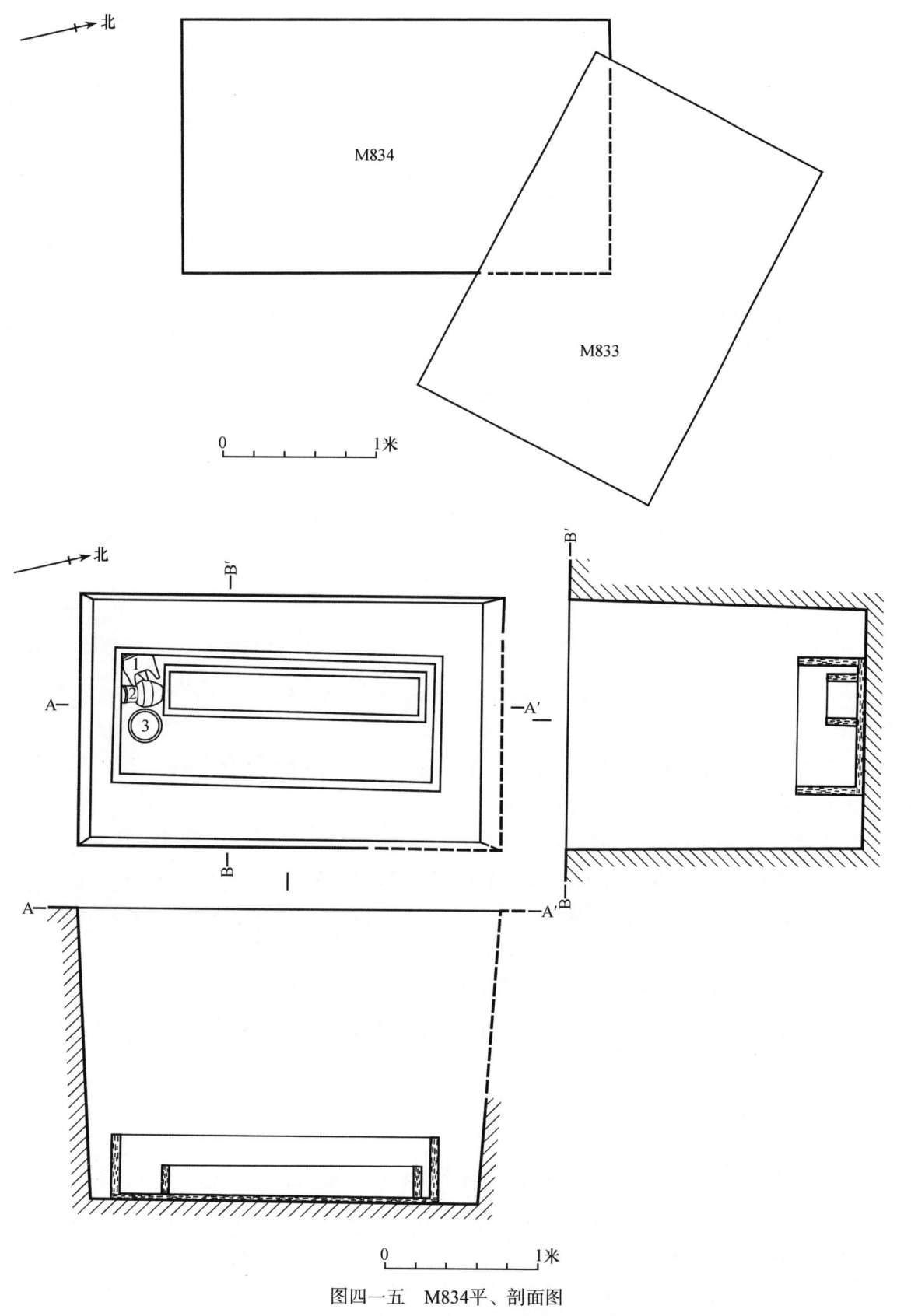

图四一五　M834平、剖面图
1. 陶鬲　2. 陶壶　3. 陶盂

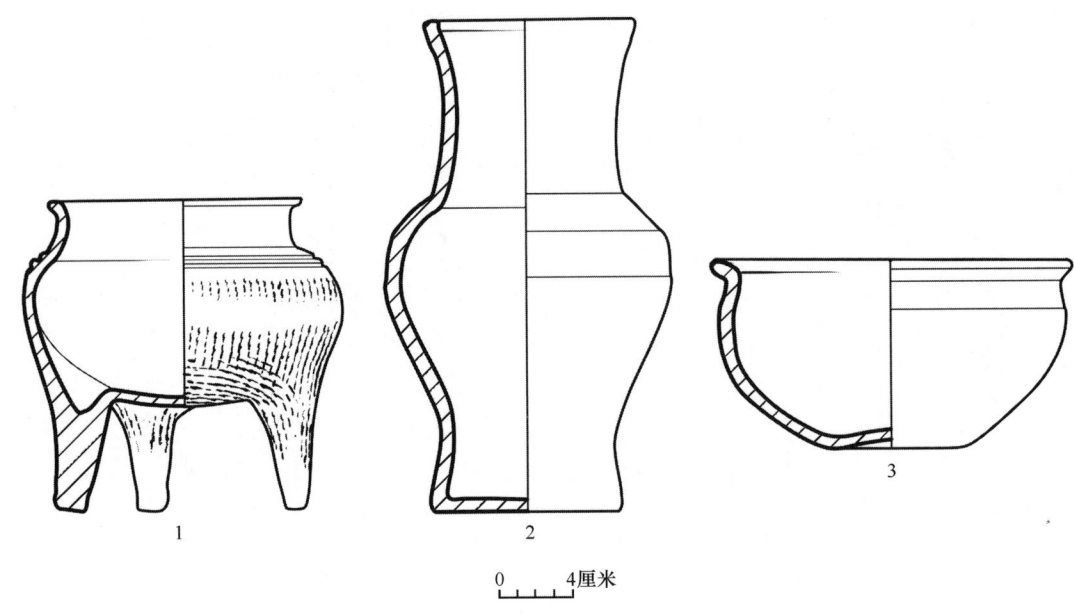

图四一六 M834随葬陶器
1. 鬲（M834∶1） 2. 壶（M834∶2） 3. 盂（M834∶3）

47. M846

墓葬形制 方向300°。开口于现地表以下0.4米。墓口长2.6、宽1.52米，墓底长2.58~2.6、宽1.18米，墓坑深1.88米。坑壁内斜收，东西两壁陡直、不规整，底平。坑内填黄褐灰色五花土。

葬具及葬式 单椁单棺，仅存腐痕。椁痕长2.14、宽0.8、高0.27米，棺痕长1.76、宽0.46、高0.22米。人骨架已朽尽，葬式不明。

随葬器物 陶器4件：鬲、罐、豆、盂各1件。置于椁内棺外西端（图四一七）。

陶鬲（M846∶1），泥质褐陶。口径23.2、腹径22.8、高19.2厘米（图四一八，1）。

陶罐（M846∶2），泥质褐陶。口径13.8、腹径18.4、底径7.2、高21.6厘米（图四一八，2）。

陶豆（M846∶3），泥质褐陶。残高9.5厘米（图四一八，3）。

陶盂（M846∶4），泥质灰陶。口径20.8、腹径20.4、底径9.2、高17.2厘米（图四一八，4）。

48. M849

墓葬形制 方向202°。开口于现地表以下0.44米。墓口长2.5~2.64、宽1.42~1.46米，墓底长2.35~2.44、宽1.34~1.36米，墓坑深1.3米。坑壁内斜收，东西两壁陡直、不规整，底平。坑内填黄褐灰色五花土。

葬具及葬式 单椁单棺，仅存腐痕。椁痕长2.19、宽0.96、高0.3米，棺痕长1.8、宽0.5、高0.16米。人骨架无存，残存牙齿数枚，葬式不明。

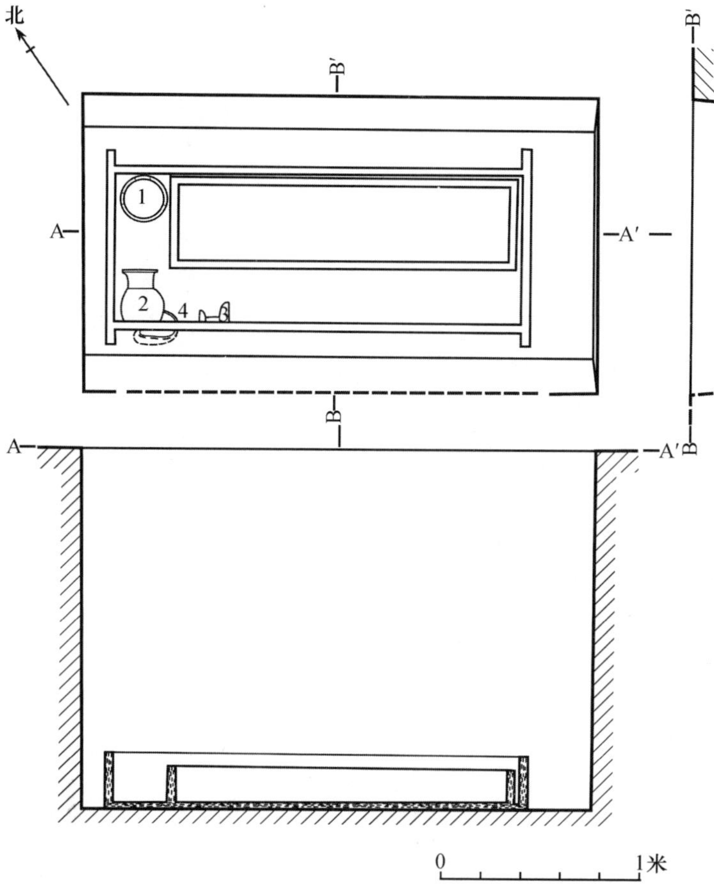

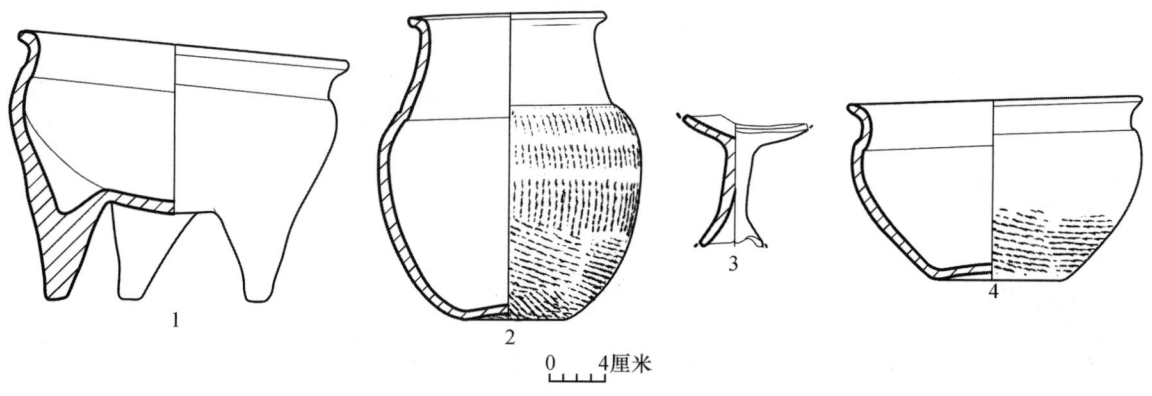

图四一七 M846平、剖面图
1.陶鬲 2.陶罐 3.陶豆 4.陶盂

图四一八 M846随葬陶器
1.鬲（M846：1） 2.罐（M846：2） 3.豆（M846：3） 4.盂（M846：4）

随葬器物 陶器3件：罐、盂、鬲各1件。置于椁内棺外南端（图四一九；彩版五二，1、2）。

陶罐（M849：1），夹砂褐陶。口径16、腹径20、底径8.4、高19.2厘米（图四二〇，1）。

陶盂（M849∶2），泥质灰陶。口径21.2、腹径19.7、底径10、高10.2厘米（图四二〇，2）。

陶鬲（M849∶3），泥质灰陶。口径14.2、腹径19.2、高21厘米（图四二〇，3）。

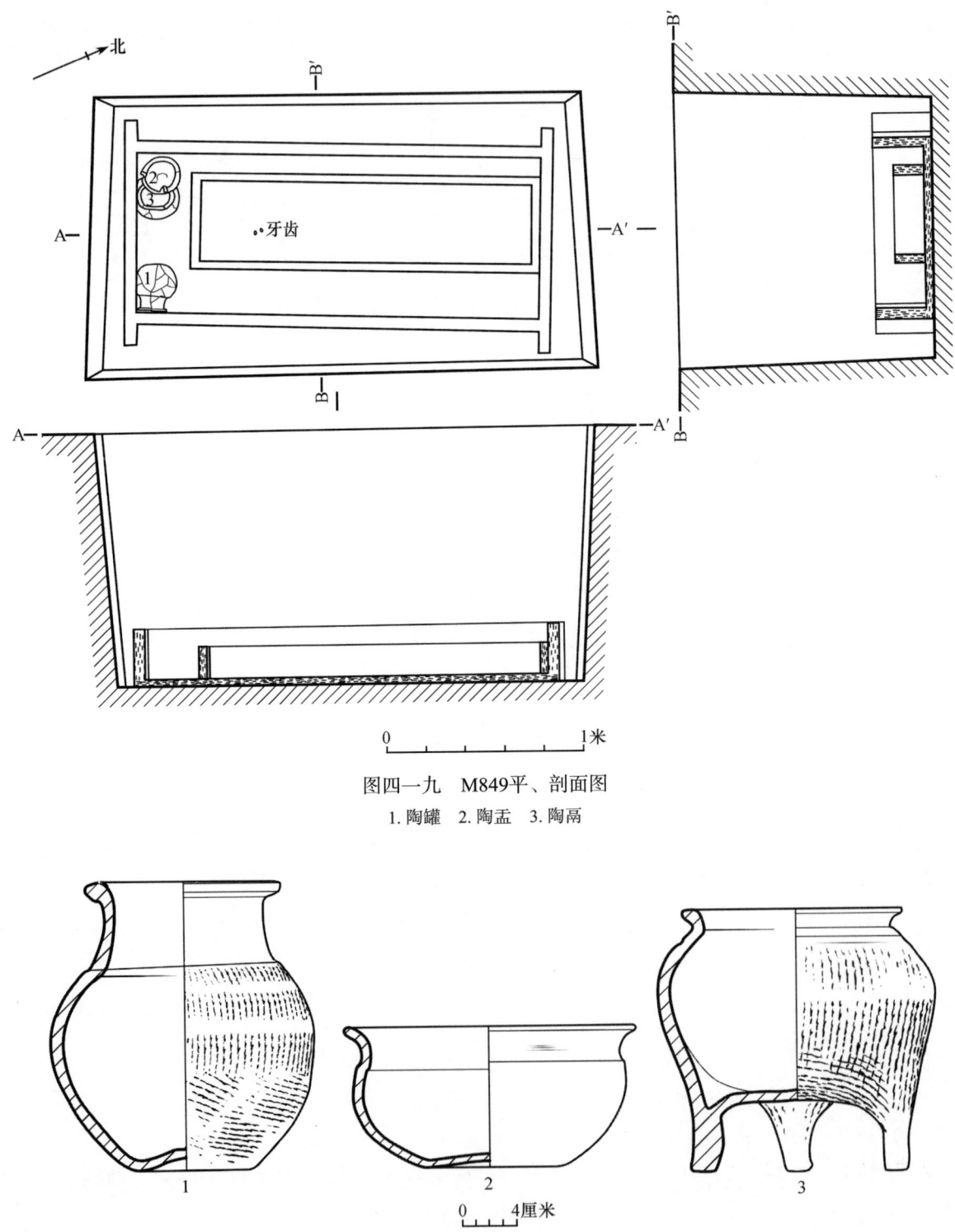

图四一九　M849平、剖面图
1.陶罐　2.陶盂　3.陶鬲

图四二〇　M849随葬陶器
1.罐（M849∶1）　2.盂（M849∶2）　3.鬲（M849∶3）

四、D 型 墓

D型墓为有墓道、有台阶的一椁重棺墓，共计4座，或因保存情况归入C型的一椁重棺墓亦存在。就发掘情况看，能辨明为一椁重棺的墓葬编号为M308、M368、M418、M698（附表一二）。

1. M308

墓葬形制　方向207°。开口于现地表以下0.5米。墓口通长12.8、宽5.9米，墓底长4.5、宽2.62米，墓坑深5.1米。坑壁经加工、较规整，底平。墓壁设两级台阶。第一级台阶上距墓口0.65米，台面东宽0.8、西宽0.8、南宽0.54、北宽0.54米。第二级台阶上距墓口1.48米，台面东宽0.54、西宽0.54、南宽0.54、北宽0.54米。墓室南部设斜坡墓道，上口平面长7、宽0.9～1.71米，坡底宽0.9～1.56米。坑内填土分2层：第1层为褐色花土，质密；第2层为青膏泥（图四二一；图版六〇，1）。

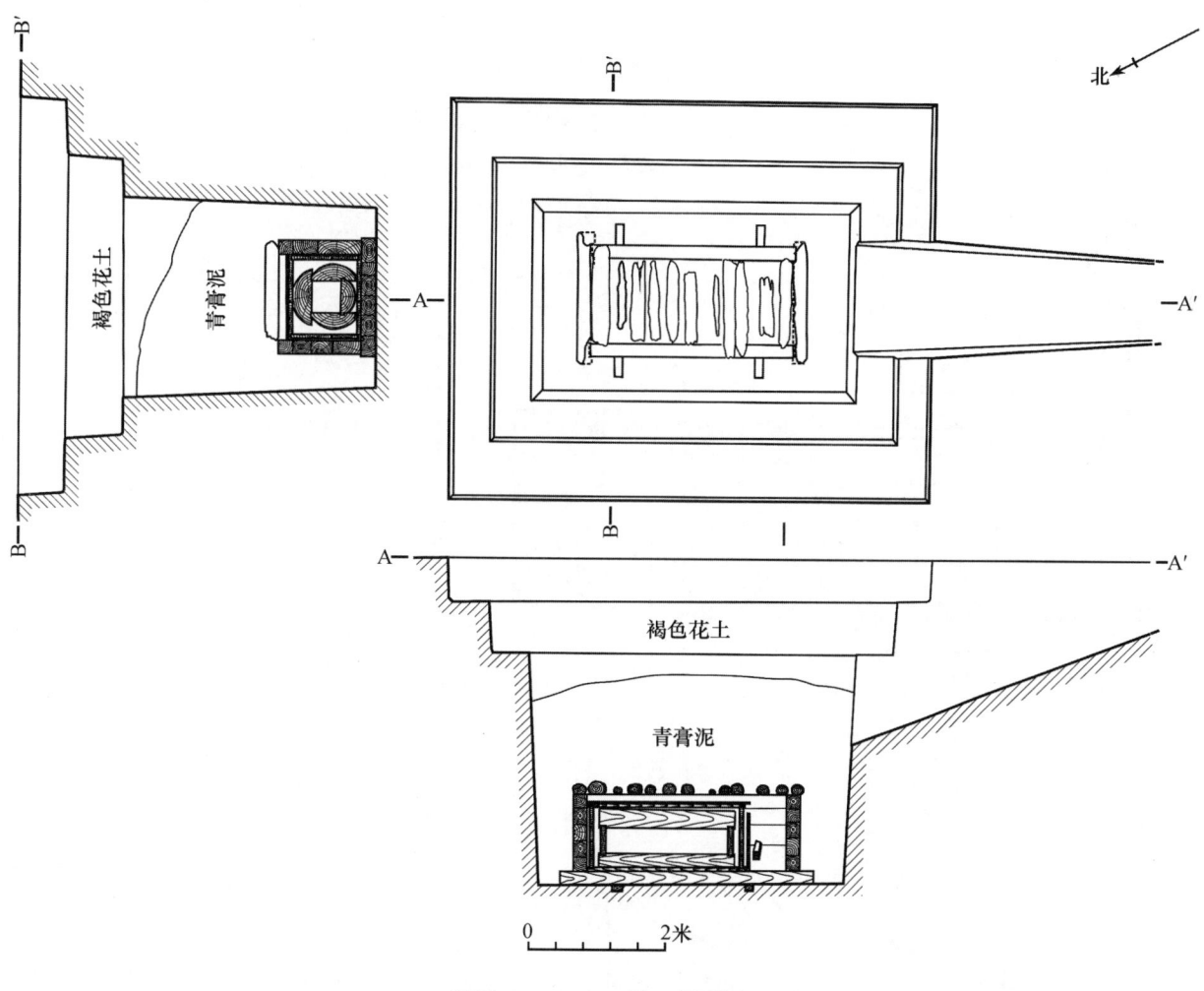

图四二一　M308平、剖面图

葬具及葬式 一椁重棺。椁长3.33、宽1.6、高1.6米。盖板腐烂严重，残存有盖板腐块。壁板规整，西侧4根，东侧3根，南端5根，北端5根，底板6根，均为方木叠砌。外棺长2.3、宽1.16、高1.04、厚0.06米，内棺长1.98、宽0.93、高0.88米。人骨架无存，葬式不明（图版六〇，2、3、5）。

随葬器物 33件：漆木耳杯6件，漆木豆4件，铜戈、铜戈镦各3件，漆木盒、漆木壶、铜鼎、铜勺各2件，漆木饼、漆木鹿、漆木几、漆木戈鞘、漆木柲、漆木构件、漆木器、竹器、铜剑（带漆木剑鞘、漆木剑椟）各1件。置于椁内棺外南端（图四二二；图版六〇，4）。

铜器

鼎（M308∶1），口径22.8、腹径24.5、腹深12.5、通高29.2厘米（图四二三，1）。

鼎（M308∶2），口径24.8、腹径29.2、腹深16.5、通高33.5厘米（图四二三，2）。

戈（M308∶3），通长19、援长12.5、胡长8厘米（图四二四，1）。

戈（M308∶26），通长25.4、援长17.4、胡长13.2厘米（图四二四，2）。

戈（M308∶27），通长26.6、援长16.6、胡长13厘米（图四二四，3）。

剑（M308∶5-2），通长44.8、身宽4.7厘米（图四二三，3）。

勺（M308∶21），身长7、宽9.6、柄长7厘米（图四二三，4）。

勺（M308∶22），身长7、宽9.6、柄长7厘米（图四二三，5）。

戈镦（M308∶28），长9.9、口径2.2~3厘米（图四二四，4）。

戈镦（M308∶29），长11.5、口径2.1~2.6厘米（图四二四，5）。

戈镦（M308∶30），长11.5、口径2.2~2.8厘米（图四二四，6）。

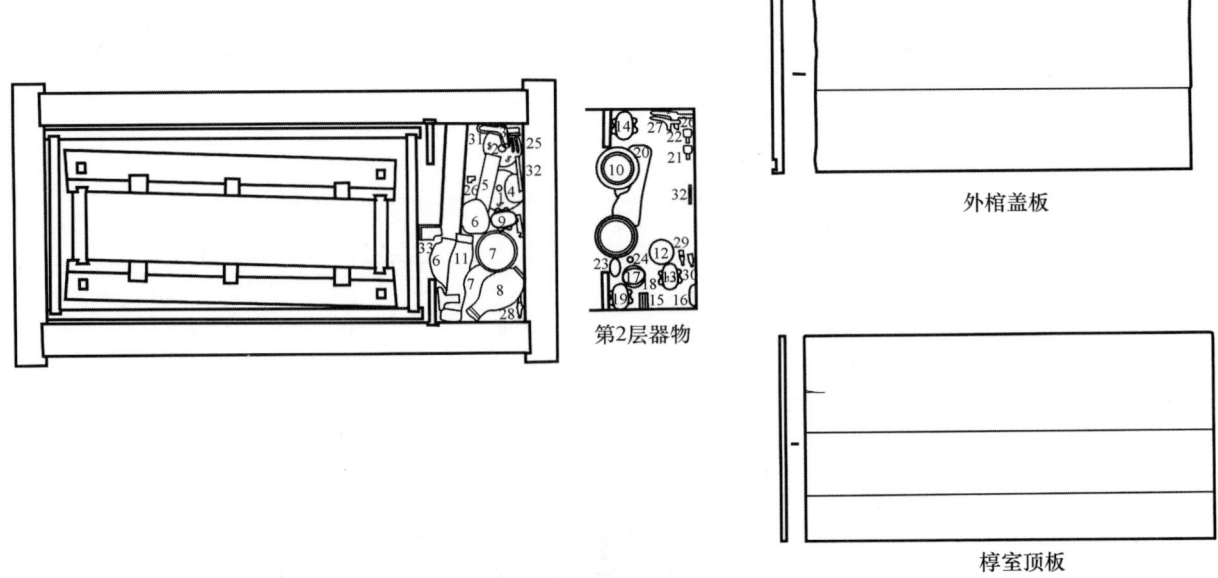

图四二二　M308棺椁结构及随葬器物
1、2.铜鼎　3、26、27.铜戈　4、9、13、14、17、19.漆木耳杯　5.铜剑（带漆木剑鞘、漆木剑椟）　6、8.漆木壶　7、10.漆木盒　11.漆木几　12、16、18、23.漆木豆　15.竹器　20.漆木鹿　21、22.铜勺　24.漆木饼　25.漆木构件　28~30.铜戈镦　31.漆木戈鞘　32.漆木柲　33.漆木器

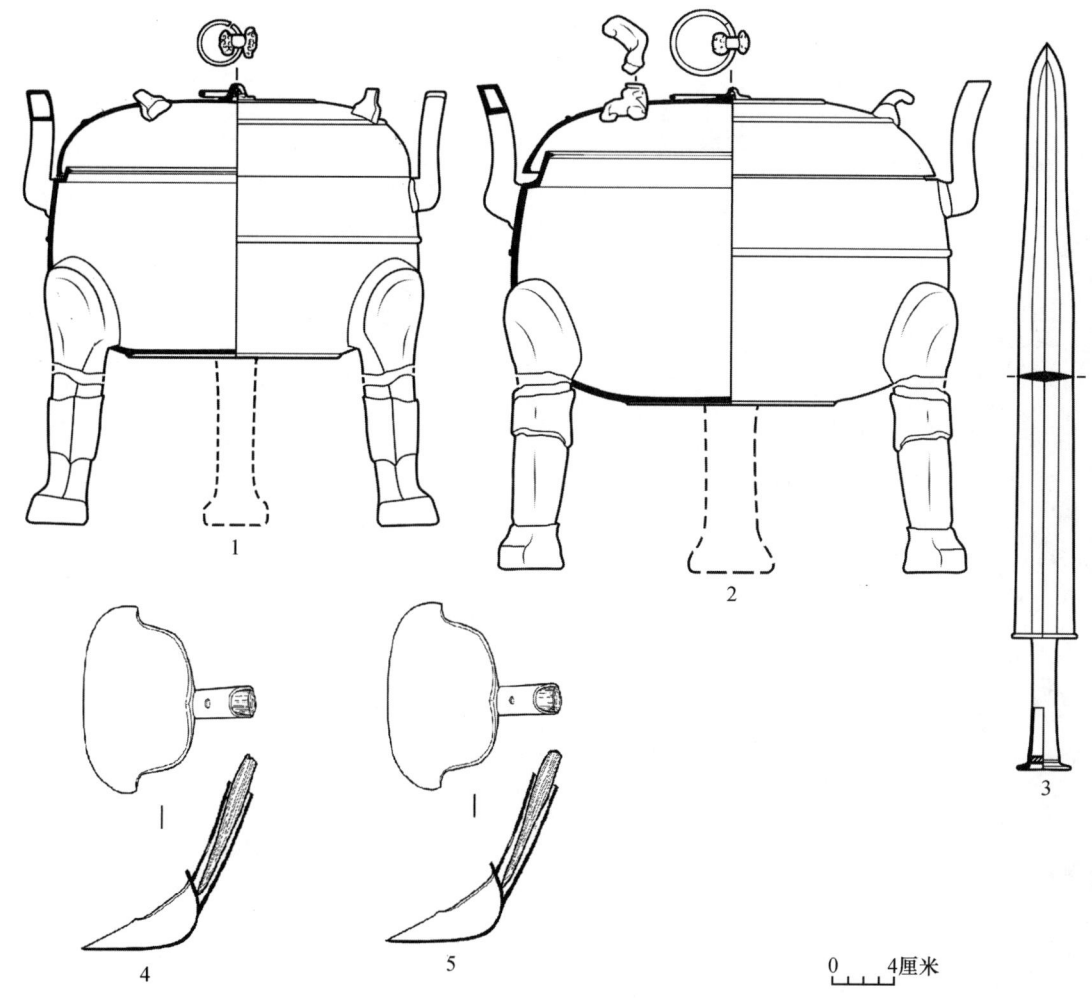

图四二三　M308随葬铜器
1、2.鼎（M308∶1、M308∶2）　3.剑（M308∶5-2）　4、5.勺（M308∶21、M308∶22）

漆木器

耳杯（M308∶4），通高7.2、连耳宽14.3、口长18.5、腹深5.3厘米（图四二五）。

剑椟（M308∶5-1），长47、宽5.8、通高7.6厘米（图四二六）。

壶（M308∶6），口径10.3、腹径20.3、圈足径14.3、通高34厘米（图四二七）。

盒（M308∶7），口径25.7、圈足径16.6、通高15厘米（图四二八，1）。

盒（M308∶10），口径27.4、圈足径18.1、通高14.5厘米（图四二八，2）。

几（M308∶11），面长56、面宽19、高36.6厘米（图四二九）。

豆（M308∶12），口径14.1、座径10.4、盘深1.7、高17厘米（图四三〇）。

鹿（M308∶20），长52.1、宽14.9、高32.5厘米（图四三一，1）。

构件（M308∶25），长8.2、宽2.6厘米（图四三一，2）。

戈鞘（M308∶31），残长18.9、宽5.1、厚0.6厘米（图四三二，2）。

柲（M308∶32），残长18.8、径2厘米（图四三二，3）。

漆木器（M308∶33），残长6.3、残宽4.3、厚0.4厘米（图四三二，1）。

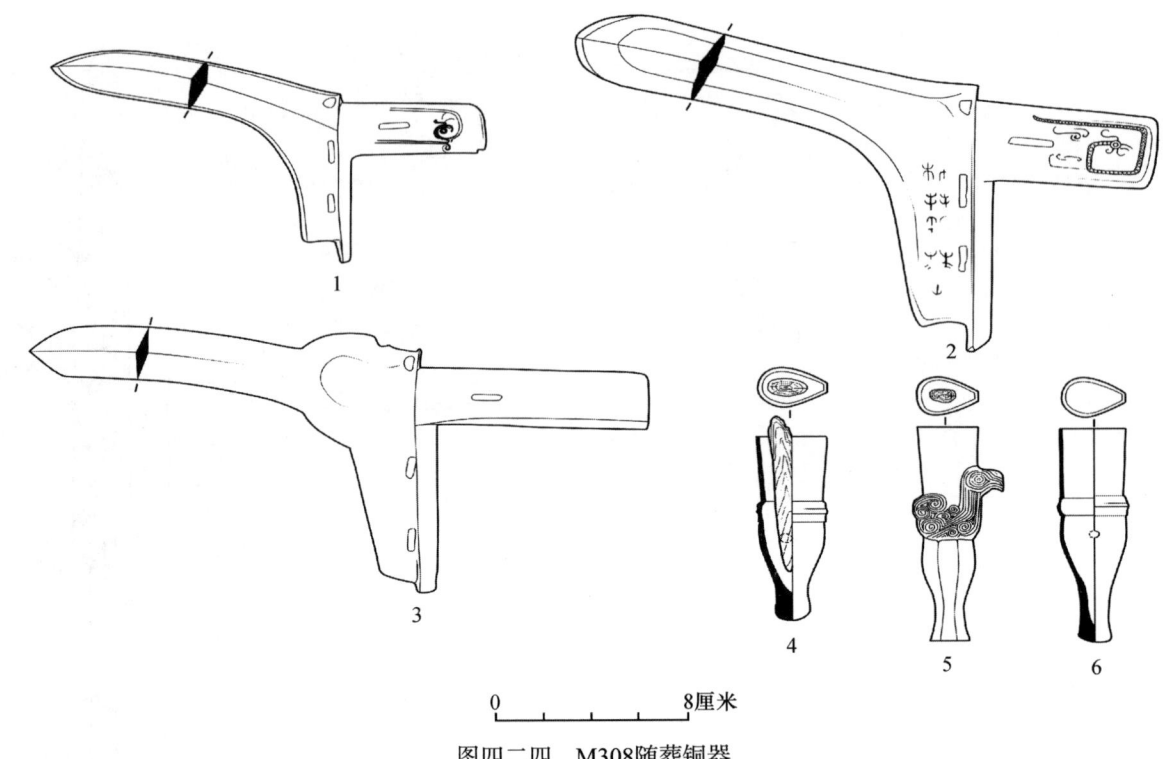

图四二四　M308随葬铜器

1～3. 戈（M308：3、M308：26、M308：27）　4～6. 戈鐏（M308：28、M308：29、M308：30）

2. M368

墓葬形制　方向120°。开口于现地表以下0.4米。墓口通长14.82、宽6.96米，墓底南长3.85、北长3.86、东宽1.88、西宽1.9米，墓坑深5.59米。坑壁经加工，光滑、斜直，底平。墓壁设三级台阶。第一级台阶上距墓口0.54米，台面东宽0.4～0.47、西宽0.37～0.4、南宽0.4～0.47、北宽0.41～0.47米。第二级台阶上距墓口1.23米，台面东宽0.41～0.43、西宽0.46～0.43、南宽0.4～0.48、北宽0.34～0.46米。第三级台阶上距墓口1.76米，台面东宽0.35～0.38、西宽0.33～0.38、南宽0.4～0.45、北宽0.37～0.38米。墓室东部设斜坡墓道，上口平面长6.7、宽1.42～2米，坡底长9.43、东口宽1.42、室口宽1.56米，距墓底1.88米高处起坡，坡底设一级踏步，宽0.42、高0.21米。墓底南、西、北三面设生土台，上距墓口4.36米，南、西、北台面分别宽0.13～0.22、0.06～0.09、0.2～0.27米。

坑内填土可分为3层，第1层是褐色花土，质密，略硬；第2层是铁锈黄色土，质密，较硬；第3层是青膏泥，质软。

葬具及葬式　一椁重棺。椁长3.14、宽1.34、残高0.73米，分头箱和棺室，因分箱隔板已腐朽无存，分室尺寸不详。椁底板面有槽，壁板中下部有3个对称方形穿孔，孔宽0.09、高0.13米，椁底两端有垫木，宽0.08、厚0.03米。外棺长1.92、宽0.97、残高0.74米，两端腐烂接合处不详。内棺长1.8、宽0.66、高0.58米。人骨架已腐朽，仅在棺室东端发现几枚牙齿腐痕，葬式不明。

随葬器物　8件：陶鼎、壶、敦各2件，修复1件；铜车軎2件。置于椁内棺外东端（图

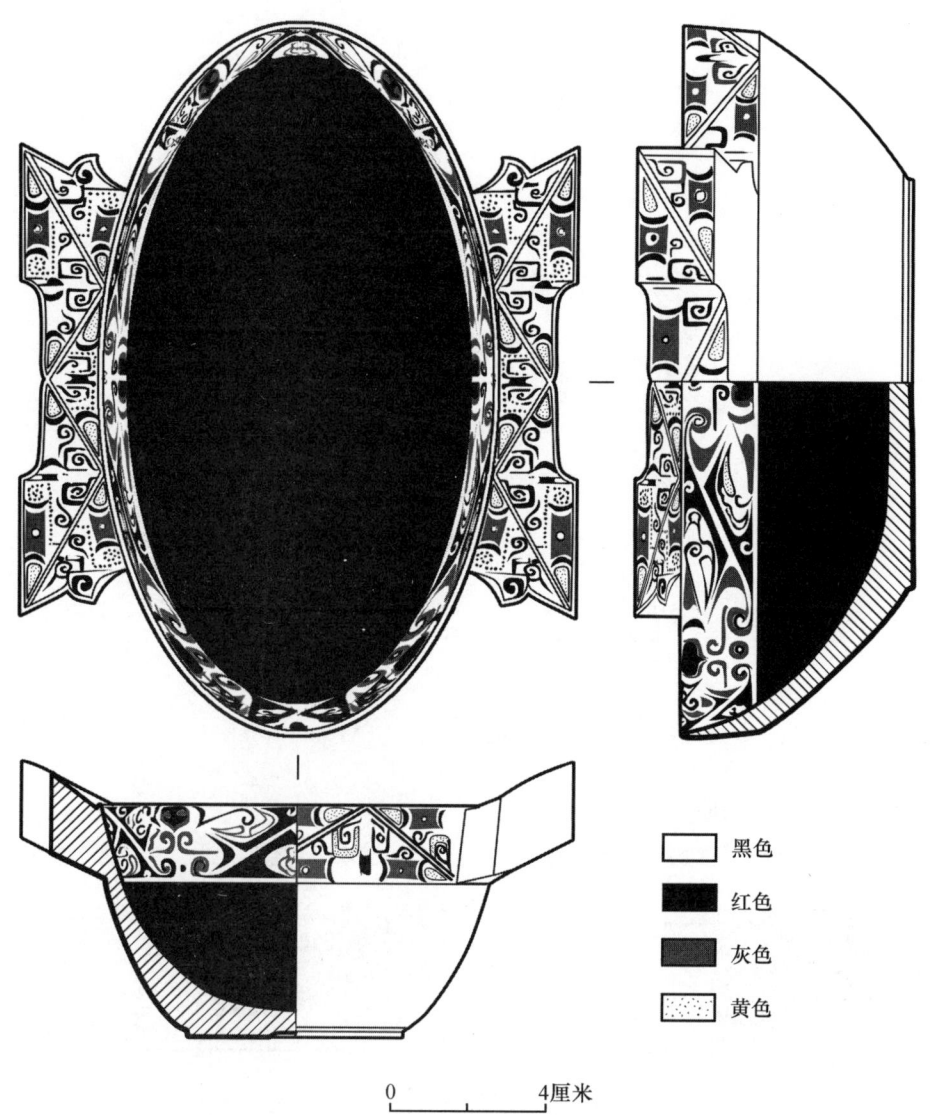

图四二五　M308随葬漆木耳杯（M308∶4）

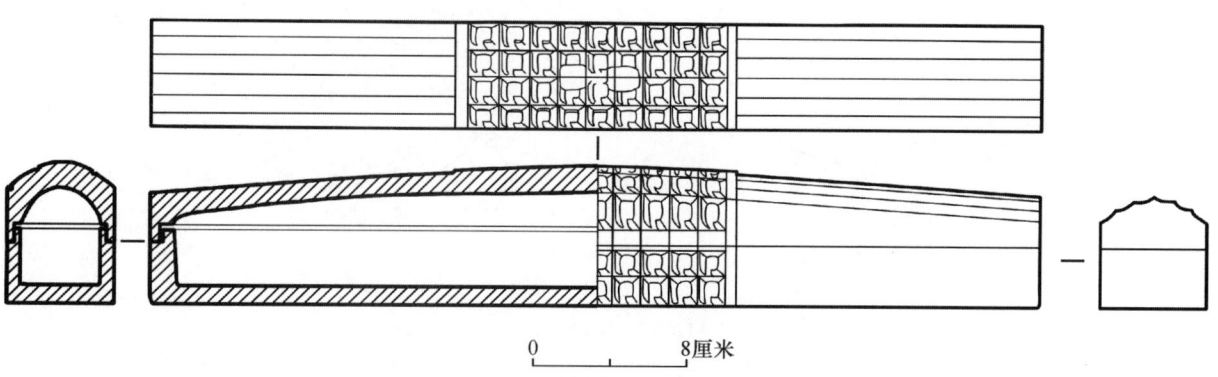

图四二六　M308随葬漆木剑椟（M308∶5-1）

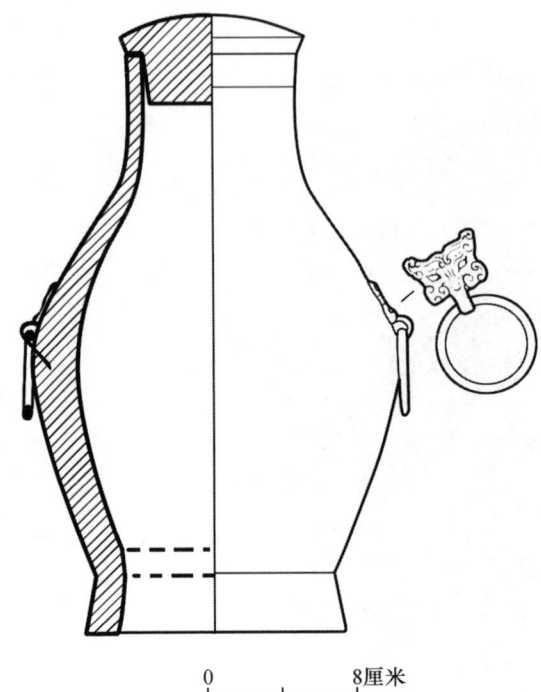

图四二七　M308随葬漆木壶（M308∶6）

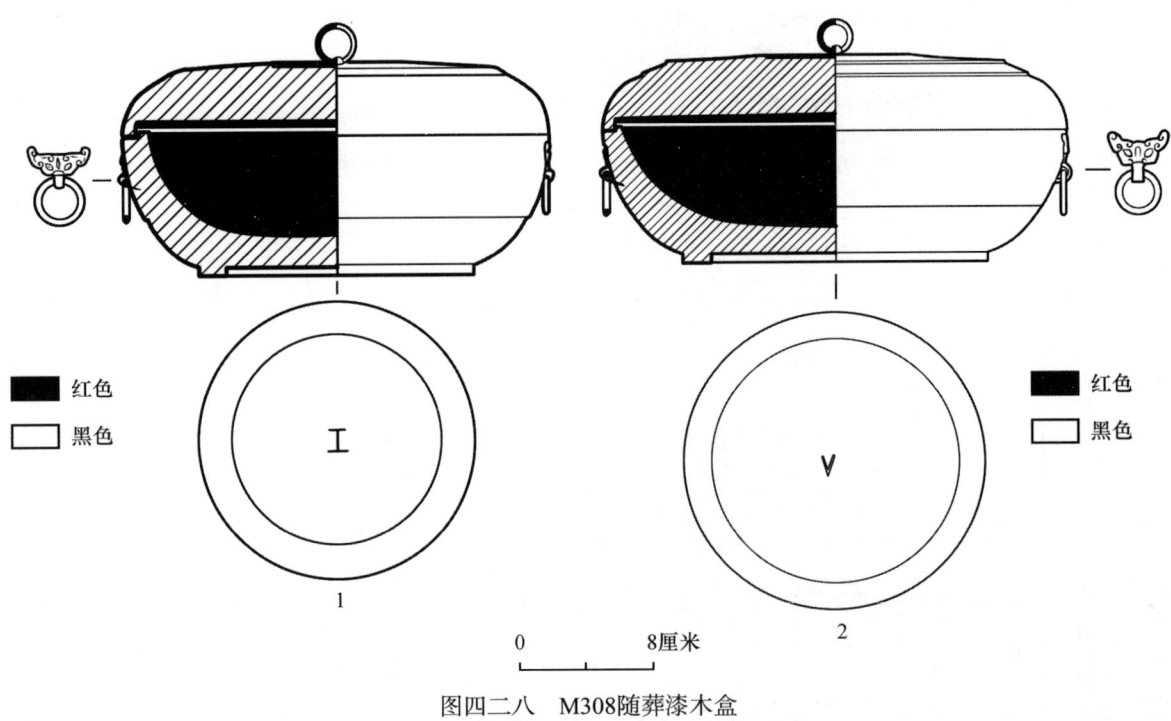

图四二八　M308随葬漆木盒
1. M308∶7　2. M308∶10

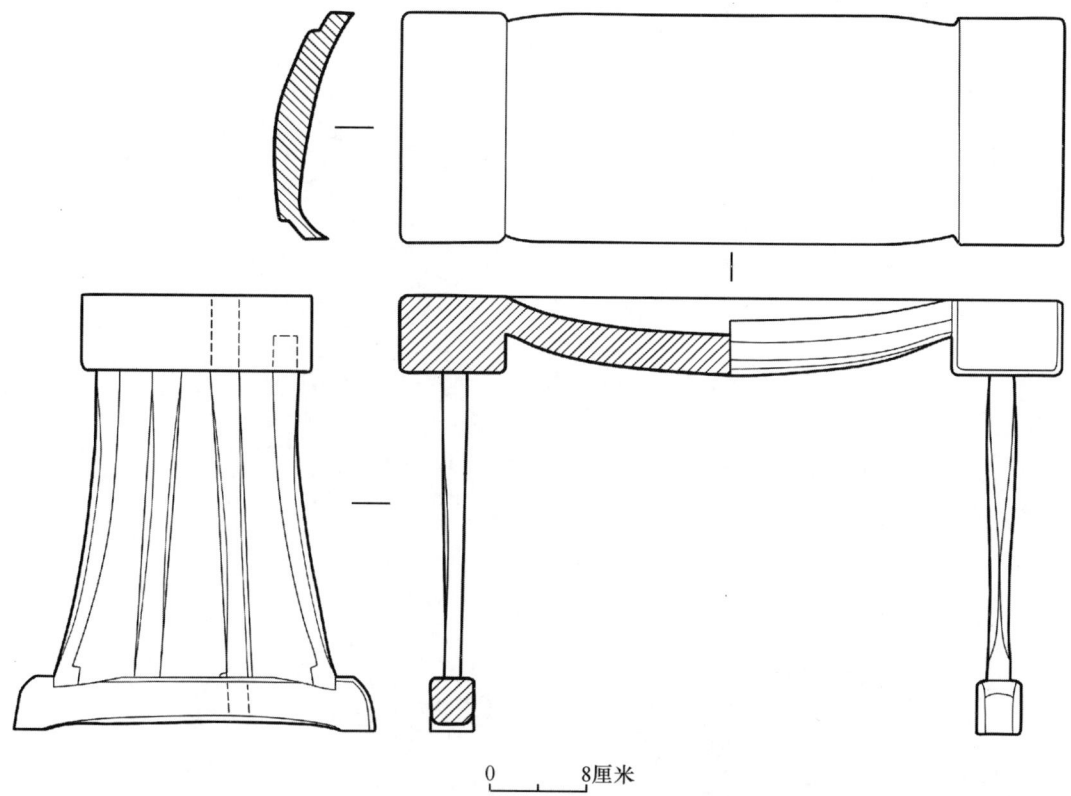

图四二九　M308随葬漆木几（M308∶11）

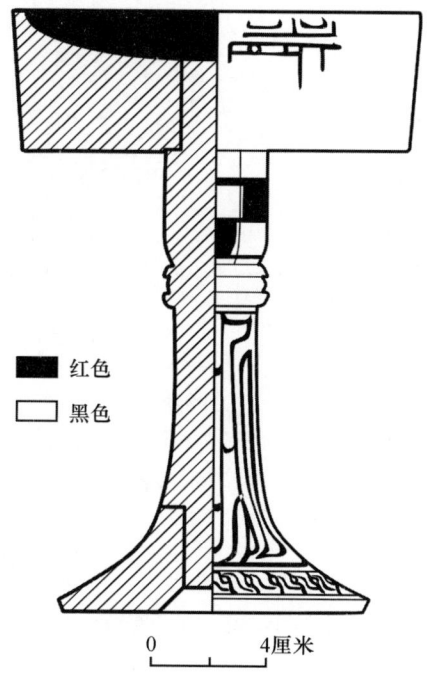

■ 红色
□ 黑色

图四三〇　M308随葬漆木豆（M308∶12）

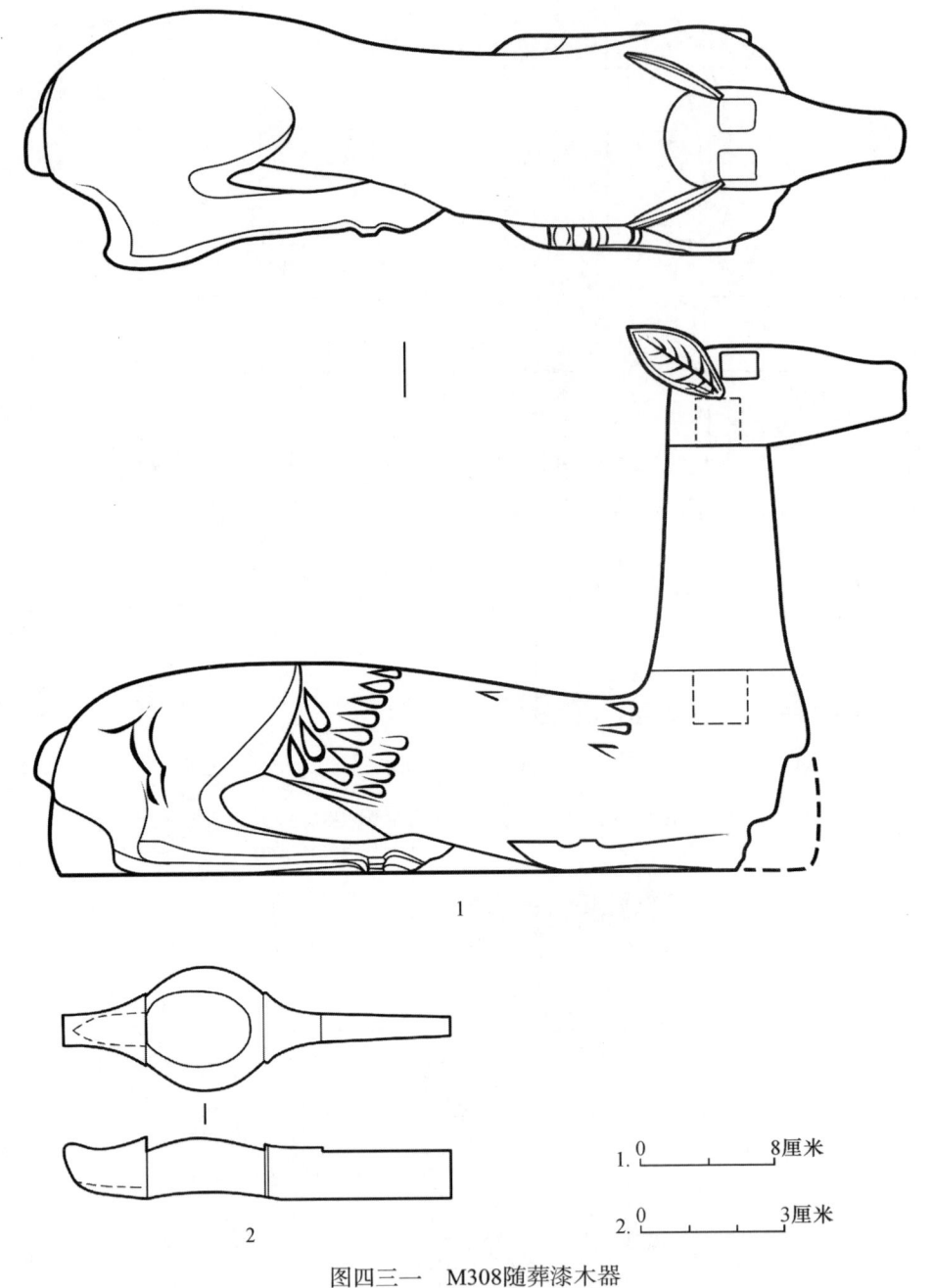

图四三一　M308随葬漆木器
1. 鹿（M308：20）　2. 构件（M308：25）

四三三；彩版五三，1、2）。

陶器

壶（M368：2），泥质黑衣红陶。口径6.2、腹径12.6、圈足径6.8、高17.3厘米（图四三四，1）。

铜器

车軎（M368：7-1、M368：7-2），2件同。高4.7、顶径2.8、底径5.4、辖长5.9厘米（图四三四，2、3）。

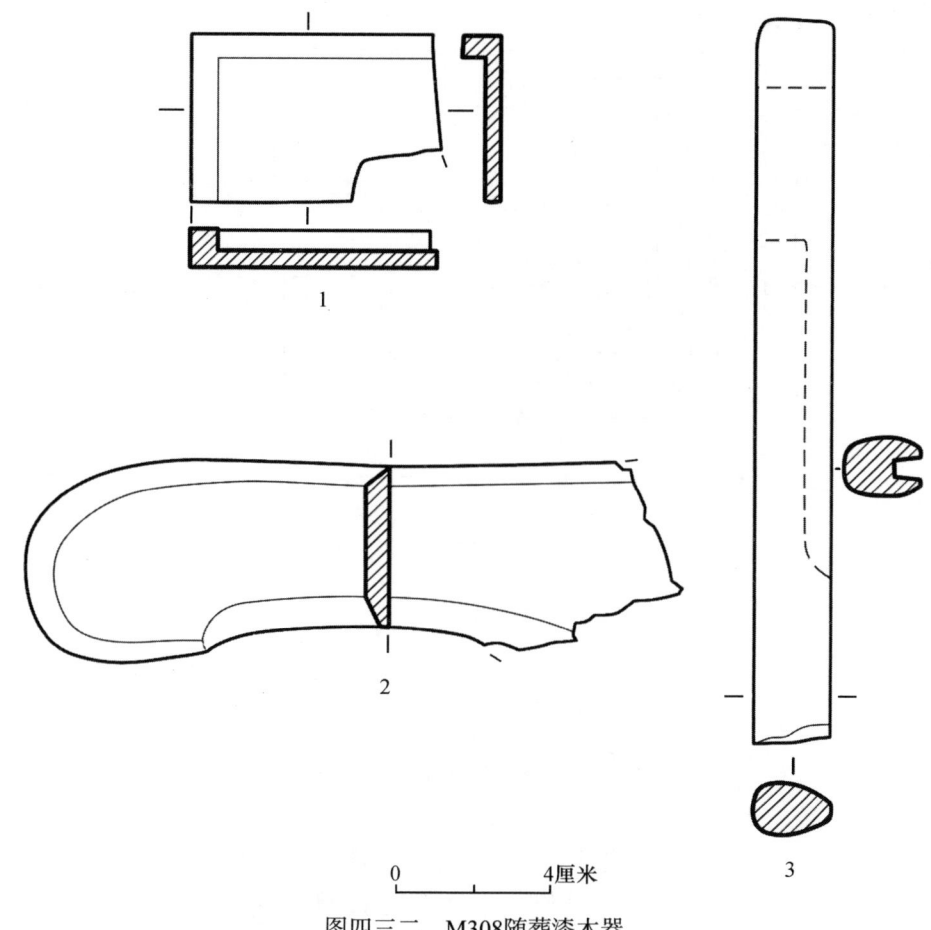

图四三二　M308随葬漆木器
1. 漆木器（M308∶33）　2. 戈鞘（M308∶31）　3. 柲（M308∶32）

3. M418

墓葬形制　方向175°。打破M420，被M423打破墓道。开口于现地表以下0.6米。墓口东长6.89、西长7.08、宽6.02米，墓底东长3.32、西长3.24、南宽2.24、北宽2.32米，墓坑深3.54米。墓口下现存生土台阶三级。第一级台阶上距墓口0.3米，台面东宽0.48、西宽0.46、南宽0.47~0.5、北宽0.5~0.52米。第二级台阶上距墓口0.92米，台面东宽0.6~0.62、西宽0.55、南宽0.6~0.63、北宽0.52~0.44米。第三级台阶在东、西、南三面设台阶，上距墓口1.98米，台面东宽0.14~0.2、西宽0.14~0.2、南宽0.16~0.31米。墓南部设斜坡墓道，墓道口向西倾斜，上口平面长3、宽1.84米，坡底长4.8、南口宽1.8、室口宽1.56米，距墓底1.5米高处起坡，坡度19°。坑壁经加工，光滑、斜直，底平。坑内下部填青膏泥，青膏泥上填褐色花土，两层之间有0.09米厚的相互感染的铁锈黄色土，质密。

葬具及葬式　一椁重棺，腐烂严重。椁长3.15、宽1.46、残高0.4米，残存有壁板、挡板、底板和垫木。东侧壁板及北端挡板每边残存2块木板，西侧壁板及南端挡板每边残存1块木板。底板用7块木板平列竖铺，板与板之间有缝隙，宽0.02~0.07米，底板长3.25、通宽1.52、厚0.1米，各板宽自东向西分别为0.18、0.2、0.18、0.21、0.16、0.19、0.12米，四边略侈出椁壁板与

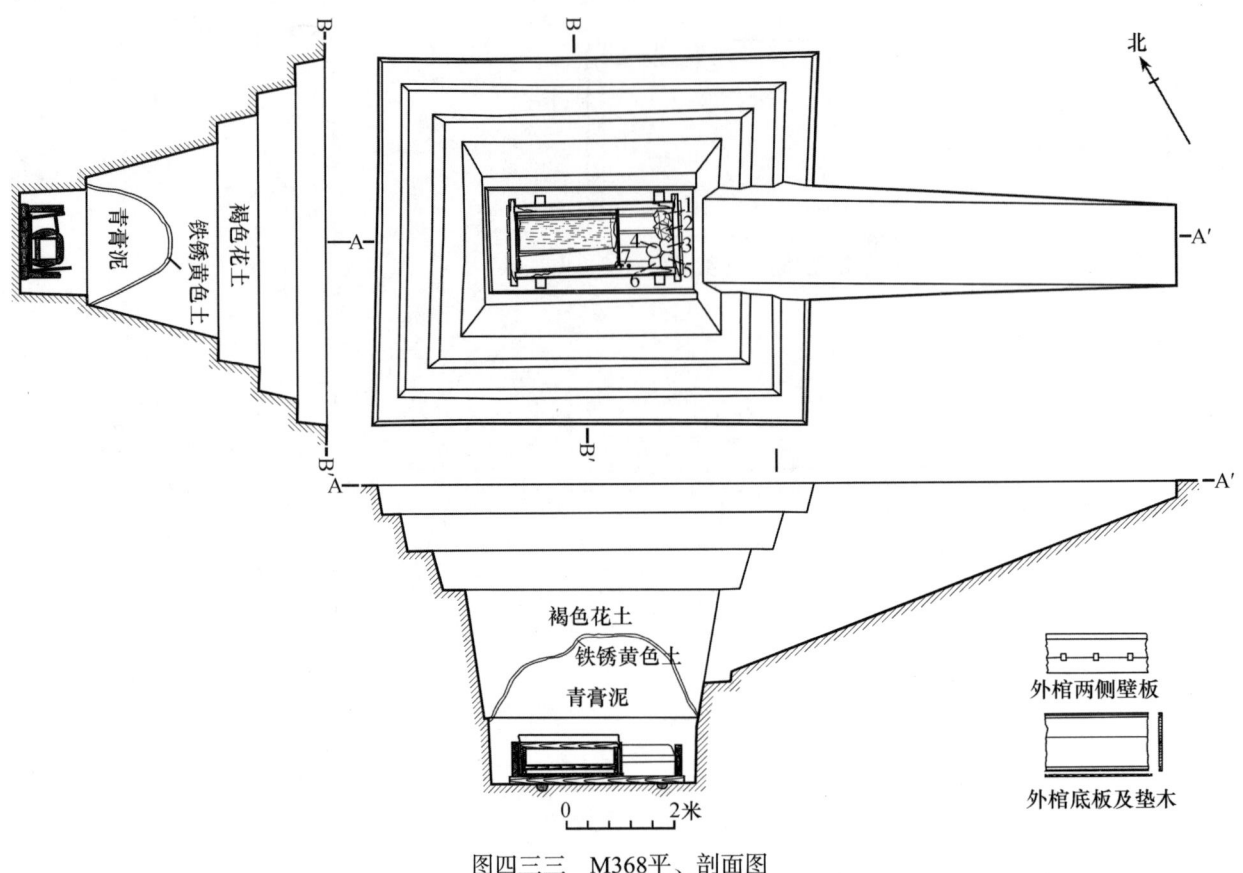

图四三三　M368平、剖面图
1、2.陶壶　3、4.陶鼎　5、6.陶敦　7.铜车軎（2件）

椁挡板。椁底两端各有1根方形垫木，长1.8、宽0.11、厚0.1米。棺置于椁室东北部，重棺，均残存部分棺板，外棺长2.18、宽0.87米，内棺长1.95、宽0.6米。人骨架已朽无存，葬式不明。

随葬器物　31件：陶鼎4件，陶敦、壶各2件，陶盉1件，竹弓1件，铜剑1件，铜马衔、伞柄箍各2件，铜盖弓帽16件，其中陶器修复4件。置于椁内棺外南端及西侧（图四三五；图版六一，1~4）。

陶器

鼎（M418:1），泥质黑衣灰陶。口径22.4、腹径26.4、通高26.4厘米（图四三六，1）。

鼎（M418:2），泥质灰陶。口径25.6、腹径27.6、通高27.6厘米（图四三六，2）。

盉（M418:5），泥质灰陶。口径9.6、腹径16、通高25.6厘米（图四三六，3）。

敦（M418:6），泥质黑衣灰陶。口径23.2、通高33.2厘米（图四三六，4）。

铜器

剑（M418:10），通长38、身宽4.2厘米（图四三六，5）。

马衔（M418:11-1），通长22.4、环长径5.4厘米（图四三六，6）。

马衔（M418:11-2），通长20.8、环长径4厘米（图四三六，7）。

盖弓帽　16件。大小、形制相同。标本M418:12-1，长5.5、直径0.7~1.2厘米（图四三六，8）。

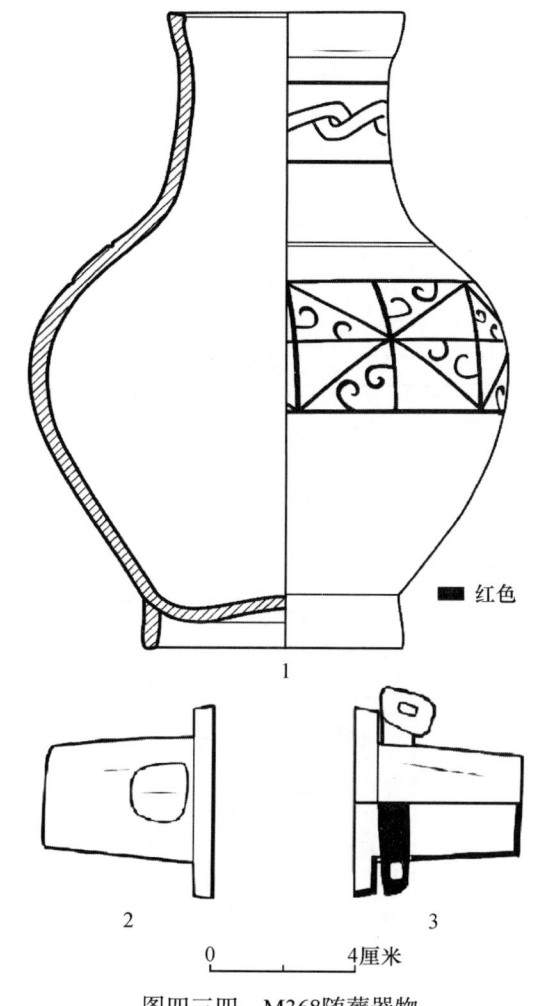

图四三四　M368随葬器物
1. 陶壶（M368：2）　2、3. 铜车軎（M368：7-1、M368：7-2）

伞柄箍　2件。大小、形制相同。标本M418：13，长3、直径5厘米（图四三六，9）。

4. M698

墓葬形制　方向120°。开口于现地表以下0.33米。墓口南长6.48、北长6.75、东宽6.08、西宽5.76米，墓底南长3.05、北长3.8、东宽2.35、西宽2.33米，墓坑深3.7米。墓口下现存生土台阶三级。第一级台阶上距墓口0.46米，台面东宽0.45～0.54、西宽0.5～0.54、南宽0.37～0.48、北宽0.48～0.58米。第二级台阶上距墓口1.08米，台面东宽0.45～0.47、西宽0.5～0.52、南宽0.53～0.59、北宽0.5～0.54米。第三级台阶上距墓口1.8米，台面东宽0.52～0.55、西宽0.49～0.54、南宽0.4～0.47、北宽0.43～0.47米。墓东壁设斜坡加踏步墓道，上口平面长32.8、东口宽1.36、室口宽1.44米，坡底长4.68、东口宽1.36、室口宽1.2米，坡度24°，坡室口有踏步一级，宽0.44～0.46米。坑壁经加工，光滑、斜直，底平。坑内下部填青膏泥，上部填褐色花土，二者之间有一层厚0.04～0.1米的铁锈黄色土，质密。

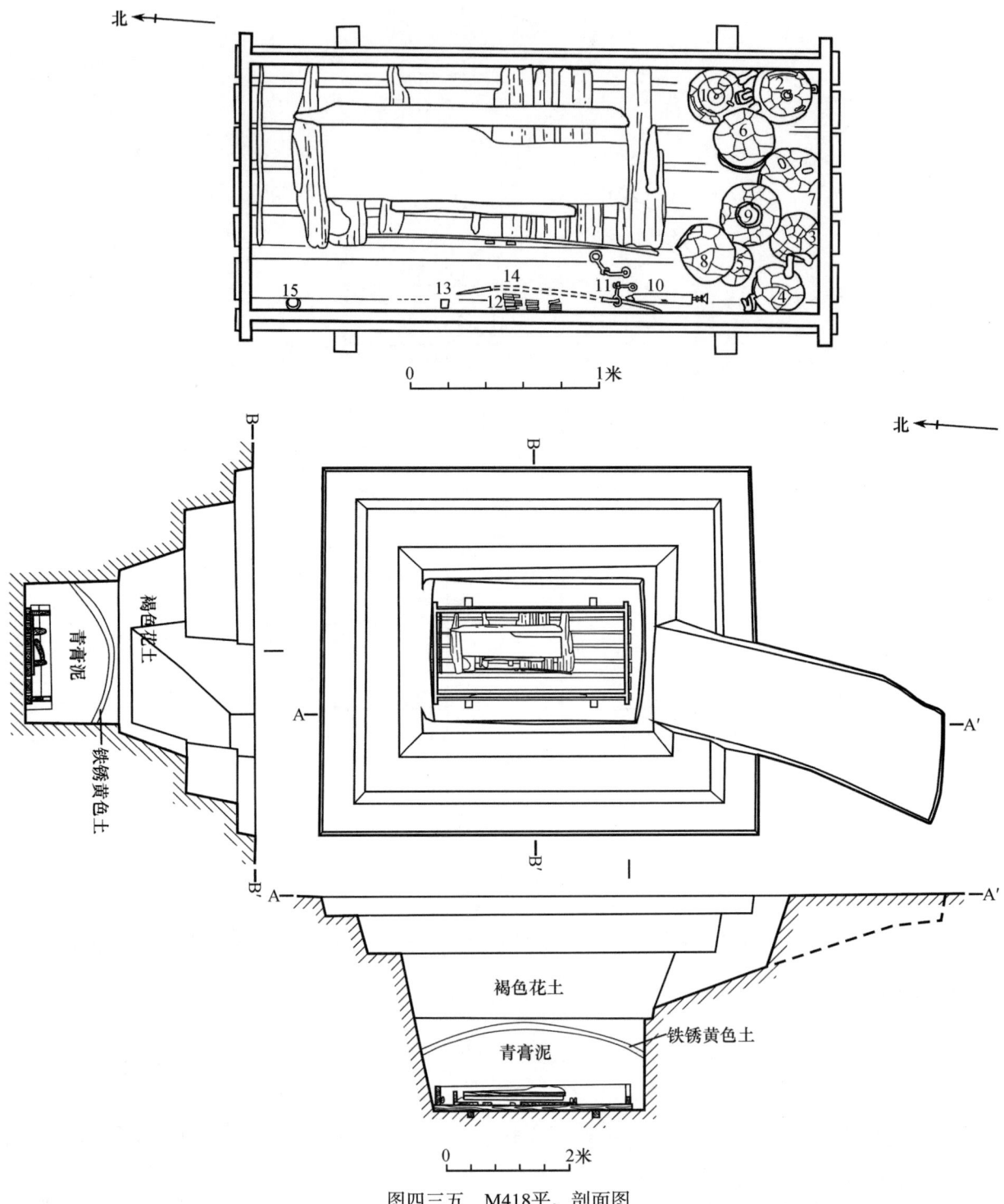

图四三五　M418平、剖面图

1~4.陶鼎　5.陶盉　6、7.陶敦　8、9.陶壶　10.铜剑　11.铜马衔（2件）　12.铜盖弓帽（16件）　13、15.铜伞柄箍　14.竹弓

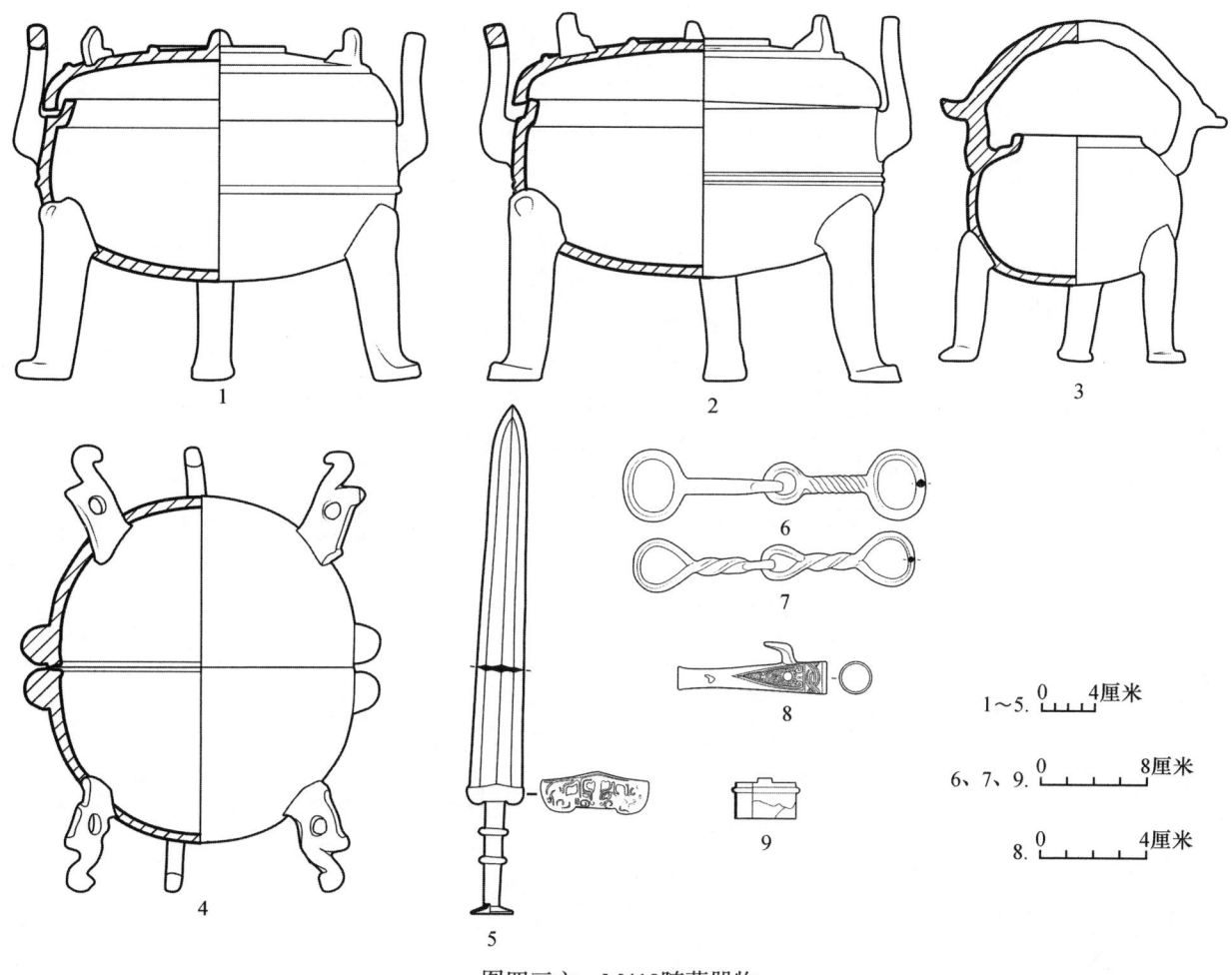

图四三六　M418随葬器物
1、2. 陶鼎（M418：1、M418：2）　3. 陶盉（M418：5）　4. 陶敦（M418：6）　5. 铜剑（M418：10）
6、7. 铜马衔（M418：11-1、M418：11-2）　8. 铜盖弓帽（M418：12-1）　9. 铜伞柄箍（M418：13）

葬具及葬式　一椁两棺，腐烂严重。椁长2.6、宽1.66米，残存有壁板、挡板、底板和垫木，其中壁板、挡板每边均残存1块木板。壁板残长2.3、宽0.16、厚0.1米，挡板残长1.8～1.98、宽0.16、厚0.1米，壁板与挡板结合部腐烂不详。底板用9块木板平列竖铺，底板长2.92、通宽1.172、厚0.2米，各板宽自北向南分别为0.08、0.18、0.22、0.18、0.19、0.21、0.2、0.18、0.18米，四边略侈出椁壁板与椁挡板。2根方形横垫木长2.05米，西宽0.23、厚0.1米，东宽0.1、厚0.08米，垫木相距1.56米。椁室分棺室、头箱，有隔板隔离。棺室长2.1、宽1.5米，头箱内空长0.34、宽1.5米，隔板宽0.14、厚0.05米。棺室内并列放置双棺，腐烂严重，残存盖板、壁板，南棺长1.84米，北棺长1.88米，宽均不详。人骨架无存，葬式不明。

随葬器物　9件。陶壶3件，陶敦、鼎各2件，铜剑、戈各1件。置于椁内棺外东端的头箱内（图四三七；彩版五四，1、2）。

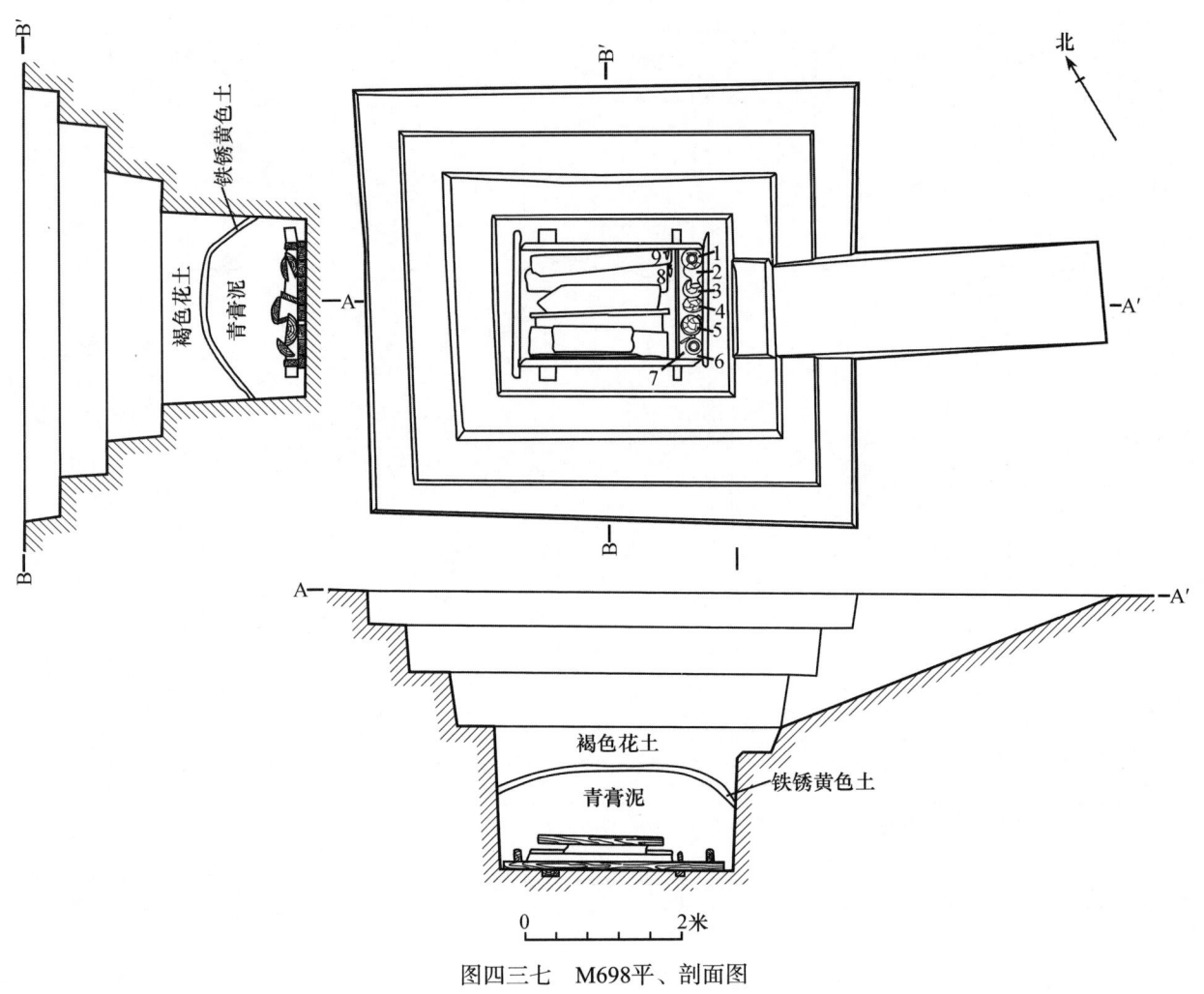

图四三七 M698平、剖面图
1、2、7.陶壶 3、4.陶敦 5、6.陶鼎 8.铜剑 9.铜戈

陶器

壶（M698:1），泥质褐陶。口径11.9、腹径24.1、圈足径13.6、通高43.2厘米（图四三八，1）。

壶（M698:2），泥质褐陶。口径11.6、腹径23.8、圈足径13.2、通高42厘米（图四三八，2）。

壶（M698:7），泥质褐陶。残。腹径19、底径11.6、残高28厘米（图四三九，3）。

敦（M698:3），泥质褐陶。口径20.2、通高24.4厘米（图四三九，1）。

敦（M698:4），泥质褐陶。口径21、通高25.6厘米（图四三九，2）。

鼎（M698:5），泥质褐陶。口径21.6、腹径24.4、通高24.8厘米（图四三八，3）。

鼎（M698:6），泥质褐陶。口径19.2、腹径23.4、通高25.2厘米（图四三八，4）。

铜器

剑（M698:8），通长16、身长7.4、身宽4.4、首径3.8厘米（图四三九，5）。

戈（M698:9），残长23.6、援残长13.4、胡长11.4厘米（图四三九，4）。

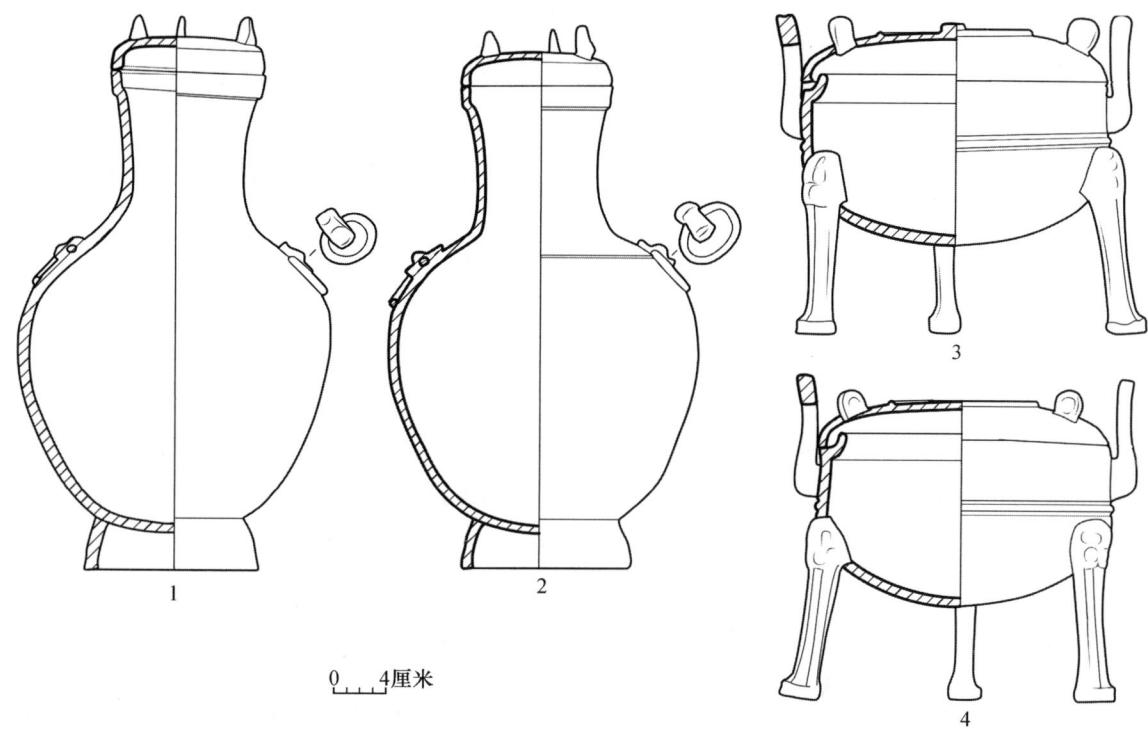

图四三八　M698随葬陶器
1、2. 壶（M698：1、M698：2）　3、4. 鼎（M698：5、M698：6）

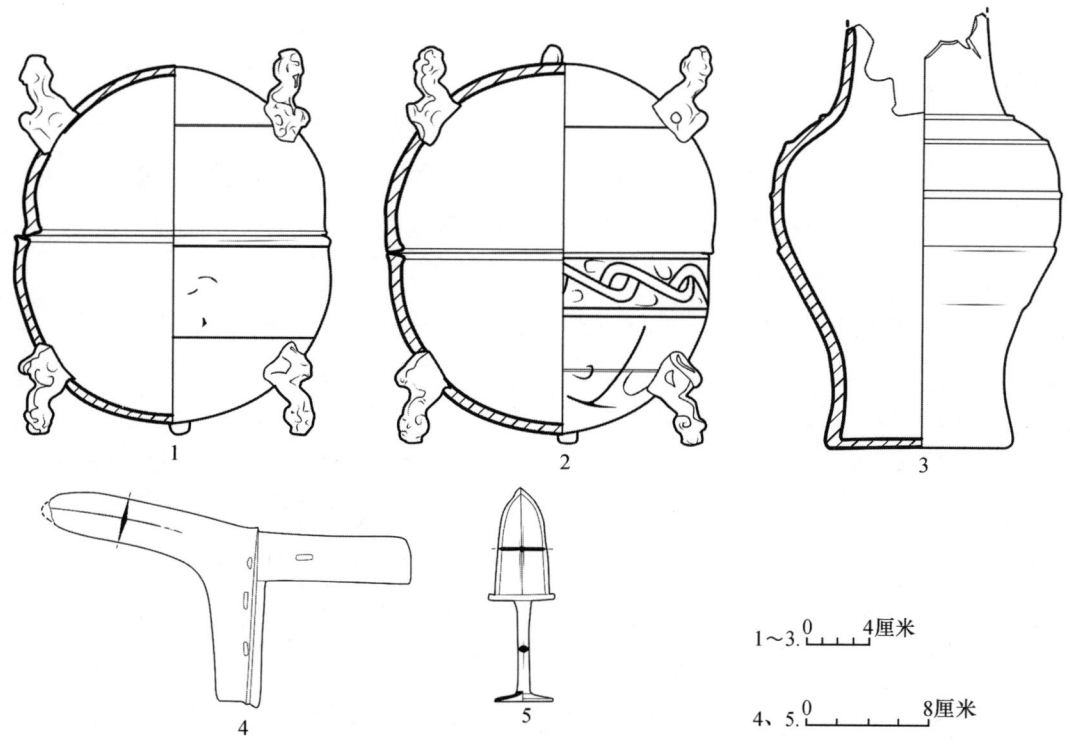

图四三九　M698随葬器物
1、2. 陶敦（M698：3、M698：4）　3. 陶壶（M698：7）　4. 铜戈（M698：9）　5. 铜剑（M698：8）

第三节　随葬器物

沈岗楚墓随葬器物有陶器，铜器，漆木器，玉、石、料器这几个器类。其中，以陶器数量为最，铜器、漆木器次之，玉、石、料器相对较少。现区别器类予以描述说明。

一、陶　　器

沈岗楚墓随葬器物中陶器占大宗，分为仿铜陶礼器和日用陶器。其中，仿铜陶礼器器类主要有鼎、敦、缶、壶、钫、盉、盘、匜等，日用生活陶器器类主要有鬲、盂、罐、盆、豆等。

（一）仿铜陶礼器

鼎　297件。每座墓葬出土1~5件，器体完整并可以参与分型的有135件。根据器形、耳、口沿、腹部、足部的不同，分为五型。

A型　方耳鼎。95件。方耳，子母口，一般出土时伴出有鼎盖，蹄足，鼎身大多饰一周或几周弦纹。按照耳、腹部和足部的变化，分为七式。

Ⅰ式　1件。M602：1，泥质褐陶。深腹，耳高于盖面、外撇，蹄足较细、略内聚。上腹饰两周弦纹。口径17.6、腹径19.6、通高22.4厘米（图四四〇，1；图版六二，1）。

Ⅱ式　20件。长耳外撇，深腹，圜底，蹄足短粗，断面为圆实心。器身多饰弦纹，个别器底饰绳纹。标本M347：3，泥质黑衣褐陶。口径18.4、腹径22.4、通高23.2厘米（图四四〇，2；图版六二，2）。标本M745：4，泥质黑衣褐陶。盖周饰三兽形纽，足部近柱状。口径16、腹径20.5、通高22.2厘米（图四四〇，3；图版六二，3）。

Ⅲ式　24件。蹄足短粗，断面呈圆实心状，与Ⅱ式的主要区别是腹较浅，器身多饰弦纹。标本M66：4，泥质褐陶。盖身子母口扣合，盖沿面折弧微隆近平。盖心饰一乳丁纽及两周凹弦纹，盖周等距置三尖三角形纽，腹中部饰一周凹弦纹。口径16.8、腹径23.6、通高22厘米（图四四〇，4；图版六二，4）。标本M451：5，夹砂黑衣灰陶。敛口。腹中部饰两周凹弦纹。口径16.8、腹径20.4、通高23.2厘米（图四四〇，5；图版六二，5）。

Ⅳ式　23件。长耳外撇，腹较浅，足断面呈棱形。足细长是其区别于Ⅲ式的主要特征。标本M332：2，夹砂褐陶。盖身子母口扣合，盖隆起，盖顶有两周带状凸弦纹，周边置三个扁形竖纽。微敛口，方唇，直腹，圜底近平，两长方形附耳外撇，下置三细长蹄形足，足面有削棱。腹中部饰凹弦纹一周。口径16、腹径18.8、通高20.4厘米（图四四〇，6；图版六二，6）。标本M416：1，夹砂黑衣褐陶。口径17.6、腹径20.2、通高23.2厘米（图四四一，1；图版六三，1）。

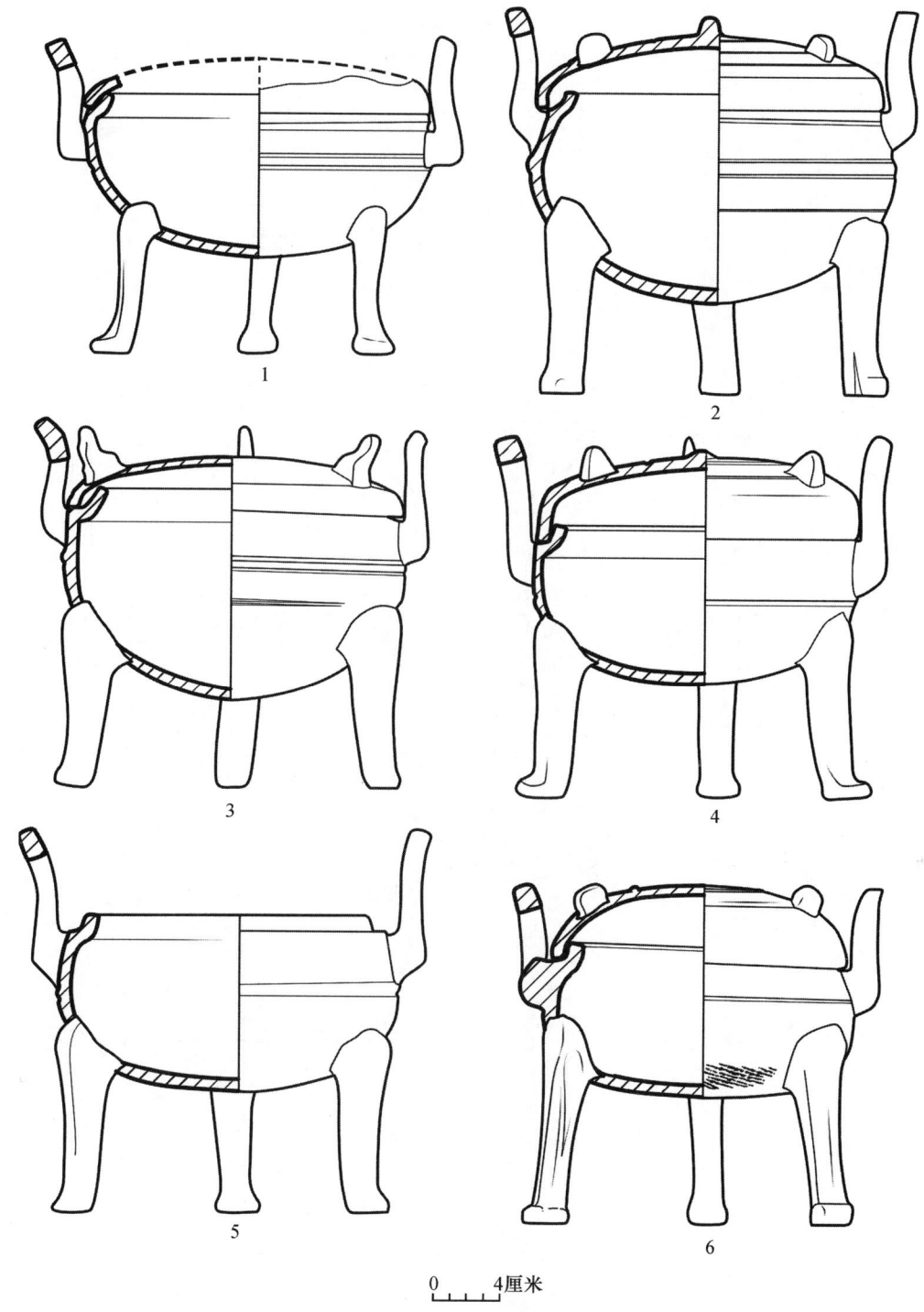

图四四〇 A型陶鼎
1. Ⅰ式（M602∶1） 2、3. Ⅱ式（M347∶3、M745∶4） 4、5. Ⅲ式（M66∶4、M451∶5） 6. Ⅳ式（M332∶2）

Ⅴ式 17件。短耳，腹较浅，细高蹄足。足肩部多饰兽面纹。标本M379∶5，泥质褐陶。盖身子母口扣合，盖上弧缓平，面旋三纽。口微敛，方唇，直腹，圜底，上腹附对称长方形耳，下置三兽面蹄足。腹中部饰一道凸弦纹。口径17.6、腹径22.5、通高24.2厘米（图

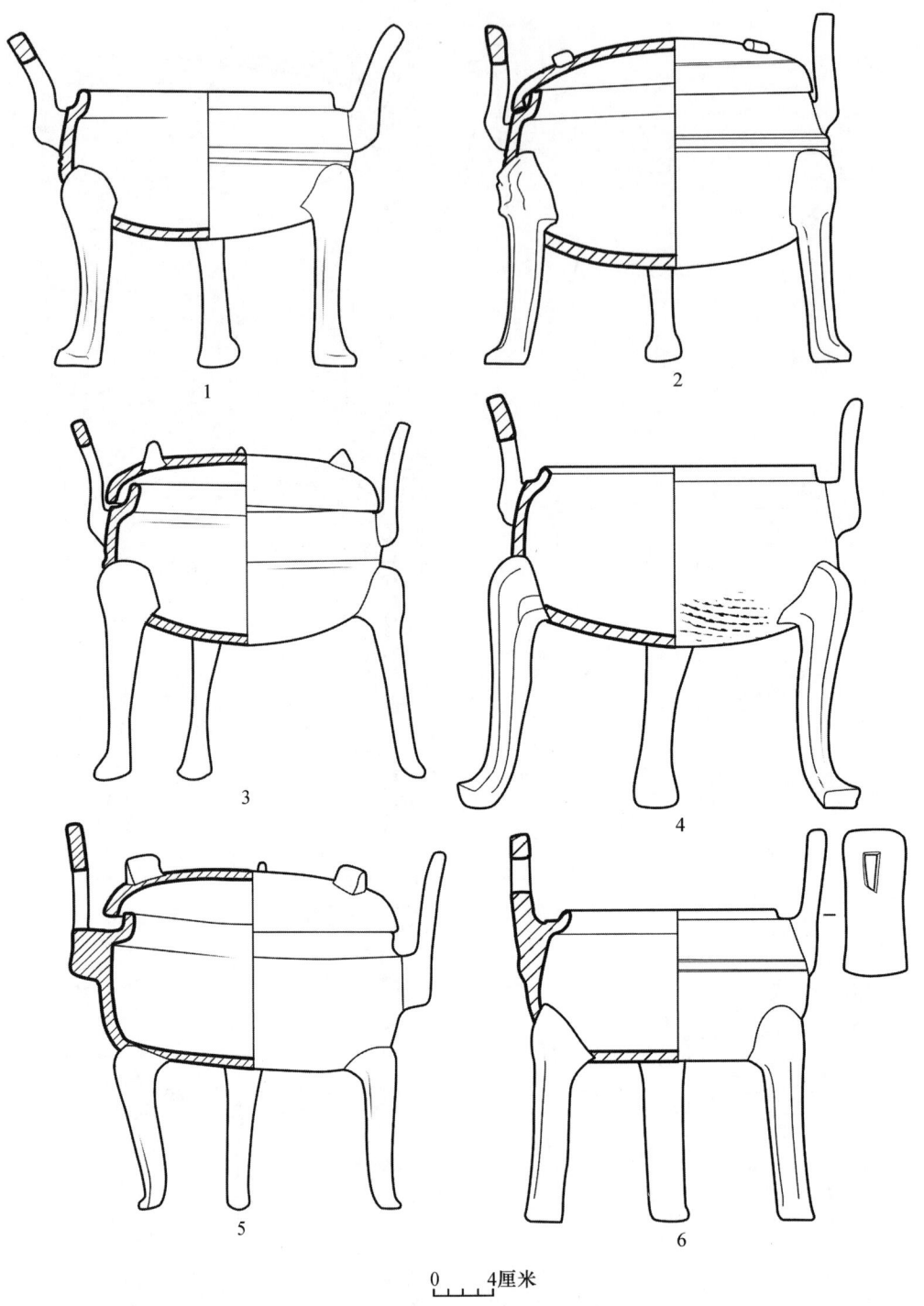

图四四一　A型陶鼎
1. Ⅳ式（M416∶1）　2. Ⅴ式（M379∶5）　3、4. Ⅵ式（M46∶2、M55∶7）　5、6. Ⅶ式（M17∶1、M768∶5）

四四一，2；图版六三，2）。

Ⅵ式　4件。短耳，浅腹，足细长外撇，圜底。标本M46∶2，泥质灰陶。盖身子母口扣合，拱形盖顶上置三纽。口微敛，圆唇，直腹，圜底，腹附对称长方形耳外撇，下置三细高蹄形足。腹部有一周凸弦纹。口径13.6、腹径19.2、通高24.8厘米（图四四一，3；图版六三，

3）。标本M55：7，泥质灰陶。敛口，方唇，直腹，圜底，上腹有对称附耳，下置三"S"形足或蹄形足外撇，足截面呈五棱形。口径18.4、腹径22.4、通高28.4厘米（图四四一，4；图版六三，4）。

Ⅶ式 6件。浅腹，平底，细高足。标本M17：1，泥质灰陶。盖身子母口扣合，盖顶弧缓平，上置三尖扁形纽。子口微敛，方唇，直腹，圜底近平，上腹附对称长方形曲耳，下置三蹄状足，其中一足变形内收。口径18.8、腹径21.2、通高27.2厘米（图四四一，5；图版六三，5）。标本M768：5，泥质黑衣褐陶。器体细高，圜底近平。口径14.8、腹径19.4、通高26.8厘米（图四四一，6；图版六三，6）。

以上七式的演变规律是：腹由深变浅；圜底渐变为平底；足由短粗变为细长，由内聚渐至外撇，足断面由圆实心渐变为三角形；稍晚的式别，鼎足根部饰有兽面纹。

B型 环耳鼎。28件。环耳，蹄足，鼎身大多饰弦纹。根据耳、腹、足部的变化，分为六式。

Ⅰ式 2件。深腹，圜底，短粗足。标本M405：2，泥质灰陶。腹中部饰一周凹弦纹。口径18.4、腹径21.2、通高21.3厘米（图四四二，1；图版六四，1）。标本M414：5，泥质灰陶。蹄足外撇较甚。腹中上部饰两周凹弦纹。口径16.5、腹径20.4、通高20.3厘米（图四四二，2；图版六四，2）。

Ⅱ式 5件。足细高是区别于Ⅰ式的主要特征。标本M538：1，泥质褐陶。盖身子母口扣合。口径16.8、腹径20.4、通高22.4厘米（图四四二，3；图版六四，3）。

Ⅲ式 5件。细高足，足断面呈棱形，圜底。标本M383：1，泥质灰陶。腹中部饰一道带状凸弦纹。口径18.2、腹径20.7、通高24.2厘米（图四四二，4；图版六四，4）。标本M402：3，泥质灰陶。盖身子母口扣合，盖顶微弧，面近平，盖心有一圆锥形纽，周饰三扁形纽。盖面及腹部饰凹弦纹。口径16.3、腹径19.8、通高23.6厘米（图四四二，5；图版六四，5）。

Ⅳ式 8件。细高足，断面呈棱形，圜底。足根部饰兽面纹。标本M625：3，泥质灰陶。器身饰一周凹弦纹，足根部浮雕兽面纹。口径21.6、腹径25.2、通高22.2厘米（图四四二，6；图版六四，6）。标本M791：2，泥质褐陶。器身饰凹弦纹，足根部兽面纹较浅。口径16、腹径20.8、通高22.5厘米（图四四三，1；图版六五，1）。

Ⅴ式 4件。圜底，细高足，足呈"S"形。标本M142：8，夹砂灰陶。盖身子母口扣合，盖上弧，面缓平，盖心有一乳丁纽，周饰三个兽形小纽。腹中部饰两周凹弦纹。口径16.8、腹径19.5、通高20.8厘米（图四四三，2；图版六五，2）。标本M739：1，泥质褐陶。盖残，长耳略外撇。腹中部饰凹弦纹。口径15.2、腹径19、通高22厘米（图四四三，4；图版六五，3）。

Ⅵ式 4件。浅腹，平底，细高足，足断面呈棱形。标本M562：5，泥质红陶。口径14.8、腹径18.2、通高21.9厘米（图四四三，3；图版六五，4）。

以上六式的演变规律是：腹由深变浅；圜底渐变为平底；足由短粗变为细长，由内聚渐至外撇，足断面由圆实心渐变为三角形。

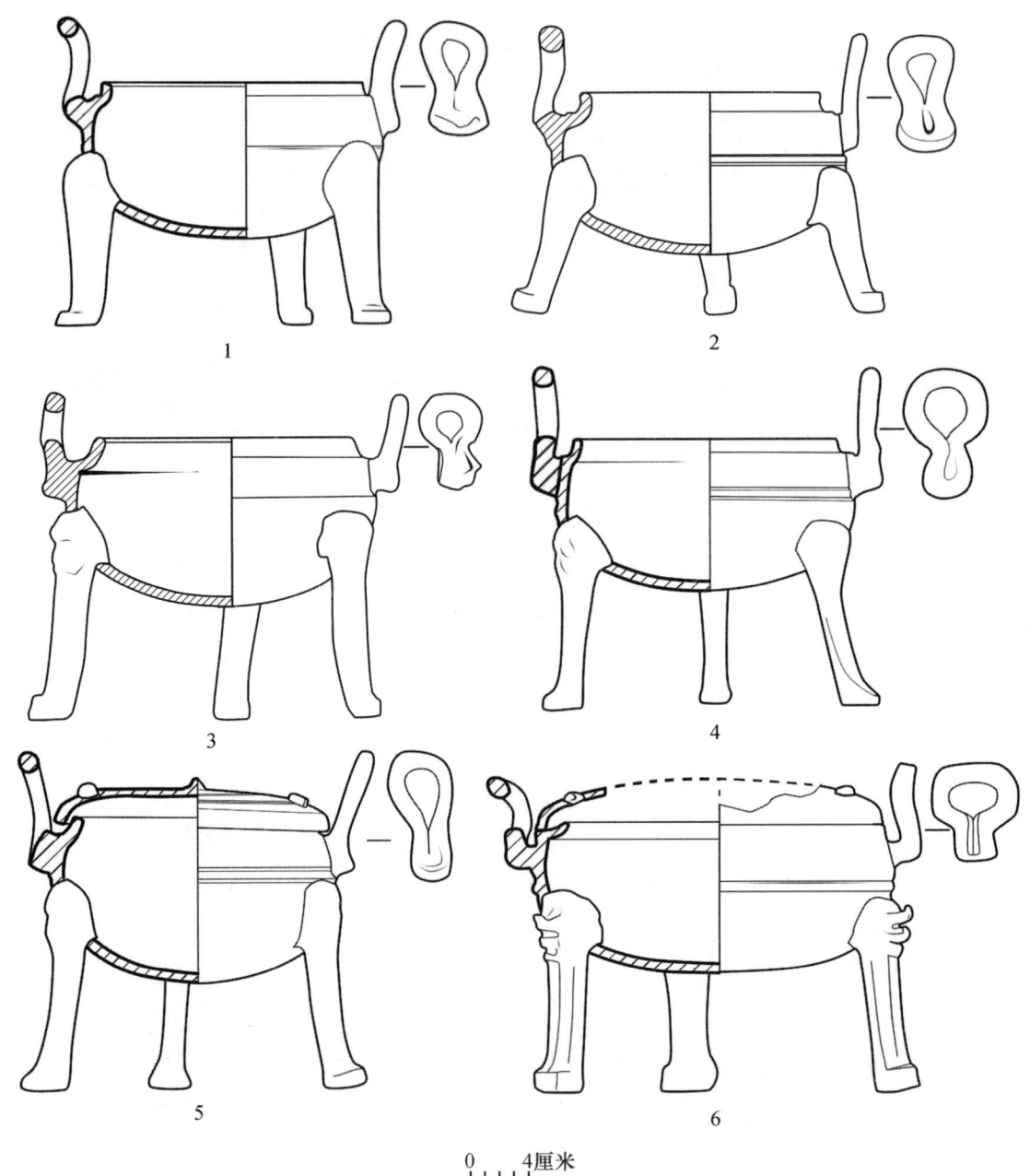

图四四二 B型陶鼎
1、2. Ⅰ式（M405∶2、M414∶5） 3. Ⅱ式（M538∶1） 4、5. Ⅲ式（M383∶1、M402∶3） 6. Ⅳ式（M625∶3）

C型 箍口鼎。1件。M779∶2，泥质黑衣褐陶。口沿处置一道凸棱以承盖，长方形附耳外撇，腹较浅，足较粗壮、略外撇，足根部饰兽面。口径18、腹径19.6、通高24.6厘米（图四四三，5；图版六五，5）。

D型 折沿束颈鼎。1件。M391∶3，泥质灰陶。盖身平口扣合，盖口沿平折，面隆起，中部有圆形抓手。器身盆形，仰折沿，方唇，束颈，上腹部附对称方耳、外撇，深腹，圜底，底有三个内聚矮蹄形足。口径19.2、腹径18.2、通高19厘米（图四四三，6；图版六五，6）。

E型 无耳鼎。10件。根据器身及足的变化可分为四式。

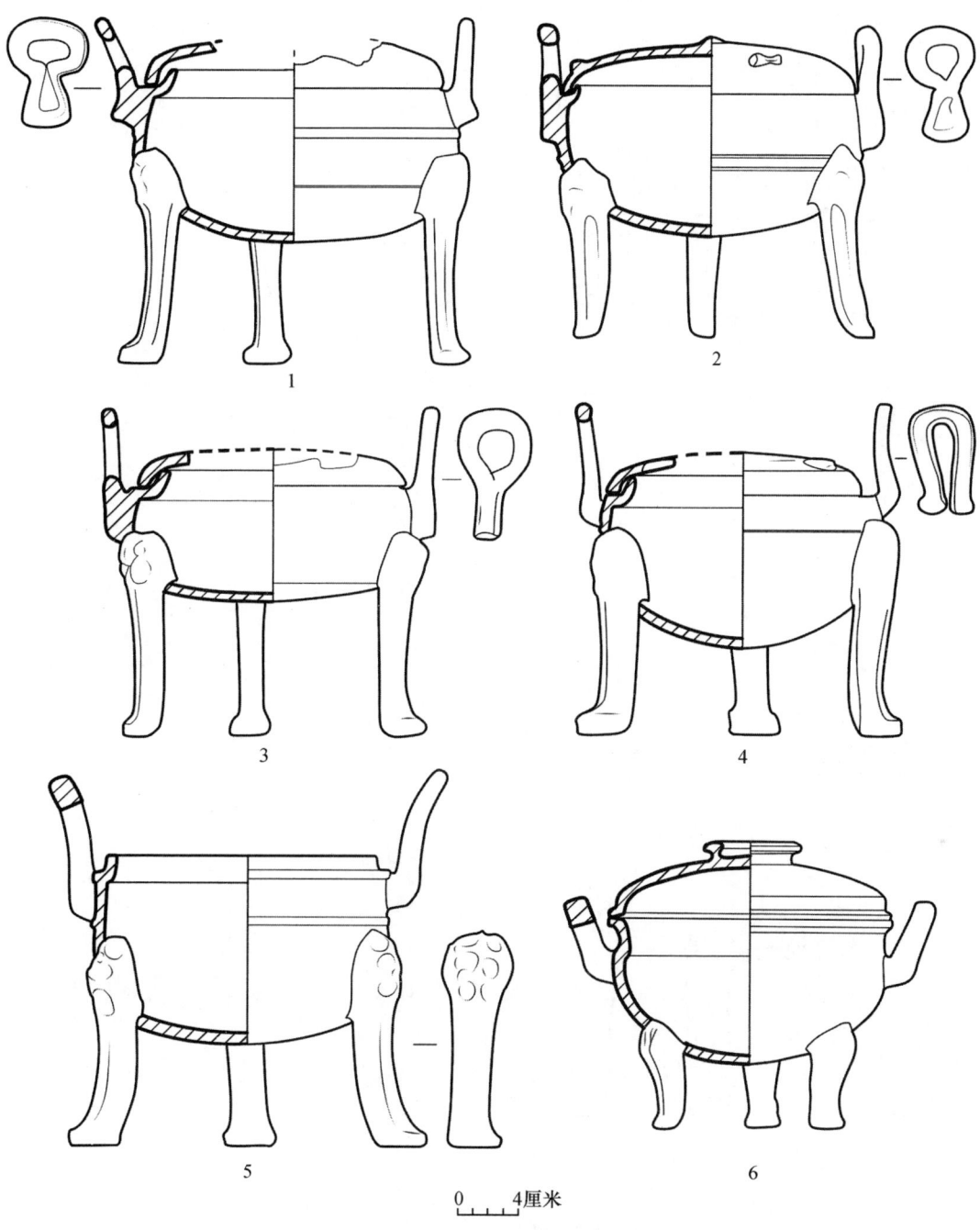

图四四三　B、C、D型陶鼎
1. B型Ⅳ式（M791∶2）　2、4. B型Ⅴ式（M142∶8、M739∶1）　3. B型Ⅵ式（M562∶5）　5. C型（M779∶2）
6. D型（M391∶3）

Ⅰ式　4件。深腹，矮粗蹄足，足断面呈实心圆形。标本M410∶2，夹砂褐陶。平折沿，尖圆唇。器底饰绳纹。口径24、腹径23.2、高19.6厘米（图四四四，1；图版六六，1）。标本M508∶2，夹砂灰陶。平折沿，圆唇，束颈。腹中部饰三周凹弦纹，器底饰绳纹。口径19.6、腹径19.2、高16.3厘米（图四四四，2；图版六六，2）。

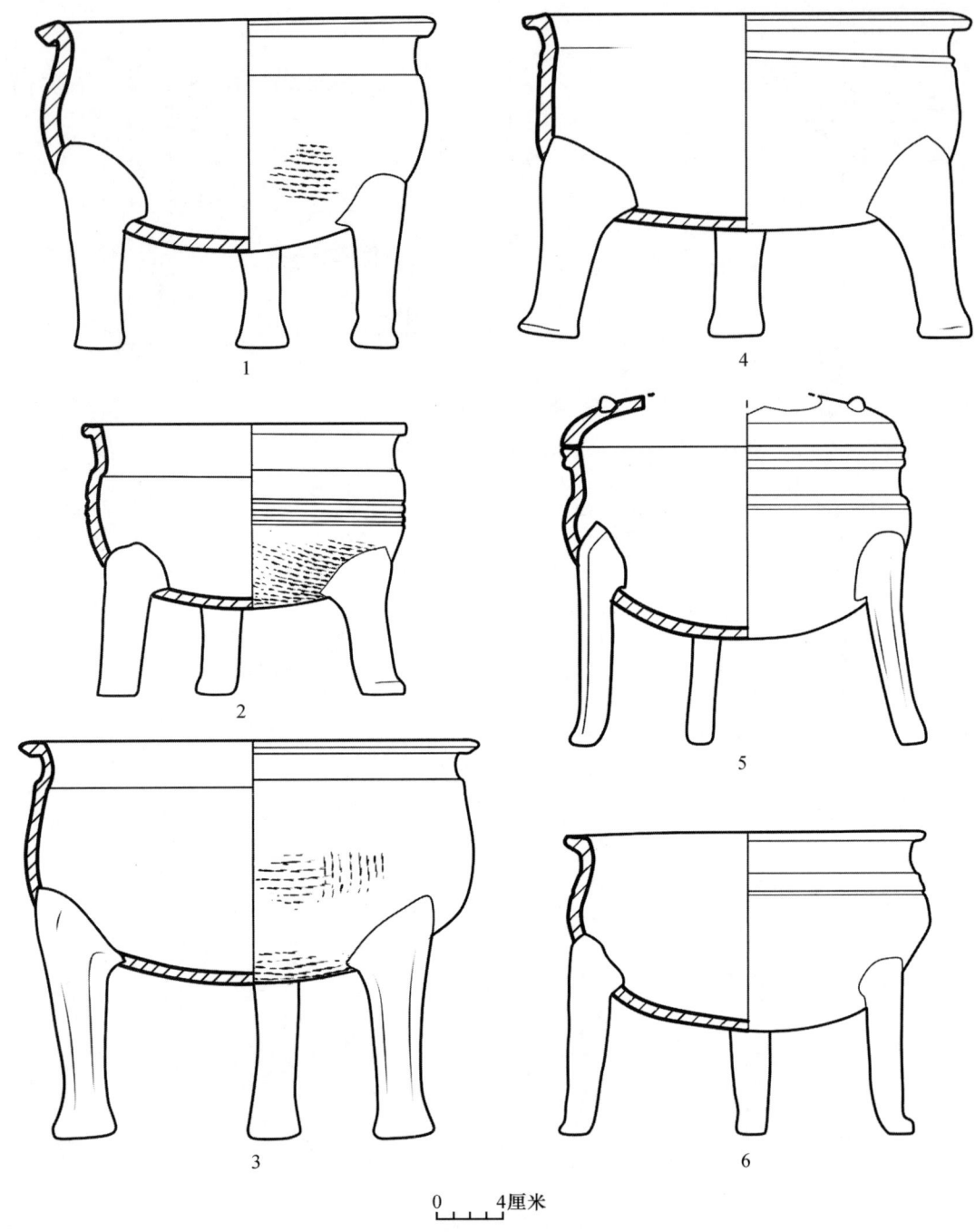

图四四四 E型陶鼎

1、2. Ⅰ式（M410：2、M508：2） 3. Ⅱ式（M629：3） 4. Ⅲ式（M477：1） 5、6. Ⅳ式（M123：1、M297：2）

Ⅱ式 2件。腹较深，足断面呈三角形。标本M629：3，夹砂褐陶。折沿，尖唇，束颈，弧腹下收，最大腹径在下部，圜底，下置三个蹄形足。腹部以下饰绳纹。口径27.6、腹径26.9、高24厘米（图四四四，3；图版六六，3）。

Ⅲ式 1件。M477：1，泥质灰陶。平折沿，沿面内凹，圆唇，束颈，腹较浅，足粗短、外撇，底近平。口径26.8、腹径25.2、高19.6厘米（图四四四，4；图版六六，4）。

Ⅳ式 3件。腹较浅,圜底,足细长。标本M123:1,夹砂灰陶。平折沿,沿面内凹,束颈,弧腹下收,凹圜底,下置三个扁形蹄状足,足外撇。底部饰绳纹。口径20.4、腹径20.7、残高21.1厘米(图四四四,5;图版六六,5)。标本M297:2,泥质灰陶。平折沿,圆唇,束颈,弧腹,圜底,下置三个蹄状足,足外撇。腹上部饰一周凹弦纹。口径21.4、腹径21.6、高18.3厘米(图四四四,6;图版六六,6)。

以上四式的演变规律是:腹由深变浅;圜底渐变为平底;足由短粗变为细长,由内聚渐至外撇。

小口鼎 3件。分二式。

Ⅰ式 2件。深鼓腹,短粗足。标本M57:2,泥质灰陶。直口,溜肩,肩饰对称两耳,两耳已残,扁鼓腹,最大腹径在腹中部,圜底,下置三蹄形足。素面。口径10.7、腹径20.8、高22.3厘米(图四四五,1;图版六七,1)。标本M115:6,泥质灰陶。直口,溜肩,肩饰对称两环耳,深腹,圜底,下置三蹄形足。肩、腹部饰凹弦纹。口径11、腹径24、通高28厘米(图四四五,2;图版六七,2)。

Ⅱ式 1件。M78:8,泥质褐陶。直口,圆唇,环耳,深腹,圜底,下置三蹄形细高足。肩、腹部饰凹弦纹。口径10.1、腹径18.5、高21.4厘米(图四四五,3;图版六七,3)。

以上二式的演变规律是:足由短粗渐变为细长,由内聚变为外撇。

敦 243件。型式可辨的有71件,分属54座墓,计出土1件的有37座墓,出土2件的有17座墓。按器足与盖纽的不同形态,分为三型。

A型 24件。卧兽足,器身与器盖各占一半,身、盖大小、形制相同,扣合成器,整器呈圆形或椭圆形。根据器形的变化,分为四式。

Ⅰ式 1件。M744:6,泥质灰陶。器扁圆形,口径略小于身高。素面。口径19.2、通高21.2厘米(图四四六,1;图版六八,1)。

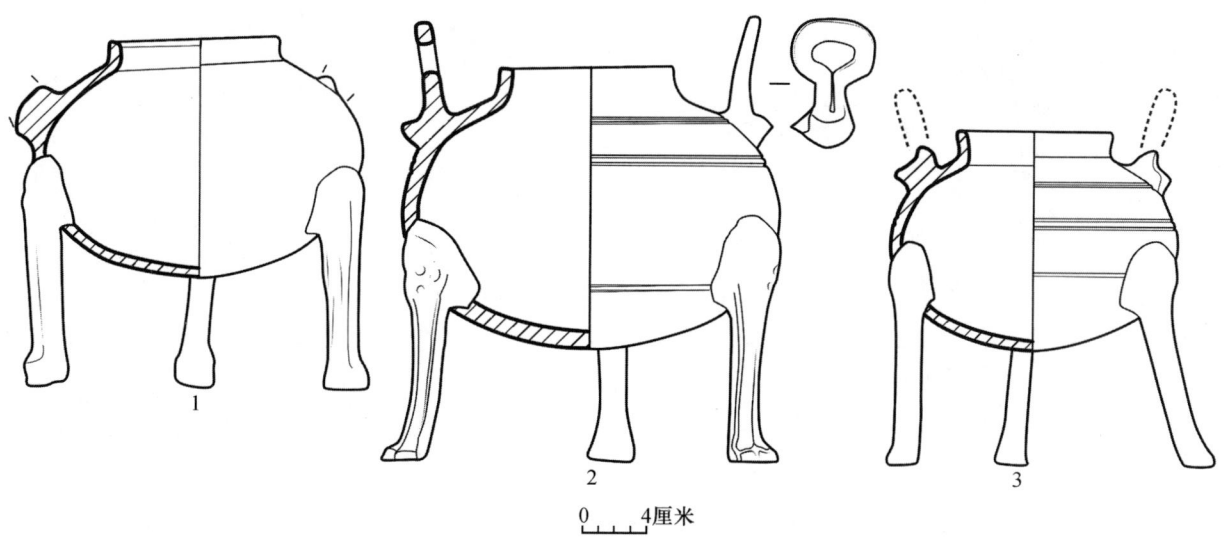

图四四五 陶小口鼎
1、2. Ⅰ式(M57:2、M115:6) 3. Ⅱ式(M78:8)

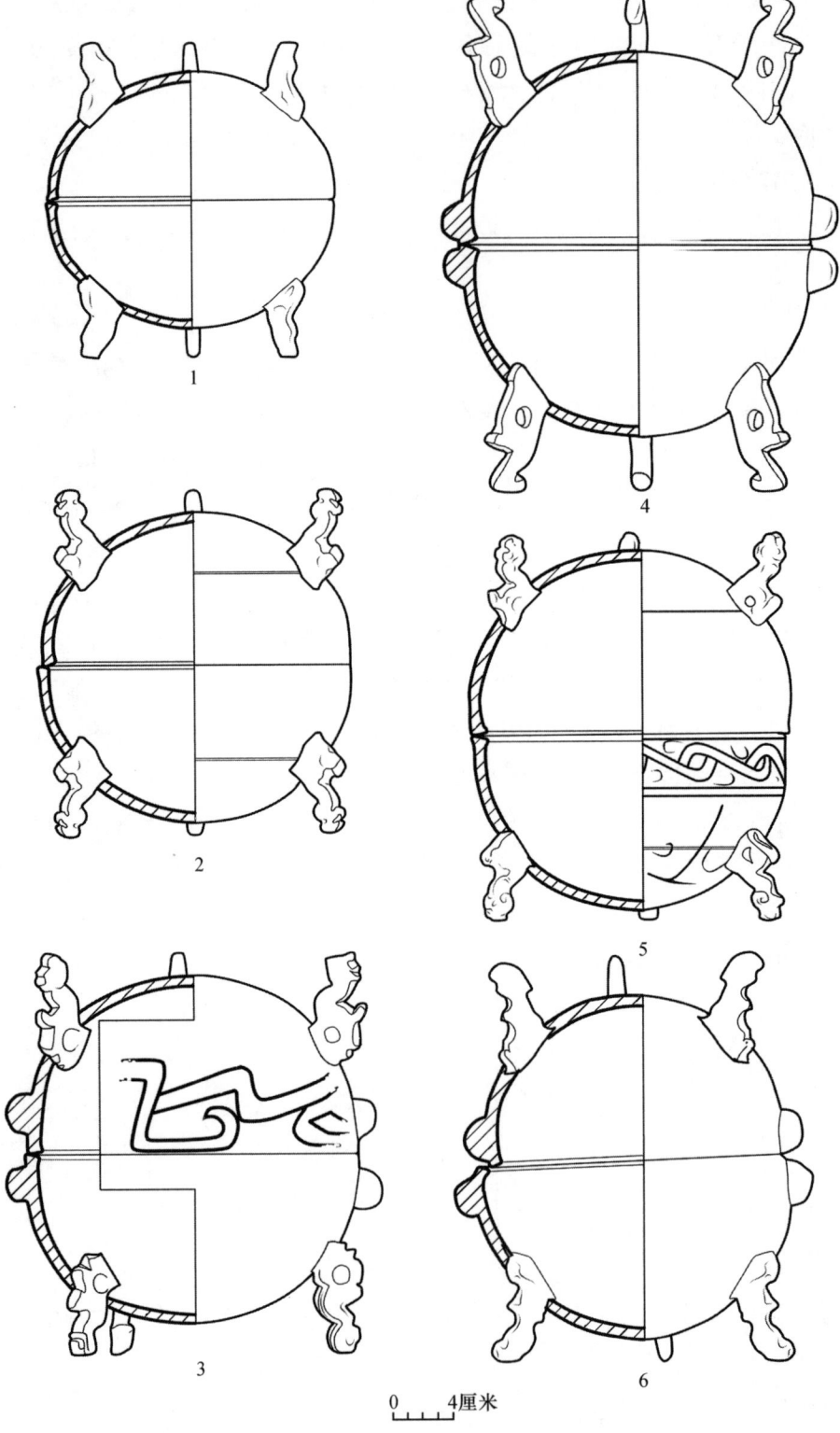

图四四六　A型陶敦
1. Ⅰ式（M744∶6）　2、3. Ⅱ式（M313∶1、M583∶6）　4. Ⅲ式（M418∶6）　5、6. Ⅳ式（M698∶4、M535∶3）

Ⅱ式 7件。器身为近圆形，口径与身高相当。多为素面，少数器身饰弦纹。标本M313：1，泥质褐陶。身、盖中部各一条弦纹。口径20.8、通高24厘米（图四四六，2；图版六八，2）。标本M583：6，泥质褐陶。口径21.6、通高26厘米（图四四六，3；图版六八，3）。

Ⅲ式 11件。器身呈椭圆形，口径略小于身高，部分器物有盲耳或环耳，足与纽上有穿。饰弦纹或素面。标本M418：6，器体较大，身、盖近口沿处有两对盲耳。口径23.2、通高33.2厘米（图四四六，4；图版六八，4）。

Ⅳ式 5件。器身呈椭圆形，口径小于身高，仅1件器物有盲耳，足与纽上无穿或穿孔较小。饰弦纹、彩绘或素面。标本M698：4，泥质黑衣褐陶。器身在黑衣上饰彩绘，器盖饰一道弦纹。口径20.2、通高24.4厘米（图四四六，5；图版六八，6）。标本M535：3，泥质褐陶。足外撇。素面。口径20、通高26.5厘米（图四四六，6；图版六八，5）。

以上四式的演变规律是：器体由扁至圆再变椭圆；器足与盖纽的穿由无变有，再变无；器足由内聚变为外张。

B型 24件。鸟喙足。根据器形变化和器足外张程度，分为五式。

Ⅰ式 2件。标本M82：8，泥质褐陶。盖、身各半，形制相同，平口承合呈圆球形体，盖、身各置三个鸟形纽。盖、身中部各饰两周凹弦纹。口径21.2、通高23厘米（图四四七，1；图版六九，1）。

Ⅱ式 3件。器呈近圆形，口径等于或小于身高，足呈卷曲状。器身素面或饰弦纹。标本M118：2，泥质黑衣灰陶。盖纽较器足外侈较甚。器身中部饰一道弦纹。口径18.2、通高21.7厘米（图四四七，2；图版六九，2）。标本M658：3，泥质褐陶。素面。口径18.4、通高23厘米（图四四七，3；图版六九，3）。

Ⅲ式 2件。口径等于或小于身高，足、纽较长。标本M18：8，器呈近圆形，制作较粗糙。素面。口径18、残高22.4厘米（图四四七，4；图版六九，4）。

Ⅳ式 16件。器呈椭圆形，口径小于身高，足由内聚渐变为外侈。器体素面或饰弦纹、彩绘。标本M115：18，泥质褐陶。口沿稍外侈。器身与器盖饰菱形彩绘，近器底与腹部足下各饰一道弦纹，近盖顶处饰一道弦纹，盖纽下饰两道相距较近的弦纹。口径24.5、通高37.2厘米（图四四七，5；图版六九，6）。标本M46：5，泥质灰陶。器腹部近足下饰一道弦纹，盖纽上下各饰一道弦纹。口径16.8、通高26.4厘米（图四四八，1；图版六九，5）。

Ⅴ式 1件。M655：4，泥质褐陶。器呈椭圆形，口径小于身高，足与盖纽较直。足、纽之间的器体涂白彩，盖纽上、下与器足上、下各饰一道弦纹。口径18.6、通高26.8厘米（图四四八，2；图版七〇，1）。

以上五式的演变规律是：器体由圆形变为椭圆，器足由内聚变为外张。

C型 23件。扁"S"形足。根据器形变化和器足外张程度分为六式。

Ⅰ式 1件。M602：3，泥质褐陶。盖纽为扁形，残。器身与器盖近口沿处有两对较大的盲耳。器呈扁圆形，口径大于身高，足为不规则的柱状，略呈"S"形。器身与器盖各饰三道弦纹。口径17.4、通高16.8厘米（图四四八，3；图版七〇，2）。

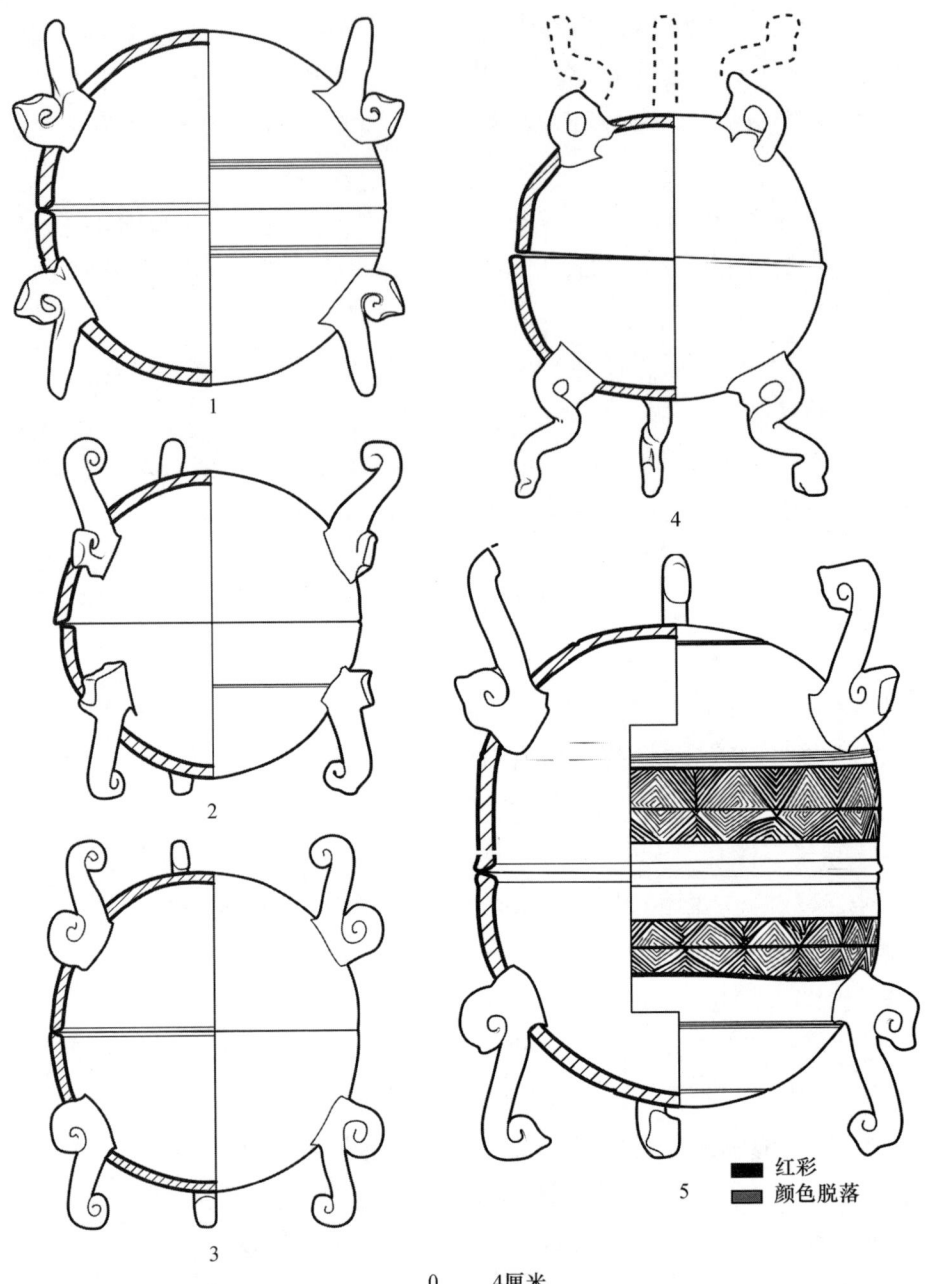

图四四七 B型陶敦
1. Ⅰ式（M82∶8） 2、3.Ⅱ式（M118∶2、M658∶3） 4.Ⅲ式（M18∶8） 5.Ⅳ式（M115∶18）

Ⅱ式 3件。器呈扁圆或近圆形，口径大于或等于身高，无盲耳。标本M429∶3，泥质灰陶。体形较大，足较短小。素面。口径21.2、通高22.2厘米（图四四八，4；图版七〇，3）。标本M456∶3，泥质灰陶。口略侈，盖、身大小略有不同，器足较长。器盖饰一道弦纹。盖口径17.2、身口径17.6、通高21.6厘米（图四四八，5；图版七〇，4）。

Ⅲ式 7件。器呈圆形，口径与身高相当，有盲耳。器表或饰弦纹或涂白彩或素面。标本M443∶3，泥质灰陶。体形较小，器足与盖纽较短，盲耳与口距离较近。除器底与盖顶外，

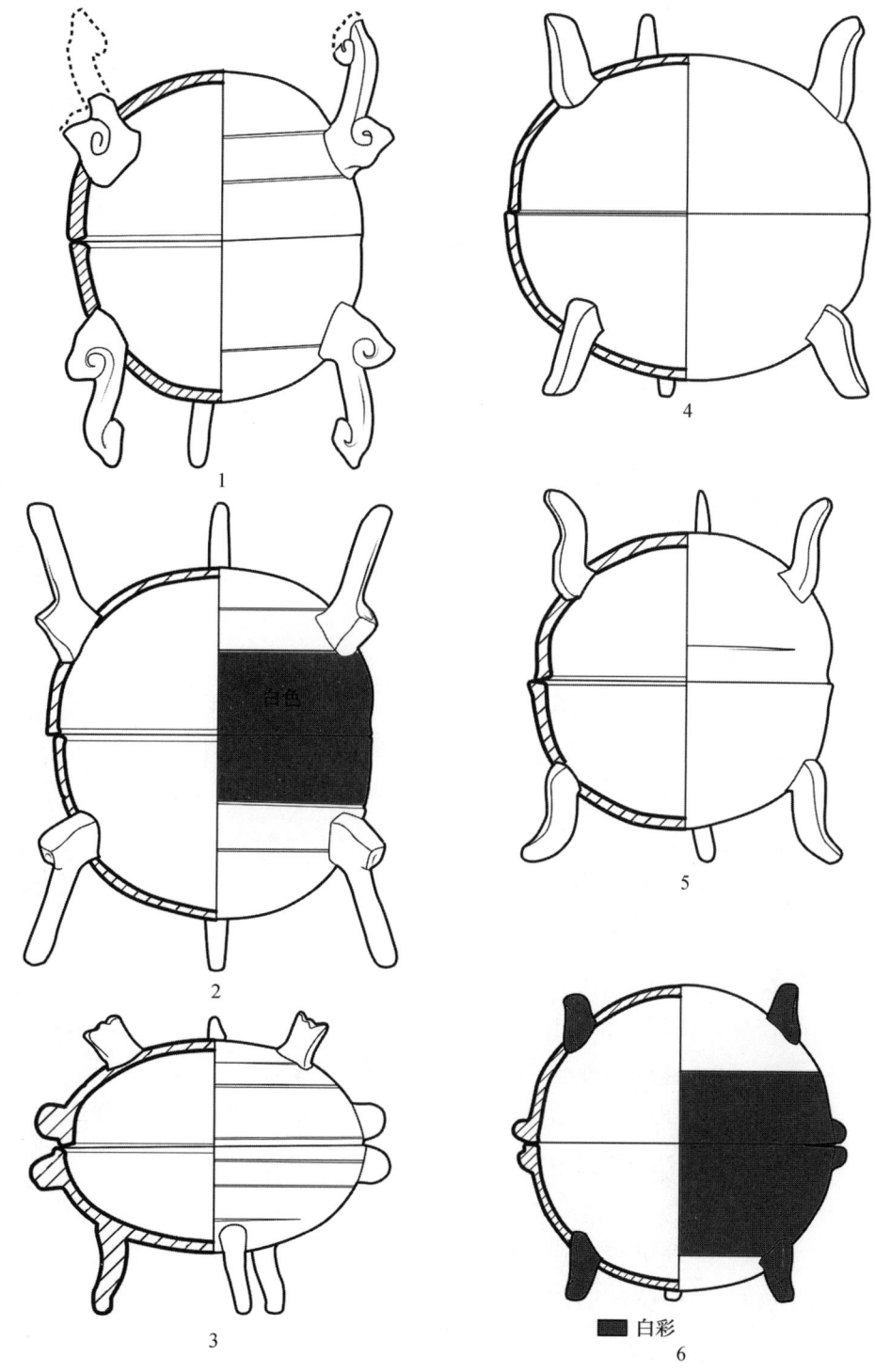

图四四八　B、C型陶敦
1. B型Ⅳ式（M46∶5）　2. B型Ⅴ式（M655∶4）　3. C型Ⅰ式（M602∶3）　4、5. C型Ⅱ式（M429∶3、M456∶3）
6. C型Ⅲ式（M443∶3）

其余部分涂白彩。口径17.6、通高17.2厘米（图四四八，6；图版七〇，5）。标本M451∶2，泥质灰陶。盲耳距口沿稍远，器身近口沿处饰一道弦纹。口径19.6、通高24厘米（图四四九，1；图版七〇，6）。

Ⅳ式　10件。器呈椭圆形，口径小于身高，无盲耳，器足由较内聚渐变为外撇。器表饰弦纹或素面。标本M59∶10，泥质红陶。盖、身略有不同。素面。口径16.5、通高23.8厘米（图四四九，2；图版七一，1）。标本M303∶2，泥质褐陶。器腹近足上处饰一道弦纹。口径18.8、通高24厘米（图四四九，3；图版七一，2）。

Ⅴ式　1件。M745∶3，泥质黑衣褐陶。器呈椭圆形，口径小于身高，口沿外侈，器足与盖纽较长，器身与器盖有两对较大的盲耳，距口沿稍远。器身与器盖各饰两道弦纹。口径19.4、通高29厘米（图四四九，4；图版七一，3）。

Ⅵ式　1件。M401∶3，泥质褐陶。器呈长椭圆形，器足与盖纽相对较小。器腹足上处饰一道弦纹。口径20、通高28.4厘米（图四四九，5；图版七一，4）。

以上六式的演变规律是：器体由扁圆变为圆，再至椭圆；器足由内聚变为外张。

缶　形制清楚的共11件。形似壶，与壶的最大区别是：子母口承盖，一般多盲纽。根据腹、颈的变化，可分六式。

Ⅰ式　1件。M443∶5，泥质灰陶。器身敛口，圆唇，颈较粗，溜肩，鼓腹，凹圜底，肩置一对小盲纽。素面。口径8.8、腹径18.4、底径5.6、通高22.8厘米（图四五〇，1；图版七二，1）。

Ⅱ式　2件。颈部较Ⅰ式细长。标本M456∶6，泥质灰陶。盖身子母口扣合，盖口面大于身口外径，盖隆起，顶有一乳丁纽，周饰三个扁形纽。器身敛口，圆唇，束颈，溜肩，圆鼓腹，凹圜底，肩有三个扁形纽及一周凹弦纹。口径10.7、腹径17.6、底径6.8、通高26.6厘米（图四五〇，2；图版七二，2）。

Ⅲ式　2件。腹较深，腹径较前两式小。标本M745∶1，泥质黑衣褐陶。器底饰绳纹。口径8.8、腹径14.5、底径6.8、通高28厘米（图四五〇，3；图版七二，3）。

Ⅳ式　3件。标本M41∶6，泥质灰陶。盖身子母口扣合，拱形盖。子口微敛，束颈，溜肩，鼓腹，最大腹径在中部，肩有对称盲纽及三周弦纹，凹圜底。口径8.2、腹径18.7、底径8.4、通高27.7厘米（图四五〇，4；图版七二，4）。标本M347∶2，泥质黑衣褐陶。盖身子母口扣合，盖隆起，盖顶有一乳丁纽及一周凹弦纹，周边置三纽。器身微敛口，圆唇，束颈，长鼓腹，凹圜底，上腹部置三个竖向扁盲纽及饰三周凹弦纹。口径14.4、腹径20.2、底径5.6、通高29.2厘米（图四五〇，5；图版七三，1）。

Ⅴ式　1件。M333∶1，泥质褐陶。盖身子母口扣合，盖隆起，口沿微折。器身敛口，圆唇，束颈，溜肩，鼓腹下收，最大腹径在上部，平底略凹。颈饰三周凹弦纹，肩部置三个竖向扁盲纽，饰两周凹弦纹。口径8、腹径15.9、底径6、残高24厘米（图四五〇，6；图版七三，2）。

Ⅵ式　2件。小口，细颈，溜肩，深腹。标本M451∶3，泥质灰陶。敛口，圆唇，束颈，长鼓腹，最大腹径在中部，凹圜底。上腹部置对称盲纽和两周凹弦纹。口径8、腹径18.7、底

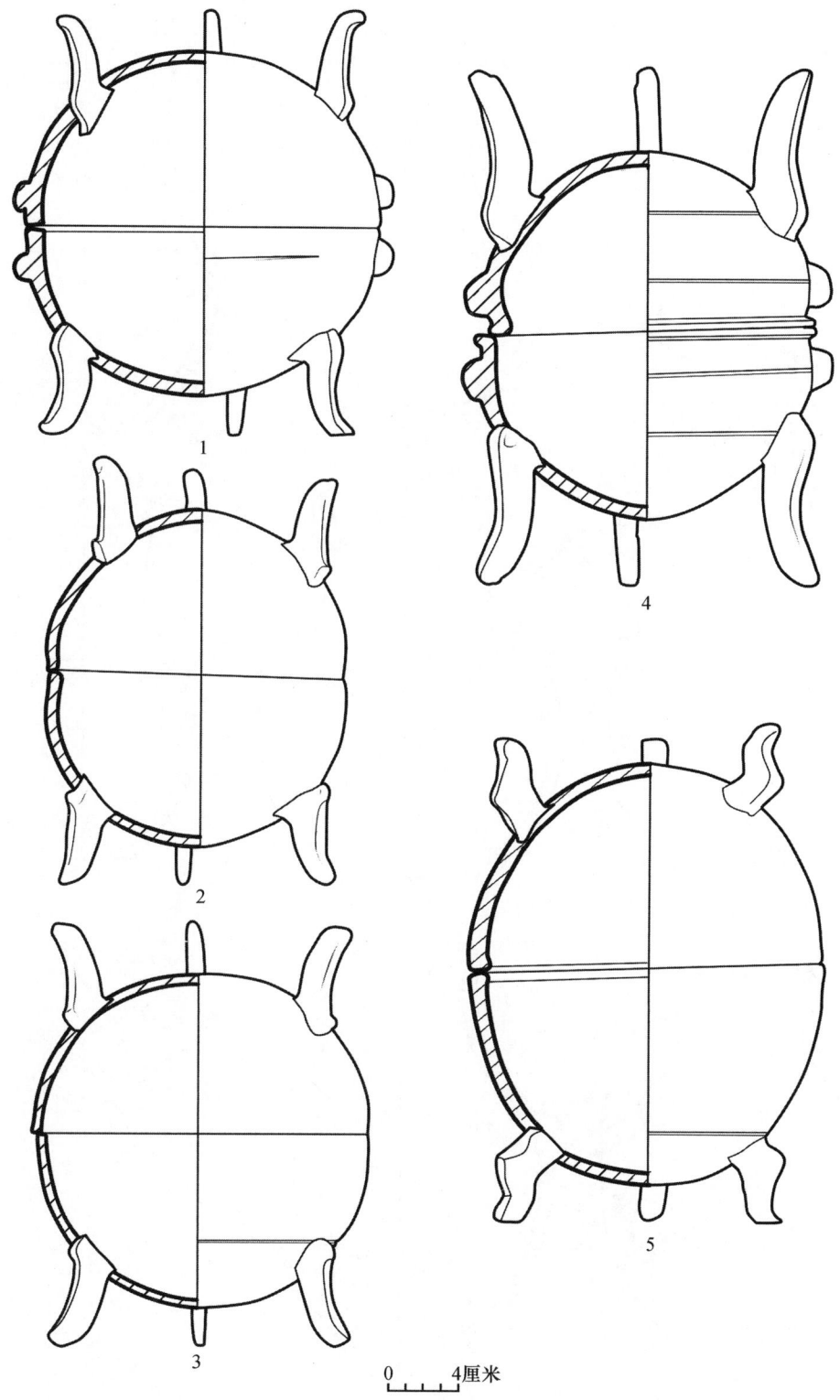

图四四九　C型陶敦

1. Ⅲ式（M451∶2）　2、3. Ⅳ式（M59∶10、M303∶2）　4. Ⅴ式（M745∶3）　5. Ⅵ式（M401∶3）

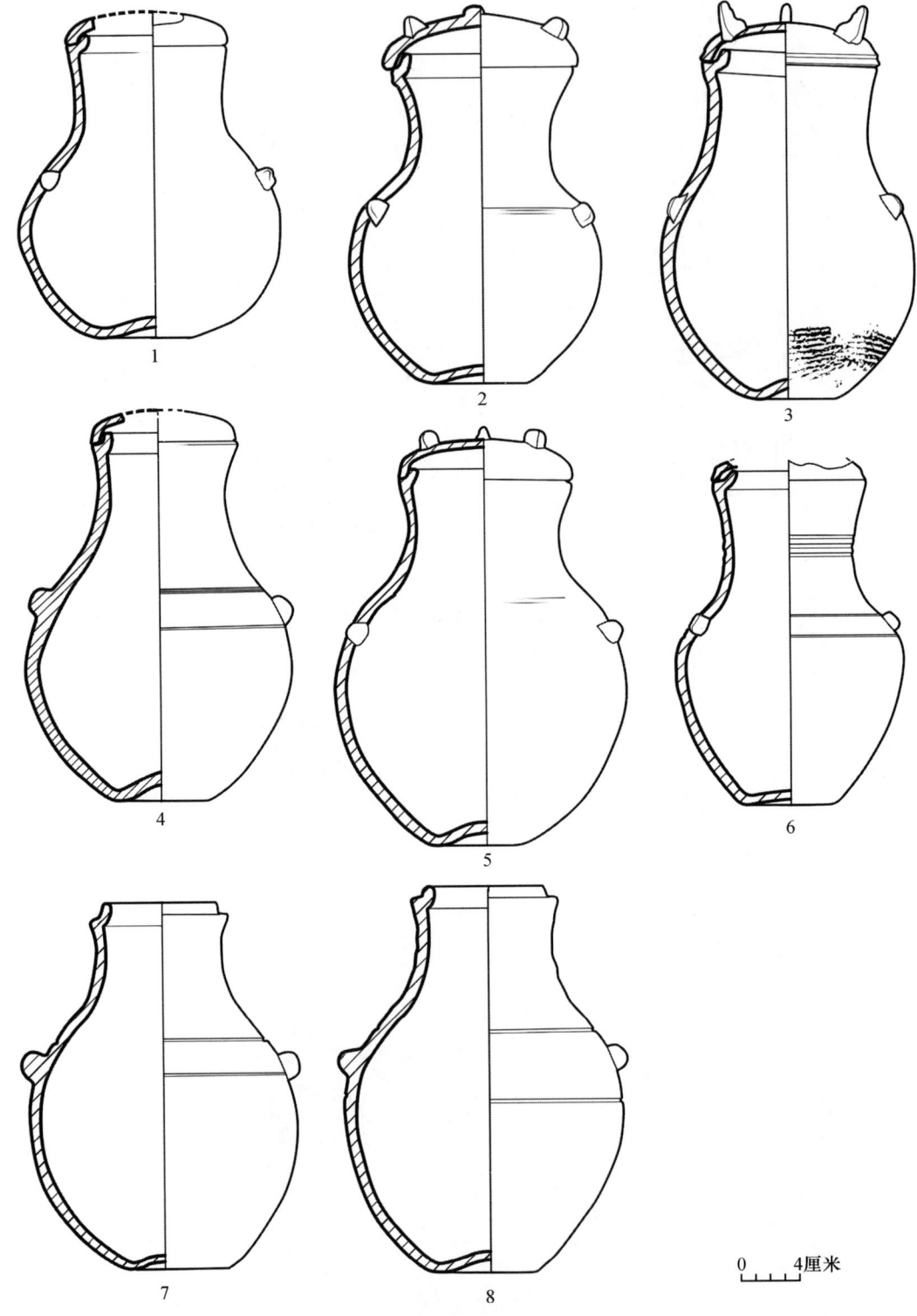

图四五〇　陶缶
1. Ⅰ式（M443∶5）　2. Ⅱ式（M456∶6）　3. Ⅲ式（M745∶1）　4、5. Ⅳ式（M41∶6、M347∶2）　6. Ⅴ式（M333∶1）
7、8. Ⅵ式（M451∶3、M451∶4）

径6.8、高25.5厘米（图四五〇，7；图版七三，3）。标本M451：4，泥质灰陶。器身敛口，圆唇，束颈，长鼓腹，最大腹径在中部，凹圜底。上腹部置对称盲纽和两周凹弦纹。口径8.3、腹径19.5、底径7.1、高27.8厘米（图四五〇，8；图版七三，4）。

以上六式的演变规律是：器体由矮胖到瘦高，颈由粗变细，腹由浅到深。

浴缶　2件。标本M65：8，泥质灰陶。折沿，方唇，短束颈，溜肩，圆鼓腹，最大腹径在中上部，凹圜底。肩有两周弦纹，颈、上腹饰竖绳纹，下腹部饰斜绳纹。口径15.2、腹径30.8、底径10.4、高28.8厘米（图四五一）。

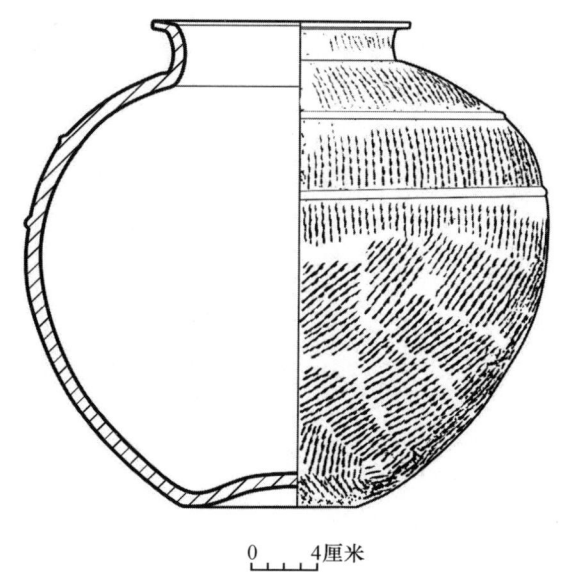

图四五一　陶浴缶（M65：8）

壶　362件。一墓出1~4件不等，器体完整并可以参与分型的有191件。根据器形的不同，分为五型。

A型　31件。肩饰对称耳。根据耳的不同，又分为三亚型。

Aa型　11件。肩部饰对称盲耳。根据颈、腹、底的变化，分为三式。

Ⅰ式　2件。无圈足。标本M744：2，泥质褐陶。带盖，盖面微隆，盖中置一尖状实心纽，盖周等距饰三个小尖状实心纽。直口，微束颈，溜肩，鼓腹，最大腹径在中上部，近平底，盲耳较小。肩部饰弦纹。口径10.4、腹径16.9、底径11.4、通高24.4厘米（图四五二，1；图版七四，1）。

Ⅱ式　5件。有圈足，矮而直。标本M66：3，泥质褐陶。侈口，方唇，微束颈，溜肩，鼓腹，最大腹径在中上部，圜底。肩部饰两周凹弦纹。口径11、腹径19、底径10.7、高28.1厘米（图四五二，2；图版七四，2）。标本M535：5，泥质褐陶。直口，鼓腹，底略内凹。肩部饰两周凹弦纹。口径12、腹径21.6、圈足径12.4、高28.8厘米（图四五二，3；图版七四，3）。

Ⅲ式　4件。圈足较高，略外撇，器体较前两式大。标本M73：6，泥质褐陶。器身侈口，方唇，微束颈，溜肩，鼓腹，最大腹径在中部，圜底。肩部饰两周凹弦纹。口径9.2、腹径22.4、圈足径12.3、高33.9厘米（图四五二，4；图版七四，4）。标本M405：1，泥质灰陶。

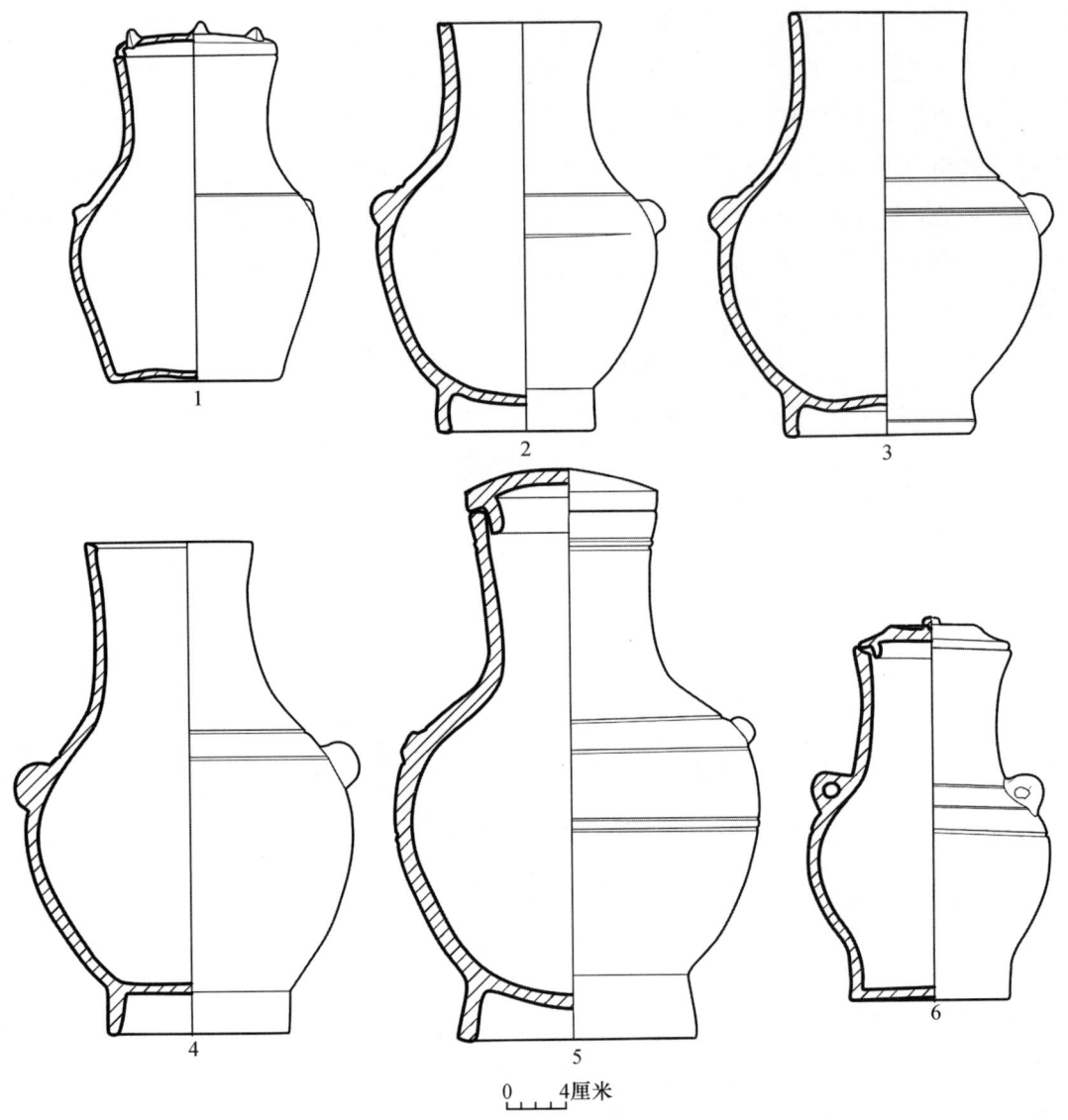

图四五二　Aa、Ab型陶壶
1. Aa型Ⅰ式（M744∶2）　2、3. Aa型Ⅱ式（M66∶3、M535∶5）　4、5. Aa型Ⅲ式（M73∶6、M405∶1）
6. Ab型Ⅰ式（M304∶2）

盖身扣合，盖面隆起，盖沿子口。器身侈口，方唇，微束颈，溜肩，圆鼓腹，最大腹径在中上部，圈底。颈、肩、腹各饰两周凹弦纹。口径12.4、腹径24.8、圈足径16.1、通高39.2厘米（图四五二，5；图版七五，1）。

以上三式的演变规律是：颈由短粗渐变为细长，由竖直变为内束；由凹圜底至假圈足、圈足。

Ab型　10件。肩饰对称环耳，溜肩，鼓腹。根据颈、腹、底部的变化，分为四式。

Ⅰ式　4件。粗直颈，鼓腹，平底或近平底。颈、肩部饰弦纹。标本M304∶2，泥质灰陶。盖、身扣合，盖面折，凹弧面，平顶，中部有一小纽。器身侈口，尖唇，束颈，圆鼓腹，平底。上腹部有对称竖耳及饰三周凹弦纹。口径10.8、腹径16.4、底径10.8、通高26.3厘米（图四五二，6；图版七五，2）。

Ⅱ式　2件。细长颈，鼓腹，假圈足或矮圈足。素面。标本M108∶4，泥质灰陶。盖身子母口扣合，盖隆起，盖面旋三个三角形纽。器身侈口，方唇，束颈，圆鼓腹，最大腹径在中部，平底略凹，假圈足。口径10、腹径20.6、底径11.6、通高29.1厘米（图四五三，1；图版七五，3）。标本M600∶3，泥质褐陶。颈较细长，圈足。口径11.4、腹径20.8、圈足径12.4、通高34.4厘米（图四五三，2）。

Ⅲ式　2件。细颈，鼓腹，最大径下移至腹中部，圈足。肩、腹饰多道弦纹。标本M424∶4，泥质黑衣褐陶。略有变形，不甚规整。侈口，圆唇，束颈，溜肩，长鼓腹，最大腹径在中部，凸圜底，圈足。肩、腹饰三组每组各三周凹弦纹。口径10.8、腹径22.4、圈足

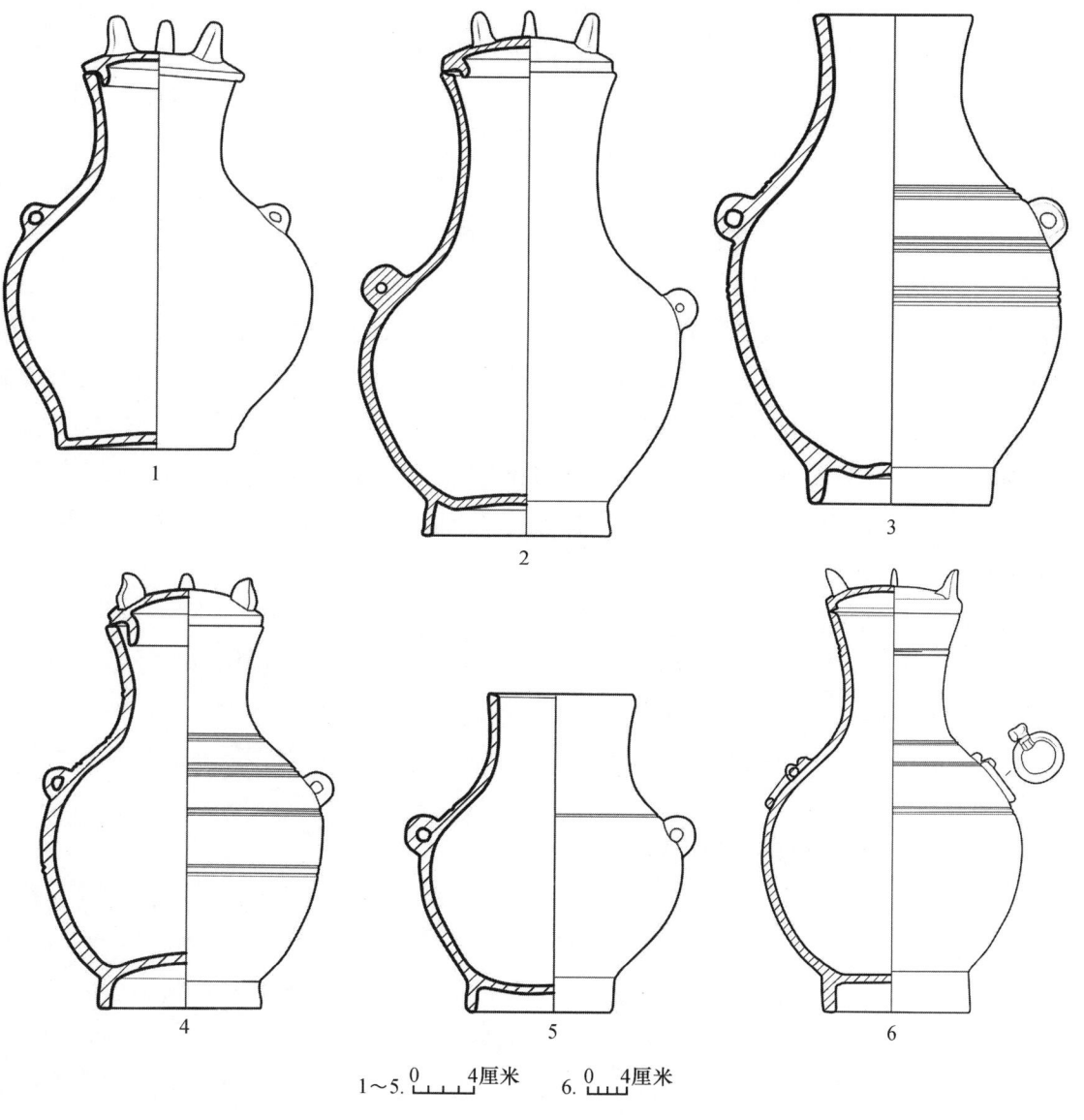

图四五三　Ab、Ac型陶壶
1、2. Ab型Ⅱ式（M108∶4、M600∶3）　3、4. Ab型Ⅲ式（M424∶4、M779∶5）　5. Ab型Ⅳ式（M606∶2）
6. Ac型Ⅰ式（M78∶5）

径12.4、高33.1厘米（图四五三，3；图版七五，4）。标本M779：5，泥质黑衣褐陶。带盖，盖周等距饰三个扁形纽。口径10.5、腹径19、圈足径11、通高29.3厘米（图四五三，4；图版七六，1）。

Ⅳ式　2件。细长颈，最大径上移至腹上部，圜底，圈足。肩、腹饰弦纹。标本M606：2，泥质褐陶。口径9.6、腹径17.2、圈足径9.6、高20.8厘米（图四五三，5；图版七六，2）。

以上四式的演变规律是：颈由短粗渐变为细长，由竖直变为内束；由凹圜底至假圈足、圈足。

Ac型　10件。铺首衔环壶。可分四式。

Ⅰ式　1件。M78：5，泥质褐陶。圈足竖直。口径13.6、腹径27、圈足径15.4、通高45.7厘米（图四五三，6；图版七六，3）。

Ⅱ式　4件。颈较短，圈足外撇。标本M115：6，泥质黑衣褐陶。有彩绘，漫漶不清。口径13.9、腹径28.8、圈足径16.3、通高49.4厘米（图四五四，1；图版七七，1）。标本M379：2，泥质黑衣褐陶。侈口，束颈，溜肩，圆鼓腹，圜底，圈足。颈、腹各饰一周凹弦纹。口径12.9、腹径21.6、圈足径13.5、高32厘米（图四五四，2）。标本M57：7，泥质灰陶。侈口，圆唇，束颈，溜肩，圆鼓腹，最大腹径在中部，圜底，中高圈足。肩饰一周凹弦纹。口径12.4、腹径23.3、圈足径12.6、高33.7厘米（图四五四，3；图版七六，4）。

Ⅲ式　3件。颈较短，圈足外撇。标本M739：5，泥质灰陶。口径11.6、腹径20、圈足径12.9、通高33厘米（图四五四，4；图版七七，3）。标本M379：1，泥质黑衣褐陶。盖、身平口扣合。盖口内敛，壁弧折，面微隆，并饰一周凹弦纹。器身侈口，束颈，溜肩，长鼓腹，圜底，圈足略外撇。颈饰两周、肩饰一周凹弦纹。口径11.2、腹径20.4、底径12.5、通高36厘米（图四五四，5；图版七七，2）。

Ⅳ式　2件。整器细高，长颈，圈足外撇。标本M698：1，泥质褐陶。口径11.9、腹径24.1、圈足径13.6、通高43.2厘米（图四五五，1；图版七七，4）。标本M698：2，泥质褐陶。口径11.6、腹径23.8、圈足径13.2、通高42厘米（图四五五，2）。

以上四式的演变规律是：整器由矮胖至瘦高；颈由短粗渐变为细长，由竖直变为内束；足由矮圈足至高圈足。

B型　64件。无耳，圈足。根据器形的变化，分七式。

Ⅰ式　4件。出自M54一座墓中。标本M54：1，泥质灰陶。侈口（微敞口），圆唇，束颈，斜肩，扁鼓腹，最大腹径在中部，平底，矮圈足。颈、肩之间有一周凹弦纹，肩、中腹各有一周凸棱，下腹饰带状凸弦纹一周。口径9.8、腹径17.2、圈足径9.6、高22.2厘米（图四五五，3；图版七八，1）。标本M54：8，泥质灰陶。侈口，尖唇，短束颈，长弧腹下收，颈、腹分界线起折，最大腹径在上部，圜底近平，矮圈足。上腹饰一周弦纹。口径8.9、腹径16.3、底径9.2、高20.8厘米（图四五五，4）。

Ⅱ式　3件。圈足极矮。标本M405：4，泥质灰陶。整器瘦高，侈口，方唇，束颈，长鼓腹，平底内凹。颈部饰三周凹弦纹。口径11.7、腹径21.4、底径10.8、高37.2厘米（图四五五，

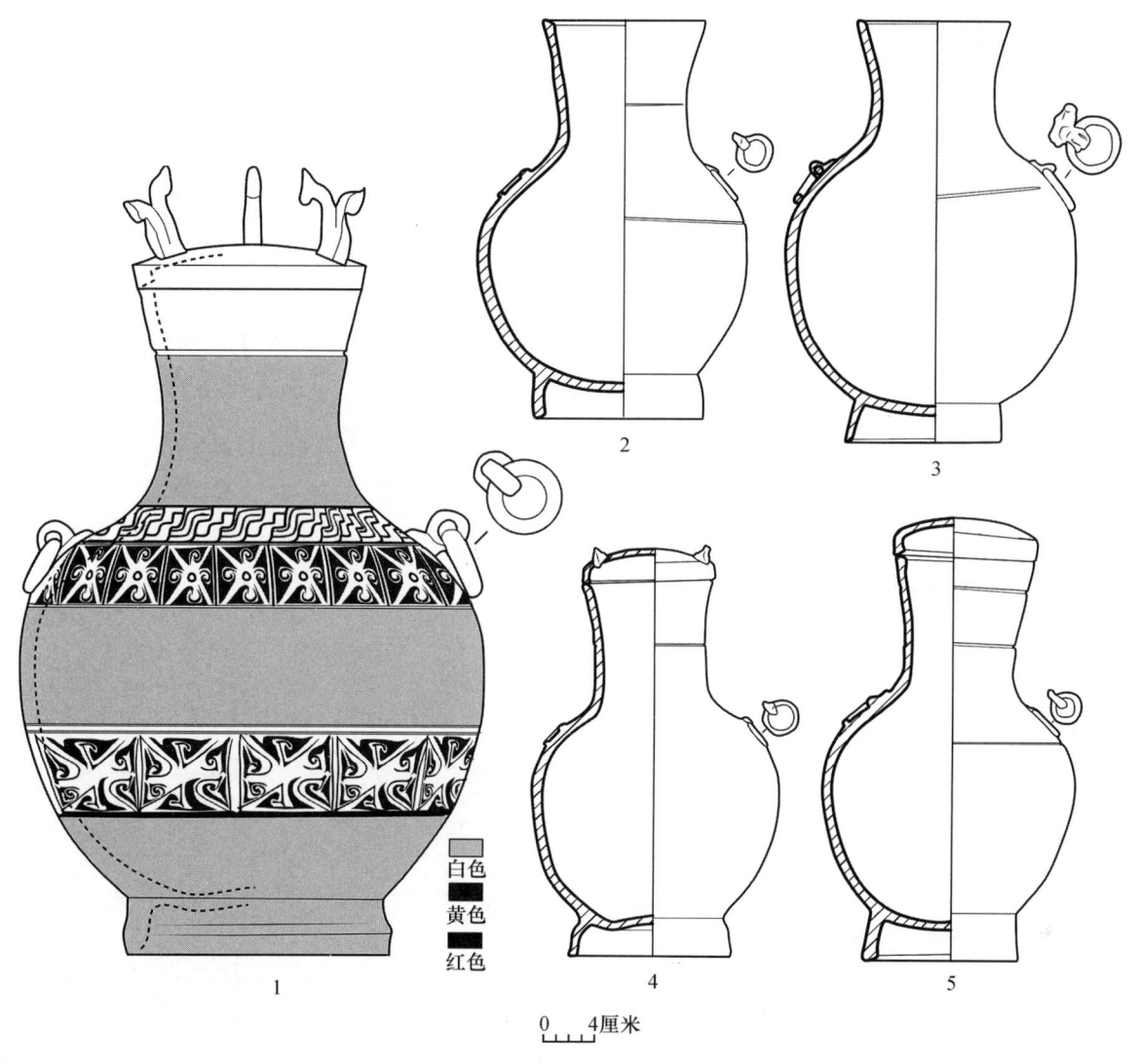

图四五四　Ac型陶壶
1~3.Ⅱ式（M115：6、M379：2、M57：7）　4、5.Ⅲ式（M739：5、M379：1）

5）。标本M774：3，泥质褐陶。口径12.4、腹径16、底径7.7、高27.4厘米（图四五五，6；图版七八，2）。

Ⅲ式　3件。圈足较高。标本M68：4，泥质灰陶。口径12.4、腹径20.8、圈足径14.4、残高34.4厘米（图四五五，7；图版七八，3）。标本M425：5，泥质灰陶。盖身子母口扣合，盖隆起，盖面旋三纽。器身侈口，方唇，唇面内勾，微束颈，溜肩，鼓腹，最大腹径在中部，圜底。肩、腹饰四周凹弦纹。口径10、腹径24、底径15.2、通高36.2厘米（图四五五，8；图版七八，4）。标本M368：2，泥质黑衣褐陶。平口，方唇，微束颈，长鼓腹，圜底近平，圈足。口径6.2、腹径12.6、圈足径6.8、高17.3厘米（图四五五，9）。

Ⅳ式　15件。标本M782：5，泥质灰陶。口径9.4、腹径18、圈足径9.2、高28.8厘米（图四五六，1；图版七九，1）。标本M408：1，泥质灰陶。盖身扣合，盖口较大，应套于口外，盖壁弧折上隆，面旋三扁纽。器身侈口，束颈，溜肩，鼓腹下收，最大腹径在上部，圜底

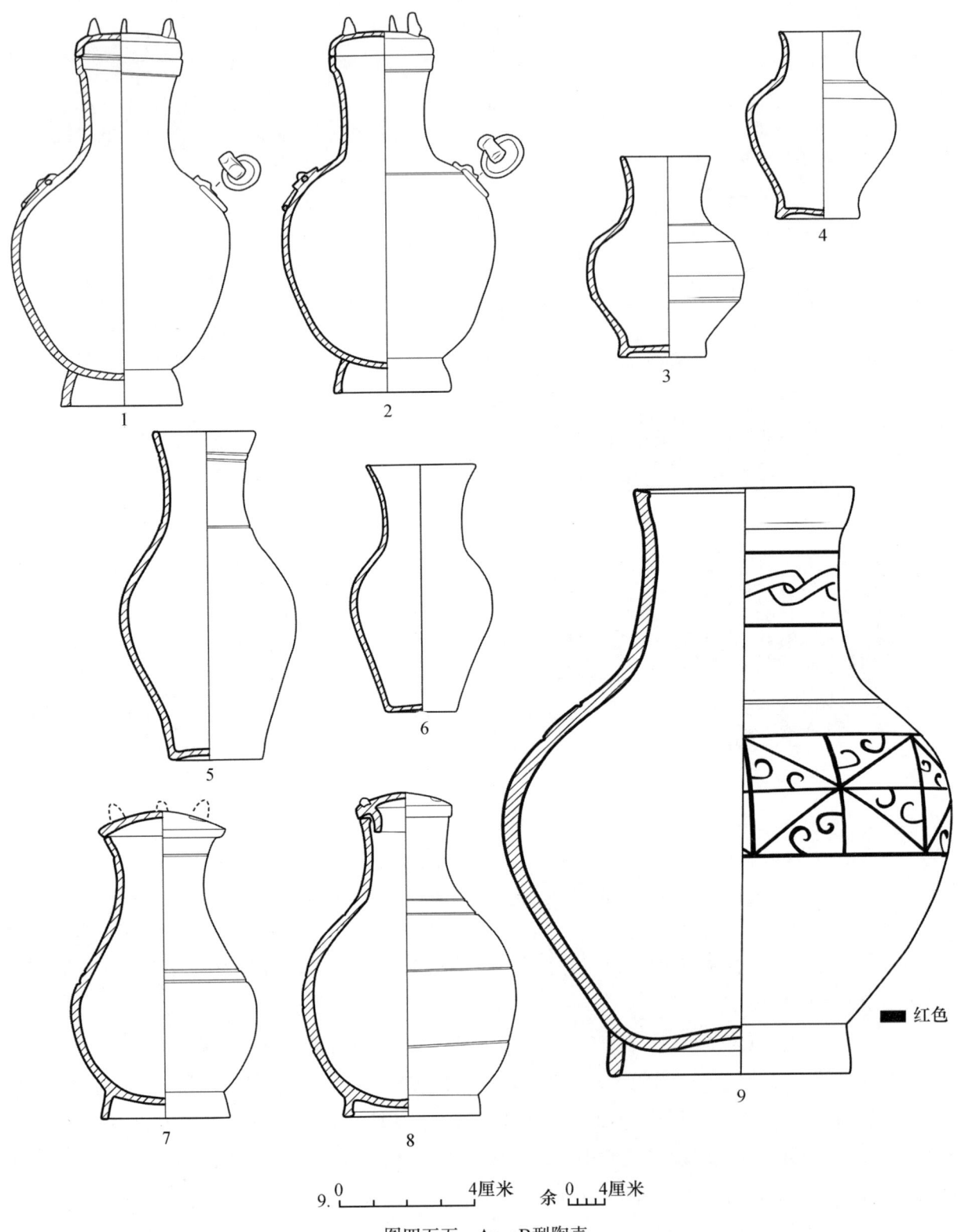

图四五五 Ac、B型陶壶
1、2. Ac型Ⅳ式（M698：1、M698：2） 3、4. B型Ⅰ式（M54：1、M54：8） 5、6. B型Ⅱ式（M405：4、M774：3）
7~9. B型Ⅲ式（M68：4、M425：5、M368：2）

内凹，圈足。肩饰一周凹弦纹。口径11.6、腹径18.7、底径11.2、通高33.9厘米（图四五六，2）。标本M369：10，泥质黑衣褐陶。平口，方唇，微束颈，长鼓腹，圜底近平，圈足。颈、腹饰六周凹弦纹。口径10.8、腹径25.5、底径14.4、高36.5厘米（图四五六，3；图版七八，6）。标本M99：3，泥质褐陶。平口，束颈，长鼓腹，最大腹径在上部，平底，圈足。颈、腹分界处饰一周凹弦纹。口径9.6、腹径18.3、底径9.7、高27厘米（图四五六，4；图版七八，5）。

V式　19件。标本M17：5，泥质灰陶。器大而瘦高。覆盘形盖，盖面近平，上置三扁纽。器身平口，方唇，束颈，长鼓腹，最大腹径在中部，底微凹近平，圈足较高且外撇。腹中上部饰两周凹弦纹。口径11.5、腹径20.9、圈足径10.2、通高37厘米（图四五六，6）。标本M100：2，泥质灰陶。侈口，方唇，束颈，长鼓腹，最大腹径在中部，平底，圈足微外撇。素面。口径10.9、腹径20.2、底径10.9、高30.8厘米（图四五六，5；图版七九，2）。标本M626：1，泥质褐陶。口径11.2、腹径18、圈足径10.4、通高32厘米（图四五六，7）。

VI式　18件。高圈足外撇。标本M46：4，泥质灰陶。器体瘦高。侈口，圆唇，束颈，溜肩，长鼓腹，最大腹径在中上部，高圈足外撇，凹圜底。颈、肩处有一周凹弦纹。口径11.7、腹径23.6、圈足径12、高37.4厘米（图四五七，1）。标本M55：1，泥质灰陶。器体瘦高。侈口，圆唇，细长束颈，圆鼓腹，最大腹径在中部，平底，高圈足外撇。腹中部饰片状绳纹。口径11.5、腹径20.4、圈足径12、高35.6厘米（图四五七，2）。标本M494：1，泥质褐陶。口径9.2、腹径18.8、圈足径11.2、通高35.2厘米（图四五七，3；图版七九，3）。

VII式　2件。整器细高。高圈足外撇。标本M401：6，泥质褐陶。口径13.2、腹径20.4、底径12.8、通高48.8厘米（图四五七，4；图版七九，4）。

以上七式的演变规律是：整器由矮胖至瘦高；颈由短粗渐变为细长，由竖直变为内束；由假圈足至矮圈足再至高圈足。

C型　92件。无耳，平底。一般仅饰弦纹，式别较早的在颈、肩部饰弦纹，式别稍晚的在肩、腹部饰弦纹，颈部不见。根据器体大小，分为二亚型。

Ca型　45件。器体较小。根据器形的变化，分为十一式。

I式　4件。颈较粗、斜直，弧腹内收至底，平底。肩部饰弦纹。标本M366：1，泥质黑衣灰陶。平口，方唇，微束颈，弧腹下收，平底略凹。上腹部饰一周凹弦纹。口径10.2、腹径13.2、底径8、高22.1厘米（图四五七，5；图版八〇，2）。标本M103：5，泥质灰陶。侈口，圆唇，微束颈，溜肩，颈、肩分界折棱明显，腹壁下收，最大腹径在上部，平底略凹。肩部有两周凹弦纹。口径10、腹径12.1、底径6.9、高21厘米（图四五七，6；图版八〇，1）。

II式　2件。颈内束，弧腹内收至底，平底。颈、肩部饰弦纹。标本M823：1，泥质灰陶。口径10.5、腹径12.5、底径7.6、高17.2厘米（图四五七，7；图版八〇，4）。标本M686：1，泥质灰陶。口径11.2、腹径13.2、底径7.2、高17厘米（图四五七，8；图版八〇，3）。

III式　2件。颈较细、内束，腹壁较直。颈、肩部饰弦纹。标本M548：3，泥质灰陶。口径10.2、腹径14、底径9、高20.8厘米（图四五八，1；图版八〇，5）。

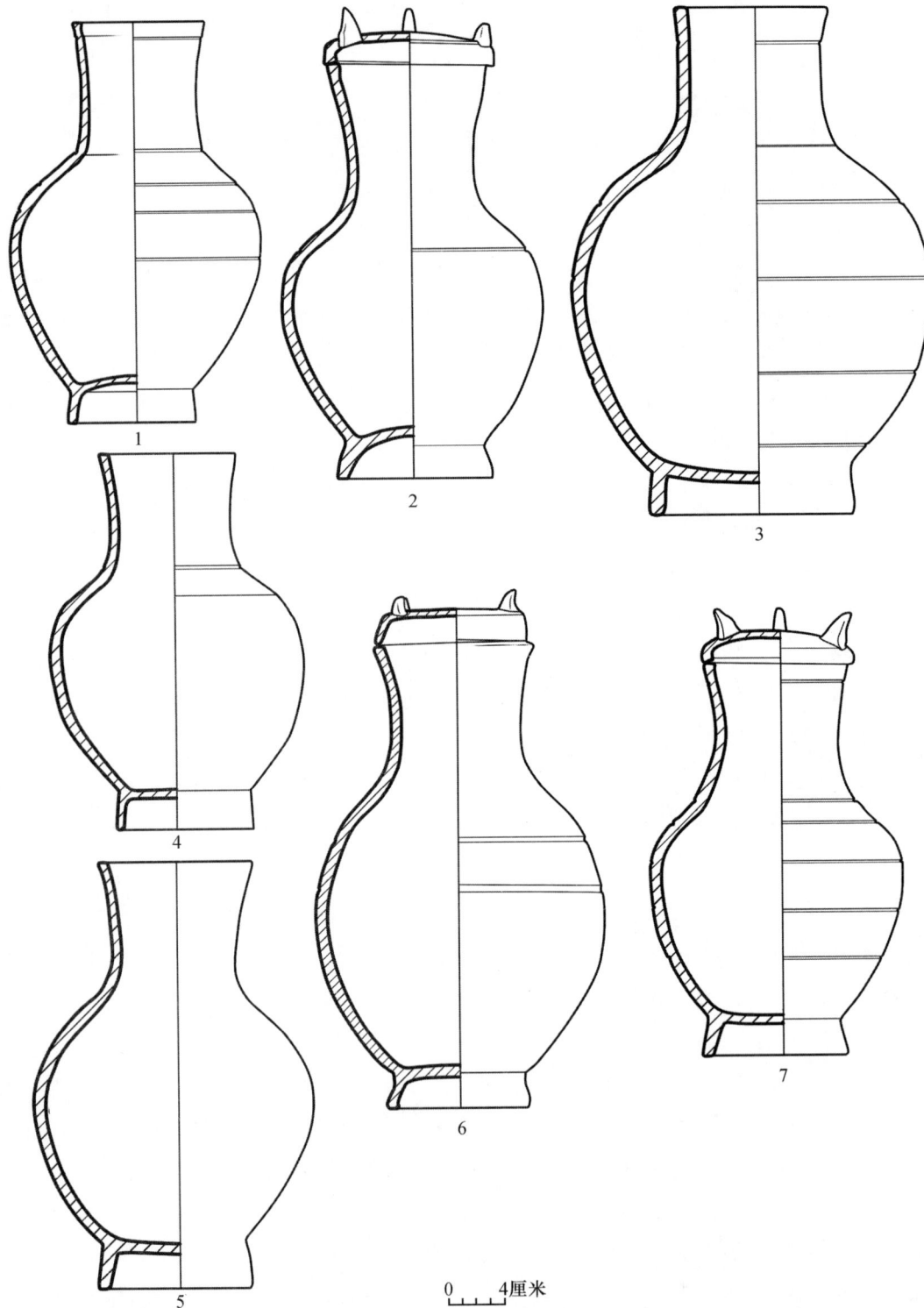

图四五六　B型陶壶

1~4. Ⅳ式（M782∶5、M408∶1、M369∶10、M99∶3）　5~7. Ⅴ式（M100∶2、M17∶5、M626∶1）

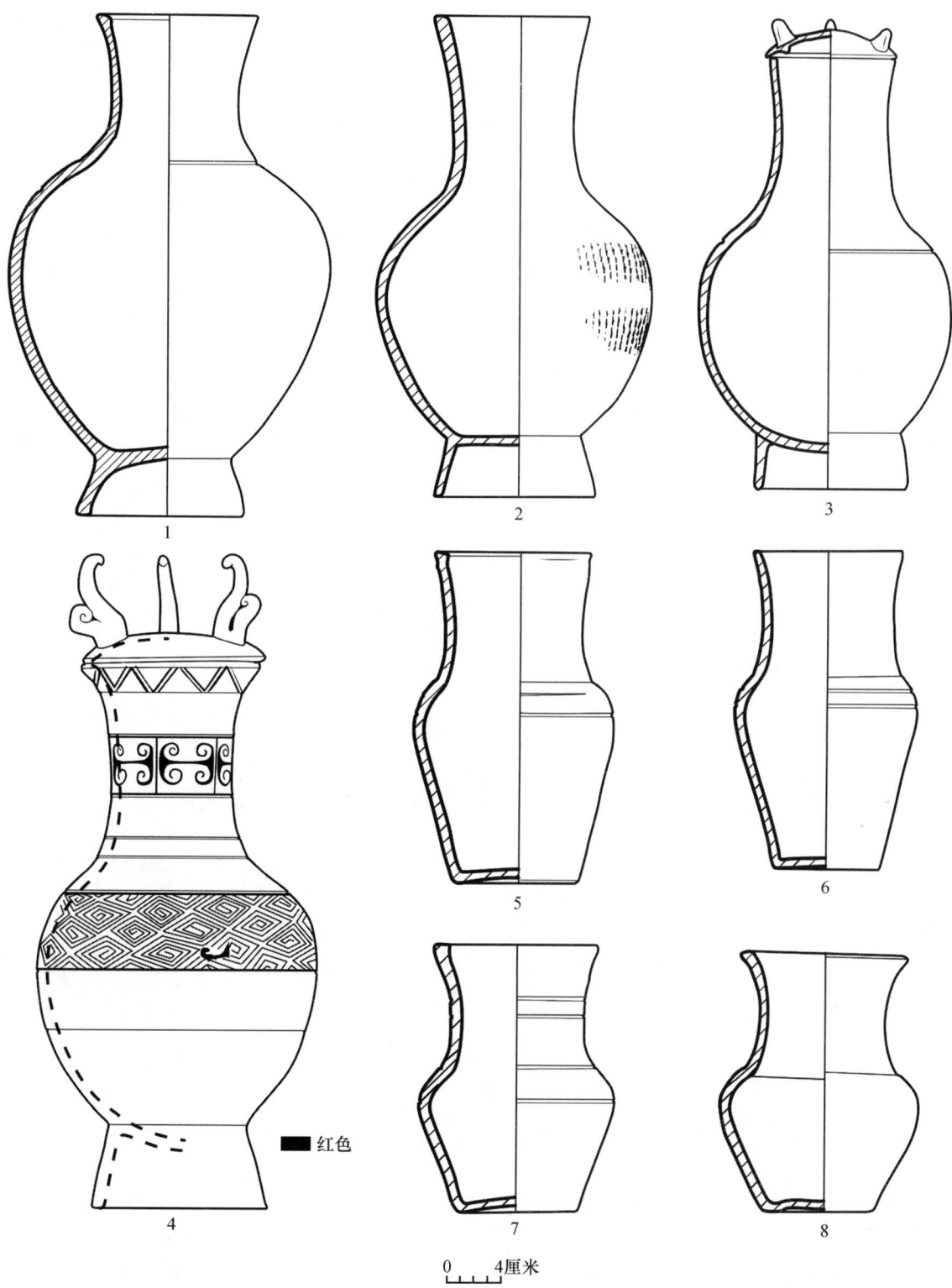

图四五七　B、Ca型陶壶
1~3. B型Ⅵ式（M46:4、M55:1、M494:1）　4. B型Ⅶ式（M401:6）　5、6. Ca型Ⅰ式（M366:1、M103:5）
7、8. Ca型Ⅱ式（M823:1、M686:1）

Ⅳ式　3件。"亚"字形，颈较长、内束，鼓腹，假圈足，底略内凹。肩部饰弦纹。标本M508：3，泥质灰陶。口径9.2、腹径13、底径8.4、高16.8厘米（图四五八，2；图版八〇，6）。标本M852：3，泥质褐陶。口径9.6、腹径11.6、底径7.7、高15.6厘米（图四五八，3；图版八一，1）。

Ⅴ式　3件。"亚"字形，壶口较粗，假圈足。肩、腹部饰多周凸弦纹。标本M85：5，泥质灰陶。器体较小。侈口，圆唇，束颈，鼓腹，最大腹径在中部，平底略凹。腹饰四周凸弦纹。口径8.8、腹径12.5、底径8.2、高15.9厘米（图四五八，4；图版八一，2）。标本

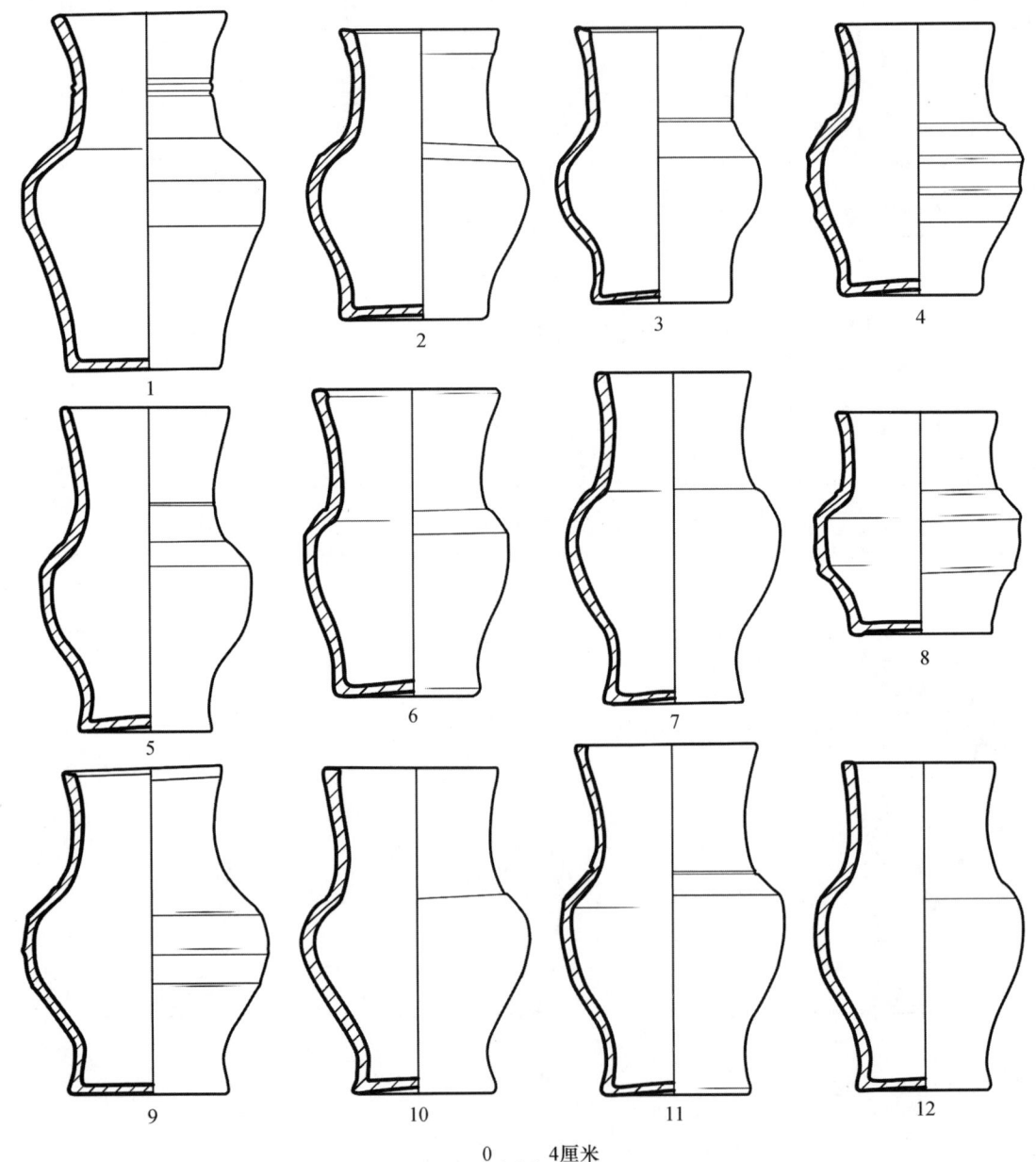

图四五八　Ca型陶壶

1. Ⅲ式（M548：3）　2、3. Ⅳ式（M508：3、M852：3）　4、8. Ⅴ式（M85：5、M538：3）　5、6. Ⅵ式（M60：4、M499：1）　7、12. Ⅶ式（M669：1、M539：2）　9. Ⅷ式（M463：2）　10、11. Ⅸ式（M529：1、M796：2）

M538∶3，泥质褐陶。口径9.4、腹径11.8、底径8.2、高13厘米（图四五八，8）。

Ⅵ式 8件。粗长颈，小鼓腹，假圈足略外撇。标本M60∶4，泥质灰陶。侈口，圆唇，长颈，平溜肩，鼓腹，腹壁下斜收，最大腹径在上部，底微凹近平。颈中部饰一周凹弦纹，颈、腹间有两道折棱。口径9.8、腹径12.3、底径7.5、高19厘米（图四五八，5）。标本M499∶1，泥质灰陶。口径10.7、腹径11.6、底径8、高17.3厘米（图四五八，6；图版八一，3）。

Ⅶ式 3件。长颈较直，假圈足外撇。本式以后各式，假圈足的外撇角度渐大。标本M669∶1，泥质灰陶。口径9.1、腹径12.5、底径8.2、高19.4厘米（图四五八，7；图版八一，4）。标本M539∶2，泥质灰陶。口径8.8、腹径12、底径7.8、高19.1厘米（图四五八，12）。

Ⅷ式 2件。斜直颈，假圈足外撇。腹部饰弦纹。标本M463∶2，泥质灰陶。侈口，方唇，微束颈，圆鼓腹，平底。中腹部饰三周凸弦纹。口径9.2、腹径13.5、底径9.3、高19.2厘米（图四五八，9；图版八一，5）。

Ⅸ式 6件。颈内束，假圈足外撇。肩部饰弦纹。标本M529∶1，泥质灰陶。口径10.2、腹径17.6、底径8.4、高19.2厘米（图四五八，10；图版八一，6）。标本M796∶2，泥质褐陶。口径10.4、腹径12.8、底径8.4、高20厘米（图四五八，11）。

Ⅹ式 9件。颈内束，假圈足外撇。腹部饰弦纹。标本M56∶1，泥质灰陶。侈口，圆唇，束颈，鼓腹下收，最大腹径在上部，平底略内凹，颈、腹分界处折棱明显。中上腹饰瓦棱纹三周。口径10.1、腹径13.2、底径9.7、高18厘米（图四五九，1）。标本M541∶2，泥质褐陶。口径10.2、腹径13.2、底径9.1、高17.3厘米（图四五九，2；图版八二，1）。

Ⅺ式 3件。器瘦高。束颈，圈足外撇。标本M363∶1，泥质灰陶。侈口，沿面内勾，束颈，溜肩，鼓腹下收，平底微内凹，颈、肩分界折棱明显。腹中部有两周凸棱，下腹部饰一周凹弦纹。口径10.8、腹径12.8、底径9.8、高21.4厘米（图四五九，3；图版八二，2）。

以上十一式的演变规律是：整器由矮胖至瘦高；颈由短粗渐变为细长，由竖直变为内束；由圜底略内凹渐变为竖直假圈足再至假圈足外撇；腹壁与器底的夹角由钝角至直角再至锐角。

Cb型 47件。器体较Ca型大。根据器形的变化，可分为十一式。

Ⅰ式 1件。M361∶1，泥质灰陶。侈口，尖唇，微束颈，溜肩，弧腹下收，最大腹径在上部，平底略内凹，颈、肩分界折棱明显。上腹部饰两周凹弦纹。口径11.6、腹径14.7、底径8.6、高27.1厘米（图四五九，4；图版八二，3）。

Ⅱ式 1件。M485∶1，泥质褐陶。侈口，方唇，束颈，溜肩，鼓腹下收，最大腹径在上部，平底。素面。口径11.6、腹径13、底径8、高25.9厘米（图四五九，5；图版八二，4）。

Ⅲ式 4件。弧腹，平底。标本M742∶2，泥质褐陶。颈中部饰两周凸弦纹。口径12.2、腹径15.6、底径10.6、高24.1厘米（图四五九，6；图版八二，6）。标本M123∶2，泥质灰陶。侈口，方唇，束颈，溜肩，弧腹下收，平底。颈饰三周凹弦纹，上腹部饰两周凸棱。口径11.2、腹径14、底径8.7、高23.5厘米（图四五九，7；图版八二，5）。

Ⅳ式 3件。颈内束，斜弧腹直收至底，1件有盖。颈、腹部饰弦纹。标本M371∶3，泥质灰陶。侈口，方唇，束颈，斜肩，弧腹下收，肩、腹分界处有一周折棱，平底。颈中部饰两周凹弦纹。口径12、腹径14.8、底径9.6、高26.2厘米（图四五九，8；图版八三，2）。标本

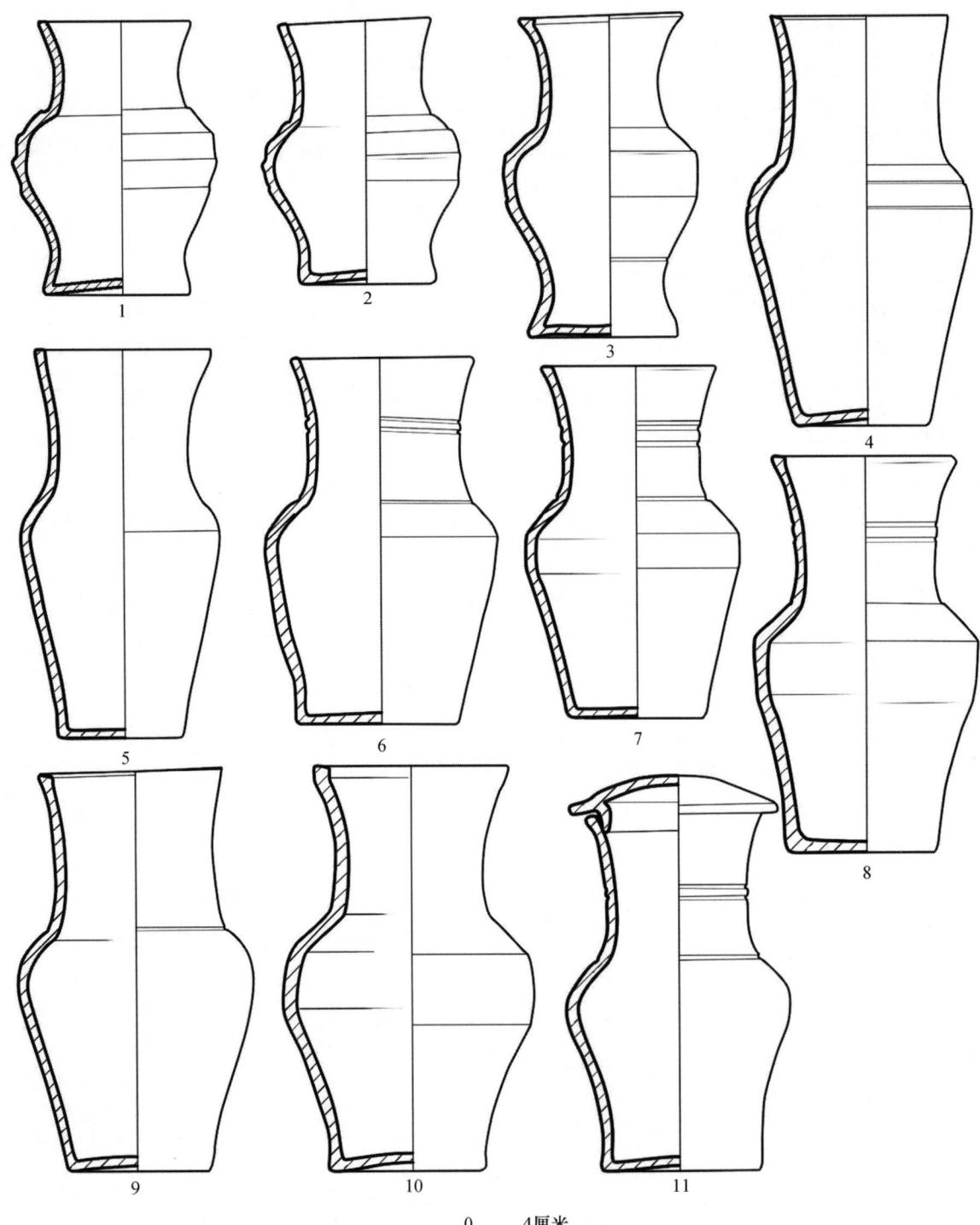

图四五九　Ca、Cb型陶壶
1、2. Ca型Ⅹ式（M56∶1、M541∶2）　3. Ca型Ⅺ式（M363∶1）　4. Cb型Ⅰ式（M361∶1）
5. Cb型Ⅱ式（M485∶1）　6、7. Cb型Ⅲ式（M742∶2、M123∶2）　8、11. Cb型Ⅳ式（M371∶3、M118∶4）
9、10. Cb型Ⅴ式（M755∶2、M615∶2）

M118：4，泥质灰陶。盖身扣合，盖面隆起，沿面较宽。器身侈口，圆唇，束颈，溜肩，鼓腹下收，最大腹径在上部，平底略内凹。颈部饰三周凹弦纹。口径11.3、腹径14.6、底径10、通高26.2厘米（图四五九，11；图版八三，1）。

Ⅴ式　4件。颈斜直，斜腹直收至底，平底。腹部饰少量饰弦纹。标本M755：2，泥质灰陶。口径12、腹径15.4、底径9.2、高26.4厘米（图四五九，9；图版八三，4）。标本M615：2，泥质灰陶。口径12.8、腹径16.8、底径10、高26.8厘米（图四五九，10；图版八三，3）。

Ⅵ式　5件。颈斜直。腹部饰弦纹。标本M314：4，泥质灰陶。侈口，方唇，束颈，溜肩，鼓腹下收，平底略内凹。肩饰两周凹弦纹。口径11.2、腹径18、底径10.4、高26.2厘米（图四六〇，1；图版八三，6）。标本M143：2，泥质灰陶。口外侈，微束颈，圆鼓腹，平底略凹，假圈足。颈、腹饰六周凹弦纹。口径10、腹径16.3、底径9.8、高28厘米（图四六〇，2；图版八三，5）。

Ⅶ式　6件。颈斜直，圈足。肩、腹部饰弦纹。标本M124：2，泥质灰陶。侈口，方唇，唇面内勾，束颈，鼓腹，平底略内凹，假圈足。颈、肩分界处饰一周带状凸弦纹，肩、腹间有一周凸弦纹。口径11.6、腹径16.2、底径9.6、高27.6厘米（图四六〇，3；图版八四，1）。标本M457：3，泥质灰陶。侈口（敞口），圆唇，束颈，鼓腹下收，最大腹径在中上部，平底。颈、肩分界处饰一周凹弦纹。口径13.6、腹径15.2、底径9.5、高26.6厘米（图四六〇，6）。

Ⅷ式　4件。颈内束，圈足竖直。肩、腹部多饰弦纹。标本M625：2，泥质灰陶。口径12、腹径20、底径12、高32.8厘米（图四六〇，4；图版八四，3）。标本M480：3，泥质灰陶。口径12.4、腹径16.8、底径11、高26.4厘米（图四六〇，5；图版八四，2）。

Ⅸ式　3件。颈内束，假圈足略外撇。肩、腹部多饰弦纹。标本M24：3，泥质灰陶。侈口，尖唇，长束颈，溜肩，鼓腹，腹下部内收呈束腰形，最大腹径在中部，底微凹近平。颈、腹间有两周凸棱。口径12.4、腹径17.8、底径10.1、高26.4厘米（图四六一，1）。标本M90：2，泥质灰陶。侈口，方唇，束颈，圆鼓腹，肩、腹间有折棱，底略内凹。颈下有一周凸弦纹。口径11.6、腹径14.6、底径8、高26厘米（图四六一，2；图版八四，4）。

Ⅹ式　10件。细长颈内束，假圈足外撇。腹部多饰弦纹。标本M297：1，泥质灰陶。侈口，方唇，唇面内勾，束颈，斜肩，折腹，下腹弧收，腹中部有两道折棱，平底。口径12.9、腹径17、底径10.9、高30.3厘米（图四六一，3；图版八四，5）。标本M613：3，泥质褐陶。口径12.4、腹径16.4、底径11.6、高28.4厘米（图四六一，6）。

Ⅺ式　6件。细长颈，假高圈足外撇较甚，平底或近平底。腹部一般饰有瓦棱纹。标本M23：2，泥质灰陶。侈口，方唇内勾，长束颈，平斜肩，鼓腹，下腹弧收呈束腰形，最大腹径在上部，颈、腹间有两道折棱，底微凹近平。腹径15.6、底径11.2、高28.3厘米（图四六一，4）。标本M570：1，泥质灰陶。器瘦高。细长颈，颈、肩处有明显折棱。腹部饰瓦棱纹。口径10.8、腹径14.8、底径10.4、高28.2厘米（图四六一，5；图版八四，6）。

以上十一式的演变规律是：整器由矮胖至瘦高；颈由短粗渐变为细长，由竖直变为内束；由圜底略内凹渐变为竖直假圈足再至假圈足外撇；腹壁与器底的夹角由钝角至直角再至锐角。

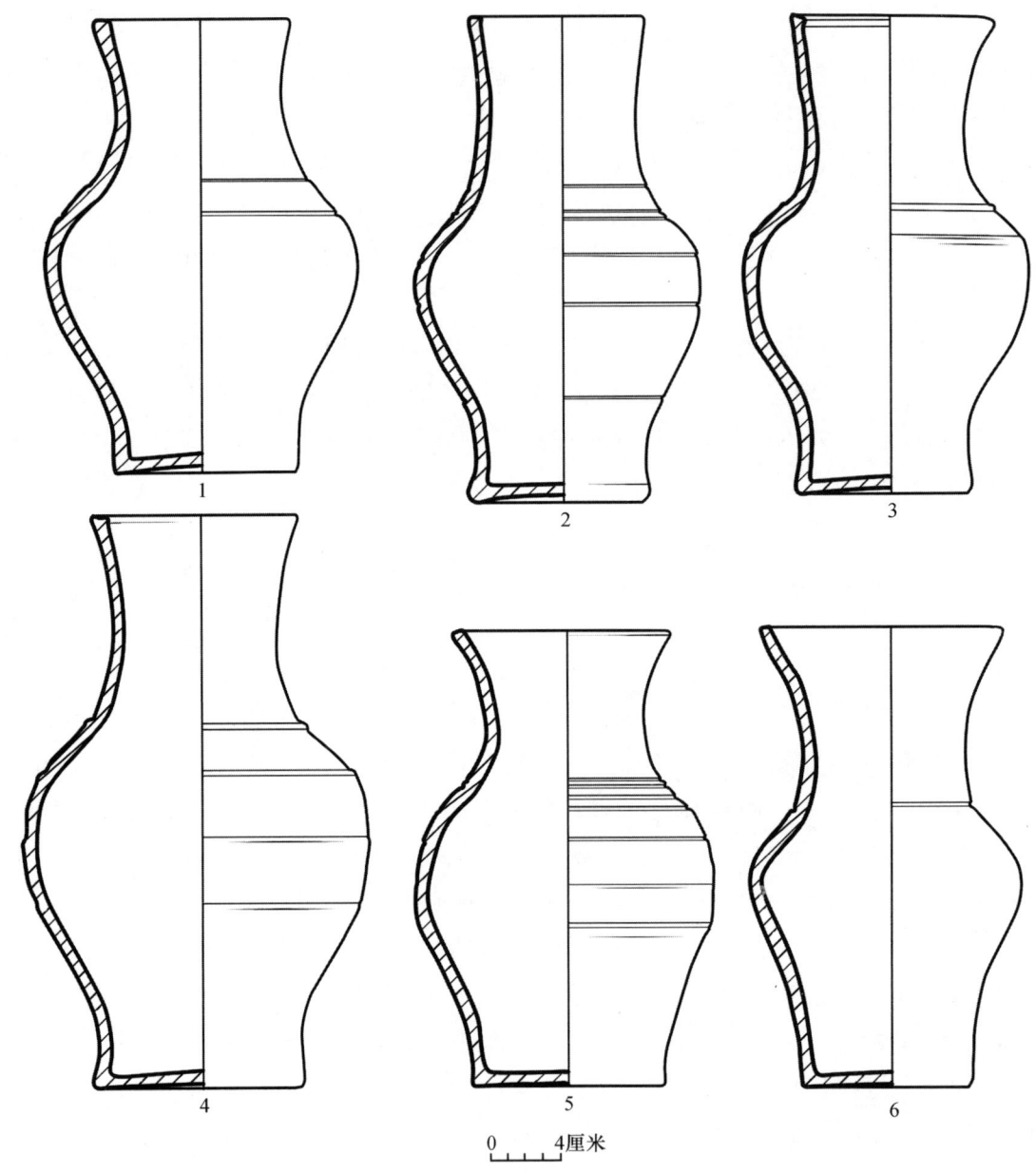

图四六〇　Cb型陶壶
1、2. Ⅵ式（M314∶4、M143∶2）　3、6. Ⅶ式（M124∶2、M457∶3）　4、5. Ⅷ式（M625∶2、M480∶3）

D型　2件。盘口，直颈。颈、腹部饰弦纹。根据腹、底的变化，分二式。

Ⅰ式　1件。M481∶3，泥质灰陶。颈、肩部有明显折棱，斜弧腹，平底。口径13.2、腹径13.6、底径7.4、高24厘米（图四六二，1；图版八五，1）。

Ⅱ式　1件。M317∶1，泥质灰陶。小盘口，方唇，束颈，鼓腹，最大腹径在中上部，圜底，圈足残，颈、腹分界折棱明显。腹饰一周凹弦纹。口径13.2、腹径14.6、残高22.5厘米（图四六二，2；图版八五，2）。

E型　2件。凹圜底。颈、腹饰弦纹。根据颈、腹的变化，分二式。

Ⅰ式　1件。M48∶3，泥质灰陶。侈口，圆唇，长颈微束，鼓腹，最大腹径在中部。颈下

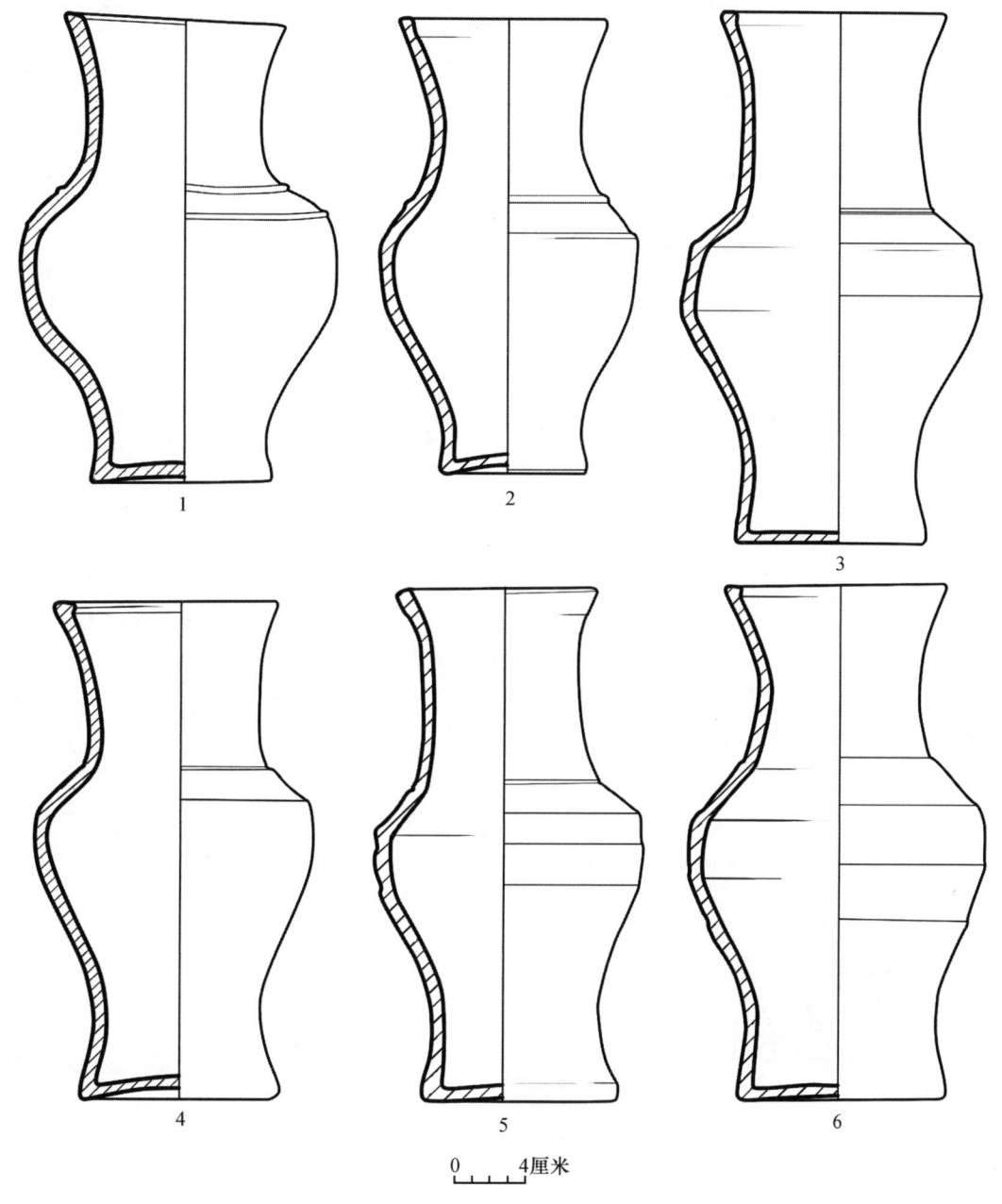

图四六一　Cb型陶壶
1、2. Ⅸ式（M24∶3、M90∶2）　3、6. Ⅹ式（M297∶1、M613∶3）　4、5. Ⅺ式（M23∶2、M570∶1）

饰一周凹弦纹。口径12.8、腹径18.8、底径5.9、高25.6厘米（图四六二，3；图版八五，3）。

Ⅱ式　1件。M74∶1，泥质灰陶。整器瘦高。侈口，细长颈，鼓腹。颈下饰一周凹弦纹。口径12.5、腹径17.6、底径8.9、高31.2厘米（图四六二，4；图版八五，4）。

以上二式的演变规律是：整器由矮胖变得细高，颈部由粗直颈变为束长颈。

钫　5件。分别出土于3座墓中，其中出土1件的有1座墓，出土2件的有2座墓。型式可辨的有3件，均有彩绘纹饰。根据腹部的变化，分为二式。

Ⅰ式　1件。M322∶1，泥质黑衣褐陶。无盖。最大腹径在上腹部，高宽大圈足，用白、

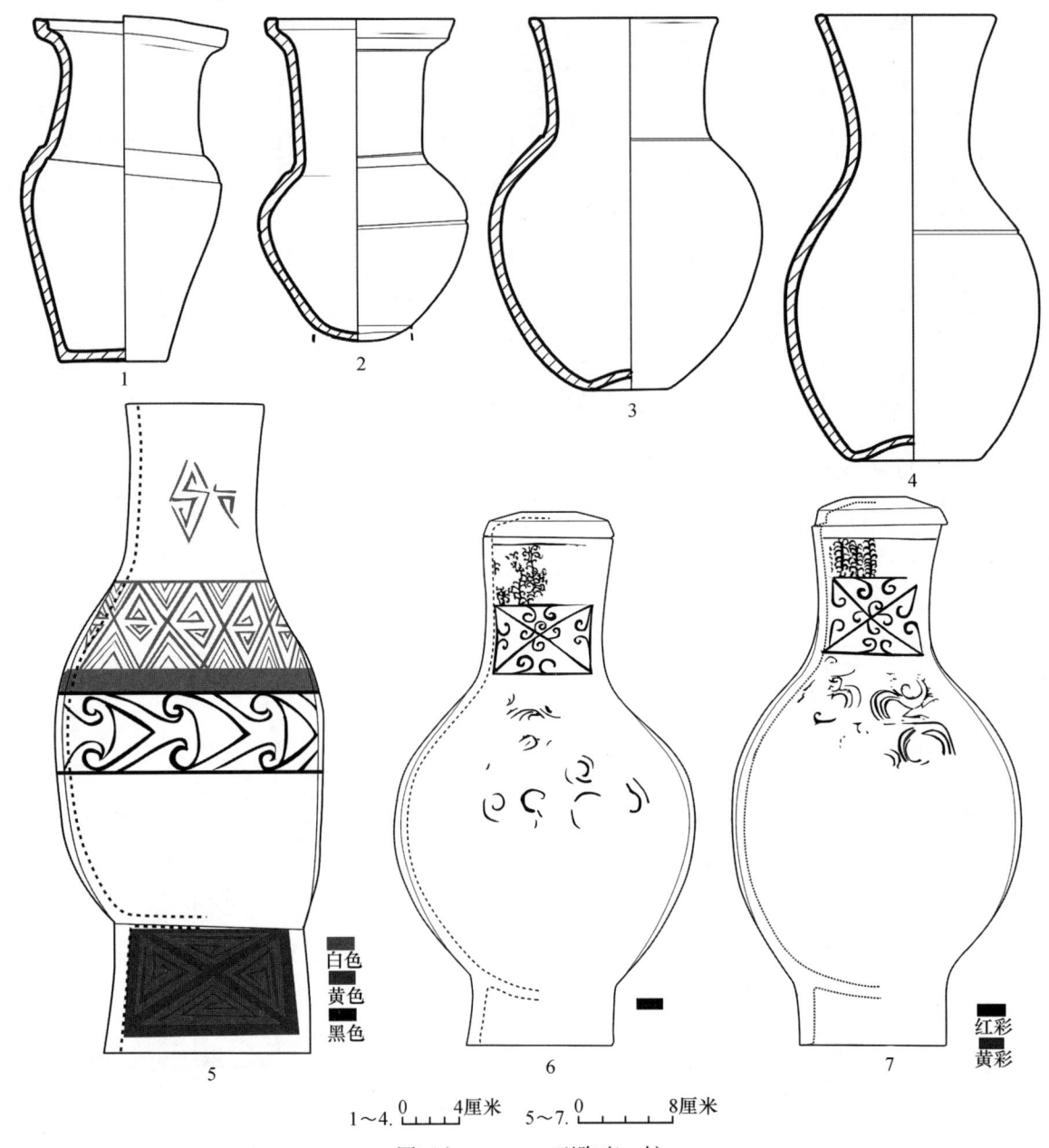

图四六二　D、E型陶壶、钫

1. D型Ⅰ式壶（M481∶3）　2. D型Ⅱ式壶（M317∶1）　3. E型Ⅰ式壶（M48∶3）　4. E型Ⅱ式壶（M74∶1）
5. Ⅰ式钫（M322∶1）　6、7. Ⅱ式钫（M115∶8、M115∶9）

黄、黑三色彩绘，颈和肩部饰白色三角几何纹，上腹部饰鹿角形勾连纹，圈足饰黄色三角几何纹。口边长12、腹边长23.2、圈足边长18、高56.8厘米（图四六二，5；图版八六，1）。

Ⅱ式　2件。最大腹径在腹中部，有盖，圈足。标本M115∶8，泥质黑衣灰陶。颈部和肩部饰红色彩绘，纹饰漫漶不清。口径11.2、腹径26.2、圈足径12.6、通高46.8厘米（图四六二，6；图版八六，2）。标本M115∶9，泥质黑衣灰陶。颈部和肩部饰红、黄色彩绘，纹饰不明。口径11.2、腹径24.9、圈足径12.8、通高48厘米（图四六二，7；图版八六，3）。

以上二式的演变规律是：最大腹径由上部降至中部，圈足由高到矮。

盉　4件。分别出土于4座墓中，每座墓出土1件。型式可辨的有3件，均为泥质灰陶，有黑色陶衣。整体器形及细部造型作风与小口鼎相类，盉肩部附有提梁，而小口鼎肩部则置双耳。根据腹的深浅和足的粗细变化，分为三式。

Ⅰ式　1件。M418：5，无盖。矮直口，圆腹，圜底，蹄足较粗、外撇，肩部立提梁。口径9.6、腹径16、通高25.6厘米（图四六三，1；图版八七，1）。

Ⅱ式　1件。M115：25，盖口沿内敛，顶鼓起。高直口，扁圆腹，圜底，蹄足较细、外撇，肩部有提梁残迹。器身上腹饰两道间距大的弦纹，下腹饰两道间距小的弦纹。口径9、腹径16.4、通高20.4厘米（图四六三，2；图版八七，2）。

Ⅲ式　1件。M77：3，口微敛，扁圆腹，圜底，蹄足较细小、微外撇，肩部有提梁和流的残迹。器身上腹饰三道弦纹，下腹饰一道弦纹。口径10、腹径17.3、高19.6厘米（图四六三，3；图版八七，3）。

以上三式的演变规律是：器体由圆变为宽扁；足由粗变细，由外撇变为竖直。

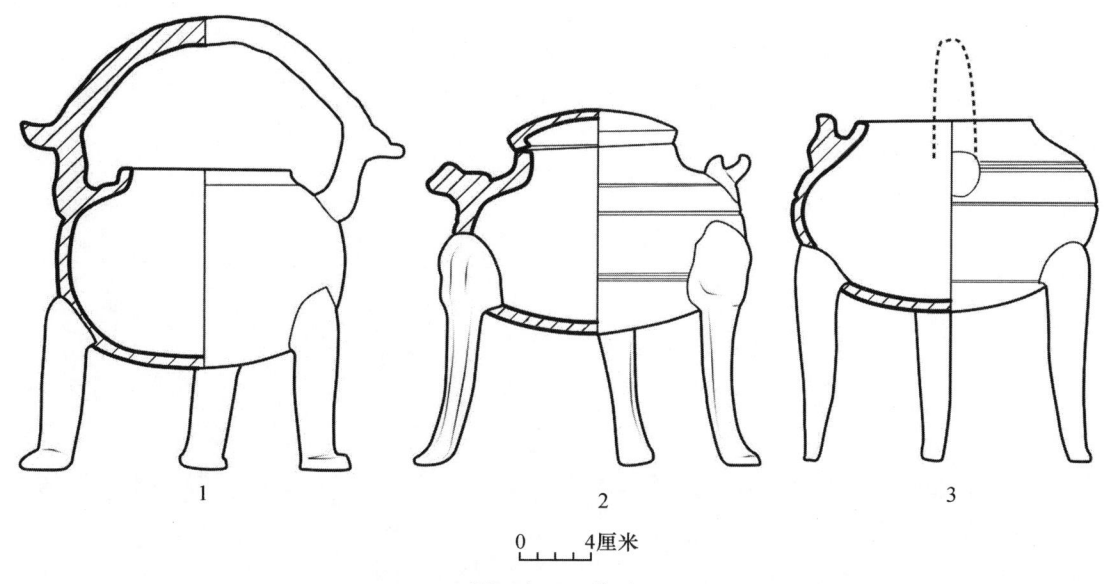

图四六三　陶盉
1. Ⅰ式（M418：5）　2. Ⅱ式（M115：25）　3. Ⅲ式（M77：3）

盘　18件。根据口沿外侧有无盲纽，分二型。

A型　17件。口沿外无盲纽。根据腹部形制的不同，分二亚型。

Aa型　14件。器体较大。制作较规范，斜弧腹，圜底或内凹。根据器形的变化，分五式。

Ⅰ式　2件。折沿，方唇，弧壁，圜底。标本M12：12，泥质褐陶。平折沿，腹较深。素面。口径24.8、高5.2厘米（图四六四，1；图版八八，1）。

Ⅱ式　4件。折沿，方唇，圜底。标本M456：7-1，泥质灰陶。平折沿。素面。口径20.2、高4.3厘米（图四六四，2）。标本M600：2，泥质灰陶。平折沿。素面。口径23.5、高4.5厘米（图四六四，3；图版八八，2）。

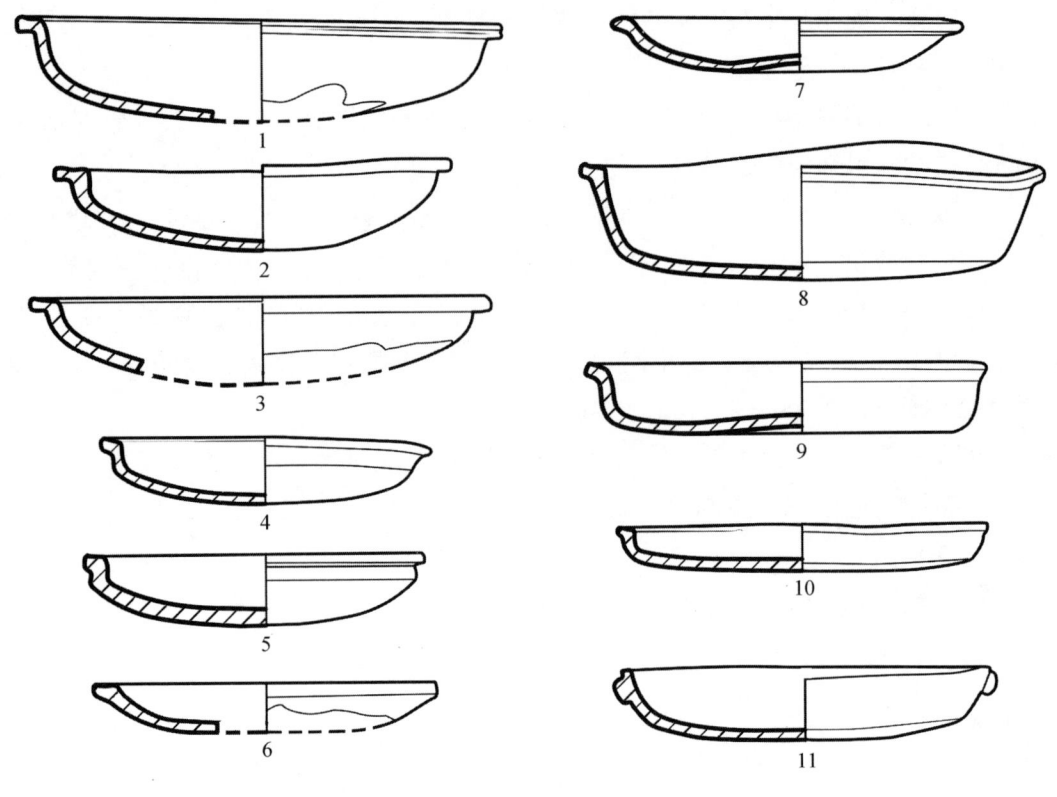

图四六四　陶盘
1. Aa型Ⅰ式（M12∶12）　2、3. Aa型Ⅱ式（M456∶7-1、M600∶2）　4、5. Aa型Ⅲ式（M333∶6、M347∶5-1）
6. Aa型Ⅳ式（M321∶1）　7. Aa型Ⅴ式（M401∶7）　8. Ab型Ⅰ式（M415∶7）　9. Ab型Ⅱ式（M380∶9-1）
10. Ab型Ⅲ式（M782∶7）　11. B型（M745∶7）

Ⅲ式　2件。器体较小。平折沿，圆唇，圜底。腹部饰弦纹。标本M333∶6，泥质褐陶。口径16.8、高3.4厘米（图四六四，4；图版八八，3）。标本M347∶5-1，泥质黑衣褐陶。口径17.2、高3.6厘米（图四六四，5；图版八八，4）。

Ⅳ式　2件。器体较小。平折沿，圜底。素面。标本M321∶1，泥质灰陶。圆唇。口径15.6、高2.4厘米（图四六四，6；图版八八，5）。

Ⅴ式　4件。平折沿，浅腹，底略内凹。素面。标本M401∶7，泥质褐陶。尖圆唇。口径17.6、高2.8厘米（图四六四，7；图版八八，6）。

Ab型　3件。腹壁较直，平底或近平底。素面。据腹的深浅变化，分为三式。

Ⅰ式　1件。M415∶7，夹砂褐陶。折沿，方唇，深腹，平底。口径23.2、底径18.8、高6.8厘米（图四六四，8；图版八九，1）。

Ⅱ式　1件。M380∶9-1，泥质灰陶。敞口，折沿，方唇，腹较浅，平底略内凹。口径20.1、腹径19.1、底径16.5、高3.6厘米（图四六四，9；图版八九，2）。

Ⅲ式　1件。M782∶7，泥质灰陶。折沿，浅腹，平底。口径18.8、底径17.6、高2.4厘米（图四六四，10；图版八九，3）。

B型　1件。M745：7，泥质黑衣灰陶。直口，口沿下上腹部置对称两盲纽，浅腹，平底。素面。口径18.4、高3.6厘米（图四六四，11；图版八九，4）。

以上二型的演变规律是：整体器体由大到小、由规整至粗糙；腹由深至浅，由斜弧腹到直腹。

匜　15件。出土于15座墓葬中，每座墓出土1件。按流口的不同，分二型。

A型　8件。扁圆口，流口长而上斜，除个别器为圜底外，均为平底。按流的变化，分为四式。

Ⅰ式　1件。M429：1，器大流小，短流较平，其相对的一端有小盲纽，口沿中部略下弧。口径14.4、底径10.8、通高1.6厘米（图四六五，1；图版九〇，1）。

Ⅱ式　2件。流口较长，上翘。标本M333：7，平面呈葫芦瓢形，平长流，口微敞，弧壁，平底。口径10.5、底径8.8、通高2.7厘米（图四六五，2；图版九〇，2）。

Ⅲ式　3件。流上翘角度加大。标本M59：6，平面呈葫芦瓢形，口内敛，底平。口径11.3、底径6.1、通高3.6厘米（图四六五，3；图版九〇，3）。

Ⅳ式　2件。流口上翘角度最大，腹较浅平。标本M347：5-2，口内敛，底平。口径12、底径6.4、通高4.4厘米（图四六五，4；图版九〇，4）。

B型　7件。圆口，流口短小、不显。按腹的深浅及流口的变化，分为四式。

Ⅰ式　1件。M380：9-2，深腹，流口低于器身，口略内敛，底平。口径10.8、底径8.5、通高3.6厘米（图四六五，5；图版九一，1）。

Ⅱ式　2件。腹较深。标本M493：8，口沿近流部高于其他部，底平。口径12、底径7.6、通高3.4厘米（图四六五，6；图版九一，2）。

Ⅲ式　3件。腹渐浅。标本M141：5，口略内敛，底平。口径12、底径8、通高3.6厘米（图四六五，7；图版九一，3）。标本M630：3，口略内敛，底平。口径13.6、底径11.4、通高3.6厘米（图四六五，8；图版九一，4）。

Ⅳ式　1件。M401：8，圆口，腹较浅，圜底。口径12.6、通高2.4厘米（图四六五，9；图版九一，5）。

流口上翘角度不断增大是A型匜演变的主要规律，腹由深变浅是B型匜演变的主要规律。

（二）日用陶器

鬲　180件。型式可辨的有126件。根据器口与器身的大小比例，分四型。

A型　大口鬲。43件。根据器体的大小，又分二亚型。

Aa型　大口大鬲，器体较大。23件。根据器形的变化，分六式。

Ⅰ式　5件。标本M1：1，泥质灰陶。口径27.7、腹径28、高25.6厘米（图四六六，1；图版九二，1）。

Ⅱ式　4件。卷沿，圆唇，束颈，溜肩，下腹内收，最大腹径在上部，联裆上弧，三柱状

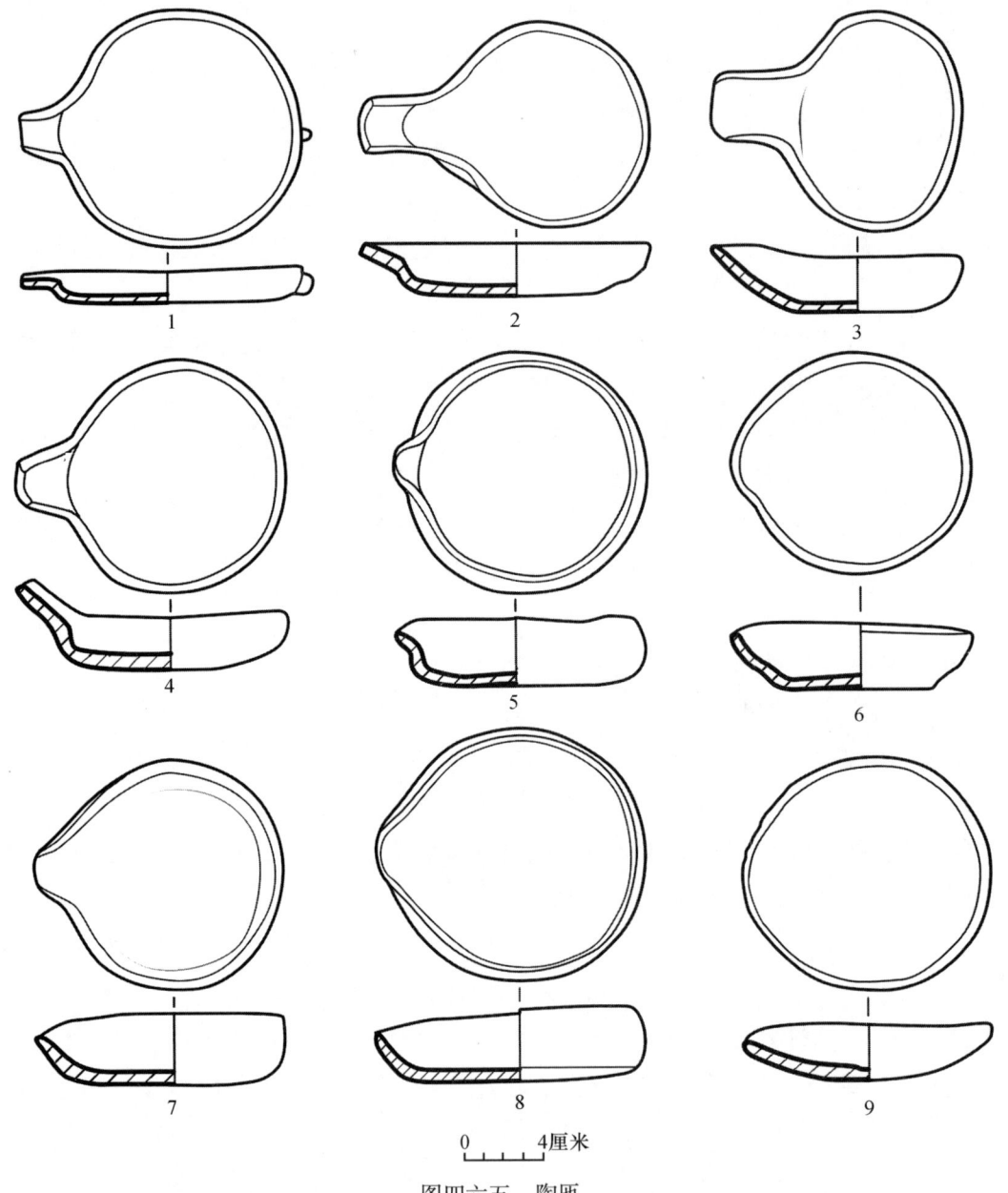

图四六五　陶匜

1. A型Ⅰ式（M429∶1）　2. A型Ⅱ式（M333∶7）　3. A型Ⅲ式（M59∶6）　4. A型Ⅳ式（M347∶5-2）
5. B型Ⅰ式（M380∶9-2）　6. B型Ⅱ式（M493∶8）　7、8. B型Ⅲ式（M141∶5、M630∶3）　9. B型Ⅳ式（M401∶8）

足（截锥状足）。颈、腹饰竖绳纹，裆饰交错绳纹。标本M407∶1，泥质灰陶。口径25.6、腹径27.7、高26厘米（图四六六，2）。标本M543∶1，泥质褐陶。口径22.3、腹径22.1、高20厘米（图四六六，3）。标本M563∶1，泥质褐陶。口径23.7、腹径24.4、高20.8厘米（图四六六，4；图版九二，2）。

Ⅲ式　6件。卷沿，圆唇，束颈，微鼓腹下收，最大腹径在中部偏上，联裆上弧，裆底近平，三矮柱状足。腹饰竖绳纹，裆饰交错绳纹。标本M56∶4，口径21.9、腹径23.6、高24.5厘米（图四六六，5；图版九二，3）。

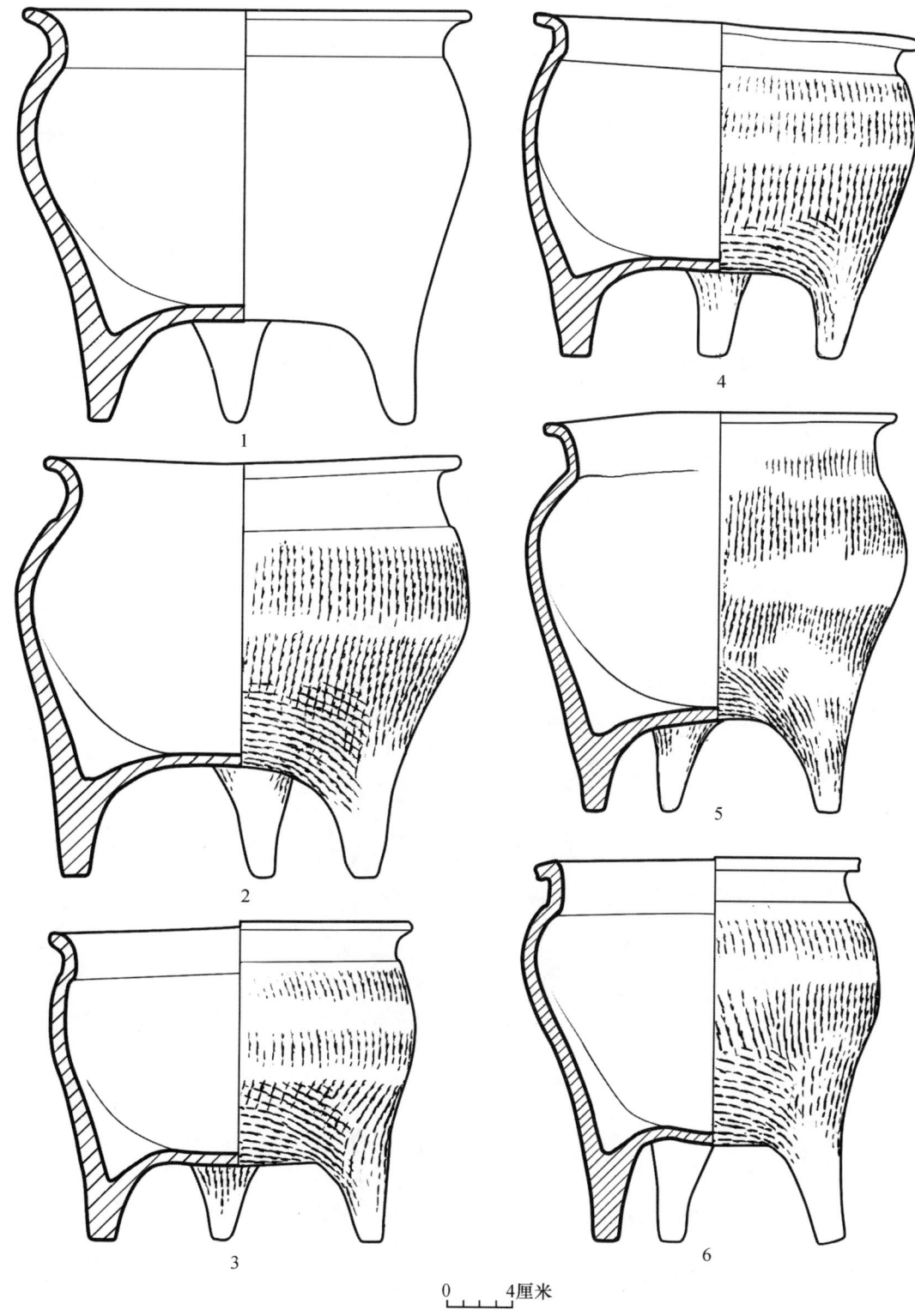

图四六六　Aa型陶鬲

1. Ⅰ式（M1：1）　2~4. Ⅱ式（M407：1、M543：1、M563：1）　5. Ⅲ式（M56：4）　6. Ⅳ式（M5：1）

Ⅳ式 1件。M5∶1，夹砂灰陶。平折沿，唇面微内凹，束颈，腹较深，腹壁下收，腹最大径在上部且大于口径，联裆上弧，裆底近平，柱状足外撇。腹部饰绳纹。口径20、腹径21.2、高23.7厘米（图四六六，6；图版九二，4）。

Ⅴ式 3件。卷沿，圆唇，束颈，溜肩，腹壁略下收，最大腹径在中上部，联裆上弧，柱状足。器表饰绳纹。标本M679∶1，泥质灰褐陶。口径20.4、腹径22.3、高20.7厘米（图四六七，1；图版九二，5）。

Ⅵ式 4件。大口，平折沿，圆唇，短束颈，腹微弧下收，腹最大径在中部，联裆微上弧，裆底近平，柱状足。下腹至足饰绳纹。标本M106∶3，夹砂灰陶。口径23.1、腹径22.4、

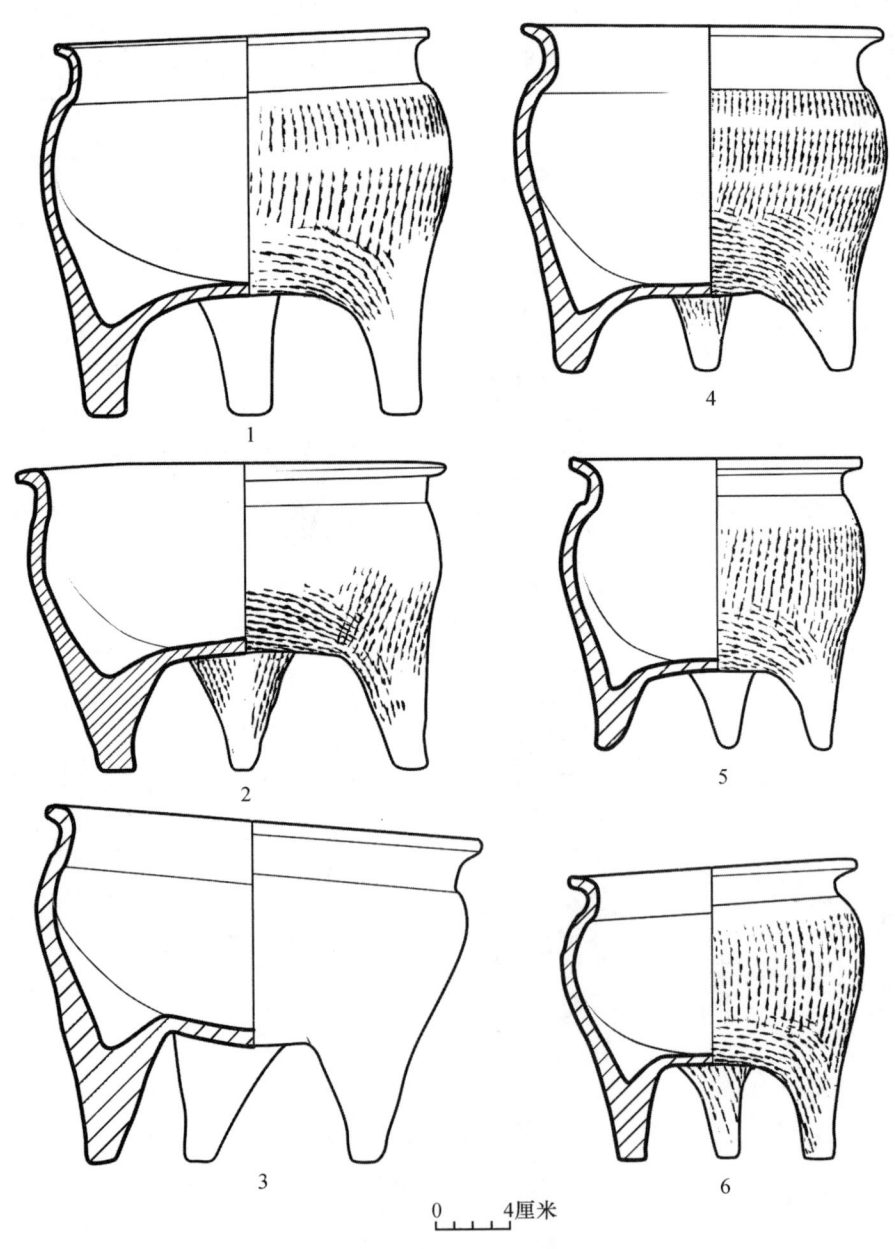

图四六七 Aa、Ab型陶鬲
1. Aa型Ⅴ式（M679∶1） 2、3. Aa型Ⅵ式（M106∶3、M846∶1） 4. Ab型Ⅰ式（M568∶3）
5、6. Ab型Ⅱ式（M58∶1、M760∶1）

高16.9厘米（图四六七，2；图版九二，6）。标本M846：1，泥质褐陶。口径23.2、腹径22.8、高19.2厘米（图四六七，3）。

以上六式的演变规律是：口沿由卷沿至折沿；腹由深至浅，腹最大径由上腹至中腹。

Ab型　大口小鬲，器体较小。20件。根据器形的变化，分七式。

Ⅰ式　2件。标本M568：3，泥质褐陶。口径18.9、腹径19.6、高18.1厘米（图四六七，4；图版九三，1）。

Ⅱ式　5件。标本M58：1，泥质褐陶。口径15.6、腹径16.4、高15.8厘米（图四六七，5）。标本M760：1，泥质灰陶。口径15.6、腹径16.4、高15.7厘米（图四六七，6；图版九三，2）。

Ⅲ式　2件。卷沿，圆唇，束颈，微鼓腹，最大腹径在中部偏上，联裆上弧，裆底近平，三矮柱状足。腹饰竖绳纹，裆饰交错绳纹。标本M747：2，泥质灰陶。口径18、腹径17.4、高15.3厘米（图四六八，1；图版九三，3）。

Ⅳ式　2件。标本M777：2，泥质褐陶。口径17.1、腹径18.8、高20.8厘米（图四六八，2；图版九三，4）。

Ⅴ式　5件。标本M484：4，泥质灰陶。口径13、腹径13.4、高14厘米（图四六八，3；图版九三，5）。

Ⅵ式　3件。平折沿，圆唇，束颈，溜肩，腹壁下收，最大腹径在上部，联裆上弧，柱状足。器表饰竖绳纹。标本M366：2，夹砂褐陶。口径17.2、腹径18.7、高16.8厘米（图四六八，4）。标本M610：1，泥质褐陶。口径14.4、腹径15.7、高14.8厘米（图四六八，5；图版九三，6）。

Ⅶ式　1件。M481：1，泥质灰陶。口径21.6、腹径21.2、高17.2厘米（图四六八，6；图版九四，1）。

以上七式的演变规律是：口沿由卷沿至仰折沿再至平折沿；腹由深至浅，腹最大径由上腹至中腹。

B型　小口鬲。78件。根据器体的大小，分二亚型。

Ba型　小口小鬲，器体较小。36件。分十式。

Ⅰ式　3件。标本M10：3，夹砂灰陶。口径14.4、腹径18.6、高18.9厘米（图四六八，7）。标本M695：1，泥质褐陶。口径13、腹径16、高15.7厘米（图四六八，8；图版九四，2）。

Ⅱ式　12件。标本M541：1，夹砂褐陶。口径14.8、腹径17.7、高18.8厘米（图四六八，9；图版九四，3）。标本M663：2，泥质灰陶。口径14、腹径16.8、高16厘米（图四六九，1）。

Ⅲ式　2件。标本M587：1，泥质褐陶。口径15.2、腹径18.4、高15.8厘米（图四六九，2；图版九四，4）。

Ⅳ式　1件。M834：1，泥质褐陶。口径13.6、腹径17.2、高16.8厘米（图四六九，3；图版九四，5）。

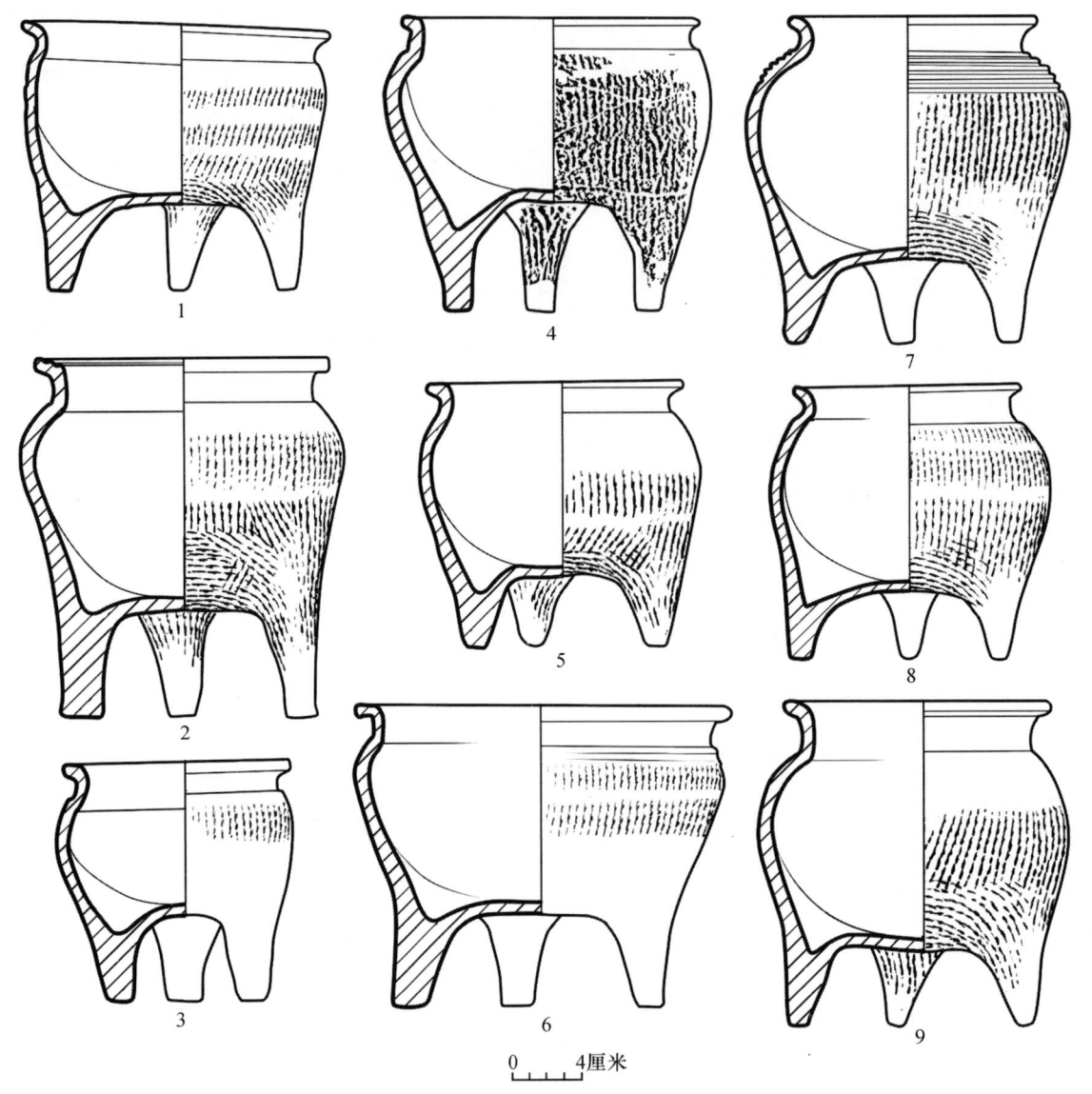

图四六八 Ab、Ba型陶鬲

1. Ab型Ⅲ式（M747∶2） 2. Ab型Ⅳ式（M777∶2） 3. Ab型Ⅴ式（M484∶4） 4、5. Ab型Ⅵ式（M366∶2、M610∶1） 6. Ab型Ⅶ式（M481∶1） 7、8. Ba型Ⅰ式（M10∶3、M695∶1） 9. Ba型Ⅱ式（M541∶1）

Ⅴ式 6件。卷沿，圆唇，束颈，微鼓腹下收，最大腹径在中上部，联裆上弧，裆底近平，柱状足。腹饰竖绳纹，腹中部有一周抹痕，裆饰交错绳纹。标本M111∶1，泥质褐陶。口径13.6、腹径15.6、高16厘米（图四六九，4；图版九四，6）。标本M774∶2，泥质褐陶。口径13.2、腹径16.8、高17.2厘米（图四六九，5；图版九五，1）。

Ⅵ式 3件。平折沿，沿面内凹，圆唇，短束颈，溜肩，微鼓腹下收，最大腹径在上部，联裆上弧，柱状足。腹饰竖绳纹，裆饰交错绳纹。标本M84∶1，泥质红陶。口径12.8、腹径15.6、高14.8厘米（图四六九，6；图版九五，2）。标本M804∶2，泥质褐陶。口径13.3、腹径16.2、高15.6厘米（图四六九，7；图版九五，3）。

Ⅶ式 2件。标本M611∶1，泥质褐陶。口径14.8、腹径16.8、高16.4厘米（图四六九，8；

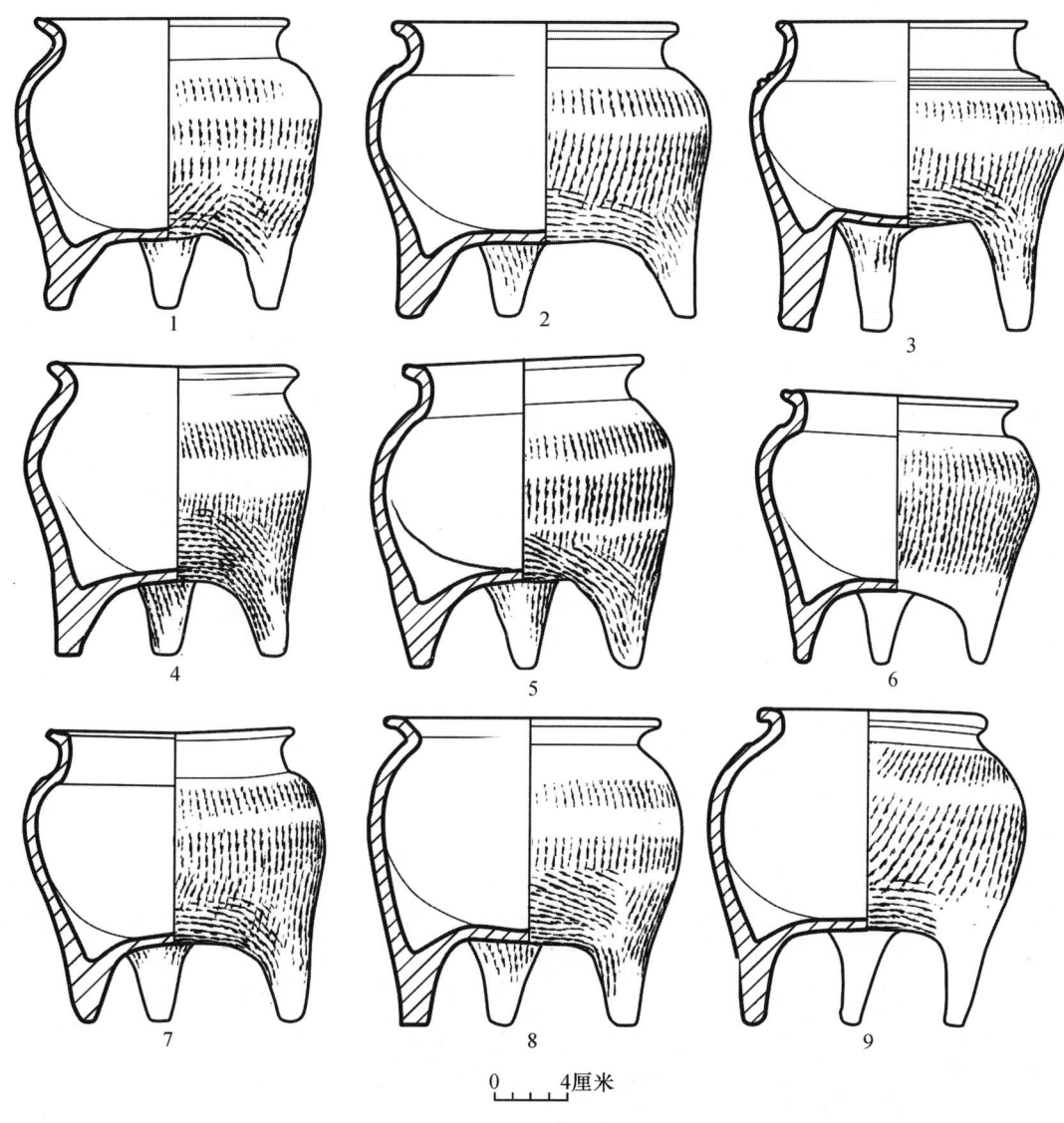

图四六九　Ba型陶鬲
1. Ⅱ式（M663∶2）　2. Ⅲ式（M587∶1）　3. Ⅳ式（M834∶1）　4、5. Ⅴ式（M111∶1、M774∶2）
6、7. Ⅵ式（M84∶1、M804∶2）　8. Ⅶ式（M611∶1）　9. Ⅷ式（M557∶1）

图版九五，4）。

Ⅷ式　3件。标本M557∶1，泥质褐陶。口径12.8、腹径17.6、高17.6厘米（图四六九，9；图版九五，5）。标本M676∶1，泥质褐陶。口径13.6、腹径16、高15.3厘米（图四七〇，1；图版九五，6）。

Ⅸ式　2件。标本M552∶1，泥质灰陶。口径13.6、腹径16.8、高16.8厘米（图四七〇，2；图版九六，1）。

Ⅹ式　2件。标本M480∶1，泥质灰陶。口径13.6、腹径18.4、高18.2厘米（图四七〇，3；图版九六，2）。标本M662∶3，泥质褐陶。口径12.8、腹径16.8、高15.6厘米（图四七〇，4；图版九六，3）。

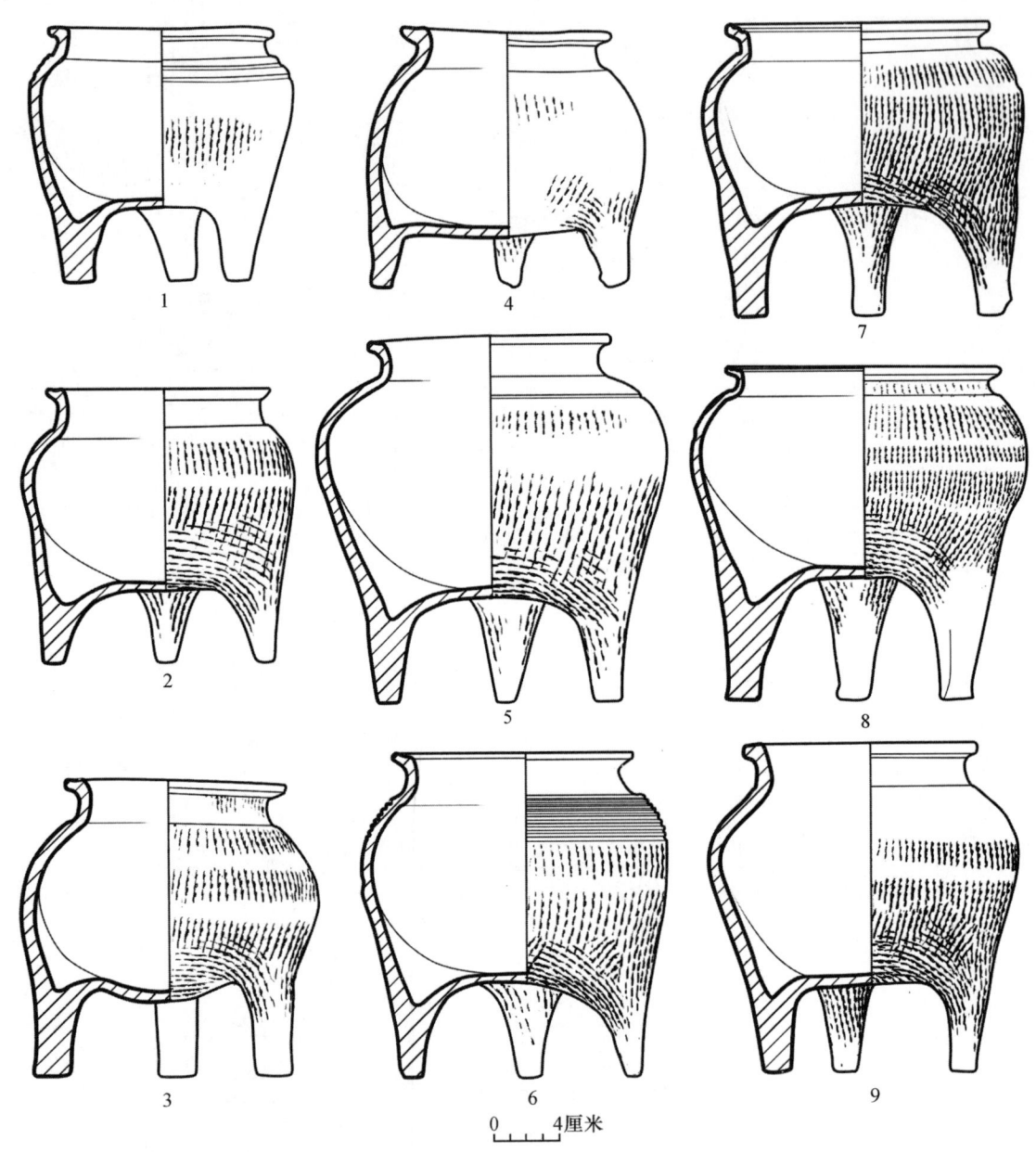

图四七〇 Ba、Bb型陶鬲

1. Ba型Ⅷ式（M676∶1） 2. Ba型Ⅸ式（M552∶1） 3、4. Ba型Ⅹ式（M480∶1、M662∶3）
5、6. Bb型Ⅰ式（M715∶1、M761∶1） 7、8. Bb型Ⅱ式（M120∶3、M299∶1） 9. Bb型Ⅲ式（M119∶3）

以上十式的演变规律是：口沿由卷沿至折沿；腹由深腹至浅腹，下腹由上弧至平弧再至略下弧。

Bb型 小口大鬲，器体较大。42件。分七式。

Ⅰ式 6件。标本M715∶1，泥质褐陶。口径14.8、腹径21.4、高22.4厘米（图四七〇，5；图版九六，4）。标本M761∶1，泥质灰陶。口径14.4、腹径18.8、高20厘米（图四七〇，6；图版九六，5）。

Ⅱ式 6件。标本M120∶3，泥质褐陶。仰折沿，圆唇，束颈，鼓腹下收，最大腹径在中上部，联裆上弧，裆底近平，柱状足。通体饰绳纹，沿面饰两周凹弦纹，腹中部有一周抹痕。口径16、腹径19.5、高18厘米（图四七〇，7；图版九六，6）。标本M299：1，泥质灰陶。平折沿，圆唇，束颈，圆溜肩，腹壁下收，最大腹径在中上部，联裆上弧，裆底近平，柱状足。器表饰绳纹，沿面饰两周凹弦纹，腹中部有两道抹痕。口径16.7、腹径20.4、高20.4厘米（图四七〇，8；图版九七，1）。

Ⅲ式　9件。标本M119：3，泥质灰陶。平折沿，圆唇，束颈，溜肩，腹壁下收，最大腹径在上部，联裆上弧，裆底近平，三矮柱状足。器表饰绳纹，腹中部有一道抹痕。口径14.2、腹径18.7、高20.2厘米（图四七〇，9；图版九七，2）。标本M314：1，夹砂灰陶。仰折沿，沿面下凹，圆唇，束颈，溜肩，腹壁下收，最大腹径在中上部，联裆上弧，柱状足。肩部饰五周凹弦纹，上腹饰斜绳纹且有一道抹痕，裆饰交错绳纹。口径15.3、腹径18.1、高19.2厘米（图四七一，1；图版九七，3）。

Ⅳ式　6件。平折沿，圆唇，束颈，溜肩，腹壁下收，最大腹径在中上部，联裆上弧，裆底近平，柱状足。器表饰绳纹。标本M130：2，夹砂灰陶。口径15.2、腹径19.2、高19厘米（图四七一，2；图版九七，4）。标本M849：3，夹砂褐陶。口径16、腹径20、高19.2厘米（图四七一，3）。

Ⅴ式　1件。M37：1，泥质灰陶。仰折沿，唇面微内凹，束颈，腹弧壁下收，最大腹径在上部且大于口径，联裆上弧，裆底近平，柱状足内收。腹至足饰绳纹。口径20.3、腹径24.2、高22.7厘米（图四七一，4；图版九七，5）。

Ⅵ式　9件。平折沿，沿面微凹，圆唇，束颈，溜肩，腹壁下收，最大腹径在中上部，联裆上弧，裆底近平，柱状足。器表饰绳纹。标本M390：1，泥质灰陶。口径16.7、腹径19.4、高21.6厘米（图四七一，5；图版九七，6）。标本M770：2，泥质灰陶。口径17.2、腹径20.8、高22厘米（图四七一，6）。

Ⅶ式　5件。标本M132：4，夹砂灰陶。仰折沿，圆唇，束颈，溜肩，腹壁下收，最大腹径在上部，联裆上弧，裆底近平，柱状足。器表饰绳纹，沿面有两周凹弦纹，腹中部有一周抹痕。口径16.1、腹径21、高20.6厘米（图四七二，1；图版九八，1）。标本M367：2，泥质褐陶。仰折沿，沿面微内凹，圆唇，束颈，鼓腹较深，最大腹径在中部，且大于口径，联裆上弧，裆底近平，柱状足。腹部饰竖绳纹，中部有一周抹痕，裆饰交错绳纹。口径19.6、腹径24.8、高23.9厘米（图四七二，2）。

以上七式的演变规律是：口沿由卷沿至折沿；腹由深腹至浅腹，下腹由上弧至平弧再至略下弧。

C型　4件。分二式。

Ⅰ式　2件。小口鬲，口径小于三足外切圆径。卷沿，尖唇，束颈，圆溜肩，腹壁下收，最大腹径在上部，联裆上弧，锥形袋状（乳状）足。标本M83：3，泥质灰陶。口径13.2、腹径20.1、高16厘米（图四七二，7；图版九八，2）。标本M560：1，泥质灰陶。口径11.6、腹径15.5、高11.7厘米（图四七二，6；图版九八，3）。

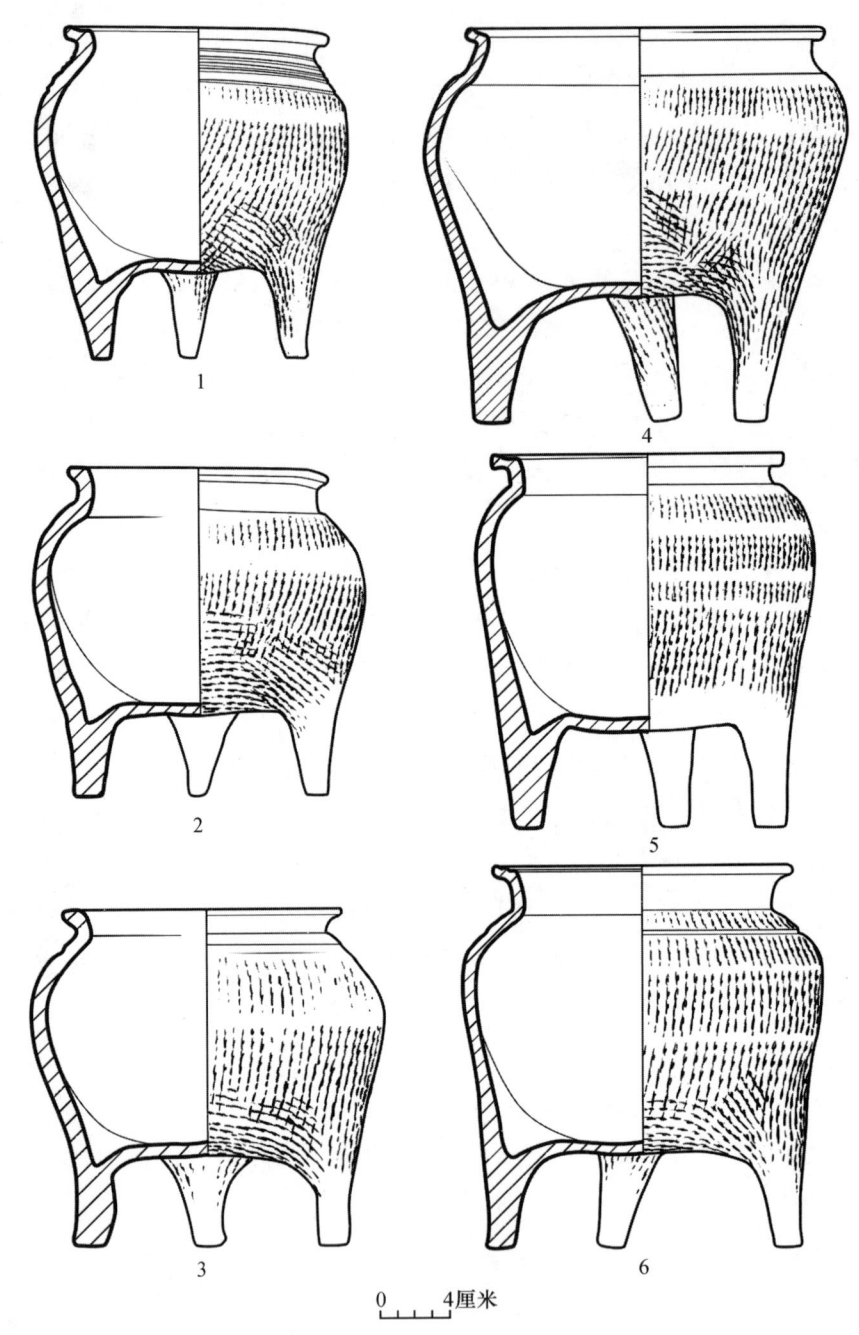

图四七一　Bb型陶鬲

1. Ⅲ式（M314∶1）　2、3. Ⅳ式（M130∶2、M849∶3）　4. Ⅴ式（M37∶1）　5、6. Ⅵ式（M390∶1、M770∶2）

Ⅱ式　2件。标本M429∶9，泥质灰陶。口径13.6、腹径18、高12.1厘米（图四七二，4；图版九八，4）。标本M574∶1，泥质褐陶。口径11.2、腹径15.6、高11.8厘米（图四七二，5；图版九八，5）。

以上二式的演变规律是：腹由深变浅，弧裆渐至平裆。

D型　1件。M765∶3，泥质褐陶。口径15.6、腹径19.6、高16.8厘米（图四七二，3；图版九八，6）。

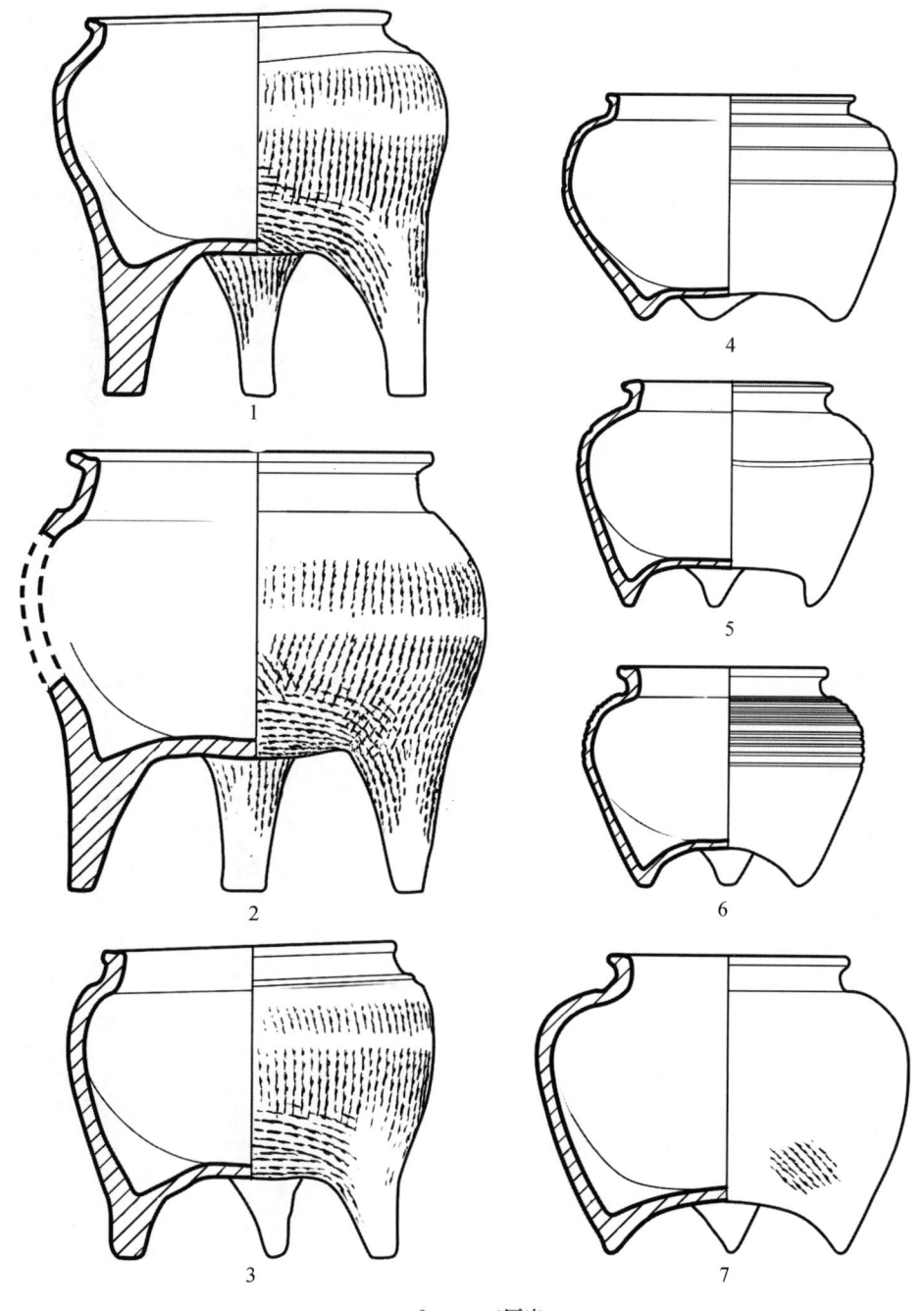

图四七二　B、C、D型陶鬲

1、2. Bb型Ⅶ式（M132：4、M367：2）　3. D型（M765：3）　4、5. C型Ⅱ式（M429：9、M574：1）
6、7. C型Ⅰ式（M560：1、M83：3）

盂　269件。可以参与分型分式的有220件。根据器底有无绳纹，分二型。

A型　113件。器底有绳纹。根据器体的大小，分二亚型。

Aa型　25件。器体较小。根据器体的变化，分四式。

Ⅰ式　2件。卷沿，腹较深，平底。标本M499：2，泥质褐陶。口径9.2、腹径9、底径

4.4、高5.6厘米（图四七三，1；图版九九，1）。标本M794：5，泥质褐陶。口径15.4、腹径16、底径7.8、高9.2厘米（图四七三，2；图版九九，2）。

Ⅱ式　7件。卷沿，圜底微凹。标本M503：3，泥质灰陶。口径13.6、腹径14.8、底径6.4、高10.4厘米（图四七三，3；图版九九，3）。标本M529：2，泥质灰陶。口径18、腹径18.6、底径8.4、高12厘米（图四七三，4；图版九九，4）。标本M731：2，泥质褐陶。口径17.6、腹径17.6、底径7.6、高11.2厘米（图四七三，5；图版九九，5）。

Ⅲ式　11件。卷沿，凹圜底。标本M24：2，泥质灰陶。圆唇，短束颈，圆弧腹下收。下腹及底饰绳纹。口径19.2、腹径18.6、底径7.3、高11.9厘米（图四七三，6；图版九九，6）。标本M560：3，泥质褐陶。圆唇，束颈，圆弧腹下收，颈、腹分界折棱明显。腹饰斜绳纹。口径16、腹径16.6、底径8.4、高10.2厘米（图四七三，7；图版一〇〇，1）。

Ⅳ式　5件。折沿，圆唇，溜肩，弧腹下收，凹圜底。肩饰三周凹弦纹，下腹部饰绳纹。标本M310：2，泥质褐陶。口径15.6、腹径16.2、底径6.4、高10.9厘米（图四七三，8；图版一〇〇，2）。标本M670：2，泥质褐陶。口径17.4、腹径16、底径6.6、高9.8厘米（图四七三，9；图版一〇〇，3）。

以上四式的演变规律是：口沿由卷沿至折沿，腹由深渐浅，器底由平底至凹圜底。

Ab型　88件。器体较大。分九式。

Ⅰ式　2件。卷沿，尖圆唇，束颈，弧腹下收，平底。下腹部饰横向绳纹。标本M407：2，泥质灰陶。口径20.4、腹径20.4、底径9.6、高12.2厘米（图四七三，10；图版一〇〇，4）。标本M818：3，泥质褐陶。口径20.4、腹径21.2、底径7.8、高13.2厘米（图四七三，11；图版一〇〇，5）。

Ⅱ式　28件。仰卷沿，圆唇，束颈，圆弧腹下收，最大腹径在上部，凹圜底。下腹及底饰绳纹。标本M28：2，夹砂灰陶。口径20.8、腹径21.4、底径8.7、高13.2厘米（图四七三，12；图版一〇〇，6）。标本M48：2，泥质灰陶。口腹同大。口径21.5、腹径21.5、底径6.8、高13厘米（图四七三，13；图版一〇一，1）。标本M667：1，泥质褐陶。口径21.7、腹径20.9、底径5.6、高13.6厘米（图四七三，14；图版一〇一，2）。

Ⅲ式　6件。标本M558：2，泥质褐陶。口径19.8、腹径19.6、底径7.8、高11厘米（图四七三，15；图版一〇一，3）。标本M823：3，泥质灰陶。口径22、腹径20.8、底径8、高10.2厘米（图四七四，1；图版一〇一，4）。

Ⅳ式　31件。卷沿，圆唇，束颈，弧腹下收，最大腹径在上部，凹圜底。下腹部饰横绳纹。标本M60：2，泥质灰陶。口径20.7、腹径19.9、底径6、高12.8厘米（图四七四，2；图版一〇一，5）。标本M69：1，泥质灰陶。口径18.4、腹径19.1、底径8、高13.6厘米（图四七四，3；图版一〇一，6）。标本M637：1，泥质褐陶。口径22、腹径21.6、底径7.2、高14.4厘米（图四七四，4；图版一〇二，1）。

Ⅴ式　4件。标本M588：3，泥质灰陶。口径22、腹径21、底径8、高10.4厘米（图四七四，5；图版一〇二，2）。标本M611：2，泥质褐陶。口径18.1、腹径18.2、底径6、高10.4厘米（图四七四，6；图版一〇二，3）。

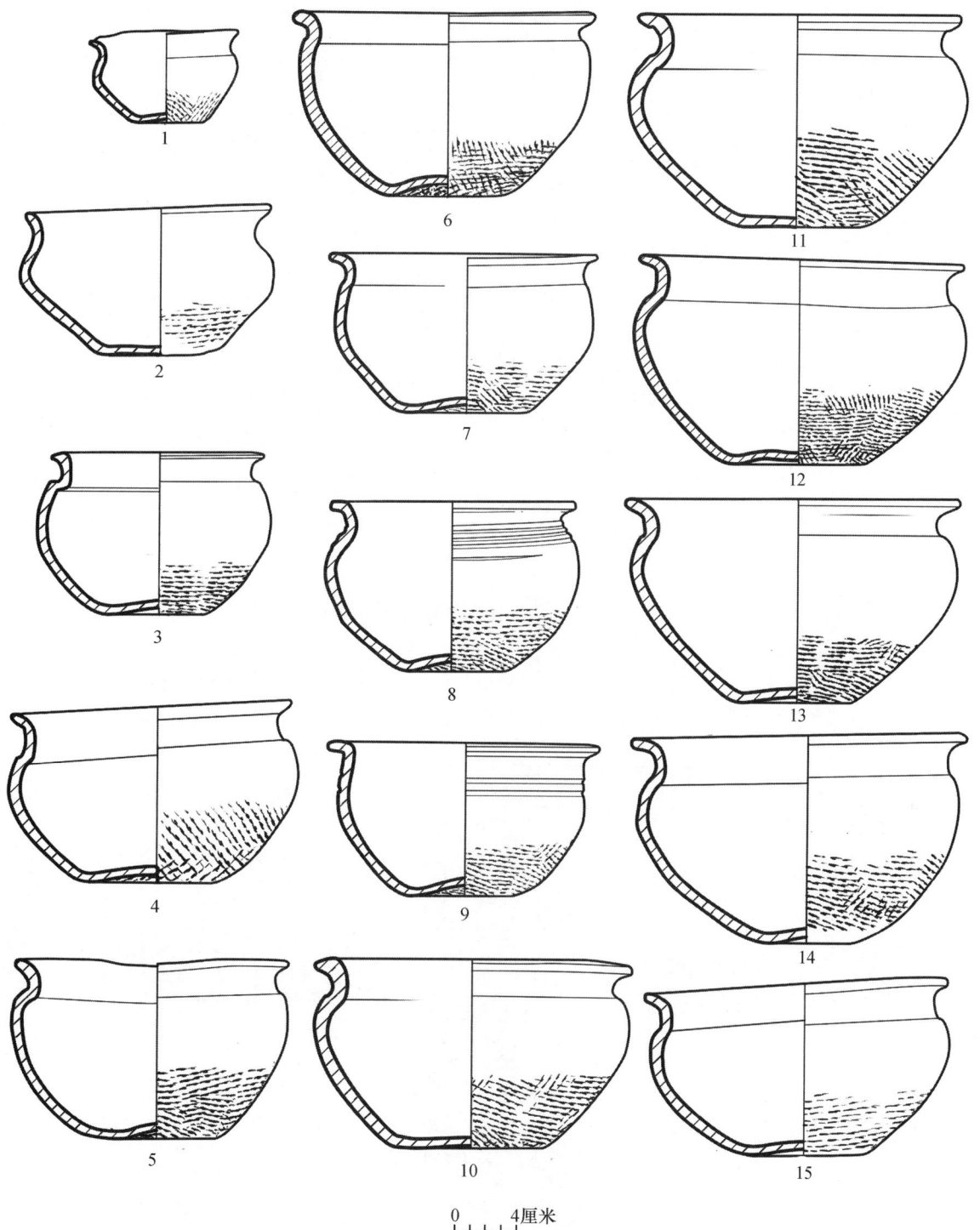

图四七三 Aa、Ab型陶盂

1、2. Aa型Ⅰ式（M499∶2、M794∶5） 3~5. Aa型Ⅱ式（M503∶3、M529∶2、M731∶2） 6、7. Aa型Ⅲ式（M24∶2、M560∶3） 8、9. Aa型Ⅳ式（M310∶2、M670∶2） 10、11. Ab型Ⅰ式（M407∶2、M818∶3） 12~14. Ab型Ⅱ式（M28∶2、M48∶2、M667∶1） 15. Ab型Ⅲ式（M558∶2）

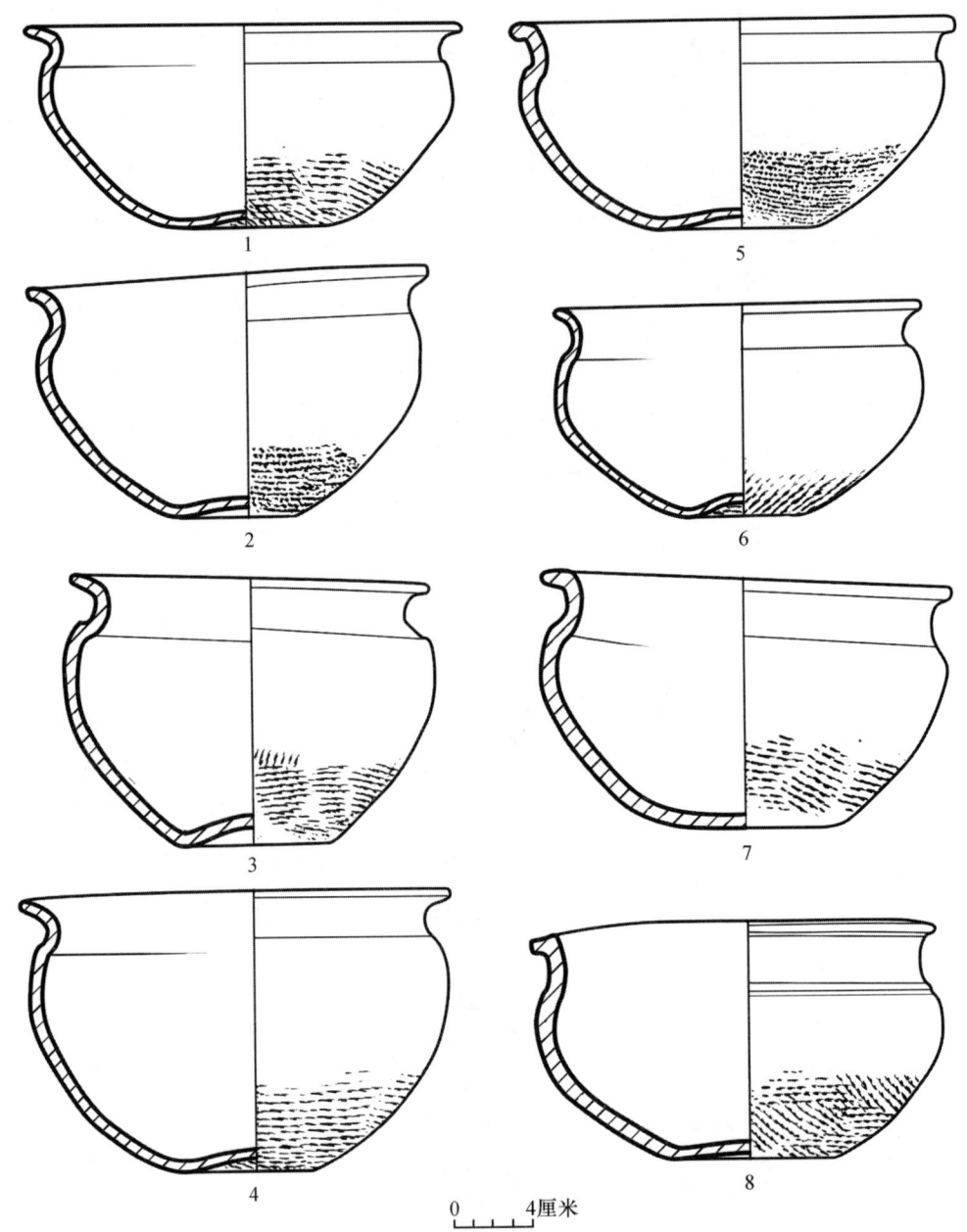

图四七四　Ab型陶盂

1. Ⅲ式（M823∶3）　2~4. Ⅳ式（M60∶2、M69∶1、M637∶1）　5、6. Ⅴ式（M588∶3、M611∶2）　7. Ⅵ式（M715∶2）
8. Ⅶ式（M304∶1）

Ⅵ式　1件。M715∶2，泥质褐陶。口径20.9、腹径20.8、底径7.9、高12.8厘米（图四七四，7）。

Ⅶ式　2件。标本M304∶1，泥质褐陶。口径16.9、腹径18.8、底径7.6、高13.2厘米（图四七四，8；图版一〇二，4）。

Ⅷ式　12件。卷沿或平折沿，圆唇，束颈，弧腹下收，凹圜底，颈、肩分界折棱明显。下腹部饰斜绳纹。标本M90∶3，泥质灰陶。口径20.8、腹径21.2、底径7.2、高13.4厘米（图四七五，1；图版一〇二，5）。标本M126：3，泥质灰陶。口径20.6、腹径20.8、底径8.8、高12.3厘米（图四七五，2；图版一〇二，6）。

Ⅸ式　2件。折沿，圆唇，束颈，弧腹下收，平底略内凹。腹上部饰一周凹弦纹。标本M355：1，泥质灰陶。口径20.8、腹径20.1、底径10.8、高8.5厘米（图四七五，3；图版一〇三，1）。

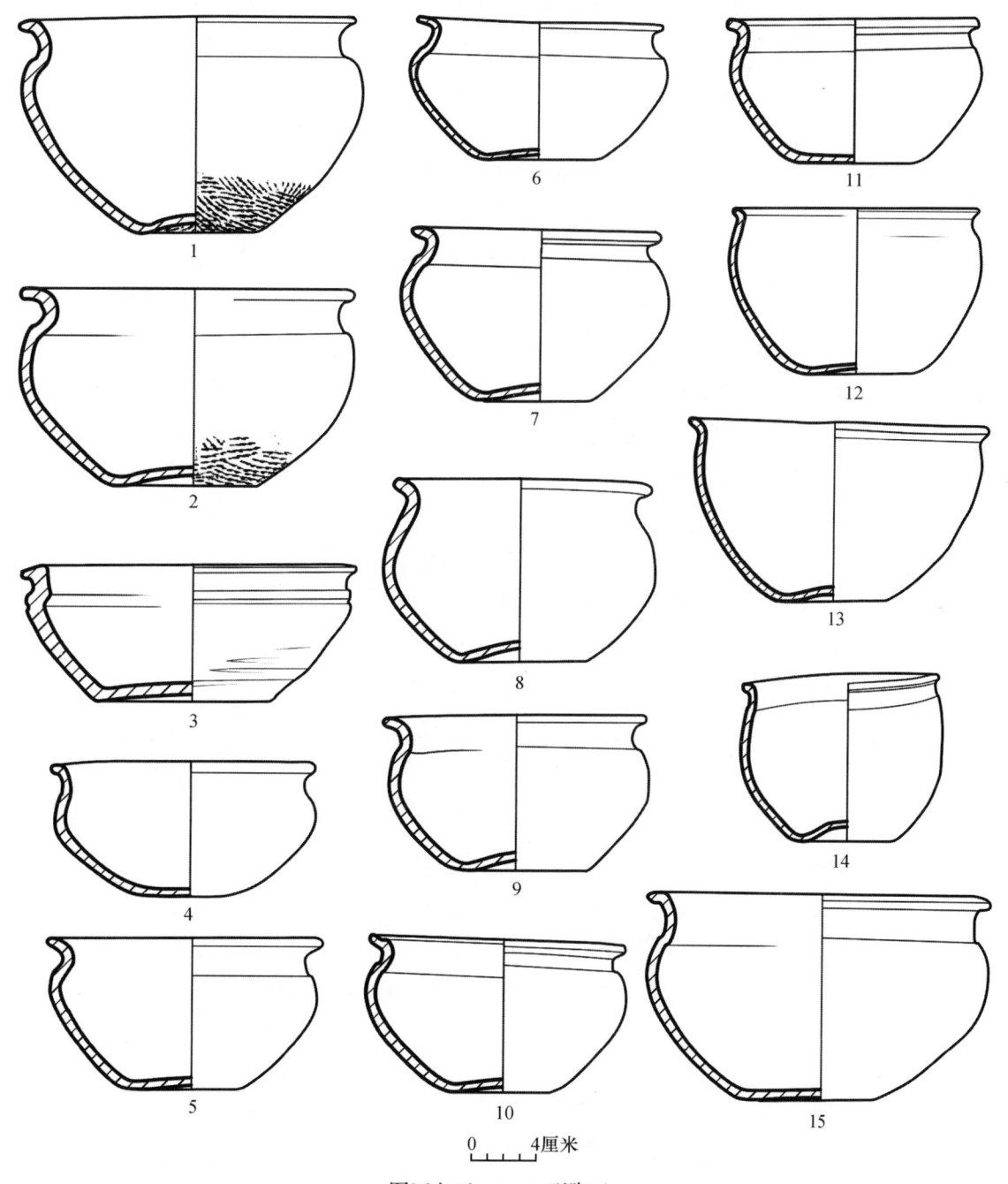

图四七五　A、B型陶盂

1、2. Ab型Ⅷ式（M90：3、M126：3）　3. Ab型Ⅸ式（M355：1）　4. Ba型Ⅰ式（M540：2）　5、6. Ba型Ⅱ式（M515：3、M733：2）　7~9. Ba型Ⅲ式（M463：1、M673：1、M717：4）　10、11. Ba型Ⅳ式（M466：3、M541：3）　12. Bb型Ⅰ式（M668：2）　13. Bb型Ⅱ式（M106：2）　14. Bb型Ⅲ式（M706：2）　15. Bc型Ⅰ式（M506：2）

以上九式的演变规律是：口沿由卷沿至折沿，腹由深渐浅，器底由平底至凹底。

B型　107件。器底无绳纹。根据器形的不同，分三亚型。

Ba型　28件。分四式。

Ⅰ式　3件。标本M540∶2，泥质灰陶。口径16、腹径15.7、底径5.2、高8厘米（图四七五，4；图版一〇三，2）。

Ⅱ式　9件。标本M515∶3，泥质灰陶。口径17.2、腹径16.4、底径7.2、高9.2厘米（图四七五，5；图版一〇三，3）。标本M733∶2，泥质褐陶。口径15.2、腹径16、底径7.4、高8.5厘米（图四七五，6；图版一〇三，4）。

Ⅲ式　14件。卷沿，圆唇，束颈，弧腹下收，最大腹径在中上部，凹圜底。素面。标本M463∶1，泥质灰陶。口径15.5、腹径16.7、底径6.8、高9.6厘米（图四七五，7；图版一〇三，5）。标本M673∶1，泥质褐陶。口径16、腹径16.8、底径8、高11.2厘米（图四七五，8；图版一〇四，1）。标本M717∶4，泥质褐陶。口径16.4、腹径16.2、底径7.7、高9.5厘米（图四七五，9；图版一〇四，2）。

Ⅳ式　2件。标本M466∶3，泥质灰陶。口径16、腹径16、底径6.4、高9.4厘米（图四七五，10；图版一〇四，3）。标本M541∶3，泥质灰陶。口径14.8、腹径14.4、底径6.4、高8.8厘米（图四七五，11；图版一〇四，4）。

以上四式的演变规律是：口沿由卷沿至折沿，腹由深渐浅，器底由平底至凹圜底。

Bb型　4件。根据器形的变化，分为三式。

Ⅰ式　1件。M668∶2，泥质褐陶。口径15.6、腹径15.8、底径7、高10.3厘米（图四七五，12；图版一〇四，5）。

Ⅱ式　2件。仰折沿，圆唇，无颈，弧腹下收，凹圜底。素面。标本M106∶2，泥质灰陶。口径18.8、底径6.8、高11.2厘米（图四七五，13；图版一〇四，6）。

Ⅲ式　1件。M706∶2，泥质褐陶，异形盂。仰卷沿，沿面向外，圆唇，束颈，深直腹斜内收，凹圜底。素面。口径12.4、腹径12.8、底径6.4、高10.4厘米（图四七五，14；图版一〇五，1）。

以上三式的演变规律是：口沿由卷沿至折沿，腹由深渐浅，器底由平底至凹圜底。

Bc型　75件。根据器形的变化，分为十式。

Ⅰ式　6件。标本M506∶2，泥质灰陶。口径21.6、腹径21.2、底径8.6、高12.8厘米（图四七五，15；图版一〇五，2）。标本M796∶3，泥质褐陶。口径20.5、腹径21.2、底径6.6、高13.2厘米（图四七六，1；图版一〇五，3）。

Ⅱ式　11件。卷沿，圆唇，束颈，弧腹下收，平底。颈、腹分界处有一周凹弦纹。标本M103∶1，泥质灰陶。口径19.2、腹径18.4、底径10.4、高9.2厘米（图四七六，2；图版一〇五，4）。标本M742∶3，泥质褐陶。口径19.6、腹径19.3、底径10、高9.6厘米（图四七六，3；图版一〇五，5）。

Ⅲ式　19件。卷沿，圆唇，束颈，鼓腹下收，最大腹径在上部，凹圜底。素面。标本M477∶2，泥质灰陶。口径25.2、腹径23.8、底径8.8、高13.8厘米（图四七六，4；图版

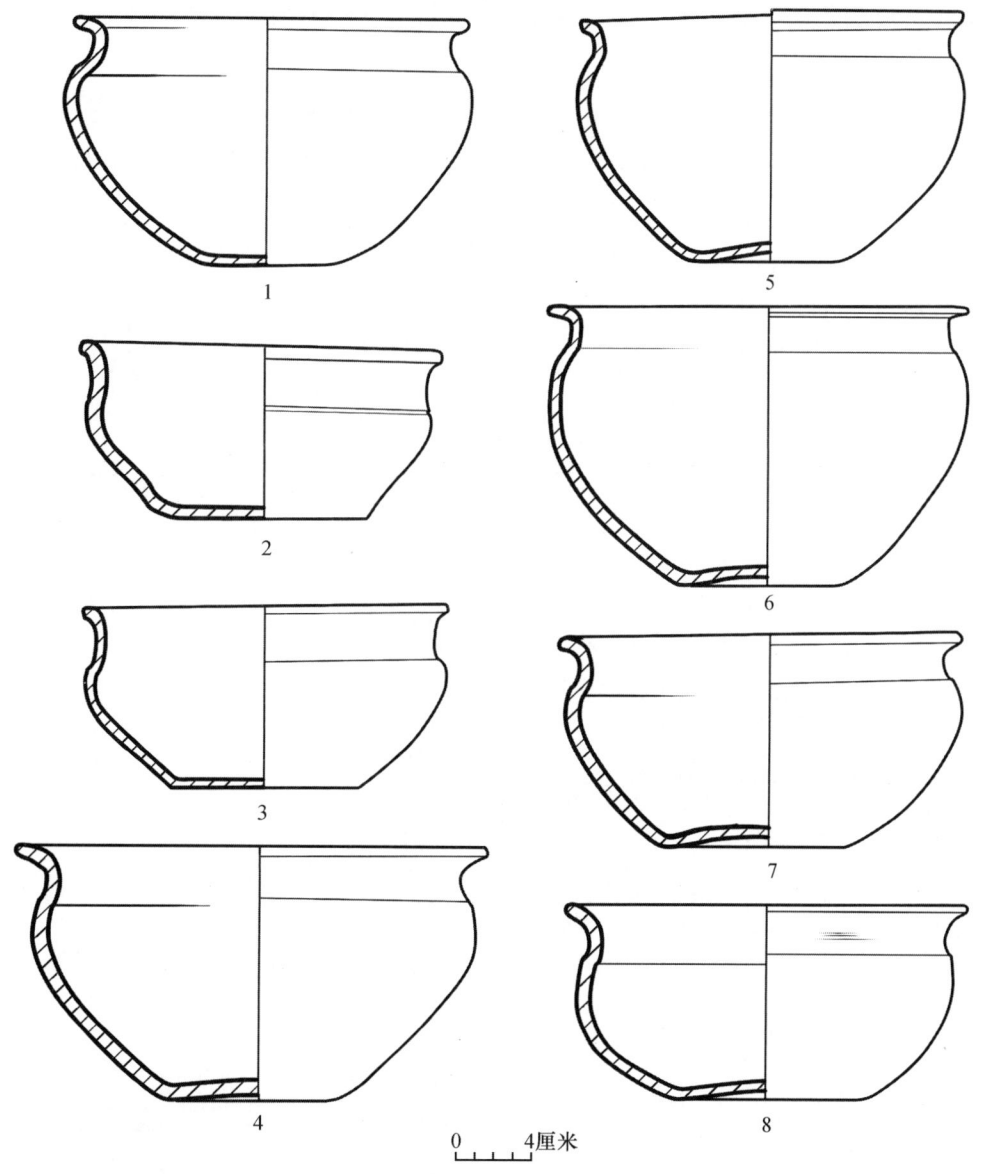

图四七六　Bc型陶盂
1. Ⅰ式（M796∶3）　2、3. Ⅱ式（M103∶1、M742∶3）　4～6. Ⅲ式（M477∶2、M543∶2、M569∶2）
7、8. Ⅳ式（M299∶2、M849∶2）

一〇五，6）。标本M543∶2，泥质褐陶。口径20.7、腹径20.8、底径8.4、高13.6厘米（图四七六，5；图版一〇六，1）。标本M569∶2，泥质褐陶。口径22、腹径22、底径8.4、高14.5厘米（图四七六，6；图版一〇六，2）。

Ⅳ式　4件。卷沿，圆唇，束颈，弧腹下收，凹圜底。素面。标本M299∶2，泥质灰陶。口径21.6、腹径21.3、底径10、高11.5厘米（图四七六，7；图版一〇六，3）。标本M849∶2，泥质灰陶。口径21.2、腹径19.7、底径10、高10.2厘米（图四七六，8；图版一〇六，4）。

Ⅴ式　12件。卷沿，圆唇，束颈，弧腹下收，最大腹径在上部，凹圜底。素面。标本M100∶3，泥质褐陶。口径21、腹径21.3、底径6.8、高13.4厘米（图四七七，1；图版一〇六，

5）。标本M595∶3，泥质褐陶。口径20.8、腹径20.4、底径7.6、高13.2厘米（图四七七，2；图版一〇六，6）。

Ⅵ式　3件。卷沿，圆唇，束颈，弧腹下收，凹圜底，颈、肩分界折棱明显。素面。标本M361∶4，泥质灰陶。口径20.6、腹径19.7、底径8.7、高11.9厘米（图四七七，3；图版一〇七，1）。

Ⅶ式　4件。标本M480∶2，泥质灰陶。口径22、腹径20.8、底径9.6、高12厘米（图四七七，4；图版一〇七，2）。

Ⅷ式　4件。标本M773∶1，泥质褐陶。口径22、腹径21.2、底径11.2、高10.5厘米（图四七七，5；图版一〇七，3）。

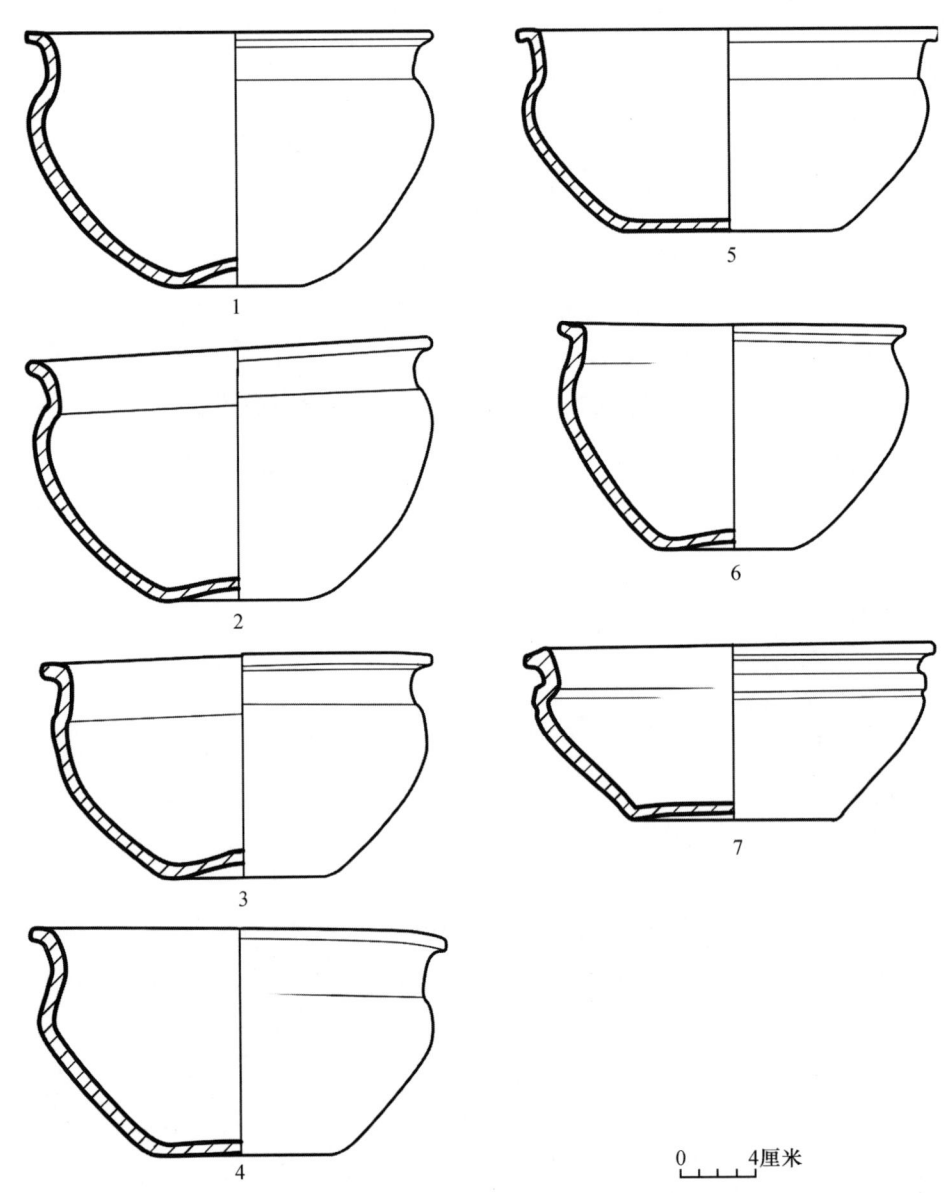

图四七七　Bc型陶盂
1、2. Ⅴ式（M100∶3、M595∶3）　3. Ⅵ式（M361∶4）　4. Ⅶ式（M480∶2）　5. Ⅷ式（M773∶1）　6. Ⅸ式（M761∶2）
7. Ⅹ式（M302∶2）

第三章 楚　墓

Ⅸ式　3件。标本M761：2，泥质灰陶。口径18、腹径18、底径7.2、高11.6厘米（图四七七，6；图版一〇七，4）。

Ⅹ式　9件。折沿，圆唇，束颈，弧腹下收，平底略内凹。腹上部饰一周凹弦纹。标本M302：2，泥质褐陶。口径21.2、腹径20.4、底径10.7、高9.2厘米（图四七七，7；图版一〇七，5）。

以上十式的演变规律是：口沿由卷沿至折沿，腹由深渐浅，器底由平底至凹底。

豆　221件。可以参与分型分式的有142件。分二型。

A型　高柄豆。65件。分三亚型。

Aa型　23件。根据盘深和豆柄中空程度的变化，分七式。

Ⅰ式　5件。标本M742：5，泥质褐陶。口径14.2、盘深2.6、高17.2厘米（图四七八，1；图版一〇八，1）。

Ⅱ式　1件。M65：9，泥质灰陶。侈口，圆唇，浅弧盘，细高柄中空至盘底，喇叭形座，座口面向外。口径13.6、盘深2.8、高16.2厘米（图四七八，2；图版一〇八，2）。

Ⅲ式　2件。侈口，圆唇，浅弧盘，细高柄内空至盘底，喇叭形座，座口面向外。标本M137：8，泥质灰陶。口径13.2、盘深2.4、高14.5厘米（图四七八，3；图版一〇八，3）。

Ⅳ式　5件。侈口，圆唇，浅弧盘，细高柄中空至盘底，小喇叭座，座口面向外。标本M103：3，泥质灰陶。口径13.6、盘深2.4、高16.8厘米（图四七八，4；图版一〇八，4）。标本M299：4，泥质灰陶。口径14.1、盘深2.8、高16.6厘米（图四七八，5；图版一〇八，5）。

Ⅴ式　2件。侈口，圆唇，浅弧盘，细高柄中空，喇叭形座，座口面向外。标本M124：4，泥质灰陶。口径12.7、盘深2、高16.8厘米（图四七八，6；图版一〇八，6）。

Ⅵ式　3件。侈口，圆唇，浅弧盘，直柄中上部实、下空，喇叭形圈座。标本M59：7，泥质灰陶。口径12.9、盘深2、高14.4厘米（图四七八，7；图版一〇九，1）。标本M742：4，泥质褐陶。口径13.4、盘深2.2、高16厘米（图四七八，8；图版一〇九，2）。

Ⅶ式　5件。标本M332：3，泥质黑衣褐陶，黑衣严重脱落。侈口，圆唇，浅弧盘，高直柄。口径13.5、盘深2.4、座径9、高16.8厘米（图四七八，9；图版一〇九，3）。

以上七式的演变规律是：盘由深变浅，柄部中空渐小至实心，底座座缘由低渐高至鼓座。

Ab型　39件。分七式。

Ⅰ式　2件。标本M383：7，泥质灰陶。侈口，圆唇，浅弧盘，细高柄中空至盘底，小喇叭形座。口径12.1、盘深2.7、座径7.2、高14.8厘米（图四七九，1；图版一〇九，4）。

Ⅱ式　6件。标本M59：9，泥质灰陶。侈口，尖唇，弧盘略深，直柄中空至盘底，喇叭形圈座。口径13.2、盘深3.3、高14厘米（图四七九，2；图版一〇九，5）。标本M90：4，泥质灰陶。侈口，圆唇，浅弧盘，直柄中空至盘底，喇叭形座，座口面向外。口径15.2、盘深3.2、高14.3厘米（图四七九，3；图版一〇九，6）。

Ⅲ式　7件。标本M6：1，泥质灰陶。侈口，尖唇，浅弧盘，柄较直、内空至盘底，小喇叭座。口径14、盘深2.4、高13.6厘米（图四七九，4；图版一一〇，1）。标本M321：3，泥质灰陶。侈口，尖唇，浅弧盘，柄较直，内空至盘底，小喇叭座，座口面向外。口径11.2、盘深

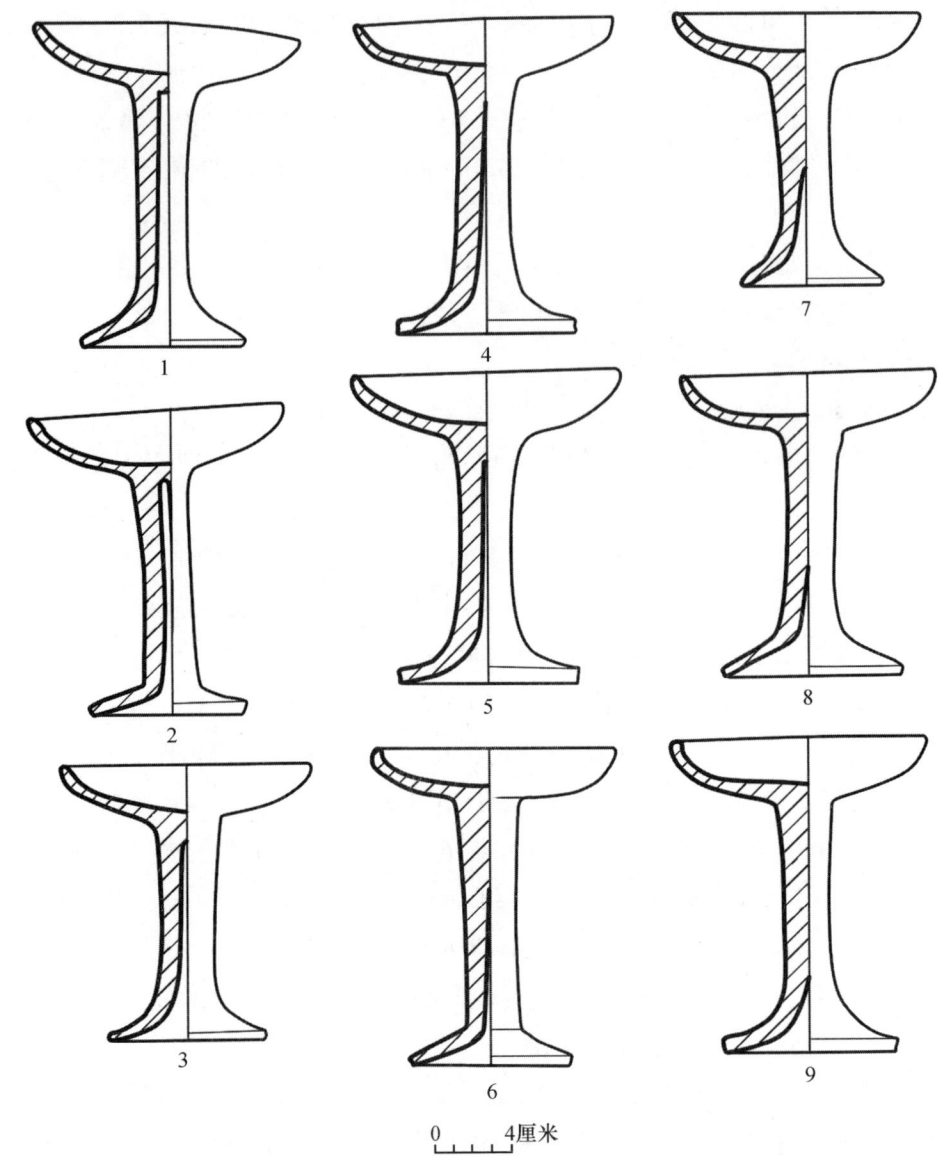

图四七八 Aa型陶豆
1. Ⅰ式（M742：5） 2. Ⅱ式（M65：9） 3. Ⅲ式（M137：8） 4、5. Ⅳ式（M103：3、M299：4） 6. Ⅴ式（M124：4）
7、8. Ⅵ式（M59：7、M742：4） 9. Ⅶ式（M332：3）

2.7、座径6.9、高12.4厘米（图四七九，5；图版一一〇，2）。

Ⅳ式　2件。标本M49：5，泥质灰陶。侈口，圆唇，浅弧盘，直柄中空至盘底，喇叭形座，座口面向外。口径12.3、盘深2.5、高13.1厘米（图四七九，6；图版一一〇，3）。标本M59：8，泥质灰陶。侈口，圆唇，弧盘略深，直柄中空，喇叭形圈座，座口面向外。口径12.7、盘深2.5、高13厘米（图四七九，7；图版一一〇，4）。

Ⅴ式　4件。标本M37：3，泥质灰陶。侈口，圆唇，浅弧盘，直柄中空，喇叭形座。口径11.8、盘深2.9、高12.4厘米（图四七九，8；图版一一〇，5）。

Ⅵ式　6件。标本M132：3，泥质灰陶。侈口，圆唇，弧盘，柄微曲、下部中空，喇叭

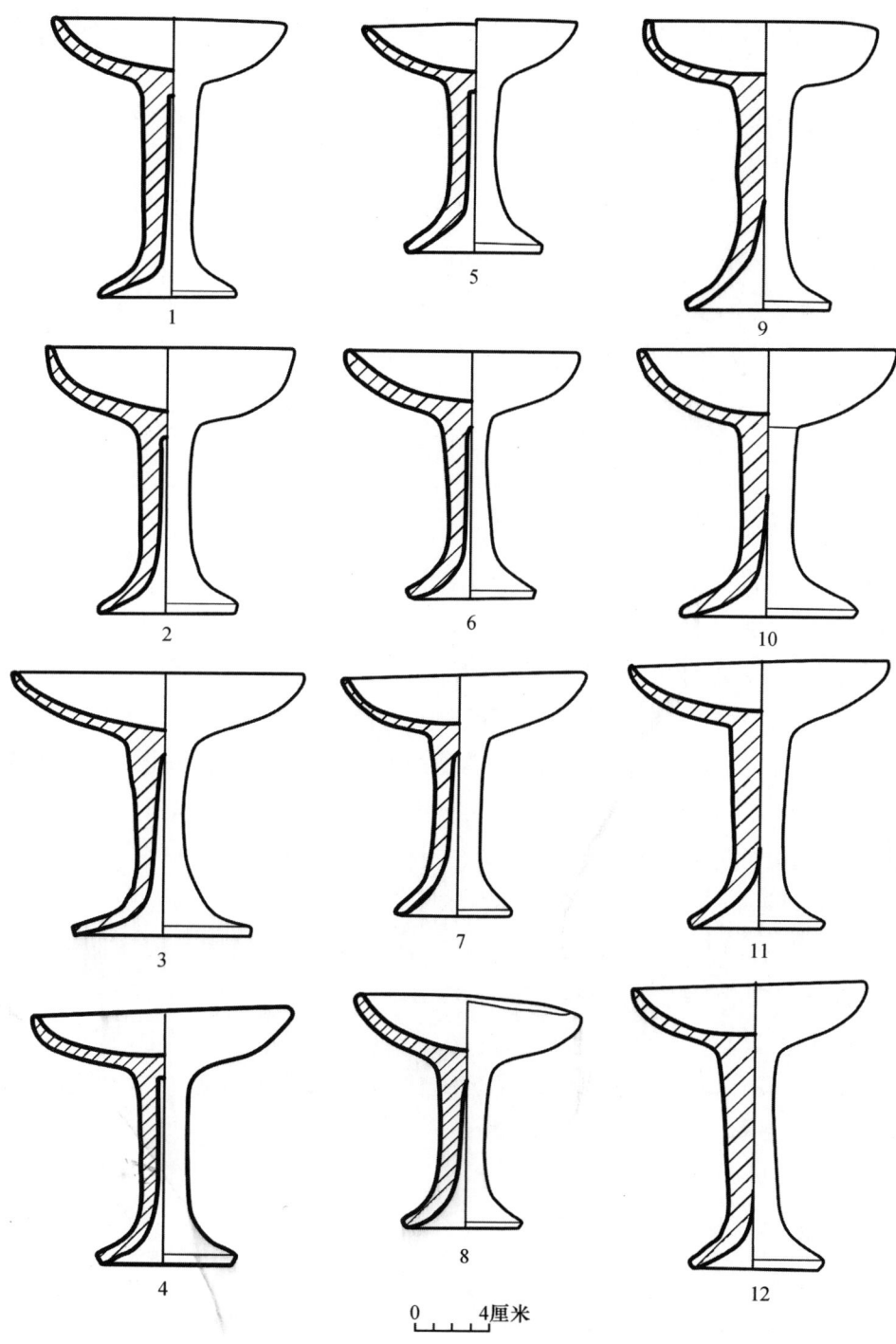

图四七九 Ab型陶豆
1. Ⅰ式（M383：7） 2、3. Ⅱ式（M59：9、M90：4） 4、5. Ⅲ式（M6：1、M321：3） 6、7. Ⅳ式（M49：5、M59：8）
8. Ⅴ式（M37：3） 9、10. Ⅵ式（M132：3、M509：3） 11、12. Ⅶ式（M535：7、M673：3）

形座口面向外。口径12.4、盘深2.8、高15.4厘米（图四七九，9；图版一一〇，6）。标本M509：3，泥质灰陶。口径13.8、盘深3.2、高14厘米（图四七九，10；图版一一一，1）。

Ⅶ式 12件。标本M535：7，泥质褐陶。口径14、盘深2.4、高14厘米（图四七九，11；图版一一一，2）。标本M673：3，泥质灰陶。口径12.5、盘深2.4、高15厘米（图四七九，12；图版一一一，3）。

以上七式的演变规律是：盘由深变浅，柄部中空渐小至实心，底座座缘由低渐高至鼓座。

Ac型　3件。分三式。

Ⅰ式　1件。M90：1，泥质灰陶。侈口，圆唇，浅弧盘，直柄中空至盘底，喇叭形座，座口面向外。口径15.2、盘深3.2、高14.3厘米（图四八〇，1；图版一一一，4）。

Ⅱ式　1件。M92：5，泥质灰陶。侈口，圆唇，浅弧盘，细高柄中空至盘底，喇叭形座，座口面向外。座口沿处有一周凹弦纹。口径14、盘深2.8、高18.2厘米（图四八〇，2；图版一一一，5）。

Ⅲ式　1件。M112：6，泥质灰陶。侈口，圆唇，浅弧盘，直柄下部中空，小喇叭座，座口面向外。口径12.8、盘深2.6、高13.2厘米（图四八〇，3；图版一一一，6）。

以上三式的演变规律是：盘由深变浅，柄部中空渐小至实心。

B型　矮柄豆。77件。根据器型的不同，分二亚型。

Ba型　器体较小的矮柄豆。14件。分六式。

Ⅰ式　2件。标本M399：4，泥质灰陶。侈口，方唇，唇面宽于盘壁，深弧盘，束腰柄中空至盘底，喇叭形座口面向外。口径21.3、盘深6.8、座径10.9、高15.5厘米（图四八〇，4；图版一一二，1）。标本M514：4，泥质褐陶。口径13.5、盘深3.4、高7.6厘米（图四八〇，9；图版一一二，2）。

Ⅱ式　1件。M419：3，泥质灰陶。侈口，圆唇，弧盘，束腰柄中空至盘底，喇叭形座口面向外。口径14.4、盘深4.2、座径7、高11.8厘米（图四八〇，5；图版一一二，3）。

Ⅲ式　4件。标本M139：1，泥质黑衣褐陶。侈口，圆唇，深弧盘，束腰柄中空至盘底，喇叭形座口面向外。口径14.8、盘深4、高11.4厘米（图四八〇，6；图版一一二，4）。标本M669：3，泥质灰陶。口径14.2、盘深3.6、高10.4厘米（图四八〇，7；图版一一二，5）。

Ⅳ式　3件。标本M457：4，泥质灰陶。侈口，圆唇，弧盘，束腰柄中空，喇叭形座，座口面向外。素面。口径14.9、盘深4、座径7.2、高12.3厘米（图四八〇，8；图版一一二，6）。

Ⅴ式　2件。标本M662：2，泥质褐陶。口径13.6、盘深3.2、高10.8厘米（图四八〇，10；图版一一三，1）。

Ⅵ式　2件。侈口，圆唇，浅弧盘，束腰柄，喇叭形座口面向外。标本M143：7，泥质灰陶。口径15.7、盘深3.6、高12厘米（图四八〇，11；图版一一三，2）。标本M529：3，夹砂褐陶。口径14、盘深3.6、高10.4厘米（图四八〇，12；图版一一三，3）。

以上六式的演变规律是：盘由深变浅，柄部中空渐小至实心。

Bb型　器体较大的矮柄豆。63件。分九式。

Ⅰ式　6件。泥质灰陶。侈口，圆唇，浅弧盘，直柄中空至盘底，喇叭形座口面向外。标本M755：3，泥质褐陶。口径13.2、盘深1.6、高11厘米（图四八〇，13；图版一一三，

图四八〇 Ac、Ba、Bb型陶豆

1. Ac型Ⅰ式（M90：1） 2. Ac型Ⅱ式（M92：5） 3. Ac型Ⅲ式（M112：6） 4、9. Ba型Ⅰ式（M399：4、M514：4）
5. Ba型Ⅱ式（M419：3） 6、7. Ba型Ⅲ式（M139：1、M669：3） 8. Ba型Ⅳ式（M457：4） 10. Ba型Ⅴ式（M662：2）
11、12. Ba型Ⅵ式（M143：7、M529：3） 13、14. Bb型Ⅰ式（M755：3、M794：2）

4）。标本M794∶2，泥质褐陶。口径12.1、盘深2.4、高12厘米（图四八〇，14；图版一一三，5）。

Ⅱ式　3件。标本M823∶2，泥质灰陶。口径14.3、盘深3.8、高11.6厘米（图四八一，1；图版一一三，6）。标本M847∶1，泥质灰陶。口径14、盘深3.2、高10.2厘米（图四八一，2；图版一一四，1）。

Ⅲ式　6件。标本M848∶3，泥质褐陶。口径12.6、盘深2.7、高11.8厘米（图四八一，3；图版一一四，2）。

Ⅳ式　11件。侈口，圆唇，浅弧盘，柄微曲、中空至平底，喇叭形座口面向外。标本M132∶2，泥质灰陶。口径12.4、盘深1.9、座径6、高10.9厘米（图四八一，4；图版一一四，3）。标本M804∶3，泥质褐陶。口径12.2、盘深2、高11厘米（图四八一，5；图版一一四，4）。

Ⅴ式　5件。侈口，圆唇，浅弧盘，柄较直、中空近盘底，小喇叭座，座口面向外。标本M112∶5，泥质灰陶。口径12.7、盘深2.5、高12.8厘米（图四八一，6；图版一一四，5）。标本M484∶3，泥质灰陶。口径13.6、盘深2.6、高10.4厘米（图四八一，7；图版一一四，6）。

Ⅵ式　7件。侈口，圆唇，弧盘略深，束腰柄中空，喇叭形座口面向外。标本M56∶3，泥质灰陶。口径14.6、盘深3.6、高10.4厘米（图四八一，8；图版一一五，1）。标本M491∶4，泥质灰陶。口径14.2、盘深3.2、高12厘米（图四八一，9）。

Ⅶ式　10件。标本M143∶10，泥质灰陶。敞口，尖唇，浅弧盘，中高柄中空至盘底，喇叭形座口面向外。口径12.4、盘深2.4、座径6.8、高10.4厘米（图四八一，10；图版一一五，2）。标本M302∶5，泥质黑衣褐陶。敞口，圆唇，浅弧盘，束腰柄中空，喇叭形座口面向外。口径13.2、盘深2.3、高10.7厘米（图四八一，11；图版一一五，3）。

Ⅷ式　6件。标本M466∶4，泥质灰陶。口径12、盘深4.2、高11.6厘米（图四八一，12；图版一一五，4）。标本M773∶3，泥质褐陶。口径14.4、盘深3.8、高11厘米（图四八一，13；图版一一五，5）。

Ⅸ式　9件。敞口，圆唇，浅弧盘，中高柄，喇叭形座口面向外。标本M302∶4，泥质灰陶。口径13.6、盘深2.4、高11.4厘米（图四八一，14；图版一一五，6）。标本M480∶4，泥质灰陶。口径12.6、盘深2.4、高12厘米（图四八一，15）。

以上九式的演变规律是：盘由深变浅，柄部中空渐小至实心。

罐　167件。可参与分型分式的有133件。根据器形的不同，分五型。

A型　矮领罐。69件。根据有无绳纹，分二亚型。

Aa型　绳纹圜底罐。67件。分九式。

Ⅰ式　2件。标本M666∶3，泥质褐陶。口径14.4、腹径19.6、底径7.6、高18.8厘米（图四八二，1；图版一一六，1）。

Ⅱ式　7件。标本M688∶3，泥质褐陶。口径15.4、腹径20.2、底径8.4、高21.2厘米（图四八二，2；图版一一六，2）。

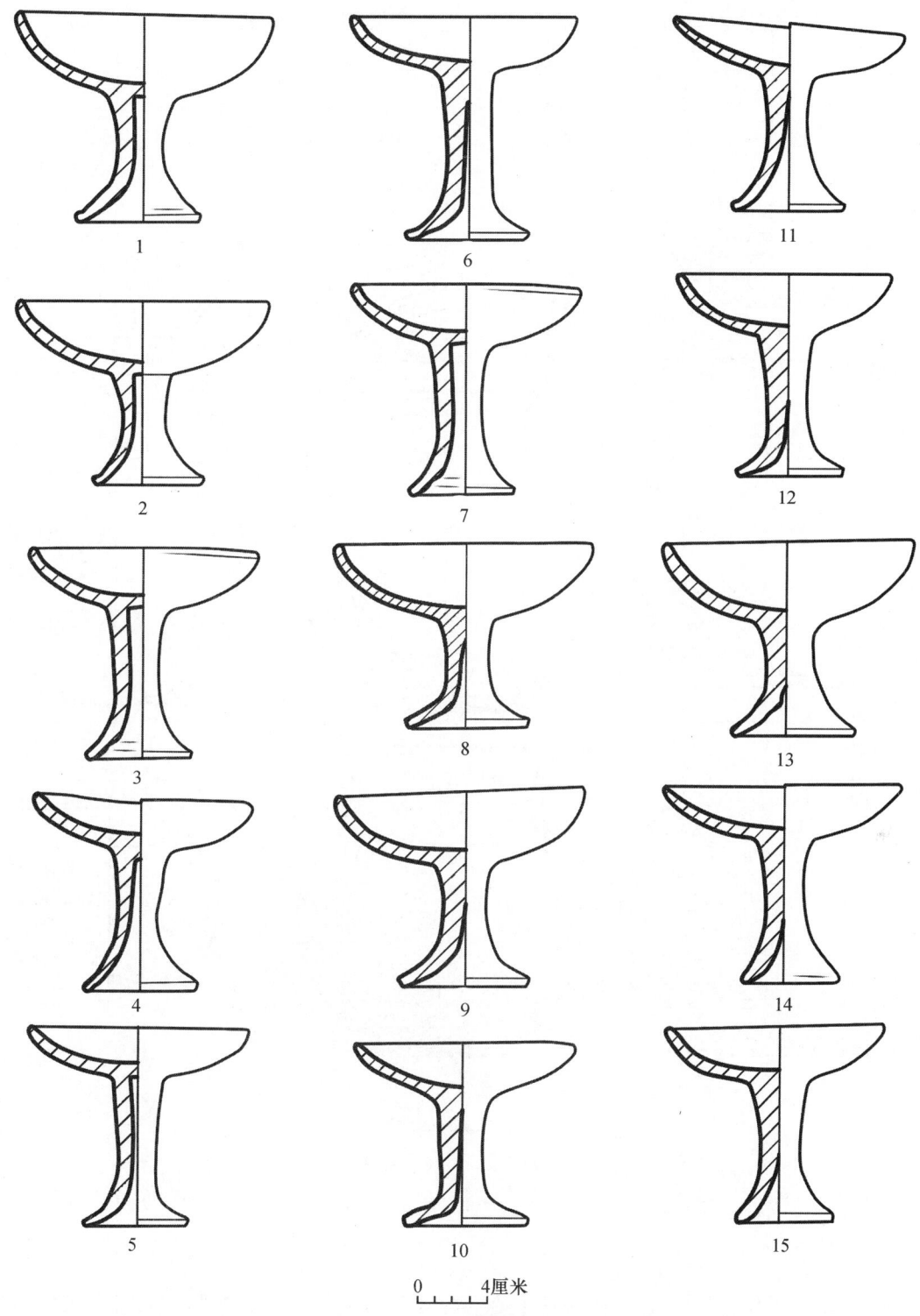

图四八一 Bb型陶豆

1、2. Ⅱ式（M823∶2、M847∶1） 3. Ⅲ式（M848∶3） 4、5. Ⅳ式（M132∶2、M804∶3） 6、7. Ⅴ式（M112∶5、M484∶3） 8、9. Ⅵ式（M56∶3、M491∶4） 10、11. Ⅶ式（M143∶10、M302∶5） 12、13. Ⅷ式（M466∶4、M773∶3） 14、15. Ⅸ式（M302∶4、M480∶4）

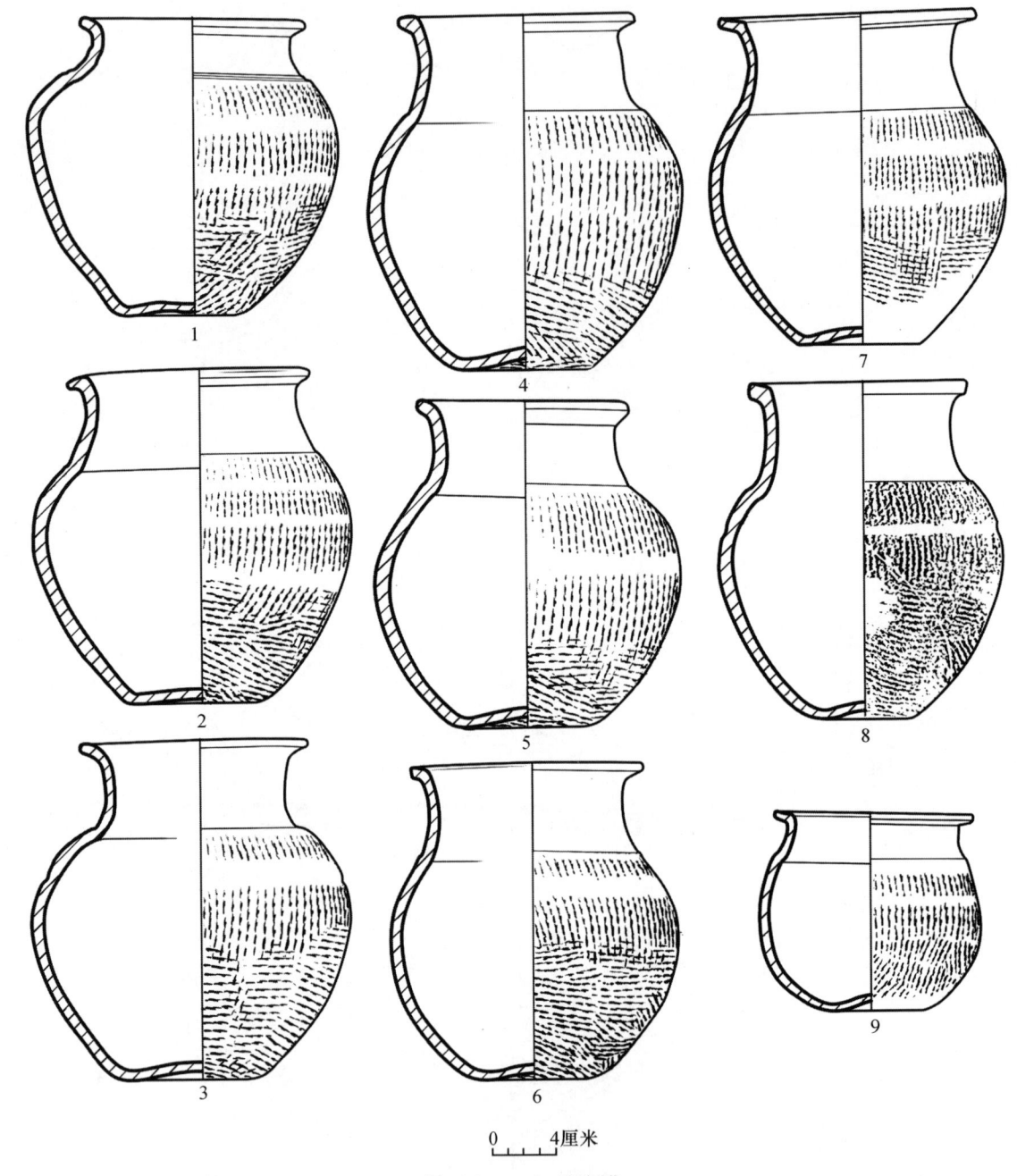

图四八二　Aa型陶罐

1. Ⅰ式（M666∶3）　2. Ⅱ式（M688∶3）　3、4. Ⅲ式（M563∶2、M764∶1）　5、6. Ⅳ式（M564∶1、M761∶3）
7、8. Ⅴ式（M317∶2、M588∶1）　9. Ⅵ式（M804∶1）

Ⅲ式　10件。卷沿，圆唇，束颈，长鼓腹，凹圜底。上腹部饰竖绳纹，下腹部及底饰横绳纹。标本M563∶2，泥质灰陶。口径14.4、腹径20.4、底径8.8、高21.6厘米（图四八二，3；图版一一六，3）。标本M764∶1，泥质灰陶。口径14.9、腹径19.8、底径8.4、高22.4厘米（图四八二，4；图版一一六，4）。

Ⅳ式　3件。折沿，沿面内凹，圆唇，束颈，鼓腹，最大腹径在中上部，凹圜底。腹上部饰一周凹弦纹，器表饰绳纹，腹中部有一周抹痕。标本M564：1，泥质褐陶。口径13.4、腹径19.2、底径7.6、高20.7厘米（图四八二，5；图版一一六，5）。标本M761：3，泥质灰陶。口径14.8、腹径18.4、底径7.2、高20厘米（图四八二，6；图版一一六，6）。

Ⅴ式　3件。仰折沿，束颈，溜肩，长鼓腹，最大腹径在中部，凹圜底。器表上腹部饰竖绳纹且有抹痕，下腹及底饰横绳纹。标本M317：2，泥质褐陶。圆唇。口径16、腹径18.4、底径7.6、高21厘米（图四八二，7；图版一一七，1）。标本M588：1，泥质灰陶。仰折沿，沿面下凹，高领，圆弧腹，最大腹径在中部，小凹圜底。中上腹部饰左斜向绳纹，且有一周抹痕，下腹部饰横向绳纹。口径13.4、腹径17.6、底径5.8、高20.8厘米（图四八二，8；图版一一七，2）。

Ⅵ式　1件。M804：1，泥质灰陶。口径12.1、腹径13.6、底径6、高12.2厘米（图四八二，9；图版一一七，3）。

Ⅶ式　9件。折沿，圆唇，束颈，溜肩，长鼓腹，凹圜底，颈、肩相交处凹凸明显。颈饰竖绳纹近抹平，上腹饰斜绳纹，下腹至底饰横向交错绳纹。标本M560：2，泥质褐陶。口径13.9、腹径19.2、底径6.4、高19.8厘米（图四八三，1；图版一一七，4）。标本M663：3，泥质灰陶。口径13.6、腹径18.8、底径7.6、高20厘米（图四八三，2；图版一一七，5）。

Ⅷ式　13件。平折沿，圆唇，束颈，圆鼓腹，凹圜底。器表饰绳纹，中上腹有抹痕。标本M83：1，平折沿，圆唇，唇面下勾，束颈，长鼓腹，凹圜底。器表饰粗绳纹，上腹部有两周抹痕。口径15.1、腹径18、底径7.2、高21.9厘米（图四八三，3；图版一一七，6）。

Ⅸ式　19件。标本M399：5，泥质灰陶。平折沿，方唇，唇面内凹，束颈，溜肩，长鼓腹，凹圜底。上腹部饰两组共四周凹弦纹，下腹部饰交错绳纹。口径15.6、腹径27.1、底径12.5、高30.4厘米（图四八三，4；图版一一八，1）。

以上九式的演变规律是：口沿由卷沿至仰折沿再至平折沿，颈由粗短渐至细长。

Ab型　素面圜底罐。2件。分二式。

Ⅰ式　1件。M320：3，泥质灰陶。平折沿，方唇，束颈，圆肩，肩、颈分界处折棱明显，鼓腹，凹圜底。素面。口径10.9、腹径16.7、底径6.8、高14.8厘米（图四八三，5；图版一一八，2）。

Ⅱ式　1件。M389：4，泥质灰陶。仰折沿，方唇，唇面内凹，束颈，溜肩，圆鼓腹，凹圜底。素面。口径11.2、腹径17.6、底径9.4、高16.3厘米（图四八三，6；图版一一八，3）。

以上二式的演变规律是：颈由短至长，口沿由平折沿至仰折沿。

B型　长颈罐。37件。根据器表纹饰的不同，分二亚型。

Ba型　弦纹长颈罐。16件。分五式。

Ⅰ式　1件。M128：3，泥质褐陶。口径12、腹径14.5、底径6.4、高15.2厘米（图四八三，7）。

Ⅱ式　2件。标本M511：1，泥质灰陶。口径10.9、腹径17.3、底径6.8、高18.8厘米（图四八三，8）。

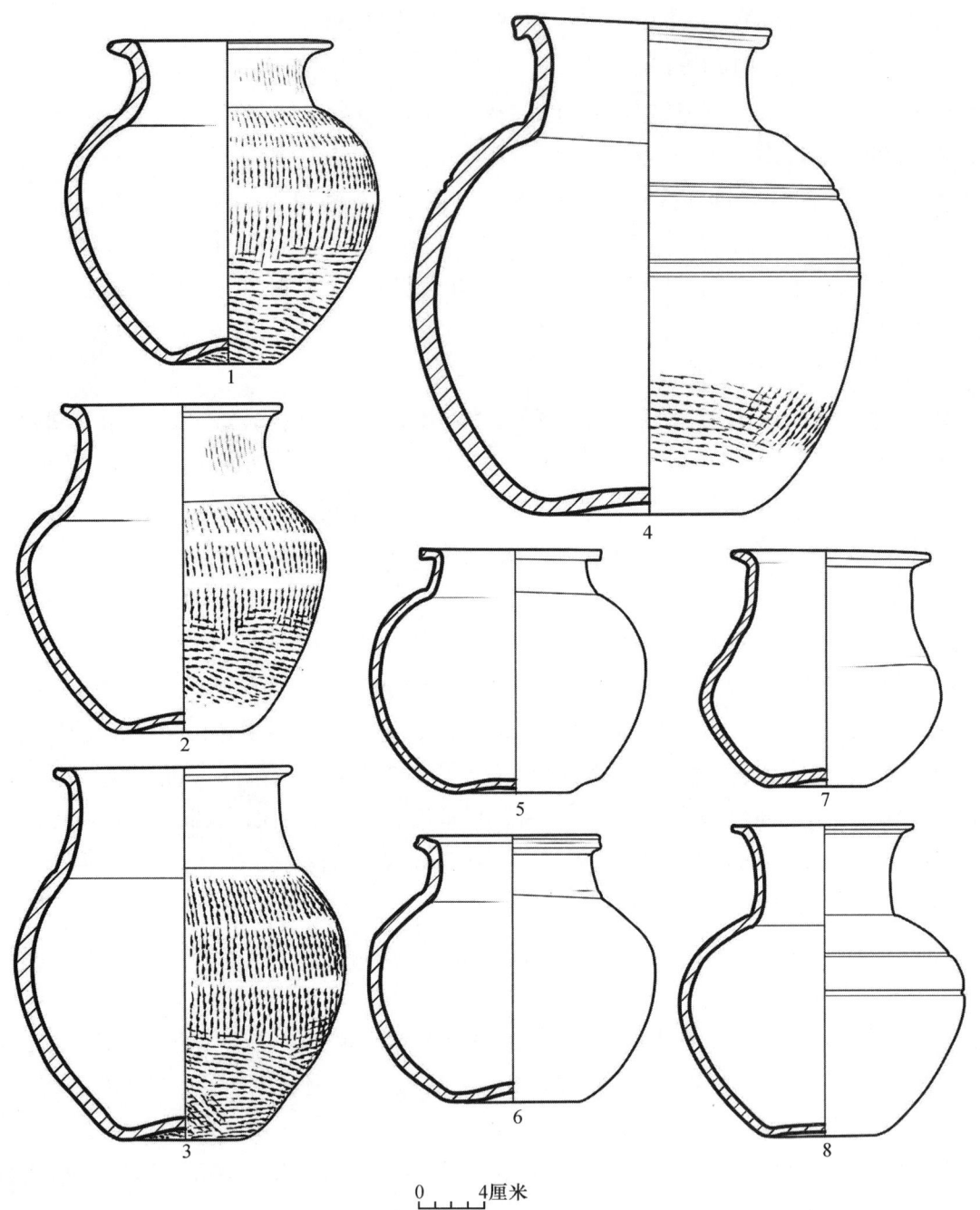

图四八三　Aa、Ab、Ba型陶罐

1、2. Aa型Ⅶ式（M560：2、M663：3）　3. Aa型Ⅷ式（M83：1）　4. Aa型Ⅸ式（M399：5）　5. Ab型Ⅰ式（M320：3）　6. Ab型Ⅱ式（M389：4）　7. Ba型Ⅰ式（M128：3）　8. Ba型Ⅱ式（M511：1）

Ⅲ式　1件。M452：3，泥质灰陶。卷沿，圆唇，长束颈，溜肩，鼓腹下收，最大腹径在上部，凹圜底。肩饰两周凹弦纹。口径13.4、腹径15.9、底径6.2、高19.5厘米（图四八四，1；图版一一八，4）。

Ⅳ式　2件。标本M474：3，泥质灰陶。口径13.6、腹径14、底径7.2、高20厘米（图四八四，2；图版一一八，5）。

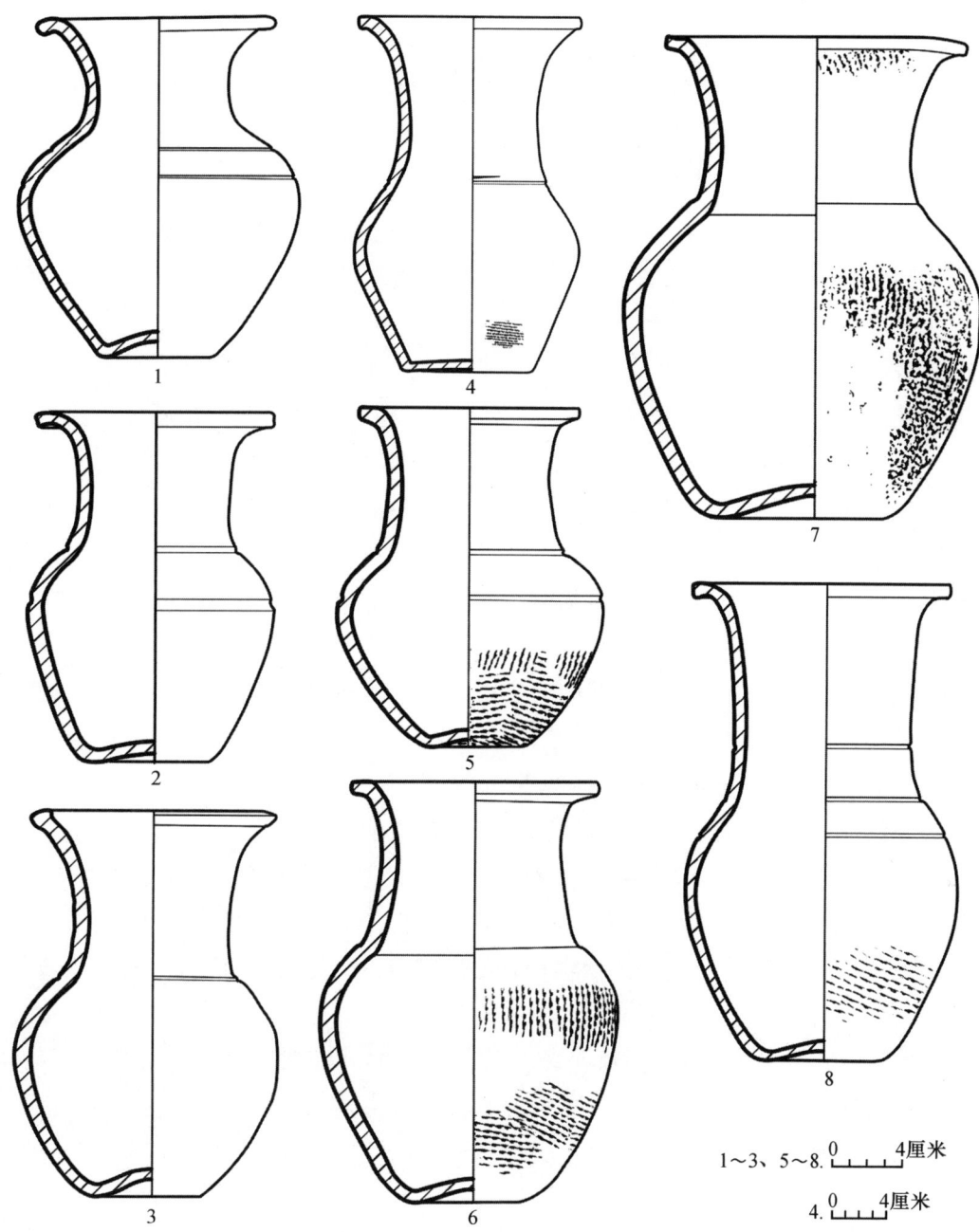

图四八四　Ba、Bb型陶罐
1. Ba型Ⅲ式（M452∶3）　2. Ba型Ⅳ式（M474∶3）　3. Ba型Ⅴ式（M536∶3）　4. Bb型Ⅰ式（M419∶1）
5. Bb型Ⅱ式（M85∶4）　6、7. Bb型Ⅲ式（M109∶3、M60∶5）　8. Bb型Ⅳ式（M515∶1）

Ⅴ式　10件。折沿，沿面向内，方唇，长束颈，溜肩，鼓腹下收，最大径在肩部，平底微凹。沿面饰两周凹弦纹，肩饰一周凹弦纹。标本M536∶3，泥质褐陶。口径14、腹径15、底径6.4、高22厘米（图四八四，3；图版一一八，6）。

以上五式的演变规律是：口沿由卷沿至仰折沿再至平折沿；颈由粗短渐至细长，由直颈渐内束；整器由矮胖渐细高。

Bb型　绳纹长颈罐。21件。分四式。

Ⅰ式　1件。M419∶1，泥质灰陶。侈口，折沿，方唇，束颈，溜肩，鼓腹，平底。颈、肩分界处饰一周凹弦纹，下腹饰绳纹。口径16.4、腹径16.6、底径9.5、高26.5厘米（图四八四，4；图版一一九，1）。

Ⅱ式　4件。标本M85∶4，泥质灰陶。平折沿，圆唇，束颈，圆鼓腹，凹圜底。颈、上腹部饰两周凹弦纹，下腹部及底饰斜绳纹。口径12.5、腹径15、底径5.5、高19.5厘米（图四八四，5；图版一一九，2）。

Ⅲ式　5件。平折沿，方唇，长束颈，鼓腹下收，最大腹径在中上部，凹圜底，颈、腹分界处折棱明显。颈饰绳纹被抹平，上腹饰竖绳纹，下腹及底饰交错绳纹。标本M60∶5，泥质灰陶。口径17.2、腹径20.4、底径10、高27.9厘米（图四八四，7；图版一一九，3）。标本M109∶3，泥质灰陶。口径14、腹径16.8、底径6.1、高24.1厘米（图四八四，6；图版一一九，4）。

Ⅳ式　11件。标本M515∶1，泥质褐陶。口径14.8、腹径15.6、底径7.2、高27.2厘米（图四八四，8；图版一一九，5）。

以上四式的演变规律是：口沿由卷沿至折沿；颈由粗短渐至细长，由直颈渐内束；底由平底至内凹。

C型　小口罐。21件。根据器表纹饰的不同，分二亚型。

Ca型　弦纹小口罐。16件。器表多饰弦纹，少量素面。分五式。

Ⅰ式　5件。标本M362∶2，泥质灰陶。直口，方唇，扁鼓腹，最大腹径在中部，凹圜底。素面。口径13.2、腹径21.6、底径10.9、高12.9厘米（图四八五，1；图版一二〇，1）。标本M518∶3，泥质褐陶。口径11.7、腹径18.2、底径8.8、高10.8厘米（图四八五，2；图版一二〇，2）。

Ⅱ式　7件。标本M325∶1，泥质灰陶。敛口，方唇，溜肩，鼓腹下收，最大腹径在中上部，凹圜底。素面。口径8.9、腹径15.2、底径16.3、高10.8厘米（图四八五，3；图版一二〇，3）。标本M568∶2，泥质灰陶。口径10.8、腹径14.8、底径5.4、高10.8厘米（图四八五，4；图版一二〇，4）。

Ⅲ式　1件。M452∶2，泥质褐陶。敛口，方唇，广肩，鼓腹下收，最大腹径在上部，凹圜底。上腹部饰两周凹弦纹。口径8.8、腹径14.4、底径3.9、高11.4厘米（图四八五，5；图版一二〇，5）。

Ⅳ式　2件。标本M486∶1，泥质灰陶。口径10.8、腹径17.2、底径7.6、高11.6厘米（图四八五，6；图版一二一，1）。

Ⅴ式　1件。M786∶2，泥质褐陶。口径12.8、腹径16.8、底径8.4、高10.6厘米（图四八五，7；图版一二一，2）。

以上五式的演变规律是：腹由鼓腹较甚渐变为略鼓腹，底由凹圜底渐变为圜底略内凹再至近平底。

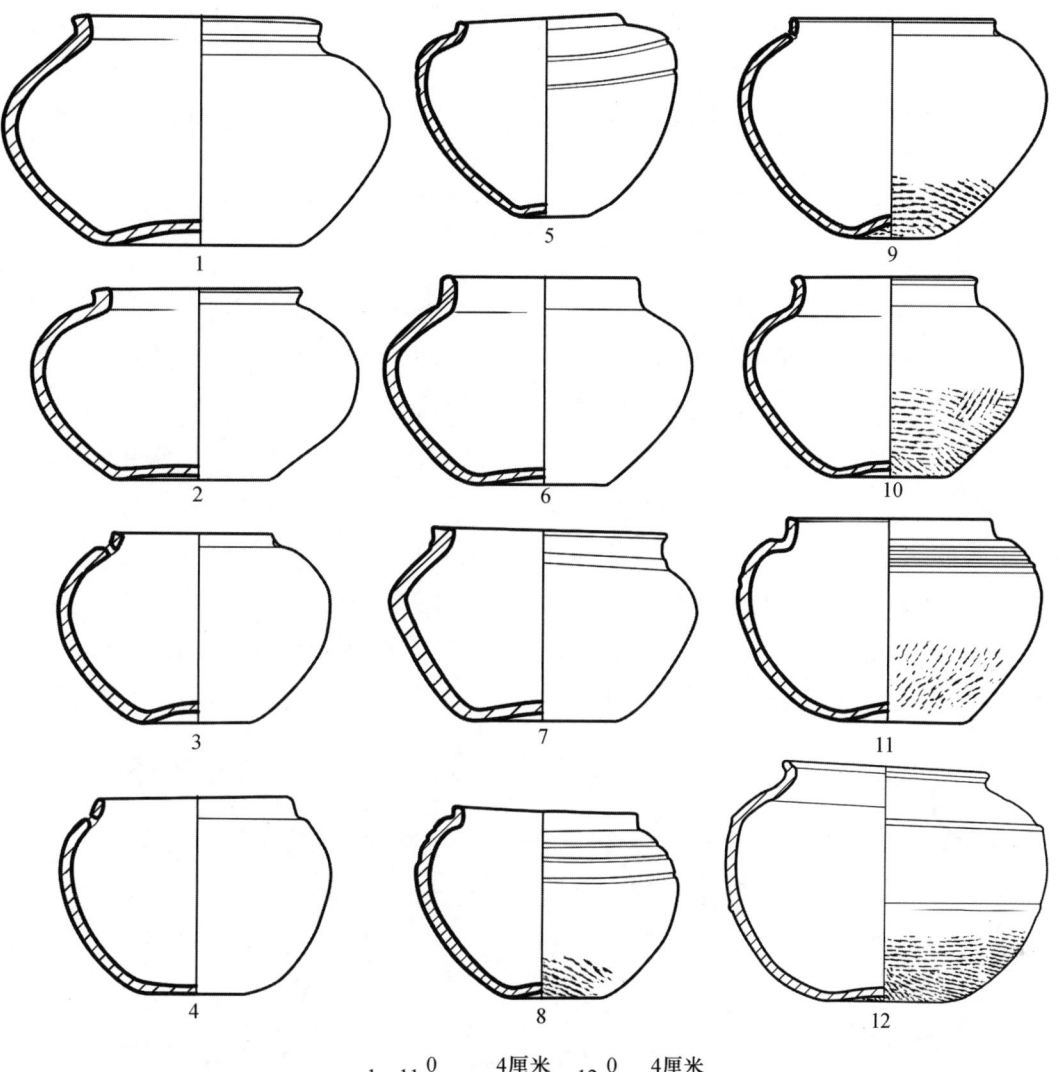

图四八五 Ca、Cb型陶罐

1、2. Ca 型Ⅰ式（M362∶2、M518∶3） 3、4. Ca 型Ⅱ式（M325∶1、M568∶2） 5. Ca 型Ⅲ式（M452∶2）
6. Ca 型Ⅳ式（M486∶1） 7. Ca 型Ⅴ式（M786∶2） 8、9. Cb 型Ⅰ式（M106∶4、M429∶7）
10、11. Cb 型Ⅱ式（M626∶7、M794∶1） 12. Cb 型Ⅲ式（M836∶1）

Cb型 绳纹小口罐。5件。凹圜底。底部饰绳纹。分三式。

Ⅰ式 2件。标本M106∶4，泥质灰陶。直口，方唇，溜肩，圆鼓腹下收，最大腹径在上部，凹圜底。肩饰三周凹弦纹，近底部饰绳纹。口径10.4、腹径14.7、底径5.2、高10.8厘米（图四八五，8；图版一二一，3）。标本M429∶7，泥质灰陶。直口，圆唇，圆溜肩，鼓腹下收，最大腹径在上部，凹圜底。下腹部饰绳纹。口径11.6、腹径17.5、底径4.9、高12.5厘米（图四八五，9；图版一二一，4）。

Ⅱ式 2件。标本M626∶7，泥质褐陶。口径10.4、腹径15.8、底径6.8、高11.4厘米（图四八五，10；图版一二一，5）。标本M794∶1，泥质灰陶。口径11、腹径16.8、底径7.2、高11.2厘米（图四八五，11；图版一二一，6）。

Ⅲ式　1件。M836：1，泥质灰陶。口径21.6、腹径27.4、底径10.6、高20.6厘米（图四八五，12）。

以上三式的演变规律是：腹由鼓腹较甚渐变为略鼓腹，底由内凹底渐变为近平底。

D型　双耳罐。肩部饰对称耳。器表饰弦纹或素面。3件。分三式。

Ⅰ式　1件。M691：1，泥质灰陶。口径9.9、腹径18.1、底径8、高15.5厘米（图四八六，1；图版一二二，1）。

Ⅱ式　1件。M136：3，泥质黑衣褐陶。直口，方唇，溜肩，长鼓腹，凹圜底，肩部有对称鼻耳。素面。口径9.8、腹径16.4、底径7.2、高16.8厘米（图四八六，2；图版一二二，2）。

Ⅲ式　1件。M118：5，泥质灰陶。侈口，方唇，束颈，溜肩，扁鼓腹，凹圜底，肩置对称鼻形耳。素面。口径13.5、腹径20.3、底径10.8、高16.9厘米（图四八六，3；图版一二二，3）。

以上三式的演变规律是：口由直口变为侈口，上鼓腹渐变为垂鼓腹，底由内凹至渐平。

E型　异形罐。3件。平折沿，平底。颈、肩部饰弦纹。根据颈部、腹部的变化，分三式。

Ⅰ式　1件。M621：2，泥质灰陶。平折沿，圆唇，直颈，溜肩，折腹，平底。肩部饰三周凹弦纹。口径16.8、腹径24、底径9、高23.5厘米（图四八六，4；图版一二二，4）。

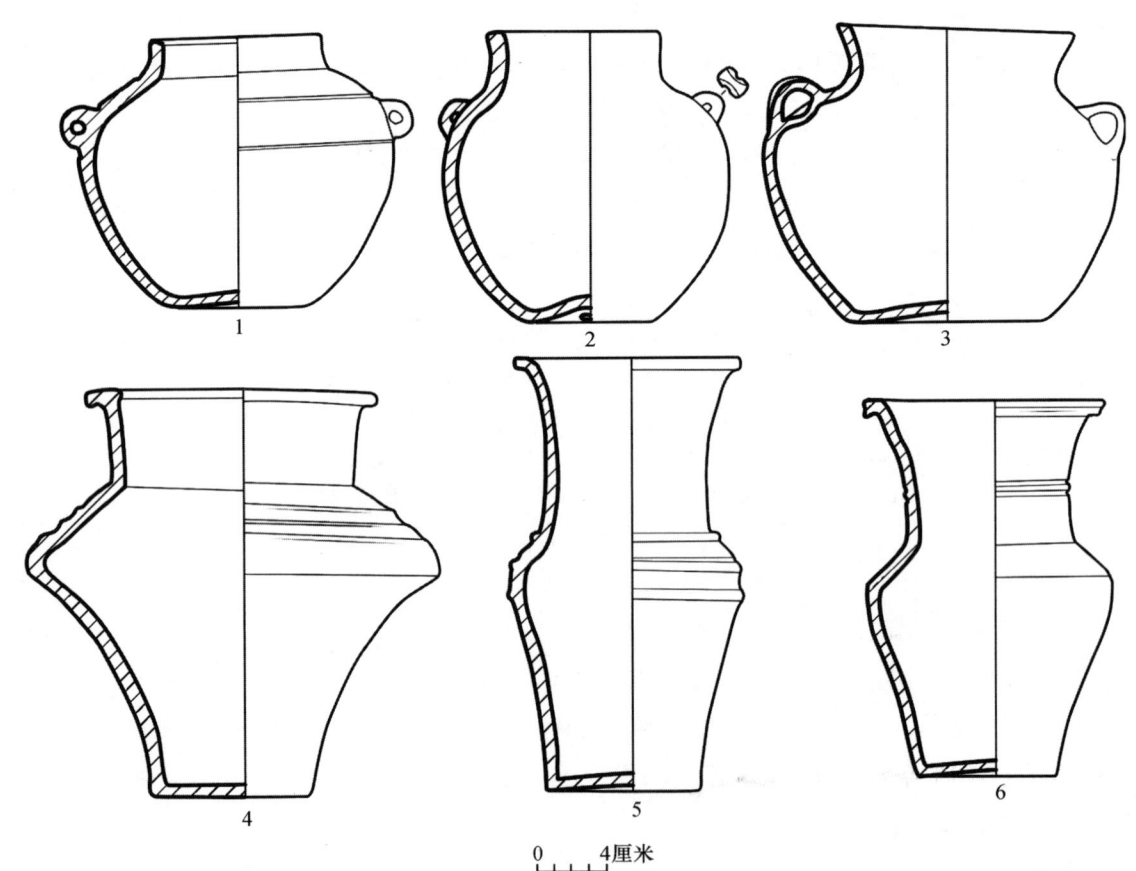

图四八六　D、E型陶罐

1.D型Ⅰ式（M691：1）　2.D型Ⅱ式（M136：3）　3.D型Ⅲ式（M118：5）　4.E型Ⅰ式（M621：2）
5.E型Ⅱ式（M104：2）　6.E型Ⅲ式（M121：2）

Ⅱ式　1件。M104:2，泥质灰陶。平折沿，圆唇，口外侈，束颈，鼓腹下收，最大腹径在上部，平底略内凹。上腹部饰三周凸弦纹。口径13、腹径13.2、底径8.8、高25.2厘米（图四八六，5；图版一二二，5）。

Ⅲ式　1件。M121:2，泥质褐陶。平折沿，方唇，唇面内凹，束颈，溜肩，腹壁斜弧下收，肩、腹分界处有一道折棱，平底略内凹。颈中部饰两周凹弦纹。口径13.6、腹径14、底径8、高21.8厘米（图四八六，6；图版一二二，6）。

以上三式的演变规律是：颈部由短粗变为细长，由直颈至束颈；腹由折腹至斜弧腹；底由平底渐变为略内凹。

盆　可以辨明型式的计10件。根据腹部及器底的变化，分五式。

Ⅰ式　1件。M40:4，泥质灰陶。平折沿，圆唇，束颈，斜弧腹，圜底。上腹部饰竖绳纹且有两周抹痕，下腹至底饰交错绳纹。口径35.8、高20.5厘米（图四八七，1；图版一二三，1）。

Ⅱ式　2件。标本M125:2，夹砂灰陶。平折沿，圆唇，束颈，弧腹下收，圜底。器表饰绳纹，沿面、上腹部各饰三周凹弦纹。口径33.6、腹径24.4、高19.2厘米（图四八七，2；图版一二三，2）。标本M595:2，泥质褐陶。口径36、腹径35.6、高18.8厘米（图四八七，3；图版一二三，3）。

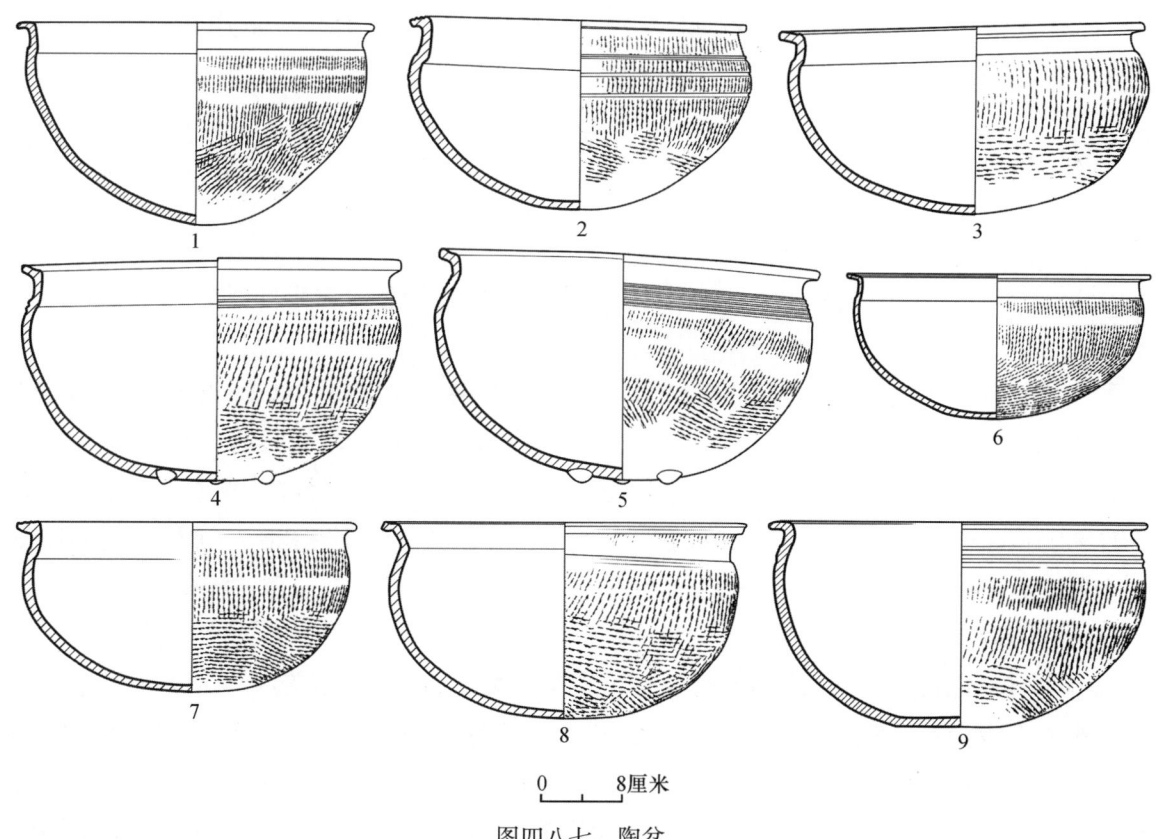

图四八七　陶盆
1. Ⅰ式（M40:4）　2、3. Ⅱ式（M125:2、M595:2）　4、5. Ⅲ式（M371:1、M467:2）　6~8. Ⅳ式（M296:1、M304:3、M570:2）　9. Ⅴ式（M23:1）

Ⅲ式　3件。仰折沿，沿面向内且凹弧，圆唇，束颈，弧腹下收，圜底，底置三个乳丁足。腹上部饰数周凹弦纹，上腹饰斜绳纹，中部有抹痕，下腹部饰横向绳纹。标本M371∶1，泥质褐陶。口径38、腹径38、高23厘米（图四八七，4；图版一二三，4）。标本M467∶2，泥质灰陶。口径38.4、腹径38、高23.2厘米（图四八七，5；图版一二四，1）。

Ⅳ式　3件。折沿，圆唇，束颈，弧腹，圜底。上腹饰竖向绳纹，下腹及底饰斜绳纹或横向绳纹。标本M296∶1，泥质灰陶。口径30.4、腹径29.2、高14.6厘米（图四八七，6；图版一二四，2）。标本M304∶3，夹砂灰陶。平折沿。沿面饰两周凹弦纹。口径34、腹径32.8、高17.1厘米（图四八七，7；图版一二四，3）。标本M570∶2，泥质褐陶。口径35.6、腹径34、高19.2厘米（图四八七，8）。

Ⅴ式　1件。M23∶1，泥质灰陶。平折沿，圆唇，短束颈，斜弧腹下收，最大腹径在上部，小平底。颈下饰三周凹弦纹，腹饰绳纹。口径38.1、腹径38、底径10.7、高20.9厘米（图四八七，9；图版一二四，4）。

以上五式的演变规律是：腹由深至浅，器底由尖底至圜底后为近平底。

二、铜　　器

沈岗楚墓中随葬铜器的墓葬有66座，共出土铜器217件。按用途，分为礼器、兵器、车马器、服饰器、工具、杂器六类。

（一）礼器

19件。分别出土于5座墓中，大多保存较好，器形主要有鼎、簠、盏、盆、浴缶、斗、勺等。

鼎　7件。分别出土于M4、M65、M70、M76、M308，除M76、M308出土2件鼎外，余均只出土1件鼎。鼎底均有烟炱痕，个别鼎内发现鸡骨等。根据耳和足的区别，分二型。

A型　立耳鼎。1件。M65∶5，无盖。敛口，立耳近方形、略外撇，深腹，矮蹄足内聚。腹部饰三周凸弦纹，间蟠螭纹、三角兽面纹各一周。口径25.4、腹径26.7、腹深16、通高30.6厘米（图四八八；彩版五五）。

B型　附耳鼎。6件。分三亚型。

Ba型　1件。M4∶4，带盖，覆碗形盖，上置三绹索状环耳，顶部有喇叭形捉手，其下有方形镂孔四个。敛口，长方附耳，深圆腹，圜底，下承三兽面蹄形足，腹部置三个绹索状环纽。盖饰三周绹索纹，间两组蟠螭纹，近口沿处饰一周三角形蝉纹，器身颈以下至腹部饰一周绹索纹和两组蟠螭纹，耳外侧饰蟠螭纹。口径25、腹径28.1、腹深17.7、通高30.3厘米（图四八九；彩版五六，1~4）。

Bb型　1件。M70∶1，覆碗形盖，盖面圆拱，顶部有六柱喇叭形捉手，捉手顶部饰一周蟠

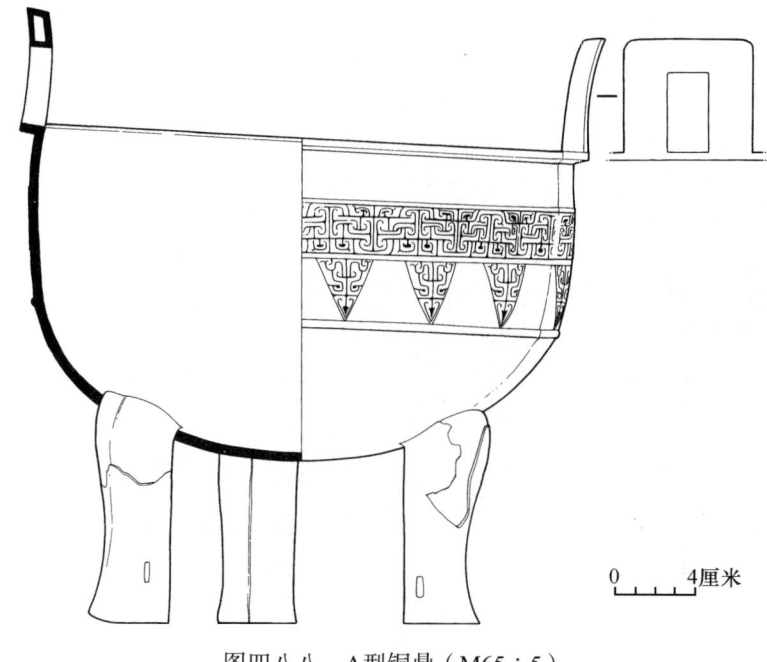

图四八八　A型铜鼎（M65∶5）

虺纹，最内及最外圈各饰一周三角形云纹，内外两周三角形云纹之间饰三周绚索纹，三周绚索纹之间饰两周蟠虺纹。敞口，附耳，深圆腹斜收，平底，下承三兽面蹄形足。口径29.8、腹径28.8、腹深15.2、通高28.8厘米（图四九〇；彩版五七，1~3）。

Bc型　分二式。4件。

Ⅰ式　2件。盖面隆拱，盖顶置一圆环桥纽。口内敛，子母口承盖，平底，蹄形足残。盖面饰两周凸弦纹，外侧凸弦纹上等距饰三个卧兽纽；腹部饰一周凸弦纹。标本M308∶1，口径22.8、腹径24.5、腹深12.5、通高29.2厘米（图四九一，1；彩版五八，1）。标本M308∶2，器体略大。口径24.8、腹径29.2、腹深16.5、通高33.5厘米（图四九一，2）。

Ⅱ式　2件。盖圆拱，盖顶一桥形套环提纽，缘立三环纽。敛口，短方耳略外撇，腹较浅，平底，三蹄足较细。足膝部饰兽面纹。M76出土2件铜鼎，尺寸相同（彩版五八，2、3）。标本M76∶8，口径16.8、腹径20.7、腹深11.6、通高23.6厘米（图四九一，3）。

簠　1件。M70∶3，盖与器身形制、纹饰相同。盖口四边有六个长方形边卡，盖两端各有一个长柱形兽首耳，器身耳残。长方口，直沿，斜腹，平底，四个矩尺形足外侈，足间有扁桃形缺口。边卡上饰兽面纹，盖顶、腹壁及圈足饰蟠虺纹、重环纹。口长29.2、口宽21.7、通高18.9厘米（图四九二；彩版五九，1）。

盏　1件。M4∶5，盖面隆起，盖顶置喇叭形捉手，盖沿置三个卡扣。侈口，折肩，束颈，弧腹斜收，圜底，下承三兽面矮足。盖面饰三周绚索纹，间蟠虺纹，第二周至第三周绚索纹之间饰四个两两对应的环状耳，耳饰羊角纹；器身饰绚索纹两周，间蟠虺纹、三角形兽面纹，肩、腹部置两两对称的兽首耳、环耳，环耳上亦饰羊角纹。口径21、腹径21.7、腹深10.4、通高18.6厘米（图四九三；彩版五九，2）。

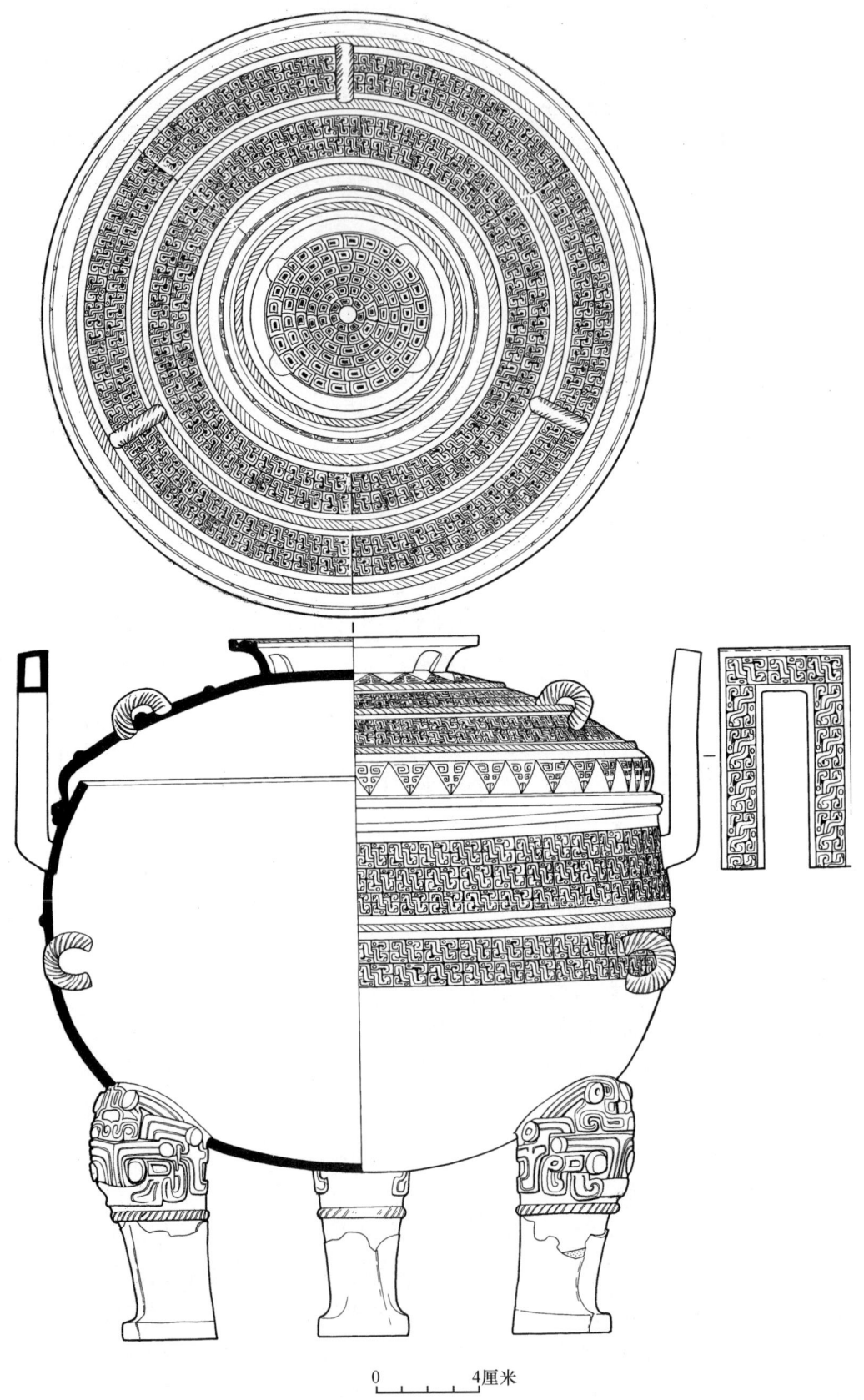

图四八九　Ba型铜鼎（M4∶4）

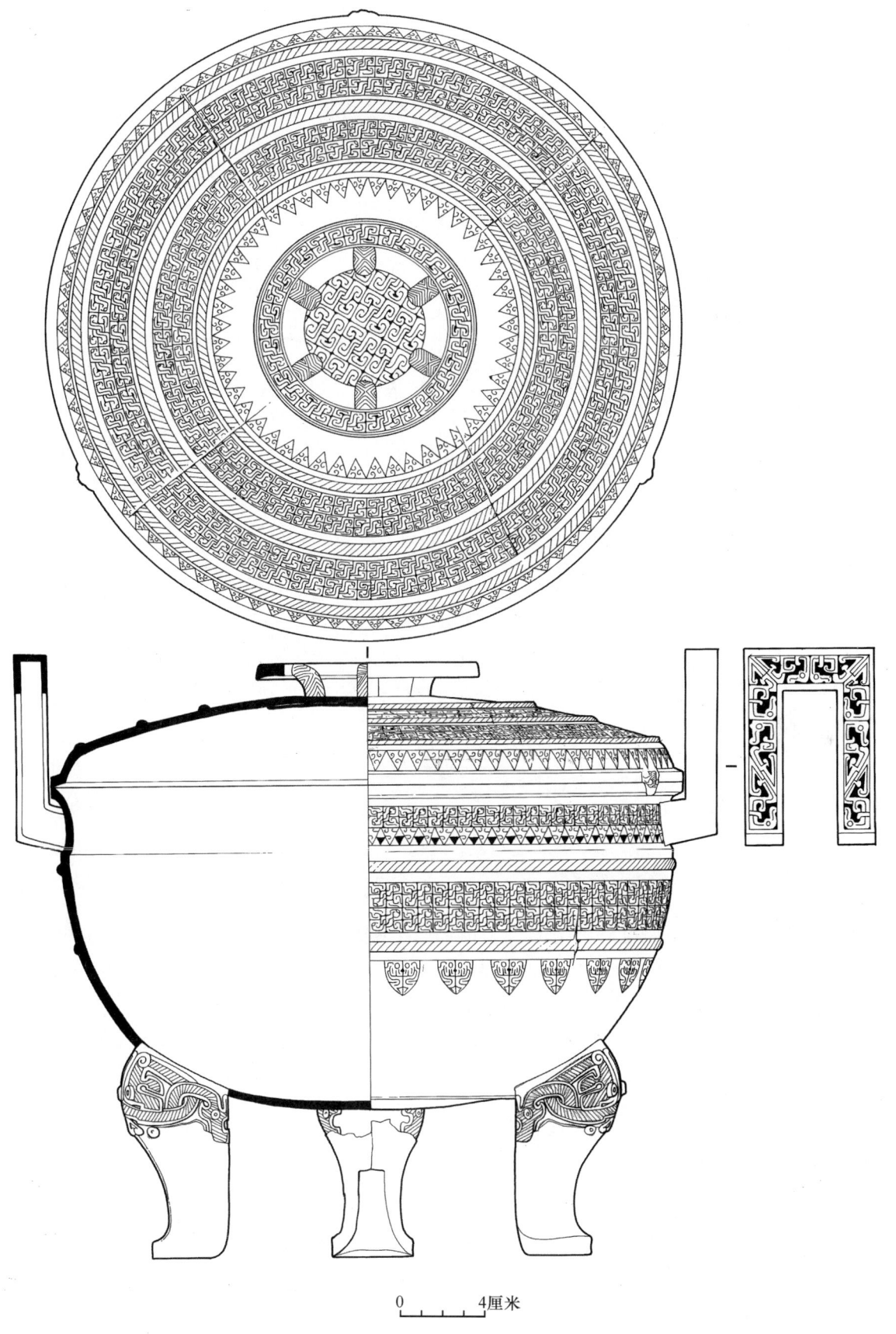

图四九〇 Bb型铜鼎（M70∶1）

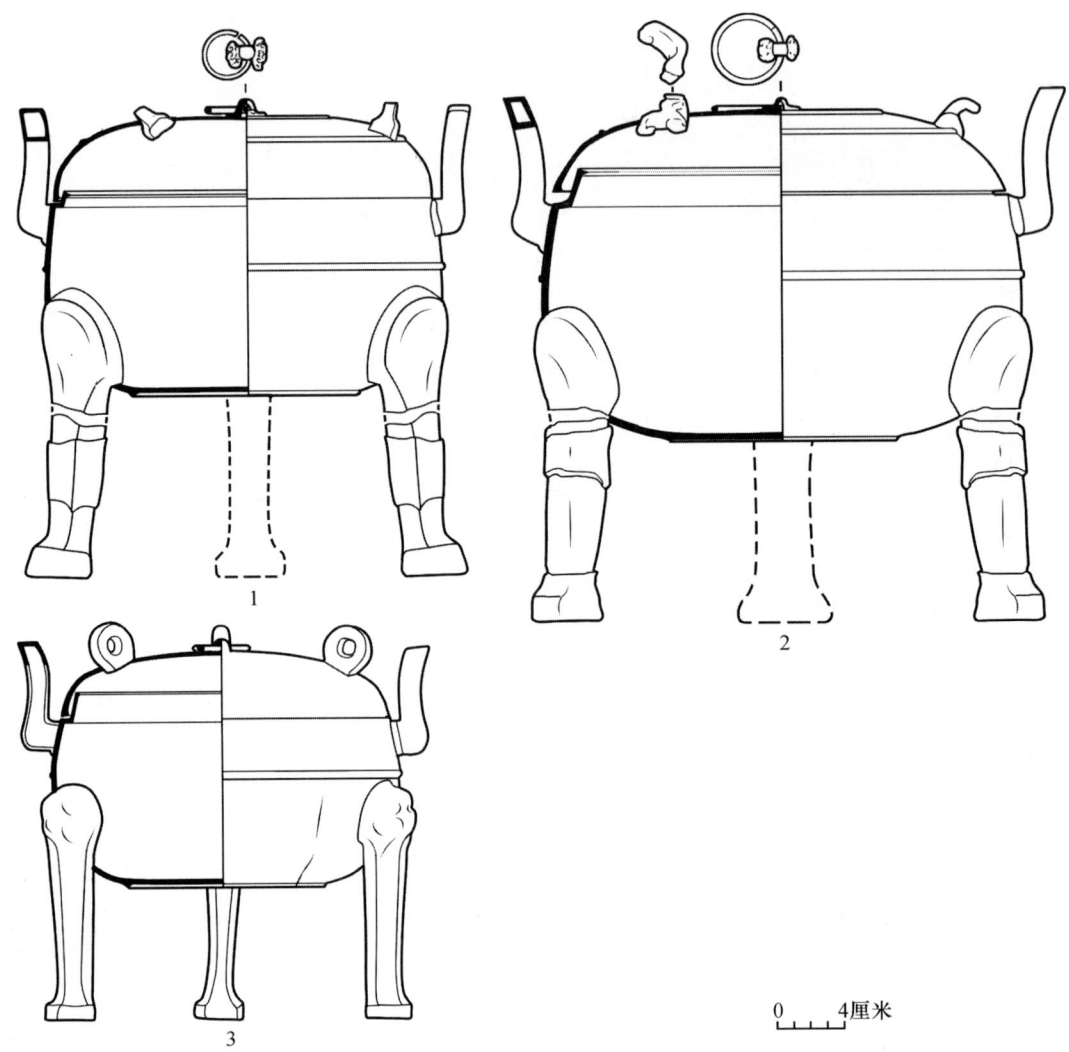

图四九一　Bc型铜鼎
1、2. Ⅰ式（M308∶1、M308∶2）　3. Ⅱ式（M76∶8）

盆　1件。M65∶4，带盖，覆碗形盖，顶部有喇叭形捉手，盖沿置两两相对的四个卡扣。侈口，折肩，弧腹斜收，底略内凹，肩部置两绚索状环耳。盖顶正中饰重环纹，肩部饰凸弦纹一周，盖及器身饰卷曲纹。口径23.9、底径14.6、通高20厘米（图四九四；彩版六〇，1）。

浴缶　1件。M70∶2，直口，沿面略内倾，方唇，短颈，丰肩，肩、腹部饰对称两耳，斜弧腹内收至器底，底略内凹。肩、腹部饰三周绚索纹，其间饰蟠螭纹、三角形兽面纹及等距的凸起的圆饼饰四个，圆饼饰上饰浮雕兽面纹，环耳上部铸作兽形。口径19.5、腹径34.4、底径19.4、高26.8厘米（图四九五；彩版六〇，2）。

斗　1件。M70∶4，直口，窄沿，束颈，微鼓腹，圜底，一侧置弯曲略上翘的圆筒形柄，柄銎口一端置圆形穿孔。勺身素面，柄外端饰绚索纹、蟠螭纹各一周。勺身高8.5、口径12.6、柄长11.3、径3厘米（图四九六，1；彩版六一，1、2）。

第三章 楚　墓

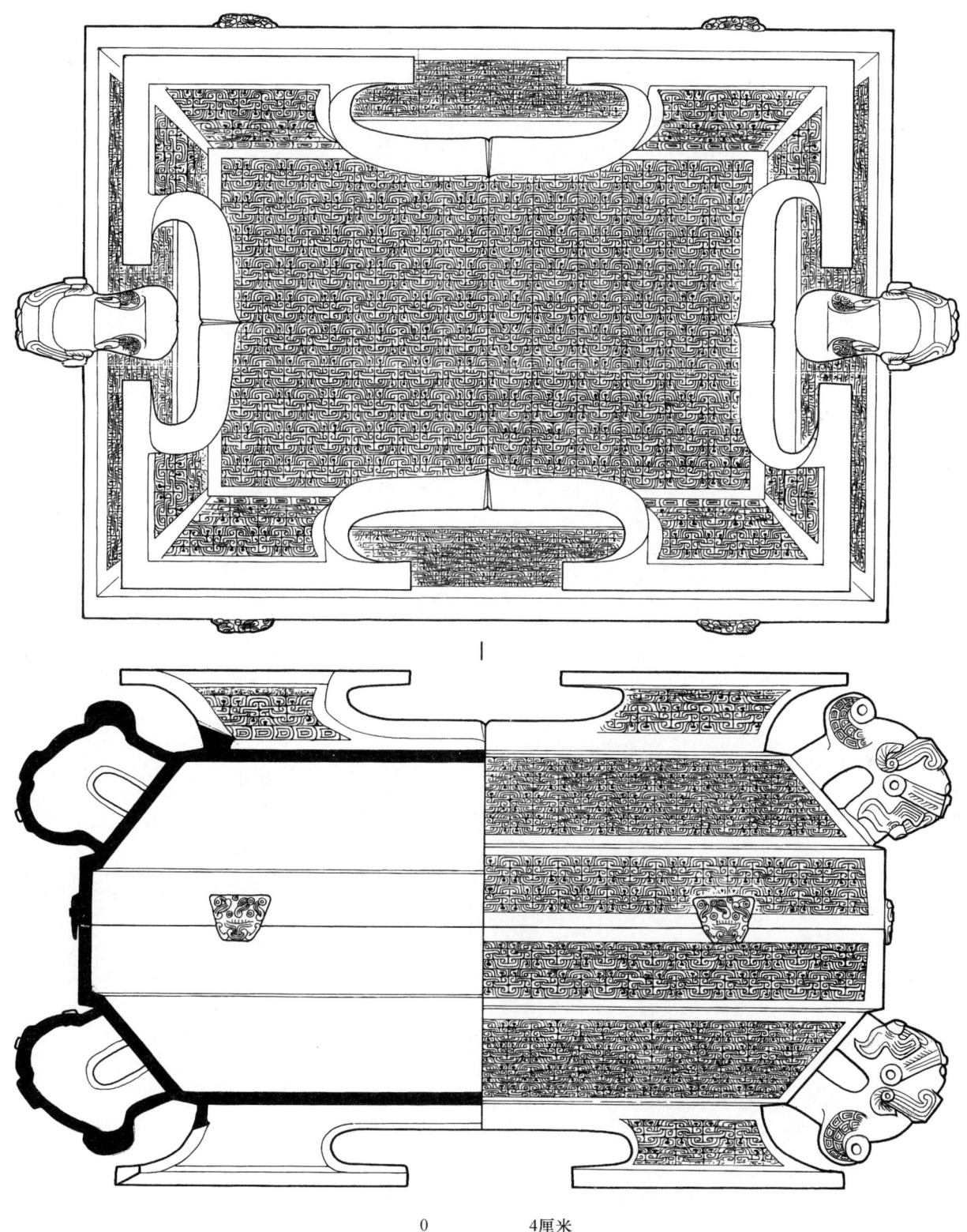

图四九二　铜簠（M70∶3）

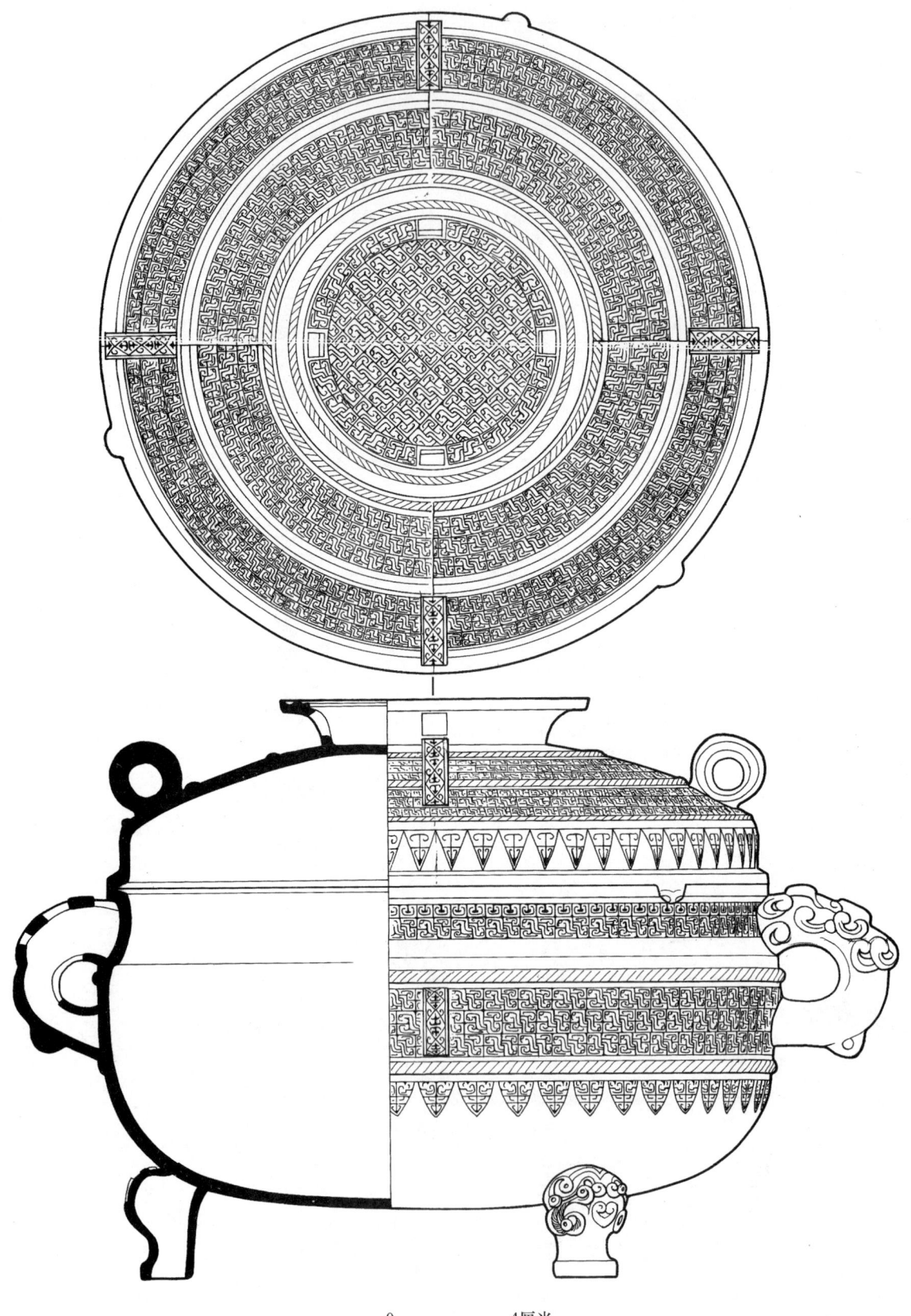

图四九三 铜盏（M4∶5）

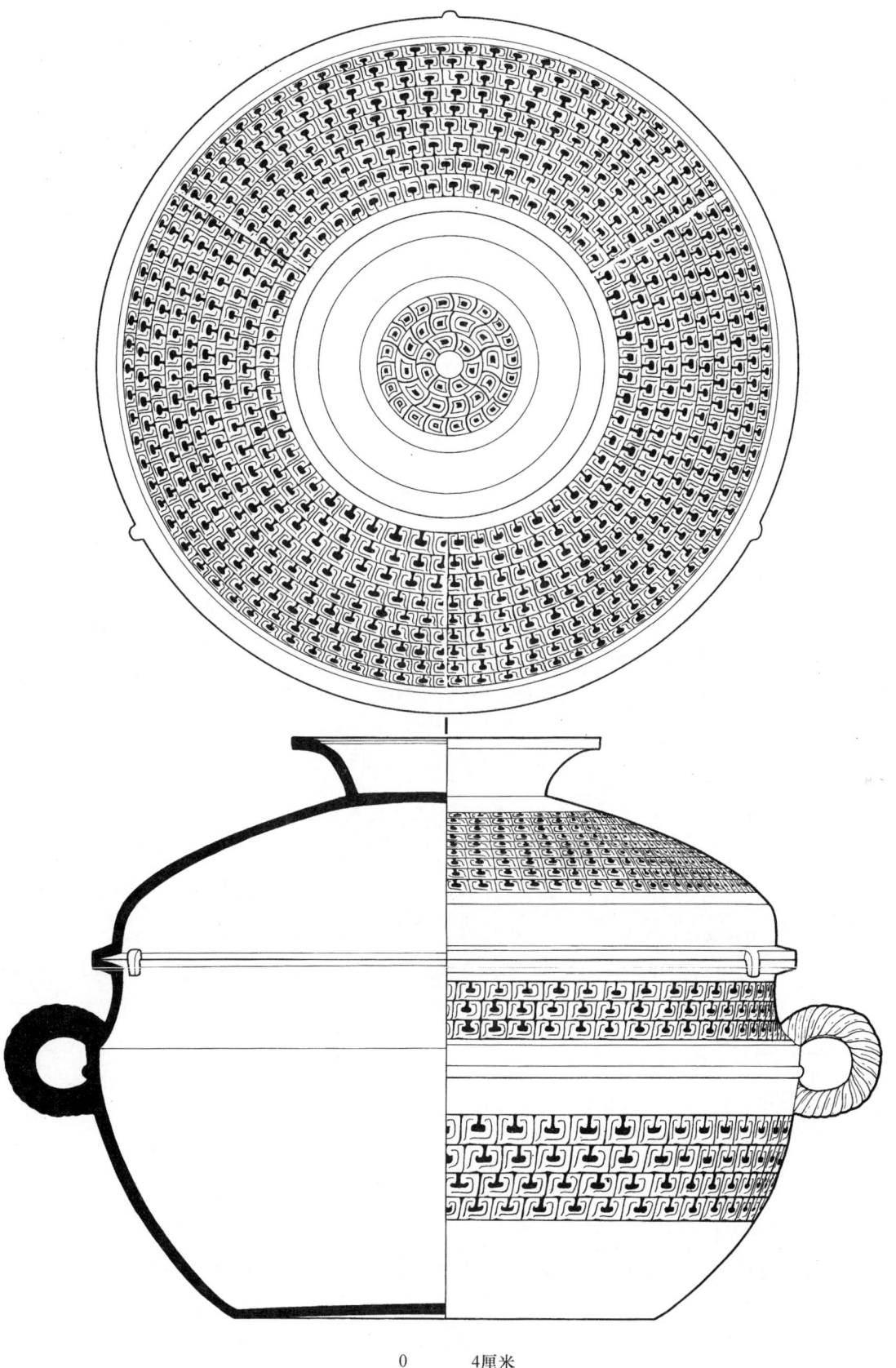

图四九四　铜盆（M65∶4）

勺　7件。标本M308：21，弧刃，两侧外侈，短柄中空。身长7、宽9.6、柄长7厘米（图四九六，2）。标本M76：12，六棱形柄。身长7.5、宽9.1、柄长5.8厘米（图四九六，3）。

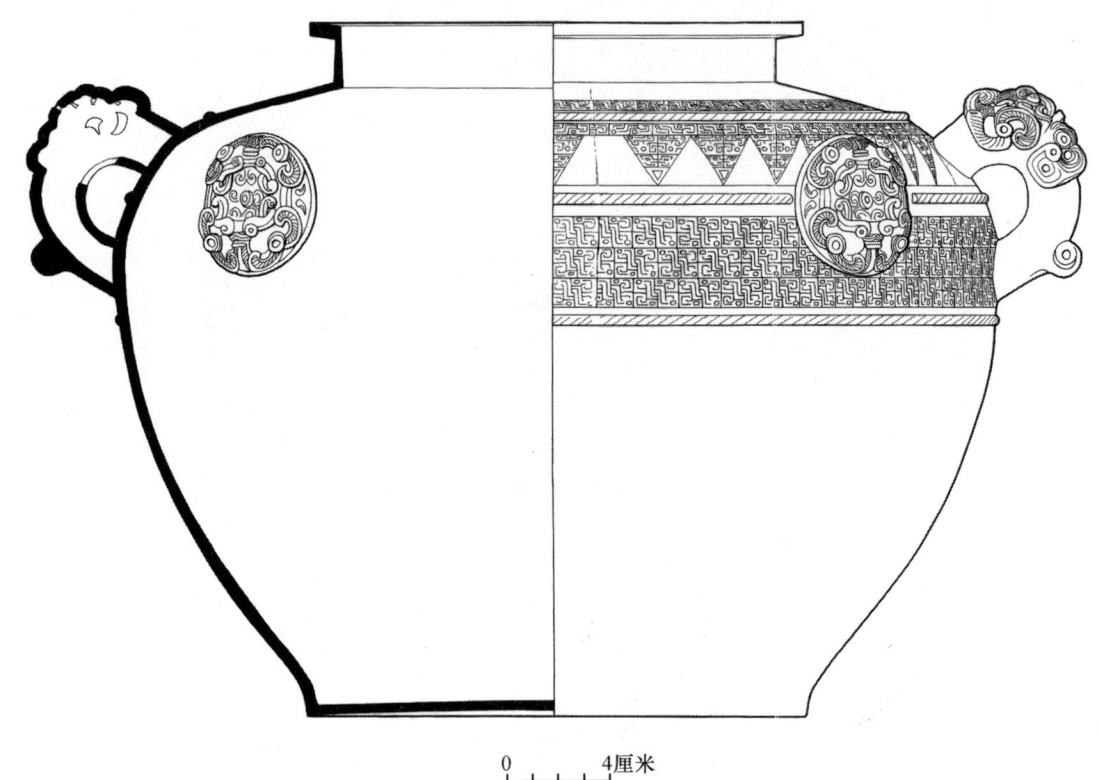

图四九五　铜浴缶（M70：2）

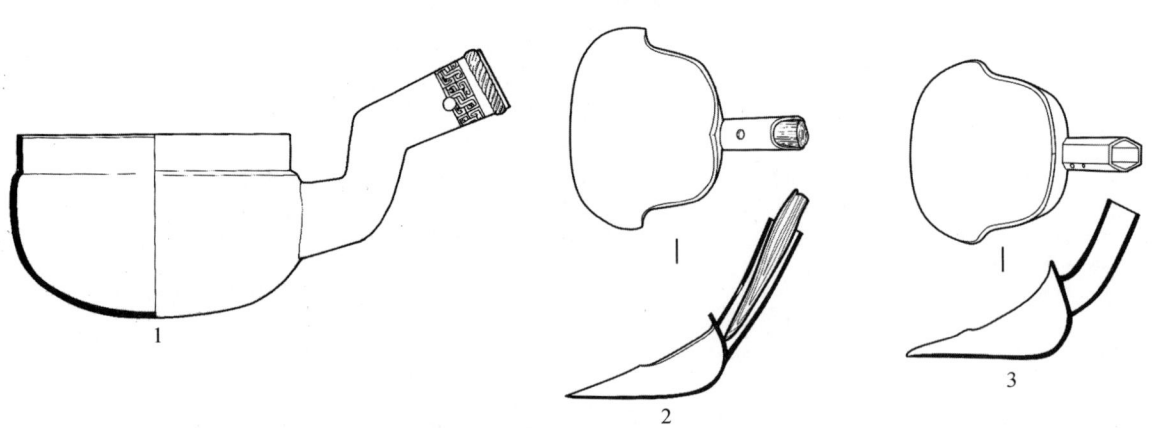

图四九六　铜斗、勺
1. 斗（M70：4）　2、3. 勺（M308：21、M76：12）

（二）兵器

出土兵器的墓有42座，共计72件兵器，主要有剑、匕首、矛、戈、戟、箭镞等。

剑　32件。分别出土于31座墓中，除1座墓出土2件外，其余每墓出土1件。型式清楚者28件。根据剑格、剑茎和剑首的差异，分三型。

A型　14件。剑身均为前窄后宽，锋后多束腰，圆形空茎或半空茎，窄格，无箍，部分茎上有缑痕，靠首端茎内嵌有陶塞或绿松石。根据器体大小和剑身长宽变化，分三式。

Ⅰ式　2件。器体短小，较轻薄，通长30.4~32厘米。标本M68:5，残长32、身宽4厘米（图四九七，1）。

Ⅱ式　5件。器体较Ⅰ式略长大，通长41.1~44.8厘米。标本M396:9，通长42.8、身宽4厘米（图四九七，2；彩版六二，1）。标本M23:3，残长43.6、身宽4.6厘米（图四九七，3；彩版六二，2）。标本M538:7，通长44.6、身宽4厘米（图四九七，4；彩版六二，3）。标本M308:5-2，通长44.8、身宽4.7厘米（图四九七，5；彩版六二，4）。标本M40:3，残长41.1、身宽4.4厘米（图四九七，6）。

Ⅲ式　7件。形制多与Ⅱ式相同，但器体较Ⅱ式更显长大厚重，通长45.2~50.2厘米。标本M62:1，通长45.2、身宽4.2厘米（图四九七，7）。标本M607:7，通长45.5、身宽4.1厘米（图四九七，8）。标本M369:7，通长46、身宽4.2厘米（图四九七，9）。标本M402:10，通长47.2、身宽4.4厘米（图四九七，10；彩版六三，1）。标本M682:4，通长47.6、身宽4.8厘米（图四九七，11）。标本M380:1-1，带有剑鞘，剑首内镶有绿松石。通长50.2、身宽5.2厘米（图四九七，12；彩版六三，2~4）。标本M406:2，残长36.2、身宽4.6厘米（图四九八，1）。

B型　8件。剑身与A型同，唯茎为圆形或扁圆形实茎，双箍，宽格，喇叭形首。剑身素面。根据剑身的长短变化，可分三式。

Ⅰ式　1件。M357:7，双箍不明显，隆脊有从，空茎。通长44、身宽3.7厘米（图四九八，2；彩版六四，1）。

Ⅱ式　6件。此式与前式相比，双箍凸出，剑体增大，隆脊有从或棱脊有从，格较宽，多为实茎。通长38~49.6厘米。标本M418:10，格上饰云纹、几何纹。通长38、身宽4.2厘米（图四九八，3；彩版六四，2~4）。标本M118:1，窄格，空茎。残长42.5、身宽5.2、首径3.8厘米（图四九八，4）。标本M608:10，通长43.8、身宽4.5厘米（图四九八，5；彩版六五，1）。标本M306:7，残长46.2、身宽4.4厘米（图四九八，6）。标本M408:5，通长48.6、身宽4.5厘米（图四九八，7；彩版六五，2）。标本M353:2，窄格。通长49.6、身宽3.7厘米（图四九八，8；彩版六五，3）。

Ⅲ式　1件。M119:1，剑体特别长而大，棱脊有从，窄格。通长69、身长57.8、身宽4.9、首径4.5厘米（图四九八，16；彩版六五，4）。

上述二型的演变规律是：剑体由短小变长大，由隆脊至棱脊，由无从到有从，由空茎到实

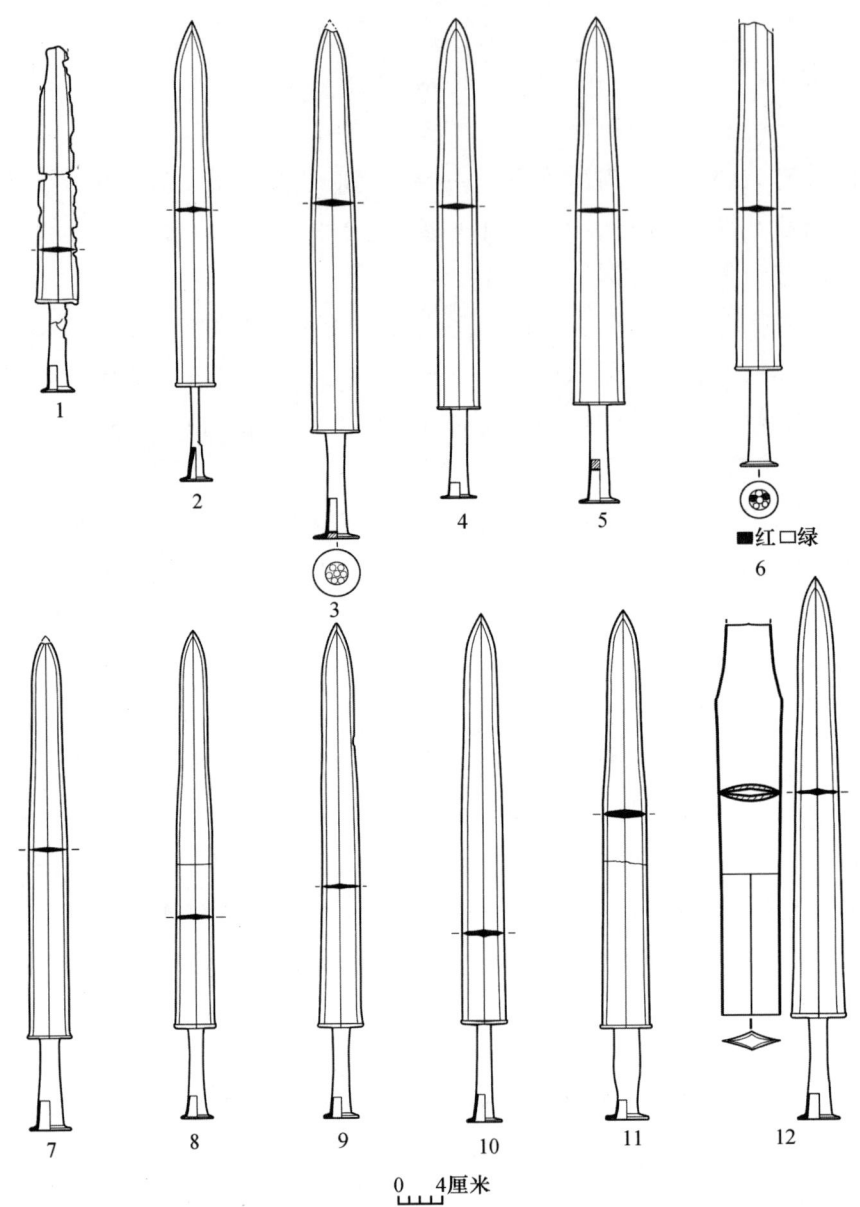

图四九七　A型铜剑
1. Ⅰ式（M68∶5）　2~6. Ⅱ式（M396∶9、M23∶3、M538∶7、M308∶5-2、M40∶3）
7~12. Ⅲ式（M62∶1、M607∶7、M369∶7、M402∶10、M682∶4、M380∶1-1）

茎，由无箍到有箍。

C型　6件。器体短小轻薄，制作粗糙，显然不能作为实用器使用，为随葬所制，当为明器。标本M676∶4，残长12.8、身宽4、首径3.4厘米（图四九八，9）。标本M698∶8，棱脊，窄格，柄与剑身长度相同。通长16、身长7.4、身宽4.4、首径3.8厘米（图四九八，10；彩版六六，1）。标本M99∶1，近平脊。通长16、身长8.4、身宽4、首径3.7厘米（图四九八，11；彩版六六，2）。标本M535∶10，棱脊。残长16.2、身宽4、首径3.3厘米（图四九八，12）。标本M52∶4，棱脊。通长17.2、身长8.8、身宽4.5、首径3.6厘米（图四九八，13；彩版六六，

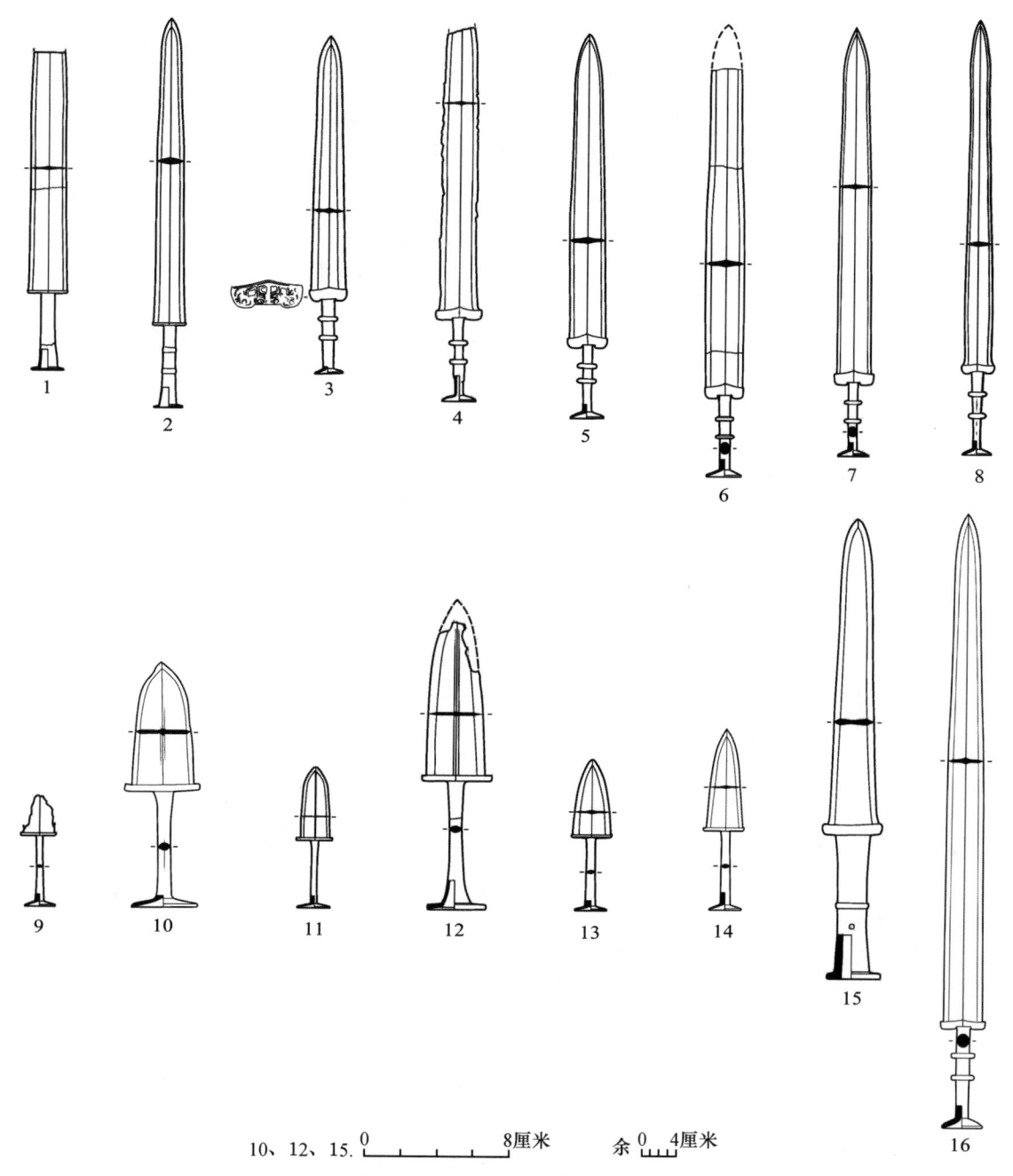

图四九八 A、B、C型铜剑、匕首

1. A型Ⅲ式剑（M406∶2） 2. B型Ⅰ式剑（M357∶7） 3~8. B型Ⅱ式剑（M418∶10、M118∶1、M608∶10、M306∶7、M408∶5、M353∶2） 9~14. C型剑（M676∶4、M698∶8、M99∶1、M535∶10、M52∶4、M85∶7） 15. 匕首（M449∶7） 16. B型Ⅲ式剑（M119∶1）

3）。标本M85∶7，棱脊。通长20.6、身长11.6、身宽4.7、首径3.8厘米（图四九八，14）。

匕首 1件。M449∶7，整器较厚，无脊有从，空茎有箍，剑茎近鋆口处有一圆形小穿。通长26.1、身宽3.5厘米（图四九八，15；彩版六六，4）。

戈 13件，器形可辨的有10件。根据戈援、胡、内的变化，分三式。

Ⅰ式　3件。援、内较厚实，援隆脊，棱线不明显，阑侧三穿，内上一穿。标本M608：7，通长20.2、援长12.2、胡长8.8厘米（图四九九，1；彩版六七，1）。标本M353：1，通长21.2、援长12.7、胡长10.1厘米（图四九九，2；彩版六七，2）。标本M698：9，残长23.6、援残长13.4、胡长11.4厘米（图四九九，3）。

Ⅱ式　6件。较Ⅰ式薄瘦，援多棱脊，尖锋，胡下多为方角。个别器物内上绘有纹饰。

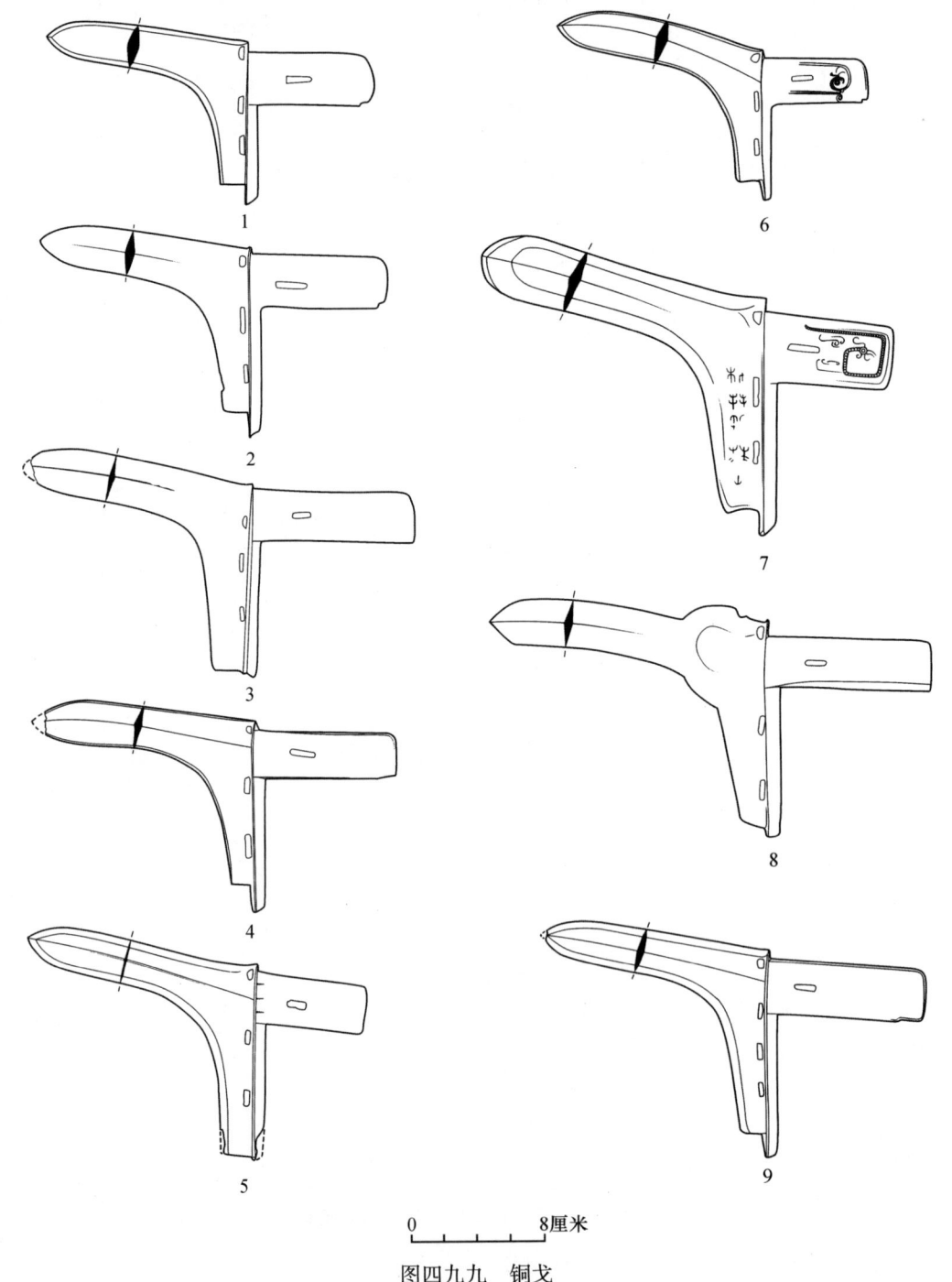

图四九九　铜戈
1～3.Ⅰ式（M608：7、M353：1、M698：9）　4～8.Ⅱ式（M402：14、M82：4、M308：3、M308：26、M308：27）
9.Ⅲ式（M538：8）

标本M402：14，残长21.2、援残长12.6、胡长9.8厘米（图四九九，4；彩版六七，4）。标本M82：4，通长26.5、援长17.3、胡长11.9厘米（图四九九，5；彩版六七，3）。标本M308：3，内上饰鸟首蛇身纹。通长19、援长12.5、胡长8厘米（图四九九，6）。标本M308：26，阑侧有铭，内上饰鸟首蛇身纹。通长25.4、援长17.4、胡长13.2厘米（图四九九，7；彩版六八，1~4）。标本M308：27，通长26.6、援长16.6、胡长13厘米（图四九九，8；彩版六九，1）。

Ⅲ式　1件。M538：8，阑侧四穿，内较长。残长23、援残长13、胡长11.4厘米（图四九九，9；彩版六九，2）。

以上三式的演变规律是：援、内皆由短宽变狭长，锋由圜钝到锐尖，脊由隆脊至棱脊，胡由短渐长。

戈鐏　6件。与戈同出，个别戈鐏出土时鐏内残存木柲。扁筒形，尾部细长，中上部有一圈圆形凸箍。根据鐏的形体变化，可分三式。

Ⅰ式　1件。M401：9，整器短小，圆筒形，鐏体上部有一圆穿。出土时有戈柲附于鐏内。长4.2、直径2厘米（图五〇〇，1；彩版七〇，1）。

Ⅱ式　4件。鐏体上部扁圆，尾部细长，上部有一圈圆形凸箍，个别鐏内出土时附有木

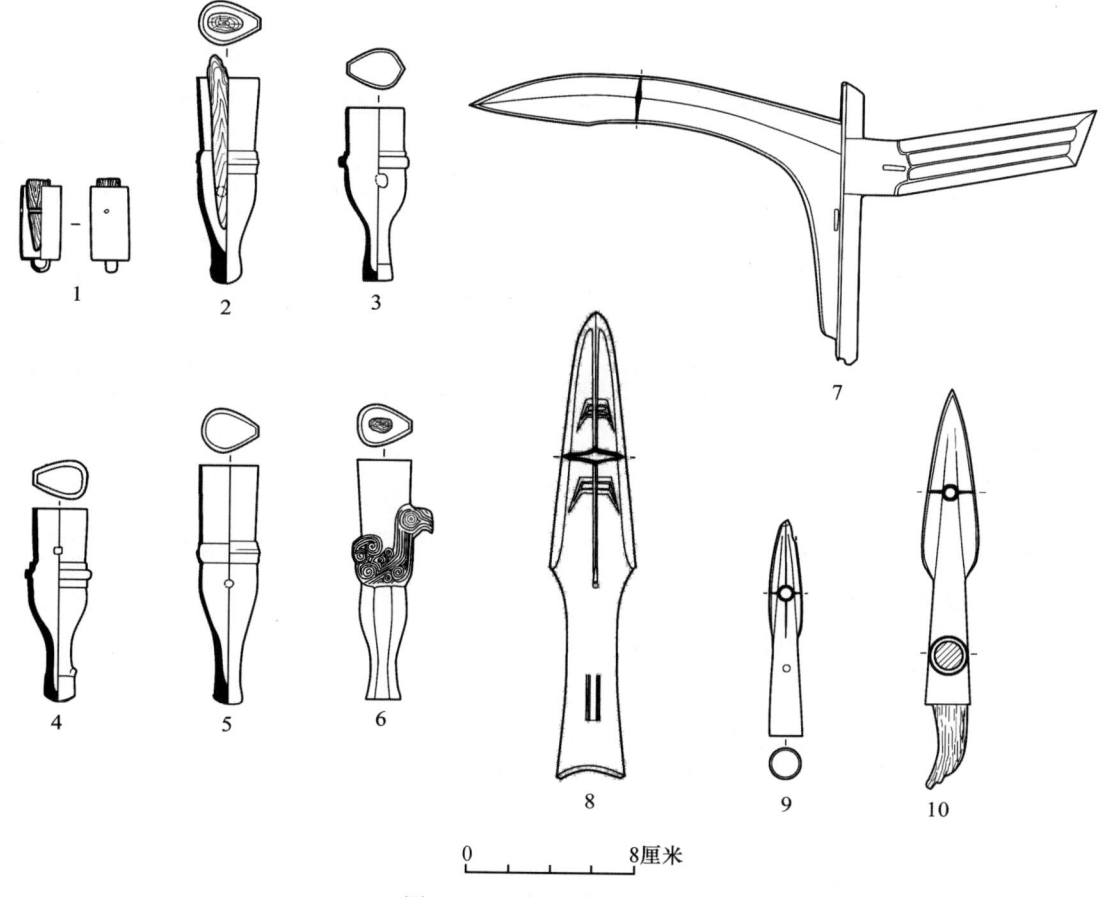

图五〇〇　铜戈鐏、戟、矛
1. Ⅰ式戈鐏（M401：9）　2~5. Ⅱ式戈鐏（M308：28、M82：12、M538：10、M308：30）　6. Ⅲ式戈鐏（M308：29）
7. 戟（M369：11）　8. Ⅰ式矛（M765：5）　9. Ⅱ式矛（M369：16）　10. Ⅲ式矛（M402：13）

柲。标本M308：28，口端较粗。长9.9、口径2.2～3厘米（图五〇〇，2）。标本M82：12，长8.4、口径2～2.8厘米（图五〇〇，3）。标本M538：10，长9.4、口径1.8～2.6厘米（图五〇〇，4；彩版七〇，2）。标本M308：30，长11.5、口径2.2～2.8厘米（图五〇〇，5；彩版七〇，3）。

Ⅲ式　1件。M308：29，鐏体细瘦，中间饰鸟形箍饰，鸟身饰羽毛纹。长11.5、口径2.1～2.6厘米（图五〇〇，6；彩版七〇，4）。

戟　1件。M369：11，矛刺较小，柳叶形；戈体细长，三角形刃，援棱脊，援侧一穿，内侧一穿，内末有刃。通长30.2、援长18、胡长10.6厘米（图五〇〇，7；彩版七一，1）。

矛　3件。根据叶、骹的变化，分三式。

Ⅰ式　1件。M765：5，器体较宽大、厚重，两刃前聚成圜锋，棱脊，有血槽。矛身饰两个蝉形纹。通长22.6、叶长11.4、身宽4.2、骹口径3.3厘米（图五〇〇，8；彩版七一，2）。

Ⅱ式　1件。M369：16，矛体较短小，柳叶形矛刺，叶末斜收，棱脊，圆骹中空，骹上有一圆形穿孔。通长10.5、叶长5.7、身宽1.6、骹口径1.6厘米（图五〇〇，9；彩版七一，3）。

Ⅲ式　1件。M402：13，矛体较Ⅱ式长大，尖锋，棱脊，两叶宽大，叶末圆弧内收，出土时骹内附有木杆。通长15.3、叶长9.2、身宽2.8、骹口径2.2厘米（图五〇〇，10；彩版七一，4）。

箭镞　16件，2件残，型式不明。个别箭镞出土时附有木质箭杆。分四型。

A型　葫芦形镞。1件。M65：2-5，镞头为尖圆锥状，镞体作前细后鼓的葫芦形。通长5.5、铤长2.2厘米（图五〇一，1；彩版七二，1）。

B型　圆柱形镞。2件。标本M65：2-4，镞身近圆柱形，前端略凸起。通长5.5、铤长2.7厘米（图五〇一，2；彩版七二，2）。

C型　双翼形镞。3件。镞身较扁平，棱脊，均出土于一座墓中（彩版七二，3）。标本M65：2-1，残长6.3、铤长2.7厘米（图五〇一，3）。

D型　三棱形镞。8件。中脊上凸起的三棱作刃，镞体中空，锋为较圆的尖锥状。根据镞身和铤的变化，分二式。

Ⅰ式　4件。标本M40：2，镞体较长。通长4.5、刃长1.7、銎径0.4厘米（图五〇一，4）。标本M40：1，镞体较短。残长2.7、刃残长1.8、銎径0.4厘米（图五〇一，5）。标本M402：11-1，通长4.7、叶长2.8、身宽1.2、骹口径0.9厘米（图五〇一，6）。标本M402：11-2，通长22.4、叶长3.1、身宽0.8、骹口径0.6厘米（图五〇一，8；彩版七三，1）。

Ⅱ式　4件。形制同，大小长短相次（彩版七三，2）。标本M608：9-1，铤较长。通长12.3、叶长2.8、身宽1.15、骹口径0.95厘米（图五〇一，7）。

（三）车马器

出土于6座墓中，共55件。器形主要有车軎、伞柄箍、盖弓帽、马衔等。

第三章 楚　墓

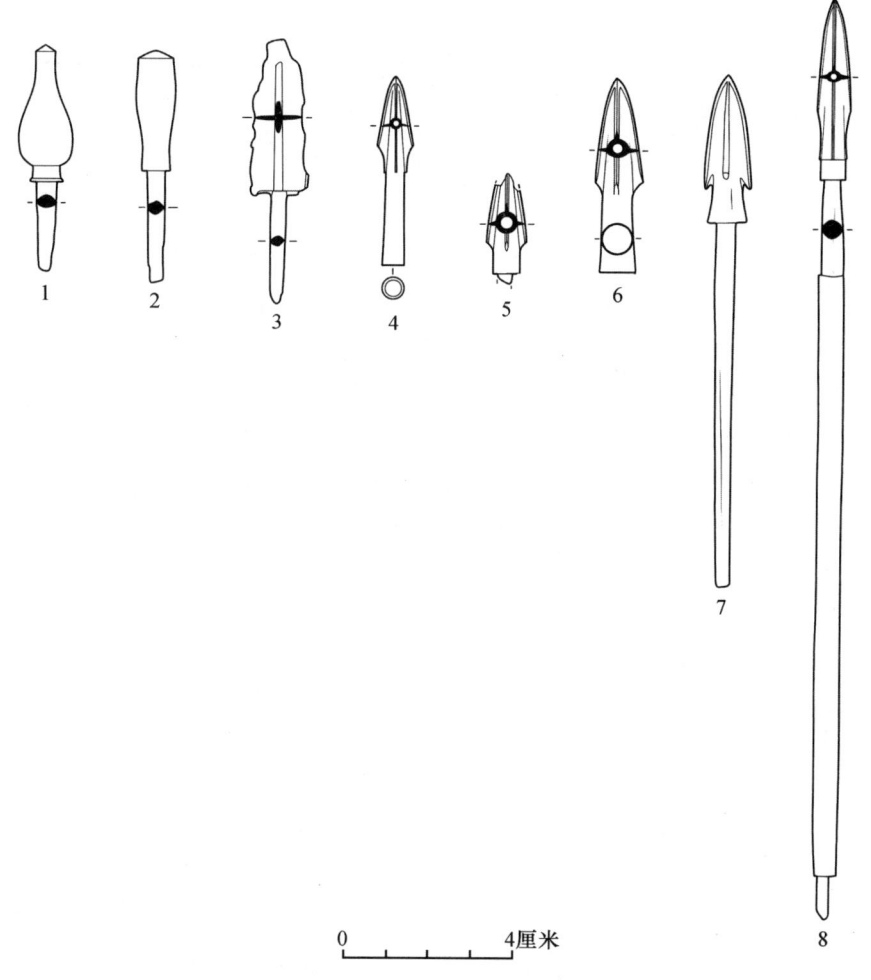

图五〇一　铜箭镞
1. A型（M65：2-5）　2. B型（M65：2-4）　3. C型（M65：2-1）　4~6、8. D型Ⅰ式（M40：2、M40：1、M402：11-1、M402：11-2）　7. D型Ⅱ式（M608：9-1）

车軎　11件。出土于4座墓中，形制清楚的有8件。根据器形变化，分二型。

A型　6件。器身呈顶端细、下端粗的圆筒形，辖穿长方形，辖身扁条形，两端均有长方形或椭圆形销孔。器身上部铸有一圈凸箍，个别辖首浮雕兽面纹。标本M76：11，器身饰勾连云纹、"S"形纹。顶径3.4、底径5.7、高5.3厘米（图五〇二，1）。标本M369：3，顶径3.2、底径5.6~5.8、高5.7、辖长6厘米（图五〇二，2；彩版七四，1）。标本M115：29，顶径3.1、底径6.1、高7.5厘米（图五〇二，3；彩版七四，2）。

B型　2件。制作较为粗糙，不甚规整，顶端细，下端较粗。光素。标本M368：7，顶径2.8、底径5.4、高4.7、辖长5.9厘米（图五〇二，4）。

伞柄箍　2件。圆筒状，器身有一圈凸箍。标本M418：13，长3、直径5厘米（图五〇二，5）。

盖弓帽　34件，出土于M369、M418。器形似毛笔筒，器侧有钩、穿。标本M369：18，素面。长5.6、直径0.8~1.3厘米（图五〇二，6；彩版七四，3）。标本M418：12-1，器身饰三角

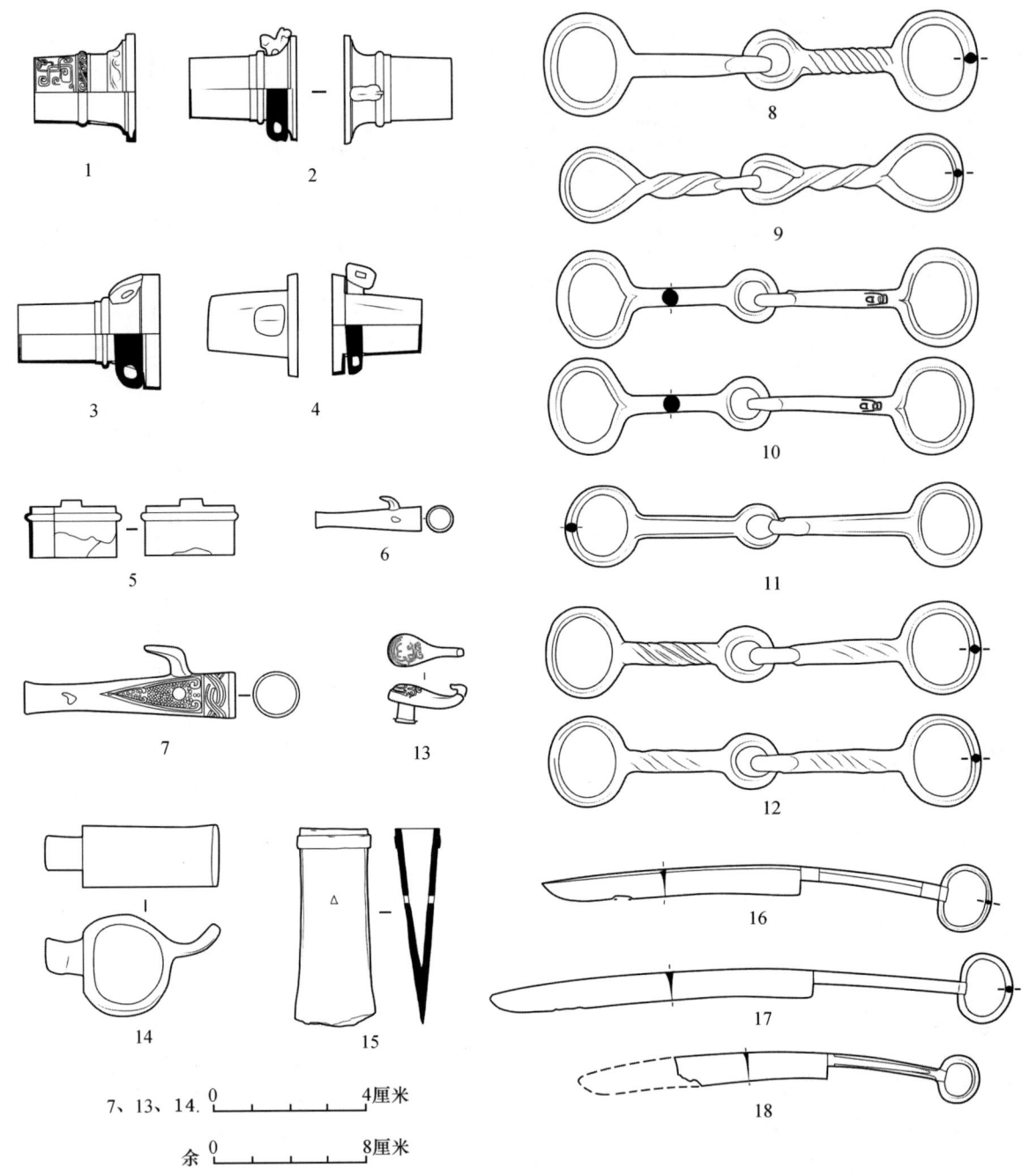

图五〇二　铜车马器、服饰器、工具

1~3. A型车軎（M76:11、M369:3、M115:29）　4. B型车軎（M368:7）　5. 伞柄箍（M418:13）
6、7. 盖弓帽（M369:18、M418:12-1）　8~12. 马衔（M418:11-1、M418:11-2、M369:19、M115:44-1、M406:1）
13. 带钩（M651:5）　14. 扳指（M143:9）　15. 斧（M65:1）　16. Ⅰ式削刀（M396:10）
17、18. Ⅱ式削刀（M82:2、M817:2）

蝉形纹、绚索纹。长5.5、直径0.7~1.2厘米（图五〇二，7；彩版七四，4）。

马衔　8件。每墓出土2件。由两节铜杆套合而成，每节铜杆有大、小椭圆形环各一，小环相套，杆多为绳索状，个别为素面，少量同出的2件马衔尺寸略有不同。标本M418:11-1，一杆为素面，一杆为绳索状。通长22.4、环长径5.4厘米（图五〇二，8；彩版七五，1）。标本M418∶11-2，器身呈拧紧的绳索状。通长20.8、环长径4厘米（图五〇二，9；彩版七五，2）。标本M369∶19，2件同，器身素面，杆的一端有近"右"字的铭文。通长22、环长径5.2厘米（图五〇二，10；彩版七五，3）。标本M115∶44-1，素面。通长21.8、环长径4.6厘米（图五〇二，11；彩版七五，4）。标本M406∶1，2件同，绳索状杆。通长22.6、环长径5厘米（图五〇二，12；彩版七五，5）。

（四）服饰器

3件。出土于M143、M651，器形有扳指和带钩。

带钩　2件。标本M651∶5，腹扁宽，下有铆钉状纽，钩反向作鸭首状。腹面饰有卷云纹。长2.1、腹宽0.9、高1厘米（图五〇二，13）。

扳指　1件。M143∶9，戒指状，使用时套于手指上。长4.6、宽1.6、最大孔径2.1厘米（图五〇二，14）。

（五）工具

6件。出土于4座墓中，器形有斧、削刀。

斧　1件。M65∶1，顶端銎口呈长方形，末端为平齐的双面刃，正背两面上部各有一个透穿的三角形穿孔。穿孔上部饰一周凸箍。高10.4、銎口长边3.6、短边2.3、刃端宽4.3厘米（图五〇二，15）。

削刀　5件。形制清楚的有3件，每墓均出土1件。根据脊背的变化，分二式。

Ⅰ式　1件。M396∶10，横截面为三棱形。通长23.6、身长13.6、身宽1.6厘米（图五〇二，16）。

Ⅱ式　2件。标本M82∶2，刀身近直，器体较修长。通长27.2、身长16.8、宽1.6厘米（图五〇二，17；彩版七六，1）。标本M817∶2，残长15.4、宽1.6厘米（图五〇二，18；彩版七六，2）。

（六）杂器

出土于9座墓中，共计62件。器形主要有铃、璜、环等。

铃　25件。较粗糙，轻薄，器身上有桥形小纽，两面有两两对应的镂孔四个，镂孔分椭圆形和近长方形两种。标本M399∶1，通高5.3、肩宽2.1、口宽2.7厘米（图五〇三，1；彩版七七，1）。标本M446∶9，通高6.4、肩宽2.3、口宽3.5厘米（图五〇三，2；彩版七七，2）。

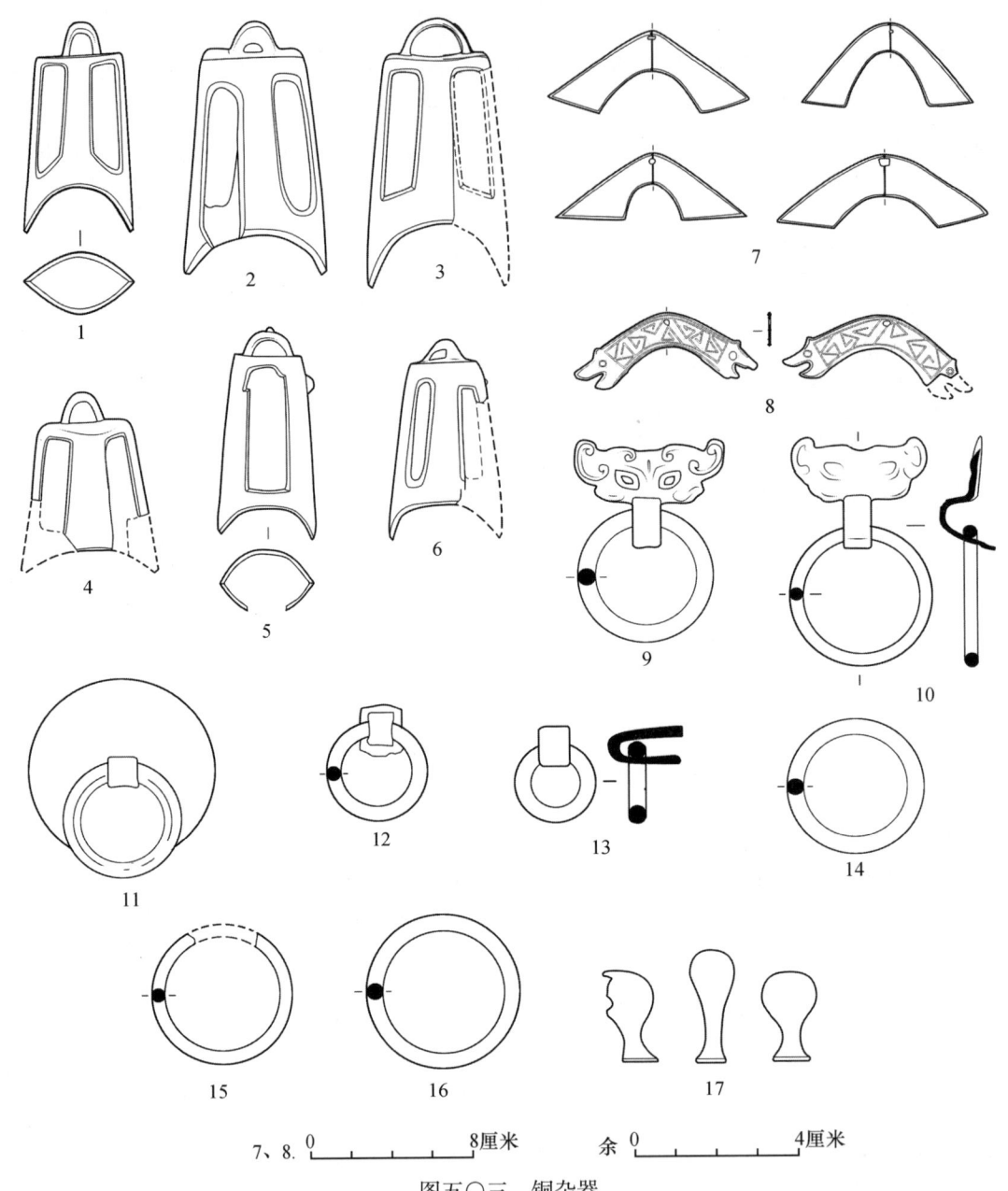

图五〇三 铜杂器

1~6. 铃（M399：1、M446：9、M651：1-1、M651：1-2、M315：1-1、M490：1） 7、8. 璜（M446：10、M651：7）
9、10. 铺首衔环（M380：10-1、M353：7-3） 11~13. 套环（M380：10-2、M402：8、M402：7）
14~16. 单环（M380：10-3、M353：7-1、M353：7-2） 17. 器足（M849：4）

标本M651：1-1，通高6.8、肩宽2.5、口宽3.4厘米（图五〇三，3）。标本M651：1-2，残高4、肩宽2.3厘米（图五〇三，4）。标本M315：1-1，通高5.3、肩宽1.7、口宽2.4厘米（图五〇三，5）。标本M490：1，通高5.1、肩宽1.6、口宽2.7厘米（图五〇三，6）。

璜 13件。出土于M446、M651。标本M446：10，上缘中部有一小方孔，素面。长8.6~10.4、宽3.9~4.3、厚0.1厘米（图五〇三，7；彩版七八）。标本M651：7，两端做成兽首形状，器身饰三角形几何纹，上缘中部及两端兽首眼睛部位各设一圆形小穿孔。残长4.3、宽

1.6、厚0.1厘米（图五〇三，8）。

环　21件。形制可辨的有8件，包括铺首衔环、套环及单环。

铺首衔环　2件。铺首下一桥形纽，纽下套圆环。标本M380：10-1，通长5.3、铺首长2.9、宽3.7、环径3.4厘米（图五〇三，9）。标本M353：7-3，通长5.8、铺首长2.9、宽3.4、环径3.5厘米（图五〇三，10）。

套环　3件。标本M380：10-2，素面。盖径4.6、环径2.9厘米（图五〇三，11）。标本M402：8，环径2.5厘米（图五〇三，12）。标本M402：7，环径2厘米（图五〇三，13）。

单环　3件。标本M380：10-3，环径3.4厘米（图五〇三，14）。标本M353：7-1，直径3.4厘米（图五〇三，15）。标本M353：7-2，直径3.9厘米（图五〇三，16）。

器足　3件。标本M849：4，小蹄形足，高矮宽瘦略有不同，应为某漆器构件。宽1.1~1.4、高2.3~3.2厘米（图五〇三，17）。

三、漆　木　器

漆木器共出土68件，出自12座墓中。大多出土时放置于墓主头端或头箱内，少量如兵器、车马器出于椁内棺外一侧。漆木器按用途可分为乐器、生活用器、丧葬用器、兵器、车马器、杂器六类，以生活用器为主。

（一）乐器

1件。

瑟　1件。M583：7-1，素面，长方形，面板略上弧，两侧高4.4、中间高7.7厘米，面板厚2厘米；首端残存弦孔9个，尾端弦按外、中、内三岳排列，每岳各4个，尾弦外侧存4个近方形枘槽，边长1.5~1.7厘米。瑟长66.4、宽32.3、高7.3、共鸣腔长61.3、宽30.6、高5.7厘米（图五〇四，1；彩版七九，1）。

（二）生活用器

40件。

壶　2件。均出土于M308。标本M308：6，带盖，直口，细颈较长，微鼓腹，上腹饰两个对称铺首衔环，环径5.3厘米，壶底残，素面；壶壁胎厚1~2.5厘米。口径10.3、腹径20.3、圈足径14.3、通高34厘米（图五〇四，2；彩版七九，2）。

盒　4件。整器扁圆，盖、身子母口扣合，盖顶较平，正中置一铜小提环，弧腹，矮圈足，盒身木胎较盒盖厚，器表髹黑漆，器内涂红漆。分别出土于3座墓中，一般1座墓葬仅

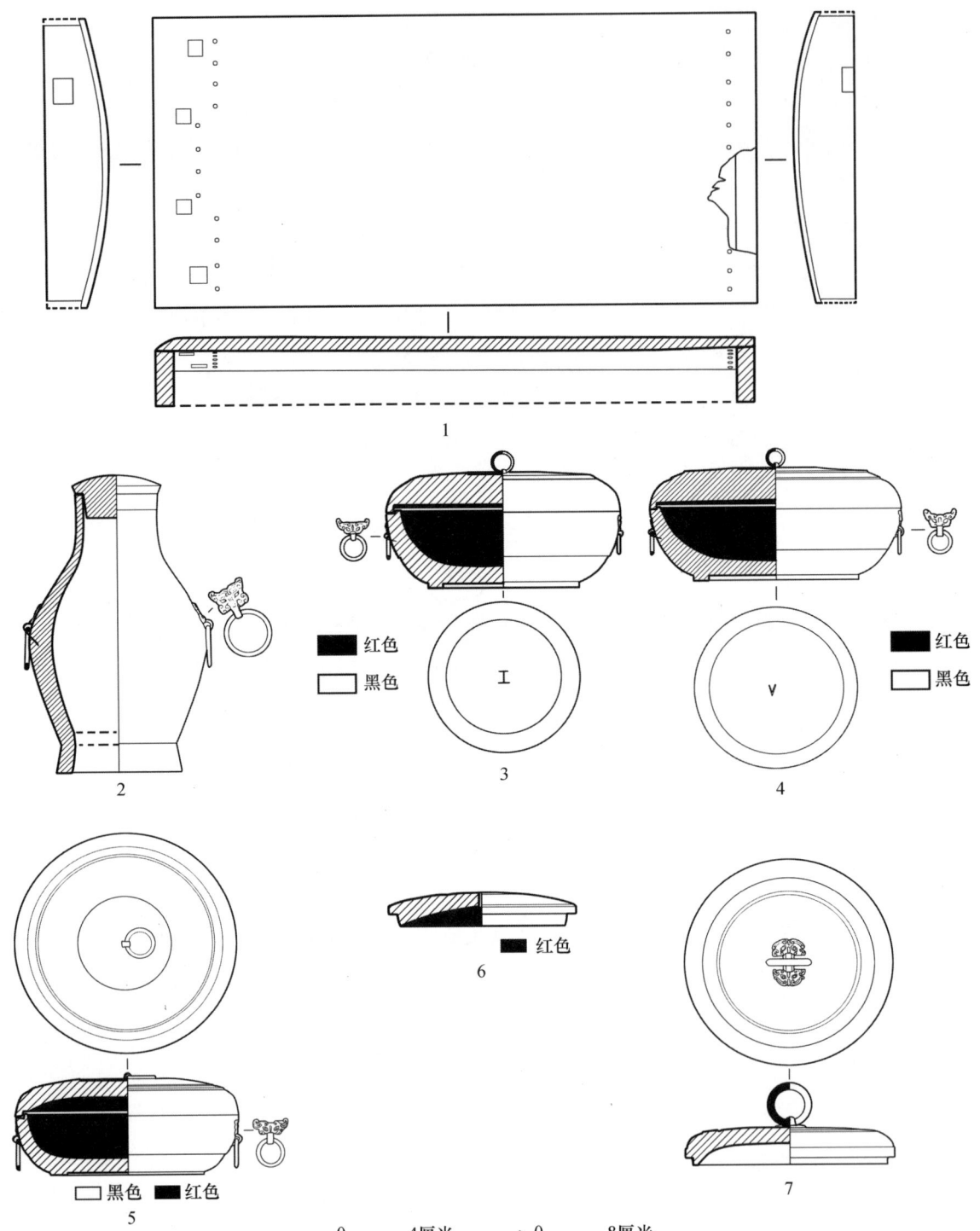

图五〇四 漆木乐器、生活用器

1. 瑟（M583：7-1） 2. 壶（M308：6） 3~5. 盒（M308：7、M308：10、M142：9） 6、7. 器盖（M142：13、M402：15）

出土1件，M308出土2件。保存较好的有3件。标本M308：10，腹两侧有对称铜铺首衔环各一，盖面饰两周凸弦纹，底部正中阴刻"V"形符号。口径27.4、底径14.1、通高14.5厘米（图五〇四，4；彩版七九，3）。标本M308：7，盒底阴刻"工"形符号。口径25.7、底径16.6、通高15厘米（图五〇四，3）。标本M142：9，口径24.8、底径24.8、通高11.5厘米（图五〇四，5；彩版七九，4）。

器盖　2件。标本M142：13，子母口，盖顶素面，盖内面髹红漆。盖径10.4、高1.9厘米（图五〇四，6；彩版八〇，1）。标本M402：15，盖顶正中置一铜小提环，子母口。素面。盖径11.5、高4.6厘米（图五〇四，7）。

豆　11件。出土于3座墓中，其中1座墓出3件，另2座墓每座墓各出土4件。保存较好的有4件，均为圆形浅盘，上柄略粗，下柄略细，底座微凹，盘、柄、座以方形榫卯结合。盘内涂红漆，盘外壁及底座髹黑漆，后以红彩绘出绚纹、蟠螭纹等图案，柄上部饰四方连续方格纹，下部饰曲线羽纹。标本M115：2，盘径14.7、盘深2、座径10.3、高16.3厘米（图五〇五，1）。标本M142：14，盘径14.5、盘深1.5、座径10.5、高16.4厘米（图五〇五，2）。标本M142：7，盘径14.8、盘深1.4、座径11.1、高15.6厘米（图五〇五，4；彩版八〇，2）。标本M308：12，盘径14.1、盘深1.7、座径10.4、高20.9厘米（图五〇五，3）。

耳杯　15件。出土于4座墓中，单座墓最多出土6件，另3座墓每座墓分别出土4件、3件、2件。分二型，二型同出的墓葬有M142。

A型　6件。矩形耳近长方形，中部内凹，两端上翘。器表纹饰较繁缛。标本M115：5，耳外侧呈尖状外凸，杯口长圆。耳面及口沿外壁用红漆绘左右对称两变形凤鸟纹。口长16.3、宽14.1、腹深3.1、通高4.3厘米（图五〇五，5）。标本M142：4，耳面及口沿外侧饰粗略菱形几何纹。口长15.9、宽12.8、腹深3、通高4.6厘米（图五〇五，6）。标本M308：4，圈足，底部椭圆形内凹。耳面和口沿外壁纹饰丰富，饰菱形几何纹、云纹、点纹、方块纹、涡纹，口沿内侧饰变形云纹。口长18.5、宽14.3、腹深5.3、通高7.2厘米（图五〇五，7；彩版八〇，3）。

B型　9件。新月形耳略上翘。杯内髹红漆，外以红、黄、灰三色绘彩色纹饰，主要纹样有云纹、凤鸟纹及目纹等。标本M142：10，口沿内外及耳饰云纹、涡纹。口长16.7、宽12.9、腹深3.6、通高4.4厘米（图五〇六，1）。标本M322：6，小圈足。口沿内外及耳饰云纹、目纹、凤鸟纹。口长16.6、宽13.3、腹深4.3、通高5.3厘米（图五〇六，2）。标本M322：8，圈足。口沿内侧、耳及口沿外侧绘云纹、凤鸟纹、目纹。口长17.6、宽13、腹深4.6、通高5.6厘米（图五〇六，3；彩版八〇，4）。

手杖　2件。标本M476：8，残长101.5、径3.1厘米（图五〇六，4；彩版八一，1、2）。标本M322：9，残长32、径1.9厘米（图五〇六，5；彩版八一，3、4）。

梳　3件。出土于M78、M115，M78出土2件。标本M115：23，马蹄形，背较厚，边齿平直，共18齿。光素。长9.6、宽8.5、厚0.3～1.3厘米（图五〇六，6；彩版八七，1）。

几　1件。M308：11，由几面、腿和足以方榫卯合。几面一侧下凹，每端置四腿，足下端略内凹。素面面长56、宽19、足长30、宽3.4、厚4.6、高36.6厘米（图五〇六，7；彩版八七，2）。

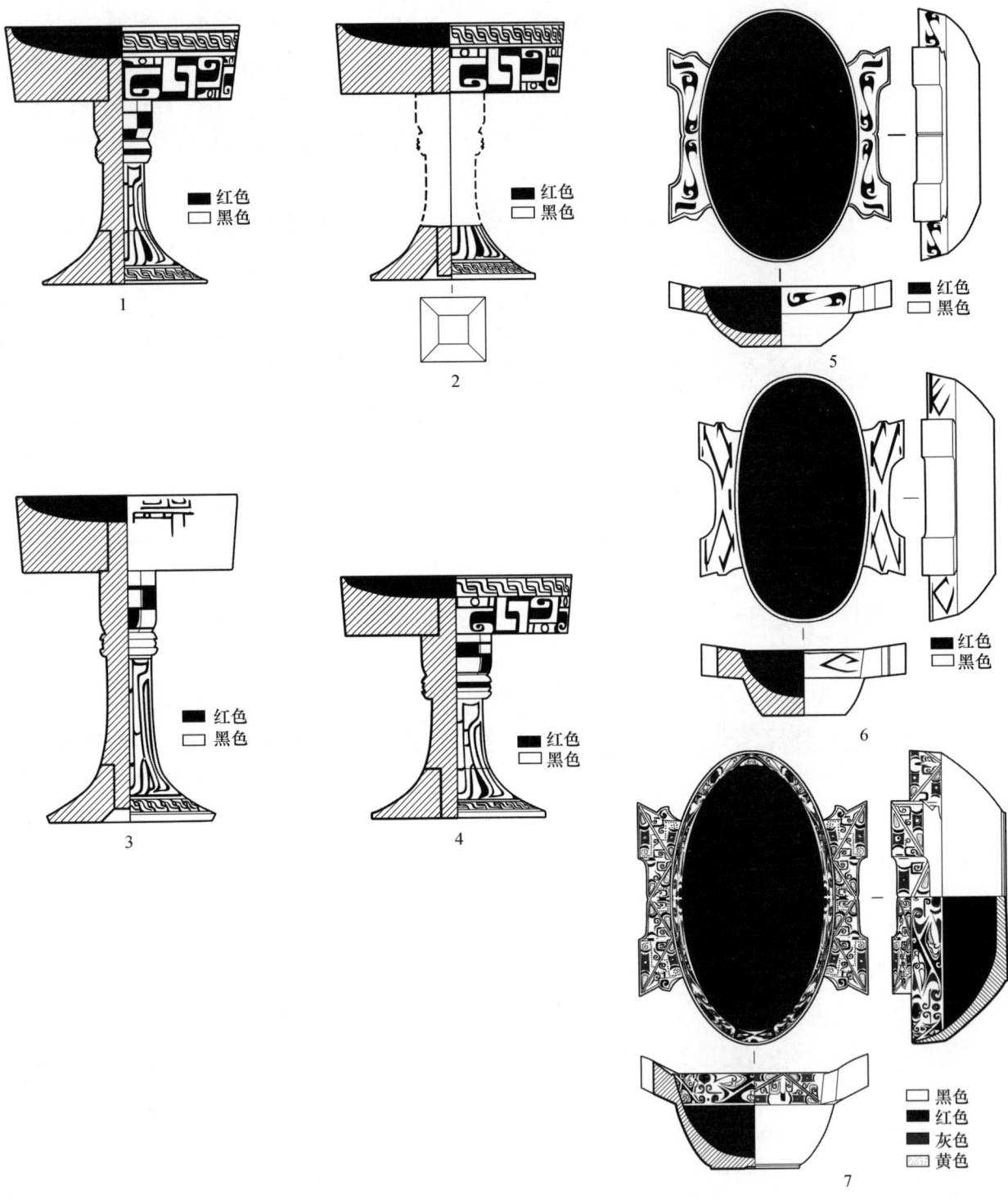

图五〇五　漆木豆、耳杯

1~4.豆（M115∶2、M142∶14、M308∶12、M142∶7）　5~7.A型耳杯（M115∶5、M142∶4、M308∶4）

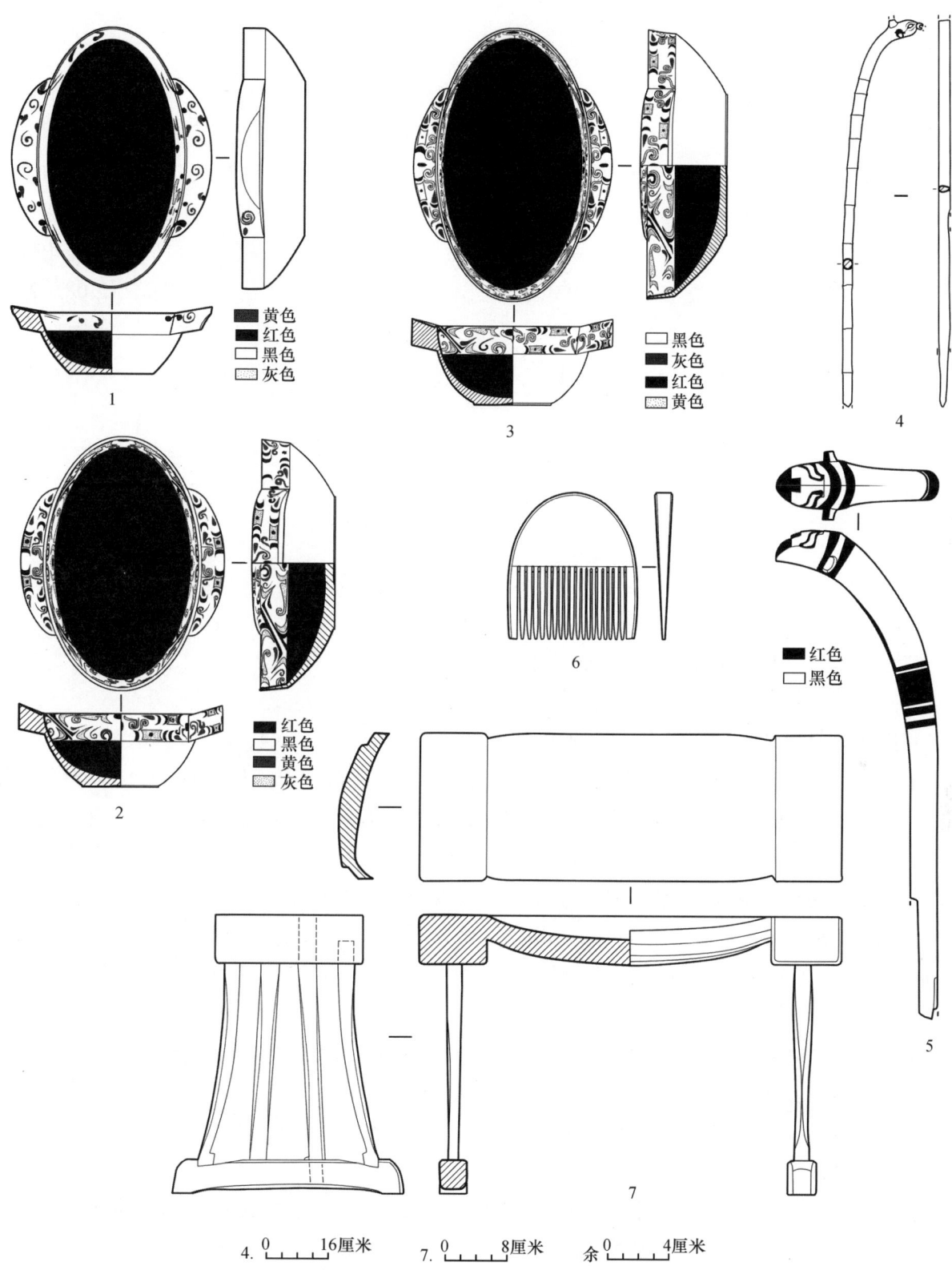

图五〇六 漆木生活用器

1~3. B型耳杯（M142:10、M322:6、M322:8） 4、5. 手杖（M476:8、M322:9）
6. 梳（M115:23） 7. 几（M308:11）

（三）丧葬用器

3件。

鹿　3件。出土于M115、M308、M322，每墓出土1件。由身和头颈两部分榫卯结合组成，头顶上前后各留有大小有别的方形对称榫眼两个，应为插鹿角、鹿耳之处，直颈，昂首，屈肢卧伏状。器表先髹黑漆，后于黑漆之上以红、黄彩绘鹿斑纹。标本M115：1，鹿角残。后腿处绘龙纹。长55.1、宽25.8、高40.9厘米（图五〇七，1；彩版八二）。标本M308：20，鹿角残，鹿耳呈树叶状、上翘。长52.1、宽14.9、高32.5厘米（图五〇七，2；彩版八三，1）。标本M322：3，鹿角残，鹿耳较细长。长49.3、宽12.5、高36厘米（图五〇七，3；彩版八三，2）。

（四）兵器

13件。

弓　3件。标本M476：7，长125.5厘米（图五〇八，2；彩版八四，1）。标本M115：35，长155.4、宽4.8、厚0.8厘米（图五〇八，1；彩版八四，2）。标本M583：8，长75.9、宽2.4、厚1.2厘米（图五〇八，3；彩版八四，3）。

剑　1件。M476：5，素面。残长44.4、宽2.9厘米（图五〇八，4；彩版八五，1）。

剑椟　2件。长方形盒状，由盖和盒身组成，盒身子母口承盖。标本M308：5-1，盖面拱起，中部有花瓣形凸起。盒身与盖面中部刻扁圆圈纹，两端饰瓦棱纹，器表髹黑漆。长47、宽5.8、通高7.6厘米（图五〇八，8；彩版八五，2）。标本M142：12-1，盖残，仅存盒身。素面。长60.7、宽8.8、高6.2厘米（图五〇八，6；彩版八五，3）。

剑鞘　1件。M142：12-2，由两块薄木板相合而成，口端较宽，横断面呈菱形，末端附木柲，扁圆，通身用丝线细密缠缚。长60.7、宽2.8～4.4厘米（图五〇八，5；彩版八五，4右2）。

戈　1件。M583：7-2，素面。通长22.2、援长14厘米（图五〇八，7；彩版八六，1）。

戈鞘　1件。M308：31，残长18.9、宽5.1、厚0.6厘米（图五〇九，11）。

戈柲　1件。M115：27，柲残长142.7、柲径2.5厘米（图五〇九，1；彩版八六，2）。

矛柲　1件。M115：28，残长72、径2厘米（图五〇九，2）。

盾　2件。近长方形，中部略外弧。素面。标本M583：9，背面置纵向木质长柄，柄中部较宽、两端较窄，背面一侧两端分布有三个不规则长方形卯眼。长57.4、复原宽41.7、厚0.6～1.7、柄长20.4、宽1.1～2.1、厚2.3～5.1厘米（图五〇九，3；彩版八六，3）。标本M583：7-4，柄残，背面两端中线两侧各对称分布一长方形卯眼。长58.3、复原宽34.9、厚0.8～1.8厘米（图五一〇；彩版八六，4）。

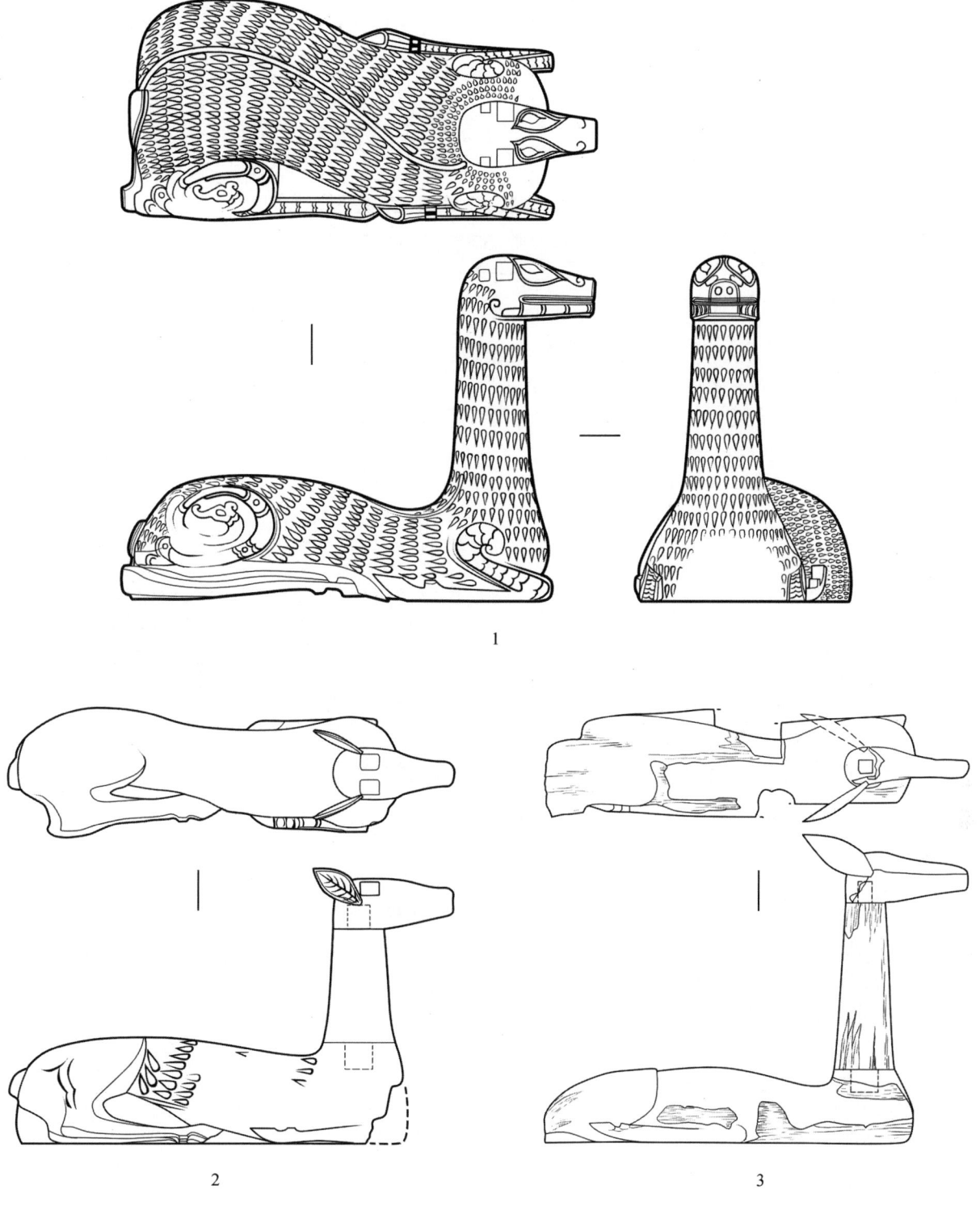

图五〇七 漆木鹿
1. M115:1 2. M308:20 3. M322:3

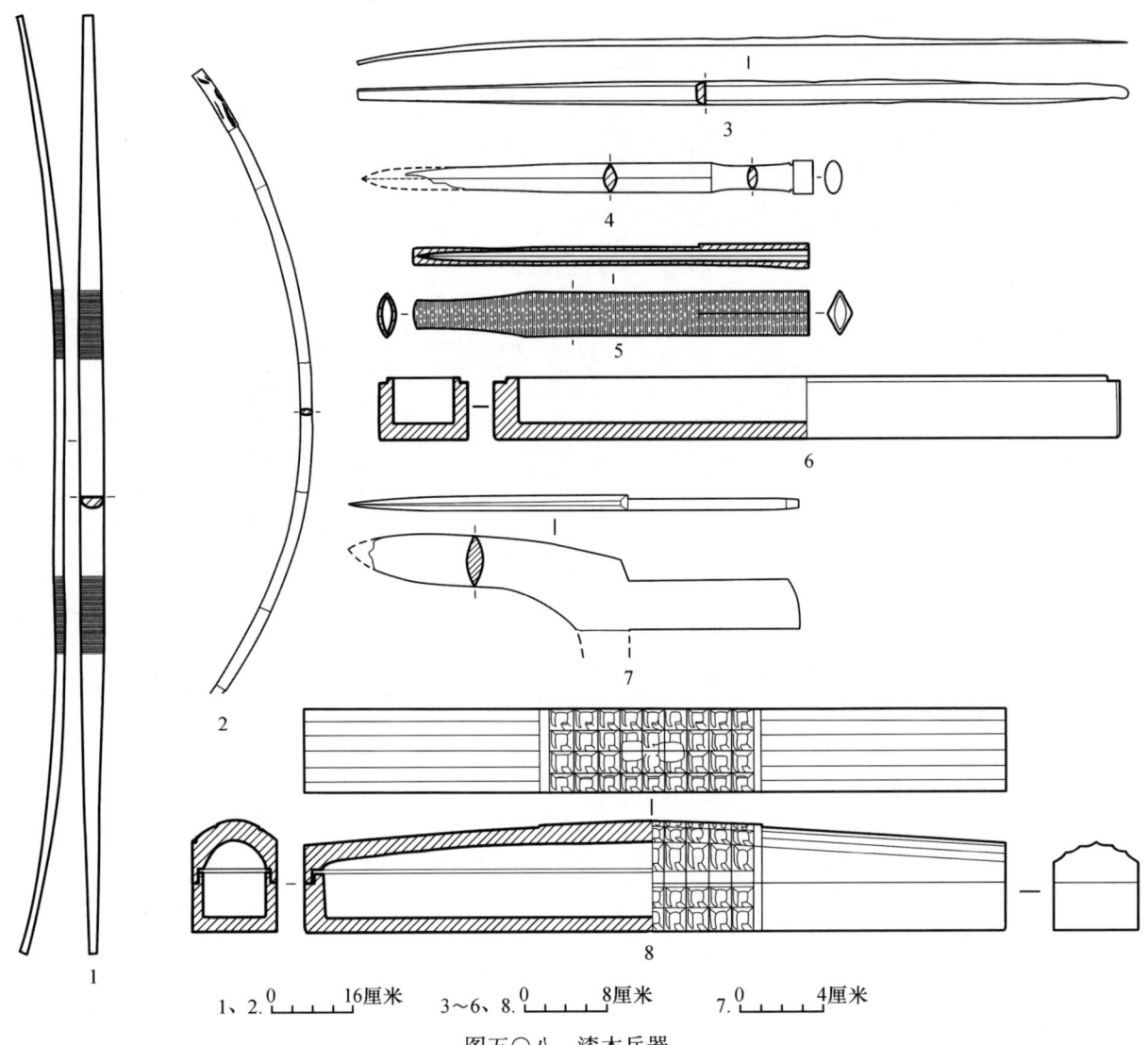

图五〇八 漆木兵器

1~3. 弓（M115：35、M476：7、M583：8） 4. 剑（M476：5） 5. 剑鞘（M142：12-2）
6、8. 剑椟（M142：12-1、M308：5-1） 7. 戈（M583：7-2）

（五）车马器

4件。

伞　1件。M115：30，柄长204.6、径6.15、伞撑圆径280厘米（图五一一；彩版八七，3）。

伞柄　1件。M369：20，长83、径4.5厘米（图五〇九，4；彩版八八，1）。

马镳　2件。标本M115：45-2，残长25.1、宽1.7厘米（彩版八八，2）。标本M115：44-2，长28.4、宽1.7厘米（图五〇九，5）。

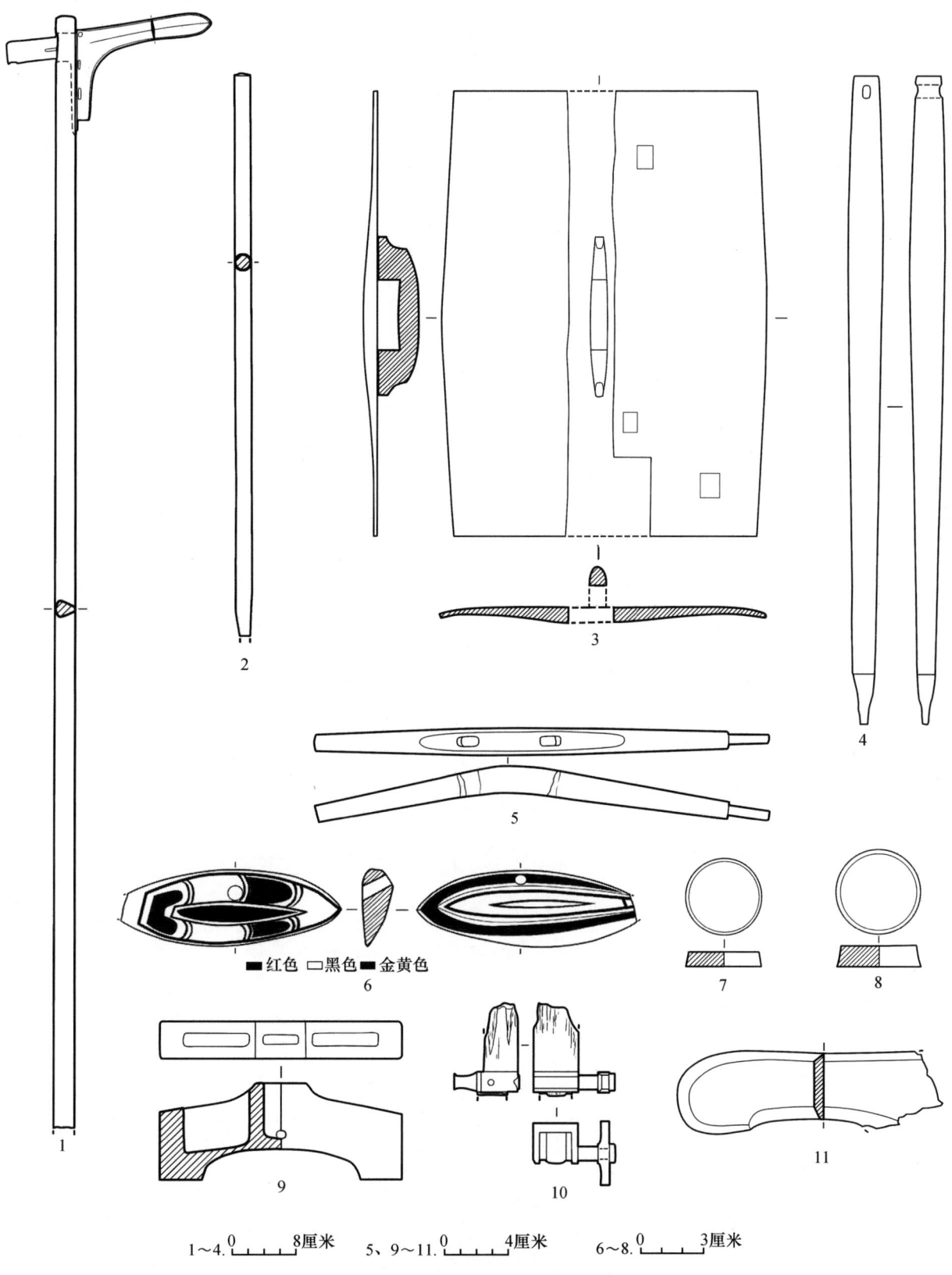

图五〇九 漆木兵器、车马器、杂器

1. 戈柲（M115：27） 2. 矛柲（M115：28） 3. 盾（M583：9） 4. 伞柄（M369：20） 5. 马镳（M115：44-2）
6. 鱼形器（M115：43） 7、8. 饼（M115：14、M115：16） 9、10. 构件（M142：15、M402：9） 11. 戈鞘（M308：31）

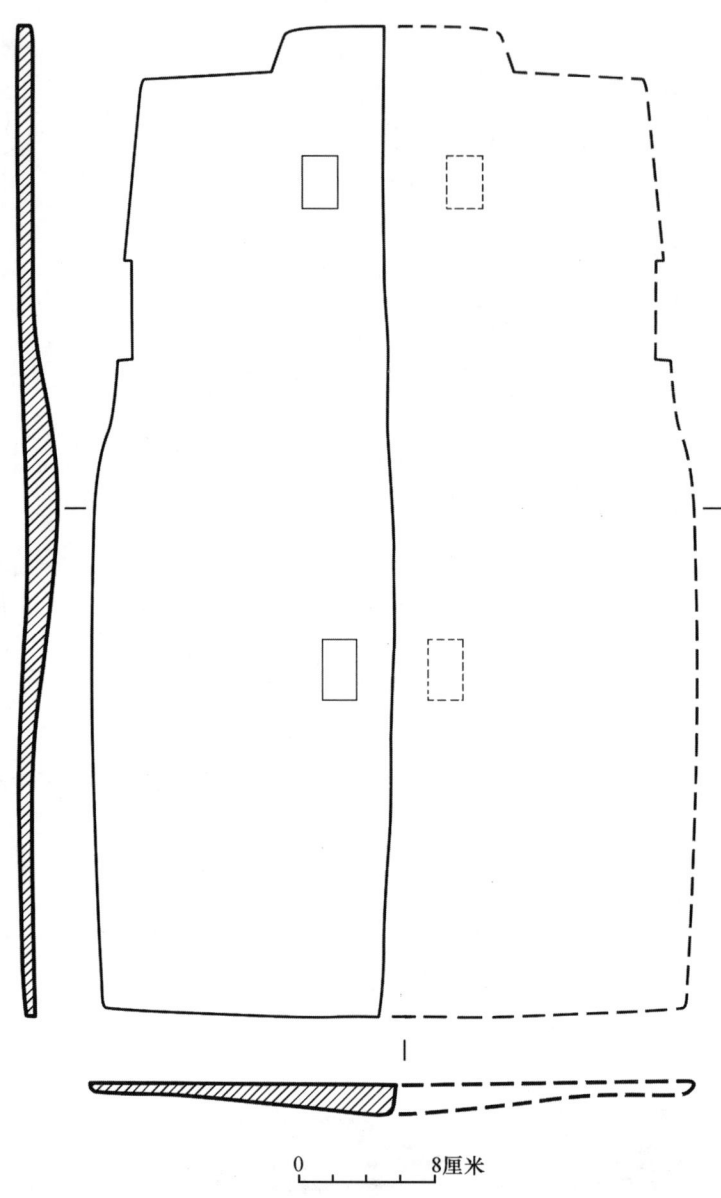

图五一〇 漆木盾（M583：7-4）

（六）杂器

7件。

鱼形器 2件。标本M115：43，长10.2、宽3.8、厚1.5、孔径0.5~0.7厘米（图五〇九，6；彩版八八，3）。

饼 3件。标本M115：14，径3.4~3.7、厚0.7厘米（图五〇九，7；彩版八八，4左）。标本M115：16，外髹红漆。径3.7~4.2、厚1.1厘米（图五〇九，8；彩版八八，4右）。

构件 2件。标本M142：15，底座长15.1、厚2.4、高6.2厘米（图五〇九，9）。标本M402：9，长6、宽2.8、厚2.7厘米（图五〇九，10）。

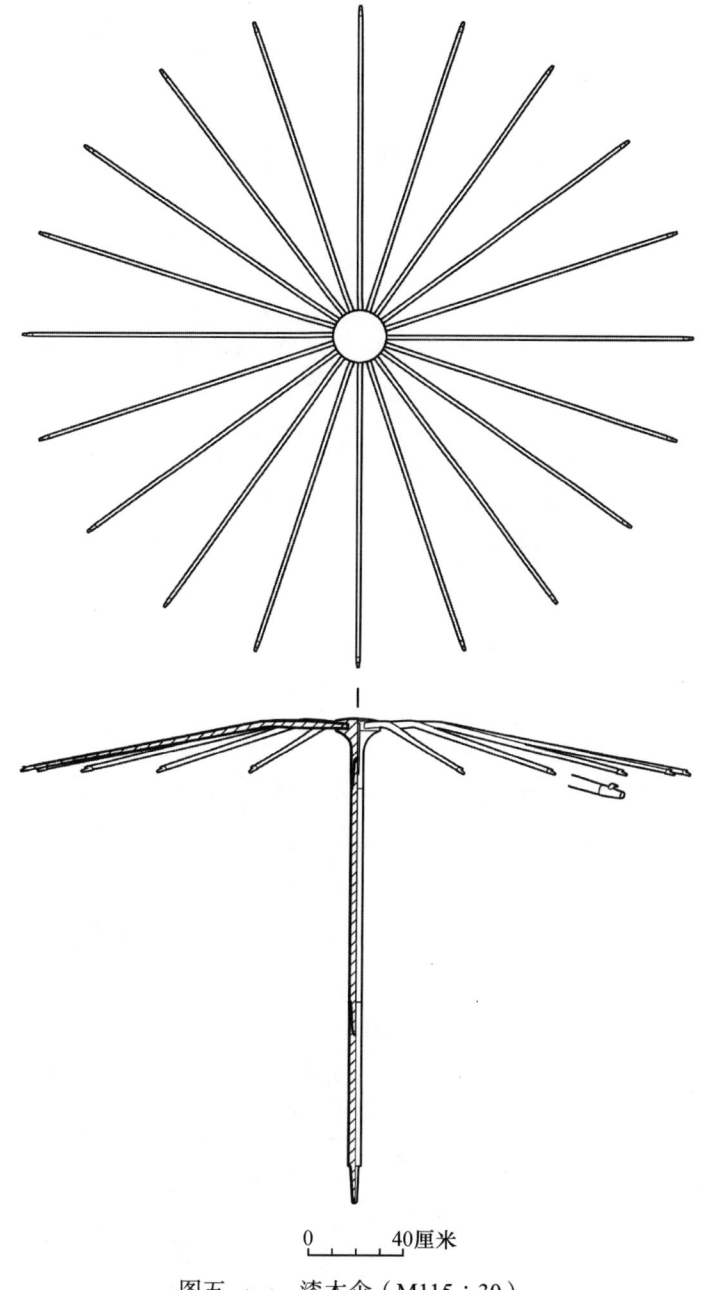

图五一一 漆木伞（M115∶30）

四、玉、石、料器

沈岗楚墓随葬玉、石、料器较少，共计23件。器形主要有玉璧、玉璜、玉佩饰、玉玦、玉琀、石条、料珠、料管等，出土于15座墓中，每座墓出土1～5件不等。大多随葬于棺内，玉质多为青玉，少量为黄玉。

（一）玉器

玉器14件。按用途可分为礼器、生活用器、丧葬用器三类。礼器有璧、璜等，生活用器主要有佩饰、玦等，丧葬用器主要为琀。

1. 礼器

礼器有璧、璜两种，共5件。其中，璧4件，出土于3座墓中：M76出土2件，M405、M578各出土1件；璜1件，出土于M817。

璧　4件。标本M76：10-1，外径4.7、好径1.9、厚0.2厘米（图五一二，1）。标本M76：10-2，外径4.5、好径1.5、厚0.3厘米（图五一二，2）。标本M405：7，外径6.7、好径1.9、厚0.32厘米（图五一二，3）。标本M578：1，器体较小。外径3.7、好径1.9、厚0.25厘米（图五一二，4）。

璜　1件。M817：1，残。残长6.5、宽2.5、厚0.2厘米（图五一二，5）。

2. 生活用器

生活用器有佩饰、玦两种，共4件。其中，龙形佩2件，均出土于M399；玦2件，均出土于M65。

龙形佩　2件。同出于M399，2件大小、纹饰相同。龙首似马头状，龙尾弯曲，龙身近"S"形。单面饰谷纹。标本M399：2-1，长14.4、宽5.8、厚0.4厘米（图五一三，1）。标本M399：2-2，长14.4、宽5.8、厚0.4厘米（图五一三，2）。

玦　2件。同出于M65，2件形制、纹饰相同。单面饰卷云纹。标本M65：3-1，直径3.7、厚0.3厘米（图三三七，2）。标本M65：3-2，直径3.7、厚0.3厘米（图三三七，3）。

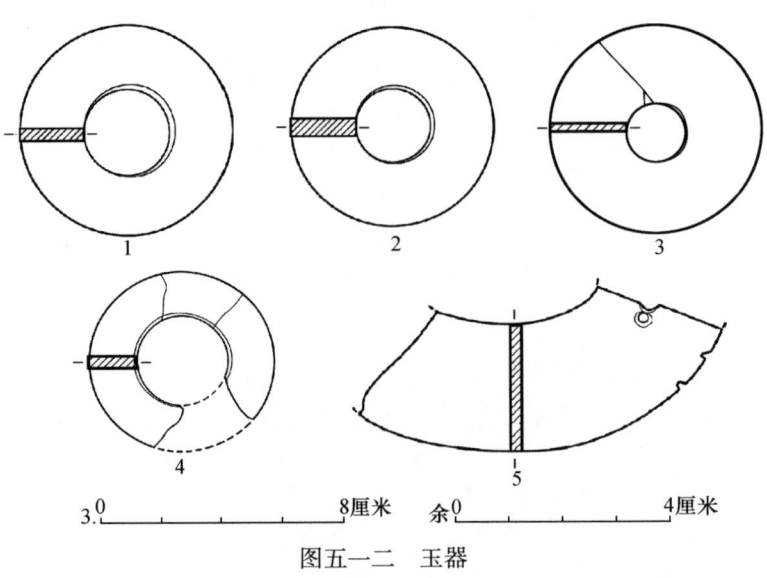

图五一二　玉器

1～4. 璧（M76：10-1、M76：10-2、M405：7、M578：1）　5. 璜（M817：1）

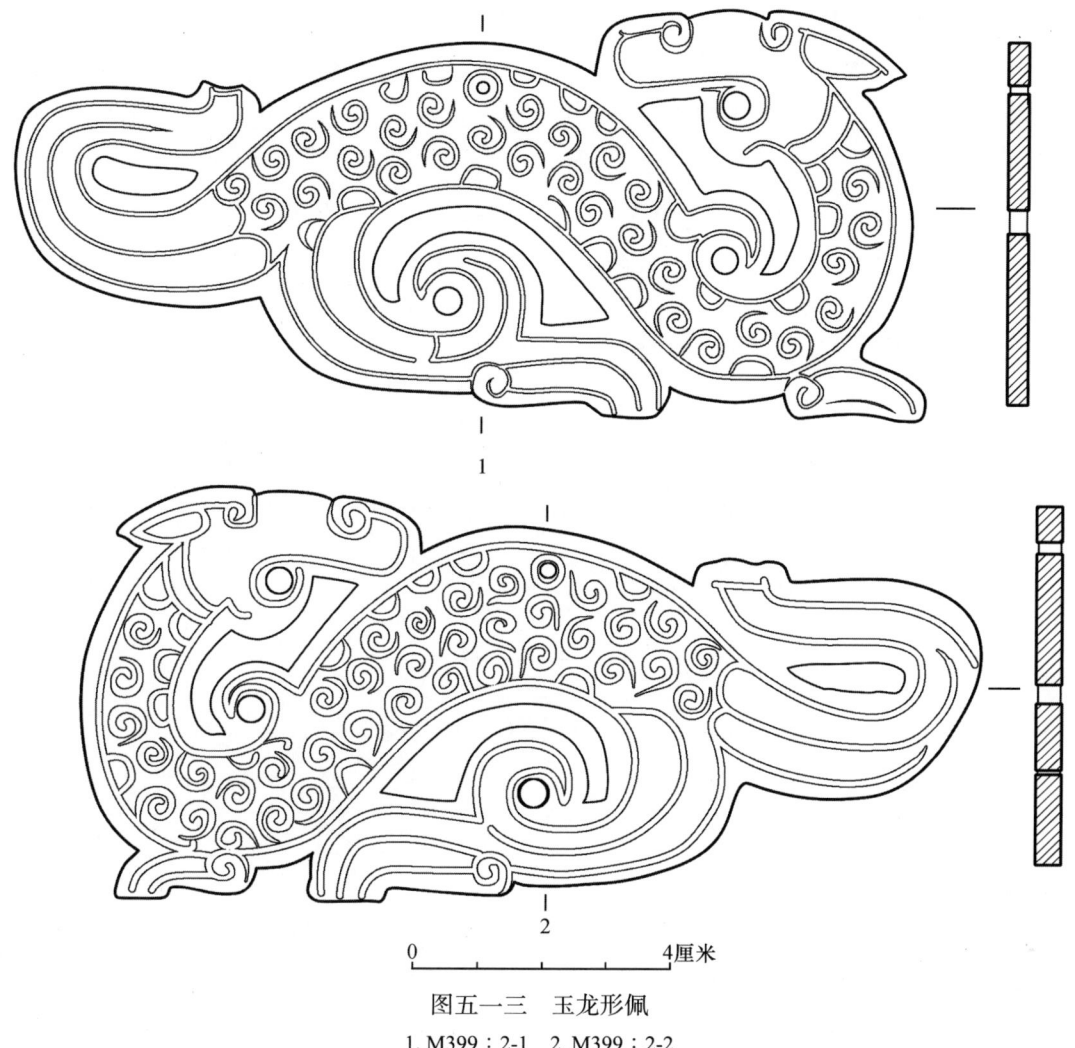

图五一三 玉龙形佩
1. M399：2-1 2. M399：2-2

3. 丧葬用器

丧葬用器主要为琀，多为青玉质，碎小，形状不规整。共5件，出土于M4、M108、M408、M706，每墓出1~2件。

（二）石器

石器仅石条1件。M82：11，长8.8、宽1、厚0.5厘米（图二八六，2）。

（三）料器

料器分料珠和料管两种，共计8件，出土于M560、M651、M692，其中，M692出土1件，

M560出土2件，M651出土5件。

珠　6件。标本M692∶6，外径1.5、孔径0.5、高1.1厘米（图五一四，1）。标本M651∶8-1，外径1.5、孔径0.45、高1.15厘米（图五一四，2）。标本M651∶8-2，外径1.5、孔径0.55、高1.5厘米（图五一四，3）。

管　2件。均出土于M651。标本M651∶6-1，高1.6、宽0.9厘米（图五一四，4）。标本M651∶6-2，高1.7、宽0.95厘米（图五一四，5）。

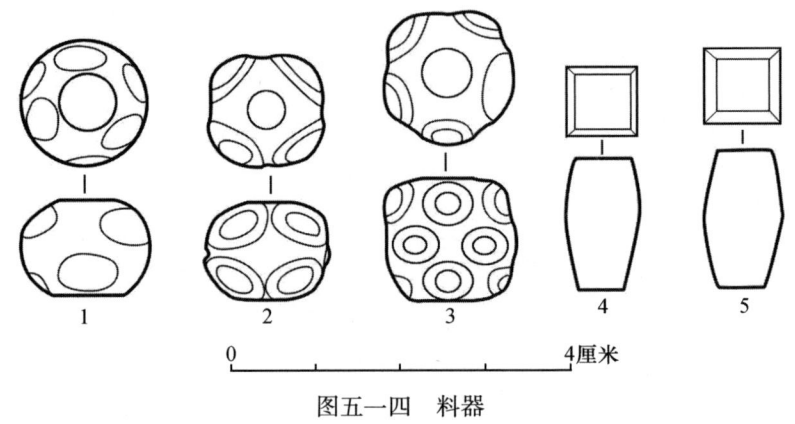

图五一四　料器
1～3.珠（M692∶6、M651∶8-1、M651∶8-2）　4、5.管（M651∶6-1、M651∶6-2）

第四节　分类、分期与年代

沈岗墓地沿用年代跨度较大，存在较多时属不同年代的墓葬打破关系，且多为汉代墓葬打破东周墓葬，时代关系明确。涉及打破关系的墓葬共计71座（附表一三）。这些墓葬间的打破关系为我们确定墓葬的相对早晚关系提供了可信的依据。此外，对于其他墓葬的期别及年代，按通例运用考古类型学的方法，通过对出土器物的纵横向排比，结合前人在楚墓研究方面的成果，对沈岗楚墓进行初步的分期断代。

一、分类分期

本次报告的沈岗墓地西区的楚墓，除去无随葬器物和本来有随葬器物但因陶质松散无法修复的墓葬外，有随葬器物且可参与分类的墓葬共计441座，修复并可参与分期的墓葬379座。现按随葬器物组合形式将其分为三类：仅随葬日用陶器的墓葬、仅随葬仿铜陶礼器的墓葬、仿铜陶礼器与日用陶器共出的墓葬。以下分别归纳叙述。

（一）日用陶器组合

该类组合的墓葬共计160座，修复并可参与分类分期的有144座，组合关系多为鬲、盂、

第三章 楚 墓

豆、罐组合或其缺省组合。其中，鬲、盂、罐组合最多，计38座；鬲、盂、豆、罐组合次之，计23座；盆、盂、豆、罐及鬲、盂、豆、盆组合最少，均为1座。组合形式共分17种，具体组合情况及相应的墓葬数量如下。

（1）鬲，计5座：M557、M650、M654、M689、M776。

（2）盂，计11座：M135、M298、M324、M364、M545、M620、M627、M637、M670、M692、M696。

（3）豆，计5座：M4、M559、M705、M841、M847。

（4）罐，计18座：M149、M434、M435、M436、M486、M511、M547、M556、M564、M575、M651、M691、M708、M721、M729、M753、M786、M837。

（5）鬲、盂，计8座：M84、M111、M407、M540、M610、M668、M763、M832。

（6）鬲、豆，计3座：M542、M681、M816。

（7）鬲、罐，计6座：M113、M120、M452、M568、M574、M690。

（8）盂、豆，计5座：M6、M397、M527、M733、M806。

（9）盂、罐，计14座：M127、M128、M138、M409、M495、M498、M515、M550、M554、M628、M731、M808、M811、M821。

（10）豆、罐，计5座：M65、M307、M309、M399、M836。

（11）鬲、盂、罐，计38座：M7、M11、M69、M102、M109、M126、M129、M130、M319、M320、M412、M447、M450、M489、M503、M518、M551、M560、M563、M569、M580、M596、M633、M659、M666、M676、M683、M688、M695、M702、M714、M728、M736、M761、M764、M765、M849、M853。

（12）鬲、盂、豆，计5座：M37、M394、M552、M667、M827。

（13）盂、豆、罐，计8座：M16、M136、M139、M466、M699、M793、M794、M818。

（14）盆、盂、罐，计4座：M28、M125、M595、M797。

（15）盆、盂、豆、罐，计1座：M588。

（16）鬲、盂、豆、罐，计23座：M1、M10、M49、M83、M88、M95、M101、M112、M310、M389、M419、M474、M492、M536、M616、M623、M663、M673、M715、M772、M784、M804、M846。

（17）鬲、盂、豆、盆，计1座：M484。

以上17组仅随葬日用陶器墓葬的器物演变序列，根据其随葬器物型式变化可分为以下八组（附表一四）。

第一组：AaⅠ、AaⅡ、AbⅠ鬲，AbⅠ、AbⅡ、BcⅠ、BcⅢ盂，AbⅢ豆，AaⅠ、AaⅡ、CaⅡ罐。

第二组：AaⅡ、BaⅠ、BbⅠ、BbⅡ、BbⅢ鬲，AaⅡ、AbⅡ、BaⅡ、BaⅢ盂，AaⅡ、AbⅢ豆，AaⅡ、AaⅢ罐。

第三组：AaⅡ、AbⅠ、AbⅢ鬲，AaⅡ、AbⅣ、BaⅢ、BcⅢ、BcⅤ盂，AbⅥ、BaⅢ豆，AaⅣ、AbⅡ、BaⅢ、CaⅢ罐，Ⅱ盆。

第四组：AaⅢ、AbⅤ、BbⅢ、BbⅣ鬲，AaⅢ、AbⅣ、BaⅢ、BcⅢ盂，AbⅦ、BaⅤ、BbⅣ豆，AaⅤ、BaⅣ、CaⅢ罐，Ⅱ盆。

第五组：AaⅥ、AbⅥ、BbⅣ、D鬲，AbⅡ、AbⅣ、BaⅡ盂，AaⅢ、AbⅥ、AbⅦ豆，AaⅨ、BbⅣ罐。

第六组：AaⅢ、AbⅤ鬲，AaⅡ、AbⅡ、BaⅢ盂，AbⅦ、BbⅣ豆，AaⅥ、BaⅣ、BaⅤ、CaⅡ罐。

第七组：AbⅤ、BaⅧ鬲，AaⅣ、BaⅢ、BaⅣ、BcⅢ盂，BbⅤ、BbⅨ豆，AaⅨ罐。

第八组：BaⅨ、BbⅤ鬲，AaⅣ、AbⅧ、BcⅨ盂，AbⅤ、AcⅢ、BbⅣ、BbⅤ豆，AaⅣ、AaⅧ、BaⅤ、CaⅢ、CbⅢ、DⅠ罐。

（二）仿铜陶礼器组合

该类组合的墓葬共计107座，修复并可参与分类分期的墓葬75座，主要组合形式为鼎、敦、壶、盘、匜组合及其缺省组合形式，少量墓葬缶、盂、钫、杯参与组合。其中，鼎、敦、壶的组合形式数量最多，计64座，其次是鼎、敦、壶、盘、匜的组合形式，计11座。详细组合情况及相应的墓葬数量如下。

（1）壶，计6座：M15、M75、M67、M387、M485、M756。

（2）鼎、壶，计5座：M99、M108、M142、M408、M539。

（3）鼎、敦、壶，计64座：M14、M52、M62、M68、M73、M76、M78、M82、M105、M117、M303、M306、M313、M316、M343、M357、M365、M368、M369、M382、M402、M405、M416、M427、M430、M453、M454、M473、M476、M478、M494、M512、M537、M546、M561、M562、M578、M583、M590、M592、M593、M602、M603、M604、M605、M607、M608、M624、M625、M635、M644、M648、M655、M658、M671、M704、M735、M739、M744、M767、M768、M779、M787、M845。

（4）鼎、敦、缶，计3座：M41、M443、M451。

（5）鼎、敦、缶、盘、匜，计5座：M333、M347、M446、M456、M745。

（6）鼎、壶、匜，计1座：M43。

（7）鼎、敦、壶、盘，计7座：M12、M66、M348、M379、M388、M526、M782。

（8）鼎、壶、盘、匜，计1座：M813。

（9）鼎、敦、壶、盘、匜，计11座：M17、M380、M396、M401、M406、M425、M493、M600、M630、M698、M738。

（10）鼎、敦、壶、盘、匜、杯，计1座：M386。

（11）鼎、敦、壶、盂，计1座：M418。

（12）鼎、敦、壶、钫、盘、匜，计1座：M431。

（13）鼎、敦、壶、钫、盂，计1座：M115。

以上13组随葬仿铜陶礼器的墓葬的器物演变序列，可根据其随葬器物型式变化分为以下六组（附表一五）。

第一组：AⅠ鼎，CⅠ敦，CbⅡ壶。

第二组：AⅡ鼎，CⅢ敦，Ⅰ缶。

第三组：AⅡ、AⅢ、BⅣ鼎，AⅠ、CⅡ、CⅢ、CⅤ敦，Ⅲ、Ⅳ、Ⅴ缶，AaⅠ、CbⅧ壶，AaⅢ、B盘，AⅡ匜。

第四组：AⅡ、AⅢ、AⅣ、BⅠ、BⅢ鼎，Ⅰ小口鼎，AⅡ、AⅢ、BⅢ、BⅤ、CⅡ、CⅢ、CⅣ敦，Ⅱ、Ⅳ、Ⅵ缶，AaⅡ、AaⅢ、AbⅢ、AbⅣ、AcⅢ、BⅡ、BⅢ、BⅣ、BⅤ、CbⅥ、CbⅦ壶，AaⅠ、AaⅡ、AaⅢ盘，AⅡ、AⅣ匜，Ⅱ盂，Ⅱ钫。

第五组：AⅣ、AⅤ、BⅡ、BⅢ、BⅣ鼎，Ⅰ小口鼎，AⅡ、AⅢ、AⅣ、BⅢ、BⅤ、CⅥ敦，AcⅡ、AcⅢ、BⅣ、BⅤ、BⅥ壶，AaⅣ、AaⅤ、AbⅢ盘，BⅠ匜。

第六组：AⅤ、AⅥ、AⅦ鼎，Ⅰ小口鼎，AⅢ、BⅤ、CⅥ敦，AbⅡ、AcⅠ、BⅢ、BⅣ、BⅤ壶，AaⅡ、AaⅤ盘，BⅡ、BⅢ、BⅣ匜，杯。

（三）仿铜陶礼器与日用陶器混合组合

该类组合的墓葬共计174座，修复并可参与分类分期的有161座，主要组合形式为鬲、盂、豆、壶及其简省的组合形式，另有鼎、敦、盆、盘、匜参与组合，个别墓葬出土钫、杯参与组合。出土鬲、盂、壶组合的墓葬数量最多，计40座。出土鬲、盂、豆、壶组合的墓葬数量次之，计35座。详细组合情况及相应的墓葬数量如下。

（1）鬲、壶，计2座：M718、M760。

（2）盂、壶，计9座：M97、M463、M464、M501、M544、M606、M661、M769、M786。

（3）豆、壶，计2座：M330、M532。

（4）罐、盂、壶，计1座：M20。

（5）盆、壶，计1座：M23。

（6）鬲、盂、壶，计40座：M5、M54、M58、M81、M100、M104、M119、M121、M140、M146、M355、M366、M373、M390、M398、M469、M481、M488、M504、M506、M520、M558、M587、M611、M613、M621、M656、M660、M665、M679、M682、M686、M706、M747、M770、M774、M777、M796、M834、M852。

（7）鬲、豆、壶，计4座：M122、M555、M582、M831。

（8）豆、壶、罐，计2座：M317、M362。

（9）盂、豆、壶，计7座：M131、M500、M531、M699、M773、M823、M848。

（10）盆、盂、壶，计3座：M304、M371、M570。

（11）鬲、盂、豆、壶，计35座：M48、M56、M90、M103、M124、M134、M144、M299、M302、M305、M314、M367、M411、M457、M471、M480、M491、M499、M509、

M513、M514、M529、M541、M543、M548、M615、M662、M669、M741、M742、M754、M755、M762、M803、M824。

（12）盆、盂、壶、罐，计1座：M467。

（13）盆、盂、豆、壶，计2座：M296、M361。

（14）鬲、盂、豆、壶、罐，计2座：M85、M132。

（15）鬲、盂、壶、罐，计2座：M106、M378。

（16）鼎、罐，计1座：M353。

（17）鼎、豆、壶，计2座：M74、M801。

（18）鼎、盂、壶，计12座：M107、M123、M297、M363、M508、M579、M629、M710、M713、M791、M798、M842。

（19）鼎、盂、罐，计2座：M391、M766。

（20）鼎、盂、壶、罐，计1座：M24。

（21）盆、豆、壶、罐，计1座：M40。

（22）鼎、敦、壶、罐，计5座：M46、M72、M325、M424、M626。

（23）鼎、敦、豆、壶、罐，计1座：M53。

（24）鼎、盂、豆、壶，计6座：M92、M332、M413、M422、M521、M717。

（25）鼎、盂、豆、罐，计2座：M410、M477。

（26）鼎、敦、壶、豆，计11座：M137、M143、M315、M383、M403、M414、M449、M460、M534、M634、M703。

（27）鼎、敦、壶、豆、盘，计1座：M55。

（28）鼎、敦、壶、豆、匜，计1座：M141。

（29）鼎、盂、罐、鬲、壶，计1座：M60。

（30）鼎、敦、壶、豆、盘、匜，计5座：M18、M59、M321、M415、M535。

（31）鼎、敦、壶、盂，计2座：M64、M538。

（32）鼎、敦、壶、盂、豆，计1座：M789。

（33）鬲、敦、壶、罐，计1座：M118。

（34）鼎、敦、钫、豆、杯，计1座：M322。

（35）鼎、敦、壶、盘、匜、鬲、盂、罐，计1座：M429。

（36）敦、壶、罐，计1座：M67。

（37）鼎、敦、壶、罐、盂，计2座：M57、M77。

以上37组随葬仿铜陶礼器与日用陶器混合组合的墓葬的随葬器物序列，可根据其随葬器物型式变化分为以下八组（附表一六）。

第一组：AaⅡ、BbⅠ鬲，AbⅡ、BaⅢ、BcⅡ、BcⅢ盂，BaⅠ、CaⅠ罐，AaⅠ、BbⅥ、BbⅦ豆，D、EⅠ鼎，敦，CaⅤ、CbⅢ、CbⅤ壶。

第二组：AaⅤ、BbⅡ、BbⅢ鬲，AbⅡ、BcⅡ、BcⅢ、BcⅣ盂，BaⅣ、CaⅡ罐，AaⅣ、AaⅤ、AbⅠ豆，AⅢ、EⅠ鼎，CⅢ敦，CaⅠ、CaⅢ、CbⅢ、CbⅤ壶。

第三组：AbⅥ、BaⅥ、BaⅦ、BbⅦ鬲，AaⅣ、AbⅢ、AbⅣ、BaⅢ、BcⅢ盂，BbⅡ罐，AbⅡ、BaⅠ、BbⅣ、BbⅦ豆，Ⅲ盆，EⅠ鼎，敦，CaⅧ、CaⅤ、CaⅨ、CbⅣ、EⅠ壶。

第四组：AaⅣ、AbⅡ、AbⅦ、BbⅢ、BbⅥ鬲，AbⅣ、AbⅤ、BaⅢ、BbⅢ、BcⅢ盂，BbⅥ豆，AⅡ、AⅤ、BⅡ、EⅠ鼎，敦，CaⅣ、CbⅨ、CbⅩ、EⅡ壶。

第五组：AaⅤ、AaⅥ、BaⅤ、BbⅦ鬲，AaⅢ、AbⅣ、BaⅣ、BcⅤ盂，CbⅠ、DⅢ罐，AbⅢ、BbⅢ、BbⅣ、BaⅢ豆，Ⅲ盆，AⅢ、AⅣ鼎，BⅢ、CⅡ敦，AbⅣ、CaⅥ、CaⅦ、CbⅧ、CbⅩ壶。

第六组：AbⅥ、AbⅦ、BbⅥ鬲，AbⅤ、BcⅢ、AbⅧ、BcⅧ盂，CbⅡ、BaⅡ罐，AaⅦ、AbⅢ、AbⅦ、BbⅧ、BbⅨ豆，AⅥ、BⅢ、BⅥ、EⅢ、EⅣ鼎，CⅠ敦，BⅤ、CaⅩ、CaⅪ壶。

第七组：BaⅨ、BaⅩ、BbⅣ鬲，AbⅡ、BcⅧ盂，BaⅤ、BbⅣ罐，AaⅦ、BbⅣ、AbⅤ、AbⅥ豆，Ⅴ盆，AⅣ、EⅣ鼎，Ⅰ小口鼎，AⅣ、BⅤ敦，AcⅡ、BⅥ、CbⅩ、CbⅪ壶。

第八组：AbⅦ、AbⅨ盂，AaⅨ罐，AaⅣ、AaⅤ、AbⅥ、BaⅥ豆，AⅤ、AⅥ、AⅦ、BⅣ鼎，BⅤ敦，BⅣ、BⅤ、BⅥ、CbⅥ壶。

以上将参与分期的墓葬分为三大类：第一大类为仅随葬日用陶器的墓葬，第二大类为仅随葬仿铜陶礼器的墓葬，第三大类为日用陶器与仿铜陶礼器共出的墓葬。通过对以上三大类器物组合及序列的划分，结合同类相同或相近的器物型式对比，我们可将其序列整体分为五期九段。

一期一段：对应第一大类的第一组。
二期二段：对应第一大类的第二组、第三大类的第一组。
二期三段：对应第一大类的第三组、第二大类的第一组、第三大类的第二组。
三期四段：对应第一大类的第四组、第三大类的第三组。
三期五段：对应第一大类的第五组、第二大类的第二组、第三大类的第四组。
四期六段：对应第一大类的第六组、第二大类的第三组、第三大类的第五组。
四期七段：对应第一大类的第七组、第二大类的第四组、第三大类的第六组。
五期八段：对应第一大类的第八组、第二大类的第五组、第三大类的第七组。
五期九段：第二大类的第六组、第三大类的第八组。

二、相对年代

根据器物序列的纵向排比、横向联系，本次发掘的441座具备器物序列的墓葬可分为五期九段，这五期九段也相应地对应着东周楚墓考古的九个阶段。

部分墓葬的主体形制及典型伴生器物具有较强的时代特征，为我们对其划分期别和判定相对年代提供了重要依据，通过这些已判定相对年代的墓葬的形制及出土器物序列的变化，结合器物形制与本地区已划分相对年代的墓葬的同类同型式器物的比对，参考比对的本地区其他墓地有襄阳山湾墓地①、彭岗墓地②、团山墓地③、余岗墓地④、宜城罗岗墓地⑤，参考的其他地区墓地有江陵雨台山墓群⑥、九店墓群⑦、当阳赵家湖墓群⑧、金家山墓地⑨，将陶器分为日用陶器和仿铜陶礼器两类按其各自型式对应至各期段。由此，根据各类墓葬随葬器物所对应的期段，大致判断出墓葬的期别及相对年代（附表一七）。

一期一段：日用陶器主要为鬲、罐组合。其中，Aa型Ⅰ式鬲（M1∶1）与团山A型鬲（M5∶2）相似，式别略早；Aa型Ⅰ式罐（M666∶3）、Aa型Ⅱ式罐（M688∶3）与彭岗A型Ⅰ式罐（M22∶5）相似，式别相同。本期段未见陶礼器组合形式。因此，将一期一段的绝对年代定为春秋中期晚段。

二期二段：仿铜陶礼器主要为D型鼎，与余岗楚墓盆形鼎（M239∶3）、赵家湖春秋中期晚段的B型Ⅱ式鼎（CM3∶13）型式接近，从D型鼎三足低矮且内聚更甚这一特征可见，D型鼎或更早于这2件鼎。

该段日用陶器组合主要为鬲、盂、豆、罐。Bb型Ⅰ式鬲（M715∶1）、Bb型Ⅱ式鬲（M120∶3）与彭岗C型Ⅱ式鬲（M2∶1）相似。本期出现的Ca型Ⅰ式罐（M518∶3）与彭岗C型Ⅰ式罐（M20∶2）相同。B型长颈罐参与本段组合，其中Ba型Ⅱ式罐（M511∶1）与彭岗B型Ⅱ式罐（M38∶3）相似。二期二段的年代定为春秋晚期早段。

二期三段：仿铜陶礼器主要为鼎、敦、壶组合，A型Ⅰ式鼎（M602∶1）与彭岗G型Ⅰ式鼎（M7∶2）相似，C型Ⅰ式敦（M602∶3）与余岗B型Ⅱ式敦（M253∶7）相似，Ca型Ⅰ式壶与彭岗异形Ⅱ式壶（M2∶2）相类。

该段日用陶器仍主要以鬲、盂、豆、罐为组合形式，个别墓葬加入盆。Bb型Ⅲ、Ⅳ式鬲，本段出现的Ba型Ⅰ式鬲（M10∶3）亦与彭岗C型Ⅱ式鬲（M2∶1）接近。另外，本段出现的C型Ⅰ、Ⅱ式鬲，为本区域前期所不见，与金家山C型Ⅰ式鬲（M230∶9）接近。Aa型Ⅱ式盂与彭岗B型Ⅱ式盂（M2∶3）相似，腹部较深。Ba型Ⅱ式罐延续至Ⅲ式。Ca型罐延续前期式别，Ⅱ、Ⅲ式罐不见于本区域前期。Ⅰ式盆（M40∶4）参与本段组合，这种大口深腹盆亦不见于

---

① 湖北省博物馆：《襄阳山湾东周墓葬发掘报告》，《江汉考古》1983年第2期。
② A．襄樊市文物管理处、襄樊市博物馆：《襄樊彭岗东周墓地第一次发掘简报》，《江汉考古》1999年第4期。
　　B．襄樊市博物馆：《湖北襄樊市彭岗东周墓群第三次发掘》，《考古》1997年第8期。
③ A．襄樊市考古队：《襄樊团山下营墓地第二次发掘》，《江汉考古》2000年第2期。
　　B．汤雨林：《襄樊团山派出所移交的一批战国文物》，《江汉考古》2002年第1期。
　　C．襄樊市博物馆：《湖北襄阳团山东周墓》，《考古》1991年第9期。
④ A．襄樊市博物馆：《襄樊余岗战国秦汉墓第二次发掘简报》，《江汉考古》2003年第2期。
　　B．襄樊市博物馆：《湖北襄樊市余岗战国至东汉墓葬发掘报告》，《考古学报》1996年第3期。
　　C．襄樊市博物馆：《湖北襄阳余岗战国墓发掘简报》，《考古》1992年第9期。
⑤ 湖北省文物考古研究所、襄樊市博物馆、宜城县博物馆：《湖北宜城罗岗车马坑》，《文物》1993年第12期。
⑥ 湖北省荆州地区博物馆：《江陵雨台山楚墓》，文物出版社，1984年。
⑦ 湖北省文物考古研究所：《江陵九店东周墓》，科学出版社，1995年。
⑧ 湖北省宜昌地区博物馆、北京大学考古系：《当阳赵家湖楚墓》，文物出版社，1992年。
⑨ 湖北省宜昌地区博物馆：《当阳金家山春秋楚墓发掘简报》，《文物》1989年第11期。

本地域其他墓地的前期发掘，为沈岗墓地首见。二期三段定为春秋晚期晚段。

三期四段：此段仿铜陶礼器仍以鼎、敦、壶为其组合的基本形式。本段出现的无耳鼎在本区域内的前期发掘中也较少见，与外边沟[①]所出I型Ⅰ式鼎（M31：3）相比，兽蹄形鼎足略高，式别较之为晚；比宜城罗岗所出之I型Ⅱ式无耳鼎（M3：33）式别要略早，其腹较浅，三足外撇较甚。Cb型Ⅲ式壶（M742：2）与彭岗异形Ⅲ式壶（M18：1）相近。

日用陶器组合方面，鬲、盂、豆、罐、盆为主要组合形式。鬲延续Aa、Ba二型鬲的式别；Ab型Ⅲ式盂与彭岗B型Ⅲ式盂（M9：3）接近；本段罐的型式变得多样化，D、E型罐参与本段组合；盆继续延续前段式别。三期四段定为战国早期早段。

三期五段：此段仿铜陶礼器组合方面，仍以鼎、敦、壶为主要组合形式，缶加入组合。B型Ⅰ式鼎（M414：5）与彭岗G型Ⅰ式鼎（M7：2）较为相似。Ⅰ式缶（M443：5）与团山A型缶（M6：10）相似，颈略粗，腹较之更深，式别应略早。无耳鼎延续前段式别至Ⅱ式。Cb型壶延续至Ⅶ式。

日用陶器组合方面，鬲、盂、豆、罐为主要组合形式。盆从前两段的短暂出现而退出本段组合。鬲、盂的型式变得更加多元化，同时出现四型陶鬲、三型陶盂，式别亦较为多样。Bb型长颈罐的颈变得更为细长、夸张。除其他式别延续前段式别变化外，本段出现的D型鬲（M765：3）与山湾D型鬲（M11：2）类似，式别较之为晚。三期五段定为战国早期晚段。

四期六段：此段仿铜陶礼器组合方面，仍以鼎、敦、缶、壶为主要组合形式，另有盘、匜参与的完整组合。Aa型Ⅰ式壶参与组合，此式壶在前期发掘中少见。敦、缶、壶在此段增多。盘、匜虽参与分期，但数量相对较少。

日用陶器组合方面，鬲、盂、豆、罐为主要组合形式。Ab型Ⅰ、Ⅱ式鬲参与本段分期，该型鬲口腹同大，略近于团山A型鬲，比团山M5：2式别要晚。Ba型Ⅳ式长颈罐与九店Ⅳ式长颈罐（M313：3）相近，式别较之略早。四期六段为战国中期早段。

四期七段：仿铜陶礼器的组合形式主要有鼎、敦、壶，鼎、敦、壶、盘，鼎、敦、壶、盘、匜，鼎、敦、缶、盘、匜等组合形式。盂参与本期组合，Ⅰ式盂（M418：5）与雨台山Ⅱ式盂（M179：8）相似。少量墓葬盘、匜参与组合。

日用陶器组合形式主要为鬲、盂、豆、罐及其缺省组合，个别墓葬中盆参与组合。四期七段为战国中期晚段。

五期八段：仿铜陶礼器的组合形式主要为鼎、敦、壶、盘、匜及其缺省组合，个别墓葬有小口鼎参与组合。

日用陶器组合形式主要为鬲、盂、豆、罐及其缺省组合。五期八段为战国晚期早段。

五期九段：仿铜陶礼器的组合形式主要为鼎、敦、壶、盘、匜及其缺省组合，个别墓葬有陶杯参与组合，本段未见日用陶器组合形式。五期九段为战国晚期晚段。

综上分析，我们将沈岗楚墓分为五期九段，各期段所相对应的年代如下（图五一五、图

---

① 湖北省文物考古研究所、丹江口市博物馆：《湖北丹江口市外边沟东周、两汉墓》，《考古学集刊》（第14集），文物出版社，2004年。

五一六）。

  一期一段：春秋中期晚段（公元前678~公元前630年）。
  二期二段：春秋晚期早段（公元前629~公元前580年）。
  二期三段：春秋晚期晚段（公元前579~公元前530年）。
  三期四段：战国早期早段（公元前529~公元前477年）。
  三期五段：战国早期晚段（公元前476~公元前430年）。
  四期六段：战国中期早段（公元前429~公元前380年）。
  四期七段：战国中期晚段（公元前379~公元前330年）。
  五期八段：战国晚期早段（公元前329~公元前279年）。
  五期九段：战国晚期晚段（公元前278~公元前223年）。

第五节　小　　结

一、国别与族属

  沈岗楚墓的国别与族属问题，以M4、M65、M70这3座随葬铜礼器的墓葬为代表进行分析。M4为单棺壁龛墓，M65、M70均为单棺单椁墓。3座墓葬均未见叠压、打破等地层现象，随葬铜器亦未见铭文，所以只能依据墓葬形制和随葬器物来判定墓葬的年代及墓主人身份。从器物组合上看，3座墓葬的礼器组合分为鼎、盆（盏）（M4、M65），鼎、簠、浴缶（M70）两种组合。除M70仅随葬铜器外，另2座墓均随葬有陶器。从器形上看，M4：4铜鼎与下寺M1：62、M1：67铜鼎相类，M4：5铜盏与下寺M1：48铜盏相似[①]。M65：5立耳无盖铜鼎与下寺M1：18、新店Ⅰ式立耳无盖铜鼎形制相近[②]，M65：4铜盆与下寺M2：69素面铜盆形制相近。M70：3铜簠与下寺M3：14铜簠形制相同，M70：1铜鼎与下寺M36：2铜鼎形制相同。从纹饰上看，3座墓葬所出铜器的主要纹饰有蟠螭纹、绹索纹、蕉叶卷云纹、重环纹、兽面纹、"山"字形卷曲纹等，特别是蟠螭纹作为主体纹饰的大量使用，与春秋中晚期楚国铜器流行纹饰相合。

  由以上推断可知，M65、M70的时代相当于下寺M36，约当春秋中期晚段。M4略晚，相当于下寺M1，约当春秋晚期早段。另从上文分析得知，M4、M65、M70这3座墓葬的随葬器物，无论是从鼎、盏或鼎、簠的器物组合形式，还是从器形、纹饰等方面看，均具有强烈的楚文化特征。特别是细小蟠螭纹的大量使用与春秋中晚期楚铜器纹饰风格相合。因此，将这3座墓葬的国别、族属归为楚国或楚系应没太大疑问。

  除以上3座铜礼器墓外，沈岗墓地其他同时期墓葬随葬器物还具有如下特征。铜器纹饰方面，铜器上主要饰绹索纹、弦纹、蟠螭纹、三角形兽面纹、蝉纹、兽面纹、重环纹、卷云纹等

[①] 河南省文物研究所、河南省丹江库区考古发掘队、淅川县博物馆：《淅川下寺春秋楚墓》，文物出版社，1991年。
[②] 陈千万：《谷城新店出土的春秋铜器》，《江汉考古》1986年第3期。

楚国该时期主要流行纹饰。另外，漆木器也有一定数量的出土，主要包括耳杯、豆、鹿、盒等器物，漆器纹饰亦与楚漆器的典型纹饰云纹、凤鸟纹相同。C、D型较大墓葬下层填有青膏泥，这一葬俗也与江陵地区典型楚墓葬俗墓葬相合。这一时期B型小型墓葬随葬器物组合为楚墓的典型组合如春秋时期的鬲、盂、罐和鬲、盂、壶组合，战国时期的鼎、敦、壶、盘、匜组合，无不烙印着浓郁的楚文化风格。从发掘情况来看，除极少数墓葬因随葬器物的种类较为特殊，其族属有待进一步比对考证外，绝大多数墓葬均为楚墓。

二、各时期墓葬特征

（一）春秋中、晚期

楚人于公元前678年灭邓，邓国疆域尽归楚地，沈岗墓地也成为楚人墓地。沈岗墓地最早被楚人接续使用年代亦为春秋中期（公元前678年）以后。沈岗墓地的楚墓上限为公元前678年，也就是说沈岗墓地的楚墓下葬年代不会超过春秋中期中段。沈岗墓地东区M1022的年代定为春秋中期中段，正是这一时期的墓葬代表。

根据文献记载，武王时期楚人已进入鄂北地区，《世本·居篇》载："武王徙郢。"《史记·楚世家》载："文王熊赀立，始都郢。"石泉先生认为"楚之始都郢盖不出楚武王三十八至四十二年初（公元前703～公元前699年）之间"[①]。而郢都的地望，据石泉先生考证在今天的宜城境内蛮河之阳。20世纪80年代以来，考古工作者在宜城郑集郭家岗[②]和襄城真武山[③]发掘了2处有两周时期地层的楚文化遗址，出土了较多西周中、晚期至春秋早期的楚文化遗物。尽管所出陶鬲、豆、罐等器物还带有某些中原文化因素，但亦显现出后期楚文化的雏形。虽然到目前为止，尚无法确知春秋早期以前楚墓的具体要素构成。但通过对沈岗墓地及周边早期遗址的发掘，我们似乎可以得出结论：春秋早期以前的楚墓或许本来就不具备自身的完备体系，或者说应是以一种多元的、多种文化交流与融合的状态存在。从沈岗墓地东区春秋中期墓葬M1022的随葬器物组合可以看出[④]，虽然具有楚后来的某些特征，诸如浴缶与鼎的搭配组合，纹饰的运用，但器物形态却与后期楚墓所出器物形态相去甚远。春秋中晚期的墓葬对应本报告一期一段至二期三段的墓葬。春秋中晚期的墓葬多为单棺墓，有少量一椁一棺墓，随葬器物也多放置于头箱或壁龛内。M4龛内随葬铜鼎、盏组合，另随葬陶豆2件，这种现象较为少见。

C型墓葬具为单椁单棺，与周边其他地区同等级楚墓的葬具重数一致，分室不清。有少量

---

① 石泉：《古代荆楚地理新探》，武汉大学出版社，1988年。
② 武汉大学历史系考古教研室、湖北省宜城市博物馆：《湖北宜城郭家岗遗址发掘》，《考古学报》1997年第4期。
③ 湖北省文物考古研究所、襄樊市博物馆：《湖北襄樊真武山周代遗址》，《考古学集刊》（第9集），科学出版社，1995年。
④ 襄阳市文物考古研究所：《湖北襄阳沈岗墓地M1022发掘简报》，《文物》2013年第7期。

墓葬出土铜礼器，随葬铜礼器的墓葬个别伴出仿铜陶礼器和日用陶器。铜礼器的组合有鼎、簋、浴缶，鼎、盏，鼎、盆，另伴出仿铜陶礼器。每墓最多出土铜鼎等礼器2件套，其余铜礼器墓葬仅随葬1件套，也就是一鼎组合。

A、B型墓发现较多，无封土、无墓道、无台阶，大多单棺，极个别墓葬甚至未发现葬具。随葬器物以鬲、盂、豆、罐等日用陶器组合为主，较多墓葬在随葬器物组合上有较多缺省，不尽完整，存有鬲、盂或鬲、盂、罐等多种简省组合，器形方面大多承继有序，个别墓葬出土少量异形器。其中出土一定数量的E型壶，这一型壶在周边其他楚墓中较为少见。

大型墓的特征与已发掘的河南淅川下寺楚墓的特征一致，中、小型墓与后期典型楚墓的特征相同。结合历史资料分析，春秋中、晚期楚国不仅在政治、军事方面对该地区实施了控制，楚文化也成为当时当地的强势主体文化，从而使该地区春秋中期楚墓的考古学文化特征与沈岗墓地西周至春秋早期的墓葬有着本质的区别。由早期的簋、豆、罐组合，以及单独随葬玉器的现象，转变成鼎、簋组合，鼎、敦组合。B、C型墓中随葬的日用陶器鬲、盂、罐、豆也与后期楚墓出土的同类器物除了式别上的变化外，其器物组合、器形风格相通。

春秋中、晚期楚墓中还含有一定的其他文化因素。有的墓葬留有生土二层台，二层台上放置有随葬品。部分墓葬的墓坑口小底大，或口底同大，与中原部分地区西周时期墓葬墓坑做法有些类似。铜礼器中存在部分中原文化因素的器物，春秋中期中段的楚墓所随葬的立耳鼎和平盖鼎与中原、江淮地区出土的同类器相类，然而为春秋晚期以后的楚墓中少见。沈岗墓地的小型楚墓出土的日用陶器组合中，多用豆。个别陶器器形，比如盆和无耳鼎较为接近中原风格，以上说明沈岗墓地的春秋中期楚墓中含有部分中原文化的因素。另外，在沈岗墓地东区的M1022中出土2件有铭铜器鼎、铎，其铭文内容与楚没有关联。这些有铭铜礼器或为被楚灭国的贵族所有，或为战利品。

以上这些特征与襄阳地区所处南北分界的特殊地理位置有着密切的关系，另外，也与楚人在春秋时期在本地区的攻城略地、扩张灭国的史事有关。故而在特殊的地理位置及该时期的政治、经济因素的共同作用下，形成了襄阳地区春秋时期楚墓强烈的区域性文化特征，即楚墓所反映的以楚文化为主体特征，同时兼有其他文化因素，特别是隶属中原文化的邓文化因素仍有不同程度的残余。

（二）战国时期

B型楚墓一般无封土，葬具为单棺。此期大量出现随葬仿铜陶礼器的墓葬，战国早、中期Bb型墓中随葬一套仿铜陶礼器，其中陶鼎2件，组合主要是鼎、敦、壶、盘、匜，另加豆，部分墓葬中随葬高柄小壶及盂、罐。Bc型墓一般随葬不成套的仿铜陶礼器，另加1件罐、盂或豆，部分墓葬仅随葬1~2件日用陶器。

C型墓部分应有封土，部分有墓道，一般墓坑长6~14米，有1~4级台阶。墓圹为近正方形，葬具有单椁单棺，囿于保存情况，分室情况多不清楚，个别棺椁保存较好的墓葬椁分3

室。随葬器物组合主要为鼎、敦、壶、缶、盘、匜、豆或其缺省组合；日用陶器为鬲、豆、罐。与前期相比，铜鼎仅见无凸棱子母口鼎，缶被壶取代，所出壶较多，随葬仿铜陶礼器和日用陶器较春秋时期更为普遍。

D型墓多数有墓道、台阶，墓圹较前期大。葬具为一椁重棺，分室清楚。少数墓葬随葬铜礼器，大多数墓葬仅随葬仿铜陶礼器。M308仅出土铜器和漆木器，不见陶器。仿铜陶礼器以鼎、敦、壶为主，不见鼎、簠、壶组合。

沈岗墓地此期的C型墓的数量与前期大体相当，但B型墓数量相对增多。等级较高的墓葬多有墓道和台阶，墓圹规模亦较前期增大，墓壁变得规整。但随葬铜礼器的墓葬所占比例较前期小，大量用仿铜陶礼器以标示墓主身份，仿铜陶礼器一般有1~3套，最多可达5套。战国早、中期，楚国实力最为强盛，经过多年征战灭国，疆域面积、军事、经济乃至文化等综合实力达到极盛，各地的贵族墓数量均有很大增加，然而沈岗墓地士以上级别的战国时期墓葬却与春秋时期大致相当，甚至有所降低。这可能是进入战国时期楚的统治中心南移，级别较高的贵族南迁至政治中心郢都附近。然而，此期段毕竟是楚人的极盛时期，沈岗楚墓在这一期段的总数增加，墓圹规模增大，带墓道和台阶的楚墓增多，各类墓葬所出土随葬品的种类和数量也大大超过了春秋时期。

与春秋中、晚期相比，这一时期鄂北地区楚墓中中原文化因素大为减少，但受楚文化之外的文化因素影响的现象存在。比如，肩部带双耳的壶，多流行于受中原文化影响较深的地区，沈岗楚墓中亦出土该型壶，这显然是受到了邻近的中原文化中双耳器的影响。战国晚期襄阳地区成为秦、楚争霸的前沿阵地，在历次战争中，楚国军民遭受重创，人口急剧减少，这与沈岗墓地在该时期的墓葬数量相对减少、墓葬规模也较前期降低的现象吻合。这一期段的随葬器物，在陶器组合及型式方面，主要是对前期同类器的延续发展。楚文化在当地中、下级士及庶民中得到较为稳定的继承和发展，部分墓葬中出现中原文化因素的器物，表明这一时期的战争客观上促进了不同文化的交流和融合。

第四章 结 语

第一节 墓葬反映的社会等级差异

一、春秋早期以前（邓墓）

截至目前，在已发表的材料中，襄阳辖区内可能与邓国有关的墓葬只有襄阳王坡[①]和襄阳黄家村各4座[②]、谷城擂鼓台1座[③]和本考古报告发表的沈岗墓地西区16座（其余9座未发表），共计25座。这些墓葬大多位于邓国故城周围或距其不远处，随葬品多寡不均，铜器墓只有王坡M1、M55和谷城擂鼓台墓这3座。

其中以王坡M55的墓圹规模最大，墓底长6.3、宽4.5米，随葬品1067件，亦最丰富，无疑是现已知邓国墓中等级最高者。墓内随葬的铜礼器中有五鼎六簋，与"礼祭，天子九鼎，诸侯七，大夫五，元士三也"[④]之制相合，故其墓主人身份当属大夫一级。此外，王坡M3的墓圹大小亦与M55相近，可惜早期遭到过严重的盗掘，随葬品所剩无几，这里姑且认为其等级与M55相近。

包括王坡M1和谷城擂鼓台墓在内的其余20余座墓都是小型墓，墓圹规模相差不大，墓底长多在2.5米（或稍小）至3米余，宽多在1米（或稍小）至2米余，且墓圹的规模与是否随葬铜礼器无关，如擂鼓台墓随葬二鼎二簋，墓底尺寸为2.8米×1.36米；沈岗M519随葬玉玦2件，墓底尺寸为2.94米×1.5米。随葬品方面，相当一部分不随葬铜礼器的小型墓亦有较为丰厚的随葬品，如沈岗M420随葬铜戈、铜剑各1件，并有精美的玉蛙等玉器；又如沈岗M566随葬玉佩饰数件，包括一件精美的人形佩。这种人形佩在周邻地区亦见于稍晚的春秋中期楚墓下寺M8[⑤]，显然不是社会或经济地位较低的一般阶层日常佩戴之物。因此，或许可以认为随葬玉器的墓和随葬铜礼器的墓，其墓主生前的社会或经济地位相近，或可归于士这一阶层。当然，士这一阶层内部或许还有某种程度的分化，如有元士与下士之别。而一部分士墓之所以不随葬铜礼器，

[①] 湖北省文物考古研究所、襄樊市考古队、襄阳区文物管理处：《襄阳王坡东周秦汉墓》，科学出版社，2005年。

[②] 襄阳市文物考古研究所：《襄阳黄家村》，科学出版社，2013年。

[③] 襄樊市文物考古研究所：《襄樊考古文集》（第一辑），科学出版社，2007年。

[④] 《公羊传·桓公二年》何休注。

[⑤] 河南省文物考古研究所、河南省丹江库区考古发掘队、淅川县博物馆：《淅川下寺春秋楚墓》，文物出版社，1991年。

或许与某些信仰有关。相似的情况亦见于越国贵族墓中——即使是等级最高的越国贵族墓亦不以青铜礼器随葬，而是代之以仿铜的青瓷器。

此外，还有一些随葬品特别贫乏的墓，除少量日用陶器外别无他物（如黄家村M262[①]），其墓主生前或许为普通的平民。

综上，现已知的邓国墓大致可以分为三个等级，即以王坡M55（可能还包括M3）为代表的第一等级，墓主当为大夫一级；以谷城擂鼓台墓、沈岗M519为代表的第二等级，墓主应为士一级；以黄家村M262为代表的第三等级，墓主或为普通的平民。因此，现已发现的邓国墓葬应当都是邦墓的组成部分，至于等级更高的公墓，仍待通过进一步的考古工作来加以确认。

二、春秋中期及以后（楚墓）

一般确定楚墓的规格及等级，大多以墓坑的大小规模、葬具的有无、是否分室分箱及随葬器物的品类、数量多少等作为主要分析和参考的因素。其中，墓坑情况主要包括有无封土、墓坑尺寸大小、有无墓道、填土是否分层、墓圹内有无台阶及所设台阶层数等内容。葬具方面，主要指棺椁的大小、重数、椁室有无分隔及分隔结构等，棺椁的重数在分级中占主导地位。随葬器物方面，则主要是指墓内随葬器物的种类、数量等因素，包括随葬的铜礼器、仿铜陶礼器、日用陶器、玉石料器、漆木器及其他质地的器物。随葬器物中，尤其以铜礼器的组合形式、品类数量的多寡为确定墓葬等级的重要因素。

在上述墓葬分级元素中，棺椁结构和铜礼器组合是最直接也是最主要的依据，在礼法上有相关的制度规定可循。关于墓葬的棺椁制度，先秦文献多有记述。《礼记·檀弓上》载："天子之棺四重，……梓棺二。"郑玄注："诸公三重，诸侯再重，大夫一重，士不重。"关于东周时期墓葬的用鼎制度，《公羊传·桓公二年》何休注："礼祭，天子九鼎，诸侯七，大夫五，元士三也。"彭浩先生认为："战国楚墓的鼎制，单棺墓（庶人）多用陶一鼎，一棺一椁墓（士）普遍用陶二鼎、四鼎，一椁重棺墓（下大夫）的圜底鼎一般以5件为1组。下大夫墓的铜鼎数一般是2~4件，与一棺一椁墓所用的陶鼎数相同，个别墓不出铜鼎，也不具备陶五鼎。"[②]

楚国是周王朝的异姓诸侯国，楚先君熊渠曾言："我蛮夷也，不与中国之号谥。"但从现有的考古材料分析，春秋时期的楚人在埋葬制度方面也并非完全置周礼于不顾，大体上还是遵循周礼的。楚人以其宗法等级制为蓝本，不同时期或多或少融入、添加了一些属于自己的独有元素。到了战国时期宗周王室急趋衰微，直至礼崩乐坏。各诸侯国在对待礼制方面，对周礼的不适用和僭越现象开始蔓延，最终演变成各自为政。当然，各诸侯国在僭越的同时也形成了一套属于自己的礼法制度以巩固各自的政权与统治。就楚国而言，周礼中有关棺椁制度和用鼎制度还是在一定程度上承继和保存了下来。

---

① 襄阳市文物考古研究所：《襄阳黄家村》，科学出版社，2013年。
② 湖北省荆沙铁路考古队：《包山楚墓》，文物出版社，1991年。

所以，我们对于墓葬的规格等级的划分将综合考察该墓葬在墓葬规模、葬具和随葬品等各方面的特征，对战国时期的墓葬还应考虑到僭越因素，而用鼎制度在整个礼制中处于一种相对保守和顽固的状态，故而在墓葬分级中以其随葬铜鼎或陶鼎的数量和套数作为主导因素。

本报告按墓主身份等级由低到高将墓葬分为4个大的等级：A型墓、B型墓、C型墓和D型墓。又在每一个大类下细分若干小类，就等级而言，小类的区分更为细微，或是因为某些偶然性的并无必然联系的因素导致了这些微小的差别，对于分级的定性并没有太大的确定性。故仅以大类为限，暂分各类墓所对应的墓主人身份或等级：A型为赤贫者墓；B型为一般庶民墓；C型为中、下级士墓；D型为元士墓或下大夫墓。

A型墓为无葬具墓葬，属庶民中的赤贫者墓，与B型墓墓主人同样属于庶民，但A型墓墓主人似乎更加穷困，不具备必备的生产生活资料，甚或没有人身自由，依附于其他阶层。这类墓葬均无葬具，绝大多数无随葬品，仅个别墓葬随葬少量日用陶器。

B型墓为庶民墓。其中，Ba型墓无随葬品，Bb型墓有随葬品，Bc型墓随葬品大多置于龛内。这类墓均为单棺墓，墓圹短而窄，从木棺腐痕可以看出大多葬具薄且小。这类墓葬一般无封土，有的有墓道，墓圹长度一般在4米以下。随葬品中无铜礼器，一般有仿铜陶礼器1套或仅随葬日用陶器，无车马器，少量随葬有1件铜铃或1件铜剑等器物。墓葬多为南向，少量为东向，极个别的为北向。

C型墓为中、下士级墓。绝大多数未发现封土，大多有墓道，墓圹长4~7米，一般无台阶，少数有1~4级台阶。葬具一般为一椁一棺，分室有1~3室不等。随葬品为铜礼器1~2套或单出1件铜鼎，或为仿铜陶礼器2套或陶鼎3件以上，少数墓有车马器、乐器，大多有剑、矛等少量兵器。

D型墓为元士墓或下大夫墓。部分墓保存有封土，一般有一条墓道，墓圹长度一般在6~14米，一般有台阶，多为3级。葬具多为一椁重棺，椁内分3室。随葬器物一般为铜礼器和仿铜陶礼器并用，另有少量车马器，一般随葬有兵器。

第二节　文化因素分析

一、春秋早期以前（邓墓）

（一）葬俗与葬制

邓国墓的棺底往往铺垫朱砂。作为一种葬俗，在墓内使用朱砂铺垫的做法由来甚古，在陶寺文化的大墓中即已出现[1]。夏商时期墓葬亦有用朱砂铺垫者，如二里头2015VLVT12M7[2]，荥

---

[1] 方辉：《论史前及夏时期的朱砂葬——兼论帝尧与丹朱传说》，《文史哲》2015年第2期。
[2] 董豫、方辉：《先秦遗址出土朱砂的化学鉴定和产地判断方法评述》，《东南文化》2017年第5期。

阳小胡村商代墓等①。两周时期则更为普遍，春秋时期的楚系墓葬亦多见之，如南阳彭射墓②，南漳川庙山M18③，下寺M10、M11、M24④等。

已发现的邓国墓另一个较为显著的特点是仅以小件玉器随葬，且有以打碎的玉器作为琀的葬俗。但这一葬俗也并非邓国墓所特有，还见于下寺M24、M26等楚系墓葬。

在墓向方面，周文化系统的墓葬方向一般为南北向，如虢国墓地⑤、天马–曲村遗址晋国墓葬⑥、宗周发现的西周墓等多有此规律。邓国墓的头向似无固定规律，王坡发现的邓墓头向南，沈岗和黄家村发现的邓墓则头向西或西南，亦有西北向者。考虑到邓城遗址在王坡墓地之南、沈岗和黄家村墓地之西，有观点认为邓墓头向的变化可能与都城或政治中心的方位有关。时代大致相当的枣阳郭家庙曾国墓地墓向一般向东⑦，而与郭家庙同时期的可能与曾国都城有关的周台遗址亦位于墓地之东。如此，则曾国与邓国墓之朝向遵循相同的原则或许是文化因素交流的结果。尽管曾国是姬姓诸侯，但居江汉之地既久，也不能完全不受到本地因素的影响。

总的来看，邓国墓在葬俗上表现出了混合的文化特征，周文化因素和土著文化因素相互影响，构成了邓国文化的基本特点。

（二）随葬器物的文化因素分析

前期已发表的邓国墓葬材料大多不见随葬陶器，因此可资比较的材料非常有限。尽管如此，仍可将其包含的文化因素大致分为甲、乙两组，其中甲组因素的渊源是源自关中一带的周文化，乙组则属本地的土著因素。

甲组因素包括铜器、陶器和玉器。谷城擂鼓墩墓立耳铜鼎和簋可在三门峡虢国墓地中见到纹饰和形制相似甚至几乎相同的器形⑧，王坡M1∶1铜鼎则与晋侯墓地M93鼎非常相似⑨。陶器方面，沈岗M694的簋和竹节柄豆亦是关中与晋南地区西周墓葬中常见的陶器。王坡M3的玉鱼与长安普渡村西周墓M1⑩、天马–曲村西周墓M6231⑪等所见玉鱼相同，M1的牛首形玉饰件亦

---

① 河南省文物考古研究院：《河南荥阳小胡村墓地商代墓葬发掘简报》，《华夏考古》2015年第1期。
② 南阳市文物考古研究所：《河南南阳春秋楚彭射墓发掘简报》，《文物》2011年第2期。
③ 湖北省文物考古研究所、南漳县博物馆：《湖北南漳川庙山东周墓地2014年发掘报告》，《江汉考古》2015年第4期。
④ 河南省文物考古研究所、河南省丹江库区考古发掘队、淅川县博物馆：《淅川下寺春秋楚墓》，文物出版社，1991年。
⑤ 河南省文物考古研究所、三门峡市文物工作队：《三门峡虢国墓》，文物出版社，1999年。
⑥ 北京大学考古学系商周组、山西省考古研究所：《天马–曲村（1980—1989）》，科学出版社，2000年。
⑦ 襄樊市考古队、湖北省文物考古研究所、湖北孝襄高速公路考古队：《枣阳郭家庙曾国墓地》，科学出版社，2005年。
⑧ 河南省文物考古研究所、三门峡市文物工作队：《三门峡虢国墓》，文物出版社，1999年。
⑨ 北京大学考古学系、山西省文物考古研究所：《天马–曲村遗址北赵晋侯墓地第五次发掘》，《文物》1995年第7期。
⑩ 陕西省文物管理委员会：《西周镐京附近部分墓葬发掘简报》，《文物》1986年第1期。
⑪ 北京大学考古学系商周组、山西省考古研究所：《天马–曲村（1980—1989）》，科学出版社，2000年。

可于天马-曲村西周墓M6081中找到形制相类者①。其余的玉器，如牌状坠饰、玦、戈、管状饰、贝形饰等，无不可在同时期的周文化遗存中找到相类似的器物。所不同者，仅仅在于邓国墓所见动物形饰似稍多。要之，上举各因素皆表现出了浓厚的周文化风格。

乙组因素亦包括铜器和陶器。非常值得注意的是，沈岗M694和M712随葬品中的罐皆为圆肩，缺乏具备周文化风格的折肩罐；而西周晚期至春秋早期偏晚的枣阳郭家庙曾国墓中所见陶罐则皆为折肩②。因此，沈岗墓地中的圆肩罐所反映的应当是一种强烈的地方元素。这种区别似乎可以解释为姬姓诸侯国与周王室的互动关系较非姬姓诸侯国为强，因而可能暗示着周王室对于同姓和异姓诸侯国所采取的是不同的治理策略。春秋早期偏晚的王坡M55所出铜鼎、铜簋在同时期中原地区的墓葬中已找不到相同的器形，这可能表明随着周王室势力的衰落，其对"南土"的控制力量减弱，邓国的考古学文化因而走上了独立发展的道路。

总的来看，邓国墓呈现出的文化面貌是多元的，既有周文化系统的因素，也有土著性的文化因素，这也与邓国作为异姓诸侯而屏藩周之"南土"的地位是相应的。

二、春秋中期及以后（楚墓）

为更加深入地了解沈岗楚墓的特点，我们将沈岗墓地的楚墓与周边地区的楚墓相参照，主要以淅川下寺楚墓③、江陵楚墓④和长沙楚墓⑤等作为参照，从随葬制度和随葬器物两个方面进行一些横向比对，以求找出不同地区楚墓之间的异同，并分析、厘清各个墓区之间存在的共性与个性。

（一）随葬制度方面

从大的随葬制度方面看，楚人下葬的方法基本相同，大多选择近水的岗地作为墓地，并从地表下挖，形成长方形土坑竖穴，个别等级高的墓葬设有台阶、墓道，墓道的长度、深度及台

---

① 北京大学考古学系商周组、山西省考古研究所：《天马-曲村（1980—1989）》，科学出版社，2000年。
② A. 湖北省文物考古研究所、湖北荆州文物保护中心、襄阳市文物考古研究所、枣阳市博物馆考古队：《湖北枣阳郭家庙墓地曹门湾墓区（2014）M10、M13、M22发掘简报》，《江汉考古》2016年第5期。
  B. 武汉大学历史学院、湖北省文物考古研究所、湖北荆州文物保护中心、枣阳市博物馆考古队：《湖北枣阳郭家庙墓地曹门湾墓区（2015）M43发掘简报》，《江汉考古》2016年第5期。
  C. 襄樊市考古队、湖北省文物考古研究所、湖北孝襄高速公路考古队：《枣阳郭家庙曾国墓地》，科学出版社，2005年。
③ 河南省文物研究所、河南省丹江库区考古发掘队、淅川县博物馆：《淅川下寺春秋楚墓》，文物出版社，1991年。
④ A. 湖北省荆州地区博物馆：《江陵雨台山楚墓》，文物出版社，1984年。
  B. 湖北省文物考古研究所：《江陵九店东周墓》，科学出版社，1995年。
⑤ 湖南省博物馆、湖南省文物考古研究所、长沙市博物馆、长沙市文物考古研究所：《长沙楚墓》，文物出版社，2000年。

阶的数量多少因等级的高低而不同。从发掘的情况看，台阶的数量多为奇数。墓主人为下士以上等级的墓葬多数使用木质棺（椁）装殓尸首。细节上，会有些差异。沈岗楚墓的墓坑一般墓口大于底，即墓壁斜度较大（少数小墓例外）。这与江陵楚墓略同。而长沙楚墓中口底同大或口小底大的概率较高。这可能与各地的土质黏度及坚硬度不同有关。这种现象的出现，另外一种可能的原因是，时代较早的墓葬出现口底同大或口小底大的概率较高。

一般设置壁龛的墓葬，因墓室开口较小，仅能容下单棺，在墓壁（一般为南壁）上向外掏洞以放置随葬器物。壁龛的设置在沈岗楚墓及长沙楚墓的窄坑墓中较为普遍，在江陵楚墓中较为少见。壁龛的种类也多，除大量的头龛外，还有掏在墓室两侧壁的长条形侧龛与足龛。头龛中，有的与墓底平，有的与台阶平。

沈岗墓地大量等级低的墓葬均采用原坑土回填，土色主要为黄褐色五花土，少量等级略高的墓葬除回填黄褐色原坑土外，同时在棺椁周围填有青灰土，这些青灰土吸水性较强，湿度大时形成青膏泥，对棺椁及漆木器形成了密封保护，使之得以保存。这一特性与淅川下寺墓葬特性接近，与江陵楚墓超过半数的墓葬用青膏泥不同，而与长沙楚墓中较多使用白膏泥的现象则差别较大。

从沈岗墓地及周边地区楚墓中葬具保存较好的墓葬可以看出，楚人使用的葬具主要是木质棺椁，以及与主要葬具相适应的竹席、竹帘和笭床等。沈岗墓地多用悬底弧棺，或最里层的棺为悬底弧棺，外棺为方棺，这一点与江陵楚墓较为接近，与长沙楚墓中多用平底方棺不同。江陵楚墓出土的竹席、竹帘和笭床较多，而沈岗楚墓则仅见竹席，或是受经济水平所限，抑或是墓主人身份差距的原因造成，当然也可能是葬俗不同的原因。

（二）随葬器物方面

春秋时期沈岗楚墓随葬器物组合、种类、器形和纹样风格等，与淅川下寺楚墓所出随葬器物基本相同；到了战国时期，楚国大一统的局面已经形成，各地楚墓之间共性多于个性，存在地域之间的差异。

沈岗楚墓中鼎、敦、壶组合占大宗，缶的出土数量较多，出土簠极少。而江陵楚墓中多簠、缶、鼍，长沙楚墓中敦的数量较多，簠、缶数量亦相对较多。江陵雨台山楚墓鼎、簠、壶组合超过了鼎、敦、壶组合。长沙楚墓中所出的陶簠，均出于大夫级的墓中，士级及以下等级的墓葬中不出簠。沈岗楚墓出土铁器较少，且保存较差，江陵楚墓中出土铁器亦较少，相反，长沙楚墓中出土铁器数量和品种均较多，工具有锸、斧、斤、锄、刮刀，兵器有剑、箭镞、戟等。沈岗墓地及江陵楚墓出土的剑、戈、矛、箭镞等铜兵器相对较少，而长沙楚墓中出土的兵器较多，品类也较多，有戟、铍、匕首、弓、弩和盾等。沈岗墓地不出铜镜。江陵楚墓出土铜镜甚少，如雨台山558座楚墓仅出土铜镜9件，且8件为素镜；九店墓地出土铜镜较多，有39件，其中素镜占28件。然而长沙楚墓中出土铜镜达485件，品种达60种。沈岗墓地不出玺印，江陵雨台山墓地亦未见玺印出土，江陵九店墓地出土私玺1方、巴蜀符号玺1方，长沙楚墓出土官印3方、私玺和吉语玺等27方。另外，长沙楚墓所出的玺印质地和样式多样。这些差异反映出随葬风俗的不同，当然也可能与墓主人等级高低不同有关。沈岗楚墓中等级较高且保存较好的战国时期墓葬中，一般出土有漆木豆、盒、耳杯、镇墓兽等漆木器，以耳杯数量较多，豆次之。江陵楚墓和长沙楚墓中都出土大量的漆木器，大多数品种相同，但江陵楚墓中出土虎座飞鸟、六博、长方形酒具盒、蟠蛇纹卮、双连杯、扇、床等，可知，江陵楚墓出土漆木器品类更多，工艺更加精湛。

通过以上分析比对，我们不难看出，沈岗墓地与淅川下寺楚墓共性更多，联系较为紧密，而与同时期的江陵地区楚墓共性多于个性，与长沙地区楚墓差别较为显著。正如在大的文化范畴下，从襄阳北部地区的方言及口音与河南淅川的方言及口音相近，而与江陵、长沙地区颇为不同这一层面看，似有一定的联系。沈岗本地的葬俗与河南淅川下寺墓群、和尚岭墓群存在较多共性，与荆州江陵九店墓葬、雨台山墓葬、当阳赵家湖墓群较为接近，有共性，各有自己的个性，却与湖南长沙楚墓的差异显得较大。

三、墓葬与本区域内其他遗存的关系

襄阳市高新技术产业开发区附近的遗址、墓地，以邓城为中心，外围北部由近至远分布着麋战岗、王坡、山湾、蔡坡、团山等东周墓地，东部分布着黄家村、余岗、卞营、沈岗、彭岗等东周墓地，重要的遗址有小马家、真武山、黄家村、王家巷、彭岗等，这些东周时期的遗址和墓葬，星罗棋布，错杂交会。这些现象无不雄辩地证明着本地区在东周楚国时期的繁华与兴盛。近年，于邓城外围周家岗及黄家村两地亦发现两周时期遗址，考量沈岗墓地与邓城及两处遗址之间的地理位置关系，不难推断，沈岗墓地应为一处两周时期邓城及周家岗、黄家村两处遗址群的邓国和楚国的低级贵族及平民墓地。沈岗墓地未发现遗址迹象，在与之最近的两处遗址中去寻找线索。沈岗墓地东南为彭岗遗址，从发掘情况看，遗址的年代略晚，主要为战国至汉代的地层堆积。位于沈岗墓地正西和西南的黄家村遗址时代主要为西周中、晚期至汉代，其间并无缺环，分析该遗址等级规格及规模，与沈岗墓地相当。另外，两者之间距离较近，不足500米。由此，我们不难推断，沈岗墓地应与黄家村遗址有着某种对应关系。

第三节 发掘收获

沈岗东周楚墓在墓葬形制及随葬器物方面所表现出的大的基本面貌，与本区域其他楚墓和同时期其他区域诸如江陵、淅川下寺楚墓存在诸多共性，但有些个性特征也较为突出和鲜明。

沈岗墓地早期遭人为盗扰的情况极为少见，整个墓地仅有一处盗洞，盗洞内出土铜剑1件，其他墓葬均未见早期盗扰痕迹。或许是因为墓地的整体规格偏低的原因，在各个时期均没有引起足够的关注。由于晚期生产生活的人为因素和雨水冲蚀等自然因素，导致墓地的原有封土销蚀殆尽，保存有封土的墓葬极少，仅有少量战国时期较大的墓葬封土局部保存，高不足1米，仅可看出略高于周边地势。春秋时期的墓葬或本就没有封土，也可能与人为和自然力的破坏有关。

墓圹形制方面，以口大底小为主，但也有一定数量的墓圹口底同大、口小底大。这种现象应与各自对应的年代早晚有关，时代较早的墓葬口小底大或口底同大的现象较多，战国以后，大多墓圹口大底小的现象较为普遍，江汉平原西部地区则几乎全为口大底小的楚墓。

墓坑填土方面，较早的墓葬填土为红褐色花土，晚至战国时期的墓葬填土则大多夹灰白色的俗称"白山土"的五花土，战国中期以后较大的带有台阶、墓道的墓葬上部填土绝大多数仅填五花土，下部填几十厘米至数米的青膏泥，青膏泥与上部填土的交接部夹一层几厘米厚的黄锈土感染层。少数楚墓中有白膏泥，但所填白膏泥均较薄。另外，青膏泥的回填方式与邻近的余岗墓地有所不同，沈岗墓地主要是中间隆起，余岗墓地则是一侧偏高，这应该是余岗墓地墓圹均无墓道，个别墓葬的青膏泥仅能从台阶运下的缘故。沈岗墓地则不同，应是从墓道运下，并经过平整堆高。墓向方面，沈岗墓地的头向以南向居多，少量规格较高的墓葬头向为东向，但不如江汉平原西部地区南向墓普遍，头向为东向的楚墓所占比例较高。

沈岗墓地随葬的仿铜陶礼器及日用陶器呈系列完整组合的墓葬所占比例不大，较多墓葬随葬器类组合不完全，大多数烧制火候较低，陶质陶色一般为泥质褐陶，有少量灰陶，与江陵地区墓葬随葬陶器多以灰陶为主的情形不同。从陶器器类看，本墓地所出陶长颈罐与江汉平原西部地区流行的长颈罐相类，但出土数量较少、型式变化系列也不够完整。随葬铜剑这一现象与江陵地区相似。另外，沈岗墓地未出一件陶簠，与江陵地区楚墓中较多见陶簠相左。同时，在随葬器物中也未发现铜镜及货币，玉器、兵器出土数量较少。究其原因，或许除了地域风俗差别外，与墓葬规格高低及富足程度有一定的关系。

在沈岗春秋和战国早期楚墓中，部分墓葬随葬有铜礼器，仅春秋中期墓葬发现有铭文，铭文数量不多，从铭文记载内容及相关特征看，应该不属于楚铜器系统，推测这类器物或为战利品，或是通过其他非正常手段获取。

沈岗墓地发现数座规格较高的春秋时期楚墓，士一级及平民墓葬也较多，结合邻近地区高级贵族墓的情况分析，鄂北地区为春秋时期楚人活动的一个重要区域，有理由推测该地为楚都城所在地，为当时楚国的政治、经济和文化中心。战国时期，该区域内贵族墓数量虽未减少，但结合该时期乃为楚鼎盛时期，其他地区楚墓的等级、数量均有激增的情况分析，鄂北地区的重要地位当不及春秋时期，其在楚国政治、经济生活中的地位应当有所下降，此应与楚都的南迁有关。鄂北地区地处南北地理通道，商周以来这里就是南北文化交会之处，春秋战国时期楚北上争霸、经略东方，这里便成为楚与西面的秦国及北面的中原诸国争夺的战略要地。加之该区域在西周时期原为汉阳诸姬、诸姜及其他众多异姓诸侯国的分布区，故文化因素复杂。明显可看出春秋时期该区域墓葬受到中原文化等的强烈影响，春秋晚期该地区典型楚文化因素进一步增强，铜礼器中典型楚文化因素已占绝对优势。同时，墓葬中仍有部分中原文化因素，如部分墓坑中发现生土二层台，有的还有朱砂，个别墓中随葬平盖鼎、矮足鼎、盖豆等。战国中期为楚文化的极盛期，但在该地区部分墓地仍有其他文化因素延续存在。战国末期，该地区为秦占领，所发现的楚墓应为楚遗民墓，这些墓葬依然保持了明显的楚文化特征，但反映出秦文化的强烈影响。

沈岗墓地楚墓的发掘，为确立本地区楚墓随葬器物的演变序列提供了资料，奠定了进一步研究的基础；同时也为研究襄阳地区春秋时期楚墓的葬制、葬俗，确定本地区春秋楚文化的具体构建元素，还原楚文化本来面目提供了实物资料。

附　表

附表一　邓塞统计表

墓号	方向(°)	墓口 长×宽-深(米)	墓底 长×宽-深(米)	葬具类别	椁室尺寸 长×宽-残高(米)	棺室尺寸 长×宽-残高(米)	人骨架保存情况	随葬器物	备注
M9	195	2.94×(1.42~1.52)-0.5	2.66×(1.2~1.23)-1.5	单棺		1.9×0.5-0.4	已朽尽	玉佩饰1、玉管1、玉玦6	上部被严重扰乱，南壁设龛，龛0.64米×0.6米-0.32米
M22	200	3.5×(1.52~1.8)-0.4	3.1×(1.4~1.44)-2.3	单棺		2×0.56-0.4	已朽尽	玉玦2	被M23打破
M26	200	2.8×1.1-0.64	2.8×1.1-(1.76~1.9)	单棺		2×0.54-0.34	已朽尽	玉璜2、玉饰1	
M39	205	2.74×(1.21~1.36)-0.4	2.74×(1.21~1.36)-1.7	单棺		1.9×0.5-0.4	已朽尽	玉玦2、玉璜1	被M37打破
M329	209	2.9×1.3-0.4	2.9×1.3-0.4	单棺		2.1×0.65-0.1	已朽尽	玉串珠5	
M385	192	2.84×(1.3~1.4)-0.5	2.94×(1.5~1.64)-2.7	单棺		1.98×0.54-0.34	已朽尽	玉玦2	棺上铺有一厚约5厘米的沙层，棺底见朱砂痕
M420	204	(3.8~3.9)×(1.9~2.1)-0.2	(3.42~3.44)×(1.48~1.64)-3.3	单棺		2.16×(0.72~0.74)-0.54	残存牙齿	铜戈1、铜棺饰1、铜剑1、玉玦2、玉珥1	被M418打破，棺底铺有一层朱砂
M455	202	3.38×1.8-0.58	3.2×1.76-2.24	单棺		2.04×0.64-0.44	残存牙齿1颗	玉玦2、玉冲牙36、玉佩饰4、玉串珠3	棺底铺有朱砂
M519	194	3.14×1.86-0.5	2.94×1.5-2.05	单棺		1.92×0.55-0.3	已朽尽	玉玦2	被M520打破
M522	197	3.14×1.5-0.4	3.2×(1.56~1.62)-2.43	单棺		2.16×0.56-0.17	残存牙齿	玉玦2、玉饰1、玉珥3	被M521打破

附　表

· 469 ·

续表

墓号	方向(°)	墓口 长×宽-深(米)	墓底 长×宽-深(米)	葬具类别	椁室尺寸 长×宽-残高(米)	棺室尺寸 长×宽-残高(米)	人骨架保存情况	随葬器物	备注
M565	203	3.06×1.78-(0.7~1)	3×1.64-4.04	单棺		1.96×0.7-0.08	残存牙齿	玉玦1、玉冲牙2、玉珞12	西壁坑口以下242厘米处置一生土坎
M566	204	3.36×2.2-0.4	2.88×1.64-2.94	单棺		2.23×0.64-0.48	已朽尽	玉玦2、玉人1、玉佩饰3	
M577	190	(2.8~2.9)×(1.5~1.54)-0.7	(2.44~2.58)×1.12-1.96	单椁单棺	2.26×0.69-0.26	1.96×0.46-0.14	残存牙齿	水晶环2、玉佩饰1	被M578打破
M584	202	3.2×(1.54~1.64)-0.32	(2.52~2.58)×(1.1~1.3)-3.54	单棺		1.76×0.52-0.24	残存牙齿腐痕	玉饰1	
M594	186	3.5×(1.86~2)-0.3	2.82×(1.18~1.34)-3	单棺		1.98×0.58-0.4	已朽尽	玉佩饰3、水晶饰2	被M595打破
M598	217	3.2×1.8-0.4	2.74×1.58-3	单棺		1.91×0.54-0.4	已朽尽	玉璜2、玉珞5	
M601	222	2.9×2.1-0.3	2.9×(1.82~1.96)-3	单棺		2.29×0.61-0.3	已朽尽	玉饰1	棺底铺有一层朱砂
M631	213	2.9×1.48-0.3	2.7×1.14-1.84	单棺		2.19×0.52-0.24	已朽尽	玉璜1	
M632	215	3.6×1.9-0.3	3×1.12-1.66	单棺		1.72×0.5-0.1	已朽尽	玉玦2、玉片18	被M633打破
M677	207	3.16×1.7-0.3	3.2×1.76-2.02	单棺		1.9×0.58-0.22	残存牙齿	玉玦2、玉珞4	被M678打破
M694	30	3.2×(1.66~1.7)-0.4	3.1×(1.56~1.6)-1.96	单椁单棺	2.64×1.1-0.14	1.92×0.5-0.06	已朽尽	玉玦2、玉贝2、陶盘4、陶罐2	
M712	25	2.22×1.05-0.3	2.12×0.84-0.9	单棺		1.5×0.47-0.26	残存牙齿11枚	陶鬲、陶盂、陶罐各1、铜簪1	
M748	192	(3~3.2)×(1.9~2)-0.4	(2.86~2.9)×(1.6~1.68)-2.46	单棺		1.9×0.56-0.22	残存牙齿	玉玦2、玉璧1、玉璜1	被M747打破,棺底铺有一层朱砂
M828	220	2.7×(1.4~1.58)-0.3	2.42×(1.04~1.1)-1.6	单棺		1.92×0.4-0.14	残存牙齿	玉玦1、玉珞4	
M843	200	2.54×(1.1残)-0.4	2.22×(0.7~0.9)-1.64	单棺		1.86×0.4-0.04	已朽尽	玉玦2、玉璜2	被M813打破

附表二　Aa型楚墓统计表

墓号	方向（°）	墓口 长×宽-深（米）	墓底 长×宽-深（米）	人骨架保存情况	备注
M13	203	2.4×（0.96~1.06）-（0.4~0.5）	2.2×0.9-（1.9~1.96）	已朽尽	
M19	190	2.2×0.8-0.24	1.88×0.66-1.4	已朽尽	
M25	210	2.3×0.94-0.3	2.1×（0.8~0.9）-2.1	已朽尽	
M27	200	2.9×1.24-0.5	2.64×1.1-（2.64~2.76）	已朽尽	
M51	135	2.05×1.1-0.9	1.85×0.9-1.6	已朽尽	
M335	224	2.43×0.9-0.4	2.3×0.8-1.8	已朽尽	
M358	206	2.07×0.7-0.35	1.8×0.5-0.9	残存牙齿	
M377	229	2.45×0.82-0.3	2.4×0.78-0.75	已朽尽	
M483	115	3.9×2.3-0.6	3.9×2.1-0.1	不详	打破M484、M485、M847，推测为废弃坑
M609	250	（2~2.06）×（0.7~0.74）-0.4	（2~2.06）×（0.7~0.74）-1	不详	
M680	216	0.94（残）×0.74-0.5	0.94（残）×0.74-0.35	已朽尽	被M679打破
M720	130	1.84×（0.44~0.5）-0.5	1.7×（0.38~0.46）-0.3	已朽尽	
M771	224	2.31×0.86-0.8	2.25×0.76-0.82	已朽尽	
M790	216	1.78×0.6-0.44	1.56×0.48-0.56	已朽尽	

附表三　Ab型楚墓统计表

墓号	方向（°）	墓口 长×宽-深（米）	墓底 长×宽-深（米）	人骨架保存情况	随葬器物	备注
M796	130	2.2×（0.79~0.9）-0.3	2×（0.66~0.74）-1.1	已朽尽	陶鬲1、陶盂1、陶壶1	
M811	207	2.32×0.92-0.5	2.1×0.82-0.56	已朽尽	陶盂2、陶罐1（置于南壁龛内）	打破M537，龛0.64米×0.24米-0.06（残）米

附表四　Ba型楚墓统计表

墓号	方向（°）	墓口 长×宽-深（米）	墓底 长×宽-深（米）	棺（板灰痕） 长×宽-（残）高（米）	人骨架保存情况	备注
M21	210	（0.68~2.1）×1.3-0.44	2（残）×1.23-2.76	1.36×0.52-0.26	已朽尽	二层台高0.26米
M29	20	2.5×（0.8~0.86）-0.4	1.9×（0.6~0.64）-2.5	1.9×0.45-0.2	已朽尽	
M35	5	2.6×1.3-0.5	2.6×1.3-2.3	2.18×0.5-0.4	已朽尽	被M18打破
M36	205	2.1×0.8-（0.2~0.26）	2×0.8-1.88	1.8×0.42-0.2（残）	已朽尽	被M20打破
M42	195	2.56×（1.26~1.3）-0.3	2.42×（1.26~1.4）-2.5	2.14×0.62-0.4	已朽尽	
M44	215	2.7×1.9-0.4	2.7×（1.4~1.46）-2.3	2.1×0.6-0.3（残）	已朽尽	
M47	155	2.26×1-0.3	2.14×0.96-1	1.84×0.5-0.1	已朽尽	

续表

墓号	方向(°)	墓口 长×宽-深（米）	墓底 长×宽-深（米）	棺（板灰痕）长×宽-（残）高（米）	人骨架保存情况	备注
M61	20	（2.2~2.4）×（1.04~1.1）-0.5	2.16×（0.88~0.94）-2.4	1.7×（0.54~0.6）-0.2	残存牙齿	被M60打破
M71	200	2.44×（0.42~0.9）-0.9	2.2×（0.8~0.92）-2.4	1.96×（0.46~0.52）-0.1	仅存4颗牙齿	
M80	210	2×（0.9~0.92）-0.5	1.8×0.6-1.66	1.54×0.36-0.1	已朽尽	
M91	200	2.06×0.8-0.55	2×0.6-1.75	1.8×0.46-0.18	已朽尽	
M96	230	2.2×（0.9~1）-0.4	2×（0.8~0.82）-1.5	1.78×0.5-0.2	已朽尽	
M145	205	3.2×1.64-0.28	2.8×1.36-2.24	2.05×0.64-0.2	已朽尽	
M147	30	2.5×1.1	2.46×1.06-2.1	1.84×0.46-0.1	已朽尽	
M148	205	3.2×1.2-0.4	2.8×1.04-1.1	2.1×0.54-0.2	残存牙齿	
M151	210	2.6×1.1-0.4	2.46×0.78-1.53	2.1×0.57-0.18	残存牙齿	
M301	180	2.15×0.75-0.65	2.1×0.76-0.86	2×0.6-0.2	仅见上肢骨及头骨	
M311	213	2.5×0.96-0.5	2.46×0.9-1.24	2×0.5-0.04	已朽尽	
M312	218	2.2×0.7-0.5	2×0.64-1.22	1.8×0.46-0.02	已朽尽	
M318	115	1.56（残）×0.76-0.45	1.84×0.74-1.16	1.48（残）×0.5-0.1	已朽尽	东半部被M316打破
M323	221	2.9×1.5-0.4	2.6×1.18-2.4	1.9×0.64-0.14	已朽尽	
M326	199	2.83×1.35-0.75	2.6×1.3-1.05	1.78×0.5-0.2	已朽尽	
M327	210	2.42×1.04-0.35	2.4×0.95-0.96	1.7×0.4-0.12	已朽尽	
M328	213	2.8（残）×1.4-0.2	2.7（残）×（1.3~1.36）-0.62	1.76×0.54-0.1	已朽尽	南部被M330打破
M331	209	2.38×0.87-0.2	2.3×0.8-0.48	2.12×0.56-0.08	残存牙齿	
M334	201	2.85×1.3-0.25	2.8×1.26-1	2×0.6-0.08	已朽尽	
M336	196	2.9×（1.4~1.62）-0.4	2.7×（1.2~1.45）-2.05	2.08×0.6-0.42	已朽尽	
M337	200	2.64×1.3-0.6	2.5×1.18-2.4	1.9×0.59-0.1	已朽尽	
M338	194	2.3×0.85-0.86	1.85×0.45-1.06	1.58×0.4-0.06	已朽尽	
M339	201	2.5×0.98-0.45	2.42×0.9-1.32	1.98×0.57-0.32	已朽尽	
M340	185	（2.4~2.5）×（0.74~0.86）-0.45	（2.36~2.45）×（0.68~0.8）-1.18	1.98×0.5-0.18	已朽尽	
M341	174	2.5×1.15-0.5	2.4×1.05-0.8	2.1×0.6-0.06	已朽尽	
M342	213	2.13×0.95-0.4	2.06×0.88-0.66	1.9×0.51-0.06	已朽尽	
M344	185	2.35×1-0.6	2.3×0.94-0.6	2.02×0.6-0.06	已朽尽	
M345	207	2.32×0.75-0.45	2.28×0.72-0.67	1.97×0.38-0.08	已朽尽	
M346	200	2.5×（1.08~1.16）-0.5	2.5×（1~1.1）-0.38	1.94×0.36-0.08	已朽尽	
M349	210	2.95×1.3-0.7	2.88×1.22-0.7	2.12×0.58-0.06	已朽尽	
M351	219	2.3×1.1-0.27	2.26×1-0.55	1.84×0.4-0.16	已朽尽	

续表

墓号	方向(°)	墓口 长×宽-深（米）	墓底 长×宽-深（米）	棺（板灰痕）长×宽-（残）高（米）	人骨架保存情况	备注
M352	210	2.36×1-（0.2~1）	2.3×0.96-0.8	2.1×0.5-0.1	已朽尽	
M354	210	2.4×0.78-0.5	2.3×0.68-0.5	2.1×0.42-0.11	已朽尽	
M356	200	2.6×1.2-0.45	2.3×1.06-1.16	1.94×0.6-0.08	已朽尽	
M359	237	（1.89~1.93）×（0.58~0.65）-0.71	1.8×（0.47~0.54）-0.69	1.72×0.4-0.1	已朽尽	
M360	201	2.3×0.8-0.4	2×0.6-1.1	1.68×0.46-0.05	已朽尽	
M370	206	3.08×（1.4~1.5）-0.3	2.64×（1.12~1.16）-1.24	2.24×0.52-0.14	残存牙齿	
M372	193	2×0.84-0.55	1.86×0.6-0.6	1.74×0.44-0.02	残存牙齿	
M374	215	2.5×0.9-0.8	2.4×（0.8~0.82）-0.78	2.1×0.54-0.16	残存牙齿	
M375	194	2.5×（0.84~0.9）-0.5	2.32×（0.76~0.8）-0.85	1.85×0.4-0.14	已朽尽	
M376	205	2.45×0.8-0.35	2.38×0.75-1.1	2×0.5-0.4	已朽尽	
M381	225	2.2×0.7-0.5	2.16×0.66-0.48	2×0.5-0.28	已朽尽	
M384	190	2.4×（1~1.14）-0.4	2.1×0.84-1.52	1.76×0.5-0.22	残存牙齿	
M392	215	（2.05~2.1）×1.1-0.5	（2~2.06）×（0.74~0.78）-1.5	1.94×0.45-0.1	残存牙齿	
M395	199	1.96×（0.74~0.8）-0.7	1.9×（0.64~0.7）-0.46	1.72×0.4-0.08	已朽尽	
M400	130	2（残）×2.04-0.34	1.64（残）×1.78-0.7	1.56（残）×0.52-0.06	已朽尽	被M399打破
M404	100	2.16×0.88-0.4	2×0.62-1.3	1.74×0.44-0.1	已朽尽	
M421	217	2.36×0.92-0.3	2.26×0.7-1.52	1.64×0.4-0.22	已朽尽	被M422打破
M423	178	2.65×1.28-0.3	2.32×（0.98~1.06）-2.2	1.82×0.54-0.1	已朽尽	打破M418
M426	200	2.7×1.2-0.42	（2.82~2.94）×（1.62~1.7）-3.7	2.08×0.6-0.3	已朽尽	
M432	215	2.94×（1.14~1.24）-0.4	2.94×（1.06~1.16）-1.92	2.25×0.52-0.32	已朽尽	被M431打破
M433	210	1.95×（0.95~1.1）-0.7	2.2×（0.85~1）-1.35	1.97×0.57-0.16	残存牙齿	被M466、M848打破
M437	200	2.68×（0.94~1.18）-0.76	2.6×（0.94~1.1）-1.34	1.9×0.5-0.26	已朽尽	
M438	200	2.8×1.36-0.5	2.48×1.06-1.98	2.1×0.54-0.26	残存牙齿	
M440	219	1.56×0.5-0.4	1.46×0.48-0.28	1.32×0.32-0.06	已朽尽	
M441	196	2.1×（0.6~0.7）-0.4	2×（0.56~0.6）-1.1	1.8×0.42-0.06	已朽尽	
M445	216	3.4×（1.64~1.72）-0.3	2.82×（1.2~1.26）-2.5	2×0.57-0.3	残存牙齿	
M448	80	（3.6~3.8）×（2.1~2.2）-0.36	（2.75~2.9）×（1.48~1.55）-2.4	1.88×0.52-0.28	已朽尽	
M458	222	3.2×1.74-0.4	2.44×0.9-（1~1.76）	2.08×0.5-0.3	已朽尽	
M461	178	2.3×（1~1.1）-0.75	2.1×0.9-1.54	1.9×0.48-0.2	残存牙齿	

续表

墓号	方向（°）	墓口 长×宽-深（米）	墓底 长×宽-深（米）	棺（板灰痕） 长×宽-(残)高（米）	人骨架保存情况	备注
M468	216	2.6×(1.34~1.36)-0.7	2.22×(0.66~0.74)-1.62	1.7×0.34-0.18	已朽尽	
M470	140	2.1×(0.76~1.04)-0.98	2.1×(0.6~0.8)-0.58	1.78×0.5-0.08	已朽尽	
M482	196	(2.1~2.2)×(0.9~1)-0.4	(2.16~2.24)×(0.8~0.94)-0.7	1.87×0.48-0.12	残存牙齿	
M497	210	2.34×(0.96~1.01)-0.4	2.2×(0.8~0.84)-1.18	1.74×0.52-0.18	已朽尽	
M502	205	1.96×(0.76~0.8)-0.8	1.92×(0.6~0.68)-1.14	1.7×0.48-0.1	已朽尽	
M507	170	2.2×(0.7~0.9)-0.3	2.1×(0.62~0.7)-0.8	1.76×0.34-0.3	已朽尽	
M510	117	2.05×(0.66~0.7)-0.6	2×(0.62~0.64)-0.74	1.74×0.52-0.15	已朽尽	
M516	225	1.9×0.6-0.55	1.8×0.5-0.25	1.6×0.3-0.25	已朽尽	
M517	215	1.96×0.74-0.68	1.86×0.6-0.52	1.6×0.3-0.25	已朽尽	
M524	135	2.18×0.69-0.7	2.02×0.58-0.6	1.65×0.35-0.06	已朽尽	
M533	195	2×0.8-0.5	1.86×0.68-0.9	1.7×0.57-0.2	已朽尽	
M571	203	2.6×1.2-0.3	2.2×0.98-2.2	1.83×0.5-0.02	已朽尽	
M572	205	2.6×1.2-0.3	2.6×(0.88~1.1)-1.6	1.86×0.5-0.02	已朽尽	墓底东西两壁设生土二层台
M576	102	2×0.7-0.7	2×0.7-0.15	1.66×0.39-0.02	残存牙齿	
M581	220	2.5×(1.1~1.14)-0.4	(2.24~2.3)×(0.92~0.96)-1.8	1.76×0.52-0.04	残存牙齿	
M586	180	(2.64~2.78)×(0.92~1.02)-0.7	(2.48~2.56)×0.8-0.94	2.22×0.44-0.12	残存牙齿	
M589	215	2.6×1.3-0.7	2.86×1.5-2.7	1.88×0.56-0.24	已朽尽	
M591	222	2.3×1.08-0.4	2.2×1-1.32	1.87×0.47-0.2	残存牙齿	
M599	225	2.9×2.1-0.3	2.9×(1.82~1.96)-3	1.84×0.58-0.32	已朽尽	
M612	211	(1.72~2.02)(残)×0.82-0.3	(1.72~1.82)(残)×0.78-1.28	1.8(残)×0.48-0.18	残存牙齿	被M611打破
M614	196	2.04×(0.9~1.04)-0.36	1.94×(0.78~0.94)-0.86	1.66×0.43-0.28	已朽尽	
M617	190	2.1×0.96-0.3	1.9×0.86-1.1	1.6×0.36-0.04	已朽尽	
M618	190	2.44×1.12-0.3	2.28×1.02-1.14	1.82×0.44-0.1	已朽尽	
M619	197	(1.85~1.88)×(0.8~0.84)-0.5	(1.88~1.92)×(0.7~0.73)-1.12	1.77×0.42-0.12	残存牙齿	
M638	151	3.36×(1.5~1.66)-0.5	2.92×1.14-1.9	2.1×0.5-0.14	残存牙齿	被M637打破
M641	193	4.16×3.22-0.3	3×1.8-2.14	1.8×0.52-0.3	残存牙齿	被M642打破，墓道底部设二级踏步
M642	207	2.48×1.2-0.3	2.34×1-1.04	1.85×0.58-0.04	已朽尽	打破M641
M652	194	2.14×1.14-0.4	1.9×0.8-1.5	1.76×0.48-0.2	已朽尽	

续表

墓号	方向(°)	墓口 长×宽-深（米）	墓底 长×宽-深（米）	棺（板灰痕） 长×宽-(残)高（米）	人骨架保存情况	备注
M657	200	2.4×1.05-0.3	2×0.65-1.22	1.8×0.5-0.12	已朽尽	
M664	190	1.86×0.52-0.46	1.86×0.52-0.08	1.72×0.42-0.02	残存牙齿腐痕	
M674	187	3.56×2.24-0.3	2.56×1.44-3.02	1.86×0.5-0.07	已朽尽	
M675	214	1.96×0.7-0.45	1.8×0.64-0.92	1.69×0.5-0.04	已朽尽	
M684	172	2.44×（0.9~0.95）-0.5	2.12×（0.8~0.86）-1.7	1.84×0.46-0.12	已朽尽	打破M685
M685	218	（1.4~2.46）（残）×0.92-0.6	（1.38~2.44）（残）×0.86-0.6	2（残）×0.56-0.12	已朽尽	被M684打破
M687	176	1.9×0.6-0.3	1.86×0.56-0.3	1.74×0.46-0.06	已朽尽	
M693	110	2.44×0.96-0.4	2.26×0.76-0.9	1.8×0.48-0.05	已朽尽	
M700	123	2.4×0.82-0.25	2.18×0.68-0.9	1.46×0.41-0.06	已朽尽	
M701	130	2.75×（1.8~1.94）-0.25	2.66×（1.56~1.8）-1.74	1.95×0.52-0.1	残存牙齿	
M707	208	1.8×0.65-0.26	1.7×0.6-0.55	1.62×0.43-0.05	已朽尽	
M709	208	1.86×（0.54~0.58）-0.3	1.82×（0.44~0.48）-0.42	1.64×0.26-0.06	已朽尽	
M711	205	2.16×1-0.4	2.08×0.9-1	1.8×0.42-0.04	已朽尽	
M723	195	2.1×0.7-0.45	2×0.6-0.54	1.76×0.42-0.04	已朽尽	
M732	200	1.6×0.48-0.5	1.56×0.42-0.11	1.5×0.33-0.04	已朽尽	
M734	194	1.5×0.56-0.44	1.48×0.52-0.44	1.12×0.38-0.09	已朽尽	
M740	195	2.14×0.76-0.3	2.04×0.68-0.5	1.74×0.34-0.1	已朽尽	
M743	198	2.34×1.1-0.35	2.28×0.88-1.48	1.86×0.46-0.1	残存牙齿	被M616打破
M746	170	2.58×1.54-0.46	2.68×（1.57~1.74）-3.12	1.96×0.56-0.18	已朽尽	
M749	205	2.56×1.56-0.32	2.5×1.5-0.74	2×0.5-0.3	已朽尽	
M750	224	3.2×（1.7~1.8）-0.35	2.92×（1.36~1.46）-1.5	2.08×0.54-0.35	已朽尽	打破M832
M751	201	3.3×1.3-0.4	2.88×（1.22~1.24）-0.8	2.2×0.6-0.3	残存牙齿	
M752	193	2.01×0.63-0.3	2.01×0.63-0.12	1.82×0.44-0.12	已朽尽	
M757	205	2.4×1.02-0.4	2.3×0.9-1.06	1.96×0.4-0.12	已朽尽	
M758	225	2.14×0.74-0.5	2×（0.58~0.62）-0.68	1.7×0.44-0.1	已朽尽	
M759	103	2.9×1.8-0.3	2.75×1.7-1.4	1.9×0.62-0.18	已朽尽	
M775	235	（2.16~2.28）×（1.1~1.3）-0.5	2.08×（0.92~1）-0.95	1.8×0.41-0.14	已朽尽	
M800	200	（0.84~1.12）（残）×1.4-0.5	（0.72~1.1）×1.32-1.26	0.74（残）×0.5-0.16	已朽尽	
M807	201	1.94×0.48-0.2	1.7×0.44-0.22	1.63×0.38-0.02	已朽尽	被M802打破
M814	221	2.5×0.92-0.3	2.32×0.76-1.66	1.86×0.46-0.06	已朽尽	
M822	218	2.28×1.02-0.25	2.18×0.88-0.26	1.68×0.42-0.08	已朽尽	

续表

墓号	方向(°)	墓口 长×宽-深（米）	墓底 长×宽-深（米）	棺（板灰痕） 长×宽-(残)高（米）	人骨架保存情况	备注
M825	190	2.06×0.76-0.3	2.04×0.74-0.48	1.9×0.44-0.04	已朽尽	
M835	135	2.02×0.66-0.6	1.88×0.56-0.64	1.74×0.46-0.13	已朽尽	
M839	220	2.86×(1.48~1.52)-0.48	2.74×(1.3~1.4)-1.1	1.98×0.52-0.08	已朽尽	
M844	121	2×(0.68~0.74)-0.4	1.88×(0.5~0.58)-0.7	1.6×0.37-0.12	已朽尽	

附表五　Bb型楚墓统计表

墓号	方向(°)	墓口 长×宽-深（米）	墓底 长×宽-深（米）	棺（板灰痕） 长×宽-(残)高（米）	人骨架保存情况	随葬器物	备注
M15	200	2.34×(1.12~1.2)-(0.42~0.7)	2.24×(1~1.02)-(1.76~2.04)	不详	已朽尽	陶壶1	
M16	200	2.6×(0.94~1)-0.38	2.24×0.7-(1.78~1.98)	不详	已朽尽	陶罐2、陶盂1、陶豆1	
M20	205	1.9×(0.74~0.8)-0.2	1.9×(0.6~0.64)-1.4	不详	已朽尽	陶壶1、陶罐1、陶盂1	
M24	185	2.94×(1.5~1.56)-0.44	2.85×1.38-2.08	2.04×0.66-0.3	已朽尽	陶鼎1、陶盂1、陶壶1、陶罐1	
M40	185	2.26×(1~1.04)-(0.35~0.4)	1.84×0.6-1.9	不详	已朽尽	陶盆1、陶豆2、陶壶1、陶罐1、铜剑1、箭镞2	生土台0.4米×0.6米-0.3米
M49	155	2.3×0.8-0.6	2×(0.66~0.7)-1.36	1.72×0.48	已朽尽	陶豆2、陶盂1、陶鬲1、陶壶1	
M75	195	2.1×0.96-0.5	2.06×0.8-1.76	1.86×0.54-0.14	已朽尽	陶壶1	
M81	210	1.9×(0.74~0.82)-1.2	1.8×(0.62~0.64)-0.6	1.76×0.46	已朽尽	陶鬲1、陶壶1、陶盂1	
M83	125	2.19×0.8-0.86	2.1×(0.6~0.64)-1.1	1.71×0.44	已朽尽	陶罐1、陶盂1、陶鬲1、陶豆1	
M84	180	2.3×0.8-0.54	1.7×0.36-0.9	不详	已朽尽	陶鬲1、陶盂1	
M98	206	2.2×1-0.4	2×0.8-1.44	1.7×0.5	已朽尽	铜环1	
M103	208	2.1×0.96-0.3	2×(0.72~0.77)-1.4	1.77×0.49	已朽尽	陶鬲1、陶盂1、陶壶1、陶豆2	
M109	220	2.6×1.08-0.44	2.2×0.72-2.43	1.88×0.46-0.3	已朽尽	陶鬲1、陶盂1、陶罐1	
M111	130	2.22×(0.8~0.92)-0.3	2.14×0.84-1.3	1.8×0.44-0.2	已朽尽	陶鬲1、陶盂1	

续表

墓号	方向（°）	墓口 长×宽-深（米）	墓底 长×宽-深（米）	棺（板灰痕） 长×宽-（残）高（米）	人骨架 保存情况	随葬器物	备注
M119	120	2.52×（1~1.06）-1	2.44×（0.8~0.84）-1.58	1.96×0.62-0.26	已朽尽	陶鬲1、陶盂1、陶壶1、铜剑1	
M123	127	2×0.9-0.5	2.04×0.64-2.2	1.64×0.5-0.3	已朽尽	陶鼎1、陶壶1、陶盂2	
M126	158	2.4×（1.12~1.18）-0.4	2.1×0.72-2.12	1.74×0.46	已朽尽	陶鬲1、陶盂1、陶罐1	
M127	158	2.1×0.92-0.3	2×（0.6~0.64）-2	1.84×（0.38~0.44）	已朽尽	陶盂2、陶罐1（置于南壁龛内）	龛0.32米×0.46米-0.14米
M131	150	2.16×（0.76~0.8）-0.6	2×0.6-2.4	1.8×0.44-0.3	已朽尽	陶盂2、陶壶1、陶豆1	
M138	120	1.9×0.7-0.3	1.9×0.66-1.35	1.82×0.4-0.1	已朽尽	陶盂2、陶罐1	
M146	285	2.15×1-0.4	2.1×0.77-1.5	1.76×0.57	已朽尽	陶鬲1、陶盂1、陶壶1	
M149	215	2×0.88-0.45	1.9×0.8-0.8	1.54×0.4-0.06	残存牙齿	陶罐1	
M299	240	2.24×0.76-0.7	2.1×0.58-1.3	1.82×0.46-0.2	已朽尽	陶鬲1、陶盂1、陶豆1、陶壶1	
M300	45	2.2×1-0.7	2.14×0.94-1.5	1.98×0.67-0.06	仅见上肢骨及头骨	铁器	
M302	330	2.35×0.95-0.8	2.3×0.9-1.4	1.7×0.5-0.04	残存牙齿	陶鬲1、陶盂1、陶豆2、陶壶1	
M314	187	2.3×0.95-0.55	2.15×0.78-1.45	1.9×0.58-0.15	已朽尽	陶鬲1、陶盂1、陶豆1、陶罐1	
M317	208	2.06×0.78-0.45	1.84×0.62-0.95	1.76×0.4-0.11	已朽尽	陶壶1、陶罐1、陶豆1	
M362	194	2×0.63-0.4	1.9×0.63-1.24	1.68×0.46-0.08	已朽尽	陶豆1、陶罐1、陶壶1	
M387	191	2.04×0.92-0.52	1.94×0.7-1.26	1.82×0.5-0.22	已朽尽	陶壶1	
M398	199	2.04×（0.64~0.66）-0.6	1.98×0.64-0.8	1.66×0.46-0.2	已朽尽	陶鬲1、陶盂1、陶壶1	
M411	184	2×0.6-0.4	1.96×0.52-1.86	1.6×0.46-0.12	已朽尽	陶鬲1、陶盂1、陶豆1、陶壶1	
M463	117	2.5×1.02-0.5	2.42×0.88-1.06	1.8×0.5-0.08	残存牙齿	陶盂1、陶壶1	
M466	127	（2.18~2.28）×（0.7~0.82）-0.7	（2.04~2.08）×0.54-1.1	不详	已朽尽	陶盂2、陶豆1、陶罐1	打破M433
M474	189	2.2×0.98-0.5	2.08×0.84-0.9	1.82×0.5-0.2	已朽尽	陶鬲1、陶盂1、陶豆1、陶罐1	

续表

墓号	方向（°）	墓口 长×宽-深（米）	墓底 长×宽-深（米）	棺（板灰痕） 长×宽-（残）高（米）	人骨架保存情况	随葬器物	备注
M481	201	2.04×0.84-0.4	1.98×0.72-1.06	1.8×0.44-0.14	残存牙齿	陶鬲1、陶盂1、陶壶1	
M484	300	2.04×（0.8~0.84）-0.6	2×（0.58~0.7）-1.35	1.7×0.46-0.2	残存牙齿	陶豆2、陶鬲1、陶盂2	被M483、M485打破
M485	240	1.62×0.56-0.6	1.57×0.5-0.76	1.42×0.42-0.1	已朽尽	陶壶1	打破M484，被M483打破
M486	294	2.4×0.98-0.3	2.1×0.74-1.18	1.7×0.38-0.24	残存牙齿	陶罐1	
M490	200	2.14×1.02-0.3	1.84×（0.66~0.7）-1.34	1.64×0.48-0.14	残存牙齿	铜铃若干	
M491	210	2×0.84-0.48	1.79×0.65-1.2	1.59×0.37-0.25	残存牙齿	陶鬲1、陶盂1、陶豆1、陶壶1	
M492	210	2.1×（0.86~0.9）-0.22	1.9×（0.64~0.7）-1.06	1.4×0.46-0.3	已朽尽	陶鬲1、陶盂1、陶豆2、陶罐1	
M499	230	2.2×0.94-0.5	1.96×0.8-0.9	1.8×0.44-0.12	已朽尽	陶鬲1、陶盂1、陶豆1、陶壶1	
M500	201	2.28×1.1-0.6	2.05×0.9-0.6	1.76×0.4-0.06	已朽尽	陶盂1、陶豆1、陶壶1	
M501	201	2.28×0.6-0.6	2.08×0.5-1.03	1.84×0.4-0.24	已朽尽	陶盂1、陶壶1	
M503	124	2.14×0.64-0.57	2.05×（0.48~0.57）-0.64	2×0.47-0.08	已朽尽	陶鬲1、陶盂1、陶罐1	
M508	210	(1.8~1.9)×0.8-0.4	(1.75~1.85)×0.68-1.5	(1.57~1.67)×0.45-0.3	残存牙齿	陶鼎1、陶盂1、陶壶1	
M509	137	2×（0.58~0.6）-0.6	1.9×（0.49~0.56）-0.46	1.54×0.38-0.1	残存牙齿	陶鬲1、陶盂1、陶豆1、陶壶1	
M511	225	2×（0.78~0.84）-0.4	1.94×（0.68~0.7）-0.38	1.67×0.45	残存牙齿	陶罐1	
M514	20	2.06×0.6-0.7	2.06×0.6-0.34	1.54×0.38-0.1	残存牙齿	陶鬲1、陶盂1、陶豆2、陶壶1	
M518	197	2.1×1.14-0.45	2.06×1-1.86	1.73×0.54-0.12	残存牙齿	陶鬲1、陶盂1、陶罐1	
M520	194	2.2×（0.74~0.78）-0.44	2.06×0.6-0.94	1.74×0.52-0.08	已朽尽	陶鬲1、陶盂1、陶壶1	打破M519
M527	25	(2.23~2.26)×（0.86~0.92）-0.36	(2.17~2.2)×（0.8~0.86）-0.46	1.7×0.5-0.2	已朽尽	陶盂1、陶豆1	

续表

墓号	方向(°)	墓口 长×宽-深（米）	墓底 长×宽-深（米）	棺（板灰痕） 长×宽-（残）高（米）	人骨架保存情况	随葬器物	备注
M531	200	2.2×(0.8~0.9)-2.43	2.1×(0.76~0.8)-0.8	1.74×0.5-0.1	残存牙齿	陶盂1、陶豆1、陶壶1	
M532	227	2.12×(0.6~0.68)-0.34	2.08×(0.54~0.6)-0.5	1.8×0.48-0.1	已朽尽	陶豆2、陶壶1	
M543	145	2.16×0.82-0.3	2×0.78-0.72	1.66×0.42-0.1	已朽尽	陶鬲1、陶盂1、陶豆2、陶壶1	
M544	138	1.9×0.8-0.4	1.9×0.68-0.7	1.78×0.5-0.1	已朽尽	陶盂1、陶壶1	
M547	203	2.06×(0.8~0.94)-0.5	1.98×(0.74~0.8)-0.84	1.88×0.44	已朽尽	陶罐1	
M554	131	2.14×(0.78~0.9)-0.4	1.95×0.7-1	1.69×0.4-0.2	已朽尽	陶盂1、陶罐1	
M556	215	2.02×0.78-0.3	1.98×0.74-1	1.88×0.46-0.06	残存牙齿	陶罐1	
M558	203	2.24×(0.64~0.74)-0.5	2.22×(0.56~0.64)-1.12	1.58×0.42-0.16	已朽尽	陶鬲1、陶盂1、陶壶1	
M560	208	(2.26~2.36)×1.02-0.4	2.06×0.82-1.34	1.72×0.42-0.08	残存牙齿	陶鬲1、陶盂1、陶罐1、料珠2	
M563	217	2.06×0.86-0.35	1.9×(0.7~0.76)-1.45	1.87×0.43-0.2	残存牙齿	陶鬲1、陶盂1、陶罐1，铁器1	
M564	130	2.5×1.4-0.4	2×0.88-1.93	1.82×0.47-0.06	已朽尽	陶罐1	墓底四壁设生土二层台
M574	215	2.6×1-0.6	2.36×0.86-0.96	1.86×0.46-0.16	已朽尽	陶鬲1、陶罐1	
M575	180	2.1×0.74-0.8	1.92×0.58-1.32	1.86×0.44-0.22	残存牙齿	陶罐1	
M587	180	2.08×0.9-0.56	2.1×0.8-1.6	1.7×0.4-0.2	已朽尽	陶鬲1、陶盂1、陶壶1	
M588	182	(2.66~2.7)×(1~1.1)-0.54	(2.24~2.26)×(0.7~0.72)-1.28	1.8×0.46-0.12	残存牙齿	陶盆1、陶盂1、陶豆2、陶罐1、铜剑1	
M611	200	(2.3~2.36)×1.1-0.3	2.2×1.06-1.75	1.72×0.5-0.12	残存牙齿	陶鬲1、陶盂1、陶壶1	打破M612
M620	196	2.42×0.72-0.3	2.26×0.68-0.72	1.76×0.42-0.22	已朽尽	陶盂1	
M623	200	(2~2.14)×0.9-0.4	1.94×(0.66~0.78)-0.8	1.74×(0.43~0.48)-0.04	已朽尽	陶鬲1、陶盂1、陶壶1、陶豆1（置于鬲中）	
M627	193	2.06×(0.54~0.6)-0.3	1.94×(0.46~0.48)-0.64	1.72×0.4-0.14	已朽尽	陶盂1	

续表

墓号	方向(°)	墓口 长×宽-深（米）	墓底 长×宽-深（米）	棺（板灰痕） 长×宽-（残）高（米）	人骨架保存情况	随葬器物	备注
M637	155	2.14×0.96-0.5	2×0.93-1.6	1.68×0.42-0.2	已朽尽	陶盂2	打破M638
M650	107	1.8×0.6-0.3	1.64×0.48-0.76	1.34×0.44-0.15	已朽尽	陶鬲1	
M667	165	2.2×0.82-0.5	2×0.82-0.72	1.8×0.48-0.22	已朽尽	陶鬲1、陶盂1、陶豆1	
M678	173	1.97×0.8-0.7	1.9×0.73-0.73	1.75×0.52-0.12	已朽尽	铜铃1	打破M677
M683	184	1.89×0.76-0.4	1.87×0.7-1.16	1.56×0.51-0.08	已朽尽	陶鬲1、陶盂1、陶罐1	
M692	112	2.18×（0.78~0.86）-0.4	2.1×0.7-0.28	1.82×0.52-0.04	已朽尽	陶盂1、铜铃9、料珠1	
M696	128	1.8×（0.6~0.68）-0.1	1.75×（0.52~0.64）-0.38	1.62×0.38-0.08	已朽尽	陶盂1	
M702	195	2×0.82-0.3	1.85×0.76-0.55	1.66×0.5-0.06	已朽尽	陶鬲1、陶盂1、陶罐1	
M705	105	2×（0.6~0.64）-0.28	1.92×（0.56~0.62）-0.38	1.6×0.36-0.16	残存牙齿	陶豆1	
M708	22	2.56×（1.16~1.2）-0.3	2.34×0.94-1.3	1.8×0.42-0.16	已朽尽	陶罐2	
M714	210	2×（0.58~0.68）-0.32	1.9×（0.46~0.53）-0.66	1.46×0.28-0.2	已朽尽	陶鬲1、陶盂1、陶罐1	
M715	180	2.26×0.8-0.5	2.14×0.7-0.63	1.7×0.36-0.06	已朽尽	陶鬲1、陶盂1、陶豆1、陶罐1	
M717	215	2.1×0.9-0.32	2×0.75-0.66	1.65×0.44-0.06	已朽尽	陶鼎1、陶盂1、陶豆2、陶壶1	
M736	149	（2.02~2.1）×（0.84~0.86）-0.4	1.9×0.74-1.32	1.72×0.4-0.02	已朽尽	陶鬲1、陶盂1、陶罐1	
M753	208	（1.14~1.2）（残）×0.82-0.5	1.16（残）×0.74-0.4	0.97（残）×0.4-0.16	已朽尽	陶罐1	被M754打破
M755	166	2.24×（0.8~0.83）-0.65	2.2×0.66-1.5	1.8×0.43-0.2	已朽尽	陶鬲1、陶盂1、陶豆2、陶壶1	
M756	149	2.08×（0.6~0.8）-0.5	1.96×（0.58~0.66）-0.7	1.7×0.4-0.1	已朽尽	陶壶1	
M761	214	2.26×（0.86~0.9）-0.48	2.04×（0.6~0.62）-1.08	1.72×0.48-0.07	残存牙齿	陶鬲1、陶盂1、陶罐1	龛0.56米×0.25米-0.24米

续表

墓号	方向(°)	墓口 长×宽-深（米）	墓底 长×宽-深（米）	棺（板灰痕） 长×宽-（残）高（米）	人骨架 保存情况	随葬器物	备注
M769	230	2×（0.68~0.74）-0.35	2×0.74-0.3	1.7×0.4-0.24	残存牙齿3枚	陶盂1、陶壶1	
M773	135	2.1×0.75-0.4	2×（0.64~0.68）-1.8	1.71×0.41-0.18	已朽尽	陶盂1、陶豆2、陶壶1	
M776	140	1.84×0.56-0.54	1.77×0.48-0.5	1.77×0.48-0.14	已朽尽	陶鬲1	
M794	135	2.12×（0.76~0.82）-0.5	2.02×0.72-0.26	1.6×0.4-0.06	已朽尽	陶盂2、陶豆3、陶罐2	
M804	214	2.14×0.88-0.38	1.65×0.58-0.52	1.62×0.4-0.08	已朽尽	陶鬲1、陶盂1、陶豆2、陶罐1	生土台宽0.3、上距墓口0.38米
M806	302	2.02×0.64-0.4	1.9×0.58-0.26	1.7×0.38-0.04	已朽尽	陶盂1、陶豆1	
M816	53	1.76×0.64-0.5	1.74×0.64-0.72	1.48×0.46-0.03	已朽尽	陶鬲1、陶豆1	
M817	215	3.26×1.42-0.3	2.8×1.26-2.3	1.8×0.54-0.26	残存牙齿	玉璜1、铜削刀1	
M818	210	2.06×0.8-0.24	1.92×0.64-0.93	1.7×0.38-0.06	已朽尽	陶盂1、陶豆1、陶罐1	
M823	200	2×0.8-0.32	1.92×0.74-0.7	1.46×0.36-0.1	已朽尽	陶盂1、陶豆1、陶壶1	
M824	210	2.57×0.88-0.18	2.27×0.8-0.29	1.74×0.45-0.06	已朽尽	陶鬲1、陶盂1、陶豆1、陶壶1	
M832	201	1.9（残）×0.64-0.35	1.84（残）×0.6-0.67	1.7×0.48-0.11	已朽尽	陶鬲1、陶盂1	被M750打破
M836	220	2.6×（1.3~1.4）-0.3	2.4×1.1-0.92	2.05×0.5-0.06	已朽尽	陶豆1、陶罐2	
M837	222	2.56×（1.12~1.32）-0.6	2.56×（1.12~1.32）-0.15	1.74×0.5-0.02	已朽尽	陶罐2	
M841	200	（0.6~1.9）（残）×0.55-0.6	（0.6~1.9）（残）×0.55-0.18	（0.4~0.44）（残）×0.44-0.02	已朽尽	陶豆1	
M847	205	2.1×（0.82~0.88）-0.6	2.06×（0.8~0.85）-0.24	1.62×0.48-0.19	已朽尽	陶豆1	被M483打破
M852	192	2×0.75-0.36	1.86×0.65-1.7	1.65×0.42-0.12	已朽尽	陶鬲1、陶盂1、陶壶1	

附表六　Bc型楚墓统计表

墓号	墓向（°）	墓口 长×宽-深（米）	墓底 长×宽-深（米）	壁龛 位置	壁龛 宽×高-进深（米）	龛底距墓底（米）	棺（板灰痕）长×宽-（残）高（米）	随葬器物	备注
M4	195	3×1.8-0.4	(2.84~3)×1.84-2.84	南壁	1.06×0.4-0.4	0.7	2×0.6-0.45	陶豆2、铜鼎1、铜盏1、玉珞1	
M6	205	2×(0.92~1.04)-0.2	2×0.8-1.1	南壁	0.36×0.24-0.2	0.54	1.66×0.42-0.2	陶豆1、陶盂1	
M10	170	2.84×(0.96~1.04)-0.4	2.72×(0.84~0.96)-0.64	南壁	0.4×0.26-0.2	0	不详	陶豆2、陶鬲1、陶盂2、陶盂1	
M11	200	3.04×1.2-0.42	2.6×1.04-1.88	南壁	0.4×0.38-0.4	0.36	1.8×0.59	陶鬲1、陶罐1、陶盂1	
M28	200	3.12×1.65-0.3	2.7×1.2-2.32	南壁	1.02×0.52-0.4	0.5	1.82×0.6-0.4	陶盆1、陶罐1、陶盂1	二层台高0.2，宽0.38~0.42米
M37	195	2.2×1.04-0.4	2×0.92-1.42	南壁	0.44×0.3-0.34	0.42	1.8×0.6-0.2	陶鬲1、陶盂1、陶豆1	打破M39
M56	165	(2.3~2.5)×(1.16~1.2)-0.45	1.96×0.6-1.24	南壁	0.3×0.28-0.2	0.52	1.72×0.5-0.2	陶鬲1、陶壶1、陶豆1	
M92	315	2.14×(0.92~0.98)-0.8	2×(0.52~0.64)-1.5	北壁	0.36×0.24-0.22	0.7	1.7×(0.34~0.4)-0.2	陶鼎1、陶盂1、陶壶1、陶豆2	
M97	150	2.1×0.8-0.2	2×0.6-1.44	南壁	0.4×0.28-0.18	0.5	1.8×0.4-0.14	陶盂1、陶罐1	
M101	230	2.1×(0.86~0.9)-0.6	1.92×(0.7~0.74)-1.46	南壁	0.32×0.68-0.22	0.5	1.72×0.5	陶鬲1、陶盂1	
M102	205	2.2×1.04-0.5	2.1×1-2.54	南壁	0.74×0.44-0.2	0.48	2×0.9-0.5	陶鬲1、陶罐1	
M104	210	2.24×0.98-0.3	2×0.72-2.2	南壁	0.67×0.35-0.27	0.5	1.84×0.54-0.3	陶壶1、陶盂2、陶罐1	
M112	110	2.16×(1~1.1)-0.5	2×(0.75~0.79)-1.6	东壁	0.78×0.38-0.3	0.34	1.81×0.55-0.18	陶鬲1、陶豆3、陶壶1	
M113	100	2.04×0.6-1.6	2.08×0.8-1.8	东壁	0.38×0.28-0.16	0	1.8×0.5-0.16	陶鬲1、陶罐1	
M120	120	2.6×1.2-0.6	2.6×1.2-2.38	东壁	0.64×0.26-0.2	0.76	2×0.6-0.28	木器2、陶鬲1、陶罐1	
M125	207	2×0.8-0.5	1.9×(0.6~0.64)-1.86	南壁	0.5×0.3-0.34	0.32	1.72×0.4-0.28	陶盆1、陶盂1、陶罐1	

续表

墓号	墓向(°)	墓口 长×宽-深(米)	墓底 长×宽-深(米)	位置	壁龛 宽×高-进深(米)	龛底距墓底(米)	棺(板灰痕)长×宽-(残)高(米)	随葬器物	备注
M128	190	2.3×0.9-0.4	2.1×0.7-2.44	南壁	0.22×0.5-0.28	0.24	1.78×0.42	陶盂2、陶罐	
M129	120	2.14×0.8-0.3	2.06×0.66-1.28	东壁	0.26×0.5-0.22	0.51	1.98×0.4	陶鼎1、陶盂1、陶罐	
M132	43	2×0.7-0.3	1.78×(0.4~0.44)-1.4	北壁	0.44×0.3-0.22	0.56	1.4×0.3-0.02	陶鬲1、陶盂1、陶豆2	
M135	170	2.1×0.85-0.4	2×0.74-1.8	南壁	0.36×0.22-0.2	0.4	1.96×(0.46~0.52)-0.3	陶盂1	
M136	145	2.06×(0.6~0.64)-1	2×0.56-2.2	南壁	0.24×0.56-0.26	0.68	1.72×0.46-0.02	陶豆1、陶罐1	
M139	315	1.9×0.7-0.3	1.8×0.55-1	西北壁	0.4×0.25-0.4	0.4	1.77×0.43-0.1	陶盂2、陶罐1	
M140	35	2.3×1.05-0.3	2×0.7-1.12	北壁	0.58×0.34-0.2	0.22	1.76×0.47-0.12	陶鬲1、陶盂1、陶罐1	
M297	160	2.2×0.96-0.3	2.08×0.82-1.4	南壁	0.88×0.4-0.05	0	1.76×0.51-0.05	陶鼎1、陶盂1、陶罐1	
M298	50	2.16×0.8-0.68	2.12×0.72-0.6	北壁	0.58×0.2-0.2	0	1.93×0.6-0.1	陶盂2	
M307	180	2.7×1.12-0.35	2.54×0.96-1.4	南壁	0.36×0.27-0.18	0.52	1.9×0.45-0.36	陶豆1、陶罐1	
M310	179	2.3×1-0.5	2×(0.6~0.65)-1.8	南壁	0.36×0.4-0.12	0.7	1.81×0.52-0.1	陶鬲1、陶盂1、陶豆(棺外)1、陶罐1	
M319	295	(1.3~1.36)(残)×0.8-0.4	1.45(残)×0.7-0.54	西壁	0.54×0.12-0.24	0	1.14×0.38-0.1	陶盂1、陶罐1	东半部被M316打破
M320	115	2.44×(0.8~0.84)-0.4	2.28×(0.74~0.84)-2.26	西壁	0.5×0.18-0.22	0.52	1.9×0.34-0.1	陶鬲1、陶罐1	被M316打破
M324	188	2.2×0.98-0.4	2.01×(0.75~0.93)-1.61	南壁	0.5×0.41	0.3	1.48×0.48-0.04	陶盂2	龛(不规则)
M332	119	2.7×1.6-0.2	(2.6~2.76)×1.3-1.3	东壁	0.68×0.45(残)-0.3	0.84	2×0.6-0.36	陶鼎1、陶盂1、陶豆2、陶豆1	龛(上口被破坏)
M363	191	2.2×0.8-0.6	2.1×(0.62~0.7)-2.2	南壁	0.56×0.34-0.3	0.7	1.64×0.42-0.1	陶鼎1、陶盂1、陶壶1	

续表

墓号	墓向(°)	墓口 长×宽-深(米)	墓底 长×宽-深(米)	壁龛 位置	壁龛 宽×高-进深(米)	龛底距墓底(米)	棺(板灰痕) 长×宽-(残)高(米)	随葬器物	备注
M364	182	1.96×0.74-0.94	1.78×0.52-1.1	南壁	0.36×0.22-0.2	0.68	1.68×0.46-0.02	陶盂1、陶盆1	
M366	96	2.04×0.76-0.2	1.86×0.5-1.73	东壁	0.5×0.24-0.26	0.56	1.7×0.4-0.06	陶鬲1、陶盂1、陶壶1	
M367	115	2.26×0.9-0.6	2.14×(0.65~0.7)-1.18	东壁	0.54×0.38-0.2	0.8	1.8×0.48-0.14	陶鬲1、陶盂1、陶壶1、陶豆1	
M389	200	2.5×0.9-0.5	2.44×0.85-1.66	南壁	0.8×0.44-0.4	0.68	1.64×0.4-0.3	陶盂1、陶盆1、陶罐1	被M390打破
M390	190	2.18×0.78-0.4	1.94×0.57-1.62	南壁	0.45×0.3-0.2	0.44	1.76×0.45-0.22	陶鬲1、陶盂1、陶壶1	打破M389
M391	215	2.68×1.26-0.36	2.8×1.36-2.69	南壁	0.56×0.3-0.36	0.7	2.02×0.54-0.04	陶鼎1、陶罐1、陶盂1	
M394	203	(2.6~2.7)×0.94-0.5	(2.3~2.4)×0.94-1.56	南壁	0.58×0.24-0.2	0.9	1.85×0.58-0.16	陶鬲1、陶盂1、陶豆1	
M397	225	2.4×0.92-0.4	1.75×0.48-1.1	南壁	0.36×0.3-0.14	0.32	1.68×0.36-0.04	陶盂1、陶豆1	二层台高0.26、宽0.12米
M409	195	2.3×0.9-0.4	2.1×0.58-2	南壁	0.6×0.22-0.22	0.58	1.78×0.44-0.1	陶盂2、陶盂1、陶豆1	
M410	117	2.44×0.9-0.35	1.92×0.6-2	东壁	0.55×0.46-0.18	0.54	1.8×0.48-0.3	陶鼎1、陶壶1、陶盂1	
M413	122	2.16×(0.96~1.02)-0.5	1.94×(0.76~0.82)-1.2	东壁	0.7×0.33-0.26	0.52	1.86×0.46-0.3	陶鼎1、陶盂1、陶豆2	
M422	180	2.56×(0.9~0.94)-0.4	2.3×0.8-1.7	南壁	0.78×0.36-0.2	0.54	1.8×0.44-0.04	陶鼎1、陶壶1、陶盂2、陶盖1	打破M421
M434	170	2.4×0.9-0.4	2.22×0.74-1.58	东侧壁	0.4×0.26-0.18	0.92	1.84×0.52-0.06	陶罐1	
M435	162	2.52×(0.9~0.96)-0.37	2.35×(0.85~0.86)-1.52	南壁	0.44×0.25-0.18	0.64	1.83×0.54-0.12	陶罐1	
M436	177	3×(1.14~1.34)-0.35	2.5×(0.76~0.82)-2	西侧壁	0.4×0.32-0.2	0.4	1.6×0.48-0.1	陶罐1	

续表

墓号	墓向(°)	墓口 长×宽-深(米)	墓底 长×宽-深(米)	壁龛 位置	壁龛 宽×高-进深(米)	龛底距墓底(米)	棺（板灰痕）长×宽-（残）高(米)	随葬器物	备注
M447	195	2.26×0.8-0.32	1.9×0.54-1.96	南壁	0.22×0.3-0.09	0.32	1.75×0.34-0.08	陶罍1、陶盂1、陶罐1	
M464	110	2.32×0.9-0.5	2×0.64-1.28	东壁	0.4×0.3-0.1	0.74	1.76×0.38-0.08	陶盂1、陶壶1	
M469	115	1.86×0.56-1.25	1.76×0.44-0.56	东壁	0.4×0.12（残）-0.18	0.45	1.68×0.36-0.08	陶罍1、陶盂1、陶壶1	墓口龛上部被扰乱
M498	212	2.1×(0.64~0.7)-0.23	1.96×(0.45~0.56)-1	南壁	0.34×0.45-0.2	0.4	1.82×0.35-0.2	陶盂1、陶罐1	
M529	20	2.22×0.86-0.4	2.04×0.7-0.54	北壁	0.66×0.2-0.16	0.35	1.72×0.44-0.04	陶罍1、陶盂1、陶壶1、陶豆1	
M536	195	2.36×1.18-0.3	2.06×0.9-1.3	南壁	0.3×0.26-0.06	0.38	1.72×0.44-0.05	陶罍1、陶盂1、陶罐1、陶豆2	
M539	195	2.24×(0.9~0.94)-0.4	1.98×(0.68~0.7)-1	南壁	0.5×0.32-0.2	0.42	1.84×0.48-0.12	陶鼎1、陶盂1	
M540	141	1.96×0.85-0.25	1.86×0.66-1.14	南壁	0.3×0.24-0.08	0.35	1.6×0.46-0.14	陶罍1、陶盂1	
M541	125	2.3×0.8-0.36	2.1×0.64-1.46	东壁	0.4×0.28-0.16	0.42	1.84×0.46-0.04	陶罍1、陶盂1、陶壶1	
M542	195	2×(0.7~0.76)-0.5	1.86×(0.62~0.64)-0.8	南壁	0.3×0.24-0.1	0.22	1.66×0.42-0.04	陶罍1、陶盂1	
M545	130	2.14×0.92-0.47	2.04×(0.77~0.82)-1.14	东壁	0.49×0.24-0.18	0.4	1.75×0.42-0.11	陶盂2	
M548	180	1.95×(0.62~0.67)-0.48	1.92×(0.52~0.6)-1.64	南壁	0.52×0.26-0.13	0.28	1.78×(0.43~0.45)-0.06	陶罍1、陶盂1、陶壶1、陶豆1	
M552	134	1.96×0.7-0.4	1.82×0.56-1.06	东壁	0.4×0.3-0.2	0.5	1.72×0.42-0.06	陶罍1、陶盂1、陶壶1、陶豆2	
M555	12	2.9×1.62-0.4	1.92×0.7-2.4	北壁	0.68×0.3-0.34	1.04	1.84×0.5-0.22	陶罍1、陶盂1、陶豆2、铜盂1	

续表

墓号	墓向(°)	墓口 长×宽-深(米)	墓底 长×宽-深(米)	壁龛 位置	壁龛 宽×高-进深(米)	龛底距墓底(米)	棺(板灰痕) 长×宽-(残)高(米)	随葬器物	备注
M557	205	1.58×0.5-0.3	1.56×0.44-0.42	南壁	0.2×0.16-0.18	0.06	1.54×0.3-0.04	陶鬲1	
M559	207	2×0.96-0.48	1.9×0.76-1.04	南壁	0.16×0.18-0.14	0.36	1.78×0.44-0.2	陶豆2	
M570	277	2.2×0.7-0.4	1.9×0.57-1.84	西壁	0.62×0.24-0.2	0.56	1.86×0.46-0.1	陶盆1、陶盂1、陶壶1	
M580	230	2.04×(0.76~0.8)-0.66	1.82×(0.66~0.68)-0.72	南壁	0.74×0.32-0.14	0.22	1.78×0.5-0.08	陶鬲1、陶盂1、陶罐1	
M582	215	2.2×(0.96~1)-0.44	1.86×0.74-1.46	南壁	0.35×0.3-0.18	0.6	1.56×0.36-0.06	陶鬲1、陶豆1、陶罐1	
M595	99	2.46×0.85-0.38	2.2×0.78-2.6	东壁	0.8×0.3-0.25	0.82	1.9×0.42-0.38	陶盆1、陶盂1、陶罐1	打破M594
M613	190	(2.56~2.6)×(1.5~1.62)-0.3	(2.46~2.5)×(1.44~1.58)-2.12	南壁	0.68×0.3-0.1	0.65	1.9×0.52-0.12	陶鬲1、陶盂1、陶壶1	墓底西壁设生土台,高0.65,宽0.22~0.28米
M616	198	1.92×0.7-0.3	1.86×0.64-0.7	南壁	0.58×0.16(残)-0.32	0.54	1.7×0.48-0.16	陶鬲1、陶罐1、陶豆1、陶盂1	打破M743,龛口上部亦被破坏
M621	194	2.5×1.1-(0.6~0.7)	2.18×0.84-(0.94~1.04)	南壁	0.74×0.4-0.19	0	1.62×0.38-0.04	陶鬲1、陶盂1、陶壶1	
M628	100	2.3×0.94-0.4	2.18×0.74-1.4	东壁	0.28×0.2-0.12	0.56	1.86×0.44-0.2	陶罐1、陶盂1	
M629	210	2.36×0.96-0.3	2.04×0.82-1.72	南壁	0.68×0.36-0.2	0.84	1.65×0.47-0.22	陶鼎1、陶盂1	
M633	108	2.18×0.84-0.2	1.82×0.66-1.88	东壁	0.78×0.66-0.3	0.64	1.6×0.48-0.16	陶鬲1、陶罐1、陶壶1	打破M632
M654	180	1.94×0.94-0.3	1.8×0.72-1.4	南壁	0.5×0.3-0.24	0.6	1.7×0.48-0.3	陶鬲1	
M659	182	2.1×0.7-0.3	1.88×0.62-1.04	南壁	0.58×0.22-0.18	0.24	1.8×0.48-0.24	陶鬲1、陶盂1、陶罐1	
M665	180	(1.95~2.04)×(0.75~0.8)-0.4	1.88×0.64-1.1	南壁	0.36×0.26-0.15	0.58	1.82×0.46-0.12	陶鬲1、陶盂1、陶壶1	
M669	109	1.94×(0.62~0.74)-0.34	1.9×(0.48~0.58)-0.84	东壁	0.38×0.44-0.05	0	1.66×0.44-0.1	陶鬲1、陶盂1、陶豆1	

续表

墓号	墓向(°)	墓口 长×宽-深(米)	墓底 长×宽-深(米)	壁龛位置	壁龛 宽×高-进深(米)	龛底距墓底(米)	棺(板灰痕) 长×宽-(残)高(米)	随葬器物	备注
M670	162	1.9×0.7-0.25	1.88×0.5-0.97	西壁	0.46×0.2-0.15	0.74	1.87×0.47-0.05	陶盂2	
M673	186	(2.1~2.16)×(0.84~0.98)-0.66	1.96×0.74-0.92	南壁	0.58×0.16-0.1	0.58	1.82×0.48-0.1	陶盂1、陶豆2、陶罐1	
M681	206	2.14×0.7-0.34	2.1×0.64-0.34	南壁	0.24×0.12-0.18	0.22	1.78×0.44-0.04	陶鬲1、陶豆1	打破M682
M682	104	2.14(残)×0.7-0.3	2×0.72-1.4	东壁	0.51×0.26-0.2	0.53	1.86×0.46-0.06	陶鬲1、陶盂1、陶壶1、铜剑1	被M681打破
M689	192	2.04×0.7-0.42	1.9×0.56-0.62	南壁	0.32×0.02(残)-0.14	0.6	1.7×0.4-0.06	陶鬲1	坑口上部被破坏
M690	185	1.94×0.68-0.4	1.9×0.62-1	南壁	0.36×0.28-0.22	0.32	1.72×0.4-0.1	陶鬲1、陶罐2	
M695	198	2.24×(0.88~0.92)-0.25	1.9×(0.7~0.74)-0.94	东壁	0.5×0.2-0.2	0.46	1.8×0.5-0.2	陶盂1、陶罐1	
M699	216	1.92×0.7-0.3	1.82×0.5-0.7	南壁	0.5×0.22-0.06	0	1.4×0.4-0.13	陶豆1、陶罐1、陶壶1	
M706	100	1.98×(0.76~0.82)-0.3	2.04×(0.7~0.74)-1.26	东壁	0.43×0.23-0.16	0.53	1.77×0.48-0.2	陶鬲1、陶盂1、陶壶1、玉玲1	
M718	180	1.78×0.78-0.2	1.72×0.68-0.3	南壁	0.56×0.05(残)-0.2	0.25	1.58×0.41-0.05	陶壶1、陶罐1(均残)	墓口及龛盒被破坏
M721	119	1.9×0.72-0.5	1.64×0.56-0.7	东壁	0.69×0.28-0.2	0.4	1.6×0.41-0.04	陶罐1	
M728	222	2.04×0.98-0.46	2×0.9-0.6	南壁	0.68×0.3-0.28	0.3	1.73×0.5-0.1	陶鬲1、陶盂1、陶罐1	
M729	188	(2.02~2.08)×0.8-0.35	1.9×0.66-1.02	南壁	0.26×0.18-0.07	0.6	1.64×0.38-0.1	陶罐1	
M731	184	1.7×0.7-0.36	1.64×0.64-0.44	南壁	0.64×0.26-0.32	0.18	1.5×0.7-0.2	陶盂1、陶罐1	
M733	201	1.46×0.38-0.5	1.4×0.34-0.35	南壁	0.32×0.2(残)-0.16	0.15	1.22×0.23-0.05	陶盂1、陶豆1	墓口及龛盒被破坏
M741	195	2.02×0.78-0.3	1.86×0.7-0.52	南壁	0.44×0.28-0.12	0.12	1.56×0.46-0.06	陶盂1、陶壶1、陶豆1	

续表

墓号	墓向(°)	墓口 长×宽-深（米）	墓底 长×宽-深（米）	壁龛 位置	壁龛 宽×高-进深（米）	龛底距墓底（米）	棺（板灰痕）长×宽-(残)高（米）	随葬器物	备注
M742	99	2.1×(0.9~1)-0.4	1.9×0.8-1.86	东壁	0.8×(0.21~0.46)-0.16	0.57	1.8×(0.44~0.5)-0.14	陶鬲1、陶盂1、陶豆2、陶壶1	
M747	202	(2.1~2.14)×0.9-0.4	(1.88~1.9)×(0.7~0.78)-1.56	南壁	0.58×0.24-0.1	0.42	1.78×0.5-0.06	陶盂1、陶豆1、陶壶1、铜环5	打破M748、M832
M762	224	1.88×0.58-0.36	1.86×0.48-0.36	南壁	0.54×0.09(残)-0.14	0.27	1.66×0.36-0.12	陶鬲1、陶盂1、陶豆1、陶壶1	墓口上部被破坏
M763	111	(1.98~2.08)×(0.8~0.9)-0.37	(1.94~2)×(0.72~0.78)-0.7	东壁	0.44×0.2(残)-0.26	0.5	1.88×0.5-0.2	陶鬲1、陶盂1	墓口上部被破坏
M770	223	2.08×0.74-0.4	1.76×0.54-1.54	南壁	0.66×0.34-0.2	0.36	1.64×0.4-0.1	陶鬲1、陶盂1、陶壶1	
M774	130	2.1×0.84-0.4	1.9×0.6-1.3	东壁	0.6×0.3-0.22	0.5	1.74×0.44-0.1	陶鬲1、陶盂1、陶壶1	
M786	193	2.1×0.7-0.34	2×0.62-0.66	南壁	0.5×0.3-0.18	0.3	1.7×0.48-0.08	陶罐2	
M789	297	2.4×1.2-0.8	2.1×0.88-0.8	西壁	0.5×0.2(残)-0.24	0.6	1.78×0.54-0.1	陶鼎1、陶敦1、陶壶1、陶盂1、陶豆1	墓口上部被破坏
M793	197	2.44×1.2-0.3	2.44×1.2-0.14	南壁	0.6×0.14(残)-0.35	0.1	1.8×0.48-0.04	陶盂1、陶豆1、陶罐1	墓口上部被扰乱
M797	210	(2.36~2.4)×(1.16~1.2)-0.4	(2.2~2.3)×(1~1.1)-1.62	南壁	0.72×0.34-0.24	0.56	1.9×0.52-0.08	陶盂1、陶盆1、陶罐1	
M798	114	2.2×(0.96~1.1)-0.8	2.02×(0.6~0.7)-1.46	东壁	0.52×0.24-0.38	0.42	1.7×0.38-0.08	陶鼎1、陶盂1、陶壶1	
M831	130	2×0.6-0.4	1.94×0.46-1.33	东壁	0.6×0.3-0.22	0.8	1.8×0.4-0.16	陶鬲1、陶豆2、陶壶1	
M848	120	1.86×(0.88~0.98)-0.46	1.84×(0.64~0.66)-1.9	东壁	0.56×0.28-0.22	0.42	1.82×0.44-0.14	陶壶2、陶豆2、陶罐1	打破M433
M853	205	2.15×0.84-0.3	2.04×0.66-1.66	南壁	0.54×0.3-0.32	0.48	1.88×0.48-0.04	陶鬲1、陶盂1、陶罐1	

附表七 Ca型楚墓统计表

墓号	墓向(°)	墓口 长×宽-深(米)	墓底 长×宽-深(米)	壁龛 位置	壁龛 宽×高-进深(米)	龛底距墓底(米)	椁(板灰痕) 长×宽-(残)高(米)	棺(板灰痕) 长×宽-(残)高(米)	垫木	随葬器物	备注
M23	175	2.7×(1.34~1.4)-0.3	2.64×(1.04~1.14)-2.8	南壁	0.8×0.36-0.4	0.72	2.2×0.84-0.3	1.8×0.58-0.2	无	陶盆1、陶壶1、铜剑1	打破M22
M107	190	2.5×1.4-0.7	2.36×1.2-3.1	西壁	0.4×0.5-0.38	0.4	2.1×(0.76~0.78)	1.8×0.56	无	陶鼎1、陶盒1、陶壶1	
M121	205	2.68×1.5-0.8	2.36×(1.06~1.2)-3.3	南壁	0.6×0.36-0.3	0.7	2.14×0.8-0.4	1.8×0.5	长方形垫木2根	陶鬲1、陶盂1、陶壶1	
M124	300	4.4×3.2-0.3	2.96×1.88-3.4	西壁	0.6×0.34-0.3	1	2.14×0.8-0.4	1.82×0.5	半圆弧形垫木2根	陶鬲1、陶盂1、陶豆2	
M296	320	2.7×1.4-0.7	2.7×1.36-2.22	西壁	0.8×0.4-0.3	0.5	2.08×0.78-0.36	1.8×0.55-0.12	无	陶盆1、陶豆1、陶壶1	
M304	198	2.5×1.46-0.5	2.4×1.36-1.6	南壁	0.5×0.4-0.1	0.35	2.03×0.86-0.2	1.7×0.5-0.06	无	陶盆1、陶盂1	
M361	181	2.4×1.2-(0.3~0.65)	2.78×1.54-2.86	南壁	0.5×0.4-0.24	1.78	2.18×0.96-0.26	1.86×0.6-0.1	有垫木	陶盂1、陶壶1	
M371	120	3.14×1.82-0.6	2.72×1.4-1.9	东壁	0.8×0.44-0.4	0.86	2.24×0.94-0.56	1.78×0.48-0.14	无	陶盂1、陶壶1	
M373	188	2.45×1.4-0.4	2.4×1.3-1.3	南壁	0.8×0.19(残)-0.2	0.74	2.16×0.86-0.5	1.9×0.5-0.26	无	陶鼎1、陶壶1	
M415	120	3.68×2.9-0.3	2.4×(1.4~1.56)-2.37	东壁	1.49×0.32-0.2	0.36	2.08×0.86-0.4	1.94×0.46-0.14	无	陶鼎3、陶敦2、陶匜1、陶豆2	
M467	112	3.4×2.3-0.3	2.38×1.28-3.26	东壁	0.82×0.32-0.38	0.9	2.18×0.82-0.3	1.86×0.44-0.14	无	陶盂1、陶壶1、陶罐1	

续表

墓号	墓向(°)	墓口 长×宽-深(米)	墓底 长×宽-深(米)	壁龛 位置	壁龛 宽×高-进深(米)	龛底距墓底(米)	椁(板灰痕) 长×宽-(残)高(米)	棺(板灰痕) 长×宽-(残)高(米)	垫木	随葬器物	备注
M651	111	3.7×2.55-0.3	2.88×(1.68~1.7)-2.54	南壁	0.67×0.36-0.22	1.12	2.16×0.8-0.3	1.9×0.54-0.13	无	陶罐3、铜铃2、铜带钩13、料珠3、料管2	
M842	210	(0.85~1.5)(残)×1.7-0.4	2.32×1.08-3.5	南壁	0.8×0.62-0.23	0.18	2.06×0.72-0.3	1.8×0.46-0.12	半圆弧形垫木2根	陶鼎1、陶盒1、陶壶2	被M553打破

附表八 Cb型楚墓统计表

墓号	墓向(°)	墓口 长×宽-深(米)	墓底 长×宽-深(米)	台阶	墓道	椁(板灰痕) 长×宽-(残)高(米)	棺(板灰痕) 长×宽-(残)高(米)	垫木	随葬器物 陶器	铜器	玉器	漆木器	备注
M18	185	6×5-0.4	2.78×1.6-3.2	二级	斜坡	2.4×1.18-0.74	1.7×0.72-0.5	半圆弧形垫木2根	鼎2、壶2、匜1				被M34、M35打破
M53	160	4.5×3.36-0.42	2.88×1.58-3.2	一级	斜坡加两级踏步	2.41×(0.9~1.06)-0.72	1.8×0.6-0.48	垫木2根	鼎2、盘1、豆2、敦1				
M57	295	(6.46~6.54)×5.14-0.5	3.18×1.52-4.4	二级	斜坡	2.68×1.19-0.72	1.85×0.53	垫木2根	鼎3、罐2、敦2、盏1				
M68	190	5.1×4.1-0.7	2.82×1.48-5	一级	斜坡	2.7×(1.1~1.14)-0.8	2×0.64	半圆形垫木2根	鼎2、壶2	勺1、剑1、削刀1			余数枚牙齿

续表

墓号	墓向(°)	墓口 长×宽-深(米)	墓底 长×宽-深(米)	台阶	墓道	椁(板灰痕) 长×宽-(残)高(米)	棺(板灰痕) 长×宽-(残)高(米)	垫木	随葬器物 陶器	随葬器物 铜器	随葬器物 玉器	随葬器物 漆木器	备注
M73	195	7.22×(5.98~6.08)-0.7	3.04×(1.42~1.59)-3.82	三级	斜坡加七级踏步	2.66×(1.14~1.19)-0.64	1.8×0.61-0.44	垫木2根	鼎2、敦2、壶2				
M74	110	(3.7~4)×(3.14~3.52)-0.5	(2.68~2.8)×(1.28~1.4)-3.4	一级	斜坡	2.26×1-0.4	1.74×0.6	无	壶1、豆1、鼎1				
M76	198	8.1×(6.52~6.6)-(0.4~0.5)	3.8×(2.16~2.2)-5.7	二级	斜坡	3.15×1.26-0.7	长1.82	圆形垫木2根	鼎2、敦2、壶2	鼎2、车軎2、勺1			
M77	200	7.7×(6.4~6.46)-0.8	(4.2~4.24)×(1.64~1.68)-4.44	三级	斜坡	3.32×1.52-1.24	1.8×(0.36~0.42)-1.13	半圆形垫木2根	鼎2、壶2、罐1、盉1	戈1、匕首1	璧2		
M78	202	6.12×(5.22~5.3)-0.5	3.42×1.64-5.12	二级	斜坡	2.87×1.2-0.8	2.05-0.67	垫木2根	鼎3、壶2、敦1	环2		梳2	
M115	115	7.9×(6.72~6.8)-0.3	3.94×2.8-4.98	三级	斜坡	3.64×1.77-1.36	1.95×0.68-0.74	圆形垫木2根	鼎6、敦4、壶2、钫2、盉1	马衔(带木马镳)2、车軎2、勺1、剑1		鱼形器1、饼2、弓1、鹿1、豆3、耳杯2、柲2、伞1、盾1、漆木器3	另出土竹器2、竹席1、竹筒1
M117	190	4.3×(3.4~3.5)-0.34	3×(1.4~1.42)-3.86	一级	斜坡	2.8×(1.04~1.12)-0.54	2×0.6	半圆弧形垫木2根	鼎2、敦2、壶2	饰件1			

续表

墓号	墓向(°)	墓口 长×宽-深(米)	墓底 长×宽-深(米)	台阶	墓道	椁(板灰痕) 长×宽-残高(米)	棺(板灰痕) 长×宽-残高(米)	垫木	随葬器物 陶器	随葬器物 铜器	随葬器物 玉器	随葬器物 漆木器	备注
M141	320	4.1×(3.12~3.2)-0.4	2.96×1.56-3	一级	斜坡	2.23×0.98-0.4	1.6×0.5-0.29	无	鼎3、壶2、匜1、豆1				
M142	300	4.1×(3.12~3.2)-0.4	2.96×1.56-3	一级	斜坡	2.66×1.28-1.22	1.98×0.78-0.74	无	鼎2、壶2	剑1(带漆木剑鞘、剑楪)		耳杯3、豆4、盒1、器盖1、构件1	
M143	310	4.15×3-0.4	2.6×0.9-3.2	一级	斜坡	2.3×0.9-0.85	1.8×0.5-0.29	无	鼎1、壶2、豆5	扳指1			
M306	215	6.58(通长)×2.77	2.96×(1.65~1.78)-3.2	一级	斜坡加二级踏步	2.56×0.94-0.6	1.9×0.56-0.36	无	鼎2、壶2	剑1			
M313	192	5.2×4.6-0.4	2.65×1.45-3.9	三级	斜坡	2.48×1-0.6	1.72×0.8-0.3	方形垫木2根	鼎2、敦2、壶2				
M322	216	6.76×5.5-0.6	3.28×(2.08~2.12)-5.54	二级	斜坡	2.9×1.38-1.14	2.06×0.99-0.92	半圆形垫木2根	鼎2、敦2、豆2、钫2、杯2			鹿1、手杖1、耳杯4	
M365	98	10.45(通长)×5.1-0.46	3.2×(1.62~1.65)-3.64	二级	斜坡加二级踏步	2.2×1.1-0.28	残长1.88	半圆弧形垫木2根	鼎2、敦2、壶2				
M369	120	13.62(通长)×6.8-0.4	3.64×2-4.12	四级	斜坡加二级踏步	3.1×1.56-0.7	1.98×0.72-0.26	方形垫木2根	鼎5、敦4、壶2	车軎2、戈1、矛2、剑1、马衔2、伞弓帽18		伞1(未提取)	另出土皮革

续表

墓号	墓向（°）	墓口 长×宽-深（米）	墓底 长×宽-深（米）	台阶	墓道	椁（板灰痕） 长×宽-（残）高（米）	棺（板灰痕） 长×宽-（残）高（米）	垫木	随葬器物 陶器	随葬器物 铜器	随葬器物 玉器	随葬器物 漆木器	备注
M380	15	5.9×4.5-0.6	3.7×2.3-4.1	一级	斜坡	2.73×1.4-0.64	2×0.8-0.68	无	鼎2、壶2、盘1、匜1	剑1、戈1、环3		剑鞘1	
M383	215	9.6（通长）×4.9-（0.58-0.78）	3.44×1.44-3.5	二级	斜坡	2.46×1.1-0.3	1.84×0.48-0.12	无	鼎2、敦2、壶2、豆2				坑底中心部位有一方形腰坑
M388	113	(9.32~9.6)×(8.16~8.24)-0.4	4.54×(2.56~2.6)-4.2	四级	斜坡	2.99×1.27-0.32	1.88×0.82-0.72	方形垫木2根	鼎3、敦2、壶2、盘1				被M727打破，墓底中部设一腰坑
M396	115	(5~5.1)×(3.9~4.04)-0.4	3.11×1.88-3.68	二级	斜坡	2.66×1.1-0.7	1.82×0.7-0.4	半圆弧形垫木2根	鼎2、敦2、壶2、盘1、匜1	削刀1、剑1			
M401	180	(5.56~5.78)×(4.74~4.84)-0.6	(3.25~3.28)×(1.48~1.5)-3.8	二级	斜坡加一级踏步	2.72×1.43-0.58	1.7×0.75-0.55	半圆弧形垫木2根	鼎2、敦2、壶2、盘1、豆1	戈镦1			果核2枚，另于填土中出土陶豆1件
M402	102	(5.68~5.76)×(4.54~4.62)-0.46	2.7×(1.42~1.47)-3.8	二级	斜坡	2.44×1.1-0.52	1.82×0.47-0.56	半圆弧形垫木2根	鼎2、敦2、壶2	剑1、矛1、戈1、环2、镞4		构件1、器盖1、弓1（未提取）	
M405	111	11.84（通长）×4.4-0.4	3.44×1.67-4.12	一级	斜坡	2.82×1.26-0.52	1.78×0.44-0.28	半圆弧形垫木2根	鼎2、敦2、壶2		璧1		

续表

墓号	墓向(°)	墓口 长×宽-深(米)	墓底 长×宽-深(米)	台阶	墓道	椁(板灰痕) 长×宽-(残)高(米)	棺(板灰痕) 长×宽-(残)高(米)	垫木	随葬器物 陶器	随葬器物 铜器	随葬器物 玉器	随葬器物 漆木器	备注
M406	107	7.68×6.42-0.4	3.4×(1.9~2)-4.36	四级	斜坡	3×1.52-0.14	1.9×0.5-0.13	方形垫木2根	鼎2、敦2、壶2、盘1、匜1	剑1、马衔2			
M408	129	4.84×(3.8~3.9)-0.6	3.1×(1.6~1.7)-3.72	二级	斜坡加六级踏步	2.54×1-0.46	1.86×0.46-0.1	方形垫木2根	鼎2、壶2	剑1、环3	珩1	盒3、豆1、耳杯1（均未提取）	
M431	228	6.84×3.82-0.4	3.16×(1.52~1.59)-3.1	一级	斜坡加四级踏步	2.93×1.13-0.5	1.94×0.64-0.26	方形垫木2根	鼎1、敦2、壶3、盘1、钫1、匜1				
M446	180	4.76×(3.3~3.35)-0.3	2.7×1.24-3.58	一级	斜坡	2.4×1-0.34	长1.92	半圆弧形垫木2根	鼎2、敦2、壶2、盘1、匜1				
M476	210	8.77(通长)×3.51-0.3	2.96×1.6-4.25	一级	斜坡	2.33×1.05-0.85	1.28(残)×0.52	半圆弧形垫木2根	鼎1、敦2、壶2	铃1、饰件1		弓1、剑1、手杖1	
M537	190	4.7×3.97-0.4	2.94×1.7-4.14	一级	斜坡	2.8×1.22-0.5	1.9×0.5-0.1	方形垫木2根	鼎2、壶2				
M538	208	6.6×(5~5.1)-0.6	(3.32~3.4)×(1.6~1.72)-4.4	二级	斜坡	2.82×1.06-0.42	1.94×0.5-0.08	方形垫木2根	鼎2、敦2、壶2	戈1、戈镈1、剑1		漆木器1（未提取）	墓道填土中出土陶鼎1、陶盖1、陶壶1、东北、西壁角距墓底0.7米高有三角形生土台
M561	203	6×4.6-0.4	3.14×1.88-4.1	二级	斜坡	2.56×1.07-0.5	1.9×0.56-0.12	方形垫木2根	鼎2、壶2				

续表

墓号	墓向(°)	墓口 长×宽-深(米)	墓底 长×宽-深(米)	台阶	墓道	椁(板灰痕)(残) 长×宽-高(米)	棺(板灰痕)(残) 长×宽-高(米)	垫木	随葬器物 陶器	随葬器物 铜器	随葬器物 玉器	随葬器物 漆木器	备注
M562	215	5.15×(2.42~2.7)-1	2.76×(1.28~1.44)-2.16	一级	斜坡	2.43×0.98-0.36	1.7×0.53-0.24	半圆弧形垫木2根	鼎2、敦2、壶2				
M578	110	4.7×3.6-0.5	2.64×1.6-3	三级	斜坡	2.34×0.84-0.2	1.76×0.44-0.05	半圆弧形垫木2根	鼎2、敦2、壶2		璧1		打破M577
M583	215	7.6×3.84-0.8	2.88×1.99-3.28	一级	斜坡	2.48×1.1-0.52	1.78×0.5-0.08	方形垫木2根	鼎2、敦2、壶2			弓1、盾2、瑟1、戈1、漆木器1	
M604	170	(4.65~4.8)×4.29-0.48	3.34×2.42-3.13	二级	斜坡	2.72×1.21-0.5	1.81×0.49-0.1	半圆弧形垫木2根	鼎2、敦2、壶2				
M607	212	5.28×4.06-0.46	3.1×1.98-3.08	二级	斜坡	2.72×1.21-0.5	1.81×0.49-0.1	半圆弧形垫木2根	鼎2、敦2、壶2				
M608	198	3.36×2.74-0.4	2.56×(1.44~1.54)-2.56	一级	斜坡加二级踏步	2.35×0.98-0.4	1.78×0.46-0.2	无	鼎2、敦2、壶2	戈1、剑1、箭镞4		弓1(未提取)	
M624	170	8.4(通长)×(3.72~3.98)-0.6	(2.64~2.79)×(1.38~1.41)-3.22	一级	斜坡	2.34×0.9-0.42	1.86×0.62-0.54	半圆弧形垫木2根	鼎2、敦2、壶2				

续表

墓号	墓向(°)	墓口 长×宽-深(米)	墓底 长×宽-深(米)	台阶	墓道	椁 长×宽-(残)高(米)	棺 长×宽-(残)高(米)	垫木	随葬器物 陶器	铜器	玉器	漆木器	备注
M625	194	(4.18~4.22)×(2.96~3.08)-0.4	2.92×1.56-3.45	一级	斜坡	2.48×0.96-0.51	1.86×0.6-0.42	方形垫木2根	鼎2、敦2、壶2				
M626	190	(6.28~6.4)×(5.16~5.48)-0.36	3.02×2.04-3.8	二级	斜坡加一级踏步	2.56×1-0.62	长1.71	方形垫木2根	鼎2、敦2、壶2、罐1				墓底东西北三面设生土台
M648	189	4.2×3.5-0.4	2.82×1.56-3.64	一级	斜坡	2.34×1.06-0.66	1.7×0.5-0.33	无	鼎2、敦2、壶2				铁器1（未提取）
M655	194	(4.1~4.26)×(3.1~3.12)-0.35	2.78×1.48-2.85	二级	斜坡加一级踏步	2.4×1.02-0.4	1.82×0.5-0.27	有垫木	鼎2、敦2、壶2				
M735	210	4.3×3.2-0.3	2.72×1.86-3.08	一级	斜坡	2.5×1.08-0.44	1.8×0.44-0.06	无	鼎2、敦2、壶2	环1、饰件1		漆木器2（未提取）	
M738	115	5.72×4.8-(0.6~0.8)	2.98×1.76-3.38	二级	斜坡加三级踏步	2.68×1.22-0.54	1.86×0.48-0.14	方形垫木2根	鼎2、敦2、盘1、匜1				
M768	126	3.96×(2.96~3)-0.44	2.74×(1.4~1.5)-4.19	一级	斜坡	2.39×1.23-0.3	1.8×0.57-0.2	方形垫木2根	鼎2、敦2、壶2				

附表九 Cc型楚墓统计表

墓号	方向(°)	墓口 长×宽-深(米)	墓底 长×宽-深(米)	墓道	椁(板灰痕) 长×宽-(残)高(米)	棺(板灰痕) 长×宽-(残)高(米)	垫木	随葬器物 陶器	随葬器物 铜器	随葬器物 漆木器	备注
M82	135	3.4×(1.82~1.85)-0.4	2.61×1.47-2.73	斜坡	2.29×0.87-0.7	1.71×0.57-0.42	无	鼎2、敦2、壶2	剑1、戈1、戈鐏1、削刀1、勺1		出土石条1件
M118	30	3.96×(2.8~2.9)-(0.7~0.8)	3×(1.8~1.92)-(4.3~4.4)	斜坡	3×1.08-0.4	1.8×0.5	半圆弧形垫木2根	鬲1、敦1、壶2、罐1	剑1		
M353	130	2.7×(1.52~1.6)-0.3	2.7×1.4-1.5	斜坡	2.5×1.02-0.5	1.9×0.6-0.26	无	鼎2、罐2			
M782	120	3.22×2-0.3	2.6×1.44-1.9	斜坡	2.4×0.94-0.5	1.86×0.54-0.2	无	鼎2、敦2、壶2、盘1			
M813	185	2.7×1.56-0.5	2.7×1.44-2.78	斜坡	2.32×1.08-0.44	1.82×0.54-0.2	无	鼎2、壶2、盘1、匜1	剑1、戈1、戈鐏1、饰件3	豆1、盒1(均未提取)	打破M817、M843

附表一〇 Cd型楚墓统计表

墓号	方向(°)	墓口 长×宽-深(米)	墓底 长×宽-深(米)	台阶	椁(板灰痕) 长×宽-(残)高(米)	棺(板灰痕) 长×宽-(残)高(米)	垫木	随葬器物 陶器	随葬器物 铜器	随葬器物 玉器	随葬器物 漆木器	备注
M17	190	6.3×5.5-0.4	2.6×1.4-4	二级	2.64×1.32-0.4	1.8×0.6	仅西段一根，方形	鼎2、敦2、盘1、匜1				
M52	165	4×(0.3~0.51)-0.7	2.6×(1.24~1.32)-3.14	一级	2.27×0.83-0.5	1.83×0.5-0.46	半圆形垫木2根	鼎2、敦2、壶1、器盖1	匕首1			

续表

墓号	方向(°)	墓口 长×宽-深(米)	墓底 长×宽-深(米)	台阶	椁(板灰痕)长×宽-(残)高(米)	棺(板灰痕)长×宽-(残)高(米)	垫木	随葬器物 陶器	随葬器物 铜器	随葬器物 玉器	随葬器物 漆木器	备注
M60	110	(4.33~4.35)×(3.18~3.21)-0.36	2.52×(1.26~1.37)-3.17	二级	2.12×(0.72~0.8)-0.5	1.83×(0.4~0.46)-0.3	无	鼎1、敦1、壶1、高1、豆1、盂2、罐2				墓东壁设两龛，北侧龛0.36米×0.34米-0.09米，南侧龛0.34米×0.4米-0.06米
M62	170	4.5×(3.24~3.38)-0.36	2.67×1.36-3.52	一级	2.22×0.9-0.34	不详	半圆形垫木2根	鼎2、敦2、壶2				
M64	195	(4.32~4.38)×(3.12~3.2)-0.7	2.7×1.46-3.32	一级	2.5×1	1.86×0.5	无	鼎2、敦2、壶2、盂1	剑1			
M66	300	4.04×3.1-0.5	2.24×(1.16~1.3)-3.2	一级	2.2×0.92-0.5	1.82×0.54-0.3	无	鼎2、敦1、壶1、盘1				
M99	307	4.67×3.8-0.76	2.83×(1.47~1.5)-3.1	二级	2.63×(0.88~0.97)-0.6	1.83×0.54-0.4	圆弧形垫木2根	鼎2、壶2	剑1			
M100	195	(3.8~3.9)×3.2-0.8	2.6×1.5-3.7	一级	2.32×0.8	1.78×0.5	半圆形垫木2根	高1、盂1、壶1				
M105	190	(3.3~3.74)×3.1-0.36	2.36×1.08-2.26	一级	2.2×0.82-0.46	1.84×0.46	无	鼎2、敦2、壶2			盒1	
M315	200	4×3.1-(0.2~0.3)	3.32×1.74-2.84	二级	2.48×0.92-0.3	1.86×0.52-0.08	方形垫木2根	鼎2、敦2、豆1	铃2	珠5		料珠2
M316	3	4.49×3.8-0.4	3.42×1.42-3.3	一级	2.46×(0.88~0.96)-0.74	1.72×0.51-0.34(残)	圆弧形垫木2根	鼎2、敦2、壶2				打破M318、M319、M320

续表

墓号	方向(°)	墓口 长×宽-深（米）	墓底 长×宽-深（米）	台阶	椁（板灰痕）长×宽-（残）高（米）	棺（板灰痕）长×宽-（残）高（米）	垫木	随葬器物 陶器	随葬器物 铜器	随葬器物 玉器	随葬器物 漆木器	备注
M321	195	4.32×3.38-0.4	3.08×1.4-3.6	二级	2.38×1.02-0.22	不详	半圆形垫木2根	鼎2、敦2、豆1、壶2、盘1、匜1				
M325	178	3.48×2.36-0.5	2.75×1.55-2.5	一级	2.46×1-0.6	1.8×0.58-0.4	半圆形垫木2根	鼎2、敦2、壶2、罐2				
M378	192	3.03×1.8-0.4	2.54×1.3-3.68	仅南端一级	2.36×0.92-0.48	1.81×0.56-0.18	无	鬲1、盂1、壶1、罐1				
M382	180	2.6×1.7-0.7	2.76×(1.42~1.48)-2.06	一级	2.24×1.02-0.55	1.6×0.45-0.1	无	鼎2、壶2、陶器1				
M399	122	3.4×2.55-0.4	2.66×(1.26~1.3)-3.48	一级	2.5×1.01-0.2	1.94×0.52-0.2	半圆形垫木2根	豆1、罐1	车害3、铃若干	龙形佩2		
M403	105	5×(3.66~4.16)-4.2	(3~3.2)×(1.9~1.94)-2.14	一级	2.45×0.98-0.4	1.9×0.64-0.26	无	鼎1、敦1、壶2、豆3				
M416	97	4.68×3.8-0.3	2.5×1.52-2.92	二级	2.32×0.94-0.22	1.84×0.49-0.22	无	鼎2、敦2、壶2				
M425	182	5.45×3.7-0.3	(3.2~3.25)×(1.55~1.64)-3.3	三级	2.63×1.06-0.66	1.85×0.52-0.12	无	鼎2、敦2、盘1、匜1				
M449	185	(4.28~4.4)×(3.5~3.6)-0.3	(2.86~2.9)×1.4-3.18	二级	2.32×1-0.44	1.76×0.56-0.12	方形垫木2根	鼎2、敦2、豆1	匕首1			
M472	105	3.1×2.64-0.6	2.5×1.34-3.36	一级	1.96×0.92-0.46	1.84×0.56-0.12	半圆形垫木2根	陶器1			漆木器（棺内，未提取）	

续表

墓号	方向(°)	墓口 长×宽-深(米)	墓底 长×宽-深(米)	台阶	椁(板灰痕) 长×宽-(残)高(米)	棺(板灰痕) 长×宽-(残)高(米)	垫木	随葬器物 陶器	随葬器物 铜器	随葬器物 玉器	随葬器物 漆木器	备注
M477	40	(3.52~3.83)×(2.54~2.57)-0.45	(2.45~2.5)×(1.18~1.23)-2.8		2.13×0.95-0.5	1.6×(0.46~0.5)-0.14	方形垫木2根	鼎1、盂1、罐1、豆2				北壁设龛，墓底中部设一椭圆形腰坑，龛0.44米×0.66米-0.1米，腰坑深0.02米
M478	296	9(通长)×3.22-0.7	2.74×(1.45~1.48)-3.9	一级	2.38×0.96-0.46	1.5×0.58-0.4	半圆形垫木2根	鼎2、敦1、壶2				
M493	204	4.04×(2.72~2.84)-0.82	2.9×1.57-3.04	一级	2.6×0.93-0.14	1.92×0.5-0.06	圆弧形垫木2根	鼎2、敦2、壶2、盘1、匜1				
M504	30	(3.4~3.62)×(2.18~2.32)-0.36	(2.5~2.61)×(1.42~1.52)-3.2	一级	2.46×1.17-0.77	1.8×0.46-0.14	半圆形垫木2根	鬲1、盂1、壶1				
M512	112	(3.62~3.66)×(1.96~2.2)-0.6	2.46×(1.14~1.2)-2.74	一级	2.22×0.86-0.38	1.67×0.5-0.2	无	鼎2、敦1、壶2				
M534	195	5.05×(4.28~4.34)-0.5	2.98×2.03-2.82	一级	2.7×0.99-0.56	1.9×0.58-0.26	圆弧形垫木2根	鼎1、壶1、豆4				
M568	193	4.12×3.04-0.6	(2.2~2.24)×(1.18~1.22)-3	二级	2.14×0.78-0.4	1.76×0.42-0.16	半圆形垫木2根	鬲1、盂1、罐1				
M569	200	(4~4.18)×(2.9~3.12)-0.55	(2.36~2.4)×(1.32~1.42)-2.19	一级	2.06×0.92-0.27	1.87×0.54-0.08	无	鬲1、盂1、壶1				
M590	163	(4.3~4.4)×3.14-0.44	2.9×(1.62~1.64)-3.26	二级	2.55×1.04-0.66	1.78×0.53-0.36	无	鼎2、敦2、壶2				

续表

墓号	方向(°)	墓口 长×宽×深(米)	墓底 长×宽×深(米)	台阶	椁(板灰痕) 长×宽×(残)高(米)	棺(板灰痕) 长×宽×(残)高(米)	垫木	随葬器物 陶器	铜器	玉器	漆木器	备注
M596	197	(4.14~4.29)×(3.38~3.5)-0.36	3.06×1.86-2.58	一级	2.33×0.99-0.42	1.85×0.5-0.24	方形垫木2根	鬲1、盂1、罐1				两侧有生土台
M605	180	(4.61~4.8)×(2.26~2.31)-0.4	(2.74~2.81)×1.44-3.44	一级	2.35×0.98-0.4	1.78×0.46-0.2	无	鼎2、敦2、壶2				
M630	201	4.82×3.74-0.3	2.9×1.62-3.32	二级	2.6×1.2-0.66	1.72×0.4-0.14	方形垫木2根	鼎2、敦2、壶2、盘1、匜1				
M634	287	3.8×2.95-0.5	(2.66~2.74)×(1.24~1.34)-3.3	一级	2.46×1-0.45	1.76×0.52-0.14	半圆形垫木2根	鼎2、敦2、壶2、豆1				
M644	203	5.66×4.12-0.4	3.1×1.4-3.5	二级	2.44×0.88-0.3	1.84×0.48-0.1	方形垫木2根	鼎2、敦2、壶2				
M658	197	4.18×3.12-0.2	2.56×1.44-2.76	一级	2.22×0.8-0.42	1.68×0.46-0.1	无	鼎2、敦2、壶2				
M660	190	(4.47~4.6)×(3.54~3.84)-(0.3~0.59)	(2.8~2.86)×(1.66~1.74)-(2.66~2.88)	一级	2.26×1-0.5	1.92×0.5-0.36	圆弧形垫木2根	鬲1、壶1、盂1				
M666	173	(3.15~3.19)×(2.38~2.4)-0.5	(2.37~2.41)×(1.1~1.25)-2.51	一级	2.25×0.8-0.5	1.72×0.5-0.3	方形垫木2根	鬲1、盂1、罐1				
M686	111	2.94×(1.54~1.6)-0.5	2.48×(1.3~1.34)-2.28	仅西端一级	2.18×0.9-0.18	1.8×0.48-0.1	无	鼎2、敦2、壶1				
M703	112	3.93×2.58-0.3	2.64×1.34-2.76	二级	2.38×0.86-0.25	1.82×0.55-0.1	无	鼎2、敦2、壶2、豆2				
M739	105	(4.29~4.5)×(3.54~3.88)-0.6	2.74×1.59-3.22	二级	2.51×1.09-0.16	1.78×0.59-0.1	无	鼎2、敦2、壶2				墓东壁设有一椭圆形脚窝
M744	125	3.5×(2.72~2.82)-1.1	2.48×1.41-2	一级	2.32×1.06-0.5	1.77×0.5-0.26	无	鼎2、敦2、壶2				

续表

墓号	方向(°)	墓口 长×宽-深(米)	墓底 长×宽-深(米)	椁(板灰痕) 长×宽-(残)高(米)	棺(板灰痕) 长×宽-(残)高(米)	台阶	垫木	随葬器物 陶器	随葬器物 铜器	随葬器物 玉器	随葬器物 漆木器	备注
M766	223	3.36×2.5-0.44	2.64×(1.56~1.62)-1.64	2.4×1.12-0.48	1.73×0.62-0.28	一级	半圆形垫木2根	鼎1、盂1、罐2				
M767	32	2.88×(2.05~2.16)-0.55	2.56×(1.46~1.5)-1.4	2.3×1.2-0.31	1.84×0.8-0.09	东西两侧一级	无	鼎2、敦2、壶2				

附表一一 Ce型墓葬统计表

墓号	墓向(°)	墓口 长×宽-深(米)	墓底 长×宽-深(米)	椁(板灰痕) 长×宽-(残)高(米)	棺(板灰痕) 长×宽-(残)高(米)	垫木	随葬器物 陶器	随葬器物 铜器	随葬器物 玉器	随葬器物 漆木器	备注
M1	210	3.1×1.7	2.9×(1.5~1.6)-2.5	2.3×0.92-0.52	1.84×0.56-0.14	方形垫木2根	鬲1、盂1、罐1、豆2				
M5	215	3.32×2.14-0.3	3.16×1.88-1	1.96×0.92-0.12		无	鬲1、盂1、壶1				
M7	190	3.2×2.2-0.5	3.2×(1.9~2.2)-2.9	2.14×0.92-0.52		无	鬲1、盂1、罐1				
M12	172	2.2×1.96-0.2	2.52×1.8-2	1.94×1.26-0.36	1.76×0.54	无	鼎2、敦2、盘1				
M14	180	2.6×1.4-0.4	2.84×1.48-(2.64~2.81)	2×(0.74~0.78)-0.44	1.6×0.44-0.18	无	鼎2、敦2、壶2	箭镞2、匕首1、矛1、戈1			
M41	165	3.1×(1.84~1.9)-0.2	2.74×1.6-2	2.1×0.94-0.3	1.94×0.5-0.2	无	鼎2、敦2、缶2				
M43	155	2.5×(1.6~1.7)-0.2	2.3×1.6-2.46	2.26×0.94-0.4	1.76×0.52-0.14	无	鼎2、壶2、匜1、器盖2				

续表

墓号	墓向(°)	墓口 长×宽-深（米）	墓底 长×宽-深（米）	椁（板灰痕）长×宽-（残）高（米）	棺（板灰痕）长×宽-（残）高（米）	垫木	随葬器物 陶器	随葬器物 铜器	随葬器物 玉器	随葬器物 漆木器	备注
M46	15	3.2×2.2-1	2.68×1.56-2.6	2.42×1.02-0.4	1.72×0.48-0.3	无	鼎2、敦2、壶2、罐2				
M48	12	2.5×1.4-0.3	2.7×1.7-3.1	2×1.06		无	鬲1、盂1、壶1、豆1				北壁设龛，龛0.84米×0.36米-0.3米
M54	170	3.26×2-0.8	3.04×1.64-1.92	2.28×1.02-0.64	2.06×0.53-0.46	无	鬲2、盂2、壶4	铃11			
M55	185	3.44×2.1-0.5	3.04×(1.8~1.9)-3.2	2.36×1.08-0.44	1.86×0.5-0.28	半圆形垫木2根	鼎2、敦2、壶2、盘1、豆1				
M58	105	3.1×(1.9~1.94)-0.7	3.04×(1.7~1.76)-1.72	2.02×0.86-0.4	1.8×0.5-0.34	半圆形垫木2根	鬲1、盂1、壶1				
M59	195	2.5×1.46-0.7	2.4×1.26-2	2.14×0.9-0.4	1.8×0.5-0.3	无	豆3、鼎2、敦2、壶2、匜1				
M65	195	(4.62~4.76)×(2.84~3)-0.64	(3.94~4.04)×(2.34~2.4)-3.3	2.9×1.4-0.5	2.06×0.5-0.1	无	豆3、缶2	鼎1、盆1、斧1、箭镞7	玦2		
M67	285	2.5×1.4-0.8	2.4×(1.36~1.48)-2.6	2×0.7-0.2			壶1、罐1、敦1				
M69	120	3.26×(2~2.04)-1	2.68×1.2-3.6	2.3×(0.8~1)-0.6	1.86×0.6-0.5	半圆弧形垫木2根	鬲1、罐1、盂1				西壁设生土二层台，距墓底高0.5米
M70	205	3.5×1.8-0.7	3.32×(1.54~1.64)-3.4	2.64×1.12-0.6	1.84×0.52-0.26		壶1、罐1、盂1	鼎1、浴缶1、簋1、斗1			

续表

墓号	墓向(°)	墓口 长×宽-深(米)	墓底 长×宽-深(米)	椁(板灰痕) 长×宽-(残)高(米)	棺(板灰痕) 长×宽-(残)高(米)	垫木	随葬器物 陶器	随葬器物 铜器	随葬器物 玉器	随葬器物 漆木器	备注
M72	285	3.24×2.3-0.7	2.54×(1.44~1.5)-2.9	2.36×0.92-0.4	1.76×0.45-0.22	半圆弧形垫木2根	鼎2、壶2、敦1、罐1				
M85	180	(2.86~2.9)×(1.6~1.8)-0.3	(2.58~2.66)×(1.22~1.38)-2.4	2.14×0.82-0.4	1.8×0.5-0.04	近长方形垫木2根	鬲1、盂1、豆2、壶1	剑1			
M88	215	2.86×1.8-0.5	2.58×1.58-2	2.14×0.8-0.4	1.72×0.46-0.22	无	鬲1、盂1、罐1				墓口南部被晚期墓葬打破，墓坑北部有一直径约1米的盗洞。填土中出土陶豆1件，盗洞内出土铜剑1件
M90	210	2.98×1.82-0.3	2.8×1.72-2.32	2.26×1.04-0.9	1.88×0.44-0.36	近长方形垫木2根	鬲1、盂1、壶1、豆4				
M95	170	2.8×1.95-0.7	2.44×1.44-2.22	2.2×0.79-0.46	1.67×0.43-0.24	无	鬲1、盂1、罐1、豆2				墓口西北角被晚期墓葬打破
M106	358	2.6×1.45-0.3	2.5×1.3-1.86	2.16×0.8-0.4	1.7×0.4-0.24	无	鬲1、盂1、壶1、罐1				
M108	20	2.7×(1.54~1.7)-0.44	2.58×1.36-3.14	2.36×1.06-0.8	1.76×0.52-0.66	半圆形垫木2根	鼎1、壶1				
M122	140	3.54×2.3-0.4	2.86×1.5-2.1	2.32×0.9-0.5	1.78×0.54-0.28	无	鬲1、盂1、豆1		珩2	耳杯2	
M130	133	3.02×(2.18~2.3)-0.3	2.46×1.3-2.12	2.18×0.94-0.5	1.96×0.6-0.4	半圆形垫木2根	鬲1、盂1、罐1				

续表

墓号	墓向(°)	墓口 长×宽×深(米)	墓底 长×宽×深(米)	椁(板灰痕) 长×宽(残)×高(米)	棺(板灰痕) 长×宽(残)×高(米)	垫木	随葬器物 陶器	随葬器物 铜器	随葬器物 玉器	随葬器物 漆木器	备注
M134	210	3.1×1.78-0.25	2.5×1.4-2.26	2.16×0.92-0.26	无	半圆弧形垫木2根	鬲1、盂1、豆1、壶1				
M137	133	2.7×1.6-0.25	2.94×1.3-2.6	2.21×0.74-0.2	1.65×0.52-0.1	近方形垫木2根	鼎2、敦2、豆2、壶2				
M144	320	2.6×1.2-0.5	2.6×1.15-2.34	2.05×0.83-0.2	1.65×0.5-0.12	无	鬲1、盂1、豆1、壶1	剑1			
M303	188	3×2.2-(0.3~0.9)	2.84×1.88-2	2.27×1.06-0.56	2×0.52-0.34	无	鼎2、敦2、壶2				
M305	196	3.5×2.04-0.8	3.06×1.6-2.4	1.76×0.88-0.5	1.26×0.55-0.26	半圆弧形垫木2根	鬲1、盂1、豆2、壶2				
M309	35	2.52×(1.54~1.62)-0.65	2.45×(1.3~1.38)-2.42	2.13×0.85-0.3	1.94×0.52-0.16	无	豆2、罐1				
M330	125	2.82×(1.5~1.6)-0.46	2.77×(1.44~1.56)-0.76	2.36×1.24-0.4	1.86×0.6-0.1	无	盂1、壶1				
M333	178	2.92×(1.52~1.6)-(1~1.4)	2.76×1.36-(0.56~1)	2.28×0.94-0.1	1.76×0.64-0.1	无	鼎1、敦2、缶2、盘1、匜1				
M343	185	2.86×1.7-0.5	2.8×1.64-0.96	2.26×1.02-0.14	1.6×0.63-0.06	方形垫木2根	鼎2、敦2、壶2				
M347	169	3.33×1.8-0.4	3.17×(1.7~1.74)-1.88	2.46×0.9-0.28	1.8×0.54-0.2	方形垫木2根	鼎2、敦2、缶2、盘1、匜1				
M348	162	3×1.76-0.3	2.8×1.64-1.7	2.4×1-0.5	1.8×0.57-0.2	无	鼎2、敦2、壶2、盘1				

续表

墓号	墓向(°)	墓口 长×宽-深(米)	墓底 长×宽-深(米)	椁(板灰痕) 长×宽-(残)高(米)	棺(板灰痕) 长×宽-(残)高(米)	垫木	随葬器物 陶器	随葬器物 铜器	随葬器物 玉器	随葬器物 漆木器	备注
M355	131	2.7×1.3-0.2	2.7×1.3-0.22	2.06×1.04-0.12	1.76×0.42-0.12	无	鬲1、盂1、壶1				
M357	110	3.8×2.9-0.9	3×1.8-3.3	2.82×1.3-0.5	2×0.6-0.1	方形垫木2根	鼎2、敦2、壶2	剑1			
M379	165	2.6×1.6-0.6	2.5×1.48-1.04	2.43×1.08-0.34	1.8×0.53-0.2	无	鼎2、敦2、壶2、盘1				
M386	200	3.06×1.8-1.02	2.86×1.48-2.68	2.38×1.02-0.28	1.78×0.48-0.12	无	鼎2、敦2、壶2、盘1、匜1、杯1				
M407	110	(2.54~2.6)×(1.35~1.58)-0.75	(2.6~2.62)×(1.36~1.5)-1.42	2.4×0.84-0.26	1.96×0.44-0.1	无	鬲1、盂1				
M412	199	(2.5~2.56)×1.7-0.6	2.44×1.5-2.4	2.2×0.98-0.4	1.86×0.53-0.16	无	鬲1、盂1、罐1				
M414	204	(3.05~3.15)×(2.12~2.18)-0.6	(2.42~2.52)×1.64-2.9	2.1×1.04-0.4	1.76×0.48-0.3	无	鼎1、敦1、壶1、豆2				
M419	175	2.66×1.46-0.32	2.66×(1.4~1.46)-1.58	2.12×0.84-0.2	1.7×0.36-0.1	无	鬲1、盂1、豆1、罐1				
M424	160	(3.52~3.62)×2.52-0.34	3.4×2.06-2.86	2.38×1.12-0.4	1.84×0.44-0.22	半圆弧形垫木2根	鼎2、壶2、罐1				
M427	180	(3.6~3.8)×2.3-0.3	(3.15~3.25)×1.85-3.14	2.54×1.16-0.34	1.8×0.5-0.08	无	鼎2、敦2、壶2				
M429	170	3.6×2.2-0.3	(3.06~3.18)×2.16-3.45	2.6×1.22-0.37	1.9×0.52-0.1	无	鼎2、敦2、壶2、盘1、匜1、罐2、盂2、鬲2				
M430	179	3.64×2.2-0.4	3.6×2.02-3	2.47×1-0.4	1.82×0.54-0.14	半圆弧形垫木2根	鼎2、敦2、壶2				

续表

墓号	墓向(°)	墓口 长×宽-深(米)	墓底 长×宽-深(米)	椁(板灰痕) 长×宽-(残)高(米)	棺(板灰痕) 长×宽-(残)高(米)	垫木	随葬器物 陶器	随葬器物 铜器	随葬器物 玉器	随葬器物 漆木器	备注
M443	182	3.34×1.9-0.4	3.34×1.9-2.4	2.6×1.18-0.5	1.9×0.5-0.05	无	鼎2、敦2、缶2				
M450	182	3×1.8-0.5	2.78×1.56-2.36	2.18×0.88-0.3	1.8×0.5-0.08	无	鬲1、盂1、罐2				
M451	170	(3.44~3.5)×(2~2.04)-0.3	(3~3.06)×1.7-3	2.44×0.92-0.26	1.82×0.54-0.16	无	鼎2、敦2、缶2				
M452	185	2.68×1.6-0.3	2.48×1.3-2.5	2.05×0.9-0.3	1.7×0.48-0.1	无	鬲1、罐2				
M453	173	3.96×(2.2~2.24)-0.5	(3.86~4)×(2.25~2.4)-3.2	2.86×1.18-0.44	2.02×0.52-0.13	半圆弧形垫木2根	鼎2、敦2、壶2				
M454	195	(3~3.08)×(1.62~1.66)-0.4	(2.98~3)×(1.66~1.7)-1.3	2.4×0.9-0.34	1.88×0.52-0.06	方形垫木2根	鼎2、敦2、壶2				
M456	185	(2.86~2.9)×(1.56~1.6)-0.9	(2.86~3.1)×(1.6~1.8)-2.46	2.3×0.94-0.46	1.76×0.46-0.1	无	鼎2、敦2、缶2、盘1、匜1				
M457	185	2.34×(1.2~1.26)-1.4	2.3×(1.1~1.22)-1.3	2.14×0.89-0.38	1.79×0.52-0.18	无	鬲1、盂1、豆1、壶1				
M460	205	3.52×(1.93~2.1)-0.6	3.52×(2.06~2.1)-2.73	2.4×1.1-0.5	1.97×0.53-0.17	无	鼎2、敦2、豆2				
M471	190	(2.96~3.2)×2.1-0.86	(2.76~2.8)×(1.7~1.8)-0.9	2.32×0.88-0.38	1.85×0.5-0.3	无	鬲1、盂1、豆1、壶1				填土中发现陶片
M473	195	2.6×1.44-0.9	2.66×1.44-2.4	2.24×0.78-0.4	1.76×0.48-0.08	半圆弧形垫木2根	鼎2、敦2、壶2				
M480	204	3.2×2.24-0.58	2.38×(1.18~1.28)-2.95	2.26×0.94-0.43	1.66×0.44-0.2	有	鬲1、盂1、豆2、壶1				
M488	131	2.32×1.1-0.6	2.44×1.24-2.4	2.24×1.03-0.54	1.84×0.52-0.26	无	鬲1、盂1、壶1				

续表

墓号	墓向(°)	墓口 长×宽-深（米）	墓底 长×宽-深（米）	椁（板灰痕） 长×宽(残)高（米）	棺（板灰痕） 长×宽(残)高（米）	垫木	随葬器物 陶器	随葬器物 铜器	随葬器物 玉器	随葬器物 漆木器	备注
M489	38	2.74×1.4-0.3	2.54×1.28-2	2.12×0.76-0.3	1.6×0.44-0.12	无	鬲1、盂1、壶1				
M494	210	2.92×1.74-0.7	2.92×(1.54~1.74)-1.78	2.24×0.95-0.56	1.82×0.64-0.24	半圆弧形垫木2根	鼎1、敦1、壶1				
M495	220	3.2×(2.24~2.3)-0.5	2.7×(1.46~1.5)-2.04	1.9×0.76-0.3	1.72×0.6-0.12	无	盂1、罐1				
M506	204	3.1×1.9-0.3	2.52×(1.46~1.7)-2	2.24×1-0.44	1.78×0.54-0.12	无	鬲1、盂1、壶1				
M513	120	(2.73~2.82)×1.65-0.4	(2.4~2.44)×(1.32~1.35)-1.53	2.2×0.84-0.31	1.6×0.53-0.07	无	鬲1、盂1、豆1、壶1				
M515	223	(2.6~2.64)×(1.5~1.6)-0.38	(2.46~2.56)×(1.42~1.5)-1.02	2.12×0.84-0.42	1.82×0.53-0.26	无	盂2、罐1				
M521	202	3.1×1.86-0.3	3×(1.68~1.76)-1.6	2.38×0.94-0.36	1.72×0.6-0.1	无	鼎1、盂1、豆3、壶1				打破M522
M526	218	2.9×1.7-0.36	2.66×1.5-1.47	2.28×0.8-0.4	1.64×0.52-0.17	无	鼎2、敦2、壶2				
M535	193	3.8×2.64-0.4	3.06×1.8-1.64	2.64×0.94-0.2	1.8×0.48-0.1	无	鼎2、敦2、壶2、豆3、盘1、匜1	剑1			
M546	118	(3.15~3.3)×(1.9~1.95)-0.6	2.8×1.5-2.28	2.32×0.95-0.33	1.74×0.48-0.12	无	鼎1、敦2、壶2				
M550	123	3.06×1.7-0.3	2.8×1.6-1.6	2.26×0.96-0.38	1.76×0.42-0.1	无	盂2、罐1				
M551	210	(2.85~2.88)×(1.6~1.65)-0.45	(2.6~2.7)×1.44-2.37	2.32×0.94-0.37	1.88×0.52-0.08	方形垫木2根	鬲1、盂1、罐1				
M579	123	(2.7~2.88)×(1.3~1.4)-0.5	(2.6~2.64)×1.06-1.52	2.36×0.82-0.12	1.8×0.4-0.04	无	鼎1、盂1、壶1	剑1、勺1			

续表

墓号	墓向(°)	墓口 长×宽-深(米)	墓底 长×宽-深(米)	椁(板灰痕) 长×宽-(残)高(米)	棺(板灰痕) 长×宽-(残)高(米)	垫木	随葬器物 陶器	随葬器物 铜器	随葬器物 玉器	随葬器物 漆木器	备注
M592	167	(3.7~3.8)×(2.1~2.2)-0.4	(3.64~3.7)×(2~2.22)-2.3	2.64×1.14-0.4	1.84×0.5-0.16	半圆弧形垫木2根	鼎2、敦2、壶2				
M593	161	(2.88~2.9)×(1.9~1.94)-0.32	(2.6~2.66)×(1.4~1.45)-3.04	2.33×0.84-0.5	1.93×0.48-0.26	无	鼎2、敦1、壶2				
M600	167	3.6×(2.04~2.14)-0.3	3.38×(1.78~1.84)-2.88	2.74×1.02-0.58	1.76×0.46-0.04	无	鼎2、敦2、壶2、盘1、匜1				
M602	170	3.2×2.3-0.7	2.96×2.02-2.32	2.6×1.2-0.2	2.12×0.55-0.1	无	鼎2、敦2、壶2	戈1、剑1			
M603	174	(3.6~3.7)×(2.2~2.3)-0.32	3.16×1.74-2.42	2.66×1.04-0.4	1.9×0.52-0.26	无	鼎2、敦2、壶2				
M606	197	(3~3.08)×(1.6~1.64)-0.4	(2.78~2.8)×(1.24~1.3)-2.54	2.3×0.92-0.34	1.86×0.48-0.1	半圆弧形垫木2根	盂1、壶1				
M610	192	(2.64~2.8)×(1.4~1.52)-0.5	(2.54~2.6)×(1.26~1.32)-1.24	2.18×0.83-0.04	1.76×0.47-0.04	无	鬲1、盂1				
M615	206	2.8×1.73-0.6	2.7×1.2-1.54	2.2×0.88-0.34	1.74×0.48-0.05	无	鬲1、盂1、壶1、豆4				
M635	191	4.48×3.3-0.3	2.88×(1.7~1.8)-2.3	2.34×1-0.07	1.8×0.5-0.02	无	鼎1、敦1、壶1				
M656	120	2.4×1.4-0.4	2.3×1.3-1.9	2.14×0.92-0.36	1.74×0.5-0.12	无	鬲1、盂1、壶1				
M661	107	2.7×(1.24~1.3)-0.35	2.58×(1.06~1.12)-2.08	2.22×0.8-0.42	1.68×0.46-0.1	无	盂1、壶2				

续表

墓号	墓向(°)	墓底 长×宽-深(米)	墓底 长×宽(残)-深(米)	椁(板灰痕) 长×宽(残)高(米)	棺(板灰痕) 长×宽(残)高(米)	垫木	随葬器物 陶器	随葬器物 铜器	随葬器物 玉器	随葬器物 漆木器	备注
M662	125	2.74×1.66-0.4	2.74×1.66-(2.4~2.48)	2.26×1.04-0.48	1.86×0.48-0.16	有	鬲1、盂1、豆1、壶1				
M663	203	2.9×1.5-0.4	2.8×(1.3~1.42)-2.35	2.14×0.94-0.35	1.74×0.46-0.12	无	鬲1、盂1、豆1、罐1				
M668	123	2.5×(1.5~1.6)-0.9	2.42×(1.38~1.48)-1	2.24×0.86-0.22	1.8×0.5-0.08	无	鬲1、盂1				
M671	180	2.74×1.66-0.4	2.74×1.66-2.4	2.16×0.92-0.28	1.86×0.48-0.1	无	鼎2、敦2、壶2、陶器1				
M676	210	2.9×1.5-0.4	2.8×(1.3~1.42)-2.35	2.28×1.1-0.44	1.88×0.5-0.15	半圆形垫木2根	鬲1、盂1、罐1	短剑1			
M679	115	2.5×(1.5~1.6)-0.9	2.42×(1.38~1.48)-1	2.1×0.92-0.4	1.74×0.36-0.12	无	鬲1、盂1、壶1				
M688	174	2.64×(1.8~1.84)-0.46	2.52×(1.6~1.72)-1.7	2.26×0.86-0.16	1.74×0.4-0.1	半圆形垫木2根	鬲1、盂1、罐1				
M691	35	(2.5~2.56)×1.5-0.36	2.45×1.38-1	2.22×1.02-0.3	1.65×0.52-0.24	无	罐1				
M704	111	3.1×1.9-0.36	2.64×1.36-2.2	2.14×0.9-0.34	1.95×0.52-0.1	半圆弧形垫木2根	鼎2、敦2、壶2				
M710	10	(2.94~3)×(1.74~1.94)-0.6	(2.75~2.85)×(1.58~1.66)-1.28	2.24×1-0.24	1.86×0.6-0.14	无	鬲1、盂1、壶1				
M713	31	2.32×(1.24~1.3)-0.36	2.2×(1.12~1.2)-2.2	1.96×0.84-0.32	1.74×0.33-0.05	无	鼎1、壶1、碗1、陶器1				

续表

墓号	墓向(°)	墓口 长×宽-深(米)	墓底 长×宽-深(米)	椁(板灰痕) 长×宽-(残)高(米)	棺(板灰痕) 长×宽-(残)高(米)	垫木	随葬器物 陶器	随葬器物 铜器	随葬器物 玉器	随葬器物 漆木器	备注
M745	176	3.2×(1.88~2)−0.3	2.64×1.4−3	2.4×1.1−0.32	1.76×0.4−0.28	无	鼎2、敦2、缶2、盘1、匜1				
M754	212	2.82×(1.58~1.62)−0.5	2.56×(1.44~1.57)−1.12	2.1×1.26−0.24	1.77×0.39−0.2	无	鬲1、盂1、豆1、壶1				打破M753
M760	294	2.62×1.6−0.5	2.52×1.44−0.96	2×0.78−0.36	1.78×0.57−0.26	无	鬲1、壶1				
M764	223	2.37×1.14−0.44	2.36×1.13−1.3	2.24×0.92−0.07	1.7×0.45−0.04	无	鬲1、盂1、罐1			漆木器(未提取)	
M765	225	2.8×(1.74~2)−0.34	2.56×1.6−2.42	2.42×1.44−0.16	1.82×0.49−0.08	无	鬲1、盂1、罐2	矛1			
M772	130	(2.26~2.36)×(1.16~1.2)−0.4	(2.64~2.7)×(1.44~1.48)−2.52	2.22×0.98−0.4	1.78×0.5−0.2	无	盂1、罐1、鬲1、豆1				
M777	210	(2.34~2.38)×(0.92~0.98)−0.62	(2.28~2.36)×0.9−0.98	2.16×0.72−0.3	1.76×0.5−0.2	无	鬲1、盂1、壶1				
M779	190	(2.62~2.7)×(1.4~1.55)−0.6	(2.5~2.55)×(1.3~1.4)−1.14	2.4×0.98−0.1	1.88×0.5−0.06	无	鼎2、敦2、壶2				
M784	146	(2.62~2.7)×(1.62~1.64)−0.32	(2.62~2.64)×(1.46~1.52)−1.86	2.32×0.92−0.46	1.86×0.52−0.26	近方形垫木2根	鬲1、盂1、豆2、罐1				
M787	190	3.06×(1.88~2)−0.4	(3.1~3.16)×(1.4~1.46)−2.16	2.24×0.94−0.16	1.82×0.4−0.1	无	鼎2、敦2、壶2				

续表

墓号	墓向(°)	墓口 长×宽-深(米)	墓底 长×宽-深(米)	椁(板灰痕) 长×宽-(残)高(米)	棺(板灰痕) 长×宽-(残)高(米)	垫木	随葬器物 陶器	随葬器物 铜器	随葬器物 玉器	随葬器物 漆木器	备注
M791	201	(2.68~2.8)×(1.68~1.8)-0.44	(2.5~2.64)×(1.4~1.6)-1.52	2.22×0.82-0.22	1.74×0.47-0.04	无	鼎1、盂1、壶1				
M801	116	2.5(残)×1.46-0.4	2.4×1-1.8	2.1×0.88-0.1	1.76×0.4-0.1	无	鼎1、盂1、豆1				
M803	127	(2.8~2.96)×(1.7~1.8)-0.3	(2.46~2.54)×(1.35~1.42)-1.25	2.2×1.1-0.18	2.08×0.58-0.18	无	鬲1、盂1、豆3、壶1				
M808	190	2.76×1.44-0.4	2.74×1.36-1.2	2.22×1.08-0.2	1.76×0.46-0.06	无	盂2、罐1				
M821	200	2.7×(1.46~1.56)-0.2	2.54×(1.2~1.24)-1.1	2.26×0.76-0.06	1.8×0.46-0.06	无	盂1、罐1				
M827	200	2.6×1.28-0.56	2.42×1.16-1.3	2.3×0.92-0.21	1.82×0.4-0.05	无	鬲1、盂1、豆3				
M834	197	2.78×1.68-0.68	2.56×1.56-1.96	2.16×0.9-0.42	1.72×0.34-0.2	无	鬲1、盂1、壶1				
M845	304	2.64×(1.36~1.48)-0.4	2.56×(1.18~1.3)-2.04	2.32×0.92-0.46	1.88×0.46-0.27	半圆弧形垫木2根	鼎2、敦2、壶2				
M846	300	2.6×1.52-0.4	(2.58~2.6)×1.18-1.88	2.14×0.8-0.27	1.76×0.46-0.22	无	鬲1、盂1、豆1、罐1				
M849	202	(2.5~2.64)×(1.42~1.46)-0.44	(2.35~2.44)×(1.34~1.36)-1.3	2.19×0.96-0.3	1.8×0.5-0.16	无	鬲1、盂1、罐1				

附表一二 D型楚墓统计表

墓号	墓向(°)	墓口 长×宽-深(米)	墓底 长×宽-深(米)	台阶	墓道	椁(板灰痕) 长×宽(残)-高(米)	外棺(板灰痕) 长×宽(残)-高(米)	内棺(板灰痕) 长×宽(残)-高(米)	垫木	随葬器物 陶器	随葬器物 铜器	随葬器物 漆木器	备注
M308	207	12.8(通长)×5.9-0.5	4.5×2.62-5.1	二级	斜坡	3.33×1.6-1.6	2.3×1.16-1.04	1.98×0.93-0.88	方形垫木2根		鼎2、勺2、剑1(带漆木剑鞘、漆木剑棱)、戈3、戈鐏3	盒2、壶2、耳杯6、豆4、几1、饼1、鹿1、构件1、漆木器1、戈鞘1、柲1	
M368	120	14.82(通长)×6.96-0.4	(3.85~3.86)×(1.88~1.9)-5.59	三级	斜坡	3.14×1.34-0.73	1.92×0.97-0.74	1.8×0.66-0.58	方形垫木2根	鼎2、壶2	车軎2		与M369并列,相距约5米
M418	175	(6.89~7.08)×6.02-0.6	(3.24~3.32)×(2.24~2.32)-3.54	三级	斜坡	3.15×1.46-0.4	2.18×0.87	1.95×0.6	方形垫木2根	鼎4、敦2、盉1	剑1、马衔2、伞柄箍2、盖弓帽16		竹弓1(未提取)。打破M420,被M423打破墓道
M698	120	(6.48~6.75)×(5.76~6.08)-0.33	(3.05~3.8)×(2.33~2.35)-3.7	三级	斜坡	2.6×1.66	南椁残长1.84	北椁残长1.88	方形垫木2根	鼎2、敦2、壶3	戈1、剑1		

附表一三 墓葬打破关系及陶器型式统计表

陶器 墓号	日用陶器					仿铜陶礼器					备注	备注2
	鬲	盂	罐	豆	盆	鼎	敦	壶	盘	匜		
M63											M63→M62	无
M62							AⅢ					
M316						BⅣ		BⅤ			M316→M318、 M319、M320	
M318												无
M319			BcⅩ									
M320			BcⅨ	AbⅠ								
M330											M330→M328	未修复
M328												无
M394			BcⅩ		AbⅡ						M394→M382	
M382												未修复
M390	BbⅥ		BcⅩ					CaⅥ			M390→M389	
M389			BcⅩ	AbⅡ								
M399			AaⅧ	BaⅠ							M399→M400	
M400												无
M423											M423→M418 →M420	无
M418						AⅢ	AⅢ					
M420												无
M422										AⅢ	M422→M421	
M421												无
M431											M431→M432	未修复
M432												无
M439											M439→M438	无
M438												无
M466		BaⅣ、 BcⅢ	AaⅨ	BbⅧ							M466、 M848→M433、 M455	
M848		AbⅣ、 BcⅤ		BbⅢ				EⅠ				
M433												无
M455												无
M459											M459→M458	无
M458												无
M479											M479→M478	无
M478						AⅥ						
M483											M483→M485 →M484 M483→M847	无
M485								CbⅡ				
M484	AbⅤ	BbⅡ、 AbⅨ		BbⅥ、 BbⅤ								
M847				BbⅡ								无

续表

陶器墓号	日用陶器					仿铜陶礼器					备注	备注2
	鬲	盂	罐	豆	盆	鼎	敦	壶	盘	匜		
M520											M520→M519	
M519												无
M521				BbⅧ							M521→M522	
M522												无
M811		AbⅡ、BaⅠ	AaⅤ								M811→M537	
M537												未修复
M609											M609→M608	无
M608												未修复
M611	BaⅦ	AbⅤ						CaⅩ			M611→M612	
M612												无
M616	AaⅠ	AbⅡ	AaⅢ	AbⅥ							M616→M743	
M743												无
M633	BbⅣ	AbⅣ	AaⅨ								M633→M632	
M632												无
M637		AbⅣ									M637→M638	
M638												无
M642											M642→M641	无
M641												无
M678											M678→M677	无
M677												无
M679	AaⅤ	AbⅡ						CbⅢ			M679→M680	
M680												无
M681											M681→M682	未修复
M682	BbⅡ	BcⅦ						CaⅩ				
M684											M684→M685	无
M685												无
M747	AbⅢ	AbⅣ			Ⅲ			CaⅥ			M747→M748、M832	
M748												无
M750											M750→M832	无
M832	AaⅢ	BcⅩ										
M787											M787→M788	未修复
M788												无
M812												未修复
M813											M812→M813→M817、M843	未修复
M817												无
M843												无

附表一四 仅随葬日用陶器的楚墓分期表

墓号	随葬陶器	已修复陶器	鬲	盂	罐	豆	盆	期别
M1	鬲1、盂1、豆2、罐2	鬲1、盂1、罐1	AaⅠ	AbⅣ	BbⅣ			一期一段
M4	豆2	豆1				AbⅤ		二期二段
M6	盂1、豆1	盂1、豆1		BaⅢ		AbⅢ		四期七段
M7	鬲1、盂1、罐1	盂1		AbⅡ				二期三段
M10	鬲1、盂1、豆2、罐2	鬲1、盂1、豆1	BaⅠ	BcⅩ		BbⅣ		二期三段
M11	鬲1、盂1、罐1	鬲1、罐1	BbⅡ		AaⅤ			三期四段
M16	盂1、豆1、罐2	盂1、豆1、罐2		BcⅤ	AaⅡ、CaⅡ	BbⅦ		二期二段
M28	罐1、盂1、盆1	盂1、罐1		AbⅡ	AaⅨ			二期三段
M37	鬲1、盂1、豆1	鬲1、盂1、豆1	BbⅤ	AbⅧ		AbⅤ		五期八段
M49	豆2、盂1、鬲1、罐1	鬲1、盂1、豆2、罐1	BbⅠ	AaⅣ、BaⅢ	BbⅣ	AbⅣ、BbⅤ		二期二段
M65	豆3、缶2	豆3、缶2			AaⅦ	AaⅡ		二期二段
M69	鬲1、罐1、盂1	鬲1、罐1、盂1	AaⅢ	AbⅣ	AaⅨ			一期一段
M83	罐1、盂1、鬲1、豆1	罐1、盂1、鬲1、豆1	CⅠ	BcⅢ	AaⅧ	BbⅦ		三期四段
M84	鬲1、盂1	鬲1、盂1	BaⅥ	AaⅢ				三期四段
M88	罐1、盂1、鬲1、豆1	罐1、盂1、鬲1、豆1	AbⅢ	AbⅡ	AaⅨ	BbⅣ		二期三段
M95	鬲1、盂1、豆2、罐1	鬲1、盂1、罐1	BbⅢ	BcⅤ	BbⅣ			三期四段
M101	鬲1、豆1、盂1、罐1	罐1			AaⅨ			三期五段
M102	鬲1、盂1、罐1	鬲1、盂1、罐1	BbⅥ	BcⅥ	AaⅨ			三期四段
M109	鬲1、盂1、罐1	鬲1、盂1、罐1	BbⅣ	AbⅣ	BbⅢ			三期四段
M111	鬲1、盂1	鬲1、盂1	BaⅤ	BaⅢ				三期四段
M112	鬲1、盂1、罐1、豆3	盂1、罐1、豆3		AbⅧ	BaⅤ	AcⅢ、BbⅤ		三期四段
M113	鬲1、罐1	罐1			AaⅨ			三期四段
M120	鬲1、罐1	鬲1、罐1	BbⅡ		AaⅨ			二期二段
M125	罐1、盆1、盂1	罐1、盆1、盂1		BcⅤ	AaⅨ		Ⅱ	三期四段
M126	鬲1、盂1、罐1	鬲1、盂1、罐1	BbⅠ	AbⅧ	AaⅨ			三期五段
M127	盂2、罐1	盂2、罐1		BcⅣ、AbⅧ	AaⅤ			三期四段
M128	盂2、罐1	盂2、罐1		AbⅤ、BaⅢ	BaⅠ			二期二段
M129	鬲1、盂1、罐1	鬲1、盂1、罐1	BaⅤ	BaⅢ	BbⅣ			二期三段
M130	鬲1、盂1、罐1	鬲1、罐1	BbⅣ		AaⅢ			二期三段
M135	盂1	盂1		BcⅢ				二期三段
M136	豆1、盂1、罐1	盂1、罐1		BcⅤ	DⅡ			三期四段
M138	盂2、罐1	盂2、罐1		AbⅧ、AbⅣ	AaⅣ			二期三段

续表

墓号	随葬陶器	已修复陶器	鬲	盂	罐	豆	盆	期别
M139	盂2、豆1、罐1	盂2、豆1、罐1		AbⅧ、AbⅣ	CaⅠ	BaⅢ		二期三段
M149	罐1	罐1			AaⅨ			三期四段
M298	盂2	盂2		BcⅢ、BcⅦ				二期三段
M307	豆1、罐1	豆1、罐1			AaⅨ	AbⅤ		三期四段
M309	豆2、罐1	豆2、罐1			AaⅨ	BaⅢ		三期四段
M310	鬲1、盂1、豆1、罐1	盂1、豆1		AaⅣ		BbⅧ		四期七段
M319	鬲1、盂1、罐1	盂1		BcⅩ				二期三段
M320	鬲1、盂1、罐1	盂1、罐1		BcⅨ	AbⅠ			二期三段
M324	盂2	盂1		BcⅤ				三期四段
M364	盂1、盆1	盂1		BcⅩ				四期七段
M389	鬲1、盂1、豆1、罐1	罐1		BcⅩ	AbⅡ			二期三段
M394	鬲1、盂1、豆1	盂1、豆1		BcⅩ		AbⅡ		二期三段
M397	盂1、豆1	盂1、豆1		BcⅢ		BbⅠ		二期三段
M399	豆1、罐1	豆1、罐1			AaⅨ	BaⅠ		五期八段
M407	鬲1、盂1	鬲1、盂1	AaⅥ	AbⅠ				一期一段
M409	盂2、罐1、豆1	盂2、罐1		AbⅣ	E			三期四段
M412	鬲1、盂1、罐1	鬲1、盂1、罐1	AaⅢ	AbⅣ	BbⅡ			三期四段
M419	鬲1、盂1、豆1、罐1	盂1、罐1		AbⅡ	BbⅠ	BaⅡ		二期三段
M447	鬲1、盂1、罐1	鬲1、盂1、罐1	BbⅥ	BcⅣ	AaⅨ			三期四段
M450	鬲1、盂1、罐2	罐2			BbⅡ			三期五段
M452	鬲1、罐2	罐2			BaⅢ、CaⅢ			二期三段
M466	盂2、豆1、罐1	盂2、豆1、罐1		BaⅣ、BcⅢ	AaⅨ	BbⅧ		四期七段
M474	鬲1、盂1、豆1、罐1	鬲1、盂1、豆1、罐1	BbⅠ	AbⅡ	BaⅣ	AbⅦ		四期六段
M484	豆2、鬲1、盂2	豆2、鬲1、盂2	AbⅤ	BbⅡ、AbⅨ		BbⅥ、BbⅤ		三期五段
M486	罐1	罐1			CaⅢ			三期四段
M489	鬲1、盂1、罐1	鬲1、盂1、罐1		AbⅤ	BaⅡ	BaⅣ		三期四段
M492	鬲1、盂1、豆2、罐1	鬲1、盂1、豆1、罐1		AbⅡ	BbⅣ	BbⅦ		四期六段
M495	盂1、罐1	盂1		AbⅡ				四期六段
M498	盂1、罐1	盂1、罐1		AaⅡ	BaⅤ			四期六段
M503	鬲1、盂1、罐1	鬲1、盂1	AbⅤ	AaⅡ				四期六段
M511	罐1	罐1			BaⅡ			二期二段
M515	盂2、罐1	盂2、罐1		BaⅡ	BbⅣ			三期四段
M518	鬲1、盂1、罐1	鬲1、盂1、罐1	BaⅧ	AbⅣ	CaⅠ			二期二段

续表

墓号	随葬陶器	已修复陶器	鬲	盂	罐	豆	盆	期别
M527	盂1、豆1	盂1、豆1		AaⅡ		BbⅨ		四期六段
M536	鬲1、盂1、豆2、罐1	鬲1、盂1、豆2、罐1	AaⅢ	BaⅢ	BaⅤ	AbⅦ、BbⅨ		四期六段
M540	鬲1、盂1	鬲1、盂1	BbⅢ	BaⅠ				二期二段
M542	鬲1、豆1	豆1				AbⅥ		三期五段
M545	盂2	盂1		AaⅡ				四期六段
M550	盂2、罐1	盂2、罐1	AbⅡ、BcⅠ	BaⅤ				四期六段
M551	鬲1、盂1、罐1	鬲1	BbⅣ					二期三段
M552	鬲1、盂1、豆2	鬲1、豆1	BaⅨ			AbⅦ		五期八段
M554	盂1、罐1	盂1、罐1		BaⅡ	BaⅤ			三期五段
M557	鬲1	鬲1	BaⅧ					四期七段
M559	豆2	豆1				BbⅨ		四期七段
M560	鬲1、盂1、罐1	鬲1、盂1、罐1	CⅠ	AaⅢ	AaⅦ			二期三段
M563	鬲1、盂1、罐1	鬲1、盂1、罐1	AaⅡ	AbⅡ	AaⅢ			二期二段
M564	罐1	罐1			AaⅣ			二期三段
M568	鬲1、罐2	鬲1、罐2	AbⅠ		AaⅨ、CaⅡ			一期一段
M569	鬲1、盂1、罐1	鬲1、盂1、罐1	AaⅠ	BcⅢ	BbⅣ			一期一段
M574	鬲1、罐1	鬲1、罐1	CⅡ		BbⅢ			二期三段
M575	罐1	罐1			AaⅨ			三期五段
M580	鬲1、盂1、罐1	鬲1、盂1	BaⅨ	AbⅡ				五期八段
M588	盂1、盆1、豆2、罐1	盂1、盆1、豆2、罐1		BaⅢ	AaⅤ	AbⅤ		三期四段
M595	盆1、盂1、罐1	盆1、盂1		BcⅤ			Ⅱ	二期三段
M596	鬲1、盂1、罐1	鬲1、盂1、罐1	AbⅥ	BbⅡ	BaⅣ			三期四段
M610	鬲1、盂1	鬲1、盂1	AbⅥ	AbⅡ				三期五段
M616	鬲1、盂1、罐1、豆1	鬲1、盂1、罐1、豆1	AaⅠ	AbⅡ	AaⅢ	AbⅥ		一期一段
M620	盂1	盂1	BcⅠ					二期三段
M623	鬲1、盂1、罐1、豆1	鬲1、盂1、罐1、豆1	AaⅠ	AbⅡ	BbⅣ	AbⅢ		一期一段
M633	鬲1、盂1、罐1	鬲1、盂1、罐1	BbⅣ	AbⅣ	AaⅨ			三期四段
M637	盂2	盂1		AbⅣ				三期四段
M650	鬲1	鬲1	AbⅤ					二期三段
M651	罐3	罐2			AaⅦ、AaⅨ			二期三段
M659	鬲1、盂1、罐1	盂1		AaⅡ				二期二段
M663	鬲1、盂1、豆1、罐1	鬲1、盂1、豆1、罐1	BaⅡ	BcⅢ	AaⅦ	AbⅦ		三期四段
M666	鬲1、盂1、罐1	鬲1、盂1、罐1	AaⅡ	AbⅡ	AaⅠ			一期一段
M667	鬲1、盂1、豆1	盂1		AbⅡ				一期一段

续表

墓号	随葬陶器	已修复陶器	鬲	盂	罐	豆	盆	期别
M668	鬲1、盂1	鬲1、盂1	BaⅡ	BbⅠ				二期三段
M670	盂2	盂2		AaⅣ				
M673	鬲1、盂1、豆2、罐1	盂1、豆1		BaⅢ		AbⅦ		三期五段
M676	鬲1、盂1、罐1	鬲1、罐1	BaⅧ		BaⅡ			四期七段
M683	鬲1、盂1、罐1	鬲1、盂1、罐1	BaⅡ	BcⅢ	CaⅠ			二期三段
M688	鬲1、盂1、罐1	鬲1、罐1	BbⅥ	AaⅡ				一期一段
M690	鬲1、罐2	罐2			BbⅣ、CaⅡ			二期三段
M691	罐1	罐1			DⅠ			
M692	盂1	盂1		BaⅡ				二期二段
M695	鬲1、盂1、罐1	鬲1、盂1	BaⅠ	BaⅡ				二期二段
M696	盂1	盂1		BcⅠ				一期一段
M699	盂1、豆1、罐1	盂1、豆1、罐1		AaⅢ	BaⅣ	BaⅤ		三期四段
M702	鬲1、盂1、罐1	鬲1	AbⅥ					二期二段
M705	豆1	豆1				BbⅣ		
M714	鬲1、盂1、罐1	鬲1、盂1、罐1	BaⅧ	BaⅢ	BbⅣ			三期四段
M715	鬲1、盂1、豆1、罐1	鬲1、盂1、豆1、罐1	BbⅠ	AbⅥ	AaⅤ	BbⅣ		二期二段
M728	鬲1、盂1、罐1	鬲1	AaⅠ					一期一段
M729	罐1	罐1			CaⅡ			二期三段
M731	盂1、罐1	盂1		AaⅡ				二期三段
M733	盂1、豆1	盂1、豆1		BaⅡ		BbⅥ		二期二段
M736	鬲1、盂1、罐1	鬲1、盂1	BaⅥ	BaⅢ				二期二段
M761	鬲1、盂1、罐1	鬲1、盂1、罐1	BbⅠ	BcⅨ	AaⅣ			五期八段
M763	鬲1、盂1	鬲1、盂1	BbⅡ	AbⅣ				三期五段
M764	鬲1、盂1、罐1	鬲1、盂1、罐1	BaⅩ	BaⅢ	AaⅢ			二期三段
M765	鬲1、盂1、罐2	鬲1、盂1、罐1	D	AbⅣ	BbⅢ			三期五段
M772	鬲1、盂1、豆1、罐1	盂1、豆1、罐1		AbⅧ	AaⅨ	BbⅦ		三期五段
M776	鬲1	鬲1	BaⅡ					二期三段
M784	鬲1、盂1、豆2、罐1	鬲1、盂1、豆2、罐1	AaⅥ	AbⅣ	AaⅨ	AbⅢ、BbⅣ		三期五段
M786	罐2	罐2			BaⅤ、CaⅢ			三期四段
M793	盂1、豆1、罐1	盂1、豆1		BcⅤ		BbⅣ		三期四段
M794	盂2、豆3、罐2	盂2、豆3、罐2		AaⅠ、BcⅢ	AaⅢ、CbⅡ	BbⅠ、BbⅢ、BbⅦ		二期三段
M804	鬲1、盂1、豆2、罐1	鬲1、盂1、豆1、罐1	BaⅥ	BcⅤ	AaⅥ	BbⅣ		四期六段
M806	盂1、豆1	盂1、豆1		AbⅡ		BbⅨ		三期四段
M808	盂2、罐1	盂1、罐1		AaⅢ	BaⅤ			三期四段

续表

墓号	随葬陶器	已修复陶器	鬲	盂	罐	豆	盆	期别
M811	盂2、罐1	盂2、罐1		AbⅡ、BaⅠ	AaⅤ			二期三段
M816	鬲1、豆1	鬲1、豆1	BaⅡ			AbⅦ		二期三段
M818	盂1、豆1、罐1	盂1、豆1、罐1		AbⅠ	AaⅡ	BbⅥ		二期二段
M821	盂1、罐1	盂1、罐1		AaⅢ	AaⅡ			二期三段
M827	鬲1、盂1、豆3	盂1、豆3		AbⅣ		AaⅡ、AaⅢ、AbⅢ		二期二段
M832	鬲1、盂1	鬲1、盂1	AaⅢ	BcⅩ				二期二段
M836	豆1、罐2	罐2			CaⅢ、CbⅢ			五期八段
M841	豆1	豆1				AbⅦ		二期二段
M846	鬲1、盂1、豆1、罐1	鬲1、盂1、豆1、罐1	AaⅥ	AbⅣ	AaⅨ	BbⅦ		三期四段
M847	豆1	豆1				BbⅡ		二期三段
M849	鬲1、盂1、罐1	鬲1、盂1、罐1	BbⅣ	BcⅣ	AaⅨ			三期五段

附表一五 仅随葬仿铜陶礼器的楚墓分期表

墓号	随葬陶器	已修复陶器	鼎	小口鼎	敦	缶	壶	盘	匜	盏	钫	杯	期别
M12	鼎2、敦2、壶2、盘1	鼎2、盘1	AⅢ					AaⅠ					四期七段
M14	鼎2、敦2、壶2	鼎1	AⅡ										四期六段
M15	壶1	壶1					CaⅪ						五期八段
M17	鼎2、敦2、壶2、盘1、匜1	鼎1、壶2、盘1、匜1	AⅦ				BⅢ	AaⅡ	BⅡ				五期九段
M41	鼎2、敦2、缶2	鼎2、敦2、缶1	AⅢ	CⅢ	Ⅳ								四期六段
M43	鼎2、壶2、匜1	匜1							AⅢ				五期八段
M62	鼎2、敦2、壶2	敦2			AⅢ								五期八段
M66	鼎2、敦1、壶3、盘1	鼎2、壶3	AⅢ				AaⅢ、BⅤ						四期七段
M68	敦2、鼎2、壶2	鼎1、壶1	AⅣ				BⅢ						五期八段

续表

墓号	随葬陶器	已修复陶器	鼎	小口鼎	敦	缶	壶	盘	匜	盏	钫	杯	期别
M73	鼎2、敦2、壶2	鼎2、敦1、壶2	AⅢ		AⅡ		AaⅡ						四期七段
M75	壶1	壶1					CbⅥ						四期七段
M78	鼎3、敦1、壶2	鼎2、壶1	AⅣ	Ⅰ			AcⅠ						五期九段
M82	壶2、鼎2、敦2	壶2、敦2			BⅡ		BⅤ						五期九段
M99	壶2、鼎2	壶1、鼎1	BⅢ				BⅣ						五期八段
M108	鼎1、壶1	鼎1、壶1	AⅦ				AbⅡ						五期九段
M115	鼎6、敦4、壶2、钫2、盏1	鼎5、敦3、壶1、钫2、盏1	AⅣ	Ⅰ	BⅤ		AcⅢ			Ⅱ	Ⅱ		四期七段
M117	鼎2、敦2、壶2	敦1、壶2			BⅤ		BⅤ						五期九段
M142	鼎2、壶2	鼎2、壶2	BⅤ				BⅢ						五期九段
M303	鼎2、敦2、壶2	敦1			CⅣ								四期七段
M313	鼎2、敦2、壶2	鼎1、敦2	AⅣ		AⅡ								四期七段
M316	鼎2、敦2、壶2	鼎1、壶1	BⅣ				BⅤ						五期八段
M333	鼎1、敦2、缶2、盘1、匜1	敦1、缶1、盘1、匜1			CⅡ	Ⅴ		AaⅢ	AⅡ				四期六段
M347	鼎2、敦2、缶2、盘1、匜1	鼎2、敦2、缶2、盘1、匜1	AⅡ		CⅣ	Ⅳ		AaⅢ	AⅣ				四期七段
M348	鼎2、敦2、壶2、盘1	盘1						AaⅤ					五期九段
M368	鼎2、敦2、壶2	壶1					BⅢ						四期七段
M369	鼎5、敦4、壶2	壶1					BⅣ						四期七段
M379	鼎2、敦2、壶2、盘1	鼎2、敦1、壶2、盘1	AⅤ		BⅤ		AcⅡ、AcⅢ	AaⅤ					五期八段

续表

墓号	随葬陶器	已修复陶器	鼎	小口鼎	敦	缶	壶	盘	匜	盏	钫	杯	期别
M380	鼎2、敦2、壶2、盘1、匜1	鼎1、敦1、盘1、匜1	AⅤ		BⅤ			AbⅡ	BⅠ				五期八段
M386	鼎2、敦2、壶2、盘1、匜1、杯1	杯1											五期九段
M387	壶1	壶1					CbⅦ						四期七段
M388	鼎3、敦2、壶2、盘1	鼎2、敦1、壶1、盘1	AⅢ		AⅢ		AbⅣ	AaⅡ					四期七段
M396	鼎2、敦2、壶2、盘1、匜1	鼎1、敦1、壶2、盘1	AⅤ		AⅢ		BⅣ	AaⅣ					五期八段
M401	鼎2、敦2、壶2、盘1、匜1	鼎2、敦2、壶2、盘1、匜1	AⅤ		BⅤ、CⅥ		BⅦ	AaⅤ	BⅣ				五期九段
M402	鼎2、敦2、壶2	鼎2、敦1、壶1	BⅢ		AⅢ								四期七段
M405	鼎2、敦2、壶2	鼎1、壶2	BⅠ				AaⅣ、BⅡ						四期七段
M406	鼎2、敦2、壶2、盘1、匜1	鼎1、敦1	AⅡ		CⅣ								四期七段
M408	鼎2、壶2	鼎1、壶2	BⅡ				BⅣ						五期八段
M416	鼎2、敦2、壶2	鼎1、敦1	AⅣ		BⅢ								四期七段
M418	鼎4、敦2、壶2、盏1	鼎2、盏1、敦1	AⅢ		AⅢ					Ⅰ			四期七段
M425	鼎2、敦2、壶2、盘1、匜1	鼎2、壶1	AⅢ				BⅢ						四期七段
M427	鼎2、敦2、壶2	鼎1	AⅢ										四期七段
M430	鼎2、敦2、壶2	鼎1	AⅡ										四期六段
M443	鼎2、敦2、缶2	鼎1、敦1、缶1	AⅡ		CⅢ	Ⅰ							三期五段

续表

墓号	随葬陶器	已修复陶器	鼎	小口鼎	敦	缶	壶	盘	匜	盂	钫	杯	期别
M451	鼎2、敦2、缶2	鼎2、敦1、缶2	AⅢ		CⅢ	Ⅵ							四期七段
M453	鼎2、敦2、壶2	敦1			CⅢ								四期七段
M456	鼎2、敦2、缶2、盘1、匜1	鼎1、敦1、缶2、盘1、匜1	AⅡ		CⅡ	Ⅱ		AaⅡ	AⅣ				四期七段
M473	鼎2、敦2、壶2	鼎1、壶1	BⅣ				BⅤ						五期八段
M478	鼎2、敦1、壶2	鼎1	AⅥ										五期九段
M485	壶1	壶1					CbⅡ						二期三段
M493	鼎2、敦2、壶2、盘1、匜1	鼎1、敦2、壶2、盘1、匜1	BⅣ		AⅢ		BⅥ	AaⅤ	BⅡ				五期九段
M494	鼎1、敦1、壶1	壶1					BⅥ						五期九段
M512	鼎2、敦1、壶2	鼎1、壶2	BⅢ				BⅣ						五期八段
M539	鼎1、壶1	壶1					CaⅦ						四期七段
M546	鼎2、敦2、壶2	鼎2、敦2	BⅣ				BⅣ						五期八段
M562	鼎2、敦2、壶2	鼎2	BⅥ										五期九段
M583	鼎2、敦2、壶2	鼎1、敦1	AⅤ		AⅡ								五期八段
M600	鼎2、敦2、壶2、盘1、匜1	壶1、盘1、匜1					AbⅡ	AaⅡ	AⅡ				四期七段
M602	鼎2、敦2、壶2	鼎1、敦1	AⅠ		CⅠ								二期三段
M605	鼎2、敦2、壶2	鼎1											五期九段
M607	鼎2、敦2、壶2	鼎1、敦1、壶1	AⅤ		AⅣ		BⅥ						五期八段
M624	鼎2、敦2、壶2	鼎2、敦2、壶1	AⅤ		BⅤ		BⅥ						五期九段

续表

墓号	随葬陶器	已修复陶器	鼎	小口鼎	敦	缶	壶	盘	匜	盉	钫	杯	期别
M625	鼎2、敦2、壶2	鼎2、壶2	BⅣ				CbⅧ						五期八段
M630	鼎2、敦2、壶2、盘1、匜1	鼎1、匜1	BⅡ					BⅢ					五期九段
M644	鼎2、敦2、壶2	鼎1	AⅡ										四期七段
M655	鼎2、敦2、壶2	鼎1、敦1、壶1	AⅤ		BⅥ		CaⅥ						五期九段
M658	鼎2、敦2、壶2	鼎1、敦1	AⅣ		BⅢ								五期八段
M698	鼎2、敦2、壶3、盘1、匜1	鼎2、敦2、壶3	AⅤ		AⅣ		AcⅣ、CbⅩ						五期八段
M739	鼎2、敦2、壶2	鼎1、壶1	BⅢ				AcⅢ						五期九段
M744	鼎2、敦2、壶2	鼎2、敦1、壶2	AⅡ		AⅠ		AaⅠ						四期六段
M745	鼎2、敦2、缶2、盘1、匜1	鼎2、敦1、缶2、盘1	AⅡ		CⅤ	Ⅲ		B					四期六段
M756	壶1	壶1					CbⅥ						四期七段
M767	鼎2、敦2、壶2	鼎2	AⅤ										五期八段
M768	鼎2、敦2、壶2	鼎2、壶1	AⅦ				AbⅠ						五期九段
M779	鼎2、敦2、壶2	鼎1、壶1					AbⅢ						四期七段
M782	鼎2、敦2、壶2、盘1	鼎2、敦2、壶2、盘1	AⅣ		CⅣ		BⅣ	AbⅢ					五期八段

附表一六　仿铜陶礼器与日用陶器共存的楚墓分期表

墓号	随葬陶器	已修复陶器	鬲	盂	罐	豆	盆	鼎	敦	壶	期别
M5	鬲1、盂1、壶1	鬲1、盂1、壶1	AaⅣ	AbⅣ						CbⅪ	三期五段
M18	鼎2、敦2、壶2、盘1、匜1、豆1	鼎2、敦2、豆1				AbⅥ		AⅢ	BⅣ		五期九段
M20	罐1、盂1、壶1	罐1、壶1			CaⅡ					AbⅠ	四期六段
M23	盆1、壶1	盆1、壶1					Ⅴ			CbⅪ	五期八段
M24	鼎1、盂1、壶1、罐1	鼎1、盂1、壶1、罐1		AaⅢ	AaⅨ			AⅣ		CbⅨ	四期六段
M40	盆1、豆2、罐1、壶1	盆1、豆2、罐1			AaⅨ	AaⅤ、AbⅠ	Ⅰ				二期三段
M46	鼎2、敦2、壶2、罐2	鼎2、敦2、壶2、罐2			AaⅨ			AⅥ	BⅤ	BⅥ	五期九段
M48	鬲1、盂1、壶1、豆1	盂1、壶1、豆1	AbⅡ	AaⅢ						EⅡ	三期五段
M53	鼎2、罐1、豆2、壶2、敦1	鼎2、罐1、豆1、壶2、敦1		AaⅡ	AaⅦ			AⅣ	AⅣ	BⅥ	五期八段
M54	鬲2、壶4、盂2	鬲2、壶4、盂2	BaⅤ	AaⅢ						BⅠ	四期六段
M55	鼎2、壶2、敦2、豆1、盘1	鼎1、壶2、豆1				AaⅤ		AⅥ		BⅥ	五期九段
M56	鬲1、盂1、豆1、壶1	鬲1、盂1、豆1、壶1	AaⅢ	AbⅧ	BbⅥ					CaⅩ	四期七段
M57	壶2、罐2、鼎3、敦2、盂1	壶2、鼎3、敦2						AⅣ、小口鼎Ⅰ	AⅡ	AcⅡ	五期八段
M58	鬲1、壶1、盂1	鬲1	AbⅡ								四期六段
M59	鼎2、壶2、敦2、匜1、豆3、盘1	鼎2、壶1、敦2、匜1、豆3				AaⅥ、AbⅡ、AbⅣ		AⅡ	CⅣ	BⅤ	四期七段
M60	鼎1、盂2、罐2、鬲1、壶1、敦1、豆1	鼎1、盂2、罐2、壶1		AbⅣ	BbⅢ			BⅡ		CaⅥ	四期六段
M64	鼎2、敦2、壶2、盂1	盂1			AaⅢ						四期七段
M67	壶1、罐1、敦1	罐1、敦1			BbⅣ				BⅤ		五期八段
M72	鼎2、壶2、敦1、罐1	罐1			AaⅡ						五期八段
M74	壶1、豆1、鼎1	壶1								EⅡ	五期九段
M77	鼎2、敦1、壶2、罐1、盂1	鼎1、壶1、盂1						AⅡ		BⅢ	五期八段

续表

墓号	随葬陶器	已修复陶器	鬲	盂	罐	豆	盆	鼎	敦	壶	期别
M81	鬲1、壶1、盂1	鬲1、壶1、盂1	BaⅠ	AaⅢ						CbⅪ	四期六段
M85	鬲1、盂1、豆2、壶1、罐1	鬲1、盂1、豆1、壶1、罐1	BaⅦ	AbⅡ	BbⅡ	AaⅠ				CaⅤ	三期四段
M90	豆4、鬲1、壶1、盂1	豆4、壶1、盂1		AbⅧ		AbⅡ、AcⅠ				CbⅨ	四期七段
M92	壶1、豆2、鼎1、盂1	壶1、豆2、盂1		AbⅧ		AcⅡ、AaⅥ				BⅤ	四期七段
M97	盂1、壶1	盂1、壶1		AbⅧ						CaⅩ	四期七段
M100	鬲1、盂1、壶1	盂1、壶1		BcⅤ						BⅤ	四期七段
M103	鬲1、盂1、壶1、豆2	鬲1、盂1、壶1、豆2	BbⅡ	BcⅡ		AaⅣ				CaⅠ	二期三段
M104	壶1、盂2、鬲1	壶1、盂1		BcⅤ						EⅡ	三期四段
M106	鬲1、盂1、壶1、罐1	鬲1、盂1、壶1、罐1	AaⅥ	BbⅡ	CbⅠ					CbⅤ	四期六段
M118	鬲1、敦1、壶2、罐1	敦1、壶2、罐1			DⅢ			BⅢ		CbⅣ	四期六段
M119	鬲1、盂1、壶1	鬲1、盂1、壶1	BbⅢ	BcⅢ						CaⅢ	二期三段
M121	鬲1、盂1、壶1	鬲1、盂1、壶1	BbⅦ	AbⅡ						EⅡ	四期六段
M122	鬲1、壶1、豆1	鬲1、壶1、豆1	BbⅥ							CbⅩ	五期八段
M123	鼎1、壶1、盂2	鼎1、壶1、盂1		AbⅢ				EⅣ		CbⅢ	五期八段
M124	鬲1、盂1、壶1、豆2	鬲1、盂1、壶1、豆2	BbⅥ	AbⅣ		AaⅤ				CbⅦ	四期七段
M131	盂2、壶1、豆1	盂1、壶1、豆1		BcⅦ		AbⅤ				BⅤ	五期八段
M132	鬲1、盂1、豆2、壶1、罐1	鬲1、盂1、豆2、壶1、罐1	BbⅦ	BcⅡ	AaⅨ	AbⅥ、BbⅣ				CaⅡ	五期八段
M134	鬲1、盂1、豆1、壶1	鬲1	BbⅥ								五期八段
M137	鼎2、敦2、壶2、豆1	鼎2、壶2、豆1				AaⅢ		BⅥ		BⅥ	四期七段
M140	鬲1、盂1、壶1	鬲1、盂1、壶1	BbⅢ	BcⅨ						CbⅦ	五期八段
M141	鼎3、敦2、壶2、豆1、匜1	鼎3、敦2、壶2、豆1、匜1				AaⅠ		AⅢ、BⅡ	BⅤ	BⅥ	五期八段
M143	鼎1、敦2、壶2、豆5	鼎1、敦1、壶2、豆5				AaⅣ、BaⅥ		AⅦ	BⅤ	CbⅥ	五期九段
M144	鬲1、盂1、豆1、壶1	鬲1、盂1、壶1	BbⅡ	BcⅣ						CaⅠ	二期三段
M146	鬲1、盂1、壶1	鬲1、盂1、壶1	AaⅤ	AbⅡ						CbⅩ	四期六段

续表

墓号	随葬陶器	已修复陶器	鬲	盂	罐	豆	盆	鼎	敦	壶	期别
M296	盆1、盂1、豆1、壶1	盆1、盂1、豆1		BcⅣ		BbⅨ	Ⅳ				四期七段
M297	鼎1、盂1、壶1	鼎1、壶1						EⅣ		CbⅩ	五期八段
M299	鬲1、盂1、豆1、壶1	鬲1、盂1、豆1	BbⅡ	BcⅣ		AaⅣ					四期七段
M302	鬲1、盂1、豆2、壶1	鬲1、盂1、豆2、壶1	BbⅣ	BcⅩ		BbⅦ、BbⅨ				CaⅪ	五期八段
M304	盂1、壶1、盆1	盂1、壶1、盆1		AbⅦ			Ⅳ			AbⅠ	四期七段
M305	鬲1、盂1、豆2、壶1	盂1、豆2、壶1		BcⅤ		BbⅢ				BⅤ	五期八段
M314	鬲1、盂1、豆1、壶1	鬲1、盂1、豆1、壶1	BbⅢ	BcⅤ		AbⅥ				CbⅥ	三期五段
M315	鼎2、敦2、壶2、豆1	壶2								BⅥ、CbⅦ	四期六段
M317	壶1、罐1、豆1	壶1、罐1			AaⅤ					DⅡ	四期七段
M321	鼎2、敦2、壶2、豆1、盘1、匜1	鼎1、豆1、盘1、匜1				AbⅢ		AⅣ			五期八段
M322	鼎2、敦1、钫2、豆2、杯2	敦1、钫1、豆2、杯2				AaⅣ、AbⅥ			BⅠ		五期八段
M325	鼎2、敦2、壶2、罐2	鼎2、敦1、罐2			CaⅡ			AⅢ	CⅢ		二期三段
M332	鼎1、盂1、豆2、壶1	鼎1、盂1、豆1		BcⅩ		AaⅦ		AⅣ			五期八段
M353	鼎2、罐2	鼎2、罐2			BaⅤ			AⅣ			五期八段
M355	鬲1、盂1、壶1	盂1		AbⅨ							五期九段
M361	盆1、盂1、豆1、壶1	盂1、豆1、壶1		BcⅥ		AaⅠ				CbⅠ	四期七段
M362	豆1、罐1、壶1	豆1、罐1			CaⅠ	BbⅥ					二期二段
M363	鼎1、盂1、壶1	鼎1、盂1、壶1		BcⅧ				EⅣ		CaⅪ	四期七段
M366	鬲1、盂1、壶1	鬲1、盂1、壶1	AbⅥ	BcⅩ						CaⅠ	四期七段
M367	鬲1、盂1、豆1、壶1	鬲1、盂1、豆1	BbⅦ	BcⅥ		BbⅣ					三期四段
M371	盆1、盂1、壶1	盆1、盂1、壶1		BcⅩ			Ⅲ			CbⅣ	三期四段
M373	鬲1、盂1、壶1	盂1		AbⅡ							二期三段
M378	鬲1、盂1、壶1、罐1	鬲1、壶1	AaⅤ							CbⅢ	二期三段
M383	鼎2、敦2、壶2、豆2	鼎1、壶1、豆2				AbⅠ		BⅢ		BⅣ	四期七段

续表

墓号	随葬陶器	已修复陶器	鬲	盂	罐	豆	盆	鼎	敦	壶	期别
M390	鬲1、盂1、壶1	鬲1、盂1、壶1	BbⅥ	BcⅩ						CaⅥ	三期五段
M391	鼎1、罐1、盂1	鼎1、盂1		BcⅩ				D			二期二段
M410	鼎1、盂1、豆1、罐1	鼎1、盂1、豆1		BcⅢ		BbⅦ		EⅠ			三期四段
M411	鬲1、盂1、豆1、壶1	豆1				BbⅤ					五期八段
M413	鼎1、盂1、豆2、壶1	盂1、豆2		AbⅣ		BbⅡ、BbⅣ					四期七段
M414	鼎1、敦1、壶1、豆2	鼎1						BⅠ			三期五段
M415	鼎3、敦2、壶2、盘1、匜1、豆2	鼎1、敦2、盘1						AⅣ	AⅢ		五期八段
M422	鼎1、壶1、豆2、盂1	盂1		AaⅢ							三期四段
M424	鼎2、敦2、壶2、罐1	鼎1、敦1、壶1、罐1			CaⅠ			AⅥ	CⅠ	AbⅢ	四期七段
M429	鼎2、敦2、壶2、盘1、匜1、罐2、盂2、鬲2	鬲1、鼎1、敦1、罐1、盂1、匜1	CⅡ	BcⅠ	CbⅠ			AⅢ	CⅡ		四期六段
M449	鼎2、敦2、壶2、豆1	壶1								BⅥ	五期八段
M457	鬲1、盂1、豆1、壶1	鬲1、豆1、壶1	BbⅢ			BaⅣ				CbⅦ	三期五段
M460	鼎2、敦2、壶1、豆2	鼎2、豆2				BbⅠ		AⅢ			四期七段
M463	盂1、壶1	盂1、壶1		BaⅢ						CaⅧ	四期六段
M464	盂1、壶1	盂1、壶1		BaⅣ						CaⅥ	四期六段
M467	盂1、盆1、壶1、罐1	盂1、盆1、壶1、罐1		BcⅢ	BaⅤ		Ⅲ			CbⅥ	三期五段
M469	鬲1、盂1、壶1	鬲1、壶1	AbⅡ							CaⅩ	四期七段
M471	鬲1、盂1、豆1、壶1	鬲1、豆1、壶1	AbⅡ			BbⅦ				CbⅦ	三期五段
M477	豆2、罐1、鼎1、盂1	豆2、罐1、鼎1、盂1		BcⅢ	AaⅨ	AaⅥ、BbⅧ		EⅢ			四期七段
M480	鬲1、盂1、豆2、壶1	鬲1、盂1、豆2、壶1	BaⅩ	BcⅦ		BbⅥ、BbⅨ				CbⅧ	五期八段
M481	鬲1、盂1、壶1	鬲1、盂1、壶1	AbⅦ	BcⅧ						DⅠ	四期七段
M488	鬲1、盂1、壶1	鬲1、盂1、壶1	BbⅣ	AbⅤ						CaⅠ	三期五段

续表

墓号	随葬陶器	已修复陶器	鬲	盂	罐	豆	盆	鼎	敦	壶	期别
M491	鬲1、盂1、豆1、壶1	鬲1、盂1、豆1、壶1	AbⅤ	BaⅢ		BbⅥ				CaⅣ	三期五段
M499	鬲1、盂1、豆1、壶1	盂1、豆1、壶1		AaⅠ		AbⅢ				CaⅥ	四期六段
M501	盂1、壶1	盂1、壶1		BaⅡ						CaⅥ	三期五段
M506	鬲1、盂1、壶1	鬲1、盂1、壶1	BbⅠ	BcⅠ						CbⅤ	二期二段
M508	鼎1、盂1、壶1	鼎1、盂1、壶1		AbⅡ				EⅠ		CaⅣ	二期三段
M509	鬲1、盂1、豆1、壶1	鬲1、盂1、豆1	BaⅨ	BaⅡ		AbⅥ					五期八段
M513	鬲1、盂1、壶1、豆1	鬲1、盂1、壶1、豆1	AaⅡ	AbⅣ						CaⅤ	二期二段
M514	鬲1、盂1、豆2、壶1	豆1				BaⅠ					三期四段
M521	鼎1、盂1、豆3、壶1	豆1				BbⅧ					四期七段
M529	鬲1、盂1、豆1、壶1	盂1、豆1、壶1		AaⅡ		BaⅥ				CaⅨ	五期八段
M531	盂1、豆1、壶1	盂1、豆1、壶1		BcⅢ		BbⅨ					四期七段
M532	豆2、壶1	豆2				AaⅦ					五期八段
M534	鼎1、敦1、壶1、豆4	敦1、壶1、豆3				AaⅦ、AbⅢ、AbⅦ			AⅡ	AaⅡ	四期七段
M535	鼎2、敦2、壶2、豆3、盘1、匜1	鼎2、敦1、壶2、豆3、盘1、匜1				AbⅦ		AⅡ	AⅣ	AaⅢ	五期八段
M538	鼎3、敦2、壶3、盂1	鼎3、壶1、盂1						AⅡ、AⅤ、BⅡ		CaⅤ	三期五段
M541	鬲1、盂1、豆1、壶1	鬲1、盂1、壶1	BaⅡ	BaⅣ						CaⅩ	三期四段
M543	鬲1、盂1、豆2、壶1	鬲1、盂1、豆1	AaⅡ	BcⅢ		AbⅡ					三期四段
M548	鬲1、盂1、豆1、壶1	鬲1、盂1、壶1	BbⅠ	BcⅩ						CaⅢ	二期三段
M555	鬲1、豆2、壶1	鬲1、豆2、壶1	BbⅦ			AaⅤ、AaⅥ				CaⅨ	五期八段
M558	鬲1、盂1、壶1	鬲1、盂1、壶1	BbⅢ	AbⅢ						CaⅨ	三期四段
M570	盆1、盂1、壶1	盆1、盂1、壶1		BcⅧ			Ⅳ			CbⅪ	五期八段
M579	鼎1、盂1、壶1	鼎1、盂1、壶1		AbⅡ				AⅤ		BⅤ	五期九段

续表

墓号	随葬陶器	已修复陶器	鬲	盂	罐	豆	盆	鼎	敦	壶	期别
M582	鬲1、豆1、壶1	壶1								CaⅥ	三期五段
M587	鬲1、盂1、壶1	鬲1、盂1、壶1	BaⅢ	BcⅢ						CaⅨ	三期五段
M606	盂1、壶1	壶1								AbⅣ	四期七段
M611	鬲1、盂1、壶1	鬲1、盂1、壶1	BaⅦ	AbⅤ						CaⅩ	四期七段
M613	鬲1、盂1、壶1	鬲1、盂1、壶1	AbⅠ	AbⅡ						CbⅩ	五期八段
M615	鬲1、盂1、壶1、豆4	盂1、壶1		AbⅡ						CbⅤ	三期五段
M621	鬲1、盂1、壶1	鬲1、盂1、壶1	BaⅩ	AbⅣ						EⅠ	三期四段
M626	鼎2、敦2、壶2、罐1	鼎2、敦2、壶2、罐1			CbⅡ			AⅡ	CⅣ	BⅤ	四期七段
M629	鼎1、盂1、壶1	鼎1、盂1		AbⅣ				EⅡ			三期五段
M634	鼎2、敦2、壶2、豆1	豆1				BbⅢ					四期六段
M656	鬲1、盂1、壶1	壶1								CaⅥ	三期五段
M660	鬲1、盂1、壶1	鬲1、盂1、壶1	AbⅡ	BcⅤ						CbⅩ	四期六段
M661	盂1、壶2	壶2								CbⅩ	五期八段
M662	鬲1、盂1、豆1、壶1	鬲1、盂1、豆1、壶1	BaⅩ	BcⅡ		BaⅤ				CbⅩ	五期八段
M665	鬲1、盂1、壶1	鬲1、盂1	AbⅥ	AaⅣ							三期四段
M669	鬲1、盂1、豆1、壶1	鬲1、豆1、壶1	BaⅤ			BaⅢ				CaⅦ	四期六段
M679	鬲1、盂1、壶1	鬲1、盂1、壶1	AaⅤ	AbⅡ						CbⅢ	四期六段
M682	鬲1、盂1、壶1	鬲1、盂1、壶1	BbⅡ	BcⅦ						CaⅩ	四期七段
M686	鬲1、盂1、壶1	鬲1、盂1、壶1	AaⅤ	AbⅡ						CaⅡ	二期三段
M703	鼎2、敦2、壶2、豆2	鼎2、壶1						AⅣ		BⅤ	五期八段
M706	鬲1、盂1、壶1	盂1、壶1				BbⅢ				CaⅩ	三期五段
M717	鼎1、盂1、豆2、壶1	鼎1、盂1、豆2、壶1		BaⅢ		BbⅧ		EⅡ		CaⅦ	三期四段
M741	鬲1、盂1、豆1、壶1	鬲1、盂1、豆1	BaⅥ	AbⅢ		AaⅠ					三期四段
M742	鬲1、盂1、豆2、壶1	盂1、豆2、壶1		BcⅡ		AaⅠ、AaⅥ				CbⅢ	二期二段
M747	鬲1、盂1、壶1	鬲1、盂1、壶1	AbⅢ	AbⅣ			Ⅲ			CaⅥ	四期六段
M754	鬲1、盂1、豆1、壶1	鬲1、壶1	BbⅡ							CbⅧ	四期六段

续表

墓号	随葬陶器	已修复陶器	鬲	盂	罐	豆	盆	鼎	敦	壶	期别
M755	鬲1、盂1、豆2、壶1	鬲1、盂1、豆2、壶1	BbⅢ	BcⅩ		BbⅠ				CbⅤ	二期三段
M760	鬲1、壶1	鬲1	AbⅡ								三期五段
M762	鬲1、盂1、豆1、壶1	盂1、壶1		AbⅣ						CbⅨ	三期五段
M766	鼎1、盂1、壶1、罐1	鼎1、罐1			BaⅣ			EⅠ			二期三段
M769	盂1、壶1	盂1		AbⅧ							四期七段
M770	鬲1、盂1、壶1	鬲1、盂1、壶1	BbⅥ	BcⅩ						AbⅠ	三期五段
M773	盂1、豆2、壶1	盂1、豆1、壶1		BcⅧ		BbⅧ				CaⅨ	五期八段
M774	鬲1、盂1、壶1	鬲1、盂1、壶1	BaⅤ	AbⅡ						BⅡ	四期六段
M777	鬲1、盂1、壶1	鬲1、盂1	AbⅣ	AbⅢ							四期七段
M789	鼎1、敦1、壶1、盂1、豆1	壶1、盂1		AbⅦ						BⅣ	五期九段
M791	鼎1、盂1、壶1	鼎1、盂1、壶1		AbⅣ				BⅣ		BⅣ	五期九段
M796	鬲1、盂1、壶1	鬲1、盂1、壶1	AaⅢ	BcⅠ						CaⅨ	四期七段
M798	鼎1、盂1、壶1	鼎1、盂1、壶1		AbⅡ				EⅠ		CbⅩ	三期五段
M801	鼎1、壶1、豆1	豆1				BbⅣ					四期七段
M803	鬲1、盂1、豆3、壶1	鬲1、盂1	BaⅡ	BaⅢ							三期五段
M823	盂1、豆1、壶1	盂1、豆1、壶1		AbⅢ		BbⅡ				CaⅡ	二期三段
M824	鬲1、盂1、豆1、壶1	鬲1、盂1、豆1、壶1	BaⅦ	AbⅣ		BbⅨ				CaⅧ	三期四段
M831	鬲1、豆2、壶1	鬲1、豆2、壶1	BbⅣ			BaⅠ、BbⅣ				AbⅣ	四期六段
M834	鬲1、盂1、壶1	鬲1、盂1、壶1	BaⅣ	BcⅢ						CbⅩ	四期六段
M842	鼎1、盂1、壶2	鼎1、壶1						AⅦ		CbⅩ	五期八段
M848	盂2、豆2、壶1	盂2、豆2、壶1		AbⅣ、BcⅤ		BbⅢ				EⅠ	三期四段
M852	鬲1、盂1、壶1	鬲1、盂1、壶1	BaⅢ	AbⅡ						CaⅣ	三期五段

附表一七　沈岗墓地（西区）墓葬分期总表

墓号	分类	分期	墓号	分类	分期	墓号	分类	分期
M1	Ce	一期一段	M48	Ce	三期五段	M91	Ba	
M4	Bc	二期二段	M49	Bb	二期二段	M92	Bc	四期七段
M5	Ce	三期五段	M51	Aa		M95	Ce	三期四段
M6	Bc	四期七段	M52	Cd		M96	Ba	
M7	Ce	二期三段	M53	Cb	五期八段	M97	Bc	四期七段
M9		邓墓	M54	Ce	四期六段	M98	Bb	
M10	Bc	二期三段	M55	Ce	五期九段	M99	Cd	五期八段
M11	Bc	三期四段	M56	Bc	四期七段	M100	Cd	四期七段
M12	Ce	四期七段	M57	Cb	五期八段	M101	Bc	三期五段
M13	Aa		M58	Ce	四期六段	M102	Bc	三期四段
M14	Ce	四期六段	M59	Ce	四期七段	M103	Bb	二期三段
M15	Bb	五期八段	M60	Cd	四期六段	M104	Bc	三期四段
M16	Bb	二期二段	M61	Ba		M105	Cd	
M17	Cd	五期九段	M62	Cd	五期八段	M106	Ce	四期六段
M18	Cb	五期八段	M64	Cd	四期七段	M107	Ca	
M19	Aa		M65	Ce	二期二段	M108	Ce	五期九段
M20	Bb	四期六段	M66	Cd	四期七段	M109	Bb	三期四段
M21	Ba		M67	Ce	五期八段	M111	Bb	三期四段
M22		邓墓	M68	Cb	五期八段	M112	Bc	五期八段
M23	Ca	五期八段	M69	Ce	一期一段	M113	Bc	三期四段
M24	Bb	四期六段	M70	Ce	二期二段	M115	Cb	四期七段
M25	Aa		M71	Ba		M117	Cb	五期九段
M26		邓墓	M72	Ce	五期八段	M118	Cc	四期六段
M27	Aa		M73	Cb	四期七段	M119	Bb	二期三段
M28	Bc	二期三段	M74	Cb	五期九段	M120	Bc	二期二段
M29	Ba		M75	Bb	四期七段	M121	Ca	四期六段
M35	Ba		M76	Cb	五期八段	M122	Ce	五期八段
M36	Ba		M77	Cb	五期八段	M123	Bb	五期八段
M37	Bc	五期八段	M78	Cb	五期九段	M124	Ca	四期七段
M39		邓墓	M80	Ba		M125	Bc	三期四段
M40	Bb	二期三段	M81	Bb	四期六段	M126	Bb	三期五段
M41	Ce	四期六段	M82	Cc	五期八段	M127	Bb	三期四段
M42	Ba		M83	Bb	三期四段	M128	Bc	二期二段
M43	Ce	五期八段	M84	Bb	三期四段	M129	Bc	二期三段
M44	Ba		M85	Ce	三期四段	M130	Ce	二期三段
M46	Ce	五期九段	M88	Ce	二期三段	M131	Bb	五期八段
M47	Ba		M90	Ce	四期七段	M132	Bc	五期八段

续表

墓号	分类	分期	墓号	分类	分期	墓号	分类	分期
M134	Ce	五期八段	M316	Cd	五期八段	M354	Ba	
M135	Bc	二期三段	M317	Bb	四期七段	M355	Ce	五期九段
M136	Bc	三期四段	M318	Ba		M356	Ba	
M137	Ce	四期七段	M319	Bc	二期三段	M357	Ce	
M138	Bb	二期三段	M320	Bc	二期三段	M358	Aa	
M139	Bc	二期三段	M321	Cd	五期八段	M359	Ba	
M140	Bc	五期八段	M322	Cb	五期八段	M360	Ba	
M141	Cb	五期八段	M323	Ba		M361	Ca	四期七段
M142	Cb	五期九段	M324	Bc	三期四段	M362	Bb	二期二段
M143	Cb	五期九段	M325	Cd	二期三段	M363	Bc	四期七段
M144	Ce	二期三段	M326	Ba		M364	Bc	四期七段
M145	Ba		M327	Ba		M365	Cb	
M146	Bb	四期六段	M328	Ba		M366	Bc	四期七段
M147	Ba		M329		邓墓	M367	Bc	三期四段
M148	Ba		M330	Ce		M368	D	四期七段
M149	Bb	三期四段	M331	Ba		M369	Cb	四期七段
M151	Ba		M332	Bc	五期八段	M370	Ba	
M296	Ca	四期七段	M333	Ce	四期六段	M371	Ca	三期四段
M297	Bc	五期八段	M334	Ba		M372	Ba	
M298	Bc	四期七段	M335	Aa		M373	Ca	二期三段
M299	Bb	四期七段	M336	Ba		M374	Ba	
M300	Bb		M337	Ba		M375	Ba	
M301	Ba		M338	Ba		M376	Ba	
M302	Bb	五期八段	M339	Ba		M377	Aa	
M303	Ce	四期七段	M340	Ba		M378	Cd	二期三段
M304	Ca	四期七段	M341	Ba		M379	Ce	五期八段
M305	Ce	五期八段	M342	Ba		M380	Cb	五期八段
M306	Cb		M343	Ce		M381	Ba	
M307	Bc	三期四段	M344	Ba		M382	Cd	
M308	D	四期七段	M345	Ba		M383	Cb	四期七段
M309	Ce	三期四段	M346	Ba		M384	Ba	
M310	Bc	四期七段	M347	Ce	四期七段	M385		邓墓
M311	Ba		M348	Ce	五期九段	M386	Ce	五期九段
M312	Ba		M349	Ba		M387	Bb	四期七段
M313	Cb	四期七段	M351	Ba		M388	Cb	四期七段
M314	Bb	三期五段	M352	Ba		M389	Bc	二期三段
M315	Cd	四期六段	M353	Cc	五期八段	M390	Bc	三期五段

续表

墓号	分类	分期	墓号	分类	分期	墓号	分类	分期
M391	Bc	二期二段	M431	Cb		M474	Bb	四期六段
M392	Ba		M432	Ba		M476	Cb	
M394	Bc	二期三段	M433	Ba		M477	Cd	四期七段
M395	Ba		M434	Bc		M478	Cd	五期九段
M396	Cb	五期八段	M435	Bc		M480	Ce	五期八段
M397	Bc	二期三段	M436	Bc		M481	Bb	四期七段
M398	Bb		M437	Ba		M482	Ba	
M399	Cd	五期八段	M438	Ba		M483	Aa	
M400	Ba		M440	Ba		M484	Bb	四期七段
M401	Cb	五期九段	M441	Ba		M485	Bb	二期三段
M402	Cb	四期七段	M443	Ce	三期五段	M486	Bb	三期四段
M403	Cd		M445	Ba		M488	Ce	
M404	Ba		M446	Cb		M489	Ce	三期四段
M405	Cb	四期七段	M447	Bc	三期四段	M490	Bb	
M406	Cb	四期七段	M448	Ba		M491	Bb	三期五段
M407	Ce	一期一段	M449	Cd	五期八段	M492	Bb	四期六段
M408	Cb	五期八段	M450	Ce	三期五段	M493	Cd	五期九段
M409	Bc	三期四段	M451	Ce	四期七段	M494	Ce	五期九段
M410	Bc	三期四段	M452	Ce	二期三段	M495	Ce	四期六段
M411	Bb	五期八段	M453	Ce	四期七段	M497	Ba	
M412	Ce	三期四段	M454	Ce		M498	Bc	四期六段
M413	Bc	四期七段	M455		邓墓	M499	Bb	四期六段
M414	Ce	三期五段	M456	Ce	四期七段	M500	Bb	
M415	Ca	五期八段	M457	Ce	三期五段	M501	Bb	三期五段
M416	Cd	四期七段	M458	Ba		M502	Ba	
M418	D	四期七段	M460	Ce	四期七段	M503	Bb	四期六段
M419	Ce	二期三段	M461	Ba		M504	Cd	
M420		邓墓	M463	Bb	四期六段	M506	Ce	二期二段
M421	Ba		M464	Bc	四期六段	M507	Ba	
M422	Bc	三期四段	M466	Bb	四期七段	M508	Bb	二期三段
M423	Ba		M467	Ca	三期五段	M509	Bb	五期八段
M424	Ce	四期七段	M468	Ba		M510	Ba	
M425	Cd	四期七段	M469	Bc	四期七段	M511	Bb	二期二段
M426	Ba		M470	Ba		M512	Cd	五期八段
M427	Ce	四期七段	M471	Ce	三期五段	M513	Ce	
M429	Ce	四期六段	M472	Cd		M514	Bb	三期四段
M430	Ce	四期六段	M473	Ce	五期八段	M515	Ce	三期五段

续表

墓号	分类	分期	墓号	分类	分期	墓号	分类	分期
M516	Ba		M559	Bc	四期七段	M600	Ce	四期七段
M517	Ba		M560	Bb	二期三段	M601		邓墓
M518	Bb	二期二段	M561	Cb		M602	Ce	二期三段
M519		邓墓	M562	Cb	五期九段	M603	Ce	
M520	Bb		M563	Bb	二期二段	M604	Cb	
M521	Ce	四期七段	M564	Bb	二期三段	M605	Cd	五期九段
M522		邓墓	M565		邓墓	M606	Ce	四期七段
M524	Ba		M566		邓墓	M607	Cb	五期八段
M526	Ce		M568	Cd	一期一段	M608	Cb	
M527	Bb	四期六段	M569	Cd	一期一段	M609	Aa	
M529	Bc	五期八段	M570	Bc	五期八段	M610	Ce	三期五段
M531	Bb	四期七段	M571	Ba		M611	Bb	四期七段
M532	Bb	五期八段	M572	Ba		M612	Ba	
M533	Ba		M574	Bb	二期三段	M613	Bc	五期八段
M534	Cd	四期七段	M575	Bb	三期五段	M614	Ba	
M535	Ce	五期八段	M576	Ba		M615	Ce	三期五段
M536	Bc	四期六段	M577		邓墓	M616	Bc	一期一段
M537	Cb		M578	Cb		M617	Ba	
M538	Cb	三期五段	M579	Ce	五期九段	M618	Ba	
M539	Bc	四期七段	M580	Bc	五期八段	M619	Ba	
M540	Bc	二期二段	M581	Ba		M620	Bb	二期三段
M541	Bc	三期四段	M582	Bc	三期五段	M621	Bc	三期四段
M542	Bc	三期五段	M583	Cb	五期八段	M623	Bb	一期一段
M543	Bb	三期四段	M584		邓墓	M624	Cb	五期九段
M544	Bb		M586	Ba		M625	Cb	四期六段
M545	Bc	四期六段	M587	Bb	三期五段	M626	Cb	四期七段
M546	Ce	五期八段	M588	Bb	三期四段	M627	Bb	
M547	Bb		M589	Ba		M628	Bc	
M548	Bc	二期三段	M590	Cd		M629	Bc	三期五段
M550	Ce	四期六段	M591	Ba		M630	Cd	五期九段
M551	Ce	二期三段	M592	Ce		M631		邓墓
M552	Bc	五期八段	M593	Ce		M632		邓墓
M554	Bb	三期五段	M594		邓墓	M633	Bc	三期四段
M555	Bc	五期八段	M595	Bc	二期三段	M634	Cd	四期六段
M556	Bb		M596	Cd	三期四段	M635	Ce	
M557	Bc	四期七段	M598		邓墓	M637	Bb	三期四段
M558	Bb	三期四段	M599	Ba		M638	Ba	

续表

墓号	分类	分期	墓号	分类	分期	墓号	分类	分期
M641	Ba		M685	Ba		M731	Bc	二期三段
M642	Ba		M686	Cd	二期三段	M732	Ba	
M644	Cd	四期七段	M687	Ba		M733	Bc	二期二段
M648	Cb		M688	Ce	一期一段	M734	Ba	
M650	Bb	二期三段	M689	Bc		M735	Cb	
M651	Ca	二期三段	M690	Bc	二期三段	M736	Bb	二期二段
M652	Ba		M691	Ce		M738	Cb	
M654	Bc		M692	Bb	二期二段	M739	Cd	五期九段
M655	Cb	五期九段	M693	Ba		M740	Ba	
M656	Ce	三期五段	M694		邓墓	M741	Bc	
M657	Ba		M695	Bc	二期二段	M742	Bc	二期二段
M658	Cd	五期八段	M696	Bb	一期一段	M743	Ba	
M659	Bc	二期二段	M698	D	五期八段	M744	Cd	四期六段
M660	Cd	四期六段	M699	Bc	三期四段	M745	Ce	四期六段
M661	Ce	五期八段	M700	Ba		M746	Ba	
M662	Ce	五期八段	M701	Ba		M747	Bc	四期六段
M663	Ce	三期四段	M702	Bb	二期二段	M748		邓墓
M664	Ba		M703	Cd	五期八段	M749	Ba	
M665	Bc	三期四段	M704	Ce		M750	Ba	
M666	Cd	一期一段	M705	Bb		M751	Ba	
M667	Bb	一期一段	M706	Bc	三期五段	M752	Ba	
M668	Ce	二期三段	M707	Ba		M753	Bb	
M669	Bc	四期六段	M708	Bb		M754	Ce	四期六段
M670	Bc		M709	Ba		M755	Bb	二期三段
M671	Ce		M710	Ce		M756	Bb	四期七段
M673	Bc	三期五段	M711	Ba		M757	Ba	
M674	Ba		M712		邓墓	M758	Ba	
M675	Ba		M713	Ce		M759	Ba	
M676	Ce	四期七段	M714	Bb	三期四段	M760	Ce	三期五段
M677		邓墓	M715	Bb	二期二段	M761	Bb	五期八段
M678	Bb		M717	Bb	三期四段	M762	Bc	三期五段
M679	Ce	四期六段	M718	Bc		M763	Bc	三期五段
M680	Aa		M720	Aa		M764	Ce	二期三段
M681	Bc		M721	Bc		M765	Ce	三期五段
M682	Bc	四期七段	M723	Ba		M766	Cd	二期三段
M683	Bb	二期三段	M728	Bc	一期一段	M767	Cd	五期八段
M684	Ba		M729	Bc	二期三段	M768	Cb	五期九段

续表

墓号	分类	分期	墓号	分类	分期	墓号	分类	分期
M769	Bb	四期七段	M797	Bc		M827	Ce	二期二段
M770	Bc	三期五段	M798	Bc	三期五段	M828		邓墓
M771	Aa		M800	Ba		M831	Bc	四期六段
M772	Ce	三期五段	M801	Ce	四期七段	M832	Bb	二期二段
M773	Bb	五期八段	M803	Ce	三期五段	M834	Ce	四期六段
M774	Bc	四期六段	M804	Bb	四期六段	M835	Ba	
M775	Ba		M806	Bb	三期四段	M836	Bb	五期八段
M776	Bb	二期三段	M807	Ba		M837	Bb	
M777	Ce	四期七段	M808	Ce	三期四段	M839	Ba	
M779	Ce	四期七段	M811	Ab	二期二段	M841	Bb	二期二段
M782	Cc	五期八段	M813	Cc		M842	Ca	五期八段
M784	Ce	三期五段	M814	Ba		M843		邓墓
M786	Bc	三期四段	M816	Bb	二期三段	M844	Ba	
M787	Ce		M817	Bb		M845	Ce	
M789	Bc	五期九段	M818	Bb	二期二段	M846	Ce	三期四段
M790	Aa		M821	Ce	二期三段	M847	Bb	二期三段
M791	Ce	五期九段	M822	Ba		M848	Bc	三期四段
M793	Bc	三期四段	M823	Bb	二期三段	M849	Ce	三期五段
M794	Bb	二期三段	M824	Bb	三期四段	M852	Bb	三期五段
M796	Ab	四期七段	M825	Ba		M853	Bc	

附　　录

附录一　襄阳沈岗墓地送检玉、料器无损分析检测报告

赵虹霞
（中国科学院上海光学精密机械研究所）

（一）文物来源和玉、料器样品情况

沈岗墓地送检的玉、料器样品共24件（表一），所有的玉、料器样品和出土信息由襄阳市文物考古研究所提供并一起参加测试鉴定。

表一　沈岗墓地送检玉、料器

样品编号	器名	编号	数量	基本尺寸（厘米）	保存状况
HBXKI-S1	玉玦	M22：1	1	内径0.9、外径1.9、厚0.8	完整
HBXKI-S2	玉玦	M26：2	1	内径0.8、外径3.4、厚0.2	完整
HBXKI-S3	玉璜	M39：3	1	长5、宽1.2、厚0.2	完整
HBXKI-S4	玉玦	M65：3	1	内径0.8、外径3.7、厚0.3	完整
HBXKI-S5	玉璧	M76：10	2	内径1.9、外径4.7、厚0.2 内径1.5、外径4.5、厚0.3	两件大小不一，均完好
HBXKI-S6	玉环	M210：2	1	内径2.1、外径4.2、厚0.3	完整
HBXKI-S7	玉玦	M210：3	1	内径1.1、外径3.3、厚0.25	完好
HBXKI-S8	玉贝	M210：5	1	长1.8、宽1.1、厚0.6	完整
HBXKI-S9	玉佩饰	M399：2	1	长14.4、宽5.8、厚0.4	完整
HBXKI-S10	玉蛙	M420：4	1	长1.8、宽1.3、厚0.55	完好
HBXKI-S11	玉玦	M455：1	1	内径1.1、外径4.4、厚0.2	完好
HBXKI-S12	玉佩饰	M455：2	1	长2.7、宽2、厚0.2	完好
HBXKI-S13	料珠	M560：4	1	直径1.1、高0.8	破损
HBXKI-S14	玉玦	M566：1	1	内径1、外径1.8、高2.4	基本完整
HBXKI-S15	玉人	M566：2	1	高3.4	完好
HBXKI-S16	玉佩饰	M566：3	1	长4.8、宽1.6～2.2、厚0.3～0.4	完好

续表

样品编号	器名	编号	数量	基本尺寸（厘米）	保存状况
HBXKI-S17	水晶环	M577：2	1	内径1.5、外径3.4、厚0.6	残损
HBXKI-S18	玉佩饰	M577：3	1	长3.6、宽1.6、厚0.3	完好
HBXKI-S19	玉佩饰	M594：2	1	长1.7、宽1.5、厚0.2	完好
HBXKI-S20	玉璜	M598：1	1	长3.6、宽1.7、厚0.2	完整
HBXKI-S21	玉玦	M694：2	1	直径2.4、厚0.48	完好
HBXKI-S22	玉贝	M694：1	1	长2、厚0.58	完好
HBXKI-S23	玉玦	M748：1	1	内径1.1、外径1.9、高2.1	完整

（二）主要测试方法

为了达到无损分析玉器质地的检测目的，应用了以下三种测试分析法。

1. 质子激发的X射线发光方法（PIXE）

（1）分析原理和实验装置

PIXE技术是一种采用特种激发源的X射线荧光分析技术。通过MeV能量的质子激发样品中原子，使其发射特征X射线，通过探测X射线的能量和强度来测量样品中元素的种类和含量。PIXE系统区别于传统的能量分散光谱仪的地方在于用质子源代替了光子源，除了比普通光子源具有更高的强度外，同时产生相对更低的背景。PIXE技术是一种高灵敏度（通常可达到$10^{-7}\sim10^{-6}$g/g）、非破坏性、多元素定量分析的核技术，对样品的需要量小（最低10^{-18}g），探测深度在$10\sim100\mu m$，横向分辨率$3\mu m$，特别适合珍贵文物和完整器物的无损分析。

用PIXE技术测定样品的化学成分实验在复旦大学现代物理研究所进行。我们实验所使用的质子束是复旦大学加速器实验室NEC 9SDH-2串列加速器产生，见图一。沿束流路径，靶室1作常规卢瑟福背散射分析（RBS）测量，靶室2作内束PIXE分析，在管道的尽头用一厚度为7.5μm的Kapton膜来隔离真空与大气，质子穿透Kapton膜进行外束PIXE分析。NEC 9SDH-2串列加速器提供3.0MeV的准直质子束，样品置于大气中，距离Kapton膜10mm。质子束穿过该Kapton膜

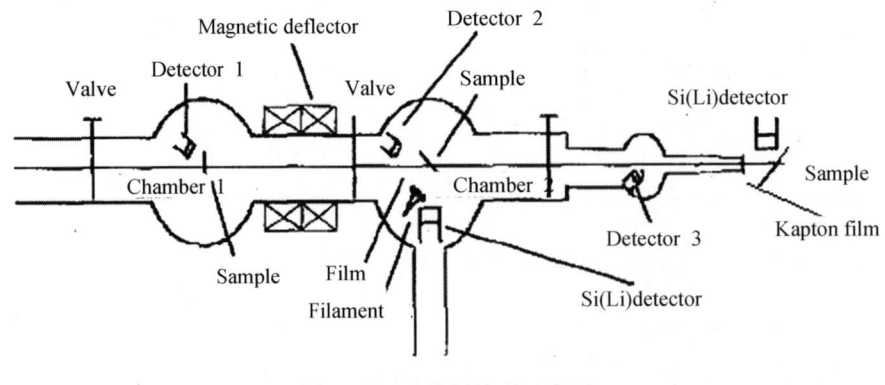

图一　PIXE分析管道示意图

和空气，到达样品表面的实际能量为2.8MeV，束斑直径1mm，束流0.1nA。X射线Si（Li）探测器测量，系统对Mn的Kα线（5.9keV）的能量分辨率（FWHM）为165eV，探测器铍窗与样品的距离也是10mm。质子束与样品表面法线之间的夹角45°，探测器表面法线与样品表面法线的夹角都是45°。测定微量元素时，探测器前加上Al膜，以除去低能的X射线，同时加大束流至0.5nA左右。

PIXE法对原子序大于11（Na）的元素均可作定量测定，小于11的元素因空气对特征X射线的吸收而不准确。所以，本实验已作改进，即在样品表面至探测器间流动氦气，以保证测定Na以上轻元素的确定性[①]。

（2）数据处理

Si（Li）探测器得到PIXE能谱非常复杂。本工作采用世界上先进的解谱软件GUPIX对厚靶PIXE进行定量分析。GUPIX的主要思想是利用特征X射线能量和分支比、X射线产生截面、质子在物质中的阻止本领及X射线在物质中的衰减系数等大量数据库，用最少的参数对实验所得能谱进行理论拟合。对于原子序数在11～60的元素考虑2～6条KX线，对于原子序数在30～92的元素，考虑到10～25条LX线。每一个元素的主峰用高斯峰来描述。将理论模拟谱线与实验所得能谱进行比较，不断调整各参数值，使得理论能谱与实验能谱充分接近，从而对能谱进行准确分析。

在本研究的计算中，对参数的拟合采用标样法。首先将各参量准确地直接输入，然后计算在相同实验条件下测得的标准样品的各成分含量；然后通过比较计算值与标准值，对输入的参数进行检验和修正；最后用修正后的参数对样品进行定量计算。

2. X射线衍射方法（XRD）

（1）分析原理

晶体物质有自己特定的晶体结构参数，如点阵类型、晶胞大小、原子数目和原子在晶胞的位置等。X射线在某种晶体上的衍射，必然反映出带有晶体特征的特定的衍射花样（衍射位置θ、衍射强度I）。把得到的衍射峰的位置和相对强度同标准卡片进行对比，便可以确定物相，这就是定性分析。根据各物相的衍射线强度和含量的关系就可以确定物相有多少，这就是定量分析。

图二为多晶X射线衍射仪几何装置。单色X射线照射在固体或粉末样品上，它和计数器由马达，按θ和2θ角大小的比例由低角度到高角度同步地转动，保证可能的衍射线进入计数器，最后将计数电脉冲转变为直观可读或记录的数值。

（2）X射线衍射测定设备和实验

XRD实验采用复旦大学化学系表面化学实验室的D8 Advance X射线衍射仪，实验时采用管压40kV，管流40mA，采用CuK靶及CCD探测器。由于X射线对焦和样品架尺寸的限制，样品

[①] 承焕生、张斌、朱丹等：《外束质子激发X荧光分析在文物研究与考古中的应用》，《丝绸之路上的古代玻璃研究》，复旦大学出版社，2007年。

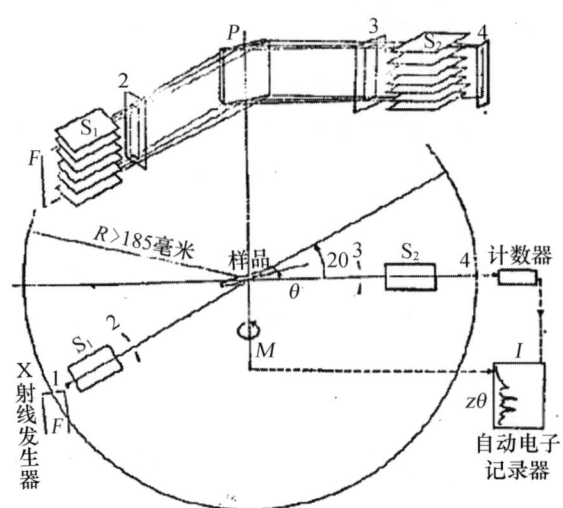

图二　多晶X射线衍射仪几何原理图

的高度不大于15mm，宽度不大于35mm。

3. 激光拉曼光谱方法（Raman）

拉曼光谱法是一种通过获取样品指纹频率，从而得到物质结构信息的无损、实时检测方法。它对样品大小及透光性无要求，是判断玉石种属的一种有效手段。

（1）分析原理

一定波长的单色光与作为散射中心的样品相互作用时，会发生斯托克斯（Stokes）散射、反斯托克斯（anti-Stokes）散射和瑞利（Rayleigh）散射，从而携带出许多关于样品微观层次的丰富信息，其中由于光子与样品中元激发（准粒子）间发生非弹性碰撞而形成的散射就是拉曼散射。当光子与元激发碰撞时，光子损失能量，从而激发出元激发，散射光的频率低于入射光的频率，称之为斯托克斯散射。另一种非弹性碰撞则是碰撞过程中元激发放出了能量，光子能量增高，散射光的频率高于入射光的频率，称为反斯托克斯散射。拉曼位移Δv反映了物质分子和晶体的振动谱，对特定的物质而言，它有一系列特定的独有的振动谱，由此可以从分子水平研究样品的结构及分析鉴定物质。

（2）共焦拉曼技术

共焦技术的原理早在1957年就已提出，但是直到1977年该技术才开始用于拉曼谱学，而且直到20世纪90年代共焦显微技术才真正在拉曼技术中得到广泛应用。共焦拉曼显微镜的工作原理如图三所示。

将激光束经入射针孔H1聚焦于样品表面，样品表面的被照射点在探测针孔H2处成像，其信号由在H2之后的探测器收集（光路如实线所示）；而当激光在样品表面是散焦时，样品处的大部分信号被H2挡住（光路如虚线所示），无法通过针孔到达检测器。当我们将样品沿着激光入射方向上下移动，可以将激光聚焦于样品的不同层面，这样所采集的信号也将来自样品的不同层面，实现样品的剖层分析。可以看出，这种结构的最大特点就是可以有效地排除来自焦平面之外其他信号的干扰,从而有效地排除物质本体信号对所需要分析层信号的影响。同时,共焦显微系统本身还具有较高的水平方向的空间分辨率(1μm),可以分析固态、液态和气态的包裹体样品。上述特点使共焦显微拉曼技术在宝石矿物的识别应用中显示出其他鉴定技术无法替代的重要地位。

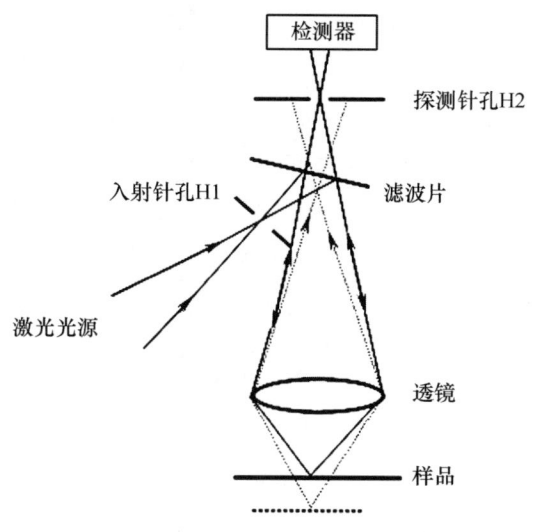

图三　共焦拉曼显微镜原理图

(3) 拉曼光谱测定设备和实验

本实验采用复旦大学分析测试中心光谱实验室法国Dilor公司生产的LabRan-1B型共焦显微拉曼光谱仪。实验参数为:He-Ne激光器、激光波长632.8nm,功率4.3mW,100倍物镜;100μm狭缝,多道CCD探测器,光束作用面积$1μm^2$,测定样品的拉曼光谱时,应用标样校正。

(三) 测试结果和讨论

1. 透闪石类样品

本次襄阳市文物考古研究所提供的用于测试的沈岗墓地的样品来自M22、M26、M39、M65、M76、M210、M399、M420、M455、M560、M566、M577、M594、M598、M694、M748这16座墓葬。用PIXE无损分析24件样品的化学成分,测定结果见表二和表三。其中矿物组成以SiO_2、MgO和CaO为主的化学组成玉器有17件,见表二,样品编号分别为HBXKI-S2~11、14、15、16、18、19、21、23。除样品HBXKI-S2(SiO_2 58.62%;MgO 10.22%;CaO 26.63%)之外,其余化学成分分布范围为:SiO_2 55.93%~61.32%;MgO 18.45%~25.15%;CaO 10.90%~13.76%。次要的化学成分为:Al_2O_3 0.72%~8.60%;Fe_2O_3 0.32%~1.81%。其他氧化物如Na_2O 0~2.06%。上述玉器样品的主要化学成分与透闪

石（tremolite，化学结构式为$Ca_2Mg_5Si_8O_{22}(OH)_2$，理论值SiO_2 59.20%、MgO 24.80%、CaO 13.80%）的化学成分非常一致。由于透闪石中镁、铁可以完全类质同象代替，置换程度不同，矿物也不同。当Mg被Fe置换时，可变为阳起石（actinolite，化学结构式为$Ca_2(Mg, Fe)_5Si_8O_{22}(OH)_2$）；当Mg被Fe全部置换后，就成为铁阳起石（化学结构式$Ca_2Fe_5Si_8O_{22}(OH)_2$）。由于Mg和Fe的置换是一种连续系列，因此矿物种的划分有一定范围。当$Mg^{2+}/Mg^{2+}+Fe^{2+(3+)} \geqslant 0.9$时，称为透闪石；当$0.5 \leqslant Mg^{2+}/Mg^{2+}+Fe^{2+(3+)} < 0.9$时，称为阳起石；当$Mg^{2+}/Mg^{2+}+Fe^{2+(3+)} < 0.5$时，称为铁阳起石，此比值也列举于表二中。

用X射线衍射法无损测定了表二中17个样品的矿物组成，其主要岩相皆为透闪石。图四列举了来自沈岗的HBXKI-S3和透闪石的X射线的衍射峰，主X射线衍射峰与透闪石是一致的。

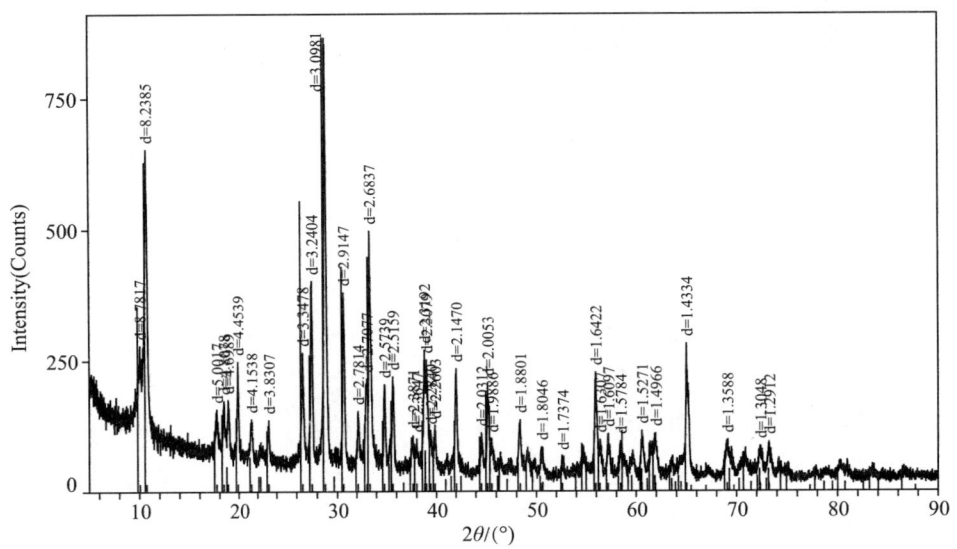

图四　HBXKI-S3 X射线衍射图谱

我们曾用PIXE无损分析方法测试了世界不同地区，包括中国新疆、俄罗斯、加拿大和新西兰的白玉和青玉，其中主要化学成分大致相同，白玉属透闪石型软玉，而青玉由于Fe_2O_3含量的增加，出现阳起石矿相[①]。这次测试的样品中$Mg^{2+}/Mg^{2+}+Fe^{2+(3+)}$比值均大于0.9，属透闪石玉石。

样品HBXKI-S2是玉玦，表面呈白色，有黄色的受沁部位，主要化学成分为SiO_2 58.62%，MgO 10.22%，CaO 26.63%，MgO的含量明显低于CaO的含量。由于透闪石是矽卡岩常见矿物之一，也常见于区域变质作用的大理岩、片岩中。它的X射线衍射图谱与透闪石的特征峰相符，见图五。因此，样品HBXKI-S2可能为含有方解石成分的透闪石矿物。

---

① 伏修锋、干福熹、马波等：《几种不同产地软玉的岩相结构和无破损成分分析》，《岩石学报》2007年第5期。

表二 沈岗墓地透闪玉、料器透闪石类型化学成分PIXE测定结果（wt%）

样品编号	编号	器名	测试部位	Na$_2$O	MgO	Al$_2$O$_3$	SiO$_2$	P$_2$O$_5$	SO$_3$	K$_2$O	CaO	TiO$_2$	MnO	Fe$_2$O$_3$	CuO	ZnO	As$_2$O$_3$	BaO	PbO	Hg	Mg^{2+}/Mg^{2+}+Fe$^{2+(3+)}$
HBXKI-S2	M26:2	玉玦		0.00	10.22	2.08	58.62	0.00	0.39	0.19	26.63	0.00	0.00	1.35	0.00	0.00	0.00	0.00	0.00	0.00	0.944
HBXKI-S3	M39:3	玉璜		0.41	24.53	1.32	59.43	0.20	0.11	0.11	13.13	0.07	0.00	0.69	0.00	0.00	0.00	0.00	0.00	0.00	0.988
HBXKI-S4	M65:3	玉玦	深色	1.54	22.67	2.54	55.93	0.00	0.81	0.34	12.49	0.07	0.05	0.35	0.00	0.00	0.00	0.00	0.00	3.21	0.993
HBXKI-S5	M76:10	玉璧	红色	0.75	25.15	0.72	61.32	0.16	0.00	0.13	10.90	0.07	0.13	0.70	0.00	0.00	0.00	0.00	0.00	0.00	0.988
HBXKI-S6	M210:2	玉环	白色	0.00	23.22	2.56	58.78	0.40	0.22	0.16	13.76	0.07	0.06	0.50	0.00	0.00	0.00	0.00	0.00	0.00	0.990
			黑色	0.00	23.64	2.35	57.66	0.00	0.32	0.10	12.90	0.07	0.00	0.73	0.05	0.00	0.00	0.00	0.00	2.13	0.986
HBXKI-S7	M210:3	玉玦		0.80	24.37	1.30	59.32	0.10	0.00	0.06	13.03	0.00	0.06	0.92	0.00	0.00	0.00	0.00	0.00	0.00	0.983
HBXKI-S8	M210:5	玉贝		1.44	22.94	2.02	58.15	0.00	0.11	0.05	13.32	0.00	0.11	1.47	0.05	0.00	0.00	0.00	0.00	0.28	0.972
HBXKI-S9	M399:2	玉佩饰		0.57	24.18	1.83	58.16	0.28	0.15	0.29	12.44	0.09	0.16	1.81	0.08	0.00	0.00	0.00	0.07	0.00	0.967
HBXKI-S10	M420:4	玉蛙	黑色	0.68	23.52	3.29	57.71	0.00	0.28	0.27	12.52	0.06	0.00	0.32	0.00	0.04	0.00	0.00	0.00	0.00	0.994
HBXKI-S11	M455:1	玉玦	黑色	0.27	23.94	1.60	58.44	0.00	0.85	0.16	12.00	0.00	0.04	1.60	0.04	0.04	0.00	0.04	0.00	0.00	0.971
HBXKI-S14	M566:1	玉玦		2.06	23.32	0.80	58.83	0.00	0.13	0.06	13.30	0.00	0.00	1.43	0.00	0.00	0.00	0.00	0.00	0.00	0.973
HBXKI-S15	M566:2	玉人		0.46	20.23	5.04	59.04	0.00	0.22	0.42	13.56	0.00	0.06	0.92	0.00	0.00	0.00	0.04	0.00	0.00	0.980
HBXKI-S16	M566:3	玉佩饰		1.34	23.31	1.10	58.98	0.31	0.09	0.08	12.72	0.06	0.27	1.52	0.04	0.00	0.00	0.00	0.00	0.00	0.971
			受沁点	0.77	22.14	4.29	58.16	0.36	0.16	0.23	12.50	0.00	0.04	1.13	0.04	0.04	0.00	0.00	0.00	0.00	0.978
HBXKI-S18	M577:3	玉佩饰	受沁程度低点	1.32	18.45	8.60	57.35	0.00	0.41	0.63	11.14	0.11	0.04	1.59	0.04	0.04	0.00	0.00	0.00	0.00	0.963
			未受沁点	0.19	21.97	3.90	59.44	0.00	0.11	0.22	12.80	0.00	0.06	1.05	0.00	0.00	0.00	0.00	0.00	0.00	0.979
HBXKI-S19	M594:2	玉佩饰		0.08	24.08	1.79	60.54	0.06	0.07	0.20	12.59	0.00	0.09	0.36	0.00	0.00	0.00	0.00	0.00	0.00	0.993
			未受沁点	0.66	24.82	1.52	58.79	0.16	0.09	0.08	13.02	0.00	0.09	0.70	0.04	0.00	0.00	0.00	0.00	0.00	0.987
HBXKI-S21	M694:2	玉玦	受沁白色点	1.21	24.61	1.36	59.36	0.16	0.00	0.13	12.57	0.00	0.09	0.46	0.00	0.00	0.00	0.00	0.00	0.00	0.992
HBXKI-S23	M748:1	玉玦		1.21	24.96	1.18	58.70	0.08	0.09	0.08	13.36	0.00	0.00	0.35	0.00	0.00	0.00	0.00	0.00	0.00	0.994
透闪石tremolite Ca$_2$Mg$_5$Si$_8$O$_{22}$(OH)$_2$					24.80		59.20				13.80										H$_2$O2.2

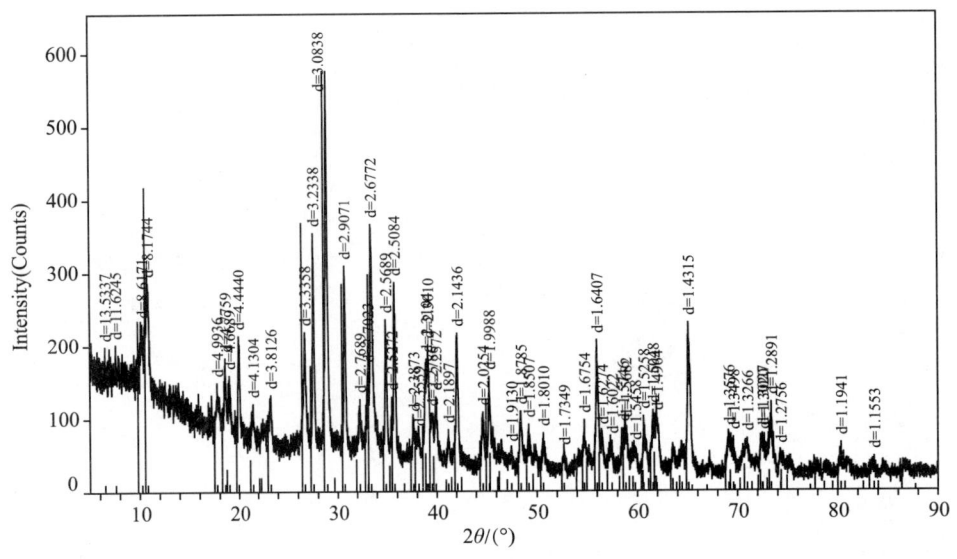

图五　HBXKI-S2 X射线衍射图谱

用显微Raman光谱无损对中国古玉及其岩相结构分析尚少见报道，是目前正在发展的无损分析方法。由于聚光斑点小，所以可以对微区岩相结构特点进行研究。首先，要对玉材的Raman光谱有仔细的测试和分析以作为测定的标准。如透闪石的Raman峰在1054cm^{-1}、934cm^{-1}、670cm^{-1}、526cm^{-1}、393cm^{-1}、225cm^{-1}。透闪石是双链结构的层状晶体，这些Raman峰分别代表了链状结构中硅与非桥氧（Si-O）和与桥氧（Si-O-Si）的伸缩振动、弯曲振动与晶格振动。透闪石型的样品HBXKI-S3的Raman光谱可以看到标志硅氧四面体中Si-O-Si的Raman散射峰（676cm^{-1}附近）和Si-O的Raman散射峰（1062cm^{-1}附近），与透闪石Raman光谱比较很接近。由于样品表面的漫散射影响，很多较弱的Raman峰不能显示。图六、图七列举了样品HBXKI-S3、和田透闪石玉石的Raman图谱。

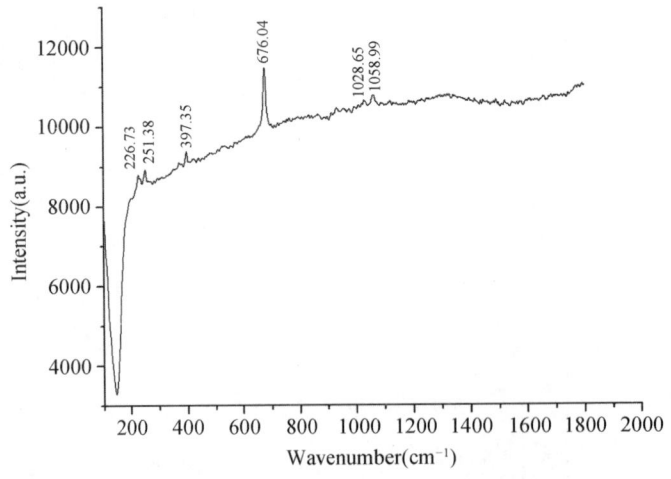

图六　HBXKI-S3 Raman图谱（面上本体浅绿色点）

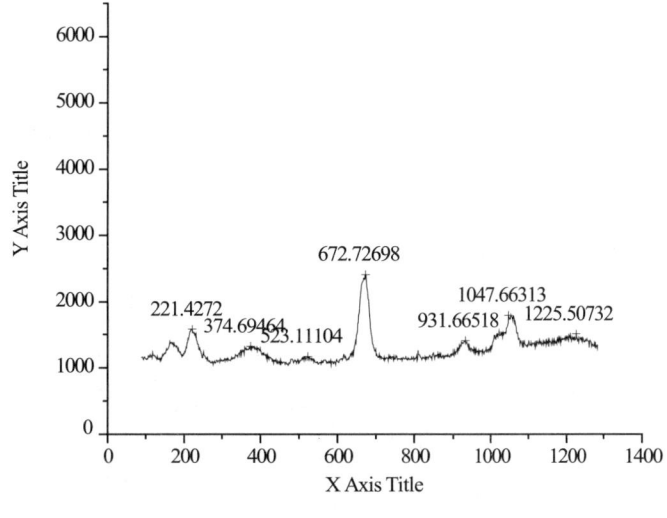

图七　和田透闪石玉石Raman图谱

2. 玉器玉材的产地

关于中国古代玉器的玉材的产地是大家所关心的。根据目前已有的知识，中国古代玉器的玉材主要取自角闪石类的软玉。从上述沈岗墓地玉器的化学成分和岩相分析结果来看也是如此，但是这批玉器的玉材出自何处是比较复杂和困难的问题。

透闪石型软玉在国内产地很多，如新疆、青海、四川、江苏、辽宁、台湾等地皆有，邻近我国的俄罗斯外贝加尔湖地区、东土耳其斯坦地区也有透闪石矿，而且，综上所述，各地矿产的透闪石的主成分相差不多，凭此难以辨别。以往用破坏样品的岩相分析（光学或电镜分析），从透闪石样品的织构（textile structure）来识别是否来自新疆和田，因为一般认为和田的透闪石玉是交叉纤维织构的透闪石，当然，这只能是一般的共识。

各地的透闪石软玉矿床地质特性是不同的，主要有两类透闪石矿：一类为中酸性侵入岩与白云石大理岩接触交代型，典型的如新疆和田透闪石型软玉；另一类为与超基岩有关的软玉，如新疆玛纳斯透闪石矿。后者含有较明显的微量元素Cr、Ni等，前者微量杂质含量很少[1]。因为各地的矿床地质条件不同，应该含有具有各自特征的稀有元素，我们试图由此来识别古代玉器的玉材来源。

表三列举了用无损PIXE分析方法测定的沈岗墓地的透闪石质的玉器的微量元素测量结果。从表三可以看到，除个别样品外，大部分样品所含的微量元素比较一致。主要微量元素Mn和Zn几乎全在100ppm以上，Cu除个别样品测试点的关系外，基本<100ppm，其次都含有Zr和Hg，Hg元素与出土地有关，较多的样品含有Sr和Pb。由于这批样品中不含Cr和Ni，因此倾向归属于第一类接触交代型角闪石，但与和田透闪石矿也不全一致。这次送检的沈岗墓地部分透闪石样品含Pb，有别于良渚遗址出土的玉器，良渚遗址出土的透闪石玉器中未发现Pb元素。可以认为这批玉器的玉材来自同一类矿区和矿床，且不同于良渚遗址出土玉器的玉材。

---

[1]　唐延龄、陈葆章、蒋壬华：《中国和田玉》，新疆人民出版社，1994年，第86页。

需要对各地的透闪石矿材和古代玉器都进行仔细的微量元素的分析，积累数据，才能对玉材的产地有较清楚的认识。这类分析数据的积累工作正在进行中。本次测试中未对非透闪石类型的样品进行微量元素的测试。

3. 受沁

出土的古玉器皆埋于地下，受周围环境的影响，产生风化或称"受沁"。玉质会受沁变质，而不破坏分析的检测处又多在表面。因此，在测量这批样品时对有些样品在不同颜色部位进行测定，见表二。玉器的受沁程度决定于地质土壤条件，一般而言，南方酸性土壤较北方碱性土壤浸蚀严重。也决定于玉石种类，透闪石类玉石比蛇纹石类玉石抗浸蚀，当然，也和玉器质地密切相关。如表二所示，所测定的透闪石类玉器样品（HBXKI-S6、18、21）的不同颜色部位（不同受沁）的主要组成（SiO_2、MgO、CaO）的含量变化很小，说明这批玉器的玉质比较好。在透闪石型玉石中主要由于淋滤作用使MgO和CaO流失，同时由于SiO_2含量的升高、SiO_2在玉石表面的胶结作用而阻止了MgO和CaO进一步流失。

4. 非透闪石类样品

沈岗墓地的玉、料器样品除了上述17件属透闪石类的玉器外，尚有7件非透闪石类样品，共分为3组，通过PIXE方法分析，它们的主要成分测量结果见表四。

（1）第I组样品HBXKI-S17的SiO_2含量在90%以上，但在XRD谱图中看不到明显的衍射峰值。同时，根据二氧化硅类玉石的显微拉曼光谱标准峰在465cm^{-1}和208cm^{-1}附近，对应于O-Si-O键的对称伸缩振动和弯曲振动。虽然它们的基本结构并无重大变化，但由于结晶程度和对称性的差别，从而引起拉曼光谱具体特征有所不同，例如水晶在465cm^{-1}的峰值为尖锐的单峰，而玛瑙在此处存在一个肩峰，由此可以推断样品HBXKI-S17的主要成分可能是玛瑙，其Raman图谱见图八。

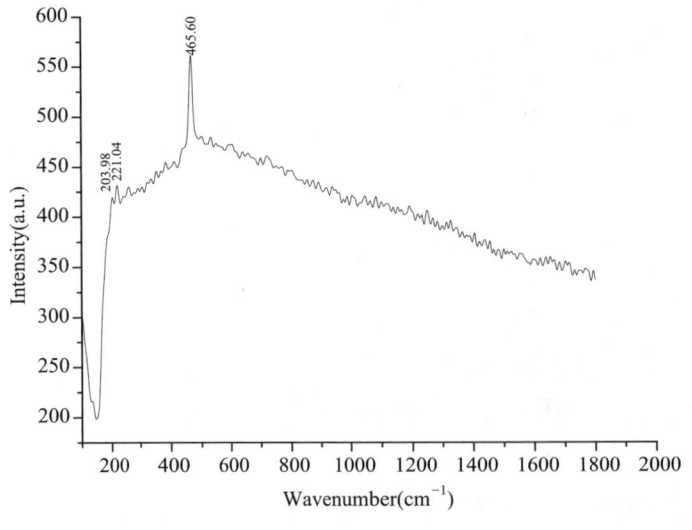

图八　HBXKI-S17 Raman图谱

表三 沈岗墓地送检玉、料器化学成分PIXE微量元素测定结果（ppm）

样品编号	器名	编号	Mn	Fe	Cu	Zn	Rb	Sr	Y	Zr	Hg	Pb
HBXKI-S2	玉玦	M26：2	444	9450	93	199	0	36	0	121	1491	0
	玉玦（A. C）		418	9450	154	225	0	0	0	164	758	0
HBXKI-S7	玉玦	M210：3	292	6440	23	68	0	15	5	55	231	0
HBXKI-S15	玉人	M566：2	665	6440	10	149	0	0	0	94	26	33
HBXKI-S16	玉佩饰	M566：3	2097	10640	13	263	0	12	8	30	118	11

A. C means after cleaning.

表四 沈岗墓地送检玉、料器非透闪石类型化学成分PIXE测定结果（wt%）

组号	样品编号	器名	编号	测试部位	Na$_2$O	MgO	Al$_2$O$_3$	SiO$_2$	P$_2$O$_5$	SO$_3$	K$_2$O	CaO	TiO$_2$	MnO	Fe$_2$O$_3$	CuO	ZnO	As$_2$O$_3$	BaO	PbO	Hg
I	HBXKI-S17	水晶环	M577：2		0.00	0.00	1.25	97.73	0.51	0.00	0.27	0.00	0.00	0.00	0.00	0.00	0.00	0.00	0.00	0.00	0.00
II	HBXKI-S1	玉玦	M22：1		0.93	0.71	38.79	45.83	0.49	0.13	11.70	0.00	0.00	0.00	1.21	0.00	0.00	0.00	0.00	0.00	0.00
	HBXKI-S5	玉璧	M76：10	白色	0.94	0.93	40.58	44.84	0.16	0.17	11.60	0.10	0.09	0.00	0.60	0.00	0.00	0.00	0.00	0.00	0.00
	HBXKI-S12	玉佩饰	M455：2		0.97	2.40	37.89	44.67	0.00	0.16	11.26	1.65	0.00	0.00	0.93	0.06	0.00	0.00	0.00	0.00	0.00
	HBXKI-S20	玉璜	M598：1		0.00	1.11	37.21	47.53	0.22	0.12	11.61	0.07	0.24	0.00	1.84	0.00	0.00	0.00	0.00	0.00	0.00
III	HBXKI-S13	料珠	M560：4		0.00	1.49	6.19	10.22	0.00	0.00	0.72	80.14	0.00	0.00	0.85	0.00	0.38	0.00	0.00	0.00	0.00
	HBXKI-S22	玉贝	M694：1		0.38	1.28	11.36	26.98	0.00	0.17	1.10	57.00	0.35	0.09	1.20	0.00	0.00	0.09	0.00	0.00	0.00

（2）第Ⅱ组样品包括HBXKI-S1、5、12和20这4个样品，成分也比较一致，其化学成分为：K_2O 11.26%~11.70%，SiO_2 44.67%~47.53%，Al_2O_3 37.21%~40.58%。这4个样品的矿相比较复杂，对照JCPDS卡片，发现此组样品可能为含有白云母的钾长石。白云母（muscovite）的化学式为$KAl_3[Si_3AlO_{10}](OH)_2$，其中$K_2O$ 11.81%，SiO_2 45.23%，Al_2O_3 38.44%；钾长石（potash feldspar）的化学式为$K[AlSi_3O_6]$，其中K_2O 16.9%，SiO_2 64.7%，Al_2O_3 18.4%。由于长石受风化或热液蚀变易转变为高岭石、绢云母、黝帘石、沸石、方柱石等，而此次测试中XRD和Raman结果中只显示出白云母的特征峰，有可能与测试点的选择及测试深度有关。图九为样品HBXKI-S1的X射线衍射图，图一〇为样品HBXKI-S1的Raman图谱和来自University of Arizona Mineral Museum 8520白云母标准Raman图谱，特征峰分别出现在262（最强峰）、704、408和750cm^{-1}（中强峰）。

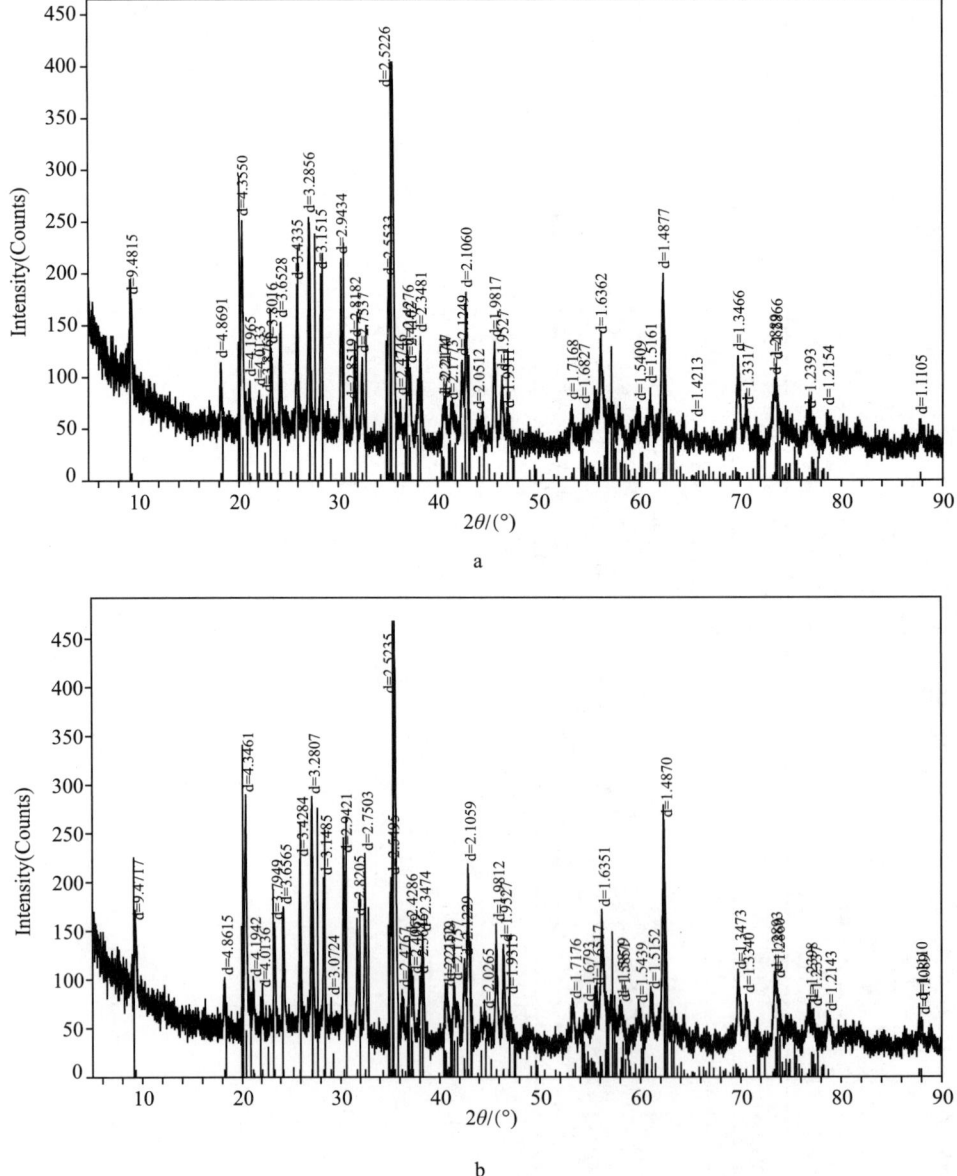

图九　HBXKI-S1 X射线衍射图谱

a.其中一面　b.另一面

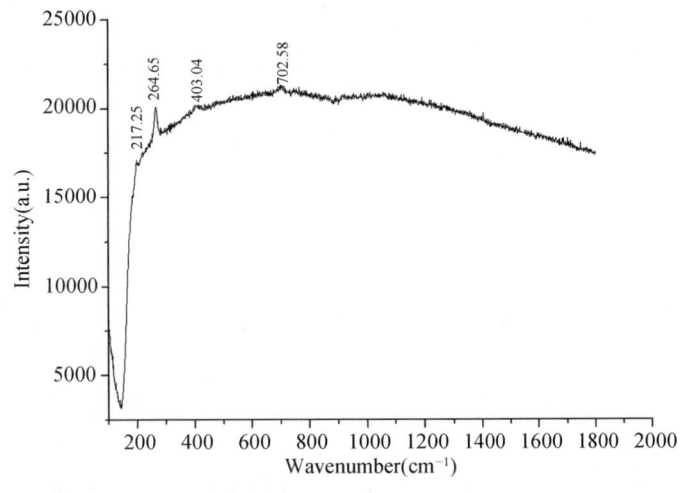

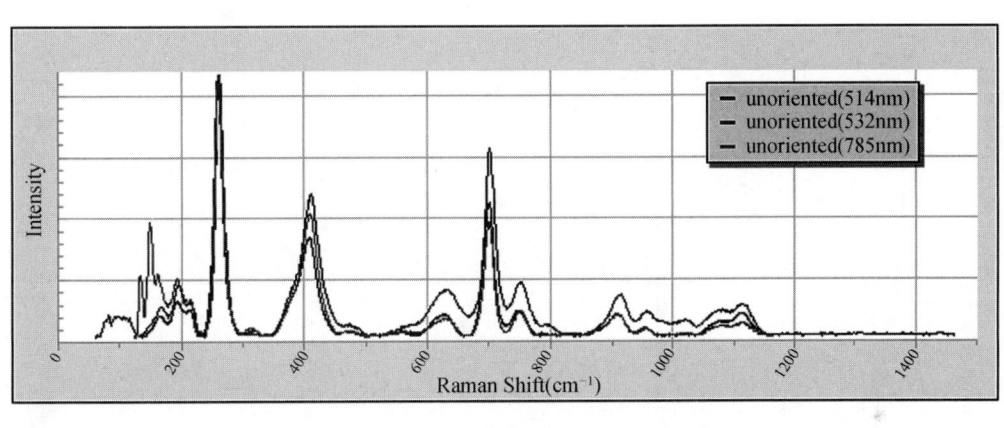

图一〇　Raman图谱

a. HBXKI-S1（平放时面上黄色点）　　b. University of Arizona Mineral Museum 8520白云母标准Raman图谱

（3）第Ⅲ组中的两个样品包括HBXKI-S13、22，它们的化学成分含量分别为CaO 57.00%～80.14%，SiO_2 10.22%～26.98%，Al_2O_3 6.19%～11.36%。HBXKI-S22的XRD未做，样品HBXKI-S13显示出方解石（calcite，$CaCO_3$）的衍射特征峰。但Raman图谱中的峰值比较弱，只有样品HBXKI-S22能看到$CaCO_3$在280cm^{-1}附近的中强峰。估计该组样品的主要成分应该为以方解石为主的铝硅酸盐矿物。图一一为HBXKI-S13的X射线衍射图，图一二为HBXKI-S22的Raman图谱。

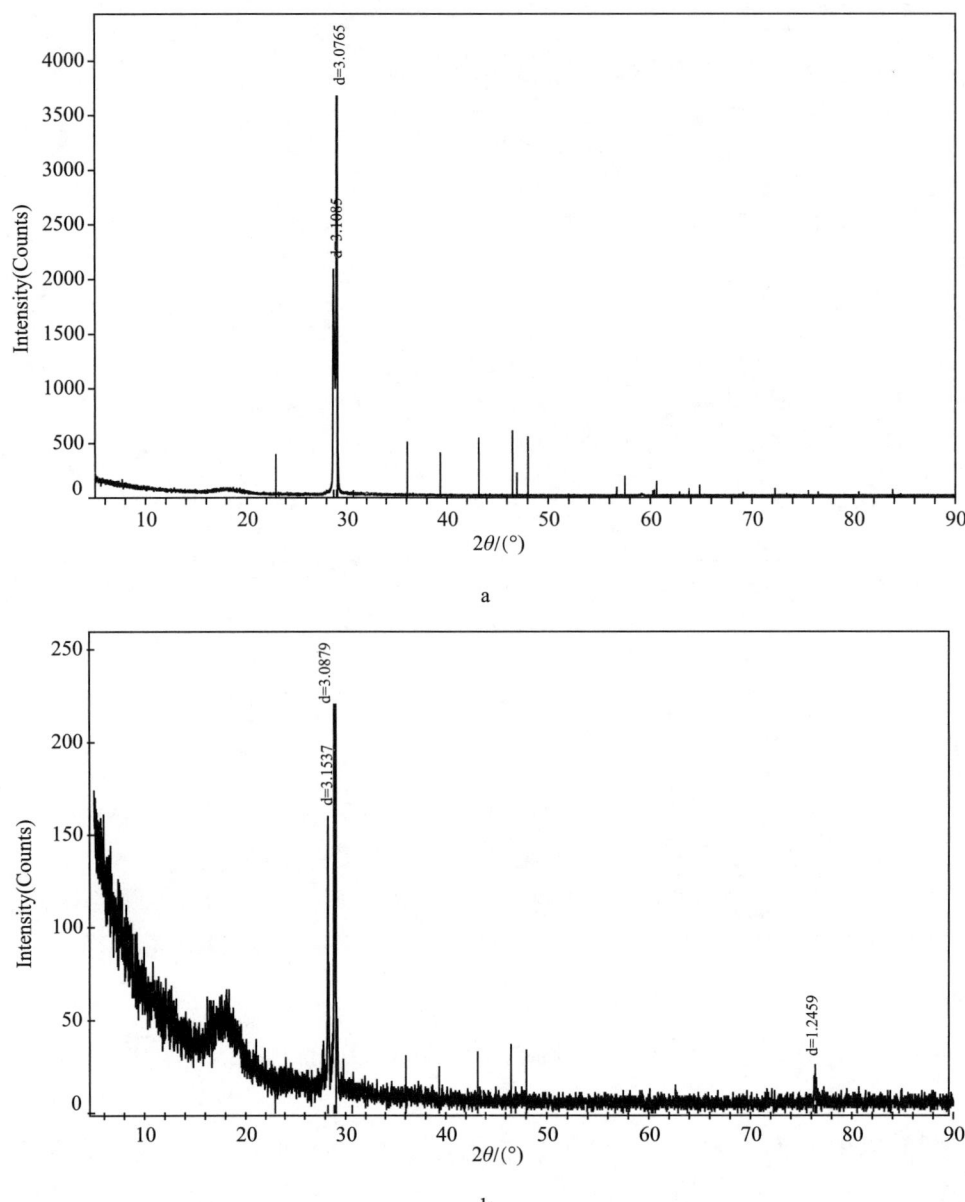

图一一 HBXKI-S13 X射线衍射图谱
a. 白色 b. 白色另一点

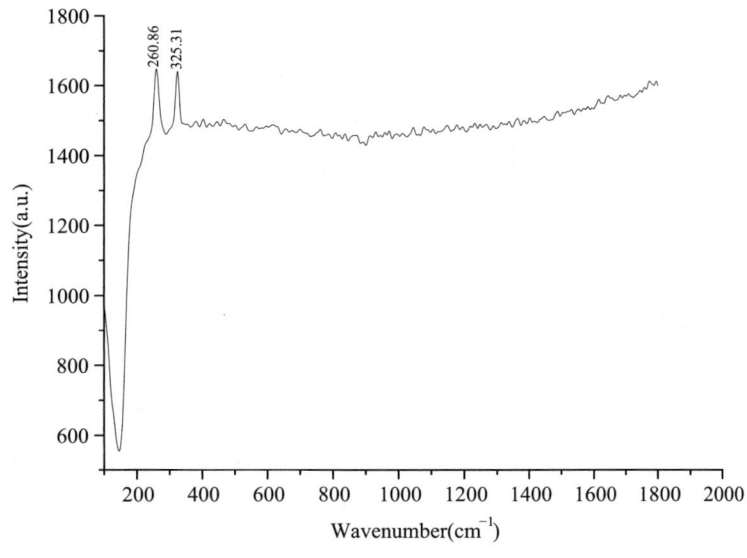

图一二　HBXKI-S22 Raman图谱

（四）结论

从上述测试分析结果和讨论中可以看出以下几点。

其一，沈岗墓地的24件玉、料器中，玉石矿相属透闪石型软玉的玉器有17件，占71%，而且大部分玉石料的来源应该为不同于良渚遗址出土玉器玉材的同一类矿区。风化和受沁少，玉石的质地较高。从外形和纹饰来看，以祀礼和装饰应用为主。

其二，样品中有7件属于非透闪石类，涉及的种类比较多，其中玛瑙类矿物1件，含白云母的钾长石类4件，以方解石为主的铝硅酸盐类2件。

其三，用显微拉曼光谱无损分析中国古代玉器的岩相结构，尚少见报道，是目前正在发展的无损分析方法。由于聚光斑点小，所以可以对微区岩相结构特点进行研究。要对玉材的拉曼光谱有仔细的测试和分析以作为测定的标准。可以看到，PIXE方法的化学成分分析，结合XRD和Raman光谱的岩相和结构分析，能够有效地对古玉器和料器作无损分析检验。本研究证实了激光Raman光谱对古玉器鉴别的应用前景。

附记：有些样品尚难确定其矿相，有待进一步测试分析。

附录二　襄阳沈岗墓地出土青铜器科技分析

张　吉　陈建立

（北京大学考古文博学院）

2004～2010年，襄阳市文物考古研究所对沈岗墓地进行了数次发掘，发现多座春秋时期铜器墓。其中，M1022、M4、M65、M70出土组合完整、时代清晰的青铜器，对研究春秋时期楚国青铜器的工艺有重要意义。2015年，北京大学考古文博学院与襄阳市文物考古研究所合作，对沈岗墓地所出的青铜器样品进行取样分析。取样时以不破坏器物完整性为原则，尽可能在披缝、毛刺或残断处取样，分析内容包括青铜器的合金成分及铅同位素比值。

（一）合金成分

利用北京大学考古文博学院的TM3030超景深台式电子显微镜及EDAX能谱仪，对所取的10件样品进行背散射成像观察及合金成分分析。SEM的扫描电压选择高于15kV的能谱模式，测试时间以能谱成分显示稳定为准，通常为90～120秒。考虑到样品组织结构的差异，部分样品选择不同区域进行多次扫描，扫描时在避开锈蚀区域的前提下，尽量增大测试面积以使测值反映样品的平均成分。测试结果保留一位小数，能谱分析结果保留氧及以后的主量元素。结果见表一。

表一　沈岗墓地青铜器合金成分分析结果

实验室编号	器物号	器名	取样位置	元素质量分数/%					
				O	S	Fe	Cu	Sn	Pb
4b051-1	M1022:3	簠	器口沿	0.3	0.4	0.4	81.5	14.9	2.5
4b051-2			器圈足	0.4	0.3	0.4	81.4	15.8	1.7
4b052	M1022:5	浴缶	盖芯撑	0.6	0.5	0.8	83.3	12.5	2.3
4b053	M1022:8	盘	残处	1.5	0.5	0.9	83.6	10.4	3.1
4b055	M1022:35	车軎	孔沿	0.4	0.5	1.2	83.4	13.2	1.3
4b056	M1022:46	车辖	末端	0.5	0.6	1.6	84.6	12.0	0.7
4b057	M1022:34	车軎	残处	0.5	0.2	0.2	91.3	5.6	2.2
4b058	M1022:45	车辖	残处	1.0	0.2	0.2	81.8	15.0	1.8
4b059	M4:5	盏	足	1.4	0.3		78.3	9.5	10.4
4b060	M70:3	簠	残处	1.4	1.6	0.4	78.2	10.6	7.8

（二）铅同位素比值

本次共测定4件青铜器的铅同位素比值，结果见表二，器物皆出自M1022。

测定铅同位素比值时，称取约50mg样品，以王水加热溶解后，稀释至Pb^{2+}浓度约为0.5ppm，向其中加入作为内标的Tl_2SO_4溶液。铅同位素比值测定在北京大学地球与空间学院造山带与地壳演化教育部重点实验室的VG Axiom型多接受双聚焦等离子质谱仪（MC-ICP-MS）上完成。$^{207}Pb/^{206}Pb$及$^{208}Pb/^{206}Pb$比值误差小于0.01%，$^{206}Pb/^{204}Pb$比值误差小于0.1%。

表二　沈岗墓地出土青铜器铅同位素比值测定结果

器物号	器物名	取样位置	$^{207}Pb/^{206}Pb$	$^{208}Pb/^{206}Pb$	$^{206}Pb/^{204}Pb$	$^{207}Pb/^{204}Pb$	$^{208}Pb/^{204}Pb$
M1022:3	簠	残片	0.8492	2.0997	18.448	15.665	38.735
M1022:5	浴缶	盖芯撑	0.8520	2.1026	18.318	15.607	38.515
M1022:9	匜	鋬焊料	0.8441	2.0932	18.603	15.703	38.939
M1022:35	车䡓	残处	0.8494	2.1017	18.460	15.679	38.798

（三）数据分析

1. 合金成分

表一测值的含O量皆不超过1.5%，故而可以认为样品受锈蚀影响较小，通过测值可以探究青铜器的合金配比。本次检测的沈岗墓地出土青铜器皆为锡青铜及铅锡青铜。其中，M4、M70所出青铜器含Pb量皆高于7%，而M1022所出青铜器含Pb量大多低于3%。M1022出土的青铜器中，容器与车马器的合金成分大体相似。M1022的时代在春秋中期中段，而M4、M70则在春秋中晚期之际，由此知沈岗墓地的青铜器的合金配比随时代变化，年代较晚的墓葬出土的铜器含Pb量较高（图一）。

由图一可将沈岗墓地青铜器归入两类不同的合金配比，A类含Pb量低于5%，含Sn量高于10%；B类含Pb量高于5%，而含Sn量多在5%~10%。将沈岗墓地青铜器与南阳夏响铺、枣阳郭家庙-曹门湾、枣庄徐楼、襄阳余岗-枣园[①]、郧县乔家院等汉淮地区春秋青铜器群的合金成分进行比较，以Pb含量作箱式图。图二反映春秋早期偏晚的夏响铺M1、曹门湾M22及M43出土铜器的含Pb量与沈岗M1022相似，皆可归入A类；春秋中期晚段至中晚期之际的余岗-枣园诸墓、乔家院M4及随州文峰塔M35的铜器含铅量普遍高于5%，高者可达10%以上，可归入B类。

---

① A. 襄阳市文物考古研究所：《余岗楚墓》，科学出版社，2011年。
　B. 襄阳市文物考古研究所：《枣园楚墓》，待出版。
　C. 襄阳余岗及枣园墓地的铜器墓时空相续，故而作为一个整体讨论，墓地春秋中期的粢盛器主要为盆或盏，春秋晚期早段开始出现敦。统计时选取时代较早的鼎盆、鼎盏（及部分形制较早的鼎簠）组合的器物与沈岗墓地进行比较。

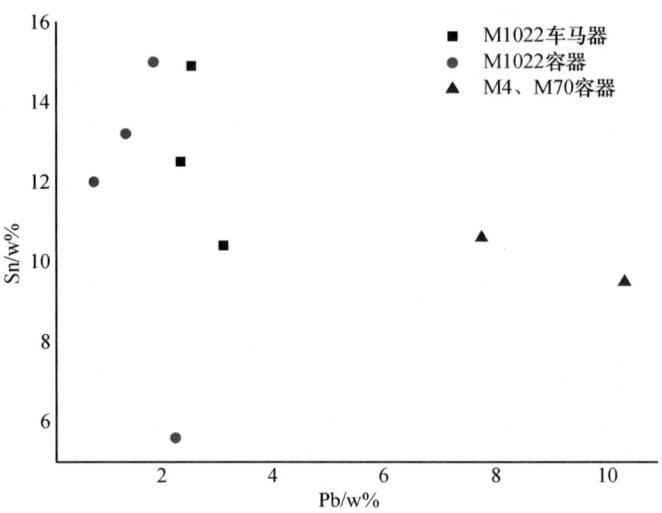

图一　沈岗墓地青铜器合金成分散点图

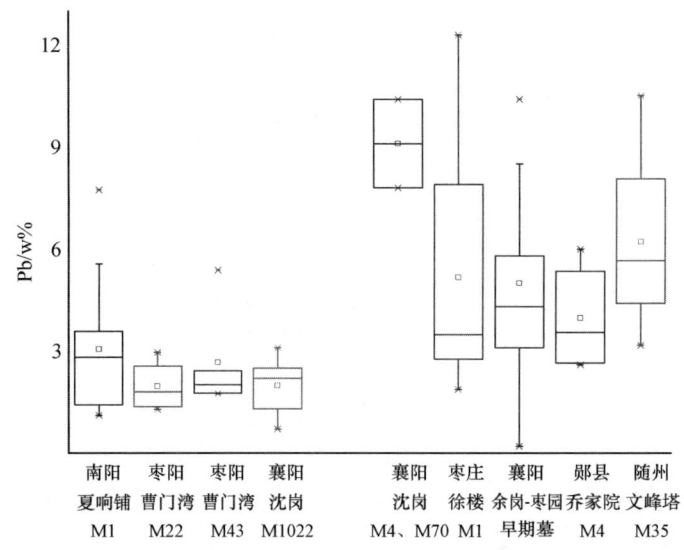

图二　汉淮地区春秋早中期青铜器含Pb量箱式图

春秋早中期，汉水中游及淮河上游地区出特鼎或一鼎一盆的小型墓多见低锡青铜容器，青铜器含Sn量常可低至5%左右，夏响铺墓地的小型墓甚至出有红铜制的容器。沈岗M1022出有一件含Sn5%的车軎，当是此时汉淮地区合金工艺整体趋于低潮的体现。而两鼎或以上规模的铜容器墓的合金配比则较为规整，含Sn量一般在10%～15%。

沈岗M1022铜器组合在两鼎两簠两浴缶外尚有一盏和一套盘匜，等级相对高，所出容器的含Sn量也大致符合春秋时期汉水中游地区较高等级铜容器墓的一般规律。

若从更长的时段观察，高等级墓葬的青铜容器合金配比在两周之际及春秋晚期大致是稳定的，含Sn约在10%～15%，含Pb量波动相对大，在2%～8%，而低等级墓葬青铜容器含Sn量则相对较低，直至春秋晚期才迅速上升并趋于稳定。这一规律在沈岗墓地的青铜器中亦有反映，体现了汉淮地区春秋中期合金工艺的变动与整合（图三）。

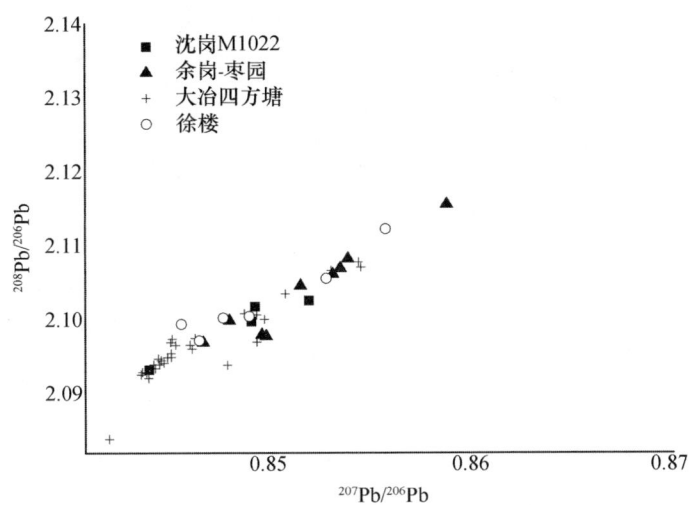

图三　汉淮地区春秋中期青铜器铅同位素比值

2. 矿料来源

汉淮地区春秋时期青铜容器的铅同位素比值变化相对有序[①]。春秋早期这一区域基本使用 $^{208}Pb/^{206}Pb$ 在 2.12～2.13 的 A 类铅料，如夏响铺墓地、曹门湾-郭家庙墓地青铜容器基本皆在此范围。进入春秋中期，汉淮地区铅同位素比值有一个迅速而明显的变化，以沈岗 M1022 青铜器为例，$^{208}Pb/^{206}Pb$ 集中在 2.09～2.10，与此时代相近或稍晚的枣园 M614、余岗 M279 及徐楼 M1 青铜器的铅同位素比值分布范围亦与此高度一致。这类铅料记作 B 类，在襄阳地区一直使用至战国时期，但春秋中晚期之际起，使用的比例便逐渐下降，随之而起的是 $^{208}Pb/^{206}Pb$ 在 2.15～2.17 的 C 类铅料。绝对年代在公元前 560 年前后的乔家院 M4、文峰塔 M35，所出铜容器均出现一定比例的 C 类铅料。这类铅也正是中原晋、周及北方燕、代地区广泛利用的矿料，侯马铸铜作坊 H329 所出铅锭的同位素比值范围正与此高度一致[②]。

沈岗 M1022 出土的青铜器是目前所见春秋时期 B 类铅料较早的应用实例，据此可知 B 类铅取代 A 类铅的时代可早至公元前 600 年前后。这类铅的来源目前尚难确定，近年大冶铜绿山四方塘墓地出土一批春秋早中期青铜器，大部分铅同位素比值均为 B 类，且其中包括墓葬出土的孔雀石，说明鄂东南的大冶铜绿山及周边地区很可能是 B 类铅的来源，且这类铅较可能与铜共生（图四、图五）。

（四）小结

襄阳沈岗墓地青铜器材质均为锡青铜及铅锡青铜，均使用了可能来自鄂东南铜绿山的矿

[①] 张吉、陈建立：《东周青铜器铅同位素比值的初步研究》，《南方文物》2017 年第 2 期。

[②] Chase T. Lead isotope ratio analysis of Chinese bronze examples from the Freer Gallery of Art and Arthur M Sackler Collections. Taipei: Ancient Chinese and Southeast Asian Bronze Age Cultures, 2000, (1).

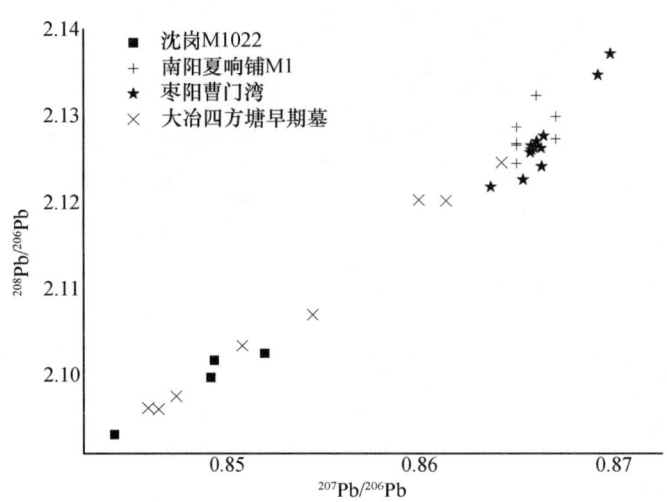

图四　江汉地区春秋早期青铜器与沈岗M1022青铜器铅同位素比值

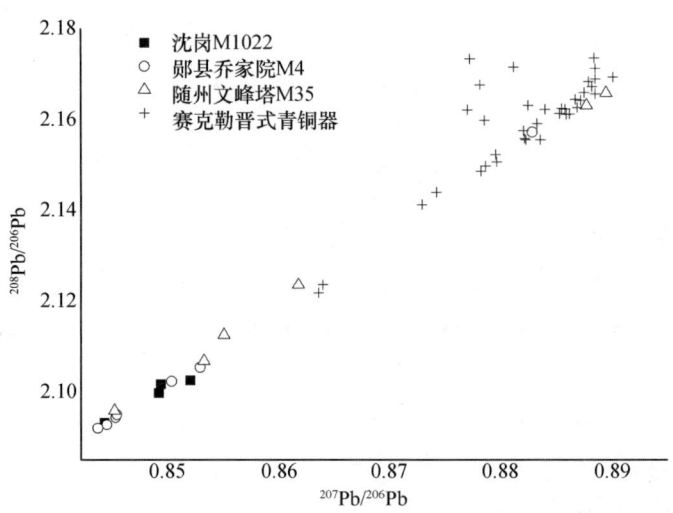

图五　汉水中游春秋中晚期之际青铜器与沈岗M1022青铜器铅同位素比值

料，^{208}Pb/^{206}Pb集中在2.09~2.10，体现春秋中期青铜器的诸多共性。不过M1022时代稍早，M4及M70时代则稍晚，这一差异可能导致两类墓出土青铜器的含铅量有显著差异。

沈岗M1022随葬鼎、簠、缶，是这一器物组合应用的较早实例，但鼎尚为平盖、子口，盘为附耳、圈足，还保留较早的形制特点。M1022青铜器的科技分析结果同样揭示了类似的过渡性特征。M1022青铜器含Sn相对高，而含Pb较低，与枣阳郭家庙春秋早期墓较为相似，反而与稍晚的沈岗M4、M70有所差别，但M1022又是汉淮地区目前所见最早使用B类铅料的实例。这说明楚人在金属资源的获取和流通上独具优势，然而青铜器范铸与合金技术特征却是沿袭自汉淮间各小国的。

综上所述，沈岗M1022青铜器无论从生产技术还是随葬制度上都具有鲜明的过渡性，既继承了春秋早中期汉淮诸国的诸多特征，又启其后楚系青铜器的先声，对研究春秋中期青铜器制作及使用方式的巨大变革，有着极为重要的意义。

附图　沈岗墓地青铜器X射线透视图

1. 铜鼎（M4∶4）

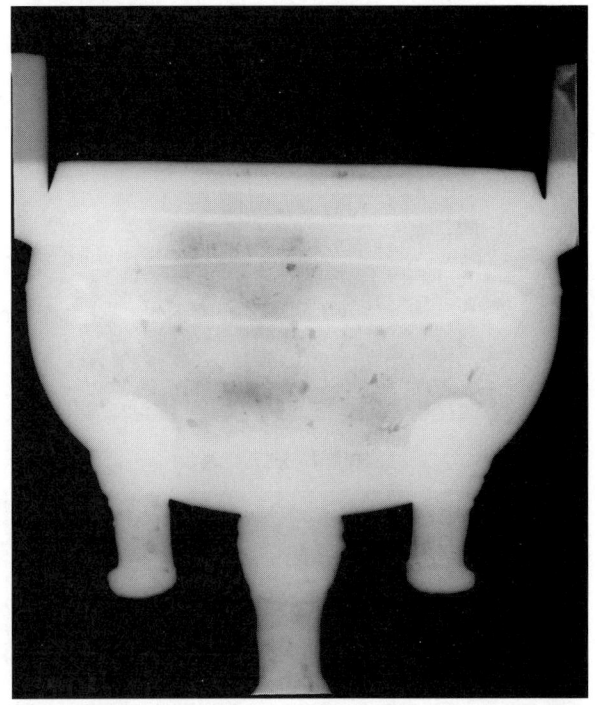

2. 铜鼎（M4∶4）

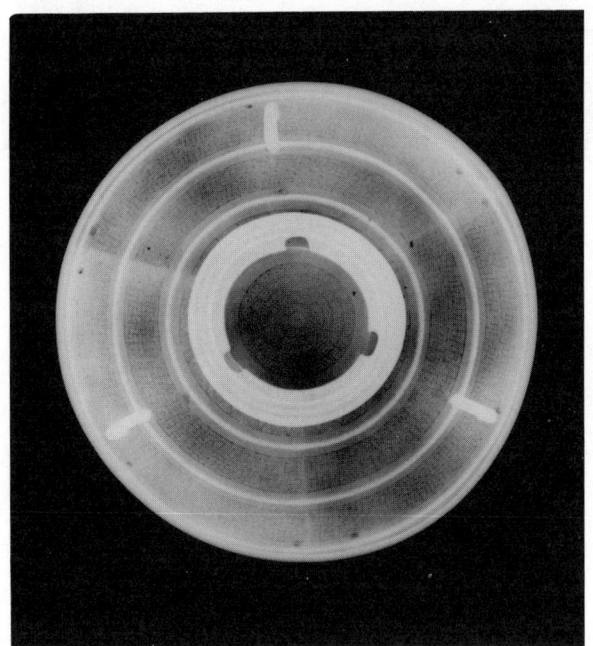

3. 铜鼎（M4∶4）

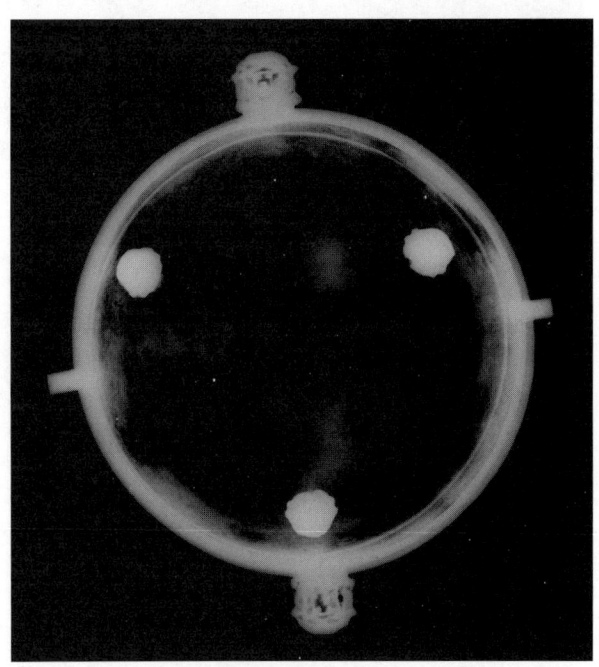

4. 铜盏（M4∶5）

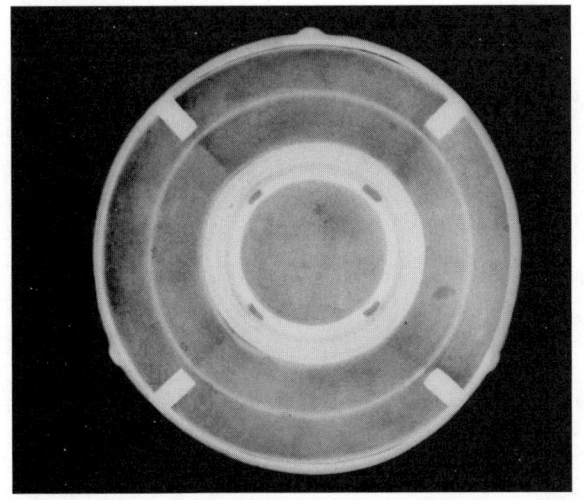
5. 铜盏（M4∶5）

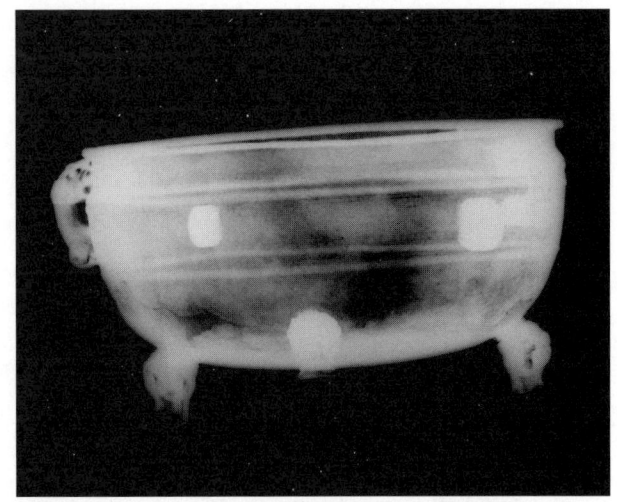
6. 铜盏（M4∶5）

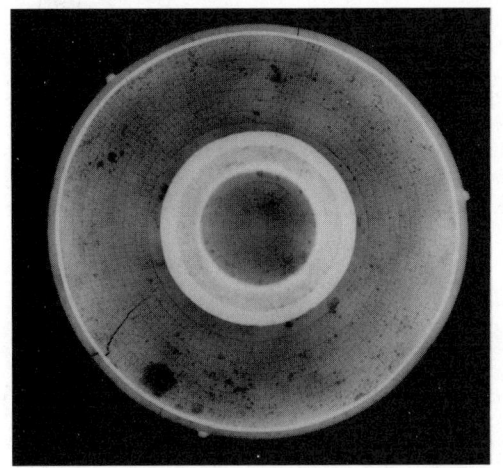
7. 铜盆（M65∶4）

8. 铜盆（M65∶4）

9. 铜盆（M65∶4）

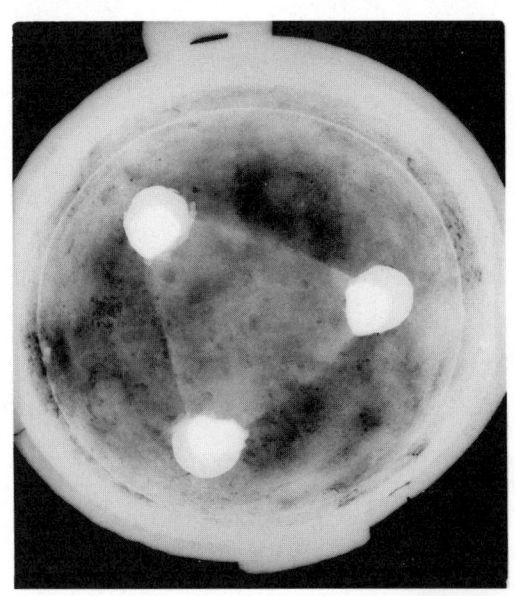
10. 铜鼎（M65∶5）

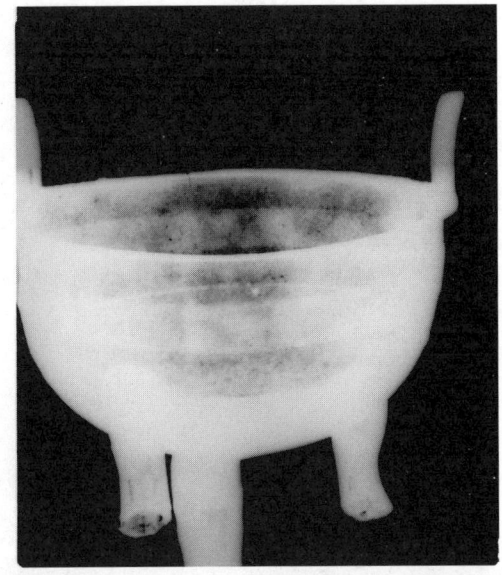
11. 铜鼎（M65∶5）

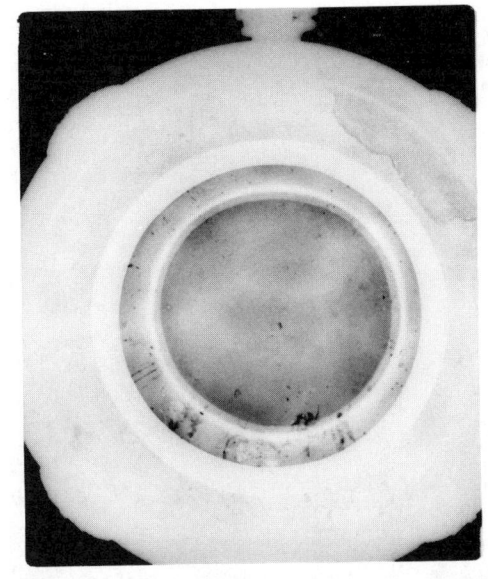
12. 铜浴缶（M70∶2）

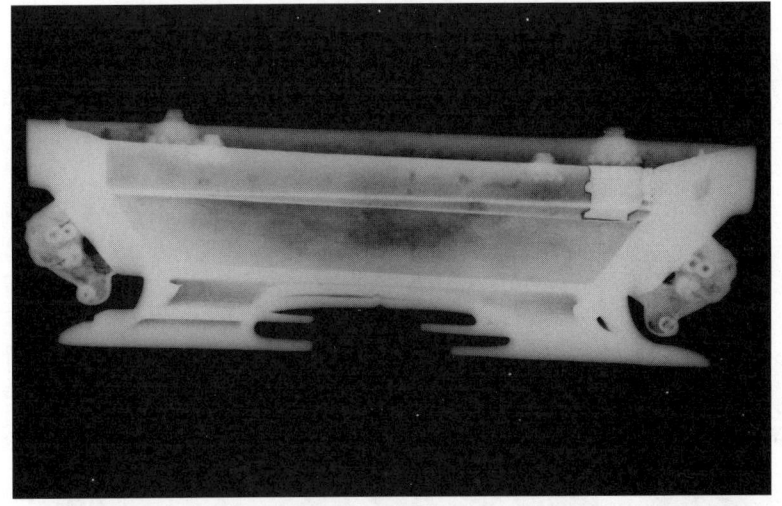
13. 铜簠（M70∶3）

14. 铜簠（M70∶3）

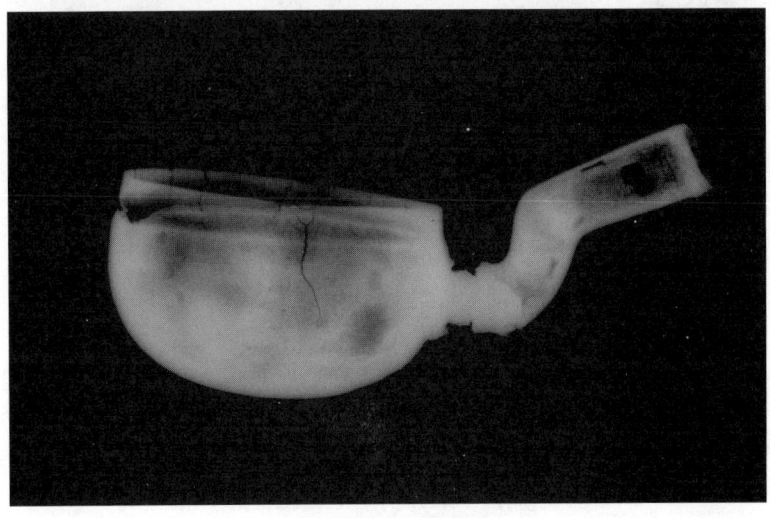
15. 铜斗（M70∶4）

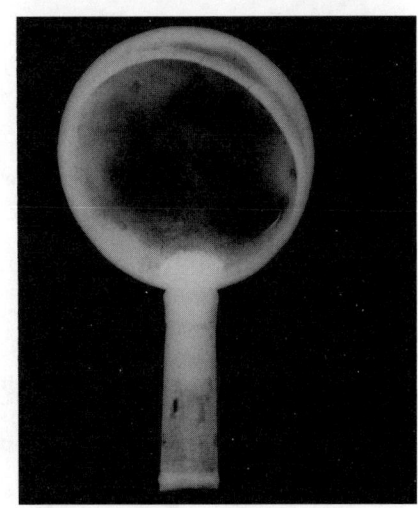
16. 铜斗（M70∶4）

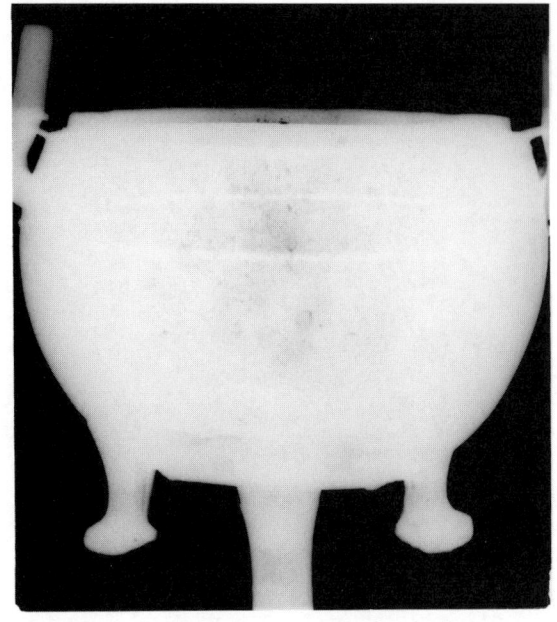

17. 铜鼎（M1022∶1）

18. 铜鼎（M1022∶1）

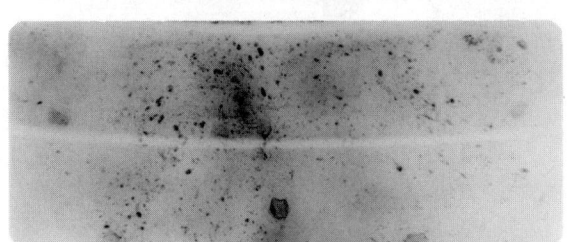

19. 铜鼎（M1022∶1）

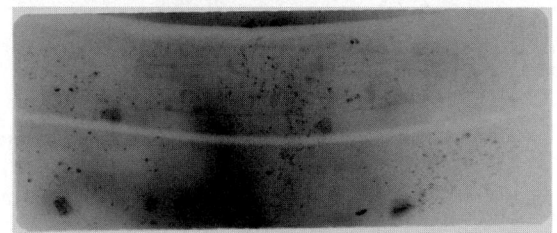

20. 铜鼎（M1022∶1）

21. 铜簠（M1022∶3）

22. 铜簠（M1022∶3）

附 录

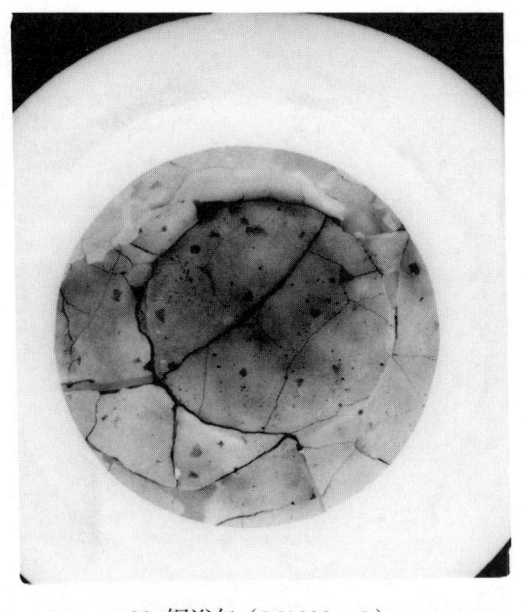

23. 铜浴缶（M1022∶5）

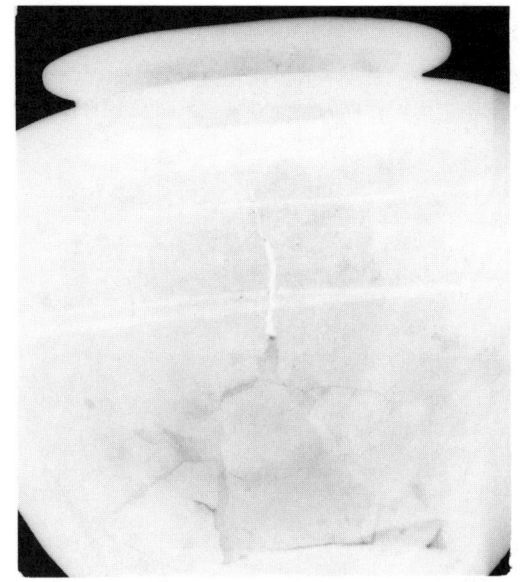

24. 铜浴缶（M1022∶5）

25. 铜浴缶（M1022∶5）

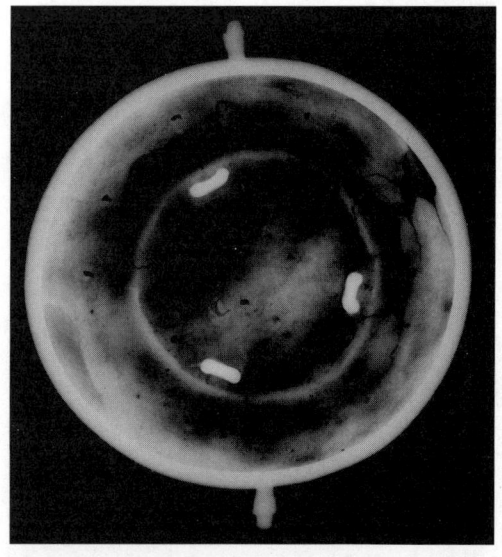

26. 铜盏（M1022∶7）

27. 铜盏（M1022∶7）

28. 铜盏（M1022∶7）

29. 铜盘（M1022∶8）

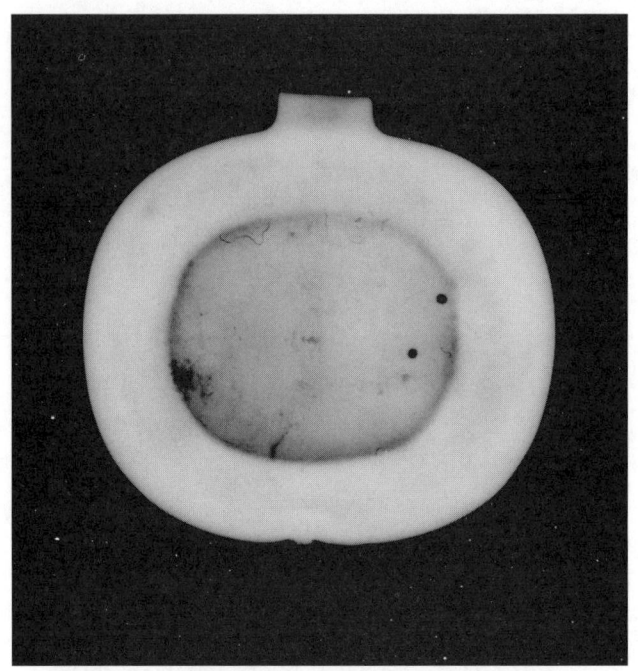

30. 铜匜（M1022∶9）

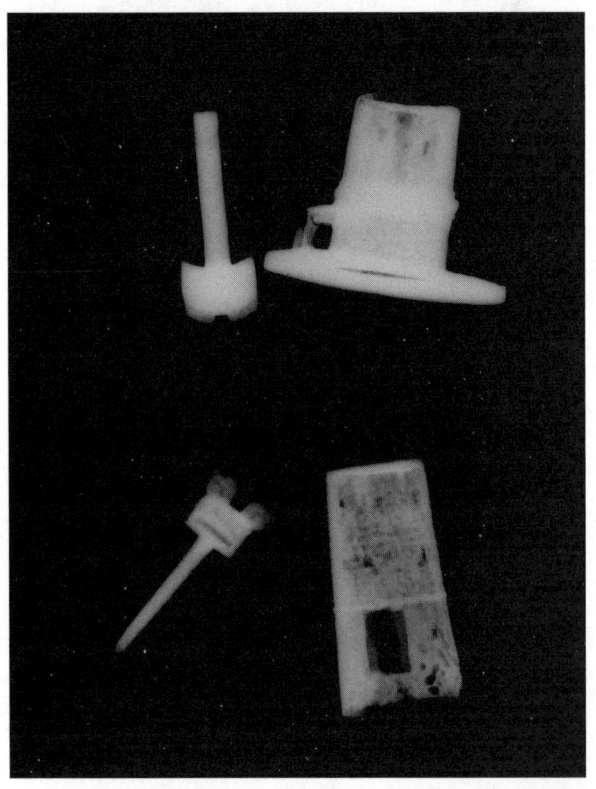

31. 铜车軎（M1022∶34、M1022∶35）

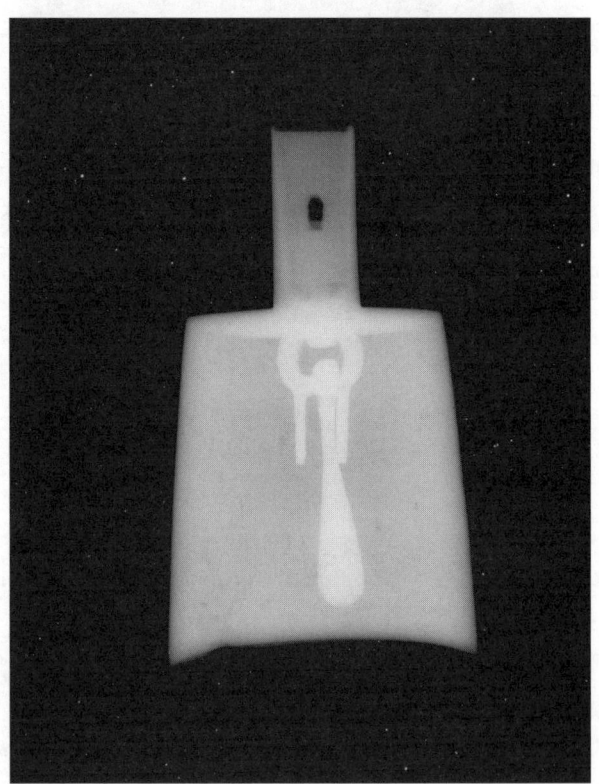

32. 铜铎（M1022∶29）

后　记

《襄阳沈岗东周墓（西区）》为襄阳古邓城考古发掘成果之五，是配合襄阳市高新技术产业开发区园区修建航宇路（原沈岗北路）而发掘的沈岗墓地的初步整理研究成果。沈岗墓地的田野发掘工作自2004年到2010年，前后经历大小10次发掘。发掘报告的基础资料整理工作始于2011年，其后在田野工作之余断断续续进行，至今已近十年，个中辛楚，唯有自知，如今终于付梓，欣慰之至。

本报告正文由王伟编写。附录一《襄阳沈岗墓地送检玉、料器无损分析检测报告》由中国科学院上海光学精密机械研究所赵虹霞撰写，附录二《襄阳沈岗墓地出土青铜器科技分析》由北京大学考古文博学院张吉、陈建立撰写。

沈岗墓地的发掘及整理经费由所涉及的各个工程建设方提供，出版得到了国家重点文物保护专项补助经费资助。沈岗墓地的发掘领队湖北省文物考古研究所副所长王先福研究馆员，在田野发掘、资料整理、报告编写体例等方面给予了极大的指导和帮助，襄阳市文物考古研究所领导陈千万、王道文对报告的整理也给予了巨大的关心和坚强有力的支持，科学出版社编辑王光明对书稿的审校工作付出了辛勤劳动。在此，向一贯对本报告整理、出版给予关心和支持的领导、同仁表示最诚挚的谢意！

由于本报告涉及墓葬数量较大，出土器物及表格整理数据庞杂，加之编者水平、学识有限，报告中一定会存在诸多错漏之处，真诚希望学界专家学者多多批评指正。

编　者
2020年10月11日

本报告出版得到
国家重点文物保护专项补助经费
资助

襄阳古邓城考古发掘成果之五

襄阳沈岗东周墓
（西区）
下册

襄阳市文物考古研究所　编著

王　伟　主编

科学出版社
北京

内 容 简 介

沈岗墓地位于湖北省襄阳市高新技术产业开发区团山镇余岗村六组沈岗自然村，西距古邓城遗址直线距离约2千米，总面积约15万平方米。2004~2010年，襄阳市文物考古研究所对沈岗墓地进行了10次发掘，共清理两周至明清时期墓葬1129座，其中以东周墓葬为主，出土陶器、铜器、漆木器、玉器等各类随葬器物3000余件。发掘表明，沈岗墓地是古邓城遗址外围的一处重要墓地，为两周时期邓、楚两国低级贵族及平民墓地。

本报告仅限于沈岗墓地西区的615座两周时期墓葬，西区范围内发掘的东周以后的墓葬和东区发掘的墓葬暂不在本报告之列。

本书可供考古学、历史学研究者，以及高等院校相关专业师生和广大文物考古爱好者阅读、参考。

图书在版编目（CIP）数据

襄阳沈岗东周墓：西区：全二册 / 襄阳市文物考古研究所编著；王伟主编. —北京：科学出版社，2020.11

襄阳古邓城考古发掘成果之五
ISBN 978-7-03-066367-2

Ⅰ.①襄… Ⅱ.①襄…②王… Ⅲ.①周墓–发掘报告–襄阳–东周时代 Ⅳ.①K878.85

中国版本图书馆CIP数据核字（2020）第198221号

责任编辑：王光明 / 责任校对：王晓茜
责任印制：肖 兴 / 封面设计：张 放

科学出版社 出版
北京东黄城根北街16号
邮政编码：100717
http://www.sciencep.com

北京汇瑞嘉合文化发展有限公司 印刷
科学出版社发行 各地新华书店经销

*

2020年11月第 一 版　开本：889×1194　1/16
2020年11月第一次印刷　印张：36 3/4　插页：116
字数：1 476 000

定价：628.00元（全二册）
（如有印装质量问题，我社负责调换）

彩版目录

彩版一　沈岗墓地西区全景（东南—西北）
彩版二　沈岗墓地西区局部（大力公司厂区）航拍（西—东）
彩版三　沈岗墓地部分墓坑排列情况
彩版四　邓墓M420
彩版五　邓墓M455
彩版六　邓墓M694
彩版七　邓墓M748
彩版八　邓墓随葬玉器
彩版九　邓墓随葬玉器
彩版一〇　邓墓随葬玉器
彩版一一　邓墓随葬玉冲牙（M455：3）
彩版一二　邓墓随葬玉玦（M455：1）
彩版一三　邓墓随葬玉人（M566：2）
彩版一四　邓墓随葬玉佩饰（M566：3）
彩版一五　邓墓随葬玉佩饰（M566：5）
彩版一六　邓墓随葬玉佩饰
彩版一七　邓墓随葬玉器
彩版一八　邓墓随葬玉器
彩版一九　邓墓随葬陶器
彩版二〇　邓墓随葬陶器
彩版二一　Ab型楚墓M796
彩版二二　Bb型楚墓M503
彩版二三　Bb型楚墓M509
彩版二四　Bb型楚墓M543
彩版二五　Bb型楚墓M558
彩版二六　Bb型楚墓M563
彩版二七　Bc型楚墓M97、M112
彩版二八　Bc型楚墓M129、M389

彩版二九	Bc型楚墓M555、M621	
彩版三〇	Bc型楚墓M682、M742	
彩版三一	Ca型楚墓M371	
彩版三二	Ca型楚墓M415	
彩版三三	Ca型楚墓M467	
彩版三四	Ca型楚墓M842	
彩版三五	Cb型楚墓M115	
彩版三六	Cb型楚墓M142	
彩版三七	Cb型楚墓M322	
彩版三八	Cb型楚墓M402	
彩版三九	Cb型楚墓M408	
彩版四〇	Cb型楚墓M624	
彩版四一	Cb型楚墓M626	
彩版四二	Cd型楚墓M425	
彩版四三	Cd型楚墓M534	
彩版四四	Cd型楚墓M744	
彩版四五	Ce型楚墓M65	
彩版四六	Ce型楚墓M407	
彩版四七	Ce型楚墓M419	
彩版四八	Ce型楚墓M427	
彩版四九	Ce型楚墓M480	
彩版五〇	Ce型楚墓M546	
彩版五一	Ce型楚墓M668	
彩版五二	Ce型楚墓M849	
彩版五三	D型楚墓M368	
彩版五四	D型楚墓M698	
彩版五五	楚墓随葬A型铜鼎（M65∶5）	
彩版五六	楚墓随葬Ba型铜鼎（M4∶4）	
彩版五七	楚墓随葬Bb型铜鼎（M70∶1）	
彩版五八	楚墓随葬Bc型铜鼎	
彩版五九	楚墓随葬铜器	
彩版六〇	楚墓随葬铜器	
彩版六一	楚墓随葬铜斗（M70∶4）	
彩版六二	楚墓随葬A型Ⅱ式铜剑	
彩版六三	楚墓随葬A型Ⅲ式铜剑	
彩版六四	楚墓随葬B型铜剑	

彩版六五　楚墓随葬B型铜剑
彩版六六　楚墓随葬铜器
彩版六七　楚墓随葬铜戈
彩版六八　楚墓随葬Ⅱ式铜戈（M308∶26）
彩版六九　楚墓随葬铜戈
彩版七〇　楚墓随葬铜戈鐏
彩版七一　楚墓随葬铜器
彩版七二　楚墓随葬铜箭镞
彩版七三　楚墓随葬D型铜箭镞
彩版七四　楚墓随葬铜器
彩版七五　楚墓随葬铜马衔
彩版七六　楚墓随葬Ⅱ式铜削刀
彩版七七　楚墓随葬铜铃
彩版七八　楚墓随葬铜璜（M446∶10）
彩版七九　楚墓随葬漆木器
彩版八〇　楚墓随葬漆木器
彩版八一　楚墓随葬漆木手杖
彩版八二　楚墓随葬漆木鹿（M115∶1）
彩版八三　楚墓随葬漆木鹿
彩版八四　楚墓随葬漆木弓
彩版八五　楚墓随葬器物
彩版八六　楚墓随葬漆木器
彩版八七　楚墓随葬漆木器
彩版八八　楚墓随葬器物

图版目录

图版一　邓墓M519、M566
图版二　邓墓M565
图版三　邓墓M577、M677
图版四　邓墓M712、M843
图版五　Aa型楚墓M19、M609、Ab型楚墓M811
图版六　Ba型楚墓M29、M35、M42、M47
图版七　Bb型楚墓M24、M81
图版八　Bb型楚墓M83、M103
图版九　Bb型楚墓M109、M111
图版一〇　Bb型楚墓M119
图版一一　Bb型楚墓M126、M299
图版一二　Bb型楚墓M314、M474
图版一三　Bb型楚墓M481、M491
图版一四　Bb型楚墓M492、M623
图版一五　Bb型楚墓M714、M715
图版一六　Bb型楚墓M717、M794
图版一七　Bb型楚墓M818、M823
图版一八　Bb型楚墓M824、M852
图版一九　Bc型楚墓M92、M102
图版二〇　Bc型楚墓M125、M132
图版二一　Bc型楚墓M363、M367
图版二二　Bc型楚墓M390、M394
图版二三　Bc型楚墓M409、M410
图版二四　Bc型楚墓M413、M498
图版二五　Bc型楚墓M536、M548
图版二六　Bc型楚墓M616、M669
图版二七　Bc型楚墓M741、M798
图版二八　Ca型楚墓M23、M121、M304

图版二九　Ca型楚墓M124、Cb型楚墓M401
图版三〇　Cb型楚墓M18、M53
图版三一　Cb型楚墓M73
图版三二　Cb型楚墓M77、M78
图版三三　Cb型楚墓M383、M388
图版三四　Cb型楚墓M396
图版三五　Cb型楚墓M402
图版三六　Cb型楚墓M538
图版三七　Cb型楚墓M625
图版三八　Cb型楚墓M655、Cc型楚墓M82
图版三九　Cd型楚墓M60、M99
图版四〇　Cd型楚墓M316、M378
图版四一　Cd型楚墓M477、M493
图版四二　Cd型楚墓M660、M666
图版四三　Cd型楚墓M703、M739
图版四四　Ce型楚墓M1、M5
图版四五　Ce型楚墓M46、M54
图版四六　Ce型楚墓M58、M59
图版四七　Ce型楚墓M85、M88
图版四八　Ce型楚墓M90、M95
图版四九　Ce型楚墓M106、M108
图版五〇　Ce型楚墓M122、M130
图版五一　Ce型楚墓M379、M412
图版五二　Ce型楚墓M450、M451
图版五三　Ce型楚墓M471、M506
图版五四　Ce型楚墓M515、M535
图版五五　Ce型楚墓M550、M662
图版五六　Ce型楚墓M663、M688
图版五七　Ce型楚墓M784、M791
图版五八　Ce型楚墓M803、M821
图版五九　Ce型楚墓M827、M834
图版六〇　D型楚墓M308
图版六一　D型楚墓M418
图版六二　楚墓随葬A型陶鼎
图版六三　楚墓随葬A型陶鼎
图版六四　楚墓随葬B型陶鼎

图版六五　楚墓随葬B、C、D型陶鼎
图版六六　楚墓随葬E型陶鼎
图版六七　楚墓随葬陶小口鼎
图版六八　楚墓随葬A型陶敦
图版六九　楚墓随葬B型陶敦
图版七〇　楚墓随葬B、C型陶敦
图版七一　楚墓随葬C型陶敦
图版七二　楚墓随葬陶缶
图版七三　楚墓随葬陶缶
图版七四　楚墓随葬Aa型陶壶
图版七五　楚墓随葬Aa、Ab型陶壶
图版七六　楚墓随葬Ab、Ac型陶壶
图版七七　楚墓随葬Ac型陶壶
图版七八　楚墓随葬B型陶壶
图版七九　楚墓随葬B型陶壶
图版八〇　楚墓随葬Ca型陶壶
图版八一　楚墓随葬Ca型陶壶
图版八二　楚墓随葬Ca、Cb型陶壶
图版八三　楚墓随葬Cb型陶壶
图版八四　楚墓随葬Cb型陶壶
图版八五　楚墓随葬D、E型陶壶
图版八六　楚墓随葬陶钫
图版八七　楚墓随葬陶盉
图版八八　楚墓随葬Aa型陶盘
图版八九　楚墓随葬Ab、B型陶盘
图版九〇　楚墓随葬A型陶匜
图版九一　楚墓随葬B型陶匜
图版九二　楚墓随葬Aa型陶鬲
图版九三　楚墓随葬Ab型陶鬲
图版九四　楚墓随葬Ab、Ba型陶鬲
图版九五　楚墓随葬Ba型陶鬲
图版九六　楚墓随葬Ba、Bb型陶鬲
图版九七　楚墓随葬Bb型陶鬲
图版九八　楚墓随葬Bb、C、D型陶鬲
图版九九　楚墓随葬Aa型陶盂
图版一〇〇　楚墓随葬Aa、Ab型陶盂

图版一〇一　　楚墓随葬Ab型陶盂
图版一〇二　　楚墓随葬Ab型陶盂
图版一〇三　　楚墓随葬Ab、Ba型陶盂
图版一〇四　　楚墓随葬Ba、Bb型陶盂
图版一〇五　　楚墓随葬Bb、Bc型陶盂
图版一〇六　　楚墓随葬Bc型陶盂
图版一〇七　　楚墓随葬Bc型陶盂
图版一〇八　　楚墓随葬Aa型陶豆
图版一〇九　　楚墓随葬Aa、Ab型陶豆
图版一一〇　　楚墓随葬Ab型陶豆
图版一一一　　楚墓随葬Ab、Ac型陶豆
图版一一二　　楚墓随葬Ba型陶豆
图版一一三　　楚墓随葬Ba、Bb型陶豆
图版一一四　　楚墓随葬Bb型陶豆
图版一一五　　楚墓随葬Bb型陶豆
图版一一六　　楚墓随葬Aa型陶罐
图版一一七　　楚墓随葬Aa型陶罐
图版一一八　　楚墓随葬Aa、Ab、Ba型陶罐
图版一一九　　楚墓随葬Bb型陶罐
图版一二〇　　楚墓随葬Ca型陶罐
图版一二一　　楚墓随葬Ca、Cb型陶罐
图版一二二　　楚墓随葬D、E型陶罐
图版一二三　　楚墓随葬陶盆
图版一二四　　楚墓随葬陶盆

沈园基地西区全景(东南—西北)

彩版一

彩版二

沈岗墓地西区局部（大力公司厂区）航拍（西—东）

1. M73、M76~M78等墓坑排列情况（北—南）

2. M368、M369墓坑排列情况（西—东）

沈岗墓地部分墓坑排列情况

彩版四

1. M420墓坑（上—下）

2. M420随葬器物

邓墓M420

1. M455墓坑（北—南）

2. M455随葬玉器

邓墓M455

彩版六

1. M694墓坑（上—下）

2. M694随葬器物（南—北）

邓墓M694

彩版七

1. M747打破M748（北—南）

2. M748墓坑（上—下）

3. M748棺内朱砂及随葬器物（上—下）

4. M748随葬器物

邓墓M748

彩版八

1. 管（M9：2）

2. 玦（M22：1）

邓墓随葬玉器

1. 璜（M39:3）

2. 玦（M420:3）

邓墓随葬玉器

彩版一〇

1. 蛙（M420∶4）

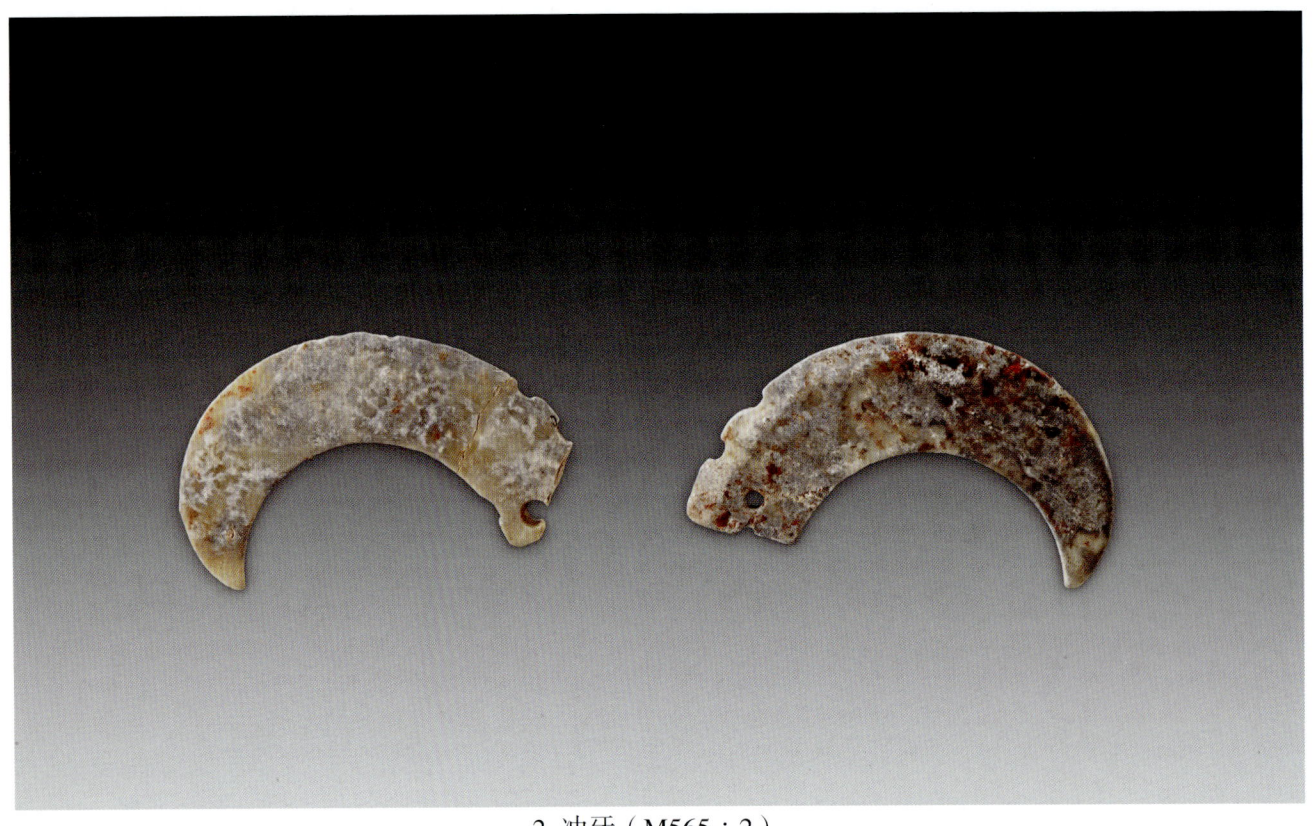

2. 冲牙（M565∶2）

邓墓随葬玉器

邓墓随葬玉冲牙（M455∶3）

邓墓随葬玉玦（M455：1）

邓墓随葬玉人（M566∶2）

彩版一四 邓墓随葬玉佩饰（M566∶3）

邓墓随葬玉佩饰（M566：5）

彩版一六

1. M566∶4

2. M577∶3

邓墓随葬玉佩饰

1. 佩饰（M455∶2-2、M455∶2-3、M455∶2-4）

2. 璜（M843∶2-1、M843∶2-2）

邓墓随葬玉器

彩版一八

1. 贝（M694：1）

2. 玦（M748：1）

邓墓随葬玉器

彩版一九

1. 鬲（M712∶1）

2. 簋（M694∶10）

邓墓随葬陶器

彩版二〇

1. 豆（M694:11）

2. 罐（M694:9）

邓墓随葬陶器

1. M796墓坑及随葬器物（西—东）

2. M796随葬器物（西—东）

Ab型楚墓M796

彩版二二

1. M503墓坑及随葬器物（西—东）

2. M503随葬器物（西—东）

Bb型楚墓M503

1. M509墓坑及随葬器物（西北—东南）

2. M509随葬器物（西北—东南）

Bb型楚墓M509

1. M543墓坑及随葬器物（北—南）

2. M543随葬器物（北—南）

Bb型楚墓M543

1. M558墓坑及随葬器物（北—南）

2. M558随葬器物（北—南）

Bb型楚墓M558

彩版二六

1. M563墓坑及随葬器物（北—南）

2. M563随葬器物（北—南）

Bb型楚墓M563

1. M97随葬器物（北—南）

2. M112随葬器物（西—东）

Bc型楚墓M97、M112

彩版二八

1. M129随葬器物（西—东）

2. M389随葬器物（北—南）

Bc型楚墓M129、M389

1. M555随葬器物（南—北）

2. M621随葬器物（北—南）

Bc型楚墓M555、M621

彩版三〇

1. M682随葬器物（西—东）

2. M742随葬器物（西—东）

Bc型楚墓M682、M742

彩版三一

1. M371墓坑及随葬器物（西—东）

2. M371随葬器物（西—东）

Ca型楚墓M371

彩版三二

1. M415墓坑及随葬器物（西—东）

2. M415随葬器物（西—东）

Ca型楚墓M415

1. M467墓坑（上—下）

2. M467随葬器物（西—东）

Ca型楚墓M467

彩版三四

1. M842墓坑及随葬器物（北—南）

2. M842随葬器物（北—南）

Ca型楚墓M842

1. M115墓坑及椁盖板（西—东）

2. M115棺椁及随葬器物（西—东）

3. M115棺椁（东—西）

4. M115棺头挡符号（东—西）

Cb型楚墓M115

彩版三六

1. M142墓坑及椁盖板（上—下）

2. M142棺顶板（上—下）

3. M142棺椁及棺束（上—下）

Cb型楚墓M142

彩版三七

1. M322 墓坑及青膏泥（北—南）

2. M322 墓坑及棺椁（北—南）

3. M322 椁盖板（北—南）

4. M322 棺椁及随葬器物（北—南）

Cb 型楚墓 M322

彩版三八

1. M402墓坑及青膏泥（西—东）

2. M402棺椁及随葬器物（上—下）

Cb型楚墓M402

彩版三九

1. M408墓坑及随葬器物（西—东）

2. M408随葬器物（西—东）

Cb型楚墓M408

彩版四〇

1. M624墓坑、棺椁及随葬器物（北—南）

2. M624棺椁及随葬器物（北—南）

3. M624棺椁及随葬器物（南—北）

Cb型楚墓M624

彩版四一

1. M626墓坑、棺椁及随葬器物（北—南）

2. M626棺椁及随葬器物（北—南）

3. M626棺椁及随葬器物（上—下）

Cb型楚墓M626

彩版四二

1. M425墓坑及随葬器物（北—南）

2. M425随葬器物（北—南）

Cd型楚墓M425

1. M534墓坑及随葬器物（上—下）

2. M534随葬器物（北—南）

Cd型楚墓M534

彩版四四

1. M744墓坑及随葬器物（上—下）

2. M744随葬器物（西—东）

Cd型楚墓M744

1. M65墓坑及随葬器物（北—南）

2. M65随葬器物（北—南）

Ce型楚墓M65

彩版四六

1. M407墓坑及随葬器物（上—下）

2. M407随葬器物（西—东）

Ce型楚墓M407

1. M419墓坑及随葬器物（北—南）

2. M419随葬器物（北—南）

Ce型楚墓M419

彩版四八

1. M427墓坑及随葬器物（北—南）

2. M427随葬器物（北—南）

Ce型楚墓M427

1. M480墓坑及随葬器物（上—下）

2. M480随葬器物（北—南）

Ce型楚墓M480

彩版五〇

1. M546墓坑及随葬器物（西—东）

2. M546随葬器物（西—东）

Ce型楚墓M546

1. M668墓坑及随葬器物(西—东)

2. M668随葬器物(西—东)

Ce型楚墓M668

彩版五二

1. M849墓坑及随葬器物（北—南）

2. M849随葬器物（北—南）

Ce型楚墓M849

1. M368、M369墓坑（西北—东南）

2. M368棺椁及随葬器物（西—东）

D型楚墓M368

彩版五四

1. M698墓坑及青膏泥（西—东）

2. M698棺椁及随葬器物（上—下）

D型楚墓M698

楚墓随葬A型铜鼎（M65∶5）

彩版五六

1. 鼎

2. 鼎身纹饰

3. 鼎耳纹饰

4. 鼎足纹饰

楚墓随葬Ba型铜鼎（M4∶4）

1. 鼎

2. 鼎耳纹饰

3. 鼎足纹饰

楚墓随葬Bb型铜鼎（M70：1）

彩版五八

1. Ⅰ式（M308∶1）

2. Ⅱ式（M76∶8）

3. Ⅱ式（M76∶9）

楚墓随葬Bc型铜鼎

1. 簠（M70:3）

2. 盏（M4:5）

楚墓随葬铜器

彩版六〇

1. 盆（M65∶4）

2. 浴缶（M70∶2）

楚墓随葬铜器

彩版六一

1. 斗

2. 柄部

楚墓随葬铜斗（M70∶4）

彩版六二

1. M396∶9

2. M23∶3

3. M538∶7

4. M308∶5-2

楚墓随葬A型Ⅱ式铜剑

1. 剑（M402：10）

2. 剑（M380：1-1）

3. 剑及剑鞘（M380：1）

4. 剑首（M380：1-1）

楚墓随葬A型Ⅲ式铜剑

彩版六四

1. Ⅰ式剑（M357∶7）

2. Ⅱ式剑（M418∶10）

3. Ⅱ式剑剑格纹饰（M418∶10）

4. Ⅱ式剑剑茎（M418∶10）

楚墓随葬B型铜剑

彩版六五

1. Ⅱ式（M608∶10）

2. Ⅱ式（M408∶5）

3. Ⅱ式（M353∶2）

4. Ⅲ式（M119∶1）

楚墓随葬B型铜剑

彩版六六　　楚墓随葬铜器

1. C型剑（M698：8）

2. C型剑（M99：1）

3. C型剑（M52：4）

4. 匕首（M449：7）

彩版六七

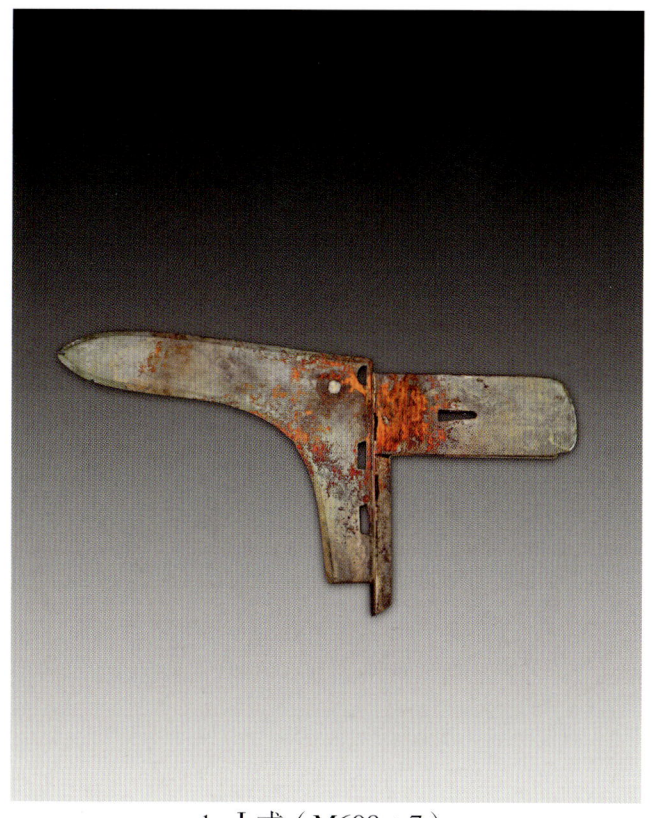

1. Ⅰ式（M608:7）

2. Ⅰ式（M353:1）

3. Ⅱ式（M82:4）

4. Ⅱ式（M402:14）

楚墓随葬铜戈

彩版六八

1. 戈

2. 局部

3. 铭文

4. 内部纹饰

楚墓随葬Ⅱ式铜戈（M308：26）

1. Ⅱ式（M308∶27）

2. Ⅲ式（M538∶8）

楚墓随葬铜戈

彩版七〇

1. Ⅰ式（M401∶9）

2. Ⅱ式（M538∶10）

3. Ⅱ式（M308∶30）

4. Ⅲ式（M308∶29）

楚墓随葬铜戈鐏

彩版七一

1. 戟（M369:11）

2. Ⅰ式矛（M765:5）

3. Ⅱ式矛（M369:16）

4. Ⅲ式矛（M402:13）

楚墓随葬铜器

彩版七二

1. A型（M65：2-5）

2. B型（M65：2-4）

3. C型（M65：2-1、M65：2-2）

楚墓随葬铜箭镞

彩版七三

1. Ⅰ式（M402∶11-2）

2. Ⅱ式（M608∶9）

楚墓随葬D型铜箭镞

彩版七四

1. A型车䇠（M369：3）

2. A型车䇠（M115：29）

3. 盖弓帽（M369：18）

4. 盖弓帽（M418：12-1）

楚墓随葬铜器

彩版七五

1. M418:11-1

2. M418:11-2

3. M369:19

4. M115:44-1

5. M406:1

楚墓随葬铜马衔

彩版七六

1. M82∶2

2. M817∶2

楚墓随葬Ⅱ式铜削刀

彩版七七

1. M399∶1

2. M446∶9

楚墓随葬铜铃

彩版七八

楚墓随葬铜璜（M446：10）

1. 瑟（M583∶7-1）

2. 壶（M308∶6）

3. 盒（M308∶10）

4. 盒（M142∶9）

楚墓随葬漆木器

1. 器盖（M142:13）

2. 豆（M142:7）

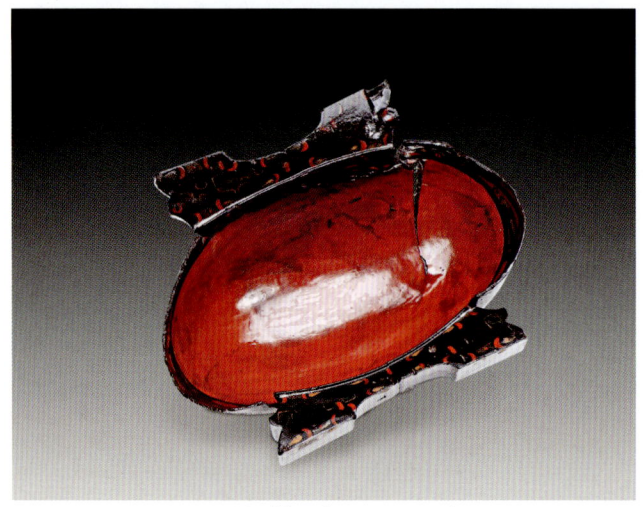

3. A型耳杯（M308:4）

4. B型耳杯（M322:8）

彩版八一

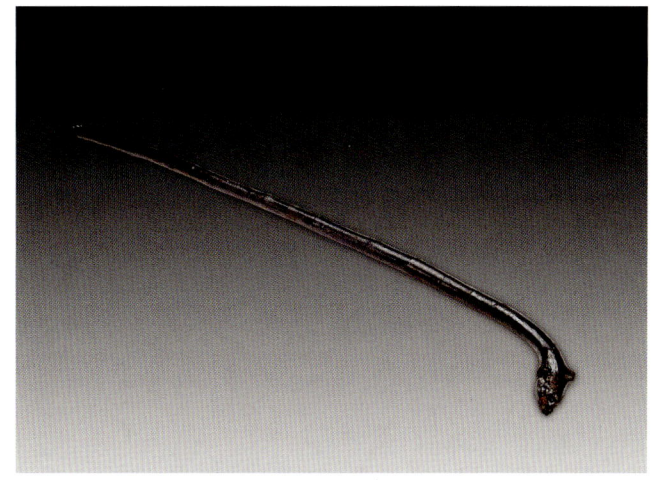

1. 手杖（M476∶8）

2. 手杖头端（M476∶8）

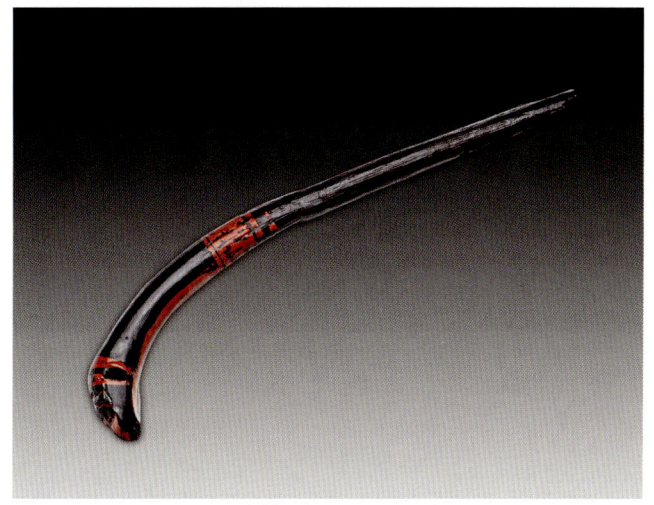

3. 手杖（M322∶9）

4. 手杖头端（M322∶9）

楚墓随葬漆木手杖

楚墓随葬漆木鹿（M115∶1）

彩版八三

1. M308∶20

2. M322∶3

楚墓随葬漆木鹿

彩版八四

1. M476∶7

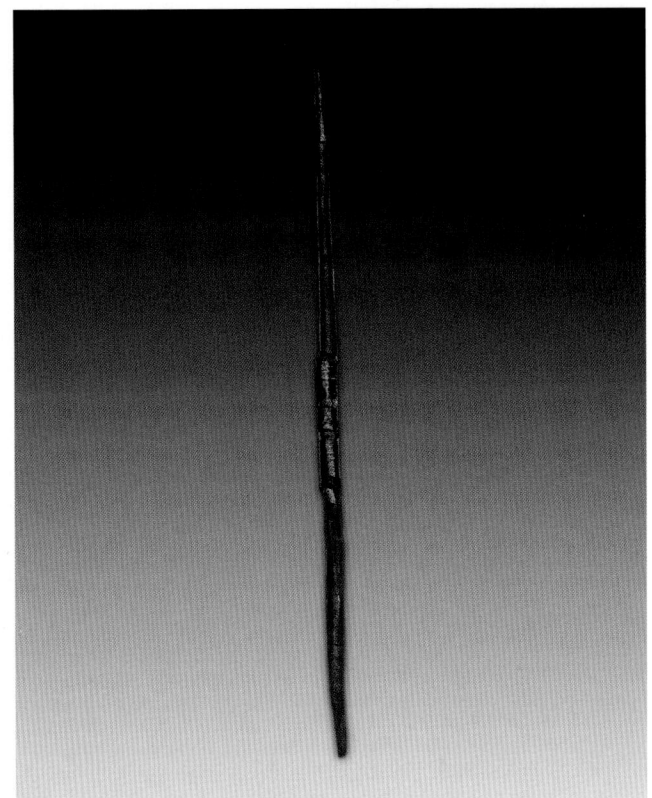

2. M115∶35

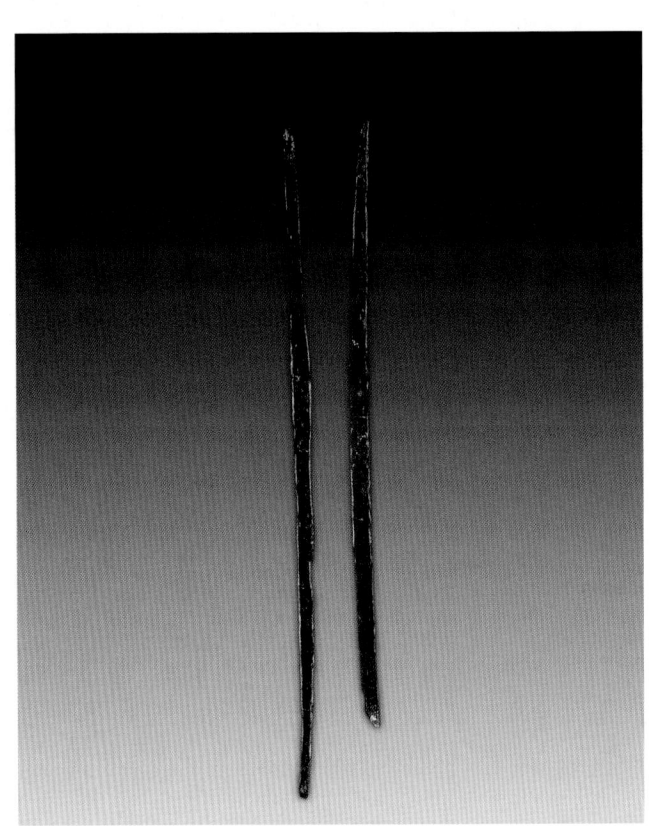

3. M583∶8

楚墓随葬漆木弓

彩版八五

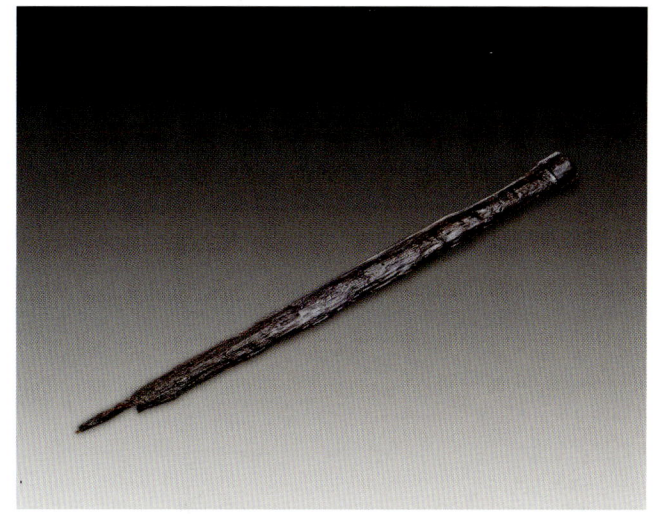

1. 漆木剑（M476：5）

2. 漆木剑椟（M308：5-1）

3. 漆木剑椟（M142：12-1）

4. 漆木剑椟、剑鞘及铜剑（M142：12）

楚墓随葬器物

彩版八六

1. 戈（M583：7-2）

2. 戈柲（M115：27）

3. 盾（M583：9）

4. 盾（M583：7-4）

楚墓随葬漆木器

彩版八七

1. 梳（M115∶23）

2. 几（M308∶11）

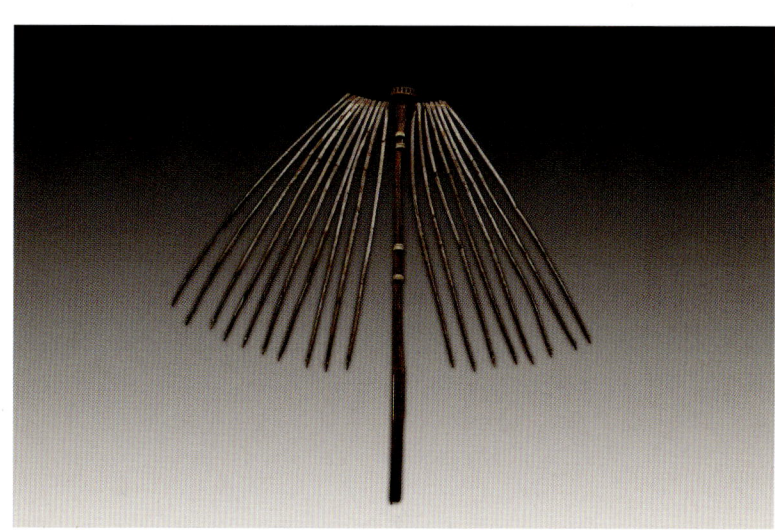

3. 伞（M115∶30）

楚墓随葬漆木器

彩版八八

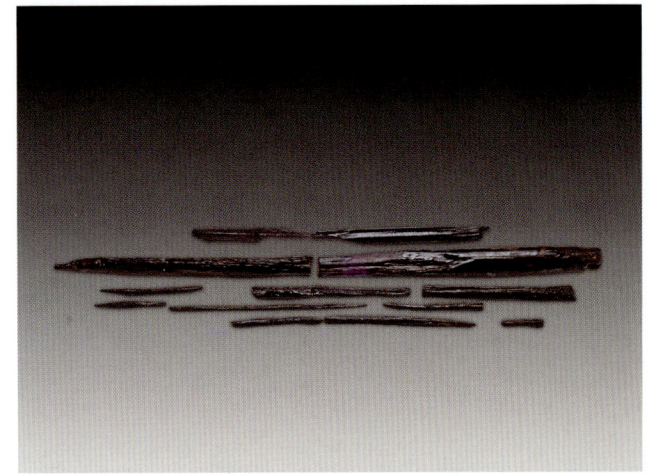

1. 漆木伞柄（M369∶20）

2. 铜马衔、木马镳（M115∶45）

3. 漆木鱼形器（M115∶43）

4. 漆木饼（M115∶14、M115∶16）

图版一

1. M519墓坑（北—南）

3. M566墓坑（上—下）

2. M519随葬玉器

4. M566随葬玉器

邓墓M519、M566

图版二

1. M565墓坑（上—下）

2. M565棺内朱砂（北—南）

3. M565随葬玉器

4. M565随葬玉器

邓墓M565

图版三

1. M577墓坑（北—南）

2. M577随葬器物

3. M677墓坑（上—下）

4. M677随葬玉器

邓墓M577、M677

图版四

1. M712墓坑及随葬器物（南—北）

2. M712随葬器物（南—北）

3. M843墓坑（上—下）

4. M843随葬玉器

邓墓M712、M843

图版五

1. M19墓坑（北—南）

2. M609墓坑（东—西）

3. M811墓坑及随葬器物（北—南）

4. M811随葬器物（北—南）

Aa型楚墓M19、M609、Ab型楚墓M811

图版六

1. M29墓坑（南—北）
2. M35墓坑（南—北）
3. M42墓坑（南—北）
4. M47墓坑（南—北）

Ba型楚墓M29、M35、M42、M47

图版七

1. M24墓坑及随葬器物（南—北）

2. M24随葬器物（上—下）

3. M81墓坑及随葬器物（北—南）

4. M81随葬器物（北—南）

Bb型楚墓M24、M81

图版八

1. M83墓坑及随葬器物（西—东）

2. M83随葬器物（西—东）

3. M103墓坑及随葬器物（东北—西南）

4. M103随葬器物（东北—西南）

Bb型楚墓M83、M103

图版九

1. M109墓坑及随葬器物（上—下）

2. M109随葬器物（上—下）

3. M111墓坑及随葬器物（西北—东南）

4. M111随葬器物（上—下）

Bb型楚墓M109、M111

图版一〇

1. M119墓坑及随葬器物（西北—东南）

2. M119随葬器物（上—下）

3. M119随葬器物（上—下）

Bb型楚墓M119

图版一一

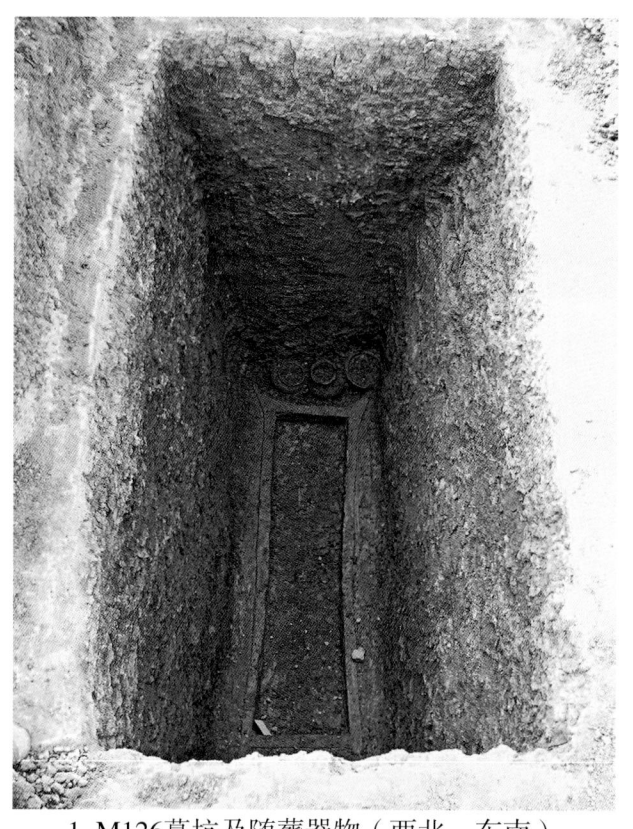

1. M126墓坑及随葬器物（西北—东南）

2. M126随葬器物（西北—东南）

3. M299墓坑及随葬器物（东北—西南）

4. M299随葬器物（上—下）

Bb型楚墓M126、M299

图版一二

1. M314墓坑及随葬器物（北—南）

2. M314随葬器物（上—下）

3. M474墓坑及随葬器物（北—南）

4. M474随葬器物（北—南）

Bb型楚墓M314、M474

图版一三

1. M481墓坑及随葬器物(东北—西南)

2. M481随葬器物(东北—西南)

3. M491墓坑及随葬器物(东北—西南)

4. M491随葬器物(东北—西南)

Bb型楚墓M481、M491

图版一四

1. M492墓坑及随葬器物（东北—西南）

2. M492随葬器物（上—下）

3. M623墓坑及随葬器物（北—南）

4. M623随葬器物（北—南）

Bb型楚墓M492、M623

图版一五

1. M714墓坑及随葬器物（东北—西南）

2. M714随葬器物（东北—西南）

3. M715墓坑及随葬器物（北—南）

4. M715随葬器物（北—南）

Bb型楚墓M714、M715

图版一六

1. M717墓坑及随葬器物（东北—西南）

2. M717随葬器物（东北—西南）

3. M794墓坑及随葬器物（西北—东南）

4. M794随葬器物（西北—东南）

Bb型楚墓M717、M794

图版一七

1. M818墓坑及随葬器物（东北—西南）

2. M818随葬器物（东北—西南）

3. M823墓坑及随葬器物（上—下）

4. M823随葬器物（上—下）

Bb型楚墓M818、M823

图版一八

1. M824墓坑及随葬器物（东北—西南）

2. M824随葬器物（东北—西南）

3. M852墓坑及随葬器物（北—南）

4. M852随葬器物（北—南）

Bb型楚墓M824、M852

图版一九

1. M92墓坑及随葬器物（东南—西北）

2. M92随葬器物（东南—西北）

3. M102墓坑及随葬器物（东北—西南）

4. M102随葬器物（东北—西南）

Bc型楚墓M92、M102

图版二〇

1. M125墓坑及随葬器物（东北—西南）

2. M125随葬器物（东北—西南）

3. M132墓坑及随葬器物（西南—东北）

4. M132随葬器物（西南—东北）

Bc型楚墓M125、M132

图版二一

1. M363墓坑及随葬器物（北—南）

2. M363随葬器物（北—南）

3. M367墓坑及随葬器物（上—下）

4. M367随葬器物（西北—东南）

Bc型楚墓M363、M367

图版二二

1. M390墓坑及随葬器物（上—下）

2. M390随葬器物（北—南）

3. M394墓坑及随葬器物（上—下）

4. M394随葬器物（东北—西南）

Bc型楚墓M390、M394

图版二三

1. M409墓坑及随葬器物（北—南）

2. M409随葬器物（北—南）

3. M410墓坑及随葬器物（西北—东南）

4. M410随葬器物（西北—东南）

Bc型楚墓M409、M410

图版二四

1. M413墓坑及随葬器物（西北—东南）

2. M413随葬器物（西北—东南）

3. M498墓坑及随葬器物（东北—西南）

4. M498随葬器物（东北—西南）

Bc型楚墓M413、M498

图版二五

1. M536墓坑及随葬器物（上—下）

2. M536随葬器物（北—南）

3. M548墓坑及随葬器物（北—南）

4. M548随葬器物（北—南）

Bc型楚墓M536、M548

图版二六

1. M616墓坑及随葬器物（北—南）

2. M616随葬器物（北—南）

3. M669墓坑及随葬器物（西北—东南）

4. M669随葬器物（西北—东南）

Bc型楚墓M616、M669

图版二七

1. M741墓坑及随葬器物（北—南）

2. M741随葬器物（北—南）

3. M798墓坑及随葬器物（西北—东南）

4. M798随葬器物（西北—东南）

Bc型楚墓M741、M798

图版二八

1. M23墓坑及随葬器物（北—南）

2. M304墓坑及随葬器物（北—南）

3. M121墓坑及随葬器物（北—南）

4. M121随葬器物（北—南）

Ca型楚墓M23、M121、M304

图版二九

1. M124墓坑（东南—西北）

2. M124随葬器物（东南—西北）

3. M401墓坑、棺椁及随葬器物（北—南）

4. M401棺椁及随葬器物（上—下）

Ca型楚墓M124、Cb型楚墓M401

图版三〇

1. M17、M18坑位关系及墓葬打破情况（北—南）

2. M18墓坑及随葬器物（北—南）

3. M18随葬器物（北—南）

4. M53墓坑及随葬器物（西北—东南）

Cb型楚墓M18、M53

图版三一

1. M73墓坑及随葬器物（北—南）

2. M73棺椁腐痕（北—南）

3. M73随葬器物（北—南）

4. M73随葬器物（上—下）

Cb型楚墓M73

图版三二

1. M77、M78墓坑排列情况（北—南）

2. M77棺椁及随葬器物（北—南）

3. M77随葬器物（上—下）

4. M78棺椁及随葬器物（上—下）

Cb型楚墓M77、M78

图版三三

1. M383墓坑及随葬器物（东北—西南）

2. M383棺椁痕迹及随葬器物（东北—西南）

3. M383随葬器物（东北—西南）

4. M388墓坑及填土（西—东）

Cb型楚墓M383、M388

图版三四

1. M396墓坑及填土（西—东）

2. M396棺椁及随葬器物（上—下）

3. M396随葬器物（上—下）

4. M396随葬器物（上—下）

Cb型楚墓M396

1. M402墓坑（西北—东南）

2. M402随葬器物（上—下）

3. M402随葬器物（上—下）

4. M402随葬器物（上—下）

Cb型楚墓M402

图版三六

1. M538墓坑及随葬器物（东北—西南）

2. M538棺椁痕迹及随葬器物（上—下）

3. M538墓道内随葬器物（西—东）

4. M538随葬器物（东北—西南）

Cb型楚墓M538

1. M625墓坑、棺椁及随葬器物（北—南）

2. M625棺椁及随葬器物（北—南）

3. M625随葬器物（上—下）

Cb型楚墓M625

图版三八

1. M655墓坑及随葬器物（北—南）

2. M655随葬器物（上—下）

3. M82墓坑及随葬器物（西北—东南）

4. M82随葬器物（上—下）

Cb型楚墓M655、Cc型楚墓M82

图版三九

1. M60墓坑及随葬器物（西—东）

2. M60随葬器物（上—下）

3. M99墓坑及随葬器物（东南—西北）

4. M99随葬器物（东南—西北）

Cd型楚墓M60、M99

图版四〇

1. M316墓坑及随葬器物（上—下）

2. M316随葬器物（上—下）

3. M378墓坑及随葬器物（北—南）

4. M378随葬器物（北—南）

Cd型楚墓M316、M378

图版四一

1. M477墓坑及随葬器物（西南—东北）

2. M477随葬器物（西南—东北）

3. M493墓坑及随葬器物（东北—西南）

4. M493随葬器物（东北—西南）

Cd型楚墓M477、M493

图版四二

1. M660墓坑及随葬器物（北—南）

2. M660随葬器物（上—下）

3. M666墓坑及随葬器物（上—下）

4. M666随葬器物（北—南）

Cd型楚墓M660、M666

图版四三

1. M703墓坑及随葬器物（上—下）

2. M703随葬器物（西—东）

3. M739墓坑及填土（西—东）

4. M739随葬器物（上—下）

Cd型楚墓M703、M739

图版四四

1. M1墓坑及随葬器物（北—南）

2. M1随葬器物（上—下）

3. M5墓坑及随葬器物（北—南）

4. M5随葬器物（北—南）

Ce型楚墓M1、M5

图版四五

1. M46墓坑及椁痕（南—北）

2. M46墓坑及随葬器物（南—北）

3. M54墓坑及随葬器物（北—南）

4. M54随葬器物（局部）

Ce型楚墓M46、M54

图版四六

1. M58墓坑及随葬器物（西—东）

2. M58随葬器物（上—下）

3. M59墓坑及随葬器物（北—南）

4. M59随葬器物（北—南）

Ce型楚墓M58、M59

图版四七

1. M85墓坑及随葬器物（北—南）

2. M85随葬器物（上—下）

3. M88盗洞（东南—西北）

4. M88墓坑及随葬器物（东北—西南）

Ce型楚墓M85、M88

图版四八

1. M90墓坑及随葬器物（东北—西南）

2. M90随葬器物（上—下）

3. M95墓坑及随葬器物（北—南）

4. M95随葬器物（上—下）

Ce型楚墓M90、M95

1. M106墓坑及随葬器物（南—北）

2. M106随葬器物（上—下）

3. M108墓坑及随葬器物（南—北）

4. M108随葬器物（南—北）

Ce型楚墓M106、M108

图版五〇

1. M122椁痕（西北—东南）

2. M122随葬器物（上—下）

3. M130墓坑及随葬器物（西北—东南）

4. M130随葬器物（西北—东南）

Ce型楚墓M122、M130

图版五一

1. M379墓坑及随葬器物（北—南）

2. M379随葬器物（上—下）

3. M412墓坑及随葬器物（北—南）

4. M412随葬器物（上—下）

Ce型楚墓M379、M412

图版五二

1. M450墓坑及随葬器物（上—下）

2. M450随葬器物（北—南）

3. M451墓坑及随葬器物（北—南）

4. M451随葬器物（北—南）

Ce型楚墓M450、M451

1. M471墓坑及随葬器物（北—南）

2. M471随葬器物（北—南）

3. M506墓坑及随葬器物（上—下）

4. M506随葬器物（北—南）

Ce型楚墓M471、M506

图版五四

1. M515墓坑及随葬器物（上—下）

2. M515随葬器物（上—下）

3. M535墓坑及随葬器物（上—下）

4. M535随葬器物（上—下）

Ce型楚墓M515、M535

图版五五

1. M550墓坑及随葬器物（上—下）

2. M550随葬器物（西北—东南）

3. M662墓坑及随葬器物（西北—东南）

4. M662随葬器物（上—下）

Ce型楚墓M550、M662

图版五六

1. M663墓坑及随葬器物（上—下）

2. M663随葬器物（上—下）

3. M688墓坑及随葬器物（北—南）

4. M688随葬器物（北—南）

Ce型楚墓M663、M688

图版五七

1. M784墓坑及随葬器物（上—下）

2. M784随葬器物（北—南）

3. M791墓坑及随葬器物（上—下）

4. M791随葬器物（上—下）

Ce型楚墓M784、M791

图版五八

1. M803墓坑及随葬器物（上—下）

2. M803随葬器物（南—北）

3. M821墓坑及随葬器物（上—下）

4. M821随葬器物（北—南）

Ce型楚墓M803、M821

图版五九

1. M827墓坑及随葬器物（上—下）

2. M827随葬器物（东—西）

3. M833打破M834（北—南）

4. M834随葬器物（北—南）

Ce型楚墓M827、M834

图版六〇

1. M308墓坑（北—南）

2. M308椁室分板（北—南）

3. M308分板下重棺室（北—南）

4. M308头箱（上—下）

5. M308棺椁（上—下）

D型楚墓M308

图版六一

1. M418墓坑（东南—西北）

2. M418棺椁及随葬器物（北—南）

3. M418棺椁（西—东）

4. M418随葬器物（上—下）

D型楚墓M418

图版六二

1. Ⅰ式（M602∶1）

2. Ⅱ式（M347∶3）

3. Ⅱ式（M745∶4）

4. Ⅲ式（M66∶4）

5. Ⅲ式（M451∶5）

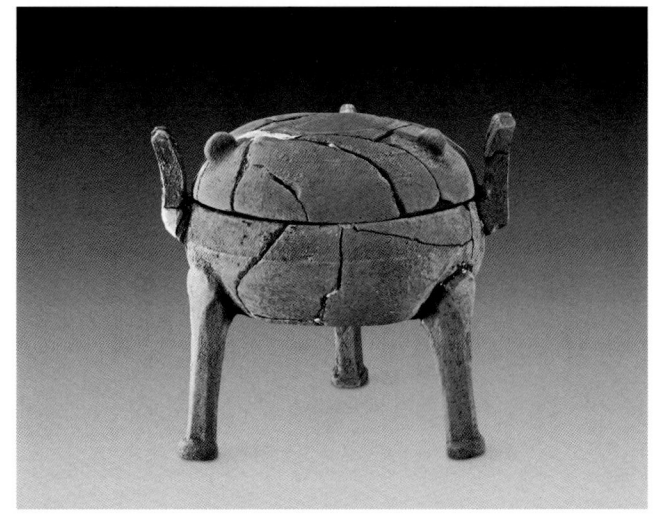

6. Ⅳ式（M332∶2）

楚墓随葬A型陶鼎

图版六三

1. Ⅳ式（M416∶1）

2. Ⅴ式（M379∶5）

3. Ⅵ式（M46∶2）

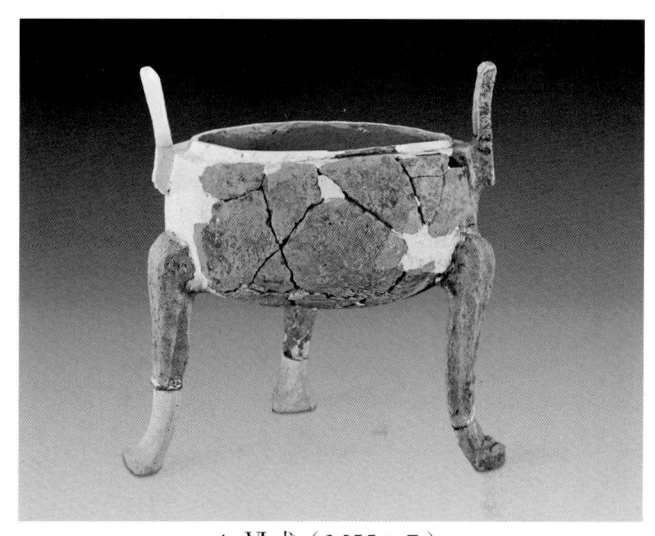

4. Ⅵ式（M55∶7）

5. Ⅶ式（M17∶1）

6. Ⅶ式（M768∶5）

楚墓随葬A型陶鼎

图版六四

1. Ⅰ式（M405:2）

2. Ⅰ式（M414:5）

3. Ⅱ式（M538:1）

4. Ⅲ式（M383:1）

5. Ⅲ式（M402:3）

6. Ⅳ式（M625:3）

楚墓随葬B型陶鼎

图版六五

1. B型Ⅳ式（M791:2）

2. B型Ⅴ式（M142:8）

3. B型Ⅴ式（M739:1）

4. B型Ⅵ式（M562:5）

5. C型（M779:2）

6. D型（M391:3）

楚墓随葬B、C、D型陶鼎

图版六六

1. Ⅰ式（M410∶2）

2. Ⅰ式（M508∶2）

3. Ⅱ式（M629∶3）

4. Ⅲ式（M477∶1）

5. Ⅳ式（M123∶1）

6. Ⅳ式（M297∶2）

楚墓随葬E型陶鼎

图版六七

1. Ⅰ式（M57:2）

2. Ⅰ式（M115:6）

3. Ⅱ式（M78:8）

楚墓随葬陶小口鼎

图版六八

1. Ⅰ式（M744∶6）

2. Ⅱ式（M313∶1）

3. Ⅱ式（M583∶6）

4. Ⅲ式（M418∶6）

5. Ⅳ式（M535∶3）

6. Ⅳ式（M698∶4）

楚墓随葬A型陶敦

图版六九

1. Ⅰ式（M82:8）

2. Ⅱ式（M118:2）

3. Ⅱ式（M658:3）

4. Ⅲ式（M18:8）

5. Ⅳ式（M46:5）

6. Ⅳ式（M115:18）

楚墓随葬B型陶敦

图版七〇

1. B型Ⅴ式（M655∶4）

2. C型Ⅰ式（M602∶3）

3. C型Ⅱ式（M429∶3）

4. C型Ⅱ式（M456∶3）

5. C型Ⅲ式（M443∶3）

6. C型Ⅲ式（M451∶2）

楚墓随葬B、C型陶敦

图版七一

1. Ⅳ式（M59∶10）

2. Ⅳ式（M303∶2）

3. Ⅴ式（M745∶3）

4. Ⅵ式（M401∶3）

楚墓随葬C型陶敦

图版七二

1. Ⅰ式（M443∶5）

2. Ⅱ式（M456∶6）

3. Ⅲ式（M745∶1）

4. Ⅳ式（M41∶6）

楚墓随葬陶缶

图版七三

1. Ⅳ式（M347∶2）

2. Ⅴ式（M333∶1）

3. Ⅵ式（M451∶3）

4. Ⅵ式（M451∶4）

楚墓随葬陶缶

图版七四

1. Ⅰ式（M744:2）

2. Ⅱ式（M66:3）

3. Ⅱ式（M535:5）

4. Ⅲ式（M73:6）

楚墓随葬Aa型陶壶

1. Aa型Ⅲ式（M405∶1）

2. Ab型Ⅰ式（M304∶2）

3. Ab型Ⅱ式（M108∶4）

4. Ab型Ⅲ式（M424∶4）

楚墓随葬Aa、Ab型陶壶

图版七六

1. Ab型Ⅲ式（M779∶5）

2. Ab型Ⅳ式（M606∶2）

3. Ac型Ⅰ式（M78∶5）

4. Ac型Ⅱ式（M57∶7）

楚墓随葬Ab、Ac型陶壶

图版七七

1. Ⅱ式（M115:6）

2. Ⅲ式（M379:1）

3. Ⅲ式（M739:5）

4. Ⅳ式（M698:1）

楚墓随葬Ac型陶壶

图版七八

1. Ⅰ式（M54∶1）

2. Ⅱ式（M774∶3）

3. Ⅲ式（M68∶4）

4. Ⅲ式（M425∶5）

5. Ⅳ式（M99∶3）

6. Ⅳ式（M369∶10）

楚墓随葬B型陶壶

图版七九

1. Ⅳ式（M782:5）

2. Ⅴ式（M100:2）

3. Ⅵ式（M494:1）

4. Ⅶ式（M401:6）

楚墓随葬B型陶壶

图版八〇

1. Ⅰ式（M103∶5）

2. Ⅰ式（M366∶1）

3. Ⅱ式（M686∶1）

4. Ⅱ式（M823∶1）

5. Ⅲ式（M548∶3）

6. Ⅳ式（M508∶3）

楚墓随葬Ca型陶壶

图版八一

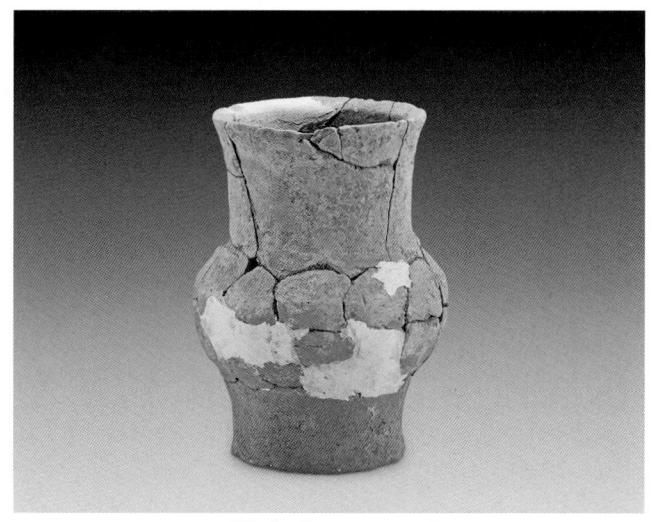
1. Ⅳ式（M852∶3）

2. Ⅴ式（M85∶5）

3. Ⅵ式（M499∶1）

4. Ⅶ式（M669∶1）

5. Ⅷ式（M463∶2）

6. Ⅸ式（M529∶1）

楚墓随葬Ca型陶壶

图版八二

1. Ca型Ⅹ式（M541∶2）

2. Ca型Ⅺ式（M363∶1）

3. Cb型Ⅰ式（M361∶3）

4. Cb型Ⅱ式（M485∶1）

5. Cb型Ⅲ式（M123∶2）

6. Cb型Ⅲ式（M742∶2）

楚墓随葬Ca、Cb型陶壶

图版八三

1. Ⅳ式（M118:4）

2. Ⅳ式（M371:3）

3. Ⅴ式（M615:2）

4. Ⅴ式（M755:2）

5. Ⅵ式（M143:2）

6. Ⅵ式（M314:4）

楚墓随葬Cb型陶壶

图版八四

1. Ⅶ式（M124∶2）

2. Ⅷ式（M480∶3）

3. Ⅷ式（M625∶2）

4. Ⅸ式（M90∶2）

5. Ⅹ式（M297∶1）

6. Ⅺ式（M570∶1）

楚墓随葬Cb型陶壶

图版八五

1. D型Ⅰ式（M481∶3）

2. D型Ⅱ式（M317∶1）

3. E型Ⅰ式（M48∶3）

4. E型Ⅱ式（M74∶1）

楚墓随葬D、E型陶壶

图版八六

1. Ⅰ式（M322∶1）

2. Ⅱ式（M115∶8）

3. Ⅱ式（M115∶9）

楚墓随葬陶钫

图版八七

1. Ⅰ式（M418∶5）

2. Ⅱ式（M115∶25）

3. Ⅲ式（M77∶3）

楚墓随葬陶盉

图版八八　　　　　　　　　　　　　　　　　　楚墓随葬Aa型陶盘

1. Ⅰ式（M12∶12）

2. Ⅱ式（M600∶2）

3. Ⅲ式（M333∶6）

4. Ⅲ式（M347∶5-1）

5. Ⅳ式（M321∶1）

6. Ⅴ式（M401∶7）

楚墓随葬Aa型陶盘

图版八九

1. Ab型Ⅰ式（M415∶7）

2. Ab型Ⅱ式（M380∶9-1）

3. Ab型Ⅲ式（M782∶7）

4. B型（M745∶7）

楚墓随葬Ab、B型陶盘

图版九〇

1. Ⅰ式（M429∶1）

2. Ⅱ式（M333∶7）

3. Ⅲ式（M59∶6）

4. Ⅳ式（M347∶5-2）

楚墓随葬A型陶匜

图版九一

1. Ⅰ式（M380：9-2）

2. Ⅱ式（M493：8）

3. Ⅲ式（M141：5）

4. Ⅲ式（M630：3）

5. Ⅳ式（M401：8）

楚墓随葬B型陶匜

图版九二

1. Ⅰ式（M1:1）

2. Ⅱ式（M563:1）

3. Ⅲ式（M56:4）

4. Ⅳ式（M5:1）

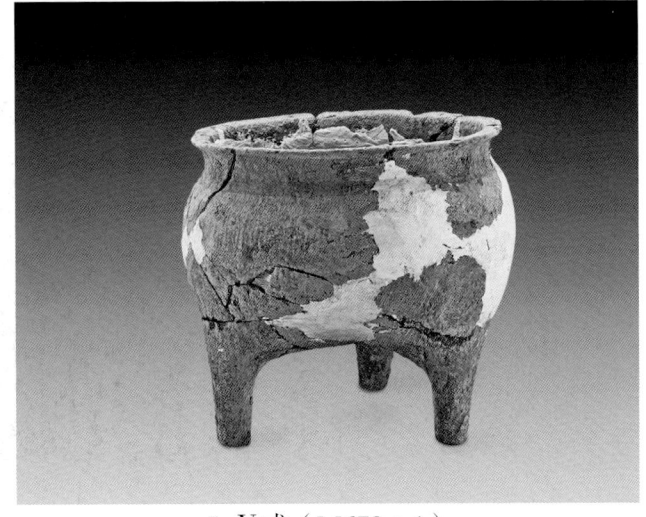

5. Ⅴ式（M679:1）

6. Ⅵ式（M106:3）

楚墓随葬Aa型陶鬲

图版九三

1. Ⅰ式（M568∶3）

2. Ⅱ式（M760∶1）

3. Ⅲ式（M747∶2）

4. Ⅳ式（M777∶2）

5. Ⅴ式（M484∶4）

6. Ⅵ式（M610∶1）

楚墓随葬Ab型陶鬲

图版九四

1. Ab型Ⅶ式（M481∶1）

2. Ba型Ⅰ式（M695∶1）

3. Ba型Ⅱ式（M541∶1）

4. Ba型Ⅲ式（M587∶1）

5. Ba型Ⅳ式（M834∶1）

6. Ba型Ⅴ式（M111∶1）

楚墓随葬Ab、Ba型陶鬲

图版九五

1. Ⅴ式（M774∶2）

2. Ⅵ式（M84∶1）

3. Ⅵ式（M804∶2）

4. Ⅶ式（M611∶1）

5. Ⅷ式（M557∶1）

6. Ⅷ式（M676∶1）

楚墓随葬Ba型陶鬲

图版九六

1. Ba型Ⅸ式（M552∶1）

2. Ba型Ⅹ式（M480∶1）

3. Ba型Ⅹ式（M662∶3）

4. Bb型Ⅰ式（M715∶1）

5. Bb型Ⅰ式（M761∶1）

6. Bb型Ⅱ式（M120∶3）

楚墓随葬Ba、Bb型陶鬲

图版九七

1. Ⅱ式（M299:1）

2. Ⅲ式（M119:3）

3. Ⅲ式（M314:1）

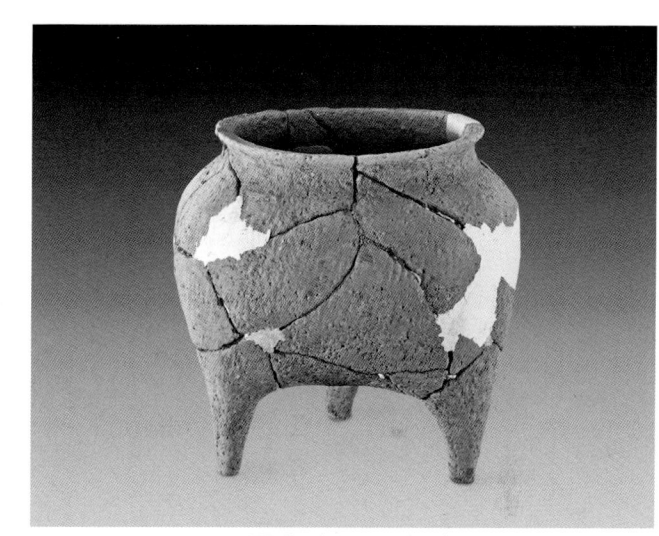

4. Ⅳ式（M130:2）

5. Ⅴ式（M37:1）

6. Ⅵ式（M390:1）

楚墓随葬Bb型陶鬲

图版九八

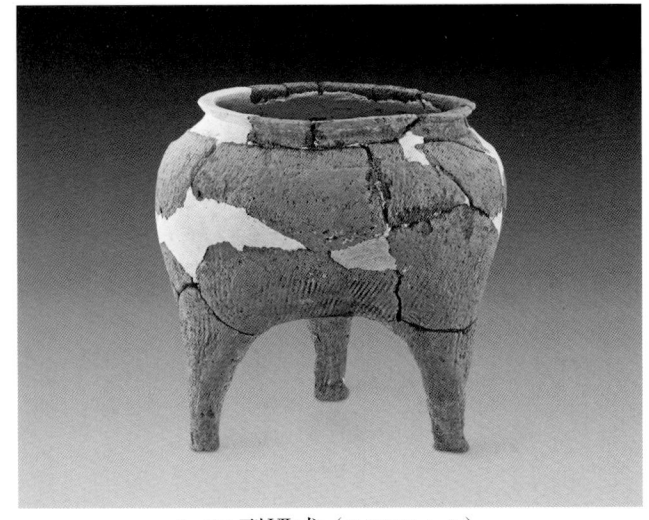
1. Bb型Ⅶ式（M132∶4）

2. C型Ⅰ式（M83∶3）

3. C型Ⅰ式（M560∶1）

4. C型Ⅱ式（M429∶9）

5. C型Ⅱ式（M574∶1）

6. D型（M765∶3）

楚墓随葬Bb、C、D型陶鬲

图版九九

1. Ⅰ式（M499:2）

2. Ⅰ式（M794:5）

3. Ⅱ式（M503:3）

4. Ⅱ式（M529:2）

5. Ⅱ式（M731:2）

6. Ⅲ式（M24:2）

楚墓随葬Aa型陶盂

图版一〇〇

1. Aa型Ⅲ式（M560∶3）

2. Aa型Ⅳ式（M310∶2）

3. Aa型Ⅳ式（M670∶2）

4. Ab型Ⅰ式（M407∶2）

5. Ab型Ⅰ式（M818∶3）

6. Ab型Ⅱ式（M28∶2）

楚墓随葬Aa、Ab型陶盂

图版一〇一

1. Ⅱ式（M48：2）

2. Ⅱ式（M667：1）

3. Ⅲ式（M558：2）

4. Ⅲ式（M823：3）

5. Ⅳ式（M60：2）

6. Ⅳ式（M69：1）

楚墓随葬Ab型陶盂

图版一〇二

1. Ⅳ式（M637：1）

2. Ⅴ式（M588：3）

3. Ⅴ式（M611：2）

4. Ⅶ式（M304：1）

5. Ⅷ式（M90：3）

6. Ⅷ式（M126：3）

楚墓随葬Ab型陶盂

图版一〇三

1. Ab型Ⅸ式（M355∶1）

2. Ba型Ⅰ式（M540∶2）

3. Ba型Ⅱ式（M515∶3）

4. Ba型Ⅱ式（M733∶2）

5. Ba型Ⅲ式（M463∶1）

楚墓随葬Ab、Ba型陶盂

图版一〇四

1. Ba型Ⅲ式（M673∶1）

2. Ba型Ⅲ式（M717∶4）

3. Ba型Ⅳ式（M466∶3）

4. Ba型Ⅳ式（M541∶3）

5. Bb型Ⅰ式（M668∶2）

6. Bb型Ⅱ式（M106∶2）

楚墓随葬Ba、Bb型陶盂

1. Bb型Ⅲ式（M706∶2）

2. Bc型Ⅰ式（M506∶2）

3. Bc型Ⅰ式（M796∶3）

4. Bc型Ⅱ式（M103∶1）

5. Bc型Ⅱ式（M742∶3）

6. Bc型Ⅲ式（M477∶2）

楚墓随葬Bb、Bc型陶盂

图版一〇六

1. Ⅲ式（M543∶2）

2. Ⅲ式（M569∶2）

3. Ⅳ式（M299∶2）

4. Ⅳ式（M849∶2）

5. Ⅴ式（M100∶3）

6. Ⅴ式（M595∶3）

楚墓随葬Bc型陶盂

图版一〇七

1. Ⅵ式（M361∶4）

2. Ⅶ式（M480∶2）

3. Ⅷ式（M773∶1）

4. Ⅸ式（M761∶2）

5. Ⅹ式（M302∶2）

楚墓随葬Bc型陶盂

图版一〇八

1. Ⅰ式（M742∶5）

2. Ⅱ式（M65∶9）

3. Ⅲ式（M137∶8）

4. Ⅳ式（M103∶3）

5. Ⅳ式（M299∶4）

6. Ⅴ式（M124∶4）

楚墓随葬Aa型陶豆

图版一〇九

1. Aa型Ⅵ式（M59∶7）

2. Aa型Ⅵ式（M742∶4）

3. Aa型Ⅶ式（M332∶3）

4. Ab型Ⅰ式（M383∶7）

5. Ab型Ⅱ式（M59∶9）

6. Ab型Ⅱ式（M90∶4）

楚墓随葬Aa、Ab型陶豆

图版一一〇

1. Ⅲ式（M6∶1）

2. Ⅲ式（M321∶3）

3. Ⅳ式（M49∶5）

4. Ⅳ式（M59∶8）

5. Ⅴ式（M37∶3）

6. Ⅵ式（M132∶3）

楚墓随葬Ab型陶豆

图版一一一

1. Ab型Ⅵ式（M509∶3）

2. Ab型Ⅶ式（M535∶7）

3. Ab型Ⅶ式（M673∶3）

4. Ac型Ⅰ式（M90∶1）

5. Ac型Ⅱ式（M92∶5）

6. Ac型Ⅲ式（M112∶6）

楚墓随葬Ab、Ac型陶豆

图版一一二

1. Ⅰ式（M399∶4）

2. Ⅰ式（M514∶4）

3. Ⅱ式（M419∶3）

4. Ⅲ式（M139∶1）

5. Ⅲ式（M669∶3）

6. Ⅳ式（M457∶4）

楚墓随葬Ba型陶豆

图版一一三

1. Ba型Ⅴ式（M662∶2）

2. Ba型Ⅵ式（M143∶7）

3. Ba型Ⅵ式（M529∶3）

4. Bb型Ⅰ式（M755∶3）

5. Bb型Ⅰ式（M794∶2）

6. Bb型Ⅱ式（M823∶2）

楚墓随葬Ba、Bb型陶豆

图版一一四

1. Ⅱ式（M847∶1）

2. Ⅲ式（M848∶3）

3. Ⅳ式（M132∶2）

4. Ⅳ式（M804∶3）

5. Ⅴ式（M112∶5）

6. Ⅴ式（M484∶3）

楚墓随葬Bb型陶豆

图版一一五

1. Ⅵ式（M56∶3）

2. Ⅶ式（M143∶10）

3. Ⅶ式（M302∶5）

4. Ⅷ式（M466∶4）

5. Ⅷ式（M773∶3）

6. Ⅸ式（M302∶4）

楚墓随葬Bb型陶豆

图版一一六

1. Ⅰ式（M666∶3）
2. Ⅱ式（M688∶3）
3. Ⅲ式（M563∶2）
4. Ⅲ式（M764∶1）
5. Ⅳ式（M564∶1）
6. Ⅳ式（M761∶3）

楚墓随葬Aa型陶罐

图版一一七

1. Ⅴ式（M317∶2）

2. Ⅴ式（M588∶1）

3. Ⅵ式（M804∶1）

4. Ⅶ式（M560∶2）

5. Ⅶ式（M663∶3）

6. Ⅷ式（M83∶1）

楚墓随葬Aa型陶罐

图版一一八

1. Aa型Ⅸ式（M399：5）

2. Ab型Ⅰ式（M320：3）

3. Ab型Ⅱ式（M389：4）

4. Ba型Ⅲ式（M452：3）

5. Ba型Ⅳ式（M474：3）

6. Ba型Ⅴ式（M536：3）

楚墓随葬Aa、Ab、Ba型陶罐

图版一一九

1. Ⅰ式（M419∶1）

2. Ⅱ式（M85∶4）

3. Ⅲ式（M60∶5）

4. Ⅲ式（M109∶3）

5. Ⅳ式（M515∶1）

楚墓随葬Bb型陶罐

图版一二〇

1. Ⅰ式（M362∶2）

2. Ⅰ式（M518∶3）

3. Ⅱ式（M325∶1）

4. Ⅱ式（M568∶2）

5. Ⅲ式（M452∶2）

楚墓随葬Ca型陶罐

图版一二一

1. Ca型Ⅳ式（M486∶1）

2. Ca型Ⅴ式（M786∶2）

3. Cb型Ⅰ式（M106∶4）

4. Cb型Ⅰ式（M429∶7）

5. Cb型Ⅱ式（M626∶7）

6. Cb型Ⅱ式（M794∶1）

楚墓随葬Ca、Cb型陶罐

图版一二二

1. D型Ⅰ式（M691:1）

2. D型Ⅱ式（M136:3）

3. D型Ⅲ式（M118:5）

4. E型Ⅰ式（M621:2）

5. E型Ⅱ式（M104:2）

6. E型Ⅲ式（M121:2）

楚墓随葬D、E型陶罐

图版一二三

1. Ⅰ式（M40∶4）

2. Ⅱ式（M125∶2）

3. Ⅱ式（M595∶2）

4. Ⅲ式（M371∶1）

楚墓随葬陶盆

图版一二四

1. Ⅲ式（M467：2）

2. Ⅳ式（M296：1）

3. Ⅳ式（M304：3）

4. Ⅴ式（M23：1）

楚墓随葬陶盆